Sicherheits-Jahrbuch 2007/2008

Sicherheits-Jahrbuch 2007 2008

für Deutschland und die Schweiz

herausgegeben von
Daniel Beer, Peter Hohl, Astrid Jung

SecuMedia-Bücher/Zürich-Ingelheim

SJB
INHALT

Vorwort

Lange bevor im Internet das Gemeinschaftswerk Wikipedia entstand, gab es nach einem ähnlichen Prinzip bereits das Basislexikon der Sicherheit im Sicherheits-Jahrbuch. Schauen Sie sich einfach einmal ab Seite 557 das Autorenverzeichnis mit den Namen der führenden Köpfe aus der gesamten Security-Szene an: Seit seinem ersten Erscheinen im Jahr 1984 hat sich das Sicherheits-Jahrbuch als Gemeinschaftswerk vieler Kompetenzträger der Branche weiterentwickelt. Über 130 Autoren aktualisieren die Stichworte, für die sie sich verantwortlich fühlen, regelmäßig in der Internet-Fassung – nicht selten auf Grund von Anregungen der Nutzer dieses Buchs. Alle zwei Jahre erscheint dann der jeweilige Stand in Buchform – mit 1.500 Einstiegsstichwörtern und 30.000 Verweisen bzw. Links. Es ist so aktuell, wie die Autoren und die Leser es aktualisiert haben: Allein im Lexikon wurden gegenüber der Ausgabe vor zwei Jahren 267 Stichworte neu aufgenommen oder aktualisiert. Darum auch diesmal an jeden Nutzer wieder die Bitte: **Wenn Sie auch in der Zukunft irgendwo einen Aktualisierungs- oder Ergänzungsbedarf sehen, sind wir für Ihre Hinweise und Vorschläge dankbar. Sie alle machen den Stoff für Sie alle gemeinsam aktuell und zuverlässig. Dafür wieder einmal herzlichen Dank!**

So viele machen sich regelmäßig um das Werk verdient, dass es unmöglich ist, im Vorwort den verdienten Dank überall dort abzustatten, wo das angemessen wäre. So soll er diesmal stellvertretend den Autoren gelten, die über den von allen Mitwirkenden geleisteten Lesernutzen hinaus durch die Menge der Arbeit, die sie auf sich genommen haben, und durch ihre herausragende Sorgfalt den Herausgebern die Arbeit besonders angenehm gemacht haben. Aber auch Helfer im Stillen, die ungenannt darüber wachen, dass ihre Spezialgebiete sachlich richtig wiedergegeben werden – dass sich zum Beispiel Banken und Sparkassen auf das verlassen können, was zum Thema Wertbehältnisse oder „UVV Kassen" (BGV C9 / GUV-V C9) in diesem Buch steht. Das Sicherheits-Jahrbuch ist schließlich auch das Sicherheits-Nachschlagewerk der Kreditinstitute – für die Sparkassen sogar in einer regelmäßigen Sonderedition des Deutschen Sparkassenverlags.

2006 ist nicht mehr 1984. Damals war es eine Revolution, dass einem Buch eine Diskette beigefügt war. Wenig später gab es eine der ersten CD-ROMs als Buch-Beigabe. Heute ist nur noch eine Online-Begleitung wirklich zeitgemäß. So finden Sie auf der letzten Seite dieses Buches (auf dem gelben Karton, Seite 748) Zugangsdaten, mit denen Sie als Käufer des Sicherheits-Jahrbuchs zwei Jahre lang die begleitende Website www.sicherheits-jahrbuch.de nutzen können. Und zwar anders als bei einer mitgelieferten CD immer auf dem neuesten Stand.

Einige Leser werden diesmal den spezifischen Österreich-Teil vermissen. Aber die Käufer haben an der Ladenkasse eindeutig darüber abgestimmt, dass es ein Sicherheits-Jahrbuch künftig allein für Deutschland und die Schweiz geben soll. Wir haben dieses Votum respektiert – aber dennoch dafür gesorgt, dass das Buch für Österreicher, die Geschäfte in Deutschland und der Schweiz machen wollen, ebenso interessant bleibt, wie für Deutsche und Schweizer, die den Sicherheitsmarkt in Österreich bedienen möchten.

Schließlich und nicht zuletzt gilt unser Dank den Anzeigenkunden. Ein Fachbuch von über 700 Seiten in exklusiver Auflage für 50 Euro – das wäre nicht möglich ohne den finanziellen Produktionskostenbeitrag der Firmen, denen die Nutzer des Sicherheits-Jahrbuchs wichtig sind. Schauen Sie ruhig einmal im Inserentenverzeichnis (Seite 742), wem Sie diesmal etwas wert waren!

Zürich/Ingelheim/Gau-Algesheim

Daniel Beer
Peter Hohl
Astrid Jung

Bibliografische Information Der Deutschen Bibliothek

Die Deutsche Bibliothek verzeichnet diese Publikation in der Deutschen Nationalbibliografie; detaillierte bibliografische Daten sind im Internet über http://dnb.ddb.de abrufbar.

ISBN 3-922746-24-1

Anzeigen: Ursi Forster, Andreas Hey

Verlag: SecuMedia Verlags-GmbH, Postfach 1234, D-55205 Ingelheim, Tel. +49 6725 9304-0, Fax +49 6725 5994, E-Mail: info@secumedia.de

Auslieferung in der Schweiz: MediaSec AG, Tägernstr. 1, CH-8127 Forch/ZH, Tel. +41 43 3662020, Fax: +41 43 3662030, E-Mail: info@mediasec.com

Gemeinschaftsproduktion mit Deutscher Sparkassenverlag GmbH, Stuttgart.

Gesamtherstellung: Schmidt & more Drucktechnik GmbH,
Haagweg 44, D-65462 Ginsheim-Gustavsburg

Fotos und Skizzen: Soweit nichts anderes vermerkt, von den Autoren bzw. ihren Firmen zur Verfügung gestellt.

Printed in Germany

Bedrohungsbild

Kriminalitätsentwicklung in Deutschland und der Schweiz

Das Sicherheits-Jahrbuch soll seinen Nutzen 2 Jahre lang entfalten. Dennoch ist es der Aktualität verpflichtet. Im Zeitalter der Online-Informationen sind Statistiken und auch andere Informationen über die jeweilige Bedrohungslage tagesaktuell im Internet verfügbar.
Die wichtigsten Fundstellen haben wir für Sie zusammengetragen:

Deutschland: Die jeweils aktuelle Kriminalstatistik finden Sie unter:

http://www.bmi.bund.de/nn_165264/Internet/Navigation/DE/Themen/Innere_Sicherheit_allgemein/Statistiken/statistiken_node.html

Schweiz: Eine eingehende Kriminalstatistik der gesamten Schweiz gibt es bis heute nicht. Die einzelnen Kantone erstellen Statistiken nach ihren Bedürfnissen. Demzufolge herrscht auch keine einheitliche Zählweise (z.B. Fallzählung, Straftatenzählung oder nur die schwerste Straftat in einem Fall, etc.). Somit dürfen die Kriminalitätszahlen einzelner Kantone nicht miteinander verglichen werden. Um einen Überblick der Kriminalitätsentwicklung zu erhalten, ist man somit gezwungen, die einzelnen Web-Sites zu konsultieren. Soweit der Fahrplan eingehalten werden kann, wird man neu ab 2010 die Zahlen über die Kriminalitätsentwicklung aus der bis dahin erstellten Polizeilichen Kriminalstatistik für die Schweiz (PKS) entnehmen können. Es wird eine eingehende Kriminalstatistik sein, die sehr gutes Zahlenmaterial nach einer einheitlichen Zählweise liefern wird.

Bundesstellen

Bundesamt für Polizei in Bern (minimale polizeiliche Kriminalstatistik für die Schweiz insgesamt)
http://www.fedpol.admin.ch/d/aktuell/stat/PKS-d-2004_druckversion_20050617.pdf
Bundesamt für Statistik (Kriminalität und Strafvollzug)
http://www.bfs.admin.ch/bfs/portal/de/index/themen/rechtspflege.html

Metropolen der Schweiz

Kantonspolizei Zürich (KRISTA / Kriminalstatistik des Kantons Zürich)
http://www.kapo.zh.ch/internet/ds/kapo/de/news/statistiken.html

Kantonspolizei St. Gallen (Kanton St. Gallen ist als Pilotkanton für die neue PKS)
http://www.kapo.sg.ch/content/kapo/services.html

Kantonspolizei Bern
http://www.police.be.ch/site/index/pom_kapo_news/pom_kapo_krimi_statistik.htm

Stadtpolizei Bern (Keine Kriminalstatistik auf dem Web)
http://www.bern.ch/stadtverwaltung/sue/stapo

Kantonspolizei Waadt / Police cantonale vaudoise
http://www.dse.vd.ch/police/statistiques/statistiques.htm

Kantonspolizei Genf / Police cantonale de Genève (Keine Kriminalstatistik auf dem Web)
http://www.geneve.ch/police/welcome.asp

Staatsanwaltschaft Basel-Stadt (ab 2005 mit der neuen PKS)
http://www.stawa-bs.ch/frame_statistik.html

Kantonspolizei Tessin / Polizia del Cantone Ticino
http://www.ti.ch/DI/POL/approfondimenti/statistica/default.htm

Übrige Kantone

Kantonspolizei Solothurn
http://www.polizei.so.ch/

Kantonspolizei Freiburg
http://www.polizeifr.ch/annual.jsp

Kantonspolizei Luzern
http://www.kapo.lu.ch/index/stat_kriminalstatistik.htm

Kantonspolizei Aargau
http://www.ag.ch/kantonspolizei/de/pub/angebote/statistik/kriminalitaetsstatistik_2005.php

Kantonspolizei Graubünden / Polizia chantunala dal Grischun
http://www.kapo.ch/seiten.cfm?idnav1=5&seite=kriminalitaet.cfm

Marktdaten

2

Der deutsche Sicherheitsmarkt

Die im Bereich der elektronischen, mechanischen und personellen Sicherheit tätigen Unternehmen haben im vergangenen Jahr wiederum einen Umsatz von knapp 10 Mrd. € erwirtschaftet. Damit ist die Sicherheitsbranche im gesamtwirtschaftlichen Vergleich eher unbedeutend. Umso bedeutsamer sind jedoch deren Produkte und Dienstleistungen für Schutz und Sicherheit von Wirtschaft, Staat und Bevölkerung. Die Durchführung eines „Mega-Events" wie der Fußballweltmeisterschaft 2006 in Deutschland ist ohne die Sicherheitsbranche undenkbar. Die nachfolgende Übersicht gibt einen Überblick über die einzelnen Segmente des Sicherheitsmarktes:

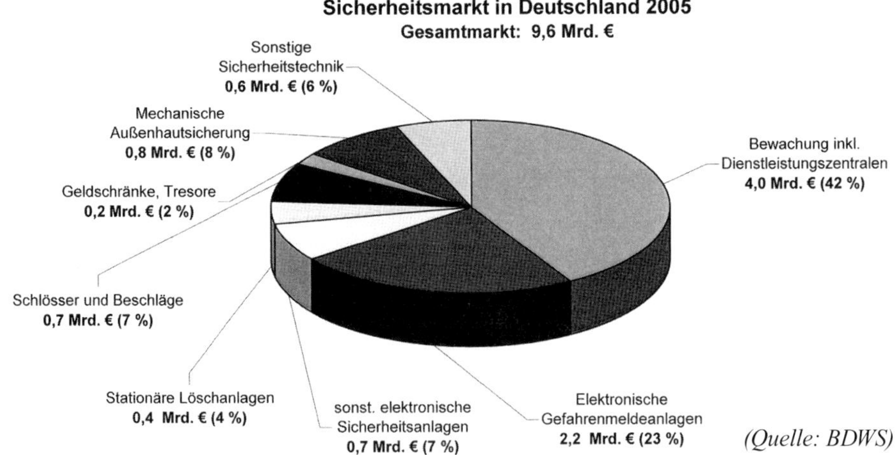

(Quelle: BDWS)

ZVEI: Der Markt für elektronische Sicherheitssysteme in Deutschland 2005 – Daten, Tendenzen, Auswirkungen –

von Angelika Staimer *

Die Sicherheitsbranche prägten im Jahr 2005 vor allem drei Themen:

1. Auch bei uns ist der Wettbewerb härter geworden: Die Zahl der Anbieter hat sich durch Akquisitionen weiter reduziert. Die verbleibenden Firmen bewegen sich in einem härter umkämpften Umfeld. Das wird an niedrigeren Gerätepreisen und heftiger geführten Diskussionen um das „Muss" einer Gefahrenmeldeanlage deutlich.

2. Ein weiterer Trend ist die „Deregulierung" im Baurecht durch den Gesetzgeber. Gleichzeitig stärken die Gerichte zunehmend die Position geschädigter Personen. Die Exekutive wiederum scheint mit Kontrollen überfordert zu sein. Somit bewegen wir uns auch in einem sich ändernden rechtlichen Umfeld. Diesem Faktor müssen wir in Zukunft noch stärker Rechnung tragen.

3. Schließlich beschäftigt uns seit Jahren das Thema „Rauchwarnmeldepflicht": Nach Rheinland-Pfalz, Saarland, Schleswig Holstein und Hessen haben zwei weitere Bundesländer den Einbau von Rauchwarnmeldern in Wohneinheiten gesetzlich geregelt: Mecklenburg-Vorpommern und Hamburg. Bei den drei nördlichen Bundesländern und Hessen ist es auch Pflicht, bestehende Wohneinheiten nachzurüsten. Dies wird zu weniger Brandtoten und -verletzten führen.

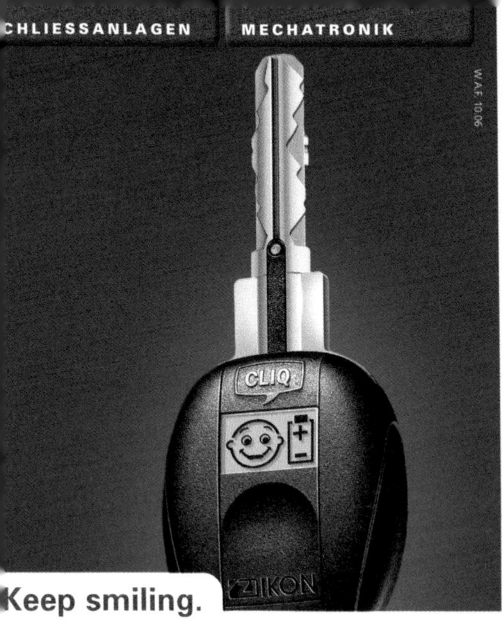

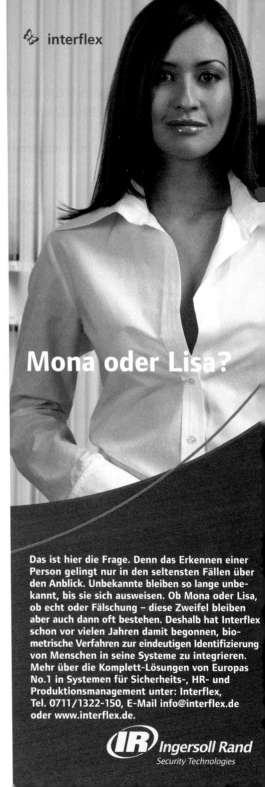

Der Markt für elektronische Sicherheitstechnik Deutschland 2005

Marktvolumen zu Endkundenpreisen: 2.202 Mio. Euro

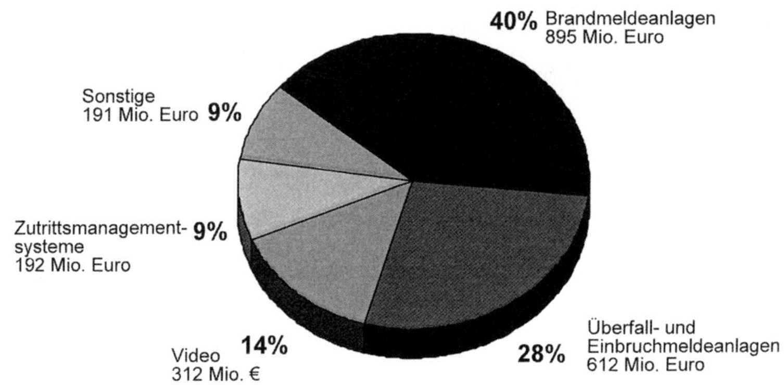

Quelle: ZVEI Notarstatistik / Expertenschätzung

Entwicklung des Umsatzvolumens (Werte in Mio. Euro)

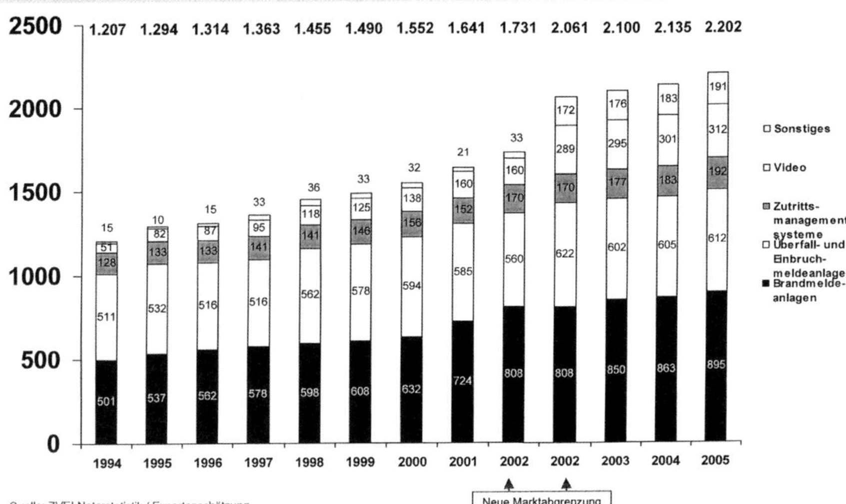

Quelle: ZVEI Notarstatistik / Expertenschätzung

Doch nun zu den harten Fakten für 2005: Die Zahlen, die ich jetzt nenne, sind mit den einschlägigen Verbänden der Sicherheitswirtschaft abgestimmt. Das Umsatzvolumen für elektronische Sicherheitssysteme in Deutschland lag demnach 2005 bei 2,2 Milliarden Euro, nach 2,1 Milliarden im Jahr davor. Das bedeutet eine Steigerung um 3,1 Prozent.

Die Teil-Branchen haben sich stark unterschiedlich entwickelt. Den größten Anteil am Markt haben Brandmeldeanlagen mit 40 Prozent. Dort gab es eine Steigerung um 3,7 Prozent auf 895 Millionen Euro. Bei den Überfall- und Einbruchmeldeanlagen wurde bei einem Plus von 1,1 Prozent auf 612 Millionen Euro Umsatzvolumen der Abwärtstrend gebrochen. Wir hoffen, dass hier die Talsohle durchschritten ist.

Die Videotechnik bleibt nach wie vor ein dynamischer Wachstumsmarkt. Das Volumen stieg um 3,7 Prozent auf 312 Millionen Euro. Hier sind vor allem die neuartigen, kleinen und leistungsfähigen Kameras und neue Technologien für digitale Signalanalysen Ursache für das stetige Marktwachstum.

Die Zutrittsmanagementsysteme entpuppten sich diesmal als Markttreiber. Das Umsatzvolumen stieg um 4,9 Prozent. Am Gesamtmarkt für elektronische Sicherheitssysteme haben sie einen Anteil von neun Prozent, bei Videosystemen sind es 14 Prozent.

Näher eingehen werde ich auf die beiden Märkte für Brandmeldeanlagen sowie für Einbruch- und Überfallmeldeanlagen. Der Markt für Brandmeldeanlagen wird über zwei wesentliche Distributionskanäle bedient. Zum einen dem „direkten" Weg: Die Systemhäuser beliefern als Hersteller den Endkunden. Beim zweiten Distributionsweg erreichen die Anlagen zunächst Installateure und über diesen dann den Endkunden. Beide Kanäle haben unterschiedliche Anteile. Der wesentliche Grund: Es ist relativ neu, dass Installateure errichten. Die großen Bestandsanlagen sind seit den 50er und 60er Jahren des letzten Jahrhunderts in Betrieb. Sie werden mehrheitlich noch von den damaligen System-Errichtern betreut. Trotzdem hat sich der Marktanteil, der über Installateure bedient wird, um ein Prozent weiter erhöht.

Dieser Trend lässt sich im Markt für Überfall- und Einbruchmeldeanlagen nicht belegen, ob-

Der Markt für Brandmeldeanlagen Deutschland 2005 ZVEI

Anteile am Umsatzvolumen von 895 Mio. Euro
Systemhäuser direkt: 63 %
Über Installateure: 37 %

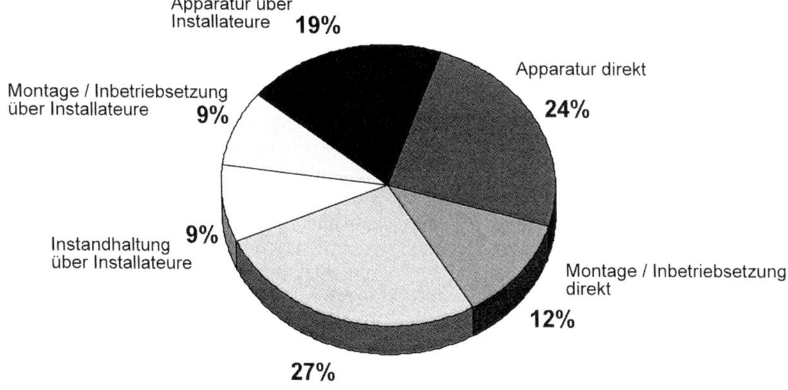

Quelle: ZVEI Notarstatistik / Expertenschätzung

Der Markt für Überfall- und Einbruchmeldeanlagen Deutschland 2005

Anteile am Umsatzvolumen von 612 Mio. Euro
Systemhäuser direkt: 52 %
Über Installateure: 48 %

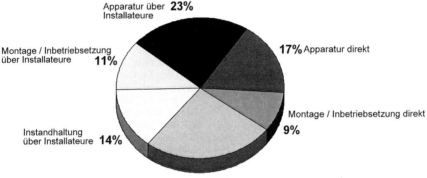

Apparatur über Installateure **23%**
17% Apparatur direkt
Montage / Inbetriebsetzung direkt **9%**
26% Instandhaltung direkt
Instandhaltung über Installateure **14%**
Montage / Inbetriebsetzung über Installateure **11%**

Quelle: ZVEI Notarstatistik / Expertenschätzung

wohl er über mehrere Jahre hin sehr wohl zu erkennen ist. Die schwache Konjunktur bei Überfall- und Einbruchmeldeanlagen haben die Systemhäuser offenbar besser überstanden als die Installateure. Allerdings sind die Aufwendungen bei der Instandhaltung besonders stark zurückgegangen; das weist auf einen intensiv geführten Preiskampf hin.
Insgesamt lässt sich folgendes Fazit zum Markt für elektronische Sicherheitssysteme für 2005 ziehen: Der Markt stand unter erheblichem Druck. Die Stückzahlen haben sich deutlich stärker entwickelt als die Umsätze. Unschwer lässt sich erkennen, dass somit die Preise im vergangenen Jahr weiter rückläufig waren.

Statement von Angelika Staimer, Vorsitzende des Arbeitskreises Marketing/Kommunikation im Fachverband Sicherheitssysteme auf der Pressekonferenz des Fachverbandes Sicherheitssysteme am 7. Juni 2006

Wach- und Sicherheitsdienstleistungen Sicherheitsgewerbe in Deutschland: Bestandsaufnahme und Ausblick

*von Dr. Harald Olschok**

Vorbemerkungen

Seit über einem Jahrhundert schützen sich Wirtschaft, Bürger und auch der Staat im Rahmen eigener Vorsorge gegen unterschiedlichste Risiken und bedienen sich dabei privater Wach- und Sicherheitsunternehmen. In der ersten Hälfte des Jahres 1901 wurden zeitgleich in Kopenhagen und Hannover die ersten Sicherheitsunternehmen Europas gegründet. Bis vor wenigen Jahren waren die Mitarbeiterinnen und Mitarbeiter des Sicherheitsgewerbes für die breite Öffentlichkeit jedoch weitgehend „unsichtbar", weil sie überwiegend im Hausrechtsbereich der Auftraggeber eingesetzt waren. Das hat sich verändert. Der Schutz von Veranstaltungen oder von Wohngebieten, der Einsatz von „City-Streifen" im Auftrag des Einzelhandels bzw. von Kommunen oder die Begleitung des Öffentlichen Personen Verkehrs (ÖPV) haben zu einer verstärkten öffentlichen Wahrnehmung des Sicherheitsgewerbes

geführt. Obwohl die angesprochenen Aufgaben nur von einem verhältnismäßig kleinen Teil der 180.000 Beschäftigten ausgeübt werden, hatte dies zu einer teilweise kritischen politischen und juristischen Diskussion geführt. Die Novellierung des § 34a der Gewerbeordnung mit der Einführung einer Sachkundeprüfung für Kontrolltätigkeiten im öffentlichen Raum im Jahre 2002 hat zu einer Beendigung dieser Diskussion geführt.

Wirtschaftliche Entwicklung

Das Sicherheitsgewerbe hat seine Umsätze seit 1950 kontinuierlich gesteigert. Allein von 1992 bis 2003 kam es zu einer Verdopplung des Umsatzes. Als Folge der Globalisierung hat der Wettbewerbsdruck weltweit zugenommen. Die Wirtschaft konzentriert sich auf ihre Kernaufgaben und vergibt Tätigkeiten fremd, die nicht mit der eigentlichen Wertschöpfung zusammenhängen. Die Vorteile liegen vor allem in der Kosteneinsparung. Bislang anfallende Fixkosten werden durch „Outsourcing" zu variablen Kosten. Unternehmen können dadurch schneller und flexibler auf Marktveränderungen reagieren. Das Wach- und Sicherheitsgewerbe gehört neben dem Kantinenbetrieb und der Gebäudereinigung zu den vom „Outsourcing" begünstigten Branchen. Umso überraschender ist es, dass es erstmals in der Nachkriegsgeschichte im Jahr 2004 zu einem Umsatzrückgang von 3,2 % gekommen ist. Verantwortlich für den Umsatzrückgang sind vor allem die gesamtwirtschaftliche Entwicklung in Deutschland und der Preisverfall. Viele Unternehmen, vor allem mittelständische, verzichten in einer schwierigen wirtschaftlichen Situation gänzlich auf Ausgaben für die Sicherheit bzw. reduzieren die Budgets für die Sicherheit, da diese im Sinne der betrieblichen Wertschöpfung als nicht produktiv gelten. Dieser Kostendruck wird an die Sicherheitsunternehmen weiter gegeben. Bei insgesamt rund 3.000 Sicherheitsunternehmen in Deutschland gibt es genügend Wettbewerber die bereit sind, für geringere Preise die Sicherheitsdienstleistung anzubieten. Bei einer Reihe von Unternehmen kommt es auch zu einer Rückgängigmachung der Fremdvergabe („Insourcing"). Kommt es beispielsweise in der Produktion zu einem Personalüberhang und sollen aus betrieblichen Gründen Entlassungen vermieden werden, so werden diese Mitarbeiter häufig in den Objekt- bzw. Werkschutz versetzt. Die Folge ist die Kündigung des Auftrags für den Sicherheitsdienstleister. Schließlich führt auch die zunehmende Leistungsfähigkeit elektronischer Sicherheitsanlagen (Video- bzw. Fern-

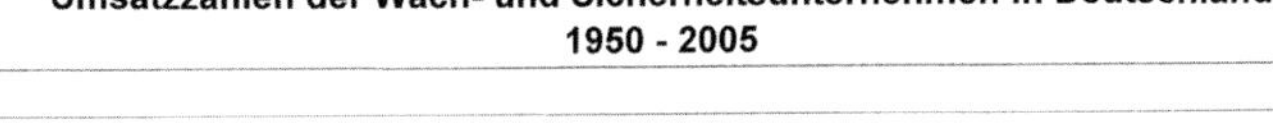

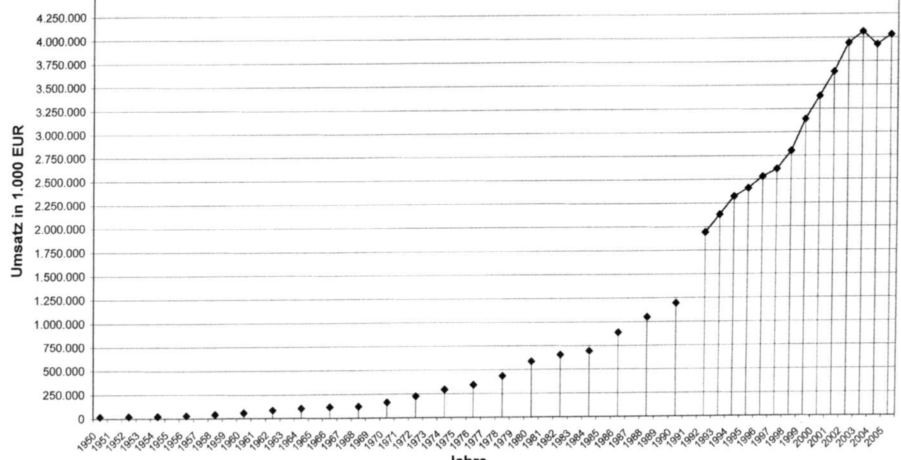

überwachung etc.) zu einer Wegrationalisierung von Personal für einfache Überwachungstätigkeiten. Diese Tendenz begünstigt Unternehmen mit einer qualitativ hochwertigen Notruf- und Serviceleitstelle. Die zunehmenden Umsätze in diesem Bereich können aber die wegfallenden Umsätze im Bereich der personellen Dienstleistung nicht kompensieren.
75 % der Aufträge der privaten Sicherheitsdienste stammen aus der gewerblichen Wirtschaft. Der staatliche Anteil an den Gesamtumsätzen des Gewerbes liegt heute bei einem Viertel. Quantitativ unbedeutend und statistisch kaum messbar sind Privatpersonen als Auftraggeber. Zunehmende Bedeutung haben private Haushalte allerdings bei der Aufschaltung einer Alarmanlage auf Notrufzentralen bei privaten Sicherheitsdiensten.
Der Gesamtumsatz der Branche in Höhe von rund 4 Mrd. € verteilt sich wie folgt auf die 5 Marktsegmente:

- Bewachung und Werkschutz 75 %
- Revier- und Streifendienste 5 %
- Flughafensicherheit 5 %
- Notruf- und Serviceleitstelle 5 %
- Geld- und Wertdienste 10 %

Marktstruktur

Das Wach- und Sicherheitsgewerbe ist in Deutschland traditionell stark mittelständisch geprägt. Daran ändern auch die Fusionen und Aufkäufe der am Markt führenden Unternehmen in den letzten Jahren wenig. Es ist inzwischen eine gewisse Bereitschaft erkennbar, belastbare Marktdaten zu veröffentlichen. In der Zeitschrift WIK wurde vor kurzem eine Marktübersicht mit eigenen Angaben veröffentlicht. Die sechs größten Unternehmen in Deutschland listet die Tabelle unten auf.
Der Marktanteil der genannten Unternehmen liegt bei ca. 37 %. Interessant ist die Konzentration im Wach- und Sicherheitsgewerbe anhand der Umsatzgrößen. Die 300 größten von insgesamt 3.000 Unternehmen auf dem Markt erzielen einen Umsatz von 3,3 Mrd. €. Anders ausgedrückt: 10 % der größten Unternehmen haben einen Marktanteil von 83 %. Die übrigen 2.700 Unternehmen müssen sich mit dem Rest des Marktes zufrieden geben. Der Konzentrationsprozess hat ein sehr hohes Niveau erreicht. Er verdeutlicht auch, dass es den vielen Neugründungen nicht gelungen ist, größere Marktanteile zu realisieren. Innovative mittelständische Unternehmen, die zum Teil schon über 100 Jahre bestehen, werden auch in Zu-

Die größten Sicherheitsunternehmen im Jahr 2005

SECURITAS	mit Sitz in Düsseldorf	
	14.000 Beschäftigte	Jahresumsatz 430 Mio. €
G4S	mit Sitz in Hamburg und Kassel	
	7.000 Beschäftigte	Jahresumsatz 250 Mio. €
	Sicherheitsdienste und Geld- und Wertlogistik	
VSU Vereinigte Sicherheitsunternehmen	mit Sitz in Hannover und Köln	
	7.000 Beschäftigte	Jahresumsatz 220 Mio. €
	Sicherheitsdienste sowie Geld- und Wertdienste	
Kötter Security Services	mit Sitz in Essen	
	9.700 Beschäftigte	Jahresumsatz 205 Mio. €
	Sicherheitsdienstleistung, Geld- und Wertdienste, Arbeitnehmerüberlassung und Reinigung	
Pond Security	mit Sitz in Erlensee	
	4.500 Beschäftigte	Jahresumsatz 180 Mio. €
W.I.S. Sicherheit und Service	mit Sitz in Köln	
	4.500 Beschäftigte	Jahresumsatz 120 Mio. €
	Sicherheitsdienstleistung und Geld- und Wertdienste	
WISAG Sicherheitsdienste	mit Sitz in Frankfurt	
	3.600 Beschäftigte	Jahresumsatz 91,4 Mio. €

kunft gute Marktchancen haben. Eine leistungsfähige regionale Präsenz ist bei öffentlichen und privaten Auftraggebern von großem Vorteil.

Aufgabengebiete

Eine moderne Industriegesellschaft zeichnet sich durch eine hoch spezialisierte, arbeitsteilige und vernetzte Wirtschaft aus. Um die Risiken einer kostenträchtigen Unterbrechung von Produktion und Dienstleistungserstellung zu minimieren, sind vielfältige Maßnahmen zur Gefahrenabwehr notwendig. Gesetzliche Auflagen verpflichten Unternehmen und Behörden, Mensch, Tier und Natur zu schützen. Gefahren in einer „Risikogesellschaft" lauern u. a. bei Feuer, Wasser, Wetter und Kriminalität. Der Wert der zu bewachenden Objekte, das Anspruchsniveau der Auftraggeber, die eingesetzte Technik, die großen Herausforderungen durch die gestiegenen Risiken, aber auch die immer komplexer werdende Rechtsordnung haben die Anforderungen an die Unternehmen und ihre Mitarbeiter kontinuierlich erhöht und zu einer zunehmenden Fremdvergabe von Sicherheitsaufgaben an spezialisierte Dienstleister geführt. Das Sicherheitsgewerbe hat sich weltweit zu einem umfassenden „Allround-Sicherheitsdienstleister" mit „Generalfunktion zur Risikominimierung" entwickelt. Das reicht – wie die Abbildung (S. 25) zeigt – vom Pforten- und Empfangsdienst über den Werkschutz bis hin zur Werksfeuerwehr:

Ausbildung der Beschäftigten

Die vielschichtigen Tätigkeiten der privaten Sicherheitsdienste lassen eine für alle Bedürfnisse zugeschnittene Ausbildung nicht zu. Die Beschäftigten werden aus den verschiedensten Berufszweigen, mit unterschiedlichen Erfahrungen und unterschiedlichstem Qualifikationsniveau rekrutiert. In der Regel erfolgt eine aufgaben- und tätigkeitsbezogene Ausbildung durch das Unternehmen. In den vergangenen Jahrzehnten haben die Verbände für Sicherheit in der Wirtschaft und die vom BDWS anerkannten und empfohlenen Sicherheits- und Werkschutzfachschulen verschiedene modulare, aufgabenbezogene Lehrgänge entwickelt. Das Unterrichtungsverfahren nach § 34a der Gewerbeordnung ist keine Grundausbildung, sondern stellt eine Berufszugangsregelung dar und soll den Beschäftigten die rechtlichen Dimensionen ihrer Tätigkeit verdeutlichen. Ein deutlicher Schritt darüber hinaus ist die ab 1. Januar 2003 gesetzlich geforderte Sachkunde-

180.000 Beschäftigte im Wach- und Sicherheitsgewerbe (Stand 31.12.2005)
(davon 115.000 sozialversicherungspflichtig Beschäftigte)
Einsatzgebiete

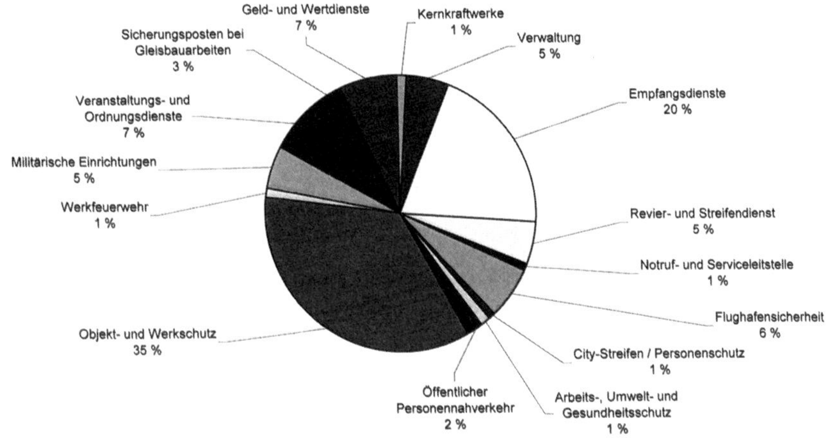

prüfung für Tätigkeiten im öffentlichen Raum. Die Einführung des Ausbildungsberufes „Fachkraft für Schutz und Sicherheit" im Jahr 2002 ist ein Meilenstein für unser Gewerbe. Inzwischen werden über 1.700 junge Menschen in dem 2002 neu eingeführten Beruf ausgebildet. Dieser ist die Reaktion auf immer komplexer und anspruchsvoller werdende Sicherheitsaufgaben. Die Fachkraft ist auch Ausdruck der Professionalisierung des Sicherheitsgewerbes und vermittelt erstmals ein konsistentes Berufsbild für die gesamte Sicherheitsbranche. Sie ist damit auch ein Instrument, um künftig geeignetes Personal für immer schwieriger und komplexer werdende Sicherheitsaufgaben zu gewinnen. Damit ist das Gewerbe auch für die Übernahme neuer Aufgaben nicht nur aus dem staatlichen Bereich bestens gerüstet. Ebenfalls im Rahmen der dualen Berufsausbildung ist zurzeit ein 2-jähriger Ausbildungsberuf mit dem Arbeitstitel „Objektschutzfachkraft" in Planung. Er ist inhaltlich eng mit der Fachkraft für Schutz und Sicherheit verknüpft, ohne jedoch die sehr umfangreichen kaufmännischen Themenkreise zu behandeln. Für Quereinsteiger in die Sicherheitswirtschaft gibt es als Nachfolge zur IHK-Geprüften Werkschutzfachkraft seit 1. Januar 2006 die „Geprüfte Schutz- und Sicherheitskraft IHK". Diese Fortbildungsprüfung wurde bereits in ca. 20 Industrie- und Handelskammern, die bisher Werkschutzfachkraft-Prüfungen durchgeführt haben, eingeführt. Eine auf diesen Prüfungen basierende bundesweite Fortbildungsverordnung ist in Planung.

Führungskräfteausbildung

Im Unterschied zu vielen anderen Branchen bieten Sicherheitsunternehmen für Arbeitnehmer/innen, die über keine Hochschulausbildung verfügen, (noch) interessante und attraktive Führungspositionen. Wenn künftig neue Märkte systematisch bearbeitet und erschlossen werden und höhere Gewinne und bessere Umsätze realisiert werden sollen, dann ist verstärktes Augenmerk auf die Ausbildung eines qualifizierten Führungskräftenachwuchses zu richten. Führungskräftenachwuchs, der um die Besonderheiten und Stärken der eigenen Branche weiß und der gleichzeitig in der Lage ist, diese im Rahmen der gesamten Marktentwicklung zu beurteilen.

Der zukünftige Bedarf von Führungskräften vor dem Hintergrund sich verändernder Aufgaben für das private Sicherheitsgewerbe wurde vor einem Jahrzehnt bereits von Vertretern der

Hochschule für öffentliche Verwaltung in Bremen erkannt. Zum Wintersemester 1997/98 sollte ein achtsemestriger Studiengang „Öffentliches und privates Sicherheitsmanagement" als Modellversuch gestartet werden. An der öffentlichen Hochschule, an der normalerweise Polizisten für den gehobenen Dienst ausgebildet werden, sollten auch Angehörige des privaten Sicherheitsgewerbes studieren können. Dieser Modellversuch scheiterte jedoch auf Grund politischer Widerstände. Erfolgreicher war die Fachhochschule Verwaltung und Dienstleistung (FHVD) in Kiel/Altenholz. Auch diese ist Ausbildungsstätte für den gehobenen Dienst der Landespolizei in Schleswig-Holstein. Seit 1999 wird im Fachbereich Polizei der Fachhochschule das „Kontaktstudium Sicherheitsmanagement" mit dem Abschluss Sicherheitsfachwirt (FHVD) innerhalb einer 18-monatigen Regelstudienzeit angeboten.
Die Fachhochschule für Öffentliche Verwaltung in Berlin hat im Wintersemester 2005/2006 mit der Einführung des Studiengangs „Sicherheitsmanagement" für das Sicherheitsgewerbe begonnen. Die vor ihrer Gründung stehende Hochschule der Polizei in Hamburg wird 2007 ebenfalls mit einem Studiengang für Führungskräfte der Sicherheitswirtschaft beginnen. Dieses Projekt zeichnet sich durch ein gemeinsames Grundstudium für die Studenten der Polizei und der Sicherheitswirtschaft aus. Diese Studiengänge sind der richtige Schritt in die richtige Richtung. Um der zunehmenden Bedeutung der privaten Sicherheit gerecht zu werden, sind entsprechende Angebote für die Ausbildung des Führungsnachwuchses notwendig.

Qualität der Auftragsvergabe

Die eingeleiteten Maßnahmen des Sicherheitsgewerbes und des BDWS zur Verbesserung der Qualität der Ausbildung und damit zur Qualität der Dienstleistung können nur dann erfolgreich sein, wenn sie vom Auftraggeber auch honoriert werden. Deshalb hat der BDWS in den vergangenen Jahren einige Anstrengungen zur Information für die Kunden seiner Mitgliedsunternehmen unternommen. Das „Handbuch für die Vergabe von Aufträgen an Wach- und Sicherheitsdienste" wendet sich an diejenigen Auftraggeber, die sicherstellen möchten, dass sie ein Unternehmen auswählen, das sowohl Qualität als auch einen günstigen Preis anbietet, anstatt nur auf das billigste Preisangebot zu setzen. Das Handbuch beinhaltet ein übersichtliches System für die Bewertung der Angebote, das an die jeweiligen Anforderungen des Auftraggebers und Sicherheitsauftrages angepasst werden kann.
Dieses sogenannte „Bestbieter-Konzept" ist auch die Grundlage für die Entwicklung der DIN 77200 „Anforderungen an Sicherungsdienstleistungen". Diese Norm wurde in einer fast vierjährigen Arbeit von einem Arbeitskreis beim Deutschen Institut für Normung in Berlin entwickelt und im Jahr 2002 vorgestellt. Die DIN 77200 enthält transparente und nachprüfbare Qualitätskriterien für Sicherungsdienstleistungen. Sie hat ca. 4 Jahre nach ihrer Fertigstellung leider noch nicht die Bedeutung, die sich die Branche gewünscht hat. Die DIN 77200 muss mehr als bisher in das Bewusstsein der Auftraggeber gebracht werden. Dies ist Voraussetzung für eine künftige Entwicklung, die sich nicht nur am Preis, sondern auch an der Qualität der Dienstleistung orientiert. Um den Normgedanken auf eine breitere Basis zu stellen, setzt sich der BDWS für die Entwicklung einer europäischen CEN-Norm „Security Services" ein. Ein erstes Teilprojekt wurde im Sommer 2006 verabschiedet und durchläuft nun das Abstimmungsverfahren in den 29 Mitgliedsstaaten des europäischen Normungsinstituts CEN.

Zunehmende Bedeutung von Europa

Die Entwicklung dieses europäischen Normungsvorhabens ist auch eine Reaktion auf die zunehmende Bedeutung Europas für unsere wirtschaftliche und gesellschaftliche Entwicklung. Dies gilt auch in besonderem Maße für das Wach- und Sicherheitsgewerbe. Die EU-Luftsicherheitsverordnung aus dem Jahr 2004 hat neue Vorgaben für die Personenkontrolle auf Flughäfen eingeführt. Als Folge sind mehrere hundert Arbeitsplätze für das Sicherheitsgewerbe geschaffen worden. Die EU-Verordnung zur Maritimen Sicherheit aus dem Februar 2004 hat ebenfalls neue Anforderungen für diesen Bereich geschaffen. Dadurch wurde das Sicherheitsgewerbe begünstigt. Urteile des europäischen Gerichtshofes zur Arbeitsbereitschaft bzw. zum Betriebsübergang sowie die

europäische Arbeitszeitrichtlinie zeigen die Bedeutung Europas für die Arbeitsbedingungen der Beschäftigten.
In den vergangenen 3 Jahren hat sich sowohl der BDWS als auch der europäische Dachverband - CoESS - intensiv mit dem Entwurf der Kommission für eine EU-Dienstleistungsrichtlinie auseinandergesetzt. Kernstück der Dienstleistungsrichtlinie ist das Herkunftslandprinzip. Erfreulicherweise ist es uns gelungen, das Sicherheitsgewerbe aus dem Geltungsbereich des Herkunftslandprinzips auszunehmen. Ansonsten hätten Sicherheitsunternehmen aus allen 24 EU-Staaten die Möglichkeit gehabt, ihre Dienste in Deutschland anzubieten, ohne eine weitere Zulassungs- und Zuverlässigkeitsprüfung zu durchlaufen. Die EU-Kommission sieht nun vor, dass drei Jahre nach In-Kraft-Setzung der Dienstleistungsrichtlinie geprüft wird, ob eine eigenständige Richtlinie für das Sicherheitsgewerbe und auch für die Geld- und Wertdienste eingeführt werden soll. In den 25 Mitgliedsstaaten der EU sind insgesamt rund 27.000 Sicherheitsunternehmen tätig. Sie beschäftigen über 1,1 Mio. Mitarbeiterinnen und Mitarbeiter.
Künftig wird es zu einer stärkeren Internationalisierung im Bereich der Dienstleistungsmärkte kommen. Die EU fördert diesen Dienstleistungsaustausch. Dabei müssen jedoch die deutschen Interessen ausreichend berücksichtigt werden. Für die Entlohnung besteht Einigkeit mit den Gewerkschaften, dass tarifvertraglich oder gesetzlich die Löhne am Einsatzort vorzuschreiben sind (tariflicher Mindestlohn). Ansonsten gerät unser in vielen Jahrzehnten erfolgreich entwickeltes Tarifgefüge in große Schwierigkeiten. Für die Tätigkeit der Sicherheitsunternehmen in einem immer enger werdenden europäischen Dienstleistungsmarkt ist eine Harmonisierung folgender Mindestbedingungen zu diskutieren:

- Zulassung für Unternehmen und Arbeitnehmer
- Grundausbildung
- Befugnisse
- Waffen, Hunde, Uniform
- öffentliche Auftragsvergabe.

Informelle Zusammenarbeit zwischen Polizei und Sicherheitsgewerbe: Kooperationsverträge

Erstmals wurde am 17. Juni 1999 in Frankfurt am Main ein Kooperationsvertrag zwischen der Polizei und dem BDWS unterzeichnet. Wenig später folgten Düsseldorf und die hessische Landeshauptstadt Wiesbaden sowie Essen. Am 3. Juni 2000 haben in Schwerin Mecklenburgs Innenminister und der Vorsitzende der BDWS-Landesgruppe Mecklenburg-Vorpommern Leitmotive der Zusammenarbeit zwischen Landespolizei und privaten Sicherheitsdiensten vereinbart. Damit wurde ein neues Kapitel in der Zusammenarbeit zwischen Polizei und Sicherheitsdiensten in Deutschland aufgeschlagen. Weitere Verträge gibt es inzwischen in Sachsen (März 2002 und Januar 2006), Hamburg (November 2002), Schleswig-Holstein (Januar 2006) und Berlin (März 2006). Auch wenn die Kooperationsverträge in den einzelnen vertraglichen Regelungen von einander abweichen, so sind sie hinsichtlich der Grundaussagen identisch:

- die Gewährleistung der öffentlichen Sicherheit ist Aufgabe des Staates,
- die Tätigkeit des privaten Sicherheitsgewerbes ist eine sinnvolle Ergänzung der polizeilichen Arbeit,
- private Sicherheitsdienste und Polizei arbeiten auf der Grundlage bestimmter Voraussetzungen im Interesse der Bürgerinnen und Bürger zusammen.

Als Grundsatz dieser Zusammenarbeit gilt das Motto „Beobachten, Erkennen, Melden". Besonders wichtig ist aus Sicht des BDWS die Forderung nach Einhaltung von anforderungsgerechten Qualitätskriterien bei den beteiligten Unternehmen. Die Bewährung am Markt, das Vorhandensein einer anerkannten Notruf- und Serviceleitstelle nach den Richtlinien der VdS Schadenverhütung GmbH, eine Zertifizierung gemäß der ISO 9001, eine anforderungsgerechte technische Ausstattung sowie insbesondere eine tarifgerechte Entlohnung sind aus Sicht des Verbandes unabdingbare Voraussetzungen. Die Erwartungshaltung an die abgeschlossenen Kooperationsverträge ist zum Teil überzogen. Die Auswertung der bisherigen Erfahrungen zeigt auch große regionale Unterschiede. Eine besonders aktive Zusammenarbeit gibt es im Freistaat Sachsen. Hier trifft sich regelmäßig die Polizeiführung der Polizei mit Vertretern des Sicherheitsgewerbes. Alle Beteiligten sind sich aber einig, dass die abgeschlossenen Kooperationsverträge den Informations- und Meinungsaustausch gefördert haben. Sie sind eine gute Grundlage für eine künftige Intensivierung der Zusammenarbeit. Das sieht inzwischen auch die GdP. In ihren Grundsatzfragen führt die GdP unter dem Kapitel Verhältnis Polizei - private Sicherheitsdienste u. a. aus: „Kooperationsabkommen zwischen der Polizei und privaten Sicherheitsdiensten, möglicherweise ergänzt durch kommunale Dienststellen, können geeignet sein, das bisherige ungeordnete Nebeneinander in eine geordnete Struktur zu bringen. Hierbei müssen bestehende Rechtsgrundlagen insbesondere hinsichtlich der Befugnisse und des Datenschutzes beachtet werden". Diese Einschätzung wird vom BDWS uneingeschränkt geteilt.

WM 2006 als Musterbeispiel von „Police-Private-Partnership"

Deutschland hat im Sommer eine phantastische WM 2006 erleben dürfen. Sie war das Ergebnis jahrelanger Planung und einer hervorragenden Zusammenarbeit staatlicher und privater Sicherheitsakteure. Neben zehntausenden von Polizisten waren auch 20.000 Beschäftigte des privaten Sicherheitsgewerbes im Einsatz, um den organisatorischen und sicherheitspolitischen Herausforderungen gerecht zu werden. Der Schutz von Veranstaltungen gehört mittlerweile zu den wichtigsten Aufgaben des Sicherheitsgewerbes. Cirka 7 % der Beschäftigten sind in diesem Marktsegment tätig. Die privaten Sicherheitsdienste sind in der Lage, im Rahmen des Veranstaltungsschutzes alle von den Auftraggebern übertragenen Aufgaben wahrzunehmen. Der Veranstaltungsschutz beinhaltet die Sicherung des ungestörten Ablaufs einer Veranstaltung einschließlich notwendiger Vorfeldaktivitäten und Nachsorgemaßnahmen. Die Aufgaben im Veranstaltungsschutz umfassen u. a. die Parkraumbewirtschaftung, Kartenverkauf, Cash-Management, Einlasskontrolle, Garderobenbewirtschaftung, Platzanweisung, Ordnungs- und Aufsichtsdienste, Sanitäts-, Rettungs- und Hilfsdienste, Brandschutzkontrollen sowie Personen- und VIP-Betreuung.

Die Bedeutung der privaten Sicherheitsdienste für die WM 2006 hatte der damalige Bundesinnenminister Otto Schily bereits vorher erkannt. In einer Rede am 29. Oktober 2004 in Köln wies er darauf hin, dass die privaten Sicherheitsdienste im Jahr 2006 eine besondere Aufgabe erwarte. Immer mehr würden sie für den ordnungsgemäßen Ablauf einer Großveranstaltung sorgen und damit eine wertvolle Ergänzung zur polizeilichen Arbeit leisten. Die Polizeien der Länder und des Bundes würden für ein weltoffenes und lebendiges Deutschland ebenso ihren Beitrag leisten wie die privaten Sicherheitsunternehmen. Diese Einschätzung wurde voll bestätigt.

„Neue Sicherheitsarchitektur"

Die überaus enge und konstruktive Zusammenarbeit zwischen Polizei und privatem Sicherheitsgewerbe wird auch nach der WM immer wichtiger werden. Die allgemeine Kriminalitätslage, das subjektive Sicherheitsempfinden der Bevölkerung und die Herausforderungen durch neue Erscheinungsformen der Kriminalität erfordern eine – permanente – Neuorientierung des polizeilichen Ressourceneinsatzes. Die Situation der öffentlichen Haushalte lässt eine von vielen gewünschte personelle Aufstockung der Polizei kaum zu. Eine umfassende staatliche Daseinsvorsorge wird künftig nicht mehr möglich sein. Die Eigen- und Mitverantwortung der Bürger/Innen und der Wirtschaft muss gestärkt und das Subsidiaritätsprinzip auch in Fragen der Inneren Sicherheit stärker als bisher beachtet werden. Die Gewährleistungsfunktion des Staates für die Innere Sicherheit muss nicht in jedem Falle und ausschließlich durch staatliche Bedienstete erfüllt werden. Beispielhaft sei auf die Personen- und Gepäckkontrollen im Rahmen des Luftsicherheitsgesetzes hingewiesen. Im Auftrag der Bundespolizei sind ca. 4.000 private Sicherheitskräfte – so genannte Luftsicherheitsassistenten – tätig, die einem qualifizierten Überprüfungs- und Ausbildungsverfahren unterzogen werden.

Neue Konzepte sind im Bereich der Inneren Sicherheit gefordert. Zwar gibt es seit geraumer Zeit in Deutschland eine intensive Diskussion über eine „neue Sicherheitsarchitektur". Diese Diskussion stellt aber fast ausschließlich auf staatliche Sicherheitsorgane, deren künftige Aufgaben, Kompetenzen und Zusammenarbeit ab. Das private Sicherheitsgewerbe bleibt hierbei weitgehend ausgeblendet. Diese Diskussion vernachlässigt bereits heute vorhandene konzeptionelle Vorüberlegungen und Erfahrungen und wird ihrem Anspruch einer „neuen Sicherheitsarchitektur" nicht gerecht.

Kommission „Staatsaufgabenkritik"

Der Berliner Senat hatte am 14. März 2001 eine Expertenkommission „Staatsaufgabenkritik" einberufen und ihr den Auftrag erteilt, vor dem Hintergrund notwendiger struktureller Veränderungen die Erhöhung der Leistungs- und Wettbewerbsfähigkeit der Berliner Verwaltung zu untersuchen. Der Abschlussbericht wurde am 23. November 2001 in Berlin vorgestellt (www.berlin.de/senfin/Presse/Alt/231101.html). Die Kommission schlägt für den Bereich der Polizei vor, den arbeitsteiligen Verbund zwischen Polizei und privaten Sicherheitsdiensten zu verbessern. In dem Abschlussbericht wird auch auf die Ausführungen des AK II der Innenministerkonferenz hingewiesen, wonach private Sicherheitsdienste professionelle Polizeiarbeit nicht ersetzen, aber außerhalb des hoheitlichen Bereichs einen wirksamen Beitrag zur Kriminalprävention leisten können. Das gilt insbesondere für den Schutz von Wirtschaftsunternehmen und Veranstaltungen sowie Sicherheitsmaßnahmen im Öffentlichen Personen Verkehr. Damit wird nach Auffassung der Expertenkommission die Grundlage dafür gelegt, künftig private Sicherheitsdienste mit öffentlichen Aufgaben zu betrauen. Bezug nehmend auf die seit vielen Jahren erbrachten Sicherheitsdienstleistungen sieht die Expertenkommission „Staatsaufgabenkritik" folgende Ansatzpunkte für eine verstärkte Heranziehung privater Sicherheitsdienste für Unterstützungsleistungen bei der Gewährleistung bzw. Verbesserung der öffentlichen Sicherheit und Ordnung:

- Unterstützung bei Präventionsmaßnahmen,
- Bekämpfung der Alltags- und Straßenkriminalität, beispielsweise die regelmäßige und flächendeckende Präsenz von uniformierten Sicherheitskräften, indem private Sicherheitsdienste im erweiterten Verbund mit der Polizei unterstützende Dienste im öffentlichen Raum leisten,

- Überwachung von Ordnungsrecht, da die Polizei nicht in der Lage sei, die öffentliche Sicherheit und Ordnung in diesem Bereich zufriedenstellend zu gewährleisten, sei der Rückgriff auf private Sicherheitsdienste unausweichlich, die als Verwaltungshelfer oder beliehene Hoheitsträger Unterstützungsleistung für Polizei und Ordnungsbehörden leisten können. Voraussetzung für die Aufgabe seien jedoch einschlägige landesgesetzliche Regelungen,
- Entlastung bei Verkehrsaufgaben,
- Veranstaltungen und Versammlungen.

Vor dem Hintergrund dieser möglichen Ansatzpunkte wurde der Senat aufgefordert, ein integriertes Gesamtkonzept „Verbund Polizei und private Sicherheitsdienste" auf der Grundlage der vorgenannten Leitlinien vorzulegen. In dieses Gesamtkonzept sollten auch verbindliche Maßstäbe hinsichtlich der Aus- und Fortbildung und Qualitätsanforderungen bzw. Leistungsstandards an private Sicherheitsdienste festgelegt werden. Die Aus- und Fortbildung der privaten Sicherheitsdienste sollte auch in enger Abstimmung und Kooperation mit der Polizei erfolgen. Ein weiterer konkreter Vorschlag war die Durchführung eines Pilotprojektes zur Privatisierung des polizeilichen Objektschutzdienstes. Heute, fast 5 Jahre nach Vorlage des Abschlussberichtes, ist weder in Berlin noch in anderen Bundesländern ein politischer Wille zur Umsetzung dieser Vorschläge erkennbar.

Teilprivatisierung im Strafvollzug

Mittlerweile gibt es in Deutschland eine Diskussion darüber, inwieweit im Bereich von Justizvollzugsanstalten private Sicherheitskräfte eingesetzt werden können. Es gibt jedoch im Vergleich zu anderen Staaten enge rechtliche Grenzen. Eine Privatisierung von Haftanstalten wie beispielsweise in Großbritannien, Australien, in den Vereinigten Staaten und teilweise in Frankreich wird in Deutschland in absehbarer Zeit nicht möglich sein. Aber für eine Teilprivatisierung gibt es genügend Spielräume. Die seit vielen Jahren anhaltend hohe Überbelegungsquote in zahlreichen Justizvollzugsanstalten hat vor fast einem Jahrzehnt dazu geführt, dass die Politik nach Alternativen Ausschau gehalten hat.

Nach den Landtagswahlen in Hessen im Jahr 1999 hat sich die neu gewählte Koalitionsregierung von CDU und FDP darauf verständigt, zum Abbau der unannehmbaren Überbelegung in den hessischen Haftanstalten ein neues Gefängnis zu errichten. Dieses sollte aus Kostengründen privatwirtschaftlich geplant und gebaut werden. Auch der Betrieb sollte bis auf zwingend hoheitliche Aufgaben in privater Organisationsform erfolgen. Um die Alternativen zu evaluieren hatte die hessische Landesregierung eine Kommission eingerichtet, deren Aufgabe es war, die Privatisierungsspielräume aufzuzeigen. Diese Kommission kam zu folgendem Ergebnis: „Die Summe der Aufgaben mit dienstleistendem Charakter im Strafvollzug, die durch vertraglich verpflichtete Personen wahrgenommen werden können, betrifft etwa 30 bis 40 % des Personalkörpers einer Justizvollzugsanstalt. In diesem nicht unerheblichem Umfang kann der Betrieb einer Justizvollzugsanstalt privat organisiert werden".
Diese Aussage basiert auf der Auflistung, Analyse und Bewertung von über 110 verschiedenen Aufgaben- und Tätigkeitsbereichen in einer Justizvollzugsanstalt. Bei rund 25.000 Beamten, die in Justizvollzugsanstalten beschäftigt sind und der genannten „Privatisierungsquote" von bis zu 40 %, könnten bis zu 10.000 Arbeitsplätze an „Private" fremd vergeben werden. Eine Teilprivatisierung im Strafvollzug hat Vorteile im Hinblick auf die Kosten, die Effizienz, die Flexibilität des Personaleinsatzes und auch der Mitarbeitermotivation. Nach einer langjährigen Vorbereitungszeit wurde im Dezember 2005 diese privat geplante Justizvollzugsanstalt in Hünfeld eröffnet. Mit der Aufgabe wurde ein europaweit tätiges Unternehmen beauftragt. Der Anteil der fremd vergebenen Sicherheitsaufgaben in diesem neuen Gefängnis ist äußerst gering. Dennoch wird dies aus verschiedenen Gründen erst der Anfang sein. Erste Diskussionen über eine teilprivatisierte Justizvollzugsanstalt gibt es bereits in Baden-Württemberg.

Ausblick

Wir sind auf dem Weg zu einer „neuen Sicherheitsarchitektur". Die Gewährleistungsfunktion des Staates für die Innere Sicherheit bleibt grundsätzlich bestehen. Der wirtschaftlich notwendige und politisch gewollte Rückzug des

Staates – z. B. beim Schutz von Objekten und Veranstaltungen – wird dazu führen, dass es bei einem Teil der heute von staatlich Beschäftigten wahrgenommenen Sicherheitsaufgaben zu einer (weiteren) Fremdvergabe an das Sicherheitsgewerbe kommen wird. Durch die Festlegung gesetzlicher Rahmenbedingungen und deren wirksame Kontrolle, wie dies heute z. B. in der Personen- und Gepäckkontrolle nach dem Luftsicherheitsgesetz der Fall ist, könnte dem Rechnung getragen und gleichzeitig Spielraum für unternehmerische Betätigung durch private Sicherheitsunternehmen geschaffen werden.

Der „schlanke" oder „aktivierende Staat" erfordert mehr Eigenverantwortung des Bürgers und der Wirtschaft auch in Sicherheitsfragen. Die Zukunft des Sicherheitsgewerbes wird entscheidend beeinflusst von der Fremdvergabe von Sicherheitsdienstleistungen durch private und öffentliche Auftraggeber. Die Kriminalitätsentwicklung und das subjektive Sicherheitsempfinden haben im Vergleich zur Fremdvergabe eine untergeordnete Bedeutung. Die Marktentwicklung hängt aber auch vom Angebot und damit von der Leistungsfähigkeit privater Sicherheitsunternehmen ab. Im Bereich der "klassischen" Bewachung wird der Konkurrenz- und Wettbewerbsdruck auch in Zukunft weiter zunehmen. Ein weiterer Preisverfall wird die Folge sein. Um so mehr werden qualifizierte Unternehmen versuchen, in neue Geschäftsfelder vorzudringen. Die Entwicklung des Sicherheitsgewerbes zu einem modernen Dienstleistungssektor für Sicherheits- und Serviceaufgaben wird weiter gehen.

**Hauptgeschäftsführer BDWS, Bundesverband Deutscher Wach- und Sicherheitsunternehmen e. V.*

Geld- und Wertdienste

*von Dr. Harald Olschok**

Vorbemerkungen

Die gesamte Branche der Geld- und Wertdienste ist durch die Untersuchungen bei der HEROS-Unternehmensgruppe am 17. Februar 2006 und die anschließende Insolvenz in den Blickpunkt des öffentlichen Interesses gerückt. In den Jahren zuvor hatte sich die in Hannover ansässige Unternehmensgruppe zum unbestrittenen Marktführer der Branche entwickelt. Der unaufhaltsame Aufstieg war in Anbetracht des Preis-Dumpings, das die Philosophie von HEROS über viele Jahre gekennzeichnet hat, unter betriebswirtschaftlichen Aspekten nicht nachvollziehbar. Wie wir heute wissen, wurde die Expansion im In- und Ausland durch Unterschlagungen in einer Größenordnung von 350 Mio. € finanziert. Die mit der „HEROS-Pleite" verbundenen negativen Auswirkungen auf die gesamte Branche sind im Sommer 2006 noch nicht abzuschätzen. Ein amerikanischer Finanzinvestor führt das Unternehmen unter SecurLog weiter und hat den Firmensitz nach Düsseldorf verlegt. Von den knapp 5.000 ehemaligen Beschäftigten von Heros wurden Presseinformationen zufolge weniger als 3.000 übernommen.

Marktentwicklung

Für den Bereich des Geld- und Werttransportes gibt es keine eigene Umsatz- oder Beschäftigtenstatistik. Statistisch gesehen unterliegt dieser Bereich dem Sicherheitsgewerbe.

Vom Gesamtumsatz der Branche entfallen auf die Geld- und Wertdienste rund 10 %, sodass dieser Bereich einen Umsatz von ca. 400 Mio. € erwirtschaftet. Davon entfallen auf den Geldtransport 80 % und auf die Geldbearbeitung 20 %. Beschäftigt waren Ende 2005 ca. 10.000 Mitarbeiter/Innen, davon ca. 2/3 im Geldtransport und ca. 1/3 in der Geldbearbeitung. Die Geld- und Wertdienste haben sich in den letzten Jahren von reinen Geldtransporteuren zu Bargeld-Logistikern entwickelt. Das Angebot reicht von der Zählung sowie Sortierung von Münz- und Papiergeld über die Befüllung von Geldausgabeautomaten bis zur Abwicklung von Abrechnungen. Der Preis- und Wettbewerbsdruck, der in den letzten Jahren durch die fast übermächtige HEROS-Konkurrenz zu verzeichnen war, hat zu einer äußerst schwierigen wirtschaftlichen Situation geführt. Haben die Geld- und Wertdienste im Jahr 2002 noch zu einer sicheren effizienten Einführung des Euro beigetragen, so sind sie Anfang 2006 in ihre unbestreitbar größte Krise gerutscht. Dafür verantwortlich waren nicht nur das Unternehmen HEROS, sondern auch die Kunden der Branche. Die Tendenz zu überregionaler Auftragsvergabe, zum Verlust traditioneller Kundenbeziehungen und die vor der Euro-

Einführung aufgebauten Überkapazitäten haben zu einer dramatischen Veränderung geführt. Nur kurz nach der Euro-Einführung setzte der Niedergang der Branche ein. Kunden aus Kreditgewerbe und Handel haben, verständlicherweise, die Überkapazitäten der Branche konsequent ausgenutzt. Gewinner dieser Entwicklung war bis zum 17. Februar 2006 die Unternehmensgruppe HEROS aus Hannover, die weder dem Arbeitgeberverband BDWS noch dem Fachverband BDGW angehörte. Die daraus resultierenden Konsequenzen für die Mitgliedsunternehmen der BDGW zeigt ansatzweise die nachfolgende Statistik der Zahl der gepanzerten Fahrzeuge bei den Mitgliedsunternehmen der BDGW:

Bargeld-Handling

Die Bargeldver- und -entsorgung hat für das Funktionieren der Gesamtwirtschaft nach wie vor eine enorme Bedeutung. Über 65 % aller Transaktionen werden bar abgewickelt. Tag für Tag wird ca. 1 Mrd. € von den Geld- und Wertdienstunternehmen über Deutschlands Straßen transportiert und bearbeitet. Trotz Scheck- und Kreditkarten, Prepaid-Karten und Cyber-Money, die Nachfrage nach Bargeld ist ungebrochen. Im Euro-Raum sind Scheine im Wert von 565 Mrd. € im Umlauf, allein die Deutsche Bundesbank hat seit 2002 Noten im Wert von 228 Mrd. € ausgegeben. Zum Vergleich: Kurz vor Ende der „DM-Zeit" waren rund 260 Mrd. DM ausgegeben worden.

Nationaler Bargeldplan der Kreditwirtschaft

Die Kreditwirtschaft hat im Frühjahr 2004 in einem „Nationalen Bargeldplan" eindringlich die Senkung der Kosten für den baren Zahlungsverkehr gefordert. Der Zentrale Kreditausschuss (ZKA) – die Arbeitsgemeinschaft der verschiedenen Verbände des Kreditgewerbes – hat seine Forderung damit begründet, dass die Kosten des Bargeldhandlings für das Kreditgewerbe 6,5 Mrd. € betragen würden. Bei insgesamt 50.000 Filialen in Deutschland hätte das durchschnittliche Kosten von 130.000 € pro Filiale zur Folge. Diese Zahl kann von Außenstehenden kaum überprüft werden. Sie zeigt aber auch, dass der Anteil der Gesamtkosten, der auf die Geld- und Wertdienste entfällt, bei einem Gesamtumsatz von ca. 400 Mio. €, relativ gering ist.

Marktanteile vom Gesamtumsatz 2005: 4,03 Mrd. EURO *

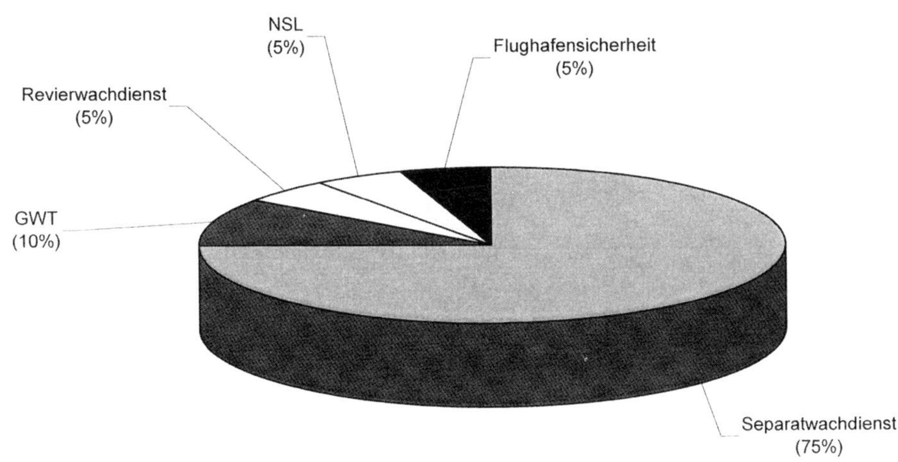

Gepanzerte Geld- und Werttransportfahrzeuge der BDGW-Mitgliedsunternehmen

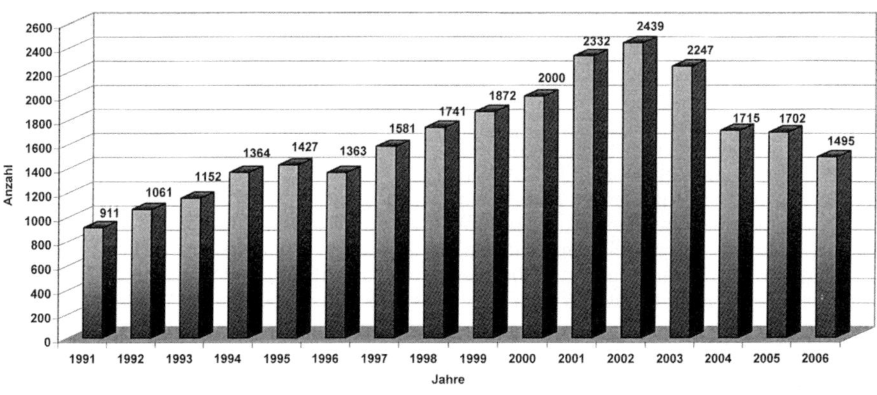

Sicherheitsvorschriften der BDGW

Eine der wichtigsten Aufgaben der BDGW liegt in der Schaffung von Rahmenbedingungen für die Durchführung von sicheren Geld- und Werttransportleistungen in Deutschland. Neben der Verwaltungs-Berufsgenossenschaft und den Sachversicherern ist die BDGW dafür mitverantwortlich, dass die Zahl der Überfälle in Deutschland im internationalen Vergleich äußerst gering ist.

Kommentar: Neues Dienstleistungsangebot der Deutschen Bundesbank

Die Deutsche Bundesbank hat auf die Forderungen des ZKA reagiert und Ende 2004 mitgeteilt, ihr Dienstleistungsangebot zu „modernisieren". Bedingt durch den technischen Fortschritt sei es zur Entwicklung von sog. Multistückelungsmaschinen gekommen. Dadurch seien die bisherigen Vorgaben für eine – kostenlose – bundesbankgerechte Einzahlung nicht mehr gegeben. Eine Senkung der Prozesskette und damit auch der Kosten für das Bargeldhandling sei die logische Konsequenz. Ursprünglich hatte die Bundesbank geplant, ihre neue Dienstleistung kostenlos anzubieten. Durch die von der BDGW initiierten medialen und politischen Aktivitäten war es jedoch gelungen, die Bundesbank davon abzubringen. Die Bundesbank musste ihre Vorstellungen überarbeiten und legte am 18. Juli 2005 „Entgelte" für ihre Dienstleistungen vor. Dieses modular aufgebaute Entgeltmodell enthält sowohl ein fixes Element, 1 € als Stückpreis pro Einzahlungsgebinde, als auch mengenabhängige Komponenten, 1 € für jede zusätzliche Abstimmeinheit innerhalb eines Gebindes. Mit diesem Angebot wendet sich die Deutsche Bundesbank insbesondere an die Handelskunden.

Kostendeckende bzw. marktgerechte Entgelte

Das vorgestellte Entgeltmodell der Bundesbank verstößt nach Auffassung der BDGW gegen die Richtlinien der Europäischen Zentralbank. Diese hatte am 30. November 2000 beschlossen, dass definierte Standardleistungen von den nationalen Notenbanken entgeltfrei zu erbringen sind. Für Zusatzleistungen sind hingegen kostendeckende Entgelte zu verlangen. Mit der Erhebung von 1 € weicht die Bundesbank von dieser Vorgabe ab. Das Entgelt für diese Geldbearbeitung wird bei privaten Unternehmen in Abhängigkeit von dem zu zählenden Bargeldvolumen erhoben. Bestätigt wurde die Position der BDGW durch die Ausführungen der Europäischen Zentralbank in ihrem Monatsbericht August 2005. Auf Seite 93 führt sie aus, dass die nationalen Notenbanken für zusätzliche Leistungen eine Gebühr erheben können. Da die Zusatzleistungen auch von Dritten erbracht werden könnten, sollten die nationalen Notenbanken, die zusätzliche Leistungen anbieten, dafür marktübliche Gebühren verlangen, um Wettbewerbsverzerrungen zu vermeiden. Bereits im Jahr 2004 hatte die Bundesregierung auf eine kleine Anfrage der CDU/CSU-Fraktion darauf hingewiesen, dass Zusatzleistungen der Bundesbank voll kostendeckend zu erbringen seien.

„Wettbewerber Bundesbank"

Seit Jahrzehnten tritt die Deutsche Bundesbank in ihren Veröffentlichungen und Statements als „ordnungspolitisches Gewissen der Nation" auf und fordert den Staat zum Rückzug und die Unternehmen zu mehr Flexibilität auf. In ihrem eigenen Bereich gilt diese Grundaussage offensichtlich nicht. Selbstverständlich hat die Deutsche Bundesbank die Aufgabe, eine ausreichende und sichere Geldversorgung zu gewährleisten. Diese Aufgabe muss jedoch mit marktkonformen Mitteln erzielt werden. Dazu gehört nicht zwangsläufig, dass die Bundesbank selbst als Akteur ins Marktgeschehen tritt, wo dies in ihrem beschäftigungspolitischen Interesse liegt. Ein Modell für eine marktkonforme Intervention der nationalen Notenbanken stellt die Empfehlung der Europäischen Kommission vom 27. Mai 2005 zur Echtheitsprüfung von Euro-Münzen und zur Behandlung der nicht für den Umlauf geeigneten Euro-Münzen dar. In Teil 3 dieser Empfehlung wird auf die Echtheitsprüfung eingegangen. Jeder Mitgliedsstaat soll, so die Kommission, jährlich mindestens 10 % des Nettogesamtvolumens der umlaufenden Münzen auf Echtheit prüfen. Die Politik ist letztlich gefordert, die hoheitlichen Aufgaben der Deutschen Bundesbank klar zu definieren und die geschäftspolitischen Aktivitäten zu verhindern. Nicht nur die drohenden Entlassungen, sondern auch die Auswirkungen auf zehntausende von komplizierten und gewachsenen Kundenbeziehungen sind zu berücksichtigen. Das heutige Gefüge einer sicheren und reibungslosen Geldver- und -entsorgung wird möglicherweise nachhaltig gestört. Die günstigen Konditionen der Bundesbank sind insbesondere für die Handelskunden gerade in einer Zeit möglichst großer Kosteneinsparung besonders attraktiv. Eine solche Perspektive könnte sich jedoch mittelfristig ins Gegenteil verkehren. Die Maßnahmen der Bundesbank haben letztlich Rückwirkung auf die gesamte Kalkulation und damit auf die Sicherheitskette.

Juristische Aktivitäten der BDGW

Die BDGW hat deshalb am 6. Dezember 2005 vor dem Landgericht Frankfurt – Kammer für Handelssachen – den Antrag auf Erlass einer Einstweiligen Verfügung gegen die Deutsche Bundesbank gestellt. In diesem Antrag haben wir gefordert, der Bundesbank zu untersagen, für die Annahme von unsortierten Banknoten und das Bearbeiten der überlassenen Banknoten ein Entgelt zu verlangen, das unabhängig von der Zahl der in der Abstimmeinheit enthaltenen Safe-Bags oder vergleichbaren, üblichen Gebinden und unabhängig vom Nennwert der überlassenen Banknoten ist, soweit das Entgelt 0,4 ‰ des Nennwertes der pro Abstimmeinheit überlassenen Banknoten unterschreitet. Diese Forderung nach Erhebung einer Gebühr in Höhe von 0,4 ‰ des Nennwertes ist ein Durchschnittswert. Er entspricht aber den marktüblichen Bedingungen. Leider ist das Landgericht unserem Antrag nicht gefolgt und hat ihn zurück gewiesen. Damit ist aber keine grundsätzliche Entscheidung gefällt, das Landgericht hat uns vielmehr vorgeworfen, viel zu lange mit den juristischen Schritten gewartet zu haben. Deshalb sei eine Dringlichkeit aus juristischen Gründen nicht mehr gegeben. Parallel haben wir bei den zuständigen Kartellbehörden sowohl auf deutscher als auch europäischer Ebene die Einleitung eines Missbrauchverfahrens gegen die Deutsche Bundesbank beantragt. Ziel dieser Aktivität ist es, der Bundesbank die Einführung einer geplanten Entgeltregelung zu untersagen, die für einen neuen Geldbearbeitungsservice Gebühren unterhalb der marktüblichen Sätze vorsieht. Mit dem neuen Dienstleistungsangebot, das im Übrigen am 1. Februar 2006 begonnen hat, greift die Bundesbank auf Basis marktferner Kalkulation in den privatwirtschaftlichen Wettbewerb ein. Die Entscheidung der Deutschen Bundesbank ist nach unserer Auffassung vor allem von personalpolitischen Zwängen beeinflusst. Trotz notwendiger Personalanpassung hat sie immer noch über 11.000 Beschäftigte. Davon ist ein nicht unerheblicher Teil im Bargeldbereich eingesetzt. Wir sehen diese Aktivitäten somit als Arbeitsbeschaffungsmaßnahme für die Überkapazitäten der Deutschen Bundesbank an. Obwohl immer mehr Kompetenzen an die Europäische Zentralbank abgegeben worden sind, werden allein in der Hauptverwaltung in Frankfurt laut Geschäftsbericht 2005 fast 3.000 (!) Menschen beschäftigt. Die Chancen der juristischen Aktivitäten können im Sommer 2006 noch nicht abgeschätzt werden.

Dr. Harald Olschok

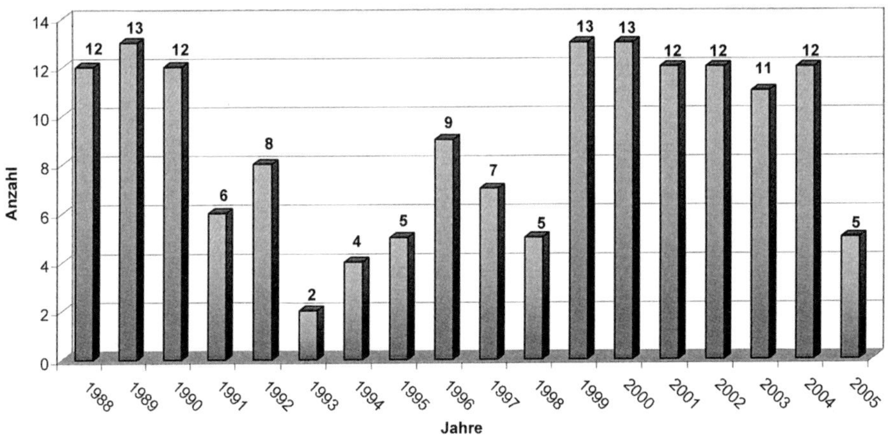

Die Mitgliedsunternehmen sind zur Einhaltung der von der BDGW beschlossenen Sicherheitsvorschriften verpflichtet. Diese regeln neben den Anforderungen an das eingesetzte Personal die Geldtransporte und die Bearbeitung, Lagerung und Kommissionierung von Kundengeldern. Der Antragstellung auf eine Mitgliedschaft in der BDGW wird nur dann stattgegeben, wenn das Unternehmen in der Lage ist, die Geld- und Werttransporte unter diesen Voraussetzungen zu gewährleisten. Des Weiteren wird die Dienstanweisung für die Beschäftigten in den Geld- und Wertdiensten herausgegeben. Die Satzung der BDGW sieht die Institution von "Sicherheitsbeauftragten" vor. Ihnen kommt die Aufgabe zu, die Einhaltung der jeweils gültigen Sicherheitsvorschriften in den Mitgliedsunternehmen der BDGW zu überwachen. Zu diesem Zweck haben sie mindestens einmal im Jahr die Mitglieder zu überprüfen. Die Sicherheitsbeauftragten stehen nicht in einem Arbeitsverhältnis mit der BDGW. Ihr Status entspricht dem eines unabhängigen Gutachters. Sie unterliegen bei ihrer Tätigkeit keinerlei Weisung. Die Berufung zum Sicherheitsbeauftragten erfolgt gemäß der Satzung der BDGW durch die Mitgliederversammlung. Nur ihr gegenüber sind die Sicherheitsbeauftragten verantwortlich.

Die erfolgreichen Aktivitäten von BDGW, VBG und Sachversicherer zeigen sich auch im Vergleich mit anderen Zielen von Raubüberfällen (siehe Tabelle S. 37).

Ausblick

Das System des jahrzehntelang gewachsenen Bargeldhandlings wird sich durch neue Vorgaben der Europäischen Zentralbank stark verändern. Unter der Überschrift „Wiederausgabe von Eurobanknoten-Recycling: Handlungsrahmen für die Falschgelderkennung und die Sortierung nach Umlauffähigkeit durch Kreditinstitute und andere professionelle Bargeldakteure", hat die Europäische Zentralbank Ende 2004 einen neuen Handlungsrahmen für die Falschgeld-Erkennung und Sortierung nach Umlauffähigkeit vorgegeben. Dies betrifft alle professionellen Bargeldakteure. Dazu gehören selbstverständlich auch die Geld- und Wertdienste. Dieses „Framework" lässt allen Bargeldakteuren die Möglichkeit, die im Rahmen des Bargeldumlaufs eingenommenen und bearbeiteten Banknoten im Rahmen eines Recycling-Verfahrens unmittelbar wieder über die ca. 50.000 Geldausgabeautomaten bzw. die Filialen des Kreditgewerbes in Umlauf zu bringen. Damit wird eine Verbändevereinbarung zwischen dem ZKA, der Bundesbank und dem BKA aus den 90er Jahren außer Kraft gesetzt. Diese sah vor, dass Geldausgabeautomaten mit Geld bestückt werden, das aus Filialen der Deutschen Bundesbank stammt. Die Bundesbank ist von der EZB aufgefordert, zur Gewährleistung einer reibungslosen Versorgung mit Banknoten sowie zur Sicherstellung der Qualität der im Umlauf befindlichen Banknoten bis Ende 2006 ein umfassendes Prüfungs-

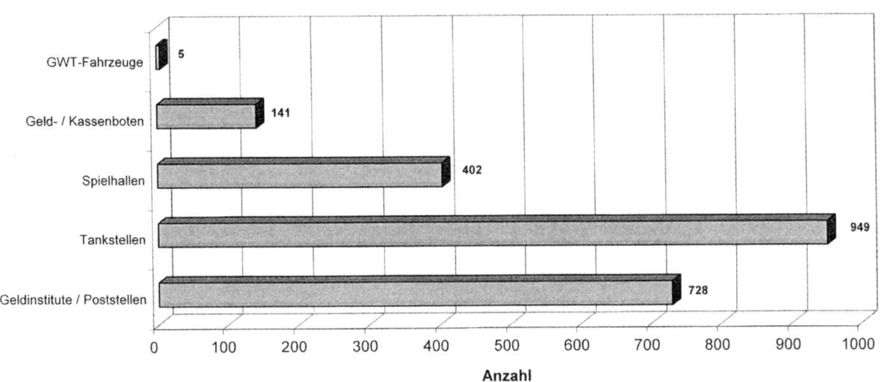

und Zertifizierungsverfahren zu entwickeln. Mit diesem Framework erhofft sich die BDGW neue Aufgabenfelder für die Geld- und Wertdienste. Damit ist ein Bargeldkreislauf jenseits der nationalen Notenbank grundsätzlich möglich. Die Deutsche Bundesbank versucht mit ihrem veränderten Dienstleistungsangebot und der Erhebung einer Gebühr von 1 € pro Abstimmeinheit diesem drohenden Bedeutungsverlust zu begegnen. Die Bargeldversorgung in Deutschland kann auf Grund der Vielschichtigkeit der Aufgaben nicht allein durch die Deutsche Bundesbank geleistet werden. Die Vielzahl der Akteure und Interessen sowie die komplexen Kundenbeziehungen in einer Marktwirtschaft finden sich auch im Bereich des Bargeldhandlings wieder. Die Deutsche Bundesbank ist gefordert, den veränderten Rahmenbedingungen im Geldkreislauf gerecht zu werden. Das heißt Rückzug aus dem einfachen „Bargeld-Handling" und Übernahme von neuartigen und qualitativ bedeutsamen Überwachungsaufgaben. Warum sollte das in anderen Bereichen der staatlichen Gewährleistungsverantwortung – z. B. Luftsicherheit, maritime Sicherheit – erfolgreich praktizierte Modell nicht auch im Bereich der Bargeldver- und -entsorgung funktionieren?

**Hauptgeschäftsführer BDGW, Bundesvereinigung Deutscher Geld- und Wertdienste e.V.*

Schloss- und Beschlagindustrie: Nettoproduktion* erneut unter Vorjahresniveau

*von Dipl.-Volkswirt Werner Hülsken**

Die Nettoproduktion der Schloss- und Beschlagindustrie ist im Jahr 2005 um 2 % gesunken und liegt nun knapp unter dem Niveau des Jahres 2002.

Wie in den Vorjahren war auch 2005 die Entwicklung in den einzelnen Bereichen der Schloss- und Beschlagindustrie nicht einheitlich. So mussten die Unternehmen, die der Fahrzeugindustrie zuliefern, nach einem Rückgang von 7,3 % im Vorjahr auch in 2005 einen erneuten Produktionsrückgang um 1,0 % hinnehmen.

Den deutlichen Anstieg von 16,9 Prozent in 2004 konnten die der Möbelwirtschaft zuliefernden Unternehmen 2005 nicht wiederholen. Ein Anstieg um 7,5 Prozent im Jahr 2005 sorgt jedoch dafür, dass die Produktionsentwicklung der gesamten Schloss- und Beschlagindustrie auf einen leicht positiven Wert von +1,0 Prozent angehoben wird. Die Bauzulieferer konnten 2005 mit -0,8 Prozent Produktionswachstum nicht mehr zum Gesamtwachstum der Schloss- und Beschlagbranchebeitragen.

Die Produktionsentwicklung im Einzelnen:

Die amtliche Statistik weist für das Jahr 2005

---

*) Der Nettoproduktionsindex misst unter Ausschaltung der Preisveränderungen die Entwicklung der Produktionsleistung. (Quelle: Statistisches Bundesamt, Wiesbaden)
Der Index stellt somit ein Maß für die Wertschöpfung der Schloss- und Beschlagindustrie dar.

die Zahl von 235 Unternehmen aus, die industriell Schlösser und Beschläge herstellen. Sie ist damit um 1,4 Prozent geringer als dem Vorjahr. Darüber hinaus liegt nach Schätzungen des Fachverband Schloss- und Beschlagindustrie e.V. die Zahl der Schloss- und Beschlaghersteller, die aufgrund ihrer Betriebsgröße nicht in dieser amtlichen Statistik geführt werden, bei etwa 150 Betrieben.
Insgesamt bietet die Schloss- und Beschlagindustrie ca. 46.800 Mitarbeitern gute und wettbewerbsstarke Arbeitsplätze. Damit liegt die Zahl der Beschäftigten in der Schloss- und Beschlagindustrie um 2,7 Prozent leicht unter dem Niveau des Jahres 2004. Im Durchschnitt betrugen 2005 die geleisteten Arbeitsstunden je Arbeiter 1.458 Stunden. Gegenüber dem 2004er Wert bedeutet dies eine Zunahme von 0,3 Prozent. Der Pro-Kopf-Umsatz in der Schloss- und Beschlagindustrie konnte bundesweit um 7,0 Prozent auf 164.842 € erhöht werden.
Die Erzeugerpreise für Schlösser und Beschläge stiegen 2005 gegenüber dem Vorjahr um 2,5 Prozent auf den neuen Indexwert von 107,2 Punkten an. Diese amtliche statistische Zeitreihe ist mit dem Basisjahr 2000=100 ausgewiesen; in den vergangenen fünf Jahren konnten somit Preisanpassungen in der Schloss- und Beschlagindustrie um lediglich 7,2 Prozentpunkte realisiert werden.
Auf den Auslandsmärkten konnten die Preise um 2,7 Prozent angehoben werden; die Importpreise blieben mit einer Steigerungsrate von 2,2 Prozent leicht dahinter zurück.
Auf den Exportmärkten setzte sich im Jahr 2005 der Wachstumstrend in leicht abgeschwächter Form für die Schloss- und Beschlagindustrie fort. Die Exporte aus Deutschland stiegen um 6,2 Prozent an, die Einfuhren nach Deutschland erhöhten sich 2005 um 15,7 Prozent, nach 9,0 Prozent im Vorjahr. Der Wert der ausgeführten Schlösser und Beschläge betrug 4,4 Mrd. €, ein Ergebnis, das zu einer Exportquote von 57,3 Prozent führte. Damit erhöhte sich die Exportquote gegenüber dem Vorjahr erneut um 1,2 Prozentpunkte.
Die Industrie lieferte Schlösser und Beschläge in alle Erdteile. Die Hauptabnehmer waren – wie in den Vorjahren – die Länder der Europäischen Union. Im Einzelnen verteilten sich die Exporte folgendermaßen: in die europäischen Länder gingen 83,0 %, nach Asien 5,6 %, nach

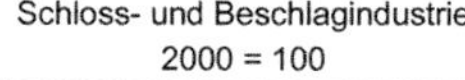

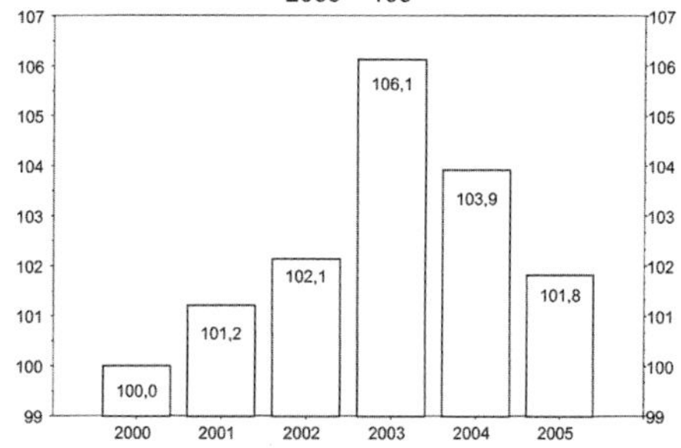

Amerika 8,9 %, nach Afrika 1,5 % und nach Australien 1,0 % des Gesamtvolumens. 42,6 % der exportierten Schlösser und Beschläge konnten in den benachbarten Ländern Großbritannien, Frankreich, Österreich, Belgien, Italien, Niederlande, Schweiz und Dänemark abgesetzt werden. In die nahegelegenen östlichen Länder Polen, Tschechische Republik und Ungarn exportierten die deutschen Hersteller Schlösser und Beschläge im Wert von 745 Mio. €. Dieser Wert entspricht einem Anstieg um 8,3 %.
Importiert wurden im Jahr 2005 Schlösser und Beschläge im Wert von rund 2,1 Mrd. €, ein Anstieg von 15,7 Prozent. 86 % der Gesamteinfuhr kamen aus den europäischen Ländern, 11,7 % aus Asien, knapp 2 % aus Amerika, weniger als 0,5 % aus Afrika und ein unbedeutender Teil aus Australien.
Die drei erfolgreichsten Importländer waren

	Jahr		
	2003	**2004**	**2005**
Kfz-Zulieferer	+4,7 %	-7,3 %	-1,0 %
Bauzulieferer	+7,0 %	+4,6 %	-0,8 %
Möbelzulieferer	-1,1 %	+16,9 %	+7,5 %
Schloss u. Beschlag insgesamt	**+4,5 %**	**+1,1 %**	**+1,0 %**

wie im Jahr 2005 die Tschechische Republik, Italien und Österreich, die zusammen fast 40 Prozent der gesamten Einfuhren von Schlössern und Beschlägen in die Bundesrepublik erzielen konnten. 7,7 Prozent der Importe kamen aus Ungarn, Frankreich folgt mit 7,3 Prozent. Die Importquote erhöhte sich um 5,2 Prozent-

punkte und beträgt 2005 46 Prozent. Die benachbarten östlichen Länder Polen, Tschechische Republik, Slowakei, Ungarn und Slowenien führten Schlösser und Beschläge im Wert von 630,7 Mio. € aus und steigerten damit ihre Exporte nach Deutschland um 26,1 Prozent.
Die Hauptabnehmer der Schloss- und Beschlagindustrie sind die Automobilindustrie (ca. 39 % Absatzanteil), der Hochbaubereich (ca. 34 % Absatzanteil) und die Möbelwirtschaft (ca. 17 % Absatzanteil). Diese drei Wirtschaftszweige fragten somit rund 90 Prozent der Gesamtproduktion nach, der Rest ging vornehmlich an die Koffer- und Lederwarenindustrie sowie an die Geldschrank- und Tresoranlagenindustrie. Lediglich etwa 3 bis 4 Prozent der Gesamtproduktion gelangten direkt an den Endgebraucher.

**Stellvert. Geschäftsführer Fachverband Schloss- und Beschlagindustrie e.V., Velbert*

Wertbehältnisse und Sicherheitssysteme

*von Josef Reingen**

Durch die Umbenennung des VDMA Fachverband Geldschränke und Tresoranlagen in VDMA Fachverband Sicherheitssysteme Anfang 2004 wurde die Grundlage geschaffen, das Spektrum des Fachverbandes auf andere Bereiche der Sicherheitstechnik auszudehnen. Neben den Unternehmen der klassischen Geldschrank- und Tresorbauindustrie gehören heute auch Hersteller von Systemen und Komponenten der industriellen Bildverarbeitung sowie von Hochsicherheitsschlössern dem Fachverband Sicherheitssysteme an.
Die Hersteller von Wertbehältnissen (Wertschutzschränke, Wertschutzräume, Datensicherungsschränke etc.) lieferten 2005 Sicherungseinrichtungen im Wert von 23,6 Mio. € in 70 Länder. Die Exporte lagen damit um 13,2 % über dem Ergebnis von 2004. Traditio-

Die Schloss- und Beschlagindustrie im Jahre 2005
- Eckdaten zur wirtschaftlichen Entwicklung -

	2004	%	2005	%
		Nettoproduktion		
2000 = 100	103,9	-2,1	101,8	-2,0
		Zahl der Betriebe		
Gesamt	238	-4,2	235	-1,4
		Beschäftigte Anzahl		
Gesamt	48.084	-0,8	46.779	-2,7
		Lohn und Gehalt Mio. €		
Gesamt	1.649,9	-2,5	1.649,6	0,0
		Preise 2000 = 100		
Erzeugerpreis	105,3	+2,3	107,7	+2,2
Exportpreis	104,7	+2,0	107,2	+2,5
Importpreis	101,4	+0,1	104,2	+2,7

2

nell sind die Kunden aus Europa, die Sicherungseinrichtungen im Wert von 22,4 Mio. € bestellten, die Hauptabnehmer der deutschen Industrie. Knapp zwei Drittel der Ausfuhren gingen nach Schweden (17,0 %), Niederlande (16,1 %), Schweiz (11,2 %), Österreich (9,0 %), Italien (6,3 %) und Russland (5,5 %) – d.h. in nur sechs Staaten. Die Exporte haben sich in den letzten Jahren zwischen 20,0 bis 25,0 Mio. € eingependelt. Aufgrund der Entwicklung werden ähnliche Exportwerte auch in den kommenden Jahren erwartet.

Die deutschen Importe erreichten 2005 einen Wert von 54,3 Mio. €, der damit nur leicht unter dem Vorjahresergebnis lag. Dieser Wert beinhaltet neben den Einfuhrzahlen, die aus der Produktionsverlagerung von Erzeugnissen deutscher Hersteller in ausländische Betriebsstätten resultieren, auch die Importe enormer Stückzahlen von Stahlschränken mit minderer Qualität. Mit weitem Abstand lagen Tschechien (24,4 %) und Polen (22,8 %) an der Spitze der Lieferländer. Rumänien (14,9 %), Frankreich (11,8 %), die VR China (9,4 %) und Österreich (5,5 %) folgen auf den Plätzen. Damit kamen knapp 90 % der deutschen Exporte aus nur sechs Ländern. Die Einfuhrentwicklung ist in den letzten Jahren maßgeblich von den Importen aus Polen und Tschechien beeinflusst worden. Im Jahre 2003 wurden Produkte der Branche im Werte von 22,6 Mio € aus Polen importiert. 2004 und 2005 waren es jeweils nur noch ca. 12,4 Mio €. Auch die Einfuhren aus Tschechien haben sich seit 2003 stark rückläufig entwickelt (2003 - 20,6 Mio €; 2005 - 13,3 Mio €). Die industrielle Bildverarbeitung befindet sich weiter auf Wachstumskurs. Die deutschen Hersteller lieferten 2005 Bildverarbeitungsprodukte und -lösungen im Wert von 1 Mrd. € in alle Welt; 7,0 % mehr als 2004. Die Exportquote erhöhte sich auf 55,0 %. Für 2006 rechnet die Branche mit einer weiteren Steigerung von 9,0 %. Neben den typischen Bildverarbeitungsanwendungen im Fabrikumfeld gewinnen nichtindustrielle Anwendungen wie z.B. intelligente Verkehrsüberwachungs-Systeme, Dokumentenverarbeitung und auch Sicherheitstechnik rasch an Bedeutung. Etwa ein Viertel des Branchenumsatzes entfällt bereits auf diese Bereiche.

Die Zahl der Wohnungseinbrüche ging nach der Polizeilichen Kriminalstatistik des Bundeskriminalamtes (BKA) in 2005 (109.776) gegenüber 2004 um 11,6 % zurück. Die BKA-Statistik zeigt weiterhin einen leicht rückläufigen Trend bei Einbrüchen in Büro-, Fabrikations-, Werkstatt- und Lagerräume (119.205) sowie in Hotels, Pensionen und Gaststätten (29.023). Diese Entwicklung ist sicherlich auf verbesserte technische Sicherungsmaßnahmen der Eigentümer und erhöhte Vorsichtsmaßnahmen der Rechtsbrecher zurückzuführen. Sowohl der private als auch der gewerbliche Bereich bieten aber weiterhin ein hohes Potenzial für die Sicherheitsbranche, wenn in einem Gesamtsicherheitskonzept neben Zugangssicherung und Alarmanlagen in verstärktem Maße Produkte des Geldschrank- und Tresorbaus zum Schutz gegen Einbruchdiebstahl und gegen Brände eingebunden werden.

Der zunehmende Einsatz von Automaten mit Ein- und Auszahlungsfunktionen wird auch weiterhin der Entwicklung im SB-Bereich positive Impulse geben. Aufgrund der erforderlichen mechanischen und organisatorischen Sicherungsmaßnahmen wird auch die Sicherheitsbranche von dieser Entwicklung profitieren. Im Cash-In Bereich liegen für die Banken noch erhebliche Einsparungspotentiale z.B. durch Reduzierung des Befüllungsaufwands oder der personalaufwendigen Nachbearbeitung von Geldkassetten und Nachttresoreinzahlungen.

Der Markt der mechanischen Sicherheitstechnik ist durch geprüfte und zertifizierte Wertbehältnisse geprägt. Das Zertifikat des „European Certification Board•Security Systems" (ECB•S) auf Grundlage von Europäischen Normen eröffnet den Unternehmen die Chance zur Stabilisierung klassischer Märkte und Erschließung neuer Märkte – nicht nur in Europa, sondern weltweit.

Der „European Certification Board•Security Systems" ist paritätisch mit je drei Repräsentanten der Versicherungswirtschaft, der Kunden und der Hersteller besetzt. Durch die enge Kopplung an die Europäische Normung garantiert diese Struktur Neutralität und eine ideale Abbildung der Marktinteressen. Der „European Certification Board" koordiniert als unabhängiges Gremium insbesondere folgende Prozesse als Grundlage für die ECB•S Produktzertifizierung:

- Festlegung der Zertifizierungsverfahren
- Anerkennung neuer Prüflaboratorien

- Überwachung der Zertifizierungsprozesse
- Monitoring der Qualitäts-Fremdkontrolle
- Festlegung von Sanktionen und Entzug von Zertifikaten

Die Vertriebsstruktur der Branche wird sowohl von den Einsatzbereichen als auch der Serviceintensität der Sicherungseinrichtungen geprägt. Im industriellen Bereich sowie im Kreditgewerbe dominiert aufgrund der erforderlichen Beratungsintensität und der Nachfragestruktur nach hochwertigen Wertschutzschränken, Wertschutzschränken für Geldautomaten, Wertschutzräumen, Deposit-Systemen, Datensicherungsschränken, Datensicherungsräumen etc. der Direktvertrieb. Für private Endabnehmer und gewerbliche Kleinkunden ist der Direktvertrieb dagegen von untergeordneter Bedeutung. Für diesen Industriebereich werden Sicherheitsschränke, Wertschutzschränke niedriger Widerstandsgrade, Datensicherungsschränke etc. im Sicherheitsfachhandel, im Großhandel und in Baumärkten angeboten.

* *Stellv. Geschäftsführer der European Security Systems Association (ESSA) e.V., und Mitarbeiter der Geschäftsführung des VDMA Fachverband Sicherheitssysteme, Frankfurt/Main*

Schweiz

SES setzt auf Qualität und Ausbildung

*von Max P. Kobler**

Die im Verband Schweizerischer Errichter von Sicherheitsanlagen (SES) zusammengeschlossenen Unternehmen konnten im Jahr 2005 ihren Umsatz um 23 Mio. Franken auf 501 Mio. Franken steigern. Vor allem die Bereiche Videoüberwachung und Zutrittskontrolle entwickelten sich positiv.

Im Verband Schweizerischer Errichter von Sicherheitsanlagen sind 50 Fachfirmen zusammengeschlossen. Sie erwirtschaften im vergangenen Jahr in den Bereichen Lösch-, Brand- und Einbruchmeldeanlagen sowie Videoüberwachung (CCTV) und Zutrittskontrolle (Zuko) einen Umsatz von 501 Mio. Franken (Vorjahr 478 Mio. Franken). Durch Wachstum glänzten die Bereiche Zuko und CCTV. Es sind vor allem technische Innovationen wie Biometrie und Digitalisierung, die zum Umsatzplus führten. So stieg die Zahl der installierten Ausweisleser von 9'200 auf gut 12'000, während der Umsatz von 58 Mio. Franken auf 64 Mio. Franken kletterte. Überproportional, von 7'400 auf 9'400, stieg die Anzahl der installierten Videokameras. Im Bereich CCTV konnte aber auch bei den Neuanlagen (von 2'100 auf 2'300) und beim Umsatz (von 49 Mio. Franken auf 56 Mio. Franken) ein erfreuliches Wachstum verzeichnet werden.

Ein solches gab es zwar auch bei den Brandmeldeanlagen (BMA), aber nur bei der Anzahl installierten Anlagen (plus 200 auf 3'100). Das Umsatzvolumen konnte nicht mithalten: Mit gut 199 Mio. Franken liegt es nur knapp über dem Vorjahr (194 Mio. Franken). Damit wird deutlich, dass der Preiszerfall, der schon im letzten Jahr spürbar war, sich auch weiter fortsetzte. Im Bereich Einbruchmeldeanlage (EMA) musste gar ein leichtes Minus hingenommen werden (Umsatz minus 4 Mio. Franken auf 90 Mio. Franken). In beiden Berei-

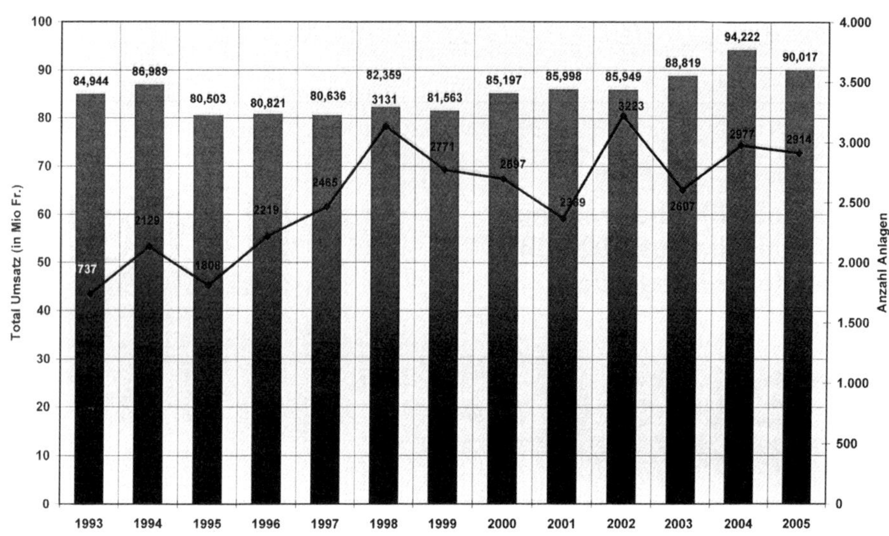

chen, BMA und EMA, spüren die SES-Verbandsmitglieder das vermehrte Eindringen von Elektroinstallationsfirmen in den Sicherheitsmarkt.
Wachstum auch bei den Löschanlagen. Der Umsatz (Nass- und Trockenlöschanlagen gemeinsam) stieg von 82 Mio. Franken auf 91 Mio. Franken, wobei die Halon-Ablösung hier immer noch spürbar wirkt. In Zukunft zielt der Fokus der Aktivitäten im Verband noch stärker auf Qualität und Ausbildung. Mit speziellen Lehrgängen für Facherrichter wird in den kommenden Jahren diesem Trend Rechnung getragen. Um noch näher bei den Mitgliedern und weiteren Interessierten zu sein, steht ein Newsletter zur Verfügung. Dieser kann über die Website abonniert werden, erscheint zweimal jährlich und behandelt die unterschiedlichsten Schwerpunkte in der Aus- und Weiterbildung, und zeigt Qualitätsmerkmale auf.
**Obmann der Fachkommission Öffentlichkeitsarbeit und Wirtschaftsfragen beim Verband Schweizerischer Errichter von Sicherheitsanlagen* www.sicher-ses.ch.

Basislexikon der Sicherheit

3

Was bedeuten die blauen Textstellen?

Dieses Lexikon ist ein genaues Abbild des Basislexikons in http://www.secumedia.de/sija Alle hier blau gedruckten Verweise sind dort Links. Im Internet müssen Sie also nur auf die Verweise klicken und sind sofort an der richtigen Textstelle. Ein Passwort für den Zugang finden Sie als Käufer des Sicherheits-Jahrbuchs auf dem gelben Karton hinten im Buch.

Inhalt Teil 3

Stichworte im Lexikon

(Das gleiche Verzeichnis finden Sie auch im Internet unter http://www.secumedia.de/sija. Ihr Passwort entnehmen Sie bitte dem gelben Karton hinten im Buch. Sie müssen dann nur auf die blau widergegebenen Begriffe klicken und sind sofort an der richtigen Textstelle).

A

3

C

D

3

E

F

G

H

3

N

O

P

3

Q

R

S

3

3

T

U

V

W

Autorenverzeichnis ab Seite 557!

A

A1 bis A3

Siehe auch Durchwurfhemmende Verglasung.
Frühere Widerstandsklassen nach der alten Norm DIN 52290 – angriffhemmende Verglasungen. Sie wurden abgelöst durch die neuen Bezeichnungen der Widerstandsklassen gemäß der europäischen Norm DIN EN 356:
P2A entspricht etwa der früheren Widerstandsklasse A1.
P3A entspricht etwa der früheren Widerstandsklasse A2.
P4A entspricht etwa der früheren Widerstandsklasse A3
(Neu aufgenommen am 27.5.2000)

(Redaktion)

Abhörgeschützte und abhörsichere Räume

Siehe auch Abhörsicherheit, Rauschgenerator, Störsender
Man unterscheidet abhörgeschützte und abhörsichere Räume hinsichtlich der zu erwartenden Schutzwirkung:
In einem abhörsicheren Raum ist das Abhören des gesprochenen Wortes nach menschlichem Ermessen durch Lauschangriffe Dritter nahezu ausgeschlossen. Ein solcher Raum verfügt über keinerlei Fenster, ist im Gebäudekern oder unterirdisch gelegen, besitzt u.a. eine HF-Schirmung aus Stahlblech (>100 dB Dämpfung) und wird mit weitgehend autarken Systemen nach dem sog. „Raum-im-Raum-Prinzip“ errichtet. Ein Abhören ist grundsätzlich nur durch Innentäter, z.B. mittels Sprachaufzeichnung möglich. Typische Anwender sind Botschaften, VS-Bereiche von Regierungen und allenfalls sehr selten das Top-Management in der freien Wirtschaft.
Beim abhörgeschützten Raum wird das Abhören des gesprochenen Wortes durch Lauschangriffe Dritter zwar drastisch erschwert, ist jedoch mit entsprechend großem Aufwand dennoch prinzipiell möglich. Ein Raum dieser Art kann auch mit Fenstern ausgestattet sein, besitzt üblicherweise eine Schirmdämpfung >60 dB und darf neben einer 230V-Netzversorgung über einfache Systeme der Nachrichten- bzw. Gebäudetechnik (z.B. Analogtelefon, Rauchmelder, Warmwasserheizung usw.) verfügen. Den auf Grund der deutlich geringeren Kosten in Kauf genommenen Restrisiken ist insbesondere durch geeignete organisatorische Maßnahmen zu begegnen. Typische Anwender sind weniger sensible Bereiche in Botschaften und bei Regierungen sowie das Top-Management in der freien Wirtschaft.
(Neu aufgenommen: 5.7.2004)

(Fink)

Abhörhandy

Siehe auch Abhörsicherheit, Geheimschutz, kompromittierende Abstrahlung, Spionage.
Mobilfunktelefone lassen sich zu Abhörwerkzeugen ohne Reichweitenbegrenzung umbauen. Zu diesem Zweck wird ein Harmoniumzusatzmodul (Wanze) eingebaut und die Software verändert. Danach ist das Handy äußerlich nicht von einem handelsüblichen

Handelsübliches Handy – als Abhörwerkzeug präpariert

Mobiltelefon zu unterscheiden. Wenn man es aber anruft, überträgt es – in ausgeschaltetem Zustand (Display AUS) und ohne dass ein Klingelzeichen zu hören ist – alle Geräusche zum Anrufer. Alle in einem Raum geführten Gespräche sind auch noch in bis zu 7 m Entfernung deutlich und ohne Rauschen zu verstehen. Der Anruf kann weltweit von irgendwoher aus dem →GSM-Netz erfolgen.
(Neu aufgenomen am 15.6.2002)

(Jürgen Wittmann)

Abhörsicherheit

Siehe auch Abhörgeschützte und abhörsichere Räume, Abhörhandy, Geheimschutz, Kommunikationssicherheit, kompromittierende Ab-

strahlung, Rauschgenerator, Spionage, Störsender, Tastatur-Eingabe-Rekorder, TK-Forensik, Voice over IP (VoIP), VoWLAN

Summe aller Maßnahmen, die der Vertraulichkeit des gesprochenen Wortes dienen. Diese erstrecken sich auf den Schutz persönlich im Raum und mittels Telekommunikation geführter Gespräche sowie die Sicherheit übermittelter Daten. Die Abhörsicherheit ist ein wichtiger Bestandteil des →Informationsschutzes bzw. materiellen →Geheimschutzes. Zielsetzung ist es, den für eine Abhöraktion erforderlichen Aufwand derart zu erhöhen, dass die Ergebnisse in keinem inhaltlich oder zeitlich vertretbaren Verhältnis dazu stehen. Die über 100 drahtlosen, leistungsgebundenen und logischen Angriffsformen werden unterschieden zwischen solchen, die eines Zugangs zum Objekt bedürfen und jenen, die von außen durchführbar sind. Die Entwicklung der Abhörtechnik schreitet bei den weltweit mehreren Hundert Lieferanten schnell voran. „Wanzen" in der Größe eines Streichholzkopfes sind keine Seltenheit mehr. Wegen der hohen Verfügbarkeit und einfachen Beschaffungsmöglichkeit illegaler Lauschmittel per Internet, muss bereits bei semiprofessionellen Tätern mit raffinierten, leitungsgebundenen Angriffen (z.B. Lichtwellenleiter-Mikrofon) gerechnet werden. Im Bereich der drahtlosen Abhörtechnik ist eine vermehrte Zweckentfremdung hochwertiger Übertragungsverfahren (z.B. UMTS, DECT oder Bluetooth) zu beobachten. Der Missbrauch solcher Technologien ist von Laien nicht feststellbar. Die im Handel vielfach angebotenen „Aufspürgeräte" der Preisklasse bis ca. 20.000 EUR vermitteln insofern eine trügerische Scheinsicherheit. Zudem lassen sich mit derartigen „Wanzendetektoren" weder leistungsgebundene noch logische Angriffe nachweisen.

Da sich moderne Telefonhörer nicht mehr zerstörungsfrei öffnen lassen, sind Manipulationen nur noch im Röntgenbild erkennbar. (Quelle: Fink)

Wegen der hohen Informationsdichte haben die Angriffe auf unsere Kommunikations- und Informationstechnologien große Bedeutung erlangt. Die daraus resultierenden Gefahren sind nach wie vor unzureichend bekannt. So lassen sich vielfach Leistungsmerkmale von →ISDN TK-Anlagen manipulieren und à VoIP Kommunikationsserver mit „Hackermethoden" angreifen (sog. „logische" Angriffe). Sowohl Räume wie übermittelte Informationen können dadurch abgehört werden. Unterschätzt wird ferner das Potenzial zum Abfangen von Telekommunikations- und IP-Verbindungen durch Nachrichtendienste in Ost und West (selbst durch EU- und NATO-Partner), u.a. durch globale Abhörsysteme, wie ECHELON. Gleiches gilt für die Reproduktion der →kompromittierenden Abstrahlung und für →Hacker-Angriffe auf Firmennetzwerke und das systematische Mitlesen von eMails.

Die je nach Gefährdungslage erforderlichen Vorbeugungsmaßnahmen setzen sich u.a. aus Komponenten des folgenden Katalogs zusammen:

- Risikoanalyse
- Bauliche Maßnahmen (Objektsicherung, →Freilandschutz/Perimeterschutz, →Schleusen, Verlagerung wichtiger Räume, Schallisolation usw.)
- Elektrotechnische Maßnahmen (→Gefahrenmeldeanlagen, →Videoüberwachung, „abhörsichere" Kabel, Rauschgeneratoren, hochwertige →Kryptierung, Verschlüsselung, ISDN→Firewalls, →Aktenvernichter usw.)
- Hochfrequenztechnische Maßnahmen (HF-Schirmung, HF-Filterung, →TEMPEST-Geräte, Überlagerung der →kompromittierenden Abstrahlung usw.)
- Personelle Maßnahmen (Bestellung eines → Sicherheitsbevollmächtigten, Personalüberprüfungen, Sicherheitsschulungen, Dienstanweisungen, Personalbetreuung usw.)
- Organisatorische Maßnahmen (Festlegung von Zugangsberechtigungen für Personal, Besucher und Fremdfirmen, Einlasskontrollen, Schutz von Konferenzen, Verzicht auf kritische Funkanwendungen wie DECT, Bluetooth, WLAN, Funkmikros, Funktastaturen usw.)

Wegen der selbst bei größtem Aufwand verbleibenden Restrisiken kann die Vorbeugung alleine illegale Lauschangriffe nicht völlig verhindern. In sensiblen Bereichen sind daher öfters Lauschabwehrüberprüfungen durchzuführen. Diese sollten z.B. folgende Maßnahmen umfassen:

- Angriffszielanalyse (Motive, Ausspähungsobjekte, potenzieller Täterkreis)
- Schwachstellenanalyse (mögliche Angriffs- und Übertragungstechniken, Einbringungs- und Versteckmöglichkeiten)
- Einsatzplanung (Festlegung von Überprüfungsflächen, Zeitpunkt, Teilnehmern, Überprüfungs- und Folgemaßnahmen)
- Manuelle Überprüfung der Räume durch Demontage von Decken, Doppelböden, sowie Verkleidungen und vollständiges Zerlegen von Mobiliar, Gegenständen und Geräten unter Zuhilfenahme optischer Hilfsmittel (z.B. Videoskop, Inspektionsspiegel etc.)
- Zerstörungsfreie Materialprüfung bei allen nicht zu öffnenden Bereichen und Gegenständen (u.a. mit 3D-Röntgengerät, aktive und passive Thermografie, Non-Linear Junction Detector, Metallsuchgerät)
- Messtechnische Überprüfung von Inhouse-Netzen und Verteiler auf Fremdsignale, Manipulationen und Abhöreinrichtungen (z.B. mit Time-Domain-Reflectometer, LAN-Tester, Multimeter, Oszilloskop, Langwellenempfänger)
- Überprüfung des Hochfrequenzspektrums als Echtzeit-Differenzspektrumanalyse mittels Spectrum-Analyzer sowie durch Einsatz von Messempfängern, Peileinrichtungen und Nahfeldsonden – Softwarerevision von ISDN TK-Anlagen und VoIP-Kommunikationsservern auf illegale Features, manipulierte Leistungsmerkmale, Backdoors der Hersteller
- Penetrationstests bei Fernwartungszugängen und Überprüfung von LAN-Schnittstellen auf Risiken so genannter „WAN-LAN-Durchgriffe“
- Überprüfung des Firmennetzwerks bezüglich illegaler Zugriffsmöglichkeiten aus dem LAN heraus auf den Kommunikationsserver
- Revision der Konfiguration von Videokonferenzanlagen
- Umfassende Dokumentation und Berichterstattung

Professionelle Lauschabwehrüberprüfungen

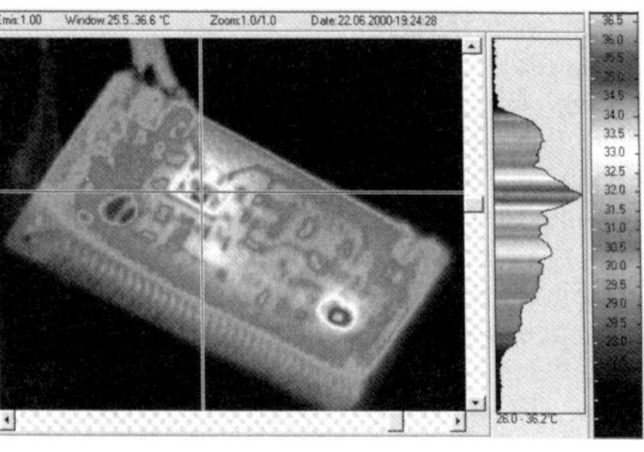

Abbildung: Bereits kleine stromversorgte Schaltungen geben Wärme ab – ein wichtiger Ansatzpunkt für die Thermografie in der Lauschabwehr. (Quelle: Fink)

erfordern entsprechend geschultes Personal oder eine spezialisierte Abwehrfirma. Soweit →Geheimschutzverfahren zur Anwendung kommen, ist hierfür das Bundesamt für Sicherheit in der Informationstechnik (→BSI) zuständig. Wegen zahlreicher unseriöser Anbieter sollten bei privaten Dienstleistern eine detaillierte Leistungsbeschreibung gefordert und die fachliche Qualifikation, technische Ausrüstung und Referenzen eingehend hinterfragt werden. Insbesondere die Untersuchung nach Neuerrichtung oder Renovierung sensibler Objekte erfordert wissenschaftlich anerkannte Methoden der zerstörungsfreien Prüfung, bis hin zum Röntgen von Wänden. Ein wesentliches Kriterium für die Qualität der Abwehr ist ferner die Überprüfungsleistung, die bei gehobenen Sicherheitsanforderungen je nach Gebäudeausstattung nicht mehr als 0,5 und 1,5 m^2 Grundfläche pro Mannstunde betragen kann. Anderenfalls kommen nicht alle erforderlichen Verfahren zur Anwendung, wodurch die gesamte Überprüfung ad absurdum geführt wird.

(Letzte Änderung: 3.7.2006)

(Fink)

Abreißmelder

Melder, der das Entfernen eines Gegenstandes (z. B. Wertschutzschrank) frühzeitig meldet, bevor ein definierter mechanischer Widerstand einer vorhandenen mechanischen Sicherungseinrichtung überwunden ist.

(Neu aufgenommen am 25.5.2004)

(Definition: VdS)

Abstandsfläche

Siehe auch Brandschutzabstand, brandschutztechnisch erforderlicher Gebäudeabstand.

Vor den Außenwänden von oberirdischen Gebäuden freizuhaltende Fläche, um ausreichende Besonnung, Belichtung und Lüftung von Aufenthaltsräumen in Gebäuden zu gewährleisten und der Ausbreitung von Feuer entgegenzuwirken (BauO). Auf die Bemessung der Abstandsflächen haben u.a. Gebäudehöhe, Wandbreite, Dachform, Bauart der Wände, Abstände zu Grundstücksgrenzen und die Lage des Gebäudes zu öffentlichen Flächen Einfluss. Die Mindestabstände und Ausnahmen (z.B. Schmalseitenprinzip) sind in den Bauordnungen (LBO bzw. MBO) geregelt.

(Letzte Änderung: 20.4.2004)

(Prof. Beilicke)

Abtastsicherheit

Siehe auch Aufsperrsicherheit, Magnetschloss, Schließzylinder, Zuhaltungsschloss.

Die Abtastsicherheit ist der Grad der Erschwerung, die eingesetzten Zuhaltungen eines Profilzylinders mit geeigneten Hilfsmitteln gewalt- und spurenlos aus dem Profilzylinder zu ermitteln, um nach den festgestellten Werten (Maßen) einen Nachschlüssel anzufertigen.

(Letzte Änderung: 8.5.2004)

(in Anlehnung an DIN 18252)

Abwasserrohr-Sicherung

Siehe Faseroptischer Melder.

Abwehrender Brandschutz

Regional auch als Brandbekämpfung bezeichnet. Der abwehrende Brandschutz umfasst vorzugsweise alle die (nichtautomatisch wirkenden) Maßnahmen, Mittel und Methoden, die zur Eingrenzung eines Brandes, Begrenzung des Brandschadens und/oder Bekämpfung und erfolgreichen Löschung eines entstandenen Brandes (Schadenfeuers) erforderlich sind.

Der abwehrende Brandschutz ist Bestandteil des Gesamtkomplexes Brandschutz und wird ergänzt durch die Bereiche →vorbeugender Brandschutz, →baulicher Brandschutz, betrieblicher bzw. organisatorischer Brandschutz und →anlagentechnischer Brandschutz.

(Letzte Änderung: 20.4.2004)

(Prof. Beilicke)

Acrylglas

Siehe auch Glas (mit weiteren Verweisen).

Acrylglas ist ein PMMA Kunststoff (PMMA= Polymethylmethacrylat) und kein Silicatglas.

Acrylglas kann diskontinuierlich durch Gießen oder kontinuierlich durch Extrusion von erhitzten Formmassen hergestellt werden. Das Gießen erfolgt zwischen zwei Glasscheiben, bei der Extrusion wird die PMMA Masse erhitzt und durch Düsen gepresst, die im Querschnitt Formen besitzen, die ebene Platten, Doppelplatten, Rohre oder Wellenplatten ergeben. PMMA kann durch lösliche Farbstoffe durchsichtig oder durch Pigmente durchscheinend eingefärbt werden. Im Extrusionsverfahren können 12 mm dicke und im Gießverfahren 20 mm dicke PMMA Platten produziert werden. Die Produktionsbreite beträgt 2000 mm und die Länge 6000 mm. Wegen der gegenüber Glas geringeren Oberflächenhärte wird Acrylglas mit einer Schutzbeklebung geliefert.

Acrylglas lässt sich ähnlich wie Holz sägen, bohren, drehen, fräsen, schleifen und polieren. Mittels Lösungsmittel, Kleblacken oder Poly-

Eigenschaften Acrylglas	**gegossen**	**extrudiert**	**Norm/techn. Baubestimmungen**
Rohdichte g/cm^3	1,18	1,18	DIN 53479
Schlagzähigkeit kJ/m^3	12	12	DIN 53453
Klebschlagzähigkeit kJ/m^3	2	2	DIN 53453
Zugfestigkeit n/mm^3	80	72	DIN 53455
Reißdehnung %	5,5	4,5	DIN 53455
Elastizitätsmodul N/mm^3	3300	3300	DIN 53457

merisationsklebern lassen sich Teile aus PMMA fast unsichtbar verbinden. Die in den Klebnähten erzielten Festigkeiten liegen nur wenig niedriger, als in den nicht geklebten PMMA Materialien. PMMA lässt sich lackieren, bedrucken, oberflächlich einfärben, mit Prägefolien heißprägen, verspiegeln, metallisieren.
PMMA oder Acrylglas unterscheidet sich hinsichtlich seiner Chemikalienbeständigkeit grundsätzlich vom Glas. Diese Beständigkeit ist gegenüber anorganischen Säuren und Laugen gut, gegenüber organischen Lösungsmitteln schlecht.
PMMA oder Acrylglas ist teurer als normales Silicatglas. Aus diesem Grunde konnte es Glas aus dessen Anwendungsbereichen auch nicht verdrängen, sondern Acrylglas hat zusätzliche Einsatzgebiete erobert. Dazu gehören Lichtkuppeln, Oberlichter aus Stegdoppelplatten, durchsichtige Sicherheits-Schilde, Schutzverglasungen in Banken, Museen oder Wachtürmen, Flugzeug-, Fahrzeug- und Bootsverglasungen, Lichtwerbung, großflächige und leichte Überdachungen (Olympia-Stadion München), Gewächshäuser, Vordächer und Wartehallen.
Da Acrylgläser brennbar sind, dürfen sie in brandschutztechnisch zur Raumtrennung einzusetzenden Bauteilen (z.B. Brandschutz-Verglasungen, Verglasungen in Feuerschutztüren, in Fahrschachttüren und in Rauchschutztüren) nicht verwendet werden.

(Redaktion)

ActiveX

Siehe auch Internet, IT-Sicherheit, Java, JavaScript.

ActiveX ist eine von der Firma Microsoft entworfene Programmiersprache, die mit dem Microsoft Explorer-Webbrowser die Ausführung von aktiven Inhalten ermöglicht, ähnlich →Java und →JavaScript. Im Gegensatz zu diesen ist ActiveX eine proprietäre Technologie, die nur von Windows-Rechnern unterstützt wird.
Anders als im „Sandbox"-Sicherheitsansatz von Java werden für ActiveX-Elemente keine nennenswerten Sicherheitsbeschränkungen durchgesetzt. Durch die verwendete „Authenticode"-Technologie soll wenigstens der Urheber eines Applets bestimmbar sein. Doch dieses Zertifikat, das für wenig Geld erhältlich ist, kann keine Aussage für die Sicherheit des ActiveX-Programms bieten.
Eine Beschreibung eines Angriffs mit ActiveX auf ein Homebanking-Programm findet sich unter http://www.iks-jena.de/mitarb/lutz/security/activex.ix.html (deutsch).
Im allgemeinen wird dazu geraten, ActiveX komplett auszuschalten.
(Neu aufgenommen am 25.5.2004)

(Stark)

3

Aerodynamisch wirksame Fläche

Für die Bemessung von Rauch- und Wärmeableitungsöffnungen zugrunde zu legende Querschnittsfläche. Sie ist das Produkt aus geometrisch freier Fläche (Öffnungsfläche abzüglich der Flächen für Einbauten usw.) und öffnungsspezifischer Ausflusszahl. Letztere ist für jede spezielle Abzugsöffnung bzw. jedes spezielle Abzugsgerät zu ermitteln und berücksichtigt die Strömungswiderstände aus Formgebung, Einbauten, Art und Häufigkeit der Richtungsänderung der Strömung usw.. Kann die geräte- bzw. öffnungsspezifische Ausflusszahl nicht versuchstechnisch sicher ermittelt werden, kann im allgemeinen für Überschlagsberechnungen ein Faktor im Bereich zwischen 0,67 und 0,75 mit hinreichender Genauigkeit zugrunde gelegt werden. Der Außenwindeinfluss bleibt unberücksicht.
(Letzte Änderung: 20.4.2004)

(Prof. Beilicke)

AES (Advanced Encryption Standard)

Siehe Rijndael.

Akkreditierung

Siehe auch Evaluierung, Lizenzierung, Prüflabor/Prüfstelle.

Beglaubigung von Fähigkeiten und Bevollmächtigung, bestimmte Tätigkeiten auszuführen.
Technischer Bereich: Formale Anerkennung der Kompetenz eines Prüflaboratoriums, bestimmte Prüfungen oder Prüfungsarten auszuführen. Grundlage dieser Anerkennung ist die DIN EN 45001 (Allgemeine Kriterien zum Betreiben von Prüflaboratorien), bzw. deren internationale Folgenorm ISO / IEC 17025 : 2000-04.

Im technischen Umfeld können beispielsweise Prüflaboratorien, Inspektionsstellen oder Zertifizierungsstellen akkreditiert werden.
Beispiel Prüflaboratorium: Formale Anerkennung der Kompetenz eines Prüflaboratoriums, bestimmte Prüfungen oder Prüfungsarten auszuführen. Grundlage dieser Anerkennung ist die ISO / IEC 17025 : 2000 (Allgemeine Anforderungen an die Kompetenz von Prüf- und Kalibrierlaboratorien) bzw. deren Folgenorm ISO / IEC 17025:2005.
Die Durchführung der Akkreditierung erfolgt durch privatwirtschaftliche oder behördliche Akkreditierungsstellen. Sie umfasst eine Prüfung des antragstellenden Labors durch Begutachter/Auditoren, bei der die fachliche und organisatorische Eignung des Labors, die betreffenden Prüfungen oder Kalibrierungen durchzuführen, festgestellt wird. Diese Prüfung wird in regelmäßigen Abständen wiederholt.
(Letzte Änderung: 3.7.2006)

(Redaktion)

Akku

Siehe Notstromversorgung.

AKT

Siehe *BBA*.

Aktenvernichter

Siehe auch Datenträgervernichter, Mikrofilmvernichter, Informationsschutz, Vernichtung.
Unter Aktenvernichtern („Zerreißwolf") werden Maschinen und Einrichtungen verstanden, die Informationsträger (mit textlichen, bildlichen oder andersartigen Darstellungen) derart zerkleinern, dass eine Reproduktion der auf ihnen enthaltenen Information unmöglich oder weitgehend erschwert ist. Eingesetzt werden Aktenvernichter in der Regel zur Vernichtung schutzbedürftiger Informationen.
Abhängig von der Art der Zerkleinerungseinrichtung kann das Abfallprodukt folgende Formen aufweisen:

- Streifen mit bestimmter Breite und unbestimmter Länge (Streifenschnitt)
- regelmäßige Partikel, z.B. rechteckige Partikel bestimmter Länge und Breite, erzeugt durch Kreuzschnitt
- unregelmäßige Partikel wie beim Partikelschnitt, bei dem das zu teilende Gut in Teile mit festgelegten Höchstmaßen getrennt wird
- Fasern
- Staub
- Brei, entsteht durch Zugabe von Wasser bei der Zerkleinerung
- Granulat und
- Briketts (fallen durch Verpressen des zerkleinerten Vernichtungsgutes an)

Insbesondere beim Streifenschnitt hat der Anwender zu beachten, dass das zu vernichtende Schriftgut so in das Gerät eingeführt wird, dass die Schreibzeilen in einem Winkel von mindestens 45° zur Leserichtung durchgeschnitten werden.
Der Grad der Schutzbedürftigkeit ist entscheidend für die zulässige Teilchengröße des Abfallgutes. In der DIN-Norm 32757-1 sind fünf Sicherheitsstufen vorgegeben, die jeweils einem genau definierten Größenbereich für die Abfallteilchen entsprechen. Bei der Vernichtung von →*Verschlusssachen* in Papierform darf die Partikelgröße des vernichteten Materials die Maße von 2 mm x 15 mm (Abriss/ Cross-Cut) nicht überschreiten; d.h. eingesetzte Vernichtungsgeräte müssen mindestens der Sicherheitsstufe 4 genügen.
Außer für die Größe der Vernichtungspartikel interessiert sich der Anwender vor allem für die Schneidleistung, d.h. welche Menge Vernichtungsgut mit einer Maschine in einer bestimmten Zeit verarbeitet werden kann. Eine Angabe hierüber liefert der Nenndurchsatz. Er gibt die maximale während eines Arbeitstaktes vernichtbare Menge von Vernichtungsgut an.
(Letzte Änderung: 22.7.2004)

(Opfermann)

Aktiver Glasbruchmelder

Siehe Glasbruchmelder.

Aktives Sicherungsetikett

Siehe Sicherungsetikett.

Aktivmelder (BMA)

Siehe auch Ansaugrauchmelder, Brandmeldeanlage, Brandmelder, Einrichtungsschutz, Rauchmelder.
Aktivmelder sind Detektoren in Messkammern mit Ansaugeinrichtungen, durch die

Luftströme angesaugt oder denen anderweitig Brandkenngrößen aktiv zugeleitet werden.
Dabei können die Detektoren in den Messkammern punktförmige →Rauchmelder nach der EN 54, oder speziell abgestimmte oder hoch empfindliche Melder sein. Auch Kombinationen mehrerer verschiedener Melder in einer Messkammer sind üblich, um sowohl die Empfindlichkeit zu erhöhen als auch Falschalarme zu unterdrücken. Hierbei werden die Ausgangssignale der einzelnen Detektoren durch Software verknüpft.
Anmerkung: Der Begriff Aktivmelder ist nicht gleichzusetzen mit linienförmigen Brandmeldern. (VdS 2095)
(Letzte Änderung: 24.4.2000)

(Schmitt)

AKUS

Arbeitskreis für Unternehmenssicherheit Berlin-Brandenburg
Kurzbeschrieb und Anschrift →Behörden, Verbände, Institutionen.

Akzeptanz

Siehe auch Corporate Security.
Akzeptanz im Rahmen von Security-Konzepten bedeutet Zustimmung und Annahme von neuen Regelungen durch betroffene Personen (Einzelpersonen, Abteilungen, das gesamte Unternehmen). Die Einführung von Security-Maßnahmen bedeutet aus der Sicht der Betroffenen eine Änderung ihres Verhaltens im Arbeitsalltag und zwar im Sinne von mehr Einschränkung und weniger Freiraum (z.B. Drehkreuz, Codekarten).
Gelingt es nicht, Akzeptanz für die Maßnahmen zu erzielen, so wird sich Widerstand regen, oder Ängste und Unsicherheiten beeinflussen nachhaltig negativ das Betriebsklima.
Voraussetzung für Akzeptanz ist, dass der Security-Verantwortliche sich der Ängste, Befürchtungen und Reaktionsweisen aus der Sicht der Betroffenen bewusst wird und sie ernst nimmt. Den betroffenen Personen, dem Betriebsrat, den Führungskräften oder deren Vertretern sowie den Schnittstellenabteilungen ist der Sinn, das Ziel und der Nutzen der Maßnahmen plausibel und einsichtig zu vermitteln. Die aktive Einbeziehung dieses Personenkreises in den Meinungsbildungsprozess während der Planungsphase ist das Kernstück zur Akzeptanzgewinnung. Mitbeteiligung wird dann zur Mitverantwortung für ein Security-Konzept, das alle mittragen.
Der Akzeptanzgewinnung folgt die Akzeptanzrealisierung. Das bedeutet, nicht nur vor, sondern auch während und nach Einführung muss die begonnene Kommunikation fortgesetzt werden (3-Phasen-Modell der Akzeptanz). Während der Einführung wird kommuniziert, wie praktisch sinnvoll das Konzept in den Arbeitsablauf integriert werden kann. Änderungen können frühzeitig vorgenommen werden, kostspielige und unpraktikable Lösungen werden gleichfalls kontrolliert. Nach Einführung werden Erfahrungen nachgefragt und ausgewertet, es wird gemeinsam überlegt, was noch verbesserungswürdig ist.

(Ulrich)

Alarm

„Signalisieren eines in der Anlage eingetretenen Zustandes, der die Einleitung gefahrenabwehrender Maßnahmen (Interventionen) erforderlich macht" (Definition nach FES).
Allgemein wird unter Alarm eine akustische und/oder visuelle Anzeige eines von der Norm abweichenden Zustandes in einem definierten, überwachten →Meldebereich verstanden.
Ein Alarm stellt grundsätzlich ein →digitales Signal (Ja = Normalzustand, Nein = von der Norm abweichender Zustand) dar und nicht, wie häufig verwechselt, die Reaktion auf dasselbe (Alarmabklärung, Intervention).
Alarme können automatisch durch Sensoren oder auch manuell ausgelöst werden.
Entsprechend ihrer Bedeutung können Alarme in verschiedene Alarmklassen oder Prioritäten eingestuft werden. Ferner sind echte Alarme von →Falschalarm zu unterscheiden.

(Preisig)

Alarmanlage

Siehe Alarmzentrale.

Alarmempfangszentrale

Siehe Notrufzentrale.

Alarmfolie

Siehe auch Alarm-Sicherheitsfolie, Flächenüberwachung.

Eine Alarmfolie ist eine selbstklebende Polyesterfolie mit eingelegten Alarmfäden (Silberfäden), die der Überwachung auf Glasdurchbruch dient. Sie wird nachträglich auf vorhandene Fensterverglasung aufgebracht und entspricht der höchsten Gefahrenklasse (VdS-Klasse C). Im Gegensatz zur →Alarm-Sicherheitsfolie besitzt sie keine durchwurfhemmenden Eigenschaften.

(Letzte Änderung: 13.5.2002)

(Haverkamp)

Alarmgeber

Siehe Signalgeber.

Alarmglas

Siehe auch Alarm-Sicherheitsfolie, Einscheiben-Sicherheitsglas, Glas (mit weiteren Verweisen), Glasbruchmelder, Verbundsicherheitsglas.

Alarmgläser sind Gläser, die aufgrund ihres Aufbaus bei Beschädigung oder Zerstörung ein elektrisches Signal auslösen.

Man unterscheidet im Wesentlichen 3 Arten von Alarmgläsern:

1. Verbundsicherheitsgläser, bei denen in die →PVB-Folie ein feiner, jedoch sichtbarer Draht, eingeworfen wurde. Bei Beschädigung der Scheibe und Zerreißen des Drahtes wird der Alarm ausgelöst. Es wird unterschieden zwischen dem Flächenanschluss, wobei sich die Anschluss-Buchsen raumseitig in der sichtbaren Scheibenfläche befinden, und dem Randanschluss, bei dem sich die Anschlusslitzen im Falzbereich befinden. Die Lagen der Anschlusspunkte (Drahtenden) sollten immer oben angeordnet sein.
2. Diese Art von Alarm-Verbundglas kann bis zur Durchwurfhemmung von P2A nach DIN EN 356 (früher A1 gemäß DIN 52290) mit Hilfe spezieller →Alarm-Sicherheitsfolien auch nachträglich aus bereits installiertem Normalglas hergestellt werden.
3. Einscheiben-Sicherheitsgläser, bei denen in der oberen Ecke der Scheibe eine elektrische Leiterschleife eingebrannt wurde. Bei Zerstörung wird durch das Bruchbild dieser vorgespannten Gläser die Schleife unterbrochen und der Alarm ausgelöst. Kombinationen als Verbundsicherheitsglas und mit Isoliergläsern sind möglich.
4. Glasscheiben, auf denen Glasbruchmelder aufgesetzt sind. Passive Glasbruchmelder erfassen zur Alarmauslösung die durch einen Glasbruch hervorgerufene Schwingungen, aktive Glasbruchmelder die durch einen Glasbruch veränderte Körperschall-Leitfähigkeit der Verglasung. Verbundsicherheitsgläser oder folienbeschichtete Glasscheiben sind für Glasbruchmelder überwiegend nicht geeignet.

Alarmgläser mit auf der ganzen Fläche sichtbar eingelegtem Metalldraht haben auf einen Täter eine abschreckende Wirkung. Der Drahtabstand soll dem Zweck entsprechend gewählt werden. Bei Juwelier-Schaufenstern darf er beispielsweise höchstens 20 mm betragen, damit zwischen den Drähten kein Loch gebohrt werden kann, durch welches Schmuckstücke entwendet werden können. Alle Anschlüsse von Alarmgläsern müssen auf der Innenseite ausgeführt werden. Alle Anschlüsse von Alarmgeräten müssen auf der Raumseite und im Glasfalz immer oben oder seitlich liegen, um Einwirkungen durch Feuchtigkeit im Glasfalz auszuschließen. Die Leitungsführung darf die wasserführende Ebene und die Dränage nicht behindern. Zu Wartungszwecken sollte der Anschluss von der Glaseinheit zu einer Revisionsöffnung verlaufen. Die Leiterkabel an der Glaseinheit sollten nicht länger als 20 cm sein, um Bechädigungen beim Transport zu vermeiden.

(Letzte Änderung: 17.8.2006)

(Balkow/Schmalt)

Alarmierung Krisenstab/Krisenteams

Siehe auch *Krisenmanagement, Krisenstab*

Damit der Krisenstab und die Krisenteams nach dem Eintritt eines →Störfalls oder einer →Katastrophe ihre Arbeit zügig aufnehmen können, ist eine schnelle und gezielte Alarmierung erforderlich. Um alle erforderlichen Personen schnell und in der richtigen Folge alarmieren und informieren zu können, werden sogenannte „Call Trees“ erstellt. Hier sind die beteiligten Personen (und die Stellvertreter)

3

mit ihren Telefonnummern (Festnetz, Handy, SMS) in der Reihenfolge der Alarmierung gelistet. Es muss klar geregelt sein, wer die Anrufe tätigt (Person, Ort, Telefone). Optimal ist die Nutzung eines „Call-Services". Hier werden auf einem Server alle Informationen wie Namen, Rufnummern, Reihenfolge, etc. gespeichert. Durch einen einzigen Anruf auf der Servicenummer, der Eingabe der PIN und des Call Codes (welches Team wird aktiviert) werden die Anrufe automatisch ausgeführt. Die Fortschritte (wer wurde erreicht, wer hat bestätigt) können in Realtime über einen Browser überwacht werden. Sofern dies unterstützt wird, kann diese Alarmierung auch direkt aus dem Notfall Management Tool ausgelöst werden.

(Eingefügt: 23.7.2006)

(Glessmann)

Alarmierungseinrichtung

„Alarmierungseinrichtungen dienen dem Herbeiruf von Hilfe zur Gefahrenabwehr oder der Warnung von Personen. Sie können Teil oder Zusatzeinrichtung einer →Gefahrenmeldeanlage (GMA) sein." (Definition nach DIN VDE 0833 T1)

„Signalgeräte, die nicht in der Brandmelderzentrale enthalten sind und mit welchen optisch und/oder akustisch ein Brandalarm erfolgen kann. Beispiele: Horb, Sirene, Lautsprecher, Blitzleuchte, Anzeigetableau usw." (Definition nach VKF/Sicherheitsinstitut)

Foto: ABB

Alarmkarte

Siehe auch Hilfeleistende Stelle, Notrufzentrale

Normierte Darlegung von Sachverhalten aktuell auszuführender Interventions-Maßnahmen für ein Schutzobjekt durch eine Notruf- und Service-Leitstelle (NSL) zur unmittelbaren Information der Polizei zum Zwecke einer koordinierten und gemeinsamen Einsatzführung. Die Alarmkarte entspricht in ihrem Aufbau dem abgebildeten Muster und enthält einen Datenschutzhinweis.

Der Forderung der Polizei, Falschalarme zu minimieren und bei Inanspruchnahme von Polizeikräften qualifizierte Einsatzdaten aktuell zu übermitteln, trug der →BDWS (Bundesverband Deutscher Wach- und Sicherheitsunternehmen) gemeinsam mit der hessischen Polizei durch die Entwicklung der Alarmkarte Rechnung. Damit wurde auch eine VdS-Forderung erfüllt, in der festlegt wird, dass der Sicherheitsdienstleister seine Intervention mit der zuständigen Polizeidienststelle koordiniert.

Läuft ein Alarm aus einem Schutzobjekt in einer NSL auf und besteht eine hinlängliche Wahrscheinlichkeit, dass es sich um einen scharfen Alarm handelt, so übermittelt die

ALARMKARTE gem. VdS

ALARMKARTE gem. VdS

AN:
PP Ffm.
Fankfurt am Mainn
Ruf: 069 755 8488 (Leitstelle)

VON:
BSGWÜST GmbH
Adelonstr. 58
65929 Frankfurt am Main
Ruf: 069 300 101
Herr Neuhaus (Einsatzleiter)

Alarmobjekt
Testkunde GmbH
2. Zeile (z.B. zum Kunden gehörende Etagen)
Musterallee 1
11111 Musterstädle

Alarmkriterium: Einbruch 1. Etage
Ausgelöst am/um: Datum/Uhrzeit

Besonderheiten:
Das Objekt ist über die Waldallee anzufahren. Block-schloßtür und Zugang gegenüber Haus Nr. 20. Hohe Wertkonzentration (High-Tech-Lager im 2. OG).
Sicherheitsdienst-Maßnahmen:
Einsatz von BSG-Sicherheitsdienst und Verständigung des Alarmobjekt-Beauftragten
Kurzmitteilung des BSGWÜST-Einsatzleiters:

Datenschutz-Hinweis:
Vertraulich behandeln! Diese Alarmkarte darf nur zu polizeilichen Einsatzzwecken verwendet werden.
Nach dem erfolgten Einsatz im Original an den ÜEA-Sachbearbeiter weiterleiten. Keine Kopie herstellen!

NSL neben dem Telefonat mit der zuständigen Polizeidienststelle eine Alarmkarte an diese Dienststelle über Telefax.
Die bundeseinheitlich aufgebaute Alarmkarte enthält alle einsatzrelevanten Daten für die Polizei wie z.B.

- absendende Leitstelle incl. Einsatzleiter und seine Rufnummer.
- Schutzobjektanschrift incl. Besonderheiten bei der Anfahrt/für den Erstzugriff.
- ausgelöstes Kriterium mit Datum und Uhrzeit.
- laufende Maßnahmen des Sicherheitsdienstleisters.
- Kurzhinweis des Einsatzleiters des Sicherheitsdienstleisters.

Die Alarmkarte wird in der Regel direkt aus den Einsatzdateien des Alarmmanagement-Systems erzeugt und via Modem an die für das Schutzobjekt zuständige Polizeidienststelle gefaxt. Mit dem Eingang bei der Polizei wird in Hessen die Alarmkarte per Erlass zur vertraulichen Unterlage. In den VdS-Richtlinien 2172 ist die Alarmkarte ab Mitte 1998 definiert und als zusätzliches Einsatzmittel verbindlich vorgeschrieben.
(Letzte Änderung: 25.5.2004)

(Wüst)

Alarmmelder

Siehe Brandmelder, Gaswarnsysteme, Einbruchmelder, Wassermeldesystem.

ALARMNET der TUS

Siehe auch Gefahrenmeldeanlage (GMA), Notrufzentrale, Übertragungsanlage für Gefahrenmeldungen (ÜAG), Übertragungsgeräte, Übertragungsweg, Verbindungsarten

Mit ALARMNET deckt die TUS (Telekommunikation und Sicherheit) in der Schweiz die unterschiedlichsten Bedürfnisse der Alarmübermittlung in punkto Sicherheit, Technik und Komfort ab. Für verschiedene Anschlüsse (IP, GSM, ISDN, analog) stellt ALARMNET jeweils passende Angebote zur Verfügung. Die Dienstleistung ALARMNET ist flächendeckend in der Schweiz verfügbar. Über 20 000 Kunden und nahezu 100 Alarmempfangsstellen von Polizei, Feuerwehr, Wachgesellschaften sowie private Alarmzentralen und Sicherheitsorganisationen von Grossfirmen nehmen die Dienstleistungen der TUS in Anspruch. Dabei ist nicht nur die Übermittlung an 24-Stunden-Zentralen möglich, es können auch Mitteilungen gesprochen, per Pager oder mittels SMS an beliebige Empfänger übermittelt werden. Jeder einzelne Direktanschluss wird permanent auf Sabotage und Funktionsbereitschaft überwacht. Aber auch bei allen Empfangsstellen ist ein redundanter Alarmempfang sichergestellt. Die Anlageerstellerfirmen erhalten administrative und operative Unterstützung während der Vorbereitung und Inbetriebnahme der Alarmübermittlung, selbst der Ersatz von Endgeräten bei eventuellen Ausfällen ist mittels 24-Stunden-Depotstellen organisiert. Die TUS bietet als Branchenorganisation mit über 70 Partnerfirmen Übermittlungsnetze seit rund 40 Jahren an.
(Letzte Änderung: 3.7.2006)

(Urfer)

Alarmorganisation

Alarmorganisation umfasst alle Maßnahmen, die bei einem Alarm der Information, der Warnung, dem Aufbieten von Rettungskräften sowie dem Darstellen der Interventionspläne dienen.
Moderne Sicherheitssysteme ermöglichen eine nahezu lückenlose Überwachung aller gefährlichen Zustände in einem Betrieb. Die Vielfalt der Systeme und Konzepte bei autonomen Sicherheitsanlagen erfordert jedoch oft Spezialisten für die Betreuung der Anlagen sowie eine spezielle Schulung der Mitarbeiter.
Durch Vernetzung der bestehenden Anlagen mit einem → Sicherheitsleitsystem können die vorhandenen technischen und personellen Ressourcen besser genutzt werden. Standardisierte Schnittstellen mit Maßnahmetexten, Interventionsplänen und Bedienerführung im Dialogbetrieb garantieren im Gefahrenfall optimale Reaktionen der betroffenen Mitarbeiter sowie eine stressfreie Bewältigung von gefährlichen Situationen.
Die wirtschaftlichste Lösung für die Integration und zentrale Bedienung moderner Sicherheitsanlagen ist der Einsatz eines Sicherheitsleitsystems. Es kann als Einplatzsystem nebenamtlich durch die Telefonistin, den Portier oder den Sicherheitsbeauftragten bedient werden. Betriebe, die bereits über eine

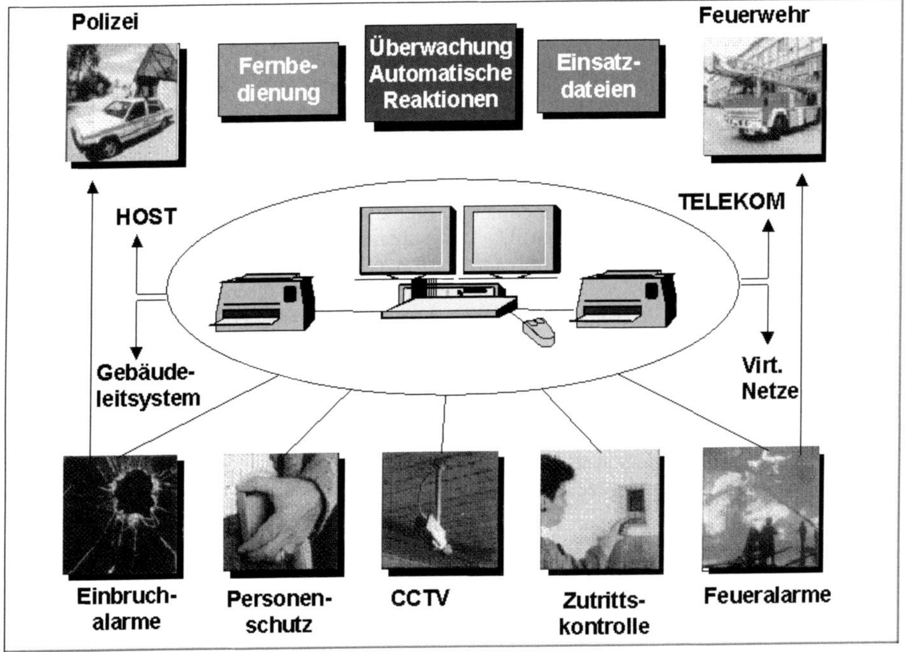

Alarmorganisation: Anlagenstruktur eines integrierten Sicherheitssystems (Grafik: Securiton)

Sicherheitsorganisation, z.B. Betriebsfeuerwehr, Sicherheitsdienst o.Ä. verfügen oder die mehrere Bedienplätze benötigen, werden sich für ein Mehrplatzsystem entscheiden.

Für die Alarmbearbeitung werden die nach Prioritäten geordneten Meldungen mit Alarmart und Alarmort in einer Alarmübersicht auf dem Monitor dargestellt. Je nach Art und Bearbeitungszustand erhalten die Meldungen verschiedene Farbattribute und den entsprechenden Maßnahmetext. Auf einem zweiten Monitor können zusätzlich Bilder, Pläne und Zusatzinformationen zur aktuell bearbeiteten Meldung gezeigt werden.

Die Abarbeitung der Meldung erfolgt mit einer einfachen Funktionstastatur. Jede Meldung und jeder Benutzereingriff wird zur späteren Auswertung in einem Ereignisjournal (Datenbank) registriert. Zusätzlich kann der Benutzer auch Interventionstexte und Pläne ausdrucken, Anlagenzustände abrufen und die angeschlossenen Subsysteme fernbedienen. Außerdem ist es möglich, ereignis- oder zeitgesteuerte Meldungen automatisch an Kommunikationssysteme oder Klartextmeldungen an Personensuchsysteme, automatische Wähl- und Ansagegeräte usw. zu übergeben. Bei entsprechender Programmierung lassen sich auch ereignis- oder zeitgesteuerte Schalt- und Steuerbefehle absetzen.

Der Begriff „Alarmorganisation" wird auch im Sinne von „Alarmierungsorganisation" (→Aufgebots- und Informationssystem) verwendet. In diesem Fall soll die Alarmorganisation möglichst schnell und wirtschaftlich Interventionskräfte aktivieren. Als Hilfsmittel stehen dafür moderne Kommunikationssysteme (Funk, →IVR (Interactive Voice Responsesysteme), Mobilkommunikation, Paging) zur Verfügung.

(Letzte Änderung: 15.7.2006)

(Köhler)

Alarmplan

Siehe auch Aufgebots- und Informationssystem

Teil eines umfassenden Notfallplanes, der interne und externe Meldeadressen, die Tag-, Nacht-, Wochenend- und Feiertagsorganisation sowie den Meldeablauf, allenfalls ergänzt durch ereignisbezogene Sofortmaßnahmen, beschreibt.

Alarmmeldungen und deren Behandlung sind in der Regel zu protokollieren. Alarmpläne sind wiederholt bei verschiedenen Betriebszuständen zu üben und stets auf aktuellem Stand zu halten. Dafür zuständige Mitarbeiter sind sowohl schriftlich als auch mündlich umfassend zu instruieren.

(Preisig)

Alarmplausibilität

Siehe auch Algorithmentechnologie, Detektionssicherheit, Falschalarm.

Der Begriff umschreibt die Glaubwürdigkeit eines Alarmsignals. Je höher die Falschalarmrate, desto tiefer die Alarmplausibilität. Eine hohe Alarmplausibilität ist grundsätzlich erwünscht. Sie erspart nicht nur die durch die Eruierung und Behandlung von Falschalarmen verursachten Kosten und Umtriebe; sie stellt auch sicher, dass der Benutzer jedes Alarmsignal ernst nimmt. Allerdings verlangt sie in vermehrtem Maße „intelligente" Systeme, die mit erhöhter Sicherheit zwischen echten Bedrohungen und Täuschungsgrößen unterscheiden können. Die Alarmplausibilität lässt sich erhöhen beispielsweise durch Absicherung eines Signals mittels Vergleich mit einem oder mehreren weiteren Signalen (Korrelation, →Zweigruppenabhängigkeit, usw.).

(Wigger)

Alarmschleife

Siehe Meldelinie.

Alarm-Sicherheitsfolie

Siehe auch Abhörsicherheit, Alarmfolie, Alarmglas, Einbruchmeldeanlage, Flächenüberwachung, Glasbruchmelder, PET, Polyesterfolie, Sicherheitsfolie.

Die Alarm-Sicherheitsfolie ist eine selbstklebende und mehrschichtige Sicherheitsfolie mit eingelegten Alarmfäden, die nachträglich

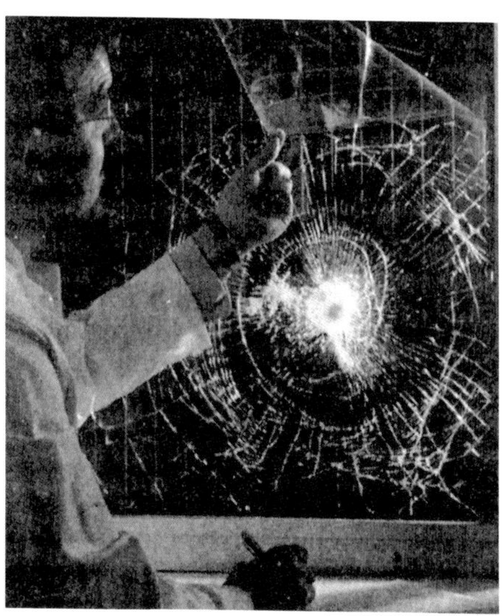

Alarm-Sicherheitsfolie – auch gegen Durchbruch (Foto: Haverkamp)

auf vorhandene Glasflächen aufgetragen wird und damit der Nachrüstung dient. Sie besitzt durchwurfhemmende Eigenschaften nach DIN 52290 (A1) sowie EN 356 (P2A) zum Schutz vor Blitzeinbruch und Vandalismus. Die Folie entspricht als vollflächiger Glasdurchbruchmelder der höchsten Gefahrenklasse (VdS-Klasse C). Die eingelegten Alarmfäden verlaufen horizontal wahlweise in den Abständen 4 cm, 10 cm oder 20 cm. Eine zusätzliche Mattierung oder Metallbedampfung der Folie zum Zweck des Sicht- und Sonnenschutzes ist möglich. Durch einen Alarmerrichter erfolgt der Anschluss an die Zentrale einer →Einbruchmeldeanlage.

(Letzte Änderung: 15.6.2004)

(Haverkamp)

Alarmtapete

Siehe Flächenüberwachung.

Alarmübertragung

Siehe ALARMNET der TUS, Redundante Übertragungsgeräte, Übertragungsgeräte, Verbindungsarten

3

Alarmübertragungsanlage (AÜA)

Einrichtungen und Netze, die Informationen über den Zustand einer oder mehrerer Gefahrenmeldeanlagen zu einer oder mehreren Alarmempfangsstellen übertragen.
(Neu aufgenommen am 20.5.2002)

(Definition: VdS)

Alarmventilstation

Siehe auch Sprinkler, Sprinkleranlage.
Alarmventilstationen sind in →Sprinkleranlagen zwischen der Wasserversorgung und dem Sprinklerrohrnetz positioniert und ermöglichen u.a. eine Zuordnung der →Sprinkler zu einzelnen Brandabschnitten. Die Ventilteiler öffnen aufgrund unterschiedlich großer Flächen erst, wenn ein Mindestdruckabfall im Rohrnetz bei Öffnen eines oder mehrerer Sprinkler erfolgt. Mit dem Öffnen der Alarmventilstationen werden gleichzeitig die Sprinklerglocke und ein Druckschalter angesteuert, sodass eine örtlich akustische Alarmierung und eine Alarmweiterleitung zu einer ständig besetzten Stelle erfolgen kann. Man unterscheidet entsprechend den Sprinklersystemen zwischen Nassalarmventilstation (NAV) und Trockenalarmventilstation (TAV), beide jedoch mit identischer Arbeitsweise.
Die Sprinklerglocke ist eine netzunabhängige akustische örtliche Alarmierungseinrichtung. Die Ansteuerung erfolgt durch einen geringen Wasserfluss bei Öffnen des zugeordneten Alarmventils.

(Redaktion)

Alarmverifikation

Verifikation bedeutet „Bewahrheitung“, oder Feststellung der Wahrheit. Es geht darum, die Richtigkeit, Tatsache, Ursache einer Situation, hier eines →Alarms, nachzuweisen. Die Verifikation eines Alarms geschieht meist durch Beobachtung, Überprüfung der auslösenden Ursache bzw. des Ablaufs eines Alarms, mittels persönlicher visueller Nachschau oder über Video-Überwachungssysteme, in Zweifelsfällen auch durch Nachvollziehen des Auslösevorgangs, insbesondere bei Freigeländeüberwachungssystemen, zur Unterscheidung zwischen →Falschalarm und echten Gefahrensituationen.

(Dr. Wenk)

Alarmvorprüfung

Überprüfung einer Alarmmeldung, ob mit an Sicherheit grenzender Wahrscheinlichkeit ein Echtalarm vorliegt.
(Neu aufgenommen. 13.4.2004)

(Definition: VdS)

Alarmzentrale

Siehe auch Brandmeldeanlage, Einbruchmeldeanlage, Intrusionsschutz, Notrufzentrale.
Eine Alarmzentrale ist die Kontroll- und Steuerungseinheit einer →Gefahrenmeldeanlage oder Alarmanlage. Diese werden im Wesentlichen für die Meldung von Überfall, Einbruch und Brand eingesetzt.

- Überfallmelderzentralen werden zusammen mit Überfallmeldern, z.B. für Hand- oder Fußbetätigung überall dort eingerichtet, wo mit einer direkten oder indirekten Bedrohung von Personen zu rechnen ist.
- Einbruchmelderzentralen mit der erforderlichen Peripherie, wie z.B. automatische Meldungsgeber, Scharfschalteinrichtungen etc., werden überwiegend zur Überwachung von Sachwerten eingesetzt.
- Kombinationen von Überfallmelderzentralen und Einbruchmelderzentralen sind üblich.
- Brandmelderzentralen in Verbindung mit automatischen Brandmeldern und Handfeuermeldern dienen der Brandfrüherkennung.

Funktionsbereiche

Der Alarmanlage kommt aufgrund ihrer zentralen Funktion erhebliche Bedeutung zu.
Durch ihre peripheren Einrichtungen wie Meldungs- und Signalgeber sowie Anzeigeeinrichtungen dient sie der präventiven Früherkennung von Gefahren für Leben und Sachwerte mit leicht verständlichen Hinweisen über Art und Ort der Alarmmeldung.

- Ständiges Überwachen der eigenen Betriebsbereitschaft sowie die der angeschlossenen Peripherie
- Melden eines Alarms oder einer selbsterkannten Störung örtlich oder als Fernalarm an eine oder mehrere →hilfeleistende Stellen
- Automatische Schalt- und Steuervorgänge zur Schadensbegrenzung

- Als zusätzliche – die Gefahrenmeldung nicht behindernde – Leistung das Überwachen, Transportieren und Anzeigen von Meldungen der Gebäudeleittechnik

Um der Vielfalt von Aufgaben gerecht zu werden, empfiehlt sich der Einsatz einer modular aufrüstbaren Zentrale. Moderne Alarmzentralen sind mikroprozessorgesteuert und bieten dadurch eine hohe Flexibilität, die besonders bei der Realisierung objektspezifischer Sicherheitsbedürfnisse durch Verknüpfung von Meldung und Steuerungsvorgang einen breiten Anwendungsspielraum erlaubt.

Linientechnik

Die zum Einsatz kommenden Meldungsgeber sind für eine zu meldende physikalische Kenngröße und das zu überwachende Risiko konzipiert. Durch Einsatz von Mikroprozessoren in den Meldern konnte deren Detektionsleistung und -sicherheit erhöht werden, die Integration von mehreren Sensoren für verschiedene physikalische Kenngrößen wurde möglich, ohne größere Gehäuse verwenden zu müssen.

Dies bedingte eine leistungsfähigere Übertragungstechnik zwischen Melder und Zentrale als es die Gleichstromlinientechnik darstellte. Deshalb werden heute fast ausschließlich bidirektionale Bussysteme eingesetzt, die auf meist nur zwei Adern sowohl die Alarmmeldung als auch die Stromversorgung der Melder sowie Ergebnisse aus deren Selbstüberwachung (Abdeckerkennung, Verschmutzungsgrad) transportieren.

Zusätzliche Adern z. B. für den Sabotagekontakt oder die Aktivierung des Begehtests entfallen.

Wird das Bussystem in Form eines Ringes aufgebaut, kann durch Trennelemente ein Teilstück des Ringes im Falle eines Kurzschlusses abgeschaltet werden, so dass die Melder auf zwei Stichleitungen bis zur Behebung des Kurzschlusses weiterbetrieben werden. Idealerweise sind diese Trennelemente in jedem Melder vorhanden.

Herkömmliche für Gleichstromlinientechnik vorgesehene Melder werden – mit Koppelbausteinen ergänzt – busfähig. Neben dem Bestandsschutz wird die – bei Bussystemen übliche – Einzelerkennung von Meldern erreicht.

Als technische Maßnahme zur Falschalarmvermeidung können die →Zweigruppenabhängigkeit, →Zweimelderabhängigkeit sowie gegebenenfalls die →Alarmzwischenspeicherung durch Parametrierung der Zentrale realisiert werden.

Die Zuordnung der einzeln erkennbaren Melder zu Meldegruppen wird per Software in der Zentrale getroffen.

Energieversorgung

Für die →Energieversorgung von Alarmzentralen sind zwei Energiequellen erforderlich, von denen jede in der Lage sein muss, die Zentrale sowie die angeschlossene Peripherie leistungsmäßig uneingeschränkt zu betreiben. Eine Energiequelle ist üblicherweise das Wechselstromnetz, die andere ist eine anlageneigene Batterie, die bei Netzstörung automatisch und unterbrechungslos die Anlage in Betrieb hält. Die erforderliche Überbrückungszeit regeln die einschlägigen Vorschriften.

Meldungsweiterleitung

Eine Alarmierung der anonymen Öffentlichkeit (örtlicher Alarm optisch und akustisch) ist nur sinnvoll, wenn damit die erforderliche Hilfeleistung auch tatsächlich erreicht wird. Dies ist in der Realität meist nicht gegeben.

Zielführender ist die Weiterleitung von Meldungen aus der Alarmanlage (Fernalarm) direkt zur hilfeleistenden Stelle wie Polizei, Feuerwehr oder Notruf-Serviceleitstelle (NSL, →Notrufzentrale). Nur so ist die unmittelbare zeitsparende Einleitung von Gegenmaßnahmen erreichbar.

Es wurden zahlreiche Verfahren zur Meldungsübertragung entwickelt unter der Maxime, eine schnelle und sichere aber kostengünstige Alarmübertragung zu erreichen. Über viele Jahre wurden fast ausschließlich freie Stromwege (z.B. der Telekom) genutzt. Inzwischen haben sich aber auch die moderneren Verfahren wie Datex-P (X.25) und X.31 etabliert.

Automatische Wähl- und Übertragungsgeräte (→AWUG) für →ISDN-Leitungen und Modems für →GSM-Funknetze gelangen zum Einsatz. Besonders zu erwähnen ist der redundante Parallelbetrieb von Wählverbindungen TSN.

Automatische Wähl- und Ansagegeräte (→AWAG) haben an Bedeutung verloren und werden nur noch in besonderen Fällen eingesetzt.

Nicht alle bekannten oder denkbaren Übertragungsverfahren sind beliebig einsetzbar, die Zulässigkeit kann z. B. den ÜEA-Richtlinien der Landespolizeien, der DIN 14675 oder der VdS-Richtlinie 2471 entnommen werden.

Vorschriften
Anlagen, die nach DIN VDE 0800 aufgebaut sind, werden als Alarmanlagen oder Alarmzentralen bezeichnet – sogenannte Informationsanlagen, Anlagen, die DIN VDE 0833 Teil 1 und Teil 2 oder Teil 3 erfüllen, dürfen als Gefahrenmeldeanlage bezeichnet werden (Einbruchmeldeanlage, Brandmeldeanlage).
Darüber hinaus gelten für Gefahrenmeldeanlagen entsprechend DIN VDE 0833 weitere Normen, Vorschriften und Richtlinien wie z. B.

- für Überfall- und Einbruchmeldeanlagen: EN 50 131 – Reihe, VdS-Richtlinien (für gewerbliche Risiken bzw. für Hausratrisiken), ÜEA-Richtlinie der Landespolizeien, Verschlusssachen-Richtlinien
- für Brandmeldeanlagen: DIN 14675, DIN EN 54 – Reihe, VdS-Richtlinien, Bestimmungen örtlicher Brandschutzbehörden (Technische Anschaltbedingungen TAB)
- sowie Gesetze, Verordnungen (z. B. VstaettVO) und Richtlinien (MLAR) aus dem Baurecht

(Letzte Änderung: 3.7.2006)

(Herzog)

Alarmzwischenspeicherung

„Alarmzwischenspeicherung ist eine Maßnahme zur Verifizierung eines Alarmzustandes. Das Ansprechen von automatischen Brandmeldern wird erst dann als Brandalarm gewertet, wenn die Brandkenngröße längere Zeit vorliegt." (Definition nach DIN VDE 0833-2 T2)

Algorithmentechnologie

Siehe auch Alarmplausibilität, Detektionssicherheit, Falschalarm.

Brandmelder mit Algorithmentechnologie führen komplexe Signalanalysen in kurzen Zeitabständen durch und verarbeiten große Datenmengen. Deshalb sind sie mit einem Mikroprozessor ausgestattet. Die Sensorsignale werden in mathematische Komponenten zerlegt und mit fix definierten Algorithmen (Rechenregeln) verrechnet. Der Charakter dieser Algorithmen wird durch deren Parametrierung festgelegt. Der Vergleich der berechneten Werte mit den im Melder gespeicherten Vorgaben resultiert in der entsprechenden Gefahrenstufe.

Brandmelder mit Algorithmentechnologie garantieren nicht automatisch eine höhere Detektionssicherheit, da die Art und Weise der Zerlegung der Sensorsignale, der verwendeten Rechenregel, der zur Verfügung stehenden Parametersätze und des Vergleichs mit den im Melder gespeicherten Vorgaben das Detektionsverhalten beeinflussen.
Ein dynamisches Detektionsverhalten ist nur möglich, wenn der Signalverlauf über die gesamte Zeitperiode der Phänomeneinwirkung beobachtet und nach Signalstärke (Amplitude), Anstiegsrate (Veränderung des Sensorsignals) und Fluktuation (sprunghafte Veränderungen des Sensorsignals) verglichen wird.
Die Rechenregeln müssen so ausgestaltet sein, dass sie mit den zur Verfügung stehenden Parametersätzen den unterschiedlichsten Brandentwicklungen Rechnung tragen.
Ein Parametersatz (→Parametrierung) ist ein Datensatz, der die Rechenregeln und die Vergleiche mit den Vorgaben beeinflusst. Durch das Laden des entsprechenden Parametersatzes werden die fixen Rechenregeln ganz spezifisch auf die hauptsächlich zu erwartenden Brandphänomene und Umgebungseinflüsse eingestellt und die Resultate mit den entsprechenden Vorgaben verglichen. Wird ein Rauchmelder in einer Produktionshalle eingesetzt, so muss ein Parametersatz geladen werden, der sprunghafte Veränderungen, die meistens durch Täuschungsgrößen verursacht werden, gering bewertet. Wird der Rauchmelder aber in einem Spitalzimmer eingesetzt, so ist ein Parametersatz zu wählen, der auch auf schnelle Veränderungen der Sensorsignale reagiert und somit eine frühestmögliche Alarmierung garantiert. Da moderne Brandmelder mit unterschiedlichsten Parametersätzen betrieben werden können, eignen sie sich auch für den Einsatz bei unterschiedlichsten Spezialanwendungen.
(Letzte Änderung: 3.7.2006)

(Wigger)

Analog

Siehe Digital/Analog.

Anbohrschutz

Siehe Bohrschutz.

Angriffhemmende Verglasung

Siehe auch Glas (mit weiteren Verweisen).
Eine angriffhemmende Verglasung setzt einer Gewalteinwirkung einen bestimmten Widerstand entgegen. Sie ist im Allgemeinen durchsichtig oder durchscheinend. Eine angriffhemmende Verglasung ist ein Erzeugnis aus einer Glasscheibe oder aus mehreren Glasscheiben mit oder ohne Kunststoffscheibe(n), dessen einzelne Scheiben eine gleichmäßige Dicke über die gesamte Fläche des Erzeugnisses haben (siehe auch Abschn. 3.1 DIN EN 356)
Beispiele für angriffhemmende Verglasungen gemäß DIN EN 356:
DIN EN 356 befasst sich mit dem Widerstand gegen manuellen Angriff, also mit →durchwurfhemmenden und →durchbruchhemmenden Verglasungen. Die früher ebenfalls unter dem Oberbegriff „angriffhemmende Verglasung" in der DIN 52290 behandelten →durchschuss- und →sprengwirkungshemmenden Verglasungen sind jeweils in eigenen europäischen Normen geregelt (Widerstand gegen Beschuss: DIN EN 1063, Sprengwirkungshemmung: DIN EN 13541).
(Letzte Änderung: 15.7.2000)

(Meißner)

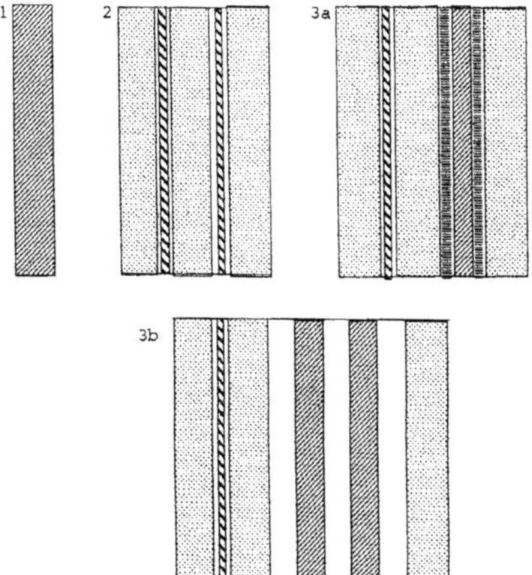

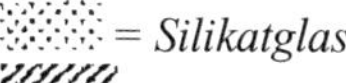
= *Silikatglas*
= *Kunststoffglas*
=*Kunststoff-Folie (Dicke: n . 0,38 mm)*
=*Epoxid-/Acrylharz*

1 = einschichtige Kunststoffverglasung
2 = mehrschichtige Silikat/Kunststoffverglasung
3 = mehrschichtige Silikat/Kunststoffverglasung (a: ohne Luftzwischenraum, b: mit Luftzwischenraum)

Anlagentechnischer Brandschutz

Durch technische Anlagen realisierbarer Brandschutz. Gesamtheit aller der Brandmaßnahmen, die durch Nutzung spezieller Anlagen und technischer Mittel sowohl präventiv (z.B. Branddetektion, Brandsignalisation) als auch operativ (z.B. Brandlöschung, Begrenzung und/oder Verhinderung der Brandausbreitung) wirken.
Die Notwendigkeit solcher Anlagen ist in unterschiedlichen Regeln, Normen und Vorschriften je nach Bedeutung und Schutzwürdigkeit des Objektes bzw. seiner Nutzer gefordert. Ihre Gestaltung, Dimensionierung und Errichtung erfolgt zweckmäßigerweise nach festgelegten und gesicherten/bewährten Regeln (z.B. VdS- oder VDI-Richtlinien).
Zunehmend werden Brandschutzmaßnahmen, die sich allein oder überwiegend mit bautechnischen Maßnahmen nicht optimal umsetzen lassen, als kombinierte Maßnahmen (bautechnischer und anlagentechnischer Brandschutz) realisiert.
Der Bereich des anlagentechnischen Brandschutzes ermöglicht spezifischeres und detaillierteres Reagieren auf Risiken und – über die Nutzungsdauer – auf Risikoveränderungen, ohne in jedem Fall schwerwiegende bautechnische Veränderungen zur Folge zu haben. Zu beachten ist der regelmäßig erforderliche Wartungsaufwand und die zur Funktionssicherheit erforderliche gesicherte Energieversorgung. Da diese Maßnahmen objektspezifisch dimensioniert und konzipiert werden, sind Überprüfungen auf bestimmungsgemäße und risikoadäquate Funktionssicherheit nach Nutzungsänderungen und/oder Umbauten bzw. baulichen Veränderungen (beispielsweise zur Erhaltung der Genehmigungsfähigkeit) unerlässlich.
(Letzte Änderung: 20.4.2004)

(Prof. Beilicke)

Ansaugrauchmelder

Siehe auch Alarmzentrale, Automatischer Brandmelder, Brandmeldeanlage, Einrichtungsschutz, Flammenmelder, Gasmelder (BMA), Gaswarnsysteme, Melderkette, Rauchmelder, Wärmemelder.

Ein Ansaugrauchmelder ist Teil eines Brandmeldesystems und besteht aus einer Auswerteeinheit mit einem oder zwei Rauchdetektoren, dem Ansaugrohr und den Ansaugöffnungen.

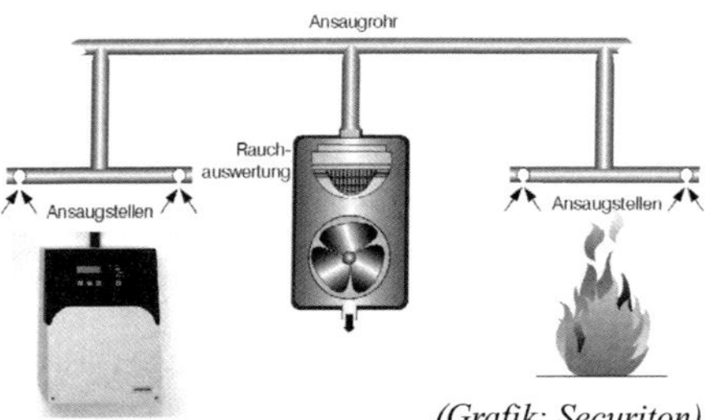

(Grafik: Securiton)

Funktion: Ein Ventilator saugt über Ansaugrohre Luftproben vom überwachten Raum zur Auswerteeinheit. Ein Rauchdetektor prüft die Luftproben auf Rauchpartikel. Übersteigt die vorhandene Rauchkonzentration den Alarmwert nach EN 54-7, so löst das System →Brandalarm aus.

Moderne Ansaugrauchmelder sind modular aufgebaut. Sie können mit 1-2 →Rauchmeldern (z.B. optische Streulichtmelder oder mit einem Laserdetektor) betrieben werden. Bis zu vier Ansaugrohr-Leitungen können entweder einzeln oder via Sammelrohr ins Auswertegehäuse geführt werden, sodass der Rauch je Rohrast einzeln identifiziert werden kann. Je nach Ansaugrohr-Anordnung können bis zu 200m Rohrleitungen an ein System angeschlossen werden mit einer maximalen Überwachungsfläche A_{max} von $1200m^2$ (länderspezifische Vorschriften beachten). Der heutige Stand der Technik erlaubt es, entweder unterschiedlich empfindliche Detektoren einzusetzen oder mittels Software die Empfindlichkeit je nach Anwendung frei zu programmieren (Laserdetektoren). Mehrere Auswertestufen und eine Frühwarnung durch einstellbare Voralarm-Schwellen erhöhen die Detektionssicherheit.

Als Ansaugrohr-Leitungen können handelsübliche Installationsrohre verwendet werden. Meistens bietet der Hersteller eine Auswahl mit allem Zubehör wie z.B. spezielle Ansaugstellen, T-Stücke, Endkappen, usw. an. Eine Auswerteeinheit kann mehrere Objekte (z.B. EDV-Schränke) überwachen.

Der Ausfall des Ventilators, die Verstopfung einer Ansaugstelle oder des ganzen Rohres sowie ein Leck in der Ansaugleitung oder eine Verschmutzung der Melder müssen vom System angezeigt werden. In Kühlräumen mit Temperaturen unter –30°C sind die Ansaugstellen mit einer Abtauvorrichtung zu versehen, die über die Luftstromüberwachung gesteuert wird.

Ansaugrauchmelder eignen sich besonders für Serverräume (EDV-Raum- und Objektüberwachung), Elektroschränke, Hochregallager, Kühlräume, Zwischen- und Hohlböden, Kabelschächte, Traforäume sowie im Kulturgüterschutz und überall dort, wo die Ästhetik (keine sichtbaren Melder) eine grosse Rolle spielt, z.B. in Museen, Kirchen, Schlössern, usw.

(Letzte Änderung: 14.7.2006)

(Stucki)

Antipassback-Kontrolle

Siehe Zutrittskontrolle.

Anzeigetableau

Siehe auch Synoptik.

„→Alarmierungseinrichtung, mit welcher eine optische selektive Signalisation von Meldungen möglich ist. In der Regel wird ein Anzeigetableau als parallele Anzeige der →Meldergruppen zur →Brandmelderzentrale eingesetzt." (Definition nach VKF/Sicherheitsinstitut)

Applikationsüberprüfung

Siehe auch Falschalarm.

Mehr als die Hälfte aller Falschalarme einer Sicherheitsanlage gehen auf das Konto Applikationsfehler (falscher Meldertyp, falsche Meldereinstellung, falscher Melderstandort usw.). Ein Sicherheitssystem mit automatischer Applikationsüberprüfung meldet dem Systemverantwortlichen, wenn ein Melder für seinen Einsatzort nicht geeignet oder nicht richtig programmiert ist. So kann die Situation berichtigt werden, bevor sie zu einem Falschalarm geführt hat.

(Wigger)

Arbeitsstrom / Ruhestrom

Diese Bezeichnungen werden für Schaltungen verwendet, in denen zwischen einem „Ruhezustand“ und einem „außerordentlichen Zustand“ (wie z.B. Alarm, Störung, Aktivierung etc.) unterschieden werden kann. Ruhestrom bedeutet, dass im Normalfall (Ruhezustand) Strom fließt, welcher dann im außerordentlichen Fall unterbrochen wird.

Beispiel: Ein Ruhestrom-Türöffner entriegelt bei Unterbruch des Ruhestromes. Verriegelt fließt der Ruhestrom durch den Verriegelungsmagnet. Bei umgekehrten Verhältnissen, d.h. Stromfluss während der Entriegelungsphase, spricht man von Arbeitsstrom.

Für Sicherheitsanwendungen zwingend anzuwenden ist das Ruhestromprinzip für Türöffner, Verriegelungsmagnete etc. an Türen/ Schleusen mit zusätzlicher Fluchtwegfunktion ohne mechanisch aktivierbare Fluchtmöglichkeit. Der Fluchtweg ist bei Stromausfall oder bewusst erzeugter Stromunterbrechung mittels Nottastern freigeschaltet.

Wo Intrusionsmeldeanlagen nicht digitalisiert sind, gilt das Ruhestromprinzip auch für ihre Überwachungslinien: Der Ruhestrom, bei geschlossenem Meldekontakt, wird über einen Endwiderstand, in unmittelbarer Kontaktnähe, auf einen bestimmten Wert eingestellt und durch die Zentrale überwacht. Sowohl Stromabweichungen bei Kontaktöffnung im Alarmfall als auch durch Leitungsunterbruch oder Kurzschluss bei Sabotage, wird als Alarm ausgewertet. Man spricht in diesem Fall von Ruhestromüberwachung.

Nachteilig beim Ruhestromprinzip ist der dauernde Stromverbrauch. Bei Elektromagneten und Türöffnern ist daher auf die Spezifikation 100% ED (Einschaltdauer) zu achten (Überlastungsgefahr).

Das Arbeitsstromprinzip wird bei Sicherheitsanwendungen z.B. dort verwendet, wo verhindert werden soll, dass durch bewusst herbeigeführten Kurzschluss eine Türfreigabe erwirkt werden kann. (Türen ohne Fluchtfunktion oder mit mechanisch aktivierbarer Fluchtmöglichkeit).

(Walker)

Argon

Siehe auch Brandschutz durch Sauerstoffreduzierung, CO_2, Gaslöschanlage, Inergen, FM-200.

Der Name Argon kommt aus dem Griechischen und heißt soviel wie „untätig“. Diese Übersetzung nimmt Bezug auf die beim Edelgas Argon vorhandene Reaktionsunfähigkeit. Diese Eigenschaft ermöglicht den Einsatz von Argon auch für Brandstoffe, bei denen mit der Anwendung anderer Löschmittel gefährliche chemische Reaktionen im Löschprozess auftreten können.

Argon ist ein nullwertiges Edelgas und einatomig. Das Gas ist farb- und geruchlos sowie unter Normbedingungen (15 °C und 101,3 kPa) schwerer als Luft. Argon ist Bestandteil der Luft.

Durch die Halonverbotsverordnung fand das Argon als Inertgas (→Löschmittel) Anwendung im stationären Löschanlagenbau. Von den derzeit im Löschanlagenbau eingesetzten reinen Inertgasen und Inertgasgemischen zum Ablöschen von Bränden fester Brandstoffe und brennbarer Flüssigkeiten wird für das Löschmittel Argon die höchste brandstoffspezifische Löschmittelmenge zur Inertisierung benötigt.

(Neu aufgenommen am 22.4.2002)

(Dr. Schremmer)

Artikelsicherung

Siehe Ladendiebstahl, Sicherungsetikett.

ASIS

American Society for Industrial Security, Arlington USA/München.

Anschrift →Behörden, Verbände, Institutionen.

ASK

Siehe VSTF

ASS

Neuer Name: →BSD (Bundesverband Sicherungstechnik e.V.), Düsseldorf. Kurzbeschrieb und Anschrift →Behörden, Verbände, Institutionen.

ASW

Arbeitsgemeinschaft für Sicherheit der Wirtschaft e.V., Bonn.

3

Kurzbeschrieb und Anschriften der ASW sowie der Verbände für Sicherheit in der Wirtschaft →Behörden, Verbände, Institutionen.

ATM

Siehe auch Ethernet, IT-Sicherheit, LAN, Netzwerk – in anderer Bedeutung auch: *BBA, KBA*

Asynchronous Transfer Mode (ATM) ist als Netz der Zukunft konzipiert. Es integriert sowohl den Transport von Computerdaten als auch Sprach- und Videodaten. In einem Gebäude muss somit nur noch ein einziges Netz installiert werden. Ein weiterer Vorteil ist eine einheitliche Schnittstelle nach außen – zum Telekom-Unternehmen. Seit der breiten Verfügbarkeit von Gigabit-Ethernet ist ATM im →LAN unterlegen. Mit dem neuen Standard 10-Gigabit-Ethernet, der auch eine WAN-Schnittstelle bietet, wird ATM auch im WAN starke Konkurrenz bekommen. Hohe Produktkosten und die Notwendigkeit von teuren Schulungen bei einem Umstieg auf ATM verhindern dessen Erfolg. Zudem gibt es bereits erste Produkte, um Sprache und Daten per →Ethernet zu vereinen. Im Weitverkehr, WAN (wide area network), ist ATM zwar etabliert, verliert aber zusehends Boden an günstigere Lösungen, wie Gigabit oder IP over SDH.

Die wesentlichen Eigenschaften:

- Integration von Sprache, Video und Daten
- Bandbreite ist skalierbar: Einer Anwendung wird so viel Bandbreite – sofern ausreichend vorhanden – zugeteilt, wie sie aktuell braucht.
- Die Bandbreite ist nicht nach oben begrenzt. Zur Zeit sind meist Komponenten bis 622 Mbit/s im Einsatz. Von der Technik ist es jedoch möglich, in den Gigabit-Bereich vorzudringen, sobald Bedarf vorhanden ist.
- Hoher Sicherheitsstandard durch virtuelle Punkt-zu-Punkt-Verbindungen. Kein anderes Gerät außer den beteiligten kann die Kommunikation mithören.
- Sowohl für Weitverkehrsnetze als auch für Lokale Netze geeignet.

Für Lokale Netze kann nicht mehr bedingungslos zu ATM geraten werden. Wer plant, in ein einheitliches zukunftssicheres Datennetz zu investieren, sollte eine neutrale Verkabelungsstruktur installieren und sich auf Anwendungen mit Ethernet (10 Mbit/s bis 1000 Mbit/s) konzentrieren. Als Protokolle, die auf Ethernet aufsetzen, hat sich der TCP/IP-Stack durchgesetzt. Die heutigen ATM-Produkte unterschiedlicher Hersteller funktionieren nicht immer miteinander und voraussichtlich auch nicht mit neuen Versionen von Teilstandards.

ATM ist ideal für den Einsatz als Netz zwischen Filialen. Eine zentrale Video-Überwachung lässt sich einfach verwirklichen.

Gelegentlich wird ATM auch als Abkürzung für Geldautomaten gebraucht (Automatic Teller Machine). Zu deren Schutz gegen Einbruchdiebstahl und unbefugte Wegnahme werden →Wertschutzschränke für Geldautomaten eingesetzt.

(Letzte Änderung: 3.7.2006)

(Wrobel)

ATM Base

Sockel für →Geldautomat

ATM Safe

Wertschutzschrank für →Geldautomaten

Atypischer (Raub-)Überfall

Ein Überfall auf Geldinstitute ist als atypisch anzusehen, wenn Täter, um z. B. an Bargeld zu gelangen,

- außerhalb der für Kunden vorgesehenen Öffnungszeiten (Geschäftszeiten) Bankangestellte innerhalb des Geldinstitutes bedrohen,
- außerhalb der Räume des Geldinstitutes Bankangestellte, deren Angehörige oder andere Personen in ihre Gewalt bringen und bedrohen.

(Neu aufgenommen am 20.5.2002)

(Definition: VdS)

Aufbaustift

Siehe auch *Schließzylinder, Schloss (mit weiteren Verweisen)*.

Aufbaustifte sind zusätzlich in die →Stiftzuhaltungen eingebrachte Sperrorgane, die die für die Funktion von →Schließanlagen notwendigen zusätzlichen Trennungsebenen schaffen.

(Letzte Änderung: 8.5.2004)

(Definition nach DIN 18252)

Aufbohrschutz

Siehe Bohrschutz.

Aufbruchmelder

Melder, der einen Aufbruchversuch von Türen, Toren, Fenstern, u.ä. frühzeitig meldet, bevor der mechanische Widerstand einer vorhandenen mechanischen Sicherungseinrichtung überwunden ist.

(Neu aufgenommen am 20.5.2002)

(Definition: VdS)

Aufenthaltsraum

Aufenthaltsräume sind Räume, die zum nicht nur vorübergehenden Aufenthalt von Menschen bestimmt oder geeignet sind (Bauordnung). Aufenthaltsräume müssen einerseits bestimmte geometrische Anforderungen erfüllen, um als solche zu gelten. Andererseits ergeben sich aus ihrer Lage, bezogen zur Höhe des angrenzenden Geländes, bestimmte brandschutztechnische Forderungen für das Gebäude insgesamt (sicherheitstechnische Einstufung des Gebäudes). Weitere Einstufungskriterien sind aus der Arbeitsstättenverordnung ableitbar (z.B. regelmäßige zulässige Aufenthaltsdauer). Aus brandschutztechnischer Sicht sind Forderungen bzgl. der Verfügbarkeit/Nutzbarkeit von zwei unabhängigen Rettungswegen zu beachten (auch in Abhängigkeit von der Geschosslage des Aufenthaltsraumes).

(Letzte Änderung: 20.4.2004)

(Prof. Beilicke)

Aufgebots- und Informationssystem

Siehe auch →IVR (Interactive Voice Responsesysteme)

Geht es darum, in kürzester Zeit möglichst viele Personen aufzubieten oder zu informieren und ist dabei die Information immer dieselbe, so bieten sich so genannte Aufgebots- und Informationssysteme an. Sie sind in der Lage, auf fast beliebig vielen Kanälen Personen per Telefon parallel anzuwählen und eine vorgegebene Information (Sprachkonserve) abzuspielen. Dabei wird erfasst, wie viele Personen den Anruf entgegengenommen haben, und wer genau unter den Aufgebotenen die Entgegennahme quittiert hat. Die Erreichbarkeit kann somit online beurteilt und bei Bedarf eine weitere Eskalationsstufe ausgelöst werden. Selbstverständlich kann die Mitteilung auch mehrsprachig sein. Auch das Einbeziehen eines Pagersystems ist möglich.
Beispiel: Bei einem Großbrand in einem Spital sollen alle Personen im Gebäude evakuiert werden. Dazu werden alle Mitarbeiter mit Ortskenntnissen gebraucht. Das Aufgebots- und Informationssystem bietet alle diese Mitarbeiter in kürzester Zeit auf, ohne dass dieser Vorgang andere Mitarbeiter bindet. Die Systeme werden auch von externen Dienstleistern angeboten. In diesem Fall sind weder eigene personelle Ressourcen noch Investitionen erforderlich.

(Neu aufgenommen am 3.6.2000)

(Meier)

3

Aufhebelsicherung

Siehe auch Einbruchhemmende Fenster, Einbruchhemmende Tür, Nachrüstung (Fenster, Türen), Vorsatzfenster.

Die Prozentsätze in den jährlichen Kriminalstatistiken belegen immer wieder, dass im Falle gewaltsamen Eindringens in Gebäude durch Zerstörung von Erdgeschossfenstern nur ein Teil der Täter durch die eigentliche Glasfläche kommt.
Vielmehr werden häufig die Rahmen aufgehebelt, was i.d.R. mit weniger Geräuschentwicklung und Verletzungsrisiken als ein Einschlagen der Scheiben einhergeht und auch den Fluchtweg für den Täter schneller und komfortabler gestaltet. Nach einer Untersuchung des Bayerischen Landeskriminalamtes aus 1999 gliederten sich die Angriffe auf Fenster, Fenstertüren, Balkon- und Terrassentüren wie folgt auf:

- Aufhebeln: 65,3% (Einfamilienhäuser) bzw. 42,0% (Mehrfamilienhäuser).
- Glasdruchbruch mit anschließendem Entriegeln: 16,0% (Einfamilienhäuser) bzw. 7,8% (Mehrfamilienhäuser)
- Glasdruchbruch mit anschließendem Durchstieg: 1,3% (Einfamilienhäuser) bzw. 0% (Mehrfamilienhäuser)
- Fenster gekippt oder offen: 10,0% (Einfamilienhäuser) bzw. 46,6% (Mehrfamilienhäuser)

(Quelle: WIK-Sicherheitsbrief Nr. 7/2000 S. 4: Die Wege der Einbrecher)

Bei Neubauten kann durch Auswahl entspre-

chender Komplettlösungen aus Scheiben und Rahmensystemen dem besonderen Risiko des Aufhebelns begegnet werden.
Kritischer wird die Sache bei nachträglichen Maßnahmen an vorhandener Bausubstanz. Soll hier ein wirksames Sicherungskonzept verwirklicht werden, darf die Maßnahme sich nicht auf Umglasung, Folienbeschichtung oder Installation eines Vorsatzfenstersystems beschränken. Vielmehr ist – sofern die vorhandene Rahmensubstanz nicht marode ist – durch gezieltes Anbringen abschließbarer Spezialbeschläge ein angemessener Widerstandswert herzustellen.
Der Aufpreis gegenüber der reinen Glasflächensicherung ist verhältnismäßig gering. Ein VdS-Prüfverfahren für Nachrüstsortimente an Fenstern und Türen ist im September 1997 erschienen (VdS 2536). Auch Teil 1 und 2 einer DIN-Norm für Nachrüstelemente (DIN 18104) ist erschienen.
(Letzte Änderung: 25.5.2004)

(Redaktion)

Aufklärung

Aufklärung ist die zielgerichtete Feststellung polizeilich und sicherungsmäßig bedeutsamer Umstände und Tatsachen, deren Kenntnis zur Durchführung präventiver und repressiver Maßnahmen erforderlich ist oder werden kann, einschließlich der örtlichen Gegebenheiten bzw. das Ermitteln von Sachverhalten und Tatverdächtigen bei Straftaten und Ordnungswidrigkeiten. Unter Aufklärung eines Sachverhaltes ist auch die Klärung der Frage zu verstehen, ob dem fraglichen Sachverhalt überhaupt eine strafbare Handlung oder Ordnungswidrigkeit zugrunde liegt.
Die Aufklärung ist zu unterscheiden von der Observation.

(Dr. Steinke)

Auflösung

Unter Auflösung versteht man die Fähigkeit einer Videokamera oder eines Monitors, Details wiederzugeben. Mit Auflösung ist in den meisten Fällen die horizontale Auflösung gemeint. Diese wird in technischen Spezifizierungen in einer Anzahl vertikaler Linien ausgedrückt, die die Kamera von einem Testbild noch reproduzieren kann.

(Schilling)

Aufmerksamkeitssignal

Siehe auch *Aufmerksamkeitssignal, Bedrohungsmeldung, Belästigungsmeldung, Brandmeldefunktion, Einbruchmeldefunktion, Erinnerungssignal, Gefahrenmeldeanlage (GMA), Gefahrenwarnanlage (GWA), Haustechnikfunktion, Internwarnung, Kommunikationsfunktion*

Signal, z.B. akustisches Signal, welches Nutzer einer →Gefahrenwarnanlage (GWA) auf einen Zustand der GWA aufmerksam machen soll, der eine Reaktion erfordert (z.B. eine Störung der →Energieversorgung).
(Neu aufgenommen. 1.5.2004)

(Definition: VdS)

Aufnahmeeinheit

Siehe *Tag-Nacht-Tresoranlage/Deposit-System.*

Aufsperrsicherheit

Siehe auch *Abtastsicherheit, Magnetschloss, Schließzylinder, Zuhaltungsschloss,*

Die Aufsperrsicherheit ist der Grad der Erschwerung, die Sperrorgane eines Schlosses/Schließzylinders gewaltlos mit Hilfsmittel ohne Kenntnis des zugehörigen Schlüssels zerstörungsfrei zu überwinden.

(in Anlehnung an DIN 18252).

Augensignatur

Siehe auch *Biometrie (mit weiteren Verweisen), Personenidentifikation, Zutrittskontrolle.*

Eine Möglichkeit der biometrischen →Personenidentifikation ist der Vergleich der charakteristischen Eigenschaften des Auges (Augensignatur).
Hierfür existieren zur Zeit zwei unterschiedliche Verfahren.

1. Iris-Erkennung: Hier werden die optischen Eigenschaften der Iris für eine Erkennung herangezogen.
2. Retina-Erkennung: Hier wird die Gefäßstruktur der Netzhaut des menschlichen Auges für eine Erkennung genutzt. Dieser charakteristische Augenhintergrund ist vergleichbar mit den Papillarlinien der Finger. Alle Menschen (auch eineiige Zwillinge) besitzen ein persönliches und unveränderbares Netzhautmuster.

Mit einer präzisen Optik und entsprechender

Software zur Aufbereitung der Daten ist ein Augenidentifikationssystem in der Lage, jede Retinastruktur zu lesen, zu speichern und zu einem beliebigen Zeitpunkt mit hoher Präzision wieder zu erkennen.
Ein auf dem Markt verfügbares System verfügt über drei Betriebsarten:

1. Speicherung: Um die Netzhautstruktur einer Person im System zu speichern, braucht die betreffende Person nur einen Leuchtpunkt innerhalb des Okulars der Einrichtung zu fixieren. Ein äußerst empfindlicher Sensor tastet dann eine kreisförmige Zone der Retina ab und setzt die Messwerte in digitale Signale um, die anschließend abgespeichert werden. Der gesamte Vorgang dauert weniger als eine Minute.
2. Prüfen: Wenn der Zutritt zu einem Raum freigegeben werden soll, wird die Betriebsart „Prüfen" gewählt. Das System vergleicht dann das charakteristische Muster der Netzhaut der betreffenden Person mit den gespeicherten Mustern.
3. PIN-Test: In diesem Fall führt das System eine vergleichende Analyse der optischen Informationen ausschließlich mit der unter dem betreffenden Code abgespeicherten Signatur durch. Wenn das System die Übereinstimmung der Netzhautmuster bestätigt, schaltet es automatisch den Zutritt zu dem Raum frei.

(Letzte Änderung: 8.7.2002)

(Munde)

Auslagerungsarchiv

Siehe auch Datenträgerkurier, Datenträgerlagerung, extern.

Ein Auslagerungsarchiv für Datenträger muss sich mindestens in einem anderen Brandabschnitt des Gebäudes befinden, besser jedoch in einem anderen Gebäude, entweder auf demselben Gelände, oder optimalerweise außerhalb des Firmengeländes.
Anforderungen an das Auslagerungsarchiv bezüglich baulicher Sicherheit und sonstiger Sicherheitsmaßnahmen siehe →Datenträgerlagerung, extern.
Möchte man dem Risiko von Datenverlusten begegnen, sollte am Anfang der Überlegungen stets eine Sicherheitsbilanz, eine Abhängigkeitsbewertung und eine Festschreibung des Risikos stehen. Je stärker der gesamte Geschäftsbetrieb von einer funktionierenden Datenverarbeitung abhängig ist, desto sicherer und desto schneller verfügbar muss die Aufbewahrung der jeweiligen Datensicherungs-Generation sein.
Auslagerungsarchive werden von externen Dienstleistern mit unterschiedlichen Lagerungskonzepten betrieben. Siehe hierzu →Datenträgerlagerung, extern.

(Letzte Änderung: 13.4.2004)

(Horstkotte)

3

Außenhautschutz/Peripherieschutz

Siehe auch Einbruchhemmende Fenster, Einbruchhemmende Gitter, Einbruchmelder, Flächenüberwachung, Freilandschutz/Perimeterschutz, Kontaktüberwachung, Pneumatischer Differenzialdruckmelder, Präventivmaßnahmen (Einbruchschutz).

Unter Außenhautschutz werden alle Sicherheitsmaßnahmen an der Gebäudehülle verstanden, um das oder die Objekte im Gebäudeinnern zu schützen. Er besteht aus mechanisch/baulichen Maßnahmen (Außenhautsicherung) aus elektronischen/Detektionsmaßnahmen und/oder organisatorischen/personellen Maßnahmen (Außenhautüberwachung).
Der Außenhautschutz hat zum Ziel, das Eindringen von nicht autorisierten Personen entweder zu verhindern oder zumindest zu erschweren, sowie solche Versuche möglichst frühzeitig zu detektieren.
Mechanisch/bauliche sowie elektronische Detektionsmaßnahmen werden vor allem bei Öffnungen aller Art ergriffen: Türen, Fenster, Oberlichter, Lichtschächte, Schaufenster, Kanalisationssysteme, Lüftungskanäle, Revisionsöffnungen, Aufzugsschächte, Nottreppen, Notausstiege etc. Zu beachten sind ebenfalls unterirdische Garagen, Innenhöfe und Nachbargebäude. Wichtig ist ein kompletter Schutz ohne Schwachstellen.
Bei →Türen sind das Schloss, das →Schließblech, die Bänder, der Türrahmen oder die Türfüllung besonders zu beachten. Bei →Fenstern sind ebenfalls die Bänder, der Fensterrahmen, die Beschläge oder das →Glas erhebliche Schwachstellen. Feste →Gitter, →Rollladen und →Rollgitter sind zweckmäßige zusätzliche Sicherungsmittel von Fenster, Türen und anderen Öffnungen, sofern jene zuverlässig fixiert sind.

Als Detektionssysteme dienen Überwachungskontakte an Fenstern, Türen und Schließblechen, Flächenschutzsensoren (elektrische, optische und pneumatische Schutznetze, →Körperschallmelder), Vibrationskontakte, (→Erschütterungsmelder), →Glasbruchmelder, Gläser mit Drahteinlagen (→Alarmglas) und →Lichtschranken.
Die organisatorisch/personellen Maßnahmen erlauben berechtigten Personen zu bestimmten Zeiten das Benützen der verschiedenen Öffnungen einer Außenhaut und sorgen dafür, dass diese weder zufällig noch fahrlässig während oder nach der Benützung ungesichert bleiben, insbesondere auch bei Ausnahmesituationen wie Umbauten, Unterhalt und Reinigung.
(Letzte Änderung: 25.5.2004)

(Oberhänsli)

Außenhautüberwachung

Siehe auch Außenhautschutz, Kontaktüberwachung, Öffnungskontakt.
Überwachung aller Zugänge, Fenster und sonstiger Öffnungen sowie Wände, Decken und Böden.
(Neu aufgenommen am 20.5.2002)

(Definition: VdS)

Außentäter/Innentäter

Siehe Täterbild.

Ausstieg

Öffnung (Luken, Fenster o.Ä.) vorzugsweise in Außenwänden und Dächern, die im Brandfall zum Verlassen eines unmittelbar gefährdeten Bereiches genutzt werden können. Ausstiege sind üblicherweise keine planmäßigen Ausgänge im Havariefall, da bis zum Erreichen des Bereiches der Sicherheit weitere technische Hilfsmittel erforderlich sein können (z.B. Feuerleiter, Rettungsgerät der Feuerwehr). Bei Nutzung eines Ausstiegs als zweiter Rettungsweg sind nach den jeweiligen LBO bestimmte geometrische Anforderungen an die Öffnung bzw. deren Lage im Gebäude/in der Gebäudeaußenwand zu erfüllen.
In Abhängigkeit von der Funktion der Öffnung und deren Nutzbarkeit können Abweichungen in den Mindestmaßen gestattet werden. Z. B. gilt die Mindestbreite 90 cm im Lichten (für ein Fenster als 2. Rettungsweg) nicht für eine Balkontür mit gleicher Zweckbestimmung. Weitere Abweichungen sind möglich für Bestandsbauten und im Zusammenhang mit zu erfüllenden Forderungen bezüglich des Denkmalschutzes.
(Letzte Änderung: 20.4.2004)

(Prof. Beilicke)

Ausweichrechenzentrum

Siehe Disaster Recovery.

Ausweis

Siehe auch Chipkarte, Kartensicherheit, Personenidentifikation, Zutrittskontrolle.
Dokumentarischer Nachweis der Identität einer Person. Normaler Weise im Zusammenhang mit der Prüfung einer Berechtigung zur Ausübung einer bestimmten Aktivität. Der Ausweis kann mit visuellen Merkmalen wie z.B. Personenbild, Unterschrift, Hologramm usw. zur visuellen Verifikation durch Personal versehen werden. Die automatische Verifikation mittels Lesegeräten wird durch integrierte elektronische, optische, induktive oder magnetische Elemente ermöglicht. Konventionelle Vollplastikausweise werden aus mehreren Einzelfolien unter Druck und Hitzeeinwirkung zu einer untrennbaren Einheit verschmolzen.
In der Regel ist der Aufbau wie folgt:

1. Klarsicht Schutzfolie
2. Kundenspezifisch bedrucktes und ggf. personalisiertes Deckblatt
3. Codeeinlage (z.B. Induktiv oder berührungsloser Chip, etc.)
4. Kundenspezifisch bedrucktes Rückseitendeckblatt.
5. Klarsicht Schutzfolie

Dieser Ausweistyp zeichnet sich besonders durch seine Haltbarkeit und Fälschungssicherheit aus, da sämtliche relevanten Identifikationsmerkmale unveränderlich in den Ausweis integriert wurden. Manipulationen können nicht vorgenommen werden, ohne den Ausweis komplett zu zerstören. Kartenrohlinge werden in der Regel als unpersonalisierte und unbedruckte Blanko-Karten in großen Mengen hergestellt. Durch die moderne Chipkartentechnologie können auch sicherheitsrelevante Ausweise auf diese Weise in großer Stückzahl kundenunabhängig produziert wer-

den, was zu einem günstigeren Preis-Leistungsverhältnis führt.
Die Personalisierung und Bedruckung erfolgt durch spezielle Thermosublimationsdrucker, die bereits zu günstigen Konditionen erhältlich sind und damit für mittelständische Unternehmen von Interesse sein können.
Dieser Kartentyp eignet sich für geringe Auflagen bzw. zur Personalisierung bei Bedarf.
Die Haltbarkeit der Oberflächenbedruckung ist ausreichend, sofern keine besonderen mechanischen Belastungen einwirken.
Schichtausweise werden unter Verwendung von Kartenrohlingen in großen Mengen hergestellt. Die kundenspezifische Bedruckung findet mittels Offset-Direktdruck auf der Kartenoberfläche statt, die nach dem Druck mit einer zusätzlichen Schutzlackschicht versehen wird.
Dieser Ausweistyp ist in seiner Haltbarkeit sehr begrenzt und seine optische Qualität ist eher unterdurchschnittlich. Dieser preiswerte Ausweistyp wird überwiegend im Kundenkartenbereich verwendet.
Die unterschiedlichen Codesysteme haben direkten Einfluss auf den möglichen Einsatzzweck der Karte. Hierbei kommen neben der Codesicherheit auch mechanische Eigenarten zum tragen.
Folgende Codesysteme haben sich im Markt als →Zutrittskontrollsysteme bewährt:
INDUKTIVES LESEVERFAHREN: Induktiv-Ausweise mit ihrer zentrisch eingepassten Code-Folie sind sicher, strapazierfähig und mechanisch stabil. Verschmutzung beeinträchtigt den Lesevorgang nicht. Der innenliegende Code ermöglicht es, dass der Ausweis in voller Größe z.B. mit Guillochen oder anderen Sicherheitsmerkmalen bedruckt werden kann. Für den Lesevorgang werden Einsteckleser benötigt, da Induktiv-Ausweise nur in Ruhelage, allerdings lageunabhängig, gelesen werden können. Die Speicherkapazität ermöglicht 13 numerische, hexadezimale Zeichen. Die Codierung im Ausweis kann nicht verändert werden. Ausweise können vom Anwender hergestellt werden.
MAGNETSTREIFEN: Karten mit „High-Energy“-Streifen, die mit 4000 Oersted statt mit 300 Oe (Standardkarten) beschrieben werden, bieten durch ihre höhere magnetische Härte mehr Sicherheit gegen Fälschung oder Decodierung. Auch Löschversuche mit herkömmlichen Schreib-/Lesegeräten scheitern. Zur Herstellung der HE-Karten ist daher ein Schreibkopf mit einer 10-fach höheren Koerzitivkraft erforderlich. Gelesen werden kann die HE-Codierung jedoch auf jedem herkömmlichen Magnetstreifenleser. Eingesetzt werden Durchzug- oder Steckleser. Erforderlich ist dabei ein Kontakt zwischen Lesekopf und Magnetstreifen. Im Regelfall wird dazu der Magnetstreifen am Lesekopf vorbeigeführt. Der Ausweis muss dabei in einer bestimmten Richtung eingeführt werden. Die Speicherkapazität hängt von Spurlage und Codierprogramm ab. Die Codierung kann bei entsprechender Ausstattung geändert werden. Ausweise können vom Anwender hergestellt werden.
INFRAROT-VERFAHREN: Sicherheit bieten IR-Ausweise nur, wenn sie aus vollständig verschweißtem PVC, also nicht aus herauslösbaren Papier-Code-Blättern bestehen. Das Leseverfahren beruht auf dem Erkennen von Hell-Dunkel-Unterschieden in einem bestimmten Rasterbereich mittels einer Infrarot-Lichtquelle. Das Verfahren ist empfindlich gegen verschmutzte Ausweise (Öl, Schmiere, Schmutz, Farbe), da dann die Hell-Dunkel-Reflexion beeinflusst werden könnte. Geeignete Leser sind Steck- oder Durchzugleser. Bei der Ausweisgestaltung ist zu beachten, dass im Bereich der Codierung, die in der Regel 25% der Kartenfläche umfasst, keine Druckfarbe verwendet werden darf, die das IR-Licht absorbieren würde. Die Speicherkapazität ist systemabhängig.
WIEGAND-CODIERUNG: Hier besteht die Codierung aus einer Anordnung von mehreren, etwa 7 mm langen Drahtstücken einer Speziallegierung, die nach einem besonderen Verfahren magnetisiert werden. Der Codestreifen ist genau positioniert und eingebettet in ein vorgeschweißtes Codeset. Als Leser kommen Durchzug- und Steckleser zum Einsatz, die hermetisch versiegelt sind und völlig ohne Mechanik auskommen. Der Ausweis wird bei Einschub oder Durchzug berührungslos gelesen. Er muss dabei in der festgelegten Richtung bewegt werden. Je nach Codeeinlage sind bis zu 56 Bit Speicherkapazität möglich. Ausweise können vom Anwender hergestellt werden.
CHIPKARTEN, KONTAKTBEHAFTET: Ausweise mit Mikrochip eröffnen weitreichen-

dere Möglichkeiten für Codierung und Sicherheit. Die Speicherkapazität ist um ein Vielfaches höher und Schreib/Lesezugriffe können z.T. durch eine eingebaute Kontrolleinheit beschränkt werden. Die Möglichkeiten zur Veränderung, Verfälschung und Nachahmung können durch technische und organisatorische Maßnahmen so gut wie ausgeschlossen werden. Die Chips sind mit Kontakten ausgestattet, deren Lage in einer ISO-Norm festgelegt wurde. Erforderlich sind Einsteckleser. Die Mechanik muss in der Lage sein, Kontaktfühler im Leser und Kontaktflächen auf der Karte zusammenzubringen. Diese Kontaktflächen sollen vor Schmutz, Fett, Lösungen oder statischer Elektrizität geschützt werden. Die Speicherkapazität ist Chip-abhängig. Die Herstellung beim Anwender ist derzeit noch unüblich, da mit erheblichen Risiken behaftet und nur unter großem organisatorischen Aufwand möglich. Die Personalisierung und Bedruckung kann jedoch mittels Thermosublimationsdruck durch den Anwender erfolgen.
CHIPKARTEN, BERÜHRUNGSLOS: Hier erfolgt die Informationsübertragung zwischen Ausweis und Leser über ein Hochfrequenzfeld. Der Leser sendet permanent ein Hochfrequenzfeld und ist gleichzeitig ständig bereit, von einem Ausweis gesendete Daten zu empfangen und zu verarbeiten. Der Ausweis ist dazu mit einer Energieempfangs- und einer Sendeantenne ausgestattet. Kommt der Ausweis nun in das Sendefeld eines Lesers, wird er von diesem mit Energie versorgt und sendet dann über ein eigenes Hochfrequenzfeld seine Codierung an den Leser, die dieser wie auch bei anderen Systemen verarbeitet. Berührungslose Chipkarten lassen sich in die Kategorien „Fixcode", „Speicherkarte" und „Prozessorkarte" unterteilen. Die Fixcode-Ausweise werden werkseitig mit einem, durch Zufallsgenerator erzeugten, unveränderlichen Code versehen. Speicherkarten können, je nach Chiptyp, einen Gesamtspeicher oder segmentierte Speicherbereiche zur Verfügung stellen. Prozessorchipkarten verbinden Speicherkapazität, Speichersegmentierung und ggf. Zugriffsberechtigungen zu den einzelnen Segmenten. Somit können auf einem Ausweis die Daten verschiedener Anwendungen gespeichert werden, ohne dass ein Gesamtzugriff auf alle Daten möglich wäre. Diese Transponder können auch als Bildausweis gefertigt werden. Allerdings ist eine Eigenfertigung der Ausweise durch den Anwender nicht möglich. Die Personalisierung und Bedruckung kann jedoch mittels Thermosublimationsdruck durch den Anwender erfolgen. Da es sich bei diesem Ausweistyp um hochentwickelte Elektronik handelt, ist die Karte mittels einer geeigneten Kartenhülle vor mechanischen Einflüssen zu schützen. Bei Einsatz in Hochenergiebereichen, wie z.B. Kraftwerken oder Stahlschmelzen o.ä., ist ggf. zu prüfen, ob die induktive Einstrahlung nicht die Funktionalität der Elektronik beeinträchtigt.
(Letzte Änderung: 13.6.2004)

(Seeck)

Ausweisleser

Siehe Zutrittskontrolle.

Authentication, Authentifizierung, Authentisierung, Authentifikation

Siehe auch Biometrie, Hackerabwehr, Identifikation, IT-Sicherheit (mit weiteren Verweisen), Model Driven Security.

Echtheitsprüfung, Verifizierung. Nachweis (Prüfung und Bestätigung) einer angegebenen, behaupteten Identität eines Kommunikationspartners (Subjekt oder Objekt) oder einer Gruppenzugehörigkeit – und Sicherstellung, dass diese Identität über die Dauer einer Kommunikationsbeziehung erhalten bleibt, um Daten (und Programme) einem Urheber (Sender) verbindlich zuordnen zu können (Schutz vor Täuschung).

Bei der Zugriffskontrolle die *Verifizierung* einer Identifizierung, z.B. nach Eingabe einer ID oder einer PIN die Prüfung auf Übereinstimmung zwischen der durch die Eingabe behaupteten und der durch einen Nachweis belegten Identität.

Der Nachweis erfolgt beispielsweise durch einer Identität eindeutig zuzuordnendes

- Wissen (→Passwort), den
- Besitz (→Ausweis z.B. mit Magnetstreifen/→Chipkarte) oder eine
- Eigenschaft (→biometrisches Merkmal wie Fingerabdruck, Unterschrift).

So authentisiert sich ein Benutzer eines Geldautomaten nach Identifizierung mit Hilfe seiner Scheckkarte o.Ä. durch Eingabe seiner Geheimzahl (PIN) (authenticator) als berechtigter Kunde. Eine zugehörige Sicherheits-

funktion überprüft die angebotenen I/A-Informationen. Auch: Absicherung einer Nachricht, eines Clients durch data origin authentication, message authentication oder peer entity authentication. Weiterhin: Sicherheitsmechanismus in einem IV-System, meist in Verbindung mit der Identifizierung.
Die ursprünglich in Nuancen verschiedenen Begriffe „Authentifizierung" (eigentlich: Bezeugen der Echtheit), „Authentisierung" (eigentlich: Beglaubigung, Rechtsgültigmachung), „Authentication" (Eindeutschung des englischen authentication – Beglaubigung, Legalisierung) und „Authentifikation" (neue Wortschöpfung analog Authentifizierung) werden heute meist bedeutungsgleich nebeneinander gebraucht.
(Letzte Änderung: 9.4.2004)

(Prof. Pohl)

Authentication Gateway

Siehe auch →Firewall
Unter einem Authentication Gateway versteht man eine zentrale →Identifikations- und →Authentisierungs-Komponente für Internet-Dienste (→Internet), die ausschließlich einem definierten Personenkreis (z.B. Mitarbeitern, Kunden, registrierten Anwendern) zur Verfügung stehen und vor unberechtigtem Zugriff geschützt werden sollen.
Das Authentication Gateway nimmt die Verbindungsanfrage des Nutzers an, führt eine Identifikation und Authentisierung durch, prüft die Zugriffsrechte und gibt bei erlaubten Zugriffen die Identifikationsdaten des Nutzers an die angeschlossenen EDV-Systeme weiter. Unerlaubte Zugriffe werden geblockt.
Der zentrale Ansatz (Common Point of Trust) bietet sowohl dem Anbieter der Dienstleistungen oder Informationen als auch dem Nutzer Vorteile:

- Der Aufwand für Administration, Security Management und Benutzerverwaltung wird verringert. Abgestufte Zugriffsrechte für verschiedene Nutzer können einfacher realisiert und kontrolliert werden als bei dezentralen Authentisierungsmechanismen.
- Die optionale Verwendung unterschiedlicher Authentisierungsverfahren (→Passwort, →PIN, →Chipkarte etc.) wird erleichtert.
- Die Integration von →PKIs ist ohne Probleme möglich.
- Die dem Authentication Gateway zugrunde liegende Firewall-Technologie schützt durch eine erweiterte Verbindungskontrolle die dahinter liegenden EDV-Systeme vor Angriffen.
- – Der Nutzer kann nach einmaliger Identifikation und Authentisierung auf alle Dienste und Informationen zugreifen, zu denen er nutzungsberechtigt ist. Die Notwendigkeit, verschiedene Passworte, Zugangscodes oder Tokens (Authentisierungshilfsmittel, z.B. Chipkarte, Mobiltelefon) für verschiedene Dienste zu benutzen, wird eingeschränkt.

(Neu aufgenommen: 20.3.2002)

(Prof. Pohlmann)

3

Automatenstelle

Siehe Kleinstzweigstelle.

Automatisch auslösbare Brandschutzeinrichtung

„Automatische Einrichtung zur Verhinderung der Brandausbreitung (z.B. Brandschutztüren) oder zur Bekämpfung (z.B. stationäre Löschanlage)." (Definition nach VKF/Sicherheitsinstitut)
Der allgemeine Begriff der Brandschutzeinrichtung wird weiter gefasst verstanden. Neben den definierten Bereichen „Verhinderung der Brandausbreitung" oder „Löschanlage" wird er angewendet auf die Bereiche Brandentdeckung, Brandmeldung, Aktivierung von Rauchableitungseinrichtungen und/oder Wärmeabzugsvorrichtungen, Betätigung von Brandschutzklappen, Stillsetzung oder Aktivierung von Transport- und Fördersystemen, Betätigung, Aktivierung oder Stillsetzung von Schließvorrichtungen usw.
(Letzte Änderung: 20.6.98)

(Prof. Beilicke)

Automatisch verriegelnde Schlösser

Siehe auch Evakuierungsweg, Fluchttür/Fluchttürverschlüsse, Fluchtwegsicherheit für Arbeitsstätten, Notausgang, Notausgangsverschlüsse, Paniktürverschlüsse, Rettungsweg, Schloss, Tür

Mit Hilfe automatisch verriegelnder Schlösser, auch selbstverriegelnde Schlösser genannt, werden Türen sofort nach jedem Schließen selbsttätig verriegelt, indem sich der Riegel automatisch vorschiebt. Gleichzeitig arretiert die Kreuzfalle, so dass eine „Zweipunktverriegelung" entsteht. Es ist empfehlenswert, zusätzlich zu dem Schloss einen Türschließer zu montieren, damit immer gewährleistet ist, dass die Tür auch wieder geschlossen wird.
Automatisch verriegelnde Schlösser sind in verschiedenen Ausführungen mit oder ohne Panikfunktion auf dem Markt – vom mechanischen Schloss bis zu den verschiedenen elektrisch angesteuerten Schlössern, von der einfachen Verriegelung bis zu mehrfachverriegelnden Schlössern. Sie werden von verschiedenen Herstellern für fast alle Türtypen in den gängigen Abmessungen angeboten. Zu beachten sind die Zulassungen bei Feuerschutztüren (→Feuerschutzabschluss) und Türen in →Flucht- und →Rettungswegen.
(Neu aufgenommen am 11.5.2004)

(Zalud)

Automatische Brandmeldeanlage (BMA)

Siehe auch Brandmeldeanlage.

„Anlage, die ohne menschliches Zutun das Auftreten von Bränden im Anfangsstadium erkennt und sofort meldet." (Definition nach VdS)

Automatische Brandschutzanlage

Stationäre Brandschutzanlage, deren Funktionsablauf vorgegeben (programmiert) ist und die je nach Funktionsumfang mehrere Aufgaben nacheinander oder auch parallel erledigt. Zur Auslösung einer Anlage dienen heute im Allgemeinen mehrere →Brandeffekte, um die Auslösesicherheit zu erhöhen und Täuschungs- bzw. Fehlalarme weitestgehend auszuschließen.
Die automatische Brandwarnanlage (BWA) registriert im Allgemeinen vorkritische Zustände, die bei Nichtbeachtung zu einem Brand führen können. Die automatische Brandmeldeanlage (BMA) reagiert auf entstandene Brände (in unterschiedlichen Brandentwicklungsphasen) und signalisiert diesen Zustand an eine entsprechend vorgegebene Stelle, während die automatische Brandlöschanlage (BLA) die Brandbekämpfung einleitet und Löschmittel auf den Brandherd oder eine vorbestimmte Fläche (vorbestimmtes Volumen) in projektierter Menge und Form aufbringt und ihre Inbetriebsetzung an eine vorgegebene/vorbestimmte Stelle automatisch meldet.
Die Kompatibilität der zur Anlagenauslösung bzw. -steuerung dienenden Signale der Brandschutzanlage(n) mit den Signalen anderer am gleichen Objekt vorhandener Sicherheitseinrichtungen (z. B. Einbruchmeldeanlagen) bzw. Signalisationsanlagen muss gewährleistet sein, um Täuschungsalarme zu vermeiden.
(Letzte Änderung: 9.6.2000)

(Prof. Beilicke)

Automatische Gesichtserkennung

Siehe Gesichtserkennung (automatisch)

Automatischer Brandmelder

Siehe auch Brandmelder (mit weiteren Verweisen), Gasmelder (BMA)

„Ein automatischer Brandmelder ist der Teil einer →Brandmeldeanlage, der eine geeignete physikalische und/oder chemische Kenngröße zur Erkennung eines Brandes in dem zu überwachenden Bereich ständig oder in aufeinander folgenden Zeitintervallen beobachtet.
a) Automatische Brandmelder, die nach der Art ihres Aufbaues definiert werden:

- Punktförmige Melder
  Punktförmige Melder sprechen auf die Änderung einer in der Umgebung eines festen Punktes gemessenen Kenngröße an.
- Linienförmige Melder
  Linienförmige Melder sprechen auf die Änderung einer in der Umgebung eines linienförmigen Fühlers gemessenen Kenngröße an.

b) Automatische Brandmelder, die nach der Art, wie die Melder auf eine gemessene Kenngröße ansprechen, definiert werden:

- Maximalmelder
  Maximalmelder sprechen an, wenn die gemessene Kenngröße einen bestimmten Wert für eine genügend lange Zeit überschreitet.
- Differenzialmelder
  Differenzialmelder sprechen an, wenn die Änderungsgeschwindigkeit der gemessenen Kenngröße einen bestimmten Wert für eine genügend lange Zeit überschreitet.

Brandmelder mit integriertem Gassensor (Bild: Bosch Sicherheitssysteme GmbH)

c) Automatische Brandmelder, die entsprechend ihrer für eine Brandmeldung ausgewerteten Kenngrößen definiert werden:

- Rauchmelder
  Rauchmelder sprechen auf in der Luft enthaltene Verbrennungs- und/oder Pyrolyseprodukte (Schwebstoffe) an.
- Wärmemelder
  Wärmemelder sprechen auf eine Temperaturerhöhung an.
- Flammenmelder
  Flammenmelder sprechen auf die von Bränden ausgehende Strahlung an.

Anmerkung: Außer den hier aufgeführten Melderarten und ihrer möglichen Kombinationen sind weitere Ausführungen denkbar."

(Definition nach VKF/Sicherheitsinstitut).

Bei Bränden entstehen neben den Rauchpartikeln und der Temperaturerhöhung auch Verbrennungsgase. Zu diesen Verbrennungsgasen gehören u.a. CO, CO_2, NO_2 und H_2. Diese Gase sind in Kombination mit dem Rauch typisch für eine Brandsituation. Die kombinierte Auswertung sowohl der Rauchdichte als auch der Gaskonzentration hilft Täuschungsgrößen von tatsächlichen Brandsituationen zu trennen und führt damit zu einer höheren Meldungszuverlässigkeit. Für die Signalanalyse eignen sich moderne Verfahren der Mustererkennung (→Gasmelder (BMA)).
(Letzte Änderung: 13.4.2004)

(Oppelt)

Automatischer Melder

Siehe auch Brandmelder, Gaswarnsysteme, Einbruchmelder, Wassermeldesystem.

Automatische Melder sind Melder, die zur Bildung von Gefahrenmeldungen dienende physikalische Kenngrößen erfassen und auswerten.
(Letzte Änderung: 8.5.2004)

(Definition nach DIN VDE 0833-1)

Autonome Lesestation

Siehe Zutrittskontrolle.

AWAG

Siehe auch Alarm, Alarmzentrale, AWUG, ISDN, Notrufzentrale, Signalgeber, Übertragungsgeräte.

Das AWAG (Abkürzung für: Automatisches Wähl- und Ansagegerät) ist ein sprechendes Wählgerät, d.h. es wählt im Alarmfall automatisch bis zu 4 vorher einprogrammierte Nummern und gibt, wenn der Teilnehmer abhebt, eine auf Tonband oder elektronisch gespeicherte Gefahren- oder Störungsmeldung durch. Ausgelöst wird es durch die Melder der Gefahren- oder Störungsmeldezentrale. Das AWAG kann entweder separat oder in der Zentrale integriert sein.
(Letzte Änderung: 15.7.2006)

(Köhler)

Awareness

Awareness (= Bewusstsein, Kenntnis) zielt auf ein gesteigertes Bewusstsein im Sicherheits-Verhalten. „Awareness"-Programme im Sicherheitskonzept des Unternehmens wenden sich an die größte Schwachstelle im betrieblichen Sicherheitskonzept, den Menschen. Im Bereich der Arbeitssicherheit z.B. ergaben Untersuchungen, dass mehr als 90 Prozent aller betrieblichen Unfälle durch unsichere Handlungen verursacht wurden und nicht auf fehlerhafte technische Bedingungen zurückgeführt werden konnten.

Awareness-Programme zur Steigerung sicherheitsbewussten Verhaltens können nur dann durchschlagende Erfolge erzielen, wenn sie sowohl in der Führungsebene als auch bei den Mitarbeitern fest verankert sind. Sie stehen und fallen mit der Akzeptanz und dem Grad der Motivation bei allen Mitwirkenden. Es sind deshalb geeignete Wege und Mittel der Kommunikation zu finden, um alle Beteiligten angemessen vor Erstellung des Konzeptes mit einzubinden.

Die eingesetzten Mittel reichen von vereinzelten Maßnahmen bis hin zu komplexen Sicherheits-Firmenphilosophien. Dabei kann es sich im Einzelfall, z.B. im Bereich von DV-Arbeitsplätzen, um originell gestaltete Mousepads oder Bildschirmschoner mit konkreten Aufforderungen zu sicherheitsgerechtem bzw. -bewusstem Verhalten handeln oder auch um kurze, aber prägnant gestaltete und gut umsetzbare Richtlinien, Merkblätter oder Checklisten in anderen sicherheitsrelevanten Bereichen. Auch das betriebliche Vorschlagwesen zur Verbesserung der Arbeitsumgebung gehört hierzu. Vor allem tragen jedoch regelmäßige Gespräche und Schulungen zu Sicherheitsfragen mit allen Beteiligten zu einer erhöhten Sensibilität in diesem Bereich bei. Moderne Schulungsmittel, wie z.B. multimediale Computer-Lernprogramme (→Computer Based Training), können dieses Anliegen wirksam unterstützen. In letzter Zeit wurden erfolgreiche Awareness-Konzepte durch Merkblätter, Richtlinien und Handlungsanweisungen in Form einer Online-Dokumentation unterstützt.
Auch die Arbeiten am QM nach ISO 9000 ff (→Qualitätssicherung) lassen sich so „papierarm“ bis „papierfrei“ organisieren und QM lebbar machen mit einem hohen Maß an →Akzeptanz.
(Letzte Änderung: 20.6.98)

(von zur Mühlen)

AWUG

Siehe auch Alarm, Alarmzentrale, AWAG, ISDN, Notrufzentrale, Signalgeber, Übertragungsgeräte.

Das AWUG (Abkürzung für Automatisches Wähl- und Übertragungsgerät) übermittelt Alarmsignale aus Einbruch-, Überfall-, Brand- und Störungsmeldeanlagen über das öffentliche analoge oder digitale (ISDN) Fernsprechnetz an eine zentrale Empfangseinheit. Ausgelöst wird es durch die Melder der Gefahren- oder Störungsmeldeanlage. Die Übertragung erfolgt durch →digitale Datentelegramme. Dadurch ist eine größere Differenzierung möglich als bei →AWAG. Das Zentralgerät wertet das ankommende Datentelegramm automatisch aus und zeigt dem Wachpersonal die Herkunft und Art des Rufes an. Der Meldungseingang kann zusätzlich an der Registriereinrichtung abgelesen werden.
(Letzte Änderung: 15.7.2006)

(Köhler)

B

B1 bis B3

Siehe auch Durchbruchhemmende Verglasung
Frühere Widerstandsklassen nach der deutschen Norm DIN 52290 – angriffhemmende Verglasungen. Sie wurden abgelöst durch die neuen Bezeichnungen der Widerstandsklassen gemäß der europäischen Norm DIN EN 356:
P6B steht für „geringe Einbruchhemmung“ (30 bis 50 Axtschläge zur Herstellung einer definierten Öffnung) und entspricht etwa der früheren Bezeichnung B1.
P7B steht für „mittlere Einbruchhemmung“ (50 bis 70 Axtschläge) und entspricht etwa der früheren Bezeichnung B2.
P8B steht für „hohe Einbruchhemmung“ (über 70 Axtschläge) und entspricht etwa der früheren Bezeichnung B3.
(Neu aufgenommen am 27.5.2000)

(Redaktion)

Back Door

Siehe Trap door

Backup

Der Begriff Back Up oder backup bezeichnet einerseits die (regelmäßige) Datensicherung, meist auf Streamerkassetten (→Datensynchronisation), zum anderen die Maßnahmen zur Sicherstellung der bedarfsgerechten →Verfügbarkeit der Datenverarbeitung nach einem →Notfall. Diese bezeichnet man jedoch heute überwiegend als →Disaster Recovery (materielle oder vertragliche Vorsorgemaßnahmen für eine schnelle Wiederverfügbarkeit der notwendigen Rechnerleistung, aber auch Notfallkonzepte und Katastrophenhandbücher, gegebenenfalls mit Hilfe von Softwaretools) beziehungsweise →Business Continuity (Präventivmaßnahmen, die einen „K-Fall“ vermeiden sollen, aber die Katastrophenvorsorge dennoch mit einschließen).
(Letzte Änderung: 9.7.2000)

(Hohl)

Badge

Siehe Ausweis.

Bankautomat

Siehe Geldautomat.

Barrierewirkung

Barrierewirkung ist die Leistungsfähigkeit einer mechanischen Schutzeinrichtung gegenüber einem definierten, gewaltsamen Angriff. Der Bedarfsträger muss jedoch eindeutig darlegen, wie er die Leistungsfähigkeit darstellt (z.B. als →Widerstandswert oder →Widerstandsklasse).

(Meißner)

Basel II

Siehe auch KonTraG, Risiko, Risiko-Management
Unter dem Begriff „Basel II“ wird die zweite Vereinbarung hinsichtlich der Eigenkapitalvorschriften im internationalen Bankwesen zusammengefasst (in Basel treffen sich die Vertreter der nationalen Aufsichtsbehörden und Geschäftsbanken bei der Bank für internationalen Zahlungsausgleich (BIZ). Die BIZ ist eine Art Zentralbank der Zentralbanken. Bereits 1988 wurde die erste Vereinbarung „Basel I“ getroffen). Zielsetzung der Baseler Verhandlungen ist es, Regeln für das internationale Finanzsystem zu schaffen, die seine Stabilität langfristig sichern und verbessern, indem Banken zur Abdeckung von Kredit- und Marktrisiken in ausreichendem Maße Eigenkapital als „Puffer“ bereithalten müssen.
In der Vereinbarung Basel II wird im Gegensatz zur ersten Fassung die Höhe des vorzuhaltenden Eigenkapitals vom Ausfallrisiko des Kredites abhängig gemacht und den Banken auferlegt, dieses Ausfallrisiko, d.h. die Wahrscheinlichkeit, dass ein Unternehmen seinen Zahlungsverpflichtungen nicht mehr nachkommen kann, durch geeignete Verfahren zu ermitteln. Um dieser Verpflichtung nachzukommen, müssen die Banken sehr viel mehr als vorher die wirtschaftliche Situation ihrer Kreditnehmer basierend auf den Vergangenheits- und Zukunftszahlen analysieren. Hierzu fordern die Banken von den Unternehmen aussagekräftige Zahlen der Vergangenheit, die zeitnah vorgelegt werden und nachvollziehbare Planungen mit der Darstellung von Alternativ-Szenarien.
Für die Unternehmen als Kreditnehmer ist eine

im Vergleich zur Vergangenheit geänderte Konditionenpolitik der Banken zu beachten, die sich stärker am →Risiko orientiert und bei der risikoärmere Kredite günstiger werden, während steigendes Ausfallrisiko zu teureren Konditionen führt. Eng wird es für Unternehmen am unteren Ende der Wirtschaftlichkeit. Hier kann Basel II dazu führen, dass eine in einer schwachen Region angesiedelte Hausbank einen laufenden Kredit kündigen muss, um ihre eigenen Eigenkapital-Anforderungen erfüllen zu können. Auch mittelständische Unternehmen müssen daher ein aussagefähiges, nachvollziehbares und regelmäßiges Berichtswesen pflegen. Die Anforderungen an das Informationsverhalten der Unternehmen sind quantitativ und qualitativ gestiegen. Unzureichende Informationen führen bei den Kreditinstituten zu einer vorsichtigeren und damit schlechteren Bewertung des Unternehmens. Darüber hinaus bietet eine Daten- und Informationstransparenz auch eine gute Grundlage für aussichtsreiche Verhandlungen mit alternativen Finanzierungspartnern (neue Gesellschafter, Beteiligungskapitalgeber u.ä.).

(Neu aufgenommen am 8.5.2004)

(Dr. Fries)

Batterie

Siehe Notstromversorgung.

Bauart

Die Bauart beschreibt ein Bauteil (→Bauprodukt) hinsichtlich des dafür verwendeten Baustoffes, der Verarbeitungs-/Herstellungsart und/oder seiner Einbaulage und Befestigungsart.

Aus der Sicht des bautechnischen Brandschutzes komplexe brandschutztechnische Bewertung eines Verbundes – bestehend aus Bauteil, einschließlich ggf. Unter- oder Rahmenkonstruktion und Befestigungsmittel (einschließlich Untergrund, in den das Befestigungsmittel eingreift) hinsichtlich seines Verhaltens unter Brandbeanspruchung gemäß DIN 4102. Das Ergebnis der brandschutztechnischen Bewertung der Bauart erlaubt eine realistische Verhaltensprognose dieser Kombination unter Berücksichtigung des von der Wirkung her brandschutztechnisch schwächsten Elementes.

(Letzte Änderung: 9.7.1998)

(Prof. Beilicke)

Bauartklassen

Siehe auch Bauart, Bauprodukte, Bauregelliste.

Gebäude werden von den Feuerversicherern insbesondere nach der brandschutztechnischen Beschaffenheit des Daches und der Außenwände in Bauartklassen eingeteilt. Bauarten, die sich in der Praxis bewährt haben, um eine Brandübertragung von außen ins Gebäude zu verhindern oder zu begrenzen (wie z. B. eine Bedachung, die gemäß DIN 4102-7 gegen Flugfeuer und strahlende Wärme widerstandsfähig ist, auch harte Bedachungen genannt, und massive Außenwände) werden – wie Bauteile aus nichtbrennbaren Baustoffen – in der risikotechnischen Beurteilung im Rahmen einer Feuerversicherung grundsätzlich positiv bewertet.

Bei Industriegebäuden ist im Gegensatz zu Wohngebäuden der Sachwert des Gebäudeinhaltes, wie z.B. Betriebseinrichtungen oder Vorräte, in der Regel höher als der des Gebäudes. Deshalb berücksichtigen die Versicherer bei der Festlegung der Bauartklasse für Industriegebäude zusätzlich die Feuerwiderstandsfähigkeit der Tragwerke, etwa Dachtragwerk, tragende Außen- und Innenwände sowie Pfeiler bzw. Stützen, weil eine ausreichende Standfestigkeit der Tragwerke im Brandfall der Feuerwehr ermöglicht, eine wirksame Brandbekämpfung durchzuführen und somit Schäden am Gebäudeinhalt zu begrenzen.

(Neu aufgenommen: 23.5.2002)

(Dr.Wang)

Baulicher Brandschutz

Spezifischer Bestandteil des →vorbeugenden Brandschutzes. Der Bauliche Brandschutz umfasst die Gesamtheit aller bautechnischen, konstruktiven, materialtechnischen, gestalterischen und funktionsplanerischen Maßnahmen, Mittel und Methoden, mit denen die Brandausbreitung und die Brandübertragung auf ein Mindestmaß reduziert oder vollständig bzw. zeitweilig verhindert werden, die Rettung von Personen und die sichere Tätigkeit der Feuerwehr garantiert und der Zerstörungs- und Schädigungsgrad an Gebäuden, Anlagen und Ausrüstungen so gering wie möglich gehalten werden. Sein Wirkungsspektrum wird ergänzt durch den →anlagentechnischen Brandschutz. Die Komplexität der unterschiedlichen Maßnahmen des bautechnischen Brandschutzes und deren bestimmungsgemäßes Zusammenwirken mit Maßnahmen und Mitteln des anlagentechnischen Brandschutzes ist in Brandschutz- und Sicherheitskonzepten zu erfassen und zu dokumentieren. (→Brandschutzkonzept)

(Letzte Änderung: 20.4.2004)

(Prof. Beilicke)

Bauprodukte (baurechtlich)

Im →Bauproduktengesetz (BauPG) ist festgelegt, dass als „Bauprodukte" im baurechtlichen Sinne alle Erzeugnisse (Baustoffe, Bauteile und Anlagen) zu verstehen sind, die hergestellt werden, um dauerhaft in Bauwerke des Hoch- und Tiefbaues eingebaut zu werden. Nach Auffassung der Kommission der Europäischen Gemeinschaften (KEG) gehören hierzu auch Anlagen und Einrichtungen sowie ihre Teile für Heizung, Klima, Lüftung, sanitäre Zwecke, elektrische Versorgung, Lagerung umweltgefährdender Stoffe, aber auch vorgefertigte Bauwerke, die als solche auf den Markt kommen. Die Verwendung von Bauprodukten wird (in Deutschland) nicht durch das BauPG geregelt, sondern durch andere öffentlich-rechtliche Vorschriften, insbesondere durch die Bauordnungen der Bundesländer. Die Musterbauordnung (MBO, →Bauproduktengesetz), nach der die Bauordnungen der Länder ausgerichtet werden, geht in § 17 der derzeitigen Fassung MBO 2002 ausführlich auf die Verwendung von Bauprodukten ein. Hier werden „geregelte Bauprodukte", „nicht geregelte Bauprodukte" und „sonstige Bauprodukte" unterschieden. Im Sinne der Begriffsbestimmungen der Landesbauordnungen (LBO) sind Bauprodukte wie folgt definiert:

„Geregelte Bauprodukte": Bauprodukte, die technischen Regeln (Normen) entsprechen, die zur Erfüllung der Anforderungen der LBO von Bedeutung sind und die die betroffenen Produkte hinreichend bestimmen.

„Nicht geregelte Bauprodukte": Bauprodukte, deren Verwendung nicht der Erfüllung erheblicher Anforderungen an die Sicherheit baulicher Anlagen dient und für die es keine anerkannten Regeln der Technik gibt – oder Bauprodukte, die nach allgemein anerkannten Prüfverfahren beurteilt werden.

„Sonstige Bauprodukte": Der Begriff „Sonstige Bauprodukte" ist weder in der MBO, noch in den entsprechenden Vorschriften der Landesbauordnungen definiert. In den Vorbemerkungen zu den →Bauregellisten ist lediglich angegeben, dass es sich bei ihnen um Produkte handelt, für die es zwar allgemein anerkannte Regeln der Technik gibt, die jedoch nicht in der Bauregelliste A enthalten sind.

„Sonstige Bauprodukte" werden in den →Bauregellisten weder in einer Positiv-Liste, noch in einer Negativ-Liste angeführt, weil diese Produkte zur Erfüllung bauaufsichtlicher Vorschriften nicht erforderlich sind. Auf diese Weise soll verhindert werden, dass der Umfang der erforderlichen Nachweisverfahren vergrößert wird. Als Beispiele für „sonstige Bauprodukte" sind Bauprodukte im Bereich der Technischen Gebäudeausrüstung anzusehen, für die fast 5000 Normen und andere allgemein anerkannte Regeln der Technik bestehen (Bauprodukte für die Verwendung in Wärmeverteilungs- und Wärmeabgabeanlagen, Lüftungs- und Klimaanlagen, Wasserversorgungsanlagen und Gasversorgungsanlagen, mit Ausnahme von Anlagen zur Wärmeerzeugung).

(Letzte Änderung: 13.4.2004)

(Prof. Westhoff)

Bauproduktengesetz

Das Bauproduktengesetz (BauPG) vom 10. August 1992 (Bundesgesetzblatt, Jahrgang 1992, Teil I, Nr. 39, S. 1495 ff.) setzt die EG-Bauproduktenrichtlinie (Richtlinie 89/106/EWG) vom 21. Dezember 1988 in Deutschland um. In diesem Gesetz werden die Voraussetzungen für das Inverkehrbringen von und den freien Warenverkehr im Bereich der Europäischen Gemeinschaft (EG) mit allen von der Richtlinie erfassten →Bauprodukten geregelt.

Die Bauproduktenrichtlinie der EG sieht keine Vereinheitlichung der Anforderungsniveaus für Bauwerke in Europa vor. Vielmehr wird

festgelegt, dass zur Berücksichtigung etwaiger Unterschiede geographischer, klimatischer oder lebensgewohnheitlicher Art sowie traditionell unterschiedlicher Schutzniveaus, die ggf. auf nationaler oder lokaler Ebene bestehen, Klassen oder Stufen für jede wesentliche Anforderung in den →Grundlagendokumenten und/oder harmonisierten technischen Spezifikationen festgelegt werden können.
Während der Bund die Gesetzgebungskompetenz für die Umsetzung der EG-Bauproduktenrichtlinie hat, liegt die Gesetzgebungskompetenz für Regelungen über die Verwendung der in Verkehr gebrachten Bauprodukte bei den Bundesländern. Aus diesem Grunde wird die Verwendung von →Bauprodukten durch das BauPG nicht geregelt.
Nach dem Inkrafttreten des Bauproduktengesetzes (am 11.08.1992) mussten die Anforderungen der Länder der Bundesrepublik Deutschland an die Verwendung von Bauprodukten diesem Gesetz angepasst werden. Insbesondere war die Verwendung von Bauprodukten zu regeln, deren Brauchbarkeit nach dem BauPG nachgewiesen ist, d.h. die europäischen Regelwerken entsprechen und das Zeichen der Europäischen Gemeinschaften (→CE-Kennzeichnung) tragen.
Zu diesem Zwecke wurde die in der Vergangenheit von der Konferenz der Arbeitsgemeinschaft der für das Bau-, Wohnungs- und Siedlungswesen zuständigen Minister der Länder – ARGEBAU – aufgestellte und bereits mehrfach novellierte „Musterbauordnung" erstmals im Jahre 1992 entsprechend überarbeitet. Nach den Fassungen Dezember 1992 (MBO 92), Dezember 1993 (MBO 93) und Juni 1996 (MBO 96) liegt zur Zeit die „Musterbauordnung 2002" – Fassung November 2002 (MBO 2002) – vor. Die Bauordnungen der Bundesländer (=Landesbauordnungen) sind zuletzt unter Zugrundelegung der vorhergegangenen Fassungen MBO 93 und MBO 96, vereinzelt auch schon MBO 2002 novelliert worden.
(Letzte Änderung: 13.4.2004)

(Prof. Westhoff)

Bauregellisten

Mit den Bauregellisten soll die Verwendung von Bauprodukten im Geltungsbereich der Bauordnungen der deutschen Bundesländer (Landesbauordnungen) einheitlich geregelt werden. Sie sollen insoweit die von den obersten Baubehörden der Länder bisher erlassenen Einführungserlasse (mit zuweilen unterschiedlichen Festlegungen) ersetzen.
Diese Regelung ist u. a. erforderlich geworden, um die Verwendung von →Bauprodukten in Deutschland zu ermöglichen, die harmonisierten europäischen Spezifikationen (Normen und Zulassungen) entsprechen. Sie hat ihren Niederschlag in § 17 MBO 2002 (→Bauprodukte/„Musterbauordnung") gefunden, der ausführlich auf die Verwendung von „geregelten", „nicht geregelten" und „sonstigen" Bauprodukten eingeht.
Die obersten Baubehörden der Länder haben die Zuständigkeit für die Erteilung allgemeiner (d. h. in allen Bundesländern geltender) bauaufsichtlicher →Zulassungen und für die Bekanntmachung der Bauregellisten dem Deutschen Institut für Bautechnik (→DIBt) übertragen. Die Bauregellisten werden jährlich aktualisiert und in den DIBt-Mitteilungen veröffentlicht. Hinweise auf Änderungen und Ergänzungen werden auf den Internetseiten des DIBt (www.dibt.de/de/70.htm) veröffentlicht. Innerhalb von 3 Monaten besteht die Möglichkeit, zu Änderungsentwürfen Stellung zu nehmen. Bei der Bearbeitung dieses Stichworts gelten die jeweils im Verlag Ernst & Sohn, Berlin, (als ISSN 1438-7778) veröffentlichten Bauregellisten Ausgabe 2005/1 (Mitteilungen DIBt, 36. Jahrg. Sonderheft Nr. 31 vom 28.6.2005 (Stand Juni 2005); 180 Seiten – und Änderungen Ausgabe 2005/2 (Mitteilungen DIBt, 36. Jahrg. Heft Nr. 6, Stand Dezember 2005). Weitere Änderungen der Bauregelliste (2006-1) sind angekündigt.
Die Bauregellisten enthalten folgende Listen:

Bauregelliste A:

Bauprodukte und Bauarten im Sinne der Begriffsbestimmungen der Landesbauordnungen (LBO)

- Teil 1:"Geregelte Bauprodukte"
  Bauprodukte, die technischen Regeln (Normen) entsprechen, die zur Erfüllung der Anforderungen der LBO von Bedeutung sind und die die betroffenen Produkte hinreichend bestimmen
- Teil 2: „Nicht geregelte Bauprodukte"
  1) Bauprodukte, deren Verwendung nicht der Erfüllung erheblicher Anforderungen

an die Sicherheit baulicher Anlagen dient und für die es keine anerkannten Regeln der Technik gibt oder
2) die nach allgemein anerkannten Prüfverfahren beurteilt werden.

- Teil 3: „Nicht geregelte Bauarten“
1) deren Anwendung nicht der Erfüllung erheblicher Anforderungen an die Sicherheit baulicher Anlagen dient und für die es keine anerkannten Regeln der Technik gibt oder
2) für die es anerkannte Regeln der Technik nicht gibt oder nicht für alle Anforderungen gibt und die hinsichtlich dieser Anforderungen nach allgemein anerkannten Prüfverfahren beurteilt werden.

Der Begriff „Bauart“ ist in den Vorbemerkungen der Bauregellisten wie folgt definiert: „Die Landesbauordnungen bezeichnen das Zusammenfügen von Bauprodukten zu baulichen Anlagen oder Teilen von baulichen Anlagen als Bauart.“

Die Anlagen 0.1 und 0.2 zu Teil 1 der Bauregelliste A enthalten insgesamt 9 Tabellen, in denen die Benennungen brandschutztechnischer Forderungen an Bauteile und Baustoffe in deutschen bauaufsichtlichen Regelwerken den entsprechenden Klassen und deren Kurzbezeichnungen in der Norm DIN 4102 sowie den korrelierenden Kurzbezeichnungen der entsprechenden Klassen auf Grund von Ergebnissen entsprechender Prüfungen nach europäischen harmonisierten Normen gegenübergestellt sind (Äquivalenztabellen).

Bauregelliste B:

Die Landesbauordnungen ermächtigen, in der Bauregelliste B

- festzulegen, welche Klassen oder Leistungsstufen in europäischen Normen, Leitlinien für europäische technische Zulassungen oder europäischen technischen Zulassungen nach dem →Bauproduktengesetz Bauprodukte in der Bundesrepublik erfüllen müssen – und
- bekannt zu machen, inwieweit andere Vorschriften zur Umsetzung von Richtlinien der EG die wesentlichen Anforderungen des →Bauproduktengesetzes nicht erfüllen.

Bauregelliste B gibt also Auskunft, welche Klassen oder Leistungsstufen der mit dem Zeichen der Europäischen Gemeinschaften (→CE-Kennzeichnung) in Verkehr gebrachten Bauprodukte im Zuständigkeitsbereich der deutschen obersten Baubehörden verwendet werden dürfen; sie stellt den Bezug zwischen (nach europäischen Spezifikationen ermittelter) Produktleistung und dem vorgesehenen Verwendungszweck des Produkts in Deutschland her.

Die Ausgabe 2005/1 der Bauregellisten enthält hierzu folgende Angaben:

Bauregelliste B Teil 1

Hier werden bauaufsichtlich relevante Bauprodukte angeführt, die aufgrund des →Bauproduktengesetzes oder aufgrund von Vorschriften anderer Mitgliedsstaaten in den Verkehr gebracht werden. In Abhängigkeit vom Verwendungszweck ist in dieser Liste festgelegt, „welche Klassen oder Leistungsstufen, die in den technischen Spezifikationen oder Zulassungsleitlinien festgelegt sind, von den Bauprodukten erfüllt sein müssen“, wenn sie in Deutschland verwendet werden sollen. Diese Liste hat eine große Bedeutung, da Bauprodukte nach den hier angeführten Spezifikationen in eine große Anzahl von Leistungsstufen klassifiziert werden, die mit den Anforderungen der deutschen Landesbauordnungen nicht konform gehen, weil das hier geforderte Schutzniveau nicht erreicht wird oder weil geringere Anforderungen gestellt werden.

Die Liste enthält vier tabellarische Aufstellungen mit folgenden Bauprodukten:

1. Bauprodukte im Geltungsbereich harmonisierter Normen nach der Bauproduktenrichtlinie
2. Bauprodukte im Geltungsbereich von Leitlinien für europäische technische Zulassungen
3. Bausätze im Geltungsbereich von Leitlinien für europäische technische Zulassungen
4. Bauprodukte für die eine europäische technische Zulassung ohne Leitlinie erteilt worden ist

In jeder Tabelle sind angegeben: – Lfd. Nr. – Bauprodukt (Bezeichnung des Gegenstandes), – bezogene Norm, Zulassungsleitlinie oder europäische technische Zulassung ohne Leitlinie – Verwendungszweck – erforderliche Klassen und Leistungsstufen

Sofern bei einer in Deutschland vorgesehenen Verwendung zusätzlich zur europäischen Zulassung eine (deutsche) allgemeine bauaufsichtliche →Zulassung zu beachten ist, sind

Niederspannungsrichtlinie	(Richtlinie 73/23/EWG vom 19.02.1973)
EMV-Richtlinie	(Richtlinie 89/336/EWG vom 03.05.1989)
Maschinenrichtlinie	(Richtlinie 98/37/EG vom 22.06.1998)
Gasgeräterichtlinie	(Richtlinie 90/396/EWG vom 29.06.1990
Wirkungsgradrichtlinie	(Richtlinie 92/42/EWG vom 21.05.1992)
Schutzsysteme in explosionsgefährdeten Bereichen	(Richtlinie 94/9/EG vom 23.03.1994)
Aufzugsrichtlinie Druckgeräte	(Richtlinie 95/16/EG vom 29.06.1995) (Richtlinie 97/23/EG vom 29.06.1995)

die Nummern dieser beiden Zulassungen jeweils in einer Anlage genannt.

Bauregelliste B Teil 2

Hier werden Bauprodukte angeführt, die aufgrund der Vorschriften zur Umsetzung der Richtlinien der Europäischen Gemeinschaft (mit Ausnahme von solchen, die die Bauproduktenrichtlinie umsetzen) in den Verkehr gebracht werden, wenn die Richtlinien wesentliche Anforderungen nach dem Bauproduktengesetz nicht berücksichtigen und wenn für die Erfüllung dieser Anforderungen zusätzliche Verwendungsnachweise oder Übereinstimmungsnachweise nach den Bauordnungen der Länder erforderlich sind.

In den Vorbemerkungen sind zur Bauregelliste B Teil 2 folgende EG-Richtlinien angeführt, die die wesentlichen Anforderungen des →Bauproduktengesetzes nicht oder nur teilweise erfüllen:

Die Ausgabe 2005/1 der Bauregellisten enthält in dieser Liste B Teil 2 insgesamt 46 Bauprodukte, die größtenteils mehrerer zusätzlicher Nachweise bedürfen, wenn sie in Deutschland verwendet werden sollen. Dazu gehören z.B.

- Brandschutzklappen und Entrauchungsklappen für Lüftungsleitungen (→Lüftungsanlage),
- Entrauchungsklappen für ventilatorbetriebene Entrauchungsanlagen (→Entrauchung),
- Rauchschürzen (→Entrauchung)
- Fahrschachttüren zum Einbau in feuerbeständige Wände (→Feuerschutzabschluss),
- Feuerschutzabschlüsse bei Förderanlagen (→Feuerschutzabschluss),
- Feststellanlagen für Feuerschutzabschlüsse (→Feststellanlage),
- Elektrische Kabelanlagen mit Anforderungen an den Funktionserhalt im Brandfall
- Automatische Schiebetüren in Rettungswegen (→Rettungsweg),
- Elektrische Verriegelungssysteme für Türen in Rettungswegen (→Rettungsweg).

Liste C:

In diese Liste werden Bauprodukte aufgenommen, für die es weder Technische Baubestimmungen noch allgemein anerkannte Regeln der Technik gibt und die für die Erfüllung bauordnungsrechtlicher Anforderungen der Sicherheit und des Gesundheitsschutzes nur eine untergeordnete Bedeutung haben. Bei diesen Produkten entfallen Verwendbarkeits- und Übereinstimmungsnachweise (→Übereinstimmungszeichen-Verordnung). Diese Bauprodukte dürfen kein Übereinstimmungszeichen (Ü-Zeichen) tragen.

Die Ausgabe 2005/1 dieser Liste C enthält
15 Bauprodukte für den Rohbau,
21 Bauprodukte für den Ausbau,
12 Bauprodukte für die Haustechnik und
18 Bauprodukte für andere Anlagen, wie z.B. für ortsfeste Anlagen zum Lagern, Abfüllen und Umschlagen von wassergefährdenden Stoffen, für größere Wasserbecken, Behälter begrenzter Größe zur Lagerung von Regen- und Trinkwasser, Bauprodukte für Deponien sowie für die Instandsetzung von Betonbauteilen.

(Letzte Änderung: 15.3.2006)

(Prof. Westhoff)

Baustoffklasse

Einstufung der Bau*stoffe* hinsichtlich ihrer Brennbarkeit in bestimmte Klassen im Ergebnis von Brandprüfungen nach DIN 4102 Teil 1.

Brandschutztechnische Einstufung und Bewertung der Bau*teile*: →Feuerwiderstandsklasse
Unterscheidung in nichtbrennbare Baustoffe (Klasse A: A1 ohne brennbare Anteile, A2 mit geringfügigen brennbaren Anteilen) und brennbare Baustoffe (Klasse B). Letztere werden nach ihrer Entflammbarkeit in schwerentflammbare (B1), normalentflammbare (B2) und leichtentflammbare (B3) Baustoffe unterschieden. Die brandschutztechnisch zulässigen Anwendungsbedingungen sind bzw. Anschlussbedingungen sind deshalb geregelt (z.B. Bauordnung). Die brandschutztechnischen Auswirkungen/Konsequenzen des Baustoffeinsatzes beziehen sich vor allem auf das Brandausbreitungsverhalten in der Anfangsphase eines Brandes bzw. auf die Rauchentwicklung (hier vor allem Rauchfreihaltung der Rettungswege).
(Letzte Änderung: 20.6.98)

(Prof. Beilicke)

Bausubstanz

Der mechanische Widerstand von Wänden, Fußböden, Decken und Dächern gegen gewaltsames Eindringen ist abhängig von der Art des Materials, dessen Festigkeit, der Dicke sowie der Verarbeitung bzw. Befestigung.
Bei der Überprüfung der Widerstandsfähigkeit sollten besondere Beobachtung finden:

- Wände, Decken, Fußböden, die zu schützende Räume begrenzen
- Dächer von Erdgeschossbauten, insbesondere von Hallen ohne Zwischendecken
- Dächer, sofern sie ohne besondere Schwierigkeiten bzw. mit einfachen Hilfsmitteln erreichbar sind (z.B. mit Leitern oder über Anbauten, Vordächer, Feuerleitern).

Folgendes Material ist z.B. wegen seiner geringen Festigkeit oder Dicke „gering widerstandsfähig“:

- Leichtbauplatten aus Gips oder Asbestzement
- Holzwerkstoffe, Holz (Bretter, Platten)
- Sandwichbauplatten
- Kunststoffe
- Profilbleche, Wellbleche
- Lehm (im Fachwerk)
- Glasbausteine, Profilbaugläser
- Steine (z.B. Ziegel-, Kalksand-, Hohlblocksteine), auch im Fachwerk, bis zu 120 mm Dicke.
- Beton bis zu 100 mm Dicke

Verputz, Dämmungen/Isolierungen, Verkleidungen sowie Verschalungen erhöhen den Widerstand nicht.
Folgendes Material wird als „ausreichend widerstandsfähig“ angesehen:

- Steine über 120 mm Dicke
- Beton ab 100 mm Dicke

Folgendes Material ist z.B. durch seine Festigkeit und Dicke „erhöht widerstandsfähig“:

- Steine (z.B. Ziegel-, Kalksand-, Hohlblocksteine) über 240 mm Dicke
- Beton über 200 mm Dicke

(Definition nach VdS)

Bautechnischer Brandschutz

Siehe baulicher Brandschutz.

BBA

Siehe auch BBA-PLUS, UVV Kassen (mit weiteren Verweisen).
Begriff aus der Berufsgenossenschaftlichen Vorschrift „UVV Kassen“ (BGV C 9/GUV-V C9) der gesetzlichen Unfallversicherer in Deutschland. In der Praxis wird der BBA (Beschäftigtenbedienter Banknotenautomat) auch AKT (Automatischer Kassentresor), oder gelegentlich CA (Cash-Adapter), CM (Cash-Master) oder TAU (Teller assist unit) genannt.
Beschäftigtenbediente Banknotenautomaten sind Geräte, die von Bank-(Sparkassen-)Mitarbeitern angeforderte Geldbeträge nur programmgesteuert zur Verfügung stellen. Die Beschäftigten können vorgegebene Zeitverzögerungen und Sperrzeiten nicht beeinflussen.
Pro BBA-Arbeitsplatz dürfen innerhalb von jeweils 30 Sekunden insgesamt maximal y 5 000, jedoch innerhalb von 2 Minuten nur insgesamt maximal y 10 000 ausgezahlt werden. Beträge von y 10 000 bis y 50 000 dürfen erst nach mindestens 5 Minuten zur Verfügung stehen. Der BBA-Hauptverschluss darf sich erst nach einer Sperrzeit von mindestens 10 Minuten öffnen lassen.
Die UVV Kassen enthält außerdem Vorschriften für die Alarmauslösung, für die Ver- und Entsorgung sowie die Behebung von Funktionsstörungen.
Beim Einsatz von BBA verzichtet die Vorschrift auf →durchschusshemmende Abtrennungen. Dies gilt jedoch nur für Kassenstellen,

3

in denen mindestens zwei Beschäftigte mit Blickkontakt ständig anwesend sind. Als Sicherheitseinrichtungen müssen auch in diesen Fällen mindestens ein amtsberechtigtes Telefon, eine Überfallmeldeanlage und eine optische Raumüberwachungsanlage vorhanden sein. Außerdem müssen Eingänge und Fenster gemäß UVV Kassen gesichert sein. BBA sind so in die Möblierung einzubeziehen, dass der Automatenbedienbereich durch Unbefugte nicht betreten werden kann, ohne dass Beschäftigte es bemerken.

(Letzte Änderung: 16.8.2006)

(Hohl)

BBA-PLUS

Siehe auch BBA, UVV Kassen (mit weiteren Verweisen).

Beim Einsatz von →BBA verzichtet die →UVV Kassen auf →durchschusshemmende Abtrennungen. Dies gilt jedoch nur für Kassenstellen, in denen mindestens zwei Beschäftigte mit Blickkontakt ständig anwesend sind. Wo die ständige Anwesenheit nicht realisierbar ist, weil zum Beispiel einer der Beschäftigten zuweilen Kundengespräche in einem Nebenraum führen muss, genügt es, wenn die zweite Person wenigstens während des Auszahlungsvorgangs anwesend ist. Dies muss durch eine biometrische Identifizierung (→Biometrie) technisch sichergestellt werden.

(Neu aufgenommen am 30.6.2002)

(Hohl)

BDD

Bundesverband Deutscher Detektive, Bonn.

Kurzbeschrieb und Anschrift →Behörden, Verbände, Institutionen.

BDGW

Bundesvereinigung Deutscher Geld- und Wertdienste e.V.

Kurzbeschrieb und Anschrift →Behörden, Verbände, Institutionen.

BdSI

Bundesverband Unabhängiger deutscher Sicherheitsberater.

Kurzbeschrieb und Anschrift →Behörden, Verbände, Institutionen.

BDWS

Bundesverband Deutscher Wach- und Sicherheitsunternehmen e.V.

Kurzbeschrieb und Anschrift →Behörden, Verbände, Institutionen.

Bedienungsfehler

Siehe Falschalarm.

Bedrohungsmeldung

Siehe auch Aufmerksamkeitssignal, Belästigungsmeldung, Brandmeldefunktion, Einbruchmeldefunktion, Erinnerungssignal, Gefahrenmeldeanlage (GMA), Gefahrenwarnanlage (GWA), *Haustechnikfunktion, Internwarnung, Kommunikationsfunktion*

Eine Meldung, die von Personen im aktuellen Fall einer Bedrohung (z. B. Einbruchgeräusche) ausgelöst werden kann. Diese Meldung ist der →Einbruchmeldefunktion (EM-Funktion) einer →Gefahrenwarnanlage (GWA) zugeordnet.

(Letzte Änderung: 1.5.2004)

(Definition: VdS)

Behörden, Verbände, Institutionen

Verweise auf „Behörden, Verbände, Institutionen" beziehen sich in der gedruckten Fassung auf Kapitel 6 des Sicherheits-Jahrbuchs, in der Internet-Fassung steckt dahinter ein Link zu den entsprechenden Webseiten.

Belästigungsmeldung

Siehe auch Aufmerksamkeitssignal, Bedrohungsmeldung, Brandmeldefunktion, Einbruchmeldefunktion, Erinnerungssignal, Gefahrenmeldeanlage (GMA), Gefahrenwarnanlage (GWA), *Haustechnikfunktion, Internwarnung, Kommunikationsfunktion*

Eine Meldung, die von Personen im aktuellen Fall einer Belästigung (z.B. aggressives Haustürgeschäft) ausgelöst werden kann. Diese Meldung ist der →Einbruchmeldefunktion (EM-Funktion) einer →Gefahrenwarnanlage (GWA) zugeordnet.

(Neu aufgenommen: 1.5.2004)

(Definition: VdS)

Benchmarking

Auch in der Unternehmenssicherheit werden zunehmend Managementtools als Steuerungsinstrumente zur Optimierung der Geschäftsprozesse eingesetzt. Wohl das wichtigste ist das Benchmarking.

Benchmarking bedeutet: Messen an anderen und Lernen von anderen. Ziel dabei ist, durch den Vergleich mit der führenden Organisation oder dem führenden Wettbewerber die Leistungsfähigkeit des eigenen Bereiches, des Produktes oder des eigenen Unternehmens zu verbessern. Das hat jedoch nichts mit Nachahmen und Kopieren zu tun. Vielmehr soll aus den Erfahrungen anderer ein neues Kreativitätspotenzial für das eigene Unternehmen erschlossen werden. Generell kann man alle Dinge wirtschaftlichen Handels benchmarken, wie Prozesse, Produkte, technische Lösungsansätze und Dienstleistungen. Vergleichsmaßstab kann sein:

- World Class (Best of Best)
- Bester im Land
- Branchenführer
- Industriestandard
- Beste Leistung im Unternehmen
- Eigene Leistung im Zeitverlauf

Die Vorgehensweise beim Benchmarking kann wie folgt aussehen

1. Auswahl des zu benchmarkenden Bereichs
2. Bildung eines Benchmarking Teams
3. Identifikation der notwendigen Leistungskennzahlen
4. Bestimmung des Vergleichsmaßstabes
5. Leistungsermittlung in der eigenen Organisation
6. Leistungsermittlung beim Vergleichsunternehmen
7. Erarbeiten eines Aktionsplans zur Leistungssteigerung (Leistungsdifferenz > Leistungsziel > Aktionsplan)
8. Implementierung des Aktionsplans
9. Aktualisierung der Benchmarks

Beim Benchmarking von Produkten oder technischen Lösungen wird als Vergleichsmethode das *Reverse Engeneering* angewandt. Hierbei wird das eigene Produkt einem Wettbewerberprodukt gegenübergestellt. Beide Produkte werden in ihre Einzelteile zerlegt und miteinander verglichen. Der Vergleich zielt darauf ab, Differenzen in Funktionsumfang, Qualität sowie Verschiedenartigkeit der technischen Lösung zu ermitteln. Die vorgefundenen Unterschiede werden analysiert und in ihren Kostenwirkungen bewertet. Hauptstoßrichtung des Reverse Engeneering ist die rasche Verbesserung des existierenden Produktes oder das Auffinden von Verbesserungsmöglichkeiten bei der Entwicklung neuer Produkte.

In der Unternehmenssicherheit wird Benchmarking in der Weise praktiziert, wie die nachfolgenden Kurzbeispiele aus einem Produktbereich und einem Dienstleistungsbereich es aufzeigen:

<u>Vergleich eines Produktes (z.B. Brandmelder) verschiedener Mitanbieter</u>

- Ansprechempfindlichkeit bei verschiedenen brennbaren Stoffen
- Störanfälligkeit bei definierten Störeinflüssen (Staub, EMV)
- Temperaturabhängigkeit der Sensoren
- Einsatzbreite des Melders
- Beschreibung technischer Details und vergleichende Beurteilung
- Konstruktive Lösungen und deren Bewertung
- Herstellungskosten schätzen und vergleichen
- Ermitteln von Leistungsdefiziten des eigenen Produktes
- Erarbeiten eines Aktionsplans zur Verbesserung des eigenen Produktes

<u>Vergleich mit Mitbewerbern im Dienstleistungsbereich (z.B. Bewachungsgewerbe)</u>

- Finanzielle Stärke der Mitbewerber
- Unternehmensstrukturen, Unternehmensschwerpunkte
- Umsatz pro Mitarbeiter und Marktsegment
- Stundensätze für vergleichbare Tätigkeit
- Verwaltungsaufwand pro Mitarbeiter
- Technische Ausrüstung (Fahrzeuge, Leitzentrale etc.)
- Ausbildungsstand für Mitarbeiter und Führungspersonal
- Dienstanweisungen und Berichtswesen
- Messen der Kundenzufriedenheit
- Ermitteln von Leistungsdefiziten bzw. Leistungsdifferenzen
- Erarbeiten eines Aktionsplans zur Leistungssteigerung

(Neu aufgenommen am 16.8.2006)

(Eilert Siemens/Ammon)

3

Benutzerschnittstelle
Bei der Integration von Sicherheitssystemen mit einem →Sicherheitsleitsystem ist die einheitliche Darstellung der Ereignisse auf Text- und Grafikbildschirmen ein wichtiger Sicherheitsfaktor geworden. Durch standardisierte Benutzerschnittstellen mit einer Alarmübersicht für alle Sicherheitssysteme, zugehörigen Maßnahmentexten mit Interventionsplänen, die eine stressfreie Beurteilung von kritischen Situationen ermöglichen, wird eine angepasste und schnelle Intervention im Störfall erleichtert. Einfachste Bedienung mit Bedienerführung ist dabei eine Voraussetzung, um die verantwortlichen Mitarbeiter nicht von den eigentlichen Überwachungsaufgaben abzulenken.

(Letzte Änderung: 20.7.2000)

(Straumann)

Beratungsstellen
Kriminalpolizeiliche Beratung

Kurzbeschrieb und Anschriften → Behörden, Verbände, Institutionen. (Deutschland, Schweiz)

Berechtigungskontrolleinrichtung
Siehe Schließsystem

Berechtigungszone
Siehe Zutrittskontrolle.

Berührungslos
Siehe Ausweis, Zutrittskontrolle.

Berufsgenossenschaftliche Vorschrift
Siehe BGV

Beschallungsanlage
Siehe auch *Evakuierungsanlage, PA-Anlage, Sprachalarmanlage*

Die Beschallungsanlage dient zur Übertragung von Musik und Sprache sowohl in geschlossenen Räumen als auch im Freien. Für den Einsatz auf Schiffen ist die GL-Zulassung der Germanischen Lloyd erforderlich. Eine besondere Beschallungsanlage ist die →Sprachalarmanlage.

(Neu eingefügt: 6.7.2006)

(Herzog)

Beschussamt
Amtliche Prüfstelle für Werkstoffe, Bauteile und Produkte für den Personen- und Objektschutz ist das Beschussamt Ulm.

Kurzbeschrieb und Anschrift →Behörden, Verbände, Institutionen.

Beschusshemmendes Glas
Siehe Durchschusshemmende Verglasung, Panzerglas, Verglasung.

Betonglas
Siehe Glassteine.

Betrachtungsabstand
Siehe auch Videoüberwachung (mit weiteren Verweisen).

Der Betrachtungsabstand ist in den theoretischen Grundlagen der Fernsehtechnik eine Größe zur Bestimmung der Auflösung von Fernsehgeräten, bzw. Monitoren gewesen, wobei physiologische Eigenheiten des menschlichen Gesichtsfeldes berücksichtigt wurden. In praktischen Versuchen wurde dann eine Differenz zwischen theoretischem Ansatz und tatsächlichem Sehverhalten ermittelt, die, als mathematischer Faktor, mit zur Definition existierender Fernsehnormen geführt hat. In umgekehrter Form lassen sich durch diese Erkenntnisse optimale Betrachtungsabstände bei bestimmten Bildschirmgrößen oder optimale Bildschirmgrößen bei festen Betrachtungsabständen gewinnen. Ausgehend von der Formel „Mindestabstand = 3000 x (Bildschirmhöhe) / (Zeilenzahl)“ ergibt sich ein sinnvoller Betrachtungsabstand vom 5 bis 7,5fachem der Bildschirmhöhe bei 600 Zeilen im Videobild (→CCIR). Beispiele: Bei einem festen Betrachtungsabstand von ca. 2 Metern ist ein Monitor mit 31 cm Bildhöhe optimal. Das entspricht einer Bilddiagonalen von 51 cm (20“). Wenn ein Monitor mit 36 cm (14“) Bilddiagonale eingesetzt werden soll, ergibt sich ein optimaler Betrachtungsabstand von [22 cm (Bildhöhe) x 7,5 =] 1,65 m.

(Schilling)

Betreiber-Modell

Siehe auch *Life Cycle, Security-Outsourcing (IT), Sicherheitscontracting*

Das Betreiber-Modell ist eine besonders effiziente Form des Outsourcing von Aufgaben der Gebäudesicherheit (vgl. auch →Sicherheitscontracting). Ursprünglich von führenden Sicherheitstechnik-Anbietern für die Liegenschaften der Bundeswehr entwickelt, setzen zunehmend auch Industrieunternehmen auf das Betreiber-Modell zur Sicherung sensibler Bereiche. Im Unterschied zu anderen Contracting- oder Leasingmodellen umfasst das Betreiber-Modell nur die reine Sicherheit (→Security) einer Liegenschaft. Dazu zählen die →Einbruchmeldetechnik, die →Zutrittskontrolltechnik, die →Videotechnik, Gegensprechanlagen, Einrichtungen zur Aufschaltung auf die Polizei sowie mechanische Komponenten wie Schrankenanlagen, Tore, Drehkreuze und Funkanlagen. Der Betreiber stellt dem Kunden über eine vereinbarte Vertragslaufzeit die gesamte für die jeweilige Sicherheitsaufgabe notwendige Technik gegen eine Leasinggebühr zur Verfügung. Darüber hinaus verantwortet er den Betrieb und die Wartung der Anlage. Das Betreiber-Modell kann außerdem die Bereitstellung von Interventionskräften beinhalten.

(Neu eingefügt: 10.7.2006)

(Dr. Salié)

Betriebliche Brandschutzorganisation

Siehe auch Betrieblicher Brandschutz, Organisatorischer Brandschutz

Brandschutz in Industrie- und Gewerbebetrieben dient nicht nur dem Personen- und Sachschutz, sondern vielfach zugleich auch dem Arbeits- und Umweltschutz sowie der betrieblichen Risikovorsorge, etwa der Begrenzung der Betriebsunterbrechung im Schadensfall. Die erforderlichen Brandschutzmaßnahmen im Betrieb können daher nur dann wirksam umgesetzt werden, wenn in der betrieblichen Organisation

- die Verantwortung und Zuständigkeit für Brandschutzaufgaben,
- die Schnittstellen zwischen den einzelnen involvierten Betriebsbereichen sowie
- die bereichsübergreifende Koordination und die Informationsflüsse

eindeutig definiert sind und im betrieblichen Alltag aktiv gelebt werden. In der Praxis hat sich z. B. der „runde Tisch" vielfach bewährt, etwa in Form einer Sicherheits- oder Arbeitsschutzkommission, der regelmäßig (monatlich bis vierteljährlich) oder bei Bedarf einberufen wird. In diese Kommission werden jeweils die Beauftragten für den Arbeitsschutz, Brandschutz, Umweltschutz und Unternehmensschutz (Werkschutz) sowie Risikovorsorge, zum Teil aber auch die Beauftragten des Krisen- und Qualitätsmanagements, eingebunden.

(Neu aufgenommen: 23.5.2002)

(Dr. Wang)

Betrieblicher Brandschutz

Siehe auch Betriebliche Brandschutzorganisation, Organisatorischer Brandschutz

Brandschutz im Betrieb bzw. betrieblicher Brandschutz stellt die Summe aller gemäß dem →Brandschutzkonzept erforderlichen Maßnahmen dar. Dazu gehören vor allem Maßnahmen des *→organisatorischen Brandschutzes*, die direkt im Zusammenhang mit dem betrieblichen Ablauf und Alltag stehen und den betriebsspezifischen Risiken entsprechen müssen, etwa durch die Aufstellung einer betriebseigenen Feuerwehr. Als Elemente eines ganzheitlichen Brandschutzkonzeptes können neben dem organisatorischen Brandschutz auch Maßnahmen des →baulichen und →anlagentechnischen Brandschutzes in einem ganzheitlichen Brandschutzkonzept integriert sein. Sie müssen die Maßnahmen des abwehrenden Brandschutzes ergänzen sowie risikogerecht und schutzziel-orientiert aufeinander abgestimmt werden, sodass sie sich auch gegenseitig ergänzen.

(Neu aufgenommen: 23.5.2002)

(Dr. Wang)

Betriebsausweis

Siehe Ausweis.

3

Betriebsgeheimnis

Siehe Spionage.

Beuth-Verlag

Siehe auch DIN.

Der Beuth-Verlag in Berlin ist einer der großen technisch-wissenschaftlichen Verlage Europas. Seit seiner Gründung im Jahr 1924 ist der Verlag zuständig für den Vertrieb technischer Regeln und Normen, insbesondere von DIN-Normen. Daneben pflegt er ein umfangreiches Buchprogramm zu Themen der Normung. 50.000 Titel sind ab Lager lieferbar. Weitere 200.000 technische Dokumente und Buchtitel aus aller Welt können kurzfristig beschafft werden. Der Verlag trägt sehr wesentlich zur Finanzierung des DIN Deutsches Institut für Normung e.V. bei. Diese Funktion erklärt auch die Preise für Normen: Der Käufer bezahlt nicht 8 oder 64 bedruckte Seiten, sondern den Aufwand, der nötig war, damit die Norm überhaupt entstehen konnte (die Kosten pro Seite einer neu erschienenen Norm betragen über y 2500).

Gründungsgesellschafter des Beuth-Verlages waren das DIN Deutsches Institut für Normung e.V. und der Verein Deutscher Ingenieure VDI. Seit 1993 sind das Österreichische Normungsinstitut ON und die Schweizerische Normenvereinigung SNV als Gesellschafter hinzugekommen. Der Verlagsname geht also nicht auf eine Gründerpersönlichkeit zurück wie bei vielen anderen Traditionsverlagen. Mit der Namensgebung sollte vielmehr Christian Peter Wilhelm Beuth (1781 bis 1853) geehrt werden, der 1818-45 die Abteilung für Handel, Gewerbe und Bauwesen im preußischen Finanzministerium leitete und dem die preußische Industrie viel von ihrem Aufschwung nach 1815 verdankt. Die von seiner Verwaltung herausgegebenen „Musterblätter" sind die Vorläufer der heutigen DIN-Normen.

(Letzte Änderung: 16.11.98)

(Hohl)

Zwei Reformer des preußischen Bildungswesens in Bronce vor dem Haus der Normung in Berlin Tiergarten: Christian Peter Wilhelm Beuth (links) im technischen Bereich und Universitätsgründer Wilhelm von Humboldt im traditionellen Bereich. (Foto: Beuth-Verlag)

Bewachen/Überwachen

„Bewachen" bedeutet, ein bestimmtes Objekt, Schutzziel oder einen bestimmten Bereich permanent und lückenlos im definierten Zeitabschnitt abzusichern und alle Unregelmäßigkeiten sowie festgestellten Aktivitäten schriftlich festzuhalten. Im Bedarfsfall ist situationsgerecht und verhältnismäßig zu intervenieren, bzw. das Gut zu verteidigen.

„Überwachen" bedeutet, ein bestimmtes Objekt, Schutzziel oder einen bestimmten Bereich in unterschiedlichen Zeitabständen, auch aus der Ferne, zu beobachten und zu kontrollieren sowie alle Unregelmäßigkeiten und festgestellten Aktivitäten schriftlich festzuhalten. Im Bedarfsfall ist situationsgerecht und verhältnismäßig zu intervenieren, bzw. das Gut zu verteidigen.

(Neu eingefügt: 4.7.2006)

(Schwarzenbach)

Bewegungsmelder

Siehe Raumüberwachung.

Bezahlsysteme

Siehe E-Payment

BfB

Beratungsstelle für Brandverhütung, Bern. Kurzbeschrieb und Anschrift →Behörden, Verbände, Institutionen.

BFBU

Beratungsstelle für Brand- und Umweltschutz. Siehe Österreich

BfV

Siehe auch BND, MAD

Das Bundesamt für Verfassungsschutz (BfV) ist eine deutsche Bundesoberbehörde aus dem Geschäftsbereich des Bundesministers des Innern. Entsprechend dem föderativen Aufbau der Bundesrepublik Deutschland bestehen insgesamt 17 Verfassungsschutzbehörden. In den Ländern ist der Aufgabenbereich „Verfassungsschutz" organisatorisch entweder unmittelbar beim jeweiligen Landesinnenministerium angesiedelt oder einer Landesoberbehörde (Landesamt für Verfassungsschutz/LfV) zugewiesen. Die Verfassungsschutzbehörden sind ausschließlich für die Inlandsaufklärung zuständig. Ihre Aufgabe ist die Beobachtung verfassungsfeindlicher und sicherheitsgefährdender Bestrebungen sowie die Spionageabwehr. Das BfV fungiert als Zentralstelle, hat aber gegenüber den Landesverfassungsschutzbehörden kein Weisungsrecht. Seine gesetzlich normierte Funktion besteht zum einen darin, zum Zwecke einer sinnvollen und effektiven Aufgabenerfüllung die Tätigkeit der Verfassungsschutzbehörden zu koordinieren. Darüber hinaus hat es die Aufgabe, in eigener Zuständigkeit Informationen zu erheben und auszuwerten, soweit die zu beschaffenden Informationen von bundesweiter Bedeutung sind oder sich auf Aktivitäten beziehen, die über den Bereich eines Landes hinausgehen.

Anschriften: →Behörden, Verbände, Institutionen.

(Neu aufgenommen am 16.5.2002)

(Opfermann)

BGV/GUV-V

Siehe auch UVV „Kassen", UVV „Spielhallen", UVV „Wach- und Sicherungsdienste", VBG.

Berufsgenossenschaftliche Vorschrift für Sicherheit und Gesundheit bei der Arbeit. Neben den BGV/GUV-V gibt es die Berufsgenossenschaftlichen Regeln (BGR/GUV-R) und die Berufsgenossenschaftlichen Informationen (BGI/GUV-I). „Unfallverhütungsvorschriften" (UVV) gehören zu den BGV/GUV-V. Wo Leben und Gesundheit der Versicherten, also vor allem der Arbeitnehmer, durch kriminelle Einwirkung Dritter gefährdet sind, regeln die Vorschriften neben dem Unfallschutz auch Bau und Betrieb von Sicherheitstechnik im Sinne der Security (→Security, →Safety). Dies sind insbesondere die →UVV „Kassen" (BGV C9), die →UVV „Spielhallen" (BGV C3) und die →UVV „Wach- und Sicherungsdienste" (BGV C7).

Eine Zusammenstellung der berufsgenossenschaftlichen Vorschriften befindet sich auf der Website von „Präventionsrecht online", unter der Internetadresse: http://www.pr-o.info

(Letzte Änderung: 16.8.2006)

(Hohl)

BGV „Kassen"

Siehe UVV „Kassen".

BGV „Spielhallen"

Siehe UVV „Spielhallen".

BGV „Wach-/Sicherungs- und Werttransportdienste"

Siehe UVV „Wach-/Sicherungs- und Werttransportdienste".

BGV „Wach- und Sicherungsdienste"

Siehe UVV „Wach- und Sicherungsdienste".

BGZ

Berufsgenossenschaftliche Zentrale für Sicherheit und Gesundheit.

Kurzbeschrieb und Anschrift →Behörden, Verbände, Institutionen.

BHE

Bundesverband der Hersteller- und Errichterfirmen von Sicherheitssystemen e.V., Brücken.

Kurzbeschrieb und Anschrift →Behörden, Verbände, Institutionen.

BID

Bund Internationaler Detektive

Kurzbeschrieb und Anschrift →Behörden, Verbände, Institutionen.

Bilanzierung

Siehe Zutrittskontrolle.

3

Bildanalyse

Siehe Video-Bildanalyse.

Bildermelder

Siehe auch Alarmzentrale, Einbruchmelder.
Bildermelder sind Wertschutzmelder, die im Rahmen des →Intrusionsschutzes eingesetzt werden, um wertvolle Gemälde oder andere aufgehängte Gegenstände gegen unbefugtes Entfernen zu sichern.
Sie bestehen aus einem empfindlichen, meist →piezoelektrischen System, an dem die Kunstgegenstände aufgehängt sind. Schon die leichteste Berührung genügt, um das piezoelektrische System aus dem Gleichgewicht zu bringen, wodurch ein Alarm ausgelöst wird.
Bildermelder dienen ausschließlich dem Schutz von Einzelobjekten und sind mit anderen Meldern zu einem System zu kombinieren.

(Wigger)

Bildspeicher

Siehe auch Bildverarbeitung, Video-Bildspeicher
Der Bildspeicher ist ein elektronischer Speicherbaustein, der soviel Platz bietet, dass alle notwendigen Daten zur Reproduktion eines digitalisierten Videobildes hineinpassen. Ein Bildspeicher ist temporärer Natur, d.h. er stellt seinen Speicherinhalt nur solange zur Verfügung, wie Betriebsspannung vorhanden ist und der Speicherinhalt nicht überschrieben wird. Mit einem vorgeschalteten Analog/Digital-Wandler ist es möglich, je nach technischer Ausstattung, farbige oder schwarz/weiße Videobilder aus einem Videosignal in Echtzeit zu speichern. Diese Bilder können zwecks dauerhafter Speicherung in digitaler Form auf ein entsprechendes Medium (Platten, Disketten, CD-ROM, DVD) geschrieben werden. Manche Bildspeicher-Systeme sind in der Lage in einer vorprogrammierten Weise mehrere Bilder zeitgenau zu speichern und automatisch zu einer analogen Massenspeicherung (Videorekorder) zu übertragen.

(Schilling)

Bildsprechanlage

Die Bildsprechanlage kann begrenzte Außenbereiche (seltener auch Innenbereiche) optisch erfassen. Zum System gehört eine Wechselsprech- oder Gegensprechmöglichkeit und eine elektrische Türöffnungseinrichtung. Grundausrüstung: Türstation (außen), Monitorstation (innen) und Steuerzentrale.
Im weitesten Sinne handelt es sich um ein →Zutrittskontroll-System, das durch mehrere Tür- oder/und Monitorstationen erweitert werden kann, stets aber der Mitwirkung von Menschen bedarf. Es dient der Besucher-Kontrolle, vorwiegend für den privaten und mittleren gewerblichen Bereich an Eingängen und Einfahrten. Wichtigste Einsatzmöglichkeiten sind Wohnhäuser, auch Mehrfamilienhäuser, Büro- und Geschäftshäuser, sonstige Eingangs- und Einfahrtsbereiche, die nicht oder sehr schwer von innen einzusehen sind (Personenkontrolle bei Behörden, Instituten und für sonstige exponierte Bereiche, z.B. Informationstechnik).
Üblicherweise wird durch Betätigung des Klingeltasters an der Türstation automatisch eine Bildverbindung zur Monitorstation geschaltet. Bei einigen Systemen kann man auch ohne Klingelbetätigung über einen speziellen Taster „nach draußen blicken“. Empfehlenswert: Anlagen mit Gegensprech-Einrichtung.
Obwohl meistens sehr lichtstarke Objektive Verwendung finden, muss bei Dunkelheit gegebenenfalls für eine ausreichende zusätzliche Beleuchtung des Erfassungsbereichs gesorgt werden, wenn eine Beleuchtungseinrichtung an der Türstation selbst fehlt.
Moderne Bildsprechanlagen besitzen oft einen Video-Bildspeicher, der beim Klingeln automatisch aktiviert wird. Bis etwa 15 Aufnahmen von Besuchern an der Tür werden gespeichert. Die Speicherung wird optisch signalisiert; die Besucheraufnahmen können dann einzeln „abgerufen“ werden. Datum und Uhrzeit sind je Besucher-Aufnahme dokumentiert. Der Video-Bildspeicher ist hauptsächlich bei Abwesenheit der Inhaber einzuschalten, kann aber auch bei Anwesenheit per Knopfdruck aktiviert werden (z.B. bei verdächtigen Personen). Die Video-Dokumentation kann dann gegebenenfalls gegenüber der Polizei wichtige Hinweise geben.
(Letzte Änderung: 20.6.98)

(Elsen)

3

Bildübertragung

Siehe Video-Bildübertragung.

Bildverarbeitung

Siehe auch Bildspeicher.

Mit Bildverarbeitung bezeichnet man die Verarbeitung aller Daten, denen ein optisches Erfassungsverfahren im weitesten Sinn zugrunde liegt: Scannen = Abtastung von Bildvorlagen; Frame-Grabbing = Einlesen von Videobildern in Echtzeit, wobei das Auflösungsvermögen dieser Systeme extrem gesteigert worden ist (z.B. 2048 x 1024 Bildpunkte in S/W oder 1024 x 640 Bildpunkte mit Echtfarbendarstellung). Digitale Videobilder stehen dann für den Anwender zur Ausgabe auf verschiedenen Medien, zur Einbindung in Dokumentationen (DTP), zu Vergleichen (z.B. Zutrittskontrolle) und zur Fernübermittlung zur Verfügung. Wesentliches Merkmal der Bildverarbeitung ist die Anpassung der Dateninhalte an die dafür vorgesehene Anwendung, die durch einen Computer oder ein spezielles Gerät (Video-Prozessor) durchgeführt wird.

(Schilling)

Bildvergleich

Siehe auch Bildspeicher, Biometrie (mit weiteren Verweisen), Personenidentifizierung, Zutrittskontrolle.

Bei hohen Sicherheitsanforderungen kann die Kontrolle der Zutrittsberechtigung durch Bildvergleich erfolgen: Das Wachpersonal an der Pforte bzw. an einer zentralen Stelle vergleicht das Porträt der Person am Kontrollpunkt mit einem früher aufgenommenen Bild, das auf einem Massenspeicher abgelegt oder auf der Ausweiskarte aufgebracht ist. Es sind demnach zwei Verfahren zu unterscheiden:

- Die Vergleichsbilder aller Zutrittsberechtigten befinden sich auf einem Massenspeicher (Speicher-Verfahren).
- Das auf einer Ausweiskarte aufgebrachte Lichtbild wird für den Vergleich herangezogen (→Passbildvergleichsverfahren).

Ablauf beim Speicherverfahren: Die Aufnahme von Personen mit neu erteilter Zutrittsberechtigung und die Zuordnung zu einer auf der Ausweiskarte enthaltenen Ausweisnummer werden unabhängig vom laufenden Kontrollbetrieb in einem Aufnahmeraum durchgeführt. Die Aufnahme des Bildes erfolgt mit einer handelsüblichen Fernsehkamera. Nach der Digitalisierung der Videodaten werden diese vom Steuerrechner ohne Beeinträchtigung des normalen Zutrittskontrollbetriebes übernommen und unter Programm-Kontrolle auf dem externen Massenspeicher abgelegt. Gleichzeitig wird die Speicheradresse der Ausweis-Nummer von der Ausweiskarte zugeordnet. Die Bilddaten stehen dann sofort für ein Zutrittsgesuch zur Verfügung. Bei diesem Verfahren ist der Zeitaufwand selbst für den Besucher nicht größer als das konventionelle Ausfüllen von Formularen und eine Ausweiskontrolle. Bei wiederholten Besuchen ist die Bildspeicherung auf jeden Fall zeitsparender.

An den Zugängen an den zu sichernden Bereichen wird anstelle eines Pförtners eine Fernsehkamera platziert. Diese kann so angebracht werden, dass sie zusammen mit einem Ausweisleser eine Einheit bildet und das Bild des Ausweisinhabers so überträgt, dass es vom Maßstab her dem abgespeicherten Bild entspricht. Ein Zutritt zum gesicherten Bereich läuft dann wie folgt ab:

Durch Einstecken des Ausweises in die Lesestation wird zunächst die Ausweisberechtigung überprüft. Ein positives Ergebnis der Überprüfung führt zur Aufschaltung der Fernsehkamera an dem entsprechenden Zugang. Außerdem erfolgt eine Aktivierung des Massenspeichers. Über die von der Ausweiskarte gelesene Ausweisnummer wird das dazugehörige Bild geladen. Danach werden die Bilddaten zu einem Monitor an der Pforte übertragen. Auf einem zweiten Monitor erscheint das von der Fernsehkamera am Eingang aufgenommene Bild. Das Wachpersonal führt daraufhin einen Vergleich der beiden Bilder durch. Wird eine Übereinstimmung festgestellt, so erfolgt durch das Wachpersonal die Freischaltung des Durchgangs und die Protokollierung des Vorgangs. Bei einem Zweifel an der Identität oder ungenügender Identifikationsmöglichkeit, kann der Zutrittsbegehrende über eine Gegensprechanlage angesprochen werden.

Dies bedeutet: Bei dem Bildvergleich wie auch bei Passbildvergleichsverfahren findet keine automatische, sondern eine personelle Zutrittskontrolle statt.

(Munde)

Biometrie, biometrische Verfahren

Siehe Augensignatur, Authentisierung, Bildvergleich, Fingerabdruckvergleich, Gesichtserkennung (automatisch), Handdatenvergleich, Passbildvergleichsverfahren, Personenidentifikation, Stimmanalyse, Unterschriftsprüfung, Zutrittskontrolle.

Bei der →Personenidentifikation gehören biometrische Verfahren zu den wichtigsten automatisierbaren Authentifikationsmethoden beim Zugang zu Rechnern bzw. zu Gebäuden oder Räumen.

Authentifizierung/Authentifikation bedeutet „Bezeugung der Echtheit." Bei der Authentifizierung mittels eines biometrischen Systems wird die Identität der Person (z. B. durch Identifikation oder Verifikation) bestätigt.

Identifikation bedeutet „Feststellung der Identität." Bei der →Personenidentifikation wird festgelegt, um welche Person es sich handelt. In der Biometrie werden bei der Identifikation die aktuellen biometrischen Daten einer Person erfasst und mit den im Vorfeld erfassten biometrischen Referenzdaten einer Vielzahl von Individuen verglichen (1:n-Vergleich). Diese Referenzdaten sind beispielsweise in einer Datenbank gespeichert. Es findet somit eine Vielzahl von Vergleichen statt. Die Person wird als dasjenige Individuum identifiziert, dessen biometrischer Referenzdatensatz mit dem aktuellen biometrischen Datensatz der Person innerhalb der gewählten Toleranzgrenzen übereinstimmt.

Verifikation bedeutet „Bestätigung der Identität." Die Personenverifikation entscheidet die Frage, ob es sich bei einer Person um diejenige handelt, für die sie sich ausgibt. In der Biometrie werden bei der Verifikation die aktuellen biometrischen Daten einer Person erfasst und mit den im Vorfeld erfassten biometrischen Referenzdaten desjenigen Individuums verglichen, als das sich die Person ausgibt (1:1-Vergleich). Es findet nur ein Vergleich zweier Datensätze statt. Stimmen die beiden Datensätze innerhalb der gewählten Toleranzgrenzen miteinander überein, so wird bestätigt, dass es sich bei der Person um diejenige handelt, für die sie sich ausgibt.

Traditionelle Authentikationstechniken, wie →PIN-, →Passwort- oder Smartcard-Verfahren (→Chipkarte), beruhen darauf, dass die Person über ein bestimmtes, nur ihr bekanntes Wissen verfügt (Verifikation der Identität durch Wissen) oder einen persönlichen Berechtigungsschlüssel besitzt (Verifikation der Identität durch Besitz). Im Gegensatz dazu benutzt die Biometrie physiologische oder verhaltenstypische Charakteristiken der Person zur Authentifikation. Es werden somit personengebundene und nicht nur personenbezogene Merkmale erfasst.

Ein Merkmal muss, um für ein biometrisches Verfahren geeignet zu sein, für verschiedene Menschen hinreichend verschieden sein. Es sollte sich auch im Laufe der Zeit möglichst wenig ändern. Kleinere Änderungen können adaptive Verfahren ausgleichen. Man unterscheidet passive Merkmale wie Fingerabdruck, Gesicht, Retina, Iris und Handgeometrie und aktive Merkmale wie Unterschrift, Schreibverhalten, Stimme/Sprechverhalten, Tippverhalten an der Tastatur. Es sind auch Merkmalskombinationen sinnvoll einsetzbar, wie die Erfassung des Gesichts kombiniert mit Stimmerkennung.

Während bei Passwort- oder Chipkartensystemen nur überprüft werden kann, ob die Karte oder der Schlüssel gültig ist, jedoch nicht, ob die Person auch der rechtmäßige Besitzer ist, kann bei biometrischen Verfahren davon ausgegangen werden, dass die zu identifizierenden und zu überprüfenden Merkmale nicht geraubt, erpresst oder gefälscht werden können.

Einige biometrische Merkmale bieten die Möglichkeit, eine zusätzliche Information des Merkmalsträgers abzugeben. So besteht beim Fingerabdruckverfahren die Möglichkeit, mehrere Finger zu registrieren und je nach Wahl des entsprechenden Fingers dem System eine Zusatzinformation zu geben. Bei der Stimmerkennung, welche typisch mit einem festzulegenden Schlüsselwort kombiniert ist, besteht ebenfalls die Möglichkeit, durch Anlernen verschiedener Schlüsselwörter eine Steuerinformation an das System zu geben. Wenn der Merkmalsträgers erpresst wird, kann er auf diese Weise einen stillen Alarm auslösen.

Alle biometrischen Systeme enthalten generell die Komponenten Datenaufnahme, Vorverarbeitung, Merkmalsextraktion, Klassifikation und Referenzbildung. Für die Anpassung an Veränderungen beim biometrischen Merkmal kann ein adaptives Verfahren eingesetzt werden.

3

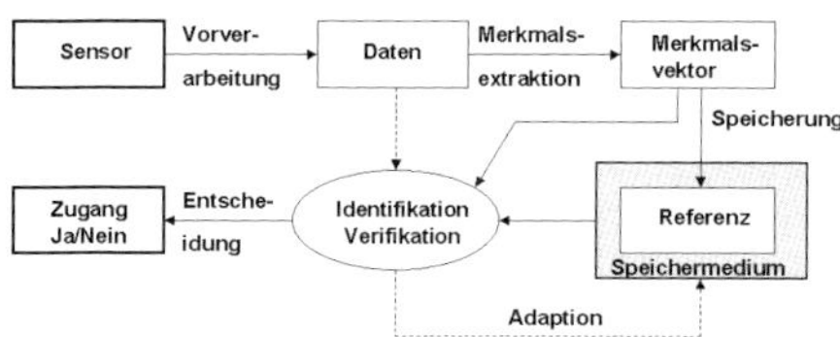

In der Grafik ist der grundsätzliche Aufbau eines biometrischen Systems dargestellt. Mit Hilfe eines Sensors werden die Eingabedaten aufgenommen. Sie werden vor oder während des Mustervergleichs vorverarbeitet und normalisiert. Zur Verifikation bzw. Klassifikation können entweder die vorverarbeiteten Daten oder daraus extrahierte Merkmale verwendet werden. Diese Eingangsdaten werden dabei mit den entsprechenden Referenzdaten verglichen. Zur Auswahl der Referenzdaten aus der Referenzdatenbank kann der Benutzer z.B. seine persönliche Identifikationsnummer angeben. Alternativ dazu können die Referenzdaten auch auf einem im Besitz der zu verifizierenden Person befindlichen Speichermedium (z.B. →Chipkarte) gespeichert sein, welches gleichzeitig die Identifikationsnummer ersetzen kann. Bei adaptiven Verfahren können die erhaltenen Bewertungen im Fall einer positiven Klassifikation zur Aktualisierung der Referenzdaten verwendet werden. Beim Einsatz biometrischer Verfahren ist zu berücksichtigen, dass biometrische Daten personenbezogene Daten sind. Sie unterliegen damit dem Schutz des informationellen Selbstbestimmungsrechts.

(Neu eingefügt am 14.11.1998)

(Prof. Petzel)

Biometrische Schleuse

Siehe auch Schleuse, UVV Kassen.

Eine biometrische Schleuse ermöglicht es einem einzelnen Bank- oder Sparkassenmitarbeiter in einer kleinen Geschäftsstelle, die gesicherte Kassenbox zu verlassen, um Kunden ohne trennende Glasscheibe zu beraten. Nur der Mitarbeiter, dessen biometrische Daten (→Biometrie) das System gespeichert hat, kann durch die Schleuse die Kassenbox betreten. Sie ist so ausgelegt, dass unmöglich gleichzeitig eine zweite Person passieren kann (→Vereinzelung). Da ein möglicher Überfall-Täter nicht die Herausgabe eines Kassenbox-Schlüssels verlangen und daher nicht selbst die Kassenbox betreten kann, müsste er den Kassierer zwingen, das Geld zu holen. Damit ist aber der Mitarbeiter dem Zugriff des Täters ebenso entzogen, wie wenn er sich von vornherein in der durchschusshemmenden Kassenbox aufgehalten hätte.

Die biometrische Schleuse wird als Lösung eingesetzt, wenn ein Kreditinstitut auch in einer kleinen Geschäftsstelle das ganze Spektrum an Geldgeschäften anbieten möchte oder häufiger höhere Beträge auszuzahlen hat, als an den Geldautomaten möglich. Die üblichen Höchstbeträge sind auch hier einzuhalten. Nebenbestände müssen gesondert unter →Zeitverschluss aufbewahrt werden.

In der Kasse sollten die Wertbehältnisse aufgestellt sein. Auch die Automaten sollten von hier aus befüllt werden können. Zur Geldanlieferung ist eine Kofferschleuse vorzusehen. Bei der Planung ist ferner zu beachten, dass die Kassenbox über eine Fluchtmöglichkeit verfügen muss, die nicht über den Kundenbereich führt. Maßgeblich sind die §§ 11 und 15 der BGV C9/GUV-V C9 „Kassen" (→UVV Kassen).

(Letzte Änderung: 16.8.2006)

(Hohl)

BioTrusT

Siehe auch Biometrie, IT-Sicherheit, TeleTrusT

Ein interdisziplinärer Pilotversuch der →TeleTrusT Arbeitsgruppe 6 zur Anwendung →biometrischer Identifikationsverfahren im Bankenbereich.

Es ist Ziel der Arbeitsgruppe, den Einsatz geeigneter biometrischer Identifikationsverfahren zu fördern, um vorhandene Sicherheitsverfahren (→Passworte, →PIN/TAN, →Chipkarten etc.) zu ergänzen oder zu ersetzen. Dies will der Biotrust-Pilotversuch durch verstärkte Information der Öffentlichkeit erreichen.

Nähere Informationen sind unter http://www.biotrust.de zu finden.

(Neu aufgenommen am 7.7.2000)

(Stark)

Bit

Siehe Digital/Analog.

BITKOM

Bundesverband Informationswirtschaft, Telekommunikation und neue Medien e.V.
Kurzbeschrieb und Anschrift →Behörden, Verbände, Institutionen

Blockadefreischaltung

Unbedingter Vorrang des ÜG/ÜZ/SÜZ vor anderen Geräten, die das gleiche Kommunikationsgerät (KG)/den gleichen Netzabschluss (NA) benutzen. Dieses bedeutet u.a. auch die zwangsweise Unterbrechung einer in Aufbau befindlichen bzw. schon stehenden und die Meldungsübertragung störenden Verbindung.
(Neu aufgenommen am 20.5.2002)

(Definition: VdS)

Blockschloss

Siehe auch Scharfschalteinrichtung.
Als Schloss ausgebildete Schalteinrichtung, in der die Eingabeeinrichtung für den Informationsträger zur Scharf-/Unscharfschaltung, die zugehörige Auswerteeinrichtung und die Sperreinrichtung (→Sperrelement) für die Zugänge zum Sicherungsbereich in einer Funktionseinheit zusammengefasst sind.
(Letzte Änderung: 20.5.2002)

(Definition: VdS)

Blooming

Siehe auch Videoüberwachung (mit weiteren Verweisen).
Unerwünschter Effekt bei der →Videoüberwachung. Unter Blooming wird das Überstrahlen von weißen Punkten oder Flächen in benachbarte Bereiche verstanden. Der Blooming-Effekt ist in erster Linie bei Röhrenkameras zu beachten, die gegen helle Lichtquellen (z.B. Straßenlampen oder Autoscheinwerfer) gerichtet sind. Aber auch bei Monitoren, bei denen die Kontrast- und Helligkeitsregelung zu hoch eingestellt ist, kann ein Überstrahlen auftreten.
Bei CCD-Kameras fällt der Blooming-Effekt geringer aus. Während er bei den Frame-Transfer-CCDs strukturbedingt als senkrechter, weißer Strich erscheint, ist er bei den Interline-CCDs nur noch im nahen Umfeld festzustellen. Bei den neuen Frame-Interline-Transfer-CCDs entfällt der Blooming-Effekt völlig.

(Schilling)

Bluetooth

Siehe auch *IT-Sicherheit, WEP, WLAN*
Der Bluetooth Standard geht auf das Jahr 1998 zurück. Damals wurde die „Special Interest Group" (SIG) gegründet, die sich aus den Firmen Ericsson Mobile Communications, Nokia, IBM, Intel und Toshiba zusammensetzte. Ziel der SIG war es, einen herstellerunabhängigen Standard für Peer-to-Peer-Datenkommunikation über kurze Distanzen zu schaffen, die sich zu geringen Kosten realisieren lassen. Der daraus hervorgegangene Standard wurde Bluetooth genannt. Der Name geht auf den Wikinger Harald Bluetooth (Harald Blauzahn), König von Dänemark (940-981n. Chr.) zurück, der die Christianisierung und die Vereinigung von Dänemark und Norwegen bewirkte.
Bluetooth ist ein offener Industriestandard (IEEE 802.15.1-2002) für ein lizenzfreies Nahbereichsfunkverfahren zur kabellosen Sprach- und Datenkommunikation zwischen IT-Geräten (Kabelersatz und Ad-hoc-Networking). Bluetooth arbeitet im 2,4-GHz-ISM-Frequenzband auf 79 Kanälen bei den Frequenzen f = (2402 + k) MHz, k = 0,...,78 (ISM =„Industrial Scientific and Medical"). Bluetooth unterstützt asynchrone verbindungslose Übertragung mit maximal 723,2 kbit/s in der einen und 57,6 kbit/s in der anderen Richtung (asymmetrisch) bzw. mit maximal 433,9 kbit/s in beide Richtungen (symmetrisch). Für Sprachübertragung stehen bei Bluetooth bis zu drei synchrone verbindungsorientierte Kanäle mit je 64 kbit/s zur Verfügung; die Sprachkodierung erfolgt über Modulation.
Hinsichtlich der Sendeleistung und Reichweite werden drei Geräteklassen unterschieden:
Klasse 1: Sendeleistung 1-100 mW (0 bis 20 dBm, Reichweite ca. 100 m)
Klasse 2: Sendeleistung 0,25-2,5 mW (-6 bis 4 dBm, Reichweite ca. 10 m)
Klasse 3: Sendeleistung bis 1 mW (bis 0 dBm, Reichweite ca. 0,1-10 m)
Zur Senkung des Stromverbrauchs sind Spar-Modi und Sendeleistungsregelung (Power Control) spezifiziert. Neben den hardwarenahen Protokollen (Funktechnik und Basisband) definiert die Spezifikation für das Verbindungsmanagement eine Link-Schicht, die neben Fehlerkorrekturverfahren auch kryptographische Sicherheitsmechanismen (→Verschlüsselung, →WEP) bereitstellt. Um die

Interoperabilität unterschiedlicher Geräte sicherzustellen, ohne dass in allen Geräten immer alle existierenden Protokolle implementiert sind, hat die SIG sogenannte Anwendungs-Profile definiert. Neben grundlegenden Profilen wie zum Beispiel dem Generic Access Profile, dem Serial Port Profile oder dem Generic Object Exchange Profile gibt es beispielsweise ein Headset Profile, ein LAN Access Profile, ein PAN (Personal Area Networking) Profile usw.

Damit jedes Bluetooth-Gerät als Kommunikationspartner eindeutig zu identifizieren ist, verfügt es über eine 48 Bit lange öffentlich bekannte und weltweit eindeutige Geräteadresse, die so genannte Bluetooth Device Address. Neben einer Punkt-zu-Punkt-Verbindung zwischen zwei Bluetooth-Geräten unterstützt Bluetooth auch Punkt-zu-Mehrpunkt-Verbindungen. Da Bluetooth ein funkbasiertes Verfahren ist, besteht grundsätzlich die Gefahr, dass „unberechtigte" bluetoothfähige Geräte die Bluetooth-Kommunikation mithören bzw. sich aktiv in die Kommunikationsverbindung einschalten. Neben nicht-kryptographischen (Korrektur-)Verfahren zum Schutz gegen Übertragungsfehler sieht die Spezifikation deshalb kryptographische Authentisierungs- und Verschlüsselungs-Algorithmen vor. Diese sind bereits auf Chip-Ebene implementiert und gelten als nicht sicher.

(Neu aufgenommen am 8.2.2005)

(Ernestus)

BND

Siehe auch BfV, MAD

Der Bundesnachrichtendienst (BND) ist eine deutsche Bundesoberbehörde, die direkt dem Bundeskanzleramt untersteht. Er sammelt Informationen über das Ausland, die von sicherheitspolitischer Bedeutung für die Bundesrepublik Deutschland sind und wertet diese aus (§ 1 Abs. 2 BND-Gesetz). Die Aufklärungsarbeit des BND ist somit auf das Ausland beschränkt; eine Inlandszuständigkeit besteht grundsätzlich nicht.

(Letzte Änderung: 4.7.2006)

(Opfermann)

Bodensensor

Siehe Freilandschutz, Pneumatischer Differenzialdruckmelder, Zaunsysteme.

Bohrschutz (elektronisch, piezo-elektrisch)

Siehe auch Bohrschutz (mechanisch), Sabotageüberwachung.

Bohrangriffe auf Tür- und Wandflächen, Geräte, Scharfschalt-Einrichtungen und sonstige besonders exponierte Stellen bei Einbruchmeldeanlagen oder anderen Schutzeinrichtungen können durch Maßnahmen elektronischer bzw. elektrischer Art frühzeitig erkannt werden. Die Meldung eines Angriffs, Eingriffs oder einer Manipulation erfolgt meist über eine Steuerungszentrale als optischer, akustischer oder als stiller →Alarm.

Die Überwachung erfolgt durch Flächenschutz-Platinen bei Schlüsselschaltern, hochwertigen Scharfschalteinrichtungen, Gehäusen, Kontakten, Verteilerdosen, usw. in Einbruchmeldeanlagen oder sonstigen Schutzeinrichtungen. Auch größere Flächenschutz-Elemente für gefährdete Tür- und Wand/Deckenflächen sind gebräuchlich.

Daneben finden sich piezo-elektrische Elemente in Schlössern und vereinzelt auch in Zylinder-Kernbereichen.

Da der elektrische/elektronische Bohrschutz in der Regel vom Hersteller bereits integriert ist (ausgenommen bei größerem Flächenschutz), muss auf die technischen Unterlagen des jeweiligen Herstellers besonders geachtet werden.

Einschlägige Vorschriften und Richtlinien: DIN VDE 0800/0833-1, 0833-3, VdS-Richtlinien: 2333 (Sicherungsrichtlinien), 2334, 2311 (Einbruchmeldeanlagen)

(Letzte Änderung: 24.4.2000)

(Elsen/Krühn)

Bohrschutz (mechanisch)

Siehe auch Bohrschutz (elektronisch), Schließanlage, Schließzylinder, Schutzbeschlag.

Bohrangriffe auf Schloss, Zylinder und Beschlag können abgewehrt werden durch gehärtete Stahlplatten, gehärtete Stahleinlagen, Schlossdecken aus gehärtetem Stahl, gehärtete Zylinder-Arretierplatten, gehärtete Stahlrollen, Stahlkugeln, →Hartmetall-Einlagen und Metallkeramik-Einlagen. Bei Zylindern und Einbausicherungen auch durch Schließkerne in Chrom-Nickel-Legierungen oder (spez. bei Einbausicherungen) in gehärtetem Stahl. Langschilder und Rosetten bestehen vielfach

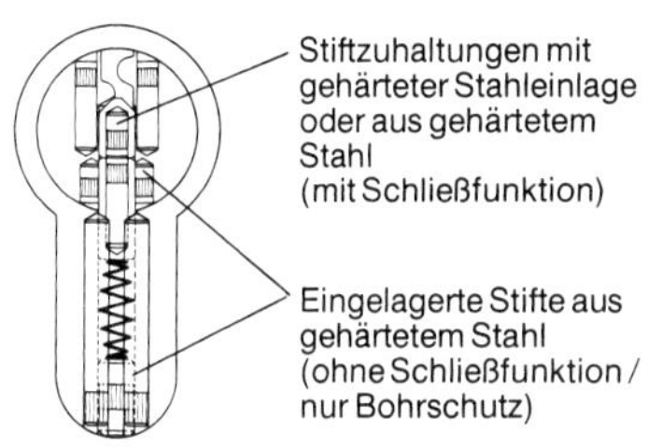

aus Ganzstahl. Weiterhin finden sich vereinzelt Stahlauflagen (gehärtet) vor den Schließkernen im Beschlag oder – z.B. bei schweren Hangschlössern – im Gehäuse. Oft bestehen Stiftzuhaltungen und auch die Befestigungsschrauben (z.B. bei Sicherheits-Schlossdecken) aus gehärtetem Stahl.

Durch diese Maßnahmen sollen Bohrangriffe im Bereich der Tourstifte (Schlossdecke), des Schlossriegels, der Einbausicherung, des Zylinders oder des Beschlages (Kurz/Langschilder, Rosetten) verhindert oder erschwert werden.
Die Produkte der Industrie, die mit Bohrschutz ausgerüstet sind, sind recht unterschiedlich in der Schutzwirkung, daher richtet sich die Auswahl der Produkte jeweils nach der unbedingt erforderlichen Sicherheit am Objekt (siehe auch Tabelle mit Bohrschutzbeispielen).
Bohrschutz ist für die Schlüsseldienste, Polizei und Feuerwehren stark hinderlich, wenn Notöffnungen vorgenommen werden müssen. Daher ist oft die Abwägung zwischen Sicherheitsbedürfnissen und möglichen Notfallsituationen erforderlich.

Mechanische Bohrschutzmaßnahmen in Beispielen

Maßnahmen	Anwendung
Stahlkugeln gehärtet	Zylinder-Kern, Zylinder-Körper, Kurz/Langschild, Rosetten
Stahlstifte, gehärtet, Hartmetallstifte	Zylinder-Kern, Zylinder-Körper
Metallkeramik-Stifte und -Einlagen	Zylinder-Kern, Zylinder-Körper, Schlossriegel
Ganzstahl-Stiftzuhaltungen oder Stiftzuhaltungen mit gehärteten Stahleinlagen	Zylinder-Stiftzuhaltungen
Gehärtete Stahlwandung im Zuhaltungs-Kanal	Zylinderkörper
Gehärtete Schließ-Kerne aus Stahl oder in Chrom-Nickel-Legierung	Schließkerne bei Zylindern oder bei Einbau-Sicherungen (Rotoren)
Flache, bewegliche Stahlvorsätze im Kernbereich	bei schweren Hangschlössern, auch vereinzelt in den Zylindern oder im Beschlag eingearbeitet
Gehärtete Stahlwalzen	Schlossriegel, vorwiegend bei Schwenkriegel-Schlössern, sowie bei Hebetür-Sicherungen (freiliegender Außentür-Rahmen)
Schließzylinder in Ganzstahl-Ausführung, Angriffsseite gehärtet	Zylinderkörper und Zylinder-Kern
Gehärtete Stahl-Platten	als Schlossdecken, bei Kurz/Langschildern, in Schlossriegeln, in Rosetten
Gehärtete Höcker-Stahl-Einlagen	in Kurz/Langschildern
Gehärtete Schrauben	bei Schlossdecken, für Bohrschutz-Walzen bei Hebetür-Sicherung
Gehärtete Arretierplatten	für Profil-Zylinder, gleichzeitig Tourstift-Schutz
Ganzstahl-Ausführung, gehärtet	als Langschild-Beschlag und als Rosette
Gehärtete Stahl-Schutzkappen mit drehbarer Kernschutzscheibe aus Hartmetall, Keramik usw.	Den Schließzylinder umfassend und/oder in einen Beschlag bzw. in eine Rosette integriert

Einschlägige Vorschriften und Richtlinien:
Schlösser:
DIN 18251 T1 Juli 02
DIN 18251 T2 Nov. 02
DIN 18251 T3 Nov. 02
VdS 2201 April 04 (Zylinderschlösser)
VdS 2261 Okt. 1989 (Chubb-Schlösser)
Zylinder:
DIN 18252 Sept. 1999 (DIN EN 1303)
RAL RG 607/5 März 95
VdS 2156 2001-02 Zylinder mit Einzelsperrschließungen
VdS 2156-2 2005-08 Einzelsperrschließungen, elektr. Zylinder
VdS 2386 2004-11Schließanlagen
Schutzbeschlag:
DIN 18257 März 2003
RAL RG 607/6 März 1995
VdS Februar 2004
(Letzte Änderung: 23.7.2006)

(Krühn)

BR1 bis BR7

Siehe auch Durchschusshemmende Verglasung.
Bezeichnungen nach DIN EN 1063, die die frühere DIN 52290 – angriffhemmende Verglasungen – abgelöst hat, wobei C1 mit **BR2**, C2 mit **BR3**, C3 mit **BR4**, C4 mit **BR6**, C5 mit **BR7** vergleichbar ist. Daneben gibt es in der europäischen Norm noch die Widerstandklassen SG1 und SG2.
(Neu aufgenommen am 27.5.2000)

(Redaktion)

Brandabschnitt

Siehe auch Brandbekämpfungsabschnitt.
Der Brandabschnitt ist der Teil eines Gebäudes, der gegenüber anderen Gebäudeteilen oder anderen Gebäuden durch Brandschutzkonstruktionen (z.B. Brandwände mit Brandschutztüren, oder feuerbeständige Geschossdecken ggf. mit feuerbeständig geschützten Öffnungen) begrenzt ist, um eine Brandübertragung für eine definierte Zeit sicher zu verhindern.
Im Freien können Brandschutzkonstruktionen durch entsprechende Abstandsflächen ersetzt werden.
Die Brandabschnittsfläche umfasst die Grundrissfläche innerhalb der den Brandabschnitt begrenzenden Brandwände bzw. Außenwände. Die zulässige Größe der Brandabschnitte ist geregelt. Angaben zur zulässigen Brandabschnittsgröße können auch nach DIN 18 230-1 in Verbindung mit der Industriebaurichtlinie und den dort geregelten Berechnungsschritten / -verfahren ermittelt werden.
(Letzte Änderung: 20.4.2004)

(Prof. Beilicke)

Brandabschnittsfläche

Nach der Definition der Muster-Industriebaurichtlinien *(MIndBauRL)* gleicht die Brandabschnittsfläche des betreffenden →Brandabschnittes, der jedoch mehrere Geschosse umfassen kann. Diese Festlegung ist insbesondere auf die Überlegung und Erfahrung zurückzuführen, dass ein Vollbrand in einem Brandabschnitt von der Feuerwehr als letzte Verteidigungslinie, ggf. durch Außenangriffe, noch beherrscht werden muss.
Für Feuerversicherer errechnet sich die Brandabschnittsfläche hingegen aus der Grundfläche des Gebäudeabschnittes zuzüglich der Grundfläche aller unter- oder oberirdischen Geschosse einschließlich der zur Fabrikation oder Lagerung genutzten Dachböden und Galerien, weil nach Schadenerfahrungen alle Sach- und Vermögenswerte, wie z. B. Betriebseinrichtungen oder Vorräte, die auf einzelne Geschosse eines Brandabschnittes verteilt sind, im Fall eines Vollbrandes gefährdet sind und dementsprechend bei der Risikobewertung berücksichtigt werden müssen.
(Letzte Änderung: 4.7.2006)

(Dr.Wang)

Brandalarm

Siehe auch *ALARMNET der TUS, Brandmeldeanlage*.
Auslösung einer Alarmierungseinrichtung und/oder Weiterleitung einer Brandmeldung von der Brandmelderzentrale an eine Empfangszentrale, von der aus Brandbekämpfungsmaßnahmen eingeleitet werden können.
(Definition nach VKF/Sicherheitsinstitut)
Brandalarm ist ein Brandsignal, welches von einer Person wahrgenommen werden kann.
(Letzte Änderung: 8.5.2004)
(Definition nach DIN EN 54-14)

Brandbekämpfung

Regionale bzw. umgangssprachliche Bezeichnung für →abwehrenden Brandschutz.
(Letzte Änderung: 20.6.98)

(Prof. Beilicke)

Brandbekämpfungsabschnitt

Siehe auch Brandabschnitt.
Im Sinn der DIN 18 230-1 und im Zusammenhang mit ihr eingeführte Bezeichnung für Abschnitte, die nach bestimmten dort genannten Regeln angewendet und ausgeführt werden dürfen.
Die Anforderungen an die Anordnung, Lage und Ausbildung von Brandwänden bleiben bei einer Unterteilung eines Brandabschnittes in Brandbekämpfungsabschnitte unberührt.
(Letzte Änderung: 9.6.2000)

(Prof. Beilicke)

Brandbelastung

Die Brandbelastung (auch Brandlast) wird mit q bezeichnet, in kWh/m^2 angegeben und ist das auf eine bestimmte Grundfläche (z. B. Brandabschnittsfläche in m^2) bezogene Wärmepotenzial aller auf ihr vorhandenen brennbaren Stoffe. Die rechnerische Brandbelastung q_r ist die mit entsprechenden Koeffizienten modifizierte Brandbelastung q und dient zur Ermittlung der äquivalenten Branddauer (bei gegebener Brandlast bzw. Brandstoffmenge und Brandstoffanordnung). Diese wiederum kann zur Bestimmung der erforderlichen Feuerwiderstandsdauer der Baukonstruktion herangezogen werden. Hierbei ist nicht das spezifische Wärmepotenzial, sondern die zeitabhängige Wärmefreisetzungsrate von primärer Bedeutung. Nähere Einzelheiten zum Verfahren wie auch zulässige Ausnahmen bei der Berücksichtigung vorhandener brennbarer Stoffe sind in DIN 18 230-1 und in der Industriebaurichtlinie geregelt. Die Industriebaurichtlinie ist nicht in allen Bundesländern bauaufsichtlich eingeführt.
(Letzte Änderung: 14.7.2000)

(Prof. Beilicke)

Branddetektion

Siehe auch Brandmelder mit (weiteren Verweisen).
Neben der Brandentdeckung durch Wahrnehmungen und/oder Beobachtungen von Personen im engeren Sinn die Gesamtheit der technischen Mittel, Anlagen und Einrichtungen, die automatisch bestimmte Brandeffekte erkennen, erfassen, analysieren und auswerten und über geeignete Weiterleitung der Signale entsprechende Handlungen auslösen (z.B. Alarmierung der Feuerwehr, Auslösung automatischer Brandschutztechnik, Einleitung von Schalthandlungen an sicherheitstechnisch bedeutungsvollen Anlagen usw.).
(Letzte Änderung: 9.7.1998)

(Prof. Beilicke)

Brandeffekt

Siehe auch Brandkenngröße.
In der Brandschutz-Fachliteratur der ehemaligen DDR gebräuchlicher Begriff für Erscheinungen bei Bränden (z.B. absolute Temperaturerhöhung, zeitlicher Temperaturanstieg, temperaturbedingte Längen- bzw. Volumenausdehnung, Lichttrübung oder Lichtablenkung durch Raucheinwirkungen, Lichtablenkung infolge Dichteunterschied der erwärmten Luft, Flackereffekt der frei brennenden Flamme, Wellenlänge des von der Brandflamme ausgestrahlten Lichts, Infrarotstrahlung, Ionisation der Brandgase, Zusammensetzung bzw. markante Bestandteile der Pyrolysegase), die zur Auslösung automatischer Brandschutztechnik (→automatische Brandschutzanlagen) genutzt werden können.
(Letzte Änderung: 9.6.2000)

(Prof. Beilicke)

Brandkenngröße

Siehe auch Brandeffekt.
„Physikalische Größen, die in der Umgebung eines Entstehungsbrandes messbaren Veränderungen unterliegen, z.B. Temperaturerhöhung, Rauch, Flammenstrahlung.“ (Definition nach DIN VDE 0833-2) „Physikalische Größen, die in der Umgebung eines Entstehungsbrandes messbaren Veränderungen unterliegen, zum Beispiel Rauch, Wärme.“ (Definition nach VKF/Sicherheitsinstitut)

Brandlast

Siehe Brandbelastung.

3

Brandmeldeanlage

Siehe auch Alarmzentrale, Ansaugrauchmelder, Automatische Brandmeldeanlage, Automatischer Brandmelder, Brandmelder, Brandmelder mit Zwei-Winkel-Technik, Einrichtungsschutz, Extinktions-Rauchmelder, Flammenmelder, Gasmelder (BMA), Rauchmelder, Schranklöschsystem, Video-Brand-Früherkennung, Wärmemelder.

„Brandmeldeanlagen (BMA) sind →Gefahrenmeldeanlagen (GMA), die Personen zum direkten Hilferuf bei Brandgefahren dienen und/oder Brände zu einem frühen Zeitpunkt erkennen und melden".(Definition nach DIN VDE 0833-2/06.2000)

„Eine Brandmeldeanlage ist eine Einrichtung, welche ohne menschliche Mithilfe einen entstehenden Brand feststellt, gefährdete Personen alarmiert und Löschkräfte mobilisiert. Brandmeldeanlagen dienen dem Schutz von Personen und Sachwerten." (Definition nach VKF/Sicherheitsinstitut)

Brandmeldeanlagen bestehen aus den Brandmeldern, der Brandmelderzentrale mit Energieversorgung einschl. Notstromversorgung, der Übertragungseinrichtung und den Steuereinrichtungen z.B. zum Schließen von Brandschutztüren, zum Öffnen von Rauch- und Wärmeabzügen oder zum Abschalten von Maschinen.

Automatische Brandmelder haben die Aufgabe, die bei der Entstehung eines Brandes auftretenden Brandkenngrößen, wie sichtbarer oder unsichtbarer Rauch, Wärme oder Flammen, zu detektieren und an die Brandmelderzentrale zu melden. Entsprechend den Brandkenngrößen unterscheidet man optische Rauchmelder, Ionisations-Rauchmelder, Wärmemelder und Flammenmelder.

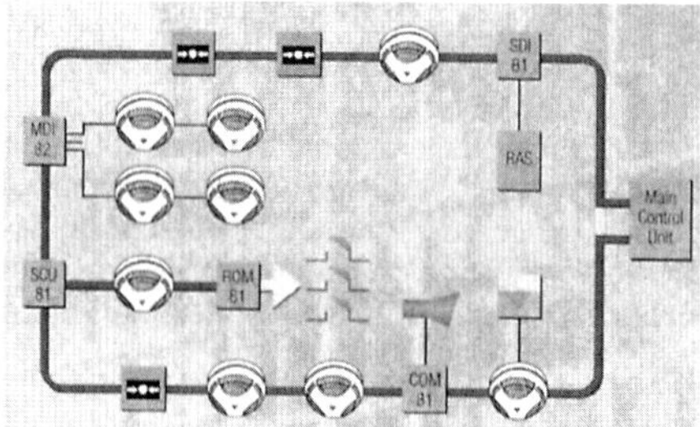

Linienschaltung als Ringleitung (Grafik: Securiton)

Hinzu kommen die manuellen Druckknopfmelder, die meist in Kombination mit automatischen Brandmeldern eingesetzt werden.

Zur Weiterleitung der Signale sind die Melder einzeln oder in Gruppen an Meldelinien angeschlossen. Diese werden als Stich- und/oder Ringleitungen zur Brandmelderzentrale geführt.

Die Brandmelderzentrale nimmt die Signale von den Meldern auf, bewertet und verarbeitet sie. Zugleich erfolgt die akustische Anzeige der auslösenden Linie und die Weiterleitung der Meldung an den Hauptfeuermelder. Wo die Anzeige der Linie nicht ausreicht, können einzeln adressierbare Melder eingesetzt werden. Die Entscheidung über Alarm oder Nichtalarm, die in der konventionellen Grenzwerttechnik bei den Meldern lag, wird wegen der hohen Falschmeldungsquote zunehmend in die Brandmelderzentrale verlagert (→Brandmelde-Sensortechnik).

Weitere Aufgaben der Brandmelderzentrale sind die Energieversorgung der Melder, die Funktionsüberwachung der gesamten Anlage einschließlich Anzeige eventueller Fehler sowie die Auslösung elektrisch gesteuerter Löschanlagen. Bei größeren Brandmeldeanlagen muss eine Registriereinrichtung vorhanden sein, über die alle Alarme/Störungen ausgedruckt werden.

(Letzte Änderung: 15.7.2006)

(Köhler)

Brandmeldeanlage mit Funkübertragung

Siehe auch Brandmeldeanlage (mit weiteren Verweisen), Einbruchmeldeanlage mit Funkübertragung

Bei Brandmeldeanlagen mit Funkübertragung sind zwei Typen zu unterscheiden:

- private
- gewerbliche.

Bei Funk-BMA für den privaten Bereich handelt es sich in der Regel um kleinere Anlagen (Bild 1), bestehend aus einer Zentrale, verschiedenen Brandmeldern sowie Handfeuermeldern. Die Übertragung der Systemmeldungen erfolgt über monofrequente Funkverbindungen. Das heißt, die Signale vom Melder zur Zentrale werden nur mit einer Funk-Frequenz übermittelt. Allerdings muss gemäß Normen- und Richtlinien-Entwürfen die Funkstrecke periodisch alle 4 Stunden

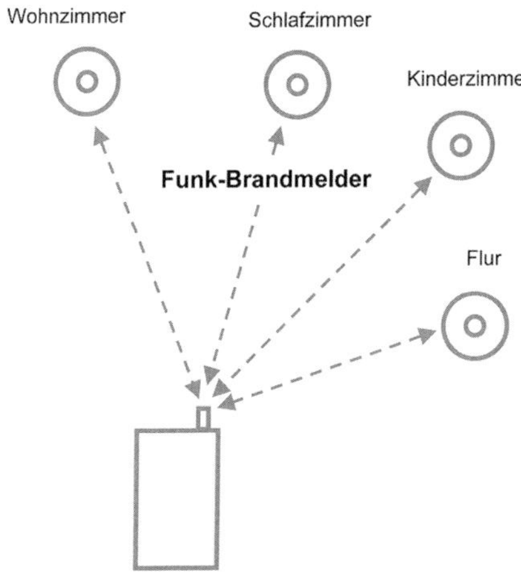

Bild 1: Funk-Brandmeldeanlage für kleinere Objekte (Eigenheim, Wohnungen, etc.)

durch ein Signal vom Melder zur Zentrale überwacht werden. Zusätzlich muss eine Fremdfunküberwachung durch die Zentrale erfolgen.

Seit dem Jahr 2002 werden immer mehr gewerbliche Objekte mit drahtlosen →Rauchmeldern bestückt. Zum Einsatz kamen hier sogenannte Hybrid-BMA. Diese BMA stellen einen Ringbus und Funktechnik zur Verfügung. Da in gewerblichen Objekten oft große Reichweiten benötigt werden, kristallisiert sich heraus, dass eine Lösung mit Bus-Funk-Interface (Bild 2) am sinnvollsten erscheint. Im einfachsten Fall verfügt ein solches Bus-Funk-Interface über mindestens zwei Relaisausgänge, die an entsprechende Bus-Koppler des Brandmeldesystem-Ringbus (→Datenbus) angeschlossen werden können. Mindestens zwei Ausgänge werden benötigt für →Alarm und →Störung. Die Art der Störung ist dann am Bus-Funk-Interface abzulesen. Die beste Lösung ist ein Bus-Interface, welches direkt die vom Funkteil des Interface empfangenen Signale in das Bus-Protokoll des jeweiligen Brandmeldesystems überträgt. Dies hat den Vorteil, dass die komplette Parametrierung an

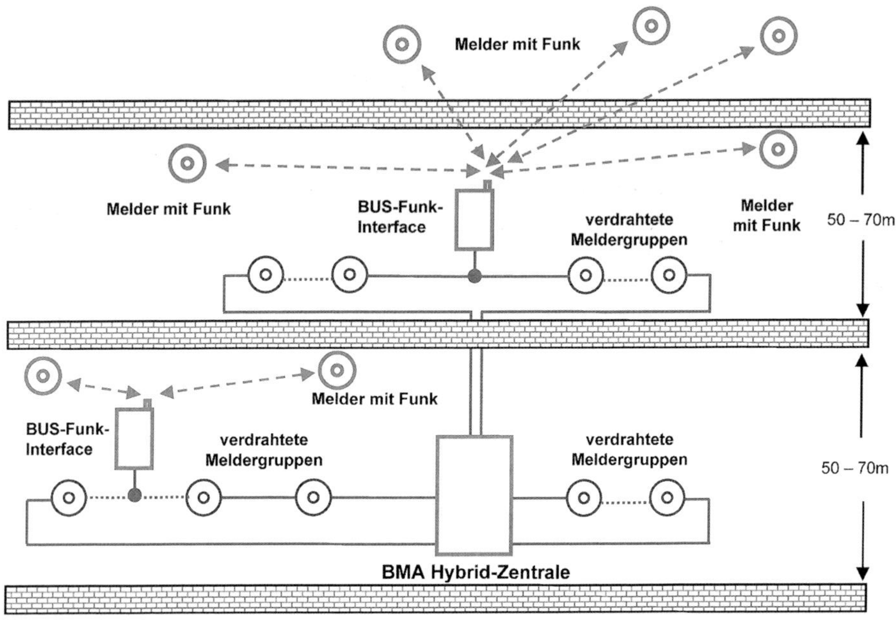

Bild 2: Kombinierte Draht-Funk-Brandmeldeanlage mit BUS-Funk-Interface

der →Brandmeldezentrale vorgenommen werden kann und alle Informationen zur Verfügung stehen. Die erzielbaren Reichweiten zwischen →Brandmelder und Interface betragen im Objekt zwischen 50 und 100 m. Aufgrund des höheren Risikos muss hier ein Multifrequenzverfahren verwendet werden, um sicher zu stellen, dass die Melderinformationen auch zur Zentrale gelangen. Aktuell stehen zwei Funk-Übertragungsverfahren zur Auswahl. Das eine Verfahren benutzt das 868 MHz-Band mit 4 Kanälen. Das andere Verfahren die Bänder 868 MHz und 434 MHz mit insgesamt 24 Kanälen. Beide Verfahren sind VdS-zugelassen. Naturgemäß nimmt die Störungssicherheit zu, je mehr Kanäle und je mehr Bänder verwendet werden.

Zur Zeit sind im europäischen Bereich Normen für die drahtlose Übertragung von Brandmeldungen in Bearbeitung. Parallel dazu werden bei VdS Richtlinien vorbereitet.

Es gibt heute schon Unterzentralen bzw. Schnittstellenmodule auf dem Markt, die zusammen mit drahtlosen Funkmeldern auf der Basis der VdS-Richtlinienentwürfe geprüft wurden und auch eine VdS-Zulassung erhalten haben.

Damit die Funkstrecke gewerblicher BMA von der Qualität in bezug auf Störung und Übertragungssicherheit einem verlegten Kabel vergleichbar ist, müssen verschiedene Anforderungen erfüllt werden. Die drei wesentlichen sind:

- Verwendung von mehr als einer Frequenz (Tendenz 2 Bänder, mehr als 20 Kanäle)
- Periodische Überwachung der Übertragungsstrecke durch aktives Signal alle 100 s
- Ständige passive Überprüfung des Übertragungsweges auf Vorhandensein von Fremdfunk

Die in den Normen- und Richtlinienentwürfen vorgeschriebene Batteriemindestlebensdauer beträgt 1 Jahr. Gute Systeme erreichen 2 bis 3 Jahre.

Heute stehen als Melder →thermische Melder, →optische Rauchmelder sowie →Multisensor-Rauchmelder und →Handfeuermelder zur Verfügung.

Seit am Markt professionelle Funk-Übertragungstechnik zur Verfügung steht, zeigt sich immer mehr, dass die Errichterfirmen die Vorteile einer kombinierten Draht-/Funk-Brandmeldeanlage erkennen und diese Vorteile auch nutzen. Objekte wie Kirchen und Schulen, die aufgrund der Vorschriftenlage nur sehr schwierig und mit teurem Aufwand (E30-Verlegung) mit einer Brandmeldeanlage verdrahtet ausgerüstet werden können, sind heute mit professioneller Funk-Übertragungstechnik deutlich schneller und meistens sogar kostengünstiger zu realisieren.

(Letzte Änderung: 4.7.2006)

(Schaaf)

3

Brandmeldefunktion (BM-Funktion)

Siehe auch Aufmerksamkeitssignal, Bedrohungsmeldung, Belästigungsmeldung, Einbruchmeldefunktion, Erinnerungssignal, Gefahrenmeldeanlage (GMA), Gefahrenwarnanlage (GWA), *Haustechnikfunktion, Internwarnung, Kommunikationsfunktion*

Funktion einer Gefahrenwarnanlage →Gefahrenwarnanlage (GWA) zur Erkennung, Warnung und Meldung von Bränden und Brandrauch.

(Neu aufgenommen: 1.5.2004)

(Definition: VdS)

Brandmelder

Siehe auch Ansaugrauchmelder, Automatischer Brandmelder, Brandkenngröße, Brandmeldeanlage, Brandmelder mit Zwei-Winkel-Technik, Deckenbündiger Rauchmelder, Einrichtungsschutz, Extinktions-Rauchmelder, Flammenmelder, Gasmelder (BMA), Infrarotmelder, Mehrsensormelder, Rauchmelder, Schranklöschsystem, Video-Brand-Früherkennung, Wärmemelder.

Ein Brandmelder ist Teil einer objektgebundenen Meldeanlage. Er kann über eine →Brandmelderzentrale einen Hauptmelder (→Übertragungseinrichtung für Brandmeldungen) auslösen. Es gibt automatische und nichtautomatische Brandmelder.

(Definition nach DIN 14011-8)

→Nichtautomatische Brandmelder: Ein nichtautomatischer Brandmelder ist Bestandteil eines Brandmeldesystems, mit dem die Alarmierung des Brandes von Hand ausgelöst werden kann.

→Automatischer Brandmelder: Ein automatischer Brandmelder ist Bestandteil eines Brandmeldesystems, das mindestens einen Sensor enthält, der ständig oder in periodischen Zeitabständen mindestens eine geeig-

nete physikalische und/oder chemische Kenngröße (Brandkenngröße) überwacht, die im Gefolge eines Brandes auftritt, und der mindestens ein übereinstimmendes Signal für die →Brandmelderzentrale zur Verfügung stellt.
(Letzte Änderung: 8.5.2004)
(Definition nach DIN EN 54-1)

Brandmelder mit Zwei-Winkel-Technik

Ein Brandmelder mit Zwei-Winkel-Technik ist ein Multisensormelder. Er arbeitet mit zwei unterschiedlichen Streulichtwinkeln (Zwei-Winkel-Technik). Hierdurch wird ihm „räumliches Sehen" vermittelt, was ihn in die Lage versetzt, unterschiedliche Partikel innerhalb der Messkammer differenziert zu betrachten. Täuschungsgrößen können so von Brandkenngrößen unterschieden werden. Somit werden Falschalarme maximal reduziert.
(Neu aufgenommen am 16.5.2004)
(Buschmann)

Brandmelde-Sensortechnik

Die automatischen Melder einer Brandmeldeanlage müssen möglichst empfindlich sein, sollen aber nicht auf täuschende Einflüsse ansprechen. Eine der Möglichkeiten, diese zwei scheinbar gegensätzlichen Forderungen zu vereinen, ist die Voll-Analog-Sensortechnik mit autoadaptiver Umfeldüberwachung. Bei der herkömmlichen Grenzwerttechnik führt das umfeldbedingte Abdriften des Messwertes in Richtung Alarmschwelle zu überhöhter Empfindlichkeit und schließlich zu einem Falschalarm.

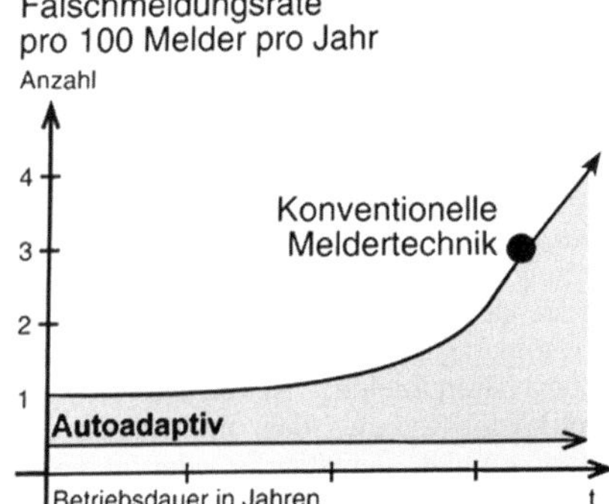

Temperatur-Sensorkabel: Securiton

Bei der Voll-Analog-Sensortechnik erfassen adressierbare Sensoren ständig alle Veränderungen von Rauch und Wärme und melden sie über eine Ringleitung an die Zentrale. Diese entscheidet durch vergleichende Auswertung mit vorgegebener →Algorithmentechnologie, ob Brand oder Nicht-Brand vorliegt. Die Auswirkungen umfeldbedingter Einflüsse, wie kurzfristig auftretende Aerosole, Zigarettenrauch oder Verschmutzungen, werden konkret erkannt und erzeugen keine Meldung. Die Falschmeldungsquote reduziert sich auf ein Minimum und kann durch zusätzliche Alarmorganisation ganz vermieden werden.
Alle Elemente auf der Ringleitung identifizieren sich selbst. Bei der Ersteinstellung „lernt" die Zentrale automatisch die einzelnen „Teilnehmer" kennen und wertet sie zukünftig richtig aus. Änderungen der Adressen sind über die Software problemlos durchführbar. Bei Leitungsunterbrechungen bleibt das System voll funktionsfähig.
Der Brandfrüherkennung dient das Temperatur-Sensorkabel: In ein als Daten und Speisungsbus wirkendes Flachbandkabel sind in regelmäßigen Abständen kleine Wärmesensoren integriert. Diese werden laufend nach den

vorherrschenden Temperaturwerten abgefragt. Eine Auswertelogik entscheidet anhand frei programmierbarer Werte, wann ein Alarm oder eine Störung gemeldet werden muss. Für die Auswertung, für die auch Mehrsensoren-Abhängigkeit möglich ist, kann man das System an einen PC und/oder an eine Brandmelderzentrale anschließen.
Ein anderes Brandmelde-Sensorsystem basiert auf dem physikalischen Gesetz der Volumenausdehnung von Gasen bei Temperaturänderungen. Zwischen einem pneumatisch dichten Kupferfühlerrohr, das sich über das zu überwachende Objekt zieht, und der Auswerteelektronik herrscht im Normalbetriebszustand ein Druckausgleich. Wird das Fühlerrohr erwärmt, so dehnt sich die darin eingeschlossene Luft aus und erzeugt einen Druckanstieg, der den Druckschalter auslöst. Bei langsamer Erwärmung gleicht sich der Druckanstieg über eine Kapillare wieder aus, so dass umgebungsbedingte Temperaturerhöhungen nicht zur Alarmauslösung führen. Zur Ermittlung von Störungen wird in regelmäßigen Abständen ein genau definierter Überdruck im Rohr erzeugt. Dabei erkennt der Melder ein Leck oder eine Quetschung im Fühlerrohr und signalisiert „Störung".
Grundlage für die Entwicklung dieser Systeme waren die Teile 2 und 4 der Europäischen Norm EN 54, die den hohen Maßstäben von DIN 14675 und VDE 0833 entsprechen. Länderspezifische Softwareprogramme und Anlagendokumentationen sowie die internationale Normenkonformität bilden die anwenderorientierte Basis.
(Letzte Änderung: 14.7.2006)

(Köhler)

Brandmelderzentrale

Siehe auch Alarmzentrale, Brandmeldeanlage.
„Eine Brandmelder-Zentrale ist ein Anlageteil zur Entgegennahme und gegebenenfalls Registrierung von Meldungen ausgelöster Brandmelder sowie zur Überwachung des elektrischen Betriebszustandes und zur Anzeige von Störungen. Sie zeigt den Melderstandort an und kann einen Hauptmelder sowie andere Brandschutzeinrichtungen auslösen."
(Letzte Änderung: 8.5.2004)

(Definition nach DIN 14011-8)

„Teil einer Anlage, der dazu dient:
- die Meldungen der angeschlossenen Melder aufzunehmen, sie optisch und akustisch anzuzeigen, den Ort der Gefahr zu kennzeichnen und die Meldung gegebenenfalls zu registrieren;
- die Anlage zu überwachen und Fehler optisch und akustisch anzuzeigen (z.B. bei Kurzschluss, Drahtbruch oder sonstigen Störungen,
- soweit erforderlich, die Brandmeldung über die Übertragungseinrichtung für Brandmeldungen z.B. an die Feuerwehr, oder über die Steuereinrichtung für automatische Brandschutzeinrichtungen weiterzuleiten, z.B. zu einer automatischen Löschanlage."

(Definition nach VdS)

„Eine Brandmelderzentrale ist derjenige Anlageteil einer Brandmeldeanlage, welcher Signale von Brandmeldern oder anderen Bestandteilen der Brandmeldeanlage über einen Übertragungsweg empfängt, selektiv auswertet und an Alarmierungs-, Steuer- sowie Übertragungseinrichtungen weiterleitet. Die Einrichtung enthält eine eigene akustische Alarmierungseinrichtung, Anzeigeelemente für ausreichende Zustands- und Brandort-Anzeige sowie Bedienungselemente.
Sie überwacht ferner wichtige Funktionen und Strompfade und wertet Störungen in der Brandmeldeanlage aus. Die Brandmelderzentrale verfügt über eine eigene Energieversorgungs-Einrichtung für den Betrieb der Brandmelderzentrale und in der Regel der externen Anlageteile der Brandmeldeanlage."

(Definition nach VKF/Sicherheitsinstitut)

Brandmeldesystem

„Gesamtheit der in einer Brandmeldeanlage verwendeten Geräte und Teile, die auf ein funktionsmäßiges Zusammenwirken abgestimmt sind."

(Definition nach VKF/Sicherheitsinstitut und VdS)

Brandmeldung

„Anzeige von Brandsignalen in der →Brandmelderzentrale."

(Definition nach VKF/Sicherheitsinstitut)

Brandschott

Vielfach allgemein bauaufsichtlich zugelassene Lösungen bzw. spezielle technische Vorrichtungen (zulassungspflichtig) zum brandschutztechnisch wirkungsvollen Verschluss von Öffnungen in brandschutztechnisch qualifizierten Bauteilen (z.B. Wände und/oder Decken), die nach Durchführung von Leitungen, Kabeln und/oder Rohren entsprechend bestimmter Vorgaben wieder dauerhaft mit geeigneten Mitteln bzw. Materialien so verschlossen werden, dass die brandschutztechnische Qualität des durchdrungenen Bauteiles auch für den Bereich der Durchdringung gewährleistet ist. Für Schottungen besteht Kennzeichnungspflicht. Bei Nachbelegungen vorhandener Schottungen ist auf Gleichartigkeit des Schotts bzw. auf Verträglichkeit der verwendeten Schottbestandteile zu achten (Grenzen der Schott-Zulassungen beachten). Bei Kabel- bzw. Rohrschottungen ist die mechanische Festigkeit der Schottung durch Anordnung von Zugentlastungen zu gewährleisten.

Schotts werden nach der Bauart hauptsächlich unterschieden in Weichschotts (z.B. Mörtelschotts), Plattenschotts und Rohrmanschetten. Die Zulassungs- und Einbaubedingungen sind zu beachten. Die Zulassungen gelten – ohne dass näher darauf hingewiesen wird – für die in der Zulassung beschriebenen Einbaubedingungen, die i.allg. mit neuen Baustoffen realisiert wurden. Zu berücksichtigen ist, dass Schottanwendungen im Bestand bzw. bei Altbauten aufgrund der veränderten materialtechnischen Einbaubedingungen (Baustoffalter) nahezu durchgängig durch die jeweiligen Zulassungen nicht abgedeckt sind.

Kombinationen technischer Lösungen oder deren Details von unterschiedlichen Systemen/Systemanbietern führen u. a. zum Zulassungsverlust der verwendeten Systeme. Dies gilt auch für Abweichungen von den durch die Zulassung erfassten Einbaubedingungen nach Grundwerkstoff (z. B. Wandbaumaterial) bzw. Geometrie (z. B. Abweichung von rechtwinkligen Durchdringungen).

(Letzte Änderung: 20.4.2004)

(Prof. Beilicke)

Brandschutz

Gesamtheit aller Maßnahmen, Mittel und Methoden zur Verhütung von Bränden, zur Begrenzung der Brandausbreitung und zur Brandbekämpfung sowie zum Schutz von Personen und Sachwerten vor den von Bränden ausgehenden Gefahren. Die jeweiligen Aufgabengebiete des Brandschutzes können weiter nach ihrer Ziel- und Wirkungsrichtung sinnvoll untergliedert werden in baulichen (bautechnischen) Brandschutz, betrieblichen Brandschutz und organisatorischen Brandschutz. Eine andere Untergliederung ist die Unterscheidung der Brandschutzmaßnahmen in vorbeugenden und abwehrenden Brandschutz.

(Prof. Beilicke)

Für den Brandschutz von Datenträgern etc. werden →Datensicherungscontainer, Datensicherungsräume, Datensicherungsschränke und Daten-Disketteneinsätze eingesetzt.

(Ergänzt am 11.5.2004)

(Reingen)

Brandschutz durch Sauerstoffreduzierung

Siehe Argon, CO_2-Löschanlage, FM-200, Inergen

Durch die Absenkung des Sauerstoffgehaltes von normal 22,9% auf 13% bis 15% wird eine Brandentstehung verhindert. Die Absenkung wird durch eine Abspaltung des Sauerstoffs aus der Luft erreicht. Der Stickstoffanteil wird gleichzeitig erhöht. Auf den Einbau einer stationären Löschanlage kann verzichtet werden, da eine Brandentstehung ausgeschlossen ist. Da keine toxischen Gase zum Einsatz kommen, ist eine Gefahr für Menschen nicht gegeben. Ein Aufenthalt bei 13% Sauerstoffgehalt ist unkritisch. Schwere Arbeiten sollten allerdings vermieden werden. Daher eignet sich diese Lösung besonders für bedienerlose IT-Räume.

(Neu aufgenommen am 26.2.2002)

(Glessmann)

Brandschutz im Unternehmen

Siehe Betrieblicher Brandschutz

Brandschutzabstand

Aus Gründen des Brandschutzes nicht unterschreitbare Mindesttiefe der →Abstandsfläche. Er ist in den Bauordnungen u.a. in Abhängigkeit von der Ausbildung der Außenwände und Dächer der benachbart gegenüber liegenden Gebäude und baulichen Anlagen geregelt.

(Prof. Beilicke)

Brandschutzanlagen

Siehe auch anlagentechnischer Brandschutz.

Gesamtheit aller technischen Einrichtungen, Mittel und Anlagen zur Verhinderung, Unterdrückung, Entdeckung, Signalisierung und Bekämpfung bzw. Löschung von Bränden bzw. zur Bereitstellung und Aufbringung von →Löschmitteln. Im weiteren Sinn gehören dazu auch technische und konstruktive Anlagen sowie organisatorische und Informationseinrichtungen zur Sicherung der →Rettungswege und des Zugangs für die Feuerwehr (z.B. →Rauchableitung).

(Letzte Änderung: 9.7.1998)

(Prof. Beilicke)

Brandschutzanstrich

Siehe Dämmschichtbildner.

Brandschutzbandage und Brandschutzgewebe für elektrische Kabel

Brandschutzbandage und Brandschutzgewebe bestehen im Wesentlichen aus im Brandfall aufschäumenden Baustoffen, die in der Regel zugleich auch in die Baustoffklasse DIN 4102-B1 „schwerentflammbar“ eingereiht werden. Sie werden um die elektrischen Kabel und ihre Tragkonstruktion gewickelt, um diese im Brandfall vor einer thermischen Direkteinwirkung zu schützen, weil erfahrungsgemäß elektrische Kabel auf Grund ihrer Anordnung und brennbaren Isolierung im Brandfall wie eine Zündschnur wirken und dadurch die Ausbreitung von Feuer stark begünstigen können. Die Ausbreitung von Feuer entlang der elektrischen Kabel im Brandfall kann durch die Aufschäumung der Brandschutzbandage bzw. Brandschutzgewebe deutlich begrenzt werden. Ein Funktionserhalt im Sinne der DIN 4102-12 ist bisher allerdings – wie bei Brandschutzbeschichtungen – nicht nachgewiesen.

(Neu aufgenommen: 23.5.2002)

(Dr. Wang)

Brandschutzbeauftragter

In Industrie- und Gewerbebetrieben hat sich die Bestellung eines Betriebsangehörigen als Brandschutzbeauftragter vielfach als zweckmäßig für die Sicherstellung der betrieblichen Brandsicherheit erwiesen, was allerdings in bauordnungsrechtlichen Bestimmungen nur teilweise für Sonderbauten ausdrücklich gefordert wird.

Der Brandschutzbeauftragte soll durch seine Ausbildung und Erfahrungen Gefahren erkennen, beurteilen und dafür sorgen, dass sie beseitigt bzw. ihnen mit geeigneten Schutzmaßnahmen begegnet wird. Die rechtliche Verantwortung für die Brandsicherheit bleibt jedoch trotz der Bestellung eines Brandschutzbeauftragten weiterhin beim Betreiber bzw. Unternehmer. Erfahrungsgemäß ist die Arbeit eines Brandschutzbeauftragten nur dann effektiv, wenn

- seine erforderliche Qualifikation,
- seine Aufgaben und Pflichten sowie
- seine Stellung und Vollmachten im Betrieb bzw. Unternehmen

eindeutig festgelegt sind. Grundsätzlich soll der Brandschutzbeauftragte für alle Brandschutzaufgaben im Betrieb zuständig und der Betriebs- oder Unternehmensleitung unmittelbar unterstellt sein, um sie bei der Erfüllung ihrer gesetzlichen Pflichten wirksam zu unterstützen.

(Neu aufgenommen: 23.5.2002)

(Dr. Wang)

Brandschutzbekleidung

Siehe auch Brandschutztechnisch wirksame Bekleidungen

Zur Verbesserung der →Feuerwiderstandsdauer von Bauteilen (wie z. B. Stützen, Träger, Wände, Decken, Lüftungsleitungen) können diese vollständig mit mineralischen Baustoffen bekleidet werden. Solche „Brandschutzbekleidungen“ können bei geeigneter Ausführung bewirken, dass die Temperaturerhöhung des zu schützenden Bauteils im Brandfalle eine gewisse Zeit lang vermindert wird. Da die Wirkung dieser Schutzmaßnahmen nicht allein von der Art der Bekleidung abhängt, sondern durch das Zusammenwirken von Bauteil, (Werkstoff, Abmessungen, Formgebung, Rohdichte) und Bekleidung (Werkstoff, Brandverhalten, Abmessungen, Rohdichte, Befestigung) sowie Art und Größe der Bauteilbelastung während der Brandbeanspruchung bestimmt wird, kann eine Bekleidung allein nicht unabhängig von dem zu schützenden Bauteil brandschutztechnisch klassifiziert werden.

Aus diesem Grunde sind Brandschutzbekleidungen stets in ihrer vorgesehenen Ausführung zusammen mit dem jeweils zu schützenden Bauteil und bei dem während der Verwendung erwarteten Belastungszustand nach der jeweils zutreffenden Prüfnorm der Reihe DIN 4102 zu prüfen.

Konstruktive Beispiele für solche Bekleidungen sind nach Erfahrungen bei Brandprüfungen an zahlreichen Bauteilen aus Stahlbeton, Spannbeton, Stahl und Holz in der Norm DIN 4102 Teil 4 zusammengestellt worden. Aus den zeichnerischen Darstellungen und den in Tabellen angeführten technischen Daten (Werkstoff, Mindestdicke, Befestigung) geht hervor, dass die notwendigen Ausführungen solcher brandschutztechnisch wirksamen Bekleidungen von der Art des zu schützenden Bauteils und der geforderten Feuerwiderstandsdauer abhängen.

Die in dieser Norm angeführten Ausführungen von Bekleidungen für Bauteile aus den genannten Baustoffen sind in den nachfolgend aufgezählten „Brandschutz-Handbüchern" ausführlich erläutert und es werden dabei die Gesetzmäßigkeiten der Wirkung der konstruktiven Parameter der Bekleidungen aufgezeigt:

1. Kordina, Meyer-Ottens: Beton-Brandschutz-Handbuch
   Beton-Verlag, Düsseldorf, 1. Aufl. 1981
2. Haas, Meyer-Ottens, Richter: Stahlbau-Brandschutz-Handbuch
   Verlag Ernst & Sohn, Berlin, 1. Aufl. 1993
3. Kordina, Meyer-Ottens: Holz-Brandschutz-Handbuch
   verlegt von Deutsche Gesellschaft für Holzforschung e. V., 2. Aufl. 1994

Bauteile, die einschließlich ihrer Brandschutzbekleidungen in der Norm DIN 4102 Teil 4 angeführt und dort klassifiziert sind, gelten als geregelte Bauteile (im Sinne der →Bauregellisten), für die der Nachweis des Brandverhaltens erbracht ist. Andere Ausführungen bedürfen eines Nachweises ihrer Verwendbarkeit durch ein allgemeines bauaufsichtliches Prüfzeugnis oder eine allgemeine bauaufsichtliche →Zulassung.

Das der Vereinheitlichung der Anforderungen an →Bauprodukte innerhalb der EU-Mitgliedsstaaten zu Grunde liegende →Grundlagendokument Brandschutz enthält z.B. in Abschnitt 4.3.1.3.4 b) „Brandschutzbeschichtungen, Bekleidungen und Schutzteile" die Definition „Diese Produkte und Systeme werden zum Brandschutz für tragende Bauteile und Konstruktionen verwendet, um die Tragfähigkeit dieser Bauteile im Brandfall zu erhöhen". Der Abschnitt enthält ferner Angaben zu Beanspruchung/Einwirkung, Leistungskriterien und Klassifizierungen, die Bauteile mit Bekleidungen betreffen.

In der europäischen Normung sollen „Bauteile, bei denen die Temperaturerhöhung im Brandfall vermindert wird (geschützte Bauteile)" in Regeln für die brandschutztechnische Bemessung jeweils in den Teilen 1-2 der Eurocodes 2 bis 6 behandelt werden. Diese Teile sind im Jahre 1997 zunächst als Europäische Vornormen erschienen. Im April 2006 soll die Norm DIN EN 1995-1-2 „Eurocode 5: Bemessung und Konstruktion von Holzbauteilen – Teil 1-2: Allgemeine Regeln – Tragwerksbemessung für den Brandfall" als Nachfolger des gleichnamigen Entwurfs DIN V EN V 1995-1-2 : 1997-05 veröffentlicht werden.

Neben diesen in der Baupraxis seit langem verwendeten „Brandschutzbekleidungen" werden neuerdings – im Sinne der Richtlinie über brandschutztechnische Anforderungen an hochfeuerhemmende Bauteile in Holzbauweise – HFHHolzR Fassung Juli 2004 (DIBt Mitteilungen, Heft 5/2004) – zur Verbesserung der Feuerwiderstandsfähigkeit von Bauteilen, bei denen die tragenden Teile aus brennbaren Baustoffen bestehen, →brandschutztechnisch wirksame Bekleidungen aus nichtbrennbaren Baustoffen verwendet, an deren Anwendung besondere Anforderungen gestellt werden.

(Letzte Änderung 15.3.2006)

(Prof. Westhoff)

3

Brandschutzeinrichtungen

„Brandschutzeinrichtungen dienen der Brandbekämpfung oder der Verhinderung der Brandausbreitung. Gegebenenfalls können sie bei Vorliegen einer →Brandmeldung angesteuert werden.“

(Redaktion)

Brandschutzglas

Siehe auch Brandschutzverglasung, Feuerschutzabschluss, Feuerwiderstandsdauer, Feuerwiderstandsklasse.

Umgangssprachliche Bezeichnung für →Brandschutzverglasungen, wobei die brandschutztechnische Qualität immer durch das Zusammenwirken von Glasfläche und Rahmenkonstruktion bestimmt bzw. beeinflusst wird. Es werden G-Verglasungen und F-Verglasungen entsprechend ihrer brandschutztechnischen Leistungsfähigkeit (G30, G60, G90, F30, F60, F90) unterschieden. Hierbei halten die G-Verglasungen die Öffnungen für die angegebene Zeit verschlossen, bieten jedoch keinen ausreichenden Schutz vor Strahlungswärmedurchgang, während die F-Verglasungen zusätzlich zum Öffnungsverschluss auch die Verhinderung des kritischen Strahlungswärmedurchgang für die angegebene Frist gewährleisten. Zulassungs- und Einbaubedingungen (Scheibengröße, Scheibenreihung, Scheibenneigung) sind zwingend zu beachten.

(Letzte Änderung: 9.7.1998)

(Prof. Beilicke)

Brandschutzingenieurwesen

Siehe Ingenieurmethoden des Brandschutzes

Brandschutzklasse

Die Brandschutzklasse (BSK) ist eine auf der Grundlage der rechnerisch erforderlichen Feuerwiderstandsdauer bestimmbare Größe (DIN 18 230-1). Sie wird im Industriebau beispielsweise zur Bestimmung der Feuerwiderstandsklasse der Bauteile (DIN 18 230-1) bzw. zur Bestimmung der zulässigen Geschossfläche eingeschossiger Brandbekämpfungsabschnitte (Industriebaurichtlinie) herangezogen.

(Letzte Änderung: 9.6.2000)

(Prof. Beilicke)

Brandschutzkonstruktionen

Brandschutzkonstruktionen sind z.Z. im Sprachgebrauch der BRD nicht definierte, nach dem Fachsprachgebrauch der ehemaligen DDR definierte Bauteile und bautechnische Lösungen, die zur Begrenzung eines →Brandabschnittes oder eines →Brandbekämpfungsabschnittes dienen und die Brandausbreitung in horizontaler und/oder vertikaler Richtung für eine vorgeschriebene Zeit verhindern. Zu den Brandschutzkonstruktionen nach diesem Sprachgebrauch gehören u.a. Brandwände, Brandschutztüren, Brandschutzschleusen, Brandsicherheitsschleusen, Schottungen usw.

(Letzte Änderung: 9.6.2000)

(Prof. Beilicke)

Brandschutzkonzept

Siehe auch Sicherheitskonzept.

Detaillierte Konzeption für die praktische, schutzzielorientierte und objektbezogene Umsetzung der in Gesetzen, Vorschriften und Normen verankerten Schutzziele zur Sicherung des Brandschutzes. In Abhängigkeit von den jeweiligen Landesbauordnungen werden beispielsweise für Sonderbauten grundsätzlich Brandschutzkonzepte gefordert (Bestandteil der Bauantragsunterlagen). Vorgaben von Gliederungen für Brandschutzkonzepte und bzgl. Aussageumfang und Aussagetiefe sind möglich und ggf. je nach Bundesland differenziert geregelt. Die Zulässigkeit der Erstellung von Brandschutzkonzepten kann an bestimmte Personengruppen gebunden sein. Im jeweiligen Einzelfall kann die Prüfung des Brandschutzkonzeptes angeordnet werden bzw. ist die Umsetzung durch entsprechend zugelassene Sachverständige zu bescheinigen. Nachprüfbare Brandschutzkonzepte werden auch erforderlich, wenn für beantragte Ausnahmen von bestehenden Brandschutzforderungen der Nachweis für die sicherheitstechnische Gleichwertigkeit der Ersatzlösungen erbracht werden muss. Brandschutzkonzepte sind üblicherweise das Ergebnis komplexer Sicherheitsbetrachtungen unter Einbeziehung aller relevanten Einzel-/Detailbereiche.

Das Brandschutzkonzept ist, da es auf der Grundlage von Nutzungsart und Gebäude (→Gebäudenutzungsart) erstellt wird, in Abhängigkeit von der Gebäudestanddauer, dem Verschleißgrad des Gebäudes und der tech-

nischen Ausrüstungen sowie nach Umbauten, Ergänzungen und Nutzungsänderungen auf seine Gültigkeit zu überprüfen.
Brandschutzkonzepte sind auf Plausibilität der Maßnahmen zu überprüfen. Ihre Langzeitgültigkeit und die Funktionalität bei Ausfall einzelner Elemente (temporär bzw. dauernd) ist nachzuweisen (ggf. Redundanz vorsehen) bzw. durch Kompensationsmaßnahmen zu gewährleisten. Im Rahmen von Brandschutzkonzepten vorgesehene Maßnahmen sind u. a. nach ihrem Wirkungsbereich (investiver Anteil und/oder Unterhaltungs-/Wartungsanteil) differenziert zu bewerten bzw. auszuwählen (Langzeitaspekt).

(Letzte Änderung: 20.4.2004)

(Prof. Beilicke)

Brandschutzmanagement

Um die betrieblichen und unternehmensinternen Abläufe zu optimieren, werden zunehmend Managementsysteme eingeführt; zu nennen sind neben dem Qualitätsmanagement als Vorreiter u. a. auch Arbeitsschutz- und Umweltschutzmanagementsysteme, die indirekt die unternehmerische Wertschöpfung unterstützen.
Der Ausdruck „Management" wird im Allgemeinen mit der „Leitung eines Unternehmens" gleichgesetzt. Regelmäßig besteht die Aufgabe insbesondere darin, die Planungen und Entscheidungen sowie die Umsetzung unternehmerischer Zielsetzungen durch hinreichende Kommunikationen zu überwachen, zu überprüfen und ggf. den sich verändernden Rahmenbedingungen anzupassen. Diese Aufgaben werden in einem Managementsystem – einem Regelkreis ähnlich – integriert. Dementsprechend können Brandschutzmaßnahmen als Teil der unternehmerischen Aufgaben im gesamten Managementsystem eingefügt werden mit den typischen wiederkehrenden Arbeitsschritten:

- Schutzziele definieren
- Bestand aufnehmen
- Risiken analysieren

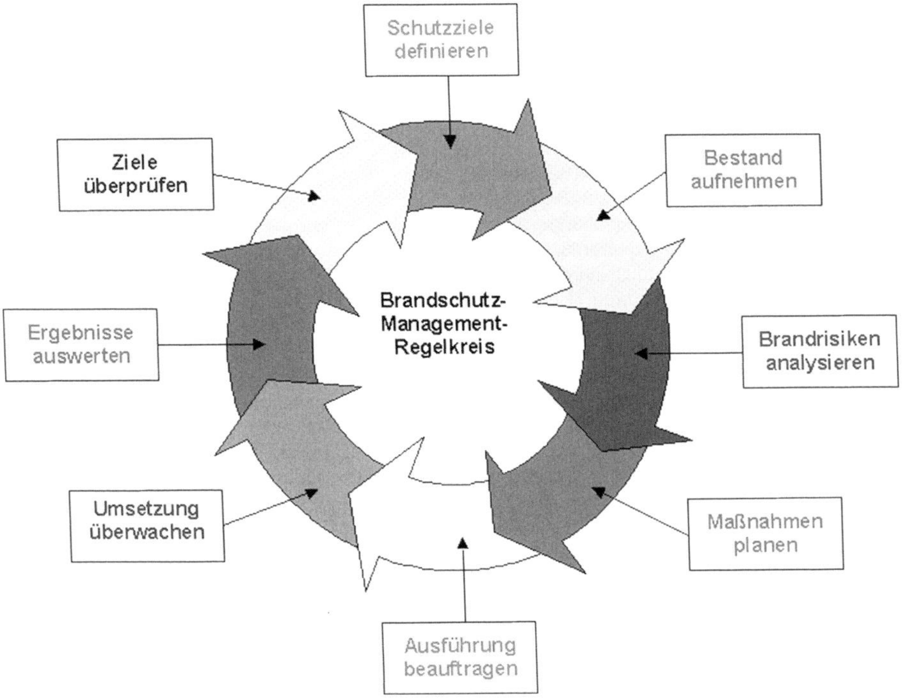

Modell eines risikogerechten und schutzzielorientierten Brandschutzmanagements (VdS 2009)

3

- Maßnahmen planen
- Ausführung beauftragen
- Umsetzung überwachen
- Ergebnisse auswerten
- Ziele überprüfen

begleiten von hinreichender Dokumentation und Kommunikation.

Literatur: Gesamtverband der Deutschen Versicherungswirtschaft e. V.: Brandschutzmanagement; Leitfaden für die Verantwortlichen im Betrieb/Unternehmen (VdS 2009)

(Neu aufgenommen 13.4.2004)

(Dr. Wang)

Brandschutzorganisation

Siehe Betriebliche Brandschutzorganisation

Brandschutzschott

Siehe Brandschott.

Brandschutztechnisch erforderlicher Gebäudeabstand

Spezielle Form der →Abstandsfläche. Er ist in Normen nicht geregelt. Der brandschutztechnisch erforderliche Gebäudeabstand soll eine Brandübertragung infolge Strahlungswärme verhindern. Bei ausreichend bekannten Parametern (Materialeinsatz für die Außenwände; Öffnungsanteil und -geometrie; zu erwartender Brandverlauf und Lage benachbarter Außenwände zueinander) kann der brandschutztechnisch erforderliche Gebäudeabstand nach bekannten Formeln und Verfahren (Berechnung der Wärmeübertragung auf der Grundlage des Strahlungswärmeübergangs) berechnet werden. Die Berechungen sind auf der Grundlage allgemeiner Materialkennwerte und thermodynamischer Ansätze möglich; sie sind derzeit noch nicht Bestandteil gesicherter bzw. anerkannter Methoden des Brandschutzingenieurwesens (→Ingenieurmethoden des Brandschutzes).

Eine Dimensionierung der Abstände zwischen Gebäuden wird auf dieser Grundlage nicht grundsätzlich angewendet, da die so ermittelten Werte unter Umständen deutlich größere Abstände als nach anderen aktuell gültigen (bauordnungsrechtlichen) Regelungen gefordert ergeben.

(Letzte Änderung: 20.4.2004)

(Prof. Beilicke)

Brandschutztechnisch wirksame Bekleidungen

Siehe auch Brandschutzbekleidung

Systemwände und -decken – im Bauordnungsrecht auch Bauteile gemischter Bauweise genannt – werden in der Regel von Ständer und Riegel oder Balken getragen und raumseitig von ein- oder mehrschichtigen Bekleidungen flächig abgeschlossen. Dabei müssen hochfeuerhemmende Bauteile, deren tragende und aussteifende Konstruktionsteile aus brennbaren Baustoffen bestehen, z. B. Holz, mit brandschutztechnisch wirksamen Bekleidungen geschützt werden. Hochfeuerhemmende Bauteile werden gemäß der Musterbauordnung (Fassung November 2002) bei der Errichtung von mehrgeschossigen Holzgebäuden mit einer Fußbodenhöhe des obersten Aufenthaltsraums bis 13 m über Geländeroberfläche bauordnungsrechtlich gefordert.

Als brandschutztechnisch wirksam gelten Bekleidungen, wenn sie aus nichtbrennbaren Baustoffen sind und zudem bei einer Brandeinwirkung – simuliert bei der Brandprüfung durch die Einheits-Temperatur-Zeitkurve (ETK) gemäß DIN 4102 – sicherstellen, dass tragende Teile aus brennbaren Baustoffen, etwa Holzständer/-riegel bzw. Holzbalken, eine Oberflächentemperatur von mehr als 330 °C nicht erreichen, weil sich Holzbauteile nach Prüferfahrungen bei dieser Temperatur ohne Zündflamme selbst entzünden können. Nach der europäisch harmonisierten Klassifizierungsnorm DIN EN 13501-2 wird diese Brandschutzfunktion – definiert als Fähigkeit einer Wand- und Deckenbekleidung zum Schutz des dahinter bzw. darunter liegenden Materials vor Entzündung, Verkohlung und anderen Schäden während einer festgelegten Brandbeanspruchung – mit dem Buchstaben „K“ gekennzeichnet.

Diese Anforderung ist erforderlich, um die tückischen Hohlraumbrände zu verhindern, was nach Schadenerfahrungen für Systemwände und -decken typisch und zugleich brandschutztechnisch kritisch zu betrachten ist. Um im Brandfall zudem die Gefahr der Rauchausbreitung zu begrenzen, müssen die Bekleidungen im Anschlussbereich der Wände und Decken eine ausreichende Rauchdichtheit aufweisen, was z. B. durch versetzte Fugenanordnung der mehrschichtigen Bekleidungen erreicht werden kann. Dementsprechend stel-

len brandschutztechnisch wirksame Bekleidungen eine besondere Art der Brandschutzbekleidungen dar. Die Feuerwiderstandsfähigkeit der Systemwände und -decken, die durch Brandprüfungen nach DIN 4102-2 zu klassifizieren bzw. nach DIN 4102-4 zu bemessen ist, kann jedoch nur durch das Zusammenwirken aller Konstruktionsteile einschließlich der Bekleidungen erreicht werden.
(Letzte Änderung 1.3.2004)

(Dr. Wang)

Brandschutztechnische Computermodellierungen

Zur Sicherung bestimmter Theorien und Schlussfolgerungen für Bauwerke, die entweder aufgrund ihres Neuheitsgrades, ihrer Abmessungen, ihres Baustoffeinsatzes, ihres Konstruktionsgefüges usw. nicht mit bisherigen Erfahrungen beurteilt werden können oder nicht wirtschaftlich geeigneten Brandversuchen unterzogen werden können usw., werden computergestützte Simulationsverfahren angewendet, um beispielsweise weitestgehend abgesicherte Aussagen und Bemessungshinweise für die Bauteildimensionierung/-bemessung, die Entrauchungsplanung und die Evakuierungswegplanung und -gestaltung zu erlangen. (→Ingenieurmethoden des Brandschutzes).
(Letzte Änderung: 20.4.2004)

(Prof. Beilicke)

Brandschutztechnische Einrichtung

Brandschutztechnische Einrichtungen sind Geräte und Einrichtungen des betrieblichen Brandschutzes, die bei der Bekämpfung von Bränden eingesetzt werden, z. B. Brandschutzausrüstung, Feuerlöscher, Feuerlöschkasten.
(Neu aufgenommen am 8.5.2004)

(Definition nach DIN 81230-1)

Brandschutztür

Siehe auch Brandschutzverglasung, Feuerschutzabschluss, Feuerwiderstandsdauer, Feuerwiderstandsklasse.

Tür zum brandschutztechnisch wirksamen zeitweiligen Verschluss einer Öffnung in einer brandschutztechnisch qualifizierten Wand (bei entsprechender Größe der Öffnung auch als Brandschutztor bezeichnet). Die Türen werden nach DIN 4102/Teil 5 geregelt und je nach Brandschutzqualität als T30-Tür bzw. als T90-Tür gekennzeichnet. Der Einbau ist je nach Wandbaumaterial entsprechend der Zulassung vorzunehmen. Brandschutztüren müssen selbstschließend ausgebildet sein und können auch unter Verwendung brennbarer Baustoffe (z.B. T30-Tür aus Holz) bzw. unter Verwendung von Glas normgerecht hergestellt werden. Bei über zugelassene →Feststellvorrichtungen in Offenstellung arretierten zweiflügeligen Brandschutztüren, die im Brandfall automatisch freigegeben werden und selbsttätig schließen, sind Schließfolgeregler vorzusehen. Die Funktion „Rauchschutz“ kann bei entsprechender Ausbildung zusätzlich erfüllt werden. Eine Tür mit der alleinigen Funktion →„Rauchschutztür“ zählt nicht zu den Brandschutztüren, da die entsprechende thermische Leistungsfähigkeit nicht gegeben ist.
(Letzte Änderung: 9.7.1998)

(Prof. Beilicke)

Brandschutzverglasung

Siehe auch Glas.

„Brandschutzverglasungen sind Bauteile mit einem oder mehreren lichtdurchlässigen Elementen, die in einem Rahmen sowie mit Halterungen und vom Hersteller vorgeschriebenen Dichtungen und Befestigungsmitteln eingebaut sind und bestimmte, in der Norm DIN 4102 Teil 13 angeführte Anforderungen erfüllen.“

Es werden zwei hinsichtlich ihrer Schutzwirkung unterschiedliche Brandschutzverglasungen unterschieden:

- Brandschutzverglasungen der Feuerwiderstandsklasse F (F-Verglasungen) und
- Brandschutzverglasungen der Feuerwiderstandsklasse G (G-Verglasungen)

„Als F-Verglasungen gelten lichtdurchlässige Bauteile in senkrechter, geneigter oder waagerechter Anordnung, die dazu bestimmt sind, entsprechend ihrer Feuerwiderstandsdauer nicht nur die Ausbreitung von Feuer und Rauch, sondern auch den Durchtritt der Wärmestrahlung zu verhindern.“

„Als G-Verglasungen gelten lichtdurchlässige Bauteile in senkrechter, geneigter oder waagerechter Anordnung, die dazu bestimmt sind, entsprechend ihrer Feuerwiderstandsdauer nur die Ausbreitung von Feuer und Rauch zu verhindern. Der Durchtritt der Wärmestrahlung wird lediglich behindert." (Definition nach DIN 4102 Teil 13)

Da in den Bauordnungen einiger Länder der Bundesrepublik Deutschland die Feuerwiderstandsfähigkeit von Bauteilen noch mit den verbalen Bezeichnungen „feuerhemmend" und „feuerbeständig" benannt ist, wird (in den Erläuterungen zu DIN 4120 Teil 13) darauf hingewiesen, dass zwischen den bauaufsichtlichen Benennungen und den Kurzbezeichnungen der Normen der Reihe DIN 4102 für die Feuerwiderstandsklassen nach dem Einführungserlass der Länder zu DIN 4102 folgende Zusammenhänge bestehen:

- feuerhemmend = F 30-B
- feuerbeständig = F 90-AB.

Während F-Verglasungen zu den Bauteilen zählen, die so klassifiziert und benannt werden, sind G-Verglasungen (z.B. G 30; G 90) brandschutztechnische Sonderbauteile, für die die vorgenannten bauaufsichtlichen Benennungen nicht verwendet werden dürfen; sie werden als „gegen Feuer widerstandsfähige Verglasungen" bezeichnet.

Im Zuständigkeitsbereich der Baubehörden der Bundesrepublik Deutschland dürfen zum Zwecke des baulichen Brandschutzes nur Brandschutzverglasungen verwendet werden, die allgemein bauaufsichtlich zugelassen sind. Grundlage dieser Zulassung sind Eignungsprüfungen nach Teil 13 (früher Teil 2 und Teil 5) der Norm DIN 4102 oder wahlweise nach einer entsprechenden europäischen harmonisierten Norm (DIN EN 1364-1 für senkrechte bzw. DIN EN 1365-2 für waagerechte oder geneigte Verglasungen), die bei einer dafür benannten Stelle durchgeführt worden sind.

Die vom Deutschen Institut für Bautechnik in Berlin ausgestellten Zulassungsbescheide enthalten nicht nur Angaben über die Feuerwiderstandsklasse und den Aufbau der jeweiligen Brandschutzverglasung, sondern auch Forderungen hinsichtlich folgender Einzelheiten:

- Bauart der angrenzenden Gebäudeteile, an denen die Brandschutzverglasung befestigt wird
- maximal zulässige Größe der Brandschutzverglasung
- Details der Halterungen und der Tragekonstruktion
- zulässige Einbaurichtung (senkrecht, geneigt, waagerecht)
- Überwachung der Herstellung im Herstellwerk und Kennzeichnung der lichtdurchlässigen Teile (→Übereinstimmungszeichen-Verordnung)
- Werksbescheinigung des Herstellers der Brandschutzverglasung
- Kennzeichnung der fertigen Verglasung durch den Hersteller.

Da nicht nur das Brandverhalten der lichtdurchlässigen Teile (wie z.B. Glasbausteine, Scheiben), sondern auch ihre Größe, das Brandverhalten der o.a. Bauteile und die Einbaurichtung von ausschlaggebendem Einfluss auf die Feuerwiderstandsfähigkeit der Brandschutzverglasung sind, ist es irreführend (und daher nicht zulässig), die lichtdurchlässigen Elemente selbst als „Brandschutzgläser", „feuerhemmende Gläser" oder ähnlich zu bezeichnen. „Dadurch würde der falsche Eindruck erweckt, dass es zur Herstellung geeigneter Brandschutzverglasungen ausreiche, diese „Gläser" zu verwenden und im übrigen die Haltekonstruktion (z.B. als Wandbauteil) nach Belieben zu gestalten" (aus Erläuterungen zu DIN 4102 Teil 13).

Scheiben für F-Verglasungen sind in der Regel aus zwei oder mehreren einzelnen Flachglasscheiben (→Glas) zusammengesetzt, zwischen denen bei der Scheibenherstellung glasklare Schichten eingelagert werden, die chemisch gebundenes Wasser enthalten. Das Arbeitsprinzip der (Gesamt-)Scheiben beruht im wesentlichen darauf, dass im Brandfalle dieses Wasser verdampft, wozu Wärmeenergie verbraucht wird. Bei einer Temperatur von etwa 120°C schäumt das Material der eingelagerten Schichten auf, die dem Feuer zugekehrte Glasscheibe zerspringt und die Gesamtscheibe wird undurchsichtig. Dadurch wird ein Hitzeschild gebildet, der bei der Entwicklung der verschiedenen Bauarten von F-Verglasungen so bemessen wurde, dass sich die Temperatur der vom Feuer abgekehrten Oberfläche der Scheibe um nicht mehr als 180°C (= maximal zulässige Temperaturerhöhung nach DIN 4102) während der Klassifizierungszeit erhöht. Dieser Hitzeschild ist nur solange wirksam, wie er an seinem Platz bleibt. Die allmählich schmelzende Glasschicht auf der dem Feuer ausgesetzten Seite kann sich unter ihrem Eigengewicht ablösen und dabei die

schützende Schaumschicht mitreißen, auch können die oben angeführten konstruktiven Einzelheiten (wie z.B. die Größe der Scheiben und das Verformungsverhalten der Verglasungskonstruktion unter einseitiger Feuereinwirkung) maßgebend für den Zeitpunkt des Versagens des Hitzeschildes sein.
Scheiben für G-Verglasungen haben lediglich die Aufgabe, während einer einseitigen Feuereinwirkung (für die Dauer der Klassifizierungszeit) ihren Platz in ihrer Halterung beizubehalten, also nicht so zu zerspringen oder sich aus der Halterung herauszuziehen, dass eine Öffnung in der geschlossenen Fläche entsteht, durch die Flammen und/oder heiße Brandgase in den zu schützenden Raum dringen können. Dies wird bei den auf dem Markt befindlichen Bauarten auf sehr unterschiedliche Weise erreicht (Erhöhung der Schmelztemperatur oder Herabsetzung des Ausdehnungskoeffizienten des Glases, Einlegen von punktgeschweißtem Drahtnetz in die Scheibe (→Drahtglas), Verwendung von viereckigen Glasbausteinen nach DIN 18175 (Betonglas)).
Auf dem Markt sind auch Verglasungen, in denen Scheiben für F-Verglasungen oder für G-Verglasungen mit anderen Scheiben kombiniert sind, um (vor einer Feuereinwirkung) weitere Schutzwirkungen zu erzielen, wie z.B. Sonnenschutz, Schallschutz, Wärmeschutz, Unfallschutz, Einbruchsschutz (→Durchbruchhemmende, →Durchwurfhemmende, →Durchschusshemmende Verglasung, →Verbundsicherheitsglas, s.a. „Katalog“ VdS 2097-5, VdS 2138).
Zusätzliche konstruktive Einrichtungen (z.B. zum Zwecke des Einbruchsschutzes, Absturzsicherung) die Bestandteil der Verglasung sein sollen, dürfen in Deutschland nur angebracht werden, wenn sie zusammen mit dem Probekörper geprüft wurden und im Zulassungsbescheid erwähnt sind.
Abweichungen von den Angaben des Zulassungsbescheides bedürfen gem. § 20 MBO 2002 einer Zustimmung im Einzelfall der obersten Baubehörde des Landes.
Als eine solche zustimmungspflichtige Abweichung ist auch der Einbau einer bauaufsichtlich zugelassenen senkrechten Verglasungsbauart anzusehen, deren Grundriss abgewinkelt ist, also ein- und ausspringende Ecken hat, wenn diese Ausführung im Zulassungsbescheid nicht ausdrücklich angeführt ist.
Die Verwendung der verschiedenen Arten von Brandschutzverglasungen ist in den Bauordnungen der Bundesländer und in ergänzenden Verordnungen bauaufsichtlich geregelt. In bestimmten Fällen sind auch weitergehende Forderungen von Prämienrichtlinien der Feuerversicherer zu beachten.
Die bauaufsichtlichen →Zulassungen machen keine Unterschiede bezüglich der Verwendung der Brandschutzverglasungen im Innern des Gebäudes oder als Außenverglasung. Für den Außenbereich werden zwar in Deutschland in den baurechtlichen Festlegungen keine Brandschutzverglasungen gefordert, jedoch auch nicht untersagt. Die Verwendung von Brandschutzverglasungen kann aus brandschutztechnischen Gründen zweckmäßig sein, wie z.B. zur Verhinderung eines Feuerüberschlags über die Fassade bei Gebäuden, die über Eck zusammenstoßen (5 m-Eckbereich), für Fußgängerpassagen oder andere verglaste Außenflächen, die im Zuge von Flucht- und Rettungswegen liegen.
In diesen Fällen ist bei der Auswahl der Brandschutzverglasung zu beachten, ob sie als Außenverglasung geeignet ist und dass G-Verglasungen nach den Forderungen ihrer Zulassungen in den Wänden von Fluchtwegen (im Innen- und Außenbereich) so eingebaut sein müssen, dass ihre Unterkante mindestens 1,80 m über der Fußbodenoberfläche liegt.
F-Verglasungen verhalten sich hinsichtlich des Schutzes gegen die Ausbreitung von Feuer und Rauch im Gebäude wie geschlossene Wände der gleichen Feuerwiderstandsklasse. Als Besonderheit ist jedoch zu beachten, dass in F-Verglasungen nur solche Feuerschutzabschlüsse eingebaut werden dürfen, die ausdrücklich dafür zugelassen sind (→Feuerschutzabschluss) und dass diese in die gleiche Feuerwiderstandsklasse eingestuft sein müssen, wie die F-Verglasungen.
In G-Verglasungen dürfen überhaupt keine Feuerschutzabschlüsse eingebaut werden.
Brandschutzverglasungen sind an einem geprägten Kennzeichnungsschild aus Stahlblech zu erkennen, das vom Hersteller dauerhaft am Rahmen angebracht werden muss. Bei F-Verglasungen müssen alle Scheiben zusätzlich durch einen Ätzstempel gekennzeichnet sein, aus dem der Name des Scheibenherstellers und

die Typenbezeichnung hervorgehen.
Ferner hat jeder Hersteller dem Bauherrn eine „Bescheinigung über die Ausführung" zur Weiterleitung an die zuständige Bauaufsichtsbehörde auszuhändigen, deren Einzelheiten im Zulassungsbescheid für die Brandschutzverglasung angeführt sind.
Bei der Harmonisierung der technischen Vorschriften im EG-Raum zur Beseitigung von Handelshemmnissen werden auch die Prüfvorschriften für brandschutztechnisch wirksame Bauteile vereinheitlicht. Im →„Grundlagendokument Brandschutz" ist zwar der Begriff „Brandschutzverglasung" nicht angeführt, doch enthält es Anforderungen und Klassifizierungsangaben für „Trennwände (einschließlich Bauteile mit Verglasungen)" in Ziff. 4.3.1.3.5.1 und für „Außenwände (einschließlich Verglasungen)" in Ziff. 4.3.1.3.5.2.
Es sind bereits europäische normative Festlegungen auf diesem Gebiet getroffen worden: Das Prüfverfahren für senkrechte Verglasungen ist in der im Oktober 1999 veröffentlichten Norm DIN EN 1364-1, das Prüfverfahren für waagerechte und geneigte Verglasungen in der im Februar 2000 veröffentlichten Norm DIN EN 1365-2 beschrieben. Die auf Grund dieser Prüfverfahren ermittelten →Feuerwiderstandsklassen sind in Tabellen der Anlage 0.1.2 zur →Bauregelliste A Teil 1 den Benennungen brandschutztechnischer Forderungen an Bauteile und Baustoffe in deutschen bauaufsichtlichen Regelwerken zugeordnet: F-Verglasungen haben den in Tabelle 2 eingetragenen Klassen von Bauteilen mit Wärmedämmung unter Brandeinwirkung (EI-Klassen) zu entsprechen, wobei senkrechte Verglasungen zu den „nichttragenden Innenwänden" zählen, während G-Verglasungen als Bauteile ohne Wärmedämmung unter Brandeinwirkung zu den Sonderbauteilen zählen, die in Tabelle 3 in der Spalte Brandschutzverglasungen eingetragen sind.
Eine Übersicht über die für Brandschutzverglasungen geeigneten Gläser und die zum Nachweis ihrer Eignung erforderlichen Prüfverfahren ist in der im Dezember 2000 veröffentlichten Produktnorm DIN EN 357 gegeben.

Vorschriften und Zusammenstellungen:
DIN 4102 Brandverhalten von Baustoffen und Bauteilen
Teil 4: Zusammenstellung und Anwendung klassifizierter Baustoffe, Bauteile und Sonderbauteile (Ausgabe März 1994); enthält in Ziff. 8.4 Angaben zu G-Verglasungen aus Betongläsern und aus Drahtglas.
Teil 5: Feuerschutzabschlüsse, Abschlüsse in Fahrschachtwänden und gegen Feuer widerstandsfähige Verglasungen; Begriffe, Anforderungen und Prüfungen (Ausgabe 9.1977)
Teil 13: Brandschutzverglasungen; Begriffe, Anforderungen und Prüfungen (Ausgabe 5.1990), (teilweiser Ersatz für DIN 4102 Teil 5)
DIN EN 1364-1 : 1999-10 Feuerwiderstandsprüfungen für nichttragende Bauteile; Teil 1 Wände
DIN EN 1365-2 : 2000-02 Feuerwiderstandsprüfungen für tragende Bauteile; Teil 2 Decken und Dächer
DIN EN 357 : 2000-12 Glas im Bauwesen – Brandschutzverglasungen aus durchsichtigen oder durchscheinenden Glasprodukten – Klassifizierung des Feuerwiderstandes
Schriften des Deutschen Instituts für Bautechnik (→DIBt), „Verzeichnis allgemeiner bauaufsichtlicher →Zulassungen und Prüfzeugnisse Baulicher Brandschutz" (enthält auch Listen von Brandschutzverglasungen aller Bauarten und Feuerwiderstandsklassen, wird bei Bedarf aktualisiert).
VDS 2097-5, Produkte und Anlagen des baulichen Brandschutzes, Teil 5: Brandschutzverglasungen.
(Letzte Änderung: 15.3.2006)

(Prof. Westhoff)

Brandschutzverschluss (Förderanlagen)

Siehe auch Feuerschutzabschluss.
Von der Wirkung her mit →Brandschutztüren vergleichbare Vorrichtung, die Öffnungen in Brandwänden bzw. brandschutztechnisch qualifizierten Wänden zur Durchführung bahngebundener Förderanlagen (flurgebundene oder Hängeförderanlagen) im Bedarfsfall qualifiziert verschließt. Über geeignete Detektions- und automatische Steuersysteme muss gewährleistet sein, dass Fördergut die Öffnung im Funktionsfall nicht blockiert (ggf. über Zwangsverriegelungen und notstromversorgte Freifahrtvorrichtungen gewährleistet). Die Energieversorgung für erforderliche Antriebe muss gesichert sein; das bestimmungsgemäße sichere Schließen ist im allgemeinen durch

Endlagenkontakt zu signalisieren.
(Letzte Änderung: 14.4.2004)

(Prof. Beilicke)

Brandsicherheit

Verbale Beurteilung und Bewertung des Zustandes und der Beschaffenheit von technischen Sachverhalten (z.B. Erzeugnisse, Geräte, technische und bauliche Anlagen, Gebäude, Ausrüstungen usw.) und beispielsweise technologischen Verfahren und Prozessen im Hinblick auf die Verhinderung bzw. den Ausschluss der Brandentstehung und/oder Brandausbreitung. Das Niveau der Brandsicherheit (gelegentlich auch ohne zahlenmäßige Graduierung als Brandsicherheitsgrad bezeichnet) kennzeichnet die Wirksamkeit der konzipierten Brandschutzmaßnahmen bzw. der mit dieser oder vergleichbarer Zielsetzung technisch realisierten Lösungen.

(Prof. Beilicke)

Brandursache

Bedingungen und/oder Umstände, die unmittelbar zur Entstehung eines Brandes führen und das räumliche und zeitliche Zusammentreffen/Zusammenwirken eines brennbaren Systems (brennbarer Stoff und Oxidationsmittel) mit einer Zündquelle (mit für das jeweils gegebene brennbare System ausreichender Zündenergie) ermöglichen. Der Zündmechanismus selbst beruht auf physikalisch-chemischen Gesetzmäßigkeiten.
Zur sicheren Klärung des Verschuldensprinzips muss die Brandursache in ihrer Kausalkette bis zum menschlichen Handeln zurückverfolgt werden, um die Bedingungen für die Brandentstehung zu ermitteln.

(Prof. Beilicke)

Brandwand

Siehe auch Feuerbeständige Abtrennung, Komplextrennwand.
Die bauaufsichtlichen Anforderungen an Brandwände sind in den Bauordnungen der Länder jeweils ausführlich in einem besonderen Paragraphen angeführt. Als Grundforderung (z.B. § 30 (3) MBO 2002) ist angegeben: „Brandwände müssen feuerbeständig sein und aus nicht brennbaren Baustoffen bestehen. Sie dürfen bei einem Brand ihre Standfestigkeit nicht verlieren und müssen die Ausbreitung von Feuer auf andere Gebäude oder Gebäudeabschnitte verhindern."
Brandwände gehören einschließlich der aussteifenden Bauteile der Feuerwiderstandsklasse F 90 nach DIN 4102-2 an und müssen bei einer dreimaligen Stoßbeanspruchung von 3000 Nm gemäß DIN 4102-3 raumabschließend und standsicher im Sinne von DIN 4102-2 bleiben. Brandwände unterteilen Gebäude und Gebäudeabschnitte in →Brandabschnitte, um im Brandfall die Ausbreitung von Feuer zu verhindern und die Ausbreitung von Rauch zu begrenzen.
Die Bauart der Brandwände muss entweder den Vorgaben der DIN 4102-4 oder den Bestimmungen des zugehörigen allgemeinen bauaufsichtlichen Prüfzeugnisses als Verwendbarkeitsnachweis entsprechen. Bauordnungsrechtlich sind Anforderungen an die Anordnung und Ausführung der Brandwände hinsichtlich der Anschlüsse an Dächer und Außenwände sowie Abschottungsmaßnahmen für betriebsnotwendige Öffnungen in den Landesbauordnungen und Industriebaurichtlinien geregelt.
Nach Schadenerfahrungen stellen Versicherer zum Teil höhere Anforderungen an Brandwände im Industrie- und Gewerbebau, die in der Publikation VdS 2234 „Brandwände und →Komplextrennwände; Merkblatt für die Anordnung und Ausführung" aufgeführt sind.
Vorschriften und Zusammenstellungen:
DIN 4102 Brandverhalten von Baustoffen und Bauteilen
Teil 3: Brandwände und nichttragende Außenwände; Begriffe, Anforderungen und Prüfungen
Teil 4: Zusammenstellung und Anwendung klassifizierter Baustoffe, Bauteile und Sonderbauteile (Ausgabe März 1994); enthält in Ziff. 4.8 Angaben zu genormten Ausführungen von Brandwänden
Schriften des Deutschen Instituts für Bautechnik (→DIBt):
„Verzeichnis allgemeiner bauaufsichtlicher →Zulassungen und Prüfzeugnisse Baulicher Brandschutz" (enthält auch Listen von Prüfzeugnissen nicht genormter Brandwände, wird bei Bedarf aktualisiert).
Gesamtverband der Deutschen Versicherungswirtschaft e.V. :

– Brand- und Komplextrennwände; Merkblatt für die Anordnung und Ausführung (VdS 2234 : 1999-05); Verlag VdS Schadenverhütung, Köln – Baulicher Brandschutz; Produkte und Anlagen, Teil 3: Konstruktive Bauteile (VdS 2097-3 : 1999-05), Verlag VdS Schadenverhütung, Köln
(Neu aufgenommen: 13.4.2004)

(Prof. Westhoff/Dr.Wang)

Brennbarkeitsklasse

Kennzeichnung und Einstufung von Baustoffen und Materialien nach ihrer Brennbarkeit in nichtbrennbar, schwerbrennbar (auch als selbstverlöschend bezeichnet) und brennbar. Zur besseren Unterscheidungsmöglichkeit wird die Klasse „brennbar" auch weiter nach dem Anteil brennbarer Komponenten bzw. nach dem Grad der Entflammbarkeit differenziert. Einstufung der Baustoffe: →Baustoffklasse.
(Letzte Änderung: 20.6.98)

(Prof. Beilicke)

Brennweite

Siehe auch Videoüberwachung (mit weiteren Verweisen).
Die Brennweite ist eine technische Grundgröße in der Optik und bezeichnet den Abstand zwischen dem Brennpunkt auf der Abbildungsseite (Sensoroberfläche) eines Objektivs zu einer Hauptebene, wobei der Brennpunkt der Schnittpunkt eines von einem Objekt ausgehenden Strahls mit der optischen Achse ist. Von der Angabe der Brennweite eines Objektivs lassen sich einige wichtige Gesetzmäßigkeiten ableiten: Die Brennweite oder Brennweiten eines Objektivs bezieht sich immer auf die Bildgröße (Sensorformat), für die ein Objektiv berechnet wurde. Je größer die Brennweite eines Objektivs ist, desto kleiner ist der Blickwinkel der Optik. Mit Blickwinkel ist in den meisten Fällen der horizontale Blickwinkel gemeint, da er für den Anwender die meiste Aussagekraft hat. Die Angaben, die Objektivhersteller in Bezug auf Brennweite und Blickwinkel machen, gelten nur für das Abbildungsformat, für das das Objektiv berechnet wurde. So existiert für jedes Abbildungsformat eine Objektivbrennweite, die einen Blickwinkel ergibt, der dem des menschlichen Auges angenähert ist. Diese wird auch häufig als Normalbrennweite bezeichnet. Ist die Brennweite eines Objektivs größer als diese, spricht man von Tele-, im umgekehrten Fall von Weitwinkelobjektiven. Zoom-Objektive sind Optiken mit veränderlicher Brennweite und decken Weitwinkel- wie auch Telebrennweiten ab. Die Brennweite ist kein Auswahlkriterium für Objektive. Entscheidend bei der Auswahl ist das Sensor- bzw. Abbildungsformat und der Blickwinkel, der sich aus Objektgröße und Objektentfernung zur Kamera ergibt.

(Schilling)

BS 7799

Siehe ISO/IEC 27001

BSD

Bundesverband Sicherungstechnik Deutschland e.V. (früher: ASS, Arbeitskreis Sicherheit und Schlüssel im FDE), Düsseldorf.
Kurzbeschrieb und Anschrift →Behörden, Verbände, Institutionen.

BSI

1. BSI Bundesamt für Sicherheit in der Informationstechnik. http://www.bsi.de
Siehe auch Bürger-CERT, Common Criteria (CC), Evaluierung, IT-Grundschutz-Zertifikat, ITSEC, IT-Sicherheit, IT-Sicherheitszertifizierung, Re-Zertifizierung (IT), Zertifizierung.
Eine dem Bundesminister des Innern der Bundesrepublik Deutschland (BMI) unterstehende Bundesoberbehörde mit Sitz in Bonn, die der Förderung der Sicherheit in der Informationstechnik (IT) dient. (siehe auch BSI-Errichtungsgesetz vom 17.12.1990. Fundstelle: http://www.bsi.de/literat/brosch/h_3_.htm).
Englische Bezeichnung: Federal Office for Information Security.
Anschrift →Behörden, Verbände, Institutionen.

(Meißner)

2. British Standard Institution (BSI)
Nationaler Normenverband des Vereinigten Königreiches (UK), vergleichbar dem DIN in Deutschland.

Im BSI werden die für Großbritannien geltenden Normen erarbeitet. Außerdem entsendet das BSI Delegierte in die europäischen (CEN, CENELEC) und internationalen (ISO, IEC) Normenkommissionen.

(Schmitt)

Bürger-CERT

Siehe auch *BSI, CERT*

Das Bürger-CERT ist ein gemeinsames Projekt vom Bundesamt für Sicherheit in der Informationstechnik (BSI), der Mcert Deutsche Gesellschaft für IT-Sicherheit sowie kompetenten Partnern aus der Wirtschaft. Ziel des Bürger-CERTs ist, Privatpersonen und kleine Unternehmen vorbeugend über die Gefahren und Risiken der Internetnutzung aufzuklären und verlässliche Sicherheits- und Handlungsinformation zur Verfügung zu stellen. Basis des Dienstes sind leicht verständliche Meldungen zur Prophylaxe, die kostenlos per E-Mail-Abonnement zur Verfügung gestellt werden und den Benutzern helfen, Sicherheitslücken zu schließen. Zusätzlich sind die Inhalte der herstellerunabhängigen Meldungen in einer Datenbank auf der Website des Bürger-CERTs recherchierbar. Anschrift →Behörden, Verbände, Institutionen.

(Neu eingefügt: 23.7.2006)

(Redaktion)

BUK

Bundesverband der Unfallkassen (Spitzenorganisation der gesetzlichen Unfallversicherungsträger der öffentlichen Hand)

Kurzbeschrieb und Anschrift →Behörden, Verbände und Institutionen.

Bundesamt für Verfassungsschutz

Siehe BfV

Bundesnachrichtendienst

Siehe BND

Bundesverband Technischer Brandschutz e.V. – bvfa

Kurzbeschrieb und Anschrift →Behörden, Verbände und Institutionen.

Siehe auch GIF – Gütegemeinschaft Instandhaltung Feuerlöschgeräte

Buntbartschloss

Siehe Zuhaltungsschloss.

Bus

Siehe Datenbus

Business Continuity

Siehe auch Disaster Recovery, Inventarverwaltung, Katastrophe, KonTraG, Krisenmanagement, Notfall, Notfalldokumentation (IT), Störfall.

Anders als beim „Disaster Recovery“ beruht die Aufrechterhaltung des Geschäftsbetriebs nach dem „Business Continuity“-Prinzip auf einem positiven Ansatz. Ziel ist es, durch geeignete Maßnahmen eine spürbare Geschäftsunterbrechung gar nicht erst eintreten zu lassen.

- Dazu werden zunächst die Unternehmensrisiken identifiziert – vom Brand oder Maschinenausfall bis zum Konkurs eines Zulieferers. Dabei sind vernetzte Unternehmensstrukturen mit Abhängigkeiten und Interdependenzen zu berücksichtigen.
- Danach werden die Risiken bewertet, um ein Konzept nach Kosten/Nutzen-Gesichtspunkten ausrichten zu können. Wichtiger als die eher theoretische Eintrittswahrscheinlichkeit ist dafür erfahrungsgemäß eine Kumulierung der Ausfallfolgen über die voraussichtliche Ausfalldauer.
- Entwicklung geeigneter Maßnahmen, um die Geschäftskontinuität permanent aufrechtzuerhalten und Probleme gar nicht erst entstehen zu lassen (z.B. Fehlertoleranz, redundante Auslegung technischer Komponenten, Fehlervermeidung oder -früherkennung, Bereitschaftsregelungen, aktuelle Dokumentationen).

Business Continuity ist keine Alternative zum →Disaster Recovery, sondern schließt es ein. Da niemals alle möglichen Risiken vorhergesehen und abgefangen werden können, ist ein Not- und Wiederanlaufkonzept unabdingbar. Letztlich verbleibende Restrisiken können je nach ihrer Schwere entweder in Kauf genommen oder durch eine Versicherung

abgedeckt werden.
(Letzte Änderung: 20.7.98)

(Arnold-Neumark)

Business Recovery
Siehe *Disaster Recovery.*

Bus-Übertragungstechnik
Siehe *Datenbus, European Installation Bus EIB*

bvbf
Bundesverband Brandschutz-Fachbetriebe e.V.
Kurzbeschrieb und Anschrift →Behörden, Verbände und Institutionen.

BVD
Jetzt: Schweizerisches Institut zur Förderung der Sicherheit (Sicherheitsinstitut), Zürich.
Kurzbeschrieb und Anschrift →Behörden, Verbände und Institutionen.

BVD-Richtlinien
Der frühere BVD (Brandverhütungsdienst für Industrie und Gewerbe) heißt seit 1996 „Schweizerisches Institut zur Förderung der Sicherheit (Sicherheitsinstitut)". Alle unter der Bezeichnung „BVD" erschienenen Materialien und Richtlinien behalten jedoch weiterhin diese Bezeichnung.

bvfa
Bundesverband Technischer Brandschutz e.V.
Kurzbeschrieb und Anschrift →Behörden, Verbände und Institutionen.
Siehe auch GIF – Gütegemeinschaft Instandhaltung Feuerlöschgeräte

BVM
Bundesverband Metall – Vereinigung Deutscher Metallhandwerke (BVM) – Bundesfachgruppe Schließ- und Sicherheitstechnik.
Kurzbeschrieb und Anschrift →Behörden, Verbände und Institutionen.

C

C1 bis C5

Siehe auch Durchschusshemmende Verglasung.

Frühere Widerstandsklassen nach der alten Norm DIN 52290 Teil 2 – durchschusshemmende Verglasungen. Sie wurden abgelöst durch die neuen Bezeichnungen der Widerstandsklassen gemäß der europäischen Norm DIN EN 1063, wobei C1 mit **BR2**, C2 mit **BR3**, C3 mit **BR4**, C4 mit **BR6**, C5 mit **BR7** vergleichbar ist. Daneben gibt es in der europäischen Norm noch die Widerstandsklassen SG1 und SG2.

(Neu aufgenommen am 27.5.2000)

(Redaktion)

CA (Certification Authority)

Siehe Trust Center.

Call Center

Siehe Notrufzentrale.

Carjacking

Krimineller Ünbergriff, bei dem der Fahrer unter Waffendrohung gezwungen wird, das Fahrzeug preiszugeben und der Täter mit dem Fahrzeug verschwindet. Dabei muss mit unterschiedlichen Arbeitsweisen der Täter gerechnet werden:

- Das Vortäuschen von Unfall oder Panne appelliert an Hilfsbereitschaft oder Neugier. Man versucht die Mobilität des Fahrers zu unterbrechen und ihn zum Aussteigen zu veranlassen. Sobald das Opfer ausgestiegen ist, wird man es überraschend angreifen.
- An Verzweigungen und namentlich vor Ampeln verlangsamt oder steht das Fahrzeug schon. Da braucht der Angreifer dem Lenker nur noch überraschend zu drohen und ihn zum Aussteigen zu zwingen.
- Der leichte Auffahrunfall verleitet wohl am schnellsten einen unvorsichtig stolzen Autofahrer zum unbedachten Aussteigen. Die Täter werden hinten das Fahrzeug leicht touchieren. Vor lauter Aufregung und Frustration steigen die Insassen sofort aus, um den Schaden zu betrachten, meist bleibt der Schlüssel stecken. Diese Situation nutzt umgehend ein zweiter Täter aus, und beide Wagen fahren davon.

Auf dem Parkplatz sind die Opfer beim Einsteigen und Einladen sehr einfach zu überraschen. Viele Täter beobachten vorher, so dass eine Chance besteht, bei genügender Aufmerksamkeit den kriminellen Plan rechtzeitig zu bemerken. Der Angriff beginnt dann oft damit, dass während des Einsteigens der Kofferraum aufgerissen und die eben verstauten Taschen wieder herausgezerrt werden. Das Gleiche kann bei der langsamen Wegfahrt oder an der Schranke eines Parkhauses geschehen.

(Letzte Änderung: 13.4.2004)

(Schwarzenbach)

Cash Center

Siehe Geldbearbeitung.

CBT

Siehe Computer Based Training (CBT)

CCD-Kamera

Siehe auch Videoüberwachung (mit weiteren Verweisen).

Eine Videokamera, die mit einem Halbleiter-Bildsensor anstelle einer Aufnahmeröhre arbeitet, wird als CCD- oder auch Chip-Kamera bezeichnet. Die für Röhren typischen Nachteile wie Aufwärmphase bis zur Betriebsbereitschaft, Nachziehen (Nachleuchten) und Einbrennen gibt es in CCD-Kameras nicht mehr. Bei einem CCD, abgekürzt für Charge Coupled Device, wird Licht in kleinen, lichtempfindlichen, rechteckigen Flächen, den sogenannten Pixeln, in elektrische Ladung umgesetzt. Diese wird dann in Speicher (Register) verschoben und zeilenweise ausgelesen. Die Pixel (Bildpunkte) reagieren nur auf Lichtunterschiede, ein CCD-Sensor ist demnach nur monochromatisch. Um Farbbilder aufzunehmen, müssen die Pixel mit Farbfiltern in den Grund- oder Komplementärfarben versehen sein oder es wird für jede der drei Grundfarben ein eigener CCD-Sensor eingesetzt. Diese Farbkameras werden auch als 3-Chip-Kameras bezeichnet. Der Trend in der CCD-Technologie geht zu immer weiterer Miniaturisierung bei gleichbleibend hoher Auflösung. Besonders markant ist dieser Trend bei den sogenannten Platinenkameras, wobei eine komplette Kamera einschließlich Optik auf einer nur wenige Zentimeter großen Platine realisiert wird.

(Schilling)

CCIR

Comité Consultatif International des Radiocommunications. In Europa gebräuchlicher Video-Standard. Wichtigste Eigenschaften: Wechselstrom 50 Hz, Bild mit 625 Zeilen.
Der in den USA und Japan verbreitete Standard heißt →EIA.

CCTV (Closed Circuit Television)

Siehe Videoüberwachung.

CD

Core Drill – siehe Diamantkronenbohrer, Wertschutzraum, Wertschutzschrank

CE-Kennzeichnung

Mit dem europäischen Binnenmarkt verbunden ist ein einheitliches Konformitätszeichen, die CE-Kennzeichnung, die überall dort Anwendung findet, wo Prüfungen und Zertifizierungen aufgrund von Gemeinschaftsaufgaben erforderlich sind (sogenannter gesetzlich geregelter Bereich). Es sagt aus, dass die damit gekennzeichneten Produkte die grundlegenden Anforderungen erfüllen und dass die einschlägigen Konformitätsbewertungsverfahren durchgeführt wurden. Fällt ein Produkt unter mehrere Richtlinien, so bedeutet das Zeichen die Übereinstimmung mit allen diesen Richtlinien.
Die Verwendung der CE-Kennzeichnung ist im sog. modularen Konzept geregelt. Das Konzept sieht verschiedene Möglichkeiten (Module) vor, die Konformität von Produkten in Verbindung mit unterschiedlichen Qualitätssicherungsverfahren entweder durch den Hersteller selbst (Herstellerprüfung) oder durch eine unabhängige Zertifizierungsstelle in Form einer Baumuster- oder Einzelprüfung zu bescheinigen. Die konkrete Form der Zertifizierung wird in den einzelnen EG-Richtlinien von Fall zu Fall festgelegt mit dem Ziel, die damit verbundenen Kosten für den Hersteller so gering wie möglich zu halten sowie ihm mehrere Möglichkeiten der Zertifizierung einzuräumen. Ferner soll die Art der Zertifizierung (z.B. Herstellerprüfung oder Zertifizierung durch eine unabhängige Stelle) in einer angemessenen Relation zu den Risiken und Gefahren stehen, die der Anwendung des Produktes zugrundeliegen. Sogenannte unabhängige Zertifizierungs- und Prüfstellen müssen auf der Basis der Normenreihe DIN EN 45000 ff bzw. der internationalen Folgenorm DIN EN ISO/IEC 17025 : 2000-04 akkreditiert sein. Sie werden von den EG-Mitgliedstaaten benannt und im Amtsblatt der EG als sogenannte „notified bodies“ veröffentlicht.
Die CE-Kennzeichnung ist für alle Sprachgebiete einheitlich:

Es ist in erster Linie für die Marktinspektoren in den EG-Mitgliedstaaten (in Deutschland z.B. die Gewerbe- und Bauaufsicht) geschaffen worden und beansprucht nicht, ein Qualitäts-, Sicherheits- oder Umweltschutzzeichen zu sein. Es sagt lediglich aus, dass überall dort, wo Gemeinschaftsregelwerke innerhalb der EG vorhanden sind, eine Übereinstimmung gegeben ist. Das Anbringen zusätzlicher Zeichen (z.B. VdS-Emblem) ist daher auch weiterhin möglich.
(Letzte Änderung: 3.8.2000)

(Conrads)

CEA

Comité Europeén des Assurances – Vereinigung der europäischen Versicherer, Paris.
Kurzbeschrieb und Anschrift →Behörden, Verbände, Institutionen.

CECC

CENELEC electronic Components Committee, Frankfurt.
Kurzbeschrieb und Anschrift →Behörden, Verbände, Institutionen.

CEI

Commission Electrotechnique International / Internationale Elektrotechnische Kommission, Genf.
Kurzbeschrieb und Anschrift →Behörden, Verbände, Institutionen.

CEN

Comité Européen de Normalisation – Europäisches Komitee für Normung, Brüssel.
Kurzbeschrieb und Anschrift →Behörden, Verbände, Institutionen.

CENELEC

Comité Européen de Normalisation Electrotechnique – Europäisches Komitee für Elektrotechnische Normung, Brüssel.
Kurzbeschrieb und Anschrift →Behörden, Verbände, Institutionen.

CERT

Siehe auch Bürger-CERT, IT-Sicherheit (mit weiteren Verweisen) und unter →Behörden, Verbände, Institutionen.
Ursprünglich wurde CERT als Abkürzung aus „Computer Emergency Response Team" (Computer-Notfallteam) abgeleitet. Mitte der 90er Jahre wurde die neutralere Bezeichnung „Computer Security Incident Response Team" mit der Abkürzung CSIRT geprägt, da es sich bei vielen Vorfällen nicht um einen absoluten Notfall oder eine unternehmensweite Krise handelt.
Das CERT-Konzept gibt es seit 1988. Häufig wird der Begriff CERT vor allem mit einer externen Hilfsorganisation – wie die Feuerwehr oder das Rote-Kreuz, allerdings bezogen auf Unfälle im Netz – gleich gesetzt. Zwar sind CERTs wie z. B. das DFN-CERT für die deutsche Wissenschaftsgemeinde oder das CERT-BUND für deutsche Bundesbehörden unverzichtbar, bieten sie doch einen bekannten und anerkannten Ansprechpartner für Sicherheitsfragen sowie wertvolle Informationsdienste, allerdings sind diese Teams nicht „vor Ort", wenn es brennt. Darum müssen Unternehmen selbst aktiv werden, bevor Angriffe erfolgreich sind und Vorfälle auftreten. Der Aufbau eines CERTs ist dabei eine Möglichkeit, bei der es nicht so sehr auf die Schaffung einer neuen Organisationskomponente ankommt, als vielmehr darauf, die Anforderungen des Unternehmens zu verstehen und davon ausgehend die Maßnahmen zu initiieren, um effektiv und effizient auf Angriffe, Vorfälle und natürlich Sicherheitslücken zu reagieren. Häufig erbringt eine Organisation bereits viele CERT-Aufgaben, aber durch verschiedene Bereiche ohne übergreifende Absprachen oder Vorgaben.

Aufgaben für ein CERT im Unternehmen

Der Anlass, über ein eigenes Notfallteam nachzudenken, ergibt sich zumeist durch Probleme mit konkreten Angriffen, Vorfällen bzw. Sicherheitslücken oder durch ein Vorbild in Form eines anderen CERTs (dies gilt insbesondere für Hersteller, Netzbetreiber und größere Unternehmen). Mitunter gibt es jedoch auch „politische" Gründe, ein Notfallteam aufzubauen, z. B. um mit der Konkurrenz mithalten zu können. Aber auch die empfundene Notwendigkeit, „vor Ort" über die Expertise verfügen zu müssen, ist Anlass für die Gründung eigener Teams. Allerdings braucht nicht jedes Unternehmen sofort ein eigenes CERT. IT-Sicherheit, und darum auch ein CERT, ist kein Selbstzweck, und wenn ein Unternehmen noch keine Sicherheitsteams hat, die sich um kritische Infrastrukturelemente und Sicherheitskomponenten kümmern, dann ist es für ein CERT in der Regel noch zu früh.
Die durch ein Unternehmens-CERT sinnvoll zu erfüllenden Aufgaben lassen sich drei Bereichen zuordnen, wobei durchaus nicht jeder Bereich oder jede Aufgabe tatsächlich erfüllt werden muss:

- Präventive Aufgaben:
  Ziel der Vorbeugung ist es, sowohl die Erkennung und Reaktion auf Angriffe, Vorfälle und Sicherheitslücken zu ermöglichen bzw. zu verbessern.
- Reaktive Aufgaben:
  Ziel dieses Aufgabenbereiches ist es, in jedem Fall definiert auf Vorfälle und Probleme zu reagieren. Darüber hinaus soll mit den zur Verfügung stehenden Mitteln die Entstehung größerer Schäden sowie die Ausbreitung der Vorfälle verhindert werden.
- Security Quality Management:
  Ziel dieses Bereiches ist es, auf eine Verbesserung der Sicherheit hinzuwirken und die gewonnenen Erkenntnisse in andere Komponenten der unternehmensweiten

→Risiko-Management-Prozesse einfließen zu lassen.

Bei der Realisierung eines CERTs innerhalb des Unternehmens können unterschiedliche Ziele verfolgt werden, in jedem Fall ist darauf zu achten, dass das Team nicht selbst die Arbeiten anderer etablierter Abteilungen übernehmen soll, sondern vielmehr der Informations- und Kontrollfluss verbessert wird. Hierdurch wird sichergestellt, dass alle Beteiligten ihre Expertise einbringen können und die für sie notwendigen Informationen erhalten.

Nicht zuletzt kann ein Unternehmens-CERT durch die Kooperation und Kommunikation mit anderen CERTs wertvolle Unterstützung erhalten. Hierbei steht gerade die technische Diskussion neuer Sicherheitslücken aber auch die Information über neue Angriffsverfahren oder zu erkennende Trends bei Computer-Kriminellen im Vordergrund. Interessant sind hierbei vor allem der internationale Dachverband →FIRST (www.first.org) und andere regionale und nationale Arbeitsgruppen.

CERT-Verbund

Im August 2002 haben sich sechs deutsche CERTs (CERT-BUND, DFN-CERT, SIEMENS-CERT, S-CERT, Telekom und IBM) zu dem CERT-Verbund zusammengeschlossen. Basis dieses Verbunds ist der „Code of Conduct", der Ziele und Grundsätze der Zusammenarbeit definiert.

Primäre Zielgruppe des CERT-Verbunds sind die Mitglieder, aber auch alle CERTs in Deutschland insgesamt, wobei besonders der Aufbau neuer CERTs gefördert wird. Der CERT-Verbund wirkt durch seine Arbeit auch nach außen, z. B. in Hinblick auf allgemeinverständliche Informationen über CERTs für die Öffentlichkeit. Weitere Aspekte sind außerdem die Kommunikation mit Entscheidungsträgern aus Wirtschaft und Politik sowie die Erschließung von Multiplikatoren, durch die die Arbeit der CERTs verbessert bzw. in die Breite getragen werden kann. Mehr Informationen unter: www.cert-verbund.de

TI Akkreditierung für CERTs

Seit September 2000 gibt es auf europäischer Ebene eine Akkreditierung von CERTs. Im Rahmen der Akkreditierung müssen die Teilnehmer nicht nur für eine Zusammenarbeit kritische Kontaktinformationen offen legen, sondern auch Einblick in ihre internen Policies gewähren. Dadurch, dass Aspekte wie Informationsweitergabe, Speicherung und Absicherung für Kooperationspartner transparent sind, wird es sehr viel einfacher, neue CERTs in bestehende Kooperationen einzubinden und zu bewerten, ob deren Vorgaben und Vorgehensweisen „kompatibel" zu eigenen Ansprüchen sind. In Europa sind inzwischen 34 CERTs akkreditiert, darunter 5 deutsche, weitere Kandidaten werden zur Zeit geprüft (Stand: Februar 2004). Mehr Informationen unter:
www.ti.terena.nl

(Neu aufgenommen 13.4.2004)

(Dr. Kossakowski)

Certification Authority (CA)

Siehe PKI, Trust Center.

CES

Comité Electrotechnique Suisse – Schweizerisches Elektrotechnisches Komitee, Zürich.
Kurzbeschrieb und Anschrift →Behörden, Verbände, Institutionen.

CFPA

Confederation of Fire Protection Associations Europe.
Kurzbeschrieb und Anschrift →Behörden, Verbände, Institutionen.

Chaffing and Winnowing

„Chaffing and Winnowing" bedeutet: Verstecken in einer aus dem Klartext generierten Nachricht. Zu einem vorhandenen Klartext werden ähnliche Texte gebildet und zusammen mit dem Klartext gespeichert oder übertragen. Der Empfänger kann die sinnvolle Nachricht an einer mitübersandten kryptographischen Prüfsumme erkennen. Das Verfahren wird wirkungsvoller, wenn der Klartext in Teile (bis auf Bitebene) zerschlagen wird. Das Verfahren soll auch anwendbar sein, wenn Verschlüsselung gesetzlich verboten oder genehmigungspflichtig ist (derzeit in Frankreich, Russland, Israel etc.), da nur Prüfsummen-Verfahren angewandt werden. Gleichermaßen soll es keinerlei Exportrestriktionen unterliegen.

(Letzte Änderung: 12.7.98)

(Prof. Pohl/Cerny)

Chemisch vorgespanntes Glas

Siehe auch Glas, Einscheiben-Sicherheitsglas, Verbundsicherheitsglas.

Glas, das in ein Salzbad bei Temperaturen von über 400°C eingetaucht wird. Beim Spiegelglas werden Kaliumionen der Badschmelze gegen Natriumionen der Glasoberfläche ausgetauscht. Diese chemische Reaktion ist auf eine Oberflächentiefe von einigen Hundertstel Millimeter beschränkt. Nach diesen Prinzipien lassen sich stark verfestigte Flachgläser mit hohen Festigkeiten herstellen. Es besitzt eine hohe Temperaturwechselbeständigkeit. Wird chem. Vorgespanntes Glas geschnitten, hat die Kante die normale Festigkeit von Floatglas. Bei tiefen Kratzern wird die Oberflächenvorspannung an dieser Stelle zerstört.

Chemisch vorgespanntes Floatglas ist kein Sicherheitsglas im eigentlichen Sinne, da es beim Bruch wie Floatglas zerbricht.

Chemisch vorgespannte Gläser werden in Dicken zwischen 0,6 mm und 12 mm hergestellt. Sie sind widerstandsfähig gegen Wärmeschocks bis 200°K.

Chemisch vorgespanntes Glas kann z.B. bei beschusshemmenden Glas auf der dem Beschuss abgewandten Seite zur Vermeidung von Splitterabgang eingesetzt werden.

(Letzte Änderung: 17.8.2006)

(Balkow/Schmidt)

Chiffrierung

Siehe Verschlüsselung.

Chip

Siehe Mikroprozessor.

Chip-Kamera

Siehe CCD-Kamera.

Chipkarte

Siehe auch Ausweis, Kartensicherheit.

Chipkarten haben etwa die Größe und den Aufbau einer EC-Scheckkarte. Die Karten bestehen in der Regel aus drei Plastikschichten:

- einem bedruckten Kartenkörper, der auch den Chip trägt.
- und zwei Decklaminatfolien.

Es sind Karten mit einem oder zwei Chips in Gebrauch. Die Chips selbst sind je nach Funktion der Karte unterschiedlich gestaltet:

- Speicherkarten verfügen nur über wenige Verarbeitungsfunktionen und werden meist als Datenträger oder als Wertkarte (Debit- bzw. Presaled-Karten) eingesetzt. Eine Prüfung der persönlichen Identifikationsnummer (→PIN) ist mit ihnen nicht möglich und von ihrer Verwendung her auch nicht nötig. Diese Karten ermöglichen z. B. die Inanspruchnahme einer Dienstleistung so lange, bis das eingespeicherte „Guthaben" bei Wertkarten verbraucht ist. Sie sind entweder als Wegwerf- oder als Recharge-Karten, d. h. wiederaufladbar, konzipiert. Die Karte muss also lediglich über einen sukzessiv löschbaren Speicher verfügen, der evtl. wieder aufgeladen werden kann. Die bekannteste Speicherkarte ist wohl die Krankenversicherungskarte.
- „Intelligente" Speicherkarten tragen Chips mit einfachen, fest „verdrahteten" Programmen zusätzlich zum Speicher. Hier ist jetzt eine Personenbezogenheit über die Eingabe einer →PIN, die fest gespeichert wird, möglich. Diese PIN wird bei jeder Verwendung überprüft. Diese Kartenart findet als Berechtigungs-, Zutrittskontroll- und Zugangskontrollkarte Verwendung. Die bekanntesten „intelligenten" Chipkarten sind die Telefonkarte und die Chip-Karte, die der Benutzung von Handys dient. Bei der Telefonkarte ist die Sicherung des Dateninhaltes dadurch realisiert, dass nur eine Betragsreduzierung möglich ist. Bei den Karten, die der Benutzung von Handys dienen, ist die Eingabe einer PIN notwendig.
- Die Mikro-Computer- bzw. Prozessor-Karte (Smart-Card) enthält, darauf weist der Name hin, neben dem Speicher einen Mikrocomputer. Dies ermöglicht die Programmierung von Verschlüsselungsalgorithmen, wobei der Schlüssel bei Bedarf gewechselt werden kann. Aus Sicherheitsgründen kann der Schlüssel, ebenso wie die PIN, nie wieder ausgelesen werden. Diese Karte wird ebenfalls als Berechtigungs- und Zugangskarte in Bereichen mit hohen Sicherheitsanforderungen verwendet. Selbstverständlich kann sie personali-

siert werden und erlaubt die Prüfung der PIN und zusätzlicher Kennzeichen. Neben der Mikro-Computerkarte mit einem Prozessor existieren Ausführungen mit einem zusätzlichen Prozessor, der nur der Codierung und Decodierung verschlüsselter Daten dient. Besondere Bedeutung hat die Smart Card im Zusammenhang mit der →Digitalen Signatur (jetzt: Elektronische Signatur) gewonnen.

Alle drei Kartentypen haben gemeinsam, dass sie mit Kontakten versehen sind, die das Lesen der gespeicherten Informationen durch einen Kartenleser ermöglichen.

Eine Reihe weiterer Anwendungen ist denkbar:

- Betriebsausweis
- Gleitzeiterfassung
- Kartentelefon
- Zutritt zu Sicherheitsbereichen
- Kantinenbenutzung u.Ä.
- Zugang zum Rechnersystem mit und ohne Berechtigungshierarchie
- Elektronische Geldbörse
- Elektronische Signatur

Es ist durchaus denkbar, alle Anwendungen auf einer Karte (Super Smart Card oder Multifunktionskarte) zu realisieren. Voraussetzung ist ein einheitliches Lese-, Dateien- und Datensystem. Man könnte einzelne Anwendungen von unterschiedlichen Anbietern mit einer Chip-Karte nutzen. Allerdings wird es noch einige Jahre dauern, bis alle Voraussetzungen zu einer breiten Anwendung eines multifunktionalen Chipkartensystems gegeben sein werden.

Neben der Entwicklung von Chip-Karten, die den Datenaustausch mittels Kontakten durchführen, wird von einigen Herstellern die Entwicklung und Vermarktung berührungslos arbeitender Chipkarten vorangetrieben. Diese Systeme bieten den Vorteil, dass keine evtl. auftretenden Kontaktprobleme die Nutzung erschweren. Bei den berührungslos arbeitenden Systemen müssen aber in Abhängigkeit der Nutzung fälschungssichere Authentisierungsverfahren benutzt werden, da sonst durch die bestehende Abhörmöglichkeit des Datenverkehrs zwischen Karte und Leser die Gefahr einer Verfälschung bzw. Totalfälschung von Karten besteht.

In den folgenden ISO- bzw. EN-Normen werden einzelne Karten-Eigenschaften festgelegt:

- ISO/IEC 7816-1:1998 Identification cards – Integrated circuit(s) cards with contacts – Part 1: Physical characteristics ·
- ISO/IEC 7816-2:1999 Information technology – Identification cards – Integrated circuit(s) cards with contacts – Part 2: Dimensions and location of the contacts ·
- ISO/IEC 7816-3:1997 Information technology – Identification cards – Integrated circuit(s) cards with contacts – Part 3: Electronic signals and transmission protocols ·
- ISO/IEC 7816-3:1997/Amd 1:2002 Electrical characteristics and class indication for integrated circuit(s) cards operating at 5 V, 3 V and 1,8 V (available in English only) ·
- ISO/IEC 7816-4:1995 Information technology – Identification cards – Integrated circuit(s) cards with contacts – Part 4: Interindustry commands for interchange ·
- ISO/IEC 7816-4:1995/Amd 1:1997 secure messaging on the structures of APDU messages ·
- ISO/IEC 7816-5:1994 Identification cards – Integrated circuit(s) cards with contacts – Part 5: Numbering system and registration procedure for application identifiers ·
- ISO/IEC 7816-5:1994/Amd 1:1996 ·
- ISO/IEC 7816-6:1996 Identification cards – Integrated circuit(s) cards with contacts – Part 6: Interindustry data elements ·
- ISO/IEC 7816-6:1996/Cor 1:1998 (available in English only) ·
- ISO/IEC 7816-6:1996/Amd 1:2000 IC manufacturer registration (available in English only) ·
- ISO/IEC 7816-7:1999 Identification cards – Integrated circuit(s) cards with contacts – Part 7: Interindustry commands for Structured Card Query Language (SCQL) (available in English only) ·
- ISO/IEC 7816-8:1999 Identification cards – Integrated circuit(s) cards with contacts – Part 8: Security related interindustry commands (available in English only) ·
- ISO/IEC 7816-9:2000 Identification cards – Integrated circuit(s) cards with contacts – Part 9: Additional interindustry commands and security attributes (available in English only) ·
- ISO/IEC 7816-10:1999 Identification cards – Integrated circuit(s) cards with contacts – Part 10: Electronic signals and answer to reset for synchronous cards (available in English only)

Zur Zeit befinden sich weitere Normen aus der Reihe ISO 7816 in Vorbereitung, welche die Nutzung der Biometrie für Chipkarten standardisieren sollen, z.B. die ISO 7816-11 Personal Verification Trough Biometric Methods.
Für die kontaktlosen Chipkarten sind ISO-Normen aus den folgenden ISO Normen Reihen verfügbar:

- ISO/IEC 10536-1:1992, Identification cards – Contactless integrated circuit(s) cards – Part 1: Physical characteristics
- ISO/IEC 10536-2, Identification cards – Contactless integrated circuit(s) cards – Part 2: Dimensions and location of coupling areas
- ISO/IEC 10536-3, Identification cards – Contactless integrated circuit(s) cards – Part 3: Electronic signals and mode switching.
- ISO/IEC 15693-1:2000 Identification cards – Contactless integrated circuit(s) cards – Vicinity cards – Part 1: Physical characteristics
- ISO/IEC 15693-2:2000 Identification cards – Contactless integrated circuit(s) cards – Vicinity cards – Part 2: Air interface and initialization (available in English only) ·
- ISO/IEC 15693-2:2000/Cor 1:2001 (available in English only) ·
- ISO/IEC 15693-3:2001 Identification cards – Contactless integrated circuit(s) cards – Vicinity cards – Part 3: Anticollision and transmission protocol (available in English only) ·
- ISO/IEC 14443-1:2000 Identification cards – Contactless integrated circuit(s) cards – Proximity cards – Part 1: Physical characteristics ·
- ISO/IEC 14443-2:2001 Identification cards – Contactless integrated circuit(s) cards – Proximity cards – Part 2: Radio frequency power and signal interface (available in English only) ·
- ISO/IEC 14443-3:2001 Identification cards – Contactless integrated circuit(s) cards – Proximity cards – Part 3: Initialization and anticollision (available in English only) ·
- ISO/IEC 14443-4:2001 Identification cards – Contactless integrated circuit(s) cards – Proximity cards – Part 4: Transmission protocol (available in English only) und bilden somit das Pendant zur ISO/IEC 7816 Normenreihe.

(Letzte Änderung: 9.7.2002)

(Munde)

Chubb-Schloss

Siehe Zuhaltungsschloss.

Clipper-Initiative

Siehe Schlüssel-Archiv.

C-MOS

C-MOS bedeutet komplementäre Metall-Oxid-Silizium-Halbleitertechnik (Complementary Metal Oxide Semiconductor) und steht für die Reihenfolge der Schichten im technologischen Herstellungsprozess.
Integrierte Schaltungen in C-MOS-Technik enthalten auf einem Substrat sogenannte N-Kanal und P-Kanal-Transistoren. Der N-Kanal-Transistor ist dabei durch eine diffundierte Wanne gegen das Substrat isoliert. Hierdurch ergeben sich gegenüber anderen Technologien bedeutende Vorteile:

- Weiter Versorgungsspannungsbereich von 5 bis 18 V, bei speziellen Typen bereits ab 1,2 V.
- Äußerst geringer Stromverbrauch von etwa 0,1 mA pro Gatter bei Schaltfrequenzen bis zu einigen MHz.
- Hoher Störabstand von 40% der Versorgungsspannung.

Die Nachteile liegen in einem aufwändigeren Herstellungsverfahren und in einem höherem Flächenbedarf pro Gatterfunktion begründet.
Infolge der oben beschriebenen günstigen Eigenschaften, vor allem des geringen Stromverbrauchs, wird C-MOS-Technik vor allem in mobilen Geräten angewandt.
Dieselben Eigenschaften machten die C-MOS-Technik jedoch auch für die Sicherheitstechnik und Realisierung logischer Verknüpfungen in Zentralen, Meldern und Peripheriegeräten zur bevorzugt angewandten Technologie. Dabei ist es notwendig, die ankommenden und abgehenden Signale durch andere Schaltkreise so umzusetzen und abzuschirmen, dass die Peripherie-Spannungspegel verarbeitet werden können und die C-MOS-Schaltkreise gegen die dort herrschenden Störspannungsspitzen geschützt werden.

In C-MOS-Technik werden heute neben normalen digitalen integrierten Schaltkreisen auch Speicher, Mikroprozessoren und Mikrocomputer realisiert.

Eine Weiterentwicklung der C-MOS-Technik ist die HC-MOS-Technik (High Speed C-MOS-Technik), die höhere Schaltfrequenzen aufweist und weniger Platz benötigt. Diese Technologie hat sich als Standardtechnik der Mikroprozessoren bzw. Mikrokontroller durchgesetzt, was insbesondere der Meldezentralentechnik zugute kommt.

Beim Umgang mit Geräten, die C-MOS-Schaltkreise enthalten, sind gewisse Vorsichtsmaßnahmen erforderlich (Hersteller-Hinweise beachten!). Beim Austauschen von Schaltkreisen in Leiterplatten ist darauf zu achten, dass die Schaltkreise nicht durch statische Elektrizität zerstört werden. Die leitfähige Arbeitsplatte und der Lötkolben müssen daher geerdet sein. Auch die ausführende Person muss über ein leitfähiges „Armband" hochohmig mit der Erde verbunden sein.

(Hess)

Code

Siehe *Schließsystem*

Codierung

Siehe auch *Kryptierung, Verschlüsselung, Zutrittskontrolle.*

Codierung ist die Abbildung der Zeichen eines Zeichenvorrats auf die Zeichen eines zweiten Zeichenvorrats durch eine geeignete Abbildungsvorschrift.

Im weiteren Sinne ist Codierung die in geeigneten Codierern erfolgende Umsetzung der Werte einer beliebigen physikalischen Größe in andere Werte der gleichen oder einer anderen physikalischen Größe.

Zum Beispiel bilden die unterschiedlich tiefen Einschnitte eines Schlüssels den Code, der in definierte Bewegungen der Zuhaltungsscheiben oder -stifte eines Schlosses umgesetzt wird und so – bei passendem Code – ein Öffnen des Schlosses ermöglicht.

Im nachrichtendienstlichen Bereich versteht man unter Codierung einen Abkürzungskatalog im Blockschlüsselverfahren. Dabei handelt es sich um eine alphabetische Liste von 100 Begriffen, die im Nachrichtenaustausch zwischen Zentrale und Agent häufig wiederkehren. Jedem Begriff ist eine dreistellige Ziffernfolge zugeordnet (z.B. Trefftermin = 811), die anstelle des Begriffs im Text eingefügt wird.

(Dr. Schneider/Dr. Steinke)

Co.E.S.S.

Confederation of European Security Services. Europäischer Dachverband der Wach- und Sicherheitsunternehmen.

Kurzbeschrieb und Anschrift →Behörden, Verbände, Institutionen.

(Letzte Änderung: 13.4.2004)

CO_2

Siehe auch *Argon, Brandschutz durch Sauerstoffreduzierung, FM-200, Gaslöschanlage, Inergen, Löschmittel.*

CO_2 ist ein unsichtbares, geruchloses Gas, das elektrisch nicht leitend ist und seit Jahrzehnten zum Löschen von Flüssigkeits- und Elektrobränden eingesetzt wird. Es kann unter Druck verflüssigt werden. Ohne Druckanwendung geht es bei –78,5° unmittelbar in den festen Zustand über (Kohlensäureschnee bzw. Trockeneis).

Die Löschwirkung tritt bei einer Konzentration von ca. 35% zuverlässig ein. Wegen dieser rund 1000fachen Konzentration ist die Anwendung von CO_2 für den Menschen aber nicht ungefährlich (normale Konzentration in der Atemluft: 0,03%) und setzt eine gründliche Kenntnis der Bedingungen und Gefahren voraus.

Zu beachten ist, dass die Dichte des CO_2 1,5 mal so groß ist wie die der Luft, so dass es sich an tiefer gelegenen Stellen in erhöhter Konzentration sammelt.

CO_2 wird heute in all jenen Fällen eingesetzt, wo in Abwesenheit von Menschen eine rasche und trockene Löschung ohne Rückstände erzielt werden soll. Darunter zählen namentlich:

- Flüssigkeits- und Gasbrände in der Petrochemie, der chemischen Industrie ganz allgemein und der Kunststoffindustrie
- Brände bei der Herstellung, der Lagerung und der Anwendung von Farben, Lacken und Lösungsmitteln
- Brände in elektrischen Anlagen und Installationen, in Kraftwerken, Transformatoren und Verteilstationen

- Brände in elektronischen Geräten, in Fernmeldeeinrichtungen, Sendern, Umsetzern, Empfängern, usw. namentlich in unbemannten Stationen
- Brände in der graphischen Industrie, in Lackier- und Imprägniermaschinen, in Beschichtungsmaschinen
- Brände in der Textilindustrie, bei der Herstellung von Bodenbelägen und der Beschichtung von Textilien
- Brände bei Funkenerosionsmaschinen
- Brände in Großküchen usw.

In der Regel werden CO_2-Löschanlagen (→Gaslöschanlage) durch Brandmelder in einer →Zweigruppenabhängigkeit ausgelöst. Dies ist nötig, um durch eine deutliche Vorwarnung (optisch und akustisch) alle Personen zum Verlassen des Raumes zu veranlassen und alle Türen und Fenster zu schließen. Diese können auch automatisch angesteuert werden. Die Bereitstellung von CO_2 erfolgt in flüssiger Form unter ca. 60 bar Druck in den bekannten Stahlflaschen oder tiefgekühlt in Tanks.
CO_2-Löschanlagen werden nach den VdS-Richtlinien geprüft, da sie in der Regel zu Rabatten in der Feuerversicherung berechtigen.

(Wigger)

Common Criteria/ISO 15408

Siehe auch BSI, Evaluierung, ITSEC, IT-Sicherheit, IT-Sicherheitszertifizierung, Re-Zertifizierung (IT), Sicherheitsvorgaben (IT), Zertifizierung.

„Gemeinsame Kriterien für die Prüfung und Bewertung der Sicherheit von Informationstechnik/Common Criteria for Information Technology Security Evaluation (CC), Version 2.1“ sind im August 1999 nach mehrjähriger intensiver Arbeit fertiggestellt worden. Sie sind für die Bewertung der Sicherheitseigenschaften praktisch aller informationstechnischen Produkte und Systeme geeignet. Nach der erfolgreichen Abstimmung bei der Internationalen Standardisierungsorganisation (→ISO) wurden die CC technisch unverändert als Internationaler Standard ISO/IEC 15408 veröffentlicht. Damit ist das internationale Projekt unter Beteiligung Deutschlands, Frankreichs, Großbritanniens, Kanadas, der Niederlande und der USA erfolgreich zu einem technischen Abschluss gekommen.
Die CC sind eine Weiterentwicklung und Har-

Common Criteria Vereinbarung

monisierung der europäischen „Kriterien für die Bewertung der Sicherheit von Systemen der Informationstechnik (→ITSEC)“, des „Orange-Book (TCSEC)“ der USA und der kanadischen Kriterien (CTCPEC). Die Kompatibilität zu den Basiskriterien ist dabei weitgehend erhalten geblieben, der Informationsgehalt und die Flexibilität sind in den CC jedoch deutlich höher.
Die Common Criteria bestehen aus den folgenden Teilen:

Teil 1 Einführung und allgemeines Modell
Hier werden die Grundlagen der IT-Sicherheitsevaluation und der allgemeine Geltungsbereich der CC erläutert. In den Anhängen werden Schutzprofile (Protection Profile) und Sicherheitsvorgaben (Security Target) für den zu prüfenden Evaluationsgegenstand (EVG) beschrieben.

Teil 2
Funktionale Sicherheitsanforderungen
Dieser Teil enthält einen umfangreichen Katalog von Funktionalitätsanforderungen. Er stellt ein empfohlenes Angebot für die Beschreibung der Funktionalität eines Evaluationsgegenstandes dar, von dem jedoch in begründeten Fällen abgewichen werden kann. Ein Anhang bietet Hintergrundinformationen an. Zusätzlich werden Zusammenhänge zwischen Bedrohungen, Sicherheitszielen und funktionalen Anforderungen aufgezeigt.

Teil 3 Anforderungen an die Vertrauenswürdigkeit
Hier sind die Anforderungen an die Vertrauenswürdigkeit aufgelistet. Zu beachten ist, dass ein Evaluationsergebnis immer auf einer Vertrauenswürdigkeitsstufe (EAL) basieren sollte, eventuell ergänzt durch weitere Anforderungen. Die CC geben 7 hierarchische EAL-Stufen vor.

Schutzprofile
Die Anforderungen an die Funktionalität sowie an die Vertrauenswürdigkeit können in Schutzprofilen für bestimmte Produkttypen zusammengefasst werden. Zusätzlich enthalten diese Schutzprofile einen ausführlichen Beschreibungsteil, in dem u.a. das Sicherheitskonzept beschrieben und die Bedrohungen den Anforderungen gegenübergestellt werden. Bei der Evaluation von Schutzprofilen wird geprüft, ob das Schutzprofil eine vollständige und in sich geschlossene Menge von Anforderungen ist und dass ein zu diesem Schutzprofil konformer Evaluationsgegenstand eine wirksame Menge von IT-Sicherheitsgegenmassnahmen in der Sicherheitsumgebung bereitstellt. Durch die Registrierung von Schutzprofilen – in Zukunft auf internationaler Ebene durch die ISO – wird sichergestellt, dass Schutzprofile der gesamten interessierten Öffentlichkeit zur Nutzung offen stehen. Weiterführende Informationen sind auf dem BSI-Server unter http://www.bsi.de/cc zugänglich.
(Neu aufgenommen am 12.6.2000)

(Munde)

Computer Based Training (CBT)

Siehe auch E-Learning

Unter Computer Based Training (CBT) versteht man die Vermittlung von Lerninhalten über den PC. Der PC übernimmt während des Lernvorganges die Funktion des Trainers:

- Er erteilt Anweisungen und überwacht deren Ausführung
- Er kann Anweisungen entgegennehmen und darauf reagieren
- Er kann Fragen stellen, standardisierte Antworten entgegennehmen, sie bewerten und darauf reagieren (Interaktives Lernen). Die Bewertung von Freitexteingabe ist nach heutigem Stand der Technik nur bedingt möglich.

Im herkömmlichen CBT-Lernprogramm werden die Lerninhalte in Form von Text und aussagefähigen Grafiken weitergegeben. Mit Hilfe von Animationen und komplexen, recht aufwändig zu programmierenden Simulationen, sind der „Anschaulichmachung" fast nur noch finanzielle Grenzen gesetzt.

Kommen Ton (Sprache, Musik) oder Bilder (Standbilder, Videos) über CD-I, CD-ROM, DVD-ROM oder Bildplattenspieler dazu, spricht man von einem multimedialen Lernprogramm. In der Sicherheitsschulung sind erste Programme dieser Art im Einsatz. Sie eignen sich insbesondere für die Realisierung kognitiver Lernziele, also für die Vermittlung von Wissen. Mit den visuellen Möglichkeiten der Darbietung des Lernstoffes auf dem Bildschirm mittels Text, Grafik, Animation und Film bereitet ein gutes Lernprogramm viele Inhalte besser und verständlicher auf, als es im „normalen" Unterricht in der Regel der Fall ist. Zudem wird der gleiche Stoff in kürzerer Zeit gelernt.

CBT ermöglicht:

1. Individuelles Lernen
2. Wiederholung des Lernstoffes
3. Unmittelbares Feedback
4. Anknüpfen an das Vertraute
5. Die Wissensaufnahme durch viele Eingangskanäle
6. Förderung der Lernselbstständigkeit der Mitarbeiter.

Eine neuere Form des CBT stellt das WBT (Web Based Training) dar. Der Unterschied zum CBT liegt darin, dass beim WBT das World Wide Web bzw. das firmeninterne Netz als Kommunikationsmittel eingesetzt wird, und die Lerninhalte nicht mehr nur über eine CD-ROM oder Diskette verteilt werden.
(Letzte Änderung: 3.4.2002)

(Großhanten/Stadelmann)

Computer Forensik

Siehe auch Computerkriminalität, IT-Sicherheit

Computer-Forensik wird auch Digitale Forensik oder IT-Forensik genannt. Der Begriff *forensisch* bedeutet im Lateinischen *im Forum (Gericht) stattfindend* und wird landläufig als kriminaltechnisch oder mit gerichtlichen Ermittlungen zusammenhängend gebraucht. Im noch jungen aber dennoch bereits fest etablierten Fachgebiet der Computer Forensik geht es um den Nachweis und die Ermittlung von Straftaten im Bereich der →Computerkriminalität durch die Analyse von digitalen Spuren. Bei der Erfassung und Auswertung der digitalen Spuren muss sichergestellt werden, dass soviel Informationen wie möglich von einem kompromittierten bzw. verdächtigen System gesammelt werden können, ohne dabei den aktuellen Zustand dieses Systems zu verändern. Ebenso wie in der klassischen Ermitt-

lungstätigkeit interessieren auch bei der Computer Forensik die Fragen nach Wer, Was, Wo, Wann, Womit, Wie und Weshalb. Das Ziel einer computerforensischen Ermittlung hängt stark von der Fragestellung für die Ermittlung ab. So kann neben der Ermittlung von Tat und Täterschaft auch das Erkennen der Methode oder der Schwachstelle, die zum Systemeinbruch oder der Straftat geführt haben könnte, im Vordergrund stehen. Ein weiteres Ergebnis ist auch die Ermittlung des entstandenen Schadens und die Sicherung von Beweisspuren für weitere juristische Aktionen.
(Neu aufgenommen am 8.2.2005)

(Geschonneck)

Computerkriminalität

Siehe auch Computer Forensik, IT-Sicherheit
Bei der Computerkriminalität handelt es sich weit gefasst um alle Delikte, bei denen ein Computer Werkzeug oder Ziel einer Tathandlung ist. Die Tat wird durch den Einsatz des Computers ermöglicht oder erleichtert oder ihre Entdeckung wird erschwert. Im Strafgesetzbuch finden sich einschlägige Paragraphen, die sich mit der juristischen Würdigung der einzelnen Tatmuster befassen.
In einer vom Strafgesetzbuch losgelösten Betrachtung können zusätzlich alle rechtswidrigen und sonst sozialschädlichen Verhaltensweisen, die unter Einbeziehung der Informationstechnologien vorgenommen wurden, in diese Definition einbezogen werden.
(Neu aufgenommen am 8.2.2005)

(Geschonneck)

Computer-Notfallteam

Siehe CERT

Content

Siehe auch Content Security
(Englisch: Inhalt) Daten (Informationen), die über Protokolle durch Netzwerke transportiert werden. Beispiele: E-Mail (SMTP), Daten in einem Dokument (FTP) oder Inhalte einer Web-Seite (HTTP).
(Neu aufgenommen am 16.6.2000)

(Brunnstein)

Content Security

Siehe auch Content, E-Mail-Sicherheit, IT-Sicherheit, Malware, Relaying, Spamming, Spoofing
Meist ein Software-System, das verschiedene

StGB Deutschland	• Ausspähen von Daten (§ 202a); • Computerbetrug (§ 263a); • Fälschung beweiserheblicher Daten (§ 269); • Täuschung im Rechtsverkehr bei Datenverarbeitung (§ 270); • Datenveränderung (§ 303a); • Computersabotage (§ 303b).
StGB Österreich	• Widerrechtlicher Zugriff auf ein Computersystem (§ 118a StGB); • Missbräuchliches Abfangen von Daten (§ 119a StGB); • Datenbeschädigung (§ 126a); • Störung der Funktionsfähigkeit eines Computersystems (§ 126b StGB); • Missbrauch von Computerprogrammen oder Zugangsdaten (§ 126c StGB); • Betrügerischer Datenverarbeitungsmissbrauch (§ 148a) • Datenfälschung (§ 225a StGB).
StGB Schweiz	• Datenbeschaffung (Art. 143); • Eindringen in ein Datenverarbeitungssystem (Art. 143bis); • Datenbeschädigung (Art. 144bis); • Missbrauch einer Datenverarbeitungsanlage (Art 147).

Überprüfungs- und Filterfunktionen wahrnimmt. Läuft in der Regel als eigenständiges Server System: Content Security Server.
Überprüfung von Inhalten (→Content) meist an zentralen gesicherten Gateways (→Firewall).
Überprüft werden
a) die Integrität von →Content bzgl. →Malware,
b) ob Daten gesendet/empfangen werden dürfen,
c) ob Ressourcen in Netzen (beispielsweise Web-Seiten) genutzt werden dürfen,
d) ob E-Mails verschlüsselt gesendet/empfangen werden dürfen,
e) auf →Spamming-Attacken.
Ferner kann ein Content Security System unternehmensspezifische rechtliche Ausschlusserklärungen (sog. Legal disclaimer) an E-Mails anfügen.
Die Überprüfung wird anhand eines Regelwerkes (Policy) durchgeführt. Diese Policy (→Sicherheitspolicy, →IT-Sicherheitspolicy) kann organisations-, gruppen- oder personenspezifisch definiert werden.
Ähnlich wie bei einem Regelwerk einer →Firewall werden bestimmten Subjekten Rechte auf Ressourcen und Aktionen erteilt.
(Neu aufgenommen am 16.6.2000)

(Brunnstein)

Continuity
Siehe Backup, Business Continuity, Disaster Recovery.

Computerviren
Siehe Viren.

Corporate Security
Corporate Security umfasst im Zeitalter der Globalisierung alle Inhalte der weltweit zuzuordnenden gültigen „Security", die über die kriminellen Aspekte hinaus das unternehmerische Risiko-Management beinhaltet und deren Zielsetzung daher die Identifizierung von Schwachstellen entlang der Wertschöpfungskette sowie der aktive Beitrag (›Prävention) zur effektiven Sicherung der Unternehmensfortführung (z.B. Produktions- und Lieferfähigkeit) und Schutz der Assets sein muss (im Sinne von →Business-Continuity).
In ganzheitlicher Betrachtung erfordert die Corporate Security Strategie
- eine ausformulierte Unternehmens-Policy
- eine installierte Security-Gesamtverantwortung
- ein aktuelles Security-Konzept, das auch den „Service"-Gedanken implizieren soll
- die Einbeziehung der Verantwortungs-/Zuständigkeitsebene des Unternehmens im Security-/Risiko-Management Kontext

Unabdingbare Voraussetzung ist dabei das Erarbeiten der →Akzeptanz in drei Phasen (nämlich vor, während und nach der Einführung der Konzepte und Maßnahmen) mit den Führungsverantwortlichen der betroffenen Bereiche, insbesondere dann, wenn Security-Maßnahmen eine Verhaltensänderung bewirken oder erfordern („aus Betroffenen Beteiligte machen").
(Letzte Änderung: 15.7.2006)

(Feuerlein)

Crisis Management
Siehe Krisenmanagement.

CSIRT (Computer Security Incident Response Team)
Siehe CERT

Cyberwar
Siehe auch Information Warfare, Kritische Infrastrukturen.
Kurzbezeichnung für „Cyber Warfare". Eine im Rahmen eines →Information Warfare angewandte Form der Kriegsführung, bei der militärische Ziele, die unmittelbar von Informationstechnik abhängig sind, unter Nutzung von Mitteln der Informationstechnik operativ bekämpft werden.
(Neu aufgenommen am 12.6.2000)

(Weber)

Was bedeuten die blauen Textstellen?
Dieses Lexikon ist ein genaues Abbild des Basislexikons in http://www.secumedia.de/sija
Alle hier blau gedruckten Verweise sind dort Links. Im Internet müssen Sie also nur auf die Verweise klicken und sind sofort an der richtigen Textstelle. Ein Passwort für den Zugang finden Sie als Käufer des Sicherheits-Jahrbuchs auf dem gelben Karton hinten im Buch.

D

D1 bis D3

Siehe auch Sprengwirkungshemmende Verglasung
Widerstandsklassen gegen Sprengwirkung nach DIN 52290 Teil 5 12.87. DIN 52290 Teil 5 wurde für den europäischen Bereich durch DIN EN 13541 ersetzt. Diese Norm unterscheidet zwischen den Widerstandsklassen ER 1 bis ER 4, wobei D 1 mit ER 1, D 2 mit ER 2, D 3 mit ER 4 vergleichbar ist.
(Neu aufgenommen am 4.6.2000)

(Redaktion)

Dämmschichtbildner

Beschichtungsstoffe, die bei Wärmeeinwirkung aufschäumen und eine im Bereich der Brandtemperaturen wärmeisolierende Dämmschicht bilden. Sie werden vorzugsweise zur Verbesserung der Feuerwiderstandsfähigkeit von bestimmten Bauteilen genutzt. Spezielle Anwendungsformen und Konfektionierungsarten werden beispielsweise auch zur Fugendichtung bzw. zur brandschutztechnischen Aufwertung und Verbesserung von Verglasungen eingesetzt. Die allgemein übliche und auch bekannteste Anwendungsform ist der Anstrich auf Stahlkonstruktionen (spezielle Anstrichsysteme). Die umgangssprachliche Bezeichnung dafür ist auch Brandschutzanstrich.
Für die Anwendung von Dämmschichtbildnern gibt es bestimmte Dimensionierungs- und Bemessungsregeln (z.B. das U/A-Verhältnis bei Stahlkonstruktionen), die zur sicheren Funktion des Materials unbedingt einzuhalten sind. Je nach anzuwendendem System sind Einsatzbegrenzungen für Innen- und Außenanwendungen vorgegeben. Auch bestehen materialabhängige Anwendungsbegrenzungen. Zur sicheren Funktion des Materials ist ein hoher Wärmeimpuls erforderlich, um den Aufschäumprozess sicher auszulösen. Bei der Ausführung ist vor allem bei Anstrichstoffen auf Systemkonformität zu achten, d.h. Voranstrich, Dämmschichtbildner und Decklack sind nur in zugelassener Kombination sicher wirksam.
(Letzte Änderung: 20.6.98)

(Prof. Beilicke)

Daisy Chain

Elektrische Verbindung mehrerer gleichartiger oder ähnlicher Elemente, wobei jedes folgende erst dann in den Stromkreis eingeschlossen wird, wenn sich im vorhergehenden ein Schalter schließt.

(Redaktion)

Dallglas

Siehe auch Glas (mit weiteren Verweisen), Glassteine.
Dallglas ist ein farbiges Gussglas, das nicht klar durchsichtig ist und in mehr als 100 Farben gehandelt wird. Dallglas, vom franz. dalle = Fliese, wird in Hafenöfen geschmolzen und von Hand zu Platten von ca. 25 mm Dicke gegossen. Diese werden u.a. zu Betonglasfenstern (→Glassteine) im Kirchenbau und zu Türgriffen, insbesondere in →Ganzglastüren, verarbeitet.

(Redaktion)

DAR

Deutscher Akkreditierungsrat.
Kurzbeschrieb und Anschrift →Behörden, Verbände, Institutionen.

Data Cabinet

Siehe Datensicherungsschrank.

Data Encryption Standard

Siehe DES.

DATech

Deutsche Akkreditierungsstelle Technik.
Kurzbeschrieb und Anschrift →Behörden, Verbände, Institutionen.

Datenbus

Ein Datenbus ist eine Linienverbindung zwischen mehreren Geräten, welche untereinander Informationen austauschen. Er besteht im Allgemeinen aus mehreren Signalleitungen, welche fest vorgegebene Funktionen haben. In der Regel lassen sich folgende Gruppen von Signalleitungen unterscheiden:

- Adressleitungen, auf welchen die adressierte/adressierende Einheit signalisiert wird
- Datenleitungen, auf welchen die Informationen übertragen werden
- Steuerleitungen, auf welchen der Informationsverkehr geregelt wird.

Da im Normalfall zu einer bestimmten Zeit nur zwei Einheiten über den Datenbus kommunizieren können, muss ein sogenanntes Protokoll den Datenverkehr genau regeln. Mit dem damit verbundenen Schaltungs- und Softwareaufwand werden Kollisionen oder Blockierungen verhindert.

Mit Hilfe eines Datenbus lässt sich eine modulare Ausbaubarkeit von Systemen erreichen, indem zusätzliche Geräte ohne Anpassung der Hardware an ein System angeschlossen werden können.

Zur Erhöhung der Kompatibilität von Geräten verschiedener Herkunft wurden verschiedene Datenbus-Normen (Hardware und Software) publiziert, so z.B. IEC 488 oder CAMAC. Dies hat aber nicht verhindert, dass die meisten Computerhersteller eigene Datenbus-Normen entwickelt haben.

(Spinnler)

Datenrettung/Datarecovery

Datenrettung oder Datarecovery stellt einen letzten Versuch dar, elektronisch gespeicherte Daten, die unerreichbar scheinen, wieder in einen gebrauchsfähigen Zustand zu bringen. Der Bedarf an einer solchen Dienstleistung tritt immer dann auf, wenn elektronische Speichermedien durch unterschiedliche schädigende Einflüsse nur noch eingeschränkte Funktionen aufweisen oder gänzlich versagen und gleichzeitig Datensicherungen ebenfalls betroffen wurden, oder nicht – oder nur in eingeschränktem Umfang – zur Verfügung stehen. Dieser Fall tritt nicht selten ein, weil unabhängig von Unternehmensgröße und Branche signifikante Mängel bei der Konzeption und Realisation von Datensicherungsmaßnahmen vorkommen. Neben den klassischen schädigenden Einwirkungen durch Feuer, Wasser, Über-/Unterspannung, Fehlbedienung (z.B. ungewollte oder irrtümliche Löschung oder Formatierung) bestehen zahlreiche weitere Ausfallursachen wie z.B. durch Viren, Angriffe von außen über bestehende Netzverbindungen oder nutzungsbedingter Verschleiß. Die technischen Produkte Fest-/Wechselplatte, Streamer, Magnetoptical o.a. erreichen, je nach Betriebs-und Nutzungs-

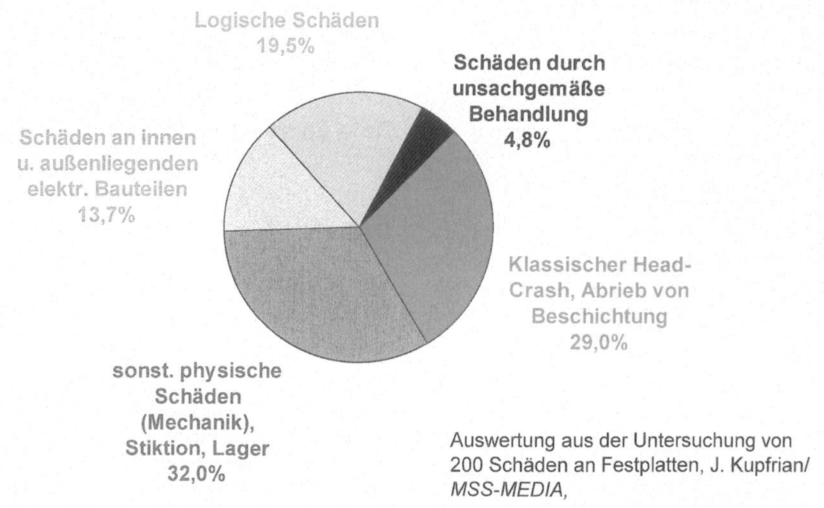

Schäden an Datenspeichern (Auswertung von 200 Schäden an Festplatten durch J. Kupfrian MSS-Media)

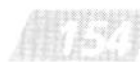

bedingung und Qualität, z.T. nur Standzeiten von wenigen Jahren und fallen dann häufig ohne besondere Vorwarnung aus. In zahlreichen Fällen zeigte sich genau dann, dass andere Sicherheitsmaßnahmen versagten oder nur unvollständig durchgeführt worden waren.

Nach Eintritt eines Störfalls oder Schadens ist grundsätzlich mit äußerster Umsicht zu handeln. Der häufig praktizierte Weg der Selbsthilfe mit einfachen Mitteln (z.B. wiederholte Startversuche einer geschädigten Festplatte) verschlechtert in vielen Fällen die Chancen für eine sachgemäße Wiederherstellung.

Professionelle Datenrettung bedingt eine detaillierte Analyse des Ereigniszusammenhanges und des betroffenen Gerätes. Zur Durchführung entsprechender Beurteilungen bedarf es einer umfassenden technischen Ausstattung, die die eines normalen Technikbetriebes übersteigt; beispielsweise eines so genannten Cleanbereiches, in dem Festplatten geöffnet werden können, um sowohl eine Sichtung von inneren Schäden, als auch entsprechende Behandlungsmaßnahmen zu ermöglichen. Über die Behandlung mechanischer Störungen hinaus müssen auch elektronische/elektrische Störquellen beseitigt werden können (Anforderung an ein gut ausgestattetes Ersatzteillager) und letztendlich besteht der Bedarf an ausgewählten Softwarewerkzeugen, um logische Strukturen zu analysieren und zu korrigieren.

Die aus der Analyse erhaltenen Details sind in ein Wiederherstellungskonzept umzusetzen. Erst an dieser Stelle können Güte und Qualität der wiederherzustellenden Daten gewichtet und der Aufwand beziffert werden. Die Durchführung entsprechender Maßnahmen sollte dann in einer sogenannten 2. Phase (der tatsächlichen Wiederherstellung) erfolgen.

Die Erfolgsquoten bei Datenrettungen werden im Mittel mit ca.70–80 % angegeben. Die Kosten richten sich in der Regel nach dem erforderlichen Aufwand. Sie liegen im Erfolgsfall selten unter € 1.000,00 und erreichen in kritischen Fällen Werte von mehreren zehntausend Euro. Professionelle Datenrettung/Datarecovery wird von wenigen europa-/weltweit tätigen Unternehmen und von kleineren, mehr regional aktiven Spezialisten angeboten.

(Kupfrian)

Datenschutz

Siehe auch Datenschutz-Audit, Datensicherung, Server-Safe, Verbindlichkeit.

Der Schutz des Bürgers vor den Gefahren, die eine Verarbeitung seiner Daten mit sich bringt, insbesondere die Sicherung des „(Grund-) Rechts auf informationelle Selbstbestimmung". In Deutschland wurde dieses „(Grund-) Recht" im sogenannten Volkszählungsurteil des Bundesverfassungsgerichts vom 15.12.1983 aus dem Artikel 2 Abs. 1 in Verbindung mit Artikel 1 Abs. 1 des Grundgesetzes abgeleitet.

Im Vordergrund des deutschen Datenschutzgesetzes (BDSG) steht das grundsätzliche Verbot der automatisierten Verarbeitung personenbezogener Daten. Dies hat zur Konsequenz, dass personenbezogene Daten in den meisten Fällen nur mit Einwilligung des Betroffenen verarbeitet werden dürfen. Die Neufassung des BDSG trat am 23.05.2001 in Kraft.

Für den öffentlichen Bereich wird neben der automatisierten Datenverarbeitung auch die Datenverarbeitung in Akten, Bild- und Tonträgern in den Schutz des BDSG mit einbezogen; im nicht-öffentlichen Bereich gilt es nur für den automatisierten Bereich.

Für die verantwortlichen Stellen gilt der Grundsatz, dass sie alle technischen und organisatorischen Maßnahmen zu treffen haben, die erforderlich sind, um die Ausführungen des Datenschutzgesetzes oder anderer Datenschutzvorschriften zu gewährleisten. Die Maßnahmen müssen dabei in einem angemessenen Verhältnis zum angestrebten Schutzzweck stehen. Im BDSG wie auch in anderen Datenschutzgesetzen in Europa werden hierzu Maßnahmen gefordert, die in einer Anlage im Gesetz zusammengefasst sind. Waren in der Vergangenheit dort zehn Forderungen – so genannte Kontrollen – genannt, wurden diese in der neuesten Fassung des BDSG auf acht Kontrollen reduziert.

Die Anlage zu § 9 Satz 1 lautet:

Werden personenbezogene Daten automatisiert verarbeitet oder genutzt, ist die innerbehördliche oder innerbetriebliche Organisation so zu gestalten, dass sie den besonderen Anforderungen des Datenschutzes gerecht wird. Dabei sind insbesondere Maßnahmen zu treffen, die je nach der Art der zu schützenden personenbezogenen Daten oder Datenkategorien geeignet sind,

1. *Unbefugten den Zutritt zu Datenverarbeitungsanlagen, mit denen personenbezogene Daten verarbeitet oder genutzt werden, zu verwehren (Zutrittskontrolle),*
2. *zu verhindern, dass Datenverarbeitungssysteme von Unbefugten genutzt werden können (Zugangskontrolle),*
3. *zu gewährleisten, dass die zur Benutzung eines Datenverarbeitungssystems Berechtigten ausschließlich auf die ihrer Zugriffsberechtigung unterliegenden Daten zugreifen können, und dass personenbezogene Daten bei der Verarbeitung, Nutzung und nach der Speicherung nicht unbefugt gelesen, kopiert, verändert oder entfernt werden können (Zugriffskontrolle),*
4. *zu gewährleisten, dass personenbezogene Daten bei der elektronischen Übertragung oder während ihres Transports oder ihrer Speicherung auf Datenträger nicht unbefugt gelesen, kopiert, verändert oder entfernt werden können, und dass überprüft und festgestellt werden kann, an welche Stellen eine Übermittlung personenbezogener Daten durch Einrichtungen zur Datenübertragung vorgesehen ist (Weitergabekontrolle),*
5. *zu gewährleisten, dass nachträglich überprüft und festgestellt werden kann, ob und von wem personenbezogene Daten in Datenverarbeitungssysteme eingegeben, verändert oder entfernt worden sind (Eingabekontrolle),*
6. *zu gewährleisten, dass personenbezogene Daten, die im Auftrag verarbeitet werden, nur entsprechend den Weisungen des Auftraggebers verarbeitet werden können (Auftragskontrolle),*
7. *zu gewährleisten, dass personenbezogene Daten gegen zufällige Zerstörung oder Verlust geschützt sind (Verfügbarkeitskontrolle),*
8. *zu gewährleisten, dass zu unterschiedlichen Zwecken erhobene Daten getrennt verarbeitet werden können.*

Ferner wurden Regelungen zum Einsatz von Chipkarten (§ 6c BDSG) und Videoanlagen (§ 6b) in das Gesetz aufgenommen.

Seit Februar 1995 gibt es in der EU eine Datenschutzrichtlinie, die ein nahezu gleichmäßiges Datenschutzniveau in allen Ländern der EU garantiert. Mit der Gesetzesnovellierung des BDSG vom 23.05.2001 wurde das Bundesdatenschutzgesetz der EU-Datenschutzrichtlinie angepasst.

Fundstelle des BDSG (neugefasst durch Bek. v. 14.1.2003 I 66):
http://bundesrecht.juris.de/bundesrecht/bdsg1990/htmltree.html

(Letzte Änderung: 25.5.2004)

(Ernestus)

Datenschutz-Audit

Siehe auch Datenschutz

Ein Datenschutz-Audit ist eine förmliche Prüfung eines Datenschutzkonzepts durch einen Datenschutz-Audit-Anbieter. Dieses neue Instrument wurde aus dem Umweltschutzbereich in das Datenschutzrecht übernommen mit dem Ziel, Unternehmen und Behörden die Möglichkeit zu bieten, ihre Datenschutzanstrengungen durch eine förmlicher Prüfung zu dokumentieren und bewerten zu lassen. Die rechtliche Verankerung findet sich für den nicht-öffentlichen Bereich sowie den Bereich der Bundesverwaltung im § 9a Bundesdatenschutzgesetz (BDSG).

Die nähere Anforderungen an die Prüfung und Bewertung, das Verfahren sowie die Auswahl und Zulassung der Gutachter soll in Deutschland durch ein besonderes Gesetz geregelt werden. Dieses Gesetz liegt Anfang 2005 noch nicht vor, auch Entwürfe sind noch nicht veröffentlicht.

Die Ziele des Datenschutz-Audit lassen sich wie folgt beschreiben: Stärkung der Selbstverantwortung durch freiwillige Selbstkontrolle, Belebung des Wettbewerbs mit dem Argument des Datenschutzes und der Datensicherheit, kontinuierliche Verbesserung des Datenschutzes, Anhebung des Datensicherheitsniveau.

Wie das Verfahren gestaltet werden könnte, ist wegen der fehlenden Gesetzesgrundlage noch offen. Entsprechende gesetzliche Regelungen finden sich aber in verschiedenen Landesdatenschutzgesetzen, so z.B. im Landesdatenschutzgesetz von Schleswig-Holstein. Auch ohne Bundesgesetz gibt es daher schon Datenschutz-Audit-Anbieter. Die bisher durchgeführten Auditierungen basieren auf den regionalen Vorgaben an die Prüfung und Bewertung, die sich aus den länderspezifischen Gesetzesgrundlagen ergeben.

(Neu aufgenommen am 8.2.2005)

(Ernestus)

Datensicherung

Siehe auch Backup, Datenschutz, Server-Safe.
Maßnahmen zur Abwehr von Störungen und unerlaubten Eingriffen in die Datenverarbeitung.
1. Datensicherung im weiteren Sinne:
Der Begriff Datensicherung im Sinne des Bundesdatenschutzgesetzes (BDSG) beinhaltet die Gesamtheit technischer und organisatorischer Maßnahmen zur Gewährleistung des Datenschutzes. Die Datenschutzgesetze des Bundes und der Länder verpflichten die datenverarbeitenden Stellen, Datensicherungsmaßnahmen vor allem zur Zugangs-, Speicher-, Benutzer-, Zugriffs-, Übermittlungs-, Eingabe- und Organisationskontrolle zu treffen (vergl. § 9 BDSG und Anlage dazu). Im weiteren Sinne ist Anliegen der Datensicherung, die Datenverarbeitung insgesamt, also auch Anlagen, Programme und Datenbestände, zu schützen.
2. Datensicherung im engeren Sinne:
Doppelung und Auslagerung von Daten (Backup). →Datenträgerkurier, Datenträgerlagerung, extern.

(Dr. Steinke)

Datensicherungscontainer, Datensicherungsraum, Datensicherungsschrank, Daten-Disketteneinsatz

Siehe auch Duplexschrank, Server-Safe, Sicherheitssoftware, Wertschutzschrank, Zertifizierungsmarke.
Datensicherungsschränke dienen zur feuergeschützten Aufbewahrung von Informationsträgern aller Art. Es wird unterschieden zwischen Schränken zur Aufbewahrung von Informationsträgern aus Papier (Ordner, Hängemappen, Karteien usw.), Schränken für Magnetdatenträger (Magnetbänder, Magnetplatten usw.) und Filmen sowie Schränken zur Aufbewahrung von Disketten. Die Differenzierung rührt von der Isolationsfestigkeit her, d.h. dem Anstieg der Schrank-Innentemperatur bei einem Brand.

Konstruktionsmerkmale:

- Hochfeuerfeste Isolation
- Sturzfeste Konstruktion, d.h. der Schrank muss seine feuerhemmenden Eigenschaften auch dann behalten, wenn er bei einem Brand durch die Decke herabstürzt.
- Bei geschlossener Türe wasserdampfdicht

Datensicherungsschrank S 120 DIS in der Sturzprüfung aus 9,15 m Höhe (Foto: Forschungs- und Prüfgemeinschaft)

- Je nach Bauart Einfach- oder Doppeltüren, 1-flügelig oder 2-flügelig, Einschiebetüren
- Ausführung auch als Schubladenschrank (ähnlich Registraturschrank)
- Vorrichtungen für die Aufbewahrung verschiedenster Informationsträger

Datensicherungsschränke sind meist nur bedingt einbruchgeschützt. Der Einbruchschutz kann den Sicherheitsstufen S 1 und S 2 nach

Güteklasse	maximale Temperaturerhöhung im Schrankinnern	Maximale Luftfeuchtigkeit im Schrankinnern
S 60 P (Papier)	150 °C	–
S 120 P (Papier)	150 °C	–
S 60 D (Datenträger)	50 °C	85 %
S 120 D (Datenträger)	50 °C	85 %
S 60 DIS (Disketten)	30 °C	85 %
S 120 DIS (Disketten)	30 °C	85 %

EN 14 450 sowie den Widerstandsgraden 0, I, II und III nach EN 1143-1 entsprechen.

Die Prüfungen erfolgen nach EN 1047-1, wobei folgende Güteklassen unterschieden werden (Der Verwendungszweck der Datensicherungsschränke wird durch die Zusatzbezeichnungen P, D und DIS definiert):

Maßgeblich für die Typprüfungen von Datensicherungsschränken sowie Datensicherungsräumen und Datensicherungscontainern sind die Europäischen Normen EN 1047-1 und EN 1047-2. Nach diesen Normen werden Brandprüfungen durchgeführt, die nachweisen, dass die jeweiligen Datensicherungsschränke, Datensicherungsräume und Datensicherungscontainer die vom Hersteller zugesicherten Eigenschaften erfüllen. Brandprüfungen nach EN 1047-1 und EN 1047-2 sind die Grundlage für die Teilnahme an den Prüf-, Zertifizierungs- und Gütesicherungsverfahren des →European Certification Board·Security Systems (ECB·S), dem Zertifizierungsorgan der European Security Systems Association ESSA (früher Forschungs- und Prüfgemeinschaft Geldschränke und Tresoranlagen e.V., Frankfurt/Main.

Sonderformen: Kombination von Datensicherungsschränken der Güteklassen S 60 P oder S 120 P nach EN 1047-1 mit Einsätzen zur Aufbewahrung von Disketten (DI 60 P/DIS oder DI 120 P/DIS nach EN 1047-1).

In der Praxis haben sich Datensicherungsschränke nach EN 1047-1 zum Schutz von Datenträgern einschließlich Disketten und Papierdokumenten aller Art bewährt. Allerdings genügen Datensicherungsschränke aufgrund des immer größeren Anwachsens der zu schützenden Datenbestände nicht mehr in allen Fällen den praktischen Anforderungen. In diesen Fällen stehen Datensicherungscontainer und Datensicherungsräume zur Verfügung. Ähnlich wie ein Wertschutzraum ist ein Datensicherungsraum ein komplexes Sicherheitssystem mit zahlreichen Einzelteilen und Werkstoffkombinationen.

Datensicherungsräume müssen zur Aufbewahrung von Datenträgern den gleichen Brandschutz wie Datensicherungsschränke gewährleisten.

Als Datensicherungsräume im Sinne der Europäischen Norm EN 1047-2 gelten

- Räume in Massivbauart, die Bestandteil eines Gebäudes sind und die zur Aufbewahrung von Datenträgern ausgekleidet werden,

Datensicherungsschrank für elektronische Datenträger (Disketten, Magnetbänder, Streamer- oder Giga Tapes und CDs) der Güteklassse S 120 DIS nach EN 1047-1 (Foto: Lampertz)

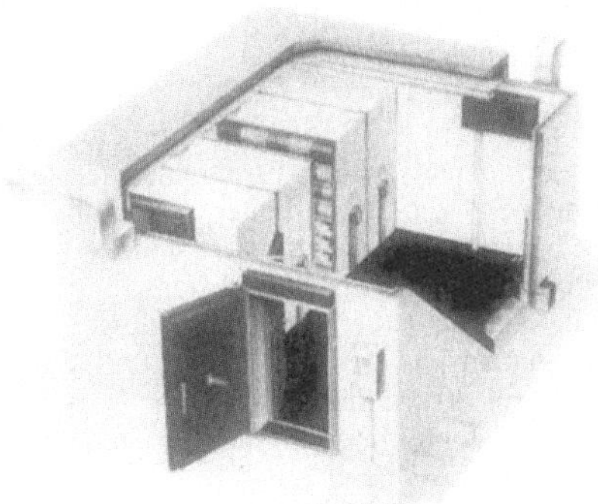

Datensicherungsraum nach EN 1047-2

sowie

- Räume, die nicht Bestandteil eines Gebäudes sind. Sie werden als selbstständige Konstruktionen in vorhandenen Räumen aufgebaut.

Bei Räumen in Massivbauart wird vorausgesetzt, dass die umgebenden Bauteile bestimmte Anforderungen nach prEN 1365-1 und prEN 1365-2 erfüllen. Dasselbe gilt für Decken, auf denen Räume als selbstständige Konstruktionen aufgebaut werden. Weitere Informationen erteilt der →European Certification Board·Security Systems (ECB·S).

Datensicherungsräume und Datensicherungscontainer, die die Anforderungen nach EN 1047-2 erfüllen, werden in die Güteklasse R 60 D bzw. C 60 D eingestuft. Hierin bedeuten: R = Raum; C = Container; 60 = 60 Minuten Beflammungszeit; D = Datenträger.

Über erfolgreiche Brandprüfungen wird vom Prüfinstitut ein Prüfungszeugnis ausgestellt. Die Prüfungszeugnisse dienen nur der Zertifizerung durch den →European Certification Board·Security Systems (ECB·S), Frankfurt/Main.

Durch die →Zertifizierungsmarken werden die laufenden Fertigungsüberwachungen nach den Gütesicherungsverfahren EN 1047-1 für Datensicherungsschränke und Disketteneinsätze sowie EN 1047-2 für Datensicherungsräume und Datensicherungscontainer nachgewiesen.

Datensicherungscontainer:
Mobiles Behältnis, das an unterschiedlichen Aufstellungsorten eingesetzt werden kann. Dient zum Schutz von Server, Netzwerkkomponenten und Datenträger vor Bränden und unbefugtem Zugriff. (→Server-Safe).
(Letzte Änderung: 16.7.2006)

(Reingen)

Datensynchronisation

Siehe auch IT-Sicherheit (mit weiteren Verweisen).

In heterogenen Systemlandschaften erfolgen die Datensicherungen (→Backup) der Rechner oder Anwendungen häufig zu unterschiedlichen Zeiten. Ist nach einem Schadenseintritt ein Rückladen aller Datenbestände erforderlich, so muss sichergestellt werden, dass diese nach dem Rückladen einen synchronen, zeitlich einheitlichen Stand aufweisen. Besonders kritisch kann sich die Synchronisation gestalten, wenn Daten (z.B. per FTP) an ein anderes Rechenzentrum übertragen werden. Ein solcher Aspekt muss in das Recoverykonzept eingebunden werden. Erfolgt z.B. die Sicherung des Servers A um 20.00 und die Sicherung des Servers B um 24.00 Uhr, und erfolgen in dieser Zeitspanne FTP-Übertragungen zwischen diesen Servern, so ist eine exakte Rekonstruktion nicht oder nur mit enormem Aufwand möglich.

Durch die häufige Praxis, Teile der Anwendungen zu Providern auszulagern, wird die synchronisierte Sicherung weitaus schwieriger. Werden die auf beiden Seiten eingesetzten Verfahren nicht (permanent) angepasst, wird die Rekonstruktion eines synchronen Datenbestandes wohl nicht ohne Datenverlust möglich sein.

Um diesem Risiko vorzubeugen, müssen entweder die Sicherungen zeitlich koordiniert werden oder die Verfahren für eine nachträgliche Synchronisation dokumentiert werden.
(Letzte Änderung: 4.7.2006)

(Glessmann)

Datenträgerarchiv

Siehe Datenträgerlagerung, extern

Datenträgerkurier

Siehe auch Datensicherungsraum, Datenträgerlagerung, Escrow-Service

Die Dienstleistung „Datenträgerkurier" wird in der Regel in Zusammenhang mit der Dienstleistung „externe →Datenträgerlagerung" angeboten, ist aber auch als eigenständige Dienstleistung zu nutzen.

Aufgabe des Datenträgerkuriers ist sowohl der turnusmäßige Transport von Datenträgern vom externen Datenträgerarchiv zum Auftraggeber und umgekehrt, als auch die kurzfristige Lieferung von Datenträgern auf besondere Anforderung des Auftraggebers z.B. im Wiederanlauf nach einem RZ-Desaster. Wenn nach einem derartigen Katastrophenfall nur noch die Datenträger im externen Datenträgerarchiv existieren, muss sichergestellt sein, dass der Transport der Datenträger zum Ausweichrechenzentrum mit derselben Güteklasse erfolgt, in der sie auch gelagert werden. D.h. in Datensicherungsschränken der Güteklasse S 120 DIS nach EN 1047-1, sowie einbruchhemmend mindestens mit dem Widerstandsgrad 0 nach EN 1143-1 bzw. VdS-Klasse III. Die Lieferung, bzw. Abholung der Datenträger erfolgt nach einem im Auftragsfall zwischen Auftraggeber und Anbieter festzulegenden Handlingplan. Dieser schreibt vor, welche Datenträger wann, an wen, bzw. von wem ausgeliefert oder abgeholt werden müssen, sowie das Verfahren zur Prüfung der Empfangsberechtigung. Personal, Fahrzeug und Organisation müssen erhöhten Sicherheitsanforderungen genügen.

(Letzte Änderung: 11.5.2004)

(Horstkotte)

Datenträgerlagerung, extern

Siehe auch Datensicherungsraum, Datenträgerkurier, Escrow-Service

Ein „externes Datenträgerarchiv" bietet die Möglichkeit zur Aufbewahrung von magnetischen und/oder optischen Datenträgern sowie Microfilmen und Microfiches und gewährleistet den Schutz der Datenträger vor Feuer, Wasser, korrosiven Brandgasen, Sabotage und Diebstahl. „Extern" bedeutet in diesem Zusammenhang „außerhalb des Firmengeländes".

Seit etwa 1989 wird externe Datenträgerarchivierung in Deutschland als Dienstleistung vorzugsweise von hochqualifizierten Spezialunternehmen angeboten.

Anforderungen an das Unternehmen:

- Es muss mit sicherheitsrelevanten Problemen und deren Lösung vertraut sein.
- Es sollte als Anbieter von IT-Security-Dienstleistungen einen anerkannt guten Ruf haben.
- Es muss in der Lage sein, kompetente und vertrauenswürdige Ansprechpartner zu benennen, d.h. Mitarbeiter, die auf diese Dienstleistung spezialisiert sind.

Anforderungen an die Bausubstanz:

Voraussetzung ist eine stabile Bauweise der Außenhaut (d.h. Decken, Böden und Wände mindestens 20 cm Stahlbeton).

Ist das Datenträgerarchiv als →Datensicherungsraum ausgebaut, muss es die →ECB·S-Zertifizierungsmarke (→Zertifizierungsmarke) EN 1047-2 der Güteklasse R 60 D haben. Werden die Datenträger in Datensicherungsschränken gelagert, müssen diese die →ECB·S-Zertifizierungsmarke (→Zertifizierungsmarke) EN 1047-1 der z.Zt. höchsten Güteklasse S 120 DIS haben. Diese Art der Datenträgerlagerung ist sicherer als die Datenträgerlagerung im Datensicherungsraum.

Weitere empfehlenswerte Sicherheitsmaßnahmen:

- Klimaanlage mit Luftfeuchtigkeitsregulierung,
- automatische Brandmeldeanlage mit Aufschaltung zu einer ständig besetzten Stelle,
- unterbrechungsfreie Stromversorgung (USV) und Notstromdiesel,
- Videoüberwachung und
- Zutrittskontrolle.

Gegebenenfalls benötigt das Datenträgerarchiv die Anerkennung für Verschlusssachen durch das Bundesministerium für Wirtschaft und Arbeit (BMWA).

Die Anforderung von Datenträgern außerhalb der vereinbarten Handlingzeiten muss rund um die Uhr an 365 Tagen im Jahr möglich sein. Die Lieferung der Datenträger muss durch den dienstleistereigenen gesicherten Hol- und Bringdienst (→Datenträgerkurier) innerhalb von maximal einer Stunde ab geklärter und authentifizierter Anforderung erfolgen.

(Letzte Änderung: 4.7.2004)

(Horstkotte)

Datenträgervernichter

Siehe auch Akten-, Mikrofilmvernichter, Informationsschutz, Vernichtung.

Sofern die auf Magnetbändern/-platten, Disketten, CD-ROMs etc. gespeicherten Informationen nicht mehr benötigt werden, wird das Speichermedium i.d.R. nicht vernichtet, sondern lediglich einem Löschvorgang (→Löschen von magnetischen Datenträgern) mittels eines speziellen →Löschgerätes unterzogen.

Kann ein Datenträger vertraulichen Inhalts aufgrund eines Defekts nicht mehr gelöscht und neu überschrieben werden, so ist er unter Einsatz von Spezialgerät zu vernichten. Für die Vernichtung staatlicher Verschlusssachen ist eine maximale Partikelgröße bei Festplatten von 300 mm^2 und bei optischen Datenträgern (CD, DVD) von maximal 10mm^2 für hohe Sicherheitsanforderungen bzw. 200 mm^2 für mittlere Sicherheitsanforderungen vorgeschrieben.

(Letzte Änderung: 23.7.2006)

(Opfermann)

Ergänzender Hinweis: Auch das BSI empfiehlt die oben genannten Partikelgrößen. Alternativ können die Datenträger auch thermisch vernichtet werden (Festplatten mindestens 15 Minuten bei einer Temperatur von mindestens 600° C, optische Datenträger mindestens 60 Minuten bei 300° C). Bei optischen Datenträgern ist ein Löschen nur bei den wiederbeschreibbaren CD-RW möglich (Löschen durch Überschreiben). Alle übrigen optischen Datenträger müssen mechanisch oder thermisch vernichtet werden, wenn die Daten unlesbar gemacht werden sollen.

(Neu aufgenommen: 4.7.2006)

(Dr. Schneider)

Datenverarbeitung

Siehe EDV, IT.

Datenverschlüsselung

Siehe Verschlüsselung.

Datex-P / X.25 / X.31

Siehe auch ALARMNET der TUS, AWUG, Digitales Fernsprechnetz, D-Kanal-Überwachung, ISDN, Notrufzentrale, Übertragungsgeräte, Verbindungsarten

Der für die Übermittlung bereitgestellte Dienst **Datex-P** der Telekom oder privat betriebene **X.25**-Netze sind tauglich, Gefahrenmeldungen zu übertragen. Datex-P ist ein paketvermitteltes Datennetz nach dem CCITT X.25 Standard und stellt den Übertragungsweg zur Verfügung. Durch spezielle Geräte werden die Gefahrenmeldungen quasi als Daten eines Datenendgerätes auf das Netz gegeben und zur Leitstelle/→Notrufzentrale geleitet. Damit eine Übertragungsgüte ähnlich der einer Festverbindung erreicht wird, werden die Datex-P/X.25 Leistungsmerkmale PVC oder S PVC eingesetzt (siehe unten). Somit bietet sich der Einsatz des Übertragungsweges X.25 immer dann an, wenn dieser Dienst bereits für andere Anwendungen eingesetzt ist.

Weiteres Leistungspektrum:

- hohe Kriterienanzahl/Meldungsarten
- serielle Datenschnittstelle zur GMA
- Fernwirken
- schnelle Meldungsübertragung ca. 200 msec.

VdS akzeptiert dieses Übertragungsverfahren. Es gibt drei Möglichkeiten, die paketvermittelten Daten zu übertragen:

- Permanent virtual circuit (PVC):
  Dem Benutzer steht zur Übermittlung von Daten ein fester Übertragungsweg über feststehende Netzknoten zur Verfügung. Dieser feste Übertragungsweg wird nur von ihm genutzt. Sollte dieser Übertragungsweg gestört sein, kann er seine Daten nicht mehr übertragen.
- Switched virtual circuit (SVC):
  Die paketvermittelten Daten haben keinen festen Übertragungsweg. Sie werden von einem Netzknoten zum nächsten freien Netzknoten weitergeleitet. Im Gegensatz zu PVC wird bei SVC die Datenverbindung im Bedarfsfall aufgebaut und anschließend wieder abgebaut. Störungen während einer Datenübertragung im Netz führen zum automatischen Routen, d.h. zur Alternativwegübertragung.
- Switched permanent virtual circuit (SPVC):
  Diese dritte Übertragungsmöglichkeit ist eine Kombination aus den beiden erstgenannten. Über SVC wird ein Übertragungsweg aufgebaut. Dieser wird dann aber nicht mehr abgebaut, so dass fortan eine PVC vorhanden ist. Sowohl die ständige virtuelle Verbindung als auch das Routing sind wichtige Voraussetzungen für die Übertragung von Gefahrenmeldungen.

Mit X.25 vergleichbare Übertragungssicherheit bietet die **X.31 Verbindung.** Dabei wird die Verfügbarkeit eines virtuellen, „ständig geschalteten" Kanals im Datex-P-Dienst ausgewertet. Die „letzte Meile" zum Anschlussnehmer wird über das → ISDN realisiert. Am ISDN S0-Basisanschluss stehen neben den beiden Nutzkanälen (B-Kanäle) für Sprach- bzw. Datenübertragung auch ein D-Kanal für Steuerungsaufgaben zur Verfügung. Freie Übertragungskapazitäten im D-Kanal (bis zu 9600 bps) können für die Datenübertragung der Gefahrenmeldungen genutzt werden (zu weiteren Alternativen siehe auch Notrufzentrale).

(Letzte Änderung: 11.7.2004)

(Schirrmann)

DBSP

Siehe digitaler Video-Bildspeicher

DDoS

Siehe Denial-of-Service (DoS) Attacke

Decke

Siehe Bausubstanz.

Deckelkontakt

„Kontakte für die Überwachung von Deckeln oder beweglichen Gehäuseteilen der Anlageteile."

(Definition nach VdS)

Deckenbündiger Rauchmelder

Siehe auch Automatischer Brandmelder, Brandmelder, Rauchmelder

Auf Grund ihrer Funktion sitzen punktförmige Rauchmelder üblicherweise auf der Decke auf und ragen damit um einige Zentimeter in den Raum. In repräsentativen Räumen stört das Herausstehen oftmals den ästhetischen Eindruck der Umgebung. Bei einem deckenbündigen Rauchmelder ist für das Auge des Betrachters nur noch eine flache Scheibe sichtbar, die sich in elegantem Design an die Decke schmiegt. Allein die Tatsache, dass nichts mehr aus der Decke hervorsteht, macht den Melder unauffällig, und er wird so gut wie nicht mehr

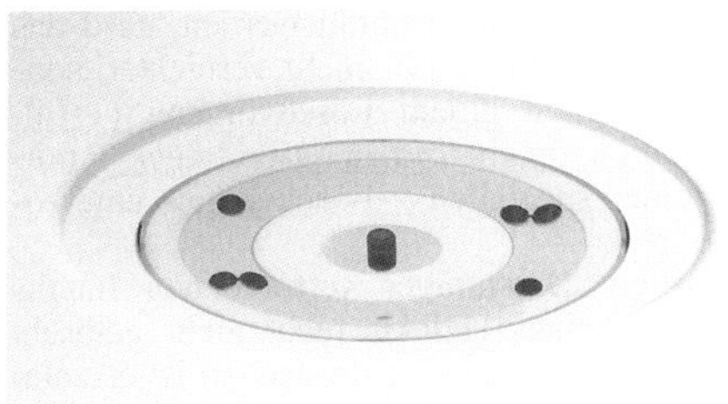

Bild: Bosch Sicherheitssysteme GmbH

wahrgenommen. Farbige Abdeckungen erlauben eine Anpassung auch an Decken mit unterschiedlicher Farbgebung. Deckenbündige Rauchmelder eignen sich deshalb bevorzugt zum Einsatz in repräsentativen Räumlichkeiten.

Damit ein flacher Aufbau möglich wird, misst der deckenbündige Rauchmelder den Rauch nach dem Prinzip der Streulichtmessung außerhalb des Gehäuses einige Zentimeter unterhalb der Decke. Ausgeklügelte optische Anordnungen mit mehreren optischen Messstrecken, optische und elektrische Filter und eine intelligente Signalauswertung erlauben einen störungsfreien Betrieb trotz Wegfalls der sonst verwendeten Rauchmesskammern. Die Kombination mit einem Brandgassensor (→Gasmelder (BMA)) erlaubt Täuschungsgrößen auch in kritischen Umgebungen wirkungsvoll zu unterdrücken.

(Neu aufgenommen 14.4.2004)

(Oppelt)

Deeskalation

Deeskalation ist das gezielte, stufenweise Entschärfen von Konflikten oder Gewaltsituationen.

Bereits im Vorfeld von Maßnahmen ist es wichtig, Konfliktsituationen frühzeitig zu erkennen. Zur Einsatzvorbereitung gehört eine anlassbezogene und situationsgerechte Gefahrenanalyse. Dabei sollen denkbare Reaktionen des Gegenübers bei der Planung der eigenen Vorgehensweise vorausschauend mit einbezogen werden. Als ständiger einsatzbegleitender Soll-Ist-Abgleich soll so ein gegenseitiges „Hochschaukeln" der Beteiligten vermieden werden. Neben der Vermeidung von Konfliktsituationen als Einstieg in die deeskalierende

Einsatzbewältigung, ist die Kommunikation wesentliches Einsatzmittel unter Berücksichtigung ihrer sprachlichen wie körpersprachlichen Elemente. Menschenkenntnis und selbstbewusstes Einschreiten auf Grund sozialer und persönlicher Kompetenz sowie ausgeprägter Fach- und Methodenkompetenz sind für eine konfliktminimierte und somit professionelle Einsatzbewältigung unverzichtbar. Erkennen und Vermeiden von Gefahrensituationen sowie Einsatz von Deeskalationstechniken in Konfliktsituationen sind auch Schwerpunkt in den in Deutschland vorgeschriebenen Unterrichtungen der IHK sowie den Sachkundeprüfungen nach § 34 a GewO.
Literatur: ASW-Leitfaden Sachkundeprüfung (http://buchshop.secumedia.de)
(Neu aufgenommen am 9.5.2004)

(Schürmann)

Degausser

Siehe Löschgerät

Denial-of-Service (DoS) Attacke

Siehe auch E-Mail-Sicherheit, Exploit, Hacker, IT-Sicherheit, Relaying

DoS Attacke ist der Oberbegriff für den Angriff auf die Verfügbarkeit von Netzwerkdiensten, i.d.R. Internet-Diensten, wie z.B. Web-Server. Die häufigsten DoS Attacken sind:
a) Mail Bombing; Versenden einer großen Anzahl von Mails an einen Empfänger. Ziele der Attacke sind sehr lange Wartezeiten, bzw. Absturz des Systems und der Mail-Server durch erhöhte Last. Eine besondere Variante dieser Attacken sind →Viren und →Würmer, die sich über Mail-Systeme verbreiten.
b) Mail-List Bombing; das Abonnieren zahlreicher Mailinglisten auf eine fremde eMail-Adresse.
c) distributed DoS (DDoS); DoS Attacke, die von vielen Systemen synchronisiert durchgeführt wird. In der Regel werden schlecht geschützte Systeme mit direkter Internet-Verbindung und großer Bandbreite (z.B. Universitäts-Server) für solche Attacken genutzt. Kleine Programme, sogenannte Agents, werden auf diesen Systemen implementiert und von zentraler Stelle über sogenannte Handler koordiniert.
d) Ping Flooding (auch Ping-of-Death); Versenden eines zu langen Ping (ICMP Echo-Request) an eine IP-Adresse, der das System zum Absturz bringt.
e) SYN Flooding; Nutzt Schwächen einiger TCP-Implementierungen aus, bei der zahlreiche Synchronisierungs-Anfragen an ein System geschickt werden, ohne diese zu bestätigen. Das angegriffene System öffnet die TCP-Sessions und hält diese offen, so dass das System überlastet wird und gegebenenfalls abstürzt.
f) Out-of-Band Attacken (auch Nuking); Angriff mit speziellen UPD-Paketen mit hoher Priorität, die das System überlasten und gegebenenfalls zum Absturz bringen.
(Letzte Änderung: 29.4.2004)

(Brunnstein)

Deposit-System

Siehe auch Panzerschrank, Wertschutzraum, Wertschutzschrank

System aus einer Aufnahmeeinheit und einer Einwurfeinheit und gegebenenfalls einem Fallschacht, der diese verbindet. Die Kassetten gelangen durch den Fallschacht in einen →Wertschutzraum oder Kassettenaufnahmeschrank (→Wertschutzschrank).
Das Deposit-System ist Bestandteil der Kundendiensteinrichtungen von Kreditinstituten, wo es zum Teil noch als Tag-Nacht-Tresoranlage bezeichnet wird. Es erfordert einen hohen mechanischen Schutz im Rahmen eines angemessenen Sicherheitssystems. Der Kassettenaufnahmeschrank (Aufnahmeeinheit) muss, sofern er nicht im →Wertschutzraum steht, ein →Wertschutzschrank nach EN 1143-1 sein.
Konstruktionsmerkmale:

- Einwurfvorrichtung mit Tür, Klappe, Einwurftrommel oder Schieber für die Deposits (Geldkassetten).
- Hinter der Einwurfvorrichtung eingebaute Rückholsperre, die das „Fischen" von eingeworfenen Deposits verhindert.
- Die Einwurfvorrichtung mündet direkt in eine Aufnahmeeinheit (→Wertschutzschrank) bzw. ist mit der Aufnahmeeinheit durch einen Fallschacht verbunden.
- Protokoll- und /oder Quittungsdrucker werden als Optionen angeboten.

Der Kassettenaufnahmeschrank als Aufnahmeeinheit kann im Innern ausgepolstert sein

und verfügt – sofern notwendig – über eine Fallbremse, damit die Deposits nicht beschädigt werden. Je nach System können die Benutzer der Anlage mit oder ohne Kontrollmünzen eine oder mehrere leere Kassetten entnehmen. Für Deutschland schreibt die Berufsgenossenschaftliche Vorschrift →UVV „Kassen" (BGV C9) im Hinblick auf den Überfallschutz vor, dass die Vorderfronten an übersichtlichen Standorten mit gut ausgeleuchtetem Umfeld liegen. Während der Entsorgung durch Bankmitarbeiter darf der Arbeitsbereich nicht öffentlich zugänglich und ein Einblick von außen nicht möglich sein.
Deposit-Systeme werden nach EN 1143-2 typgeprüft und vom →European Certification Board·Security Systems (ECB·S) nach dieser Europäischen Norm zertifiziert. Die EN 1143-2 beinhaltet einen Systemtest, der auf der Basisnorm EN 1143-1 aufgebaut ist. Der →Wertschutzschrank bzw. →Wertschutzraum wird nach dieser Basisnorm geprüft. Darüber hinaus wird das System einschließlich des vorgesehenen Gerätes entsprechend der geplanten Nutzung getestet. In dem Systemtest wird somit nicht nur die Wandung oder die Tür untersucht (Teildurchbruch), sondern es wird an dem Gesamtgerät einschließlich dem Wertschutzschrank bzw. Wertschutzraum und der eingebauten Funktionsmechanismen geprüft, ob die zur Aufbewahrung bestimmten Einlagen (Deposits) entnommen werden können.
Die EN 1143-2 definiert zwei Arten von Deposit-Systemen:

- Nachttresore, die Kunden von Kreditinstituten zur Aufnahme von Deposits zur Verfügung stehen, und
- Deposit-Safes, die Angestellten eines Unternehmens zur sicheren Verwahrung von Geld und/oder Werten zur Verfügung stehen.

Informationen über Deposit-Systeme nach EN 1143-2 und die →ECB·S-Zertifizierung erteilt die European Security Systems Association ESSA (früher Forschungs- und Prüfgemeinschaft Geldschränke und Tresoranlagen e.V.), Lyoner Straße 18, 60528 Frankfurt,Tel. +49 69 6603-1451, Fax +49 69 6603-1675, E-mail: ecbs@vdma.org, Internet: www.ecb-s.com
(Letzte Änderung: 17.7.2006)

(Reingen)

DES

Siehe auch IDEA, Rijndael, Triple-DES, Verschlüsselung (mit weiteren Verweisen).

Von IBM entwickeltes und in den USA genormtes symmetrisches Verschlüsselungs-Verfahren (DES = Data Encryption Standard), das wie folgt abläuft:
Zunächst wird eine binäre Zufallsfolge mit 56 (eigentlich 64, wovon aber 8 als Prüfziffern dienen) Zeichen erzeugt. Diese Zufallsfolge dient als Schlüssel, mit seiner Hilfe wird die Nachricht N in eine Pseudozufallsfolge S(N) verwandelt.
Die Nachricht wird als Folge von Dualzahlen dargestellt und in Blöcke zu je 64 Bit aufgeteilt.
N wird in eine linke und eine rechte Hälfte L und R aufgeteilt. Beide Hälften werden permutiert (jeweils Vertauschung der Reihenfolge der Zeichen) in L0 und R0.
Nach dieser sogenannten Anfangspermutation folgt der eigentliche erste Schritt:

- der Schlüsselrechner erzeugt einen Unterschlüssel K,
- mit Hilfe dieses Unterschlüssels wird durch den Chiffrierrechner aus L0 eine neue Zeichenkette erzeugt, die jetzt als rechte Seite dient, aus L0 wird also R0, und entsprechend L1 aus R0.

Dieser Vorgang wird insgesamt 16 mal durchgeführt. Die letzte entstandene Zeichenkette L16R16 wird noch einer Abschlusspermutation unterzogen, entstanden ist die 64 Bit Pseudozufallsfolge S(n).
→Triple DES: Dreimaliges Ver-/Entschlüsseln nach unterschiedlichen Verfahren. In der Regel werden aus einem Grundschluessel von 128 Bit Länge drei Schlüssel generiert, mit dem ersten wird die Nachricht verschlüsselt, mit dem zweiten entschlüsselt und dann mit dem dritten Schlüssel verschlüsselt.
Im Herbst 2000 hat das US-amerikanische National Institute of Standards and Technology (NIST) den Algorithmus „→Rijndael" als designierten Advanced Encryption Standard (AES) (http://www.nist.gov/aes) ausgewählt. Die Verabschiedung des AES als US-amerikanischer Federal Information Processing Standard (FIPS) 197 ist im Dezember 2001 erfolgt. Der AES hat somit offiziell den Data Encryption Standard abgelöst und soll für voraussichtlich die nächsten 20 bis 30 Jahre schutzbedürftige Daten sichern.

(Letzte Änderung: 13.6.2004)

(Redaktion)

Detektionssicherheit

Siehe auch Alarmplausibilität, Algorithmentechnologie, Falschalarm.

Die Detektionssicherheit ist die Sicherheit, dass jede Bedrohungslage, für deren Entdeckung ein Detektionssystem konzipiert ist, rechtzeitig erfasst und gemeldet wird.

Die Detektionssicherheit ist das zentrale Merkmal eines modernen Sicherheitssystems. Das System soll nur dann einen Alarm auslösen, wenn ein Gefahrenereignis vorliegt. Fehlalarme – z. B. Brandalarme, die ohne Brand ausgelöst werden – verursachen Kosten durch Betriebsunterbrüche und den Einsatz der Feuerwehr. Zudem besteht die Gefahr, dass sich die Personen an Fehlalarme gewöhnen und bei echter Gefahr die Alarmsignale ignorieren und nicht genügend schnell reagieren.

(Letzte Änderung: 3.7.2006)

(Wigger)

Detektive

Nach Angaben des Statistischen Bundesamtes gibt es in Deutschland rund 1500 private, umsatzsteuerpflichtige Detekteien. Etwa ein Drittel davon sind in einem Berufsverband organisiert. Im Prinzip ist der Detektiv ein Einzelunternehmer. Es gibt nicht viele Detekteien mit mehreren festen Mitarbeitern. Insgesamt arbeiten in Deutschland nach den Erhebungen des →Bundesverbandes Deutscher Detektive (BDD) etwa 3.000 detektivisch tätige Personen. Im Zeitalter der Industrialisierung, der ansteigenden Kriminalität und der Entwicklung zur Informationsgesellschaft haben sich die ursprünglichen, vorwiegend auf dem privaten Sektor liegenden Tätigkeiten schwerpunktmäßig in den wirtschaftlichen Bereich verlagert. Die sogenannten Kaufhausdetektive, die im Groß- und Einzelhandel zur Absicherung gegen Warendiebstahl eingesetzt werden, gehören aber nicht zum Privatdetektivgewerbe, sondern zum Wach- und Sicherheitsgewerbe. Deren Anforderungsprofil kann man unter http://www.bdd.de/modules/wfsection/article.php?articleid=109 herunterladen.

Häufig werden Detektive im Vorfeld staatlicher Ermittlungstätigkeiten im Auftrag von Privatpersonen, Rechtsanwälten oder der Wirtschaft tätig, wenn diese ein berechtigtes/rechtliches Interesse glaubhaft machen können. Ihre Recherchen können aber auch parallel zu staatlichen Ermittlungstätigkeiten erfolgen. Das Ergebnis ihrer Dienstleistung kann in Zivil- oder Strafprozesse einfließen. Die Ermittlungsergebnisse müssen deshalb gerichtsverwertbar sein, das heißt, sie müssen als Beweismittel vor Gericht anerkannt werden. Dies gilt sowohl für Zivil- als auch für Strafprozesse. Der Auftraggeber muss das Ermittlungsergebnis des Detektivs aber nicht bekannt geben, sondern kann es für sich behalten, um mit einem Betroffenen eine individuelle Regelung oder im Falle eines Unternehmens eine betriebsinterne Lösung zu finden, um zum Beispiel ungewollte negative Schlagzeilen zu vermeiden.

Zur Ausübung eines Detektivgewerbes bedarf es nur einer Gewerbeanmeldung nach § 14 Gewerbeordnung. Das Gewerbeamt kann die Zuverlässigkeit durch ein Führungszeugnis und eine Auskunft aus dem Gewerbezentralregister überprüfen. Nach dieser Gewerbeanmeldung kann jeder in Deutschland die Bezeichnung „Detektiv“ führen und die damit verbundenen Arbeiten ausführen, unabhängig von der beruflichen Bildung, Erfahrung und persönlichen Eignung. Es gibt auch keine gesetzlich vorgeschriebene Ausbildung und damit auch keine staatliche oder öffentlich-rechtliche Prüfung, z.B. vor der Industrie- und Handelskammer. Ein Realschulabschluss und eine abgeschlossene Berufsausbildung, vorzugsweise im kaufmännischen oder verwaltungsfachlichen Bereich, sind aber nach Einschätzung der Berufsverbände eine unerlässliche Voraussetzung für die Aufnahme einer Detektivtätigkeit. Gute Voraussetzungen bringen auch diejenigen mit, die zuvor eine Tätigkeit bei Notaren oder Rechtsanwälten sowie im Polizeivollzugs- oder Kriminaldienst ausgeübt, bzw. Dienst in der Bundeswehr als Feldjäger oder im Militärischen Abschirmdienst geleistet haben. Eine Grundausbildung zum Detektiven bieten Lehreinrichtungen, die vom BDD als Fortbildungseinrichtungen für das Detektivgewerbe anerkannt sind.

Im Gegensatz zu den staatlichen Ermittlungs- und Strafverfolgungsbehörden hat der Privatdetektiv keinerlei besondere Rechte, insbesondere keine hoheitlichen Befugnisse. Ein Detektiv darf aber alles, was vom Gesetz nicht aus-

drücklich untersagt ist. Er muss deshalb so rechtskundig sein, dass er die geltenden gesetzlichen Bestimmungen nicht überschreitet, um nicht selbst mit dem Gesetz in Konflikt zu geraten.
Für einen Detektiv in einem anerkannten Berufsverband gilt die Berufsordnung des Detektivgewerbes (http://www.bdd.de/Download/Berufsordnung Stand Druck2005.pdf) als Maßstab und Grundlage für seine Arbeit. Diese Berufsordnung stellt somit einen Ehrenkodex für das Detektivgewerbe dar und legt Handlungsnormative für detektivisches Handeln fest. Bei Regelverstößen gegen diese Standesregeln haben die Mitglieder eines Detektivverbandes mit Sanktionen bis zum Ausschluss aus dem Verband zu rechnen.
(Neu eingefügt: 22.7.2006)

(Sturhan)

Detektor

Siehe Brandmelder, Einbruchmelder, Gaswarnsystem, Wassermeldesystem.

Deutsche Kommission Elektrotechnik Elektronik Informationstechnik im DIN und VDE (DKE)

Kurzbeschrieb und Anschrift →Behörden, Verbände, Institutionen (siehe dort auch unter DIN und VDE).

Deutsches IT-Sicherheitszertifikat

Siehe IT-Sicherheitszertifizierung

Dezibel (dB)

Das Dezibel ist ein logarithmisches Pegel- oder Verhältnismaß, welches seinen Ursprung in der Fernmeldetechnik hat. (Mit dem Namen „Bel“ soll an Graham Bell, den Erfinder des Telefons erinnert werden.) Es ist definiert als der 10fache Zehnerlogarithmus eines Verhältnisses quadratischer Größen, z. B. Leistungen:

$$10 \lg \frac{P_2}{P_1} = a \text{ (dB)}$$

Es lassen sich aber auch Verhältnisse von linearen Größen wie Wechselspannung, Wechselstrom, Schwingungsbeschleunigungen usw. durch Verhältnisse zugeordneter Leistungen ausdrücken, so dass o. a. Definition auch hierfür anwendbar ist. Setzen z. B. die ins Verhältnis gesetzten Wechselspannungen u_1 und u_2 oder Wechselströme i_1 und i_2 an einem Widerstand gleicher Größe die Leistung in Wärme um, so lässt sich das mit nachstehend aufgeführter Verhältnisgleichung ausdrücken:

$$\frac{P_2}{P_1} = \frac{u_2^2}{R} x \frac{R}{u_1^2} = \frac{i_2^2 x R}{i_1^2 x R}$$

Beim Herauskürzen des Widerstandes ist sofort zu erkennen, dass sich die Leistungen wie die Quadrate der Spannungen oder der Ströme verhalten. Hieraus ergibt sich für das logarithmische Pegel- oder Verhältnismaß nachstehende Beziehung, die auch für alle anderen quadratischen und linearen Schwingungsgrößen Gültigkeit hat:

$$10 \lg \frac{u_2^2}{u_1^2} = 20 \lg \frac{u_2}{u_1} \text{ dB}$$

Der englische Mathematiker Henry Briggs wollte mit dem Zehnerlogarithmus das Rechnen einfacher gestalten, und genau das wurde auch mit der Einführung des Pegel- oder Verhältnismaßes Dezibel bezweckt. Dort wo sich bei Übergangsstrecken der Fernmeldetechnik unterschiedlichste Verstärkungen abwechseln, kann man den Gesamtpegel durch Addieren bzw. Substrahieren – statt durch das sonst im linearen Maßstab erforderliche Multiplizieren bzw. Dividieren – ermitteln.
Ein weiterer Vorteil ist, dass sich große Frequenzbereiche oder weite Bereiche von Druckschwankungen im logarithmischen Maßstab viel übersichtlicher darstellen lassen. Unser Ohr kann z.B. einen riesigen Schalldruckbereich verarbeiten, der von der Hörschwelle (2×10^{-4} Mikrobar) bis zur Schmerzschwelle (2×10^{2} Mikrobar) reicht und somit 6 Zehnerpotenzen beträgt.
Man unterscheidet relative und absolute Pegel bzw. Pegelmaße. Mit dem relativen Pegel wird die Änderung eines Messwertes beschrieben. Hierbei wird der neue Messwert mit dem ursprünglichen ins Verhältnis gesetzt; eine Vergrößerung drückt sich durch ein Pluszeichen und eine Verkleinerung durch ein Minuszeichen aus.
Wird ein Messwert zu einem vereinbarten Bezugswert ins Verhältnis gesetzt, dann erhält man einen absoluten Pegel. Absolute Pegelangaben sind nur vollständig, wenn auch der ver-

einbarte Bezugswert genannt wird. Beispiele hierfür sind:
der Schallleistungs- bzw. Schallintensitätspegel L_P

$$L_P = 10 \lg \frac{P_a}{P_{ao}}$$

P_a = Schallleistung, die von einer Schallquelle abgestrahlt wird
$P_{ao} = 10^{-12}$ W/m² = Bezugsschallleistung
und der Schalldruckpegel L

$$L = 10 \lg \frac{P}{P_o}$$

P = gemessener Schalldruck
$P_o = 2 \times 10^{-5}$ N/m² = Schalldruck an der Hörschwelle des Menschen
Für die überschlägige Abschätzung in der Praxis reicht es im Allgemeinen, sich einige Verhältniszahlen mit den dazugehörenden Zahlenwerten in dB zu merken:

2fache Leistung entspr.	3 dB
3fache Leistung entspr.	5 dB
5fache Leistung entspr.	7 dB
10fache Leistung entspr.	10 dB
100fache Leistung entspr.	20 dB
2fache Spannung entspr.	6 dB
3fache Spannung entspr.	10 dB
5fache Spannung entspr.	14 dB
10fache Spannung entspr.	20 dB
100fache Spannung entspr.	40 dB

(Redaktion)

DFK

Stiftung „Deutsches Forum für Kriminalprävention“ (DFK)
Kurzbeschrieb und Anschrift →Behörden, Verbände, Institutionen.

DFV

Deutscher Feuerwehrverband e.V., Bonn.
Kurzbeschrieb und Anschrift →Behörden, Verbände, Institutionen.

DGWK

Deutsche Gesellschaft für Warenkennzeichnung GmbH, Berlin. Jetzt DIN CERTCO.
Kurzbeschrieb und Anschrift →Behörden, Verbände, Institutionen.

Diagnosemeldertechnik

Siehe auch Brandmeldeanlage, Brandmelder, Prozessmeldertechnik

Die Diagnosemeldertechnik erlaubt neben der eigentlichen Detektion der Brandkenngröße auch eine automatische Selbstdiagnose der Sensorfunktion in Verbindung mit einer mikroprozessorgesteuerten Zentrale. Folgende Informationen werden von jedem Einzeldiagnosemelder an die Zentrale weitergeleitet und ausgewertet:

- Ort der Erstalarmmeldung
- Ort aller Folgealarmmeldungen zur Rekonstruktion der Brandausbreitung
- Ort eines zu empfindlichen Melders
- Ort eines zu unempfindlichen Melders.

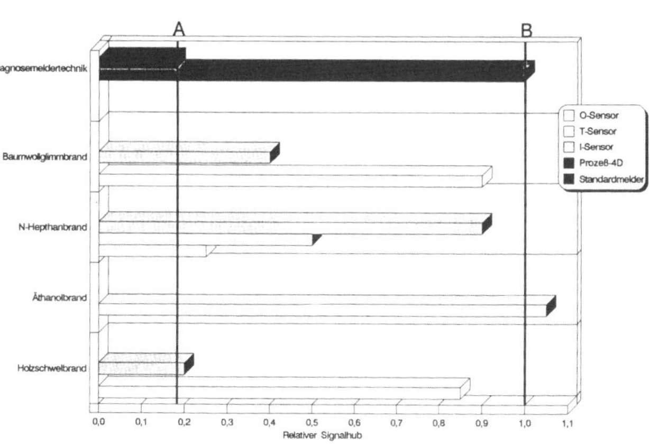

Diagnosemelder gestatten eine stufenlose Kompensation von Umwelteinflüssen, wie z.B. Staubhintergrundlasten, Veränderung der Gaskonzentration, Veränderung der Umgebungstemperatur je nach Sensorart.
Die Melder ermöglichen eine permanente Funktionskontrolle und Selbstdiagnose.
Diagnosemelder können kombiniert werden mit technischen Alarmbausteinen und Steuerbausteinen zur melderbezogenen Ansteuerung von Brandschutztüren, Rauchklappen etc.
Bei Ausfallen eines zentralen Verarbeitungsknotens liefern Diagnosemelder im Rahmen der Notredundanzfunktion (→Redundanz) eine Alarmsammelmeldung über den Notredundanzpfad der Zentrale an die Feuerwehr.
Die Melder sind in den verschiedenen in der Brandmeldetechnik vorkommenden Ausführungen als →Ionisations-Rauchmelder, Streulichtmelder, Thermodifferenzialmelder, Thermomaximalmelder, Flammenmelder und Druckknopfmelder verfügbar.
Für den Einsatzbereich bei kritischen Umgebungsbedingungen im Rahmen rasch veränderlicher Umwelteinflüsse sowie im Falle baulicher Nutzungsänderungen oder nicht definierter Brandlasten sind Mehrkriteriendiagnosemelder als Kombination aus optischem und Thermodifferenzialmelder bzw. optischem, Ionisations- und Thermodifferenzialmelder erhältlich. Diese Melder besitzen eine von der Brandart weitestgehend unabhängige Ansprechempfindlichkeit auf alle in der Praxis auftretenden Brandaerosole und Temperaturprofile. Die relative Ansprechempfindlichkeit der Einzel- und Mehrkriteriendiagnosemelder ist dem folgenden Diagramm zu entnehmen.
Bei Überschreiten der Kompensationsgrenzen erzeugt der Melder ein separates Störsignal, das in der →Brandmelderzentrale zur Wartungsanforderung führt. Mit Hilfe der integrierten Adressierelektronik können Diagnosemelder innerhalb der Leitung einzeln identifiziert und zur Wartung entnommen werden.
(Letzte Änderung: 16.5.2004)

(Buschmann)

Dialoglinientechnik

Siehe Alarmzentrale.

Diamantkronenbohrer

Hohlbohrer mit einer mit Diamanten besetzten Krone, zur Erzeugung von Löchern größeren Durchmessers in Beton, Stein, Mauerwerk etc. Sehr geräuscharme Arbeitsweise und hohe Vorschubgeschwindigkeiten auch in härtestem Material.
Konstruktionsmerkmale:

- Stahlrohr von 30 mm bis 800 mm Durchmesser mit einer mit Diamanten besetzten Krone
- Elektrischer oder hydraulischer Antrieb
- Vorschubgeschwindigkeiten von 20–50 mm/Min. in Beton
- Wasserzufuhr zur Kühlung der Bohrkrone und zum Wegschwemmen des Bohrstaubes. Bei einfachen Geräten kann die Wasserzufuhr auch fehlen.

Weit verbreitetes, von vielen Baufirmen benutztes Werkzeug. Extrem dickes Mauerwerk bereitet insofern Probleme, als zur Entfernung des Bohrkerns einiger Aufwand vonnöten ist.
Neben Diamantbohrern sind auch Diamantsägen und -fräsen gebräuchlich. Diamantkronenbohrer spielen in der Sicherheit als Angriffswerkzeug gegen Wertbehältnisse eine Rolle. Der Zusatz „CD/KB“ (Core Drill/Kernbohrgerät) bei einer Zertifizierung bedeutet, dass der →Wertschutzschrank oder der →Wertschutzraum Kernbohrgeräten einen definierten Widerstand leistet.
(Letzte Änderung: 17.7.2006)

(Kappeler)

Das Kürzel „CD/KB“ bescheinigt einem Wertbehältnis (→Wertschutzraum oder *→Wertschutzschrank) die bestandene Zusatzprüfung mit einem Kernbohrgerät. (Foto: European Security Systems Association ESSA (früher Forschungs- und Prüfgemeinschaft Geldschränke und Tresoranlagen e.V.)*

DIBt

Deutsches Institut für Bautechnik (DIBt), Berlin.
Kurzbeschrieb und Anschrift →Behörden, Verbände, Institutionen.

Dichtschließende Tür

Siehe auch Feuerschutzabschluss, Rauchschutztür.

An einigen Stellen von Gebäuden verlangen die bauaufsichtlichen Bestimmungen als Maßnahme des vorbeugenden Brandschutzes „dichtschließende Türen", die die Ausbreitung von Rauch im Gebäude behindern sollen (z.B. § 32 (10) und § 33 (3) MBO 96).
Der Begriff ist nicht in einer Norm definiert. In Nr. 17.1 der Verwaltungsvorschrift zur Landesbauordnung Nordrhein-Westfalen (VVBauO NW 2000) ist hierzu angeführt:
„Im Bereich der Rettungswege unterscheidet die Landesbauordnung zwischen dichtschließenden Türen, rauchdichten Türen (→Rauchschutztür) sowie Türen einer Feuerwiderstandsklasse je nach dem Grad ihrer Anforderung. Als „dichtschließend" gelten Türen mit stumpf einschlagendem oder gefälztem Türblatt und einer mindestens dreiseitig umlaufenden Dichtung. Verglasungen in diesen Türen sind zulässig."
Nach dieser Beschreibung, die eine Vielzahl von Ausführungsvarianten zulässt, dürfen „dichtschließende Türen" am Boden einen offenen Luftspalt haben. Damit ist die Rauchdurchlässigkeit (= Leckrate) solcher Türen nach oben nicht begrenzt. Sie hängt nicht nur von der Bodenspaltbreite, sondern auch von der Steifigkeit des Türflügels, der Art und Lage der angebrachten Verschlüsse und Dichtungen sowie den im Augenblick der Rauchentwicklung herrschenden Luftdruckverhältnissen im Gebäude ab (Zugerscheinungen, Überdruck infolge Temperaturerhöhung durch Brandgase).
Die Auswirkungen der konstruktiven Eigenschaften auf die dichtende Eigenschaft der Türen wird nicht durch eine Dichtheitsuntersuchung geprüft. In früher durchgeführten vergleichenden Untersuchungen wurde festgestellt, dass „dichtschließende Türen" bei 50 Pa Druckdifferenz Leckraten von 200 bis 400 m^3/h aufweisen (Vergleich: Einflügelige →Rauchschutztüren nach DIN 18 095 dürfen bei dieser Druckdifferenz eine Leckrate von maximal 20 m^3/h haben).
„Dichtschließende Türen" sind nicht selbstschließend. Wenn die Eigenschaft selbstschließend zusätzlich gefordert ist, fordern die bauaufsichtlichen Bestimmungen „dicht- und selbstschließende Türen". Für diese Türen gilt hinsichtlich der Ausführung und Dichtheit das Gleiche wie für „dichtschließende Türen".
Im Vergleich zu →Rauchschutztüren sind sowohl „dichtschließende Türen" als auch „dicht- und selbstschließende Türen" als schwächste Schutzmaßnahme anzusehen, da sie die Aufgabe, die Ausbreitung von Rauch im Gebäude zu behindern, nur in begrenztem Maße erfüllen können: Sie sind nur wirksam bei warmem Rauch, im Anfangsstadium einer Rauchentwicklung und solange sich auf beiden Seiten der geschlossenen Tür kein nennenswerter Luftdruckunterschied aufgebaut hat.
(Letzte Änderung 14.4.2004)

(Prof. Westhoff)

Diebesfalle

Zur Feststellung von Diebstahlverdächtigung, wobei in der Regel eine Vielzahl von möglichen Tätern infrage kommt, empfiehlt es sich, eine sogenannte Diebesfalle auszulegen. Dabei werden chemische Substanzen auf organischer (wie Ninhydrin, Rhodamin B, Phenolphrhalein) oder anorganischer Basis (wie Silbernitrat, Zink/Cadmium-Leuchtpigmente) verwendet, die sich vom zu sichernden Objekt auf den Täter, seine Kleidung oder andere Gegenstände übertragen und später durch chemische oder physikalische Methoden an Personen (Färbung der Haut) bzw. Sachen (Fluoreszenz) nachgewiesen werden können. Zur Aufklärung von Benzin-, Heizöl- und Dieselkraftstoff-Diebstählen werden diese Flüssigkeiten mit Indikatoren (organische Verbindungen) versetzt, die originär in diesen Produkten nicht enthalten sind.

(Dr. Steinke)

Differenzialmelder

Siehe auch Wärmemelder.

„Differenzialmelder sprechen an, wenn die Änderungsgeschwindigkeit der gemessenen Kenngröße einen bestimmten Wert für eine genügend lange Zeit überschreitet."

(Definition nach DIN EN 54 T1)

3

Digital/Analog

Mit „digital“ bezeichnet man eine Methode zur Darstellung bzw. Übermittlung von Daten, insbesondere im Gegensatz zur analogen Methode.

Während bei der analogen Darstellung die Intensität eines elektrischen Stromes oder einer Spannung in direkter Beziehung zur darzustellenden Größe (z.B. Temperatur, Geschwindigkeit) steht, werden die Daten bei der digitalen Methode als Ziffernfolge codiert.

Obwohl die digitale Darstellung nicht an ein bestimmtes Zahlensystem gebunden ist, wird in der Technik meistens das Binärsystem benützt, welches nur die zwei Ziffern 0 und 1 kennt. Diese werden durch zwei Zustände

- Strom / kein Strom
- Schalter offen / geschlossen
- Magnetisierung Nord / Süd
- Loch / kein Loch
- usw.

dargestellt. Der Informationsgehalt einer derartigen Unterscheidung zwischen zwei Zuständen wird als 1 bit bezeichnet. Die digitale Darstellung von Daten setzt sich immer mehr gegenüber der früher üblichen analogen Darstellung durch. Dafür sind vor allem drei Gründe maßgebend:

1. Digitale Schaltungen lassen sich aus einer relativ kleinen Anzahl von Elementarkreisen zusammenbauen, welche miniaturisierbar sind und in großen Stückzahlen zu immer günstigeren Preisen hergestellt werden können.
2. Digitale Schaltungen können störungsunempfindlich gebaut werden, da Störungen so lange kompensiert werden können, wie sich das empfangene Signal noch einem der beiden Zustände zuordnen lässt. Dies bedeutet z.B., dass sich digitale Signale auf langen Leitungen periodisch regenerieren lassen und auf diese Weise theoretisch unendlich weit übertragen werden können.
3. Digitale Signale lassen sich auf einfache Weise beliebig lange speichern.

Diese Eigenschaften ermöglichen u.a. die preisgünstige Herstellung von Digitalrechnern, welche bei identischen Programmen und gleichen Eingaben exakt reproduzierbare Ergebnisse liefern.

Der Preis für diese Vorteile liegt in der hohen Anzahl von Schaltelementen, welche zur Erzielung einer hohen Genauigkeit erforderlich sind. So werden für 1 Prozent Genauigkeit 7, für 1 Promille 10 und für 0,001 Promille 20 bit benötigt (die Zahl 100 hat im binären System 7 Stellen, die Zahl 1000 hat 10 und die Zahl 1 Million 20 Stellen).

(Spinnler)

Digitale Forensik

Siehe Computer Forensik

Digitale Signatur

Siehe auch PKI, Public Key, Trust Center, Secure E-Mail Gateway, Signatur-Server, Verbindlichkeit, Wilful Act

Mit der Digitalen Signatur – diese wird manchmal auch als „elektronische Unterschrift“ und in der einschlägigen EU-Richtlinie als „elektronische Signatur“ bezeichnet – können Dokumente, die in elektronischer Form vorliegen, so gesichert werden, dass sowohl eine Manipulation des Inhalts und der Urheberschaft des Dokumentes erkannt, als auch (bei entsprechender Verfahrensgestaltung) die Urheberschaft unbestreitbar festgestellt werden kann. Hierzu wird aus dem Originaldokument mittels einer speziellen mathematischen Funktion (Hash-Funktion) eine „Kurzfassung“ (Hash-Wert) des Dokumentes berechnet. Die Kurzfassung wird mit dem „geheimen Schlüssel“ des Autors verschlüsselt (→Verschlüsselung); dieses Kryptat stellt den Authentikator des Dokumentes dar. Anschließend kann das Dokument zusammen mit dem Authentikator ungeschützt – z.B. über ein offenes Netz – an den Empfänger übertragen werden. Der Empfänger prüft die Echtheit und Unversehrtheit des Dokumentes dadurch, dass er zunächst ebenfalls die „Kurzfassung“ des Dokumentes berechnet, sodann den Authentikator mit dem „öffentlichen Schlüssel“ des Absenders entschlüsselt und das Entschlüsselungsergebnis mit der von ihm erzeugten „Kurzfassung“ des Dokumentes vergleicht. Wenn beides übereinstimmt, steht fest, dass weder das Dokument noch der Authentikator während der Übertragung verändert wurden: Der Authentikator des Dokumentes kann nur mit dem geheimen Schlüssel des Autors erzeugt und nur mit seinem öffentlichen Schlüssel geprüft werden. Der Empfänger kann deshalb auch sicher sein, dass nur der

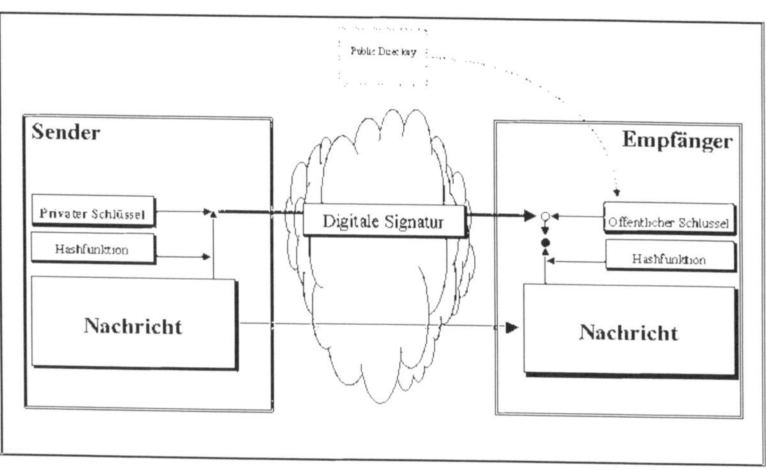

Funktionsablauf der digitalen Signatur und ihrer Prüfung (Grafik: Prof. Dr. Hartmut Pohl)

Besitzer des geheimen Schlüssels den Authentikator des betreffenden Dokumentes berechnen konnte.
Die Rahmenbedingungen für elektronische Signaturen sind in Deutschland im SigG (→http://www.iid.de/rahmen/iukdgbt.html) geregelt. Dort werden drei Arten von elektronischen Signaturen unterschieden: elektonische Signaturen, die zur Authentifizierung dienen, fortgeschrittene Signaturen, die darüberhinaus zur Sicherung von Daten geeignet sind und qualifizierte elektronische Signaturen die über ein gültiges Zertifikat verfügen.
(Letzte Änderung: 9.4.2000)

(Ernestus)

Digitaler Video-Bildspeicher

Siehe Bildspeicher, Video-Bildspeicher

Digitales Fernsprechnetz und ISDN

Siehe auch Digital, D-Kanal-Filter, D-Kanal-Überwachung, ISDN, S_0

Seit Ende der 70er Jahre werden auch in den Fernsprechnetzen digitale Techniken eingesetzt. International wurde ein digitaler Sprachkanal von 64 kbit/sec genormt, d.h., das analoge Sprachsignal wird mit einer Abtastgeschwindigkeit von 64 kbit/sec in Form diskreter Einzelwerte nachgebildet und über die physikalische Leitung übertragen. Die digitalen Übertragungsgeräte arbeiten nicht mit Trägerfrequenztechnik (Frequenz-Multiplex), sondern mit Puls-Code-Modulation-Technik (Zeitmultiplex). Dabei werden auf einer physikalischen Leitung mehrere 64 kbit/s-Sprachkanäle durch Zeitüberlagerung gebildet. Es gibt digitale Übertragungssysteme für Richtfunk- und Kabelanlagen, durch die 30-1920 Sprachkanäle gebildet werden.
Wird in einem Fernsprechnetz mit digitalen Vermittlungs- und Übertragungseinrichtungen auch die Teilnehmer-Anschlussleitung digitalisiert, so entsteht das „Integrated Services Digital Network“ (ISDN). Entsprechend der internationalen Normung wird in einem solchen Netz ein „transparenter 64 kbit/s-Kanal von Endgerät zu Endgerät“ aufgebaut. Damit ist in diesem Netz nicht nur die Übertragung von Sprache, sondern auch von Daten, Text, Grafiken und Testbild möglich, d.h., die früher getrennten Kommunikationsformen können in diesem Netz – unter Verwendung des bereits verlegten Kupfernetzes – „integriert“ werden. Man spricht von „Schmalband-Dienstintegration“.
Im Gegensatz dazu steht die „Breitband-Dienstintegration“ auf Glasfasernetzen, bei der auch noch das Bewegtbild (Videokonferenzen, Bildfernsprechen) hinzu kommt und bei der Bitraten von 2 Mbit/s bis 140 Mbit/s erforderlich sind.

Beim ISDN wird über einen getrennten Signalisierungskanal (D-Kanal mit 16 kbit/s) ein Basiskanal (B-Kanal) von 64 kbit/s von Endgerät zu Endgerät aufgebaut. Danach wird der D-Kanal freigeschaltet, und er kann zum Aufbau eines weiteren 64 kbit/s-Basiskanals zum gleichen oder einem anderen Teilnehmer genutzt werden. Auch der D-Kanal kann zwischen Endgerät und Ortsvermittlungsstelle getrennt zur Übertragung, z.B. von Fernwirkdaten, ausgenutzt werden.
Das ISDN gestattet nicht nur den Aufbau eines sehr schnellen transparenten Basiskanals von 64 kbit/s, sondern es können gleichzeitig 2 Kanäle über die gleichen Anschlussleitungen aufgebaut werden.

(Redaktion)

DIN

DIN Deutsches Institut für Normung e.V., Berlin. http://www.din.de
Kurzbeschrieb und Anschrift →Behörden, Verbände, Institutionen.
Inhaltsangaben der wichtigsten sicherheitstechnischen DIN-Normen: Sicherheits-Jahrbuch, Teil 7: Vorschriften, Bestimmungen, Richtlinien, Wegleitungen.

DIN 77200 Sicherungsdienstleistungen – Anforderungen

Die DIN 77200 legt Anforderungen an die Organisation, Personalführung und Arbeitsweise eines Unternehmens zur Erbringung von Sicherungsdiensleistungen fest. Sie gibt Qualitätskriterien für die Vergabe von Sicherungsdienstleistungen durch öffentliche und private Auftraggeber bzw. Nachfrager vor. Soweit der Zuschlag gemäß Dienstleistungsrichtlinie der EU (Richtlinie 92/50/EWG des Rates) auf das „wirtschaftlich günstigste Angebot" erfolgt und nicht ausschließlich auf das Kriterium des „niedrigsten Preises" abgestellt wird, ist die Norm geeignet, als Anleitung zur Auswahl und nachvertraglichen Prüfung des geeignetsten Auftragnehmers von Sicherungsdienstleistungen zu dienen. Sicherungsdienstleistungen, bei denen die Vergabekriterien so ausgestaltet sind, dass der Preis wichtiger als die Qualität bzw. der Preis von höchster Bedeutung ist, werden durch diese Norm nicht erfasst. Entsprechend der Norm können Sicherungsdienstleistungen nach drei unterschiedlichen Leistungsstufen qualifiziert werden.
Stufe 1: „Qualität und Preis sind von gleicher Wichtigkeit"
Stufe 2: „Qualität ist wichtiger als der Preis, aber der Preis bleibt relevant"
Stufe 3: „Qualtität ist von höchster Bedeutung, der Preis ist ein zweitrangiger Belang"
Die DIN 77200 ist über den „→Beuth Verlag, 10772 Berlin", zu beziehen. Zu weiteren Normenbezugsquellen, Auslegestellen usw. siehe im Sicherheits-Jahrbuch, Teil 7: Vorschriften, Bestimmungen, Richtlinien, Wegleitungen.
Eine am 27. Mai 2004 in Berlin neu gegründete Arbeitsgruppe mit der Bezeichnung CEN/BT/TF 167 „Security Services" verfolgt das Ziel einer einheitlichen Europäischen Norm. Die Arbeitsgruppe geht auf eine deutsche Initiative zurück und steht unter deutscher Federführung. Obmann ist der Hauptgeschäftsführer des →BDWS Dr. Harald Olschok. In der Arbeitsgruppe waren bei Gründung Fachleute aus zehn europäischen Staaten vertreten.
(Letzte Änderung: 11.6.2004)

(Beck)

DIN CERTCO

DIN CERTCO Gesellschaft für Konformitätsbewertung mbH., Berlin
Kurzbeschrieb und Anschrift →Behörden, Verbände, Institutionen.

DIN-Geprüft

Die Konformität mit DIN-Normen kann auf dreierlei Weise zum Ausdruck gebracht werden:

1. Das einfache Wort DIN mit der entsprechenden Normennummer (z.B. DIN V 18 252) ist ein eigenverantwortlicher Hinweis des Herstellers oder Importeurs, dass das Produkt vollkommen der genannten Norm entspricht.
2. Das Zeichen DIN mit waagrechten Balken oben und unten ist ein eingetragenes Verbandszeichen. Es besagt, dass das Produkt nach Wissen des Herstellers oder Importeurs vollkommen den in der DIN-Norm genannten Anforderungen und den sonstigen berechtigterweise zu stellenden Gebrauchsanforderungen genügt. Dieses

Zeichen darf jedoch dann nicht gebraucht werden, wenn nach der entsprechenden DIN-Norm zur Kennzeichnung des Erzeugnisses das DIN-Geprüft-Zeichen vorgesehen ist.

3. Das DIN-Geprüft-Zeichen:

4. Das Zeichen bescheinigt die Übereinstimmung eines Produkts, einer Dienstleistung oder auch eines Prozesses mit den in der DIN-Norm festgelegten Anforderungen aufgrund Prüfung und gegebenenfalls Eigen- und/oder Fremdüberwachung durch eine von DIN CERTCO Gesellschaft für Konformitätsbewertung mbH, Burggrafenstr. 6, 10787 Berlin, Tel (030) 26010, Fax (030) 2601-1610) anerkannte Prüfstelle. Grundlage für die Zertifizierung sind die in der Norm selbst und in einem ergänzenden Zertifizierungsprogramm getroffenen Festlegungen.

DIN CERTCO anerkannte Prüfstellen für einbruchhemmende Türen und Fenster

eph
Entwicklungs- und Prüflabor
Holztechnologie GmbH
Zellescher Weg 24
01217 Dresden
Telefon: +49 351 4662-0
Telefax: +49 351 4462-211
E-Mail: eph@ihd-dresden.de
Web: www.ihd-dresden.de

Holzforschung Austria der
Österreichischen Gesellschaft für
Holzforschung
Franz-Gill-Strasse 7
1030 Wien
OESTERREICH
Telefon: +43 1 79826230
Telefax: +43 1 798262650
E-Mail: hfa@holzforschung.at
Web: www.holzforschung.at

ift Institut für Fenstertechnik e. V.
Bereich Sicherheitstechnik
Theodor-Gietl-Straße 7-9
83026 Rosenheim
Telefon: +49 8031 261-0
Telefax: +49 8031 261-290
E-Mail: info@ift-rosenheim.de

PIV Prüfinstitut Schlösser
und Beschläge Velbert
Wallstrasse 41
42551 Velbert
Telefon: +49 2051 9506-5
Telefax: +49 2051 9506-69
E-Mail: piv-velbert@t-online.de

PTE Rosenheim GmbH/ift Zentrum
Theodor-Gietl-Str. 7–9
83026 Rosenheim
Telefon: +49 8031 26125-100
Telefax: +49 8031 26125-900
E-Mail: info@pte-rosenheim.de
Web: www.pte-rosenheim.de

VdS Schadensverhütung GmbH
Laboratorien
Amsterdamer Straße 174
50735 Köln
Telefon: +49 221 77660
Telefax: +49 221 7766466
E-Mail: lab@vds.de

MPA Nordrhein-Westfalen
Abteilung1, Dezernat 12
Marsbruchstraße 186
44287 Dortmund
Telefon: +49 231 4502-0
Telefax: +49 231 458549
E-Mail: info@mpanrw.de

DIN CERTCO anerkannte Prüflaboratorien für Profilzylinder

MPA Nordrhein-Westfalen
Abteilung1, Dezernat 12
Marsbruchstraße 186
44287 Dortmund
Telefon: +49 231 4502-0
Telefax: +49 231 458549
E-Mail: info@mpanrw.de

PIV Prüfinstitut Schlösser
und Beschläge Velbert
Wallstrasse 41
42551 Velbert
Telefon: +49 2051 9506-5
Telefax: +49 2051 9506-69
E-Mail: piv-velbert@t-online.de

PTE Rosenheim GmbH/ift Zentrum
Theodor-Gietl-Str. 7–9
83026 Rosenheim
Telefon: +49 8031 26125-100
Telefax: +49 8031 26125-900
E-Mail: info@pte-rosenheim.de
Web: www.pte-rosenheim.de

VdS Schadensverhütung GmbH
Laboratorien
Amsterdamer Straße 174
50735 Köln
Telefon: +49 221 77660
Telefax: +49 221 7766466
E-Mail: lab@vds.de

DIN CERTCO anerkannte Prüflaboratorien für einbruchhemmende im Falz eingelassene/aufschraubbare Nachrüstprodukte für Fenster und Türen

PIV Prüfinstitut Schlösser
und Beschläge Velbert
Wallstrasse 41
42551 Velbert
Telefon: +49 2051 9506-5
Telefax: +49 2051 9506-69
E-Mail: piv-velbert@t-online.de

VdS Schadensverhütung GmbH
Laboratorien
Amsterdamer Straße 174
50735 Köln
Telefon: +49 221 77660
Telefax: +49 221 7766466
E-Mail: lab@vds.de

DIN CERTCO anerkannte Prüflaboratorien für einbruchhemmende Gitter

PIV Prüfinstitut Schlösser
und Beschläge Velbert
Wallstrasse 41
42551 Velbert
Telefon: +49 2051 9506-5
Telefax: +49 2051 9506-69
E-Mail: piv-velbert@t-online.de

DIN CERTCO anerkannte Prüflaboratorien für Türbeschläge

PIV Prüfinstitut Schlösser
und Beschläge Velbert
Wallstrasse 41
42551 Velbert
Telefon: +49 2051 9506-5
Telefax: +49 2051 9506-69
E-Mail: piv-velbert@t-online.de

PTE Rosenheim GmbH/ift Zentrum
Theodor-Gietl-Str. 7–9
83026 Rosenheim
Telefon: +49 8031 26125-100
Telefax: +49 8031 26125-900
E-Mail: info@pte-rosenheim.de
Web: www.pte-rosenheim.de

DIN CERTCO anerkannte Prüflaboratorien Einsteckschlösser für Türen

PIV Prüfinstitut Schlösser
und Beschläge Velbert
Wallstrasse 41
42551 Velbert
Telefon: +49 2051 9506-5
Telefax: +49 2051 9506-69
E-Mail: piv-velbert@t-online.de

(Letzte Änderung: 27.5.2004)

(Redaktion)

DIN Profil

Siehe auch DIN Zylinder, Hahnprofil, Schließzylinder.

Die Gehäuseform von Profilzylindern (→Hahnprofil) ist in DIN 18 252, Ausgabe September 1999 definiert. Die Maße sind von entscheidender Bedeutung für das Zusammenspiel des Profilzylinders mit →Zylinderschloss und →Schutzbeschlag.

(Neu aufgenommen am 1.6.2000)

(Krühn)

DIN Zylinder

Siehe auch DIN Profil, Hahnprofil, Schließzylinder.

Begriffe und Anforderungen an Profilzylinder (→Hahnprofil) sind in DIN 18 252, Ausgabe September 1999 definiert. DIN 18 252 be-

schreibt die über die DIN EN 1303 hinausgehenden Merkmale und Anforderungen der in Deutschland und dem europäischen Ausland gebräuchlichen Zylinderbauform des Profilzylinders. Dies sind insbesondere seine Außenabmessungen (→DIN Profil) und die Besonderheiten von →Schließanlagen.
(Neu aufgenommen am 1.6.2000)

(Krühn)

Directory

Siehe PKI

Disaster Recovery

Siehe auch Business Continuity, Datensynchronisation, Inventarverwaltung, Katastrophe, KonTraG, Krisenmanagement, Notfall, Notfalldokumentation (IT), Störfall.

Als Disaster Recovery (DR) wird das Teilgebiet des Business Continuity bezeichnet, welches asich mit

- vorsorgenden und
- planenden

Maßnahmen zur Vermeidung bzw. Minimierung von geschäftsschädigenden Einflüssen (meist auf die IT) beschäftigt.
Unterschieden werden dabei

- Maßnahmen zur Minimierung der Eintrittswahrscheinlichkeit eines Schadens
  - redundante Systeme
  - mehrere RZ-Standorte
  - Datensicherung und Auslagerung
- organisatorische und technische Dokumentation für einen geregelten Notbetrieb nach Eintritt eines Schadens
  - Notfallhandbuch
  - Wiederanlaufplanung
  - Serviceverträge
  - Versicherungen

Ziel ist es, die Unternehmensfunktionen während eines Notbetriebes weitestgehend aufrecht zu halten bzw. in einer angemessenen Zeit wiederherzustellen.
Dabei sind die Kosten der DR-Maßnahmen gegen die

- wirtschaftlichen Schäden
- rechtlichen Schäden und
- Imageschäden

die dem Unternehmen entstehen können, abzuwägen.
Das DR darf im Unternehmen aber nicht ausschließlich auf das RZ reduziert werden.
Nur im Zusammenspiel mit anderen Unternehmensbereichen, wie z.B.

- Netzwerktechnik (LAN / WAN)
- Telekommunikation
- Haustechnik (Klima-, Energieversorgung, Sicherheitstechnik) etc.

entsteht ein wirksames DR-Konzept.
(Letzte Änderung: 5.7.2006)

(Lohse)

Diskettensafe

Siehe Datensicherungs....

Distributed DoS (DDoS)

Siehe Denial-of-Service (DoS) Attacke

D-Kanal-Überwachung

Siehe auch Alarmkarte, ALARMNET der TUS, Alarmzentrale, ATM, AWAG, AWUG, Brandmeldeanlage, Datex-P, Digitales Fernsprechnetz, Fax on Demand, Fern-Videoüberwachung, Interventionsattest, ISDN, Übertragungsgeräte, Verbindungsarten.

Um eine zusätzliche Sicherheit bzw. Betriebskontinuität für Leitstellen zu erreichen, werden spezielle Verfahren zur Erkennung von Leitungs-/Netzstörungen entwickelt und patentiert, die sich der Protokollauswertung bedienen.
Diese Verfahren sind bei besonderem Sicherheitsbedarf bei den Übertragungen wie X.31 aber auch TSN – siehe Kapitel TSN – als zusätzliches Leistungsmerkmal möglich. Die D-Kanal-Überwachung wird seitens VdS unterstützt. Zusätzliche Einsatzmerkmale sind fehlende geschützte Leitungswege im Objekt und unzureichender Zugriffsschutz für Endverteiler in Verbindung mit ISDN-Anschlussleitungen (VdS wird hierzu eine Ergänzung zu den Richtlinien für Übertragungswege, VdS 2471, erarbeiten).
(Neu aufgenommen am 14.4.2004)

(Schirrmann)

3

DKE

Deutsche Kommission Elektrotechnik Elektronik Informationstechnik im DIN und VDE (DKE)
Kurzbeschrieb und Anschrift →Behörden, Verbände, Institutionen (siehe dort auch unter DIN und VDE).

Doppeldurchgangssperre

Siehe Zutrittskontrolle.

Dopplereffekt

Siehe auch Ultraschallmelder, Mikrowellendetektor.

Der Dopplereffekt bezeichnet einen physikalischen Vorgang, der sich dadurch ergibt, dass Sender sich auf einen Empfänger zu oder von ihm weg bewegen.

Das Pfeifen einer vorbeifahrenden Lokomotive ist, solange sie sich auf den Beobachter zu bewegt, als ein sehr hoher Ton zu hören. Schlagartig, nachdem die Lokomotive am Beobachter vorbeigefahren ist, wird dieses Pfeifen in einer wesentlich tieferen Frequenz wahrgenommen.

Die Ursache für diese Erscheinung liegt darin, dass von der mit konstanter Tonhöhe abgestrahlten Wellenfront beim Zubewegen auf den Beobachter mehr Schwingungen je Zeiteinheit wahrgenommen werden als beim Entfernen. Diese relative Frequenzänderung wird als Tonhöhenverschiebung wahrgenommen und als Dopplereffekt bezeichnet.

Innerhalb der Sicherheitstechnik wird der Dopplereffekt sowohl bei Ultraschall-Doppler-Bewegungsmeldern als auch bei Mikrowellen-Doppler-Bewegungsmeldern ausgenützt.

Der *Ultraschall-Bewegungsmelder* ist ein Gerät, das unter Ausnutzung des Dopplereffektes eine dreidimensionale Raumüberwachung ermöglicht. In einem Gehäuse ist je ein Ultraschallsender und ein Ultraschallempfänger installiert. Zusätzlich befindet sich in demselben Gehäuse eine Auswertelektronik, die überprüft, ob die vom Sender ausgestrahlten Wellen, die im Raum reflektiert werden und zum Empfänger zurückkommen, genau die gleiche Frequenz wie die abgestrahlten Wellen haben. Dies trifft solange zu, wie sich im Raum nichts bewegt. Sofern sich ein Körper auf den Melder zu bewegt, werden je Zeiteinheit mehr Wellenfronten reflektiert und vom Empfänger aufgenommen, was dieser als Frequenzverschiebung erkennt und ggf. als Alarm bewertet. Durch spezielle Filter- und Auswerteschaltungen sowie durch die richtige Wahl der Arbeitsfrequenz (20-45 kHz) werden Umwelteinflüsse, die zu Fehlauslösungen führen könnten, weitgehend eliminiert.

Der *Mikrowellen-Bewegungsmelder* ist ebenfalls ein räumlich wirkender Melder, der den Dopplereffekt ausnutzt. Bei diesem Gerät werden Hochfrequenzwellen von z.B. 9,35 GHz entsprechend 9.350.000.000 Hz eingesetzt. Die Ausbreitungsgeschwindigkeit der elektromagnetischen Wellen entspricht der Lichtgeschwindigkeit, beträgt also 300.000 km pro Sekunde.

Mikrowellen-Bewegungsmelder werden vorzugsweise zur Überwachung einzelner gefährdeter Objekte oder von Teilbereichen in großen Räumen eingesetzt. Ihr Überwachungsbereich ist je nach Ausführung zwischen 15 und 35 m in der Länge und 5 bzw. 10 m in der Breite anzusetzen.

(Unruh)

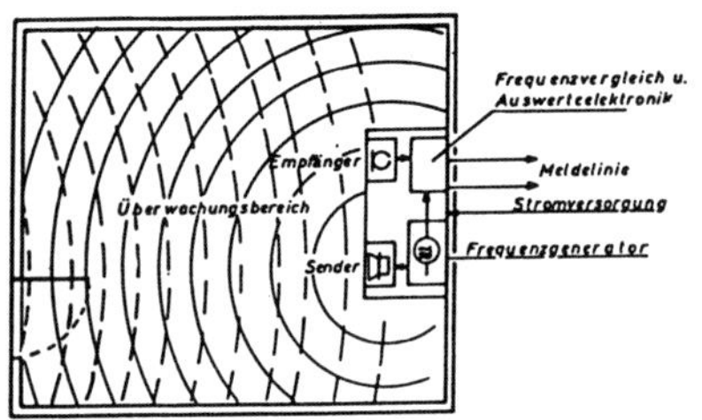

Ultraschallbewegungsmelder

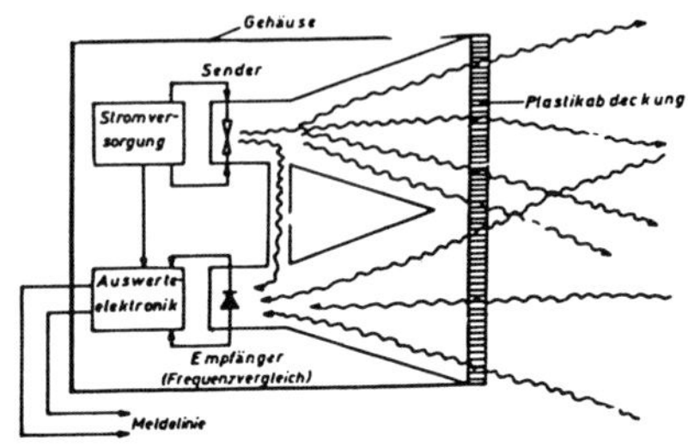

Mikrowellenbewegungsmelder

DoS

Siehe Denial-of-Service (DoS) Attacke

Drahtglas

Siehe auch Glas (mit weiteren Verweisen).
Drahtglas ist ein Gussglas mit einer Drahtnetzeinlage. Es wird unterschieden zwischen Drahtgussglas, Drahtornamentglas und Drahtspiegelglas.
Drahtgussglas (beiseitig keine polierten Oberflächen) wird sowohl als normales weißes Glas als auch farbig hergestellt. Die mittlere Lichtdurchlässigkeit zwischen 400 und 750 mm beträgt für senkrecht einfallendes Licht und für farbloses Drahtgussglas ca. 82%. Die Glasnenndicken liegen bei 6, 7, 8 und 9 mm. Siehe hierzu auch DIN EN 572 Teil 5.
Drahtornamentglas (einseitig oder beidseitig vorgegebene Oberflächenstrukturen) ist je nach Oberflächen-Struktur (Ornament) nur bedingt durchsichtig, wohl aber lichtdurchlässig d.h. transluzent. Von der Ornamentstruktur hängt es ab, ob Drahtornamentglas lichtstreuend oder lichtlenkend wirkt. Die mittlere Lichtdurchlässigkeit zwischen 400 und 750 mm beträgt 76 bis 88% für senkrecht einfallendes Licht. Die Glasnenndicken liegen bei 6, 7, 8 und 9 mm. Siehe hierzu auch DIN EN 572.
Drahtspiegelglas ist ein transparentes, uneingefärbtes Spiegelglas mit polierten Oberflächen und einem quadratischen punktgeschweißten Drahtnetz. Die Maschenweite beträgt 12,5 mm, die Drahtdicke 0,46 mm. Die mittlere Lichtdurchläsigkeit zwischen 400 und 750 mm beträgt ca. 88% für senkrecht einfallendes Licht. Die Glasnenndicke sind 6 und 8 mm. Siehe auch DIN EN 572 Teil 3.
Das eingelegte Drahtnetz erschwert nicht das Brechen der Gläser, sondern es erleichtert es durch Einbringen von Inhomogenitäten und die damit bewirkte Verringerung der Grundfestigkeit. Das punktgeschweißte Drahtnetz bewirkt eine mehr oder weniger gute Bindung der Glasscherben.
Gläser mit Drahteinlage sollen nicht in Verglasungen eingesetzt werden, die im Laufbereich von Personen liegen.
Eine nachträgliche Splitter- und Durchwurfsicherung von Drahtgläsern mit →Splitterschutz- oder →Sicherheitsfolien ist nur dort möglich, wo die Scheiben glatte Oberflächen aufweisen.
Drahtgläser in den Glasdicken von ca. 7 mm und festgelegten Abmessungen können, wenn sie bauaufsichtlich zugelassen sind, als sogenannte „Brandschutzgläser" in Bauteilen der Feuerwiderstandsklasse G nach DIN 4102 verwendet werden. Es ist darauf zu achten, dass nur Drahtnetze der Maschenweite 12,5 mm x 12,5 mm und in symmetrischer Anordnung zugelassen sind.
Drahtglas-Scheiben dürfen in Verglasungen in →Rauchschutztüren nach DIN 18095 verwendet werden, wenn im Prüfungszeugnis diese Türenbauart angeführt ist.
Drahtguss-, Drehornament- und Drahtspiegel-Gläser können wie übliche Flachgläser, aber nicht zu →Einscheiben-Sicherheitsgläsern (ESG), verarbeitet werden.
(Letzte Änderung: 17.8.2006)

(Balkow/Schmalt)

Dreh-Kipp-Beschlag

Siehe Fenster.

Drencheranlage

Eine stationäre Wasserfeuerlöschanlage, bei der durch geeignete Düsenwahl (offene Düsen) und Düsenanordnung eine vorzugsweise linienförmige (wandartige) Ausbildung eines Wasserschleiers erzielt wird. Die Auslösung einer Drencheranlage kann manuell oder automatisch erfolgen, wobei je nach Schutzkonzept die Drencheranlage nur abschnittsweise oder insgesamt in Betrieb genommen wird. Die Schutzwirkung beruht auf dem Kühleffekt bzw. in der Reduzierung oder Verhinderung des Strahlungswärmedurchgangs. In Einzelfällen wird mit einer Drencheranlage durch die Befeuchtung brennbarer Baustoffe deren Entzündbarkeit aufgehoben und somit im konkreten Anwendungsfall eine bauordnungsrechtliche Zulässigkeit erreicht.
(Letzte Änderung: 20.4.2004)

(Prof. Beilicke)

Druckentlastungsfläche

Druckentlastungsflächen bewirken beispielsweise als Maßnahmen des bautechnischen Explosionsschutzes bei Explosionen und Verpuffungen den Abbau von Druckwellen zum Schutz der tragenden Konstruktion. Sie werden in Dächern und Wänden derart angelegt, dass sie bei einem bestimmten, für die tragenden Konstruktionen noch unbedenklichen Überdruck bereits aus dem Wand- oder Dachgefüge herausfallen und Flächen vorherbestimmter Größe freigeben. Sie können nach unterschiedlichem Ansprechdruck dimensioniert werden.

(Prof. Beilicke)

Druckentlastungsvorrichtung

Vorrichtung zum Schutz von Apparaten, Behältern, Räumen oder Rohrleitungen vor zu hohem Innendruck als Folge von Explosionen, Verpuffungen, durchgehenden Reaktionen oder anderen vergleichbaren Betriebszuständen. Ihre Auslegung erfolgt für einen bestimmten Ansprechdruck, der um einen bestimmten Betrag unter dem für die zu schützende Konstruktion noch unkritischen reduzierten Explosionsdruck liegt. Die Ableitung der Explosions- (Verbrennungs-)produkte erfolgt üblicherweise ins Freie, wobei die Ausblasrichtung zu berücksichtigen ist. Bei planmäßiger Führung der Explosionsprodukte für eine bestimmte Wegstrecke innerhalb von geschlossenen Bereichen vor Erreichen des Freien ist deren Geometrie (und Materialeinsatz) zu berücksichtigen.

(Prof. Beilicke)

Druckmelder

Siehe Flächenüberwachung.

DSW

Deutscher Schutzverband gegen Wirtschaftskriminalität e.V., Frankfurt.
Kurzbeschrieb und Anschrift →Behörden, Verbände, Institutionen.

Dualbewegungsmelder

Siehe auch Raumüberwachung

Dualbewegungsmelder sind Bewegungsmelder (→Einbruchmelder), die zwei Detektionsverfahren – beispielsweise →Ultraschall und →Infrarot – kombinieren und damit ein besonders hohes Maß an Detektionssicherheit gewährleisten. Die neueste Generation von Dualbewegungsgmeldern zeichnet sich durch die Kombination eines Passiv-Infrarot-Systems (PIR) mit einem optischen Sensor aus. Damit stehen heute Lösungen für Anwendungen im High-Security-Bereich zur Verfügung, die die Anforderungen der Norm EN 50131 (Grad 4) erstmals mit nur einem einzigen Melder erfüllen. Eine SensorFusion-Signalverarbeitung bewertet dabei beide Auswertungskriterien. Falschalarme sind damit praktisch ausgeschlossen. Der Bildsensor kann selbst bei minimaler Raumbeleuchtung auch Objekte detektieren, deren Infrarotenergie nur sehr schwer zu erfassen ist. Darüber hinaus zeichnet er Bilder vor, während und nach einer Alarmauslösung auf. Die Ursache für eine Meldung ist damit zuverlässig nachvollziehbar.
(Neu aufgenommen am 5.7.2006)

(Dr. Salié)

Dual-Sensor-Kamera

Siehe auch Restlichtkamera.

Eine Dual-Sensor-Kamera ist mit zwei Bildaufnehmern ausgestattet. In der Regel handelt es sich dabei um einen Farb-CCD für den Tagbetrieb und einen Restlichtverstärker mit angekoppeltem Bildsensor für die Nacht (Restlichtkamera). Dieser Kameratyp ist für den 24-Stunden-Betrieb entworfen worden und vereint mehrere Vorteile in sich. Zunächst dient die Farbe als zusätzlicher Informationsträger. Außerdem braucht der Restlichtverstärker nicht mehr bei Tag eingesetzt zu werden; die Lebensdauer wird hierdurch deutlich erhöht. Für zwei Sensoren wird nur noch ein Objektiv benötigt, was sich speziell bei teuren Zoom-Objektiven kostengünstig auswirkt. Die Umschaltzeiten einer Dual-Sensor-Kamera sind sehr kurz geworden und eigentlich nur noch von der Geschwindigkeit der Blendenregelung des verwendeten Objektivs abhängig. Der Restlichtkameraanteil kann auch mit einer Infrarotbeleuchtung betrieben werden.

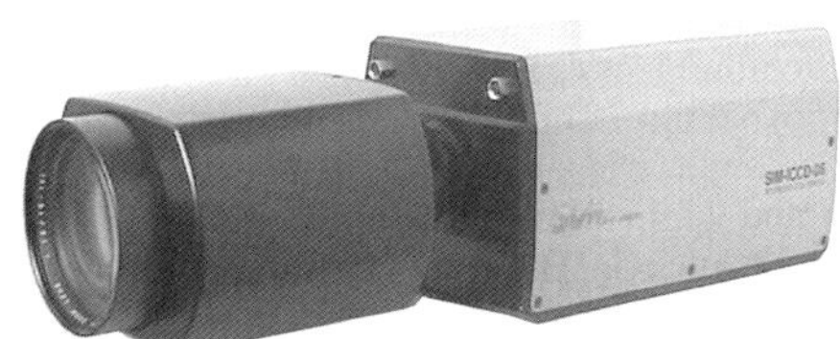

Dualsensorkamera

(Schilling)

Duplexschrank

Siehe auch Datensicherungsraum/-schrank, Kassenschrank, Panzerschrank, Sicherheitsschrank, Wertschutzschrank

Bezeichnung für Wertschutzschränke, die gleichzeitig Schutz gegen Feuer und Einbruchdiebstahl bieten.

(Neu aufgenommen am 18.4.2004)

(Definition: VdS)

Durchbruchhemmende Abtrennungen

Siehe auch UVV Kassen (mit weiteren Verweisen).

Begriff aus der Berufsgenossenschaftlichen Vorschrift „UVV Kassen" (BGV C 9/GUV-V C9) der gesetzlichen Unfallversicherer in Deutschland.

Durchbruchhemmende Abtrennungen müssen mindestens 2,50 m hoch sein. Falls sie auf Schaltertischen aufgesetzt sind, müssen sie ab Oberkante Schaltertisch mindestens 2,10 m hoch sein. Bei kombinierten Ausführungen muss die höhere Abtrennung seitlich mindestens 1 m weitergeführt sein. In niedrigen Räumen, die die vorgeschriebenen Abmessungen nicht zulassen, darf der Abstand zwischen Abtrennung und Decke nicht größer als 20 cm sein.

Die Sprech- und Durchreicheöffnungen dürfen ein Durchsteigen nicht zulassen. Dies wird erreicht, wenn die Abstände zwischen den Bauelementen bei senkrechten Öffnungen nicht mehr als 15 cm und bei waagrechten Öffnungen nicht mehr als 20 cm betragen. Ist die Öffnung so geformt, dass Glasteile frei in den Raum ragen („Trompete"), verlangen die Unfallversicherer eine Klammer, die ein gewaltsames Vergrößern der Öffnung verhindert.

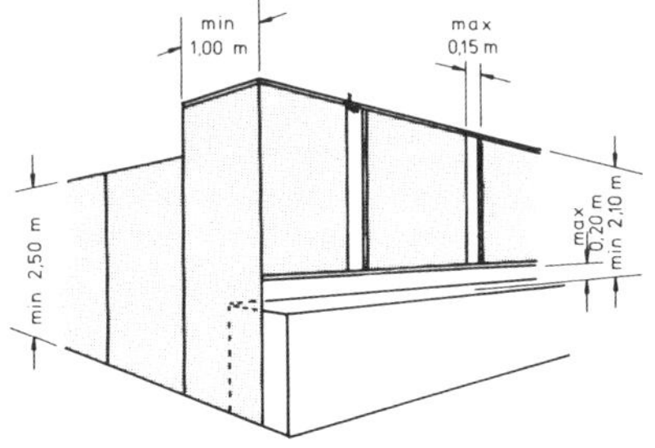

Vorgeschriebene Maße für durchbruchhemmende Abtrennungen (Grafik: Verwaltungsberufsgenossenschaft)

Durchbruchhemmende Abtrennungen im Sinne der →UVV „Kassen" dürfen aus Verbundsicherheitsglas sowie Scheiben auf Acryl- oder Polycarbonatbasis bestehen, die mindestens den Anforderungen der Widerstandsklasse P3A der europäischen Norm DIN EN 356 entsprechen. Zulässig sind auch feste Vergitterungen mit einer Mindestmaterialstärke von 8 mm.

Durchbruchhemmende Abtrennungen dürfen anstelle der prinzipiell vorgeschriebenen durchschusshemmenden Abtrennungen verwendet werden,

- wenn in öffentlich zugänglichen Bereichen mit Arbeitsplätzen mit griffbereiten Banknoten die ständige Anwesenheit von mindestens sechs Beschäftigten mit Blickkontakt gewährleistet ist. In diesem Fall ist ein Höchstbetrag griffbereiten Bargeldes von maximal € 50.000 pro Arbeitsplatz zulässig.
- wenn zwar weniger als sechs, aber mindestens zwei Mitarbeiter mit Blickkontakt ständig anwesend sind, und wenn an ihren Arbeitsplätzen Behältnisse für zeitlich gestaffelte Betragsfreigabe eingesetzt werden. In diesem Falle dürfen bei Anwesenheit von 2-3 Mitarbeitern maximal € 10.000, bei Anwesenheit von 4-5 Mitarbeitern maximal € 15.000 griffbereit sein. Zur Nachversorgung müssen →Zeitverschlussbehältnisse mit zeitlich gestaffelter Betragsfreigabe mit einer Sperrzeit jeder Stufe von mindestens 30 Sekunden vorhanden sein, wobei die Sperrzeit aller Stufen insgesamt jedoch mindestens 10 Minuten betragen muss. Zusätzlich sind Behältnisse mit mindestens 3 Minuten Sperrzeit möglich.

(Letzte Änderung: 16.8.2006)

(Hohl)

Durchbruchhemmende Verglasung

Siehe auch Acrylglas, Alarmglas, Brandschutzverglasung, Chemisch vorgespanntes Glas, Drahtglas, Durchschuss-/Durchwurfhemmendes Glas, Einbruchhemmende Fenster, Einbruchhemmende Tuer, Einscheiben-Sicherheitsglas, Erschütterungsmelder, Fenster, Ganzglastür, Gitter, Glas, Glasbruchmelder,

Glassteine, Körperschallmelder, Panzerglas, Polycarbonat, Polyurethan, PVB-Folie, Rollladen, Schaufenster, Splitterabgang, Verbundsicherheitsglas.
Eine Verglasung ist durchbruchhemmend, d.h. ein- und ausbruchhemmend, wenn sie das Herstellen einer Öffnung zeitlich verzögert.
Maßstab der Durchbruchhemmung ist also der Widerstand, den eine Verglasung der Herstellung einer definierten Öffnung von 40 cm x 40 cm entgegensetzt. Für Prüfungen beträgt die Größe dieser Öffnungen (400 x 400 mm). Als optimales Werkzeug wird ein schneidfähiges Schlagwerkzeug (Axt) eingesetzt. Siehe hierzu DIN EN 356.
Die Prüfungen der durchbruchhemmenden Gläser werden unter worst-case-Bedingungen (härtester Fall) durchgeführt. Dabei werden die Einzelwiderstandswerte von 3 Glasprüflingen ermittelt. Der erzielte Mindestwert bestimmt die Einstufung in die Widerstandsklasse.
Nach DIN EN 356 wird nicht die Zeit, sondern die Zahl der notwendigen Axtschläge für die Einstufung herangezogen. Das Werkzeug wird bei der Prüfung von einem Schlaggerät mit definierter Auftreffgeschwindigkeit und -energie geführt:

Bezeichnung nach DIN EN 356	erforderliche Schlagzahl
P6B (geringe Einbruchhemmung)	30 bis 50
P7B (mittlere Einbruchhemmung)	über 50 bis 70
P8B (hohe Einbruchhemmung)	über 70

P6B entspricht etwa der früheren Bezeichnung B1 nach DIN 52290. P7B entspricht etwa der früheren Bezeichnung B2. P8B entspricht etwa der früheren Bezeichnung B3.
Als durchbruchhemmende Gläser eignen sich →Verbund-Sicherheits-Gläser (VSG) aufgrund der Reißfestigkeit und Elastizität der Folien mit dem Verbund zwischen den Glasscheiben. Verbund-Sicherheits-Gläser als durchbruchhemmende Verglasung eignen sich besonders zum Verglasen von Schaufenstern und Türen in Juwelier-, Pelz- und Fotogeschäften, in Banken, Rechenzentren und Privathäusern. Die geforderte Widerstandsklasse ist zu beachten. Fenster sind mit ihren Anforderungen in ENV 1627 Teil beschrieben.
(Letzte Änderung: 17.8.2006)

(Balkow/Schmalt)

Durchbruchhemmung

Ein Bauteil ist dann durchbruchhemmend (ein- oder ausbruchhemmend), wenn es das Herstellen einer Öffnung zeitlich verzögert.
(Neu aufgenommen am 20.5.2002)

(Definition: VdS)

Durchbruch-Sicherung

Siehe Faseroptischer Melder, Flächenüberwachung.

Durchbruchüberwachung

Überwachung von Flächen (z. B. Wänden) auf Durchstieg oder Durchgriff.
(Neu aufgenommen am 20.5.2002)

(Definition: VdS)

Durchlichtmelder

Siehe Rauchmelder.

Durchschusshemmende Abtrennungen

Siehe auch UVV Kassen (mit weiteren Verweisen).
Begriff aus der Berufsgenossenschaftlichen Vorschrift „UVV Kassen" (BGV C 9/GUV-V C9) der gesetzlichen Unfallversicherer in Deutschland.
Durchschusshemmende Abtrennungen sind für Kreditinstitute zur Verhütung von Raubüberfällen grundsätzlich vorgeschrieben. Wenn andere definierte Sicherheitsmaßnahmen ergriffen werden, können auch →durchbruchhemmende Abtrennungen zulässig sein. Beim Einsatz von →BBA verzichtet die →„UVV Kassen" unter bestimmten Bedingungen ganz auf Abtrennungen.
Durchschusshemmende Abtrennungen müssen mindestens 2,50 m hoch sein. Falls sie auf Schaltertischen aufgesetzt sind, müssen sie ab Oberkante Schaltertisch mindestens 2,10 m hoch sein. Bei kombinierten Ausführungen muss die höhere Abtrennung seitlich mindestens 1 m weitergeführt sein. In niedrigen Räu-

men, die die vorgeschriebenen Abmessungen nicht zulassen, darf der Abstand zwischen Abtrennung und Decke nicht größer als 40 mm sein. In durchschusshemmende Abtrennungen integrierte Tresenelemente müssen durchgehend durchschusshemmend ausgeführt sein. Sprech- und Durchreicheöffnungen müssen so beschaffen sein, dass direkte Schüsse auf die zu schützenden Personen nicht möglich sind. Exakte Maßangaben legen fest, unter welchen Bedingungen diese Forderung erfüllt ist.
Als durchschusshemmend im Sinne dieser Vorschrift gelten Verglasungen, die mindestens den Anforderungen der Widerstandsklasse BR3-S der europäischen Norm DIN EN 1063 und P7B der europäischen Norm DIN EN 356 entsprechen. Eine zusätzliche Sicherheit gegen Verletzungen kann splitterfreies Glas (BR3-NS) bieten). Scheiben aus Verbundglas mit einem Seitenverhältnis von mehr als 2:1 müssen

- mindestens dreiseitig gerahmt sein
- oder bei zweiseitiger Rahmung über zusätzliche Befestigungen verfügen, die verhindern, dass die Scheiben sich bei Bruch lösen

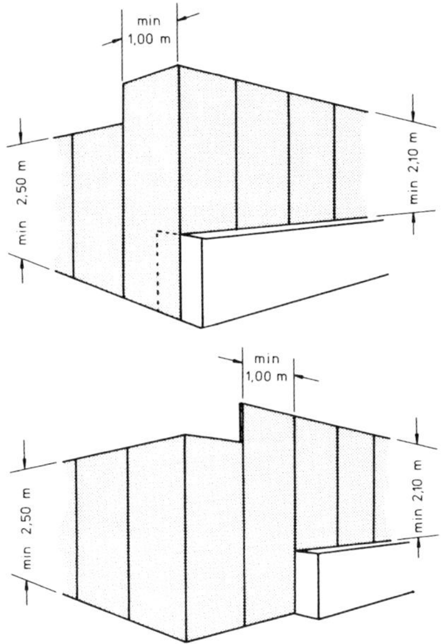

Vorgeschriebene Maße für durchschusshemmende Abtrennungen (Grafiken: Verwaltungsberufsgenossenschaft)

- oder durch zwei ausreichend stabile formschlüssige Klammerreihen, die am oberen und unteren Bereich der Gläser angeordnet sind, gehalten werden. Dabei muss eine ausreichend stabile Befestigung in der Decke und den Wänden vorhanden sein.

Offene Fugen zwischen den Bauelementen dürfen keinesfalls größer als 3 mm sein
Auch bei Verwendung durchschusshemmender Abtrennungen soll der griffbereite Banknotenbestand pro Kassiererplatz so gering wie möglich sein. Er darf bei Anwesenheit eines Mitarbeiters € 25.000, bei 2-5 anwesenden Mitarbeitern € 40.000 und ab 6 Mitarbeitern € 50.000 nicht übersteigen. Darüber hinausgehende Bestände sind in zeitverschlossenen Behältnissen (→Zeitverschlusssysteme) oder unter Doppelverschluss bei gleichzeitiger Wahrung des Vier-Augen-Prinzips aufzubewahren.
Letzte Änderung: 16.8.2006)

(Hohl)

Durchschusshemmende Fenster, Türen und Abschlüsse

Siehe auch durchschusshemmende Holzfensterkonstruktion, durchschusshemmende Verglasung.

In den europäischen Normen DIN EN 1522 und DIN EN 1523 sind die Prüfverfahren zur Prüfung der durchschusshemmenden Eigenschaften von Fenstern, Türen, Rollläden, Dreh- und Schiebeläden einschließlich deren Füllungen festgelegt. Es werden die Widerstandsklassen FB1 bis FB7 und FSG unterschieden.
Die Normen DIN EN 1522 und DIN EN 1523 gelten nicht für →durchschusshemmende Verglasung.
Die Normen DIN EN 1522 und DIN EN 1523 ersetzen die „Prüfbedingungen für den Beschuss angriffshemmender Stoffe“ des Landeskriminalamtes Baden-Württemberg (LKA BW). Ein Vergleich der neuen Widerstandsklassen der europäischen Norm mit den alten Klassen des LKA BW ergibt etwa folgende Zuordnung: FB2 entspricht M1, FB3 entspricht M2, FB4 entspricht M3, FB6 entspricht M4 und FB7 entspricht M5.
(Neu aufgenommen am 24.5.2000)

(Dr. Schneider)

3

Durchschusshemmende Holzfensterkonstruktion

Siehe auch *Durchschusshemmende Fenster, Türen und Abschlüsse, Durchschusshemmende Verglasung.*

Durchschusshemmende Holzfensterkonstruktionen erreichen eine Durchschusshemmung bis zu M5/C5-SF nach DIN 52290 (FB 7 / BR 7-NS nach DIN EN 1063/1522), sowie Durchbruchhemmungen bis EF3/ET3 nach DIN 18054/18103 (WK1-4 nach DIN EN 1627ff.). Sie bestehen aus einer Kombination von Ultraleicht-Verbundsicherheitsgläsern in Opti-White-Qualität, Stahl, Aluminium und Holz und sind nach der Montage unauffällig und für den ungeschulten Betrachter nahezu unsichtbar. Durchschusshemmende Holzfensterkonstruktionen lassen sich in jede Fassadenoptik integrieren. Rundbögen, Stichbögen, Sprossenfenster, Stulpfenster und ähnliches sind ebenso herzustellen und zu sichern wie Kastenfenster. So lassen sich höchste Sicherheitsanforderungen erfüllen und gleichzeitig Denkmalschutzauflagen berücksichtigen. Da es sich bei dieser Konstruktion um Maßanfertigungen handelt, sind zahlreiche unterschiedliche Holzarten, Farben und Ausführungen (auch mit elektronischen Überwachungsfunktionen) möglich. Diese Spezialsysteme lassen sich zusätzlich in Privathäusern und Firmenniederlassungen ohne funktionale oder optische Einschränkungen integrieren und bieten für jede Problemstellung adäquate Produktlösungen.

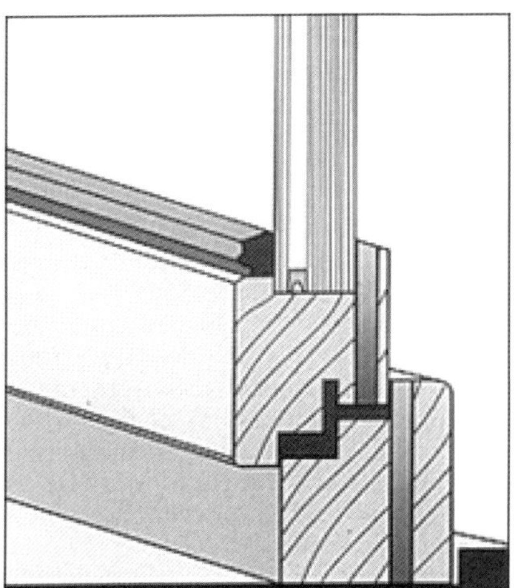

Durchschusshemmendes Fenster in C3/SF in Holz (Foto: Haverkamp)

(Letzte Änderung: 13.5.2002)

(Haverkamp)

Durchschusshemmende Mobil-Elementwand

Siehe auch *durchschusshemmende Abtrennungen/Schirme/Verglasung, Durchschusshemmende Fenster, Türen und Abschlüsse, Verbundsicherheitsglas.*

Durchschusshemmende Mobil-Elementwände werden eingesetzt, um einzelne Räumlichkeiten für eine begrenzte Zeit ganz oder teilweise durchschusshemmend nachzurüsten, wenn bauliche Maßnahmen aus technischen, zeitlichen oder finanziellen Gründen nicht realisierbar sind. Anwendungsbereiche sind Justizgebäude, polizeiliche und militärische Einrichtungen, Konferenzräume etc.

Die mobilen Elemente besitzen eine durchschusshemmende Verglasung (C1 bis C4 SF nach DIN 52290 sowie BR 1 bis BR 7 nach EN 1063) und sind eigens für den mobilen Einsatz konzipiert. Sie werden auf Laufrollen aufgesetzt und lassen sich daher je nach Gefährdungssituation und -ort (Raum, Fensterfront

etc.) flexibel einsetzen. Die Größe ist je nach Bedarf variierbar.
(Letzte Änderung: 13.5.2002)

(Haverkamp)

Durchschusshemmende Schirme

Siehe auch UVV Kassen (mit weiteren Verweisen).
Begriff aus der Berufsgenossenschaftlichen Vorschrift „UVV Kassen“ (BGV C 9/GUV-V C 9) der gesetzlichen Unfallversicherer in Deutschland.
Durchschusshemmende Schirme sind in Verbindung mit →durchbruchhemmenden Abtrennungen zulässig. Sie müssen so ausgeführt sein, dass Bank- oder Sparkassenmitarbeiter hinter den Schirmen vom öffentlich zugänglichen Kundenbereich aus nicht mit der Waffe direkt bedroht werden können. Das ist normalerweise mit einer Schirmtiefe von 80 cm zu erreichen. Es muss jedoch im Einzelfall geprüft werden, ob die örtlichen Gegebenheiten andere Abmessungen erfordern.

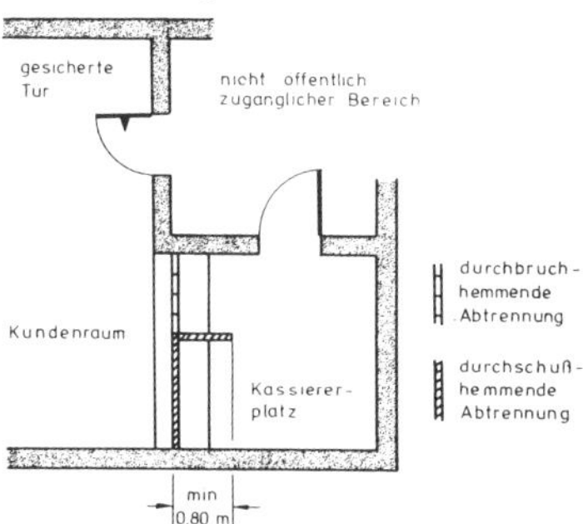

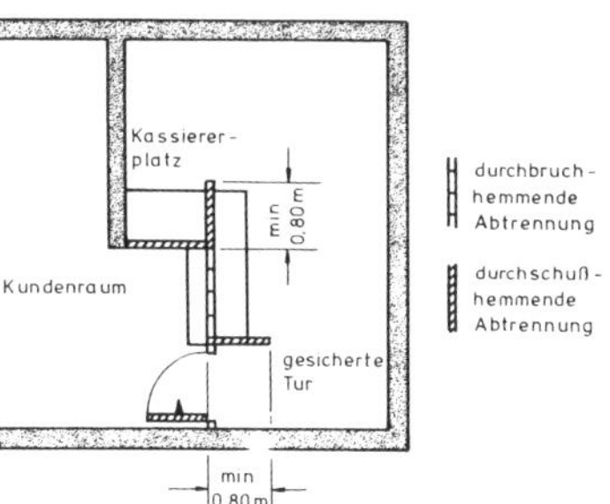

Durchschusshemmende Schirme in verschiedenen Ausführungen (Grafik: Verwaltungsberufsgenossenschaft)

Türen innerhalb der durchbruchhemmenden Abtrennung sollen möglichst ganz vermieden werden. Wenn sie unbedingt erforderlich sind, müssen sie durchschusshemmend ausgeführt und zusätzlich seitlich durchschusshemmend abgeschirmt sein. Zu den Anforderungen an die Durchschusshemmung: →Durchschusshemmende Abtrennungen
(Letzte Änderung: 16.8.2006)

(Hohl)

3

Durchschusshemmende Verglasung

Siehe auch Durchschusshemmende Fenster, Türen und Abschlüsse, Fenster, Panzerglas, Schusssicherer Schalter, Splitterabgang.
„Eine durchschusshemmende Verglasung ist eine angriffhemmende Verglasung, die einen definierten Widerstand gegen das Durchdringen von Geschossen bestimmter Munitionsarten aus bestimmten Waffen bietet.“ (Definition nach DIN EN 1063)
Zur Prüfung der durchschusshemmenden Eigenschaft einer durchschusshemmenden Verglasung und zur Einteilung dieser Verglasung in eine von neun Widerstandsklassen gegen Durchschuss dient das Verfahren nach DIN EN 1063. DIN 52290 Teil 2, der zwischen den Widerstandsklassen C1 bis C5 unterschied, wurde für den europäischen Bereich durch DIN EN 1063 ersetzt. DIN EN 1063 unterscheidet zwischen den Widerstandsklassen BR1 bis BR7 und SG1 bis SG2, wobei C1 mit BR2, C2 mit BR3, C3 mit BR4, C4 mit BR6, C5 mit BR7 vergleichbar ist.
(Letzte Änderung: 24.5.2000)

(Redaktion)

Durchwurfhemmende Verglasung

Siehe auch Verbundsicherheitsglas.
Eine Verglasung ist durchwurfhemmend, wenn sie das Durchdringen von geworfenen oder geschleuderten Gegenständen behindert.
Zur Prüfung der durchwurfhemmenden Eigenschaft einer durchwurfhemmenden Verglasung und zur Einteilung dieser Verglasung in eine von fünf Widerstandsklassen gegen Durchwurf dient das Verfahren nach DIN EN 356 (Kugelfalleinrichtung).
DIN 52290 Teil 4 wurde für den europäischen Bereich mit DIN 52290 Teil 3 in DIN EN 356 zusammengefasst.

Widerstandsklasse gegen Durchwurf (keine Probe von der Kugel durchschlagen oder aus dem Rahmen gezogen)	Fallhöhe mm± 50
P1A	1500
P2A	3000
P3A	6000
P4A	9000
P5A	9000 (3x)

Einteilung von angriffhemmenden Verglasungen in Widerstandsklassen gegen Durchwurf

Die früheren Widerstandsklassen A1, A2 und A3 sind mit den neuen Widerstandsklassen P2A, P3A und P4A vergleichbar.
(Letzte Änderung: 24.5.2004)

(Redaktion)

Dynamisches Risiko Management

Siehe auch Risiko, Risiko-Analyse-System, Risiko Management.

In Ergänzung der traditionellen Risiko Definition (→Risiko, →Risiko Management) geht es beim Dynamischen Risiko Management nicht nur um eine versicherungsmathematische, Stichpunkt-bezogene Bewertung anhand von Schadensausmaß und Eintrittswahrscheinlichkeit. Vielmehr geht es um die Fragestellung, welche Kräfte wann und wie auf das Risiko wirken. Dazu werden pro Risiko mögliche Bedrohungen näher untersucht, Auslöser ermittelt und bewertet, Beschleuniger identifiziert und bewertet und schließlich mögliche Szenarien detailliert aufgeschlüsselt. Das ganze geschieht unter Berücksichtigung des Zeitfaktors, der unter Umständen erheblichen Einfluss auf die anderen Größen haben kann. Demnach ist ein Risiko hier eine dynamisch wechselnde Kombination aus Bedrohung, Schwäche, Wirkung und Zeit.

Der zweite wesentliche Unterschied zu bekannten Risiko-Management Ansätzen besteht in der Aufwertung des Informations-Managements im Zusammenhang mit Risiken und in der Dynamisierung dieser Informationen. Die Analyse von vielen Schadensfällen und wirtschaftlichen Schieflagen von Unternehmen hat ergeben, dass eine wesentliche Schwäche bei der Handhabung der Risiken vielfach aus vorhandenen Informations-Asymmetrien stammt, das heißt: aus ungleich verteilten Informationen. Wenn Risiken aber keine statischen Größen sind, sondern ständig wechselnde Kombinationen der genannten Faktoren, dann heißt das auch, dass relevante Informationen ständig nachgeführt werden müssen. Dazu muss einerseits der Analyse-Prozess mit Rückkoppelungen und Schritten versehen werden und andererseits die kontinuierliche Informationsversorgung für die identifizierten Risiken sichergestellt sein.

Folgende Punkte sind dabei zu berücksichtigen:

- Die Einbindung einer breiten Basis von internen und externen Informationen ermöglicht solide Entscheidungsfindung in Bezug auf Ziele und die Analyse von möglichen Bedrohungen und Schwächen für diese Ziele. Die Informationssammlung und -Aufbereitung muss in einem solchen Konzept weitgehend durch Systeme gestützt werden, da das Volumen sonst nicht mehr beherrschbar ist.
- Schnelle und kontinuierliche Rückkoppelung von Bedrohungen und Schwächen zu den definierten Zielen ermöglichen eine präzisere Bewertung von Risiken.
- Dadurch können präzisere Gegenmaßnahmen ergriffen werden, die wiederum schneller umsetzbar sind.
- Durch ein (automatisiertes) System-gestütztes Überwachen von Parametern und deren Interaktion werden schnellere und frühzeitigere Reaktion auf Veränderungen ermöglicht.
- Aktualität geht vor Detailtiefe. Der Detaillierungsgrad muss sich klar nach den vorhandenen Ressourcen richten, damit ein zeitnahes Reporting der Risiko-Entwicklung möglich bleibt.

Ein lebendiges Beispiel dafür, dass Dynamisches Risiko Management funktionieren kann, sind die Aktienmärkte, die sofort auf veränderte Informationslagen und die daraus resultierenden veränderten Bedrohungen, Schwächen und Auswirkungen für Unternehmen reagieren.
(Neu aufgenommen 18.4.2004)

(Dr. Sitt)

E

EA

Europäische Kooperation für Akkreditierung von Laboratorien, Inspektions- und Zertifizierungsstellen
Kurzbeschrieb und Anschrift →Behörden, Verbände, Institutionen.

EAL (Vertrauenswürdigkeitsstufe)

Siehe Common Criteria

E-Banking

Siehe auch Chipkarte, FinTs, Onlinebanking, PIN, SSL, TAN, Verschlüsselung
Electronic-Banking (E-Banking, →Onlinebanking, Internet-Banking) ist die Sammelbezeichnung für Bankgeschäfte, die vom PC über Telekommunikationssysteme (Modem, →ISDN) u.Ä. von zu Hause, aus dem Büro und künftig sogar von unterwegs erledigt werden. Dafür wurde mit →FinTs ein eigener Standard geschaffen.
(Neu eingefügt: 13.6.2004)

(Dr. Pohlmann)

EBM

Wirtschaftsverband Eisen, Blech und Metall verarbeitende Industrie e.V., Düsseldorf.
Kurzbeschrieb und Anschrift →Behörden, Verbände, Institutionen.

E-Business

Siehe auch E-Commerce
Unter E-Business versteht man die elektronische Abwicklung von Geschäftsprozessen zwischen Firmen und ihren Partnern (z.B. Lieferanten) über Datennetze (Internet oder Intranet). Für Unternehmen ergeben sich dadurch große Kostenersparnisse. Durch eine Verknüpfung der Rechnersysteme von Lieferanten und Kunden können z.B. Materialien automatisch genau dann bestellt werden, wenn sie wirklich benötigt werden. Voraussetzung sind allerdings Standards für den Datenaustausch sowie abgesicherte Übertragungswege. Für die Glaubwürdigkeit und die Vertragsfähigkeit von Dokumenten spielt dabei die elektronische Unterschrift (→Digitale Signatur, Digitale ID) eine große Rolle.
(Neu eingefügt: 20.3.2002)

(Prof. Pohlmann)

ECB·S

European Certification Board·Security Systems – www.ecbs.com
Kurzbeschrieb und Anschrift →Behörden, Verbände, Institutionen.

ECC

Siehe auch Digitale Signatur, Public Key, Trust Center, Verschlüsselung (mit weiteren Verweisen).
ECC (Elliptic Curve Cryptography) ist die Bezeichnung einer Klasse von Verfahren, welche eine Alternative zu dem am weitesten verbreiteten →Public Key Verfahren, dem RSA-Algorithmus, darstellen. Besonderes Merkmal ist, dass die notwendigen Berechnungen in diesem Fall nicht direkt mit Zahlen, sondern mit anderen Objekten, den Punkten auf so genannten Elliptischen Kurven durchgeführt werden.
Dadurch, dass in der zugrunde liegenden mathematischen Struktur einem potenziellen Angreifer bestimmte Angriffsmethoden nicht zur Verfügung stehen, lassen sich die verwendeten Schlüssel- und Parameterlängen ohne Sicherheitseinbuße deutlich reduzieren. Dies macht diese Algorithmen insbesondere interessant für den Einsatz innerhalb von Umgebungen mit beschränkten Rechen- oder Speicherkapazitäten wie z.B. SmartCards (→Chipkarte).
Auch wenn Protokolle zur Verschlüsselung von Daten zur Verfügung stehen, so werden Verfahren auf Basis von ECC – wie andere asymmetrische Verfahren auch – üblicherweise im Bereich des Schlüsselaustausches oder der →Digitalen Signatur eingesetzt. Die verwendeten Protokolle lassen sich größtenteils vollkommen problemlos auf diese alternative Struktur übertragen; aus einem Schlüsselaustauschverfahren wie dem Diffie-Hellman (DH) Protokoll wird so der EC-DH, die Variante des DSA-Signaturalgorithmus heißt entsprechend EC-DSA.
(Neu aufgenommen am 20.7.2000)

(Krieger)

Echtheitsmerkmale

Siehe Zutrittskontrolle.

E-Commerce

Siehe auch E-Banking, E-Business Internet.
Der Begriff E-Commerce (auch „elektronischer Handel“ oder „Online-Handel“) bezeichnet den Kauf/Verkauf von Waren oder Dienstleistungen über das Internet. Für die Sicherheit und Rechtsverbindlichkeit der Geschäftsabwicklung sind geschützte Übertragungswege (→SSL) und die →Digitale Signatur von wesentlicher Bedeutung. Siehe auch: www.electronic-commerce.org

(Letzte Änderung: 20.3.2002)

(Prof. Pohlmann)

ECO

eco Electronic Commerce Forum – Verband der deutschen Internetwirtschaft e.V..
Kurzbeschrieb und Anschrift →Behörden, Verbände, Institutionen.

ECOS

Errichter-Cooperation Sicherheitstechnik e.V.
Kurzbeschrieb und Anschrift →Behörden, Verbände, Institutionen.

EDV

Das Prinzip der Elektronischen Daten-Verarbeitung (EDV) – heute überwiegend als „IT“ (Informationstechnik) bezeichnet – basiert auf der programmgesteuerten Bewegung von Elektronen in Halbleiterbausteinen (Chips), welche Teil eines Computers, bzw. Rechners, bilden. Die Verarbeitung, Datenübertragung und Datenspeicherung beruht grundsätzlich auf dem binären Prinzip (0, 1; bzw. strom-geschalteter, nicht geschalteter Zustand).
In Rechenzentren und Netzwerken zusammengefasste Rechner, Arbeitsplatzcomputer, Datenspeicher, Ausgabeeinheiten, Datenübertragungs- und Infrastruktur-Anlagen (z.B. Stromversorgung, Telefonverteiler, Klimatisierung etc.) benötigen für einen wirkungsvollen Schutz konzeptionell aufeinander abgestimmte bauliche, technische, organisatorische, personelle sowie versicherungstechnische Maßnahmen (→Sicherheitskonzept).
Vernetzte EDV-Systeme (z.B. öffentliche Netze, Firmennetze oder lokale Anwendernetze) erfordern ganzheitliche Systembetrachtungen, klar definierte Systemabgrenzungen und Schnittstellen. Dabei steht der Schutz mittels hard- und softwareorientierter Maßnahmen vor unbefugten Zugriffen und Computer-Sabotage (z.B. durch →Viren) im Vordergrund. Besondere Vorsicht ist beim Herunterladen von Dateien und Programmen aus öffentlich zugänglichen Netzen, wie dem →Internet geboten. Aktuelle Virenschutzprogramme bieten einen gewissen, wenn auch nie hundertprozentigen Schutz.

(Preisig)

EE-PROM

Siehe auch EPROM, PROM, RAM, ROM.
Der „Electrically Erasable Programmable Read Only Memory“ ist ein Speicher, der bei Mikro-Computern und bei Speicherchips in → C-MOS-Technik Anwendung findet. Der Speicher ist gezielt beschreib- und löschbar (elektrisch). Bis zu 10.000-mal kann jedes Bit mit der heutigen Technik gelöscht und wieder beschrieben werden. Der Begriff EE-PROM hat sich zwar in der Fachsprache eingebürgert, ist aber irreführend, weil dieser Speicher eben nicht „read only“ ist. Seine gezielte Veränderbarkeit macht ihn zu einem Speichermedium, das in seiner Flexibilität an Magnetdatenträger herankommt. Damit gehen Vorzüge der →ROM-Technik (Unveränderlichkeit des Speicherinhalts) aus Sicht der Datensicherungsanwendungen verloren. Andererseits macht der EE-PROM eine →Chip-Karte zu einem dialogfähigen Mikrocomputer.

(Hess)

EFSAC

European Fire and Security Advisory Council.
Kurzbeschrieb und Anschrift →Behörden, Verbände, Institutionen.

EFSAC endorsed

Siehe Endorsed by EFSAC.

EFSG
European Fire and Security Group
Kurzbeschrieb und Anschrift →Behörden, Verbände, Institutionen.

EFT (Electronic Fund Transfer)
Siehe POS-Terminal.

EIA
Electronic Industries Association.
In USA und Japan gebräuchlicher Video-Standard. Wichtigste Eigenschaften: Wechselstrom 60 Hz, Bild mit 525 Zeilen.
Der in Europa verbreitete Standard heißt →CCIR.

EIB
Siehe European Installations Bus.

Einbausicherung
Siehe Schließzylinder.

Einbau-Wertschutzschrank
Siehe auch Einmauerschrank, Freistehender Wertschutzschrank, Sicherheitsschrank, Wandtresor, Wertschutzschrank
Wertschutzschrank, dessen Einbruchdiebstahlschutz teilweise auf Materialien und deren Bauart zurückzuführen ist, die beim Aufbau eingebaut oder hinzugefügt werden. Anmerkung: Bodenbau-Wertschutzschränke u.ä. sind Beispiele für Sonderformen des Einbau-Wertschutzschrankes.
(Neu aufgenommen am 20.5.2002)

(Definition: VdS)

Einbrennen
Wenn Bildsensoren, die in Röhrentechnik ausgeführt sind, längere Zeit auf sehr kontrastreiche Motive ausgerichtet waren, bleiben die hellen Teile der Motive später als dunkle Stellen im Bild sichtbar. Diese irreversible Schädigung von Aufnahmeröhren wird auch als Einbrennen bezeichnet. An den geschädigten Stellen des Eingangsfensters ist durch die Überbelichtung die Empfindlichkeit drastisch zurückgegangen. Besonders durch Einbrennungen gefährdet sind Bildaufnehmerröhren mit lichtempfindlichem Eingangsfenster (Restlichtverstärker) oder speicherstarken Kondensatorplatten (z.B. Vidicon-Röhren). Einbrennungen sind auch auf Monitorbildschirmen zu beobachten, die über einen längeren Zeitraum ein unverändertes Videobild wiedergeben.

(Schilling)

3

Einbruchhemmende Fenster
Siehe auch Aufhebelsicherung, Außenhautschutz / Peripherieschutz, DIN-geprüft, Durchbruchhemmende Verglasung, Durchwurfhemmende Verglasung, Einbruchhemmende Gitter, Fenster, Gitter, Glas, Präventivmaßnahmen (Einbruchschutz), Verbundsicherheitsglas, Verglasung.
„Einbruchhemmung ist die Eigenschaft von einem Fenster (Türe, Abschluss) dem Versuch, sich gewaltsam Zutritt in den zu schützenden Raum oder Bereich zu verschaffen, Widerstand zu leisten.“ (DIN V ENV 1627)

Aufhebelversuch an einem einbruchhemmenden Fenster. (Foto: Pax Fenster und Türen)

Einbruchhemmende Fenster sind also Bauteile, die neben den üblichen Funktionsaufgaben Einbruchsversuchen einen definierten Widerstand entgegensetzen. Dieser Widerstand kann nach drei Regelwerken näher bestimmt werden: Nach der Richtlinie AhS-Beschlag der Gütegemeinschaft Schlösser und Beschläge in Velbert, nach der Europäischen Vornorm ENV 1627 bis 1630 oder nach der geplanten VdS-Richlinie 2534 für einbruchhemmende Fassadenelemente.

Normen und Richtlinien:

Die **Richtlinie 3/II AhS-Beschlag der Gütegemeinschaft Schlösser und Beschläge** beschreibt die Aushebel-Schutz-Prüfung von Dreh- und Drehkippbeschlägen zum Schutz gegen Angriffe mit einem Schraubendreher. Sie bezieht sich nicht auf das gesamte Fenster, sondern *ausschließlich auf den Beschlag* eines Fensters und dessen Sicherung gegen Aushebeln oder unbefugtes Verschieben von der Angriffsseite.

Die Richtlinie unterscheidet zwei Klassen:

- *AhS Standard* entspricht dem Angriff mit einem Schraubendreher mit 8 mm Klingenbreite, der mit einem Drehmoment von 200 Nm auf den Beschlag einwirkt.
- Bei *AhS Extra* geht man von einem ebenfalls genormten Schraubendreher mit 14 mm Klingenbreite aus, hier wird der Beschlag mit einem Drehmoment von 300 Nm belastet.

Weitere direkte Anforderungen an Details wie z.B. die Verglasung, Anbohrschutz oder die Montage des einbruchhemmenden Fensters werden hier nicht erhoben. Insbesondere wird keine Aussage über die für die Einbruchhemmung sehr kritische Befestigung der Beschlagsteile an Flügel- und Blendrahmen gestellt. Die AhS-Richtlinien unterscheiden sich damit von den anderen Regelwerken, die sich stets auf das gesamte Fenster beziehen.

Die nationale Umsetzung der **europäischen Vornormreihe ENV 1627 bis 1630** ist im April 1999 erschienen. Mit ihrer Veröffentlichung wurde die frühere Norm DIN V 18054 für einbruchhemmende Fenster und DIN V 18103 für einbruchhemmende Türen sowie die Prüfrichtlinie für einbruchhemmende Rollläden zurückgezogen. In der DIN V ENV 1627 werden die Anforderungen und Klassifizierungen der einbruchhemmenden Bauelemente beschrieben. Die ergänzenden Normen DIN V ENV 1628 bis DIN V ENV 1630 setzen diese Anforderungen in konkrete Prüfverfahren um. DIN V 1628 beschreibt die durchzuführende statische Prüfung und DIN V ENV 1629 die dynamische Belastungsprüfung. Der manuelle Prüfablauf wird in der DIN V ENV 1630 beschrieben. Diese Normenreihe ist maßgebend für die gesamte Palette der Fassadenabschlüsse wie z.B. Fenster, Türen und Rollläden.

Die Anzahl der Widerstandsklassen (WK1 bis WK6) ist größer als in der vorhergehenden Norm. Hierbei ist hervorzuheben, dass die WK1 deutlich unterhalb der früheren niedrigsten Klasse EF0 angesiedelt ist. Sie wurde auf Wunsch einiger europäischer Länder in die Norm aufgenommen und stellt allenfalls eine geringe Grundsicherheit dar. Deshalb wurde im nationalen Anhang zur DIN V 1627, Tabelle NA 4 bei der Einsatzempfehlung ausdrücklich darauf hingewiesen, dass *„Bauteile dieser Widerstandsklasse nur geringen Schutz gegen Einsatz von Hebelwerkzeugen"* aufweisen und dass *„der Einsatz der Widerstandsklasse 1 nur bei Bauteilen empfohlen"* wird, *„bei denen kein direkter Zugang (nicht ebenerdiger Zugang) möglich ist"*. Die Anforderungen an Elemente der *Widerstandsklasse 1* beschränken sich lediglich auf die statische und dynamische Prüfung. Auch an die Verglasung wird keine direkte Anforderung gestellt.

Die *Widerstandsklasse 2* entspricht im Wesentlichen den Anforderungen der Widerstandsklasse EF0 der früher gültigen Norm DIN V 18054. Neu ist, dass bei der manuellen Prüfung immer zwei Prüfkörper benötigt werden. An dem ersten Prüfkörper wird die Vorprüfung durchgeführt. Hierbei wird jede mögliche Schwachstelle an einem Element einzeln über die volle Widerstandszeit geprüft. Die Anzahl der einzelnen Schwachstellenanalysen ist nicht begrenzt. Nach abgeschlossener Vorprüfung wird der zweite Prüfkörper für die Hauptprüfung verwendet. Dabei werden die Erkenntnisse aus der Vorprüfung herangezogen, um von einer möglichen Schwachstelle aus das Element innerhalb der Widerstandszeit zu überwinden.

Die Anforderungen an die Glasanbindung haben sich gegenüber der abgelösten Norm DIN V 18054 allerdings erheblich verschärft. In dieser Norm wurden die Anforderungen wie folgt beschrieben: *Die Verglasung muß im Rahmen so befestigt sein, dass sie nicht leicht*

Widerstands-Klassen nach ENV 1627 bis 1630	Werkzeugsatz	Widerstandszeit max. (GesamtPrüfzeit) (min.)	Widerstands-Klassen nach DIN V 18054	Widerstandszeit (max. Gesamt-Prüfzeit nicht definiert)
WK1	Keine manuelle Einbruchprüfung			
WK2	A	3 / (15)	EF0 / 1	12 / + 2 min
WK3	B	5 / (20)	EF2	12 / + 4 min
WK4	C	10 / (30)	EF3	12 / + 7 min
WK5	D	15 / (40)	----------	----------
WK6	E	20 / (50)	----------	----------

Tabelle 1: *Manueller Einbruchversuch, Vergleich zur alten Norm*

von der Angriffseite her entfernt werden kann ... und sie muss den ruhenden und Stoßbeanspruchungen nach Abschnitt 4.9 standhalten. In der aktuellen Norm DIN V ENV 1627 werden die Anforderungen jetzt so beschrieben: *Die Befestigung von Verglasungen und Füllungen müssen so beschaffen sein, dass sie die statischen und dynamischen Belastungen aufnehmen,* ***dem manuellen Einbruchversuch widerstehen können und von der Angriffseite nicht zu entfernen sind***. Dies hat zur Folge, dass durch die zusätzliche Anforderung der manuellen Prüfung an die Glasanbindung die bisher eingesetzten Zusatzsicherungen, wie z.B. einfach verschraubte Glasleisten, nicht mehr den Anforderungen der Norm DIN V ENV 1627 entsprechen.

Ab der *Widerstandsklasse 3 bis 6* ergeben sich erhebliche Abweichungen zu den bisher üblichen Kategorien. Bei der Widerstandsklasse 3 wurden die statischen Prüfanforderungen (siehe Tabelle 2) erheblich erhöht. Auch wurde ab der Widerstandsklasse 3 ein Kuhfuß aus geschmiedetem Federstahl in den Werkzeugsatz mit aufgenommen, der die Prüfbedingungen erheblich verschärft. Für eine Übergangszeit von fünf Jahren nach Veröffentlichung der neuen Norm (also bis 2004) ist eine Korrelationstabelle gültig, in der die einzelnen Widerstandsklassen der alten und neuen Norm von ihren Anforderungen und somit Einsatzgebieten miteinander verglichen, bzw. gleichgesetzt werden (Tabelle 5). Somit entspricht die nach der alten Norm gültige Widerstandsklasse EF2 der Widerstandsklasse WK3 nach der neuen Norm. In der Praxis wird aber davon auszugehen sein, dass in der Regel die Widerstandsklasse EF2 den Anforderungen der WK3 durch den geänderten Werkzeugsatz nicht standhalten wird.

Grundlage der **VdS-Richtlinie 2534 für einbruchhemmende Fassadenelemente** war ursprünglich die geplante DIN 18660, die an den europäischen Gremien gescheitert ist und daraufhin zurückgezogen wurde. Auch in dieser Richtlinie sind Mindestanforderungen und Prüfverfahren ähnlich der DIN V 1627 ff vier Klassen zugeordnet.

Konstruktionsmerkmale:

Einbruchhemmende Fenster sollen Widerstand gegen verschiedenartigste Angriffe bieten: Die Konstruktionsmerkmale solcher Elemente liegen im Wesentlichen in der Geometrie der Profile, der Ausführung und Befestigung der Beschläge, der Glasanbindung sowie in der Verwendung von Zusatzteilen wie z.B. einem Anbohrschutz. Für die Widerstandsklassen 1 bis 3 sind Kunststoffprofile mit erhöhten Bautiefen und einem doppelwandig ausgebildeten Mittelsteg, wie er bei Mitteldichtungssystemen verwendet wird, recht effektiv. Durch den Mittelsteg wird ein direktes Angreifen des Beschlages erschwert. Die erhöhte Bautiefe verkürzt bei manuellen Einbruchversuchen den

Widerstands-klassen	WK 1/2 (EF 0/1)		WK 3 (EF 2)		WK 4 (EF 3)		WK 5/6 (- - -)	
Belastungs-punkte	Prüf-last kN	Aus-len-kung mm	Prüf-last kN	Aus-len-kung mm	Prüf-last kN	Aus-len-kung mm	Prüf-last kN	Aus-len-kung mm
F1 – Füllungs-ecken	3 (1,5)	8 (5)	6 (3)	8 (5)	10 (6)	8 (5)	15 (–)	8 (–)
F2 – zwischen den Verriege-lungspunkten	1,5 (1,5)	30 (≦10)	3 (3)	20 (≦10)	6 (6)	10 (≦10)	10 (–)	10 (–)
F3 – an den Verriegelungs-punkten	3/6 (1,5)	10 (5)	6 (3)	10 (5)	10 (6)	10 (5)	15 (–)	15 (–)

Tabelle 2: *Überblick über die statischen Belastungswerte der DIN V ENV 1627 bis 1630*

Hebelarm und verringert somit die auf den Beschlag wirkende Kraft. Der Beschlag kann durch den Einsatz von hintergreifenden Verriegelungen, wie z.B. Pilzkopfbolzen mit Sicherheitsschließteilen und durch verstärkte Befestigung der Beschlagsteile mit Flügel- oder Blendrahmen gegen Aushebeln gesichert werden. Ein abschließbarer oder arretierender Fenstergriff beugt dem Verschieben des Beschlags vor. Gegen das Durchbohren des Flügelrahmens im Bereich des Griffes und Entriegeln von der Außenseite muss ein Anbohrschutz z.B. aus gehärtetem Federstahl eingesetzt werden.

Der Einsatz von angriffhemmender Verglasung (→Glas) nach DIN 52290 oder EN 356 (Tabelle 4) verhindert, dass die Fensterscheibe durchgangsfähig eingeschlagen oder aufgeschnitten wird.

Sinnvoll ist auch die Kombination von einbruchhemmenden Fenstern mit zusätzlichen elektronischen Absicherungen. Ab Werk können sie mit einer Anschlussmöglichkeit für EMA (→Einbruchmeldeanlage) ausgestattet sein, die entweder für die Verschlussüberwachung und/oder die Öffnungsmeldung sorgen.

Prüfzeugnisse und Ausführungsüberwachung:

Die Leistungsfähigkeit von einbruchhemmenden Fenstern nach der Richtlinie AhS-Beschlag wird durch ein Prüfzeugnis der Gütegemeinschaft Schlösser und Beschläge nur für den eingesetzten Beschlag dokumentiert.

Die einbruchhemmende Eigenschaft nach der

Widerstandsklasse nach ENV 1627 bis 1630	Fallhöhe (mm)	Widerstandsklasse nach DIN V 18054	Fallhöhe (mm)
WK1	800	----------	----------
WK2	800	EF0 /1	800
WK3	1200	EF2	800
WK4	----------	EF3	1200
WK5/6	----------	----------	----------

Tabelle 3: *Einzelheiten im Vergleich zur früheren Norm bei der dynamischen Belastung mit einem 30 kg schweren Sandsack*

Widerstandsklasse nach ENV 1627 bis 1630 für Fenster, Türen und zusätzliche Abschlüsse	Widerstandsklasse der Verglasung nach EN 356	DIN 52290	DIN V 18054	DIN 52290
WK1	Keine Anforderungen	----------	----------	----------
WK2	P4A	A3	EF0/1	A3/B1
WK3	P5B	B1	EF2	B2
WK4	P6B	B1	EF3	B3
WK5	P7B	B2	----------	----------
WK6	P8B	B3	----------	----------

Tabelle 4: *In der Norm ENV 1627 bis 1630 werden die in der zurückgezogenen Norm DIN V 18054 enthaltenen Widerstandsklassen neu definiert.*

DIN V ENV 1627 des dem Prüfinstitut vorgestellten Prüfkörpers, wird durch die Vorlage eines Kurzberichtes (DIN V 18054 Prüfzeugnis) für den jeweiligen Fenstertyp belegt. Im Gegensatz zur eigentlichen europäischen Norm wird im nationalen Vorwort eine Fremdüberwachung der Produktion mit entsprechender Zertifizierung, z.B. „→DIN-geprüft"-Zeichen gefordert. Diese aus einer zertifizierten Herstellung stammenden Elemente unterliegen einer Kennzeichnungspflicht mit den Angaben zur Widerstandsklasse, zum Prüfbericht und zum Produkt selbst. Weiterhin ist der Hersteller dazu verpflichtet, eine Werksbescheinigung mit Angaben zum Produkt und zur Widerstandsklasse auszuhändigen.

Einbruchhemmende Fenster nach den VdS-Richtlinien 2534 werden durch das Führen des VdS-Zeichens sowie dauerhaft am Fenster selbst gekennzeichnet. Listen über die Hersteller einbruchhemmender Fenster und Fenstertüren führen sowohl der →VdS als auch die Kommission Polizeiliche Kriminalprävention (→KPK).

Montage:

Bei der Montage von einbruchhemmenden Fenstern ist auf die von den Herstellern vorgeschriebene druckfeste Hinterfütterung zwischen Blendrahmen und Laibung im Bereich der Befestigungen und Schließstellen zu achten. Die Montage darf z.Zt. ausschließlich mit Rahmendübeln erfolgen. Sollte eine andere Form der Befestigung ausgeführt werden, so bedarf diese ebenfalls einer Prüfung nach der Norm. Die fachgerechte Montage eines DIN-geprüften Fensters ist durch das ausführende Unternehmen in einer Montagebescheinigung zu bestätigen.

Einteilung einbruchhemmender Fenster

Nachrüstung:

Um ein vorhandenes Element nachträglich zu sichern, werden unterschiedliche Produkte angeboten. Diese werden entweder sichtbar oder in das Element eingelassen montiert. Im Oktober 1999 wurde mit der DIN 18104-1 eine neue Norm veröffentlicht, die Anforderungen, Prüfverfahren und Anordnung für aufschraubbare einbruchhemmende Nachrüstprodukte wie Zusatzschlösser, Stangenverschlüsse oder Querriegelverschlüsse beschreibt. Mit DIN 18104-2 ist eine weitere Prüfgrundlage für Nachrüstprodukte in Vorbereitung. Sie beschreibt ein Prüfverfahren für in den Falz eingelassene einbruchhemmende Nachrüstpro-

Mutmaßliche Arbeitsweise des Täters	Widerstands klasse AhS	DIN V 18054	DIN V ENV 1627	VdS
Der Gelegenheitstäter versucht, das verschlossene und verriegelte Bauteil durch den Einsatz körperlicher Gewalt zu überwinden; Gegentreten, Gegenspringen, Schulterwurf o.Ä.	AhS	-	WK1	-
Der Gelegenheitstäter versucht, zusätzlich mit einfachen Werkzeugen wie z.B. Schraubendreher, Zange und Keile, das verschlossene und verriegelte Bauteil aufzubrechen	-	EF0/EF1	WK2	N
Der Täter versucht, zusätzlich mit einem zweiten Schraubendreher und einem Kuhfuß das verschlossene und verriegelte Bauteil aufzubrechen	-	EF2	WK3	A
Der erfahrene Täter setzt zusätzlich Sägewerkzeuge und Schlagwerkzeuge - z.B. Schlagaxt, Stemmeisen, Hammer und Meißel - sowie eine Akku-Bohrmaschine ein	-	EF3	WK4	B
Der erfahrene Täter setzt zusätzlich Elektrowerkzeuge wie z.B. Bohrmaschine, Stich- und Säbelsäge und Winkelschleifer mit einem max. Scheibendurchmesser von 125 mm ein.	-	-	WK5	C
Der erfahrene Täter setzt zusätzlich Elektrowerkzeuge wie z.B. Bohrmaschine, Stich- oder Säbelsäge und Winkelschleifer mit einem max. Scheibendurchmesser von 230 mm ein.	-	-	WK6	

Tabelle 5: *Kriterien für die Auswahl der Widerstandsklassen (Tätertyp, Täterverhalten, Einsatzort, Risiko und Einsatzempfehlung) im Vergleich mit den einzelnen Normen.*

dukte (Drehkippbeschläge oder Hintergreifsicherungen). Aus optischen Gründen und aufgrund der einfachen Handhabung wird eine Nachrüstung mit einbruchhemmenden Beschlägen einer Nachrüstung mit aufschraubbaren Produkten oft vorgezogen. Somit stehen zukünftig für den kompletten Produktbereich der mechanischen Sicherheitstechnik (für aufschraubbare und für im Falz eingelassene Produkte) Prüfgrundlagen zur Verfügung. Eine Vergleichbarkeit von Produkten ist somit sichergestellt.

(Letzte Änderung: 16.4.2002)

(Dr. Struth)

Einbruchhemmende Gitter

Siehe auch Gitter, Einbruchhemmende Fenster, Einbruchhemmende Tür, Nachrüstung, Faseroptischer Melder, Lichtschachtsicherung, Pneumatischer Differenzialdruckmelder, Rollgitter, Scherengitter, Vorsatzgitter.

Die einbruchhemmende Wirkung von Gittersystemen kann prüftechnisch ermittelt und bewertet werden. Im September 2003 erschien erstmalig eine entsprechende nationale Norm mit dem Titel „DIN 18106 Einbruchhemmende Gitter – Anforderungen und Prüfverfahren“.

Sie legt Anforderungen und Prüfverfahren für die einbruchhemmenden Eigenschaften und den Schutz gegen Durchstieg für feststehende und bewegliche Gitter, für →Vorsatzgitter, Gitterrostsicherungen (→Lichtschachtsicherung) sowie vergleichbare Schutzsysteme fest.

Die Norm ist auf Grundlage der Normreihe DIN V ENV 1627 bis DIN V ENV 1630 „Fenster, Türen, Abschlüsse – Einbruchhemmung“ unter Berücksichtigung der besonderen Einbruchtäterarbeitsweisen an Gittern erstellt worden.

Dies spiegelt sich in einem nahezu identischen Prüfplan und der Klassifizierung in die bekannten sechs Widerstandsklassen (WK1 bis WK6) wieder.

Der Prüfplan sieht eine statische (Tab. 1), eine

Belastungspunkte	Widerstandsklasse											
	WK 1 + WK 2			WK 3			WK 4			WK 5 + WK 6		
	Prüf-last kN	Grenz-wert mm	Prüf-stem-pel Typ	Prüf-last kN	Grenz-wert mm	Prüf-stem-pel Typ	Prüf-last kN	Grenz-wert mm	Prüf-stem-pel Typ	Prüf-last kN	Grenz-wert mm	Prüf-stem-pel Typ
Befestigungspunkt zwischen Gitter und Mauerwerk	3	10	3	6	10	3	10	10	3	15	10	3
Verbund Führungsschiene Gitterpanzer	3	10	1	6	10	1	10	10	1	15	10	1
Führungsschiene als Einzelbauteil	3	30	2	6	30	2	10	30	2	15	30	2
Hochschieben des Gitterpanzers	3	50	3	6	50	3	10	50	3	15	50	3
Zwischen zwei Befestigungspunkten	1,5	30	1	3	30	1	6	30	1	10	30	1
Belastung zwischen zwei Knotenpunkten	1,5	30	4	6	30	4	6	30	4	10	30	4
Herausreißen des Gitterpanzers aus der dFührungsschiene	1,5	10	3	3	10	3	6	10	3	10	10	3
Quelle: DIN 18106 : 2003-09												

Tabelle 1: *Belastungspunkte von Gittern*

dynamische Belastung (Tab. 2) und einen manuellen Einbruchversuch (Tab. 3) vor.
Der wesentliche Unterschied zu den Prüfungen an einbruchhemmenden Fenstern, Türen und Abschlüssen ist ein veränderter Werkzeugsatz (Tab. 4).
Neben den prüftechnischen Anforderungen werden klare Vorgaben, hinsichtlich der technischen Unterlagen, die dem einbruchhemmenden Gitter beizufügen sind, getroffen. So muss in den technischen Unterlagen in allgemeinverständlicher Form genau beschrieben sein, für welches Einsatzgebiet das Produkt vorgesehen ist und welche Voraussetzungen seitens der baulichen Substanz gegeben sein müssen.

Widerstandsklasse	Masse des Stoßkörpers kg	Fallhöhe mm
1	30	800
2	30	800
3	30	1200
Quelle: DIN 18106 : 2003-09		

Tabelle 2: *Widerstandsklassen und Fallhöhen bei der dynamischen Prüfung*

Widerstandsklasse	Werkzeugsatz	Widerstandszeit min	Max. Gesamtprüfzeit min
1	Keine manuelle Einbruchprüfung (Gitter der Widerstandsklasse 1 weisen nur einen Grundschutz gegen Aufbruchversuche mit körperlicher Gewalt wie Abreißen, Hochschieben oder Herausreißen auf (vorwiegend Vandalismus). Wenn Einbruchhemmung gefordert wird, wird der Einsatz der Widerstandsklasse 1 nur bei Gittern empfohlen, bei denen kein direkter Zugang (nicht ebenerdiger Zugang) möglich ist.)		
2	A	3	15
3	B	5	20
4	C	10	30
5	D	15	40
6	E	20	50
Quelle: DIN 18106 : 2003-09			

Tabelle 3: *Widerstandsklassen, Werkzeugsätze, Widerstandszeit und maximale Gesamtprüfzeit von Gittern*

Widerstandsklasse	Werkzeugsatz	Ergänzung
2	**A** aus DIN V ENV 1630:1999-04	1 Miniatursäge; Blätter HSS (aus Werkzeugsatz C); 1 Verlängerungsrohr Länge: max. 500 mm (aus Werkzeugsatz D)
3	**B** aus DIN V ENV 1630:1999-04	1 Miniatursäge; Blätter HSS (aus Werkzeugsatz C); 1 Verlängerungsrohr Länge: max. 500 mm (aus Werkzeugsatz D) 1 Handsäge; Blätter HSS (aus Werkzeugsatz C);
4	**C** aus DIN V ENV 1630:1999-04	1 Verlängerungsrohr Länge: max. 500 mm (aus Werkzeugsatz D)
5	**D** aus DIN V ENV 1630:1999-04	keine
6	**E** aus DIN V ENV 1630:1999-04	keine
Quelle: DIN 18106 : 2003-09		

Tabelle 4: *Werkzeugsätze zur Prüfung von Gittern*

Zudem ist jedem Anwender eine typbezogene mindestens in deutscher Sprache abgefasste Montageanweisung beizulegen. Die wesentlichen Inhaltspunkte wie die zu verwendenden Befestigungsmittel, Anforderung an das Mauerwerk etc. sind normativ vorgegeben.
DIN 18106 ist Grundlage für die Herausgabe des Herstellerverzeichnisses der Kommission polizeiliche Kriminalprävention (KPK) und somit Basis für die sicherungstechnischen Empfehlungen der Polizei.
Diese Liste wird zweimal jährlich aktualisiert und liegt in den kriminalpolizeilichen Beratungsstellen aus bzw. kann im Internet auf der Homepage der Polizei abgerufen werden (http://www.polizei.bayern.de/schützenvorbeugen/beratung/technik/index/html/449).
Darauf gelistet sind Firmen, die ihre Gittersysteme nach der DIN 18106 am Institut für Fenstertechnik e.V. (→ift Rosenheim) bzw. den Prüfvorschriften der MPA Kaiserslautern geprüft haben.
Von der VdS Schadenverhütung GmbH (→VdS) gibt es eine vergleichbare Prüf- und Bewertungsrichtlinie mit dem Titel: VdS 2368 „Einbruchhemmende Gitterelemente“ (Entwurfsfassung vom Juli 1999).
(Letzte Änderung: 5.7.2006)

(Junge)

Einbruchhemmende Tür

Siehe auch DIN CERTCO, DIN-geprüft, Nachrüstung, Präventivmaßnahmen (Einbruchschutz), Sicherheitstür, Tür, Widerstandsklassen.

Unter einer „einbruchhemmenden Tür“ versteht man eine Tür, die im geschlossenen, verriegelten und versperrten Zustand den Versuch des gewaltsamen Eindringens durch körperliche Gewalt oder unter Zuhilfenahme von Werkzeugen eine bestimmte Zeit (Widerstandszeit) verhindert. „Einbruchhemmende Türen“ sind dort zu verwenden, wo das unbefugte, gewaltsame Eindringen in einen zu schützenden Raum oder Bereich zeitlich erschwert und behindert werden soll.
Die einbruchhemmende Eigenschaft einer Tür und die Zuordnung in eine entsprechende Widerstandsklasse (WK 1 bis WK 6) ist nach DIN V ENV 1627 : 1999-04 vorzunehmen. Für den Einsatz in privaten Wohnobjekten sind Türelemente der Widerstandsklasse WK 1 bis WK 3 zu empfehlen (siehe Tab. 1), wobei darauf zu achten ist, dass die niedrigste Widerstandsklasse WK 1 (Grundsicherheitsstufe) keine normativen Anforderungen an das Glas in Füllungen oder möglichen Seitenteil(en) bzw. Oberlichtern stellt (siehe Tab. 2).

DIN V ENV 1627:
Die Prüfung nach DIN V ENV 1627 besteht aus drei Teilen: Einer statischen Prüfung (gemäß DIN V ENV 1628), einer dynamischen Prüfung (gemäß DIN V ENV 1629) und einem Angriff mit Werkzeugen (manueller Einbruchversuch nach DIN V ENV 1630, siehe Tab. 3). Nach Bestehen aller drei Teilprüfungen, werden die Probekörper nach DIN V ENV 1627 bewertet und klassifiziert. Der Geltungsbereich dieser europäischen Vornormreihe DIN V ENV 1627 bis DIN V ENV 1630 beschränkt sich nicht nur auf Türen, sondern erstreckt sich auf jegliche Abschlüsse wie auch Fenster, Roll- und Fensterläden usw. und ersetzt somit die bis dahin gültigen Normen bzw. Richtlinien DIN V 18054 : 1991-12 (Fenster), DIN V 18103 : 1992-03 (Türen), E DIN 18103 : 1997-03 (Fenster, Türen und zusätzliche Abschlüsse) und die „Prüf-Richtlinie einbruchhemmende Rolläden – Begriffe, Anforderungen, Prüfung“ Stand Februar 1991.
Die Prüfung ist durch eine von →DIN CERTCO anerkannte Prüfstelle durchzuführen. Im März 2002 standen zur Prüfung von einbruchhemmenden Türen sieben DIN CERTCO anerkannte Prüflaboratorien zur Auswahl (→DIN-geprüft). Im nationalen Anhang zur DIN V ENV 1627 wird des weiteren eine Zertifizierung der Produktion von einbruchhemmenden Elementen (Güteüberwachung, „DIN geprüft“-Zeichen, →ift-zertifiziert) und deren dauerhafte Kennzeichnung (Kennzeichnungsschild im Falzbereich) dringend empfohlen. Dies ist zudem Voraussetzung für die Aufnahme dieser einbruchhemmenden Elemente in die von der →Kommission Polizeiliche Kriminalprävention zweimal jährlich veröffentliche Liste „Geprüfte und zertifizierte einbruchhemmende Türen“. Diese Liste liegt in allen kriminalpolizeilichen Beratungsstellen aus bzw. kann im Internet auf der Homepage der Polizei abgerufen werden (z.B. http://www.polizei.bayern.de/schuetzenvorbeugen/beratung/technik/index.html/449)
Für die Geltungsdauer der DIN V ENV 1627 gelten bisherige Prüfzeugnisse und Prüfbe-

Widerstandsklasse	Erwarteter Tätertyp Mutmaßliches Täterverhalten	Empfohlener Einsatzort des einbruchhemmenden Bauteils		
		A. Wohnobjekte	**B Gewerbeobjekte, öffentliche Objekte**	**Gewerbeobjekte, öffentliche Objekte (hohe Gefährdung)**
WK 1	Bauteile der Widerstandsklasse WK 1 weisen einen Grundschutz gegen Aufbruchversuche mit körperlicher Gewalt wie Gegenspringen, Schulterwurf, Hochschieben, Herausreißen auf (vorwiegend Vandalismus). Bauteile der Widerstandsklasse WK 1 weisen nur geringen Schutz gegen den Einsatz von Hebelwerkzeugen auf.	Wenn Einbruchhemmung gefordert wird, wird der Einsatz der Widerstandsklasse WK 1 nur bei Bauteilen empfohlen, bei denen kein direkter Zugang (nicht ebenerdiger Zugang) möglich ist.		
WK 2	Der Gelegenheitstäter versucht, zusätzlich mit einfachen Werkzeugen wie Schraubendreher, Zange und Keile das verschlossene und verriegelte Bauteil aufzubrechen.			
WK 3	Der Täter versucht, zusätzlich mit einem zweiten Schraubendreher und einem Kuhfuß das verschlossene und verriegelte Bauteil aufzubrechen.			
WK 4	Der erfahrene Täter setzt zusätzlich Sägewerkzeuge und Schlagwerkzeuge wie Schlagaxt, Stemmeisen, Hammer, Meißel sowie eine Akku-Bohrmaschine ein.			
WK 5	Der erfahrene Täter setzt zusätzlich Elektrowerkzeuge wie z. B. Bohrmaschine, Stich- oder Säbelsäge und Winkelschleifer ein.			
WK 6	Der erfahrene Täter setzt zusätzlich leistungsfähige Elektrowerkzeuge wie z. B. Bohrmaschine, Stich- oder Säbelsäge und Winkelschleifer ein.			

ANMERKUNG: Diese Tabelle stellt lediglich eine ungefähre Orientierung dar. Fachkundige Beratung, z. B. durch die Beratungsstelle der örtlichen Polizei, ist unerlässlich. Die Abschätzung des Risikos sollte unter Berücksichtigung der Lage des Gebäudes (geschützt/ungeschützt), Nutzung und Sachwertinhalt auf eigene Verantwortung erfolgen. Bei hohem Risiko sollten zusätzlich alarmtechnische Meldeanlagen eingesetzt werden.

Bei der Auswahl von einbruchhemmenden Elementen für die Widerstandsklassen WK 4 bis WK 6 ist anzumerken, dass bei der Auswahl solcher Elemente in Flucht- und Rettungswegen der Werkzeugeinsatz der Feuerwehr erschwert ist bzw. berücksichtigt werden muss.

Außensteckdosen, z. B. im Flur einer Wohnung, sollten spannungslos sein, um ihre Benutzung durch den Einbrecher zu verhindern.

	geringes Risiko		durchschnittliches Risiko		hohes Risiko

Tabelle 1: *Entsprechend den sechs Widerstandsklassen werden die zu erwartenden Tätertypen und das mutmaßliche Täterverhalten zugeordnet*

DIN V 18103		**DIN V ENV 1627**	
Widerstandsklasse	**Verglasung nach DIN 52290**	**Widerstandsklasse**	**Verglasung nach DIN EN 356 (DIN 52 290)**
- / -	- / -	WK 1	keine Anforderungen
ET 1	A 3 / B 1 [1)]	WK 2	P4 A (A3)
ET 2	B 2	WK 3	P5A (--)
ET 3	B 3	WK 4	P6B (B1)
- / -	- / -	WK 5	P7B (B2) [2)]
- / -	- / -	WK 6	P8B (B3) [2)]

Tabelle 2: *Vergleich der Anforderung an die Verglasung zwischen DIN V 18103 und DIN V ENV 1627*

1) Bei Türelementen nach DIN V 18103 in der Widerstandsklasse ET 1 dürfen Verglasungen nach DIN 52290 Teil 4 in der Widerstandsklasse A 3 eingesetzt werden, wenn die Verglasungsgröße kleiner als die definierte durchgangsfähige Öffnung ist.

2) Ist die lichte Öffnung der Verglasungen größer als die durchgangsfähige Öffnung, sind manuelle Einbruchprüfungen mit dem der Widerstandsklasse zugehörigen Werkzeugsatz durchzuführen.

richte auf der Basis DIN V 18103 : 1992-03 als Nachweis der Einbruchhemmung entsprechend der Korrelationstabelle (NA.3 aus DIN V ENV 1627, siehe Tab. 4) weiterhin. Für bestehende Prüfzeugnisse, die nach dem 1. Januar 1994 ausgestellt wurden, kann ein Prüfzeugnis nach DIN V ENV 1627 unter Heranziehung der schon vorhandenen Prüfdaten dann ausgestellt werden, wenn an einem zweiten Element – identisch dem bereits nach DIN V 18103 geprüften – eine „Nachprüfung" (Hauptprüfung mit Werkzeug sowie zusätzliche statische und dynamische Belastungspunkte) ergänzend nach den Anforderungen der DIN V ENV 1627 bestanden wird (→DIN CERTCO).
Die Prüfung ist stets eine Systemprüfung, d. h. es wird immer ein komplettes Türelement bestehend aus Türzarge, einem oder mehreren Türflügeln mit oder ohne Seitenteil(en) bzw.

DIN V 18103				**Manueller Einbruchversuch nach DIN V ENV 1630**			
Widerstandsklasse	**Widerstandszeit [min]**	**max. Gesamtprüfzeit [min]**	**Werkzeugsatz**	**Widerstandsklasse**	**Widerstandszeit [min]**	**max. Gesamtprüfzeit [min]**	**Werkzeugsatz**
--	--	--	--	WK 1	Keine manuelle Einbruchprüfung Nur statische und dynamische Belastung		
ET 1	5	--	A	WK 2	3	15	A
ET 2	7	--	B	WK 3	5	20	B
ET 3	10	--	C	WK 4	10	30	C
--	--	--	--	WK 5	15	40	D
--	--	--	--	WK 6	20	50	E

Tabelle 3: *Vergleich der Prüfzeiten zwischen DIN V 18103 und DIN V ENV 1627*

Bauteil	D				A	CH
Widerstandsklasse DIN V ENV 1627	*Fenster DIN V 18054 : 1991-12*)*	*Türen DIN V 18103 : 1992-03*)*	*Rollläden Prüfrichtlinie für einbruchhemmende Rollläden*)*	Fassadenelemente VdS 2534 (Entwurf) 1999-11	ÖNORM B 5338 1992-06	VST/ BVD-Richtlinie
WK 1	--	--	ER 1	--	X	--
WK 2	EF 0/1	ET 1	ER 2	N	--	N
WK 3	EF 2	ET 2	ER 3	A	--	1
WK 4	EF 3 **)	ET 3 **)	ER 4	B	--	2
WK 5	--	--	ER 5	C	--	3
WK 6	--	--	ER 6	--	--	--

*) Mit Erscheinen der DIN ENV 1627 zurückgezogene Normen.
**) Für die Widerstandsklasse EF 3 / ET 3 muss durch eine Zusatzprüfung nachgewiesen werden, dass die nach DIN 18054 : 1991-12 bzw. DIN V 18103 : 1992-03 (durch diese Vornorm zurückgezogen) klassifizierten Elemente über einen ausreichenden Bohrschutz verfügen.

Tabelle 4: *Zuordnungstabelle - Korrelation*

Oberlicht, allen Beschlägen und Befestigungsmitteln und allen zusätzlichen Ausstattungen (z. B. Türspion) usw. zur Prüfung vorgestellt. Nur in dieser Zusammenstellung, wie es zur Prüfung vorgestellt und positiv bewertet wurde, darf es später das Kennzeichnungsschild tragen und als einbruchhemmende Tür bezeichnet werden. Außerdem erhält der Käufer eine Werksbescheinigung mit Angaben zum Produkt und – nach der fachgerechten Montage gemäß Montageanleitung – eine vom Monteur unterzeichnete Montagebescheinigung.

Hinweis: Im April 2006 wurde der Fachöffentlichkeit ein neuer Entwurf der Normreihe 1627 bis 1630 zur Stellungsnahme vorgestellt. Ziel der Überarbeitung ist insbesondere die Erhöhung der Reproduzierbarkeit der Prüfergebnisse. Die wesentlichen Änderungen sind:

- **neues statisches Prüfverfahren (EN 1628) in den unteren Widerstandsklassen WK 1 und 2 durch zusätzliche Belastung in Bauteilrichtung und gegen die Verschlussrichtung (Bild EN 1628)**
- **neuer, schwererer Stoßkörper (Zwillingsreifen mit 50 kg) bei dynamischer Prüfung (EN 1629) bei gleichzeitiger Reduzierung der Fallhöhen**
- **Änderungen der Werkzeugsätze (DIN 1630) zum manuellen Werkzeugangriff durch Aufnahme von z.B. Sägewerkzeugen**

Anmerkung: Bis zur Einführung der überarbeiteten Fassung gelten weiterhin die Vornormen 1627 bis 1630 mit Ausgabedatum April 1999.

Nachrüstung
Die einbruchhemmende Wirkung von Türen kann auch durch das Anbringen von Zusatzverriegelungen, sogenannten Nachrüstsicherungen (→Nachrüstung, →Einbruchhemmende Gitter), zumindest punktuell erhöht werden. Hierfür erschien im September 2000 die offizielle normative Regelung DIN 18104-1 „Einbruchhemmende Nachrüstprodukte – Teil 1: Anforderung und Prüfverfahren für aufschraubbare Nachrüstprodukte für Fenster und Türen". Der zweite Teil befasst sich mit im Falz eingelassenen Nachrüstprodukten und wurde im November 2002 veröffentlicht.
Der Prüfplan der DIN 18104 sieht eine statische Belastung und einen manuellen Einbruchversuch mit einfachen Werkzeugen (Werkzeugsatz A aus DIN V ENV 1630) vor. Des weiteren müssen die Hersteller ihren Produkten eine leicht verständliche Bedienungs-

DIN Norm			VdS Richtlinie		
Norm	**Titel**	**Ausgabe-datum**	**Richtlinie**	**Titel**	**Ausgabe-datum**
DIN V ENV 1627	Einbruchhemmende Fenster/Türen, Abschlüsse	1999-04	**VdS 2534**	Einbruchhemmende Fassadenelemente (Entwurf)	1999-11
DIN V 18103[1]	Einbruchhemmende Türen	1992-03	**VdS 2265**	Einbruchhemmende Türen	1990-01
DIN V 18054[1]	Einbruchhemmende Fenster	1991-12	**VdS 2164**	Einbruchhemmende Fenster und Fenstertüren	1990-10
DIN 18104 Teil 1	Einbruchhemmende Nachrüstprodukte - Aufschraubbare Nachrüstprodukte für Fenster und Türen	2000-09	**VdS 2536**	Einbruchhemmende Produkte zur Nachrüstung	1997-09
DIN 18106[2]	Einbruchhemmende Gitterelemente		**VdS 2368**	Einbruchhemmende Gitterelemente (Entwurf)	1999-07
DIN 18251	Schlösser - Einsteckschlösser für Türen	1991-03	**VdS 2261**	Zuhaltungsschlösser	1989-10
DIN 18252	Profilzylinder für Türschlösser	1999-09	**VdS 2156** **VdS 2201**	Profilzylinder Zylinderschlösser	1992-01 1989-03
DIN V 18254[1]	Profilzylinder mit Schutzzuhaltungen	1991-07	--		
DIN 18257	Baubeschläge - Schutzbeschläge	1991-03	**VdS 2113**	Einbruchhemmende Türschilder	1994-04
DIN EN 356	Glas im Bauwesen - Sicherheitssonderverglasung	2000-02	**VdS 2163**	Einbruchhemmende Verglasung	1990-05
DIN 52290 Teil 3[1]	Angriffhemmende Verglasung - Prüfung auf durchbruchhemmende Eigenschaft	1984-06	--		
DIN 52290 Teil 4[1]	Angriffhemmende Verglasung - Prüfung auf durchwurfhemmende Eigenschaft	1988-11	--		

[1] zurückgezogene Normen

Tabelle 5: *Gegenüberstellung der DIN Normen zu VdS Richtlinien im Bereich mechanische Sicherungsprodukte (Anforderungen)*

anleitung (bebildert) und eine detaillierte Montageanweisung mit Angaben

- zum Einsatzgebiet (für Türen oder Fenster)
- zu den benötigten Werkzeugen zur Montage
- zu den nötigen Befestigungsmitteln (Anzahl, Dimension)
- zu deren Verwendungszweck (für Holz, Kunststoff, Beton etc.) usw. beilegen.

Zur Gegenüberstellung der DIN-Normen und VdS-Richtlinien im Bereich mechanische Sicherungsprodukte siehe Tab 5. Weitere Informationen zum Thema Einbruchschutz auf der Homepage des Instituts für verbraucherrelevanten Einbruchschutz unter www-ive-rosenheim.de.

(Letzte Änderung: 17.7.2006)

(Junge)

Einbruchhemmende Verglasung

Siehe Durchbruchhemmende Verglasung.

Einbruchmeldeanlage (EMA)

Siehe auch Alarmzentrale, Einbruchmeldeanlage mit Funkübertragung, Einbruchmelder, Notrufzentrale, Präventivmaßnahmen (Einbruchschutz), Signalgeber, Übertragungsanlage.

„Einbruchmeldeanlagen (EMA) sind →Gefahrenmeldeanlagen (GMA), die dem automatischen Überwachen von Gegenständen auf unbefugte Wegnahme sowie von Flächen und Räumen auf unbefugtes Eindringen dienen.

Einbruchmeldeanlagen der Ausführungsart B sind Gefahrenmeldeanlagen der Klasse 1 mit Einrichtungen, die es wesentlich erschweren, sie durch vorsätzliche Störungen außer Betrieb zu setzen oder Meldungen zu verhindern.“ (Definition nach DIN VDE 0833) „Einbruchmeldeanlagen (EMA) der Klasse 1 Ausführungsart 1 sind Gefahrenmeldeanlagen mit niederer Überwindungssicherheit. Einbruchmeldeanlagen (EMA) der Klasse 1 Ausführungsart 2 sind Gefahrenmeldeanlagen mit mittlerer Überwindungssicherheit. Einbruchmeldeanlagen (EMA) der Klasse 1 Ausführungsart 3 sind Gefahrenmeldeanlagen mit hoher Überwindungssicherheit. Einbruchmeldeanlagen (EMA) der Klasse 1 Ausführungsart 4 sind Gefahrenmeldeanlagen mit sehr hoher Überwindungssicherheit.“ (Definition nach DIN VDE 0833-3). Eine Einbruchmeldeanlage allein stellt noch keinen Schutz dar. Erst in Kombination mit zweckmäßigen mechanischen Sicherungsmaßnahmen und gesicherter Intervention im Alarmfall ergibt sich eine Schutzwirkung.

Eine Einbruchmeldeanlage setzt sich aus der Erfassungs-, Übertragungs- und Auswertungsebene zusammen; oft ergänzt durch eine Alarmfernübertragung auf eine →Notrufzentrale.

Für die Installation, Aufschaltung auf eine öffentliche (Polizei) oder private Notrufzentrale sowie die Inbetriebnahme sind technische Regeln, lokale behördliche Vorschriften sowie Auflagen des jeweiligen Versicherers zu beachten.

Aufgrund der steigenden Einbruchskriminalität finden Einbruchmeldeanlagen zunehmende Anwendung im privaten Bereich. Verwendung finden Bewegungsmelder, wie →Ultraschall-, →Infrarot- oder →Mikrowellengeräte zur →Raumüberwachung, ergänzt durch →Öffnungskontakte an Fenstern, Gitterrosten, Türen. Glasflächen können mit sogenannten elektronischen →Glasbruchmeldern versehen werden. Auf Einbruchmeldeanlagen können zusätzlich auch Handalarmtaster für die manuelle Überfallalarmauslösung aufgeschaltet werden.

Alarme können lokal akustisch (Sirene, Horn, Summer) und/oder visuell (Drehblinkleuchte, Blitzleuchte) signalisiert werden (→Signalgeber). Je nach Anwendung und Vorschriften sind stille oder laute Alarmsignalisation vor Ort zulässig.

Für spezielle Anwendungen des Wertschutzes, z. B. in Banken, kommen auch andere Melder, wie Flächenschutz (eingemauerte, strom-

führende Drahtgeflechte, die bei Unterbrechung Alarm auslösen) und →Körperschallmelder (erfassen Vibrationen direkt am Schutzmantel, z. B. an einem →Wertschutzraum) in Betracht. Ferner finden auch akustische Systeme, z. B. Mikrophone, die auf eine Wächterzentrale aufgeschaltet sind, Anwendung.
Um →Falschalarme zu vermeiden, sind Einbruchmeldeanlagen sorgfältig zu planen und zu installieren. Mögliche Umgebungseinflüsse sind abzuklären. Je nachdem können nur bestimmte Sensortypen eingesetzt werden. VdS-anerkannte Anlagenhersteller und -installateure bieten in der Regel für eine fachkundige Projektierung und Installation Gewähr.
(Letzte Änderung: 25.5.2004)

(Redaktion)

Einbruchmeldeanlage mit Funkübertragung (Funk-Alarmanlage)

Siehe auch Brandmeldeanlage mit Funkübertragung, Einbruchmeldeanlage (mit weiteren Verweisen).

Funk-Alarmanlagen benutzen im Gegensatz zu drahtgebundenen EMA als alternativen Übertragungsweg elektromagnetische Funkwellen.
Aufgrund der Funk-Übertragung (und der damit entfallenden Kabelverlegung) können Funk-Alarmanlagen schnell und sauber montiert werden und eignen sich darum besonders gut für den privaten Wohnbereich oder das Kleingewerbe.
Prinzipiell verfügen die Funk-Alarmkomponenten über die gleichen Funktionen wie drahtgebundene Anlagen. Der Übertragungsweg kann jedoch nicht wie bei einer Primärleitung ununterbrochen überwacht werden, da drahtlose Geräte nicht vom Stromnetz gespeist werden. Sie beziehen ihre Energie aus Batterien und müssen darum mit Sendedauer und -leistung sparen. Meldungen werden daher ereignisgesteuert, also immer bei einem vom Melder erkannten Zustandswechsel gesendet, oder zyklisch von der Zentrale angefordert. Mit teilverdrahteten Anlagen, bei denen Leitungen bzw. 230V zur Zentrale und/oder zur Scharfschalteinrichtung und/oder zu den Alarmierungsmitteln geführt werden, kann diese Problematik unter Inkaufnahme der dann doch notwendigen Installation umgangen werden

(Hybrid-Lösung). Bei reinen drahtlosen Funk-Alarmsystemen arbeiten alle Komponenten mit Batterien, zum Beispiel 9V-Batterien mit einer Lebenserwartung von ca. einem Jahr, oder speziellen Hochleistungsbatterien, die die Geräte bis zu 5 Jahre lang versorgen können.

Als Frequenzbereiche werden nach ETSI (European Telecommunications Standards Institute) die Bänder 27, 40 , 433 und 868 MHz (ISM-Bänder) verwendet, die für Funk-Geräte mit kleiner Leistung (Low Power Devices) reserviert sind. Im Bereich des 868 MHz-Bandes sind vier Kanäle speziell für Sicherheitsanwendungen reserviert, während in allen anderen Bändern auch andere Systeme arbeiten dürfen. Sowohl Amplituden- als auch Frequenzmodulation sind in diesen Bändern zulässig. Beide Modulationsarten haben ihre Vor- und Nachteile: Amplitudenmodulierte Systeme können bei gleicher Reichweite mit unempfindlicheren Empfängern arbeiten und sind dadurch auch unempfindlicher gegen weiter entfernte Störsender. Bei frequenzmodulierten Systemen ist die Übertragungsgüte besser, jedoch muss ein erhöhter Aufwand zur Störunterdrückung betrieben werden. Um die Übertragungssicherheit zu erhöhen, haben sich Weiterentwicklungen wie regelmäßige Statusmeldungen, Dialog zwischen den Komponenten, Frequenzhopping oder Mehrfrequenzverfahren bewährt.

Detektoren und Sender/Empfänger sollten gegen unbefugtes Öffnen überwacht sein und außen liegende Antennen gegen Abschneiden.

Ein gut ausgestattetes Sortiment umfasst:

- Zentralen für Einbruch-, Überfall-, Sabotage- und Technikmeldungen mit Ausgang für stillen Alarm
- Bewegungsmelder mit Gehtestanzeige
- Magnet-Reedkontakte mit integriertem Sendeteil und Anschlussmöglichkeit für Glasbruchmelder
- akustische Glasbruchmelder
- Rauchmelder
- Außensirenen mit und ohne Blitzleuchte
- Handsender für Fernbedienung
- Schloss-Sender und Codierungseinrichtung zur externen Schärfung
- Mehrkanalempfänger zum Fernschalten von systemfremden Geräten.

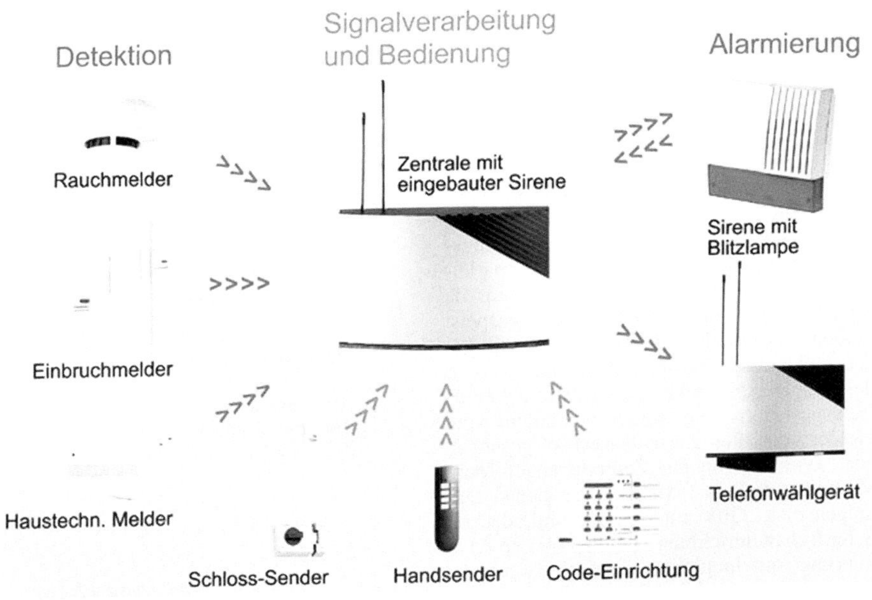

Komponenten einer Funk-Alarmanlage (Grafik: Daitem)

Normen und Richtlinien für drahtlose Alarmanlagen EG-Mitgliedsstaaten:
In Europa sind für gebührenfreie Nutzung des Bandes die Frequenzen 27, 40, 433 und 868 MHz und 2,4 GHz freigegeben. Um Funk-Alarmgeräte in der EG besitzen und betreiben zu können, wird die CE-Kennzeichnung auf Basis der EG-Baumusterbescheinigung benötigt. Seit 01.01.1996 müssen die in den Verkehr gebrachten Funk-Anlagen dem EMVG-Gesetz genügen. Die Richtlinie 89/336/EEC (ETS 300 683) über die elektromagnetische Kompatibilität beschreibt eine Prüfung des Sendegerätes zwischen 25 MHz und 1.000 MHz mit 3 V/m, ohne dass es zu Fehlfunktionen bzw. Fehlauslösungen kommen darf. Dabei wird das genutzte Frequenzband ausgeblendet. Benannte Stellen erteilen bei positivem Testergebnis eine EG-Baumusterbescheinigung. Für die Funk-Empfänger kann der Hersteller selbst eine Konformitätserklärung ausstellen. Ab dem 01.01.97 muss zusätzlich zum EMVG-Gesetz die Niederspannungsdirektive 73/23/EEC der EU eingehalten werden. Die Testunterlagen liegen zur befugten Einsicht beim Hersteller oder Importeur bereit. Ferner gilt die Richtlinie R & TTE 99/5/EC für die länderübergreifende Anerkennung der Zulassung. Die entsprechenden Geräte tragen eine CE-Kennzeichnung.
Die Übergangszeit, in der nationale Normen von der europäischen Norm abgelöst werden, schätzt man auf ca. 20 Jahre. Bis dahin müssen die Gegebenheiten der einzelnen Länder aufgrund ihrer Historie berücksichtigt werden.

Normen und Richtlinien für drahtlose Alarmanlagen in Deutschland:
Die bis zu Beginn der 90er Jahre in der BRD vertriebenen Systeme waren im Vergleich zu Produkten in anderen europäischen Ländern technologisch weniger ausgereift. Für Funk-Alarmanlagen gab es keine Zulassung der Deutschen Bundespost; ihr Betrieb war damit untersagt, und folglich existierten weder VDE-Normen noch VdS-Richtlinien. Aufgrund nicht vorhandener Normen wurden teilweise unprofessionelle Systeme entwickelt, die wiederum dazu beitrugen, dass für solche Produkte weiterhin keine Richtlinien existierten.
Bis Ende 1991 wurden in Funk-Alarmanlagen eingesetzte Produkte von der deutschen Bundespost als Funk-Komponenten zugelassen, nicht jedoch als Funk-Alarmanlage. Mit Öffnung des Europäischen Binnenmarktes gelangten professionelle Systeme nach Deutschland, die mit dazu beitrugen, dass Anfang 1992 die erste Funkzulassung des damaligen BZT (Bundesamt für Zulassungen in der Telekommunikation, davor ZZF, davor FTZ, später Regulierungsbehörde für Telekommunikation und Post, heute beliebige Benannte Stellen) für drahtlose Alarmanlagen im ISM-Band auf 433 MHz erteilt wurde.
Für drahtlose und nicht exklusiv verdrahtete Alarmanlagen existieren in der DIN EN 50131-1 und in der VDE 0833 T3, gültig seit 01.05.2002, grundlegende Anforderungen für die Risikoklasse 1-1, 1-2, 1-3 und 1-4.

VdS-Richtlinien für Funk-Alarmanlagen
Richtlinien nach VdS Klasse A für Funk-Alarmanlagen wurden erstmalig im Herbst 1994 veröffentlicht und 1999 überarbeitet. Hierzu diente als Basispapier der Entwurf der VDE 0833 T3 Klasse 1-2. Zu dem klassischen Papier nach Klasse A wurden im Schwerpunkt die Anforderungen an die Stromversorgung sowie die Bewertung der Übertragungswege ergänzt. So ist eine Mindestbatteriezeit für die Sender von einem Jahr gefordert. Die grundsätzliche Verfügbarkeit des Übertragungsweges muss über 98 % liegen, und ein Melderausfall muss spätestens nach 24 Stunden erkannt werden.

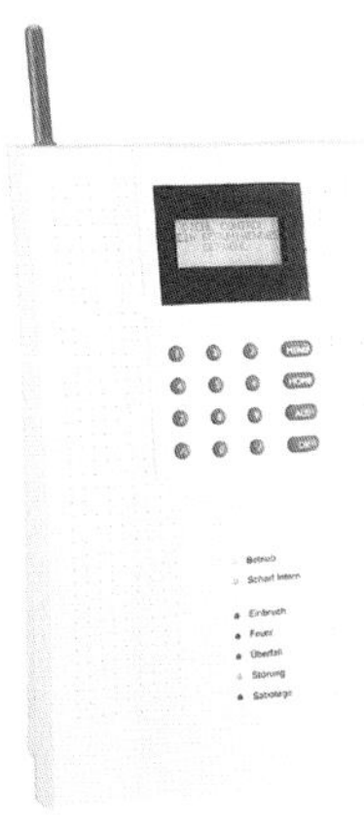

Funk-Alarmzentrale nach VdS Klasse H (Foto: Daitem)

Ebenfalls wurden Anforderungen an die Signalstärke, den Signal/Rauschabstand und evtl. vorhandene Störquellen am Objekt definiert.
Für Funk-Alarmanlagen nach VdS Kl. A gilt: Monofrequente Systeme müssen in 868 MHz-Band arbeiten, da diese Frequenz ausschließlich für Sicherheitsanwendungen reserviert ist. Systeme, bei denen die Signale auf mehreren Kanälen übertragen werden, können im 433- oder 868-MHz-Band arbeiten.
Seit Frühjahr 2004 existieren Richtlinien für →Gefahrenwarnanlagen. Darin ist erstmals das gleichberechtigte Verwalten von Einbruch-, Brand- und Störmeldern in einer gemeinsamen Zentrale vereint. Bis dato waren nur exklusive Funktionen in jeweils eigenen Zentralen zulassungsfähig. Die neue Richtlinie basiert im Kern auf der bekannten Klasse A-Zulassung mit reduzierten Anforderungen an die Mechanik. Die Geräte- bzw. Systemkennzeichnung lautet „H" und bietet eine neue Alternative zu den übrigen A-, B- oder C-Zulassungen. Die neue Richtlinie berücksichtigt Installationen in privaten und kleingewerblichen Objekten, Praxen, Kanzleien usw. nach „SOHO" (Small Offices and Homes). Die neue H-Zulassung ist auch Grundlage für die im Sommer 2004 auslaufende „Initiative für aktiven Einbruchschutz", die von Polizei, Versicherungen und Verbänden der Sicherheitstechnik initiiert wird.

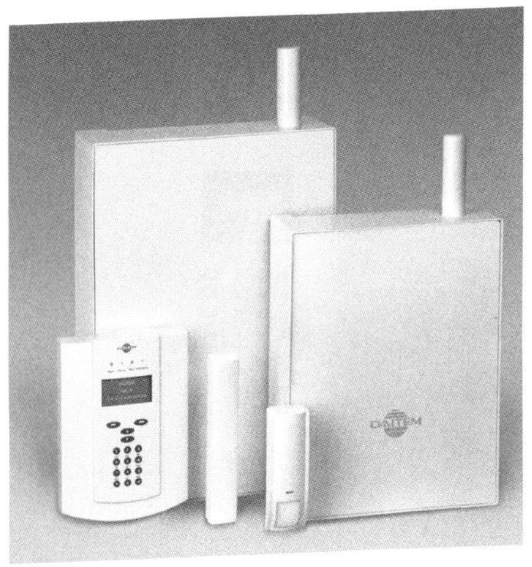

Produktfamilie einer Funk-Alarmanlage nach VdS Klasse B (Foto: Daitem)

Richtlinien nach VdS Klasse B für Funk-Alarmanlagen existieren seit 2000. Die Anforderungen entsprechen denen an verdrahtete Anlagen, allerdings mit zusätzlichen Anforderungen an Komponenten mit Funkanbindung. Die Signalübertragung muss in zwei Bändern (vorzugsweise 433 und 868 MHz) sowie mit Kanalwechsel in jedem Band realisiert werden. Ein Melderausfall muss nach 100 Sek. erkannt werden. Vor dem Scharfschalten müssen alle Melder auf Funktionalität überprüft werden; dies verlangt eine bidirektionale Technologie.

Normen und Richtlinien für drahtlose Alarmanlagen in Österreich
Auf Basis der Systemanforderung VdS A Funk und VdS B Funk hat der →VSÖ seine Richtlinien erweitert. So sind in Österreich heute Funk-Systeme für Privat/Standard (VdS A) und für Gewerbestandard (VdS B) verfügbar.

Normen und Richtlinien für drahtlose Alarmanlagen in der Schweiz
In der Schweiz haben alle Alarmanlagen, ungeachtet ihrer Technologie (drahtgebunden, drahtlos etc.), in einer identischen Anforderungsklasse die gleichen, auf ein bestimmtes Gefahrenbild (z.B. Einbruch, Überfall) ausgerichteten Sicherheitsziele zu erfüllen. Diese Ziele beziehen sich auf die Basisfunktionen Detektion, Anzeige, Bedienung, Verarbeitung sowie die Schutzfunktionen Umweltverträglichkeit, Sabotagesicherheit, Funktionssicherheit, Nutzungssicherheit. In einem Teil der Schweizer Richtlinien können diese Ziele direkt entnommen werden. Mit adäquaten Lösungen der zum Einsatz gelangenden Technologie ist das vorgegebene Funktionsziel zu erfüllen. Fehlen derartige Zielvorgaben, so sind diese aus den Richtlinien-Anforderungen von konventionellen Anlagen abzuleiten und mit der neuen Technologie entsprechend zu erfüllen.
Hinsichtlich der Zulassungen und Kennzeichnung sind die für die EG-Mitgliedsstaaten genannten Regularien ebenfalls gültig, jedoch ist dem →CE-Zeichen der Text „Dieses Gerät kann in der Schweiz benutzt werden" hinzuzufügen.
(Letzte Änderung: 4.7.2004)

(Hess/Cestaro/Schreiber)

Einbruchmeldefunktion (EM-Funktion)

Siehe auch Aufmerksamkeitssignal, Bedrohungsmeldung, Belästigungsmeldung, Brandmeldefunktion, Erinnerungssignal, Gefahrenmeldeanlage (GMA), Gefahrenwarnanlage (GWA), *Haustechnikfunktion, Internwarnung, Kommunikationsfunktion*

Funktion einer →Gefahrenwarnanlage (GWA) zur Erkennung, Warnung und Meldung von Einbrüchen und Einbruchversuchen.

(Neu aufgenommen 1.5.2004)

(Definition: VdS)

Einbruchmelder

„Anlageteil einer Einbruchmeldeanlage, der eine geeignete physikalische Kenngröße zur Erkennung eines Einbruchversuchs/Einbruchs in dem zu überwachenden Bereich ständig oder in aufeinanderfolgenden Zeitintervallen beobachtet". (Definition nach VdS)

Einbruchmelder sind auf verschiedenen physikalischen Prinzipien beruhende Sensoren auf der Erfassungsebene einer Einbruchmeldeanlage, die Zustandsveränderungen in einer definierten Zone erfassen, z. T. auch auswerten und auf die Einbruchmelderzentrale übertragen.

Erläuterungen zu Funktion und Projektierung einzelner Einbruchmelder finden sich unter folgenden Stichworten:

Alarmglas, Außenhautüberwachung, Bildermelder, Deckelkontakt, Dopplereffekt, Dualbewegungsmelder, Erschütterungsmelder, Fallenmäßige Überwachung, Falschalarm, Flächenüberwachung, Freilandschutz/Perimeterschutz, Glasbruchmelder, Infrarotdetektor, Kapazitiv-Feldänderungsmelder, Körperschallmelder, Kontaktüberwachung, Lichtschranke, Mauerkronensicherung, Melderkette, Mikrowellendetektor, Objektüberwachung, Öffnungskontakt, Pneumatischer Differenzialdruckmelder, Raumüberwachung, Sabotageüberwachung, Überwachung, Ultraschallmelder, Vitrinenüberwachung.

(Preisig)

Einbruchmelderzentrale

Siehe auch Alarmzentrale, Einbruchmeldeanlage.

„Einrichtung für die Aufnahme, Auswertung, Anzeige und Weiterleitung von Meldungen

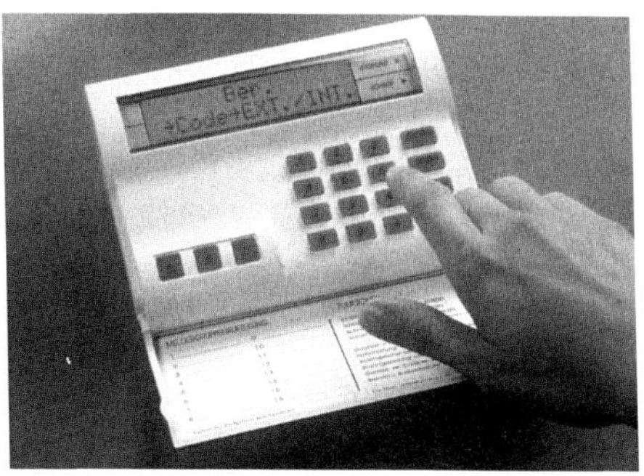

Bedienteil einer Alarmzentrale mit LCD-Display (Foto: Funkwerk plettac electronic GmbH)

und Informationen (z.B. Einbruch-, Sabotage- und Störungsmeldungen)"

(Definition nach VdS)

Einbruchmeldesystem (EMS)

Gesamtheit der Anlageteile, die auf funktionsmäßiges Zusammenwirken abgestimmt sind (z. B. Einbruchmelderzentrale, Schalteinrichtungen, Einbruchmelder).

(Neu aufgenommen am 20.5.2002)

(Definition: VdS)

Einbruchschutz

Siehe Präventivmaßnahmen (Einbruchschutz)

Eindring-Erkennungssystem

Siehe auch Intrusionsschutz

Im Bereich der klassisch-materiellen Sicherheit ein System zur Erkennung physischer Eindringungsversuche (→Einbruchmeldeanlagen) auf ein Gelände, in ein Gebäude oder in einem Raum.

Im Bereich der logischen Sicherheit (IT-Systeme und Datennetze) spricht man von einem →Intrusion Detection System (IDS).

(Letzte Änderung: 27.4.2004)

(Redaktion)

Einfärbesystem

Einrichtung, mit der in einem definierten Gefahrenfall Gegenstände, z. B. Banknoten, durch die Auslösung eines Rauch- und/oder

Farbstoffsystems gekennzeichnet werden. Durch die Einfärbung ist die Weitergabe der gefärbten Gegenstände (z. B. Banknoten) mit einem hohen Risiko verbunden. Weiterhin ist die Auslösung selbst für den Täter mit einem unkalkulierbaren Risiko und einem Überraschungseffekt verbunden.

(Neu aufgenommen am 20.5.2002)

(Definition: VdS)

Einmauerschrank

Siehe auch Einbau-Wertschutzschrank, Kassenschrank, Panzerschrank, Sicherheitsschrank, Wandtresor.

Wertbehältnis, das fest im Mauerwerk – möglichst in Beton – eingebaut und verankert ist. In der Regel handelt es sich um kleinere Behältnisse mit bis zu 80 cm Höhe. Das Mauerwerk bietet einen beachtlichen Grad an Feuerschutz. Konstruktionsmerkmale:

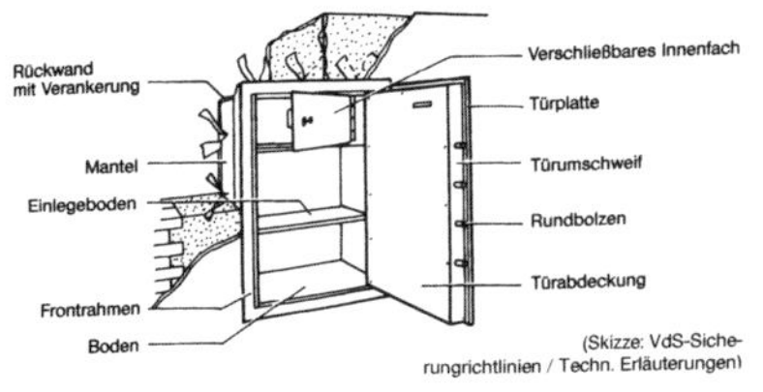

Einmauerschrank

(Zeichnung: VdS-Sicherungsrichtlinien / technische Erläuterungen

- Einwandige Stahlkonstruktion mit Verankerungselementen
- Verstärkte, teilweise gepanzerte Türen, entspricht im Aufbau meist derjenigen eines leichten Kassenschrankes bzw. →Sicherheitsschranks nach EN 14 450.

Bedingt durch den relativ leichten Aufbau kann nur ein begrenzter Schutz vor Einbruch erwartet werden. In einigen Ländern sind sogenannte „Bodentresore" bzw. „Unterflurtresore" stark verbreitet. Wie der Name sagt, handelt es sich um im Boden eingebaute Einmauerschränke. Kritischer Punkt ist bei dieser Bauweise die Wasserdichtigkeit, die unbedingt beachtet werden sollte. Werden Einmauerschränke in Außenmauern oder angrenzend an unbewachte Räume eingebaut, so ist darauf zu achten, dass die verbleibende Wand noch ausreichend stark ist.

(Kappeler)

Einrichtungsschutz

Siehe auch Ansaugrauchmelder, Automatischer Brandmelder, Brandmeldeanlage, Schranklöschsystem

Unter dem Begriff Einrichtungsschutz werden aktive und passive Objektschutzmaßnahmen für elektrische sowie elektronische Systeme, insbesondere im Bereich von Einrichtungen der Datenverarbeitung, zusammangefasst. Man versteht darunter sowohl eine ausschließliche Überwachung (= passive Schutzart) der zu schützenden Einrichtung durch Brand-Detektionsgeräte, als auch eine Kombination dieser Detektionseinrichtung mit Objektlöschanlagen (= aktive Schutzart).

Als Brandmelder kommen VdS-anerkannte →Aktivmelder in Frage. Bekannt sind hochsensible (→Ansaugrauchmelder), die im Detektionsteil mit extrem kurzwelligem Licht nach dem Streulicht- oder dem Durchlichtprinzip Rauchaerosole detektieren. Diese Geräte bieten die Möglichkeit, erste feinste Rauchentwicklungen überhitzter Kabel, die einem Entstehungsbrand vorausgehen können, zu erkennen. Weiterhin sind Absaugmelder bekannt, die im Detektionsteil konventionelle VdS-anerkannte Ionisationskammer-Melder und optische Rauchmelder verwenden.

Als Löscheinrichtungen kommen speziell für den Einrichtungsschutz durch die Schadenversicherer (→VdS) anerkannte Kohlendioxid- (→CO_2), →Argon- und →Inergen-Feuerlöschanlagen (→Gaslöschanlage) zum Einsatz. Diese Löschanlagen können mit einem Löschmittelvorrat nach VdS-Richtlinien 2304 bis zu fünf einzelne Einrichtungen absichern. Im Unterschied zu diesen Löschanlagen kennt man die Kleinlöschanlagen nach DIN 14 497, die insbesondere Werkzeugmaschinen, auch für die Aluminium- und Magnesiumbearbeitung in Abhängigkeit vom Bearbeitungsprozess, des Kühlschmierstoffes und der Werkzeugmaschinenkonstruktion usw. (Risikoanalyse zum Brand- und Explosionsschutz nach EN 13 478; EN 954; EN 1050; EN 1127-1 sowie 92/1999/EG) schützen.

(Letzte Änderung: 18.4.2002)

(Dr. Schremmer)

Einscheiben-Sicherheitsglas

Siehe auch Alarmglas, Alarm-Sicherheitsfolie, Chemisch vorgespanntes Glas, Glas, Polycar-

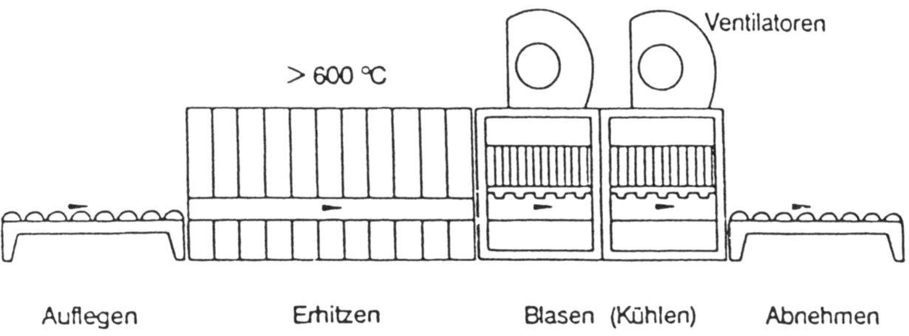

Einscheiben-Sicherheitsglas: Herstellungsverfahren

bonat, Sicherheitsfolie, Splitterschutzfolie, Verbundsicherheitsglas.

Einscheiben-Sicherheitsglas (ESG) ist eine thermisch vorgespannte Scheibe. Dabei wird Flachglas aus Float- oder Gussglas auf ca. 670°C erhitzt. Durch nachfolgende schnelle Abkühlung der beiden Oberflächen wird in den Oberflächen eine Druckspannung und im Kern eine ausgleichende Zugspannung geschaffen.

Diese Spannungsverteilung erhöht die Biegefestigkeit des Einscheiben-Sicherheitsglases. Die Oberflächendruckspannung kann nur durch stärkste mechanische Belastung oder tiefe Beschädigung überwunden werden. Bei Bruch zerfällt die Scheibe in stumpfkantige, kleine Bruchstücke. Vorzüge des Einscheiben-Sicherheitsglases sind erhöhte Schlag- und Biegefestigkeit sowie die kleinen Krümel gegenüber Splittern bei Floatglas.

Einscheiben-Sicherheitsglas wird verwendet für Ganzglasanlagen, Türen sowie in Vitrinen als Fahrzeugverglasungen und ähnliches. Es hat für sich allein keine einbruchhemmende Wirkung. ESG kann jedoch zu →Verbundsicherheitsglas verarbeitet werden. Bei der Beschädigung einer Scheibe hält die zweite Scheibe mittels der PVB-Folie die Krümel zusammen, so dass kein weiterer Schaden entsteht und die Öffnung verschlossen bleibt aber nur, wenn das Glas im Rahmen oder in einer Konstruktion festgehalten wird. VSG und Rahmen bilden mit den das Glas haltenden Elementen eine Einheit. Ein ähnlicher Effekt kann durch ganzflächige nachträgliche Beschichtung mit einer farblosen →Sicherheitsfolie erzielt werden. Die Lichtdurchlässigkeit entspricht einem normalen Floatglas. Die Temperatur-Wechselbeständigkeit beträgt ca. 200 K. Einscheiben-Sicherheitsglas kann in Dicken ab 3 mm bis 19 mm hergestellt werden.

(Letzte Änderung: 16.8.2006)

(Balkow/Schmalt)

Einschubleser

Siehe Zutrittskontrolle.

Einsteckleser

Siehe Zutrittskontrolle.

Einsteckschloss

Siehe auch Schloss (mit weiteren Verweisen).

Einsteckschlösser werden in die Schlosstasche des Türblattes bzw. des Metallrahmens eingesteckt. Der Sicherheitswert hängt unter anderem wesentlich vom Türblatt bzw. vom Metallrahmen der Tür ab, die so dick sein müssen, dass das Schloss nicht mit einfacher körperlicher Gewalt herausgebrochen werden kann. Einsteckschlösser können als Zuhaltungs- oder Zylinderschloss geliefert werden.

Maßgebliche Norm ist DIN 18251.

(Letzte Änderung: 27.4.2004)

(nach VdS)

Einwegfunktion

Siehe auch Verschlüsselung.

Eine Einwegfunktion f ist eine Abbildung x → f(x), die sich nicht mit vertretbarem Rechenaufwand umkehren lässt.

Im Gegensatz zur normalen Verschlüsselung werden bei der Einwegfunktion keine geheim-

zuhaltenden Schlüssel verwendet. Die Einwegfunktion ist in allen Einzelheiten als öffentlich bekannt vorauszusetzen.
Ein Angreifer steht damit vor dem Problem, zu einer vollständig bekannten Einwegfunktion f und einem gegebenen Bild f(x) das zugehörige x zu bestimmen. Es darf ihm nicht möglich sein, ein solches x zu finden oder mit ausreichend hoher Wahrscheinlichkeit zu raten.
Je nach Funktion kann es zu einem Wert f(x) mehrere Urbilder x geben. In diesem Fall genügt es dem Angreifer, ein solches x zu bestimmen.
Prinzipiell lässt sich jede deterministische Funktion umkehren. Wesentlicher Bestandteil der Definition ist daher der dazu erforderliche Rechenaufwand. Er ist je nach Sicherheitsanforderung geeignet festzulegen.
Eine der Hauptanwendungen von Einwegfunktionen ist die Verschlüsselung von Passworten. Passworte sollten nie im Klartext gespeichert werden, die Speicherung der Einweg-Bilder ist jedoch weniger kritisch, da niemand aus den Einweg-Bildern die verwendeten Passworte direkt zurückrechnen kann. Es bleibt einem Angreifer dann noch die Möglichkeit, Passworte zu raten, was durch die Wahl guter Passworte ebenfalls erheblich erschwert werden kann.
Zur Überprüfung eines Passworts wird die eingegebene Kennung einwegverschlüsselt und mit dem abgespeicherten Bild des Passworts verglichen.
f(Kennung) = f(Passwort)?
Bei Verwendung einer nicht injektiven Einwegfunktion (ein f(x) kann mehrere Urbilder x haben) ist die Gefahr von Kollisionen zu berücksichtigen ($f(x_1) = f(x_2)$ für $x_1 \neq x_2$). Besonders geeignet zur Passwortverschlüsselung sind daher injektive Einwegfunktionen.
Einwegfunktionen werden auch zur Konstruktion von digitalen Signaturverfahren und Public-Key-Systemen verwendet, beispielsweise in den ElGamal-Verfahren.
Eine spezielle Klasse von Einwegfunktionen sind kryptographische Hash-Funktionen.

(Bauspieß)

Einweg-Verschlüsselung

Siehe Einwegfunktion, Public Key.

Einzugsleser

Siehe Zutrittskontrolle.

EKAS

Eidgenössische Koordinationskommission für Arbeitssicherheit, Luzern
Kurzbeschrieb und Anschrift →Behörden, Verbände, Institutionen.

ELA-Anlage

Siehe Beschallungsanlage

E-Learning

Unter E-Learning oder elektronisch unterstütztem Lernen werden alle Formen des Lernens verstanden, die vor allem im Rahmen des Lernprozesses aber auch bei der Verteilung von Lehr- bzw. Lernmaterialen elektronische/digitale Medien einsetzen.
Die häufigsten Formen des E-Leanings sind: →Computer Based Training (CBT) Web Based Training (WBT), E-Mentoring und -Tutoring, Virtuelle Klassenzimmer bzw. Hörsäle etc./ Videokonferenz/Teleteaching oder Learning Content Management Systeme. Eine Kombination klassischer Bildungsformen mit Möglichkeiten des E-Learning findet sich beim Blended Learning. Die Vor- und Nachteile sind denen des →Computer Based Trainings sehr ähnlich. War die Euphorie hinsichtlich dieser Art des Lernes noch vor wenigen Jahren recht groß, zeigen die Erfahrungen mittlerweile, dass E-Learning die klassischen Bildungsformen nicht ersetzen, jedoch sinnvoll unterstützen kann.
2005 waren in Deutschland über 30 Prozent der staatlich zugelassenen Fernlehrgänge offiziell als E-Learning-Kurse gekennzeichnet. Im Bereich der Sicherheit hat sich E-Learning bisher nicht durchsetzen können.
(Neu eingefügt: 5.7.2006)

(Großhanten)

Electronic-Banking

Siehe E-Banking.

Electronic Business/Electronic Commerce

Siehe E-Commerce

Elektrosuisse

SEV Verband für Elektro-, Energie- und Informationstechnik.
Kurzbeschrieb und Anschrift →Behörden, Verbände, Institutionen

Elektroakustische Anlage

Siehe Beschallungsanlage

Elektroakustisches Notfallwarnsystem ENS

Siehe Evakuierungsanlage

Elektromagnetische Verträglichkeit (EMV)

Siehe auch Überspannungsschutz.
In der VDE 0870 (Elektromagnetische Beeinflussung [EMB]) wird EMV wie folgt definiert:
„Die Fähigkeit einer elektrischen Einrichtung, in ihrer elektromagnetischen Umgebung zufriedenstellend zu funktionieren, ohne diese Umgebung, zu der auch andere Einrichtungen gehören, unzulässig zu beeinflussen."
EMV umfasst sowohl die Störfestigkeit als auch die Begrenzung der Störaussendung; sie ist in einzelne Teilgebiete unterteilt, z.B. Funkstörung, Entladungen statischer Elektrizität, Elektromagnetische Felder sowie schnelle transiente Störgrößen. EMV umfasst dagegen nicht die Auswirkungen, die durch Änderungen oder Ausfall von Netzgrößen (z.B. Stromversorgung, Netzfrequenz, Signalpegelschwankungen usw.) verursacht werden (→Überspannungsschutz). Produkte der Gefahrenmeldetechnik müssen bestimmungsgemäß funktionieren, auch wenn sie überhöhten Umwelteinflüssen elektromagnetischer oder elektrostatischer Art ausgesetzt bzw. an Netzen mit leitungsgeführten Störgrößen betrieben werden. Für Hersteller und Anwender von gefahrenmeldetechnischen Geräten und Einrichtungen ist es daher erforderlich, dass sie sich mit den einschlägigen EMV-Normen und -Richtlinien auseinandersetzen (z.B. VDE 0870, VdS 2110).
Eine einschlägige EG-Harmonisierungsrichtlinie (Richtlinie des Rates vom 3. Mai 1989 zur Angleichung der Rechtsvorschriften der Mitgliedsstaaten über die elektromagnetische Verträglichkeit EMV) ist in Deutschland und Österreich, aber noch nicht europaweit in nationales Recht umgesetzt. Während einer längeren Übergangszeit gelten alte und neue Regelwerke nebeneinander. Die Konformität mit der europäischen EMV-Richtlinie wird durch die →CE-Kennzeichnung nachgewiesen.
Näheres bei der Österreichischen Wirtschaftskammer (WIFI) unter
http://www.wifi.at/tub/ce/ce2307.htm und bei der Prüf- und Zertifizierungsstelle des Fachausschusses Nahrungs- und Genußmittel.
Wortlaut des deutschen Gesetzes über die elektromagnetische Verträglichkeit von Geräten (EMVG) unter http://bundesrecht.juris.de/bundesrecht/emvg_1998/index.html
(Letzte Änderung: 25.5.2004)

(Redaktion)

Elektromechanische Zuhaltung

Siehe auch Schließanlage, Schloss (mit weiteren Verweisen), Zutrittskontrollsystem
In elektromechanischen / elektronischen →Schließzylindern werden elektronische Signale von elektronischen Schlüsseln oder Codeträgern (kontaktgebunden oder →Transponder) in Steuerungssignale an elektromechanische Zuhaltungen umgewandelt. Diese steuern die Freigabe oder Blockierung eines Schließzylinders ähnlich wie mechanische Zuhaltungen bei Betätigung mit einem Schlüssel. Derzeit werden für elektromechanische Zuhaltungen entweder miniaturisierte Elektromotore oder Elektromagnete verwendet.
(Neu aufgenommen am 21.3.2002)

(Krühn)

Elektromechanisches Sperrelement (SpE)

Anlageteil, welches bei scharfgeschalteter EMA das Öffnen von Zugängen verhindert (z. B. Sperrschloss, elektromechanischer Türöffner).
(Neu aufgenommen am 20.5.2002)

(Definition: VdS)

Elektronikzylinder

Siehe Elektronischer Schließzylinder, Elektronische Schließsysteme

Elektronisch bezahlen

Siehe E-Payment

Elektronische Schließ-Systeme

Siehe auch Hochsicherheitsschloss.

Seit ungefähr 30 Jahren sind elektronische Schlösser für Haus- und Wohnungstüren auf dem Markt. Etwas jünger sind elektronische Kombinationsschlösser im Bereich von Sicherheitsprodukten wie Safes (→Wertschutzschränke) und Tresortüren (→*Panzertür*, →Wertschutzraum). Diese Schlösser wiesen aber lange Zeit die für den Einsatz im Gebiet des Hochsicherheitsbereiches gestellten Sicherheits-Anforderungen an elektronische Schließ-Systeme nicht auf.

Elektronische Schließ-Systeme bestehen grundsätzlich aus folgenden Funktionseinheiten:

- Eingabeeinheit für die Identifikation (geistig mit Code oder physisch mit Schlüssel)
- Steuer- und Überwachungseinheit mit Codespeicher und Indikatorenauswertung
- Sperreinheit als mechanischer Sperrpunkt ausgebildet, der die physische Sperrung des Verriegelungssystems realisiert. Je nach Systemkonzept ist diese Funktion integriert oder als separater mechanischer Sperrpunkt realisiert.

Elektronische Schließ-Systeme können, im Gegensatz zu mechanischen Schlössern mit erweiterten Sicherheitsfunktionen ausgestattet werden, z.B.:

- automatisches Verriegeln eines Sicherheitsbehältnisses, d.h. Schutz vor Bedienungsnachlässigkeiten (Code verwerfen etc.)
- mehrere Code- bzw. Identifikationshierarchien, mehrere Operatorcodes
- Manipulationsschutz bei falschen Codeeingaben, inkl. Meldung dieser Manipulation
- Sperrzeitfunktionen
- Anzeigen von Funktionszuständen, u.a. auch Warnmeldungen
- Fern-Bedienungsfreigabe/Berechtigungssperre
- Sicherheits- und Sabotageüberwachung des kompletten Schließ-Systems
- Protokollierungsmöglichkeit usw.
- Code-Eingabe und Code-Umstellung mittels Tastatur oder Drehknopfeingabe.

Sicherheitstechnisch ebenfalls von Bedeutung ist der Vorteil der beliebigen Platzierung der Sperreinheiten in der Türe. Dadurch können Verschlüsse konzipiert werden, die bei Einbrechern nicht allgemein bekannt sind. Im Gegensatz zu mechanischen Schlössern, die für die Bedienung eine direkte mechanische Verbindung von der Außenhaut zum Schloss bedingen, erhält ein Täter auch keinen Hinweis auf die Schlosseinbaulage. Zudem entfallen die relativ großen Durchbrüche (z.B. für Schlüssellafetten) durch die Panzerung oder der direkte Zugang zum Schloss bei offenen Schlüssellöchern. Dadurch konnten weitere Schwachstellen eliminiert werden.

Die Norm EN 1300 „Wertbehältnisse – Klassifizierung von Hochsicherheitsschlössern nach ihrem Widerstandswert gegen unerlaubte Öffnung" wurde in der Arbeitsgruppe CEN/TC 263/WG3 „Safe Locks" erstellt und im Juni 2004 in Kraft gesetzt. Prüfkriterien sind: Sicherheit gegen Einbruch (Spurenhinterlassung durch Gewaltanwendung), Manipulation, Codespionage und -Kopie, elektrischer und elektromagnetischer Widerstand, EMV, Zuverlässigkeit, Schock, Vibration u.a. Nach der EN 1300 sind Prüfungen in vier Sicherheitsstufen möglich.

Die offizielle Prüfstelle für Hochsicherheitsschlösser sind die →VdS-Laboratorien in Köln.

(Letzte Änderung: 23.7.2006)

(Kappeler)

Elektronische Signatur

Siehe Digitale Signatur, Elektronische Unterschrift

Elektronische Unterschrift

Siehe auch Digitale Signatur, Signaturgesetz, Signaturverordnung, EU-Richtlinien, Trust Center, Wilful Act

Eine elektronische Unterschrift kann eine elektronisch übermittelte handschriftliche Unterschrift oder eine digitale Signatur sein.

Eine digitale oder elektronische Signatur ist ein digitales Siegel, das einen eindeutigen und nicht manipulierbaren Zusammenhang zwischen einer natürlichen Person und einem elektronischen Dokument herstellt. Weiterhin ist sie der Nachweis, dass das betreffende Dokument auf dem Weg vom Sender zum Empfänger nicht verändert wurde.

Aus dem zu signierenden Dokument wird nach einer bestimmten Rechenvorschrift eine Checksumme (Hashwert, →Hash-Funktion) berechnet. Dieses Rechenverfahren ist ein Einweg-Verfahren (→Einwegfunktion), d. h. aus der berechneten Checksumme kann das Originaldokument nicht wieder zurückberechnet werden. Darüber hinaus ist es nicht möglich, ein zweites, von dem ersten abweichendes, Dokument zu erzeugen, das den gleichen Hashwert besitzt. Die Checksumme wird mit dem geheimen Schlüssel des Unterzeichners verschlüsselt und mit dem Originaldokument an den Empfänger versandt. Dieser erzeugt unter Verwendung der gleichen Rechenvorschrift erneut einen Hashwert aus dem Dokument. Außerdem entschlüsselt er mit dem öffentlichen Schlüssel des Senders den ihm zugesandten verschlüsselten Hashwert, den der Sender zu Beginn erzeugt hat. Sind die beiden Hashwerte identisch, so kann er davon ausgehen, dass das Dokument unverändert bei ihm angekommen ist und der Sender tatsächlich derjenige ist, der er vorgibt zu sein.

(Letzte Änderung: 5.7.2006)

(Redaktion)

Elektronischer Schließzylinder

Siehe auch Elektromechanische Zuhaltung, Mechatronik, Schließanlage (elektronisch), Schließzylinder, Schloss (mit weiteren Verweisen).

Bei rein mechanisch arbeitenden Zylindern wird die Zutrittsberechtigung über den (mechanisch) passenden Schlüssel definiert. Dies bedeutet, dass jeder Träger des Schlüssels jederzeit die Öffnungsgewalt an der betreffenden Tür ausüben kann.

Beim elektronischen Zylinder werden sowohl Zylinder als auch die Schließmedien mit zusätzlichen Komponenten bestückt. Damit werden Möglichkeiten geschaffen, den Zutritt nach erweiterten Kriterien zu steuern und ggf. einzuschränken. Bei diesen Systemen kombiniert man die Schutzeigenschaften klassisch-mechanischer Sicherheit mit der Anwendungsvielfalt intelligenter Elektronik. Zum Einsatz kommt die neueste Technik mit verschlüsselter Datenübertragung. Einige dieser elektronischen Schließzylinder/Schließsysteme sind ohne Einschränkungen für die Außenhaut-Sicherung von Gebäuden geeignet und können in fast alle mechanischen Schließsysteme/-anlagen integriert werden. Der Elektronikzylinder verfügt üblicherweise über alle Komponenten, die ihn sowohl an der einzelnen Tür wie auch als Schließanlagen- und komplexes Zutrittskontrollsystem einsetzbar machen. Die jeweils endgültige Konfiguration kann der Anwender durch den Anschluß der für ihn wichtigen Module selbst bestimmen. Somit erschließen sich Einsatzmöglichkeiten von der Eingangstür im Einfamilienhaus bis hin zu Groß-Objekten mit Hochsicherheitsbereichen – zumal die Widerstandswerte einiger Systeme höchsten Anforderungen entsprechen (VdS Einstufungen).

Die Antenne, die vom →Transponder ausgehenden Signale prüft und an die innenliegende Steuerung weiterleitet, kann beispielsweise im äußeren Knauf integriert sein.

Als Schließmedien dienen z.B. Schlüssel, Schlüsselanhänger, Karte oder verschiedene andere Bauformen, in denen jeweils der Transponder untergebracht ist. Der Transponder selbst ist ein Unikat und gilt als absolut kopiersicher. Die eigentliche Elektronik-Steuerung sitzt in der Regel im Innenknauf des Zylinders. Hier befindet sich auch bei den meisten Systemen die Batterie, deren Betriebs-Kapazität je nach Anwendung für mehrere Jahre ausreicht. Bei anderen Systemen ist die Batterie im Schlüssel integriert. Eine Verkabelung mit dem entsprechenden Installationsaufwand ist in beiden Fällen nicht erforderlich.

Die Programmierung der Schließanlagenfunktionen kann der Anwender selbst ohne besondere Spezialkenntnisse durchführen: entweder

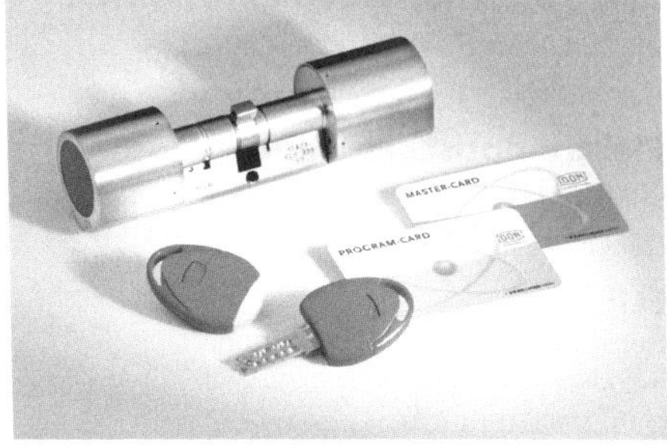

Zylinder ohne Schlüsselkanal: Von außen mit einem Transponder, von innen zum Beispiel mit einem Drehknauf zu öffnen. Die Programmierung erfolgt mit handlichen Hilfsmitteln.
(Foto: DOM Sicherheitstechnik)

3

per Programmierkarte oder im Objektbereich mittels Programmiermedien wie z.B. ein handelsüblicher PDA.
Große Anlagen werden komfortabel mit einer optional erhältlichen PC-Software verwaltet. In jedem Fall besitzen die Systeme einen Datenspeicher zum Protokollieren.
Off-Line-System: Stand-alone-System: Jeweils an einer Tür autark arbeitende Einheit, in aller Regel vor Ort batterieversorgt. Änderungen der Berechtigung mittels unterschiedlicher Programmier-Instrumente.
Off-Line-System – Stand-alone-System: Jeweils an einer Tür autark arbeitende Einheit, in aller Regel vor Ort batterieversorgt. Änderungen der Berechtigung mittels unterschiedlicher Programmiermedien.
On-Line-System: Verkabeltes (vernetztes) System, dessen Steuerung über eine zentrale oder mehrere Stellen erfolgt (in der Regel ein PC). Über die Onlineverbindung werden die angeschlossenen Türeinheiten angesteuert. Bei On-Line-Systemen ist der Montageaufwand höher als bei Off-Line-Systemen. Die Hersteller bieten in der Regel beide Varianten an.
Passive Transponder: Ohne eigene Stromversorung auskommende Schließmedien
Aktive Transponder: Schließmedien mit eigener Stromversorgung
Maßgebliche Normen für den Profilkörper des Schließzylinders: DIN EN 1303/DIN 18252
(Letzte Änderung: 5.7.2006)

(Bauer)

Elektronischer Video-Bildspeicher

Siehe Video-Bildspeicher

Elektro-optischer Wandler

Siehe Optische Übertragung.

ELF

European Locksmith Federation.
Kurzbeschrieb und Anschrift →Behörden, Verbände, Institutionen.

Elliptische Kurven

Siehe ECC

EMA

Siehe Einbruchmeldeanlage.

EMA-Ausrüstung

Siehe auch Einbruchmeldeanlage, EMA-Vorrüstung.
Bei ausgerüsteten Anlageteilen (z. B. →einbruchhemmende Fenster und →einbruchhemmende Türen, →Wertschutzschränke) werden diese vom Hersteller komplett mit EMA-Anlageteilen ausgerüstet, d.h. es werden alle VdS-anerkannten EMA-Anlageteile eingebaut, verkabelt, eingestellt und auf Funktion geprüft.
(Neu aufgenommen am 20.5.2002)

(Definition: VdS)

EMA-Vorrüstung

Siehe auch Einbruchmeldeanlage, EMA-Ausrüstung.
Bei vorgerüsteten Anlageteilen (z. B. →einbruchhemmende Fenster und →einbruchhemmende Türen, →Wertschutzschränke) werden diese vom Hersteller für die Aufnahme von EMA-Anlageteilen sachgerecht vorgerüstet. Bei einer Vorrüstung werden im Behältnis keine EMA-Anlageteile eingebaut, sondern z. B. nur Bohrungen für die Befestigung vorgesehen.
(Neu aufgenommen am 20.5.2002)

(Definition: VdS)

E-Mail-Sicherheit

Siehe auch Content Security, Denial of Service (DoS) Attacke, Internet, IT-Sicherheit, Mail-TrusT, Relaying, Secure E-Mail Gateway, Spamming, Verschlüsselung.
Internet E-Mail wird über Internet-Protokolle wie SMTP, POP3 oder IMAP übertragen, die üblicherweise nicht verschlüsselt betrieben werden. Die klassische E-Mail ist dabei eine reine Textnachricht bestehend aus ASCII-Zeichen. Seit einigen Jahren werden E-Mails auch in MIME-Codierung (Multipurpose Internet Mail Extensions) übertragen, welche es ermöglicht, statt der reinen Textnachrichten beliebige Multimedia-Dokumente zu schicken, die Bilder, Töne oder andere Binärdateien enthalten können.
Eine E-Mail wird auf dem Übertragungsweg im Internet an mehreren Stellen zwischengespeichert, bis sie im Zielsystem auf die Abholung durch den Benutzer wartet. Da der Über-

tragungsweg darüber hinaus nicht genau vorhersehbar ist, muss grundsätzlich damit gerechnet werden, dass ein Unbefugter Dritter eine E-Mail lesen und verändern kann. Auch das Fälschen des Absenders oder der Beschreibung des Übertragungsweges ist für Eingeweihte kein Problem. Das Sicherheitsniveau einer einfachen E-Mail wird daher oft mit einer Postkarte verglichen.
Soll eine E-Mail vertraulich geschickt werden, so empfiehlt es sich, ein Verschlüsselungsprogramm zu benutzen. Es gibt verschiedene Produkte, die nach Standards wie S/MIME arbeiten (→MailTrust). Häufig wird auch →PGP für diesen Zweck benutzt. Mit diesen Programmen, die oft auch eine →digitale Signatur ermöglichen, kann auch wirksam die Authentizität und richtige Urheberschaft der Nachricht sichergestellt werden.
(Neu aufgenommen am 7.7.2000)

(Stark)

EMPA

Eidgenössische Materialprüfungs- und Versuchsanstalt für Industrie, Bauwesen und Gewerbe.
Kurzbeschrieb und Anschrift →Behörden, Verbände, Institutionen.

Empfangszentrale für Brandalarm

Siehe auch Notrufzentrale, Übertragungsanlage für Gefahrenmeldungen.
„Einrichtungen zur Entgegennahme von →Brandalarmen an zentraler, ständig besetzter Stelle, von der aus die notwendigen Brandbekämpfungsmaßnahmen eingeleitet werden können, z. B. bei der Feuerwehr."

(Definition nach VKF/Sicherheitsinstitut)

Empfangszentrale für Brandmeldungen (Hauptmelderzentrale)

„Einrichtung, von der aus die notwendigen Brandbekämpfungsmaßnahmen zu jeder Zeit eingeleitet werden können."

(Definition nach VdS)

Empfangszentrale für Störungsmeldungen

„Einrichtung zur Entgegennahme von →Störungsmeldungen an zentraler, ständig besetzter Stelle, von der aus die entsprechenden Maßnahmen eingeleitet werden können, z. B. Pikettstelle."

(Definition nach VKF/Sicherheitsinstitut)

Empfindlichkeit

Mit Empfindlichkeit bezeichnet man die Angabe der minimalen Beleuchtung in Lux, bei der eine Videokamera noch brauchbare Bilder liefert. In der Regel geht man dabei von einer Amplitude aus, die noch 50% des Normalwertes beträgt.

(Schilling)

EN (Europäische Norm)

Siehe CEN, CENELEC.

Ende-zu-Ende-Verschlüsselung

Siehe auch IT-Sicherheit (mit weiteren Verweisen), Verschlüsselung
Verschlüsselung vom Sender bis zum Empfänger. Übertragene Daten werden vor dem Absenden beim Sender verschlüsselt und erst beim Empfänger entschlüsselt. (Peer-To-Peer Encryption).
Im Gegensatz zur link-encryption, bei der nur eine Verbindung verschlüsselt wird – die Kommunikation vom Sender zum Verbindungsrechner und vom empfangenden Verbindungsrechner bis zum Empfänger aber offen betrieben wird.
(Neu aufgenommen am 11.7.2000)

(Prof. Pohl)

Endorsed by EFSAC

Die EFSAC (European Fire und Security Advisory Council) veröffentlicht seit 1997 unter eigenem Namen und unter bestimmten Bedingungen technische Dokumente (Spezifikationen, Anwendungsrichtlinien, etc.) mit dem Vermerk „Endorsed by EFSAC" (endorsed = bewilligt) oder „EFSAC endorsed". Den Vermerk tragen beispielsweise die VdS CEA Richtlinien 4009 bis 4017 (verschiedenes Zubehör für Gaslöschanlagen).
Mit der Initiative will die EFSAC (→Behörden, Verbände, Institutionen) dem allseits kritisierten Schneckentempo der europäischen Normung Rechnung tragen. Durch den Ver-

merk „Endorsed by EFSAC" sollen die veröffentlichten Spezifikationen de facto die gleiche Bedeutung erlangen, wie es bei CEN und CENELEC-Normen der Fall ist. Dennoch soll die EFSAC-Kennzeichnung nicht in Konkurrenz zu den europäischen Normungsorganisationen CEN, CLC oder ETSI (Normungsinstitut für Telekommunikation) erfolgen. Das Ziel besteht allein darin, technische Unterlagen, über die sich die EFSAC-Mitglieder geeinigt haben, allen Interessierten ohne weiteren Aufschub zukommen zu lassen. Der Vermerk soll anzeigen, dass wichtige, in diesem Bereich tätige Verbände diese Dokumente unterstützen. Wenn zu einem späteren Zeitpunkt europäische Normen zum gleichen Thema veröffentlicht werden, ziehen die EFSAC-Mitglieder entweder das entsprechende Dokument zurück, oder es wird ein neuer Endorsement-Vermerk geschaffen.
(Letzte Änderung: 20.7.98)

(Redaktion)

Energiemanagement

Siehe Facility Management, Gebäudeautomation.

Unter Energiemanagement versteht man die ständige Überwachung des Energieverbrauchs, verbunden mit dem Bestreben, Energie weiter einzusparen. Es ist eine wichtige Teilaufgabe im Rahmen des →Facility Management. Zu dem Begriff zählen alle Maßnahmen, die das Ziel haben, bei vorhandenen Gebäuden

- weniger Energie zu verbrauchen
- kostengünstigere Energie zu verbrauchen
- verbrauchsbedingte Energie-Emissionen zu reduzieren
- Energie unter Ausnutzung spezieller Verfahren günstiger bereitzustellen, z.B. Kraft-Wärme-Kopplung, Ausnutzung von Restwärme mittels Wärmepumpen oder Niedertemperaturanlagen etc.

Der Begriff Energiemanagement erstreckt sich auf alle Arten des Energieverbrauchs in Gebäuden, wie Heizung, Kühlung, Kraftstrom, Licht und den gesamten Wasserverbrauch. Somit bedeutet Energiemanagement ein systematisches Vorgehen bei der Energieeinsparung durch organisatorische und technische Maßnahmen.

Ein erster Schritt zur Einsparung von Energie ist die sorgfältige Auswertung von Energiebezugsabrechnungen und Aufzeichnungen. Durch →Benchmarking oder Vergleich mit Kennwerten können auffällige Abweichungen beim Strom- und Wasserverbrauch gegenüber vergleichbaren Gebäuden festgestellt werden. Energetische Studien helfen, an einem konkreten Gebäude Möglichkeiten zum Erreichen der gesetzten Ziele aufzuzeigen und zu bewerten. Einen wichtigen Beitrag kann die →Gebäudeautomation mit den Möglichkeiten zur Optimierung des Energieeinsatzes leisten.
(Letzte Änderung: 16.8.2006)

(Eilert Siemens/Ammon)

Energiequelle (elektrisch)

Siehe auch Notstromversorgung.

„Möglichkeit zum Anzapfen elektrischer Energie. Die Zufuhr der Energie schließt mehrere Möglichkeiten ein, wie das Netz oder Ersatzquellen (z. B. Akkumulator)."

(Definition nach VKF/Sicherheitsinstitut)

Energieversorgung (EV)

Siehe auch Alarmzentrale, Notstromversorgung.

„Energieversorgungen (EV) dienen der Versorgung von Anlagen oder Teilen davon."

(Definition nach VDE 0833)

„Gesamtheit der Einrichtungen (Energiequelle und Energieversorgungs-Einrichtung), welche die Brandmelderzentrale und die externen Apparate mit elektrischer Energie versorgt."

(Definition nach VKF/Sicherheitsinstitut)

Energieversorgungs-Einrichtung

„Einrichtung, welche von mindestens einer Energiequelle gespeist wird und die erforderliche Spannung für den Betrieb der →Brandmelderzentrale und/oder der externen Apparate der Brandmeldeanlage erzeugt."

(Definition nach VKF/Sicherheitsinstitut)

Energieversorgungsgerät

Gerätetechnische Realisierung der Energieversorgung, welche als Einzelgerät oder als Bestandteil eines Anlageteiles (z. B. Einschub einer Gefahrenmelderzentrale) ausgeführt sein kann.

- Energieversorgungsgerät Typ I (Netzversorgung und automatisch wiederaufladbare Sekundärbatterie): Unterbrechungsgefährdete Energiequelle mit nahezu unendlicher Kapazität (z. B. öffentliches Stromnetz) in Verbindung mit einer nicht unterbrechungsgefährdeten Energiequelle mit endlicher Kapazität, welche automatisch regenerierbar ist.

- Energieversorgungsgerät Typ II (Netzversorgung und Primärbatterie oder Netzversorgung und nicht automatisch wiederaufladbarer Sekundärbatterie): Unterbrechungsgefährdete Energiequelle mit nahezu unendlicher Kapazität (z. B. öffentliches Stromnetz) in Verbindung mit einer nicht unterbrechungsgefährdeten Energiequelle mit endlicher Kapazität, die nicht automatisch regenerierbar ist.
- Energieversorgungsgerät Typ III (Primärbatterie oder nicht automatisch wiederaufladbare Sekundärbatterie): Nicht unterbrechungsgefährdete Energiequelle mit endlicher Kapazität, die nicht automatisch regenerierbar ist.

(Letzte Änderung: 20.5.2002)

(Definition: VdS)

Entrauchung

Gesamtheit aller technischen Maßnahmen und Mittel, um Evakuierungs- und Rettungswege sowie Aufenthaltsbereiche für Personen im Brandfall rauchfrei bzw. frei von Brandgasen zu halten und für die Feuerwehr im Brandfall die Sichtverhältnisse zu verbessern. Die erforderlichen Abzugsflächen für Rauchgase und heiße Brandgase werden nach bekannten Verfahren und Methoden berechnet und dimensioniert. Man unterscheidet Schwerkraftentrauchung (natürliche Entrauchung durch Nutzung der thermischen Auftriebskraft) und maschinelle Entrauchung bzw. Entrauchung mit maschineller Unterstützung. An die Betätigungseinrichtungen, die Steuerung und die Betriebsfähigkeit werden ggf. Forderungen zu deren Sicherung unter Brandeinwirkung (genormter Funktionserhalt und/oder gesicherte Energieversorgung) erhoben. Diese maschinelle Entrauchung sollte in jedem Fall als Grundlage für eine Einzelfallentscheidung gerechnet werden. Zur Sicherung der Entrauchung ist unbedingt auf ausreichend Nachströmung von Außenluft zu achten. Gegebenenfalls ist das Auslöseverhalten von Abström- und Nachströmöffnungen zu koppeln bzw. auf diese Bedingungen abzustimmen. Für innenliegende Räume ist es möglich/zulässig, die erforderliche Nachströmung mechanisch sicher zu stellen (gesicherte Energieversorgung und geschützte Kanalführung in sogenannten Transitbereichen erforderlich). Klassische Anwendungsfälle sind Atrien, Ladenstraßen, Passagen, unterirdische Verkehrsanlagen, klimatisierte Bereiche sowie großräumige Bereiche mit hoher Personenkonzentration usw.

(Letzte Änderung: 21.4.2004)

(Prof. Beilicke)

EOTC

European Organisation for Testing and Certification

Kurzbeschrieb und Anschrift →Behörden, Verbände, Institutionen.

E-Payment

Siehe auch E-Banking, Internet, SSL.

E-Payment ist die Abwicklung von digitalen Informationen über Verrechnungseinheiten unter Nutzung der weltweiten Datennetze. Diese Informationen sollen sicher, vertraulich, unverändert und verbindlich ausgetauscht werden. Elektronisches Bezahlen ist die logische Erweiterung des elektronischen Handels (→E-Commerce) im Internet. Der tatsächliche Geldtransfer findet in einem getrennten (Giro-) Kreislauf statt. Auch beim E-Payment gibt es verschiedene Bezahlverfahren. Elektronisches oder digitales Geld für sogenannte Micropayments, das elektronische Lastschriftverfahren (Bankeinzug) und die Zahlung mit der Kreditkarte.

Verschiedene Verfahren und Systeme stehen zur Verfügung. Viele Details und Informationen über aktuelle Entwicklungen finden sich zum Beispiel unter den Internetadressen http://www.epaynews.com (mit Links zu SET und →SSL), http://www.trintech.de oder http://www.cybercash.de

(Neu aufgenommen am 2.7.2000)

(Solmsdorff)

EPROM

Siehe auch EE-PROM, PROM, RAM, ROM.

Die Bezeichnung EPROM steht für „Erasable Programmable Read Only Memory“.

3

Ein EPROM ist ein hochintegrierter Schaltkreis, in dem fest abgespeicherte Daten wieder gelöscht und neue Daten wieder fest eingespeichert werden können. Bei Ausfall der Versorgungsspannung bleiben die gespeicherten Daten erhalten.
Die Programmierung der EPROMs erfolgt mittels spezieller Programmiergeräte durch Spannungsimpulse. Das Löschen erfolgt durch Bestrahlen des Schaltkreises mit UV-Licht. Dazu sind die EPROM-Chips mit einem Fenster aus Quarzglas abgedeckt.
Da die Speicherung der Informationen auf dem Chip in hochisolierten Kondensatoren vorgenommen wird, findet auch ohne UV-Bestrahlung immer eine, wenn auch äußerst geringe, Entladung statt. Die Lebensdauer des Speicherinhalts ist daher nach Herstellerangaben auf 15 bis 20 Jahre begrenzt.
Der Speicherinhalt von EPROMs liegt in vergleichbarer Größenordnung wie bei →PROMs.
Das Löschen mit UV-Licht ist für manche Anwendungen etwas umständlich, da der Schaltkreis der Leiterplatte entnommen und die Schaltung außer Betrieb gesetzt werden muss.
Aus diesem Grunde sind EPROMs dahingehend weiterentwickelt worden, dass auch die Löschung durch elektrische Spannungsimpulse erfolgt →EEPROMs = Electrically Erasable PROMs.
Bei so genannten Flash-EPROMS erfolgen Programmier- und Löschvorgang elektrisch innerhalb der Schaltung („in-circuit“).

(Hess)

ER1 bis ER4

Siehe auch Sprengwirkungshemmende Verglasung

Widerstandsklassen gegen Sprengwirkung nach der europäischen Norm DIN EN 13541.
In der Gegenüberstellung mit den Widerstandsklassen der DIN 52290 Teil 5 ist ER 1 mit D 1, ER 2 mit D 2 und ER 4 mit D 3 vergleichbar.
(Neu aufgenommen am 4.6.2000)

(Redaktion)

Erinnerungssignal

Siehe auch Aufmerksamkeitssignal, Bedrohungsmeldung, Belästigungsmeldung, Brandmeldefunktion, Einbruchmeldefunktion, Gefahrenmeldeanlage (GMA), Gefahrenwarnanlage (GWA), Haustechnikfunktion, Internwarnung, Kommunikationfunktion

Signal, z.B. akustisches Signal, welches in regelmäßigen Zeitabständen auf einen Zustand der →Gefahrenwarnanlage (GWA) aufmerksam macht, z.B. auf eine abgeschaltete Funktion, auf abgeschaltete Melder.
(Neu aufgenommen 1.5.2004)

Definition: VdS)

Erschütterungsmelder

Siehe auch Flächenüberwachung, Einbruchmelder.

Automatischer Melder, auch Vibrationsmelder genannt, bei dem eine federnd gelagerte Masse durch Erschütterungen zum Schwingen gebracht wird, was zur Meldung führt.
Man unterscheidet rein mechanische Melder, welche direkt einen Kontakt in der Primärleitung betätigen, und Melder mit elektronischer Auswertung und Alarmspeicherung.
Rein mechanisch wirkende Melder (vorgespannte Blattfeder mit Dämpfungsmasse bzw. Druckfederkontakt) werden heute nicht mehr verwendet, da eine direkte Auswertung eine schnelle Meldelinie erfordert und eine Auslösekennung nicht gegeben ist.
Melder mit elektronischer Auswertung können auf 3 Detektionsprinzipien beruhen:

1. Auf Kontakten ruhende, aber im Gehäuse frei bewegliche Kugel.
2. Piezokeramischer Beschleunigungsdetektor
3. Stimmgabelgenerator

Diese Melder benötigen zur Auswertung eine Stromversorgung und beinhalten eine Auslösekennung.
Die Ansprechempfindlichkeit ist bei allen Meldern einstellbar.
Erschütterungsmelder dienen der Durchbruchüberwachung von:

- Strukturglasscheiben
- Verbundglasscheiben
- mit Folien beklebten Glasflächen
- Wänden aus Glasbausteinen sowie Wänden aus Stahl oder Beton

Zu unterscheiden sind →Glasbruchmelder, →Körperschallmelder.
Grenzen des Einsatzes gemäß VdS-Richtlinien: Erschütterungskontakte dürfen im Hand-

bereich nicht für die Überwachung von Außentüren und Fenstern eingesetzt werden. Ausgenommen von dieser Regelung sind innenliegende Zweitfensterscheiben (kein Isolierglas) und Fenster, die mit Rollladen ausgerüstet sind, deren geschlossener Zustand arretierbar und überwacht ist.
An eine →Meldergruppe dürfen maximal 10 Erschütterungskontakte angeschlossen werden; mit Ausnahme von Magnetkontakten dürfen keine anderen Melder angeschlossen werden.
Die Kabelzuführung muss so aufgeführt sein, dass der Kontakt bei Lösung der Klebung seine Lage verändert (also keine Zuführung von oben).

(Hess)

Escrow-Service

Siehe auch Datensicherungsraum, Datenträgerkurier, Datenträgerlagerung.

Bei der treuhänderischen Verwahrung von Quelldaten (Escrow-Service) handelt es sich um ein dreiseitiges Vertragsverhältnis zwischen Softwarehersteller, Softwarenutzer und Escrow-Dienstleister. Interessant ist dies z.B. für Softwarehersteller, die ihre Quelldaten treuhänderisch im Datenträgerarchiv des Escrow-Dienstleisters hinterlegen. Hierdurch soll sichergestellt werden, daß ein Kunde nach einem Konkurs des Softwareherstellers und nach Erfüllung bestimmter vorher festgelegter Kriterien Zugriff auf die Quelldaten eines z.B. auf seine Bedürfnisse speziell zugeschnittenen EDV-Programms hat. Dadurch kann das Programm weiter gepflegt und genutzt werden.
(Letzte Änderung: 27.4.2004)

(Horstkotte)

ESG

Siehe Einscheiben-Sicherheitsglas.

ESSA

European Security Systems Association (ESSA) früher: Forschungs- und Prüfgemeinschaft Geldschränke und Tresoranlagen
Kurzschrieb und Anschrift →Behörden, Verbände, Institutionen.

Ethernet

Siehe auch ATM, IT-Sicherheit, LAN, Netzwerk.

Netz mit Übertragungsraten von 10 Mbit/s, 100 Mbit/s (Fast-Ethernet), 1 Gbit/s (Gigabit-Ethernet) und 10 Gbit/s. Ethernet ist unter IEEE 802.3 standardisiert. Mit speziellen 10-Gbit/s-Schnittstellen kann Ethernet nun auch im Weitverkehr eingesetzt werden. So kann jeweils die Bandbreite zur Verfügung gestellt werden, die gebraucht wird.
Ursprünglich war Ethernet als „shared net" mit dem Zugriffsverfahren CSMA/CD ausgeprägt, bei dem die Stationen entweder nur senden oder nur empfangen können (halbduplex). Beim Einsatz von Switches als Verteiler und entsprechend geeigneten Stationen, die gleichzeitig senden und empfangen können, ist das Zugriffsverfahren verzichtbar. Dann ist Ethernet in gewissen Grenzen auch für Echtzeitübertragung geeignet.
Als Medien werden heute überwiegend Twisted-Pair-Kabel (Kupfer) und Lichtwellenleiter (Glasfaser, →Optische Übertragung) eingesetzt.
Um den Zugang zum Netz abzusichern, gibt es mit Intrusions-Control die Möglichkeit bei vielen Komponenten einen Port automatisch abzuschalten, wenn ein Gerät mit einer nicht registrierten Hardware-Adresse angeschlossen wird.
Der Einsatz von →RADIUS in Verbindung mit dem Standard IEEE 802.1X bietet die Möglichkeit, einen Geräteanschluss an einem Switch erst zu aktivieren, wenn zuvor eine Authentifizierung und Autorisierung des Anwenders über den RADIUS-Server erfolgt ist.
(Letzte Änderung: 5.7.2006)

(Wrobel)

Etikett

Siehe Sicherungsetikett.

Euralarm

Vereinigung europäischer Hersteller von Alarmanlagen für Brand, Einbruch und Überfall, Frankfurt.
Kurzbeschrieb und Anschrift →Behörden, Verbände, Institutionen.

Eurofeu

Europäisches Komitee der Hersteller von Fahrzeugen, Geräten und Anlagen für den Brandschutz, Frankfurt.

Kurzbeschrieb und Anschrift →Behörden, Verbände, Institutionen.

European Certification Board·Security Systems (ECB·S)

Kurzbeschrieb und Anschrift →Behörden, Verbände, Institutionen.

European Installations Bus (EIB)

Siehe auch Brandmeldeanlage, Einbruchmeldeanlage (EMA), Gebäudeautomation, Gebäudeleittechnik, Home Electronic Systems (HES).

Der Installationsbus EIB ist ein offenes genormtes Bussystem für die flexible Elektroinstallation. Er beschreibt, wie bei einer Installation Sensoren und Aktoren in einem Haus miteinander verbunden werden müssen und wie sie miteinander kommunizieren. Diese Entwicklung ist das Ergebnis einer Zusammenarbeit führender europäischer Hersteller der Installationstechnik, die unter dem Warenzeichen EIB die europaweite Verbreitung des offenen Installationsbus-Systems vorantreibt.

Die Spezifikation des EIB basiert auf der Europäischen Norm pr EN 50090-1 und ist in Deutschland in der DIN V 0829 T 100 bis T 522 festgeschrieben.

Das EIB System ist ein zeit- und materialsparendes, flexibles Installationssystem für die →Gebäudeautomation. Es benötigt neben der Energieversorgung nur eine einzige Schwachstromleitung, um alle gewünschten Funktionen zum Schalten, Dimmen, Steuern und Regeln zu übertragen.

Funktionsänderungen erfordern keine Umverdrahtung sondern nur eine Umprogrammierung. Durch den Einsatz dieses Steuerbus-Systems ergeben sich vielfältige neue Möglichkeiten sowohl im Bereich von Einfamilienhäusern als auch für Industrie- und Verwaltungsgebäude.

Mit EIB ist es erstmals möglich, ohne immensen Verdrahtungsaufwand die vielfältigen Aufgaben einer umfassenden Gebäudeautomation transparent zu machen. Dazu gehören auch die Steuerungen für die Fassade und die Tageslichttechnik. Mit einem Installationsbus-System wird ein Gebäude schon heute vorbereitet für ein feingegliedertes Lastmanagement, für die Abrechnung nach Energienutzung, für Umwidmungen der Nutzflächen ohne Uminstallation und für andere Aufgaben.

Um den Einsatz der EIB-Systemtechnik in der **Sicherheitstechnik** zu ermöglichen und die →VdS-Anerkennung der Geräte für die Klassen A und B zu erhalten, wurden Funktionen zum Zugriffsschutz auf Programme und Daten in Busgeräten entwickelt und integriert. Angeboten wird zum Beispiel ein EIB-Brand-Kombimelder, der die Rauchgaskonzentration (→Gasmelder (BMA)) und den Temperaturanstieg überwacht. Verfügbar sind ferner Sicherheitseinrichtungen und -produkte verschiedener Hersteller, wie z.B. →Einbruchmelderzentralen der VdS Klasse A (teilweise aufrüstbar bis Klasse C) mit optionaler EIB-Schnittstelle, ein EIB-Sicherheitscontroller, der die meisten Funktionen einer Einbruchmelderzentrale beinhaltet, EIB-Meldergruppenterminals zum Anschluss von Meldern über überwachte Meldelinien etc.

Technisch gesehen ist das EIB ein dezentrales, ereignisgesteuertes Bussystem mit serieller Datenübertragung. An eine Bus-Linie können bis zu 64 EIB-Geräte als Teilnehmer angeschlossen werden. In einem Bereich können bis zu 12 Bus-Linien zusammengefasst werden. 15 Funktionsbereiche wiederum lassen sich zu einer Funktionseinheit zusammenfassen, sodass über 12 000 busfähige Endgeräte ohne Einschaltung einer Zentrale miteinander kommunizieren können. Die Geräte (Teilnehmer) erhalten je zwei Arten Adressen:

- Die physikalische Adresse definiert den Teilnehmer und ermöglicht es, ihn über den Bus zu identifizieren.
- Die Gruppenadresse wird zur Festlegung einer bestimmten Funktion vergeben. Es erhalten somit die Sensoren und die Aktoren, die zusammenarbeiten müssen, die gleichen Gruppenadressen.

(Letzte Änderung: 16.8.2006)

(Eilert Siemens/Ammon)

Einbruchmelderzentrale mit EIB-Anbindung: Über ein integriertes Gateway wird eine klassische, VdS-anerkannte Einbruchmelderzentrale mit dem EIB verbunden. Dieses Gateway kann auf unterschiedliche Arten parame-

triert werden, so dass die an den EIB angeschlossenen Komponenten zur Einbruchmeldeanlage hin absolut rückwirkungsfrei sind, d.h. vom EIB kann nicht in die Einbruchmeldeanlage „hineingewirkt" werden, aber aus der Einbruchmeldeanlage heraus können Informationen in den EIB übertragen und damit Schalthandlungen ausgelöst werden. Es ist aber auch möglich, partielle Rückwirkungen zuzulassen, wie z.B. die Scharfschaltverhinderung der Einbruchmeldeanlage, wenn bestimmte Stromkreise auf der EIB-Seite noch eingeschaltet sind. Als dritte Alternative bietet sich auch die Möglichkeit, das Gateway voll bidirektional arbeiten zu lassen, d.h. selbst Meldergruppen über ein Meldergruppenterminal am EIB anzuschließen und die Statusinformation über den EIB zur Einbruchmelderzentrale weiterzuleiten.
(Ergänzung aufgenommen am 12.7.2000)

(Hess)

Europrofil
Siehe Hahnprofil.

EUROSAFE
European Committee of Safe Manufacturers Association.
Kurzbeschrieb und Anschrift →Behörden, Verbände, Institutionen.

EV
Siehe Energieversorgung.

Evakuierung
Siehe auch Evakuierungsweg, Evakuierungszeit, Fluchttür/Fluchttürverschlüsse, Notausgang, Notausgangsverschlüsse, Paniktürverschlüsse, Rettungsweg

Im Sinne des Brand- und Explosionsschutzes Räumung einer gefährdeten Zone bzw. eines gefährdeten Bauwerkes, Gebäudeteiles, Raumes, einer Raumgruppe oder eines Brandabschnittes über entsprechend bemessene und besonders markierte, sichere Evakuierungswege und Evakuierungsausgänge in einer für Leben und Gesundheit der Menschen vertretbaren Zeit (Evakuierungszeit). Im Unterschied zur Rettung von Personen wird unter Evakuierung die Bewegung verstanden, bei der die im Gefährdungsbereich befindlichen Personen in der Lage sind, aus eigener Kraft und ohne Inanspruchnahme überwiegend fremder Hilfe, den Gefährdungsbereich zu verlassen. Unabhängig von dieser Interpretation sind an →Evakuierungswege vergleichbare Anforderungen wie an →Rettungswege gestellt.
(Letzte Änderung: 20.6.98)

(Prof. Beilicke)

Evakuierungsanlage
Siehe auch Beschallungsanlage, PA-Anlage, Sprachalarmanlage

Eine Evakuierungsanlage ist eine →Sprachalarmanlage, die aufgrund der Wiedergabe vorgefertigter Texte vor unterschiedlichen Gefahren warnen kann und mit gezielten Anweisungen die Selbstrettung unterstützt.
(Neu eingefügt: 6.7.2006)

(Herzog)

Evakuierungsweg
Siehe auch Evakuierung, Evakuierungszeit, Fluchttür/Fluchttürverschlüsse, Notausgang, Notausgangsverschlüsse, Paniktürverschlüsse, Rettungsweg

Weg, der innerhalb einer vorgeschriebenen Entfernung direkt in einen Bereich der absoluten Sicherheit führt oder erst in einen Bereich der relativen Sicherheit und dann von diesem in den Bereich der absoluten Sicherheit führt. Die Forderungen an Evakuierungswege sind nach Art und Ausstattung, Dimensionierung und Baustoffeinsatz, Türanordnung und Türschlag in Normen, Vorschriften und Richtlinien verankert. Je nach Gebäudegröße und Gebäudenutzung werden auch Forderungen an die Anzahl und Lage der Evakuierungswege gestellt (erster und zweiter →Rettungsweg, →notwendige Treppen usw.).
(LetzteÄnderung: 9.7.1998)

(Prof. Beilicke)

Evakuierungszeit
Siehe auch Evakuierungsweg, Rettungsweg.

Aufgrund zunehmender Personenzahlen / Personenkonzentrationen in Gebäuden und baulichen Anlagen sowie zunehmender Bauwerksgröße erlangt die Berechnung der Evakuierungszeit zunehmende Bedeutung. Die für die →Evakuierung der Einrichtungen erforderliche Zeit wird entweder indirekt über die Bestimmung der notwendigen Ausgangsbreite /

Gangbreite ermittelt oder erfolgt direkt über die Simulation und Berechnung von Bewegungsabläufen (unter Berücksichtigung wahrscheinlicher Bewegungsvorgänge einschließlich Wegewahl). Zulässige Zeiten sind nicht genormt und stehen demzufolge nicht für Vergleichsbetrachtungen zur Verfügung. Wesentlicher (realitätsbezogener) Effekt der dynamischen Berechnungen unter Berücksichtigung der Bewegungsabläufe ist die Beachtung des Gleichzeitigkeitsfaktors in Abhängigkeit von der zurückzulegenden Wegstrecke nach Durchlassfähigkeit, Wegart und Weglänge (→Ingenieurmethoden des Brandschutzes).

(Neu aufgenommen: 21.4.2004)

(Prof. Beilicke)

Evaluierung

Evaluierung ist die Analyse und Bewertung eines Produktes, Verfahrens oder einer Dienstleistung auf der Grundlage eines Kriterienkatalogs.

In vielen Fällen sind die Evaluierungskriterien Teil einer Norm oder eines anderen normativen Dokuments. Evaluierung ist in solchen Fällen die Überprüfung der Normenkonformität.

Die Evaluierung ist Grundlage für die →Zertifizierung eines Produktes, Verfahrens oder einer Dienstleistung.

(Dr. Schneider)

EVG (Evaluationsgegenstand)

Siehe Common Criteria

EX

Siehe Wertschutzraum, Wertschutzschrank

Expertensystem

Anwendungsorientiertes Programmsystem, in dem „Wissen“ von Experten aus einem begrenzten Fachgebiet gespeichert wird. Aus diesem Wissen kann das System vorgegebene Schlüsse ziehen. Für konkrete Probleme eines Fachgebiets kann es Lösungen vorschlagen.

Expertensysteme verfügen im Allgemeinen über die folgenden vier Komponenten:

- Wissensbasis, die aus Fakten und Regeln („Wenn Situation S, dann Aktion A“) besteht, sowie einer Komponente zur Veränderung des gespeicherten Wissens
- Problemlösungskomponente (Deduktion)
- Komponente zur Erklärung des gespeicherten Wissens und Begründung der vorgeschlagenen Lösungen sowie eine
- Dialogkomponente zur Kommunikation mit dem Benutzer.

Diese Trennung der Funktionen – insbesondere der Wissensbasis von der Problemlösungsstrategie zeichnet Expertensysteme mit ihrem regelbasierten Programmierstil gegenüber konventionellen Programmen mit Anweisungen aus und ermöglicht eine große Änderungsfreundlichkeit.

Im Sicherheitsbereich werden Expertensysteme insbesondere für zwei Bereiche genutzt. Diese Systeme sind meist unter ihrer Funktionsbezeichnung

- →Risiko-Analyse-System und
- →*Intrusion Detection System* bekannt.

(Letzte Änderung: 27.4.2004)

(Prof. Pohl)

Exploit

Siehe auch Denial-of-Service (DoS) Attacke, D-Kanalfilter, Firewall, Hacker, Hackerabwehr, Hacker-Versicherung, Hacking, Intrusion Detection System, Passwort, Penetrationstest, Sicherheitssoftware.

Ein Exploit (englisch to exploit – ausbeuten, ausnutzen) ist ein Computerprogramm, das eine einzelne Sicherheitsschwäche beziehungsweise Fehlfunktion eines anderen Computerprogramms ausnutzt. Ein Exploit wird entweder erstellt, um Beschränkungen gezielt zu umgehen – oder die Existenz einer Schwachstelle zu beweisen.

Man unterscheidet Exploits nach unterschiedlichen Kriterien:

- Reichweite: „local exploits“ versus „remote exploits“. „Local“ sind Exploits, die auf dem System Wirkung entwickeln, auf dem sie gestartet werden. Unter Anwendung solcher „local exploits“ kann ein normaler Anwender auf einem System privilegierten Zugang erhalten. Unter „remote exploits“ versteht man hingegen welche, die entfernte Systeme über das Netzwerk angreifen.
- Ziel: D.o.S.-Exploits. Unter D.o.S.-Exploits (D.o.S. = →Denial of Service) versteht man Programme, die andere Systeme vom Funktionieren abhalten, also einen

Absturz einzelner Komponenten oder des Gesamtsystems verursachen.

- Bekanntheit: Häufig werden Exploits auf Mailinglisten veröffentlicht (Public Exploit), was den Hersteller der betroffenen Software in der Regel zwingt, die zugrundeliegende Schwachstelle zu beheben. Bei der Namensgebung werden die Tage nach Bekanntwerden eines Exploits gezählt – besonders kritisch sind hierbei sogenannte Zero-day Exploits, denn um die Behebung der Schwachstelle zu verhindern, werden Exploits oft nicht veröffentlicht, sondern geheim gehalten und getauscht oder verkauft. Die Existenz von Zero-Day-Exploits zeigt, dass trotz des regelmäßigen Einspielens von Patches Zeitfenster existieren, in denen ein System anfällig für Attacken ist.
- Ausgereiftheit: Oft handelt es sich bei Exploits nicht um ausgereifte Software; dem Programmierer kam es lediglich darauf an, auf einem Referenzsystem zu zeigen, dass eine Sicherheitslücke vorliegt. Ein Anspruch auf Allgemeinheit und Ausgereiftheit besteht nicht; man spricht hier von „proof-of-concept"-Exploits.

(Neu aufgenommen: 29.4.2004)

(Schreiber)

EX-Schutz

Siehe auch Wertschutzraum, Wertschutzschrank.

Schutz, den Wertbehältnisse gegen einem definierten Angriff mit Sprengstoffen aufweisen. Die Prüfung des EX-Schutzes umfasst mindestens einen Angriff, durch den ein vollständiger Durchbruch oder ein Teildurchbruch erzielt wird.

Hinweis: Nicht zu verwechseln mit dem gleichlautenden Begriff, der für den „Explosionsschutz" im Sinne der Explosionsschutzverordnung (EXV) verwendet wird, die sich mit Bestimmungen für Geräte und Systeme zur bestimmungsgemäßen Verwendung in explosionsgefährdeten Bereichen beschäftigt.

(Neu aufgenommen am 20.5.2002)

(Definition: VdS)

Externalarm

Siehe auch Alarmierungseinrichtung, Internalarm.

Anzeigen eines Alarmzustandes vor Ort (z. B. mit akustischen und optischen Signalgebern oder Sprachdurchsagen), der sich an die anonyme Öffentlichkeit zum Herbeirufen von Hilfe zur Gefahrenabwehr richtet.

Hinweis: Die Bedeutung des Begriffes wurde geändert. Früher wurde er in der Bedeutung *„Signalisierung der Auslösung der scharfgeschalteten EMA durch optische bzw. akustische →Signalgeber und/oder bei einer →hilfeleistenden Stelle, z. B. Polizei oder Wach- und Sicherheitsunternehmen"* gebraucht!

(Letzte Änderung: 20.5.2002)

(Definition: VdS)

Extinktions-Rauchmelder

Siehe auch Rauchmelder

Ein Extinktionsrauchmelder misst die von Rauchpartikeln aufgrund Absorption und Streuung hervorgerufene Abschwächung des Lichts. Eine Lichtquelle wird mit einer Fotozelle aus einer bestimmten Distanz beobachtet. Ohne Rauch wird mit der Fotozelle ein Signal gemessen. Dringt nun Rauch in den Raum zwischen Lichtquelle und Fotozelle, so sinkt das gemessene Signal um einen geringen Betrag. Diese Reduktion des Signals, die durch die Absorption und Streuung des Lichts verursacht wird, ist proportional zur Rauchdichte.

(Neu eingefügt: 5.7.2006)

(Wigger)

EZK

Europäisches Zentrum für Kriminalprävention e.V.

Kurzbeschrieb und Anschrift →Behörden, Verbände, Institutionen.

F

Fachverband Sicherheitssysteme

Kurzbeschrieb und Anschrift →Behörden, Verbände, Institutionen.

Fachverband Tageslicht und Rauchschutz e.V. (FVLR)

Kurzbeschrieb und Anschrift →Behörden, Verbände, Institutionen.

Facility Management

Siehe auch Energiemanagement, Facility Support Services, Gebäudeautomation, Gebäudetechnik, Immobilienmanagement, Infrastrukturelles Gebäudemanagement, Kaufmännisches Gebäudemanagement, Prozessorientiertes Facility Management, Technisches Gebäudemanagement.

Das Wort Facility kommt aus dem lateinischen „facilitas" und bedeutet: Leichtigkeit, Unabhängigkeit, Gewandtheit. Im Wirtschaftsenglisch steht der Begriff für „Einrichtung, Betriebsanlage, Betriebsstätte". Generell wird heute Facility als Hilfe und Möglichkeit verstanden, die es erleichtert, Dinge zu tun.

Eine allgemein gültige Definition für den Begriff „Facility Management" gibt es nicht. Eine allgemein gehaltene neutrale Definition lautet: „Facility Management" ist der ganzheitliche strategische Rahmen für koordinierte Programme, um Gebäude, ihre Systeme und Inhalte kontinuierlich bereitzustellen, funktionsfähig zu halten und an die wechselnden organisatorischen Bedürfnisse anpassen zu können. Damit wird deren höchste Gebrauchsqualität und Werthaltigkeit erreicht.

Somit umfasst der Begriff den Zeitraum von der Enstehung des Gebäudes, der Nutzungsphase, möglicher Nutzungsänderung, Sanierung etc. bis zum Abbruch des Gebäudes.

„Facility Management" arbeitet nach den Zielvorgaben des Eigentümers (Corporate Real Estate), wobei die Ertragsoptimierung der Immobilie vorrangiges Ziel ist.

Da wir den ganzen Lebenszyklus eines Gebäudes mit dem Facility Management verbinden, liegt es nahe, auch die Hauptgliederungsstruktur für die Inhalte an die zeitliche Abfolge der Gebäudezyklusphasen anzupassen (andere Hauptgliederungsstrukturen: Siehe →Immobilienmanagement und →prozessorientiertes Facility Management):

- Objektvorbereitung und -planung
- Erstellung
- Nutzung
- Umbau, Nutzungsänderung
- Sanierung, Modernisierung, Wertverbesserung
- Abriss

Unter dem äußerst wichtigen Gliederungspunkt „Nutzung" sind folgende Aufgaben zu verstehen:

- Übergeordnete Leistungen
- Gebäudemanagement (→Infrastrukturelles Gebäudemanagement, →Kaufmännisches Gebäudemanagement, →Technisches Gebäudemanagement)

Diese lebenszyklusbetonte Gliederung wird besonders von der →GEFMA e.V. Deutscher Verband für Facility Management vertreten.

(Letzte Änderung: 16.8.2006)

(Eilert Siemens/Ammon)

Facility Support Services

Siehe auch Energiemanagement, Facility Management, Gebäudeautomation, Gebäudetechnik, Immobilienmanagement, Infrastrukturelles Gebäudemanagement, Kaufmännisches Gebäudemanagement, Prozessorientiertes Facility Management, Technisches Gebäudemanagement.

Hierunter versteht man im Prinzip die Projektion des →Facility Management auf die operative Ebene während der Nutzungsphase der Immobilie. Diese Aufgabe umfasst die Gesamtheit technischer, infrastruktureller und kaufmännischer Dienstleistungen zum Unterhalt von Immobilien. Ziel ist die Optimierung aller Betriebsfunktionen bei möglichst niedrigen Kosten. Ein weiteres Ziel ist es, dem Nutzer ein möglichst großes Angebot an Dienstleistungen zu günstigen Bedingungen anzubieten.

Die Dienstleistungen werden im Allgemeinen durch einen oder mehrere unabhängige Dienstleister erbracht.

Die Aufgabengebiete gliedern sich in

1. Flächenbezogene Dienste
2. Funktionsbezogene Dienste
3. Nutzerbezogene Dienste

Zu den flächenbezogenen Dienstleistungen zählen

- Reinigung
- Winterdienst
- Außen- und Grünanlagenpflege u.s.w.
- Gebäudesicherheit
- Schädlingsbekämpfung
- Abfallwirtschaft
- Heizung, Lüftung, Kälte, Wasser, Abwasser
- Druckluft, Elektrotechnik, Aufzüge
- Leitwarten, Bereitschaftsdienste
- Kleinreparaturen
- Allgemeine Bautechnik.

Als funktionsbezogene Dienstleistung ist anzusehen

- Telefonzentrale
- Empfang
- Poststelle
- Botendienste
- Reisestelle
- Kasinobewirtschaftung
- Druckerei
- Werkschutz.

Zu den nutzerspezifischen Dienstleistungen gehören z.B.

- Büromaterial
- Büroservice
- Sonderreinigung
- Sondermüllentsorgung
- Arbeitssicherheit
- Einrichtungsplanungen
- Kleinreparaturen
- Nutzerspezifische Ein- und Umbauten.

(Letzte Änderung: 16.8.2006)

(Eilert Siemens/Ammon)

Fadenzugkontakt

Siehe Flächenüberwachung.

Fälschungssicherheit

Siehe auch Geldfälschung, Produktsicherung

Die Fälschung von Produkten schädigt Volkswirtschaften und Unternehmen und kostet damit in hohem Maße Arbeitsplätze. Die World Customs Organization WCO (www.wcoomd.org) schätzt den weltweit jährlich entstehenden Schaden auf 512 Milliarden Dollar. Gefälscht werden sehr viele Produkte wie z.B. Wäsche/Bekleidung, Schreibgeräte, Uhren, Dokumente, Münzen und Geldscheine, Medikamente, Ersatzteile (PKW, Flugzeuge).

Kennzeichnungen zum Schutz: Zum Schutz vor Fälschungen werden in der englischsprachigen Literatur für die Produkte und insbesondere für die Verpackung unterschiedliche Kennzeichnungen genannt:

- Farbe: Coin reactive ink, optically variable ink, thermo sensitive and thermal chrome ink, fluorescent /UV dye, IR inks, metameric ink, machine-readable ink.
- Druck und Veredelung: Alphanumeric code, barcode, Guilloche elements, micro lines/micro text, screen text/secure moire/screen lock, micro tags/Secutag, embossing, holograms, watermarking.
- Integrierte Merkmale: Tamper evidence band/labels/seals, data sound system sowie (chemical) microtagging.

Allerdings werden diese Markierungen derzeit bereits nachgemacht und dürften in naher Zukunft verstärkt gefälscht werden. In vielen Fällen kann nur eine aufwändige Verpackung zur Kennzeichnung genutzt werden (Medikamente, Lebensmittel). Allerdings werden auch gefälschte Produkte in der Originalverpackung angeboten, so dass unterschiedliche Kombinationen vorzufinden sind: Originalprodukte in der Origalverpackung – gefälschte Produkte in Originalverpackung – gefälschte Produkte in gefälschter Verpackung.

Möglichst sollten daher die Produkte selbst (Waren wie Textilien, Ersatzteile) mit Kennzeichnungen versehen werden; bei Medikamenten wird dies bisher nur eingeschränkt (Einfärbung, Rezeptur) akzeptiert.

Transponder (RFID): Zukünftig werden verstärkt Transponder zum Fälschungsschutz eingesetzt; sie eignen sich zur Erhöhung der Fälschungssicherheit insbesondere wegen ihrer

- Lesbarkeit ohne Sichtkontakt und der
- wiederholten Beschreibbarkeit – Speicherung, Ergänzung, Veränderung und Löschung von Daten und Programmen.

Zum Schutz vor Fälschungen können (wegen ihres geringen Preises) insbesondere passive Transponder an und in Produkten (item level) oder ihrer Verpackung oder Umverpackung angebracht werden. Zur eindeutigen Erkennung der Transponder kann eine item-spezifische Identifizierungsnummer eingespeichert werden.

Fälschung von Transpondern: Allerdings dürften zukünftig auch Transponder kopiert, geklont und gefälscht werden – indem die auf dem Original-Transponder gespeicherte Information ausgelesen, kopiert und auf den gefälschten Transponder geschrieben wird. Dieser gefälschte Transponder kann dann nicht vom Original unterschieden werden. Dabei unterstützt ein auf dem Transponder gespeicherter Stammbaum (e-pedigree) oder unterstütze zentrale Datenbanken (Object Name Service – ONS) zur Kontrolle und Registrierung der Items (track & trace) nur ein begrenztes Sicherheitsniveau, weil eine einmal registrierte Item-ID immer wieder als eine authentische bestätigt und damit auf ein Original-Produkt geschlossen wird – unabhängig von ihrer Replizierung auf gefälschten Produkten. Auch →digitale Signaturen und →Public Key Infrastructures (PKI) leisten nur einen begrenzten Beitrag zum Sicherheitsniveau, sofern alle Informationen eines Transponders ausgelesen und (trotz evtl. Verschlüsselung) kopiert und geklont werden können. Häufig kann die Kommunikation zwischen einem Transponder und einem Schreib-/Lesegerät abgehört werden oder sogar die von einem Lesegerät ausgelesene Information zur Fälschung genutzt werden. Alle Sicherheitsmechanismen können also nur das Sicherheitsniveau und den Widerstandswert gegen Fälschungen erhöhen und damit den Aufwand für den Fälscher höher treiben. Einen absoluten Schutz kann es nicht geben.

(Neu eingefügt: 7.7.2006)

(Prof. Pohl)

Fahrzeugschleuse

Siehe Schleuse.

Fail-Soft-Betrieb

Siehe Zutrittskontrolle.

Fallenmäßige Überwachung

Siehe auch Flächenüberwachung, Lichtschranke, Mikrowellendetektor.

Überwachung von Bereichen (z. B. mit Bewegungsmeldern), die Täter mit hoher Wahrscheinlichkeit betreten.

(Letzte Änderung: 20.5.2002)

(Definition: VdS)

Falltür

Siehe Trap door

Falschalarm

Siehe auch Alarm, Alarmplausibilität, Alarmzentrale, Algorithmentechnologie, Detektionssicherheit, Zwangsläufigkeit

„Alarm, dem keine Gefahr zugrunde liegt." (Definition nach DIN VDE 0833-2)

„Auslösung von →Brandalarm, ohne dass ein Schadenfeuer ausgebrochen ist. Falschalarme können verschiedene Ursachen haben.

- Störungsalarm: Falschsignal, das durch technische Störungen (Defekt) in der Brandmeldeanlage verursacht wird.
- Täuschungsalarm: Falschsignal, das durch äußere Einflüsse und nicht von einem Schadenfeuer kommenden Einwirkungen auf die Brandmelder verursacht wird (z. B. Zigarettenrauch, Dampf, Staub, Insekten, temporäre Arbeiten mit Rauch- und Wärmeentwicklung, elektrische Störeinflüsse usw.)."

(Definition nach VKF/Sicherheitsinstitut)

Überfall- und Einbruchmeldeanlagen sollen definitionsgemäß dann eine Meldung auslösen, wenn ein Überfall stattfindet oder in das von dieser Anlage überwachte Objekt eingebrochen wird. Also sind alle Meldungen, die nicht auf einen Überfall oder Einbruch zurückzuführen sind, für eine Überfall- und Einbruchmeldeanlage „Falschalarme".

Falschalarme können unterschieden werden nach:

- technischem Alarm
- Täuschungsalarm
- Bedienungsfehler-Alarm
- negativem Falschalarm und
- Falschalarm zur Verschleierung eines Angriffs.

Technischer Alarm: Technischer Alarm wird ausgelöst durch einen Defekt in der Meldeanlage. Dabei kann es sich um Gerätedefekte oder Installationsmängel handeln. Da in Überfall- und Einbruchmeldeanlagen nicht konsequent zwischen „Gerätedefekt = Störung" und „Überfall-Einbruch = Gefahrenmeldung" unterschieden wird, wirken sich Meldungen, die durch technischen Defekt entstehen, wie Gefahrenmeldungen aus, obwohl keine Einbruch- oder Überfallkriterien vorliegen. Das Gleiche gilt für Meldungen, verursacht durch atmosphärische, elektromagnetische Entladungen (Blitze), durch starke Funksignale und durch Installationsmängel.

Täuschungsalarm: Ein Täuschungsalarm ist eine Meldung, die dadurch ausgelöst wurde, dass ein Melder seinem physikalisch-technischen Funktionsprinzip entsprechend zwar ein bestimmtes Ereignis richtig erkannt und gemeldet hat, dieses Ereignis jedoch nicht auf einen Einbruch zurückzuführen ist.

Beispiel: Die Funktion des sogenannten →Erschütterungsmelders basiert darauf, dass er eine Meldung auslöst, wenn Erschütterungen an der von ihm überwachten Fläche auftreten. Ist ein solcher Erschütterungsmelder z. B. zur Durchbruchüberwachung einer Glasscheibe eingesetzt, so soll er nur dann eine Meldung auslösen, wenn die Scheibe bricht. Löst er auch dann eine Meldung aus, wenn er durch Umwelt-Erschütterungen angeregt wird, die nicht zum Bruch der Scheibe führen, so ist die daraufhin ausgelöste Meldung eine Falschmeldung, die auf eine Täuschung zurückzuführen ist.

Falschalarme durch Bedienungsfehler: Gefahrenmeldeanlagen sollten so konzipiert sein, dass sie keine besondere Bedienung erfordern. Dieser prinzipielle Grundsatz ist in der Praxis nicht immer durchführbar. Es lässt sich jedoch durch geeignete Zwangsläufigkeitseinrichtungen, die auf mechanischer und/oder elektrischer Grundlage arbeiten, eine Anlagenkonzeption erreichen, die die Umschaltung der Anlage in unterschiedliche Betriebszustände nicht durch zusätzliche Bedienung, sondern durch normale Betriebsvorgänge möglich macht. Zwangsläufigkeit bedeutet, dass bestimmte Vorgänge dann ablaufen können, wenn die dafür vorgesehenen Voraussetzungen gegeben sind (→Scharfschalteinrichtung).

In einer Einbruchmeldeanlage könnte das zum Beispiel bedeuten: Die Scharfschaltung der Anlage darf nur dann möglich sein, wenn die Meldeanlage →meldebereit und in allen Teilen voll funktionstüchtig ist. Das heißt:

1. Alle Melder müssen sich bei der Scharfschaltung im Ruhezustand befinden.
2. Das Objekt muss verschlossen sein.
3. Das Objekt darf nicht vor der Unscharfschaltung betreten werden können.

Negativer Falschalarm: Der Ausdruck „negativer Falschalarm" ist ein wenig bekannter Fachbegriff. Es handelt sich hierbei um eine Nichtfunktion der Meldeanlage. Das heißt, dass die Anlage ein tatsächlich eingetretenes Gefahrenereignis nicht meldet. Für solche fehlenden, jedoch erforderlichen Alarme können mehrere Ursachen verantwortlich sein:

- Falsche Projektierung: Schwachstellen, Gefahrenpunkte sowie mögliche Einbruch- und Überlistungstechniken wurden nicht erkannt und nicht mit ausreichenden Überwachungstechniken abgedeckt.
- Nicht fachgerechte Ausführung der Anlage: Ordnungsgemäß projektierte Überwachungseinrichtungen wurden nicht fachgerecht installiert oder/und ungenügend erprobt. Das Letzte gilt vor allem bei Bewegungsmeldern, deren Überwachungsbereich nicht sorgfältig ausgerichtet wurde.
- Inspektions- und Wartungsmängel: Wie jedes technische Gerät sind auch Bauelemente der Meldeanlagentechnik einem Verschleiß, einer natürlichen Alterung sowie technischen Defekten durch den Gebrauch des Objektes unterworfen. Der Einfluss dieser negativen Faktoren konnte zwar durch die moderne Gerätetechnik stark reduziert werden. Trotzdem ist es erforderlich, dass die zuverlässige Funktion der Meldeanlage durch regelmäßige Inspektionen und Instandhaltungsarbeiten (→Wartung) in allen Teilen und über die gesamte Betriebszeit aufrecht erhalten wird.

Falschalarme zur Verschleierung eines Angriffs: Zur Verschleierung eines Angriffs auf ein bestimmtes Objekt oder auf eine bestimmte Stelle eines (weitläufigen) Objektes muss damit gerechnet werden, dass auf andere Objekte oder an anderen Stellen dieses weitläufigen Objektes „Scheinangriffe" mit Alarmauslösung (Falschalarmauslösung) vorgenommen werden, um die Aufmerksamkeit auf diese Stelle zu lenken und Einsatzkräfte dort zu binden, die an der eigentlichen Einbruchstelle dann nicht mehr zur Verfügung stehen. Damit sinkt das Risiko des Angreifers am eigentlichen Tatort.

In Objekten, bei denen solche Gefahren zu erwarten sind, ist durch sinnvolle Kaskadierung der Überwachungseinrichtungen dafür Sorge zu tragen, dass nach Auslösung eines solchen „Verschleierungs-Alarms" weitere Meldungen ausgelöst werden können.

Häufige Falschalarme sorgen für eine unnötige Bindung von Personal, so dass für den Ernstfall mit Verzögerungen zu rechnen ist. Ganz davon zu schweigen, dass durch häufige Falschalarme Gleichgültigkeit entsteht und den Meldungen nicht mehr konsequent nachgegangen wird oder die Observierung des Objektes nicht mit der gebührenden Vorsicht durchgeführt wird.
Eine absolut falschalarmfreie Meldeanlage gibt es nicht und darf es nicht geben; denn absolute, mit Gewalt erzwungene Falschalarmfreiheit geht zu Lasten der Sensibilität und somit einer sicheren Erkennung einer Gefahr. Zunehmend werden jedoch Falschalarme durch spezielle Auswertealgorithmen, →Mehrsensormelder und automatische Anpassungen an die Umgebungsbedingungen reduziert.

(Redaktion)

Faseroptischer Melder

Siehe auch Gitter, Optische Übertragung, Zaunsystem.

Faseroptische Sensoren sind aus der Medizintechnik und dem Maschinenbau bekannt. Optische Näherungsschalter, Einweg- und Reflex-Lichtschranken werden bei Automatisations- und Fertigungsabläufen zur Teile- oder Füllstandserfassung und als Sicherheitsbarrieren eingesetzt. Optoelektrische Wandler und Lichtwellenleiter (LWL) bilden die Grundlage für diese Anwendung.
In der Gefahrenmeldetechnik bieten Faseroptische Melder folgende Vorzüge:

- Der LWL ist unempfindlich gegen elektromagnetische Störungen,
- der LWL kann keine Erdschlüsse bilden,
- der LWL ist durch Metallsuchgeräte nicht zu orten,
- der LWL kann nur sehr schwer angezapft oder gebrückt werden.

In der Einbruchmeldetechnik werden Faseroptische Melder zur

- Flächenüberwachung,
- Durchbruchsicherung,
- Wegnahmesicherung

eingesetzt. Die Auswerteelektronik ist für alle diese Anwendungen die gleiche. In einem LWL wird moduliertes Licht (sichtbar oder infrarot) eingespeist und am anderen Ende von einem optoelektrischen Wandler empfangen. In der einfachsten Überwachungsform wird die Unterbrechung des Lichts ausgewertet. Bei höheren Ansprüchen wird auch bereits eine Dämpfung des Lichts erkannt.
Eine Dämpfung des Lichts im LWL entsteht durch Quetschen, Unterschreitung des zulässigen Biegeradiuses, Verringerung des Querschnittes beim Versuch einer optischen Überbrückung oder durch Temperatureinwirkung.
In der Gefahrenmeldetechnik werden zusätzliche Anforderungen an die Manipulationssicherheit gestellt. Deshalb führt man die Modulationsfrequenz des Lichts zusätzlich als elektrisches Signal zum Empfänger und vergleicht dort mit dem ankommenden modulierten Lichtsignal. Abweichungen führen zum Alarm.
Bei der Flächenüberwachung wird der LWL mäanderförmig unter Beachtung der max. zulässigen Abstände und Biegeradien auf der Fläche aufgebracht.

Gitter mit faseroptischem Melder (Foto: IVEL Developments)

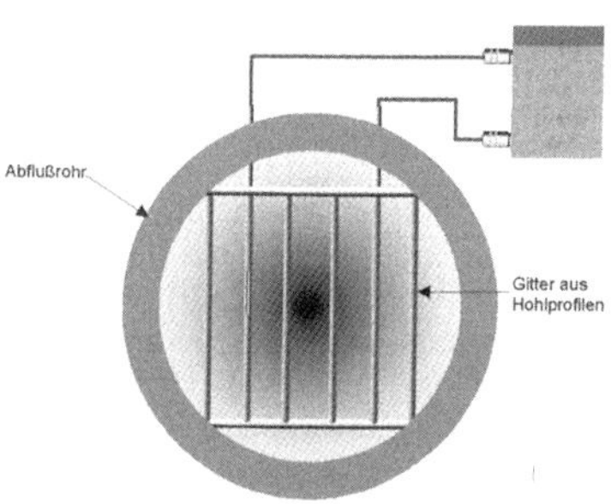

Sicherung eines Abwasserkanals

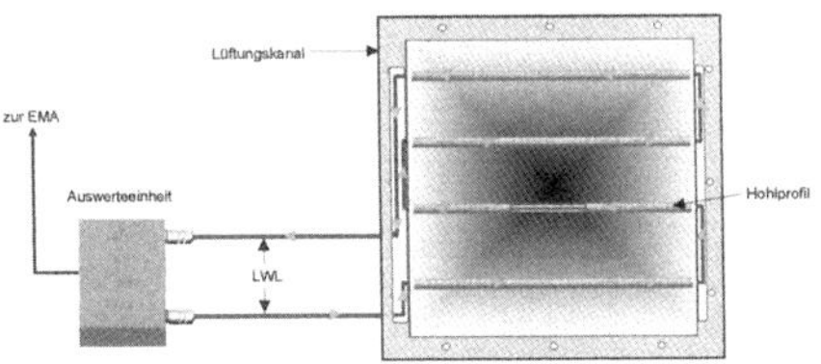

Sicherung eines Lüftungskanals (Grafik: NEMESIS Security Systems)

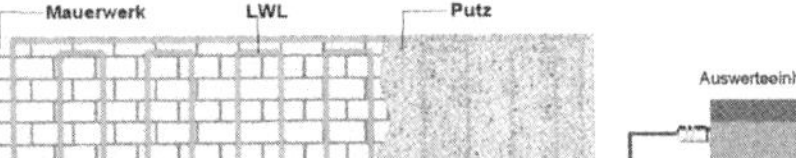

Durchbruchsicherung von Wänden, Decken und Böden mit Lichtwellenleitern (Grafik: NEMESIS Security Systems)

Ein Hohlgitter mit eingezogenem LWL wird zur Durchbruchsicherung z.B. in Lichtkuppeln, Lüftungsöffnungen oder Abwasserkanälen eingesetzt.

Ein gegen Wegnahme zu sicherndes Objekt kann entweder auf geeignete Weise mit dem LWL fest verbunden werden oder man versieht das Objekt mit einem Reflektor. Ein Bündel-LWL, ein Teil davon wird in Sende-, der andere in Empfangsrichtung benützt, wird auf den Reflektor ausgerichtet. Eine andere Anordnung kommt mit nur einem LWL aus, benützt dafür aber einen Richtungskoppler zur Trennung von Sende- und Empfangsrichtung. Eine Wegnahme des zu sichernden Objekts führt in beiden Fällen zum Ausfall der Reflexion und damit zum Alarm.

In der Freilandsicherung werden LWL durch das Zaungeflecht geschlungen. Zaunkronen können durch Stachelband, das mit einem in einer Nut eingepressten LWL versehen ist, verstärkt werden. Im Boden eingelegte LWL reagieren auf Druck, der eine Dämpfung des Lichts hervorruft.

In der Brandmeldetechnik sind zwei Rauchmeldervarianten mit LWL beschrieben worden. Beim ersten wird das Licht mittels eines LWL zu einem Streulichtmelder geführt. Ein zweiter LWL sammelt über Mikrolinsen das Streulicht und führt es zur elektronischen Auswerteeinheit zurück.

In einer zweiten Ausführung wird einem Ionisationsmelder die zu seinem Betrieb erforderliche Energie über einen LWL zugeführt. Eine Solarzelle im Melder wandelt das Licht in elektrische Energie um. Ein Teil des Lichts wird durch ein Loch in der Solarzelle durch ein LCD-Display auf einen zweiten LWL gelenkt. Das LCD-Display moduliert, gesteuert durch die Spannung der Ionisationskammer, dieses Licht, das dann im zweiten LWL zur Auswerteelektronik zurückgeführt wird.

Die beschriebene Ausführung eignet sich besonders für Anwendungen im Ex-Bereich.

(Redaktion)

fasif

Schweizerische Fachstelle für Sicherheitsfragen, Thun.

Kurzbeschrieb und Anschrift →Behörden, Verbände, Institutionen.

FastTrack

Siehe Peer-to-Peer-Netzwerk.

Fax on demand

Siehe auch Notrufzentrale.

Moderne Alarmempfangszentralen bieten die Möglichkeit, mittels Fax on demand Alarmempfangs-Journale abzusetzen. Fax on demand oder Fax auf Anfrage erlaubt fast beliebige Daten auf das eigene Fax-Gerät zu bestellen. Die Bestellung erfolgt oft über →IVR (Interactive Voice Responsesysteme) indem man mit einem DTMF-tauglichen Telefon eine bestimmte Rufnummer wählt, dort von einer Computerstimme begrüßt wird und dann aus dem vorgelesenen Menü mittels der Eingabetasten des Telefons die gewünschte Information auswählt. Zum Schluss teilt man noch die eigene Fax-Nummer mit und beendet die Verbindung. Die angefragten Daten werden nun durch das IVR-System zusammengestellt und auf die gewünschte Fax-Nummer übermittelt. Einfachere Systeme verzichten auf den inter-

aktiven Teil und verwenden für jede Informationsart eine eigene Fax-Nummer bzw. eine Nachwahl.
(Neu aufgenommen am 1.6.2000)

(Meier)

Fehlalarm

Siehe Falschalarm.

Fehlertolerantes System

Ein fehlertolerantes System reagiert unkritisch in Bezug auf Fehlbedingungen.
Der Bereich „Fehlertoleranz" beschäftigt sich dabei vor allem mit systeminternen Problemen, wie dem Fehlverhalten oder dem Ausfall einzelner Systemkomponenten.
Die Behandlung externer Fehlbedingungen ist Aufgabe von Benutzer- und Ein-/Ausgabe-Schnittstellen.
Fehlertoleranz wird im Wesentlichen erreicht durch interne Konsistenzprüfungen und durch mehrfache Auslegung von Systemkomponenten. Das so ausgerüstete System ist in der Lage, bis zu einem gewissen Grad interne Ausfälle auszugleichen. Wird die Toleranzgrenze überschritten, so muss gewährleistet sein, dass das System dann in einen definierten, stabilen und unkritischen Systemzustand übergeht (beispielsweise gelbes Blinklicht bei Ausfall einer Ampelanlage, automatische Abschaltung eines Kernreaktors).

(Bauspieß)

Fenster

Siehe auch Aufhebelsicherung, einbruchhemmende Fenster, Glas (mit weiteren Verweisen), Schaufenster.

Fenster können feststehend oder beweglich konstruiert sein. Als Werkstoffe werden neben der Verglasung Holz, Metall, Kunststoff oder Beton verwendet.
Wesentliche Bestandteile eines Fensters sind: Rahmenfries, Flügelfries, Verglasung, Beschläge und Verschlusseinrichtung.
Der Sicherheitswert von Fenstern und Oberlichtern kann erhöht werden z. B. durch →angriffhemmende Verglasung, →Vorsatzfenster, →Sicherheitsfolien, Zweitscheiben aus Kunststoffglas (→Polycarbonat), abschließbare (absperrbare) Verschlusseinrichtungen, verstärkte Beschläge und Verschlusseinrichtungen,

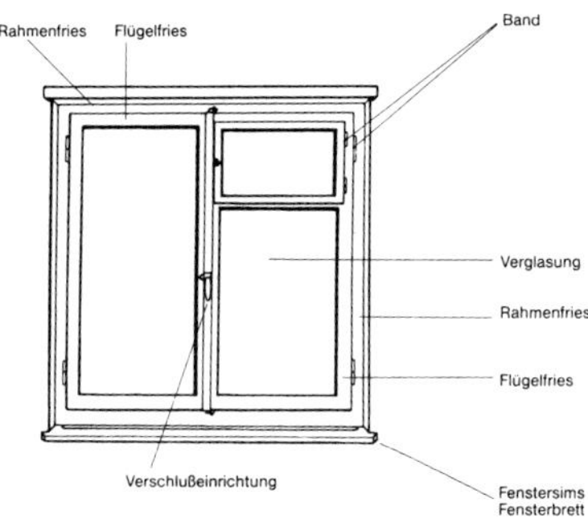

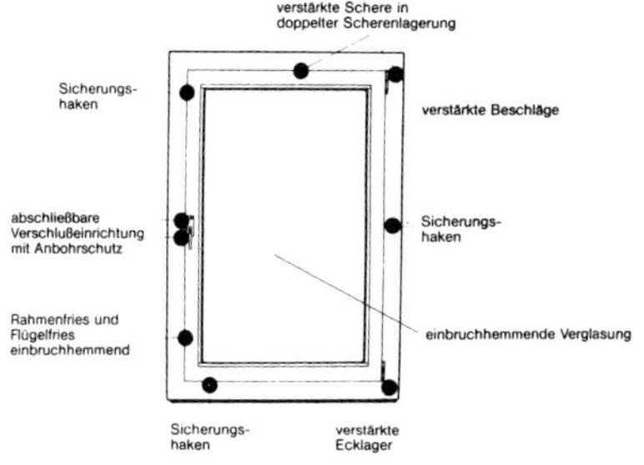

Bestandteile eines Fensters und Möglichkeiten zur Verbesserung der Sicherheit

(Grafiken: VdS)

→Rollläden, Fensterläden oder →einbruchhemmende Gitter.
Die Verschlusseinrichtungen handelsüblicher Fensterkonstruktionen können nach Beschädigung der Verglasung wie auch durch einbruchtypische Werkzeuge von außen betätigt werden. Die Anbringung von abschließbaren (absperrbaren) Verschlusseinrichtungen oder Zusatzschlössern ist deshalb besonders wichtig.
Einbruchhemmende Fenster haben neben einer einbruchhemmenden Verglasung verstärkte Beschläge und spezielle Verschlusseinrichtungen, Rahmen- und Flügelfries sind aus einbruchhemmenden Materialien hergestellt.
Derartige Fensterkonstruktionen können entsprechend der Sicherheitsstufe der Verglasung in einbruch- oder in beschusshemmender Ausführung geliefert werden.

(Redaktion)

Fensterdiskriminator
Siehe auch Alarmzentrale, Digital/Analog.
Ein Fensterdiskriminator analysiert eine anliegende Eingangsspannung Ue auf Überschreiten eines oberen und Unterschreiten eines unteren Grenzwertes. Im Funktionsdiagramm ist dargestellt, wie sich die Ausgangsspannung Ua in Abhängigkeit von der Eingangsspannung Ue über die Zeit verhält (Analog/Digital-Wandler). Im einfachsten Fall ist der Fensterdiskriminator aus zwei Komparatoren aufgebaut. Über einen Spannungsteiler R1, R2, R3 werden dabei die beiden Grenzwerte eingestellt.
In der Sicherheitstechnik wird der Fensterdiskriminator insbesondere zur Auswertung von →Meldergruppen benutzt. Er überwacht die Spannung der Meldergruppe (Analogsignal) und gibt beim Überschreiten der Grenzwerte ein Signal ab, das dann von der Zentrale digital weiterverarbeitet wird.

(Hess)

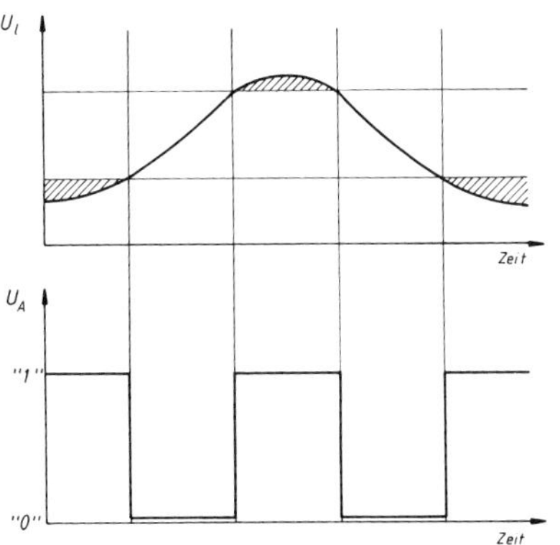

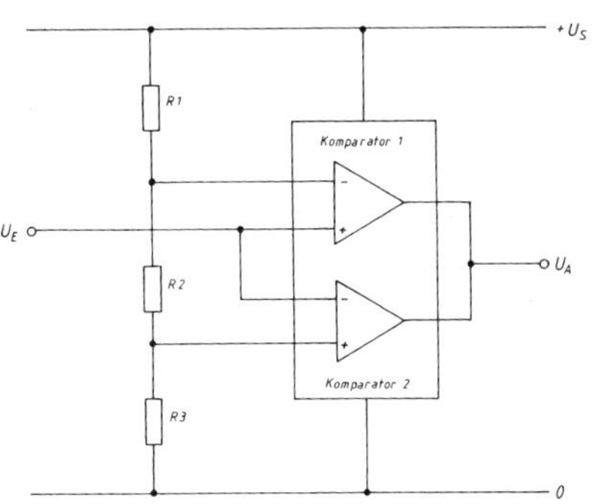

Arbeitsprinzip und Schaltbild eines Fensterdiskriminators

Fensterfolien
Siehe Abhörsicherheit, Alarm-Sicherheitsfolie, angriffhemmende Verglasung, PET-Folie, Sandwichfolie, Sicherheitsfolie, Splitterabgang (S, NS), Splitterschutzfolie, Verbundsicherheitsglas.

3

Fernabfrage
Technische Möglichkeit, Zustände, Messwerte, u. ä. einer Einbruchmeldeanlage durch eine nicht vor Ort befindliche Stelle (z. B. über eine Alarmübertragungsanlage) abfragen zu können.
Hinweis: Die Fernabfrage wird in der Literatur teilweise auch Ferndiagnose genannt.
(Neu aufgenommen am 20.5.2002)

(Definition: VdS)

Fernalarm
Anzeigen eines Alarmzustandes an eine nicht vor Ort befindliche beauftragte →hilfeleistende Stelle (z. B. Alarmempfangsstelle der Polizei oder eines Wach- und Sicherheitsunternehmens).
(Neu aufgenommen am 20.5.2002)

(Definition: VdS)

Ferndiagnose
Siehe Fernabfrage

Ferninstandhaltung (Fernwartung)
Technische Möglichkeit, die Instandhaltung/Wartung einer Einbruchmeldeanlage aus der Ferne vornehmen zu können (z. B. über eine Alarmübertragungsanlage).
(Neu aufgenommen am 20.5.2002)

(Definition: VdS)

Fernmeldeanlage
Fernmeldeanlagen sind Einrichtungen der Informationstechnik, die eine Übertragung von Nachrichten, Daten und Informationen (Spra-

che, Töne, Bilder oder Zeichen) ermöglichen und in der Regel deren Verarbeitung (Vermittlungstechnik, Fernwirktechnik, Informationsverarbeitung) sowie Ausgabe einschließen. Zu einer Fernmeldeanlage gehören die Sende-Einrichtung, der zur Übermittlung der Nachricht dienende →Übertragungsweg (leitungsgeführt und nicht leitungsgeführt), die Empfangseinrichtung und die zum Betrieb der Fernmeldeanlage erforderlichen Einrichtungen.
Anmerkung: Unter Betrieb werden Eingabe, Ausgabe und Verarbeitung von Informationen verstanden.
(Letzte Änderung: 9.5.2004)

(Definition nach DIN VDE 0833-1)

Fernparametrierung

Technische Möglichkeit, die Parametrierung einer Einbruchmeldeanlage aus der Ferne vornehmen zu können (z. B. über eine Alarmübertragungsanlage).
(Neu aufgenommen am 20.5.2002)

(Definition: VdS)

Fernsehüberwachung

Siehe Videoüberwachung.

Fern-Videoüberwachung

Siehe auch Notrufzentrale, Videoüberwachung.
Um aus der Vielzahl von Meldungen die richtige/angemessene Maßnahme vor Ort abzuleiten, haben Leitstellen unterschiedliche Strategien entwickelt. Hierzu zählt die Verknüpfung der Meldungen aus einem Objekt, das Beobachten von Folgemeldungen oder gar das „Hineinhören" in ein Objekt. Das „Hineinhören" in ein Objekt ist in Deutschland nur bei einem Aufzugnotruf oder einem Zutrittswunsch nach einer Alarmauslösung üblich. Das „Fernhineinsehen" in Objekte gehört zwischenzeitlich für →*Notrufzentralen* zum Angebotsspektrum. Eine hohe Anzahl von aufgeschalteten Fern-Videoobjekten ist jedoch eher die Ausnahme. Hinderlich sind sicherlich fehlende Normierungen, so dass Leitstellen über mehrere Empfangssysteme verfügen müssen.
Die „Video-Kompetenz" von Leitstellen/Notrufzentralen ist zu erkennen bei fachkundigen Antworten zu den Themen:

- Ausfallstrategie
- Mehrplatzvideoempfang
- Abweichungserkennung beim Videobild
- Bildarchivierung

Qualifizierte Fern-Videoüberwachungsleitstellen können heute folgende Leistungen realisieren:

- Vorbewertung eines Alarmes
- Fernvideozugangsregelung
- Fernvideowächterrundgang usw.

(Letzte Änderung: 29.4.2004)

(Schirrmann)

FES

Fachkommission für Einbruchmeldeanlagen und Schutzsysteme.
Kurzbeschrieb und Anschrift →Behörden, Verbände, Institutionen.

Feststellanlage

Siehe auch Automatischer Brandmelder, Energieversorgung, Feuerschutzabschluss, Rauchmelder, Schließmittel, Wärmemelder.
„Feststellanlagen sind Geräte oder Gerätekombinationen, die geeignet sind, die Funktion von →Schließmitteln für bewegliche Raumabschlüsse (wie z.B. Türen und Tore) kontrolliert unwirksam zu machen.
Eine Feststellanlage besteht aus mindestens einem →Brandmelder, einer Auslösevorrichtung und einer Energieversorgung." (Definition nach „Richtlinien für Feststellanlagen", Teil 1)
Beim Ansprechen der zugehörigen Auslösevorrichtung im Falle eines Brandes oder bei anderweitiger Auslösung werden offengehaltene →Feuerschutzabschlüsse durch ihre →Schließmittel selbsttätig geschlossen.
Im Zuständigkeitsbereich der Baubehörden der Bundesrepublik Deutschland dürfen bei →Feuerschutzabschlüssen nur Feststellanlagen verwendet werden, die allgemein bauaufsichtlich zugelassen sind. Grundlage dieser Zulassung sind Eignungsprüfungen nach Teil 2 der „Richtlinien für Feststellanlagen" die bei einer dafür benannten Stelle durchgeführt worden sind. Die vom Deutschen Institut für Bautechnik (→DIBt) in Berlin ausgestellten Zulassungsbescheide enthalten Angaben über die zulässige Kombination der einzelnen Bestandteile der jeweiligen Feststellanlage sowie über die Feuerschutzabschluss-Bauarten, für die diese Feststellanlage geeignet ist.

Bezüglich der →Energieversorgung stellt Teil 2 der „Richtlinien" bestimmte Anforderungen. Bei Netzanschlussbetrieb (Energieversorgung ohne Batterien) wird die gesamte Feststellanlage bei Ausfall der Primärspannung spannungslos; die angeschlossenen Feststellvorrichtungen müssen die Abschlüsse unverzüglich freigeben.

In bestimmten Fällen sind zur Einhaltung der Anforderungen der „Richtlinien für die Zulassung von Abschlüssen in bahngebundenen Förderanlagen" oder von Unfallverhütungsvorschriften Sicherheitseinrichtungen zur Überwachung des Schließbereichs der Abschlüsse (z.B. durch →Lichtschranken, Kontaktleisten) erforderlich. Dann muss die Energieversorgung der Feststellanlage mit einer zweiten Energiequelle durch wartungsfreie Batterien für Gefahrenmeldeanlagen gem. Drucksache VdS-2140 zur Überbrückung von Netzausfällen ausgerüstet werden. Weitere Angaben zu diesem Bereitschaftsparallelbetrieb sind in Teil 2 der „Richtlinien für Feststellanlagen" nachzulesen.

Sind →automatische Brandmeldeanlagen vorhanden, so dürfen Teile dieser Anlagen als Auslösevorrichtungen verwendet werden. Die dabei zu erfüllenden Bedingungen sind in Teil 2 der „Richtlinien" angeführt. Die Feststellvorrichtungen dürfen in diesem Falle nicht durch die Energieversorgung der Brandmeldeanlage gespeist werden; hierfür ist eine eigene Energieversorgung notwendig. Eine Ansteuerung der Feststellvorrichtungen durch andere Brandmelder ist zusätzlich möglich.

An die bei Feuerschutzabschlüssen verwendeten →Lichtschranken werden in Deutschland besondere Anforderungen gestellt (Unempfindlichkeit gegen Rauch, s. Teil 2 der o.a. Richtlinien).

Jede Feststellanlage muss auch von Hand ausgelöst werden können, ohne dass die Funktionsbereitschaft der Auslösevorrichtung beeinträchtigt wird. Teil 1 der Richtlinien enthält detailliertere Anforderungen an die Ausführung dieser Handauslösung.

Als Varianten von Feststellanlagen sind Geräte anzusehen, in denen ganze Feststellanlagen oder Teile davon integriert sind (→Schließmittel). Solche Varianten sind z.B.

- Freilauf-Türschließer
- Türschließer mit elektromagnetischer Feststellung
- Automatik-Türschließer (Drehflügelantriebe)
- Antriebe für Schiebe-, Hub- und Rollabschlüsse mit elektromagnetischer Feststellung
- Schließfolgeregler mit Haftmagnet für zweiflügelige Türen.

Anforderungen an diese Varianten sind in Teil 2 der o.a. Richtlinien angeführt.

Die Auswahl des Brandmeldertyps ist auch von der voraussichtlichen Brandentwicklung am Verwendungsort abhängig. Kriterien für die Auswahl des Brandmeldertyps sind in Teil 1 der „Richtlinien" angegeben. Für Abschlüsse von Räumen, in denen mit einer explosionsfähigen Atmosphäre durch brennbare Gase, Dämpfe oder Nebel (Zone 0 DIN VDE 0165) oder durch brennbare Stäube (Zonen 10 und 11 DIN VDE 0165) gerechnet werden muss, dürfen Feststellanlagen nicht verwendet werden. Bei Räumen, in denen mit einer explosionsfähigen Atmosphäre durch brennbare Gase, Dämpfe oder Nebel (Zonen 1 und 2 DIN VDE 0165) gerechnet werden muss, dürfen Feststellanlagen nur dann verwendet werden, wenn sie zusätzlich durch eine geprüfte ortsfeste Gaswarneinrichtung für den Explosionsschutz ausgelöst werden. Wenn ein Hilfsrelais erforderlich ist, um die zulässige Kontaktbelastbarkeit des potenzialfreien Kontakts der Gaswarneinrichtung nicht zu überschreiten, so muss es von der Energieversorgung der Feststellanlage gespeist werden. In den Zulassungsbescheiden für die verschiedenen Bauarten von Feststellanlagen und in Teil 1 der „Richtlinien" werden Anforderungen an die Anzahl und an den Anbringungsort der bei jedem Abschluss anzubringenden Brandmelder gestellt. Diese Forderungen richten sich nach der Größe des Abschlusses und nach den baulichen Gegebenheiten am Verwendungsort.

Die Bestandteile bauaufsichtlich zugelassener Feststellanlagen müssen aus überwachten Fertigungen stammen (→Übereinstimmungszeichen-Verordnung). Die einzelnen Geräte der Feststellanlage sind in Übereinstimmung mit der Zulassung gut sichtbar zu kennzeichnen. Einzelheiten der Überwachung und der Kennzeichnung sind in Teil 2 der „Richtlinien" angeführt.

In Teil 1 dieser Richtlinie ist gefordert, dass nach dem betriebsfertigen Einbau einer Feststellanlage am Verwendungsort eine Abnahmeprüfung durchzuführen ist, bei der die einwandfreie Funktion und vorschriftsmäßige Installation festgestellt wird. Auf diese Prüfung ist von den Herstellern von Auslöse- und Feststellvorrichtungen hinzuweisen. Sie ist vom Betreiber zu veranlassen und darf nur von Fachkräften der Hersteller dieser Vorrichtungen, von diesen autorisierten Fachkräften oder von Fachkräften einer dafür benannten Prüfstelle durchgeführt werden. Die „Richtlinie" gibt detailliert an, welche Punkte die Abnahmeprüfung zu umfassen hat und dass in unmittelbarer Nähe des festgestellten Abschlusses ein vom Hersteller der Feststellanlage zu lieferndes Schild mit bestimmten Angaben über die erfolgte Abnahme anzubringen ist.

Dem Betreiber ist über die erfolgreiche Abnahmeprüfung eine Bescheinigung auszustellen, die beim Betreiber aufzubewahren ist. Jede Feststellanlage muss vom Betreiber ständig betriebsfähig gehalten und mindestens einmal monatlich auf ihre einwandfreie Funktion überprüft werden. Zeitpunkt, Umfang und Ergebnis der periodischen Überwachung sind aufzuzeichnen. Diese Aufzeichnungen (Prüfbuch) sind beim Betreiber aufzubewahren und den Sicherheitsbehörden auf Verlangen vorzulegen.

Vorschriften und Zusammenstellungen:

Richtlinien für Feststellanlagen (Fassung Oktober 1988)

- Teil 1: Anwendungsbereich, Begriffe und Montage (veröffentlicht in Mitteilungen Institut für Bautechnik 20. Jahrg. Nr. 1 vom 1.2.1989)
- Teil 2: Bauartprüfung und Überwachung

DIN EN 54: Bestandteile automatischer Brandmeldeanlagen

- Teil 5: Wärmemelder; Punktförmige Melder mit einem Element mit statischer Ansprechschwelle
- Teil 7: Punktförmige Rauchmelder; Rauchmelder nach dem Streulicht-, Durchlicht- oder Ionisationsprinzip
- Teil 8: Wärmemelder mit hohen Ansprechtemperaturen
- Teil 9: Erprobungstest

DIN 14 675: Brandmeldeanlagen; Aufbau

DIN VDE 0165: Errichten elektrischer Anlagen in explosionsgefährdeten Bereichen

DIN VDE 0833: Gefahrenmeldeanlagen für Brand, Einbruch und Überfall

- Teil 1: Allgemeine Bestimmungen
- Teil 2: Festlegungen für Brandmeldeanlagen

VdS -2097-4, Produkte und Anlagen des baulichen Brandschutzes, Teil 4: Feuerschutzabschlüsse, sonstige Brandschutztüren und ergänzende Sonderbauteile (enthält auch Listen bauaufsichtlich zugelassener Feststellanlagen, geeigneter Lichtschranken für Feststellanlagen und Gaswarneinrichtungen für das Auslösen von Feststellanlagen)

VdS 2140: VdS-anerkannte wartungsfreie Batterien für Gefahrenmeldeanlagen

Schriften des Deutschen Instituts für Bautechnik, (→DIBt).

„Zusammenstellung allgemeiner bauaufsichtlicher →Zulassungen für Feuerschutzabschlüsse, Feuerschutzabschlüsse im Zuge von bahngebundenen Förderanlagen, Abschlüsse in Fahrschachtwänden der Feuerwiderstandsklasse F 90, Feststellanlagen für Feuerschutzabschlüsse" (wird bei Bedarf aktualisiert)

Bei der Harmonisierung der technischen Vorschriften im EG-Raum zur Beseitigung von Handelshemmnissen sind auch die Prüfvorschriften für →Feuerschutzabschlüsse vereinheitlicht worden.

Das „Grundlagendokument Brandschutz" enthält in Ziff. 4.3.1.3.5.5 Anforderungen und Klassifizierungsangaben für Feuerschutzabschlüsse unter dem Titel „Feuerschutzabschlüsse und ihre Schließmittel".

Im Abschnitt Schließmittel dieser Ziffer ist in einem Absatz auf die Bestandteile und Funktion von Feststellanlagen eingegangen. In der europäischen Normung werden Angaben zu Feststellvorrichtungen von Feststellanlagen in der Reihe „Schlösser und Baubeschläge" genormt:

DIN EN 1155 : 2003-04: Schlösser und Baubeschläge – Elektrisch betriebene Feststellvorrichtungen für Drehflügeltüren – Anforderungen und Prüfverfahren ist inzwischen veröffentlicht und ersetzt die Norm DIN 18 263-5: 1991-03 (Türschließer mit hydraulischer Dämpfung; Teil 5: Feststellbare Türschließer mit und ohne Freilauf), die im Oktober 1997 zurückgezogen wurde. Die Fassung 1997 der Norm DIN EN 1155 wurde im Jahr 2002 durch eine Änderung A1 ergänzt, die Angaben zum →Konformitätsnachweis enthält.

Die Norm DIN EN 1155 ist in der →Bauregelliste B Teil 1, lfd. Nr. 1.6.5 als Technische Re-

gel für das Bauprodukt „Elektrisch betriebene Feststellvorrichtung für Drehflügeltüren" angeführt. Die Anlage 6.4 zu Teil A1 der Bauregelliste weist darauf hin, dass die (bei diesen Geräten einstellbare) Verzögerungszeit bei Verwendung an Feuerschutz- und Rauchschutztüren nicht mehr als 30 Sekunden betragen darf.
(Letzte Änderung 15.3.2006)

(Prof. Westhoff)

Feuchtigkeitssensor

Teil eines →Wassermeldesystems. Feuchtigkeitssensoren gibt es in den unterschiedlichsten Ausführungen. Sie bestehen aus Platten- oder Kabelelektroden, oder auch aus Stab-Elektroden und dienen zur punktuellen Erfassung von elektrisch leitenden Flüssigkeiten.

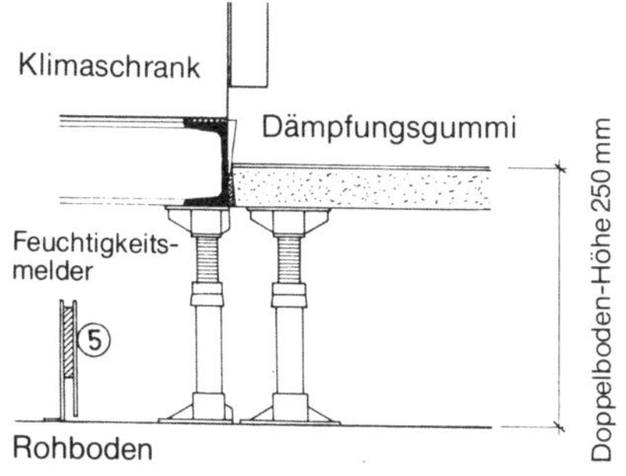

Anordnung von Feuchtigkeitsmeldern im Doppelboden eines Computerraums (Grafik: Nitsch)

Sobald eine elektrisch leitende Flüssigkeit eine leitende Verbindung zwischen den beiden Elektroden herstellt, verändert sich der elektrische Widerstand und löst über die Auswerteeinheit einen Alarm aus.
Haupteinsatzgebiete: Fußböden, Doppelböden von EDV-Zentralen, Lagerräumen, Rohrleitungen etc.

(Henneck)

Feuerarbeiten

Arbeiten mit Schweiß-, Schneid-, Löt- und Trennschleifgeräten sowie Auftauen und Heißklebearbeiten auch feuergefährliche Arbeiten genannt, können in hohem Maße brandgefährlich sein, weil dabei hohe Temperaturen auftreten. Brände können entstehen durch:

- offene Schweißflammen (ca. 3200 °C) und Lötflammen (1800-2800 °C)
- elektrische Lichtbögen (ca. 4000 °C)
- Schweiß-, Schneid- und Schleiffunken (ca. 1200 °C)
- abtropfendes glühendes Metall (ca. 1500 °C)
- Wärmeleitung stark erhitzter Metallteile und heiße Gase

Besonders gefährlich sind Schweiß-, Schneid- und Schleiffunken, die noch in einer Entfernung von 10 m und mehr von der Arbeitsstelle brennbare Stoffe entzünden können.
Diese Arbeiten dürfen deshalb nur von entsprechend ausgebildeten Personen ausgeführt werden; Auszubildende dürfen diese Arbeiten nur unter Aufsicht durchführen. Vor Beginn der Arbeiten sollte eine schriftliche Genehmigung des Betriebsleiters oder seines Beauftragten („Schweißerlaubnisschein" bzw. „Erlaubnisschein für feuergefährliche Arbeiten") eingeholt werden.
Zum Thema „Schweißen und andere feuergefährliche Arbeiten" gibt es verschiedene VdS-Drucksachen:
VdS 2047 Feuerarbeiten, Sicherheitsvorschriften
VdS 2008 Schweiß-, Schneid-, Löt- und Trennschleifarbeiten, Richtlinien
VdS 2036 Erlaubnisschein für Schweiß-, Schneid-, Löt- und Trennschleifarbeiten – Muster –
VdS 2074 1998-08 Auftauarbeiten an wasserführenden Anlageteilen, Merkblatt
(Neu aufgenommen: 23.5.2002)

(Dr.Wang)

Feuerbeständig

Bauaufsichtliche Benennung für Bauteile, die mindestens der →Feuerwiderstandsklasse F 90 AB entsprechen (DIN 4102).

(Prof. Beilicke)

Feuerbeständige Abtrennung

Siehe auch Brandwand, Komplextrennwand
Aus der Sicht des Sachwertschutzes und des Risikomanagements ist es sinnvoll, innerhalb von Komplexen (→Komplextrennwand) oder →Brandabschnitten betriebliche Bereiche mit

erhöhter Brandgefahr oder von zentraler Bedeutung, wie z. B.

- EDV-Anlagen und Anlagen für die Prozesssteuerung,
- Feuerungs- und Heizungsanlagen sowie haustechnische Anlagen wie Lüftungszentrale, Aufzugsmaschinenraum, zentrale Druckluftversorgung,
- Batterieladestation,
- Lager für Gefahrstoffe,
- Betriebswerkstätten,
- elektrische Schalt- und Betriebsräume sowie Räume der Mess-, Steuer- und Regeltechnik (MSR)

baulich feuerbeständig abzutrennen.

Bauordnungsrechtlich gelten Bauteile gemäß der →Bauregelliste A, Teil 1, Anhang 0.2 als feuerbeständig, wenn sie eine →Feuerwiderstandsdauer von mindestens 90 Minuten gemäß DIN 4102-2 aufweisen und im wesentlichen aus nichtbrennbaren Baustoffen (Baustoffklasse DIN 4102-A) bestehen, also F 90 – AB.

Versicherungstechnisch gelten Räume als feuerbeständig abgetrennt, wenn sie durch feuerbeständige Wände und Decken aus nichtbrennbaren Baustoffen abgetrennt und ihre betrieblich notwendigen Öffnungen feuerbeständig geschützt sind.

Soweit im Einzelfall feuerbeständig abgetrennte Räume technisch oder wirtschaftlich nicht realisiert werden können, sind andere geeignete Brandschutzmaßnahmen erforderlich, z.B. eine automatische Feuerlöschanlage als Objektschutzanlage.

(Neu aufgenommen am 6.7.2000)

(Dr.Wang)

Feuerbeständiges Glas

Siehe Brandschutzverglasung.

Feuerhemmend

Bauaufsichtliche Benennung für Bauteile, die mindestens der →Feuerwiderstandsklasse F 30 B entsprechen (DIN 4102).

(Prof. Beilicke)

Feuerhemmendes Glas

Siehe Brandschutzverglasung.

Feuerhemmende Tür

Siehe Feuerschutzabschluss.

Feuerleiter

An der Außenwand eines Gebäudes angebrachte Steigleiter (im Allgemeinen mit Rückenschutz), die der Feuerwehr im Falle eines Brandes den Zugang zu bestimmten Bereichen (Dach, Obergeschosse, Notausstiege usw.) ermöglicht. Feuerleitern sind nur im Ausnahmefall als Flucht- bzw. →Rettungsweg geeignet.

(Prof. Beilicke)

Feuermelder

Siehe Nichtautomatischer Brandmelder

Feuerschutzabschluss

Siehe auch Brandschutztür, Dichtschließende Tür, feuerbeständig, feuerhemmend, Feuerwiderstandsklasse, Rauchschutztür, Schließmittel, Tür, Übereinstimmungszeichen-Verordnung.

„Feuerschutzabschlüsse sind selbstschließende Türen und selbstschließende andere Abschlüsse (z.B. Klappen, Rollladen, Tore) die dazu bestimmt sind, im eingebauten Zustand den Durchtritt eines Feuers durch Öffnungen in Wänden und Decken zu verhindern.“ (Definition nach DIN 4102 Teil 5).

Der Oberbegriff „Feuerschutzabschlüsse“ (landschaftlich auch als „Brandschutzabschlüsse“ bezeichnet) ist in den „Richtlinien für die Zulassung von Feuerschutzabschlüssen“ des Deutschen Instituts für Bautechnik (→DIBt) in Berlin wie folgt definiert und erläutert: „Feuerschutzabschlüsse sind bewegliche Raumabschlüsse, die bestimmte, in DIN 4102 Teil 5 festgelegte Anforderungen erfüllen; sie dienen zum Abschluss von Öffnungen in Wänden und Decken, an die aus brandschutztechnischen Gründen Anforderungen gestellt werden. Allgemein gebräuchliche Bauarten sind:

- Feuerschutz-Wandklappen
- Feuerschutz-Deckenklappen
- Feuerschutz-Drehflügeltüren
- Feuerschutz-Schiebetüren und -tore
- Feuerschutz-Hubtüren und -tore
- Feuerschutz-Rolltore
- Feuerschutzabschlüsse im Zuge bahngebundener Förderanlagen.

Feuerschutzabschlüsse bestehen aus mit dem Bauwerk fest verbundenen Teilen (z.B. je nach Bauart Zargen, Rahmen, Führungs- oder Laufschienen), einem oder mehreren beweglichen Teilen (z.B. je nach Bauart Drehflügel, Blatt oder Rollladen) sowie den zum Befestigen, Führen, Handhaben oder Verschließen notwendigen Beschlägen, Schlössern und anderen Bauteilen."

Zu den Feuerschutzabschlüssen zählen auch Abschlüsse in Fahrschachtwänden der →Feuerwiderstandsklasse F 90 (= Fahrschachttüren); →Rauchschutztüren zählen jedoch nicht zu den Feuerschutzabschlüssen, da sie nicht dazu bestimmt sind, den Durchtritt von Feuer zu verhindern und nicht die in DIN 4102 Teil 5 gestellten Anforderungen erfüllen.

Die verschiedenen Bauarten von Feuerschutzabschlüssen sind in DIN 4102 Teil 18 definiert. Die Begriffe Türen, Tore, Klappen sind hier wie folgt unterschieden: „Türen im Sinne dieser Norm gelten im Allgemeinen als häufig betätigt, Tore als wenig betätigt. Kleinformatige Türen werden auch als Klappen bezeichnet; sie gelten im Regelfall als selten betätigt."

Einflügelige Abschlüsse, deren lichte Breite und/oder Höhe 2,5 m überschreitet, gelten als Tore.

Feuerschutzabschlüsse müssen selbstschließend sein (→Schließmittel). Sofern sie zeitweilig offengehalten werden, ist hierzu eine allgemein bauaufsichtlich zugelassene →Feststellanlage zu verwenden.

Nach ihrem Verhalten während der Brandprüfung werden Feuerschutzabschlüsse in →Feuerwiderstandsklassen T 30 bis T 180 eingestuft; in deutschen bauaufsichtlichen Regelwerken werden je nach vorliegender Risikosituation

- feuerhemmende Feuerschutzabschlüsse = Abschlüsse T 30 oder
- feuerbeständige Feuerschutzabschlüsse = Abschlüsse T 90

gefordert. Es sind auch bauaufsichtlich zugelassene Bauarten T 60 und T 120 auf dem Markt.

Für Fahrschachttüren gilt diese Klassifizierung nicht, da sie nicht allein, sondern nur im Verein mit dem Fahrschacht F 90 brandschutztechnisch wirksam sind. Die Schutzwirkung dieser Türen ist nur gewährleistet, wenn der Fahrschacht am oberen Ende ausreichend entlüftet ist, und wenn der Fahrkorb überwiegend aus nichtbrennbaren Stoffen besteht. Fahrschachttüren dürfen nicht an anderen Stellen eines Gebäudes als Feuerschutztüren eingesetzt werden.

Im Zuständigkeitsbereich der obersten Baubehörden der Bundesrepublik Deutschland dürfen Feuerschutzabschlüsse nur verwendet werden, wenn nachgewiesen ist, dass sie den bauaufsichtlichen Anforderungen entsprechen. Dieser Nachweis kann erbracht werden

a) durch Verwendung einer genormten Bauart (=geregeltes Bauprodukt; zur Zeit nicht möglich, da die bisherigen Normen für Feuerschutztüren Ende 2003 zurückgezogen wurden) oder

b) durch eine allgemeine bauaufsichtliche →Zulassung für die vorgesehene Bauart (= neue Bauart/nicht geregeltes Bauprodukt im Sinne der §§ 17 (3) und 18 MBO 2002). Dies gilt auch für im Ausland hergestellte Türen. Die Brauchbarkeit kann nicht allein durch Prüfzeugnisse nachgewiesen werden.

Grundlage einer Zulassung sind Eignungsprüfungen, die bei einer dafür benannten Stelle durchgeführt worden sind. Im Zulassungsverfahren für Feuerschutzabschlüsse wird ihr Brandverhalten (Prüfung nach DIN 4102 Teil 5) beurteilt und untersucht, ob sie (mit allen Bau- und Zubehörteilen) dauerhaft funktionstüchtig sind (Dauerfunktionsprüfung nach DIN 4102 Teil 18).

Die vom Deutschen Institut für Bautechnik (→DIBt) in Berlin ausgestellten Zulassungsbescheide enthalten nicht nur Angaben über die →Feuerwiderstandsklasse und den Aufbau der jeweiligen Abschlusskonstruktion, sondern auch Forderungen hinsichtlich folgender Einzelheiten:

- Bauart und Dicke der angrenzenden Gebäudeteile, an denen der Feuerschutzabschluss befestigt wird
- kleinste und größte zulässige Größe (lichter Durchgang)
- Details der Verankerung
- Bauart und Größe einer Verglasung des Türflügels
- Bauart und Größe zulässiger lichtdurchlässiger oder geschlossener Seiten- und / oder Oberteile
- Überwachung der Herstellung im Herstellerwerk und Kennzeichnung (→Übereinstimmungszeichen-Verordnung).

Die Angaben des Zulassungsbescheides oder einer Norm für Feuerschutzabschlüsse sind genau einzuhalten; der Zulassungsbescheid ist in Abschrift oder Fotokopie auf der Baustelle bereitzuhalten und der Bauaufsichtsbehörde auf

Verlangen vorzulegen. Es empfiehlt sich, ihn schon bei der Ausschreibung anzufordern. Abweichungen bedürfen gem. § 20 (1) MBO 2002 einer Zustimmung der obersten Baubehörde des Landes. Zulässige Änderungen, die keiner Zustimmung der obersten Baubehörde bedürfen, sind in der Fassung Juni 1995 in den Mitteilungen des Deutschen Instituts für Bautechnik (→DIBt) Nr. 1/1996 veröffentlicht.
Zustimmungspflichtige Abweichungen sind z.B. jede Überschreitung der zulässigen Größen-Grenzwerte, Änderungen der Blechdicken und auch die Kopfmontage eines Obentürschließers, wenn diese Einbauart nicht im Zulassungsbescheid angeführt ist.
Um einen unberechtigten Nachbau zu erschweren, sind die Angaben des Zulassungsbescheides zur Konstruktion des Feuerschutzabschlusses so abgemagert, dass sie zur Herstellung eines der Zulassung entsprechenden Abschlusses nicht ausreichen. Dazu und zum Übereinstimmungsnachweis werden weitere zeichnerische Unterlagen („Überwachungszeichnungen") benötigt, die nicht veröffentlicht werden. Sie werden in besonderen Überwachungsunterlagen dokumentiert, die vom →DIBt abgestempelt und nur beim →DIBt, beim Antragsteller und bei der zertifizierenden Stelle hinterlegt sind. Vom Verwender benötigte Angaben zum Auf- und Einbau des Feuerschutzabschlusses gehen aus der seit 1995 geforderten „Einbauanleitung des Herstellers" hervor.
Die Verwendung von Feuerschutzabschlüssen der verschiedenen Feuerwiderstandsklassen ist in den Bauordnungen der Bundesländer und in ergänzenden Verordnungen bauaufsichtlich geregelt. In bestimmten Fällen sind auch weitergehende Forderungen von Prämienrichtlinien der Feuerversicherer zu beachten.
Als Besonderheit ist zu beachten, dass in F-Verglasungen (→Brandschutzverglasungen) nur solche Feuerschutzabschlüsse eingebaut werden dürfen, die ausdrücklich dafür zugelassen sind und dass F-Verglasungen in die gleiche Feuerwiderstandsklasse eingestuft sein müssen, wie die Feuerschutzabschlüsse. In G-Verglasungen dürfen überhaupt keine Feuerschutzabschlüsse eingebaut werden.
Es sind zugelassene Feuerschutztüren auf dem Markt, die dreiseitig umlaufende Dichtungen besitzen und daher auch die an →"dichtschließende Türen" gestellten, bauaufsichtlichen Anforderungen erfüllen. Als →Rauchschutztüren dürfen nur solche Feuerschutztüren bezeichnet werden, die zusätzlich nach DIN 18095 geprüft sind und die dort gestellten Anforderungen erfüllen.
Feuerschutzabschlüsse sind an einem geprägten Kennzeichnungsschild aus Stahlblech zu erkennen, das vom Hersteller dauerhaft am Tür- bzw. Torflügel angebracht werden muss (→Übereinstimmungszeichen-Verordnung).
Dies gilt nicht nur für Abschlüsse einer genormten oder allgemein bauaufsichtlich zugelassenen Bauart, sondern auch für Feuerschutzabschlüsse, deren Verwendung durch eine Zustimmung einer obersten Baubehörde für den Einzelfall genehmigt wurde. Abschlüsse ohne das bauaufsichtlich geforderte Kennzeichnungsschild sind keine Feuerschutzabschlüsse, auch wenn sie vom Hersteller als „in Anlehnung an" eine zugelassene oder genormte Bauart geliefert wurden.
Bei der Harmonisierung der technischen Vorschriften im EG-Raum zur Beseitigung von Handelshemmnissen sind auch die Prüfvorschriften für Feuerschutzabschlüsse vereinheitlicht worden. Die harmonisierte europäische Prüfvorschrift EN 1634-1 Fassung Januar 2000 ist in Deutschland als Norm DIN EN 1634-1 im März 2000 veröffentlicht worden. Da diese Norm in der derzeit geltenden →Bauregelliste nicht angeführt ist, gilt sie jedoch noch nicht als „bauaufsichtlich eingeführte Norm". In Deutschland werden in der Praxis des bauaufsichtlichen Zulassungswesens – um den Übergang von der bisherigen deutschen Prüfnorm zur harmonisierten europäischen Prüfnorm zu erleichtern – Ergebnisse von Prüfungen nach DIN EN 1634-1 als Eignungsnachweise im Zulassungsverfahren anerkannt. Die Forderung nach einem (in der Norm DIN EN 1634-1 nicht beschriebenen) Nachweis der Dauerfunktionstüchtigkeit wird davon nicht berührt.
Das →"Grundlagendokument Brandschutz" enthält in Ziff. 4.3.1.3.5.5 Anforderungen und Klassifizierungsangaben für Feuerschutzabschlüsse unter dem Titel „Feuerschutzabschlüsse und ihre Schließmittel (einschließlich solcher mit Verglasungen)". Europäische normative Festlegungen auf diesem Gebiet sind in DIN EN 13501-2: „Brandschutztechnische Klassifizierung von Bauprodukten und Bautei-

len; Teil 2: Klassifizierung anhand von Daten von Brandprüfungen“ veröffentlicht worden.

Vorschriften und Zusammenstellungen:

DIN 4102: Brandverhalten von Baustoffen und Bauteilen

- Teil 4: Zusammenstellung und Anwendung klassifizierter Baustoffe, Bauteile und Sonderbauteile (Ausgabe 3.1994)
- Teil 5: Feuerschutzabschlüsse, Abschlüsse in Fahrschachtwänden und gegen Feuer widerstandsfähige Verglasungen; Begriffe, Anforderungen und Prüfungen (Ausgabe 9.1977)
- Teil 18: Feuerschutzabschlüsse; Nachweis der Eigenschaft „selbstschließend“ (Dauerfunktionsprüfung) (Ausgabe 3.1991)

DIN 18082: Feuerschutzabschlüsse; Stahltüren T 30-1

- Teil 1: Bauart A (Ausgabe 12.1991) (BR = 625 mm x 1250 mm bis max. 1000 mm x 2000 mm)
- Teil 3: Bauart B (Ausgabe 1.1984) (bis max. BR = 1250 mm x 2250 mm)

Beide Teile der Norm DIN 18082 sind im Dezember 2003 ersatzlos zurückgezogen worden.

DIN 18090: Aufzüge; Flügel- und Falttüren für Fahrschächte mit feuerbeständigen Wänden

DIN 18091: Aufzüge; Horizontal- und Vertikal-Schiebetüren für Fahrschächte mit feuerbeständigen Wänden

DIN 18092: Kleinlastenaufzüge; Vertikal-Schiebetüren für Fahrschächte mit feuerbeständigen Wänden

Schriften des Deutschen Instituts für Bautechnik (→DIBt):

- „Änderungen bei Feuerschutzabschlüssen“ Fassung Juni 1995, Mitteilungen DIBt, Nr. 1 / 1996, Seiten 5 und 6
- „Richtlinien für die Zulassung von Feuerschutzabschlüssen“ Fassung 2.1983, Mitteilungen IfBt, 14. Jahrg. Nr. 3 vom 1.6.1983
- „Verzeichnis allgemeiner bauaufsichtlicher →Zulassungen und Prüfzeugnisse Baulicher Brandschutz“ des →DIBt (enthält auch Listen von Feuerschutzabschlüssen, Feuerschutzabschlüssen im Zuge von bahngebundenen Förderanlagen, Abschlüssen in Fahrschachtwänden der Feuerwiderstandsklasse F 90, Feststellanlagen für Feuerschutzabschlüsse), wird bei Bedarf aktualisiert

VdS-2097-4, Produkte und Anlagen des baulichen Brandschutzes, Teil 4: Feuerschutzabschlüsse, sonstige Brandschutztüren und ergänzende Sonderbauteile mit Listen der Anschriften von Zulassungsinhabern und der kennzeichnenden Daten (Bauart, Feuerwiderstandsklasse, Größenbereich, Zulassungs-Nr.) zugelassener Feuerschutzabschlüsse. Auch Zusammenstellung „Feuerschutzabschlüsse mit Mehrfachfunktionen“ mit zugelassenen Bauarten von Feuerschutztüren, die eine weitere Schutzfunktion besitzen (Beschusshemmung, Einbruchhemmung, Rauchschutz, Schalldämmung).

DIN EN 1634-1 : 2000-03 Feuerwiderstandsprüfungen für Tür- und Abschlußeinrichtungen – Teil 1: Feuerschutzabschlüsse

DIN EN 13501-2: 2003-12 Brandschutztechnische Klassifizierung von Bauprodukten und Bauteilen; Teil 2: Klassifizierung anhand von Daten von Brandprüfungen“).

(Letzte Änderung: 15.3.2006)

(Prof. Westhoff)

Feuerschutztor/-tür

Siehe Feuerschutzabschluss.

Feuerschutzvorhang

Feuerschutzvorhänge – nicht zu verwechseln mit transportablen Schutzabgrenzungen für Schweiß-Arbeitsplätze oder mit Schutzvorhängen für Bühnen – bestehen im Wesentlichen aus einem Spezialgewebe, das über den zu schützenden Öffnungen aufgerollt in einem Gehäuse angeordnet ist und bei Bedarf mit Hilfe von Führungsschienen und Metallröllchen an den beiden Vorhangsäumen abgesenkt werden kann. Das speziell verstärkte und beschichtete Spezialgewebe kann einer Temperatur von mehr als 1000°C über Stunden widerstehen.

Feuerschutzvorhänge sind grundsätzlich nicht als Abschluss von Öffnungen in brandabschnittsbildenden Wänden (→Brandabschnitt) verwendbar, weil sie im Brandfall zwar den Raumabschluss (Leistungskriterium „**E**“) bewahren können, aber – wie Verglasungen der Feuerwiderstandsklasse G – durchlässig für Wärmestrahlung sind, die brennbare Stoffe hinter dem Vorhang entzünden kann. Auf Grund dessen ist für die Verwendung der Feu-

3

erschutzvorhänge stets eine Zustimmung der Obersten Bauaufsichtsbehörden im Einzelfall erforderlich.
(Letzte Änderung: 29.7.2004)

(Dr.Wang)

Feuerwehrklassen

System und Instrument der Versicherer zur Beurteilung der Leistungsfähigkeit von öffentlicher Feuerwehr, Brände bei Industrie- und Gewerbebetrieben wirksam zu bekämpfen und dadurch Brandschäden zu begrenzen. Dabei werden insbesondere

- die Personalstärke und der Ausbildungsstand der Einsatzkräfte
- die Ausstattungen der Feuerwehr einschließlich Fahrzeuge sowie Feuerwachen (Anzahl und Standort)
- örtliche Löschwasserversorgung
- externe und interne Alarmierungswege und
- sonstige örtliche Gegebenheiten

berücksichtigt. Die Einstufung in die Feuerwehrklasse, die bei der ganzheitlichen Risikobewertung der Versicherer herangezogen werden kann, erfolgt auf freiwilliger Basis und auf Antrag der betreffenden Gemeinde als Träger der freiwilligen Feuerwehr oder Berufsfeuerwehr.
(Neu eingefügt: 7.7.2006)

(Dr.Wang)

Feuerwehrschlüsselkasten

Siehe Schlüsseldepot.

Feuerwehrzufahrt

Nach bestehenden Richtlinien und Verordnungen sowie in Abhängigkeit von der Gebäudeart anzuordnende und nach Lage, Geometrie und Belastbarkeit vorgeschriebene Wege und Flächen (einschließlich Sicherheitsbereiche), um Löscharbeiten und Rettungsmaßnahmen an und im Gebäude durchführen zu können (geregelt z.B. nach DIN 14 090 und Bauordnung). Bei notwendigen Durchfahrten durch Gebäude werden zusätzliche Anforderungen an Querschnitt, Geradlinigkeit und Baustoffeinsatz für die Durchfahrt gestellt. Im Allgemeinen muss die Feuerwehr das Gelände/Objekt vorwärtsfahrend wieder verlassen können, so dass die Zufahrt als Umfahrung bzw. mit ausreichender Wendemöglichkeit auszubilden ist.
(Letzte Änderung: 21.6.98)

(Prof. Beilicke)

Feuerwiderstand

Siehe auch Feuerwiderstandsdauer, Feuerwiderstandsklasse.

Maß für das Verhalten eines Bauteiles oder Bauelementes unter genormter Brandeinwirkung. Das Ergebnis wird durch Brandprüfung ermittelt. Die Kriterien für die Brandprüfung, deren Auswertung sowie die Versuchsbedingungen sind in DIN 4102 genormt.
(Letzte Änderung: 21.6.98)

(Prof. Beilicke)

Feuerwiderstandsdauer

Siehe auch Feuerwiderstandsklasse.

Die Feuerwiderstandsdauer ist die Mindestdauer in Minuten, während der ein Bauteil bei der Prüfung nach genormten Prüfverfahren unter praxisgerechten Randbedingungen und unter einer bestimmten Temperaturbeanspruchung bestimmte festgelegte Anforderungen erfüllt.
(Definition in Anlehnung an DIN 4102 Teil 2).

Feuerwiderstandsklasse

Bauteile werden brandschutztechnisch entsprechend ihrer →Feuerwiderstandsdauer in Feuerwiderstandsklassen eingestuft. Die Feuerwiderstandsklasse von Bauteilen muss durch Prüfzeugnis auf der Grundlage von Prüfungen nach DIN 4102 nachgewiesen werden. (Definition in Anlehnung an DIN 4102 Teil 2/09.77). Die Klassenbezeichnung enthält den Kennbuchstaben „F“ (für Feuerwiderstandsklasse) und eine Zahl, die die bei den Prüfungen ermittelte Mindest-Feuerwiderstandsdauer in Minuten (abgerundet auf den nächsten durch 30 teilbaren Wert) angibt, – beispielsweise „F 30“, „F 60“, „F 90“.
Um zum Ausdruck zu bringen, dass bei der Prüfung der Bauteile – ihrem Verwendungszweck entsprechende – unterschiedliche Randbedingungen und Beurteilungskriterien angewendet wurden, werden für bestimmte Bauteile spezielle Kennbuchstaben verwendet, wie z.B. I für Installationskanäle, K für Klappen als Absperrvorrichtung in Lüftungsleitungen, L

für Lüftungsleitungen, T für Feuerschutzabschlüsse (Türen, Tore, Klappen), W für nichttragende Außenwände. Eine Feuerschutztür „T 90“ ist also ein Feuerschutzabschluss mit einer →Feuerwiderstandsdauer nach DIN 4102 von mindestens 90 Minuten.

Bei der vorgesehenen Harmonisierung der Prüfvorschriften für brandschutztechnisch wirksame Bauteile in Europa wird das deutsche Normensystem DIN 4102 abgelöst durch Europäische Normen, die in Deutschland als „DIN EN“- Normen eingeführt werden. Diese Normen verwenden andere Ausdrücke für die durch Prüfungen nachgewiesene brandschutztechnische Leistungsfähigkeit der geprüften Bauteile.

Nach dem →Grundlagendokument Nr. 2 Brandschutz sind die Kriterien für die Beschreibung des Feuerwiderstands eines Produkts, unabhängig von seiner speziellen Funktion im Bauwerk:

- Tragfähigkeit (Symbol R)
- Raumabschluss (Symbol E)
- Wärmedämmung (Symbol I)

jeweils ausgedruckt durch die erfasste Leistungszeit in Minuten.

Die Leistungszeit wird für jedes Kriterium mit einer der folgenden Zahlen (= Zeit in Minuten) angegeben: 15, 20, 30, 45, 60, 90, 120, 180, 240, 360.

Danach wäre es möglich, tragende Bauteile einzustufen in die Klassen REI 15 bis REI 360, RE 15 bis RE 360 und R 15 bis R 360 und nichttragende Bauteile in die Klassen EI 15 bis EI 360 und E 15 bis E 360.

Beispiele:

- Ein Bauteil mit einer Tragfähigkeit (unter Prüfbedingungen) von 155 Minuten, einer raumabschließenden Funktion von 80 Minuten und einer (bei Brandbeanspruchung ausreichenden) Wärmedämmung von 42 Minuten wird klassifiziert als R 120 / RE 60 / REI 30.
- Ein Bauteil ohne Wärmedämmung mit einer Tragfähigkeit von 70 Minuten und einer raumabschließenden Funktion von 35 Minuten wird klassifiziert als R 60 / RE 30,

Diese Klassifizierung kann erforderlichenfalls wie folgt erweitert werden:

- W wenn die Wärmedämmung auf der Grundlage der durchgehenden Strahlung geregelt wird
- M wenn besondere mechanische Einwirkungen berücksichtigt werden
- C für Türen, die selbstschließend ausgerüstet sind
- S für Bauteile mit besonderer Begrenzung der Rauchdurchlässigkeit.

Die Mitgliedsstaaten können zusätzlich zur Feuerwiderstandsfähigkeit Anforderungen hinsichtlich des Brandverhaltens der Baustoffe (ausgedrückt in harmonisierten Spezifikationen) stellen.

(Sämtliche Angaben aus Grundlagendokument Brandschutz, Abschnitt 4.3.1.3.1). Eine „Klassifizierungsnorm“ EN 13501-2 – Klassifizierung von Bauprodukten und Bauarten zu ihrem Brandverhalten; Teil 2: Klassifizierung mit den Ergebnissen aus den Feuerwiderstandsprüfungen – wurde im Dezember 2002 veröffentlicht. Sie befasst sich nicht mit Lüftungsanlagen, für die die Klassifizierungsnorm Entwurf DIN EN 13501-3: 2001 aufgestellt wurde.

In mehreren Tabellen der Anlage 0.1.2 zur →Bauregelliste A Teil 1 sind die Klassenbezeichnungen der verschiedenen Bauteile nach der europäischen Klassifizierungsnorm DIN EN 13501-2 den Benennungen der brandschutztechnischen Forderungen an Bauteile und Baustoffe in deutschen bauaufsichtlichen Regelwerken gegenüber gestellt (Äquivalenztabellen).

(Letzte Änderung: 30.4.2004)

(Prof. Westhoff)

Fingerabdruckvergleich

Siehe auch Biometrie (mit weiteren Verweisen), Personenidentifikation, Zutrittskontrolle.

Zur Prüfung der Identität einer Person kann der Fingerabdruck mit einem Fingerabdruckleser ermittelt und in der dazugehörigen Auswerteeinheit ausgewertet werden. Während der Aufnahmeprozedur, die weniger als zwei Minuten dauert, wird der Fingerabdruck des Benutzers gelesen, bewertet und als mathematisches Abbild gespeichert. Nachfolgende Identifikationen werden innerhalb von ca. 3 Sekunden durchgeführt. Dabei wird der Abdruck des entsprechenden Fingers nach Auflegen auf den Fingerabdruckleser mit den gespeicherten Abdruck verglichen.

Bei der Auswertung des Fingerabdrucks stehen zwei Varianten zur Verfügung:

- Bei einem System ist in dem Leser neben dem Fingerabdruckleser eine numerische Tastatur integriert. Bei der Eintragungsprozedur (Enrolment) wird die →PIN zusammen mit dem Fingerabdruck gespeichert und später zum Zeitpunkt der Verifikation mit der eingetippten PIN und dem Fingerabdruck verglichen. Zur Verifikation tippt der Benutzer die PIN ein und legt den entsprechenden Finger auf den Fingerabdruckleser. Die PIN dient als Datensatznummer, um bei der Verifikation den dazugehörigen Datensatz direkt zu laden, ohne die anderen Fingerabdruckmuster zu berücksichtigen.
- Beim zweiten System wird jedem Benutzer eine →Chipkarte und optional eine PIN zugeteilt. Die Lesestation enthält zusätzlich einen Chipkartenleser. Während der Aufnahmeprozedur wird das Abbild des Benutzerfingers gelesen und als mathematisches Abbild in der Chipkarte gespeichert. Zum Zwecke der Identifikation steckt der Benutzer die Chipkarte in die Lesestation, tippt die zugehörige PIN ein, wenn dies gefordert wird, und legt den richtigen Finger auf den Fingerabdruckleser. Daraufhin wird das erfasste Abbild mit dem in der Chipkarte gespeicherten verglichen. Auch hier dauert dieser Vorgang nur ca. 3 Sekunden. Das System kann im Standalone-Betrieb oder verbunden mit einer Zentrale betrieben werden.

Bei besonders hohen Sicherheitsanforderungen können für die Verifikation auch die Abdrücke mehrerer Finger gelesen und gespeichert werden.

Neben der Anwendung im Bereich der Zutrittskontrolle existieren weitere Applikationen für die Berechtigungsabfrage beim Zugang zu Rechnern bzw. Rechnersystemen.

(Letzte Änderung: 8.7.2002)

(Munde)

FinTS / HBCI

Siehe auch Chipkarte, E-Banking, Onlinebanking, PIN, TAN, Verschlüsselung

FinTS steht für Financial Transaction Services und ist die Weiterentwicklung des 1995 erstmals vom ZKA (Zentraler Kreditausschuss) veröffentlichten Standards „Homebanking Computer Interface (HBCI)". Nach der Verabschiedung der Startversion 1.0 Ende 1996 folgten bis zum Jahr 2002 die Versionen 2.0 (1997), 2.0.1 (1998), 2.1 (1999), 2.2 (2000). FinTS 3.0 wurde 2002 veröffentlicht, aktuell (4.2004) liegt FinTS 4.0 als final draft 02 vor. [http://www.fints.org; http://www.hbci.de]

HBCI wurde nach seiner Verabschiedung als Standard zur Kommunikation zwischen Kunden- und Bankenrechnern zur Durchführung von Homebanking-Transaktionen in Deutschland eingeführt. Etwa zur gleichen Zeit wurden vergleichbare Standardisierungen im Ausland begonnen. Von besonderer Bedeutung sind hierbei OFX und IFX.

OFX (Open Financial Exchange) [http://www.ofx.net] wurde von Microsoft, Intuit und Checkfree geschaffen und ist auf das Internet als Transportmedium zugeschnitten. Die Geschäftsvorfälle wurden für den amerikanischen Markt spezifiziert und sind daher für den deutschen Markt nicht ohne Anpassung nutzbar.

IBM etablierte kurz nach dem Erscheinen von OFX mit GOLD eine konkurrierende Spezifikation. Dies führte auf Initiative amerikanischer Banken zur Gründung eines Konsortiums aus Herstellern und amerikanischen und kanadischen Banken, um Einheitlichkeit auf der Ebene von Geschäftsvorfällen zu erzielen. Diese können dann mit unterschiedlichen Verfahren und Protokollen ausgeführt werden. Der vom Konsortium erarbeitete Standard IFX (Interactive Financial Exchange) liegt in der Version 1.4. vor [http://www.ifxforum.org].

Weitere relevante Standards wurden vom SWIFT-Konsortium [http://www.swift.com; http://fixprotocol.org] und der EDIFACT Community vorgelegt [http://www.ebxml.org].

Die Inhalte der oben aufgeführten Standards werden sowohl von Hersteller- und Bankeninteressen als auch von Marktentwicklungen und technologischen Neuerungen geprägt. Ob ein Standard ein Erfolg wird, ist nicht nur von der Güte der Spezifikation, sondern auch von der Güte ihrer Umsetzung in Produkte abhängig.

Standards sollten immer auf der Basis eines klar definierten und zwischen den Parteien (Banken, Hersteller, Kunden) abgestimmten Anforderungskatalogs definiert werden. Da die Umsetzung und Verbreitung eines Standards in der Regel einen längeren Zeitraum erfordert, ist es wichtig, auch zukünftige Entwicklungen zu berücksichtigen. Nachfolgend werden die relevanten Anforderungen an einen

Anforderungen	Umsetzung im FinTS Standard
Multibankfähigkeit: Kunden sollen mittels eines standardkonformen Produktes mit jeder Bank Homebanking Transaktionen ausführen können, d.h. Kunden von mehreren Banken sollten mit nur einem Produkt alle Kontoverbindungen verwalten können.	Um die Multibankfähigkeit in Deutschland zu realisieren, haben sich alle Banken und Sparkassen über ihre Dachverbände auf den HBCI Standard geeinigt und 1997 die verbindliche Umsetzung beschlossen. Zur Implementierung wurde eine Übergangsfrist von einem Jahr vereinbart. Obwohl mittlerweile von einem hohen Abdeckungsgrad gesprochen werden kann, blieb die Umsetzung lückenhaft. Als Gründe werden von Herstellern und Banken die Komplexität und der unterschätzte Zeitbedarf für die Implementierung genannt. Obwohl sich das PIN/TAN-Verfahren (→PIN, →TAN) im BTX-Homebanking trotz der bekannten Sicherheitsprobleme hoher Akzeptanz erfreute, wurde versäumt, dieses Verfahren von Beginn an in den Standard zu übernehmen. Durch proprietäre Implementationen des SSL-Protokolls mit 128 Bit Schlüsselstärke durch deutsche Firmen (z.B. Brokat, MeTechnology, Netlife) wurde das PIN/TAN-Verfahren zum konkurrierenden Marktstandard im Internetbanking. Mittlerweile werden die Hersteller-Implementationen des SSL-Protokolls (heute ebenfalls mit 128 Bit Schlüsselstärke) als ausreichend sicher angesehen und das PIN/TAN-Verfahren im Rahmen browserbasierter HTML-Anwendungen von fast allen Banken angeboten. Erst in der Version FinTS 3.0. wurde PIN/TAN als zusätzliches Sicherheitsverfahren integriert. Insbesondere die Unterstützung der ZKA Banken-Signaturkarte soll sicherstellen, dass sich FinTS als Industriestandard durchsetzt. Die Bereitstellung von rechtsgültigen Signaturen (→Digitale Signatur) für das E-Business wird ebenfalls als bedeutsam angesehen. Welche Rolle FinTS im europäischen und internationalen Raum zukünftig spielen wird, ist wegen der konkurrierenden Standards ungewiss. Als richtiger Schritt zur Steigerung der Attraktivität des Standards ist die Verwendung von XML in FinTS 4.0 zu werten.
Unabhängigkeit von einem bestimmten Übertragungsnetz: Insbesondere sollte die Datenschnittstelle unabhängig vom Transportmedium sein, d.h. es sollten nur Nettodaten (ohne eine bestimmte Präsentation) übertragen werden. Damit sinken Datenvolumen und Übertragungskosten.	Der Forderung nach Unabhängigkeit von einem bestimmten Übertragungsnetz wird durch eine logische Schichtenbildung Rechnung getragen. Die Definition von zugelassenen Protokollsäulen schränkt diese Unabhängigkeit jedoch wieder ein, denn im Standard werden restriktiv drei Zugangsvarianten festgelegt: T-Online Classic, TCP/IP (Port 3000) und HTTPS (für PIN/TAN). Entsprechende Festlegungen sind jedoch notwendig, wenn zwei Kommunikationspartner ohne weitere Abstimmungsprozesse sofort austauschfähig sein sollen. Kritischer zu betrachten ist die Festlegung von Port 3000, da dieser typischerweise durch Firewalls gesperrt wird. Die geforderte Nettodatenschnittstelle wurde mit Dialog- und Blockstruktur ohne Einschränkungen realisiert.

3

Anforderungen	Umsetzung im FinTS Standard
Sicherheit: Durch den Einsatz moderner und leistungsstarker Sicherheitsverfahren sollen die relevanten Sicherheitsziele (Integrität, Nichtbestreitbarkeit, Authentizität, Vertraulichkeit, Validität) auch in offenen und unsicheren Netzen mit einem tragbaren Restrisiko (Kunden, Banken) erreicht werden können.	FinTS bietet heute unterschiedliche Sicherheitsverfahren mit verschiedenen Sicherheitsniveaus an, was die Einführung von geschäftsvorfalls-spezifischen Sicherheitsklassen zur Folge hatten. Folgende Verfahren sind möglich: (1) PIN/TAN mit SSL (2) RDH (asymm. RSA-DES-Hybridverfahren) und (3) DDV (symm. DES-DES-Verfahren) (→Verschlüsselung). DDV ist mit dem Nachteil der Nichtbeweisbarkeit der Herkunft versehen und daher kann auch keine rechtsgültige Signatur gebildet werden. Zur sicheren Speicherung der Schlüssel und zur Ausführung sensitiver kryptograpischer Prozesse ist zudem ein Sicherheitsmedium erfordert (ZKA-Chipkarte, eC-Chipkarte (Geldkarte) (→Chipkarte)). Beim RDH-Verfahren können die gesamten kryptografischen Funktionen im Endgerät durchgeführt werden. Die Diskussionen über die Internetsicherheit haben jedoch auch für RDH zur Forderung nach Einsatz eines Sicherheitsmediums geführt. Mit FinTS 3.0 wurde die ZKA Banken-Signaturkarte zur Verfügung gestellt, mit der neben den erforderlichen Signaturen von Nachrichten auch rechtsgültige elektronische Unterschriften erzeugt werden können. FinTS stellt damit ein System moderner und leistungsstarker Sicherheitsverfahren mit Ende-zu-Ende-Sicherheitsmechanismen dar, mit dem alle Sicherheitsziele erreicht werden können.
Unabhängigkeit von bestimmten Endgeräten: Homebanking sollte mit PCs und möglichst auch mit Mobiltelefonen und PDAs möglich sein. Aus Banksicht sollte der Standard auch für sonstige Kundensysteme (z.B. SB-Geräte) nutzbar sein.	Mit FinTS konnte eine gewisse Unabhängigkeit von Endgeräten erreicht werden. Hierbei müssen zwei Anwendungsfälle unterschieden werden: (1) Der Einsatz von komplexeren Finanz-Management-Programmen zur zentralen Verwaltung der Bankgeschäfte und (2) die komfortable Abwicklung von Einzeltransaktionen. Für den ersten Anwendungsfall sind folgenden Eigenschaften von FinTS von Vorteil: Multibankfähigkeit, Nettodatenübertragung, Flexibilität hinsichtlich Transportdienst und Sicherheitsverfahren. Es sind auch mittlerweile Produkte mit spezifischem Funktionsumfang und eigener Darstellung von Banken auf den Markt gebracht worden. Durch den Einsatz dieser eigenen Kundenprodukte kann erreicht werden, dass die einheitliche Schnittstelle nach FinTS als primärer Zugang dient. Es stehen auch bereits browsergestützte HBCI-Clients zur Verfügung. Dabei sind grundsätzlich zwei Ansätze zu unterscheiden: (1) Einsatz einer vollständigen HBCI-Implementation, z.B. aus einem Java-Banking-Kernel und lokaler Speicherung der Programme auf Basis der Java Signed Applet Technologie oder (2) Einsatz von Kryptoklassen als Java-Applets/ActiveX-Controls und Verwenden eines Web-Servers für Business Logik und Präsentation. Im ersten Fall wird die Finanzsoftware durch die Java-Applikation realisiert, im zweiten Fall steht eine Anwendung mit nur begrenzter Funktionalität zur Verfügung und die Existenz eines Chipkartenlesers oder eines Diskettenlaufwerkes ist erforderlich.

Anforderungen	Umsetzung im FinTS Standard
	Für Nutzung von Mobiltelefonen gibt es bereits Lösungen am Markt, welche Kontostandsabfragen, Umsatzanzeigen und auch teilweise Überweisungen ermöglichen. Die ersten dafür erstellten WAP-Anwendungen waren zu unkomfortabel, zu langsam und zu teuer. Mit UMTS und WAP 2.0 stehen heute bessere Technologien zur Verfügung. WAP-Anwendungen sind prinzipiell als Browser-Applikationen zu betrachten und im Normalfall wird das PIN/TAN-Verfahren zum Einsatz kommen. Gegen die Verwendung von SMS spricht die fehlende Transportsicherheit. PDA-Anwendungen gleichen vom Datenfluss her den WAP-Lösungen. Da PDAs die Möglichkeit des Abspeicherns von Schlüsseln bieten, sind bereits Produkte am Markt, die eine vollständige HBCI-Abwicklung ermöglichen. Da FinTS als reine Datenschnittstelle verwendet wird, kann eine Multikanallösung erstellt werden, die als gemeinsame Datenschnittstelle FinTS verwendet und andere Protokolle in dieses Standardformat umsetzt. Somit ist FinTS auch als Basis für Callcenter-Anwendungen, SB-Geräte und Kiosk-Systeme nutzbar.
Flexibilität und bankspezifische Erweiterbarkeit: Das Angebot an verschiedenen Transaktionen sollte einfach und schnell erweiterbar sein. Neben den Standardtransaktionen sollten auch institutsspezifische Geschäftsvorfälle im Sinne eines differenzierten und/oder erweiterten Angebotes von Banken angeboten werden können.	Durch die Definition einer FinTS-Basisfunktionalität und die ständige Weiterarbeit der Verbände an einer Standardisierung neuer Geschäftsarten wird FinTs im Zeitablauf immer attraktiver. Mit FinTS 3.0 kann bereits davon ausgegangen werden, dass alle multibankfähig relevanten Geschäftsvorfälle spezifiziert sind. Es wurden ebenfalls verbandsspezifische Geschäftsvorfälle entwickelt, so dass auch die bankspezifische Erweiterbarkeit gegeben ist. Dies wird unter anderem dadurch erreicht, dass ein Mindestumfang von Datenelementen, der für die reibungslose Abwicklung eines Geschäftsvorfalls nötig ist, als MUSS-Felder definiert ist, wogegen Informationen, die nicht alle Institute verarbeiten können, in optionalen KANN-Feldern abgelegt werden. Dadurch wird zum einen die bankenübergreifende Definition erreicht, zum anderen die Flexibilität nicht eingeschränkt.
Offenheit: Die Verwendung bereits vorhandener und anerkannter Normen, Standards und Verfahren soll die Kompatibilität zu anderen Produkten herstellen, damit eine vorhandene Standardfunktionalität nicht wiederholt definiert, implementiert, gepflegt und als Software vom Kunden beschafft werden muss.	Bei FinTS wird auf eine Reihe anerkannter Normen, Standards und Verfahren zurückgegriffen. Als Beispiel sei nur auf die Verwendung des international anerkannten Zeichensatzes ISO 8859 hingewiesen, womit eine nationale Anpassung möglich wird.

modernen Standard für das Homebanking genannt und den entsprechenden Inhalten des FinTS Standards gegenübergestellt:
Die Gegenüberstellung von Anforderungen an das Homebanking und Inhalten des FinTS Standards zeigt auf, dass bereits heute FinTS nicht nur die Anforderungen eines multibankfähigen Homebanking gut abdeckt, sondern als Protokoll für alle elektronischen Vertriebswege geeignet ist und daher als Integrationsbasis für ein Multikanalbanking dienen kann.
FinTS wurde Mitte 2004 von mehr als 2000 Kreditinstituten unterstützt, die Tendenz ist steigend. Namhafte Hersteller von Online-Banking-Software unterstützen den Standard, so dass der Kunde aus einer Vielzahl von Produkten wählen kann. Für Kunden hat sich allerdings oftmals die Erstinitialisierung des Zuganges und die korrekte Installation eines Chipkartenlesers als Problem herausgestellt. Deshalb sollten die Anforderungen an Chipkartenleser und deren Konfiguration bald festgelegt werden.
Es sei ausdrücklich darauf hingewiesen, dass alle FinTS/HBCI-Spezifikationen im Internet unter http://hbci.de verfügbar sind. Weiterhin steht im Internet ein ausführliches Kompendium für FinTS 3.0 zur Verfügung, welches in knapper und doch vollständiger Form Aufbau und Inhalt der Spezifikation beschreibt (Siehe http://www.hbci-zka.de/dokumente/diverse/fints_kompendium_v3.0.pdf).
(Neu eingefügt am 1.7.2004)

(Prof. Petzel)

FIPS 197

Siehe Rijndal.

Firewall

Siehe auch Authentication Gateway, Internet.
Firewall (Brandmauer) ist die Bezeichnung für ein Sicherheitssystem, das beim Anschluss an ein öffentliches Computernetzwerk wie das Internet wie eine Barriere zwischen privatem Netz und öffentlichem Netz wirkt und dem Schutz von Daten und Kommunikationsverbindungen dient.
In einer Firewall sind die Sicherheitsmechanismen zentralisiert, die sonst in jeden einzelnen Rechner integriert werden müssten. Der Datenverkehr zwischen den beiden Netzen muss die Firewall passieren, die den jeweiligen Benutzer auf seine Zugangsberechtigung und die von ihm verwendeten Kommandos auf ihre Zulässigkeit überprüft. Dadurch wird erreicht, dass die Rechner des zu schützenden Netzes nicht von Rechnern aus dem unsicheren öffentlichen Netz angegriffen werden können. Ein vom Bundesamt für Sicherheit in der Informationstechnik (→BSI) zertifiziertes Firewall-System gewährleistet geprüfte Sicherheit auf höchstem technischem Niveau.

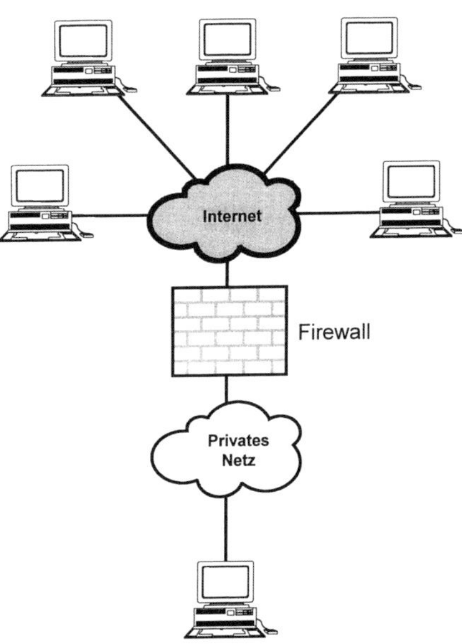

Anordnung eines Firewall-Systems

Sicherheitsdienste einer Firewall:

- Zugangskontrolle auf Netzebene: nur logische Verbindungen, die ausdrücklich erlaubt sind, kommen zustande, so dass keine Fremden von außen auf die zu schützenden Rechnersysteme zugreifen können.
- Zugangskontrolle auf Benutzerebene: Alle Benutzer werden identifiziert und authentisiert.
- Rechteverwaltung: nur über definierte und erlaubte Protokolle und Dienste darf zu festgelegten Zeiten zugegriffen werden.
- Kontrolle auf der Applikationsebene: Für bestimmte Dienste (wie FTP oder HTTP) werden den Benutzern nur die Befehle zur

Verfügung gestellt, die sie für ihre Anwendung benötigen.

- Entkopplung von unsicheren Diensten: Risikobelastete Dienste, zum Beispiel „sendmail", werden dem unsicheren Netz nur über eigene Hilfsprogramme mit eingeschränkter Funktionalität zur Verfügung gestellt.
- Beweissicherung und Protokollauswertung: Sicherheitsrelevante Ereignisse werden von der Firewall protokolliert und können vom Systemadministrator ausgewertet werden.
- Abschottung der internen Netzstruktur: Die Struktur des internen Netzes bleibt gegenüber dem unsicheren Netz verborgen.
- Vertraulichkeit der Nachrichten: Nachrichten können nicht im Klartext gelesen werden.

Firewall-Konzepte:
Es gibt unterschiedliche Lösungsansätze für die Realisierung der Sicherheitsziele einer Firewall, und Firewalls werden in unterschiedlichen Qualitäten angeboten. So wird zum Beispiel in einer High-level Firewall eine Vielzahl von Sicherheitsmechanismen kombiniert, um ein Höchstmaß an Sicherheit zu garantieren.
Eine High-level Firewall besteht aus zwei Packet Filtern, die ein Screened Subnet bilden, einem darin angeordneten Application Gateway („Bastion") sowie einem Security Management. Die Leistungen der einzelnen Komponenten werden kurz zusammengefasst:

<u>Screened Subnet</u>
Das Screened Subnet ist ein entkoppeltes, isoliertes Teilnetzwerk, das zwischen das interne und das unsichere Netz geschaltet wird. In diesem Teilnetzwerk überprüfen zwei Packet Filter die Datenpakete aus dem internen und dem externen Netz, ein oder mehrere Informationsserver stellen dem öffentlichen Netz Informationen zur Verfügung, und in der Bastion werden die Informationen auf der Anwendungsschicht kontrolliert.
Dem unsicheren Netz sind nur die Rechner im Screened Subnet bekannt, die Rechner des zu schützenden Netzes bleiben verborgen.

<u>Packet Filter</u>
Die beiden Packet Filter bilden den Zugang zum Screened Subnet. Der Sicherheitsmechanismus Packet Filter analysiert die ein- und ausgehenden Netzwerk-Frames. Dabei werden die Filterregeln so definiert, dass jede IP-Verbindung von innen (zu schützendes Netz) und außen (unsicheres Netz) über die Bastion geroutet wird. Für nicht auf IP basierende Protokolle, wie z.B. OSI oder DEC, können die Filterregeln der beiden Packet Filter so definiert werden, dass die Pakete direkt zwischen ihnen geroutet werden.

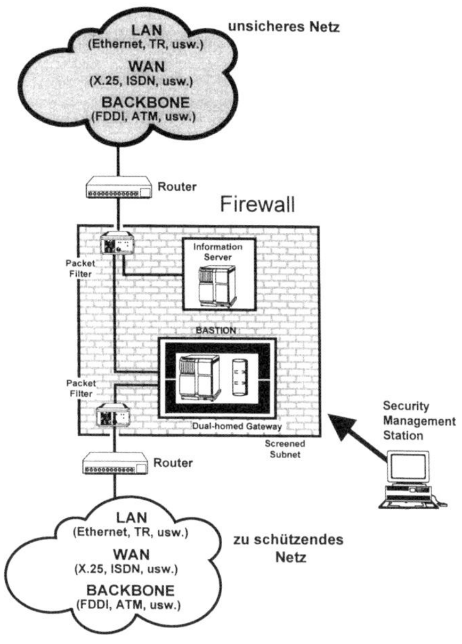

Prinzipieller Aufbau eines Firewall-Systems

- Es wird überprüft, von welcher Seite das Paket empfangen wird und welche Protokolle verwendet werden.
- Im IP-Header werden die Source- und Destination-Adresse kontrolliert.
- Es wird überprüft, ob die Verbindung mit Hilfe von UDP oder TCP durchgeführt wird, und wer die Verbindung aufbaut. Außerdem werden die Dienste/Portnummern (FTP, Telnet, HTTP usw.) kontrolliert.
- Zusätzlich wird überprüft, ob der Zugriff über das Packet Filter in einem definierten Zeitraum durchgeführt wird (zum Beispiel nur Montags bis Freitags zwischen 7 und 19 Uhr und Samstags von 7 - 13 Uhr).

Die Informationen darüber, was zu überprüfen ist, werden einer Rechteliste (Access List) entnommen. Bei Verstoß gegen die Regeln wird dies entsprechend protokolliert und, falls definiert, eine Warnmeldung an das Security Management gesendet.

Bastion (Application Gateway)

Eine Bastion (Application Gateway) ist ein Computer mit einem sicheren Betriebssystem und i.d.R. zwei Netzwerkanschlüssen, der die beiden Netzbereiche logisch und physikalisch entkoppelt. In der Bastion werden die Informationen auf der Anwendungsschicht kontrolliert und eine Benutzerauthentikation durchgeführt. Als einziger vom unsicheren Netz (z.B. Internet) erreichbarer Host muss der Application Gateway besonders geschützt werden. Die Benutzer, die über die Bastion auf Rechnersysteme im zu schützenden Netz zugreifen möchten, müssen zuerst eine Identifikation und Authentikation mit der Bastion durchführen, wozu spezielle Passwortsysteme (Einmalpasswort, Sicherheitstoken) eingesetzt werden.

Auf der Bastion wird für jeden erlaubten Dienst (Telnet, FTP usw.) ein sogenannter Proxy Agent installiert, der spezielle Sicherheitsfunktionen zur Verfügung stellt. Das bedeutet, dass über die Bastion nur Dienste verwendet werden können, für die entsprechende Proxy Agents installiert wurden. Für den FTP-Proxy Agent kann dann z.B. definiert werden, welcher Befehl (CD, PUT, GET, DEL usw.) verwendet werden darf und welcher nicht.

Der Proxy Agent nimmt eine Verbindung vom Quellrechner an, baut nach der Überprüfung der Quell- und Zieladresse eine Verbindung zum Zielrechner auf und transferiert dann Datenpakete zwischen diesen Verbindungen. Außerdem werden die Aktivitäten, die über die Bastion abgewickelt werden, protokolliert,

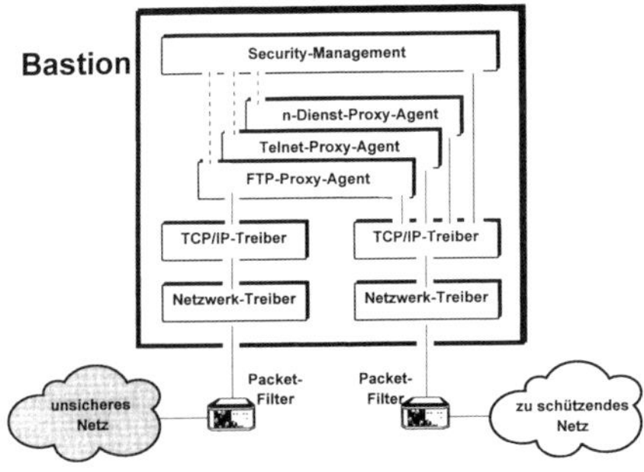

Prinzipieller Aufbau eines Application Gateway (Bastion)

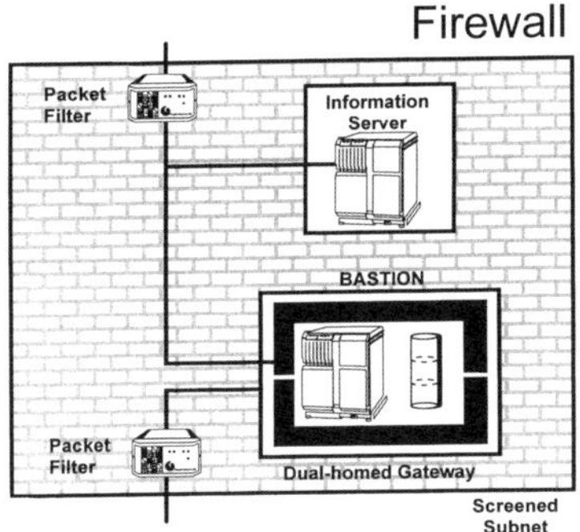

Firewall-System in Verbindung mit einem Information Server

z.B. welche Dateien mit welchen Attributen übertragen werden.

Auf der Bastion selbst dürfen keine unnötigen bzw. nicht unbedingt notwendigen Prozesse im Hintergrund laufen, die häufig die Ursache von Sicherheitslücken sind.

Security Management Station

Mit Hilfe des Security Managements werden die Zugangskontrolltabellen (Connection Control Tables) verwaltet und in die Packet Filter sowie in den Application Gateway geladen. Die Logbücher aus den Packet Filtern und der Bastion können gelesen und ausgewertet werden. Weiterhin versorgt das Security Management die Packet Filter und die Bastion mit den benötigten sicherheitsrelevanten Informationen, zum Beispiel mit Schlüsseln. Dabei ist die Kommunikation zwischen den Packet Filtern sowie mit der Bastion und dem Security Management kryptographisch gesichert. Die Logbücher können bei Bedarf (z.B. bei einem Angriffsversuch) zur Beweissicherung verwendet werden.

Information Server

Informationen, die öffentlich zugänglich sein sollen, werden auf einem Information Server dem Internet zur Verfügung gestellt. Dieser Information Server steht vor der Bastion. Damit ist ein Zugriff von außen auf das zu schützende Netz nicht möglich.

Durch die Entkopplung der Netze gelangen User aus dem unsicheren Netz nur bis zum Information Server, der sich vor der Bastion befindet, nicht jedoch unkontrolliert durch sie hindurch.

Literatur: Norbert Pohlmann, Firewall-Systeme, 6. Aufl. 2002, MITP-Verlag

(www.mitp.de) sowie Organisationshandbuch Netzwerksicherheit, Interest Verlag (www.interest.de)
(Letzte Änderung: 20.3.2002)

(Prof. Pohlmann)

FIRST

FIRST ist der 1990 gegründete internationale Dachverband der Computer-Notfallteams (→CERT). Aus den 12 Gründungsmitgliedern sind inzwischen über 70 Mitglieder geworden (Stand: Februar 2004). Die meisten Mitglieder sind immer noch in den USA und Europa, inzwischen gibt es aber etablierte CERT-Gemeinschaften in Asien sowie in Latein-Amerika mit einer starken Repräsentation in FIRST. Für die Mitglieder gibt es eine Reihe interner, technisch geprägter Veranstaltungen, um den Informationsaustausch zu fördern. Einmal im Jahr wird eine allen Interessierten offen stehende Konferenz veranstaltet, die sich besonders dem Thema der richtigen Reaktion auf sowie der schnellen Bewältigung von Angriffen und Vorfällen annimmt. Mehr Informationen unter: www.first.org oder unter →Behörden, Verbände, Institutionen.
(Letzte Änderung: 7.7.2006)

(Dr. Kossakowski)

Flachglas

Siehe Glas.

Flächenüberwachung

Siehe auch Bohrschutz (elektronisch, piezoelektrisch), Einbruchmelder.

Für die Überwachung von Flächen, wie Verglasungen, Türen, Wände, Fußböden und Decken, können →Körperschallmelder, →Glasbruchmelder, verschiedene →Folien, →Verbundsicherheitsgläser mit Alarmdrahteinlage (→Alarmglas), →Erschütterungsmelder, Fadenzugkontakte und Alarmdrahttapeten eingesetzt werden.

- →Körperschallmelder dienen zur Überwachung von Wänden, Decken, Fußböden und Wertbehältnissen. Die Melder werden auf der zu überwachenden Fläche befestigt. Sie nehmen mechanische Schwingungen auf und setzen sie in elektrische Signale um, Alarm wird ausgelöst, wenn die im Melder befindliche Auswerteschaltung Schwingungen registriert, die etwa vom Arbeiten mit Werkzeugen an der zu überwachenden Fläche herrühren.
- →Glasbruchmelder dienen zur Überwachung von Glasflächen, auf die sie geklebt werden. Wenn die Auswerteschaltung Schwingungen registriert, die beim Glasbruch auftreten, erhält die Einbruchmelderzentrale ein Signal, das zur Alarmauslösung führt. Bis auf eine Ausnahme toleriert der VdS keine Glasbruchmelder in Verbindung mit folienbeschichtetem Glas.
- →Alarmfolien bestehen aus dünnen Aluminiumstreifen, die auf die zu überwachende Fläche geklebt werden. Sie eignen sich zur Durchbruchüberwachung von Verglasungen, Türen und Wänden. Eine Alarmmeldung erfolgt, wenn die Folie reißt.
- →Alarm-Sicherheitsfolien sind laminierte, mehrlagige →Sicherheitsfolien mit eingelegten Meldefäden, mit deren Hilfe normales Fensterglas am Objekt nachträglich zu Alarmglas der Gefahrenmelderklasse C (VdS) mit kombinierter Durchwurfhemmung (P2A nach DIN EN 356 bzw. A1 gemäß der alten DIN 52290) aufgerüstet werden kann.
- Bei →Verbundsicherheitsglas mit Alarmdrahteinlage verläuft ein Draht zwischen den Glasscheiben, ohne den Scheibenrand zu berühren. Über Anschlüsse sind die beiden Drahtenden an eine Einbruchmeldeanlage angeschlossen. Bei einem Glasbruch reißt der Draht und es erfolgt Alarmgabe. Diese Kombination (mechanische Sicherheit und elektrische Überwachung) kann dann als optimal betrachtet werden, wenn die Verglasung einbruchhemmend und VdS-anerkannt ist.
- Bei →Einscheiben-Sicherheitsglas mit Alarmschleife befindet sich raumseitig in einer oberen Ecke des Glases eine Leiterschleife, die mit der Einbruchmelderzentrale verbunden ist. Bei Zerstörung des Glases wird die Schleife unterbrochen und es erfolgt Alarm.
  Hinweis: Einscheibensicherheitsglas mit Alarmschleife, welches nicht als Verbundsicherheitsglas hergestellt ist, hat keine Einbruchhemmung, sondern ist nur alarmgebend.

- →Erschütterungskontakte (Vibrationskontakte) eignen sich u. a. zur Durchbruchüberwachung von Glasbausteinen und auch Verglasungen, sofern sie sich außerhalb des Handbereiches befinden. Erschütterungen bei Durchbruchversuchen führen zur Alarmgabe.
- Fadenzugkontakte eignen sich zur Überwachung von Öffnungen (z.B. Kellerfenster oder Lichtkuppeln). Die zu überwachende Öffnung wird mit einem Faden bzw. dünnen Draht überspannt, wobei dieser einen Schalter in Mittelstellung hält. Die Veränderung dieser Mittelstellung führt zur Meldung.
- Mit Alarmtapete werden Flächen (z.B. Decken und Wände) überwacht. Das Zerreißen der in der Tapete dicht beieinanderliegenden Drähte führt zur Unterbrechung der Meldelinie und somit zur Alarmgabe.
- Druckmelder z.B. (Trittmatten) sollten vorzugsweise unter dem Teppichboden verlegt werden. Alarmgabe erfolgt bei Druckänderungen.

(Letzte Änderung 27.4.2004)

(nach VdS)

Flammenmelder

Siehe auch Brandmeldeanlage, Gasmelder (BMA), Infrarotmelder (BMA), Rauchmelder, Wärmemelder.

Flammenmelder setzen die von Flammen emittierte elektromagnetische Strahlung in ein elektrisches Signal um. Damit Störungen und Täuschungen durch Sonnenlicht, reflektiertes Licht, Lampen und andere Quellen möglichst ausgeschlossen werden können, wird der Detektionsbereich der Melder aus dem sichtbaren in den unsichtbaren Bereich verlegt. Die meisten Flammenmelder arbeiten deshalb im ultravioletten oder infraroten Bereich.

UV-Flammenmelder reagieren auf die von einer offenen Flamme ausgehende elektromagnetische Strahlung im kurzwelligen Bereich der UV-Strahlung (bei ca. 0.2µm Wellenlänge). Zwischen der Kathode und der Anode wird eine Hochspannung angelegt. Sobald UV-Strahlen auf die Kathode treffen, die auf ultraviolette Strahlen reagiert, werden von deren Oberfläche Elektronen emittiert. Diese Elektronen stoßen mit den in der Röhre befindlichen Gasmolekülen zusammen, ionisieren

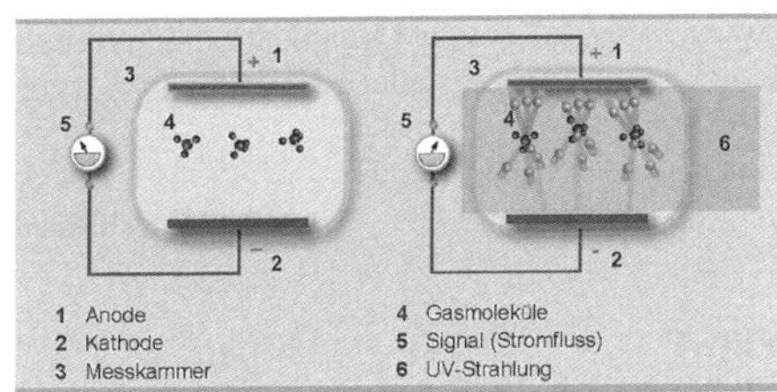

Funktionsprinzip des UV-Flammenmelders

diese und lösen so einen lawinenartigen Elektronenfluss von der Anode zur Kathode aus. Das Resultat dieses Prozesses ist eine markante Zunahme des Stromflusses der proportional zur Intensität der vom Feuer ausgestrahlten UV-Strahlung ist.

UV-Flammenmelder sind in der Lage, alle Arten von offenen Feuern zu detektieren. Bei entsprechender Empfindlichkeitseinstellung sind UV-Flammenmelder auch resistent gegenüber Sonnenlicht, speziellen Leuchtstofflampen sowie Entladungsfunken. Starke UV-Quellen (Schweißflammen, Lichtbogenlampen, ionisierende Strahlung, Radioaktivität) lösen jedoch Fehlalarme aus.

IR-Flammenmelder nutzen die maximale Intensität der infrarotaktiven Flammengase im Wellenlängenbereich von 4.3µm, die bei der Verbrennung kohlenstoffhaltiger Materialien entstehen.

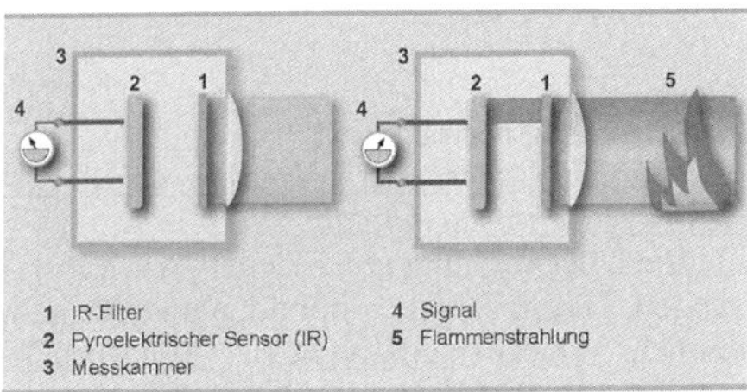

Funktionsprinzip des IR-Flammenmelders

Die auf den IR-Flammenmelder auftretende Flammenstrahlung wird vom Infrarotfilter gefiltert, sodass nur Strahlung der Wellenlänge zwischen 4 und 5µm auf den pyroelektrischen Sensor trifft. Dieser Sensor reagiert nur auf die Änderung der Strahlungsintensität (Energieänderung) und erzeugt einen dazu proportionalen Strom. Infrarotflammenmelder eignen sich zur Detektion rauchloser Flüssigkeits- und Gasbrände, wie auch rauchbildender offener Feuer

kohlenstoffhaltiger Materialien.
(Letzte Änderung: 23.7.2006)

(Wigger)

Flammschutzbehandlung

Feuerschutzanstrich bzw. Imprägnierung von brennbaren festen Stoffen (z.B. Holz, Pappe, Papier, Textilien, Baustoffe, Bauteile), um sie gegen Entflammung widerstandsfähiger zu machen. Bei bestimmten Stoffen wird die Flammenschutzwirkung durch Zumischung bestimmter Komponenten in der Fertigungsphase bewirkt (z.B. Kunststoffe). Ein so behandelter Stoff bleibt ein brennbarer Stoff, da bei ausreichendem Energieangebot (Intensität oder Einwirkungsdauer) die Zündung nicht ausgeschlossen werden kann. Die Schutzwirkung ist aus unterschiedlichen Gründen (z.B. Klimaeinwirkung) vielfach nur zeitlich begrenzt.
(Letzte Änderung: 14.7.2000)

(Prof. Beilicke)

Floatglas

Siehe Glas.

Fluchttüren/Fluchttürverschlüsse

Siehe auch Automatisch verriegelnde Schlösser, Evakuierungsweg, Fluchtwegsicherheit für Arbeitsstätten, Notausgang, Notausgangsverschlüsse, Paniktürverschlüsse, Rettungsweg

→Rettungswege oder auch Fluchtwege (→Evakuierungsweg) in Gebäuden sind für Not- und Paniksituationen bestimmt. Zu den Rettungswegen gehören Korridore, Treppenaufgänge und alle anderen Wege, die zu einem sicheren Bereich außerhalb des Gebäudes führen.

Alle Türen im Verlauf von Rettungswegen sind als *Fluchttüren* zu konstruieren. Sie sind dementsprechend zu kennzeichnen und mit Fluchttürverschlüssen gemäß den neuen Europäischen Normen auszustatten. Die Anzahl von Fluchttüren, ihre Lage und die Türbreite sind wichtige Gesichtspunkte. Ihre Auswahl hängt von der Größe des Bereichs ab, in dem sich Menschen versammeln, sowie von der maximalen Anzahl an Personen, die sich gleichzeitig in dem Bereich aufhalten können. Fluchttüren sowie andere Türen, die ins Freie führen, sollten im Normalfall stets in Fluchtrichtung öffnen. Ausnahmen gibt es etwa bei zu erwartenden besonderen Witterungsbedingungen (zum Beispiel Schneehaufen im Freien) oder aufgrund der Nutzungsart der Gebäude (zum Beispiel Hotel- oder Krankenzimmer, die an schmalen Fluren liegen).

Fluchttürverschlüsse sind alle →Bauprodukte, die der Öffnung von Fluchttüren dienen. Sie müssen das Öffnen der Türen zu jeder Zeit von innen und durch beliebige Personen ermöglichen. Manche örtlichen Bestimmungen und Sonderbauverordnungen gestatten außerhalb der Betriebszeiten Ausnahmen, wenn sichergestellt ist, dass sich in einem Gebäude keine Personen mehr aufhalten. Aus Gründen der Einbruchsicherheit dürfen dann selbst die Fluchttüren verschlossen werden. Immer unter der Voraussetzung, dass die Verriegelung solange nicht aktiviert werden kann, wie sich Menschen im Gebäude aufhalten. Die problem- und gefahrlose Fluchtmöglichkeit (Gefahrensicherheit) hat aber stets die höchste Pri-

Norm	Titel
DIN EN 1125	Schlösser und Baubeschläge – Paniktürverschlüsse mit horizontaler Betätigungsstange –Anforderungen und Prüfverfahren
DIN EN 179	Schlösser und Baubeschläge – Notausgangsverschlüsse mit Drücker oder Stoßplatte – Anforderungen und Prüfverfahren
prEN 13633	Schlösser und Baubeschläge – Elektrisch gesteuerte Paniktürverschlüsse – Anforderungen und Prüfverfahren – Entwurf
prEN 13637	Schlösser und Baubeschläge – Elektrisch gesteuerte Notausgangsverschlüsse – Anforderungen und Prüfverfahren – Entwurf

Überblick EN-Normen:

EN Norm	EN 1125	EN 179
Titel	Schlösser und Baubeschläge – Paniktürverschlüsse mit horizontaler Betätigungsstange – Anforderungen und Prüfverfahren –	Schlösser und Baubeschläge – Notausgangsverschlüsse mit Drücker oder Stoßplatte – – Anforderungen und Prüfverfahren –
Öffnungskraft unter Last	Maximal 220 N bei einem Druck von 1.000 N auf die Tür (Simulation einer Paniksituation)	Keine Prüfung unter Last vorgesehen
Betätigungselement	Horizontale Betätigungsstange (Griffstange oder Druckstange) über mindestens 60% der Türbreite	Drücker oder Stoßplatte. In Ausnahmefällen: Zugplatte
Nutzungskategorie	Hohe Benutzerfrequenz	Hohe Benutzerfrequenz
Dauerfunktionstüchtigkeit	100.000 oder 200.000 Prüfzyklen	100.000 oder 200.000 Prüfzyklen
Feuerbeständigkeit	Für Brandschutztüren geeignet oder nicht	Für Brandschutztüren geeignet oder nicht
Gefahrensicherheit/ Personenschutz	Das Produkt erfüllt eine kritische Sicherheitsfunktion	Das Produkt erfüllt eine kritische Sicherheitsfunktion
Korrosionsverhalten	Hohe Beständigkeit (96 Stunden Salzsprühnebel)	Hohe Beständigkeit (96 Stunden Salzsprühnebel)
Einbruchschutz	Zuhaltung bis zu Kräften von 1.000 N	Zuhaltung bis zu Kräften zwischen 1.000 N und 3.000 N (je nach Kategorie)
Betätigungselement	Breite: mindestens 60% der Türbreite, Überstand des Beschlags: max. 150 mm oder geringer Überstand (max. 100 mm)	Überstand des Beschlags: max. 150 mm oder geringer Überstand (max. 100 mm)
Kennzeichnung	Nummer der EN-Norm und Klassifizierung auf Produkt	Nummer der EN-Norm und Klassifizierung auf Produkt
Konformitätserklärung	Prüfung durch unabhängiges Institut	Prüfung durch unabhängiges Institut
Gefordertes Audit-System	Anfangs-Typprüfung; Periodische Auditprüfung: halbjährlich und jährlich	Anfangs-Typprüfung; Periodische Auditprüfung: halbjährlich und jährlich
CE-Kennzeichnung	Verbindlich	Verbindlich

orität. Hinsichtlich der Einbruchsicherheit sollten keine Kompromisse eingegangen werden, die negative Auswirkungen auf die Gefahrensicherheit haben können.
Bei der Planung eines Gebäudes müssen die Rettungswege und somit die Fluchttüren festgelegt werden. Darüber hinaus muss geprüft werden, ob weitere Anforderungen an diese Türen gestellt werden; beispielsweise ob es sich um einen →Feuerschutzabschluss handelt. In diesem Fall sind die Türen generell mit Verschlüssen auszustatten, die auch im stromlosen Zustand die Tür brandschutztechnisch zuhalten. Der Einbau von Fluchttürverschlüssen ist selbstverständlich möglich und zwar sowohl als Hauptschloss als auch als Zusatzverriegelung. Wird der Fluchttürverschluss als zusätzliche Verriegelung eingesetzt, muss dieser nach dem Ruhestromprinzip arbeiten.
Bei der Auswahl von *Fluchttürverschlüssen* ist zwischen *Paniktürverschlüssen* und *Notausgangsverschlüssen* zu entscheiden. Ist ein Raum für viele Personen ausgelegt, so sind in der Regel Paniktürverschlüsse vorzusehen. Halten sich in einem Raum für gewöhnlich wenige Menschen auf, sind Notausgangsverschlüsse ausreichend. Wegen der unterschiedlichen technischen Lösungen (→*Paniktürverschlüsse*, →*Notausgangsverschlüsse*) muss unbedingt festgelegt werden, mit welchen Situationen aller Wahrscheinlichkeit nach zu rechnen ist.
Bei großen Menschenmengen – wenn zum Beispiel in Kinos, Konzertsälen usw. ein Feuer ausbricht – ist die Wahrscheinlichkeit groß, dass sich viele dieser Menschen irrational verhalten. Personen, die sich in einer solchen Paniksituation befinden, müssen ohne Vorkenntnisse der Örtlichkeiten und ohne Zuhilfenahme von Werkzeugen oder Schlüsseln die Fluchttürverschlüsse finden und benutzen können. Paniktürverschlüsse müssen so ausgelegt sein, dass sie selbst in extremen Situationen sicher funktionieren, damit in Panik geratene Personen das Gebäude gefahrlos verlassen können.
Wenn eine kleinere Anzahl von Menschen involviert ist, kommt es in Gefahrensituationen in aller Regel nicht zu einer Panik. Dies gilt insbesondere, wenn diese Personen mit den Räumlichkeiten, den Notausgängen und der Funktionsweise der Fluchttürverschlüsse vertraut sind. Aber auch →Notausgänge müssen sich ohne Zuhilfenahme eines speziellen Werkzeugs oder Schlüssels öffnen lassen, da diese Hilfsmittel möglicherweise gerade im Notfall nicht verfügbar sind.

Normen

Prinzipiell sind neben den Vorschriften und Baubestimmungen der nationalen Behörden und Brandschutzstellen vorrangig die neuen Europäischen Normen für Paniktür- und Notausgangsverschlüsse zu berücksichtigen. Die unter den Stichworten Fluchttüren/Fluchttürverschlüsse →*Paniktürverschlüsse* und →*Notausgangsverschlüsse* verarbeiteten Informationen beziehen sich auf die folgenden Normen und Normentwürfe, die bei den jeweiligen nationalen Normungsstellen erhältlich sind.
Installation und Befestigung: EN 1125, EN 179, prEN 13633 und prEN 13637
Installation an Feuerschutztüren: EN 1125, EN 179, prEN 13633 und prEN 13637
Verwendung in Kombination:

- mit Türschließern: EN 1154
- mit elektrischen Feststellanlagen: EN 1155
- mit Schließfolgereglern: EN 1158

Vorbeugende Maßnahmen: Beachten Sie bitte, dass Fluchttürverschlüsse regelmäßig überprüft werden müssen. Für technisch komplexe Produkte empfiehlt sich der Abschluss eines Wartungsvertrags.
(Letzte Änderung: 17.7.2006)

(Wischgoll)

Fluchtweg

Siehe Evakuierungsweg.

Fluchtwegsicherheit für Arbeitsstätten

Siehe auch Automatisch verriegelnde Schlösser, Evakuierungsweg, Fluchttür/Fluchttürverschlüsse, Notausgang, Notausgangsverschlüsse, Paniktürverschlüsse, Rettungsweg

Die deutsche Verordnung zur Novellierung der Verordnung über Arbeitstätten setzt die EG-Arbeitsstättenrichtlinie 89/654/EWG um. Darin wird der Fluchtwegsicherheit ein hoher Rang eingeräumt.
Im Sinne dieser Verordnung sind Fluchtwege jene Verkehrswege, die von Beschäftigten zum sicheren Verlassen der Arbeitsstätte im Gefahrenfall (zum Beispiel bei einem Brand) benutzt werden müssen. Die Fluchtwegsicherheit ist gegeben, wenn folgende Anforderungen bei

der Ausprägung von Fluchtwegen berücksichtigt werden:

- Mindestbreite von Fluchtwegen; maßgeblich dafür ist jene Anzahl von Personen (sowohl Arbeitnehmer als auch Gäste bzw. Kunden), welche im Gefahrenfall auf diesen Fluchtweg angewiesen sind
- bauliche Anforderungen an Fluchtwege (Böden, Wände und Decken)
- Anforderungen an die Installation in Flucht- und Rettungswegen (z.B. MLAR = Muster-Leitungsanlagen-Richtlinie, zu finden z.B. unter http://www.daetwyler.net/d/produkte/pyrofil/service/baurecht/mlar1.htm)
- eine jederzeit uneingeschränkte Benutzbarkeit
- Ausprägung der Abschlüsse (Notausgänge, Fluchttüren)
- Beschilderung gemäß DIN 4844
- Berücksichtigung der Sicherheitsbeleuchtung
- Aufstellung von Flucht- und Rettungswegpläne

Bei der Umsetzung sind sowohl die Anforderungen der Berufsgenossenschaften als auch die Richtlinien des →DiBt sowie die DIN-Normen zu beachten.

→Fluchttüren im Sinne der Arbeitsstättenverordnung sind Türen in →Flucht- und →Rettungswegen. Die neuen in ganz Europa einheitlichen Normen unterscheiden dabei in →Notausgangs- und →Paniktürverschlüsse (seit 01.04.2004 sind DIN EN 179 und DIN EN 1125 bindend, DIN EN 13633 und DIN EN 13637 für elektrische Systeme lagen bei Redaktionsschluss als Norm-Entwurf vor)

Der Unterschied zwischen Notausgangs- und Paniktüren ergibt sich aus dem jeweiligen Anwendungsgebiet: Notausgangstüren sind bestimmt für Gebäude, die keinem öffentlichen Publikumsverkehr unterliegen und deren Besucher die Funktion der Fluchttüren kennen. Diese können unter anderem auch Nebenausgänge in öffentlichen Gebäuden sein, die nur von autorisierten Personen genutzt werden. Paniktüren hingegen kommen in öffentlichen Gebäuden zum Einsatz, bei denen die Besucher die Funktion der Fluchttüren nicht kennen und diese im Notfall auch ohne Einweisung betätigen können müssen. Hiervon sind z. B. öffentliche Verwaltungen Krankenhäuser, Schulen und Unternehmen mit hohem Publikumsverkehr betroffen. Mit den zuständigen Baubehörden im Detail zu regeln sind Grenzfälle, wie Verwaltungen mit geringem Besucheranteil oder die Verfahrensweise bei Nutzungsveränderungen.

Die Hauptanforderungen an Fluchttürsysteme sollten aber immer berücksichtigt sein:

- Fluchttüren müssen mit einer Handbetätigung den Fluchtweg innerhalb einer Sekunde ohne Schlüsselbetätigung freigegeben
- Fluchttüren sollen nach außen öffnen – Rettungswege dürfen nicht versperrt sein
- Türbeschläge müssen so ausgebildet sein, dass Personen nicht mit der Kleidung daran hängen bleiben können
- Das freie Ende des Drückers muss so ausgeführt sein, dass es nur zur Oberfläche des Türflügels zeigt, um das Risiko von Verletzungen zu vermeiden

(Neu aufgenommen am 11.5.2004)

(Zalud)

FM-200

Siehe auch Argon, Brandschutz durch Sauerstoffreduzierung, CO_2, Einrichtungsschutz, Gaslöschanlage, Inergen, Schranklöschsystem

FM-200 ist ein umweltverträgliches Löschgas, das zum Beispiel in →Schranklöschsystemen eingesetzt wird. Es entzieht dem Brandherd so viel Wärme, dass die Temperatur unter den Grenzwert sinkt, bei dem jede Flamme sofort erlischt. Sein relativ hoher Siedepunkt schützt elektronische Geräte vor der Gefahr eines Temperaturschocks. FM-200 ist elektrisch nicht leitend und nicht korrosiv. Während der Löschung werden in keinem Fall Personen gefährdet.

(Letzte Änderung: 17.7.2006)

(Köhler)

Folie

Siehe Alarm-Sicherheitsfolie, Flächenüberwachung, PET-Folie, PVB, Sandwichfolie, Sicherheitsfolie, Splitterabgang, Splitterschutzfolie, Verbundsicherheitsglas.

Fortschaltprinzip

Siehe Melderkette.

Foyer-Sicherheit

Siehe auch SB-Sicherheit, KBA, UVV Kassen, Videoüberwachung, Zutrittskontrolle.

Foyers von Geldinstituten, die für die Kundenselbstbedienung auch außerhalb der Geschäftszeiten eingerichtet sind, bedürfen besonderer Sicherheitsmaßnahmen:

- Zutrittskontrolle und Automatic-Türen. Die ec- oder eine besondere Karte verschafft dem Kunden Zugang zum Foyer. Um die Verfügbarkeit auch bei einer Beschädigung des Ausweislesers zu erhalten, gibt es Leser mit einem Schnellwechsel-Modul. Schiebetüren müssen für den Gefahrenfall entweder mit zusätzlichen Drehbeschlägen ausgestattet sein oder eine redundant ausgelegte Antriebs- und Steuerungstechnik haben; zusammen mit einem permanenten automatischen Selbsttest wird so sichergestellt, dass die Türen den Fluchtweg auch bei Stromausfall zuverlässig freigeben.
- Maßnahmen gegen Missbrauch und Vandalismus. Eine Kameraüberwachung gilt als unerlässlich. Werden die Bilder (→Video-Bildübertragung) zu einer Wachzentrale (→Notrufzentrale) übertragen, kann von dort aus sofort eine Intervention veranlasst werden. Eine Sprechverbindung mit Lautsprecher im Foyer ermöglicht eine Einwirkung auf unerwünschte Schlafgäste oder „Vandalen“. Bewährt haben sich auch zeitweise Bewachung oder häufige Streifen. Im Winter wird zurückhaltendes Heizen im Foyer empfohlen.
- Beweissicherung. Im →Geldautomaten (→KBA) können zum Zwecke der Beweissicherung zwei Kameras installiert werden. Eine nimmt den Kunden auf, die zweite beobachtet, ob das Geld aus der Ausgabe entnommen wird. Die Bilder werden im Idealfall zusammen mit den Zutrittskontrolldaten gespeichert. Dafür stehen Langzeitrekorder oder digitale →Bildspeicher zur Verfügung. Die Speicherung erspart allen Beteiligten einen Streit darüber, wer Geld abgehoben hat und ob das Geld entnommen wurde. Wichtig ist eine Sychronisation der Uhren in der Zutrittssteuerung und dem Videoaufzeichnungsgerät. Aus datenschutzrechtlichen Gründen ist deutlich auf die Kameraüberwachung hinzuweisen. Die Kameras sollten keine öffentlichen Bereiche außerhalb des Bankgebäudes erfassen.
- Kundenschutz. Bei der Planung ist zu beachten, dass der Kunde möglichst sicher feststellen kann, dass ihm außerhalb des Foyers niemand auflauert, während es einem Angreifer umgekehrt möglichst erschwert werden soll, den Kunden zu beobachten. Eine Alarmierungsmöglichkeit im Foyer – gegebenenfalls mit Sprechverbindung zur Wachzentrale – kann ebenfalls dazu beitragen, dass Kunden sich sicher fühlen.
- Verfügbarkeit. Ein funktionierendes Störmeldesystem sichert die schnelle Wiederverfügbarkeit der SB-Geräte. Zum Teil verarbeiten Anbieter von Bankensicherheits-Technik oder Geldtransportunternehmen Störmeldungen in eigenen Meldezentralen.

(Letzte Änderung: 30.6.2002

(Hohl)

Freigeländeüberwachung

Siehe Freilandschutz.

Freilandschutz / Perimeterschutz

Siehe auch Mauerkronensicherung, Mikrowellendetektor, Pneumatischer Differenzialdruckmelder, Ramm-Methode, Zaunsysteme.

Der Freilandschutz dient dem Schutz eines Objektes durch Maßnahmen in dessen Umfeld, bzw. in dem umgebenden freien Raum, in der Regel bis einschließlich zur Grundstücksgrenze. Sie besteht aus mechanisch/baulichen Maßnahmen (Freilandsicherung), aus elektronischen/Detektionsmaßnahmen und/oder aus organisatorisch/personellen Maßnahmen (Freilandüberwachung).

Je nach Bedrohungsbild und Schutzkonzept dienen die getroffenen Maßnahmen folgenden Zielen: Juristische Abgrenzung, Abschreckung, Verhinderung oder Verzögerung des Eindringens, Frühwarnung, Detektion von Personen, Fahrzeugen oder Außerbetriebsetzungsversuchen, Beobachtung, Identifikation. Mechanisch/bauliche Maßnahmen sind Zäune, Mauern, topographische Hindernisse, Fahrzeugbarrieren, Tore, sowie Barrieren auf und unter Wasser. Elektronische/Detektionsmaßnahmen sind Fernsehüberwachungsgeräte,

vergrabene, freistehende, zaunmontierte oder im Wasser befindliche Detektorsysteme.
Organisatorisch/personelle Maßnahmen sind die Beobachtungs-, Bewachungs-, Ronden- und Interventionstätigkeit von Sicherheitspersonal, eventuell unterstützt durch den Einsatz von Tieren, die →Zutrittskontrolle, die Identifikation bei Detektionsalarm sowie die Bedienung von mechanischen und elektronischen Systemen.

(Oberhänsli)

Freischaltelement (FSE)

Einrichtung für eine hilfeleistende Stelle zur manuellen Auslösung einer Brandmeldung von außerhalb des Objekts/Sicherungsbereiches.
Hinweis: FSE sind Bestandteil einer Brandmeldeanlage (BMA).
(Neu aufgenommen am 20.5.2002)

(Definition: VdS)

Freistehender Wertschutzschrank

Siehe auch Wertschutzschrank
Wertschutzschrank, dessen Einbruchdiebstahlschutz (im Gegensatz zum →Einbau-Wertschutzschrank) nur auf der bei der Vorfertigung verwendeten Materialien und Konstruktion beruht und nicht auf Materialien, die beim Aufbau eingebaut oder hinzugefügt werden.
(Neu aufgenommen am 20.5.2002)

(Definition: VdS)

Frühwarnsystem

Siehe auch Business Continuity, Disaster Recovery, Katastrophenorganisation, Katastrophenvorsorge (IT), KontraG, Krisenmanagement, Krisenstab Arbeitsraum, Normalorganisation, Notfalldokumentation (IT), Notfallorganisation. Risiko, Risiko-Management, Sicherheitskonzept, Sicherheitsprozess (IT).
Ursprüngliche Bezeichnung für eine militärische Radar- und Rechenanlage zum frühzeitigen Erkennen anfliegender gegnerischer Flugzeuge und Fernlenkwaffen sowie zum Auslösen der Luftverteigung. Der Begriff wird heute oft in der Wirtschaft verwendet und steht dort für die Gesamtheit aller organisatorischen und technischen Maßnahmen für das frühzeitige Erkennen politischer, wirtschaftlicher (Markt, Produkte, Finanzen) und sicherheitsbezogener Risiken, welche die Geschäftstätigkeit maßgeblich beeinflussen können. Solche Frühwarnsysteme dienen sowohl dem Management für die Definierung strategischer Schritte als auch den firmeninternen Krisenmanagementorganen (→Krisenmanagement), welche durch dieses Mittel Gefährdungen frühzeitig wahrnehmen, dadurch entsprechende Abwehrmaßnahmen einleiten oder zumindest einen eventuellen Schaden bestmöglich minimieren können.
(Letzte Änderung: 14.7.2006)

(Lessing)

FSK

Ehemalige Bezeichnung für ein von der Feuerwehr im Brandfall zu öffnendes Behältnis zur Entnahme von Gebäudeschlüsseln (Feuerwehrschlüsselkasten). Neue Bezeichnung: →Schlüsseldepot (SD).

FuP

Forschungs- und Prüfgemeinschaft Geldschränke und Tresoranlagen (FuP) e.V., Frankfurt. http://www.ecbs.com
Neu: European Security Systems Association ESSA
Kurzbeschrieb und Anschrift →Behörden, Verbände, Institutionen.

Funkalarm

Siehe Brandmeldeanlage mit Funkübertragung, Einbruchmeldeanlagen mit Funkübertragung.

Funktionserhalt

In Normen für bestimmte Bauteile und Anlagen (im allgemeinen sicherheitsrelevante Anlagen wie beispielsweise →Brandmeldeanlage oder →Rauchabzugsanlage) geforderte bzw. vorgeschriebene Zeit, für die die bestimmungsgemäße Funktion gewährleistet sein muss. Im wesentlichen bezieht sich die Funktionserhaltsforderung auf die Sicherstellung der Energieversorgung (Leitungsverlegung) für bestimmte Fristen (gekennzeichnet mit E30 bzw. E90).

In die Funktionserhaltsforderung zwingend zu integrieren ist nicht nur die Sicherung der elektrischen Versorgungsfähigkeit (z.B. Isolation), sondern auch der gesamte Aufwand zur mechanischen Befestigung von Leitungen und Kabeln bzw. Anlagen und / oder Anlagenteilen. (Neu aufgenommen: 21.4.2004)

(Prof. Beilicke)

3

Fußboden

Siehe *Bausubstanz.*

FVLR (Fachverband Lichtkuppeln, Lichtbänder und RWA e.V.)

Kurzbeschrieb und Anschrift →Behörden, Verbände, Institutionen.

G

GAA

Siehe Geldautomat, KBA.

Ganzglastür

Siehe auch Einscheiben-Sicherheits-Glas, Glas (mit weiteren Verweisen), Splitterschutzfolie.

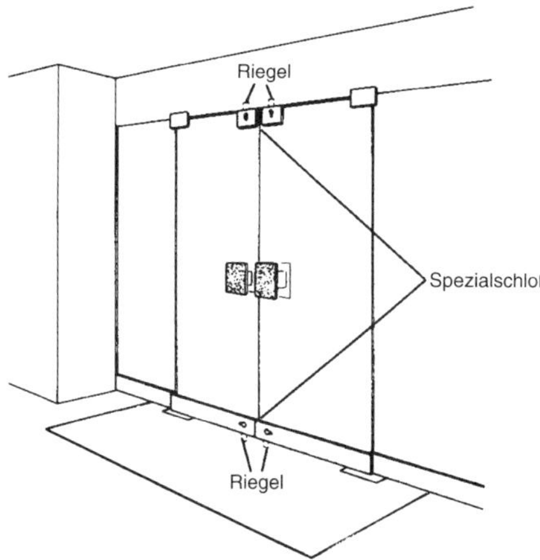

Ganzglastüren oder Ganzglas-Türanlagen sind Tür- oder Wandbauteile, die überwiegend aus →Einscheiben-Sicherheits-Glas (ESG) bestehen.

Die formale Anordnung von Türflügel, Seitenteil und Oberlicht kann durch standardisierte Typeneinteilungen geregelt werden. Glasdicke und Konstruktion werden im Wesentlichen durch zwei Kriterien bestimmt:

- Größe der zu verglasenden Öffnung und
- Nutzungsart der Ganzglastüranlage, der Beschläge und die daraus resultierenden Anforderungen der Bauaufsichts-Behörde.

Bis zu einer Türblattgröße von 1000 mm x 2100 mm beträgt die Glasdicke 8 mm ESG, bei größeren Türblättern ist 10 mm ESG zu verwenden.

In Abhängigkeit von der Konstruktion müssen Aussteifungsgläser (Glasschwerter) vorgesehen werden. Die Dicke der Aussteifungsgläser beträgt immer 12 mm.

Ganzglastüren können durch geeignete Spezialschlösser verschlossen werden, deren Riegel in Boden und Decke eingreifen.

Die Glasflächen von Ganzglastüren, Seitenteilen und Oberlichtern aus ESG selbst haben normalerweise keine einbruchhemmende Wirkung. Ganzglasanlagen können aber auch aus Verbundgläsern mit 2 x ESG hergestellt werden. Spiegelbelegungen sind möglich.

(Letzte Änderung: 24.7.2006)

(Balkow/Schmalt)

Gaslöschanlage

Siehe auch Argon, CO_2, FM-200, Inergen

Im Bereich Gaslöschung (auch Trockenlöschung genannt) werden inertisierende Naturgase und chemisch wirkende Löschgase als gasförmige Löschmittel eingesetzt.

Die Naturgase kommen in der Natur vor und die Löschwirkung wird durch Sauerstoffverdrängung im gesamten Volumen des Schutzbereichs erreicht. Zur Löschung geeignet sind beispielsweise Kohlendioxid (→CO_2), Stickstoff (N2), →Argon (Ar), da sie bei Raumbedingungen gasförmig vorliegen und mit vertretbarem Aufwand gewonnen werden können. Auch werden Mischungen dieser Gase eingesetzt, zum Beispiel →Inergen.

Alle diese Gase sind farb- und geruchlos. Sie werden durch Luftzerlegung gewonnen. Kohlendioxid wird seit langem zu Löschzwecken verwendet. Die anderen Naturgase sind im Zusammenhang mit dem Halonverbot zunehmend im Einsatz. Der Löscheffekt basiert auf der Verdrängung der Luft und somit des Sauerstoffs im Schutzbereich durch das Naturgas. Sinkt die Sauerstoffkonzentration auf unter 13 Vol.-% ab, werden die meisten Brände gelöscht.

Die heute in Anlagen angestrebte Sauerstoff-Restkonzentration beträgt üblicherweise zwischen 10 Vol.-% und 13 Vol.-%, was einer Löschgaskonzentration zwischen 36 Vol.-% und 52 Vol.-% entspricht. Eine Verdrängung solch großer Mengen von Gas erfordert stets Überdruckentlastungen im Schutzbereich. Eine Sauerstoff-Restkonzentration von 10 Vol.-% sollte nicht unterschritten werden, da unterhalb dieses Wertes gesundheitsschädigende Effekte auf verbleibende Personen nicht auszuschließen sind. In einigen Ländern (z.B. Deutschland) ist in diesem Fall auch die Installation einer speziellen Verzögerungseinrich-

tung erforderlich, die zusätzliche Sicherheit bei der Einhaltung der Evakuierungszeit bietet. Da Kohlendioxid immer toxisch wirkt, sind bei diesem Gas erhöhte Anforderungen an den Personenschutz gegeben. Eine Evakuierungszeit – abhängig von der Schutzbereichsgröße – ist immer vorzusehen.
Die tatsächlich zu verwendende Löschmittelkonzentration ist vom potenziellen Brandstoff abhängig. So benötigt man beispielsweise zum Löschen von Methanol wesentlich mehr Gas als zum Löschen von Holz. Die Konzentrationen werden experimentell bestimmt, entweder in normierten Raumversuchen oder in standardisierten Versuchen im kleinen Maßstab. Diese theoretischen Konzentrationen werden dann mit einem Sicherheitszuschlag (in der Regel 30%) versehen, was schließlich die Einsatzkonzentrationen ergibt.
Kohlendioxid kommt aufgrund des Personenrisikos nur in Räumen ohne Anwesenheit von Personen (z.B. Generatorräume) sowie im Objektschutz zum Zug. Stickstoff wird für Standardanwendungen, wie EDV-Räume, und Argon für Spezialanwendungen angewandt. So z.B. bei Metallbränden, bei denen Metalle wie Magnesium mit Stickstoff reagieren würden. Die Voraussetzung eines gasdichten Raums muss für das wirkungsvolle Arbeiten von Gaslöschanlagen immer gegeben sein, muss doch die Konzentration über eine Haltezeit von mindestens 10 Minuten aufrechterhalten werden können, um Rückzündungen zu verhindern. Im Objektschutz hingegen – also beim Schutz offener Einrichtungen – ist Kohlendioxid geeignet, da es schwerer als Luft ist und deshalb beim Objekt gehalten werden kann.
Halon 1211 (CF2ClBr) und Halon 1301 (CF2Br) waren die ersten chemisch wirkenden Löschgase, die weltweite Verbreitung fanden. In der Stratosphäre führen diese Gase aber zum Abbau von Ozon und im Zuge der Bemühungen um den Schutz der Ozonschicht wurde ihre Ablösung im Rahmen des Montrealer Protokolls von 1987 und der internationalen Folgeabkommen beschlossen. Außer bei strategischen Spezialanwendungen (Luftfahrt, Militär, Kernenergietechnik) dürfen Halone zum Brandschutz international nicht mehr verwendet werden. Auch das Wiederbefüllen existierender Halonlöschvorrichtungen ist in den meisten Staaten nicht mehr erlaubt.
Zur Ablösung der Halone erschienen Mitte der Neunzigerjahre halogenierte Kohlenwasserstoffe auf dem Markt, die keine ozonabbauende Wirkung mehr haben und somit einen ODP-Wert von 0 aufweisen (ODP = Ozone Depletion Potential = Potenzial zum Abbau der Ozonschicht). Hier sind die beiden Gruppen der Fluorkohlenwasserstoffe und Perfluorkohlenwasserstoffe zu nennen. Bekannte Löschgase aus der Gruppe der Fluorkohlenwasserstoffe (FKWs) sind beispielsweise HFC227ea (C3F7H) oder HFC125 (C2F5H). Diese Gruppe fand größere Verbreitung als die der perfluorierten Kohlenwasserstoffe (PFKs), und nur HFC227ea und Trigon sind heute als Löschmittel aus der Gruppe der halogenierten Kohlenwasserstoffe in Deutschland zugelassen. Allerdings tragen alle diese Gase zum Treibhauseffekt bei. Sie alle haben einen GWP-Wert von weit über 2000 (GWP: Global Warming Potential = Treibhauspotenzial), was bedeutet, dass sie mehr als zweitausend Mal so stark zum Treibhauseffekt beitragen wie Kohlendioxid. Die zum Schutz vor der globalen Erwärmung im Abkommen von Kyoto verabschiedeten Maßnahmen schränken deshalb auch die Verwendung von halogenierten Kohlenwasserstoffen stark ein. Zwar ist ein internationales Verbot oder eine Einschränkung des Einsatzes beim Brandschutz nicht abzusehen, dennoch haben einige Länder, wie z.B. Österreich, restriktivere Auflagen für den Einsatz im Brandschutz erlassen. In der Schweiz ist der Einsatz von FKWs für Brandschutzzwecke untersagt.
Im Jahr 2003 hat 3M unter dem Handelsnamen „3M Novec 1230 Fire Protection Fluid" ein neues chemisch wirkendes Löschgas auf den Markt gebracht, das keiner der obigen Gruppen angehört. Es handelt sich hierbei um ein fluoriertes Keton mit der chemischen Formel $CF_3CF_2C(O)CF(CF_3)_2$, das seine Löschwirksamkeit für den Raumschutz bei verschiedenen Löschversuchen bereits unter Beweis gestellt hat. Im entsprechenden Entwurf der ISO 14520 Richtlinie wird es unter der Bezeichnung FK-5-1-12 geführt. Es zeichnet sich nicht nur durch einen ODP-Wert von 0 aus, sondern vor allem durch einen GWP-Wert von etwa 1, was bedeutet, dass es nicht stärker zum Treibhauseffekt beiträgt als CO_2.
(Neu eingefügt: 7.7.2006)

(Wigger)

Gaslöschmittel

Siehe Argon, CO_2, FM-200, Gaslöschanlage, Inergen, Löschmittel.

Gasmelder (BMA)

Siehe auch Alarmzentrale, Automatische Brandmeldeanlage, Brandmelder, Flammenmelder, Gaswarnsysteme, *Rauchmelder, Wärmemelder.*

Die in Brandmeldern eingesetzten Gassensoren detektieren entweder Kohlenstoffmonoxid (CO), das bei einer unvollständigen Verbrennung entsteht, oder Kohlenstoffdioxid (CO_2), das bei einer vollständigen Verbrennung erzeugt wird. Ein Gassensor reagiert auf die Anwesenheit eines bestimmten Gases (Hauptempfindlichkeit) oder eines verwandten Gases (Querempfindlichkeit). (→automatischer Brandmelder)

CO-Melder: Bei Schwel- und Glimmbränden läuft aufgrund der tiefen Temperaturen die Verbrennung meist unvollständig ab. Darum entsteht viel toxisches CO-Gas und nur wenig CO_2. Außerdem verklumpen die Aerosolteilchen zu größeren und damit leichter sichtbaren Partikeln (starke Rauchentwicklung). Die meisten CO-Sensoren, die der Branddetektion dienen, arbeiten nach dem Halbleiterprinzip (Halbleitersensoren). CO-Sensoren eignen sich zur frühen Detektion von Schwelbränden, sind aber nur bedingt in der Lage, offene Brände zu detektieren. CO-Sensoren, die auf dem Halbleiterprinzip basieren, haben den Nachteil, dass sie eine große Querempfindlichkeit (Reaktion auf verschiedenste Gase) aufweisen und sehr stark durch Feuchtigkeit beeinflusst werden. Gase und Feuchtigkeit beeinflussen somit die korrekte Bestimmung der CO-Konzentration. Elektrochemische Sensoren haben diese Nachteile nicht, weisen aber eine geringere Lebensdauer auf und verursachen dadurch höhere Instandhaltungskosten.

CO_2-Melder: CO_2 entsteht vor allem bei offenen Bränden, die viel Brandgas erzeugen, da sie im Gegensatz zu Schwel- und Glimmbränden einen deutlich größeren Massenumsatz pro Zeiteinheit bewirken. Damit verbunden sind ein markanter Temperaturanstieg und eine hohe CO_2-Produktion. CO_2 ist ein sehr beständiges Gas, weshalb seine Detektion auf chemischem Wege sehr schwierig ist. Zur CO_2-Detektion werden heute optoakustische Sensoren und Infrarot-Absorptions-Sensoren eingesetzt. CO_2-Sensoren eignen sich zur Detektion offener Brände, sind aber nur bedingt in der Lage, Schwelbrände zu detektieren.

(Letzte Änderung: 23.7.2006)

(Schmitt/Wigger)

Gaswarnsysteme

Gasdetektion wird dort eingesetzt, wo gefährliche Gaskonzentrationen unbemerkt entstehen können. Handelt es sich um eine vorübergehende Gefährdung, so leisten portable Gaswarngeräte gute Dienste. Besteht die Gefährdung hingegen dauernd, sind Festinstallationen ökonomischer.

Gefährliche Konzentrationen können dann entstehen, wenn der Inhalt der Gasflasche ausreicht, um bei Leckage die untere Explosionsgrenze im Raum zu erreichen oder wenn eine Gasversorgung aus einer „unerschöpflichen Quelle“ wie einem Gastank oder einer öffentlichen Gasleitung gespeist wird. Hier empfiehlt sich eine Gaswarnung aus Gründen des Explosionsschutzes. Auch wenn die Gasmenge für eine Explosion nicht ausreicht, so bleibt das Gas entzündbar und kann abbrennen (abfackeln), woraus ein Folgebrand entstehen kann. Ist dauernde und gute Frischluftzufuhr gewährleistet und auch im Gefahrenfall sichergestellt (z.B. redundante Lüftung), so kann dies die tolerierbare Gasmenge erhöhen. Die durch austretende brennbare Gase und Dämpfe betroffenen Bereiche sind so genannten Explosionsschutz-Zonen (Ex-Zonen) zuzuordnen, wobei die Art der Gefährdung bestimmt, welcher Ex-Zone ein bestimmter Bereich zugeordnet wird.

Zum Einsatz von Gassensoren in Brandmeldeanlagen siehe Gasmelder (BMA)

Zum Aufspüren von Gasen werden verschiedene zuverlässige Detektionstechniken eingesetzt. Die wichtigsten für Sicherheitsanwendungen eingesetzten Technologien für brennbare Gase oder Dämpfe sind beispielsweise:

Halbleitersensor

Halbleitersensoren bestehen z.B. aus mit Zinndioxid beschichteten, ca. 5mm langen Keramikkörpern. Die Beschichtung ändert unter Einwirkung des zu detektierenden Gases ihren elektrischen Widerstand. Damit dieser Effekt eintritt, muss der Keramikkörper mittels einer integrierten Heizung beheizt werden, um Oberflächentemperaturen von 300 bis 400°C

zu erreichen. Diese hohe Oberflächentemperatur des Halbleiterkörpers erfordert bei Ex-Anwendungen eine Flammenbarriere, die meist mittels einer gesinterten Metallscheibe realisiert wird.
Dieses Wirkprinzip reagiert auf eine ganze Reihe von Gasen, wobei die Zusammensetzung der Oberflächenbeschichtung die detektierbaren Gase beeinflusst, bzw. die Querempfindlichkeiten bestimmt. Der Halbleitersensor reagiert ebenfalls auf Luftfeuchte und Temperaturschwankungen. Das Messsignal verändert sich in etwa logarithmisch zur Konzentration der Gase.

Reaktionswärmesensor (Pellistor)

Der Pellistor besteht aus einem ca. 2 mm großen Keramikkügelchen (perlenförmiger Keramikkörper), das mit einem Katalysator, meist Platin, beschichtet ist. Steigt die Oberflächentemperatur der im Kügelchen eingebetteten Heizspirale auf 500 bis 600°C, so oxidieren brennbare Gase auf der Pellistoroberfläche bereits weit unterhalb der unteren Explosionsgrenze des brennbaren Gases. Diese Oxidation erhöht aufgrund ihrer Reaktionswärme die Oberflächentemperatur des Kügelchens und damit auch die Temperatur der Heizspirale. Aufgrund der höheren Temperatur der Heizspirale des Katalysatorkörpers steigt ihr elektrischer Widerstand an. Diese Veränderung ist mit Hilfe eines unbeschichteten, bezüglich Verbrennung neutralen Referenzkügelchens in einem sonst baugleichen Keramikkörper messbar, der ebenfalls beheizt wird. Meist wird dazu eine einfache elektrische Schaltung verwendet.

Elektrochemischer Sensor

Der elektrochemische Sensor kann ganz einfach als unvollständige Batterie beschrieben werden, deren Elektrolyt durch das über eine gasdurchlässige (semi-permeable) Membrane eintretende Gas sozusagen vervollständigt wird. In Gegenwart eines Gases kann somit ein Strom zwischen den beiden Elektroden im Elektrolyten fließen. Der Stromfluss ist proportional zur Gaskonzentration. Die elektrochemische Sensor weist eine sehr hohe Empfindlichkeit auf. Dies kann sich aber bei häufiger Exposition in hoher Gaskonzentration auch in sehr kurzer Lebensdauer negativ niederschlagen. Die Lebensdauer des Sensors wird hauptsächlich durch seine Umgebungstemperatur und -feuchte bestimmt.

Optoakustischer Sensor

Der optoakustische Sensor nutzt die Eigenschaft der Gasmoleküle, in einer ganz spezifischen Frequenz zu schwingen. Wird ein Gas mit gepulstem Licht spezifischer Wellenlänge angestrahlt, so entsteht in der geschlossenen Kammer eine Druckschwankung, die synchron zu den Lichtpulsen auftritt. Diese ist mit einem Mikrofon ganz einfach als Schall detektierbar. Das vom Sensor generierte Signal kann linearisiert werden, d.h. die Gaskonzentration ist genau feststellbar. Das Mikrofon ist eine einfache, stabile Komponente und auch die anderen Bauteile weisen kaum Anfälligkeiten auf. Darum hat dieser Sensor eine lange Lebensdauer.

Infrarot-Absorptions-Sensor

Licht mit der Eigenschwingfrequenz des Gases wird vom zu detektierenden Gas absorbiert. Das bedeutet, dass ein Lichtstrahl mit der entsprechenden Frequenz beim Durchqueren einer Gaswolke so gedämpft wird, dass ein auf der Gegenseite montierter Fotosensor in der Gegenwart des Gases das Licht mit geringerer Intensität wahrnimmt. Aufgrund dieser Signalabschwächung wird die Gaskonzentration ermittelt. Der Absorptions-Sensor misst nicht direkt ein der Gaskonzentration proportionales Signal, sondern die Abnahme eines Grundsignals.

(Letzte Änderung: 8.7.2006)

(Schmitt/Wigger)

GDD

Gesellschaft für Datenschutz und Datensicherung e.V., Bonn
Kurzbeschrieb und Anschrift →Behörden, Verbände, Institutionen.

GDV

Gesamtverband der Deutschen Versicherungswirtschaft e.V.
Kurzbeschrieb und Anschrift →Behörden, Verbände, Institutionen.

Gebäudeabstand

Siehe Brandschutztechnisch erforderlicher Gebäudeabstand.

Gebäudeautomation

Siehe auch Energiemanagement, European Installation Bus EIB, Gebäudeleittechnik.

Bei der digitalen Gebäudeautomation nach DIN 276 und DIN V 32734 werden die unterschiedlichen Funktionsnetze als einheitliches System gesehen.

Die Gebäudeautomation ist somit als Oberbegriff für die Summe aller Einrichtungen einschließlich der Software zur übergreifenden automatischen Überwachung, Steuerung, Regelung und Betriebsoptimierung von Anlagen in einem oder mehreren Gebäuden zu verstehen. Dazu gehören auch die nötigen Schaltschränke und Kabelnetze für die Mess-, Steuer-, Regelungstechnik und die Informationsübertragung.

Die digitale Gebäudeautomation umfasst auch die übergeordnete Technik für die Betriebsführung, hat also Managementfunktion für das Beherrschen der Gebäudetechnik. Wichtige Aspekte dabei sind Ergebnisanalysen, Energiemanagement, Informationen usw.

Nicht zur Gebäudeautomation gehören die Gefahrenmeldeanlagen (Brand, Einbruch, Überfall), Systeme der Zugangskontrolle und der Überwachungsanlagen. Diese Systeme können jedoch mit der Gebäudeautomation gekoppelt sein.

Die heutige Gebäudeautomation ist durch die Verschmelzung der ursprünglichen separaten Technologien der Mess-, Steuer- und Regelungstechnik und der zentralen Gebäudeleittechnik mit den „Prozessrechnern" entstanden. Diese Prozessrechner wurden abgelöst durch die DDC-Technik (Direct-Digital-Control). Sie setzte sich vor allem in Gebäuden mit komplexen gebäudetechnischen Anlagen durch. Sie wurde dadurch attraktiv, dass sie nicht nur Regelungs- sondern auch Steuerungsaufgaben frei programmierbar lösen konnte.

Heute stehen Rechner mit graphischer Benutzeroberfläche für diese Aufgaben zur Verfügung, wobei die Technologiestandards wie UNIX als Betriebssystem und TCP/IP-Protokolle genutzt werden.

Die Konzentration auf Standards bewirkt auch eine Offenheit der Systeme. Ein Weg dorthin weist das →European Installationsbus-System.

(Letzte Änderung: 16.8.2006)

(Eilert Siemens/Ammon)

Gebäudeklasse

Einstufung der Gebäude gemäß §2 der Musterbauordnung (MBO) differenziert nach ihrer Lage, ihrer Höhe, der Fläche, der Anzahl der darin befindlichen Nutzungseinheiten bzw. der Nutzung. Sonderbauten werden gemäß §2 Abs. 4 MBO definiert. Die Einstufung in Gebäudeklassen nach MBO ersetzt die frühere ausschließliche Einteilung der Gebäude (nach LBO) nach ihrer Höhe in Gebäude geringer und mittlerer Höhe sowie Hochhäuser.

(Neu aufgenommen: 21.4.2004)

(Prof. Beilicke)

Gebäudeleittechnik

Siehe auch Gebäudeautomation, Leitsystem.

Neben einem Energieversorgungsnetz findet man in Gebäuden heute weitere Leitungsnetze als Funktionsnetze für unterschiedliche Aufgaben der Gebäudeautomation installiert. Anwendungsbereiche sind im Wesentlichen

- Steuern und Regeln der Heizungsanlage
- Steuern und Regeln der Heizkreise oder der Einzelraumheizung
- Steuern und Regeln von Lüftungsanlagen
- Steuern und Regeln von Klimageräten
- Einzelraumregelung für Beleuchtung, Klima, Sonnenschutz und Präsenzerkennung
- Gefahrenmeldeanlagen
- Rauch- und Wärmeabzugsanlagen
- Rollladensteuerung
- Jalousiesteuerung
- Anzeigen von Betriebsinformationen und
- Alarmen
- Uhrenanlagen, etc.

Die Zusammensetzung dieser verschiedenen Funktionsnetze erfolgt in der Gebäudeleittechnik (GLT). Definiert ist diese Aufgabenstellung in der Richtlinie VDI 3814 Blatt 1 von 1990 und DIN 19222.

In der GLT bleibt die Selbständigkeit der einzelnen betriebstechnischen Anlagen hinsichtlich ihrer Funktion erhalten.

1993 wurde der Begriff GLT nach der VDI 3814 Blatt 1 geändert in Gebäudeautomation. Durch die Möglichkeiten der digitalen Technik wachsen die einzelnen Funktionen so stark zusammen, sodass die funktionale Selbständigkeit nicht mehr gegeben ist. In der Anfangsphase wurden in der GLT spezielle Prozessleitrechner eingesetzt. Inzwischen haben sich die

Technologie-Standards der Informatik mit graphischer Benutzeroberfläche voll durchgesetzt.
Auf PCs unter MS-DOS wird überwiegend MS-Windows 3.X bzw. Windows 95, auf Workstations oder PCs unter UNIX meist OSF Motif mit X/Windows eingesetzt.
(Letzte Änderung: 16.8.2006)

(Eilert Siemens/Ammon)

Gebäudenutzungsart

Nutzung eines Gebäudes für den vorgesehenen bzw. dominierenden Zweck. Den aus der Gebäudenutzung resultierenden Forderungen aus bautechnisch-funktioneller Sicht wird mit z.T. über die Vorschriften des bautechnischen Brandschutzes hinausgehenden Forderungen in speziellen nutzungsspezifischen Vorschriften und Richtlinien entsprochen (z.B. Sonderbaurichtlinien).
Dadurch begründet können Nutzungsintensivierungen oder Nutzungsänderungen (sog. Umnutzung) zu teils beträchtlichen brandschutztechnischen Konsequenzen führen und bis zum Ausschluss der vorgesehenen Nutzung in dem beabsichtigten Gebäude führen. Nutzungsänderungen bedürfen – sofern nicht ausdrücklich anderes in entsprechenden Vorschriften bestimmt ist – der bauaufsichtlichen Genehmigung. Bei Mischnutzungen sind nach üblicher Praxis bei unterschiedlichem Forderungsniveau die Forderungen zu erfüllen, die das höhere Sicherheitsniveau erfüllen bzw. gewährleisten.
Die bei Gebäudemischnutzungen bzw. Nutzungsüberlagerungen zu berücksichtigenden unterschiedlichen bauaufsichtlichen Forderungen (im Allgemeinen enthalten in den Sonderbaurichtlinien) können dazu führen, dass dem unterschiedlichen Beanspruchungsniveau durch unterschiedliche bautechnische Maßnahmen entsprochen werden muss. In deren Zusammenwirken ist darauf zu achten, dass – unabhängig von der jeweiligen Rechtslage – das statisch konstruktiv logische Tragverhalten bzw. Beanspruchungsverhalten technisch umgesetzt wird. Im Einzelnen bedeutet dies, dass ggf. in Abhängigkeit von der Einordnung bestimmter Nutzungsbereiche in ein Gebäude die nutzungsbereichsabhängigen Abminderungen nicht umgesetzt werden dürfen, da sonst das logische Schutzkonzept unzulässig beeinträchtigt würde (z. B. Pyramideneffekt bzw. Dominoeffekt).
(Letzte Änderung: 10.6.2000)

(Prof. Beilicke)

Gebäudesystemtechnik

Siehe Home Electronic Systems (HES).

Gebäudetechnik

Siehe auch Facility Management, Gebäudeautomation, Gebäudeleittechnik.
Im Zusammenhang mit Gebäudesicherungstechnik und Brandmeldetechnik (bzw. automatische Brandschutztechnik) auf störungsfreies und beeinflussungsfreies bestimmungsgemäßes Funktionieren zu überprüfendes bzw. entsprechend zu planendes System. Gegebenenfalls sind Prioritätsschaltungen zu bestimmen.
(LetzteÄnderung: 9.7.1998)

(Prof. Beilicke)

Gefährdungsanalyse

Gefährdungsanalyse ist eine detaillierte Darlegung aller Gefahren, die einem definierten Bezugssystem drohen.
Eine Gefährdungsanalyse kann jedoch – nach Festlegung des Bedarfsträgers – auch nur für bestimmte Gefahren ausgelegt sein.

(Meißner)

Gefängnis

Siehe Haftraumtür.

Gefahrendiagramm

Siehe Risikodiagramm

Gefahrenmeldeanlage (GMA)

Siehe auch Brandmeldeanlage, Einbruchmeldeanlage, Gefahrenwarnanlage.
„Gefahrenmeldeanlagen (GMA) sind →Fernmeldeanlagen zum zuverlässigen Melden von Gefahren für Personen und Sachen. Sie bilden aus selbsttätig erfassten oder von Personen veranlassten Informationen Gefahrenmeldungen, geben diese aus und erfassen Störungen. Die →Übertragungswege, die der Übertragung von Informationen und Gefahrenmeldungen die-

nen, sind überwacht. Ihr Versagen ist durch besondere Maßnahmen weitgehend verhindert. Sie können neben elektrischen auch andere Betriebsmittel aufweisen.
Zu einer GMA gehören Einrichtungen für Eingabe, Übertragung (leitungsgeführt und nicht leitungsgeführt), Verarbeitung und Ausgabe von Meldungen, einschließlich zugehöriger →Energieversorgung.
GMA werden wie folgt unterschieden:
a) GMA der Klasse 1 erfassen Störungen und Eingriffe, sofern diese sich wie betriebliche Störungen auswirken.
b) GMA der Klasse 2 erfüllen die Anforderungen der Klasse 1 und darüber hinausgehende Anforderung, dass Eingriffe mit dem Ziel, eine Meldung zu verhindern, zu einer Meldung führen."
Anlagen zur frühzeitigen Warnung insbesondere von anwesenden Personen sind →Gefahrenwarnanlagen (GWA).
(Letzte Änderung: 1.5.2004)
(Definition nach DIN VDE 0833-2)

Gefahrenmelder
Siehe auch Brandmelder, Einbruchmelder (jeweils mit weiteren Verweisen), Überfallmelder
Melder einer →Gefahrenmeldeanlage, die zur Erkennung von Bränden, Überfällen und Einbrüchen dienen.
(Neu aufgenommen am 20.5.2002)
(Definition: VdS)

Gefahrenmeldezentrale
Siehe Alarmzentrale.

Gefahrenschlüssel
Siehe Schließanlage.

Gefahrenwarnanlage (GWA)
Siehe auch Aufmerksamkeitssignal, Bedrohungsmeldung, Belästigungsmeldung, Brandmeldefunktion, Einbruchmeldefunktion. Erinnerungssignal, Gefahrenmeldeanlage (GMA), Haustechnikfunktion, Internwarnung, Kommunikationsfunktion, Notrufzentrale
Elektrische Einrichtung für die frühzeitige Warnung insbesondere von anwesenden Personen zur Vermeidung bzw. Reduzierung von Schäden, die durch Einbruch, Belästigung/Bedrohung, Brand, ausströmendes Gas und Wasser sowie technische Defekte entstehen können. GWA können auch zum Hilferuf von hilfsbedürftigen Personen dienen.
(Neu aufgenommen: 1.5.2004/Letzte Änderung 16.5.2004)
(Definition: VdS)

GEFMA
Deutscher Verband für Facility Management e.V.
Kurzbeschrieb und Anschrift →Behörden, Verbände, Institutionen.

Geheimdienste
Siehe BfV, BND, MAD

Geheimschutz
Siehe auch Geheimschutzdokumentation/-plan, Geheimschutzhandbuch, Geheimschutzverfahren in der Wirtschaft, Sabotageschutzüberprüfung, Sicherheitsbevollmächtigter, Sicherheitsüberprüfungsgesetz, Spionage, Verschlusssachenregelung, TK-Forensik, Zuverlässigkeitsüberprüfungen
Hinweis: Das für den Geheimschutz in der Wirtschaft zuständige Bundeswirtschaftsministerium hat mehrfach die Bezeichnung gewechselt (Bundesministerium für Wirtschaft und Arbeit BMWA, Bundesministerium für Wirtschaft und Technologie BMWi). Es wird im Folgenden stets so bezeichnet wie es zur Zeit der beschriebenen Handlung oder Situation hieß. Die korrekte Bezeichnung seit 2005 lautet wieder Bundesministerium für Wirtschaft und Technologie BMWi.
Geheimschutz ist die Gesamtheit aller Maßnahmen, die dazu dienen, geheimhaltungsbedürftige Tatsachen, Gegenstände oder Erkenntnisse (→Verschlusssachen / VS), unabhängig von ihrer Darstellungsform, vor Kenntnisnahme durch Unbefugte zu schützen. Unbefugt sind dabei alle Personen, die VS nicht zur Kenntnis erhalten müssen. Es gilt der Grundsatz „Kenntnis nur, wenn nötig".
Der staatliche Geheimschutz ist grundlegend im „Gesetz über die Voraussetzungen und das Verfahren von Sicherheitsheitsüberprüfungen des Bundes" (Sicherheitsheitsüberprüfungsgesetz / SÜG (http://bundesrecht.juris.de/s_g/in-

dex.html) vom 20. April 1994 (BGBl. 1 S. 867) sowie in der mit Wirkung vom 29. April 1994 erlassenen „Allgemeinen Verwaltungsvorschrift zum materiellen und organisatorischen Schutz von Verschlusssachen (VS-Anweisung / VSA)" geregelt. Für den Bereich der Wirtschaft ist der maßgebliche Regelungsinhalt dieser beiden Vorschriften in das „Handbuch für den Geheimschutz in der Wirtschaft" (Geheimschutzhandbuch / GHB – herausgegeben vom Bundesminister für Wirtschaft und Arbeit →http://www.bmwi.de im November 2004; Stand: 22.7.2004) zusammengeführt.

Ein effektiver Geheimschutz erfordert umfassendes Hintergrundwissen zu Schwerpunkten und Vorgehensweisen fremder Nachrichtendienste. Vielfach wird er gleichgesetzt mit präventiver/vorbeugender Spionageabwehr. Die Verfassungsschutzbehörden des Bundes und der Länder sind insofern an der Umsetzung der gesetzlichen Vorgaben beteiligt. Die Verantwortung für die Durchführung der im jeweiligen Einzelfall gebotenen Geheimschutzmaßnahmen liegt unmittelbar bei den betroffenen Behörden und Wirtschaftsunternehmen.

Der Gesamtkomplex „Geheimschutz" wird üblicherweise in einen personellen und in einen materiellen Bereich unterteilt.

Personeller Geheimschutz: Der personelle Geheimschutz umfasst sämtliche Sicherheitsmaßnahmen, denen Beschäftigte der gewerblichen Wirtschaft und des öffentlichen Dienstes im Hinblick auf eine von ihnen ausgeübte sicherheitsempfindliche Tätigkeit unterworfen sind. Im Mittelpunkt des personellen Geheimschutzes steht die Sicherheitsüberprüfung – vgl. § 3 Abs. 2 Nr. 1 des „Gesetzes über die Zusammenarbeit des Bundes und der Länder in Angelegenheiten des Verfassungsschutzes und über das Bundesamt für Verfassungsschutz" (Bundesverfassungsschutzgesetz / BVerfSchG http://bundesrecht.juris.de/bverfschg/index.html) –, deren nähere Ausgestaltung dem Sicherheitsüberprüfungsgesetz bzw. dem Abschnitt 4 des Geheimschutzhandbuches zu entnehmen ist.

Diese wird grundsätzlich von der Beschäftigungsstelle – im Bereich der gewerblichen Wirtschaft über das Bundeswirtschaftsministerium (BMWi) – beantragt und kann nur mit Zustimmung des Betroffenen durchgeführt werden. Sie soll in erster Linie verhindern, dass geheimhaltungsbedürftige Informationen solchen Personen zugänglich gemacht werden, die ihrem Charakter, ihren Gewohnheiten und ihrem Umgang nach Anlass zu Zweifeln an ihrer Vertrauenswürdigkeit geben oder bei denen Umstände vorliegen, die eine nachrichtendienstliche Anwerbung erleichtern.

Werden im Zuge der Überprüfung Sicherheitsrisiken bekannt, beispielsweise Verbindungen zu fremden Nachrichtendiensten oder in Straftaten zum Ausdruck kommende Charakterschwächen, empfiehlt die mitwirkende Verfassungsschutzbehörde, die überprüfte Person von geheimen Informationen fernzuhalten. Inwieweit dieser Empfehlung gefolgt wird, obliegt aber letztlich der Entscheidung des Auftraggebers (für den Bereich der Wirtschaft: BMWi), der „Herr des Verfahrens" ist.

Der personelle Geheimschutz umfasst insbesondere auch die laufende Beratung und Betreuung der in sicherheitsempfindlicher Verwendung eingesetzten Mitarbeiter in sämtlichen Fragen des Geheimschutzes sowie die regelmäßige Beratung und Belehrung über die Arbeitsweisen und bevorzugten Aufklärungsziele fremder Spionagedienste. Hierbei erfährt der jeweilige Sicherheitsverantwortliche ebenso Unterstützung durch die Verfassungsschutzbehörden wie im Zusammenhang mit der gegenseitigem Unterrichtung über nachträglich bekanntgewordene sicherheitserhebliche Umstände oder bei der Durchführung von Wiederholungsüberprüfungen.

Materieller Geheimschutz: Den Zwecken des Geheimschutzes dienen auch technische und organisatorische Sicherheitsmaßnahmen (z.B. Panzerschränke, Kontrolleinrichtungen, Schließanlagen, Zäune, Alarmsysteme und innerbetriebliche Organisationsvorschriften). Die zentrale Regelung für diesen Bereich bildet die VS-Anweisung VSA bzw. der Abschnitt 6 des Geheimschutzhandbuches / GHB. Dort sind schwerpunktmäßig die Einstufung und Kennzeichnung von Verschlusssachen sowie deren geschäftsmäßige Behandlung und Aufbewahrung geregelt.

Was die Aufbewahrung von VS anbelangt, gilt die Vorgabe des § 21 VSA bzw. von Ziff. 6.8.1 GHB, wonach VS des Geheimhaltungsgrades VS-VERTRAULICH und höher grundsätzlich in einem sogenannten VS-Verwahrgelass (→Sicherheitsschrank, Aktensicherungsraum) aufzubewahren und zudem außerhalb der Arbeitszeit entweder permanent personell zu bewachen oder durch Gefahrenmeldeanlagen technisch zu überwachen sind. Vor allem im Bereich der Verteidigungswirtschaft kann es gelegentlich notwendig werden, ganze Gebäude oder gar Produktionshallen durch besondere Schutzvorkehrungen abzusichern (Einrichtung einer VS-Sperrzone in der wehrtechnischen Fertigung, Ziff. 6.8.3 GHB).

Die Mitwirkung des Verfassungsschutzes auf dem Sektor des materiellen Geheimschutzes folgt aus § 3 Abs. 2 Nr. 3 BVerfSchG. Angesichts ihrer speziellen Kenntnis der allgemeinen nachrichtendienstlichen Technik sind die Verfassungsschutzbehörden für diese Aufgabe berufen. Auf Bundesebene sind die Zuständigkeiten mittlerweile allerdings größtenteils auf das Bundesamt für Sicherheit in der Informationstechnik (→BSI) übergegangen.

Ein Aufgabenfeld von rapide wachsender Bedeutung auf dem Gebiet des materiellen Geheimschutzes stellt die EDV-Sicherheit bzw. →IT-Sicherheit dar. Die Verarbeitung von VS auf DVAnlagen verursacht in Anbetracht der systembedingten vielgestaltigen Einwirkungs- und Zugriffsmöglichkeiten einen besonders hohen Absicherungsaufwand.

Den spezifischen Belangen des DV-Geheimschutzes wurde durch die Herausgabe gesonderter Bestimmungen Rechnung getragen. An Stelle der früher gültigen – aus dem Jahr 1980 stammenden – Vorschriften hat der Bundesminister des Innern (BMI) für den Bereich der öffentlichen Verwaltung mit Wirkung zum 1. September 1998 die „Richtlinien zum Geheimschutz von Verschlusssachen beim Einsatz von Informationstechnik" (VS-IT-Richtlinien – VSITR) in Kraft gesetzt.

Als weitere die VS-Anweisung ergänzende Spezialbestimmung (§ 64 VSA) hat der BMI – ebenfalls mit Wirkung zum 1. September 1998 – erlassen:

- Richtlinien zur technischen Sicherung und Bewachung von Verschlusssachen (VS-Sicherungsrichtlinien – VSSR)
- Richtlinien zur Beratung und Durchführung von Kontrollen zum Schutz von Verschlusssachen (VS-Kontrollrichtlinien – VSKR).

Der Bundesminister für Wirtschaft hat für die geheimschutzbetreuten Industriebetriebe die für die öffentliche Verwaltung geltenden Vorschriften weitgehend unverändert übernommen bzw. zusätzliche Regelungen herausgegeben, sodass insgesamt gesehen folgende Bestimmungen von Belang sind:

- Richtlinien zum Geheimschutz von Verschlusssachen beim Einsatz von Informationstechnik in Unternehmen (VS-IT-Richtlinien / U – VSITR/U) – Anl. 37 GHB
- Leitfaden für „Unternehmensinterne Kontrollen des/der Sicherheitsbevollmächtigten (SiBe) zum Schutz von Verschlusssachen (VS) einschließlich Geheimschutzplan (Kontrollrichtlinie)" – Anl. 35 GHB
- Leitfaden für die Beförderung bzw. Mitnahme von geheimhaltungsbedürftigen Dokumenten der Einstufung VS-Vertraulich oder höher innerhalb Deutschlands – Anl. 63GHB

Die technischen Maßnahmen des materiellen Geheimschutzes werden abgerundet durch organisatorische Schutzvorkehrungen (z.B. Erstellung betriebsinterner Sicherheitsanweisungen etwa für das Kopierwesen, den Umgang mit VS-Zwischenmaterial, den Besucherverkehr). Ergänzend hierzu empfehlen sich regelmäßige Schwachstellenanalysen.

(Letzte Änderung: 8.7.2006)

(Opfermann)

Geheimschutzdokumentation/-plan

Siehe auch Geheimschutz, Geheimschutzhandbuch, Geheimschutzverfahren in der Wirtschaft, Sicherheitsbevollmächtigter, Spionage, Verschlusssachenregelung.

Hinweis: Das für den Geheimschutz in der Wirtschaft zuständige Bundeswirtschaftsministerium hat mehrfach die Bezeichnung gewechselt (Bundesministerium für Wirtschaft und Arbeit BMWA, Bundesministerium für Wirtschaft und Technologie BMWi). Es wird im Folgenden stets so bezeichnet wie es zur Zeit der beschriebenen Handlung oder Situation hieß. Die korrekte Bezeichnung seit 2005 lautet wieder Bundesministerium für Wirtschaft und Technologie BMWi.

Routinemäßige Kontrollen zum Schutz von Verschlusssachen (VS-Kontrollen) bilden eine wichtige Maßnahme des materiellen →Geheimschutzes. Regelungen hierzu finden sich einerseits in ergänzenden Vorschriften zur Verschlusssachenanweisung, den „Richtlinien zur Beratung und Durchführung von Kontrollen zum Schutz von Verschlusssachen (VS-Kon-

Beispiel einer Geheimschutzdokumentation Aus einer Geheimschutzdokumentation sollen alle wesentlichen Vorschriften und Maßnahmen zum Zwecke des Geheimschutzes hervorgehen. Sie hat insbesondere Folgendes zu enthalten:	
1 .	VS-Vorschriften einschl. Rundschreiben, Erlasse und Dienstanweisungen
2.	Personen, die nach § 15 Abs. 1 Verschlusssachenanweisung (VSA) ermächtigt oder nach § 15 Abs. 2 VSA zugelassen sind
3.	VS-Sicherungskonzept (gem. § 2 der VS-Sicherungsrichtlinien) Darstellung der materiellen Maßnahmen zur Sicherung von VS (einschl. personeller und organisatorischer Vorkehrungen)
3.1	Standorte der Benutzer von VS Aktensicherungsräumen, VS-Verwahrgelassen und VS-Schlüsselbehältern
3.2	Einsatzbereiche von Alarmanlagen einschl. Angaben, wer sie scharf/unscharf schalten sowie sie warten/instandsetzen darf
3.3	Aufbewahrungsort der Reserveschlüssel und Zahlenkombinationen von VS-Verwahrgelassen und VS-Schlüsselbehältern. die Namen der Verwalter und Zugangsmöglichkeiten in Notfällen
3.4	Anzahl und Aufbewahrungsort von VS-Transportbehältern
3.5	Art und Standorte von Geräten zur Vernichtung von VS
3.6	Lagepläne von abhörgeschützten und abhörsicheren Räumen
3.7	Lagepläne von Sicherheitsbereichen
4.	IT-Geheimschutzdokumentation
4.1.	Vorschriften/Dienstanweisungen zum Zwecke des IT-Geheimschutzes
4.2	IT-Geheimschutzkonzept
4.3	Freigabebestätigungen für IT-Systeme und die zugrundeliegenden Prüfungsergebnisse
4.4	Dokumentation der Vergabe, Änderung und Rücknahme von Zugriffsrechten
4.5	Kontroll-/Prüfberichte
4.6	Berichte über Sicherheitsvorkommnisse
5.	Nachweise über Art und Umfang durchgeführter Kontrollmaßnahmen
6.	Dokumentation von Sachverhalten nach § 56 der Verschlusssachenanweisung (z.B. Verdachtshinweise auf unbefugte Kenntnisnahme von Verschlusssachen, Verlust von Verschlusssachen, Verlust von Schlüsseln zu einem VS-Verwahrgelass oder zum Ein- und Aussachalten von Alarmanlagen, bekanntgewordene Verletzungen von Geheimschutzvorschriften)
7.	Dokumentation der Maßnahmen und Ergebnisse nach § 57 der Verschlusssachenanweisung (Sachverhalts-Feststellung bei bekanntgewordener Verletzung von Geheimschutzvorschriften, Verfügungen zur Schadensverhütung bzw. -verringerung, Beiziehung der Spionageabwehr etc.)

trollrichtlinien – VSKR)“ und andererseits in der Anlage 24 des Geheimschutzhandbuches, dem Leitfaden für „Unternehmensinterne Kontrollen des(der Sicherheitsbevollmächtigten zum Schutz von Verschlusssachen (VS) einschließlich Geheimschutzplan (Kontrollrichtlinie)“.

§ 5 der VS-Kontrollrichtlinien verpflichtet den behördeninternen Sicherheitsverantwortlichen dazu, für eine Geheimschutzdokumentation zu sorgen, aus der alle wesentlichen Vorschriften und Maßnahmen zum Zwecke des Geheimschutzes hervorgehen. Diese Bestimmung entspricht insofern den Vorbemerkungen der Kontrollrichtlinie für die Wirtschaft, wo als Basis für VS-Kontrollen die Erstellung eines Geheimschutzplanes gefordert wird. Die Geheimschutzdokumentation bzw. der Geheimschutzplan stellt gleichzeitig eine Bestandsaufnahme vorhandener Geheimschutzvorkehrun-

Beispiel eines Geheimschutzplans Der Geheimschutzplan eines Wirtschaftsunternehmens soll u.a. enthalten:	
1 .	Vorschriften Die anzuwendenden unternehmensinternen Vorschriften zum Schutz von Verschlusssachen sowie die besonderen Weisungen und Anordnungen des Bundesministers für Wirtschaft
2.	Personalübersichten
2.1.	VS-Ermächtigte, geordnet nach Namen/Organisationseinheiten mit Geheimhaltungsgraden; auftragsbezogenes VS-Personalverzeichnis
2.2.	VS-Verwalter
2.3.	Schreib- und Vorzimmerkräfte (soweit VS-ermächtigt)
2.4.	VS-Boten und VS-Kuriere
2.5.	Verzeichnisse des Personals, das besondere Zugangsberechtigungen besitzt (z.B. Krypto-Verwalter, ELOKA-Verpflichtete*)
3.	Übersicht über die vorhandenen Sicherungseinrichtungen
3.1.	VS-Verwahrgelasse und VS-Schlüsselbehälter
3.1.1.	Standorte und Benutzer
3.1.2.	Namen der Verwalter der Reserveschlüssel und Zahlenkombinationen
3.1.3.	Aufbewahrungsorte der Reserveschlüssel und Zahlenkombinationen sowie Zugangsmöglichkeiten (auch außerhalb der Arbeitszeit)
3.2.	Gefahrenmeldeanlagen
3.2.1.	VS-Verwahrgelasse, Räume usw., die durch Gefahrenmeldeanlagen abgesichert sind. Angaben darüber, wer die Gefahrenmeldeanlagen ein- und ausschalten darf, wer die Ein- und Ausschaltezeiten überprüft und wo und durch wen die Reserveschlüssel und Zahlenkombinationen aufbewahrt bzw. verwaltet werden
3.2.2.	Angaben, bei welcher Stelle (Polizei usw.) Alarm ausgelöst und was in diesem Fall veranlasst wird
3.2.3.	Plan über den Verlauf der Leitungen der Gefahrenmeldeanlagen innerhalb des Unternehmensgeländes
3.3.	VS-Transportbehälter Angaben, ob und ggf. wie viele VS-Transportbehälter vorhanden sind und wo sie aufbewahrt werden - B/W-.
4.	Sicherheitsbereiche Lagepläne über VS-Sperr- und VS-Kontrollzonen sowie die zu deren Schutz getroffenen Maßnahmen
5.	Geräte zur Vernichtung von VS Standorte und Art der vorhandenen Geräte
6.	Vervielfältigungsgeräte
6.1.	Standorte der Ablichtungs- und Druckgeräte, mit welchen Verschlusssachen gefertigt werden dürfen
6.2.	Angaben über Maßnahmen zur Verhinderung der unbefugten Vervielfältigung von Verschlusssachen
7.	Übersicht über sonstige technische und organisatorische Maßnahmen zum Schutz von Verschlusssachen
7.1.	Angaben über Verwaltung und Sicherung der Schlüssel zu Räumen, in denen Verschlusssachen bearbeitet werden; Schließplan
7.2	Angaben über Abhörschutzmaßnahmen (abhörtechnische Prüfungen, abhörgeschützte Telefone, abhörgeschützte/abhörsichere Räume einschließlich Zugangsregelung, Reinigung, Schlüsselaufbewahrung usw.)
7.3.	Standorte der Kryptograte und verwendeten Kryptodatenträger (Schlüsselbereiche)
7.4.	VS-Übergabeverhandlungen und Empfangsscheine für VS-Bestandsverzeichnisse

** ELOKA: Begriff aus dem militärischen Bereich, Abkürzung für „Elektronische Kampfführung“

gen und eine Checkliste zur sachgerechten Durchführung von VS-Kontrollen dar.
Der Standardinhalt einer Geheimschutzdokumentation ist in § 5 der VS-Kontrollrichtlinien aufgelistet, während im Anhang zur Kontrollrichtlinie für die Wirtschaft ein kompletter Muster-Geheimschutzplan wiedergegeben wird. Die dort aufgeführten Positionen können nach individuellem Bedarf ergänzt oder weggelassen werden. Der Umstand, dass die Geheimschutzdokumentation bzw. der Geheimschutzplan eine Vielzahl sensibler Angaben enthält, macht eine Einstufung als →Verschlusssache des Geheimhaltungsgrades VS NUR FÜR DEN DIENSTGEBRAUCH erforderlich.
(Letzte Änderung: 8.7.2006)

(Opfermann)

Geheimschutzhandbuch

Siehe auch Geheimschutz, Geheimschutzdokumentation/-plan, Geheimschutzverfahren in der Wirtschaft, Sicherheitsbevollmächtigter, Spionage, Verschlusssachenregelung.

Hinweis: Das für den Geheimschutz in der Wirtschaft zuständige Bundeswirtschaftsministerium hat mehrfach die Bezeichnung gewechselt (Bundesministerium für Wirtschaft und Arbeit BMWA, Bundesministerium für Wirtschaft und Technologie BMWi). Es wird im Folgenden stets so bezeichnet wie es zur Zeit der beschriebenen Handlung oder Situation hieß. Die korrekte Bezeichnung seit 2005 lautet wieder Bundesministerium für Wirtschaft und Technologie BMWi.

Das seit den 60er Jahren vom Bundesminister für Wirtschaft herausgegebene „Handbuch für den Geheimschutz in der Wirtschaft" (Geheimschutzhandbuch / GHB) fasst die bei der Durchführung geheimhaltungsbedürftiger öffentlicher Aufträge zu beachtenden Vorschriften in einem einheitlichen Regelwerk zusammen. Die derzeit gültige Version vom Februar 2002 (→https://www.bmwi-geheimschutz.de) berücksichtigt neben den in der NATO schon seit Längerem festgelegten Mindeststandards zum Schutz von Verschlusssachen insbesondere das neue Sicherheitsüberprüfungsrecht des Bundes und die aktuelle Fassung der Verschlusssachenanweisung. Wirtschaftsunternehmen oder Einzelpersonen, die einen staatlichen Verschlusssachenauftrag ausführen wollen, verpflichten sich gegenüber der Bundesrepublik Deutschland durch den Abschluss eines öffentlich-rechtlichen Vertrages zur rechtsverbindlichen Anerkennung der Bestimmungen des Geheimschutzhandbuches einschließlich späterer Ergänzungen bzw. Änderungen.
Der BMWA beabsichtigte im November 2004 ein neues GHB mit dem Stand vom 22. Juli 2004 in Kraft gesetzt. Durch eine deutliche Verschlankung und durch eine grundlegende Neuordnung des Werkes hat es wesentlich an Übersichtlichkeit gewonnen. Inhaltlich werden die maßgeblichen Verfahrensregelungen allerdings weitgehend beibehalten.
(Letzte Änderung: 8.7.2006)

(Opfermann)

Geheimschutzplan

Siehe Geheimschutzdokumentation/-plan.

Geheimschutzverfahren in der Wirtschaft

Siehe auch Geheimschutz, Geheimschutzdokumentation/-plan, Geheimschutzhandbuch, Sicherheitsbevollmächtigter, Sicherheitsüberprüfungsgesetz, Spionage, Verschlusssachenregelung.

Hinweis: Das für den Geheimschutz in der Wirtschaft zuständige Bundeswirtschaftsministerium hat mehrfach die Bezeichnung gewechselt (Bundesministerium für Wirtschaft und Arbeit BMWA, Bundesministerium für Wirtschaft und Technologie BMWi). Es wird im Folgenden stets so bezeichnet wie es zur Zeit der beschriebenen Handlung oder Situation hieß. Die korrekte Bezeichnung seit 2005 lautet wieder Bundesministerium für Wirtschaft und Technologie BMWi.

Das Geheimschutzverfahren in der Wirtschaft basiert auf dem „Handbuch für den Geheimschutz in der Wirtschaft" (Geheimschutzhandbuch / GHB, herausgegeben vom Bundesminister für Wirtschaft und Arbeit (BMWA) →http://www.bmwi-geheimschutz.de) bzw. →http://www.bmwa-Sicherheitsforum.de. Es widmet sich nicht dem Schutz „bloßer" Firmengeheimnisse (Ziff. 1.8.1 Abs. 4 GHB), sondern kommt regelmäßig dann zur Anwendung, wenn ein Unternehmen im Rahmen eines öffentlichen Entwicklungs- oder Produktionsauftrages mit Verschlusssachen (VS) befasst werden muss. Gemäß Ziff. 1.1 Abs. 2 GHB bezweckt es primär die Schaffung, Auf-

3

rechterhaltung und Durchführung sämtlicher Maßnahmen zum Schutz von VS. Nach Ziff. 1.1 Abs. 1 GHB i. V. m. § 25 Abs. 1 des Gesetzes über die Voraussetzungen und das Verfahren von Sicherheitsüberprüfungen des Bundes (Sicherheitsüberprüfungsgesetz / SÜG (Sicherheitsheitsüberprüfungsgesetz / SÜG →http://www.bundesrecht.juris.de/s_g/ vom 20 April 1994 (BGBl. I S. 867) liegt die Zuständigkeit für den Geheimschutz in der Wirtschaft bei VS-Aufträgen von Bundesbehörden oder nichtdeutschen Stellen beim BMWi. Fungiert dagegen eine Landesbehörde als öffentlicher Auftraggeber, so tritt die jeweils zuständige oberste Landesbehörde an die Stelle des BMWi (z. B. § 26 Abs. 1 des Baden-Württembergischen Gesetzes über die Sicherheitsüberprüfung aus Gründen des Geheimschutzes - Landesicherheitsüberprüfungsgesetz Bad.-Württ. / LSÜG BW)).

Im Rahmen des Geheimschutzverfahrens hat das BMWi diverse Beratungs-, Betreuungs- und Kontroll-Leistungen zu erbringen. Als Mitwirkungsbehörden sind daneben die Verfassungsschutzbehörden des Bundes (→BfV) und der Länder sowie das Bundesamt für Sicherheit in der Informationstechnik (→BSI) beteiligt. Der Gang des Geheimschutzverfahrens lässt sich in vier Phasen gliedern:

1. Aufnahme eines Unternehmens in die amtliche Geheimschutzbetreuung

Eine Einbeziehung in die amtliche Geheimschutzbetreuung kraft eigenen Antrags ist nicht möglich. Sie ist vielmehr in engem Zusammenhang mit einem konkreten geheimschutzbedürftigen Auftrag zu sehen und wird in der Regel dadurch eingeleitet, dass ein öffentlicher Auftraggeber (z. B. Bundesministerium für Verteidigung bzw. Bundesamt für Wehrtechnik und Beschaffung) gegenüber dem BMWi die Aufnahme eines Unternehmens vorschlägt (Ziff. 2.1 Abs.1 S. 1 GHB). Geht diese Initiative ausnahmsweise einmal von einem nichtamtlichen VS-Auftraggeber aus (z. B. von einem Unternehmen, das sich selbst bereits in der Betreuung befindet und seinerseits beabsichtigt, einen geheimschutzbedürftigen Unterauftrag zu vergeben), so hat dieser zuvor die Einwilligung des im Hintergrund stehenden amtlichen VS-Auftraggebers einzuholen (Ziff. 2. 1 Abs. 1 S. 2 GHB). Ein weiterer Ausnahmetatbestand betrifft Bewerber um VS-eingestufte NATO-Infrastrukturvorhaben, die vom Bundesamt für Wirtschaft und Ausfuhrkontrolle (BAFA) zur Aufnahme vorgeschlagen werden.

Grundlegende Voraussetzung für die Aufnahme in die amtliche Geheimschutzbetreuung ist die rechtsverbindliche Anerkennung der Bestimmungen des GHB – einschließlich späterer Änderungen und Ergänzungen – durch den Abschluss eines öffentlich-rechtlichen Vertrages (gem. Anlage 1 GHB) zwischen einem Unternehmen und der Bundesrepublik Deutschland, vertreten durch das BMWi. Diese sowie diverse weitere einzugehende Verpflichtungen ergeben sich aus Ziff. 2.2 GHB. U. a. ist danach ein fachlich und persönlich geeigneter →Sicherheitsbevollmächtigter als zentrales Sicherheitsorgan einzusetzen, das künftig in allen Angelegenheiten, die den Geheimschutz in dem Unternehmen berühren, gleichermaßen als Ansprechpartner der Geschäftsleitung sowie aller am Geheimschutzverfahren beteiligten Behörden fungiert. Bei der Entscheidung, ob ein Unternehmen in die amtliche Geheimschutzbetreuung aufgenommen werden kann, spielt auch die Frage eine Rolle, ob ausländische Kapitalbeteiligungen oder andere maßgebliche Einflussmöglichkeiten von Personen bestehen, die nicht die deutsche Staatsangehörigkeit besitzen (Ziff. 2.3.4 GHB). In diesen Fällen kommt es darauf an, den ausländischen (Kapital-)Einfluss so weit zu begrenzen, dass eine Gefährdung geheimschutzbedürftiger Vorgänge ausgeschlossen werden kann.

Weitere Aufnahmevoraussetzungen sind die Sicherheitsüberprüfung (→Geheimschutz / Personeller Geheimschutz) der gesetzlichen Vertreter des Unternehmens, des →Sicherheitsbevollmächtigten (Sibe) und dessen Vertreters sowie des zur ordnungsgemäßen Auftragsdurchführung erforderlichen Personals. Nachdem der Sibe und sein Vertreter vom BMWi in ihre Aufgaben eingeführt wurden und außerdem noch gegebenenfalls zu treffende materielle Schutzmaßnahmen (→Geheimschutz / Materieller Geheimschutz) festgelegt worden sind, ergeht am Ende der ersten Phase der sog. Sicherheitsbescheid (Ziff. 2.4.1.1 Abs. 1 GHB). Dieser enthält die grundlegenden Angaben zum Geheimschutz bei dem Unternehmen und wird vom BMWi sowohl dem VS-Auftraggeber als auch dem betroffenen Unternehmen selbst zugestellt.

2. Herstellung der Arbeitsbereitschaft in Bezug auf die Bearbeitung von Verschlusssachen
Der VS-Auftragnehmer ist verpflichtet, gegenüber seinem Auftraggeber schriftlich zu bestätigen, dass der im Sicherheitsbescheid ausgewiesene Sicherheitsstandard tatsächlich vorhanden ist.
Dem VS-Auftraggeber wiederum obliegt gem. Ziff. 2.4.1.1 Abs. 5 die Prüfung, ob die im Sicherheitsbescheid angegebenen Sicherheitsvorkehrungen für die ordnungsgemäße VS-Auftragsdurchführung voraussichtlich ausreichen. Dabei orientiert er sich an der von ihm selbst erarbeiteten VS-Einstufungsliste, in der die Schutzbedürftigkeit der einzelnen Teile des Auftrags im Detail festgehalten ist.
Gegebenenfalls muss ein neuer Sicherheitsbescheid beantragt werden. In diesem Zusammenhang könnte beispielsweise eine höhere Überprüfungskategorie der mit dem Auftrag befassten Mitarbeiter erforderlich sein. Oder es sind in enger Abstimmung mit dem BMWi herausragende materielle Schutzmaßnahmen, wie z. B. die Einrichtung von Sperr- und Kontrollzonen, festzulegen (Ziff. 6.3, Ziff. 68.3 GHB).
3. Durchführung des VS-Auftrags
Die Durchführung des Auftrags kann eine kurze Zeitspanne ausmachen; nicht selten wird sie sich jedoch über Jahre hinziehen. Auch in dieser Phase ist ein intensiver Kontakt zwischen dem geheimschutzbetreuten Unternehmen und dem BMWi unerlässlich. So ist der VS-Auftragnehmer beispielsweise gem. Ziff.1.11 GHB verpflichtet, dem BMWi halbjährlich alle im Unternehmen vorliegenden oder bearbeiteten VS Aufträge zu melden.
Soweit erforderlich, beraten Außendienstmitarbeiter des BMWi das Unternehmen vor Ort. In bestimmten Zeitabständen erfolgt im Rahmen einer Geheimschutzinspektion die umfassende Kontrolle sämtlicher im Unternehmen getroffenen Sicherheitsmaßnahmen.
4. Beendigung der Geheimschutzbetreuung
Gem. Ziff. 2.6 GHB kann die Geheimschutzbetreuung – grundsätzlich jederzeit – durch eine entsprechende Kündigung des Unternehmens oder des BMWi beendet werden.
Eine „ordnungsgemäße" Beendigung kommt in erster Linie dann in Betracht, wenn der zugrunde liegende Werkvertrag erfüllt und der Auftrag kaufmännisch abgewickelt wurde. Die Geheimschutzbetreuung wird jedoch auf jeden Fall weitergeführt, sofern noch VS aus dem Auftrag im Unternehmen verbleiben. Allerdings hat der VS-Auftragnehmer spätestens fünf Jahre nach Beendigung des Auftrags und danach in angemessenen Zeitabständen zu prüfen, ob eine VS noch benötigt wird (Ziff. 1.11 Abs. 3 GHB). Mit der Rückgabe oder Vernichtung der letzten im Unternehmen befindlichen VS ist praktisch die Geschäftsgrundlage für das amtliche Geheimschutzverfahren weggefallen. Sofern indessen nicht ausgeschlossen ist, dass dem Unternehmen in absehbarer Zeit erneut ein geheimschutzbedürftiger Auftrag erteilt wird, kann das Geheimschutzverfahren – im Hinblick auf Zeit und Aufwand, die eine wiederholte Aufnahme in die amtliche Betreuung verursachen würde – im beiderseitigen Einvernehmen zwischen Firma und BMWi fortgesetzt werden. Andernfalls hebt das BMWi seinen Sicherheitsbescheid auf und wickelt mit dem Unternehmen die notwendigen Maßnahmen für das Ausscheiden aus dem Geheimschutzverfahren ab.
(Letzte Änderung: 8.7.2006)

(Opfermann)

Geiselalarm
Siehe Zutrittskontrolle.

Geistiger Verschluss
Siehe Scharfschalteinrichtung.

Geistige Schalteinrichtung
Siehe auch Scharfschalteinrichtung.
Schalteinrichtung, bei der die Betätigungsberechtigung mittels Zahlen- und/oder Buchstabenfolgen geprüft wird, z.B. Eingabe eines Zahlencodes; danach kann der Schaltvorgang durchgeführt werden.
(Letzte Änderung: 9.5.2004)

(Definition nach DIN VDE 0833-3)

Geldautomat/Wertschutzschrank für Geldautomat
Siehe auch Ausweis, BBA, Chipkarte, Kartensicherheit, KBA, POS-Terminal, Wertschutzschrank, Widerstandswert.
Geldautomaten (auch Bargeldautomaten, Bankautomaten, Bancomaten) sind Geräte

3

zum Bezug oder Einzahlen von Bargeld aufgrund einer Berechtigungskarte und einer persönlichen Identifikationsnummer (→PIN), die in eine Tastatur eingetippt werden muss.

Geldautomaten sind komplexe Geräte, bestehend aus einem mechanischen Teil (Wertschutzschrank für Geldautomat, Vorrichtung zur Vereinzelung und Ausgabe von Banknoten, Vorrichtung zum Einzug von Karten) sowie elektronischen Komponenten (Kartencodierung, PIN-Prüfung, Kommunikation zur Zentrale). Die Automaten können online, offline oder zu bestimmten Zeiten online, ansonsten offline arbeiten. Nur im Online-Betrieb sind sie mit einer DV-Zentrale verbunden, welche ihrerseits mit den angeschlossenen Kreditinstituten kommuniziert. Die Belastung des Kundenkontos erfolgt entweder unmittelbar beim Bezug oder periodisch auf Abfrage.

Zur Verhinderung von Missbräuchen wird der Maximalbetrag pro Tag und/oder pro Transaktion beschränkt. Bei mehrmaliger Falscheingabe der PIN wird zudem bei vielen Systemen die Karte eingezogen. Möglichkeiten zur weiteren Absicherung, z.T. auch gegen Raubüberfälle: Videoüberwachung, Aufstellung in der Lobby (wobei die Bezugskarte die Außentür öffnen kann), zusätzliche Sicherheitskomponenten wie →Chipkarte, Identikey.

Um einen ausreichenden Einbruchdiebstahlschutz sicherzustellen, sind an den Widerstandswert des mechanischen Schutzes für Geldautomaten erhöhte Anforderungen zu stellen. Wertschutzschränke für Geldautomaten werden vom →European Certification Board·Security Systems (ECB·S) in den Widerstandsgraden L, I, II bis VIII nach EN 1143-1 (EN 1143-1A1) zertifiziert. Sie müssen das Geld und die schutzbedürftigen Bauteile sichern.

Für die elektronische Überwachung von Geldautomaten hat die Industrie spezielle →Körperschallmelder entwickelt, die den exponierten Standorten der GAA Rechnung tragen (Lärm und Vibration durch Straßenverkehr und Erschütterungen beim normalen Betrieb wurden ausgefiltert).

Geldautomaten, die über den Geldbezug hinaus weitere Transaktionen ermöglichen, werden ATMs genannt (automated teller machine). Wird statt Geld eine Ware bezogen, so spricht man von POS (point of sales). Die Transaktion erfolgt über ein →POS-Terminal.

Die Anforderungen der →UVV Kassen an Bau und Betrieb von Geldautomaten in Kreditinstituten sind unter den Stichworten →BBA und →KBA abgehandelt.

Informationen über Wertschutzschränke für Geldautomaten und die →ECB·S-Zertifizierung erteilt die →European Security Systems Association ESSA (früher Forschungs- und Prüfgemeinschaft Geldschränke und Tresoranlagen e.V., Lyoner Straße 18, 60528 Frankfurt, Tel. +49 69 6603-1451, Fax +49 69 6603-1675, E-mail: ecbs@vdma.org, Internet: www.ecb-s.com

(Letzte Änderung: 17.7.2006)

(Reingen)

Geldbearbeitung

Siehe auch UVV „Wach- und Sicherungsdienste", Werttransport.

Zählung und Bearbeitung von Noten- und Münzgeldern, Sorten und Schecks mit anschließender Aufbereitung der Werte gemäß den Richtlinien der Bundesbank.

Geldbearbeitung wird als Dienstleistung angeboten. Hierbei reicht die Leistungspalette von einem einfachen Soll-Ist-Vergleich über die Durchführung von komplexen Kassenabrechnungen für den Handel bis hin zu allumfassenden Zentral-/Hauptkassentätigkeiten für Geldinstitute. Bankmäßige Zählung von Barwerten, Rollierung von Münzen, Codierung von Schecks oder Belegen, die Abrechnung von Geldautomaten oder die Führung von Bargeldbeständen gehören mittlerweile zum Standard eines leistungsfähigen Dienstleisters.

Er kann Technik und Personal effizient einsetzen, wobei Sicherheit und Zuverlässigkeit einen hohen Stellenwert haben. Weitere Vorteile ergeben sich eindeutig messbar in Form kürzerer Wertstellungszeiten, niedrigerer Bankgebühren, dem Abbau eigener Personal- und Personalfolgekosten sowie der verbesserten Dispositionsmöglichkeiten.

Geldbearbeitungsleistungen werden heutzutage in der Regel mittels sogenannter Geldzählsysteme dargestellt, die mit handelsüblichen PCs vernetzt sind. So ist nach Abschluss der einzelnen Zählvorgänge die Protokollierung in der vom Auftraggeber bevorzugten Form – entweder herkömmlich als Listenprotokoll oder auch elektronisch direkt in das Buchhaltungssystem des Auftraggebers – möglich.

(Franz)

Geldfälschung

Siehe auch Fälschungssicherheit

Unter Falschgelddelikten versteht man Falschmünzerei, Verbreitung von Falschgeld, Abschieben von Falschgeld nach Erkennen seiner Unechtheit, Münzverringerung („kippen"), Vorbereitungshandlungen zur Herstellung von Falschgeld (z.B. Anschaffung oder Anfertigen von Platten, Siegeln, Stichen, die zur Herstellung von Falschgeld dienen). Angesichts der verbreiteten Farbkopien von Geldscheinen wurden Falschgelderkennungsgeräte entwickelt, die durch UV-Licht die in die echten Scheine eingebrachten Sicherungsmerkmale sichtbar werden lassen – Merkmale, die durch den Kopiervorgang nicht reproduzierbar sind.

(Dr. Steinke)

Geldschrank

Siehe Kassenschrank, Panzerschrank, Sicherheitsschrank, *Wertschutzschrank*

Geldtransport

Siehe Werttransport.

Generalhauptschlüsselanlage

Siehe Schließanlage.

Gesamtüberwachungsbereich

Gesamter durch →Brandmelder überwachter Bereich. Entspricht dem →Sicherungsbereich nach DIN VDE 0833-1

(Letzte Änderung: 9.5.2004)

Geschäftsgeheimnis

Siehe Spionage.

Geschossfläche

Die Fläche eines Gebäudes, die üblicherweise die auf einer horizontalen Ebene liegenden Räume und Bereiche eines Gebäudes umfasst. Abweichungen in der Höhenlage von etwa ± 50 cm vom allgemeinen Mittelwert sind möglich und begründen keine besondere Bezeichnung. Detaillierte Zuordnungen und Anrechnungen von Flächenanteilen zur Geschossfläche sind je nach nutzbarer Höhe des Geschosses bzw. seiner Nutzung oder der Geschosslage im Gebäude möglich (z.B. Dachgeschosse mit schrägen Wandflächen). Die Bewertung der Geschossfläche im Sinne des bautechnischen Brandschutzes bzw. des bautechnischen Explosionsschutzes weicht von dieser allgemeinen Einstufung insofern ab, als die Anteile von Öffnungen in Geschossdecken bzw. deren Einzelgröße zum Kriterium erhoben werden. Im Zusammenhang mit der Bestimmung der Brandabschnitte kann die Geschossfläche innerhalb eines Brandabschnittes Reglementierungen in ihrer zulässigen Größe unterliegen.

(Letzte Änderung: 21.6.98)

(Prof. Beilicke)

Gesichtserkennung (automatisch)

Siehe Bildvergleich, Biometrie (mit weiteren Verweisen), Personenidentifikation, Zutrittskontrolle.

Dient im Gegensatz zum →Bildvergleichsverfahren dem automatischen Vergleich eines Bildes einer Person mit einem oder mehreren in digitalisierter Form vorliegenden Bildern. Diese Systeme können im Bereich der →Zutrittskontrolle und im Bereich der →Personenidentifizierung eingesetzt werden. Es ist zwischen zwei Vergleichsabläufen zu unterscheiden:

- Vergleich eines (digitalisierten) Bildes mit einem im Rechner befindlichen Bild.

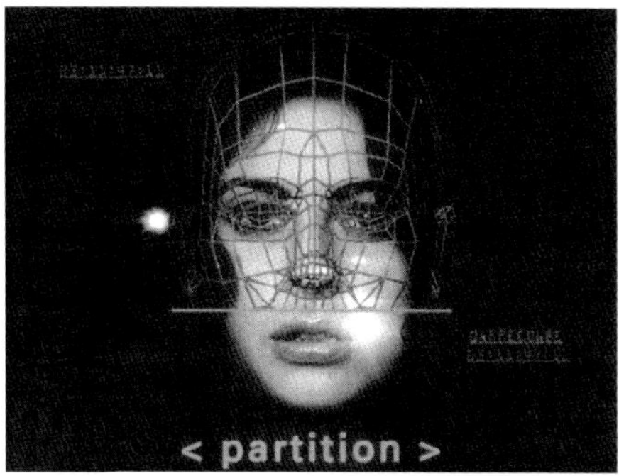

Im Rechner wird ein künstliches Netz über das erfasste Gesicht gelegt. An den Gitterpunkten werden individuelle Merkmale errechnet und mit den gespeicherten Daten verglichen.

(Foto: Cognitec Systems GmbH)

3

- Vergleich eines Livebildes mit einem im Rechner befindlichen Bild.

Im ersten Fall liegt das zu vergleichende Bild bereits in digitalisierter Form vor und es wird das dazu passende Bild aus einer Datenbank gesucht, in dem dann noch weitere Angaben zu der betreffenden Person abgelegt sind. Hierbei handelt es sich um eine Anwendung, die z.B. bei polizeilichen Ermittlungen eingesetzt werden kann. Die Nutzung eines Phantombildes für eine Datenbanksuche ist theoretisch für eine Einschränkung von Verdächtigen möglich.

Im zweiten Fall wird das zu vergleichende Bild mittels einer Kamera (in der Regel eine →CCD-Kamera) aufgenommen und an eine in einem Rechner befindliche Framegrabber-Karte weitergeleitet. In dieser Framegrabber-Karte werden unterschiedliche Parameter, die für die Digitalisierung des betreffenden Bildes notwendig sind, eingestellt, wie z.B.:

- Festlegung des Bildbereiches, in dem sich das zu digitalisierende Bild befindet.
- Einstellung des Kontrastes.

Nach der Digitalisierung wird das nun in digitaler Form vorliegende Bild an die Auswerte- und Steuersoftware übergeben. Die Auswertesoftware extrahiert nach bestimmten Kriterien, die für die betreffende Person eindeutigen Merkmale und vergleicht diese dann mit den in der Datenbank abgelegten Merkmalen.

Bei einem auf dem Markt erhältlichen System beträgt die Ver- bzw. Bearbeitungszeit ca. 2-3 Sekunden. Der Lesevorgang wird durch Benutzen einer Karte oder durch die Eingabe einer PIN gestartet, und ein Bild der zutrittsbegehrenden Person wird aufgenommen und an den betreffenden Rechner zur weiteren Bearbeitung weitergeleitet. Dieses System ist als Erweiterung zu bestehenden Zutrittskontrollsystemen konzipiert und nicht für eine alleinige Zutrittskontrolle. Die bei diesem System verwendeten Karten bzw. PIN besitzen keine Sicherheitsfunktion, sondern dienen dem Auffinden des betreffenden Datensatzes, um den Vergleichsvorgang zu beschleunigen.

Bei einem anderen System wurden neben dem Gesicht auch die Stimmanalyse und die Bewegung der Lippen, bei der Stimmanalyse, für eine Erkennung von Benutzern genutzt.

Bei Rechnersystemen lässt sich aufgrund von Multimediaentwicklungen bzw. der Möglichkeit von Videokonferenzen eine Entwicklung erkennen, bei der mittels der Videokamera und einer in IT-Systemen vorhandenen Zusatzsoftware eine Zugangskontrolle durchgeführt wird.

(Letzte Änderung: 8.7.2002)

(Munde)

GHB

Siehe Geheimschutzhandbuch

GIF

Gütegemeinschaft Instandhaltung Feuerlöschgeräte

Kurzbeschrieb und →Anschrift Behörden, Verbände und Institutionen.

Siehe auch bvfa – Bundesverband Technischer Brandschutz e.V.

Gigahertz

Siehe auch Freilandschutz, Mikrowellendetektor, Raumüberwachung.

Das Hertz (Hz) ist die Maßeinheit für elektromagnetische Schwingungen pro Sekunde (Frequenz). So bedeuten:

- 1 Hz: 1 Schwingung pro Sekunde
- 1 Kilohertz (kHz): 1000 Schwingungen pro Sekunde
- 1 Megahertz (MHz): 1 Mio. Schwingungen pro Sekunde
- 1 Gigahertz (GHz): 1 Mrd. Schwingungen pro Sekunde.

Signale im Gigahertz-Bereich haben ähnliche Ausbreitungseigenschaften wie das sichtbare Licht. Sie werden deshalb zur Übertragung von Telefongesprächen zwischen zwei Antennen benützt, welche typische Entfernungen von einigen bis ca. 50-100 Kilometern aufweisen (sog. Richtstrahl- oder Mikrowellenverbindungen), oder von Erdefunkstellen zu Satellit.

Mikrowellensysteme zur Perimeter- oder Raumüberwachung benützen den Frequenzbereich von 10-20 GHz. Bei solchen Anlagen stellt der Empfänger eine Abschwächung des empfangenen Signals fest, wenn sich ein Gegenstand in den Strahlungsbereich hineinbewegt.

Wegen der hohen Abstrahlung lassen sich GHz-Signale nicht drahtgebunden übertragen; eine gebundene Übertragung ist nur mit sog. Hohlleitern über beschränkte Distanz möglich.

(Spinnler)

Gitter

Siehe auch Einbruchhemmende Fenster, Einbruchhemmende Gitter, Faseroptischer Melder, Lichtschachtsicherung, Pneumatischer Druckdifferenzialmelder, Rollgitter, Scherengitter, Vorsatzgitter.

Gitter dienen zum Verschluss von Öffnungen, welche gegen unbefugten Ein- und Austritt geschützt werden sollen.

Man unterscheidet feste und bewegliche Gitter. Feste Gitter, die hauptsächlich als Fensterschutz angebracht werden, müssen im Mauerwerk so stark verankert sein, dass sie nicht ohne großen Zeitaufwand und spezielle Werkzeuge entfernt werden können.

Feste Gitter werden auch als Perimeterschutz (→Freilandschutz) verwendet.

Der Stababstand (Maschenweite) von Gittern, die der Sicherung ausgestellter Waren dienen, muss so ausgelegt sein, dass die Ware nicht durch die Gittermaschen hindurch entwendet werden kann.

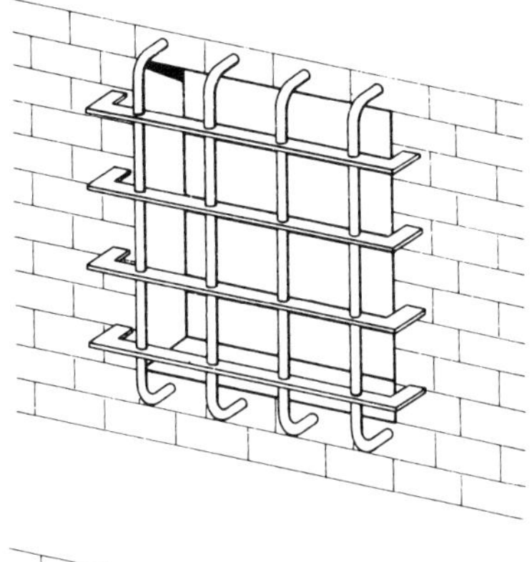

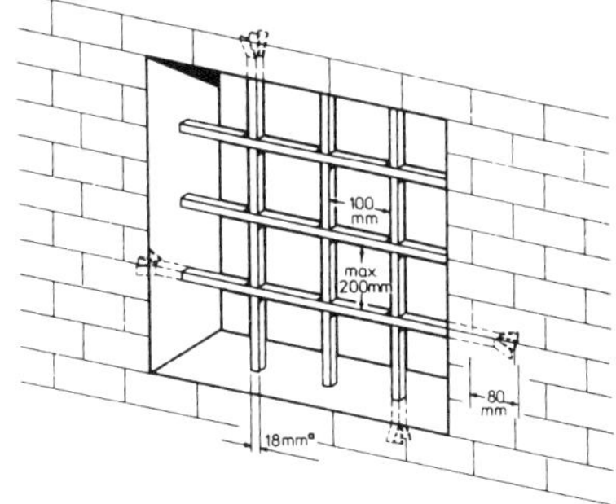

Gitterformen und -maße (VdS)

Ein ausreichender Sicherheitswert ist nach VdS-Sicherungsrichtlinien nur dann gegeben, wenn:

- Vierkantstäbe aus Stahl, Mindestdicke 18 mm, verwendet werden
- die Abstände zwischen den waagerechten Gitterstäben max. 200 mm, zwischen den senkrechten max. 100 mm betragen
- die Stäbe an den Berührungspunkten verschweißt sind
- sämtliche Stabenden gespreizt und mindestens 80 mm tief im Mauerwerk verankert oder an Türen/Toren oder Fensterfriesen so angebracht sind, dass sie von außen nicht demontiert werden können.

Gegen ein Durchsägen der Gitterstäbe können diese als Rohr ausgeführt und innen mit einem losen Rundstab versehen werden. Trifft die Säge auf den Rundstab, so fängt dieser an zu drehen, was ein weiteres Vordringen der Säge verhindert. Eine weitere Möglichkeit ist die Ausführung der Gitterstäbe aus Manganstahl.

Alarmgitterstäbe: Rechteckrohre mit eingepassten Glasstäben, zwischen denen empfindliche Kupferleiter liegen. Bei Druck, Schlägen, Verwinden, Durchtrennen oder anderen Verformungen bricht das Glas und zerstört die Alarmsignal tragenden Kupferleiter. Vorteil dieses Systems: alterungsbeständig, wartungsfrei und in hohem Maße funktionssicher.

Feste Gitter können auch als geschlossenes Rohrsystem ausgeführt und mit einem überwachten Luft- oder Gasüberdruck versehen werden. Wird ein solches Gitter beschädigt, entsteht im System ein Druckabfall, der eine Alarm-Anlage in Betrieb setzt. (→Pneumatischer Differenzialdruckmelder). Große Gitterumfriedungen können in System- bzw. Alarmsektoren unterteilt werden, was zur schnelleren Ermittlung der Schadstelle führt.

→Licht- und Lüftungsschachtgitter (→Faseroptischer Melder) müssen derart befestigt sein, dass sie von außen nicht entfernt werden können.

→Scherengitter und Rollgitter werden dort verwendet, wo die Durchgänge zeitweise freigegeben werden müssen, z.B. Geschäftseingänge. Sie werden auch zum Schutz von Ausstellungsgütern in Schaufenstern eingesetzt, wo sie nur außerhalb der Betriebszeit geschlossen werden.

(Letzte Änderung: 27.4.2004)

(Redaktion)

Glas

Siehe auch Acrylglas, Alarmglas, Alarm-Sicherheitsfolie, Brandschutz-Verglasung, Chemisch vorgespanntes Glas, Drahtglas, Durchbruch- / Durchschuss- / Durchwurfhemmende Verglasung, Einbruchhemmende Fenster, Einbruchhemmende Tuer, Einscheiben-Sicherheitsglas, Erschütterungsmelder, Fenster, Ganzglastür, Gitter, Glasbruchmelder, Glassteine, Körperschallmelder, Panzerglas, PET-Folie, Polycarbonat, Polyurethan, PVB-Folie, Rauchschutztür, Rollladen, Schaufenster, Sicherheitsfolie, Splitterabgang, Splitterschutzfolie, Verbundsicherheitsglas, Vorsatzfenster.

Glas ist ein nicht kristalliner, spröder, anorganischer Werkstoff. Der Glaszustand ist der Zustand einer unterkühlten Flüssigkeit, die ohne zu kristallisieren erstarrt ist.

Der Hauptbestandteil des Glases ist Silizium-Oxid. Er beträgt bei Bauglas 72% und bei Quarzglas > 99%. Je nach Verwendungszweck erhält man durch Veränderung der Zusammensetzung der Schmelze Gläser mit besonderen Eigenschaften, wie geringe Wärmeausdehnung, Hitzeschockunempfindlichkeit, verschiedene Brechungs- und Refraktionsindexe, verschiedene Farben sowie eine sehr große Oberflächenhärte.

In der Sicherheitstechnik ist hauptsächlich Floatglas von Bedeutung. Floatglas, früher unter dem Namen Spiegelglas bekannt, wird im Floatverfahren hergestellt und daher „Float" oder Floatglas genannt. Es ist als Klarglas, eingefärbt oder mit einer Beschichtung für den Sonnen- oder Wärmeschutz in der Architektur vielfältig einsetzbar. Es kann zur Lösung licht- und wärmetechnischer Probleme herangezogen werden. Einseitig emaillierte Gläser werden in vermehrtem Maße zur Fassadenverkleidung von Häusern eingesetzt.

Sicherheitstechnisch kommt einer normalen Glasscheibe keine Bedeutung zu. Erst die Weiterverarbeitung zu einem Glas- oder Glas-/Kunststoffverbund, indem mehrere Einzelscheiben unter sich mit →PVB-Folie oder Spezialharzen verbunden werden, ergeben ein Sicherheitselement, das durchwurf-, durchbruch-, durchschuss- oder sprengwirkungshemmende Eigenschaften aufweist. Daneben gewinnen alternative Nachrüstmaßnahmen verschiedener Art (→Sicherheitsfolien, →Vorsatzfenster, Sprengschutzvorhänge, Schiebefensterkonstruktionen) an Wichtigkeit. Einzelne Scheiben können zu Isoliergläsern verarbeitet werden, indem durch Versiegeln der Scheiben mit eingelegten Abstandhaltern zwischen den Scheiben ein hermetisch abgeschlossener Luftzwischenraum geschaffen wird, der gute thermische und akustische Dämmeigenschaften aufweist. Bei dem Aufbringen von Folien ist zu beachten, dass diese bis zur Glaskante, d.h. bis in den Rahmen oder in die das Glas haltenden Beschläge oder Konstruktion reichen muss!

Anfang 2000 wurde die bis dahin für angriffshemmende Verglasungen maßgebliche DIN 52290 abgelöst durch europäische Normen. DIN EN 356, Ausgabe:2000-02 Glas im Bauwesen – Sicherheitssonderverglasung – Prüfverfahren und Klasseneinteilung des Widerstandes gegen manuellen Angriff – befasst sich mit →durchwurfhemmenden und →durchbruchhemmenden Verglasungen. Die früher ebenfalls unter dem Oberbegriff „angriffhemmende Verglasung" in der DIN 52290 behandelten →durchschuss- und →sprengwirkungshemmenden Verglasungen sind jeweils in eigenen europäischen Normen geregelt (Widerstand gegen Beschuss: DIN EN 1063, Sprengwirkungshemmung: DIN EN 13541).

(Letzte Änderung: 24.7.2006)

(Balkow/Schmalt)

Glasbaustein

Siehe Glassteine.

Glasbruchmelder

Siehe auch Außenhautschutz, Einbruchmeldeanlage, Gefahrenmeldeanlage, Glas, Pneumatischer Differenzialdruckmelder.

Glasbruchmelder sind Intrusionsmelder, die in einem Gefahrenmeldesystem zur Peripherie-, aber auch zur Objektüberwachung dienen. Man unterscheidet zwischen passiven und aktiven Glasbruchmeldern.

Passive Glasbruchmelder nehmen z.B. über ein auf die Scheibe geklebtes Mikrophon die Körperschallschwingungen auf, welche beim Bruch des Glases entstehen. In einer zugehörigen elektronischen Schaltung werden aus dem aufgenommenen Frequenzspektrum die Störgrößen ausgeblendet und die dem charakteristischen Spektrum von brechendem Glas entsprechenden Frequenzen zur Auslösung eines Alarms ausgewertet.

Passive Glasbruchmelder galten früher generell als nicht geeignet zur Überwachung beschädigter, beklebter oder lackierter Scheiben bzw. zur Überwachung von Drahtglas, Verbundglas oder glasähnlichen Kunststoffen. Seit 1990 bestehen für mit bestimmten Sicherheitsfolien beschichtete Scheiben und definierte Melder Ausnahmen.

Aktive Glasbruchmelder bestehen aus einem Sender und Empfänger, welche sich in getrennten oder einem gemeinsamen Gehäuse befinden und ebenfalls auf die Scheibe geklebt werden. Die Scheibe dient als Übertragungsmedium für ein Ultraschallsignal vom Sender zum Empfänger. Ein Bruch oder eine andere Beschädigung der Scheibe ändern deren Übertragungseigenschaften (z.B. Spektrum und Amplitude), was durch die Auswerteelektronik festgestellt wird.

Aktive Glasbruchmelder weisen gegenüber den passiven eine höhere Ansprech- und Sabotagesicherheit auf, sind selbstüberwachend und haben ein weiteres Applikationsspektrum. Zum Einsatz auf Verbundglas und bei erhöhten Risiken sind nur aktive Glasbruchmelder (bei allerdings reduzierter Reichweite) und →Alarm-Sicherheitsfolien zugelassen.

(Letzte Änderung: 23.7.2006)

(Wigger)

Glasfaser

Siehe Optische Übertragung.

Glassteine

Siehe auch Glas (mit weiteren Verweisen).

Unter Glassteinen (Glasbausteinen) werden alle Bauelemente aus kompaktem Glas verstanden, die für raumabschließende Funktionen verwendet werden und die nicht zu den Flachgläsern gehören. Es sind im Wesentlichen kleinformatige, vielfach räumlich ausgedehnte Bauelemente, die vorzugsweise durch Pressen hergestellt werden.

Folgende Unterteilung wird bei Glassteinen vorgenommen:

- Hohlglassteine
- Betongläser.

In der Tabelle sind die Abmessungen und ei-

Lfd.Nr	Länge	Breite	Höhe	Masse	Druckfestigkeit MPa		Bewertetes Bauschall-Dämm-Maß R' in dB
	mm	mm	mm	kg	min. Mittelwert	min. Einzelwert	
Hohlglassteine							
1	115	115	80	1	7,5	6	
2	190	190	80	2,2	7,5	6	40
3	240	115	80	1,8	6,0	4,8	45
4	240	240	89	3,5	7,5	6	42
5	300	300	100	6,7	7,5	6	41
Betongläser, einseitig offen							
6	117	117	60	1,2	-	-	-
7	117	(rund)	60	0,9	-	-	-
Betongläser, massiv (Glasprismen)							
8	162	162	22	1,3	-	-	40
9	262	162	22	2,2	-	-	40
10	200	200	22	1,8	-	-	40
11	160	160	30	1,6	-	-	40
Betongläser, farbig							
12	22	150	25	1,9	-	-	-

nige Eigenschaftswerte von Glassteinen aufgeführt. Andere Maße sind möglich.

Hohlglassteine: Geschlossene, allseitig verschmolzene Glassteine werden aus zwei gepressten offenen Hälften hergestellt (DIN 18175). Durch die noch im zähflüssigen Zustand stattfindende Verschweißung entsteht beim Abkühlen der heißen eingeschlossenen Luft ein Unterdruck im Inneren des Glassteins. Eine Kondensation von Feuchte im Innern ist nicht möglich.

Die Außenflächen der Steine sind in der Regel glatt, die Innenflächen verschiedenartig geprägt und gemustert, die Schmalseiten außen profiliert, um einen guten Haftverbund mit dem Mörtel zu erreichen. Eine Ornamentierung der inneren Glasflächen verbessert die Lichtstreuung und vermindert gleichzeitig die Durchsicht.

Betongläser: Betongläser sind Massivglattsteine (Glasprismen), die im Pressverfahren in einer Dicke von 22 bis 30 mm hergestellt werden. Sie besitzen eine ausgeprägte Struktur auf der Unterseite zur Verbesserung der Lichtstreuung. Die lfd. Nr. 6, 7, 10 und 12 der Tabelle sind Betongläser nach DIN 4243. Werden Bauteile aus Glasstahlbeton befahren, so dürfen nur die Nr. 6 und 7 verwendet, jedoch nicht als statisch mitwirkend in Rechnung gestellt werden.

Dallglas: Zu den Betongläsern zählt auch farbiges Betonglas (→Dallglas). Dallglas ist ein farbiges Gussglas, das nicht klar durchsichtig ist und in mehr als 100 Farben gehandelt wird. Dallglas, vom franz. dalle = Fliese, wird im Gussverfahren, meist in der Größe 200 mm x 150 mm x 25 mm, produziert. Die Oberfläche ist glatt und feuerpoliert.

Glasdachsteine: Glasdachsteine sind gepresste, lichtdurchlässige Glaskörper mit glatter, feuerpolierter Oberfläche und einer durchschnittlichen Dicke von 10 mm, die den gebräuchlichsten Formaten der Ziegel- und Betondachsteine in Größe und Form entsprechen.

Die Lichtdurchlässigkeit der Glasdachsteine beträgt 80 bis 85%. Glasdachsteine sind völlig dicht und dabei wetter- und frostbeständig. Sie sind widerstandsfähig gegen hohe Schlagbeanspruchung und sicher gegen Feuerflug (Feuerüberschlag).

(Redaktion)

GMA

Siehe Gefahrenmeldeanlage.

GPS

Siehe Satellitenortungssystem.

Grundlagendokument Brandschutz

Das →Bauproduktengesetz legt in seinem § 5 (1) zum Thema „Brauchbarkeit" Folgendes fest:

„Ein Bauprodukt ist brauchbar, wenn es solche Merkmale aufweist, dass die bauliche Anlage, für die es verwendet werden soll, bei ordnungsgemäßer Instandhaltung dem Zweck entsprechend während einer angemessenen Zeitdauer und unter Berücksichtigung der Wirtschaftlichkeit gebrauchstauglich ist und die wesentlichen Anforderungen der mechanischen Festigkeit und Standsicherheit, des Brandschutzes, der Hygiene, Gesundheit und des Umweltschutzes, der Nutzungssicherheit, des Schallschutzes sowie der Energieeinsparung und des Wärmeschutzes erfüllt."

Einzelheiten zu den „wesentlichen Anforderungen" sind im Gesetz nicht mitgeteilt. Hierzu hat die Kommission der Europäischen Gemeinschaften / Generaldirektion Industrie III/D-3 nach intensiver Arbeit auf Expertenebene und Abstimmung mit Vertretern der Mitgliedsstaaten Dokumente veröffentlicht, mit denen die Anforderungen an Bauwerke konkretisiert werden sollen, die Gegenstand nationaler Vorschriften sein können und die im Anhang I der Bauproduktlinie 89/106/EWG vom 21.12.1988 (ABl. Nr. L 40/12) als wesentliche Anforderungen aufgeführt sind.

Es handelt sich um sechs „Grundlagendokumente", denen eine gemeinsame Einführung mit allgemeinen Bestimmungen vorangestellt ist, die als Bestandteil der Grundlagendokumente gilt. Sie sind als Mitteilung der Kommission der Europäischen Gemeinschaften 94/C 62 unter dem Titel „Mitteilung der Kommission über die Grundlagendokumente der Richtlinie des Rates 89/106/EWG" im Amtsblatt der Europäischen Gemeinschaften, Ausgabe C, Nr. 62 vom 28.2.1994, auf den Seiten 1 bis 218 veröffentlicht.

Die Grundlagendokumente haben folgende Titel:
Nr. 1: Mechanische Festigkeit und Standsicherheit
Nr. 2: Brandschutz
Nr. 3: Hygiene, Gesundheit und Umweltschutz
Nr. 4: Nutzungssicherheit
Nr. 5: Schallschutz
Nr. 6: Energieeinsparung und Wärmeschutz
Von diesen Dokumenten ist das Grundlagendokument Nr. 2 Brandschutz (Interpretative Document / Essential Requirement N°2 / Safety in Case of Fire) das umfangreichste (Dok. 94/C 62, Seiten 32 bis 122). Es enthält nicht nur Begriffsbestimmungen, Anforderungen (Leistungskriterien) und Festlegungen zum Nachweis der Erfüllung der wesentlichen Anforderungen, sondern auch ein umfangreiches System brandschutztechnischer Klassifizierungen, das dem Sicherheitsbedürfnis aller Mitgliedsstaaten Rechnung tragen soll.
(Letzte Änderung: 1.5.2004)

(Prof. Westhoff)

Grundschutz (Brandschutz)

Siehe auch Löschwasser, Objektschutz.
Bei der Löschwassermengendimensionierung (Bedarfsermittlung) allgemein zu berücksichtigender Wert. Werden aus technologischen oder betrieblichen Bedingungen überdurchschnittliche Risiken realisiert, so ist bei der Löschwasserbereitstellung der höhere erforderliche Wert als Objektschutz bereitzustellen bzw. vorrätig zu halten. Die Aufwendungen für Vorratshaltung und Vorratspflege sind nach dem Bedarfsprinzip bzw. nach dem Verursacherprinzip zu tragen.
(LetzteÄnderung: 21.4.2004)

(Prof. Beilicke)

Grundschutz (IT-Sicherheit)

Siehe auch IT-Grundschutz-Zertifikat
Pauschaliertes Vorgehen zur Minimierung der Gefährdungslage bei IT-Anwendungen bis zu einem mittleren Schutzbedarf. Ausgangspunkt des IT-Grundschutzes ist die Annahme, dass bei IT-Anwendungen mit niedrigem bis mittlerem Schutzbedarf eine individuelle Sicherheits-Ist-Analyse und eine darauf abgestimmte Maßnahmenauswahl (→Sicherheitskonzept) nicht in einem angemessenen Kosten-Nutzen-Verhältnis zu erstellen sind. Aus diesem Grunde wurde ein Katalog mit Standardmaßnahmen aus den Bereichen Organisation, Personalwesen, Gebäude, Hardware, Software, Netze – das Grundschutzhandbuch – definiert, um diese in pauschalierter Form im Sinne einer Mindestanforderung an ein IT-Sicherheitskonzept anzuwenden. Die einzelnen Maßnahmen des Grundschutzhandbuches sind an die realen IT-Einsatzkonfigurationen zu approximieren. Die Einsatzrandbedingungen werden dabei im Grundschutzhandbuch beschrieben und müssen ebenfalls berücksichtigt werden. Das Prinzip des Grundschutzes funktioniert nach dem „Baukasten"-Prinzip, wonach für jede (Standard-)IT-Konfiguration ein Maßnahmenbündel zur Erhöhung der Sicherheit dieser Konfiguration beschrieben ist.
Das *Grundschutzhandbuch* wird durch das Bundesamt für Sicherheit in der Informationstechnik (→BSI) erstellt und regelmäßig an den technologischen Fortschritt angepasst. Es besteht im Wesentlichen aus zwei Teilen: Grundlagen des IT-Grundschutzes sowie Gefährdungen und Maßnahmen. Im ersten Teil werden die Grundlagen für die Erstellung eines IT-Sicherheitskonzepts erläutert und Hinweise für ein geeignetes Sicherheitsmanagement gegeben. Im zweiten Teil werden die Gefährdungen ausführlich beschrieben und anhand von Beispielen erläutert. Anschließend wird ein Katalog mit geeigneten Maßnahmen aufgelistet, die durch Kontrollfragen ergänzt werden. Bei der Verarbeitung von personenbezogenen Daten sollten immer Maßnahmen nach Vorgabe des Grundschutzhandbuchs getroffen werden. Bestellung ist möglich über http://buchshop.secumedia.de
Mit verschiedenen auf dem Markt erhältlichen *Softwaretools* können die Maßnahmen rechnergestützt abgearbeitet und komfortabel aktualisiert werden.

(Ernestus)

Grundschutztool

Siehe Grundschutz (IT-Sicherheit)

Grundschutz-Zertifikat

Siehe IT-Grundschutz-Zertifikat

GSM

Siehe auch GSM-Ortung, GSM-Verschlüsselung
Die Abkürzung GSM steht für **G**lobal **S**ystem for **M**obile Communications. Sie bezeichnet ein weltumspannendes Netz zum Zweck der drahtlosen Kommunikation, das im geschäftlichen Bereich intensiv genutzt wird und darum auch unter Sicherheitsaspekten betrachtet werden muss (→GSM-Verschlüsselung).
Die Grundlage des GSM-Netzes bildet eine wabenförmige Struktur vieler einzelner Funkzellen. Mit „Zellen" werden die Basisstationen (BTS) bezeichnet, welche sich üblicherweise an Antennenmasten auf Gebäuden oder freistehend installiert befinden. Eine Basisstation besteht meist aus mehreren Sende- und Empfangsantennen sowie einer Steuerungseinheit.
Die Reichweite einer Basisstation liegt in der Theorie bei fast 40 km, fällt aber in der Praxis weit geringer aus. Grund dafür können Abschottungen durch die Topographie oder Reflexionen sein. Meist wird der Aufbau kleinerer Zellen durch den Netzbetreiber bevorzugt, da viele kleine Zellen mehr Kunden versorgen können, als wenige große Zellen (zum Beispiel in Ballungsgebieten). Eine Zelle kann maximal 64 Teilnehmer (Handys) bedienen, weshalb die in großen Städten montierten Basisstationen mit meist geringerer Leistung senden (Das Einzugsgebiet liegt bei wenigen 100 m). Um möglichst alle Teilnehmer gleichzeitig versorgen zu können, müssen daher in diesen Ballungszentren auch deutlich mehr Funkzellen aufgebaut werden, als in ländlichen Gegenden. Zudem ist es notwendig, sie sehr genau zu justieren, um nicht eine benachbarte Zelle zu stören. Dabei soll die entsprechende Basisstation aber auch einem Teilnehmer am Rande dieser Zelle noch genügend Empfang gewähren.
Die Basisstationen (BTS) sind gebietsweise zusammengefasst und werden von jeweils einem BSC (Base Station Controller) „verwaltet". Dieser leitet die Verbindungen weiter an das MSC (Mobile Switching Center). Von hier wird die Verbindung in „die richtige Richtung" gelenkt, d.h. eben dahin, wohin dies der Anrufer verlangt. Das MSC schaltet auch Verbindungen von „Mobile zu Mobile" zusammen. Geschieht dies intern im selben Mobilnetz, wird hier – falls sich das Zielgerät im selben Zuständigkeitsbereich befindet – die angeforderte Verbindung gleich wieder an einen BSC weitergeleitet. Ist das Verbindungsziel ein Mobilgerät eines anderen Anbieters, wird das Gespräch an das MSC des anderen Anbieters umgeleitet. Geht der Verbindungswunsch ans Festnetz oder ins Ausland, vermittelt das MSC die gewünschte Verbindung über das entsprechende Ortsnetz. Damit diese komplexen technischen Prozeduren fehlerfrei abgewickelt werden können, sind eine Reihe von Nummern und Zahlencodes nötig. Diese seien im folgenden kurz beschrieben:
IMSI – **I**nternational **M**obile **S**ubscriber **I**dentity: Internationale Mobilteilnehmerkennung, eine bis zu 15 Ziffern lange Nummer, die vom Netzbetreiber der SIM-*Karte* fest zugeordnet wurde.
Die IMSI besteht aus einem Ländercode, einem Netzcode und einer Teilnehmerkennung. Diese „Erkennungsmarke" ist weltweit eindeutig. Eine Kopie davon befindet sich auch im HLR / VLR (Home Location Register / Visitor Location Register) und im AUC (Authentication Center).
IMEI – **I**nternational **M**obile-Station **E**quipment **I**dentity Number: Registrierungsnummer des Mobilfunk*geräts*, und somit das Gegenstück zur IMSI. Diese Nummer ist für jeden Benutzer einsehbar. Sie befindet sich in der Regel zusammen mit der Seriennummer des Handys in dessen Akkuschacht. Alternativ kann sie auch nach der Eingabe eines spezifischen Zeichensatzes über die Tastatur auf dem Display des Mobilfunkgeräts angezeigt werden.
SIM – **S**ubscriber **I**dentity **M**odule: Die SIM ist eine Smart-Card, welche in das Handy eingelegt werden muss, bevor über dieses Gerät Gespräche im Mobilfunknetz geführt werden können. Durch sie wird das Handy im GSM-Netz identifiziert. Geschützt ist die SIM durch eine 4-stellige persönliche Geheimzahl. Auf der Karte ist neben allgemeinen Informationen auch die IMSI gespeichert.
IMSI Catcher: IMSI-Catcher geben sich dem Handy gegenüber als Basisstation des eigenen Netzes aus. Befindet sich ein Mobilfunkgerät in der Nähe dieser vermeintlichen Basisstation, meldet es sich hier automatisch an und überträgt zahlreiche Daten. Hierunter fallen z.B. Telefonnummer, Aufenthaltsort, die International Mobile Subscriber Identity (IMSI), dies ist die individuelle Kennzahl der SIM-Karte sowie die gerätebezogene International Mobile-Station Equipment Identity Number (IMEI).

Auf diese Weise kann der Besitzer, selbst wenn er gerade nicht telefoniert, identifiziert und lokalisiert, während eines aufgebauten Gespräches auch abgehört werden (→*GSM-Verschlüsselung*).
(Neu aufgenommen am 12.6.2002)

(Dirk Wittmann)

HC 2413 Secure GSM (Foto: Crypto AG, Schweiz)

GSM-Ortung

Siehe auch GSM, Ortungsmelder, Satellitenortungssystem

Unter Ortung versteht man die Berechnung und geografische Referenzierung eines Ortes unter Angabe seiner Position in einem Koordinatensystem. Üblich ist die Bezeichnung mit einer geografischen Länge und Breite (2-dimensional) in Grad und einer Höhe in Meter. Neben dem amerikanischen Satellitennavigationssystem GPS (→Satellitenortungssystem) kann dafür auch das **G**lobal **S**ystem for **M**obile Communications (→*GSM*) genutzt werden. Die GSM-Ortung nutzt die Tatsache, dass in Mobilfunknetzen ohnehin festgestellt werden kann und muss, in welchem Zell-Bereich sich ein Gerät befindet, damit Verbindungen aufgebaut werden können. In gleicher Weise können Fahrzeuge, Gegenstände (Wertsachen, Geldbündel in der Beute von Bankräubern) oder Personen (mit deren Einverständnis) geortet werden. In Verträgen mit Netzbetreibern verpflichten sich die anbietenden Firmen, Missbräuche zuverlässig auszuschließen.
(Neu aufgenommen am 13.6.2002)

(Weegen)

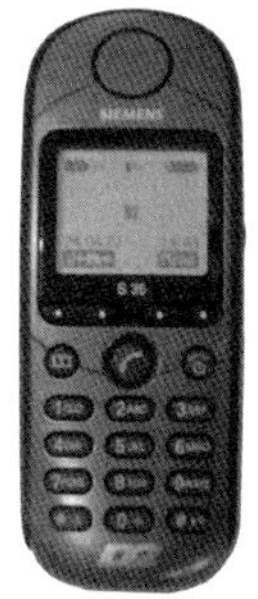
TopSec GSM (Foto: SIT GmbH Deutschland)

ENIGMA (Foto: Beaucom GmbH Deutschland)

GSM-Verschlüsselung

Siehe auch GSM, GSM-Ortung, Verschlüsselung

Mobiltelefongespräche im →GSM-Netz können mit entsprechenden Geräten (IMSI Catcher, siehe GSM) geortet und abgehört werden. Um ein solches Abhören und damit das unkontrollierte Abfließen wichtiger Firmengeheimnisse zumindest eindämmen zu können, wurden von unterschiedlichen Herstellern Verschlüsselungsprodukte entwickelt, die für den drahtlosen Einsatz geeignet sind.
Im Bereich der mobilen (Sprach-) Kommunikation existierten bei Redaktionsschluss vier adäquate Produkte auf dem Weltmarkt:

TIGER (Foto: Sectra S. A. Schweden)

1. **das *„HC-2413 Secure GSM"*,**
2. **das *„TopSec GSM"*,**
3. **das *„ENIGMA"*,**
4. **das *„TIGER"*.**

Beim **Verschlüsselungs-*Handy „HC-2413 Secure GSM"*** handelt es sich um ein mobiles Dual-Band Gerät für GSM 900- und GSM 1800-Netze. Es ermöglicht eine abhörgeschützte Punkt-zu-Punkt-Kommunikation für den Sprachtransfer. Eine Funktion ist in allen Mobilfunknetzen, die einen Datenkanal zur Verfügung stellen, gewährleistet.

In Verbindung mit dem optional erhältlichen Verschlüsselungsgerät ***HC-2203 PSTN*** können über das Handy vertrauliche Gespräche weltweit auch in das drahtgebundene Telekommunikationsnetz geführt werden.

Das **Verschlüsselungs-Handy *„TopSec GSM"*** bietet den vollen Funktionsumfang und die Leistungen des bekannten Mobiltelefons ***„S35"*.**

Es kann in allen Gebieten, in denen ein GSM 900- oder 1800-Netz zur Verfügung steht, betrieben werden.

Verschlüsselte Verbindungen von einem ***„TopSec GSM"*** zu drahtgebundenen Telefonen sind mit dem optional erhältlichen Festnetz-Verschlüsselungs-System ***TopSec 703+*** ebenfalls möglich. Allerdings arbeitet dieses Gerät nur im Euro-ISDN-Netz und kann daher noch nicht weltweit eingesetzt werden.

Das **Dual-Band-Verschlüsselungs-Handy *„ENIGMA"*** arbeitet weltweit in allen 900 / 1800-Mobilfunk-Netzen, in denen der GSM-Standard eingehalten wird und benötigt für die Informationsübertragung den Datenkanal.

Zusätzlich zum integrierten Verschlüsselungssystem besitzt das Mobiltelefon alle Merkmale üblicher Business-Handys.

Das Gerät kann verschlüsselte Gespräche sowohl weltweit in Mobilfunknetze, als auch drahtgebunden in Verbindung mit dem optional erhältlichen ***LineCrypt I+*** Festnetzverschlüsselungsgerät zu PSTN- oder ISDN- (über optionalen Terminaladapter) Telekommunikationsnetze übertragen.

Das **Verschlüsselungs-Handy *„TIGER"*** ist ein mobiles Telefon für GSM 900- und DECT-Netze.

Als bisher einziges Stand-Alone Gerät ermöglicht es eine abhörgeschützte Punkt-zu-Punkt-Kommunikation für Sprach- **und** Datentransfer.

Die Geräte können sowohl komplett mobil als auch in Verbindung mit der optional erhältlichen **DECT-Basisstation *„CUB"*** weltweit an drahtgebundenen ISDN- oder PSTN-Telekommunikationsnetzen betrieben werden.

(Neu aufgenommen am 12.6.2002)

(Dirk Wittmann)

Gütegemeinschaft Instandhaltung Feuerlöschgeräte – GIF

Kurzbeschrieb und Anschrift →Behörden, Verbände, Institutionen.

Siehe auch BVFA – Bundesverband Feuerlöschgeräte und Anlagen

Gütesicherung

Siehe RAL.

GUV / GUV-V

Siehe auch UVV „Kassen" (mit weiteren Verweisen).

GUV ist die Abkürzung für die Gemeindeunfallversicherungsverbände, Träger der deutschen gesetzlichen Unfallversicherung im öffentlich rechtlichen Bereich.

Kurzbeschrieb und Anschrift →Behörden, Verbände, Institutionen.

GUV-V sind Vorschriften des GUV – analog den Berufsgenossenschaftlichen Vorschriften (→BGV)

GWA

Siehe Gefahrenwarnanlage (GWA)

Was bedeuten die blauen Textstellen?

Dieses Lexikon ist ein genaues Abbild des Basislexikons in http://www.secumedia.de/sija

Alle hier blau gedruckten Verweise sind dort Links. Im Internet müssen Sie also nur auf die Verweise klicken und sind sofort an der richtigen Textstelle. Ein Passwort für den Zugang finden Sie als Käufer des Sicherheits-Jahrbuchs auf dem gelben Karton hinten im Buch.

H

Hacker

Siehe auch Denial-of-Service (DoS) Attacke, D-Kanalfilter, Exploit, Firewall, Hackerabwehr, Hacker-Versicherung, Hacking, Honeypot, Intrusion Detection System, Passwort, Penetrationstest, Sicherheitssoftware.

Der Begriff „Hacker“ kommt aus dem amerikanischen und ist seit den 70er Jahren etabliert. Ursprünglich wurde als Hacker eine Person bezeichnet, die im „Zwei-Finger-Adler-Suchsystem“ auf der Computertastatur herumtippte (hackte). Zumeist handelte es sich dabei um computerbegeisterte Anwender, die gerade dabei waren, die eigenen Möglichkeiten und die des Computers auszuloten.

Heutzutage besitzt der Begriff „Hacker“ eher ein negatives Image und steht als Synonym für Personen, die versuchen, sich widerrechtlichen Zugang zu DV-Systemen und den dort gespeicherten Daten zu verschaffen. Mit Phantasie, Übung und technischem Verständnis versuchen die Hacker die vorhandenen Schutzmechanismen zu umgehen oder lahmzulegen. Oft hilft bei diesem Tun auch die Kenntnis von existierenden Schwachstellen im System oder das Wissen um standardisierte Arbeitsabläufe bzw. Prozeduren. Eine Vielzahl von Eindringversuchen setzt auf Komponenten der Datenfernübertragung auf (Leitungen, Übertragungsprotokolle, Serviceeingänge etc.), da hier oft Schwachstellen existieren, die ein findiger Hacker nutzen kann. In den USA nutzen beispielsweise Hacker gerne Lücken im Sicherheitsnetz der privaten Telefongesellschaften aus, um landesweit gratis zu telefonieren. Überwiegend steht bei dem Hacker der „Forscherdrang“ im Vordergrund und das angestrebte Ziel ist es, einen erfolgreichen Eindringversuch, einen Hack zu schaffen. Die dabei erarbeiteten Erkenntnisse über Schwachstellen oder Systemlücken werden gelegentlich sogar publiziert bzw. dem Systembetreiber zur Verfügung gestellt. Somit tragen Hacker indirekt dazu bei, die existierenden Systeme sicherer zu machen.

Eine wirtschaftliche Nutzung der ausspionierten Daten wie z.B. bei dem sog. NASA-Hack, bei dem Daten aus NASA-Computern an den KGB verkauft wurden, ist in Hackerkreisen eher selten anzutreffen. Allerdings kommt es immer öfter dazu, dass sich Geheimdienste und Wirtschaftsspione ebenfalls als Hacker betätigen und so versuchen wichtige Daten auszuspähen. Zur Vermeidung von Hacking empfiehlt es sich, all die Standardschutzmaßnahmen durchzuführen, die zur allgemeinen Sicherung von DV-Systemen immer wieder empfohlen werden. Darunter fallen z.B.:

- Periodisches Auswechseln von Passwörtern
- Überwachen von Serviceeingängen (Kennungen und Passwörter)
- Überprüfen von Abrechnungsdaten
- Beseitigen von bekannten Systemschwachstellen
- Eliminieren von überflüssigen/nicht genutzten Systemdiensten
- Einrichten von CALL-BACK-Routinen (DFÜ-Zugänge)

Bei kritischen Systemen sollte man auch prüfen, ob es nicht sinnvoll ist, die Sicherheit des eigenen Systems durch beauftragte „Hacker“ austesten zu lassen. Nur so erhält man oft eine Aussage darüber, ob das eigene System wirklich sicher ist (→Penetrationstest, →Tiger-Team).

(Letzte Änderung: 29.4.2004)

(Dombach)

Hackerabwehr

Siehe auch Exploit, Hacker, Hacker-Versicherung, Hacking, Honeypot, Internet, IT-Sicherheit

Durch die vielfältigen Möglichkeiten, in IT-Systeme einzudringen oder diese zu kompromittieren sind Hacker ein großes Problem, dem mit verschiedensten Mitteln entgegengearbeitet werden sollte (→Firewalls, →VPN, wirksame →Authentisierung etc.).

Da sich durch die zunehmende Vernetzung und durch die immer weitergehenden Möglichkeiten der Informationstechnik das Potenzial für Angriffe laufend vergrößert und die Angriffsmethoden immer stärker automatisiert werden, ist die Abwehr von Angriffen ein kontinuierlicher Prozess. Aus diesem Grunde sollten IT-Systeme in regelmäßigen Abständen auf ihre Sicherheit geprüft werden, idealerweise in einem etablierten Sicherheitsprozess.

Besondere Bedeutung bei der Hackerabwehr kommt sog. *Intrusion-Detection-Systemen* zu,

3

welche in der Lage sein sollen, automatisiert Angriffe zu erkennen, zu melden und Gegenmaßnahmen zu ergreifen.
(Letzte Änderung: 29.4.2004)

(Stark)

Hacker-Versicherung

Siehe auch Hacker, Hackerabwehr, Hacking, Internet, IT-Sicherheit, IT-Versicherung.
Da auch das ausgefeilteste Sicherheitskonzept niemals hundertprozentige Sicherheit garantieren kann, sind auch Versicherungen gegen Programm- und Datenmanipulationen durch Hacker erhältlich (→IT-Versicherung)
(Neu aufgenommen am 6.6.2004)

(Stark)

Hacking

siehe auch Exploit, Hacker, Hackerabwehr, Hacker-Versicherung, Intrusion Detection System
Das „bloße" Eindringen in fremde DV-Systeme ist grundsätzlich nicht strafbar. Es gibt keine Strafnorm, die das Hacking an sich unter Strafe stellt. Der deutsche Gesetzgeber hat anlässlich der Einführung der „Anti-Hacker-Strafvorschriften" im Rahmen des 2. Gesetzes zur Bekämpfung der Wirtschaftskriminalität (WiKG) vom 01. August 1986 ausdrücklich darauf hingewiesen, die Regelungslücke erkannt, aber keinen Handlungsbedarf gesehen.
Hacking wird erst im Zusammenhang mit weiteren Umständen der Tatbegehung zu einem mit Strafe bedrohten Delikt (Ausspähen von Daten – § 202a StGB; Bruch des Fernmeldegeheimnisses – § 206 StGB; Computerbetrug – § 263a StGB; Fälschung technischer Aufzeichnungen – § 268 StGB; Datenveränderung – § 303a StGB; Datensabotage – § 303b StGB). Für eine Strafbarkeit nach § 202a StGB kommt es weiterhin darauf an, dass die ausgespähten Daten besonders gesichert waren. Nur bei technischem Schutz gibt es auch juristischen Schutz – Firmen ohne Firewall haben grundsätzlich keine strafrechtlichen Möglichkeiten gegen Datenspione.
Vergleichbar ist die Rechtslage in der Schweiz. Nach Art. 143bis StGB macht sich nur strafbar, wer unbefugterweise in ein besonders gesichertes Datenverarbeitungssystem eindringt.
Auch in Österreich ist nach dem mit dem Strafrechtsänderungsgesetz 2002 eingeführten § 118a StGB (Widerrechtlicher Zugriff auf Computersysteme) Hacking nur dann strafbar, wenn spezifische Sicherheitsvorkehrungen umgangen werden.
(Letzte Änderung: 8.7.2006)

(Opfermann)

Hahnprofil

Siehe auch DIN Profil, DIN Zylinder, Schließzylinder.
Ausgehend vom ursprünglichen Rundzylinder wurde 1924 von Sylvester Wöhrle, Mitarbeiter der Hahn AG in Ihringhausen bei „Cassel", der heute bekannte Profilzylinder entwickelt und

1928 unter der Patentnummer 468 260 patentiert. Die Hahn AG war ein Tochterunternehmen der Goerz AG, einem der Gründungsunternehmen der Zeiss Ikon, heute ASSA Abloy Sicherheitstechnik GmbH. Deshalb wird auch häufig von Hahn Profil, IKON Profil und aufgrund der Normung in DIN 18252 von →DIN Profil gesprochen. Die Bezeichnung Europrofil spricht zwar für die europaweite Bedeutung dieser Gehäusebauform, ist aber falsch, weil die Euronorm DIN EN 1303 keine Gehäuseform definiert und die Profilform somit auch nicht auf europäischer Ebene genormt ist.
(Letzte Änderung: 23.7.2006)

(Krühn)

Hakenfallenschloss

Siehe auch Schloss (mit weiteren Verweisen).
Schwenkschlösser mit Hakenriegel sind zum wirkungsvollen Verschluss von Schiebetoren und -türen geeignet. Die Hakenfallen sind auch mit Manganstahllamellen (als Sägeschutz) erhältlich. Beim Einsatz derartiger Schlösser ist darauf zu achten, dass die Sicherheitsbeschläge sowie die Türblenden von außen nicht abgeschraubt bzw. gelöst werden können.

(VdS-Sicherungsrichtlinien/Technische Erläuterungen)

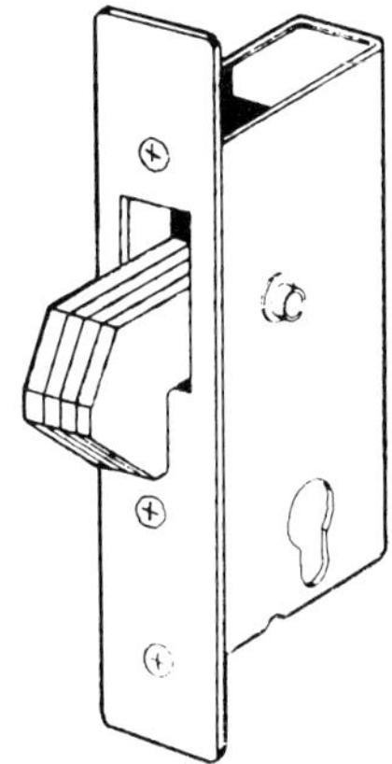

Halbleiter-Kamera

Siehe CCD-Kamera.

Halon

Siehe Gaslöschanlage

Handdatenvergleich

Siehe auch Biometrie (mit weiteren Verweisen), Personenidentifikation, Zutrittskontrolle.
Zum Zwecke der automatischen Benutzererkennung, z.B. bei der →Zutrittskontrolle können die biologischen Merkmale von Händen gemessen und ausgewertet werden. Diese Merkmale sind personenspezifisch, da sie sich hinsichtlich der Proportionen, der Maße und der Winkel bei verschiedenen Personen unterscheiden. Sie können also zur Erkennung von Nutzern herangezogen werden. Die ermittelten Kenngrößen der Hände des Nutzers werden mit dem im Rechner gespeicherten Referenzwert verglichen. Es sind zwei Vorgänge zu unterscheiden:

- die Erfassung der Handdaten (Enrolment) und
- die Erkennung mittels der Handdaten.

Bei der Erfassung (Enrolment) werden die Handdaten gelesen und als Referenzwert abgelegt. Nachdem die Daten übernommen wurden, wird die Ausweiskarte freigegeben, eine Zutrittsberechtigung aber nicht erteilt. Eine erfolgreiche Erfassung bedingt unter anderem eine vorangegangene erfolgreiche Ausweisprüfung. Der Vorgang „Erfassung“ kann beliebig oft wiederholt werden.

Das Schattenbild der Hand wird mit einem optischen Messverfahren ausgewertet und liefert die Informationen, die für die biometrische Benutzererkennung genutzt werden. Neben der Erkennung von Personen mittels der geometrischen Eigenschaften der Hände existieren auch Systeme, welche die Aderstruktur des Handrücken oder das 'Fingerabdrucksmuster' des Handballen für eine Benutzererkennung nutzen.

(Letzte Änderung: 9.7.2002)

(Munde)

3

Handfeuermelder

Siehe Nichtautomatischer Brandmelder

Handschrifterkennung

Siehe Unterschriftsprüfung

Handsfree-Verfahren

Siehe Zutrittskontrolle.

Harmonium-Wanze im Handy

Siehe Abhörhandy.

Hartmetall

Siehe auch Schließanlage, Schloss (mit weiteren Verweisen)
Gesinterte Wolframkarbide. Sie zeichnen sich durch außerordentliche Härte und Verschleißfestigkeit aus. In der Fertigungstechnik werden sie für höchst beanspruchte Schneidwerkzeuge eingesetzt. In der Schlosstechnik werden Einlagen von Teilen aus Hartmetall (z.B. HM-Stifte) als Abwehr gegen Bohrangriffe in sicherheitsrelevanten Komponenten eingesetzt. (→Bohrschutz).

(Neu aufgenommen am 21.3.2002)

(Krühn)

Hash-Funktion

Hash-Funktionen sind Komprimierungsfunktionen, die eine Nachricht beliebiger Länge auf eine Nachricht fester Länge (z.B. 128 oder 164 Bits) – den Hashwert – verdichten. Im Rahmen der Anwendung →Digitale Signatur sind Einweg-Hash-Funktionen (→Einweg-Funktion)

von Bedeutung. Hash-Funktionen sind öffentlich, das Verfahren ist nicht geheim. Die Sicherheit der Einweg-Hash-Funktion liegt in ihrer Einweg-Eigenschaft. Das Ergebnis ist auf nicht umkehrbare Weise abhängig von der Eingabe. Beispiele sind MD4 und MD5 (Message Digest Algorithm) sowie SHA (Secure Hash Algorithm).
(Letzte Änderung: 12.7.98)

(Pohl/Cerny)

Hauptmelder
Siehe Empfangszentrale, Notrufzentrale, Übertragungsgeräte.

Hauptmelderanlage
Siehe Notrufzentrale, Übertragungsanlage für Gefahrenmeldungen.

Hauptmelderzentrale
Siehe Übertragungsanlage für Gefahrenmeldungen.

Hauptschlüsselanlage
Siehe Schließanlage.

Haustechnikfunktion
Siehe auch Aufmerksamkeitssignal, Bedrohungsmeldung, Belästigungsmeldung, Brandmeldefunktion, Einbruchmeldefunktion, Erinnerungssignal, Gefahrenmeldeanlage (GMA), Gefahrenwarnanlage (GWA), *Internwarnung, Kommunikationsfunktion*

Funktion einer →Gefahrenwarnanlage (GWA) zur Erkennung, Warnung und Meldung von haustechnischen Gefahrensituationen und technischen Defekten.
(Neu aufgenommen: 1.5.2004)

(Definition: VdS)

HBCI
Siehe FinTS, Onlinebanking.

HD (Harmonisierungsdokument)
Siehe CEN, CENELEC.

High Security Lock
Siehe Hochsicherheitsschloss

Hilfebringende/hilfeleistende Stelle
Siehe auch Alarmkarte, Notrufzentrale, Übertragungsgeräte, UVV Kassen (mit weiteren Verweisen),

„Hilfebringende Stelle" ist ein Begriff aus der Berufsgenossenschaftlichen Vorschrift →UVV Kassen (BGV C 9/GUV-V C 9) der gesetzlichen Unfallversicherer in Deutschland. Falls der Alarm von Überfallmeldeanlagen in einem Kreditinstitut sich an betriebsfremde, zur Alarmweiterleitung vorgesehene Personen oder Institutionen richtet, so muss laut UVV Kassen mit diesen vereinbart werden, welche „hilfebringenden Stellen" im Alarmfall unverzüglich zu benachrichtigen sind. Über diese Vereinbarung sind schriftliche Aufzeichnungen zu machen, mindestens einmal jährlich muss geprüft werden, ob die Voraussetzungen für die getroffenen Vereinbarungen noch bestehen. Bei Überfallmeldeanlagen mit akustischem Alarm sind mehrere Personen oder Institutionen zur Alarmweiterleitung zu benennen.

Allgemein ist eine hilfeleistende Stelle eine Einrichtung, bei der eine Alarmmeldung eingeht und die eine Alarmverfolgung veranlasst oder selbst aufnimmt. Als hilfeleistende Stellen können angesehen werden, die

- Einsatzstelle Werkschutz
- Einsatzzentrale eines Sicherheitsunternehmens (→Notrufzentrale)
- zuständige Polizei oder Feuerwehr.

(Letzte Änderung: 16.8.2006)

(Feuerlein)

Hinterhaken (Hinterschlag)
Siehe auch Einbruchhemmende Tür, Sicherheitstür, Tür.

Auf der Scharnierseite (Bänderseite) einer Türe befindlicher Balken oder Bolzen. Bei geschlossener Türe greift der Hinterhaken in eine Vertiefung hinter dem Scharnier ein und verunmöglicht ein Öffnen der Türe bei abgetrennten Scharnieren.

Je nach Objekt (Panzertüre, Kassenschranktüre) sind Hinterhaken fest mit dem Türkörper verbunden oder mit dem Riegelmechanismus ausfahrbar. Sie können bei Holztüren auch nachträglich aufgeschraubt, bei Metalltüren aufgeschweißt werden. Biege-, Scher- und Abreißfestigkeit des Hinterhakens müssen dem Sicherheitsgrad der entsprechenden Türe genügen.

(Lüscher)

Hinterschlag

Siehe Hinterhaken.

Hitzeabführung

Siehe Wärmeableitung.

Hoaxes

Siehe auch Internet, IT-Sicherheit, Kettenbriefe, Makroviren, Malware, Scriptviren, Trojaner, Viren.

Bei einem Hoax handelt es sich im Wesentlichen um eine Falschmeldung, eine „Zeitungsente". Durch die steigende Vernetzung und Nutzung von E-Mail werden Hoaxes immer beliebter. Irgendjemand denkt sich eine plausibel klingende Meldung aus, gibt etwas Rahmentext dazu und verteilt diese Meldung dann per E-Mail an andere Leute. Meistens enthält der Hoax auch noch den Hinweis, diese Mitteilung doch an möglichst viele andere Menschen weiterzuleiten, da man ja vor einer Gefahr warnt, ein Schnäppchen anbietet oder einfach jemandem damit helfen will. Hoaxes sind aber frei erfunden und werden oft auch mit einem gefälschten Absender versehen, um das ganze seriöser erscheinen zu lassen. Oft werden dabei Firmen oder Behörden zitiert, die von der ganzen Angelegenheit nichts wissen. Einer der bekanntesten Hoaxes war der „Good Times-Hoax". Bei dieser Falschmeldung wurde davor gewarnt, eine E-Mail zu öffnen, die den Betreff „Good Times" hat. Denn ansonsten würde ein Computervirus sofort die Festplatte löschen. Generell wird immer wieder gerne vor angeblich neuen Computerviren gewarnt, die noch kein Virenscanner erkennt, die aber höchst gefährlich sind und per E-Mail verbreitet werden. Aber auch angebliche Schnäppchen werden als Basis für einen Hoax genutzt. So kann man angeblich Geld damit verdienen, indem man eine Werbe-E-Mail weiterleitet. Für jeden zusätzlichen Adressaten werden dabei bis zu 240 US$ gezahlt. Hoaxes können dabei den verschiedensten Themengebieten zugeordnet werden. Denkbar sind z.B. Falschmeldungen aus den Bereichen Aktienhandel, Wirtschaft, Nahrungsmittel, Umweltschutz und der Computerbranche. Um zu unterscheiden, was nun eine seriöse Mitteilung ist und bei welcher Mitteilung es sich um einen Hoax handelt, empfiehlt es sich im WWW (→Internet) die entsprechenden Seiten aufzusuchen. Üblicherweise informieren Sicherheitsdienste aber auch die Hersteller von Virenscannern zuverlässig über aufgetretene Falschmeldungen. Hoaxes kosten Geld und Ressourcen und sollten daher nicht weiter verteilt werden.

(Neu aufgenommen am 1.6.2000)

(Dombach)

Hobbs'sches Öffnungsverfahren

Siehe Picking, Schließzylinder.

Hochfeuerhemmend

Im Zusammenhang mit der brandschutztechnischen Bewertung bestimmter Holzbaukonstruktionen eingeführte bauaufsichtliche Benennung für Bauteile, die mindestens der →Feuerwiderstandsklasse F 60 B entsprechen.

(Neu aufgenommen: 21.4.2004)

(Prof. Beilicke)

Hochfrequenzetikett

Siehe Sicherungsetikett.

Hochhaus

Gebäude, bei dem der Fußboden mindestens eines →Aufenthaltsraumes mehr als 22 m über der Oberfläche des angrenzenden Geländes liegt (Bauordnung). Als Bezugsebene / Bezugspunkt dient bei geneigtem Gelände die Seite, von der aus die Möglichkeit für das Anleitern der Feuerwehr besteht.

Da die Möglichkeit des Anleiterns der Feuerwehr nur bis zu einer gewissen Höhe des Gebäudes besteht, ist darüber hinaus sicherzustellen, dass durch entsprechende technische Lösungen die Brandsicherheit und die Rettungsmöglichkeit für dieses Gebäude gewährleistet werden können (z.B. Feuerwehraufzug). Derartige technische und bautechnische Maßnahmen können auch bei Gebäuden gefordert werden, die unterhalb der Hochhausgrenze errichtet werden, wobei jedoch die entsprechende Vorhaltung der technischen Geräte der Feuerwehr aufgrund bestimmter Ausstattungs- und geographischer Lagebedingungen der Gebäude nicht gegeben sind.

(Letzte Änderung: 21.6.98)

(Prof. Beilicke)

Hochsicherheitsschloss

Siehe auch Elektronische Schließsysteme, Lafettenverschluss.

Ein Hochsicherheitsschloss ist ein mechanisches oder elektronisches Schloss, das gewöhnlich als Verschlusselement für Wertbehältnisse (→Wertschutzraum, →Wertschutzschrank) verwendet wird und eine hohe →Abtastsicherheit, →Aufsperrsicherheit und →Nachschließsicherheit aufweist.

Die europäische Norm DIN EN 1300 legt die Anforderungen an Hochsicherheitsschlösser hinsichtlich ihrer Zuverlässigkeit und ihres Widerstandswertes gegen zerstörende Angriffe und gegen unbefugtes Öffnen sowie die Prüfverfahren fest. Außerdem wird in der Norm ein Schema zur Klassifizierung von Hochsicherheitsschlössern gemäß ihrem Sicherheitswert gegeben, das die vier Schlossklassen A, B, C und D vorsieht.

Hochsicherheitsschlösser werden vom →European Certification Board•Security Systems (ECB•S) nach der Europäischen Norm EN 1300 zertifiziert.

(Letzte Änderung: 11.5.2004)

(Dr. Schneider)

Holztür

Siehe Tür.

Homebanking

Siehe FinTS, Onlinebanking.

Home Electronic Systems (HES)

Siehe auch European Installations Bus (EIB)

HES ist ein Management-System für den privaten Haushalt, das unterschiedliche elektronische Geräte miteinander verbindet.

Die Kommunikation zwischen den Geräten erfolgt über Bussysteme, die entsprechend ihren Aufgaben in drei Klassen eingeteilt sind.

- Klasse 1: Digitale Paketdatenübertragung mit geringer Bandbreite
- Klasse 2: Übertragung von Sprache oder anderen Informationen mit ähnlicher Bandbreite
- Klasse 3: Tonübertragung mit hohen Qualitätsforderungen, Übertragung von Videosignalen und von digitalen Daten mit hoher Übertragungsrate

Für die Klasse 1 sind auf Basis des →Europäischen Installationsbus EIB technische Lösungen realisiert, die die Anforderungen der europäischen Normen der Reihe EN 50090 sowie der nationalen Vornormen der Reihe DIN V VDE 0829 erfüllen.

So können z.B. über den EIB sämtliche Funktionen im Haus leicht und zuverlässig bedient, gesteuert und überwacht werden. Die Anwendung beschränkt sich dabei nicht auf den Bereich der klassischen Elektroinstallation, sondern es können auch haustechnische Geräte sowie Audio- und Video-Geräte einbezogen werden.

Die benutzerfreundliche Bedienung des HES ist von einer oder mehreren Stellen im Haus bzw. in der Wohnung möglich. Dazu kann z.B. ein berührungsempfindlicher Bildschirm (Touch screen) verwendet werden.

Im Zweckbau hat sich für Klasse 1-Anwendungen – insbesondere im Bereich der Elektroinstallation – der Begriff „Gebäudesystemtechnik" durchgesetzt. Auch hier werden über den EIB die verschiedenen Busteilnehmer, wie z.B. Schalter, Dimmer oder Leuchten, gesteuert.

Hinter dem Europäischen Installationsbus EIB steht die European Installation Bus Association (EIBA), die den EIB entwickelte und seine Standardisierung und Marktdurchdringung fördert. Die EIBA hat ca. 85 Mitglieder und Lizenznehmer. In ihr sind nahezu alle führenden europäischen Hersteller von Installationsschaltgeräten zusammengeschlossen.

(Hess)

Honeypot

Siehe auch Hacker, Hackerabwehr, Intrusion Detection System, Netzwerk

Honeypots sind Server mit nur scheinbar wertvollen Daten wie Adressen und Dokumenten zur Täuschung von Angreifern. Mit ihnen soll von Systemen abgelenkt werden, die tatsächlich wertvolle Daten verarbeiten. Zusätzlich werden die Angriffe auf diese Honeypots beobachtet und analysiert, um neuartige Angriffe kennenzulernen; dazu werden sie protokolliert und ggf. auch rückverfolgt. Angriffe auf Honeypots sind also erwünscht.

Unter einem Honeynet wird eine Menge vernetzter Honeypots mit denselben Aufgaben und Zielen verstanden. Der Vorteil eines Honeynets gegenüber einem Honeypot liegt in der Überwachungs- und Verwaltungsmöglichkeit der einzelnen Honeypots von einem anderen System aus. Damit lassen Honeynets auch die Beobachtung erfolgreich angegriffener Systeme zu, auf denen sich der Angreifer volle Administrationsrechte verschafft hat: Die schützende und überwachende Infrastruktur liegt nicht auf dem einzigen Honeypot selbst, sondern außerhalb der Zugriffsmöglichkeiten des Angreifers. Dies verursacht allerdings einen höheren Aufwand für Konzeption, Implementierung und Betrieb.

Honeypots und Honeynets wurden bisher überwiegend für Forschungszwecke eingesetzt. Neuere Untersuchungen zeigen allerdings, dass ein Einsatz von Honeynets in Unternehmen Informationen liefern kann, die das Sicherheitsniveau des Unternehmensnetzwerks verbessern können. Ein erkannter und beobachteter Angriff ermöglicht sofortige Reaktion und liefert daher einen direkten Nutzen. Die statistische Auswertung der Zugriffe auf das Honeynet kann genutzt werden, um andere Sicherheitsmechanismen anzupassen und liefert damit indirekten Nutzen. Ein Honeynet bietet zudem eine kontrollierte Testumgebung, in der neue Systeme vorab oder parallel zur Einführung betrieben und genau beobachtet werden können.

Derzeitige Angriffe sind wie folgt in mehreren Stufen aufgebaut: Bevor überhaupt ein Angriff erfolgt, wird das Ziel aufgeklärt (Footprinting) und ermittelt, welche Netzsegmente und Maschinen zum Angriffsziel gehören sollen. Dann folgt ein Scannen, um herauszufinden, über

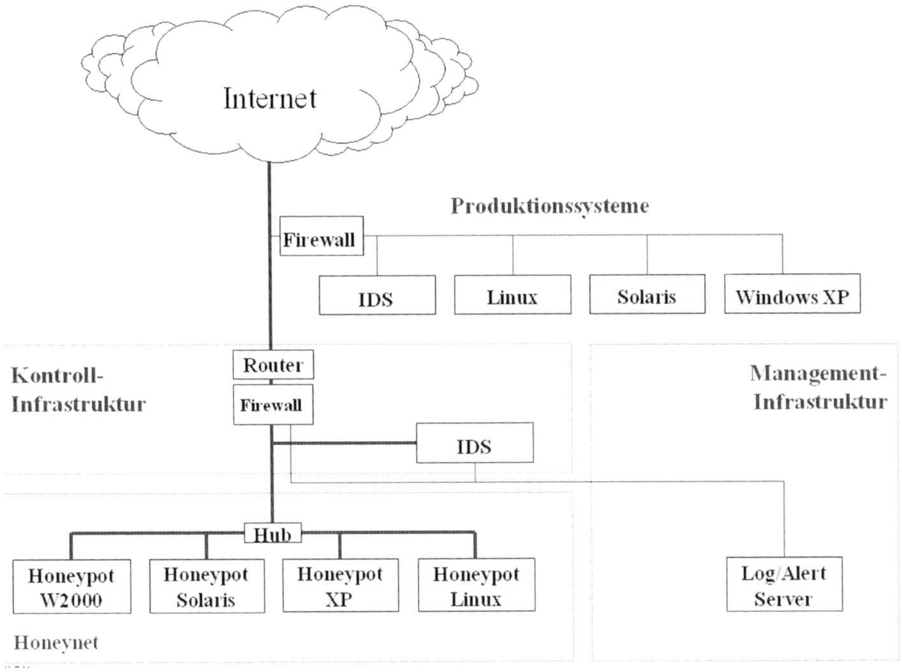

Internet
Produktionssysteme
Firewall
IDS
Linux
Solaris
Windows XP
Kontroll-Infrastruktur
Router
Firewall
IDS
Management-Infrastruktur
Hub
Honeypot W2000
Honeypot Solaris
Honeypot XP
Honeypot Linux
Log/Alert Server
Honeynet

Honeynet Konfiguration

welche Ports Kommunikationsverbindungen aufgebaut werden können. Danach wird geprüft, welches Betriebssystem auf den Zielrechnern eingesetzt wird und ob – und gegebenenfalls sogar welche – Firewalls die Systeme schützen. In der letzten Stufe ermittelt der Angreifer die Versionen der für ihn sichtbaren Serverdienste (Bannergrabbing).
(Neu aufgenommen: 1.5.2004)

(Prof. Pohl)

Hybrid BMA
Siehe Brandmeldeanlage mit Funkübertragung

I

IC

Siehe Mikroprozessor.

IDEA

Siehe auch Verschlüsselung (mit weiteren Verweisen)

Symmetrisches Verschlüsselungsverfahren, das an der ETH Zürich entwickelt wurde. Die verwendete Schlüssellänge von 128 Bit gilt z.Z. noch als sicher gegen Brute-Force-Attacken (bloßes Probieren von Schlüsseln). Erfolgreiche Angriffe gegen das Verfahren selbst sind nicht bekannt.

(Neu aufgenommen am 7.7.2000)

(Stark)

Identifikation

Siehe auch Authentisierung, Biometrie, Personenidentifikation.

Feststellung der Identität einer Person, eines Gegenstandes, o. Ä..

Im Bereich der IT-Sicherheit: Feststellung / Erkennung eines bestimmten Benutzers (Person oder Prozess). Maßnahme, um zu gewährleisten, dass nur berechtigte Benutzer Zugang zu einem bestimmten Programm oder Prozess erhalten.

(Neu aufgenommen am 12.6.2000)

(Donaubauer)

Identifikationsmerkmal (IM)

Siehe Zutrittskontrolle.

In geistiger, materieller oder biologischer Form bestehende Informationen, die eine eindeutige Identifizierung erlauben (z. B. im Gedächtnis einer Person vorhandene Ziffern- oder Buchstabenfolge, in einer Magnet- oder Chipkarte enthaltene Informationen, die Codierung eines Schlüssels, die Bewertung eines Fingerabdrucks oder des Augenbildes).

(Neu aufgenommen am 20.5.2002)

(Definition: VdS)

Identifikationsmerkmalträger (IMT)

Siehe Ausweis, Kartensicherheit, Personenidentifikation, Schließanlage (elektronisch), Zutrittskontrolle.

Träger von z. B. in geistiger, materieller oder biologischer Form bestehenden Informationen.

- Geistiger Identifikationsmerkmalträger: Bei einem geistigen Identifikationsmerkmalträger sind die zur Identifikation notwendigen Informationen (z. B. als Zahlen-, Zeichen- oder Buchstabenfolge) im Gedächtnis des Benutzers vorhanden.
- Materieller Identifikationsmerkmalträger: Physikalisch ausgeführter Identifikationsmerkmalträger, in dem die zur Identifikation notwendigen Informationen enthalten sind (z. B. Schlüssel, Chipkarte).
- Biologischer Identifikationsmerkmalträger: Identifikationsmerkmalträger, bei dem die zur Identifikation notwendigen Informationen beim Benutzer selbst vorhanden sind (personenbezogene Merkmale, z. B. Körpermerkmale wie Fingerabdruck, Augenhintergrund oder Stimme).

(Neu aufgenommen am 20.5.2002)

(Definition: VdS)

Identity Management

Siehe auch IT-Sicherheit (mit weiteren Verweisen)

Der Begriff Identity Management bezeichnet Verfahren und Werkzeuge zur Verwaltung digitaler Identitäten und deren Nutzung mittels elektronischer Ressourcen.

Eine digitale Identität ist in diesem Zusammenhang die digitale Repräsentation einer Person, aber auch einer Maschine oder eines Prozesses. Sie beinhaltet kennzeichnende Attribute wie z.B. die Telefonnummer eines Firmenmitarbeiters oder dessen Standort; darüber hinaus können Informationen wie digitale Zertifikate oder Zugriffsprofile für Ressourcen Bestandteile sein. Zu verwaltende Personengruppen sind für Unternehmen in der Regel Mitarbeiter, Geschäftspartner und Kunden.

Wichtige Faktoren von Identity Management sind Identitätenverwaltung, Ressourcenbereitstellung und Sicherheit.

Zum Identity Management gehören administrative Funktionen für die Verwaltung des Lebenszyklus einer digitalen Identität. Dies sind beispielsweise rollenbasierte Zugriffskontrolle (Role-based Access Control, RBAC) und die automatische, regelbasierte Bereitstellung von Benutzerkonten und Berechtigungen („Provisioning") sowie Antragsverfahren für Zugriffsrechte.

Aber auch sicherheitsbezogene Funktionen wie Authentisierungsdienste, Autorisierung und identitätsbasierte IT-Revision sind dem Identity Management zuzurechnen. Dazu zählen etwa Single-Sign On und Kennwort-Management.
Alle Infrastrukturkomponenten, die Informationen über digitale Identitäten transportieren und synchronisieren, fallen in den Bereich Identity Management. Hier sind insbesondere Verzeichnisdienste und Meta-Directories hervorzuheben.
(Neu aufgenommen am 5.5.2004)

(Dr. Kuhlmann)

IDS
Siehe Intrusion Detection System

IEC
International Electrotechnical Commission, Internationale Elektrotechnische Kommission, Commission Electrotechnique Internationale
Kurzbeschrieb und Anschrift →Behörden, Verbände, Institutionen.

IEC/17799-1
Siehe ISO-IEC 27001 früher BS 17799

i.f.t.
Institut für Fenstertechnik e.V., Rosenheim.
Kurzbeschrieb und Anschrift →Behörden, Verbände, Institutionen.

IG TUS
Frühere Bezeichnung der TUS Telekommunikation und Sicherheit in der Schweiz. Siehe ALARMNET der TUS.

IM Card
Intelligente Speicherkarte, siehe auch Chipkarte.

IMEI
International **M**obile-Station **E**quipment **I**dentity Number – siehe *GSM, GSM-Verschlüsselung*.

I-Melder
Siehe Rauchmelder.

Immobilien-Management
Siehe auch Facility Management, Facility Support Services, Projektentwicklung.
Der Begriff „Immobilien-Management" umfasst alle grundlegenden Aktivitäten, die beim Umgang, bei der Verwertung und der Entwicklung aller Grundstücke und Gebäude anstehen und in die sich die Sicherheit einfügt.
Hierbei unterscheidet man folgende drei Funktionsstufen:

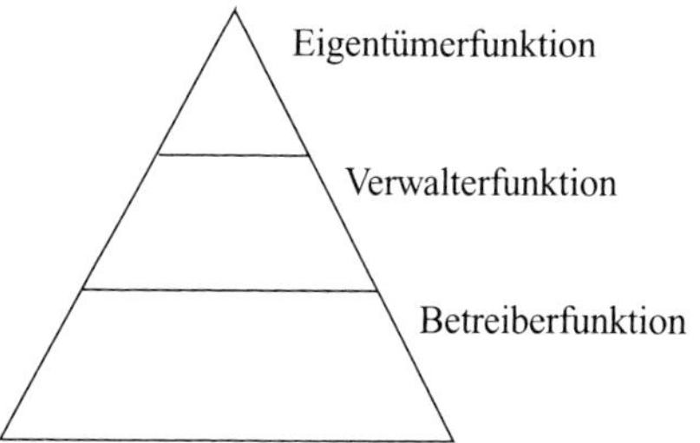

Zur Eigentümerfunktion (Corporate Real Estate) gehört
- Vermögensanlagefunktion
- Strategie- und Ordnungsfunktion
- Projektentwicklung und -controlling.

Zur Verwalterfunktion (Facility Management) zählt
- Flächenbewirtschaftung bzw. Standortplanung
- Technische Bewirtschaftung (Betriebssicherstellung)
- Kaufmännische Bewirtschaftung (Controlling).

Zu den Betreiberfunktionen (Facility Support Services) gehören:
- Flächenbezogene Dienste (Teil der Flächenbereitstellungskosten)
- Funktionsbezogene Dienste
- Nutzerbezogene Dienste (besondere Anforderungen der Nutzer).

In der Funktionsstufe des Corporate Real-Estate werden die strategischen Ziele im Umgang mit den Immobilien unter dem Gesichtspunkt einer optimalen Vermögensanlage festgelegt. Konzeption und Standort entscheiden dabei über die langfristige Rentabilität eines Objektes. Aber auch wenn die Immobilien

nicht das Kerngeschäft eines Unternehmens betreffen, so kann durch Sicherung und Steigerung des Marktwertes der Immobilien ein Beitrag zum Kerngeschäft geleistet werden. Ein wesentliches Ziel ist die Senkung des Immobilienkostenanteils am Produkt (target costing). Gute Möglichkeiten hierzu liegen in der Flächenoptimierung, der Flächenreduzierung im Rahmen eines down-sizing-Programms, in der Ausschöpfung von Kostenpotenzialen durch Benchmarking und in der Bündelung des Immobilien Know-how in einer professionellen Organisations-Einheit.
Die Funktion des Verwalters von Immobilien (Facility Management) wird vielfach auf einen unabhängigen Dienstleister übertragen. Dieser hat nach den Vorgaben des Corporate Real-Estate zu arbeiten. Häufig begleitet ein Dienstleister eine Immobilie von der Planungsphase über die Entstehung bis zur Nutzung des Gebäudes.
Zu den Aufgaben des Facility Management gehören die o.g. Tätigkeitsfelder. Dazu kommen noch Aufgaben wie das Betreuen von Energieverträgen und das Management der Betreiberfunktionen. Der Verwalter muss Kostentransparenz bei den Bewirtschaftungskosten schaffen und eine verursachungsgerechte Abrechnung der Leistungen zu vereinbarten/marktüblichen Preisen durchführen.
Vielfach getrennt von der Verwalterebene stellt sich die Betreiberfunktion (Facility Support Services) dar. Auch diese Funktion wird von einem oder mehreren unabhängigen Dienstleistern durchgeführt. Dies ist besonders deshalb von Vorteil, weil die Durchführung von Sicherheitsaufgaben, Instandhaltung und Wartung, Verpflegungsdienste, Post, Telefon, Telekommunikation und Logistik unterschiedliche Anforderungen stellen.
(Letzte Änderung: 16.8.2006)

(Eilert Siemens/Ammon)

IMSI

International **M**obile **S**ubscriber **I**dentity – siehe *GSM, GSM-Verschlüsselung*.

IMSI Catcher

Siehe *GSM, GSM-Verschlüsselung*.

Induktiv (Leseverfahren)

Siehe Ausweis.

Inergen

Siehe auch Argon, Brandschutz durch Sauerstoffreduzierung, CO_2, FM-200, Gaslöschanlage.

Inergen ist ein gasförmiges Löschmittel (Inertgas) und löscht durch die Reduzierung der Sauerstoffkonzentration unter den für das verwendete Inertgas und den zu löschenden brennbaren Stoff minimalen zündgefährlichen Sauerstoffgehalt. Es löscht mit Bestandteilen der Luft: Stickstoff (N_2), Argon (Ar) und Kohlendioxid (CO_2). CO_2 dient dabei als Überlebenshilfe in der hypoxischen (Sauerstoff reduzierten) Atmosphäre des mit Inergen gefluteten Raumes. CO_2 steuert in Konzentrationen < 5 Vol-% die Atmungstiefe und ermöglicht ein Überleben bei Sauerstoffkonzentrationen kleiner 15 Vol-% O_2. Darüber hinaus beeinflusst CO_2 die Anlagerungseigenschaften des Hämoglobins für O_2. Inergen ist damit eine umweltfreundliche Alternative zu den früher verbreiteten Halon-Löschmitteln und teilfluorierten Kohlenwasserstoffen als Halon-Löschmittelersatz. Es deckt die drei Brandschutzziele Personenschutz, Umweltschutz und Sachwertschutz ab.
(Letzte Änderung: 20.4.2002)

(Dr. Schremmer)

Information Warfare (Informationskriegführung)

Siehe auch Cyberwar, Kritische Infrastrukturen.

1. Im militärischen Bereich:
   Aktionen, mit deren Hilfe die eigene Informationsüberlegenheit erreicht werden soll. Diese Aktionen richten sich gegen Informationen, Informationsverarbeitungsprozesse, Informationssysteme und Kommunikationsnetze des Gegners, und sie schützen die eigenen Informationen, Informationsverarbeitungsprozesse, Informationssysteme und Kommunikationsnetze.
2. Im zivilen Bereich:
   Einsatz informationstechnischer Mittel zur Störung, Lähmung oder Zerstörung der Informationsversorgung ziviler Ziele (Unternehmen, Organisationen, Verwaltungen,

3

Einzelpersonen, →kritische Infrastrukturen) zur Durchsetzung politischer, wirtschaftlicher, sozialer oder krimineller Interessen und andererseits zum Schutz der Informationsversorgung der eigenen Ziele.

In beiden Fällen gehen die Angriffe und die erforderlichen Schutzmaßnahmen weit über den – bisher auf einzelne Server oder einzelne Netze bezogenen – Computermissbrauch hinaus.

(Letzte Änderung: 21.6.98)

(Prof. Pohl/Cerny)

Informationsschutz

Siehe auch Datenschutz, Datensicherung, IT-Sicherheit (mit weiteren Verweisen), Sicherheitsarchitektur.

Sammelbegriff sämtlicher Maßnahmen zum Schutz von Informationen vor Verlust, unbefugter Manipulation und unerwünschtem Abfluss. Die Maßnahmen betreffen den gesamten Informationsprozess, namentlich Erstellung, Verarbeitung, Übermittlung, Ablage, Vernichtung. Je nach Phase im Informationsprozess sind Informationsträger (z. B. Dokumente, Disketten, Abbildungen, Prototpyen, aber auch Zwischenmaterial wie Farbbänder, Entwürfe, Manuskripte usw.) oder Informationen selbst in verbaler oder digitalisierter Form vor aktiven Gefahren (z. B. Spionage, Verrat, Diebstahl, Manipulation) oder vor passiven Gefahren (z. B. Feuer, Wasser, elektromagnetischen Einflüssen, Fehlleitung oder -ablage, vorzeitiger Vernichtung) zu schützen. Dem Informationsschutz unterliegen klassifizierte Informationen und/oder betriebsnotwendige Informationen, unabhängig davon, ob es sich um herkömmliche oder elektronisch verarbeitete Informationen (= Daten) handelt.

Klassifizierte Informationen sind Geschäftsinformationen, die mit besonderen Maßnahmen vor Spionage und Verrat, bzw. unerwünschtem Abfluss an Dritte oder die Öffentlichkeit zu schützen sind.

Betriebsnotwendige Informationen sind Geschäftsinformationen, deren Zerstörung oder Verlust die Weiterführung des Betriebes ernsthaft gefährden könnte, oder deren Wiederbeschaffung einen hohen Zeitaufwand erfordern würde, ferner Originale wichtiger Urkunden. Wie im englischen werden diese Informationen auch im deutschen Sprachraum oft als „Vital Records" bezeichnet.

Im Bereich der IT erwachsen aus dem →Internet neue Risiken, denen ausreichend Aufmerksamkeit gewidmet werden muss. So steht die Erreichbarkeit der (öffentlichen) Informationen im Gegensatz zu den vertraulichen Informationen. Daher ist ein umfassender Zugriffsschutz durch →Firewalls und andere Maßnahmen erforderlich.

(Letzte Änderung: 18.12.2003)

(Glessmann)

Informationssicherheit

Siehe auch IT-Sicherheit (mit weiteren Verweisen)

Unter Informationssicherheit wird der Zustand eines Informationssystems verstanden, in dem die unberechtigte Nutzung von Ressourcen erschwert und möglichst erkannt wird. Unberechtigte Nutzung liegt dann vor, wenn ein Benutzer, dem die entsprechenden Rechte nicht erteilt wurden, Informationen zur Kenntnis nimmt, ändert oder generell das System nicht entsprechend den Vorstellungen des Betreibers nutzt. Unberechtigt handelt auch ein Berechtigter, wenn er das System nicht oder nicht nur entsprechend den ihm zugeteilten Aufgaben und Rechten nutzt – sich z.B. Zugriffsrechte verschafft, die ihm nicht zustehen. Informationssicherheit umfasst den gesamten Bereich der Informationsverarbeitung inklusive der

<table>
<tr><th colspan="5">Inhalte der Informationssicherheit</th></tr>
<tr><td colspan="4">Materielle Sicherheit</td><td rowspan="3">Personelle Sicherheit</td></tr>
<tr><td colspan="2">Physische Sicherheit</td><td colspan="2">Logische Sicherheit</td></tr>
<tr><td>Betriebsicherheit</td><td>Elektrische, elektromagnetische Sicherheit</td><td>Programmtechnische Sicherheit</td><td>Organisatorische Sicherheit</td></tr>
</table>

Gliederung der Informationssicherheit		
information security **Informationssicherheit**		
communication security **Fernmeldesicherheit**		computer security **DV-Sicherheit**
emanation security **Abstrahlsicherheit**	transmission security **Übertragungssicherheit**	

Speicherung sowie den Bereich der Übertragung von Daten und Programmen.
Zur Informationssicherheit gehören auch die Bereiche personelle und physische Sicherheit.
Inhalte der Informationssicherheit sind die folgenden:
Anerkannte Sachziele sind die folgenden:

- Integrität: Eigenschaft eines Systems, die Korrektheit der Objekte sicherzustellen – Schutz vor unberechtigter Veränderung.
- Verfügbarkeit: Wahrscheinlichkeit, ein System zu einem vorgegebenen Zeitpunkt in einem funktionsfähigen Zustand anzutreffen.
- Vertraulichkeit: Eigenschaft eines Systems, nur berechtigten Subjekten den Zugriff auf bestimmte Objekte zu gestatten und unberechtigten Subjekten den Zugriff auf alle Objekte zu verwehren – Schutz vor unberechtigter Kenntnisnahme.

Weitere Sachziele sind insbesondere:

- Authentisierung (authentication).
- Nicht-Zurückweisung (non-repudiation).
- Rechtsverbindlichkeit (liability).
- Anonymität (anonymity).
- Pseudonymität (pseudonymity).
- Abrechenbarkeit (accountability).
- Unbeobachtbarkeit (untraceability).

Unabhängig vom Ort des Risikos oder der installierten Sicherheitsmaßnahme wird Informationssicherheit klassisch wie folgt gegliedert:
(Letzte Änderung: 2.5.2004)

(Prof. Pohl/Cerny)

Infrarot (Leseverfahren)

Siehe Ausweis.

Infrarotdetektor (EMA)

Siehe auch Alarmzentrale, Dualbewegungsmelder, Einbruchmelder, Raumüberwachung.
Für Verwendung im Brandschutz siehe Flammenmelder, Infrarotmelder (BMA).
Infrarot-Detektoren für den →Intrusionsschutz nützen die Tatsache aus, dass alle lebenden Wesen eine gegenüber der Umgebung intensivere Infrarotstrahlung aussenden. Die Infrarotdetektoren detektieren dies passiv. Damit solche Meldesysteme, die meist zur Raumüberwachung verwendet werden, nicht auf fest angeordnete Strahlenquellen (z. B. Heizkörper), sondern nur auf sich bewegende Personen reagieren, wird durch ein sektorielles Spiegelsystem die Strahlung von einzelnen definierten Raumsektoren ausgewertet. Sobald eine Person solche Raumsektoren durchquert, ergeben sich merkliche Differenzen, und es erfolgt Alarm.

(Wigger)

Infrarotmelder (BMA)

Siehe auch Automatischer Brandmelder, Brandmeldeanlage, Flammenmelder, Gasmelder (BMA), Rauchmelder, Wärmemelder.
Flammenmelder setzen die von Flammen emittierte elektromagnetische Strahlung in ein elektrisches Signal um. Damit Störungen und Täuschungen durch Sonnenlicht, reflektiertes Licht, Lampen und andere Quellen möglichst ausgeschlossen werden können, wird der Detektionsbereich der Melder aus dem sichtbaren in den unsichtbaren Bereich verlegt. Die meisten Flammenmelder arbeiten deshalb im ultravioletten oder infraroten Bereich.
IR-Flammenmelder nutzen die maximale Intensität der infrarotaktiven Flammengase im Wellenlängenbereich von 4.3µm, die bei der Verbrennung kohlenstoffhaltiger Materialien entstehen.
Die auf den IR-Flammenmelder auftretende Flammenstrahlung wird vom Infrarotfilter gefiltert, sodass nur Strahlung der Wellenlänge zwischen 4 und 5 µm auf den pyroelektrischen Sensor trifft. Dieser Sensor reagiert nur auf die Änderung der Strahlungsintensität (Energieänderung) und erzeugt einen dazu proportionalen Strom. Infrarotflammenmelder eignen sich zur Detektion rauchloser Flüssigkeits- und Gasbrände, wie auch rauchbildender offener Feuer kohlenstoffhaltiger Materialien.
(Letzte Änderung: 7.7.2006)

(Wigger)

Infrarotscheinwerfer

Siehe auch *Dual-Sensor-Kamera, Restlichtkamera, Videoüberwachung.*

Infrarotscheinwerfer sind Lichtquellen unterschiedlicher Bauart, die größtenteils oder vollständig im nahen Infrarot strahlen und ein Objekt für das menschliche Auge nicht erkennbar beleuchten. Konventionelle Halogen- und breitbandige LED Strahler mit entsprechenden Sperrfiltern wurden hauptsächlich eingesetzt. Neuerdings verwendet man vermehrt engbandig strahlende Laser-Scheinwerfer mit vorgesetzter Zoom-Optik, die Licht mit hoher Intensität produzieren und, im Vergleich zu den oben genannten Scheinwerfertypen, bei geringem Stromverbrauch viel leistungsfähiger sind. Das mit einem Infrarotscheinwerfer bestrahlte Objekt kann mit Hilfe einer CCD- oder Restlicht-Kamera beobachtet werden. Die Bilder dieser Kameras sind problemlos auf Videorekorder aufzuzeichnen und verdrängen mehr und mehr Foto-Kameras, die mit speziellen Infrarot-Filmen arbeiten müssen.

(Schilling)

Infrastrukturelles Gebäudemanagement

Siehe auch *Energiemanagement, Facility Management, Facility Support Services, Gebäudeautomation, Gebäudetechnik, Immobilienmanagement, Kaufmännisches Gebäudemanagement, Prozessorientiertes Facility Management, Technisches Gebäudemanagement.*

Der wesentliche Inhalt des Infrastrukturellen Gebäudemanagements wird in dem Begriff Flächenmanagement zusammengefasst. Hierunter versteht man zuerst die Pflege der bestehenden Dokumentation über das Gebäude in Form von über CAD-Verfahren aufbereiteten Grundrissen, Schnitten und einem Raumbuch. Ferner gehört hierzu auch ein Management der Flächennutzung, d.h. Raumplanung, Belegungsplanung und Optimierung. Einzelheiten dazu sind in der →GEFMA 130 näher erläutert. Weiterhin gehören zum Bereich des infrastrukturellen Gebäudemanagements Dienstleistungen wie Reinigung, Sicherheitsdienste, Hausmeister- und Verpflegungsdienste, Dienste in Außenanlagen, das Umzugsmanagement, die Entsorgung und Bürodienstleistungen.

(Letzte Änderung: 16.8.2006)

(Eilert Siemens/Ammon)

Infrastrukturen, kritische

Siehe *Kritische Infrastrukturen.*

Ingenieurmethoden des Brandschutzes (Brandschutzingenieurwesen)

Im Zusammenhang mit der Erstellung von Brandschutznachweisen für Bauvorhaben, die sich aufgrund ihrer Größe, Nutzung und/oder darin aufhaltenden Personenzahl nicht mehr ohne weiteres mit den in den Normen und Richtlinien verankerten Dimensionierungs- / Bemessungsansätzen sicherheitstechnisch erfassen und vergleichend bewerten lassen, entwickelte Berechnungsverfahren zur Abschätzung und Bewertung der objektkonkreten Risiken und darauf begründeter Schutzmaßnahmen nach Art und Umfang.

Eine zusammengefasste Darstellung der Grundsätze der Nachweisführung ist in Anhang 1 der Industriebaurichtlinie (IndBauRL) enthalten. Wesentliche Voraussetzung für die Zulässigkeit der Anwendung dieser Verfahren ist die allgemeine Anerkennung der Verfahren. Als anerkannte Rechenverfahren gelten solche Verfahren, die hinsichtlich ihrer physikalischen Grundlagen vollständig veröffentlicht und im Hinblick auf die zu beschreibenden Brandwirkungen nachweislich validiert sind.

(Neu aufgenommen: 21.4.2004)

(Prof. Beilicke)

Innentäter/Außentäter

Siehe *Täterbild.*

Inspektion

Siehe auch *Instandhaltung, Instandsetzung, Wartung.*

Maßnahmen zur Feststellung und Beurteilung des Istzustandes von technischen Mitteln eines Systems.

(Letzte Änderung: 9.5.2004)

(Definition nach DIN 31051:1985-01, Nr. 1.2 / DIN VDE 0833-1)

Installationsattest

VdS-Vordruck zur Dokumentation der Ausführung einer Sicherungsmaßnahme, z. B. einer installierten Einbruchmeldeanlage, auf Basis der einschlägigen VdS-Richtlinien. Das In-

stallationsattest wird von der VdS-anerkannten Errichterfirma ausgestellt und ist Bestandteil der errichteten Anlage. Es kann Vertragsgrundlage des Versicherungsvertrages zwischen Versicherungsnehmer und Versicherer sein.
(Neu aufgenommen am 20.5.2002)

(Definition: VdS)

Instandhaltung

Siehe auch Inspektion, Instandsetzung, Wartung.
Maßnahmen zur Bewahrung und Wiederherstellung des Sollzustandes sowie zur Feststellung und Beurteilung des Istzustandes von technischen Mitteln eines Systems.
(Neu aufgenommen am 20.5.2002)

(Definition: VdS)

Instandsetzung

Siehe auch Inspektion, Instandhaltung, Wartung.
Maßnahmen zur Wiederherstellung des Sollzustandes von technischen Mitteln eines Systems
(Letzte Änderung: 9.5.2004)

(Definition nach DIN 31051:1985-01, Nr. 1.3 / DIN VDE 0833-1)

Integrierte Gefahrenmeldeanlage

Eine Anlage, bei der die beteiligten Anwendungen gemeinsame Einrichtungen (wie Hardware, Software oder Übertragungswege) nutzen, wobei mindestens eine Anwendung eine Gefahrenmelde-Anwendung ist.
(Neu aufgenommen am 20.5.2002)

(Definition: VdS)

Integrierte Schaltung

Siehe Mikroprozessor

Integriertes IT-Sicherheitskonzept

Siehe auch IT-Sicherheit (mit weiteren Verweisen).
Ein integriertes →Sicherheitskonzept (ISK) ist im Gegensatz zum additiven Konzept ein integraler Bestandteil des gesamten IT-Betriebs. Eine Vielzahl von Maßnahmen, die ansonsten ausschließlich für den K-Fall (→Disaster Recovery) erarbeitet und dokumentiert werden, werden hierbei im täglichen Betrieb genutzt. Hierzu gehören Maßnahmen, wie das Rückladen von Daten ebenso wie die Behebung von Störungen im Netzbetrieb.
Ein ISK unterstützt den IT Betrieb bei der Behebung der täglichen Probleme. Es erhöht die Verfügbarkeit für den Anwender durch eine permanente Reduzierung der „Reparaturzeiten“.
Basis für ein ISK ist die Erstellung und permanente Erweiterung der Dokumentation für die einzelnen Maßnahmen. Sinnvoll ist der Einsatz eines Softwaretools, das sowohl für die Dokumentation der täglichen Abläufe als auch die Maßnahmen nach dem Eintritt eines Schadensfalles (K-Fall) geeignet ist.
(Neu aufgenommen am 23.5.2000)

(Glessmann)

Integrität

Siehe auch Verbindlichkeit, Verfügbarkeit, Vertraulichkeit
Unter Integrität im Sinne der →IT-Sicherheit versteht man die Tatsache, dass Informationen nur von Befugten in beabsichtigter Weise verändert und nicht unzulässig modifiziert werden können. Dieses Schutzziel gilt auch für Programme, da die Integrität der Daten nur bei ordnungsgemäßer Verarbeitung und Übertragung garantiert werden kann. Häufig wird unter dem Begriff Integrität außer der Unversehrtheit auch noch die Vollständigkeit, die Widerspruchsfreiheit und die Korrektheit verstanden. Vollständig bedeutet, dass alle Teile der Information verfügbar sind. Korrekt sind Daten, wenn sie den gemeinten Sachverhalt unverfälscht beschreiben (IT-Sicherheitshandbuch des →BSI).
(Letzte Änderung: 3.6.2000)

(Dr. Schneider)

Intelligentes Gebäude

Siehe auch Leitsystem, Sicherheitsleitsystem.
Früher als Schlagwort für Gebäude mit Hausleittechnik benutzt, verwendet man heute den Ausdruck für Gebäude, in denen sich Menschen wohl fühlen, sicher aufgehoben sind und alle für die Arbeit benötigten Informationen, Funktionen und Dienstleistungen auf einfache und zweckmäßige Art nutzen können. Dies wird auf zwei Arten erreicht:

1. Durch eine sinnvolle Vernetzung und Integration der verschiedenen Anlagetypen und Gewerke wird der Wert und die Funktionalität der Anlagen gesteigert und die Sicherheit für die Mitarbeiter erhöht.
2. Durch eine standardisierte Infrastruktur bei allen Kommunikations-Netzwerken und in der Energieversorgung können die Standorte von Mitarbeitern, Maschinen, Kommunikationseinrichtungen und Raumunterteilungen problemlos verschoben werden. Erweiterungen und Umnutzung von Netzen und Anlagen sind damit ohne wesentliche Störung der Arbeitsprozesse und ohne Zusatzinstallation möglich.

(Letzte Änderung: 20.7.2000)

(Straumann)

interkey

Fachverband Europäischer Sicherheits- und Schlüsselfachgeschäfte, Lingen.
Kurzbeschrieb und Anschrift →Behörden, Verbände, Institutionen.

Internalarm

Siehe auch Einbruchmeldeanlage, Externalarm, Synoptik.

Meldung der Auslösung der ganz oder teilweise intern scharfgeschalteten EMA sowie Sprachdurchsagen an Personen im überwachten Objekt mit dem Ziel der eigenen Hilfeleistung.

(Letzte Änderung: 20.5.2002)

(Definition: VdS)

Internwarnung

Siehe auch Aufmerksamkeitssignal, Bedrohungsmeldung, Belästigungsmeldung, Brandmeldefunktion, Einbruchmeldefunktion, Erinnerungssignal, Gefahrenmeldeanlage (GMA), Gefahrenwarnanlage (GWA), *Haustechnikfunktion, Kommunikationsfunktion*

Warnsignal bei Auslösung von Funktionen der →Gefahrenwarnanlage (GWA), gegebenenfalls Sprachdurchsagen an Personen im überwachten Objekt mit dem Ziel der Selbsthilfe/-rettung.

(Neu aufgenommen 2.5.2004)

(Definition: VdS)

Internet

Siehe auch Authentication Gateway, Digitale Signatur, Firewall, Kryptierung

Internet ist die Bezeichnung für einen weltweiten Komplex von Computernetzwerken, deren Rechner nach dem Standardprotokoll TCP/IP miteinander kommunizieren. Im Zuge des Zusammenwachsens von Informations- und Kommunikationstechnologie verzeichnet das Internet als „Netz der Netze" enorme Zuwachsraten. Das ursprünglich als Militärnetzwerk geschaffene Internet expandierte mit dem Zusammenschluss von Netzen aus dem universitären Bereich und umfasst inzwischen weltweit über 100 Millionen öffentliche, kommerzielle und private Rechner.

Mit der zunehmenden Kommerzialisierung entstanden im Internet immer neue Dienste, die ihren Nutzern vorher unvorstellbare Informationsvorteile bieten:

- In weltweiten Foren finden sich News zu mehreren zehntausend Fachgebieten.
- Elektronische Post (E-Mail) ermöglicht den raschen Briefwechsel von Rechner zu Rechner.
- Der unkomplizierte Dateientransfer (FTP) sorgt für unverzügliche und direkte Information.
- Mit der Online-Ankopplung an Rechnersysteme (zum Beispiel mit Telnet) lassen sich weltweite Datenbankrecherchen in Sekundenschnelle durchführen.
- Die Möglichkeiten der kommerziellen Nutzung im World Wide Web (WWW), dem bekanntesten Dienst, sind fast unbegrenzt.

Das WWW, die Multimedia-Variante im Datennetz, bietet den Firmen mit der gleichzeitigen Übertragung von Text, Bild, Animationen und Klängen ein kostengünstiges Schaufenster für ihre Produkte und Dienstleistungen, in dem die Kunden umgekehrt ihre Wünsche hinterlegen können. Behörden können auf einfache und umfassende Weise ihrer Informationspflicht nachkommen.

Electronic Banking (→E-Banking) und Electronic Commerce (→E-Commerce) sind ebenfalls stetig anwachsende kommerzielle Bereiche im Internet. Die Akzeptanz von Kreditkarten als Zahlungsmittel im Netz nimmt in dem Maße zu, in dem der Zahlungsverkehr im In-

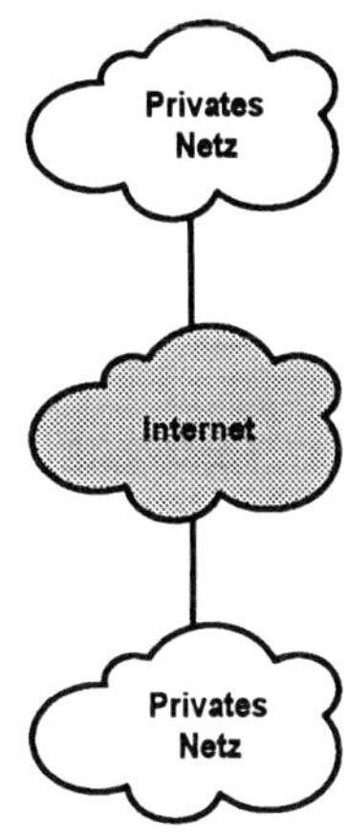

Privates Netz => Internet => Privates Netz

ternet den gleichen Sicherheitsstandard erreicht wie herkömmlicher Zahlungsverkehr. (→Digitale Signatur).
Den indirekten Zugang zum Internet ermöglichen sogenannte Internetprovider oder Service Provider wie T-Online, AOL und Compuserve, um nur einige zu nennen. Dabei kann von ei-

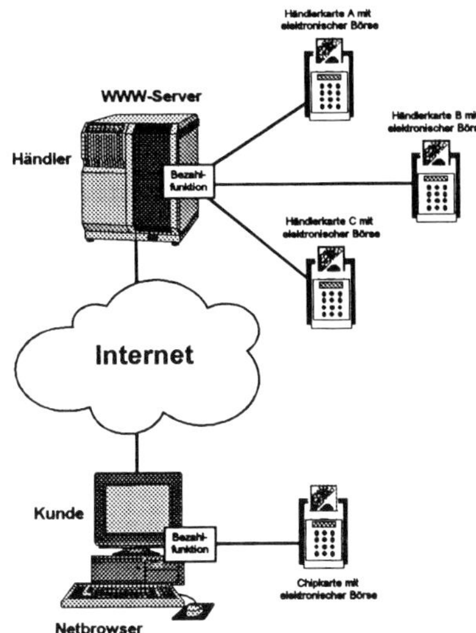

Netbrowser => WWW-Server => Internet

nem beliebigen Rechner aus, der allerdings nur für die Zeit des Zugriffes mit dem Internet verbunden ist, auf die Internet-Dienste zugegriffen werden.
Während diese indirekte Ankopplung schon häufig genutzt wird, entschließen sich immer mehr Nutzer zum vorteilhafteren direkten Anschluss. Dabei ist es jedem Rechner aus dem internen Netz möglich, auf die Dienste des Internet zuzugreifen, zum Beispiel E-Mails direkt mit seinem PC zu empfangen und zu versenden.
Der Vorteil eines direkten Anschlusses liegt in der schnelleren Verfügbarkeit der Daten und Informationen, die allerdings mit hohem Risiko erkauft wird: die angeschlossenen Rechner können von jedem anderen Rechner aus dem Internet angegriffen werden.
Das Internet ist als offenes Netz konzipiert und kennt keine Hierarchie und keine Kontrollinstanz. Die Kehrseite der Offenheit des Netzes, an das sich jeder anschließen kann und in dem nationale Gesetze leicht umgangen werden können, zeigt die unendliche Palette von Missbrauchsmöglichkeiten, zum Beispiel das unerlaubte Verbreiten rechtsradikaler Propaganda oder das Ausspähen und die Manipulation fremder Daten durch Hacker.
Diese Risiken muss jeder Nutzer selbst einschränken, indem er logische und technische Sicherheitsmechanismen anwendet, die ihn abschotten. Moderne High-Tech-Sicherheitssysteme bieten mit Zugangskontrolle, Rechteverwaltung und Kryptographie ein elektronisches Äquivalent zu Pförtnern, Sicherheitstransportern und Tresoren als den herkömmlichen Mechanismen der Kriminalitätsprophylaxe (→Firewall).
(Letzte Änderung 20.3.2002)

(Prof. Pohlmann)

Internet-Banking
Siehe E-Banking.

Internet-Bezahlung
Siehe E-Payment

Internet-Telefonie
Siehe Voice over IP (VoIP)

Internetzugang zur Notrufzentrale
Siehe Notrufzentrale, Security over IP

Interventionsattest
Siehe auch Notrufzentrale

VdS-Vordruck, in dem von einer Alarmempfangsstelle (z. B. Wach- und Sicherheitsunternehmen) Interventionsmaßnahmen u.a. dokumentiert werden. Es kann Vertragsgrundlage des Versicherungsvertrages zwischen Versicherungsnehmer und Versicherer sein.

(Neu aufgenommen am 20.5.2002)

(Definition: VdS)

Interventionsschlüssel
Siehe Schlüsseldepot, Schlüsselversiegler

Interventionszeit
Interventionszeit ist der Zeitraum, der kalkuliert werden muss

- vom Zeitpunkt des Meldeeingangs eines Ereignisses z.B. über einen →Signalgeber
- bei einer →hilfeleistenden Stelle (z.B. Werkschutz, Einsatzleitzentrale, Polizei, Feuerwehr)
- bis zum Eintreffen der Kräfte am Ereignisort.

Dabei sind nicht nur Wegstrecken, sondern auch Hindernisse, z.B. Verkehrsaufkommen, zeitlich einzurechnen. Die Interventionszeit muss kleiner sein als der →Widerstandswert einer Schutzeinrichtung.

(Feuerlein)

Intranet
Siehe auch Internet

Im Gegensatz zum In<u>ter</u>net ist In<u>tra</u>net die Bezeichnung für ein Rechnernetzwerk einer Firma oder Organisation, das private Internet-Adressen benutzt. Ein Intranet ist zwar mit Internettechnologien aufgebaut, doch sind die Rechner nicht über das öffentliche →Internet erreichbar.

Manchmal ist unter der Bezeichnung Intranet lediglich die interne Nutzung des „http"-Protokolls (WWW) für Informationsdienste und als Frontend für Datenbanken gemeint.

Oft existiert ein Übergang (Gateway) in das Internet über eine →Firewall, um den einzelnen Rechnern des Intranets Zugriff auf das Internet zu ermöglichen. Die einzelnen Rechner des Intranets sind dabei üblicherweise nicht vom Internet aus zu erkennen, sondern verbergen sich alle unter der Adresse des Gateways.

(Neu aufgenommen am 7.7.2000)

(Stark)

Intrusion Detection System
Siehe auch Exploit, Hacker, Hackerabwehr, Hacking, Honeypot, Intrusionsschutz, Sicherheitssoftware, Zugriffsschutz (IT)

Im Bereich der logischen Sicherheit ein anwendungsorientiertes Programmsystem zur Erkennung programmtechnischer Angriffe auf das Zugriffskontrollsystem eines Datenverarbeitungssystems (Client, Server, Netzwerk). Angriffe sind unberechtigte Zugriffe auf Daten mit dem Ziel, diese Daten zu lesen (Spionage) oder zu ändern (Sabotage).

Zur Erkennung werden der Netzwerkverkehr (network-oriented) oder die Zugriffe auf einem Server (host-oriented) beobachtet und mit gespeicherten Angriffsmustern (misuse detection) oder gespeicherten Benutzerverhaltensmuster (anomaly detection) verglichen.

Bei signifikanter Abweichung wird eine Aktion eingeleitet so z.B. stiller oder lauter Alarm, Analyse übermittelter Nachrichten hinsichtlich Sendeadresse und Inhalt.

Angriffe sollen mindestens erkannt und möglichst erschwert werden; es können naturgemäß aber nicht alle Angriffe verhindert werden.

Wegen des hohen personellen Arbeitsaufwands bei der Analyse und Bewertung der Angriffe werden weiterentwickelte Intrusion Prevention Systems eingesetzt, die programmgesteuert Sicherheitsmaßnahmen einleiten (Umkonfigurierung, Neuparametrisierung von Firewalls, Abschalten von Servern etc.).

Im Bereich der klassisch-materiellen Sicherheit zur Erkennung physischer Eindringungsversuche (→Einbruchmeldeanlagen) auf ein Gelände, in ein Gebäude oder in einem Raum

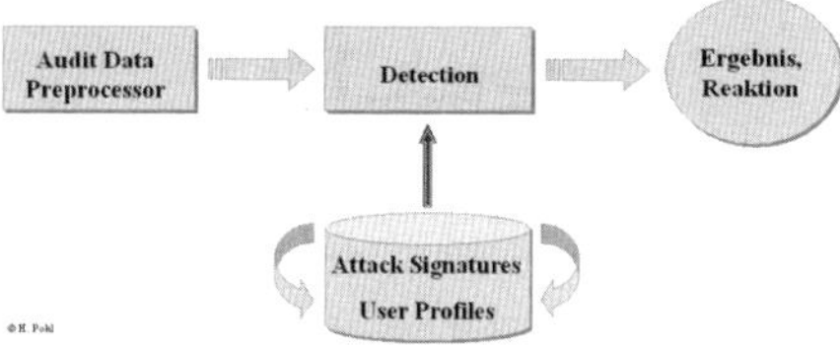

spricht man von →Intrusionsschutz oder →Eindring-Erkennungssystem.
(Letzte Änderung: 29.4.2004)

(Prof. Pohl)

Intrusionsschutz

Unter Intrusionsschutz versteht man vorbeugende Maßnahmen gegen das Eindringen unbefugter, meist krimineller Personen in geschützte Objekte. Maßnahmen zur Detektion solcher Personen werden unter dem Begriff Intrusions-Überwachung zusammengefasst.
Eine umfassende Intrusionsüberwachung wird durch ein mehrstufiges Überwachungskonzept aufgebaut:

- die Perimeterüberwachung (→Freilandschutz) umfasst die Installation geeigneter Geräte in der äußeren Umgebung des zu überwachenden Objektbereichs. Damit wird bereits die Annäherung Unbefugter an das Objekt für eine Alarmierung ausgenützt.
- Die nächste Stufe ist die Peripherieüberwachung (→Außenhautschutz), bei der geeignete Geräte das Eindringen in den Überwachungsraum signalisieren.
- Als nächste Stufe wird die →Raumüberwachung vorgesehen. Mit Hilfe entsprechender Melder bzw. Meldersysteme wird das Eindringen in einen überwachten Innenbereich, z. B. einen Tresorraum einer Bank detektiert und Alarm ausgelöst.
- In der letzten Stufe ist die Objektüberwachung vorzusehen, bei der geeignete Detektionsgeräte Angriff oder Berührung signalisieren.

(Wigger)

Inventarverwaltung

Siehe auch Business Continuity, Datensynchronisation, Disaster Recovery, Notfalldokumentation (IT).

Nach dem Eintritt eines Stör- oder K-Falls (→Notfall, →Störfall, →Katastrophe) ist der schnelle Wiederanlauf (→Disaster Recovery) in starkem Maße von der Bereitstellung der Ressourcen abhängig. Dies erfordert eine aktuelle Aufstellung der benötigten Hardware, Software und Netzwerkkomponenten. Die Dringlichkeit steigt mit der Komplexität der Plattformen oder Serverlandschaften. Alle Komponenten sollten in einer Datenbank mit Spezifikationen, Konfigurationsdaten, Standorten, Ausweich-/Ersatzkomponenten, Lieferanten und Spezialisten vorhanden sein. Aus diesen Informationen kann nach einem Ereignis sofort auf verfügbare Komponenten ausgewichen werden und die Beschaffung weiterer Geräte eingeleitet werden. Durch einen hohen Detaillierungsgrad können Fehlbeschaffungen oder Fehler bei der Konfigurierung vermieden werden.
Eine manuelle Pflege der Systeminformationen ist aufwendig und wird daher oftmals auf minimale Informationen begrenzt. Die permanente Aktualisierung einer Inventardatenbank sollte daher automatisiert erfolgen. Viele Anbieter von Hardware, aber auch spezielle Softwareanbieter liefern Systeme, die die erforderlichen Daten automatisch aus dem, bzw. über das Netz sammeln (scannen) und für eine weitere Nutzung bereitstellen. Diese Daten können i.d.R. in Notfalldokumentationssysteme importiert werden.
(Letzte Änderung: 8.7.2006)

(Glessmann)

Inventurdifferenzen/-verluste

Siehe auch Ladendiebstahl, Sicherungsetiketten, Warensicherungen.

Wird von Inventurverlusten oder -differenzen gesprochen, sind damit nicht allein →Ladendiebstähle gemeint, sondern es sind hierfür zusätzliche Faktoren zu berücksichtigen. Die Inventurverluste setzen sich demnach aus folgenden Faktoren und Parametern zusammen:

- Ladendiebstahl durch:
  - Kunden
  - Personal
  - berechtigt anwesenden Drittpersonen (Handwerker, Lieferanten, Reinigungs- und Unterhaltspersonal
  - professionelle, zum Teil international tätige Diebstahlbanden
- Inventurverluste infolge verbrecherischen Absichten, wie
  - Datenmissbrauch
  - betrügerische Handlungen
- Administrative und operative Fehler infolge:
  - Schreibfehler
  - Buchungsfehler
  - Fehler in der Lagerbewirtschaftung
  - falsche Inventuraufnahmen

– falsche Kontierungen
– falsches Abpacken
– falsche Preisauszeichnungen (Etiketten)
– falsche Gewichtsangaben/Stückangaben
– Kassenfehler
– Computerfehler
– Lieferscheinfehler etc.
– fehlerhafte Rabattierung
– Umtausch, Auswahlen, Retouren

sowie

– Bruch, Abfall, Verderb, Einschmelzen,
– Rabatte etc.

(Letzte Änderung: 8.7.2006)

(Burkhalter)

Ionisations-Rauchmelder

Siehe auch Brandeffekt, Rauchmelder.

Die Luft zwischen zwei unter Gleichspannung liegenden Elektroden wird mit einer schwachen radioaktiven Strahlungsquelle ionisiert, d.h. leitend gemacht. Infolge dieser Ionisation fließt in der Messkammer ein geringer Strom. Beim Eintreten von Rauchpartikeln in die Messkammer lagern sich Ionen an die Rauchpartikel an, was den Stromfluss vermindert. Das Signal des Ionisationsrauchmelders ist proportional zur Anzahl der Rauchpartikel, die sich in der Messkammer befinden.

(Letzte Änderung: 8.7.2006)

(Wigger)

IP Spoofing

Siehe auch Hacker, IT-Sicherheit, Relaying

Angriff mit einer gefälschten IP-Adresse auf ein Fremdsystem. IP Spoofing nutzt aus, dass zahlreiche IP-Dienste sich anhand der IP-Adresse dem Fremdsystem gegenüber authentisieren. Dieser Angriff basiert auf einer IP V4-Protokoll Schwäche, dass die IP-Pakete nicht gesondert authetisiert werden. Im IP V6-Protokoll kann u.a. ein zusätzlicher Authentication-Header das IP Spoofing verhindern.

(Neu aufgenommen am 2.7.2000)

(Brunnstein)

IPS (Intrusion Prevention System)

Siehe Intrusion Detection System

ISA

International Security Academy e.V.
Kurzbeschrieb und Anschrift →Behörden, Verbände, Institutionen.

ISDN

Siehe auch ALARMNET der TUS, AWUG, Datex-P, Digitales Fernsprechnetz, D-Kanal-Überwachung, Notrufzentrale, SO_2, Übertragungsgeräte, Verbindungsarten.

ISDN-Integrated Services Digital Network ist ein dienstintegrierendes digitales Fernmeldenetz und hat zwischenzeitlich eine beachtliche Verbreitung erreicht.

Seit 1996 stehen Übertragungsgeräte zur Verfügung, die als Übertragungsmedien das ISDN benutzen und ähnlich wie die herkömmlichen Wählgeräte AWUG funktionieren.

Leistungsspektrum:

- hohe Kriterienanzahl/Meldungsarten
- serielle Datenschnittstelle auch zur GMA
- Fernwirken
- schnelle Meldungsübertragung ca. 200 msec.
- zusätzliche Sicherheitsmerkmale (z.B. Closed User Group)

Im Gegensatz zum Anschluss von Wählgeräten an „analoge" Fernsprechleitungen, wird beim Einsatz von ISDN-Wahlgeräten – insbesondere beim Betrieb in Nebenstellenanlagen – eine Fachberatung dringend empfohlen.

(Letzte Änderung: 9.3.2004)

Schirrmann)

ISO

International Organization for Standardization – Internationale Organisation für Normung, Genf.

Kurzbeschrieb und Anschrift →Behörden, Verbände, Institutionen.

ISO 15408

Siehe Common Criteria

ISO/IEC/27001[1] (früher BS 7799)

Siehe auch IT-Sicherheit (mit weiteren Verweisen)

Der British Standard 7799 war einige Jahre die Grundlage einer Norm für die Auditierung und

Die Standards der Serie ISO/IEC 27000		
27000	ISMS – **fundamentals and vocabulary**	in Entwicklung
27001	ISMS – **Requirements**	14.10.2005
27002	bislang ISO 17799 Code of Practice	Entscheidung Anfang 2007
27003	ISMS **implementation guidance**	in Entwicklung
27004	ISM **measurement**	in Entwicklung
27005	IS **risk management**	in Entwicklung

→Zertifizierung von IT-Systemen. Er wird auch außerhalb Großbritanniens genutzt und wurde als internationale Norm in seiner ersten Form verabschiedet. Seit 2005 ist er durch die Norm ISO/IEC 27001 abgelöst. Diese ist Bestandteil einer Normenreihe, die in den nächsten Jahren kontinuierlich ausgebaut werden soll. Den zur Zeit vorgesehenen Entwicklungsstand gibt die folgende Tabelle im Überblick.

Im Gegensatz zu anderen Wertungssystemen, z. B. solchen, die Hardwarequalitätsaussagen treffen, haben der BS 7799 sowie die ISO/IEC 27001 das Hauptziel, einen Prüfstandard für das Management der IT-Sicherheit zu liefern. Dies bedeutet, dass nicht jede einzelne Anwendung, jedes einzelne Subsystem oder jede Datei auf das spezifische Risiko, hervorgerufen durch Bedrohungen und/oder Risikopotential, abgeprüft wird, sondern dass vielmehr untersucht wird, welche Schwächen ein gesamtes System hat und wie →IT-Sicherheit gehandhabt, d. h. gemanagt wird. Die nachstehende Struktur zeigt, in welchen Hauptgebieten sich der BS 7799 von der ISO/IEC 27001 unterscheidet.

BS 7799-2: 2002 ISO/IEC 27001: 2005 Relevante Änderungen

- Explizite Ausrichtung auf Informationssicherheit in vielen Formulierungen
- Umfangreiche, detaillierte Risikobehandlung gemäß PDCA-Modell
- Keine Restriktion auf Zugang durch Fremdunternehmen → generelle Einbeziehung externer Parteien
- Managementforum nicht gefordert, Forderung der Definition von Rollen + Verantwortungszuweisung
- Human Resources: Ausrichtung an den Phasen der Beschäftigung
- Ausrichtung auf moderne Kommunikationstechnik
- Technisches Schwachstellenmanagement (Kap. 12.6)
- Informationssicherheitsvorfälle und Schwachstellen (Kap. 13)

Der Aufbau des neuen, seit 2005 gültigen Standards/der ISO/IEC 27001 stellt sich wie folgt dar:

ISO/IEC 27001: 2005	
0	**Introduction**
1	**Scope**
2	**Normative references**
3	**Terms and definitions**
4	**Information security management system**
4.1	General requirements
4.2	Establishing and managing the ISMS
4.2.1	Establish the ISMS
4.2.2	Implement and operate the ISMS
4.2.3	Monitor and review the ISMS
4.2.4	Maintain and improve the ISMS
4.3	Documentation requirements
4.3.1	General
4.3.2	Control of documents
4.3.3	Control of records
5	**Management responsibility**
5.1	Management commitment
5.2	Resource Management
5.2.1	Provision of resources
5.2.2	Training, awareness and competence
6	**Internal ISMS Audits**
7	**Management review of the ISMS**
7.1	General
7.2	Review input
7.3	Review output
8	**ISMS improvement**
8.1	Continual improvement
8.2	Corrective action
8.3	Preventive action

Diese Gebiete werden in der ISO/IEC 27001 noch weiter untergliedert und bilden eine Grundlage für die Vorbereitung der Auditierung – einen möglicherweise vorgeschalteten Checkup – für die Auditierung selbst und für die Zertifizierung. Die Erteilung eines Zertifikates ist nach dem Grundkonzept durch die

Trägergemeinschaft für Akkreditierung →TGA akkreditierten Institutionen vorbehalten.
Für eine checklistengestützte Vorarbeit ist es zweckmäßig, die ISO/IEC 27001-Unterlage aufzubereiten und sie für die Vorbereitung eines nachfolgenden Auditierungsprozesses einer formalen Überarbeitung zu unterziehen Mit Hilfe eines Checklistensystems – im Aufbau analog zum ISO/IEC 27001 – kann ein unternehmensinternes Team einen Checkup der IT-Sicherheit des Unternehmens durchführen und damit eine folgende Auditierung effizienter gestalten, da dann weniger Mängel zu erwarten sind[2].
Mit der Durchführung eines Checkups zur Vorbereitung einer Prüfung gem. ISO/IEC 27001 können auch Externe beauftragt werden, wenn unternehmensintern die Manpower und gegebenenfalls Sachkenntnis zur Durchführung eines solchen Vorhabens nicht zu Verfügung stehen. Hierbei ist es nach den Bedingungen der TGA erforderlich, dass die Vorbereitung auf eine Auditierung und Zertifizierung nicht von dem zertifizierenden Unternehmen selbst durchgeführt wird. Unerlässlich ist allerdings, dass auch die Vorbereitung – sofern sie durch Externe durchgeführt wird – durch kompetente Fachleute erfolgt.
Die Vorbereitung für die hausinterne oder auch externe Prüfung des IT-Sicherheitssystems sollte durch Schulungen über den Umgang mit dem ISO/IEC 27001 geschehen. Wesentlich ist ein auf höchster Ebene gefällter Entscheid über die Durchführung des Auditierungs- und Zertifizierungsverfahrens. Hier sollte im Sinne einer Kosten-/Nutzenüberlegung auch in Betracht gezogen werden, dass ein solcher Prozess nicht nur Kosten verursacht, sondern auch einen vielfachen internen und externen Nutzen hat. Zum internen Nutzen zählt, dass eine objektive und umfassende Prüfung der IT-Sicherheit des Unternehmens durchgeführt wird und damit Klarheit über den Zustand des Sicherheitssystems geschaffen wird. Eine objektive Bestätigung der Sicherheit des IT-Systems durch Externe als Beleg für die Kompetenz und Vertrauenswürdigkeit eines Unternehmens und seiner Informationsverarbeitung ist von beachtlicher Werbe- und Außenwirkung.

---

1 *ISO copyright office, CH-1211 Geneva/Schweiz, (Hrsg.) (2005): Information technology – Security, techniques – Information Security Management Systems-Requirements ISO/IEC 27001: 2005*

2 *siehe www.uimcert.de Produkte, Auditierungstool*

(Letzte Änderung 8.7.2006)

(Prof. Voßbein)

ISSA

Information Security Systems Association (Switzerland Chapter)
Kurzbeschrieb und Anschriften →Behörden, Verbände, Institutionen.

IT

Abkürzung für Informations-Technik. IT hat weitgehend die Abkürzung EDV abgelöst. Der Begriff wird nicht nur im engeren technischen Sinne gebraucht, sondern bezeichnet häufig die gesamte Informationsverarbeitung.
(Neu eingefügt am 21.5.2000)

(Redaktion)

IT-Forensik

Die IT-Forensik ist die Aufklärung von verdächtigen Vorfällen und Straftaten im Zusammenhang mit Informationstechnologie. Die genutzten Untersuchungsmethoden umfassen die Erfassung, Analyse und Auswertung digitaler Spuren in Computersystemen. Entscheidend ist die Gerichtsverwertbarkeit der dabei gewonnenen Beweise unter Berücksichtigung der sogenannten Chain of Evidence (Beweismittelkette). Dazu werden die Speicherinhalte, Netzwerkverbindungen sowie das Umfeld verdächtiger Computer untersucht, ohne diese zu verändern. Dies geschieht zum Beispiel indem vorher ein forensisches Duplikat des Datenträgers erstellt wird, an welchem die Analyse stattfindet. Neben Computern und Netzwerken treten vermehrt PDAs und Mobiltelefone bei der forensischen Untersuchung in den Vordergrund.
(Neu eingefügt: 18.7.2006)

(Pausch)

IT-Grundschutz-Zertifikat

Siehe auch BSI, Grundschutz, IT-Sicherheit (mit weiteren Verweisen)

Das Ergebnis einer →Zertifizierung, mit der nachgewiesen wird, dass ein gegebener IT-Verbund eines IT-Dienstleisters die wesentlichen Maßnahmen aus dem IT-Grundschutzhandbuch (→Grundschutz) des →BSI umsetzt. Grundlage für die IT-Grundschutz-Zertifizierung ist das IT-Grundschutzhandbuch in seiner jeweils aktuellen Fassung.

Neben dem IT-Grundschutz-Zertifikat gibt es zwei weitere Ausprägungen der IT-Grundschutz-Qualifizierung, nämlich die Selbsterklärungen „IT-Grundschutz Einstiegsstufe" und „IT-Grundschutz Aufbaustufe," die als Meilensteine zur Erlangung des eigentlichen Zertifikats dienen. Während das IT-Grundschutz-Zertifikat ausschließlich durch das BSI als Zertifizierungsstelle vergeben wird, wird eine Selbsterklärung von dem IT-Dienstleister abgegeben, wenn er die notwendigen Maßnahmen der Einstiegs- oder Ausbaustufe aus dem IT-Grundschutzhandbuch erfüllt hat.

Die Erteilung eines IT-Grundschutz-Zertifikats kann beim BSI beantragt werden. Wenn ein IT-Dienstleister ein IT-Grundschutz-Zertifikat erlangen möchte, muss ein beim BSI lizenzierter externer Auditor eine Überprüfung durchführen, ob die hierfür festgelegten Anforderungen erfüllt werden. Das Ergebnis ist ein Auditreport, der dem BSI als →Zertifizierungsstelle vorgelegt wird. Auf dessen Basis entscheidet die Zertifizierungsstelle über die Vergabe des IT-Grundschutz-Zertifikats.

Die Absicht des IT-Grundschutz-Zertifikats ist es, für IT-Dienstleister und deren Kunden einen Maßstab für die tatsächlich umgesetzten Standard-Sicherheitsmaßnahmen zur Verfügung zu stellen und dadurch den Nachweis eines definierten Sicherheitsniveaus zu bieten. IT-Dienstleister, wie Unternehmen und Behörden, können damit ihre Bemühungen um eine ausreichende IT-Sicherheit deutlich machen. Ihre Bürger, Kunden oder Geschäftspartner können sich damit über den Grad der IT-Sicherheit informieren.

Vom BSI erteilte IT-Grundschutz-Zertifikate enthalten folgendes Siegel:

Ein IT-Grundschutz-Zertifikat hat eine Gültigkeit von zwei Jahren, um Änderungen in der IT und neue Versionen des IT-Grundschutzhandbuchs einfließen lassen zu können. Vor Ablauf des Zertifikats sollte eine Wiederholungsprüfung stattfinden.

(Neu aufgenommen am 2.5.2004)

(Meissner)

ITIL

Siehe auch IT-Sicherheit (mit weiteren Verweisen)

IT Infrastructure Library, Sammlung von Best Practices zur Gestaltung von IT-Prozessen. ITIL wird seit Ende der 80er Jahre im Auftrag der britischen CCTA (Central Computer & Telecommunications Agency) entwickelt, die inzwischen im OGC (Office of Government Commerce) aufgegangen ist. Aufgabe ist die Zusammenfassung bewährter Praxislösungen für die Organisation des IT-Betriebs. Die ITIL-Inhalte wurden zunächst in einer Reihe von Fachbüchern zusammengefasst. Inzwischen hat sich ITIL zu einem weltweiten Defacto-Standard entwickelt. Ziel ist eine kunden- und serviceorientierte IT-Prozessorganisation. Für die taktischen und operativen IT-Prozesse liefert ITIL das umfassendste und gleichzeitig meist verbreitete Modell. Besonderen Wert wird auf den Integrationsgrad der Prozesse gelegt.

- ITIL setzt sich aus fünf Sets zusammen:
- Service Support: steuert die Servicequalität in den IT-Betriebsprozessen und stellt eine leistungsfähige Schnittstelle zu IT-Anwendern bereit
- Service Delivery: steuert den Lebenszyklus von IT-Services beginnend beim An-

forderungsmanagement, über die Servicegestaltung und -planung, das Management von Servicevereinbarungen, Überwachung und Nachweis der erreichten Servicequalität bis zur Optimierung der IT-Services.

- Applications Management: rückt den Lebenszyklus von Anwendungslösungen in den Mittelpunkt und beschreibt die Prozesse vom Anforderungsmanagement, über die Entwicklung und Inbetriebnahme bis zum optimierten Anwendungsbetrieb.
- ICT Infrastructure Management: beschreibt die Betriebsprozesse für die Systeminfrastruktur (Netzwerk Management, Systems Management, Operations Management, Installationsmanagement und Betriebsprozesse in verteilten Organisationen).
- Business Perspective: diskutiert Management-Fragen rund um IT-Organisation, Gestaltung von Veränderungsprozessen, Qualitätsmanagement und Steuerung von Geschäftsbeziehungen zu Kunden, Partnern und Lieferanten.

Die Sets sind zu unterschiedlicher Reife entwickelt. Besonders durchgängig sind inzwischen die Service-Support- und -Delivery-Sets erarbeitet. Diese sind auch in deutschen Übersetzungen verfügbar. ITIL wird auch von einer weltweiten User Group unterstützt, dem IT Service Management Forum (Deutschland: www.itsmf.de). Die Sicherheitsanforderungen an IT-Services werden im ITIL-Prozessmodell konsequent berücksichtigt. ITIL bettet insbesondere das Security-Management und das Service Continuity Management direkt in das Prozessmodell ein und zeigt hierfür wesentliche Integrationsanforderungen auf.

(Neu aufgenommen am 11.5.2004)

(Heinrich)

IT-Leitstand

Der IT-Leitstand ist die zentrale Steuerung aller installierten Systeme und bildet somit den Kern der gesamten IT-Produktion. Ein Ausfall des Leitstandes hat zur Folge, dass eine geordnete Steuerung und Überwachung der Systeme nicht mehr gewährleistet ist.

Bereits im Vorfeld sollte für den K-Fall (→Disaster Recovery) ein räumlich getrennter Leitstand errichtet werden, dessen Erreichbarkeit auch bei einem größeren Schaden gesichert ist. Bei Ausfall des „Masterleitstandes" kann dann von dem „Slaveleitstand" die gesamte Steuerung erfolgen. Der Leitstand muss über alle erforderlichen technischen Einrichtungen und Anbindungen (Netz) verfügen.

(Neu aufgenommen am 23.5.2000)

(Glessmann)

ITSEC

Siehe auch BSI, Common Criteria (CC), Evaluierung, ITSEC, ITSEM, IT-Sicherheit, IT-Sicherheitszertifizierung, Re-Zertifizierung (IT), Sicherheitsvorgaben (IT), Zertifizierung.

ITSEC (Information Technology Security Evaluation Criteria) sind in mehreren europäischen Ländern übereinstimmende Kriterien für die Bewertung der Sicherheit von Systemen oder Systemkomponenten der Informationstechnik (IT). Dabei ist unter Sicherheit die Kombination aus den Aspekten →Vertraulichkeit, →Integrität und →Verfügbarkeit und unter IT Datenverarbeitungs-, Kommunikations- und Bürotechnik zu verstehen. Die →Common Criteria sind eine Weiterentwicklung der ITSEC und sollen längerfristig die ITSEC ablösen.

(Letzte Änderung: 21.3.2002)

(Meißner)

ITSEM

Siehe auch ITSEC, IT-Sicherheit

Aufbauend auf den Kriterien der →ITSEC beschreibt das ITSEM (Information Technology Security Evaluation Manual) die Evaluierungsmethoden und -verfahren.

Zweck des ITSEM sind harmonisierte Evaluierungsmethoden, auf deren Grundlage bei unterschiedlichen Prüfstellen vergleichbare Evaluierungen durchgeführt werden können mit dem Ziel der gegenseitigen Anerkennung von Evaluierungen.

(Letzte Änderung: 3.6.2000)

(Dr. Schneider)

IT-Sicherheit

Siehe auch ActiveX, Akkreditierung, ATM, Auslagerungsarchiv, Authentifizierung, Authentication Gateway, Back Up, BioTrusT, Bluetooth, BSI, Business Continuity, CERT, Chaffing and Winnowing, Common Criteria,

Computer Forensik, Computerkriminalität, Content, Content Security, Cyberwar, Datenrettung, Datenschutz, Datenschutz-Audit, Datensicherung, Datensicherungsraum/-schrank, Datensynchronisation, Datenträgerkurier, Datenträgerlagerung (extern), Datenträgervernichter, Denial-of-Service (DoS) Attacke, DES, Digitale Signatur, Disaster Recovery, E-Banking, E-Business, ECC, E-Commerce, EDV, Einrichtungsschutz, Einwegfunktion, Elektronische Unterschrift, E-Mail-Sicherheit, Ende-zu-Ende-Verschlüsselung, E-Payment, Ethernet, Exploit, Firewall, Grundschutz, Hacker, Hackerabwehr, Hacker-Versicherung, Hacking, Hash-Funktion Hoaxes, Honeypot, IDEA, Identifikation, Identity Management, Information Warfare (Informationskriegführung), Informationsschutz, Informationssicherheit, Integriertes IT-Sicherheitskonzept, Integrität, Internet, Intranet, Intrusion Detection System, IP Spoofing, ISO/IEC 27001 (früher BS 7799), IT-Forensik, IT-Grundschutz-Zertifikat, ITIL, IT-Leitstand, ITSEC, ITSEM, IT-Sicherheits-Policy, IT-Sicherheitszertifizierung, IT-Versicherung, Java, JavaScript, Katastrophenvorsorge, Kettenbriefe, Kommunikationssicherheit, Kompromittierende Abstrahlung, Krisenstab-Arbeitsraum, Kritische Infrastrukturen, Kryptierung, LAN, Lizenzierung, Löschen von magnetischen Datenträgern, MailTrusT, Makroviren, Malware, Managed Security (IT), Mobile Malicious Code, Model Driven Security, Netzwerk, Netzwerksicherheit, Notfalldokumentation, Passwort, Peer-to-Peer-Netzwerk, Penetrationstest, PGP, PKI, Plattformübergreifende Sicherheit, Proxy-Server, Prüflabor/Prüfstelle, Public key, Registrierung, Relaying, Re-Zertifizierung (IT), Rijndael, RZ-Konsolidierung, Schlüssel-Archiv, Schranklöschsystem, Schutzprofil (IT), Schwachstellenbewertung (IT), Scriptviren, Secure E-Mail Gateway, Security over IP, Security Outsourcing (IT), Server-Safe, Sicherheitsarchitektur, Sicherheitskriterien, Sicherheitspolicy, Sicherheitsprozess (IT), Sicherheitssoftware, Sicherheitsvorgaben (IT), Signaturgesetz, Signaturverordnung, EU-Richtlinien, Signatur-Server, S/MIME, Spamming, SSL, Steganographie, Tastatur-Eingabe-Rekorder, Telekommunikation, TeleTrusT, TEMPEST, Tiger-Team, TK-Forensik, Trap Door, Triple-DES, Trojaner, Trust Center, Tunneln, Überspannungsschutz, Unterbrechungsfreie

Stromversorgung, USB Speicher, Verbindlichkeit, Verfügbarkeit, Vernichtung von Informationsträgern, Verschlüsselung, Vertraulichkeit, Viren, Voice over IP (VoIP), VoWLAN, VPN, Vulnerability Assessment (Schwachstellenanalyse), WEP, WLAN, Würmer, Zeitstempel, Zertifizierung, Zertifizierungsstelle, Zugangskontrolldiensteschutzgesetz, Zugriffsschutz (IT),

Für die Informationstechnik (Datenverarbeitungs-, Kommunikations- und Bürotechnik) anzustrebender Zustand, der durch administrative und technische Vorkehrungen, bezogen auf Systeme, Systemkomponenten oder Verfahren der betreffenden Informationstechnik, ein bestimmtes/definiertes Maß der →Vertraulichkeit, →Integrität, und →Verfügbarkeit, von automatisiert zu bearbeitenden Informationen gewährleistet (siehe auch BSI-Errichtungsgesetz vom 17. 12. 1990. Auszüge unter http://www.bsi.de/literat/brosch/h 3 .htm).
Aktuelle Aus- und Fortbildungsangebote unter http://www.sicherheitstermine.de

(Letzte Änderung: 18.7.2006)

(Meißner)

IT-Sicherheits-Policy

Siehe auch IT-Sicherheit (mit weiteren Verweisen), Sicherheitskonzept

Eine IT-Sicherheits-Policy verkörpert eine konzernweite Unternehmensrichtlinie. Sie muss auf der Basis einer Allgemeinen →Sicherheitsarchitektur die konzernweiten Hauptvorgaben zusammenfassen. Zur weiteren Bestimmung der Reichweite einer IT-Sicherheits-Policy sind Konzern- oder Unternehmensaufbau zu analysieren. 3

Hierunter fallen *Minimumstandards* für die zentrale und dezentrale IT-Informationssicherung mit *unternehmensweiter Gültigkeit* für:

- Klassifizierung, Kontrolle, Nachvollzug, Funktionalität, Anwendungsentwicklung, Fremdsoftware, Individuelle Datenverarbeitung, Dokumentation.

Weiterhin sind *Vorgaben für Ziele, Aufgaben und Zusammenarbeit* zu formulieren. Hierunter fallen zu erarbeitende bzw. zu ergänzende *Rahmenvorgaben der Unternehmensleitung* u. a. im Hinblick auf Ziele, Aufgaben und Bereiche für:

- Sicherheitsorganisation, Risikoklassifizierung, Kontrolle und Beobachtung (Kontrollkreisläufe, Revision, Sicherheitsbeauftragte der Fachanwender, Datenschutz).

In der Praxis hat es sich als nützlich erweisen, die IT-Sicherheits-Policy in drei große Bereiche zu gliedern:

- **Ziele und Notwendigkeiten**
- **Inhalte und Grundlagen**
- **Wirtschaftlichkeit und Angemessenheit**

Im Bereich **„Ziele und Notwendigkeiten“** einer IT-Sicherheits-Policy müssen behandelt und festgelegt werden:

1. Informationssicherheit als integraler Bestandteil der Geschäftspolitik des gesamten Geschäfts- und Betriebsbereichs
2. Schutz vor Verlust der Integrität, Vertraulichkeit und Verfügbarkeit der Daten
3. Einhaltung der Sicherheitsvorgaben für die Informationsverarbeitung, unverzichtbare Aufgabe einer jeden Führungskraft als Grundlage der Zusammenarbeit innerhalb des Konzern-Bereiches

Im Bereich **„Inhalte und Grundlagen“** einer IT-Sicherheits-Policy müssen vor allem behandelt und festgelegt werden:

1. Geschäftsbereichs- und betriebsbereichsspezifische Einzelsicherheitskonzepte für die Informationsverarbeitung in Verantwortung des Vorstands bzw. der Leitung vor Ort
2. Definition von Verfahrensanweisungen und Sicherheitsstandards in der Informationsverarbeitung
3. zentrale Sicherheitsstelle für die Informationsverarbeitung (Fortentwicklung, Steuerung und Überwachung der Sicherheit für die Informationsverarbeitung im gesamten Konzern-Bereich)
4. Unterstützung durch Beauftragte für Informationssicherheit, in den fachlichen Bereichen (Konzern-Bereich)
5. Auf Basis definierter Standards und Verfahren Verantwortung der Beauftragten für Informationssicherheit der fachlichen Bereiche für Steuerung und Überwachung der Umsetzung und Einhaltung der spezifischen Einzelsicherheitskonzepte für die Informationsverarbeitung
6. Unterstützung durch die zentrale Sicherheitsstelle für die Informationssicherheit
7. Sanktionen bei Nichteinhaltung der Vorgabe / Richtlinien sind vorgesehen

Im Bereich **„Wirtschaftlichkeit und Angemessenheit“** einer IT-Sicherheits-Policy müssen vor allem behandelt und festgelegt werden:

1. Durchführung von Risikoanalysen (→Risiko-Analyse-System): Aufgaben der leitenden Manager der Fachbereiche als Daten- / Anwendungsverantwortliche (auch Erhebung der entsprechenden Sicherheitsanforderungen für Vertraulichkeit, Verfügbarkeit und Integrität der Daten und Anwendungen)
2. im Abschnitt „Standards und Verfahren“ einer Policy:
3. →Sicherheitsarchitektur als Rahmenvorgaben für alle Fachbereiche des Konzerns und ihre Abteilungen
4. Netzwerksicherheit auf Basis einer für den Fachbereich des Konzerns geltenden Netzsicherheitsarchitektur

(Neu aufgenommen am 16.5.2002)

(Lessing)

IT-Sicherheitszertifizierung

Siehe auch BSI, Common Criteria (CC), Evaluierung, ITSEC, IT-Sicherheit, Re-Zertifizierung (IT), Schutzprofil (IT), Sicherheitsvorgaben (IT), Zertifizierung.

→Zertifizierung von IT-Produkten/-Systemen, die eine Sicherheitsfunktionalität im Zusammenhang mit der

- Verfügbarkeit von Daten und Dienstleistungen,
- Vertraulichkeit von Informationen,
- Unversehrtheit / Integrität von Daten,
- Authentizität von Daten oder der
- Unabstreitbarkeit

zur Verfügung stellen.

Zertifiziert werden können in Software und/oder Hardware realisierte IT-Produkte/-Systeme unterschiedlichster Art (z.B. →Chipkarten, RF-Chips, PC-Sicherheitsprodukte (→IT-Sicherheit), Betriebssysteme, →Firewalls).

Ziel der IT-Sicherheitszertifizierung ist es, IT-Produkte/-Systeme hinsichtlich ihrer Sicherheitseigenschaften transparent und vergleichbar zu bewerten, um

- einerseits Anwendern Detailinformationen und Orientierungshilfen bei der Auswahl von Produkten zu bieten,

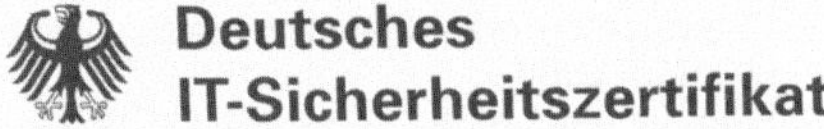

Deutsches
IT-Sicherheitszertifikat
erteilt vom
Bundesamt für Sicherheit in der Informationstechnik

- andererseits den betreffenden Herstellern eine Bestätigung über die Qualität ihrer Produkte zu geben.

Die Zertifizierung von IT-Produkten und -Systemen auf Basis von formal bekannt gemachten IT-Sicherheitskriterien, wie z. B. den →Common Criteria (CC) (ISO/IEC 15408), ist eine wichtige Aufgabe des →BSI. Die Aufgaben der Zertifizierung und der Erarbeitung von Kriterien und Verfahren sind im BSI-Errichtungsgesetz geregelt.

IT-Sicherheitszertifikate von privaten Zertifizierungsstellen werden vom BSI unter gewissen Bedingungen als gleichwertig anerkannt. Vom BSI erteilte oder anerkannte IT-Sicherheitszertifikate enthalten das Logo

Die Zertifizierung kann vom Hersteller oder Vertreiber eines Produktes oder von einer Bundesbehörde als Anwender bei der Zertifizierungsstelle beantragt werden. Die Evaluierung der Produkte wird beim BSI selbst oder akkreditierten und lizenzierten Prüfstellen durchgeführt. Alle beteiligten Stellen sind zur Wahrung der Vertraulichkeit von Firmengeheimnissen verpflichtet und garantieren durch vielfältige Maßnahmen die Einhaltung dieser wichtigen Voraussetzung.

Der Verfahrensablauf gliedert sich in vier Phasen:

- Vorbereitung,
- Evaluierung,
- Zertifizierung,
- Veröffentlichung und Maintenance.

In der *Vorbereitungsphase* stellt der Hersteller oder Vertreiber einen Zertifizierungsantrag, schließt mit einer lizenzierten Prüfstelle einen Evaluierungsvertrag und stimmt mit der Zertifizierungsstelle und der Prüfstelle (→Prüflabor/Prüfstelle) die →Sicherheitsvorgaben und einen Meilensteinplan ab. Die Erarbeitung der Sicherheitsvorgaben kann durch die Verwendung eines →Schutzprofils wesentlich vereinfacht werden.

In der *Evaluierungsphase* wird das Produkt/System von der Prüfstelle evaluiert. Die →Evaluierung umfasst die Aspekte

- Konfigurationsmanagement,
- Auslieferung und Betrieb,
- Entwicklung,
- Handbücher
- Lebenszyklus-Unterstützung,
- Testen und
- Schwachstellenbewertung.

Jede Evaluierung wird von der Zertifizierungsstelle begleitet (Prüfbegleitung), um eine einheitliche Vorgehensweise und Methodik und vergleichbare Bewertungen sicherzustellen. Der Aufwand für Audits, die Prüfung der Dokumentation und das Testen kann je nach gewählter Evaluationsstufe stark variieren. Der Hersteller muss für die Evaluierung das Produkt und die geforderte Dokumentation zur Verfügung stellen und die Auditierung der Entwicklungs- und Produktionsumgebung unterstützen. Sofern erforderlich, stellt der Hersteller auch Testeinrichtungen zur Verfügung und schult die Evaluatoren und Prüfbegleiter.

In der *Zertifizierungsphase* erstellt die Zertifizierungsstelle nach Abschluss der Evaluierung den Zertifizierungsreport. Er enthält neben einer sicherheitstechnischen Beschreibung des Produktes

- die Bestätigung, dass die Evaluierung nach den anerkannten Verfahren und Kriterien durchgeführt wurde,
- die Feststellung einer bestimmten Sicherheitsfunktionalität,
- die Zuerkennung einer bestimmten Sicherheitsstufe / Bewertungsstufe,
- Hinweise an den Anwender, wie das betreffende Produkt in der Praxis einzusetzen ist.

Sofern der Antragsteller einverstanden ist, wird das Zertifizierungsergebnis *veröffentlicht.*

Nach Produktänderungen, Änderung der Kriterien, Änderung des Auslieferungsverfahren etc. kann das Produkt auf Basis der erfolgten Zertifizierung re-zertifiziert (→Re-Zertifizierung) werden. Bei Produktänderungen ohne Sicherheitsrelevanz kann die Gültigkeit des Zertifikats in einem stark verkürzten Verfahren (Maintenance-Verfahren) auf die neue Produktversion ohne Beteiligung einer Prüfstelle erweitert werden.

Um die Mehrfach-Zertifizierung des gleichen Produktes in verschiedenen Staaten zu vermeiden, wurde zwischen dem BSI und den natio-

nalen Stellen anderer Staaten eine gegenseitige Anerkennung von IT-Sicherheitszertifikaten – sofern sie auf →ITSEC oder →Common Criteria (CC) beruhen – unter gewissen Bedingungen vereinbart.
(Letzte Änderung: 8.7.2006)

(Krause)

IT-Versicherung

Siehe auch IT-Sicherheit mit weiteren Verweisen

Wird Hardware im Bereich der Informations- und Kommunikationstechnik beschädigt oder zerstört, kann schon lange eine Elektronikversicherung die Kosten für Reparatur oder Neuanschaffung übernehmen. Auch ein Ausfall der Software ist in zunehmendem Umfang versicherbar: Fahrlässigkeit, Überspannung, Brand, Feuchtigkeit sind Schadenursachen, deren finanzielle Folgen ganz oder teilweise von einer Software-Versicherung gedeckt werden können. Mittlerweile ist es jedoch auf dem deutschen Markt schwierig, Versicherungsschutz für Schäden verursacht durch Hacker, versehentliches Löschen, falsches Programmieren oder Fehlfunktionen der Anlage zu erhalten. Gänzlich ausgeschlossen sind Schäden durch allgemein verbreitete Computerviren, Würmer oder Trojanische Pferde.
Um den gesamten IT-Versicherungsschutz bedarfsgerecht zusammenzustellen, sind die unterschiedlichen Risikomerkmale der Anwender zu berücksichtigen:

- in einem Unternehmen werden nur eigene Datennetze genutzt,
- ein anderer Betrieb arbeitet mit eigenen und fremden Datennetzen,
- Produktions-/Betriebsabläufe können per Datenfernübertragung gesteuert werden,
- eine andere Firma vertreibt ihre Produkte online oder
- die Verarbeitung erfolgt via Datennetz.

Auch die Betriebsart eines Unternehmens wirkt sich auf das Risiko aus. Zum Beispiel dann, wenn eine „just-in-time-Verarbeitung" als Lieferant erfolgt oder eine „just-in-time-Verarbeitung" als Besteller betrieben wird.
Zur Ermittlung des Gefährdungsgrades müssen deshalb vorab auch folgende Fragen geklärt werden:

- Wie lange steht der Betrieb bei Schäden an IT-Systemen oder Datenverlusten voraussichtlich still?
- Gibt es innerhalb des Betriebes Sicherheitsbestimmungen und -anweisungen für Mitarbeiter, um Datenverlusten vorzubeugen, zu begegnen bzw. sie einzugrenzen?
- Bestehen vertragliche Regressverpflichtungen (z.B. Vertragsstrafen) aus Lieferungen oder Leistungen?
- Sind aus letzter Zeit Datenverluste oder Sabotageakte bekannt?

Diese und andere Risikomerkmale entscheiden über die Versicherungsart der IT-Systeme und Daten.
Die Versicherung der Hardware bietet Schutz gegen unvorhergesehen eintretende Beschädigung oder Zerstörung sowie Abhandenkommen durch Diebstahl, Einbruchdiebstahl, Raub oder Plünderung. Unvorhergesehen eintretende Schäden können insbesondere verursacht werden durch: Bedienungsfehler, Ungeschicklichkeit, Fahrlässigkeit; Überspannung, Induktion, Kurzschluss; Brand, Blitzschlag, Explosion oder Implosion; Wasser, Feuchtigkeit, Überschwemmung; Vorsatz Dritter, Sabotage, Vandalismus; höhere Gewalt oder Schäden durch Konstruktions-, Material- oder Ausführungsfehler. Ersetzt werden Kosten für Reparatur oder die Wiederbeschaffung einer neuen Sache gleicher Art und Güte unter Berücksichtigung des technischen Fortschritts.
Die beim Versicherungsnehmer eingesetzten bzw. erzeugten Daten und Programme – wie z.B. Daten aus Dateien oder Datenbanken, serienmäßig oder individuell hergestellte Programme lassen sich gegen unvorhergesehen eintretende nachteilige Datenveränderungen oder -verluste versichern. Unvorhergesehene Datenveränderungen oder -verluste können dabei verursacht werden durch einen Sachschaden am IT-System, durch das sie verarbeitet wurden. Versicherbare Ursachen sind aber auch: Störungen an IT-Systemen, Kommunikations- und Stromversorgungsnetzen oder an der Klimaanlage; Über- oder Unterspannung, elektrostatische Aufladung oder elektromagnetische Störung oder höhere Gewalt. Ersetzt werden u.a. Kosten für die jeweils erforderliche Rekonstruktion, Wiederbeschaffung und Wiedereingabe von Daten (einschließlich Nachforschungskosten) oder deren Wiederher-

stellung (z.B. bei belegloser Datenerfassung/-verarbeitung) bzw. die Wiederbeschaffung und Wiedereingabe von System- und Standard-Programmdaten einschließlich deren Konfigurationen.
Die Versicherbarkeit von Schäden durch Schadprogramme (Malware) gehörte bislang zu den grundsätzlichen Ausschlüssen in der Softwareversicherung, denn spektakuläre Angriffe von außen durch Hacker und Viren erreichten medienwirksam große Aufmerksamkeit und zudem nicht mehr kalkulierbare Kumulschäden. Noch wirksamer, aber im Stillen, sind Schadenfälle innerhalb des Betriebs: ausfallende Systeme, mangelndes Sicherheitsmanagement, Mitarbeiter stehlen oder manipulieren Daten/Dateien. 80% aller Delikte im EDV-Bereich werden von eigenen Mitarbeitern begangen.
Seit kurzem besteht die Möglichkeit, insbesondere für IT-Dienstleister, den Versicherungsschutz auf Malware auszuweiten. In dieser Form bietet die „Erweiterte Softwareversicherung für IT-Dienstleister" einzigartigen Versicherungsschutz auf dem deutschen Versicherungsmarkt. Malware ist jetzt versicherbar (in den Bedingungen als Wiedereinschluss deklariert), wenn es sich um Programme und Dateien mit Schadenfunktion (Computerviren, Würmer, Trojanische Pferde) handelt, deren schädigende Wirkungen sich ausschliesslich und zielgerichtet auf den Versicherungsnehmer auswirken,

a) wenn sie durch einen Dritten im Wege des unberechtigten Zugriffs vorsätzlich in das IT-System des Versicherungsnehmers implementiert wurden;

b) wenn sie durch einen zugriffsberechtigten Dritten fahrlässig unter Verwendung einer nicht dem Stand der Technik entsprechenden Viren-Schutzsoftware in das IT-System des Versicherungsnehmers implementiert wurden.

Voraussetzung für b) ist, dass seit mindestens einer Woche vor Schadeneintritt eine Schutzsoftware (bzw. Update) existiert und erhältlich gewesen ist und in das IT-System des Versicherungsnehmers installiert wurde.Ein weiterer Schwerpunkt von weitreichenden Versicherungslösungen liegt im Ausgleich des Vermögensnachteils, der dem Versicherungsnehmer infolge einer durch einen Sach- oder Datenschaden hervorgerufenen Beeinträchtigung oder Unterbrechung seines Betriebes entsteht. Hierbei werden u.a. ersetzt: Aufwendungen, die der Versicherungsnehmer macht, um den Unterbrechungsschaden abzuwenden oder zu mindern; Mehrkosten, die entstehen, um den Betrieb weiterführen zu können (z.B. für Umrüstung, Umprogrammierung, behelfsmäßige oder vorläufige Wiederinstandsetzung, Benutzung anderer Anlagen etc.); fortlaufende umsatzunabhängige Kosten und entgangene Betriebsgewinne, die infolge der Betriebsunterbrechung ganz oder teilweise nicht erwirtschaftet werden.
Mittels spezieller Haftpflicht-Bausteine lässt sich der Versicherungsschutz ausdehnen auf die Abwehr unberechtigter und die Befriedigung berechtigter Ansprüche, die dadurch entstehen, dass der Versicherungsnehmer im Zusammenhang mit an IT geknüpfte Geschäftsprozesse durch Tätigkeit oder Unterlassen bei Dritten schuldhaft Sach- oder Vermögensschäden verursacht.
Bei allen IT-Versicherungslösungen bilden Risikomanagementmaßnahmen die Voraussetzung für die Gewährung des Versicherungsschutzes. Je umfassender beim Versicherungsnehmer →Risikomanagement betrieben wird, desto größer sind die Möglichkeiten bezüglich anzubietendem Versicherungsumfang und Beitragsnachlässen.
(Letzte Änderung: 8.7.2006)

(Oberwinder)

ive
Institut für verbraucherrelevanten Einbruchschutz.
Kurzbeschrieb und Anschrift →Behörden, Verbände, Institutionen.

IVR Interactive Voice response – Einsatz in Alarmzentralen
Siehe auch Fax on demand, Notrufzentrale.
Alarmzentralen sind neben dem spontanen Alarmeingang häufig mit Routineanfragen in unterschiedlicher Häufigkeit und zu verschiedensten Tageszeiten konfrontiert. Für den Anrufer können unangenehme Wartezeiten entstehen. Die Alarmzentrale kann die erforderliche Kapazität schlecht planen, da das Lastprofil jeden Tag unterschiedlich ist. Zudem ist es aus betriebswirtschaftlichen Gründen nicht möglich, permanent ein Maximum an perso-

neller Ressource (in der Schweiz in mehreren Sprachen) im Einsatz zu haben.
Gefragt sind nun Lösungen:

- die einen effizienten Personaleinsatz erlauben,
- die Spitzenbelastungen abdecken,
- die Wartezeiten der Kunden vermeiden,
- die Anforderungen an die Sicherheit erfüllen
- und die mehrsprachig sind.

Interactive-Voice-Responsesysteme (IVR) decken obige Problemstellung in idealer Weise ab. Die Interaktion findet nicht mehr zwischen dem Kunden und dem Mitarbeiter der Alarmzentrale statt, sondern zwischen Kunde und Maschine (IVR). Somit steht permanent eine fast beliebige Kapazität zur Verfügung und dies ohne Wartezeiten. Voraussetzung ist, dass es sich um standardisierte oder standardisierbare Abläufe handelt und der Kunde ein DTMF-Telefon (Frequenzwahl) benutzt. Nach dem Wählen der IVR-Rufnummer erfolgt eine strukturierte Interaktion Mensch-Maschine. Die Maschine bietet eine gesprochene Auswahl (Menü) an, der Anrufende trifft seine Wahl durch entsprechende Eingaben auf seinem Telefon. Auf diese Weise können neben einer möglichen Identifikation ganze Menübäume durchlaufen werden und schlussendlich eine Information abgegeben oder gar eine Funktion ausgelöst werden.

IVR-Systeme eignen sich für standardisierte Abläufe, sind in diesen Einsatzgebieten schnell, zuverlässig, skalierbar und jederzeit verfügbar. Sie eignen sich jedoch nicht, wenn die Menüauswahl zu umfangreich (zu tief) oder die Abläufe zu wenig standardisiert sind.
(Neu aufgenommen am 2.6.2000)

(Meier)

J

Java

Siehe auch ActiveX, Internet, IT-Sicherheit, JavaScript.

Java ist eine von der Firma Sun entworfene Programmiersprache, welche durch Kompilierung in einen sogenannten Bytecode überführt wird, der maschinenunabhängig und auf den verschiedensten Zielsystemen lauffähig ist. Da Java in die wichtigsten Webbrowser integriert ist, wird die Ausführung von aktiven Inhalten (sog. Applets) ermöglicht, ähnlich →ActiveX und →JavaScript.

Java-Bytecode wird üblicherweise unter besonderen Restriktionen ausgeführt, der sog. „Sandbox". Somit ist es z.B. einem durch eine Webseite geladenen Applet nicht möglich, auf eine Datei der lokalen Maschine zuzugreifen.

In neueren Java-Versionen können Applets signiert werden (→digitale Signatur). Wenn der Benutzer die Signatur für vertrauenswürdig hält, wird die Aufhebung der Sandbox-Restriktionen ermöglicht.

In vielen Programmen, die Java-Bytecode ausführen, wurden Fehler entdeckt, die ernsthafte Sicherheitsprobleme darstellen (siehe http://www.cs.princeton.edu/sip/history).

Die Sicherheit von Java wird kontrovers diskutiert. Es kann zwar von einem höheren Niveau als dem von →ActiveX ausgegangen werden, doch der Einsatz sollte vorher genau abgewogen werden.

(Neu aufgenommen am 7.7.2000)

(Stark)

JavaScript

Siehe auch ActiveX, Internet, IT-Sicherheit, Java.

JavaScript ist eine Scriptsprache, die →Java ergänzen soll und über den Netscape Navigator Browser eingeführt, inzwischen durch alle gängigen Browser unterstützt wird.

Die Sicherheit von JavaScript wird kontrovers diskutiert. Obwohl auch hier ein Sicherheitsansatz versucht wurde, sind viele Beispiele für Angriffe mit JavaScript bekannt, in denen verschiedene Informationen aus den Zielsystemen abgefragt werden, oder Systeme in einen unbenutzbaren Zustand gebracht werden.

Wie bei Java sind bei JavaScript viele Implementierungsfehler bekannt geworden, weswegen immer mit Sicherheitsproblemen zu rechnen ist. Andererseits bauen sehr viele Webseiten auf JavaScript auf, so dass es für Büroarbeitsplätze mit mittlerem Schutzbedarf oft schwer durchsetzbar ist, auf diese Technologie zu verzichten.

(Neu aufgenommen am 7.7.2000)

(Stark)

Justizvollzugsanstalt (JVA)

Siehe Haftraumtür.

3

K

Kamera, getarnt / verdeckt

Siehe auch Videoüberwachung (mit weiteren Verweisen).

Gelegentlich ist es zweckmäßig, dass eine Videokamera nicht als solche erkennbar ist. Das Verbergen kann in verschiedener Weise geschehen.

Von einer getarnten Kamera spricht man, wenn diese in ein Objekt eingebaut wird, in dem eine Videokamera nicht vermutet wird. Dies können sein z.B. eine Wanduhr, ein PIR-Melder, ein Rauchmelder, eine Figur. In diesen Fällen wird häufig eine Videokamera mit Nadelöhrobjektiv benützt.

Diese getarnten Kameras lassen sich aber nicht immer so platzieren, dass eine Portraitaufnahme möglich ist, weil z.B. ein PIR-Melder nicht in 1,7 m Höhe über Fußboden installiert wird. Hier beginnt das Einsatzfeld der verdeckten Kamera. Bauformen sind Kameras in Unterputzgehäusen, bei denen äußerlich nichts auf eine Videokamera hinweist, eine Kamera mit Abdeckrahmen und Deckplatte aus einem Elektroschalterprogramm oder eine Kamera in einem Kugelgehäuse, das eher einem Lautsprecher gleicht. Das Objekt blickt durch eine Gitteröffnung. Verdeckte Kameras arbeiten mit fixed-focus Objektiven. Die Kameras können auch zusätzlich mit einem Mikrofon zur akustischen Überwachung und einem IR-Sensor ausgerüstet werden. Letzterer überwacht das Objektiv-Blickfeld und kann bei Bewegungen den Videoumschalter oder die Videospeicherung auslösen.

(Redaktion)

Kamm-Methode

Siehe Schließzylinder.

Kanalrohr-Sicherung

Siehe Faseroptischer Melder.

Kapazitiv-Feldänderungsmelder

Siehe auch Einbruchmelder.

Kapazitiv-Feldänderungsmelder eignen sich zur Überwachung von Einzelobjekten (z. B. Wertbehältnisse und Bilder). Um das zu überwachende Objekt wird ein elektrisches Feld aufgebaut. Jede Annäherung an das elektrische Feld wird von dem Melder registriert und führt zur Alarmgabe. Neben der Überwachung von Einzelobjekten eignen sich kapazitive Feldänderungsmelder auch zur Durchbruchüberwachung. Dazu muss ein elektrisches Feld zwischen der zu überwachenden Fläche und einem Gegenpol erzeugt werden.

Dies kann durch eine Sandwichplatte geschehen, zwischen deren beiden elektrisch leitenden Außenflächen dieses Feld aufgebaut wird. Die Sandwichplatte wird fest mit der zu überwachenden Fläche verbunden. Ein Durchbruchsversuch führt zur Beschädigung der Sandwichplatte und damit zur Störung des elektrischen Feldes.

Ähnlich funktioniert eine Anordnung, bei der zwischen der auf Durchbruch zu überwachenden Fläche und einem davor isoliert angebrachten, leitfähigen Gewebe das elektrische Feld erzeugt wird.

(Redaktion)

Karte

Siehe Ausweis.

Kartensicherheit

Siehe auch Ausweis, Bildspeicher, Geldausgabeautomat, Personenidentifikation, Zutrittskontrolle.

Die Kartensicherheit, d.h. der Schutz einer Ausweiskarte vor Duplizierung, Verfälschung oder Zugriff ist ein wesentliches Kriterium für die Anwendung wie zum Beispiel:

- Zutrittskontrolle
- Geldbezüge (Geldausgabeautomaten)
- Einsatz bei Zahlungen für Waren und Dienstleistungen
- Informationsträger

Je nach Anwendung und verlangter Kartensicherheit werden verschiedene Codierarten verwendet.

Nachfolgend sind die wichtigsten, heute verwendeten Arten ohne Anspruch auf Vollständigkeit stichwortartig aufgeführt:

- elektromagnetisch (aktiv, passiv)
- gedruckte Leiterbahnen
- Hologramm
- induktiv, statisch oder dynamisch
- integrierte Elektronik-Schaltung (Memory-Card, Smart Card)

- kapazitiv
- Laser
- Lochcodierung
- magnetisch, auf der Basis des Wiegand-Effekts
- Magnetpunkte
- Magnetstreifen ISO
- Optische Codierung im unsichtbaren Strahlungsbereich
- visueller Code (Barcode)

Der Grund für die Vielfalt der Codierungsarten ist vor allem in den unterschiedlichen Anforderungen und Anwendungen zu suchen, die je nach Verwendungszweck der Ausweise an sie gestellt werden.

- Ausweiskonfektionierung durch den Anwender
- berührungsloser Lesevorgang
- Exklusivität (Kartenhersteller)
- hohe Fälschungssicherheit
- Hohe Informations-Speicherkapazität

Klassifizierung des Sicherheitsgrades der meistverwendeten Codier- und Leseprinzipien für Ausweise

Sicherheit	Leseprinzipien
0 keine Sicherheit	– visuelle Prägung – Lochung (Hollerith) – visueller Druck (Barcode, OCR usw.)
1 kaum Sicherheit	– gedruckte Leiterbahnen – Magnetstreifen (ISO)
2 niedrige Sicherheit	– Magnetpunkte – Transparenz-Messung
3 mittlere Sicherheit	– bistabile Magnetdrähte (Wiegand-Effekt) – Infrarot – induktiv statisch – Memory Card
4 gute Sicherheit	– Hologramm – Laser – induktiv dynamisch – elektromagnetisch (aktiv, passiv)
5 hohe Sicherheit	– orientierungsverstärkte Magnetisierung – integrierte Schaltung (Smart Card) – Kombination von 2 (oder mehr) Leseprinzipien auf gleichem Ausweis

- kleine Lesefehlerrate
- Lebensdauer und Beanspruchungsverhältnisse
- Produktionskosten der Karte (Zeitaufwand, Material)
- veränderbare Codierung

Klassifizierungen sind immer bis zu einem gewissen Maße subjektiv, da eindeutige Normen und Kriterien bezüglich Sicherheitsklassen von Ausweisen bis heute fehlen. Die Sicherheitsklassen widerspiegeln den Aufwand für das Kopieren resp. Fälschen eines Ausweises. Die Zuteilung von Codierprinzipien in die Sicherheitsklassen sind vom Stand der Technik abhängig und müssen periodisch neu überprüft werden.

(Spinnler)

Kassenschrank

Siehe auch Panzerschrank, Sicherheitsschrank, Wertschutzschrank

Als Kassenschrank werden in der Schweiz Wertschutzschränke nach EN 1143-1 WG 1 bis III bezeichnet.

(Letzte Änderung: 23.7.2006)

(Kappeler)

Katastrophe

Siehe auch Alarmierung, Krisenstab/Krisenteams, Notfall, Störfall.

Eine Katastrophe ist eine Lage, die infolge eines überraschenden und außerordentlichen Ereignisses entsteht. Dabei treten voraussichtlich so große Ausfälle und Schäden auf, dass die vorhandenen Mittel des betroffenen Betriebs zur Bewältigung nicht ausreichen und die normalen Organisationsstrukturen und Entscheidungsabläufe nicht mehr genügen, um die Lage in den Griff zu bekommen. Eine Katastrophe wirkt sich immer über die Betriebsgrenzen hinaus aus, beispielsweise auf die Nachbarschaft oder auf andere Unternehmensbereiche.

In der IT wird unter der Katastrophe der Ausfall der gesamten Informationstechnik verstanden. Ein Wiederanlauf in der definierten, bzw. erforderlichen Zeitspanne ist nicht möglich. Die Auswirkungen haben einen gravierenden Einfluss auf die Funktionsfähigkeit des Unternehmens und können zu einem Konkurs führen.

Es ist zu empfehlen, eine individuelle, eindeutige Definition, wann eine Katastrophe vorliegt, zu erarbeiten und diese von der Geschäftsführung abzeichnen zu lassen.

(Letzte Änderung: 2.5.2004)

(Glessmann)

Katastrophenorganisation

Siehe auch Alarmierung Krisenstab/Krisenteams, Krisenstab, Normalorganisation, Notfalldokumentation (IT), Notfallorganisation.

Die Katastrophenorganisation ist im Gegensatz zur Normalorganisation eine Sonderorganisation. In der Katastrophenorganisation sind die Organisationsstrukturen und Entscheidungsabläufe darauf ausgerichtet, mögliche Katastrophen optimal in den Griff zu bekommen und so rasch wie möglich zur Normalorganisation zurückzukehren. Eine Katastrophenorganisation hat nur einen Chef, dem ein Krisenstab sowie die Einsatzdienste (z.B. Feuerwehr, Werkschutz, Sanität, technischer Dienst) direkt unterstellt ist. Sie entspricht darin der →Notfallorganisation, ist aber wegen der systemübergreifenden Schadenlage umfassender (mehr Personen) und tiefer (mehr Entscheidungsebenen) als die Notfallorganisation.

Eine Katastrophenorganisation hat nur einen Chef (Leitender Notfallbeauftragter NFB), dem ein Krisenstab sowie die Krisenteams (Einsatzdienste) (z.B. Feuerwehr, Werkschutz, Sanität, technischer Dienst) direkt unterstellt sind. Sie entspricht darin der →Notfallorganisation, ist aber wegen der systemübergreifenden Schadenlage umfassender (mehr Personen) und tiefer (mehr Entscheidungsebenen) als die Notfallorganisation.

Werden auch die Fachbereiche in die Katastrophenorganisation eingebunden, ist die Benennung von Fachbereichs-Notfallbeauftragten zu empfehlen. Jeder F-NFB ist für die Belange seines Bereiches zuständig und verantwortlich. Er kommuniziert mit dem Leitenden NFB.

(Letzte Änderung: 9.7.2006)

(Glessmann)

Katastrophenvorsorge (IT)

Siehe auch IT-Sicherheit (mit weiteren Verweisen), Katastrophe, KonTraG, Notfall, Störfall.

Die Katastrophenvorsorge gliedert sich in 3 Bereiche:

1. Maßnahmen zur Minderung der →Risiken
2. Maßnahmen zur Minderung der Auswirkungen
3. Maßnahmen nach dem Eintritt eines Schadens

Beispiel für solche Maßnahmen im Bereich der Informationsverarbeitung:

1. Bei der Verminderung der Risiken werden Schwachstellen beseitigt, die den Eintritt eines Schadensereignisses begünstigen:

- Sicherung der Infrastruktur (Brandschutz, Einbruchsschutz, Redundanzen etc.)
- Sicherung der Hardware (Dislozierung, Redundanzen, etc.)
- Sicherung der Daten (Spiegelung, Sicherung, etc.)
- Sicherung der Kommunikation (Redundanzen, Internet, FTP, etc.)

2. Zur Minderung der Auswirkungen gehören

- Minimierung des Datenverlustes (Spiegelung, Backup)
- Clusterung der Systeme
- Verkürzung der Ausfalldauer (getestete Verfahren)
- Gesicherte Datennetze (Redundante Netze, Firewalls)
- Aktuelle Dokumentationen
- Regelmäßige Wiederanlauftests anhand der Notfalldokumentation

3. Nach dem Ausfall der IT steht ein schneller Wiederanlauf (→Disaster Recovery) im Vordergrund. Daher sind hier alle Maßnahmen zu realisieren, die dies sicherstellen.

- Backupkonzept (heiß, warm, kalt)
- Daten-Rückladeverfahren (inklusive Synchronisierung)
- Netzwerkumschaltung
- Notbetrieb
- Notarbeitsplätze für IT und Fachbereiche
- Umfassende, aktuelle Dokumentation

(Letzte Änderung: 9.7.2006)

(Glessmann)

Kaufmännisches Gebäudemanagement

Siehe auch Energiemanagement, Facility Management, Facility Support Services, Gebäudeautomation, Gebäudetechnik, Immobilienmanagement, Infrastrukturelles Gebäudemanagement, Prozessorientiertes Facility Management, Technisches Gebäudemanagement.

Als Kaufmännisches Gebäudemanagement

werden die kaufmännischen Leistungen angesehen, die sich auf das Gebäude oder die damit zusammenhängenden Dienstleistungen beziehen. Eine klassische Aufgabe ist die Haus- und Mietverwaltung einschließlich der jährlichen Erstellung einer Nebenkostenabrechnung (in Deutschland: gemäß Zweiter Berechnungsverordnung. Außerdem werden alle Aufgaben im Zusammenhang mit den Finanzierungsaufwendungen, Miete Pacht, Abschreibungen, gebäudebezogene Steuern, Gebühren, Abgaben und Versicherungen dem Aufgabenbereich zugeordnet. Zu den kaufmännischen Leistungen gehört auch das Vertragsmanagement sowie die Vermarktung der Mietflächen.

(Letzte Änderung: 16.8.2006)

(Eilert Siemens/Ammon)

KB

Kernbohrgerät – siehe Diamantkronenbohrer, Wertschutzraum, Wertschutzschrank

KBA

Siehe auch UVV Kassen (mit weiteren Verweisen), Foyer-Sicherheit, Kleinstzweigstelle

Begriff aus der Berufsgenossenschaftlichen Vorschrift „UVV Kassen“ (BGV C9/GUV-V C9) der gesetzlichen Unfallversicherer in Deutschland.

Bei Kundenbedienten Banknotenautomaten (KBA) muss gemäß „UVV Kassen“ durch die Aufstellung oder durch besondere Einrichtungen sichergestellt werden können, dass während der Ver- und Entsorgung durch Bank- (Sparkassen-) Mitarbeiter der Arbeitsbereich öffentlich nicht zugänglich und ein Einblick von außen nicht möglich ist. Von diesen „besonderen Einrichtungen“ muss bei der Ver- und Entsorgung sowie bei der Behebung von Störungen im gefüllten Wertebereich auch tatsächlich Gebrauch gemacht werden.

Die Vorderfronten von KBA müssen an übersichtlichen Stellen mit gut ausgeleuchtetem Umfeld liegen. Befinden sie sich in öffentlich zugänglichen Bereichen, in denen Mitarbeiter ständig anwesend sind, müssen Gehäuse sowie funktionsbedingte Öffnungen und Verriegelungseinrichtungen wie bei Beschäftigtenbedienten Banknotenautomaten (→BBA) einen ausreichenden Widerstand gegen Aufbruch und Wegnahme bieten.

(Letzte Änderung: 16.8.2006)

(Hohl)

KEM

(Kompromittierende Emissionen).

Siehe kompromittierende Abstrahlung.

Kenngröße

Siehe Brandeffekt, Brandkenngröße.

Kennzeichnung

Siehe Produktsicherung.

Kernbohrgerät

Siehe Diamantkronenbohrer.

Kernziehen

Siehe Ziehwerkzeug.

Kettenbriefe

Siehe auch Firewall, Hacker, Hoaxes, Internet, IT-Sicherheit, Makroviren, Malware, Scriptviren, Tiger-Team, Trojaner, Viren.

Kettenbriefe funktionieren nach dem Schneeballsystem. Jeder Empfänger sendet den (elektronischen) Brief an mehrere Personen weiter und verbreitet ihn somit. Üblicherweise ist auch immer Geld mit im Spiel (sogenannte Gewinnspiele). Dabei soll man einen bestimmten Betrag an die erste Adresse einer Liste senden und darf sich dafür selbst an die unterste Stelle dieser Empfängerliste setzen. Nach diesem Mechanismus soll man immer weiter nach oben wandern und nach einiger Zeit selbst als Inhaber der Spitzenposition Geld von den Empfängern zugeschickt erhalten. Auf dem Papier sehen derartige Rechenbeispiele immer sehr plausibel aus, aber in der Praxis funktionieren sie nicht. Kettenbriefe zielen üblicherweise auf Mitleid, Habgier oder Aberglaube („Wenn Sie diesen Brief nicht weiter senden, wird Ihnen schreckliches zustoßen...“) ab. Bei Kettenbriefen ist auch zu beachten, das diese teilweise gegen gesetzliche Bestimmungen verstoßen (Wettbewerbsrecht). Experten raten daher generell dazu, die Hände von Kettenbriefen oder Kettenspielen zu lassen.

Beispiel: „Mit Liebe“-Kettenbrief

Mit Liebe ist alles moeglich Dieser Brief wurde an Dich geschickt, damit Du Glueck hast. Das Original ist in Neuseeland entstanden und neun Mal um die Welt gereist. Jetzt wurde das

3

Glueck an Dich gesandt. Du wirst Glueck haben innerhalb der naechsten vier Tage, nachdem Du diesen Brief erhalten hast. Du musst ihn allerdings weitersenden. Dies ist kein Witz und auch kein kommerzieller Kettenbrief. Du wirst Glueck erhalten per Post. Sende kein Geld, sondern Kopien oder Abschriften an Menschen, von denen Du denkst dass sie Glueck gebrauchen koennen. Sende wie gesagt kein Geld. Denn das menschliche Los hat keinen Preis. Halte diesen Brief nicht in Deinem Besitz. Du musst ihn innerhalb von 96 Stundem nach Erhalt weitersenden.

Elektronische Kettenbriefe werden per E-Mail verschickt und verbreiten sich entsprechend schnell, ohne Portoaufwand für den Verbreiter und ohne Rücksicht darauf, wie oft ein Empfänger die Nachricht schon bekommen hat. Dies kann in Unternehmen zu Belastungen und Behinderungen des E-Mail-Verkehrs führen. Auf keinen Fall sollten Kettenbriefe im unternehmensinternen Netz weiterverbreitet werden. Handelt es sich um eine angebliche Viren-Warnung, die man an möglichst viele Bekannte weitergeben soll, der aber keine wirkliche Gefahr zugrundeliegt, spricht man von →Hoaxes.

(Neu aufgenommen am 1.6.2000)

(Dombach)

Key Decryption Server

Siehe Schlüssel-Archiv.

Key Directory Server

Siehe PKI, Schlüssel-Archiv.

Key Management Center (KMC)

Siehe PKI

Key Recovery Center (KRC)

Siehe PKI, Schlüssel-Archiv.

Keyghost

Siehe Tastatur-Eingabe-Rekorder

K-Fall

Siehe Disaster Recovery, Katastrophe, Notfall, Störfall.

Kleinstzweigstelle

Siehe auch Biometrische Schleuse, KBA, UVV „Kassen".

Kleine Geschäftsstelle einer Bank oder Sparkasse, in der nur ein Mitarbeiter anwesend ist. Hier würde die UVV „Kassen" normalerweise zwingend →durchschusshemmende Abtrennungen oder eine →kraftbetriebene Sicherung vorschreiben, wenn Bargeld für Auszahlungen bereitgehalten wird. Die so genannte Kleinstzweigstellenlösung erlaubt es den Kunden jedoch, in einer offenen Schalterhalle Bargeld zu beziehen, ohne dass die Vorschriften der →UVV „Kassen" verletzt werden. Dazu bedient der Kunde selbst einen Geldautomaten mit Karte und PIN. Der Bank- oder Sparkassenangestellte erteilt zuvor über Tastatur eine Freigabe; dadurch erhöhen sich die sonst üblichen Höchstgrenzen der Automatenabhebung. Da der Bankmitarbeiter nur unter Mitwirkung eines berechtigten Kunden über Bargeld verfügen kann und dies auch durch einen Aufkleber plakatiert wird, verringert sich der Anreiz zu Überfällen, sodass für dieses Verfahren keine durchschusshemmende Abtrennung vorgeschrieben wird. Auch die Forderung eines Räubers nach Ausstellung einer Karte und Zuteilung einer PIN ginge ins Leere, da Karte und PIN frühestens nach 24 Stunden oder am Tag nach der Ausstellung ab 8.00 Uhr Gültigkeit erlangen. Griffbereites Bargeld ist in einer Kleinstzweigstelle nicht zulässig. Dies gilt auch für ausländische Währungen (Sorten).

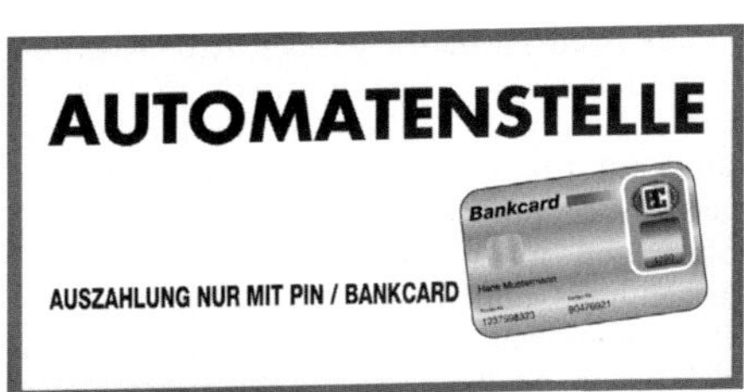

Die Geräte sind so eingestellt, dass innerhalb von 30 Sekunden maximal € 5.000 und innerhalb von 2 Minuten für verschiedene Kunden maximal € 10.000 entnommen werden können. Die tägliche Auszahlung pro Kunde und Konto ist auf € 5.000 zu begrenzen.

Eine Alternative ist die →Biometrische Schleuse, die es dem Bank- oder Sparkassen

mitarbeiter erlaubt, zur Kundenberatung die gesicherte Kassenbox zu verlassen.
(Letzte Änderung: 16.8.2006)

(Hohl)

Klimaanlage

Den mechanischen Lüftungsanlagen vom Grundsatz her vergleichbare Einrichtung, wobei jedoch der Umfang der Luftbehandlung über Luftreinigung und -temperierung auch auf Luftbefeuchtung bzw. -trocknung ausgedehnt wird. Wegen der aus Gründen des Brandschutzes zu beachtenden Besonderheiten →Lüftungsanlage.

(Prof. Beilicke)

Klimakanal-Sicherung

Siehe Faseroptischer Melder.

Klimaüberwachungsanlage

Klimaüberwachungsanlagen sind Meldeanlagen, die dem automatischen Überwachen der Klimawerte innerhalb von Räumen dienen. Thermodetektoren überwachen die Raumtemperatur an verschiedenen Stellen und die Einblastemperatur der klimatisierten Luft, Hygrodetektoren kontrollieren die relative Luftfeuchte im Raum.

Eine Zentrale wertet die gemessenen Klimawerte und gibt Alarm, wenn die festgelegten Grenzwerte über- oder unterschritten werden. Für große EDV-Anlagen betragen diese gewöhnlich + 21 bis + 25°C Raumtemperatur, + 17 bis + 22°C Einblastemperatur und 50 bis 60% relative Luftfeuchte. Werden die Grenzwerte für die Klimatisierung längere Zeit über-/unterschritten, sind Klima- und EDV-Anlage automatisch außer Betrieb zu setzen, um Schäden an dem Computersystem zu vermeiden.

Die Klimaüberwachungsanlage muss unabhängig von der Regelelektronik der Klimaanlage arbeiten, um das Schutzziel, bei Versagen der Klimaanlage Alarm auszulösen, zu erfüllen. Eine unabhängig von der Klimaanlage arbeitende Signalanlage wird sowohl in dem Merkblatt „Elektronische Datenverarbeitungsanlagen (EDVA) – Merkblatt zum Brandschutz in Räumen für EDVA", aufgestellt von VdS und Bundesverband der Deutschen Industrie (BDI) als auch in Klausel 609 zu den AVFE 76 (Versicherungsbedingungen der Elektronik-Versicherung) gefordert.

(Redaktion)

Körperschallmelder

Siehe auch Einbruchmelder (mit weiteren Verweisen), Flächenüberwachung, Glasbruchmelder.

3

Ein Körperschallmelder überwacht einbruchgefährdete Tresorräume und Wertbehältnisse. Der durch Einbruchwerkzeuge im bearbeiteten Material hervorgerufene Körperschall breitet sich als mechanische Schwingung bis zum Körperschallmelder aus und wird dort je nach Stärke, Dauer und Frequenz des Schalls als Alarm ausgewertet.

Funktion: Die durch einen Angriff auf das geschützte Objekt erzeugten mechanischen Schwingungen werden im Körperschallmelder mit einem →piezoelektrischen Wandler oder bimorphen Element in elektrische Schwingungen umgewandelt und einem Verstärker zugeführt. Die Schaltung ist so ausgelegt, dass kurzzeitig auftretende Schallschwingungen nicht zur Alarmauslösung führen. Trotzdem wird ein Einbruchversuch mit Explosivstoffen auf Grund der hohen Schallintensität sicher erfasst.

Mit einem Prüfschallgeber kann periodisch die Ansprechsicherheit des Melders geprüft werden. Eine locker gewordene Befestigung oder gar ein Defekt des Melders können damit frühzeitig erkannt werden. Der Prüfschallgeber wird entweder in gewissem Abstand zum Melder angeordnet oder im Melder selbst untergebracht, wobei für optimalen Nutzen eine direkte Körperschallübertragung vom Prüfschallgeber zum Schallaufnehmer des Melders vermieden sein muss.

Anwendung: Der Körperschallmelder wird hauptsächlich zur Einbruchüberwachung von →Tresorräumen, →Kassenschränken, Metallkorpussen und →Geldausgabeautomaten eingesetzt. In Tresorräumen werden Wände, Decke und Boden mit Körperschallmeldern bestückt. Ein weiterer überwacht die Tresortür, wobei Türen neuer Bauart bereits mit den notwendigen Vorbereitungen für den Einbau des Körperschallmelders versehen sind. Kassenschränke und Metallkorpusse werden unter normalen Umständen durch je einen Körperschallmelder auf dem Gehäusemantel und auf der Tür wirkungsvoll gegen Einbruch über-

wacht. Die Bestückung der zu überwachenden Objekte muss durch ausgebildetes Personal festgelegt werden.
(Letzte Änderung: 9.7.2006)

(Wyttenbach)

Kombischott

In der Baupraxis werden Installationen der Haustechnik, etwa Kabel- und Rohrleitungen, sehr häufig gebündelt verlegt und auf Grund begrenzten Installationsraums unmittelbar nebeneinander durch feuerwiderstandsfähige Bauteile geführt. Zur Erleichterung der Baupraxis werden deshalb auf der Grundlage positiv bewerteter Brandprüfungen seit kurzem auch allgemeine bauaufsichtliche Zulassungen für die sogenannten „Kombischotts" erteilt, bei denen Rohrleitungen mit einer anerkannten Rohrabschottung – nachgewiesen durch eine allgemeine bauaufsichtliche Zulassung oder ein allgemeines bauaufsichtliches Prüfzeugnis – durch eine allgemeine bauaufsichtlich zugelassene Kabelabschottung gleicher Feuerwiderstandsdauer hindurch geführt werden dürfen. In der Zulassung für Kombischotts sind die Anzahl, der maximal zulässige Durchmesser, der Werkstoff sowie die Nutzungsart der Rohrleitungen konkret festgelegt.
(Neu aufgenommen: 23.5.2002)

(Dr.Wang)

Kommission Polizeiliche Kriminalprävention

(Früher: Kommission Vorbeugende Kriminalitätsbekämpfung.)
Kurzbeschrieb und Anschrift →Behörden, Verbände, Institutionen. – auch PL (Projektleitung) und ZGS (Zentrale Geschäftsstelle)

Kommunikationsfunktion (K-Funktion)

Siehe auch Aufmerksamkeitssignal, Bedrohungsmeldung, Belästigungsmeldung, Brandmeldefunktion, Einbruchmeldefunktion, Erinnerungssignal, Gefahrenmeldeanlage (GMA), Gefahrenwarnanlage (GWA), *Haustechnikfunktion, Internwarnung.*
Funktion einer →Gefahrenwarnalage (GWA), um mit Personen, die sich im Bereich der GWA befinden, zu kommunizieren.
(Neu aufgenommen 2.5.2004)

(Definition: VdS)

Kommunikationssicherheit

Siehe auch Digitale Signatur, Firewall, Internet, ISDN, IT-Sicherheit, Netzwerk, Netzwerksicherheit.
Die Kommunikationssicherheit befasst sich mit dem Schutz von Kommunikationsverbindungen zwischen zwei oder mehreren Partnern.
Sind viele Teilnehmer in einem →Netzwerk zusammengefasst, so sind die einzelnen Kommunikationsverbindungen sowohl gegen externe Angriffe als auch gegen Angriffe anderer Netzteilnehmer zu schützen.

Der Schutz einer Kommunikationsverbindung umfasst:

- den Schutz der Vertraulichkeit. Nur der designierte Empfänger kann die Nachricht lesen. Vertraulichkeit kann durch →Verschlüsselung der Nachricht erreicht werden.
- den Schutz der Integrität. Nachrichten können durch Unbefugte nicht unbemerkt verändert werden. Dies wird in der Regel mit Hilfe von →digitalen Signaturen, oftmals im Zusammenwirken mit kryptographischen →Hashfunktionen, erreicht.
- den Schutz der Verfügbarkeit. Kommunikationsverbindungen stehen dann zur Verfügung, wenn sie gebraucht werden. Reine Software-Lösungen können hier kaum etwas ausrichten. Wirksame Maßnahmen sind der physikalische Schutz von Kommunikationsverbindungen und eine redundante Auslegung des Kommunikationsnetzes.
- den Schutz der Verbindlichkeit. Nachrichten müssen einem Absender eindeutig zuordenbar sein (Authentizität) und dürfen im Nachhinein nicht abgeleugnet werden können (Non-Repudiation). Die Verbindlichkeit einer Nachricht wird in der Regel mit Hilfe einer →digitalen Signatur gesichert. Werden weitere Verbindlichkeitseigenschaften gefordert, beispielsweise „Zeitechtheit" (→Zeitstempel), kann die Einbeziehung digitaler Notariatsdienste erforderlich sein.

Werden zum Schutz von Kommunikationsverbindungen kryptographische Verfahren wie „Verschlüsselung" oder „digitale Signatur" eingesetzt, so ist besonders auf ein geeignetes

Schlüsselmanagement zu achten, da hiervon die Sicherheit des Gesamtsystems wesentlich abhängt.

(Bauspieß)

Komplextrennwand

Siehe auch Brandwand, Feuerbeständige Abtrennung.

Komplextrennwände sind ebenso wie →Brandwände Maßnahmen des baulichen und somit auch des vorbeugenden Brandschutzes; sie gehören einschließlich der aussteifenden Bauteile der Feuerwiderstandsklasse F 180 an und müssen bei einer dreimaligen Stoßbeanspruchung von 4000 Nm gemäß DIN 4102-3 bzw. VdS 2234 „Brandwände und Komplextrennwände; Merkblatt für die Anordnung und Ausführung" raumabschließend und standsicher im Sinne von DIN 4102-2 bleiben. Zudem muss die Anordnung und Ausführung der Komplextrennwände hinsichtlich der

- Wandbauart,
- Anschlüsse an Dächer und Außenwände sowie
- Abschottungsmaßnahmen für betriebsnotwendige Öffnungen

den Vorgaben des Merkblattes VdS 2234 entsprechen. Dieses Merkblatt enthält erläuternde Angaben zur Anordnung und Ausführung von Komplextrennwänden mit zahlreichen Bildern. Die Konstruktionsmerkmale einer Anzahl von solchen Wänden sind in Tabellen gelistet.

Komplextrennwände unterteilen Gebäude und Gebäudeabschnitte sowie Lager im Freien in Komplexe und haben wie Brandwände die Aufgaben, im Brandfall die Ausbreitung von Feuer zu verhindern und die Ausbreitung von Rauch zu begrenzen.

Ein Komplex wird von einem oder mehreren Gebäuden, Gebäudeabschnitten oder Lagern im Freien gebildet, die untereinander keine, jedoch zu anderen Gebäuden, Gebäudeabschnitten oder Lagern eine räumliche Trennung durch ausreichende Abstände oder bauliche Trennung durch Komplextrennwände aufweisen; Komplexe mit begrenzter Fläche und Versicherungssumme können bei der risikotechnischen Tarifierung positiv bewertet werden und somit für die Festlegung von Prämien bedeutsam sein.

Vorschriften und Zusammenstellungen

Gesamtverband der Deutschen Versicherungswirtschaft e. V.: Brand- und Komplextrennwände; Merkblatt für die Anordnung und Ausführung (VdS 2234)

Baulicher Brandschutz; Produkte und Anlagen, Teil 3: Konstruktive Bauteile (VdS 2097-3) VdS Schadenverhütung, 05/99, Köln

Dr. Ing. M. Wang „Anforderungen an Brandwände und Komplextrennwände", s+s Report, Dezember 1999, VdS Schadenverhütung, Köln.

(Letzte Änderung: 23.5.2002)

(Dr.Wang)

Kompromittierende Abstrahlung

Siehe auch Abhörsicherheit, TEMPEST.

Kompromittierende Abstrahlung ist die durch datenverarbeitende oder -darstellende Elektrogeräte emittierte, informationshaltige elektromagnetische Störstrahlung. Hierzu gehören z.B. Videoüberwachungs- und EDV-Monitore, Peripheriegeräte (Tastaturen, Drucker, Modems usw.), Grafikkarten, Faxgeräte, Chip- und Magnetkartenleser sowie Geldautomaten. Der Informationsgehalt der sogenannten „kompromittierenden Emissionen" (KEM) lässt sich aus unterschiedlicher Entfernung

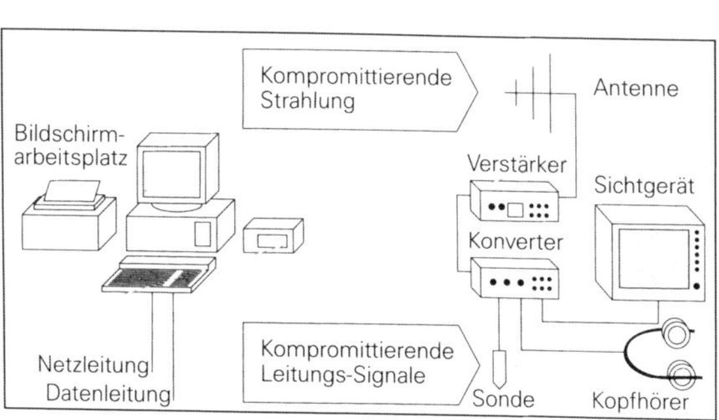

Auffangen und Reproduzieren des aktuellen Bildschirminhalts (Grafik: Siemens)

Gerät zur Verhinderung der Reproduktion kompromittierender Abstrahlung
(Foto: WITTMANN ELEKTRONIK)

(bei Monitoren bis zu mehreren hundert Metern) mit relativ geringem Aufwand reproduzieren. Ferner existieren auch professionelle Empfangs- und Wiedergabegeräte für diesen Zweck. Die Fortpflanzung der Emissionen findet sowohl im freien Raum, als auch entlang metallischer Leitern und Kabel statt. Zur Verhinderung des Missbrauchs der KEM bestehen folgende Möglichkeiten (in Reihenfolge des erforderlichen Aufwands):

- Überlagerung der KEM
- Anwendung des Zonenmodells
- TEMPEST-gehärtete Hardware
- HF-geschirmte Räume

(Letzte Änderung: 20.4.2002)

(Fink)

Konformitätsnachweis

Siehe auch Bauprodukte, Nachweise, bauaufsichtlich geforderte, Übereinstimmungszeichen-Verordnung.

Nach dem →Bauproduktengesetz des Bundes bedarf ein Bauprodukt, dessen Brauchbarkeit sich nach bekanntgemachten harmonisierten oder anerkannten Normen oder nach europäischen technischen Zulassungen richtet, einer Bestätigung seiner Konformität (=Übereinstimmung) mit diesen Normen oder Zulassungen.

Einzelheiten des Verfahrens (Konformitätsnachweisverfahren, Konformitätserklärung des Herstellers, Konformitätszertifikat, Prüf-, Überwachungs- und Zertifizierungsstellen, CE-Zeichen) sind in den §§ 8 bis 12 des Bauproduktengesetzes festgelegt.

Da die Gesetzgebungskompetenz für Regelungen über die Verwendung von →Bauprodukten im Bereich des Bauordnungsrechtes bei den Ländern liegt, wurde dieses Problem auch in der MBO und in den Landesbauordnungen geregelt (→Übereinstimmungszeichen-Verordnung)

(Letzte Änderung: 2.5.2004)

(Prof. Westhoff)

Kontaktüberwachung

Siehe auch Einbruchmelder.

„Punktuelle Überwachung von Gegenständen und Bauteilen durch Kontakte, z.B. Magnetkontakte."

(Definition nach VdS 2227)

KonTraG

Siehe auch Basel II, Business Continuity, Disaster Recovery, Frühwarnsystem, Katastrophenvorsorge (IT), Krisenmanagement, Risiko, Risiko-Management, Sicherheitskonzept, Sicherheitsprozess (IT).

Das 1998 in Kraft getretene Kontroll- und Transparenzgesetz (KonTraG) schreibt unter bestimmten Umständen die Einrichtung eines Risikomanagementsystems (RMS) in den Unternehmen vor. Ein RMS hat zum Ziel, in einem systematischen Prozess die Risikopotenziale, denen das Unternehmen ausgesetzt ist, zu analysieren und unter Beachtung einer optimalen Kosten-/Nutzenrelation im Hinblick auf das unternehmerische Ziel zu bewältigen.

Nicht zuletzt im Interesse der Aktionäre soll mit einer gegebenen Risikosituation sachgerecht umgegangen werden, um den Bestand des Unternehmens zu sichern. Der Risikomanagement-Prozess besteht aus den klassischen vier Stufen des Identifizierens des Risikopotenzials, seiner Bewertung, der Kontrolle der möglichen Folgen und schließlich der Finanzierung der verbleibenden Restrisiken. Gesetzliche Vorschriften, die die Einrichtung entsprechender Institutionen in einem Betrieb erfordern, gab es bisher nur in Form nicht näher konkretisierter allgemeiner Sorgfaltspflichten – mit Ausnahme spezieller Bereiche wie Arbeitssicherheit und Baurecht.

Das Kontroll- und Transparenzgesetz (KonTraG), mit dem in Deutschland die Einrichtung eines RMS in gewerblichen Unternehmen gesetzlich verankert worden ist, soll durch 55 verschiedene Änderungen im Rahmen der Vorschriften anderer Gesetze, wie z.B. des Aktienrechts, des Handelsgesetzbuches, des Genossenschaftsgesetzes und anderer Gesetze die Transparenz in den Unternehmen und die Kontrollmöglichkeiten durch den Aufsichtsrat stärken.

Für die Verpflichtung zur Einrichtung eines RMS ist besonders der neu angefügte **§ 91 Abs. 2 AktG** von Bedeutung. Dieser fordert vom Vorstand „ ... geeignete Maßnahmen zu treffen, insbesondere ein Überwachungssystem einzurichten, damit den Fortbestand der Gesellschaft gefährdende Entwicklungen früh erkannt werden“. Es handelt sich hier um eine Hervorhebung der allgemeinen Leitungsaufgaben des Vorstands gemäß **§ 76 AktG**, deren Verletzung zum Schadenersatz nach **§ 93 Abs. 2 AktG** führen kann. In dem ebenfalls geänderten **§ 317 Abs. 4 HGB** wird – damit korrespondierend – vom Abschlussprüfer eine Beurteilung verlangt, ob die gesetzlichen Vertreter den ihnen „...nach **§ 91 Abs. 2 AktG** obliegenden Maßnahmen in einer geeigneten Form nachgekommen sind und ob das danach einzurichtende Überwachungssystem seine Aufgabe erfüllen kann“. Damit steht der Wirtschaftsprüfer in der Verpflichtung, bei Aktiengesellschaften mit öffentlich notierten Aktien beim Jahresabschluss zu prüfen, ob der Vorstand, so die Formulierung der amtlichen Begründung, „für ein angemessenes Risikomanagement und für eine angemessene interne Revision Sorge (ge)tragen“ hat.

Aufgabe eines Risikomanagements ist es, auf der Basis einer Prognose die Gefährdung denkbarer zukünftiger Ereignisse für das jeweilige Schutzziel zu erkennen, um die notwendigen Schritte zu einer angemessenen Bewältigung in einem geordneten Verfahren einzuleiten. Bei dem geforderten Früherkennungssystem handelt es sich um ein Instrument, mit dem Risiken für das Unternehmen so rechtzeitig erkannt werden sollen, dass Reaktionen des Unternehmens zur Abwehr existenzgefährdender Entwicklungen noch möglich sind.

Zu Beginn des Jahres 2000 hatten die ersten größeren Aktiengesellschaften einen ersten Risikobericht mit Risikokataster und -bewertung vorgelegt. Bei anderen Unternehmensformen, für die die Einrichtungsverpflichtung für ein RMS entweder direkt nach dem KonTraG oder über die Ausstrahlungswirkung des offenen Rechtsbegriffs „Sorgfalt eines ordentlichen Kaufmanns“ gilt, hat sich die Bedeutung des KonTraG für die Fragen der Risikobewältigung noch nicht flächendeckend verbreitet. Die Prüfungsverpflichtung des **§ 317 Abs. 4 HGB** gilt allerdings nur für Aktiengesellschaften.

Die Bedeutung des KonTraG liegt nicht nur auf dem Gebiet der finanztechnischen, strategischen oder Marktrisiken. Angesichts der existenziellen Gefährdung, in die ein Unternehmen trotz angemessenen Versicherungsschutzes kommen kann, gilt dies auch für sicherungstechnische Risiken. Die Kosten eines Großschadens, auf der Basis einer betriebswirtschaftlichen Gesamtkostenrechnung ermittelt, gehen weit über die denkbaren Entschädigungsleistungen der Versicherungen hinaus und können die Überlebensfähigkeit eines betroffenen Unternehmens in Frage stellen. Die modernen, prozessorientierten Produktionsabläufe führen zu einer zunehmenden Verletzbarkeit der Unternehmen. Mit dem Verlust der Marktposition bzw. des traditionellen Kundenstammes kann die wirtschaftliche Existenz der betroffenen Unternehmen oder zumindest ihre wirtschaftliche Unabhängigkeit verloren gehen.

Grundlage eines RMS ist die sorgfältige Analyse der Risiken, denen das Unternehmen auch auf sicherungstechnischem Gebiet ausgesetzt ist. Danach werden bei dem sog. Risk Mapping möglichst alle Bedrohungspotenziale des Unternehmens zusammengestellt und anschließend dahingehend bewertet, mit welcher Häufigkeit und Schwere sie das Unternehmen treffen können. Für die existenzgefährdenden Bedrohungen wird es insbesondere bei einem produzierenden Unternehmen erforderlich sein, die möglichen Folgen einer Betriebsunterbrechung anhand der Wertschöpfungsketten zu analysieren. Diese Analyse sollte nicht nur die Folgen einer Unterbrechung im Unternehmen selbst betrachten, sondern sich auch mit den Wechsel- bzw. Rückwirkungen mit Zulieferern und Abnehmerbetrieben beschäftigen.

Neben der Aufstellung und Pflege eines Notfallplanes erfolgt die Umsetzung durch geeignete technische, bauliche und organisatorische Maßnahmen. Bewertungsgrundlage für den erforderlichen Sicherheitsstandard sind dabei nicht die am Personenschutz orientierten öf-

fentlich-rechtlichen Vorschriften, sondern der eigene darüber hinaus gehende Sicherheitsbedarf. Der entscheidende Kern dieses Prozesses ist aber die Entwicklung einer entsprechenden Risikomanagementkultur, die bewusst mit Risiken umgeht. Bei der Integration einer Schadenverhütungsstrategie in den Firmenalltag könnte insbesondere das neue Qualitätsmanagementsystem EN ISO 9000:2000 von Nutzen sein, wenn die Bewertungskriterien des Qualitätsmanagements um die Kriterien Sicherheit und Vorsorge ergänzt werden.
Schutzziel eines RMS kann nicht die Verhinderung jeglicher Gefährdung sein. Angesichts der Vielfalt denkbarer Gefährdungen und der exponentiell steigenden Kosten für ihre Begrenzung kann es absolute Sicherheit nicht geben. Erforderlich ist ein prospektives System, das unter Berücksichtigung der gegebenen wirtschaftlichen Situation den Grad der Gefährdung in Beziehung setzt zu den für die Vermeidung erforderlichen Kosten und dabei ein definiertes Maß an Gefährdungspotenzal in Kauf nimmt.
Nach den einschlägigen Untersuchungen der letzten Jahre hatte das Risk Management in dem hier verwendeten Sinne in der deutschen Industrie nur eine geringe Bedeutung. Es steht zu erwarten, dass sich dieser Zustand als Auswirkung des KonTraG maßgeblich ändern wird.
(Neu aufgenommen am 21.6.2000)

(Dr. Bockslaff)

„Korkenzieher"

Siehe Ziehwerkzeug.

KPK

Kommission Polizeiliche Kriminalprävention (früher: Kommission Vorbeugende Kriminalitätsbekämpfung.)
Kurzbeschrieb und Anschrift →Behörden, Verbände, Institutionen. – auch PL (Projektleitung) und ZGS (Zentrale Geschäftsstelle)

Kraftbetriebene Sicherung

Siehe auch UVV Kassen (mit weiteren Verweisen).

Begriff aus der Berufsgenossenschaftlichen Vorschrift „UVV Kassen" (BGV C 9) der gesetzlichen Unfallversicherer in Deutschland.
Kraftbetriebene Sicherungen sind Einrichtungen, die erst nach ihrer Auslösung eine durchschusshemmende Abtrennung entsprechend der UVV „Kassen" herstellen. Wo sie installiert sind, darf in Kreditinstituten an Arbeitsplätzen mit griffbereiten Banknoten in öffentlich zugänglichen Bereichen auf eine permanente →durchschusshemmende Abtrennung verzichtet werden. Sie müssen vom zuständigen Unfallversicherungsträger geprüft sein und dürfen nicht in Verbindung mit →durchbruchhemmenden Abtrennungen verwendet werden. Weitere Anforderungen: Kraftbetriebene Sicherungen müssen gefährdete Arbeitsplätze schnell und sicher abtrennen können. In einer Durchführungsanweisung ist detailliert geregelt, was alles zur Erfüllung dieser Forderung gehört. Vorgeschrieben sind auch die Auslöser: Geldscheinkontakte und an jedem Arbeitsplatz im abgetrennten Bereich Fußauslöser, die es ermöglichen, alle kraftbetriebenen Sicherungen schnell und gleichzeitig zu schließen.
Generell dürfen kraftbetriebene Sicherungen nur dann geöffnet sein, wenn mindestens ein Bank- (Sparkassen-) Mitarbeiter anwesend ist. Sie müssen arbeitstäglich auf ihre Funktionsfähigkeit geprüft werden.
(Letzte Änderung: 30.6.2002)

(Hohl)

Kriminalpolizeiliche Beratung

Kurzbeschrieb: Behörden, Verbände, Institutionen (→Deutschland, →Schweiz).

Krisenmanagement

Siehe auch Alarmierung Krisenstab/Krisenteams, Business Continuity, Disaster Recovery, Frühwarnsystem, Katastrophenorganisation, Katastrophenvorsorge (IT), KontraG, Krisenstab Arbeitsraum, Normalorganisation, Notfalldokumentation (IT), Notfallorganisation, Risiko, Risiko-Management, Sicherheitskonzept, Sicherheitsprozess (IT).

Krisenmanagement ist das klar geführte Handling aller erforderlichen Maßnahmen, die beim Eintritt eines erheblichen Störfalles veranlasst bzw. umgesetzt werden. Zum einen, um eine Personengefährdung zu verhindern oder zu beseitigen, zum anderen aber auch, um materielle

Schäden abzuwehren oder zu minimieren. Unter dem Begriff „erhebliche Störfälle" sollen hier alle Ereignisse verstanden werden, welche den weiteren Geschäftsverlauf wesentlich gefährden oder sogar zu einer erzwungenen Aufgabe der Geschäftstätigkeit führen könnten. In größeren Unternehmen ist das Krisenmanagement ein fester, nicht wegzudenkender Eckpfeiler einer umfassenden Integralen →Business Continuity-Planung mit dem Ziel, bei solch erheblichen Störfällen den normalen Geschäftsbetrieb schnellstmöglichst wieder gewährleisten zu können. Das unternehmensweite Krisenmanagement sollte von einem Mitglied der Geschäftsleitung geführt werden. Beim Krisenmanagement stehen die Unternehmensprozesse im Vordergrund, die strukturelle Organisation im Hintergrund.
(Letzte Änderung: 14.7.2006)

(Lessing)

Krisenstab

Siehe auch Alarmierung Krisenstab/Krisenteams, Katastrophenorganisation, Krisenmanagement, Krisenstab Arbeitsraum, Normalorganisation, Notfalldokumentation (IT), Notfallorganisation.

Der Krisenstab ist ein Element der Katastrophen- bzw. Notfallorganisation. Er kann nur funktionieren, wenn er als Stab einem alleinverantwortlichen und führungserfahrenen Leiter der Sonderorganisation unterstellt ist. Der Krisenstab übernimmt selber nie die Führung. Er hilft dem Leiter der Sonderorganisation, die Lage zu beurteilen, Entscheide vorzubereiten und deren Umsetzung zu überwachen und zu koordinieren.

Der Krisenstab muss der Lage entsprechend zusammengesetzt und eingesetzt werden (bei einer Katastrophe sind die Schnittstellen zu externen Stellen Behörden, Polizei, Feuerwehr zu beachten) sowie über geeignete Arbeitsunterlagen und Hilfsmittel verfügen. Erst durch Schulung und periodische Übungen wird ein Krisenstab in die Lage versetzt, seiner Aufgabe gerecht zu werden.

In der Regel hat der Krisenstab auch die Aufgabe, die Bereiche Öffentlichkeit, Mutter- oder Tochergesellschaften und weitere relevante Stellen über den Verlauf zu informieren.

Eine zügige Alarmierung des Krisenstabes ist für die schnelle Aufnahme der Maßnahmen zwingend erforderlich (→Alarmierung Krisenstab/Krisenteams).
(Letzte Änderung: 9.7.2006)

(Glessmann)

Krisenstab-Arbeitsraum

Siehe auch Alarmierung Krisenstab/Krisenteams, Katastrophenorganisation, Krisenmanagement, Normalorganisation, Notfallorganisation

Nach dem Eintritt eines Schadensereignisses muss dem Krisenstab ein geeigneter Raum für die Vorbereitung und Koordination der Maßnahmen zur Verfügung stehen. Der Raum muss folgende Voraussetzungen erfüllen:

- Gesicherte Erreichbarkeit (auch nach dem Schadenseintritt)
- Kommunikationseinrichtungen wie Telefon, Fax, PC mit Internet/E-Mail
- PC und Drucker für die Disaster Management Software
- Alle relevanten Dokumentationen (Notfallhandbuch, Technische Handbücher, Lagepläne, etc., →Notfalldokumentation (IT))
- Arbeitsplätze für die Stabmitglieder
- Arbeitsmittel wie Blöcke, Kugelschreiber, etc.
- Pinwände für die Pläne

Der Raum sollte sich nicht im IT Gebäude, sondern in einem anderen Gebäude in ausreichender Entfernung befinden. Es muss sichergestellt sein, dass dieser Raum von den Personen des Krisenstabs zu jeder Tages- und Nachtzeit erreichbar ist.
(Letzte Änderung: 9.7.2006)

(Glessmann)

Kritische Infrastrukturen

Siehe auch Cyberwar, Information Warfare

„Kritische Infrastrukturen" sind Organisationen und Einrichtungen mit wichtiger Bedeutung für das staatliche Gemeinwesen, bei deren Ausfall oder Beeinträchtigung nachhaltig wirkende Versorgungsengpässe, erhebliche Störungen der öffentlichen Sicherheit oder andere dramatische Folgen eintreten würden. Für Deutschland werden folgende Infrastruktursektoren als kritisch betrachtet: Transport und Verkehr, Energie, Gefahrenstoffe, Informationstechnik und Telekommunikation, Finanz-,

3

Geld- und Versicherungswesen, Versorgung; Behörden, Verwaltung und Justiz, Sonstiges (mit den Branchen Medien, Großforschungseinrichtungen und herausragende oder symbolträchtige Bauwerke / Kulturgut).
Literatur: Bundesministerium des Innern: Nationaler Plan zum Schutz der Informationsinfrastrukturen (NPSI),
(http://www.bmi.bund.de/cln_012/nn_122688/sid_724529CD9FC3780E97A0E0A6142A232E/nsc_true/Internet/Content/Common/Anlagen/Nachrichten/Pressemitteilungen/2005/08/Nationaler_Plan_Schutz_Informationsinfrastrukturen,templateId=raw,property=publicationFile.pdf/Nationaler_Plan_Schutz_Informationsinfrastrukturen)
Schutz Kritischer Infrastrukturen – Basisschutzkonzept,
(http://www.bmi.bund.de/Internet/Content/Common/Anlagen/Broschueren/2005/Basisschutzkonzept_kritische_Infrastrukturen_de,templateId=raw,property=publicationFile.pdf/Basisschutzkonzept_kritische_Infrastrukturen_de.pdf)
Bundesamt für Sicherheit in der Informationstechnik (Hg): Internationale Aktivitäten zum Schutz Kritischer Infrastrukturen
(http://buchshop.secumedia.de)
Beispielrichtlinie „IT-Sicherheit im KRITIS-Unternehmen – Ein Beispiel aus der Praxis"
(http://www.bsi.bund.de/fachthem/kritis/hilfsmittel.htm)
(Letzte Änderung: 9.7.2006)

(Weber/Blattner)

Kryptierung

Siehe auch Codierung, Verschlüsselung.
Überführung einer verständlichen, nicht mit einer versteckten Bedeutung belegten Information (Text, Bild, Sprache, Datum) mit Hilfe eines Kryptierverfahrens (Substitutionsverfahren, Transpositionsverfahren, gemischtes Verfahren), eines entsprechenden Kryptosystems (symmetrisches Kryptosystem) und einer geeigneten Kryptotechnik in eine unverständliche Form (kryptierte Form).
Die detaillierte Beschreibung des Kryptierverfahrens wird als „Kryptoalgorithmus" bezeichnet.
Kryptosysteme werden nach ihrer kryptologischen Sicherheit (High-grade-Kryptosystem; Low-grade-Kryptosystem) und nach dem realisierten kryptologischen Prinzip (Codesystem; Schlüsselsystem) unterschieden.
Der Schlüssel (Kryptodaten) ist eine Zeichenfolge, die einen Kryptiervorgang einleitet oder die unmittelbar zum Kryptieren benutzt wird.
(Definition auch unter Beachtung der „IT-Sicherheitsbegriffe" des Unterausschusses für Begriffsbestimmungen (USiB) des Interministeriellen Ausschusses für die Sicherheit in der Informationstechnik)".

(Meißner)

Kryptographie

Siehe Verschlüsselung.

KSÖ

Kuratorium Sicheres Österreich.
Siehe Österreich

KVK

Früher: Kommission Vorbeugende Kriminalitätsbekämpfung.
Jetzt: →KPK (Kommission Polizeiliche Kriminalprävention)

Was bedeuten die blauen Textstellen?

Dieses Lexikon ist ein genaues Abbild des Basislexikons in http://www.secumedia.de/sija
Alle hier blau gedruckten Verweise sind dort Links. Im Internet müssen Sie also nur auf die Verweise klicken und sind sofort an der richtigen Textstelle. Ein Passwort für den Zugang finden Sie als Käufer des Sicherheits-Jahrbuchs auf dem gelben Karton hinten im Buch.

L

Ladendiebstahl

Siehe auch Inventurdifferenzen, Sicherungsetiketten, Warensicherungen.

Unter Ladendiebstahl (einfacher Diebstahl) wird jener Schaden verstanden, welchen eine Unternehmung, z.B. Verkaufsgeschäft, Supermarkt, Warenhaus, Detailhandelsgeschäft etc. durch rechtswidrige Handlung erleidet, d.h. durch Wegnahme von Waren durch Kundschaft, Personal, Lieferanten oder andere Personen, Gelegenheitsdiebe, Diebesbanden (oft international tätig!), ohne die Waren an der Kasse zu bezahlen.

Juristisch wird zwischen (Laden)-Diebstahl, Entwendung und in verschiedenen Fällen auch Betrug (z.B. Auswechseln von Preisetiketten oder Warenaustausch – z.B. bei Uhren und Schmuck Austausch echter gegen gefälschte Waren) qualifiziert.

In der Schweiz, in Deutschland und in Österreich sind die strafbaren Handlungen in den jeweiligen Strafgesetz-Büchern festgehalten, so nach dem Schweizerischen Strafgesetzbuch in

- Art. 139 Diebstahl
- Art. 137 Unrechtmäßige Aneignung

nach dem Deutschen Strafgesetzbuch in

- § 242 Diebstahl
- § 248a Diebstahl und Unterschlagung geringwertiger Sachen

nach Österreichischem Strafgesetzbuch in

- Art. 127 Diebstahl
- Art. 141 Entwendung.

Nun ist gerade die Definition von Diebstahl bzw. Entwendung nicht immer im vornherein verständlich. Hierzu muss man sich anhand der einschlägigen Gerichtspraxis, Literatur und Entscheiden des Bundesgerichts (CH), des Bundesgerichtshofes (D) und des Obersten Gerichtshofes (A) orientieren.

Das als Täterschaft in Frage kommende Personal kommt aus jeder Hierarchie-Stufe und bei der Kundschaft aus allen Bevölkerungsschichten.

Ladendiebstähle kann man bekämpfen und durch geeignete Maßnahmen weitgehend vermeiden. Über mögliche Maßnahmen finden sich Hinweise unter den Stichworten →Warensicherung und →Sicherheitsetiketten.

Ladendiebstahl/einfacher Diebstahl ist praktisch nicht oder nur unter besonderen Bedingungen und speziellen, teuren Prämien bei einigen Sachversicherungs-Gesellschaften versicherbar. Dies muss jedoch fallweise mit dem jeweiligen Sachversicherer speziell abgeklärt und vereinbart werden.

(Letzte Änderung: 10.7.2006)

(Burkhalter)

3

Lafettenverschluss

Siehe auch Panzerschrank, Panzertür, Wertschutzraum, Wertschutzschrank.

Mit einer Nut versehene Schiebestange, die zum Einführen des Schlüssels in das Schloss einer Panzertür, bzw. Panzerschranktür dient. Bedingt durch die Panzerung ergibt sich eine große Distanz zwischen Außenfront und Schloss. Dies hätte an sich einen entsprechend langen, sehr unpraktischen Schlüssel zur Folge. Die Lafette ermöglicht die Verwendung von Schlüsseln mit normaler Länge.

Die Lafette dient zudem als Schlüssellochverschluss und verhindert damit mögliche Angriffe (z. B. mit Sprengstoff) durch das Schlüsselloch. Sie wird im eingeschobenen Zustand meist mit einem Zahlenkombinationsschloss verriegelt. (Im Gegensatz dazu: →Elektronische Schließ-Systeme).

Konstruktionsmerkmale:

- Schiebestange aus Spezialstahl mit ca. 30 mm bis 40 mm Durchmesser
- Längsnut zum Einlegen und Fixieren des Schlüssels
- Spezielle Sicherheitsvorrichtung:
- Bohrschutz, Sollbruchstelle, Spreizeinrichtungen

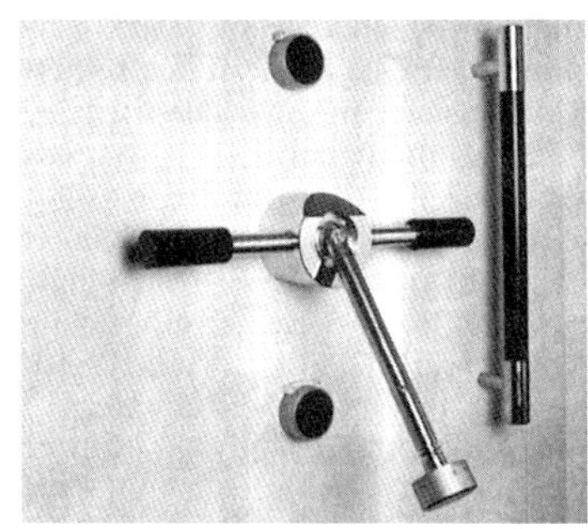

Lafette an einer Panzertür (Wertschutzraumtür)

- Funktion: der in die Nut eingelegte Schlüssel wird mit der Lafette so weit hineingeschoben, dass der Schlüsselbart ins Schloss eingreift. Durch das Drehen der Lafette wird das Schloss betätigt.

In verschiedenen Ländern schreiben die Sachversicherungen die Verwendung einer Lafette für die Betätigung von Schlüssellöchern an Panzertüren oder Panzerschranktüren vor.

(Letzte Änderung: 15.5.2004)

(Kappeler)

LAN

Siehe auch Netzwerk, Netzwerksicherheit

Ein Local Area Network (LAN) ist ein lokales Netz, das sich auf einen einzigen Standort eines Unternehmens beschränkt. Die Verbindung zwischen LANs über öffentliche Gelände wird von einem Telekom-Unternehmen hergestellt. Die Verbindung zweier LANs über das Internet kann durch Verwenden von Virtual Private Network →VPN abgesichert werden. Die Übertragung erfolgt i.d.R. verschlüsselt. Ursprünglich nur für den Transport von Computerdaten vorgesehen, können auch Sprach- und Videodaten übertragen werden. Der Nutzen eines Netzes liegt in der gemeinschaftlichen Nutzung von Ressourcen wie Drucker, Datenbanken, ISDN-Anschluss und dem schnellen Transport wichtiger Daten. Um Verbindungen gegen Ausfälle zu sichern, können sie redundant aufgebaut werden. Bei einem Kabelbruch beispielsweise wird dann automatisch die zweite Verbindung genutzt. Als Standards werden →Ethernet, in der Vergangenheit auch Token Ring und FDDI sowie →ATM eingesetzt.

Der Zugang von einem Netz zu einem anderen Netz kann über eine Firewall kontrolliert werden. Möchte sich ein Anwender direkt an einer Komponente, meist ein Switch, eines Netzes anschließen, kann dies mit Zugangsprotokollen wie RADIUS und TACACS autorisiert werden. Dazu gibt der Anwender Login-Name und Passwort an. Der Switch fragt bei einem zentralen Server an und schaltet den Anwender bei einem positiven Bescheid ans Netz.

(Letzte Änderung: 10.7.2006)

(Wrobel)

Large Scale Integration

Siehe Mikroprozessor.

Lauschabwehr

Siehe Abhörsicherheit.

Lauschangriff

Situation in Deutschland: § 201 des deutschen Strafgesetzbuches stellt die unbefugte Aufnahme des nicht öffentlich gesprochenen Wortes, z.B. eines Gesprächs, auf einen Tonträger unter Strafe, ebenso die Verwendung einer solchen Aufnahme oder ihre Offenlegung gegenüber Dritten. Strafbar sind auch das unbefugte bloße Abhören des nicht öffentlich gesprochenen Wortes mit einem Abhörgerät und die öffentliche Mitteilung des aufgenommenen und abgehörten Wortes. Letztere ist aber nur strafbar, wenn sie berechtigte Interessen eines anderen beeinträchtigen kann. Sie ist nicht rechtswidrig bei Wahrnehmung überragender öffentlicher Interessen. Da schon die heimliche Wortaufnahme – der Lauschangriff – gegen Art. 1 Abs. 1 GG verstößt, setzt ein befugtes Handeln eine besondere Rechtfertigung voraus, etwa eine gesetzliche (§§ 100 a, b StPO und das sog. Abhörgesetz, Gesetz zu Art. 10 Grundgesetz – G 10) oder eine Ausnahmelage, so etwa beim Abhören einer Verabredung zu einer schweren Straftat. Außerhalb der gesetzlich geregelten Fernmeldeüberwachung ist es aber auch in Fällen schwerer Kriminalität grundsätzlich unzulässig, das nicht öffentlich gesprochene Wort eines Beschuldigten heimlich aufzunehmen, um es als Beweismittel (BGHSt 34, 39) zu verwerten. Deshalb wurde der „große“ Lauschangriff gefordert, eine Abhörmaßnahme gegen Verdächtige der organisierten Kriminalität, die über §§ 100 a, b, StPO hinausgeht und technisch auch ohne Eindringen in Wohn- und Geschäftsräume möglich ist. Die durch das Gesetz zur Bekämpfung der organisierten Kriminalität (OrgKG) eingeführte Vorschrift des § 100 c Abs. 1 Nr. 2 StPO hat die Forderung nach erweiterten Abhörmaßnahmen aufgegriffen und ermöglicht unter gewissen Voraussetzungen (Katalogstraftat des § 100 a StPO) das Abhören und Aufzeichnen des nicht öffentlich gesprochenen Wortes außerhalb von Wohnungen mit technischen Mitteln. Für den Fall, dass Täter organisierter Kriminalität die

einschlägigen Gespräche in den durch Art. 13 Grundgesetz (GG) geschützten Wohnbereich verlegen, wurde das Abhören auch innerhalb der Wohnungen gefordert, wobei danach unterschieden wird, ob das Beisein eines verdeckt ermittelnden Beamten vorausgesetzt wird (kleiner L.) oder nicht (großer L.).
Am 6. Februar 1998 stimmte der Bundesrat der Änderung des Art. 13 GG (Wohnungsgrundrecht, →http://www.datenschutz-berlin.de/recht/de/ggebung/lausch/bvl_a13.htm) zu. Damit wurden die Voraussetzungen zum Einsatz technischer Mittel für „repressive" Lauschangriffe geschaffen. Allerdings regelt der neue Art. 13 Abs. 3 bis 6 GG nur die Eckwerte einer solchen Maßnahme. Die Details sind einem einfachen Gesetz („Gesetz zur Verbesserung der Bekämpfung der Organisierten Kriminalität" vom 6.3.98, →http://www.datenschutz-berlin.de/recht/de/ggebung/lausch/e_stpo3.htm) vorbehalten. In materieller Hinsicht fordert die GG-Novelle, dass „bestimmte Tatsachen den Verdacht begründen", dass jemand eine durch Gesetz einzeln bestimmte besonders schwere Straftat begangen hat, des Weiteren, dass die Erforschung des Sachverhalts auf andere Weise unverhältnismäßig erschwert oder aussichtslos wäre. Verfahrensrechtlich setzt der Eingriff die befristete Anordnung durch einen mit drei Richtern besetzten Spruchkörper voraus. Nur bei Gefahr im Verzuge kann sie auch durch einen einzelnen Richter getroffen werden.

(Dr. Steinke)

Situation in der Schweiz: Unter dem Überbegriff „Strafbare Handlungen gegen den Geheim- oder Privatbereich" regelt das Schweizerische Strafgesetzbuch (StGB) unter dem Artikel 179 ff. auch das Abhören und Aufnehmen fremder Gespräche. Wer ein fremdes nichtöffentliches Gespräch, ohne die Einwilligung aller daran Beteiligten, mit einem Abhörgerät abhört oder auf einen Tonträger aufnimmt, wird auf Antrag mit Gefängnis oder mit Buße bestraft. Dasselbe gilt grundsätzlich, wenn ein Gesprächsteilnehmer ein nichtöffentliches Gespräch ohne die Einwilligung der andern daran Beteiligten auf einen Tonträger aufnimmt.
Die amtliche Überwachung ist im Artikel 179 octies StGB geregelt, wo es heißt:
„1 Wer in Ausübung ausdrücklicher, gesetzlicher Befugnis die amtliche Überwachung des Post- und Fernmeldeverkehrs einer Person anordnet oder technische Überwachungsgeräte (Art. 179 bis ff.) einsetzt, ist nicht strafbar, wenn er unverzüglich die Genehmigung des zuständigen Richters einholt.
2 Die Genehmigung kann erteilt werden zur Verfolgung oder Verhinderung eines Verbrechens oder eines Vergehens, dessen Schwere oder Eigenart den Eingriff rechtfertigt."
Die gesetzlichen Vorschriften für das Abhören sind in der Schweiz strenger als in Deutschland. Bei der Verabschiedung des Gesetzes über die innere Sicherheit im März 1997 verzichtete das Parlament in Bern darauf, zusätzliche (präventive) Abhörmöglichkeiten einzuführen. Nach den seit Frühling 1998 geltenden Vorschriften dürfen Abhörvorrichtungen nur nach Eröffnung einer Strafuntersuchung angebracht werden. Auf einfachen Verdacht hin können also keine Telefone abgehört, Mikros angebracht oder die Post überwacht werden; für Abhöraktionen muss immer eine Strafuntersuchung eingeleitet werden.

(Redaktion)

Situation in Österreich
Mit 19.August 1997 wurde auch in Österreich der Lauschangriff zur Aufklärung von Straftaten Gesetz – zunächst befristet bis 31.12.2001, dann ohne weitere Einschränkung. Eine jahrelange politische und juristische Diskussion fand damit ihr vorläufiges Ende.
Die Einführung des Lauschangriffes wurde mit dem „105. Bundesgesetz, mit dem zur Bekämpfung organisierter Kriminalität besondere Ermittlungsmaßnahmen in der Strafprozessordnung eingeführt, sowie das Strafgesetzbuch, das Mediengesetz, das Staatsanwaltschaftsgesetz und das Sicherheitspolizeigesetz geändert werden" betitelt. Im Konkreten wurde der § 149 der Strafprozessordnung, der bisher die Überwachung des Fernmeldeverkehrs regelte, angepasst. Die grundsätzliche Regelung des Lauschangriffes ist im § 149d STPO kodiert. Es wird hier zwischen „nichtöffentlichem Verhalten und nichtöffentlichen Äußerungen" unterschieden, mit anderen Worten eine Unterscheidung in optische und akustische Überwachung gemacht. Während der § 149d/1/l STPO, der die Fälle von Entführung und Geiselnahme regelt, noch relativ einfach zu handhaben ist (der Einsatzleiter kann die Überwachung anordnen), wird es in den vor-

Besondere Ermittlungsmaßnahmen gem. §§ 149 d StPO (Österreich)				
Entführungs- und Geiselfall	Kleiner Späh- und Lauschangriff	Großer Späh- und Lauschangriff	Video- über- wa- chung AUSSER- HALB	Videoüber- wachung INNERHALB
gem § 149d(1)1	**gem § 149d(1)2**	**gem § 149d(1)3**	**gem § 149d(2)1**	**gem § 149d(2)2**
Optische und aku- stische Überwa- chung zur ZEIT und am ORT der Freiheitsentzie- hung gestattet. Umfasst nicht die weitere Überwa- chung von Bei- tragstäter bzw. fortlaufende Überwachung der verdächt. Person	VERBRECHENS- TATBESTAND! Nur Äußerun- gen gegenüber informierten Personen z.B. Scheinkauf	VERBRECHEN mit über 10-jähriger FREIHEITS- STRAFE oder VERBRE- CHEN gem. § 278a u n d wenn die Aufklärung ansonsten wesentlich erschwert oder aussichtslos wäre und eine überwachte Person dringend ver- dächtigt wird, oder eine dringend verd. Person wird mit einer über- wachten Person verm. in Kontakt treten. ÜW- KONTAKTPERS. u EIN- DRINGEN MÖGL. RATSKAMMER	Gericht- lich strafbare Hand- lungen	Gerichtlich straf- bare Handlun- genüber 1 Jahr Freiheitsstrafe... wenn die Aufklä- rung ansonsten aussichtslos oder wesentlich er- schwert wäre. AUSDRÜCKLICH DIE EINWILLI- GUNG DES INHA- BERS GEFORDERT
BEWILLIGUNG				
Behördliche Ein- satzleitung	Antrag an StA Beschluss durch RATSKAMMER Gefahr im Ver- zug U-RICHTER	Antrag an StA Beschluss durch RATS- KAMMER Gefahr im Verzug U- RICHTER ausg. WOHNUNG! RA-Kanzlei zusätz. Er- mächtig. des Recht- schutzbeauftragten gem. §149e/2 StPO.	Antrag an StA Beschluss U - Rich- ter	Antrag an StA Beschluss U - Richter
DURCHFÜHRUNG				
Einsatzleiter	BPD Aktenabtre- tung an zuständige Abteilung	Akt an BMI ÜW-Maßnahmen durch S E O	BPD Ak- tenabtre- tung an zuständi- ge Abtei- lung	BPD Aktenabtretung an zuständige Abteilung
INKRAFTTRETEN				
01.01.98 bis 31.12.01	01.01.98 bis 31.12.01	01.07.98 bis 31.12.01	01.01.98 bis 31.12.01	01.01.98 bis 31.12.01

aussehbaren Haupteinsatzgebieten bereits komplizierter. Im 2.Abschnitt wird der sogenannte kleine Lauschangriff (nur Bildüberwachung) geregelt, der bei jedem Verbrechenstatbestand eingesetzt werden kann. Voraussetzung ist aber, dass eine Person über den technischen Einsatz informiert ist. Der kleine Lauschangriff wird daher vor allem bei Scheinkäufen eingesetzt werden können. Der sogenannte große Lauschangriff (§ 149d/ 1/3) darf nur bei Verbrechen mit einem Strafrahmen über 10 Jahren, oder bei Verbrechen nach

§ 278a STGB (Organisierte Kriminalität) als Mittel der Aufklärung eingesetzt werden. Fußangel ist das Satzende, das bestimmt, dass „andere Mittel aussichtslos sind oder die Aufklärung wesentlich erschwert" würde. Für die Erteilung der Bewilligung ist grundsätzlich eine richterliche Ratskammer zuständig. Bei Gefahr im Verzuge kann aber der U-Richter, bei sofortiger Verständigung der Ratskammer, die Maßnahme einleiten. Ausgenommen von dieser Akutregelung ist die Überwachung einer Wohnung. Besonderer Schutz wurde Räumlichkeiten der Berufsausübung, also Rechtsanwaltskanzleien, Arztpraxen und Redaktionen zuteil (§ 149o STPO). Vor einem Lauschangriff in diesen Räumen ist der Rechtsschutzbeauftragte (eine neugegründete Position mit richterlichem Schutz) zu informieren und muss dieser seine Zustimmung erteilen.
Der § 149d regelt nicht nur die akustische Überwachung, sondern im Absatz 2 auch die ausschließlich optische. Dieses Mittel kann relativ unkompliziert eingesetzt werden. Außerhalb einer Wohnung genügt eine gerichtlich strafbare Handlung, der Antrag des Staatsanwaltes und die Zustimmung des U-Richters. Innerhalb einer Wohnung muss diese strafbare Handlung mit einer Freiheitsstrafe von über einem Jahr bedroht sein. Ein neuerliches Aufflammen der Diskussion um den Lauschangriff wird durch die parallele Anwendbarkeit des Lauschangriffes zur Gefahrenabwehr im Sinne des Sicherheitspolizeigesetzes (§ 54/4 SPG) und zur Aufklärung von Straftaten im Sinne der Strafprozessordnung erwartet. Die Überlappung der beiden Gesetzesmaterien könnte zu divergierenden Rechtsmeinungen über die Legalität eines Lauschangriffes führen.

(Letzte Änderung: 13.6.2004)

(Benda)

Lautsprecheranlage

Siehe *Beschallungsanlage*

Leckdetektionssystem

Siehe auch *Wassermeldesystem (mit weiteren Verweisen).*

Leckdetektionssysteme bestehen aus Sensoren und Signalzentralen. Die Sensoren gewährleisten die Frühdetektion von Leckagen gefährlicher Flüssigkeiten und erlauben einen raschen und gezielten Eingriff. Man unterscheidet zwischen Lecksensoren als Punktmelder und Sensorkabeln als lineare Melder.
Die Signalzentrale wertet die analogen Signale der Sensoren aus und löst bei Erreichen vorprogrammierter Signalstärken ein Signal aus.

(Wigger)

3

LED

Mit dieser Abkürzung wird ein elektronisches Halbleiter-Bauelement bezeichnet, bei dem aufgrund eines Stromes Licht bestimmter Wellenlänge freigesetzt wird. Die Abkürzung LED bedeutet Light Emitting Diode: Licht emittierende (sendende) Halbleiterschaltung mit Sperrschichtcharakter.
Der Zweck dieser Dioden ist es in der Regel, bestimmte Anzeigenzustände in Geräten und Anzeigetableaus anzuzeigen. Ihre große Verbreitung ist darauf zurückzuführen, dass

- sie eine wesentlich höhere Lebensdauer als Glühbirnen haben
- sie meist mit erheblich geringerer Betriebsspannung arbeiten
- sie in neueren Ausführungen mit wenigen mA Betriebsstrom für volle Leuchtstärke auskommen, sie in verschiedenen Farben (rot, orange, gelb, grün, blau) verfügbar sind und ein Ausfall der Dioden in der Regel nicht plötzlich, sondern durch allmähliche Abnahme der Leuchtintensität (über Jahre hinweg) erfolgt.

Aufgrund ihrer kleinen Bauform (3 mm Ø) und ihres geringen Ansteuerenergiebedarfs lassen sich diese Dioden unschwer in Sensoren, Zentralen usw. integrieren und dienen der Anzeige des ausgelösten Zustandes oder der Betriebsbereitschaft z. B. bei Mikrowellen-Bewegungsmeldern für die Einzelschritt-Anzeige.
Ein Nachteil der Dioden, dass sie Licht vorzugsweise in axialer Richtung abstrahlen, wird heute oftmals durch verschiedene Reflektor- oder Linsenkonstruktionen ausgeglichen.
Bei ihrer Verwendung in Infrarot-Impuls-Wechsellichtschranken wird die gute Modulationsfähigkeit und je nach Type die Eigenschaft, ausschließlich unsichtbares IR-Licht aussenden zu können, angewandt.

(Unruh)

Leitsystem

In der →Gebäudeleittechnik werden seit längerer Zeit Gebäudeleitsysteme zur Überwachung und Optimierung von technischen Einrichtungen und Prozessen eingesetzt. Oft werden damit auch Sicherheitsanlagen, z.B. →Brandmeldeanlagen überwacht. Mit Rücksicht auf die Vielzahl und die Komplexität der modernen Sicherheitssysteme werden jedoch heute immer häufiger spezialisierte →Sicherheitsleitsysteme eingesetzt, die eine vollständige Integration aller Sicherheitsanlagen ermöglichen.

(Straumann)

Leitungsführung / Trassenführung

Siehe auch Netzwerk, Netzwerksicherheit

Die Leitungsführung hat eine Schlüsselstellung in der →Netzwerksicherheit. Die vermaschten oder Ringleitungs-Netze bieten vom Konzept ein hohes Maß an Sicherheit. Allerdings nur, wenn die Kabel (Kupfer, LWL) in getrennten Trassen geführt werden. Wir unterscheiden 3 Bereiche:

1. Gebäudetrassen
2. Grundstückstrassen
3. öffentliche Trassen

Eine optimale Leitungsführung in Gebäuden ist abhängig von der Gebäudestruktur. Es sollte angestrebt werden, Ringleitungen in getrennten Gebäudeabschnitten zu errichten und die Etagen zweiseitig anzufahren. Bei Ausfall eines Ringes ist dann die Versorgung über die Alternativstrecke möglich. Innerhalb der Grundstücke sollte immer eine doppelte, in getrennten Schächten / Rohren verlegte Leitungsführung angestrebt werden. Beide Schächte sollten dermaßen getrennt sein, dass bei Außenarbeiten (der berühmte Bagger) eine gleichzeitige Beschädigung ausgeschlossen ist. Das gilt analog auch für die Gebäudeeinführungen. Die Hoheit über die Leitungsführung endet i.d.R. an der Grundstücksgrenze. Hier ist besonders darauf zu achten, dass die Leitungen in das öffentliche Netz des Providers nicht im nächstgelegenen Verteilerschrank zusammenlaufen. Je nach Abhängigkeit von der Netzwerkanbindung sollte die Streckentrennung bis in unterschiedliche Verteilerstellen des Providers führen. Eine sichere Alternative ist die Aufsplittung der Netze auf zwei Provider. Hierbei ist aber darauf zu achten, dass die unterschiedlichen Provider nicht gemeinsame Leitungen oder Trassen nutzen.

(Letzte Änderung: 2.5.2004)

(Glessmann)

Lesemodul

Siehe Zutrittskontrolle.

Lesestation

Siehe Zutrittskontrolle.

Leuchtdiode

Siehe LED.

Lichtemittierende Diode

Siehe LED.

Lichtleiter

Siehe Optische Übertragung.

Lichtschachtsicherung

Siehe auch Einbruchhemmende Gitter, Fenster, Gitter.

Lichtschachtroste sind fest zu verankern. Von Fall zu Fall ist zu überlegen, ob Kellerfenster nicht ganz oder teilweise zugemauert werden können, sodass ein Einsteigen verhindert wird. Eine andere Sicherung von Lichtschächten ist durch den Einbau der Rollrostsicherung möglich. Dabei werden im Lichtschacht Rahmen, in die Stahlrohre eingebaut sind, montiert. In den Stahlrohren befinden sich lose eingelegte Rundstahlstäbe. Diese Rundstahlstäbe drehen sich bei Sägeversuchen, wodurch ein Durchschneiden wesentlich erschwert wird.

(Letzte Änderung: 27.4.2004)

(nach VdS)

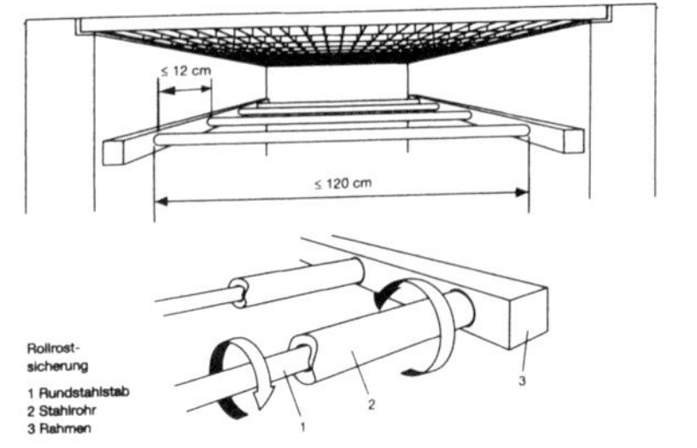

Rollrostsicherung

Lichtschranke
Siehe auch Alarmzentrale, Außenhautschutz, Einbruchmelder, Freilandschutz, Raumüberwachung.

Lichtschranken bestehen aus einem Sender, der einen gebündelten Strahl sichtbaren oder unsichtbaren Lichts dauernd oder intermittierend aussendet, sowie einem Empfänger, der diesen Lichtstrahl verarbeitet. Beide sind räumlich voneinander getrennt; der Lichtstrahl durchquert die zu überwachende Wegstrecke. Passiert ein Objekt die Lichtschranke, so wird der Lichtstrahl unterbrochen und Alarm ausgelöst. Umlenkspiegel erlauben die örtliche Zusammenlegung, reduzieren jedoch die optische Leistung maßgeblich und sollen darum nach den Projektierungshinweisen der deutschen Kriminalpolizei nicht eingesetzt werden. Lichtschranken finden sich neben dem Intrusionsschutz auch in einer Reihe von anderen Anwendungen (Türsteuerung, Produktionstechnik u. a.). Für den Intrusionsschutz verwendet man zweckmäßig die mit unsichtbarem Infrarotlicht arbeitenden Lichtschranken. Sie werden als Bestandteile einer Intrusionsschutz-Anlage sowohl im Perimeter- (→Freilandschutz) als auch im Peripherieschutz (→Außenhautschutz) und teilweise als Einbrecherfalle im Raumschutz (→Raumüberwachung) eingesetzt.

Zur Sicherung des Schließbereichs von Feuerschutzabschlüssen (Personenschutz) oder zur Durchfahrtsicherung von Feuerschutzabschlüssen im Zuge bahngebundener Förderanlagen dürfen nur spezielle Bauarten von Lichtschranken verwendet werden, die nicht auf Brandrauch ansprechen. VdS stellt Prüfzeugnisse für solche Geräte aus und führt eine Liste geeigneter Produkte.

(Prof. Westhoff/Wigger)

Lichtwellenleiter
Siehe Optische Übertragung.

Life Cycle
Siehe auch Betreiber-Modell, Sicherheitscontracting

Life Cycle (Lebenszyklus) steht für eine Betrachtungsweise (im engeren Sinne von Gebäuden), die nicht nur die Erst-Investitionen, sondern die Gesamtkosten (Total Cost of Life Cycle, Total Cost of Ownership) einbezieht. Hintergrund dafür ist die bislang insbesondere von Investoren wenig beachtete Tatsache, dass bei einer Gebäudenutzungsdauer von 40 bis 60 Jahren die Investitionskosten – gemessen am gesamten Lebenszyklus – nur zwischen 10 und 25 Prozent der Gesamtkosten einer Immobilie ausmachen, die Ausgaben für Bedienen, Betreiben, Modernisieren und Abriss aber 75 bis 90 Prozent. Bereits nach sechs bis acht Jahren fallen also für den Gebäudeunterhalt ebenso hohe Kosten an wie für die gesamte Erstellung des Gebäudes. Aus dieser Erkenntnis heraus sind zahlreiche Modelle für die Lebenszyklusbetrachtung von Gebäuden entstanden, die zu der Empfehlung führen, in höherwertigere und effizientere gebäudetechnische Ausstattungen zu investieren, um dadurch die laufenden Kosten zu senken. Zeitgemäße Antworten im Bereich der technischen Gebäudesicherheit sind modular aufgebaute Systeme sowie Contracting- und Modernisierungs-Konzepte (→Sicherheitscontracting).

(Neu aufgenommen am 10.7.2006)

(Dr. Salié)

Linearmelder
Siehe Infrarotmelder, Rauchmelder, Wärmemelder.

Linientechniken
Siehe Alarmzentrale.

Lizenzierung
Siehe auch Akkreditierung, Evaluierung, Prüflabor/Prüfstelle.

(Behördliche) Erlaubnis, ein Patent zu nutzen oder bestimmte Tätigkeiten durchzuführen.

Im Bereich der IT-Sicherheit: Qualifikationsnachweis eines akkreditierten Prüflaboratoriums zur Durchführung von Prüfungen (Evaluierungen) für ein bestimmtes Prüfgebiet.

Eine Lizenzierung zusätzlich zur bereits vorhandenen Akkreditierung wird dann verlangt, wenn spezielle Fachkenntnisse im Prüflabor existieren müssen, deren Vorhandensein im Rahmen einer Akkreditierung aufgrund der Komplexität des Prüfgebietes nicht beurteilt werden kann. Beispiel: Prüfstellen für IT-Sicherheit, Prüfkriterien: Common Criteria oder

3

ITSEC. Hier müssen die angehenden Prüfstellen im Rahmen der Lizenzierung einen Musterprüfling (Prüfbaustein) bearbeiten, um ihre Kompetenz nachzuweisen.
(Letzte Änderung: 10.7.2006)

(Redaktion)

Löschen von magnetischen Datenträgern

Löschen ist der Vorgang des Vernichtens der auf einem magnetischen Datenträger gespeicherten Daten, bei dem der Zustand der physikalischen Darstellung durch äußere Feldeinflüsse (Magnetfeld) so verändert wird, dass eine Reproduktion der Daten unmöglich ist oder weitgehend erschwert wird (DIN 33858).
Das Löschen der magnetischen Datenträger kann durch die folgenden Verfahren durchgeführt werden:

1. **Löschen durch Überschreiben**
   Beim Löschen durch Überschreiben werden alle gespeicherten Daten eines magnetischen Datenträgers mit einem vorgegebenen Datenmuster überschrieben. Die alten Daten können dann nicht mehr gelesen werden.
   Überschreiben ist ein relativ sicheres Löschverfahren: Bei Daten mit einem niedrigen Grad der Schutzwürdigkeit reicht ein einmaliges oder maximal zweimaliges Überschreiben der Datenträger mit Zufallsdaten für ein sicheres Löschen aus. Sind sehr hohe Anforderungen an die Sicherheit des Löschens zu stellen, dann sollte der Datenträger mehrfach (z.B. siebenmal) überschrieben werden.
   Zum Überschreiben ist eine geeignete Software erforderlich, die sicherstellt, dass tatsächlich alle Bereiche des Datenträgers in der gewünschten Form überschrieben werden. Neben den magnetischen Datenträgern können auch wiederbeschreibbare optische Datenträger (CD-RW) und Halbleiterspeicher (EEPROM, Flashspeicher) durch Überschreiben gelöscht werden. Hier reicht in der Regel ein einmaliges Überschreiben. Das Löschen durch Überschreiben hat den Vorteil, dass die Datenträger funktionsfähig bleiben und weiter verwendet werden können.

2. **Löschen mit einem Löschgerät**
   Beim Löschen mit einem →Löschgerät werden die Datenträger einem externen magnetischen Gleich- oder Wechselfeld ausgesetzt. Im Unterschied zum Löschen durch Überschreiben sind Festplatten und verschiedene Magnetbänder nach dem Löschen mit einem Löschgerät nicht mehr funktionsfähig.

Die bei den verschiedenen Betriebssystemen vorhandenen Löschbefehle wie „delete“, „erase“ oder „format“ zum Löschen einer Datei auf einem magnetischen Datenträger (z.B. Festplatte) löschen in der Regel nur den Verweis auf die Datei im Inhaltsverzeichnis des Datenträgers (selbst bei „format“-Befehl wird meist nur ein sehr geringer Teil – weniger als 1 % – der Daten überschrieben). Die Dateien selbst bleiben erhalten und können mit verfügbaren Softwarewerkzeugen wieder hergestellt werden.
(Letzte Änderung: 10.7.2006)

(Dr. Schneider)

Löschgas

Siehe Argon, CO_2, FM-200, Gaslöschanlage, Inergen

Löschgerät

Löschgeräte (häufig auch als Degausser bezeichnet) dienen dazu, schutzbedürftige Daten, die auf flexiblen magnetischen Datenträgern (Magnetbänder, Disketten) und Identifikationskarten mit Magnetstreifen gespeichert sind, so zu vernichten, dass die Datenträger erhalten bleiben und eine Wiederverwendung möglich ist (DIN 33858, →Löschen von magnetischen Datenträgern). Bei Löschgeräten wird der zu löschende Datenträger einem starken magnetischen Gleich- oder Wechselfeld ausgesetzt (Durchflutungslöschen). Dieses Magnetfeld bewirkt, dass die magnetischen Aufzeichnungen auf dem Datenträger unlesbar gemacht oder im Idealfall ganz vernichtet werden.
Der Grad des Löschens von aufgezeichneten Daten hängt von der magnetischen Feldstärke des Löschgerätes und vor allem von der Art der magnetischen Beschichtung des Datenträgers ab. Um ein vollständiges Löschen sicherzustellen, muss die vom Löschgerät erzeugte magnetische Feldstärke größer sein als die Koerzitiv-

feldstärke des Datenträgers. Moderne Datenträger mit hoher Speicherdichte, die deswegen eine hohe Koerzitivfeldstärke benötigen, sind schwerer zu löschen als die früheren Eisenoxid-Datenträger mit relativ niedriger Koerzitivfeldstärke.
Die Norm DIN 33858 legt Anforderungen und Prüfbedingungen für Löschgeräte fest. In einer Klassifizierung der Löschgeräte nach DIN 33858 wird sowohl die erzielbare Löschdämpfung als auch die Koerzitivfeldstärke der zu löschenden Datenträger berücksichtigt. Es ist zu beachten, dass neuere Datenträger (die es bei Herausgabe der Norm DIN 33858 noch nicht gab) nach dem Löschen mit einem Löschgerät zum Teil nicht mehr wieder verwendet werden können. Verschiedene Datenträger sind mit einer magnetisch geschriebenen Servospur ausgestattet, die eine Erhöhung der Speicherdichte ermöglicht. Beim Löschen dieser Datenträger wird auch die Servospur mitgelöscht. Wenn die Servospur vom Nutzer der Datenträger nicht mehr wiederhergestellt werden kann, ist eine Wiederverwendung der Datenträger ist nicht mehr möglich. Dies gilt z.B. für Bandkassetten LTO, Magstar, 1/4" QIC, Travan 4 und für Disketten zu ZIP-Laufwerken. Diese Datentäger können deshalb nur durch Überschreiben gelöscht werden, wenn eine Wiederverwendung beabsichtigt ist.
Die Norm DIN 33858 hat im Geltungsbereich das Löschen von Festplatten ausgeschlossen. Es werden jedoch auch Löschgeräte angeboten, die auf der Grundlage anderer Prüfbedingungen geprüft werden und mit denen Festplatten gelöscht werden können. Festplatten können nach dem Löschen mit einem Löschgerät nicht mehr verwendet werden, weil die Servospur zur Steuerung des Schreib-/Lesekopfes ebenfalls gelöscht wird.
Magneto-optische Datenträger können wegen ihrer hohen Korzitivfeldstärke mit den derzeit bekannten Löschgeräten nicht gelöscht werden.
(Letzte Änderung: 10.7.2006)

(Dr. Schneider)

Löschmittel

Siehe auch Argon, CO_2, FM-200, Gaslöschanlage, Inergen, Löschwasser.
Bezeichnung für Stoffe unterschiedlichen Aggregatzustandes (fest, flüssig oder gasförmig), die aufgrund ihrer physikalischen oder chemischen Eigenschaften allein oder in Verbindung mit anderen Stoffen eine Verbrennung unterbrechen können und damit zum Löschen eines Brandes geeignet sind. Aufgrund unterschiedlicher Löscheffekte werden Löschmittel auch in verschiedene Löschmittelgruppen eingeteilt, wobei der hauptsächlich wirkende Löscheffekt einstufungsbestimmend ist. Bekannte und für die Einstufung verwendete Löscheffekte sind beispielsweise Kühleffekt (Wasser, Netzwasser), Stickeffekt (inertisierende Gase), Wandeffekt (Löschpulver) und Inhibitionseffekt. Häufig wirken mehrere Effekte gleichzeitig (z.B. Kühl- und Stickeffekt bei Schaum), sodass eine alleinige Zuordnung zu einer Gruppe nicht immer zweckmäßig ist.
Die ökologische Verträglichkeit der Löschmittel ist zu beachten (z.B. Halonverbot). Die Notwendigkeit der geordneten Erfassung und Entsorgung bestimmter Löschmittel und Löschmittelreste wird in speziellen Richtlinien und Empfehlungen beschrieben und festgelegt (z.B. Richtlinie zur Löschwasserrückhaltung).
(Letzte Änderung: 10.6.2000)

(Prof. Beilicke)

Löschwasser

Siehe auch Löschmittel.
Die Wassermenge, die für die Brandbekämpfung unabhängig von anderen Wasserverbrauchseinrichtungen und -anlagen in einer definierten Art (Menge, Druck, Beschaffenheit) innerhalb eines bestimmten Einzugsbereiches für das zu schützende Objekt bereit stehen muss. Diese Löschwassermenge (Löschwasservolumenstrom) ist in Abhängigkeit von unterschiedlichen Parametern zu berechnen und muss tages- und jahreszeitlich unabhängig für die Dauer von mindestens zwei Stunden verfügbar sein. Forderungen an den Ort der Bereitstellung (inner- oder/und außerhalb von Gebäuden), die Art, Entfernung und Mindestliefermenge der Löschwasserentnahmestelle (z.B. Hydranten, fließende oder stehende Gewässer) sind genormt. Die berechnete notwendige Gesamtlöschwassermenge darf – sofern bestimmte Mindestentnahmemengen nicht unterschritten werden – auch aus verschiedenen Entnahmestellen addiert werden. Bei der Entnahme aus mehreren Hydranten ist auf deren gegenseitige Beeinflussung Rücksicht zu neh-

men, sofern diese auf einer gemeinsamen Löschwasserleitung stehen.

In Abhängigkeit von bestimmten betrieblichen Risiken kann die bereitzuhaltende Mindestlöschwasserliefermenge gegenüber der Normenlage erhöht werden. Bei Anwendung der Industriebaurichtlinie ist dies beispielsweise möglich, um größere Brandabschnittsflächen (→Brandabschnitt) zu kompensieren.

Erweist sich Wasser – bezogen auf die möglicherweise brennenden Stoffe – als ungeeignetes Löschmittel, so kann gefordert werden, anstelle der Löschwassermenge eine entsprechende Menge geeigneten Löschmittels bereitzustellen (z.B. Pulver).

Die zur Verfügung zu haltende Löschwassermenge wird nach Bedarf für die Deckung des →Grundschutzes und des →Objektschutzes unterschieden.

(Letzte Änderung: 10.6.2000)

(Prof. Beilicke)

Lötarbeiten

Siehe Feuerarbeiten

LSI

Siehe Mikroprozessor.

Lüftungsanlage

Einrichtung mit unterschiedlicher technischer Ausstattung und in häufig variabler Betriebsweise, um bestimmte Luftwechselraten und Luftwechselzahlen zu gewährleisten. Für den Brandschutz insofern bedeutungsvoll, als durch die Lüftungsanlage die Brandübertragung in noch nicht vom Brand betroffene Bereiche nicht stattfinden bzw. begünstigt werden darf und eine Rauchausbreitung durch die Lüftungsanlage ausgeschlossen werden muss. Sicherung dieser Funktion vor allem an den Grenzen eines Brandabschnittes durch Einbau von feuerwiderstandsfähigen, automatisch auslösenden oder durch eine Brandschutzanlage angesteuerte Klappen in den Kanälen und Schächten von Lüftungsanlagen.

Unter bestimmten Voraussetzungen und in bestimmten Fällen kann die Lüftungsanlage zur Ableitung von Brandrauch herangezogen werden (mechanische →Entrauchung). Bei der Nutzung der lüftungstechnischen Anlagen zur Entrauchung ist auf die thermische Stabilität der eingesetzten Technik, auf die thermische Stabilität der Kanalabhängung sowie auf die gesicherte Energieversorgung zu achten. Während bei der sog. Kaltentrauchung (hier erreichen die Brandgase durch andere Maßnahmen nur ein bestimmtes Niveau) weitestgehend übliche Lüftungsanlagen unter Beachtung der vorgenannten Bedingungen einsetzbar sind, sind für die Brandgaslüftung spezielle Brandgaslüfter mit entsprechender Temperaturstabilität und ausreichender Energiesicherung zu verwenden.

(Prof. Beilicke)

Lüftungskanal-Sicherung

Siehe Faseroptischer Melder.

M

MAD

Siehe auch BfV, BND

Der Militärische Abschirmdienst ist eine deutsche Bundesbehörde, die als Teil der Streitkräfte dem Bundesminister für Verteidigung untersteht. Mit seinen Aufgaben (Beobachtung verfassungsfeindlicher und sicherheitsgefährdender Bestrebungen sowie Spionageabwehr) soll er dazu beitragen, Gefahren für die Sicherheit und Einsatzbereitschaft der Bundeswehr abzuwehren. Die Zuständigkeit des MAD ist auf den Bereich der Streitkräfte beschränkt (§ 1 MAD-Gesetz).

Nach der Gesetzesnovellierung vom 14. April 2005 darf der Inlandsgeheimdienst MAD neuerdings in begrenztem Umfang auch im Ausland aktiv werden, um die Bundeswehr bei ihren Ausländseinsätzen zu schützen. Näheres ergibt sich aus § 14 des Gesetzes über den Militärischen Abschirmdienst (MAD-Gesetz/MAD-G).

(Letzte Änderung: 10.7.2006)

(Opfermann)

Magnetkontakt

Siehe Öffnungskontakt.

Magnetschloss

Siehe auch Bohrschutz, Partnerschlüssel, Scharfschalt-Einrichtung, Schließanlage, Schließzylinder, Schloss, Zuhaltungsschloss.

Sicherheitsschlösser sind dadurch gekennzeichnet, dass sie mehrere Zuhaltungen aufweisen, die dann individuell dem Sperrcode entsprechend in die Offenstellung gebracht werden müssen, damit der Riegel betätigt werden kann.

Auch Magnetschlösser erfüllen diese grundsätzlichen Bedingungen, und sind somit als Sicherheitsschlösser einzuordnen. Eine wesentliche Unterscheidung zwischen den rein mechanisch arbeitenden Schlössern zu den Magnetschlössern besteht darin, dass bei mechanischen Schlössern der Schlüssel im direkten Kontakt mit den Zuhaltungen steht, im Gegensatz dazu ist beim Magnetschloss der Schlüssel von den Zuhaltungen räumlich getrennt, und wirkt auf diese durch eine Wand mittels magnetischen Kraftfeldern.

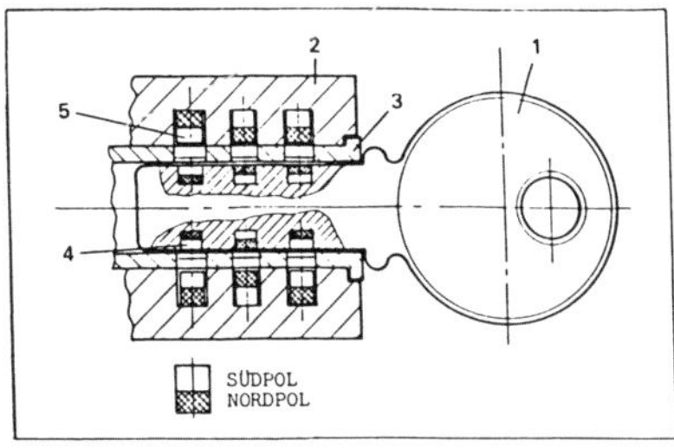

Vereinfachte Darstellung Magnetschloss: Anziehen und Abstoßen gegen Endlagen
1 = Schlüssel mit Magneten bestückt
2 = Schlossgehäuse
3 = Rotor
4 = Schlüsselmagnete 6 x
5 = Magnetzuhaltungen 6 x

Konstruktionsprinzipien: Die bisher angewandte Technik beruhte überwiegend auf dem Prinzip, Zuhaltungen gegen Endlagen anzuziehen und/oder abzustoßen.

Positionierungen gegen Endlagen beinhalten die Gefahr, dass solche Systeme abtastbar und dadurch gegen Nachsperrmanipulationen nicht sicher genug sind. Eine Weiterentwicklung basiert auf radial wirkenden, magnetbestückten Zuhaltungsplättchen. Der richtig codierte, magnetbestückte Schlüssel bewegt die Zuhaltungsplättchen gegen leichte Federkräfte aus Ausnehmungen im Schlossgehäuse (Stator) in den Schlosskern (Rotor) und erreicht so die Teilung. In weiterer Folge wurde schließlich dieses magnetische Gesperre mit mechanischen, radial wirkenden geteilten Zuhaltungsstiften kombiniert.

Die neuesten auf dem Markt befindlichen Systeme basieren auf dem Prinzip von anschlaglosen Rotoren (Zuhaltungen). Sie lassen sich

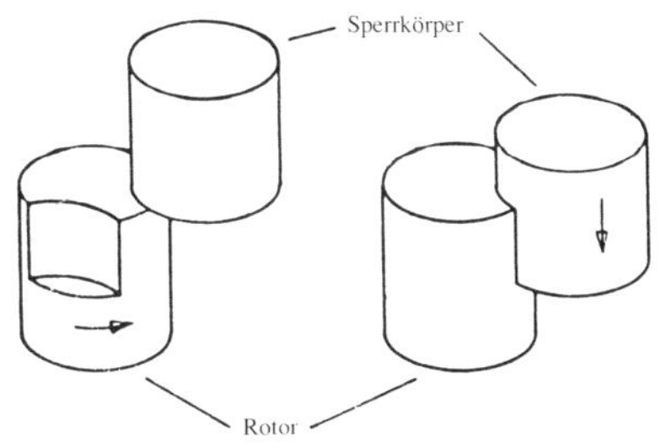

unter dem Einfluss der auf dem Schlüssel aufgebrachten Magnetisierung anschlaglos um 360° verdrehen. Öffnung wird erreicht, wenn sich die anschlaglosen Rotoren den spiegelbildlichen Polbildern des „richtigen“ Schlüssels entsprechend ausrichten und Verriegelungselemente freigeben. Nach Abschluss der Riegelbewegung werden durch das Abziehen des Schlüssels die Rotoren zufällig verdreht und nehmen je nach Abziehgeschwindigkeit und gegenseitiger Beeinflussung beliebige Stellungen ein.

Die Schemazeichnung stellt das Rotorenprinzip vereinfacht dar. In den Schließstellungen (Darstellung A; alle Stellungen außer der Öffnungsstellung sind Schließstellungen) sperren die Rotoren das Verriegelungselement und verhindern ein Öffnen des Schlosses. In der Öffnungsstellung (Darstellung B) wird durch Ansteuerung der Rotoren mittels eines korrespondierenden Magnetschlüssels die mechanische Verriegelung aufgehoben, und das Schloss kann geöffnet werden. Diese, auf dem magnetischen Waageprinzip beruhende Steuertechnik ist vor allem die in den letzten Jahren entwickelte Magnettechnologie begünstigt worden.

Realisierte Systeme: Bei beiden in Folge beschriebenen Systemen sind die Magnetzuhal-

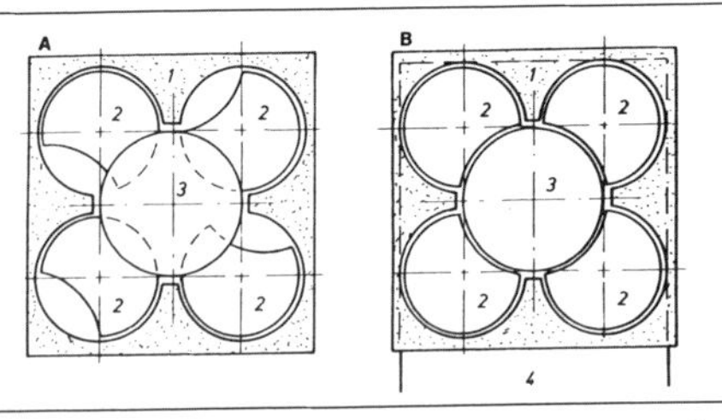

Vereinfachte, schematische Darstellung des Rotorenprinzips
1 = Rotorengehäuse
2 = Rotoren
3 = Verriegelungselemente
4 = Magnetschlüssel

tungen als zylindrische Rotoren ausgebildet. Sie lassen sich unter dem Einfluss der auf den Schlüssel aufgebrachten Magnetisierung anschlaglos um 360° verdrehen. Bei beiden Systemen blockieren die Rotoren nicht unmittelbar den Riegel, sondern einen bestimmten Sperrkörper, dessen Freigabe Voraussetzung für die Betätigung des Riegels ist.

In den Abbildungen ist die Funktion jeweils am Beispiel eines Rotors dargestellt. Der Rotor weist eine Ausnehmung auf. Die Ausnehmung am Rotor wird durch den „richtigen“ Schlüssel so gestellt, dass der Sperrkörper in den Rotor eindringen kann.

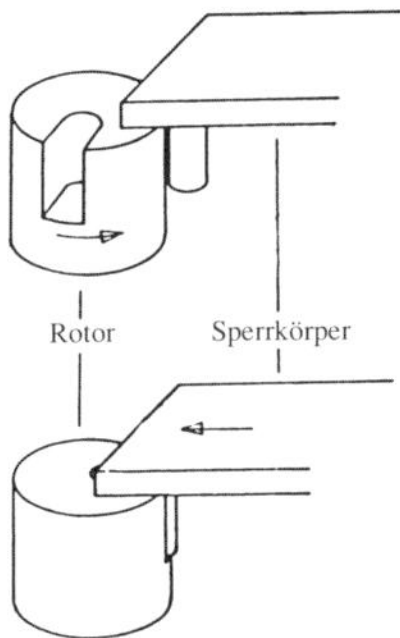

Bei diesem System verläuft die Bewegungsrichtung des Sperrkörpers radial auf den Rotor. Ein stiftförmiger Fortsatz des Sperrkörpers wird daher von der Mantelfläche des Rotors blockiert, wenn dieser nicht in Offenstellung gebracht wurde.

Bei beiden Systemen werden die Rotoren schon mit dem Einführen des Schlüssels mit dem zugehörigen Sperrcode in den Schlüsselkanal in Offenstellung gebracht.

Magnetschlösser moderner Bauweise (Rotorenprinzip) werden in verschiedenen Anwendungsbereichen eingesetzt:

Zylinderschlösser: Magnetisch codierte Schlösser werden sowohl bei Zylinder-Einzelsperren als auch bei Schließanlagensystemen verwendet. Meist handelt es sich um Kombinationen von magnetisch betriebenen (Rotoren) mit mechanisch einzuordnenden (Stifzuhaltungen, Kugeln...) Sperrelementen.

- Kundenmietfachschlösser, z. B. in Banken: Solche Schlösser arbeiten im Grundaufbau rein magnetisch und werden mit einem Sperrkreis – Kundensperre – oder mit zwei Sperrkreisen – Bank- und Kundensperre – angeboten.
- Schaltstationen für Alarmanlagen: mit Fernschalterfunktion oder Blockschlossfunktion.

Bei der Beurteilung der Sicherheit von Ma-

gnetschlössern gegen unbefugtes Öffnen ist zu unterscheiden zwischen der Verwendung eines Nachschlüssels und dem Nachsperren mit sonstigem Werkzeug.
Voraussetzung für die Anfertigung eines Nachschlüssels ist die Kenntnis des Sperrcodes. Der Sperrcode kann vom Originalschlüssel oder vom Schloss abgeleitet werden. Im Gegensatz zu mechanisch wirkenden Schlüsseln ist der Sperrcode des Magnetschlüssels äußerlich nicht erkennbar. Bei Kenntnis des Funktionsprinzips eines Magnetschlosses ist es allerdings möglich, vom Schlüssel das Sperrgeheimnis abzuleiten. Das bedeutet, dass grundsätzlich das Magnetschloss ebenso durch Öffnung mit einem Nachschlüssel gefährdet ist wie das mechanische Schloss. Folglich ist der Schlüsselinhaber auch beim Magnetschloss gehalten, den Schlüssel sicher zu verwahren.
Speziell auf Magnetschlösser abgestimmte Nachsperrverfahren ohne Verwendung des im Sperrcode übereinstimmenden Schlüssels sind derzeit unbekannt. Da beim Magnetschloss die Zuhaltungen (Rotoren) von außen nicht zugänglich sind, sind Methoden, wie bei mechanischen Schlössern bekannt, nicht anzuwenden. Theoretisch wären die Voraussetzungen zur Anwendung der Hobbschen Methode auch bei Magnetschlössern gegeben, das entscheidende Problem liegt aber in der mangelnden Beobachtungsmöglichkeit der Rotoren. Folglich sind Magnetschlösser praktisch sicher gegen Nachsperren mit Sperrzeug.

(Kornhofer)

Magnetstreifen (Leseverfahren)

Siehe Ausweis.

Mail Bombing/Mail-List Bombing

Siehe Denial-of-Service (DoS) Attacke

MailTrusT

Siehe auch E-Mail-Sicherheit, Internet, IT-Sicherheit, TeleTrusT

In der Arbeitsgruppe 8 „MailTrusT" des →TeleTrusT-Vereins wird ein Systemkonzept für die Anwendung kryptographischer Verfahren für Electronic Mail und Filetransfer mit wahlfreiem Zugriff auf Teilnehmer in einer offenen IT-Umgebung gestaltet.
Nähere Informationen sind unter http://www.mailtrust.de zu finden.
(Neu aufgenommen am 7.7.2000)
(Stark)

Makroviren

Siehe auch E-Mail-Sicherheit, Firewall, Hacker, Hoaxes, Internet, IT-Sicherheit, Kettenbriefe, Malware, Scriptviren, Tiger-Team, Trojaner, Viren, Würmer

3

Makroviren sind eine Untergruppierung der Computerviren. Diese →Viren werden nicht in einer Programmiersprache wie z.B. Assembler erstellt, sondern mit der Makrosprache, die in großen Büroanwendungen implementiert ist. Makros sollen dazu dienen, wiederkehrende Abläufe zu automatisieren und den Anwender von Standardtätigkeiten zu entlasten. Mit der Makrosprache können aber auch Computerviren erstellt werden, also Programme, die sich selbst reproduzieren. Makroviren nisten sich in den Dokumenten ein, die mit dem Anwendungsprogramm erstellt werden. Werden diese infizierten Dokumente, z.B. eine Textdatei weitergegeben (Rundschreiben, Benachrichtigung etc.), wird auch der darin befindliche Makrovirus verteilt. Makroviren können sich durch Nutzung dieses Transportmechanismus sehr schnell verbreiten. Selbst wenn nicht gleich die Festplatte gelöscht oder Passwörter ausspioniert werden: Der Schaden, den ein Makrovirus verursachen könnte, der z.B. in einer Tabellenkalkulation Zahlenwerte vertauscht oder verändert, dürfte enorm sein und auch zu hohen Folgeschäden führen.
Schutz gegen Makroviren bieten in erster Linie die etablierten Anti-Virenprogramme an. Aber auch die Büroanwendungen selbst haben inzwischen zahlreiche Schutzfunktionen. Diese müssen nur durch den Anwender aktiviert bzw. genutzt werden. So wird z.B. eine Warnmitteilung ausgegeben, wenn ein Dokument geöffnet werden soll, welches einen Makro enthält. Der Anwender kann dann entscheiden, ob er dieses ausführen möchte oder das Dokument öffnen will, ohne dass der Makro aktiviert wird. Generell empfiehlt es sich auch, ein wachsames Auge auf eingehende eMails zu haben. Erwartet man beispielsweise keine Nachricht vom Absender oder stellt der „Betreff" keinen relevanten Bezug zur Tätigkeit dar oder ist er gar in einer anderen (für den Absender untypischen)

Sprache verfasst, so kann diese eMail ggf. eigenständig durch einen aktiven Computervirus versandt worden sein. Da die genannten Makroviren jedoch die Adressbücher eines weit verbreiteten E-Mail-Programms nutzten, schienen sie von einem bekannten und vertrauenswürdigen Absender zu kommen. Bei Zweifeln empfiehlt es sich, beim Absender nachzufragen, ob er wirklich dies eMail abgeschickt hat. In vielen Firmen gilt inzwischen die Regel: Attachments erst auf Diskette speichern, dann mit einem Virenscanner checken, dann auf einem Rechner ohne sensible Daten öffnen.

(Letzte Änderung:18.4.2002)

(Dombach)

Malicious Code

Siehe Malware, Mobile Malicious Code, Trojaner, Viren, Würmer.

Malware

Siehe auch Firewall, Hacker, Hoaxes, Internet, Intrusion Detection System, IT-Sicherheit, Kettenbriefe, Makroviren, Mobile Malicious Code, Scriptviren, Tiger-Team, Trapdoor, Trojaner, Viren, Würmer.

„Malware" ist der Oberbegriff für Software-Fremdkörper jeglicher Art. Als Malware werden Störungen wie Computerviren, Hoaxes, Kettenbriefe etc. bezeichnet, die vom PC-Anwender generell als unerwünscht betrachtet werden. Statt des „Virenschutzbeauftragten" gibt es in Firmen bzw. Organisationen zum Teil schon den „Malware-Beauftragten", eine Fachkraft, die sich generell um die Abwehr von derartigen Fremdkörpern kümmert, welche die Integrität und Verfügbarkeit der EDV-Systeme bedrohen.

(Neu aufgenommen am 1.6.2000)

(Dombach)

Managed Security (IT)

Siehe auch IT-Sicherheit, Security Outsourcing (IT).

Managed Security Services sind in der Regel standardisierte Sicherheitsdienstleistungen eines Security Providers.

Basis der Managed Security Services sind Service Level Agreements, die Qualitäts-, Verfügbarkeits- und Supportparameter definieren. Managed Security Services werden von dem Provider auf eigener Infrastruktur (Hardware, Software, Netzwerk) betrieben. Bestehende Systeme vom Kunden werden nicht übernommen.

Es gibt drei unterschiedliche Ansätze:

1. dedizierte (dedicated) Ressourcen; jeder Kunden erhält dedizierte Komponenten (Software, Hardware, Netzwerk),
2. anteilige (shared) Ressourcen; auf den Komponenten werden mehrere Kunden betrieben,
3. gemischte (mixed) Ressourcen; einige Ressourcen werden pro Kunde dediziert gestellt (beispielsweise →Firewall) und andere werden anteilig (beispielsweise →Content Security Server) betrieben.

(Neu aufgenommen am 16.6.2000)

(Brunnstein)

Mauer

Siehe Bausubstanz.

Mauerkronensicherung

Siehe auch Freilandschutz, Mikrowellendetektor, pneumatischer Druckdifferenzialdruckmelder, Zaunsysteme.

Die Mauer als Abgrenzungs- und Sicherungsmittel wird heute primär in Justizvollzugsanstalten und forensischen Psychiatrien eingesetzt. Aber auch in mehr als 20 % aller privaten Bauobjekte mit einem Bauvolumen größer als 500.000 EUR dienen Mauern der Grundstücksbegrenzung und auch der juristischen Grenzdarstellung.

Die Mauerkonstruktion einer Justizvollzugsanstalt, mindestens 6 m hoch, mit glatten Flächen aus Beton, versehen mit einer Übersteigsicherung aus S-Drahtrollen oder vergleichbaren Spezialsystemen, sind ohne Hilfsmittel unüberwindbar. Ihr Prinzip lässt sich aber aus architektonisch-ästhetischen und meist auch aus baurechtlichen Gründen nicht auf das Privatgrundstück übertragen.

Bei der im gewerblichen und privaten Bereich verbreiteten, normalerweise 2 m hohen Mauer kann ein Überklettern kaum verhindert, jedoch detektiert werden. Hierzu werden häufig modifizierte Zaunübersteig-Detektionstechniken eingesetzt, also zum Beispiel Ausleger mit Sta-

Mauerkronensicherung (Foto: Haverkamp)

cheldraht oder Gitterelementen, die mit Mikrofonkabel oder Körperschallmeldern versehen, an die Mauer gedübelt werden.
Als Alternative gibt es optisch unauffällige spezielle Mauerkronensicherungen. Hierbei werden Metallabdeckungen, die der Oberkante der Mauer angepasst sind, wie eine Wetterschutzabdeckung eingesetzt. Die Detektion in Form von speziellen Dämpfungsschaltelementen ist nicht erkennbar. Eine Auslösung erfolgt gewichtsabhängig und wird so definiert, dass Schnee oder Tiere nicht zu unerwünschten Meldungen führen. System- oder externe Energiekabel können unter der Abdeckung verdeckt und geschützt verlegt werden. Die Dämpfungsschaltelemente erlauben es, auch Steinabdeckungen mit einem Eigengewicht von bis zu 260 kg auf Gewichtsauflastungen hin zu überwachen. Damit eröffnet sich besonders auch für historische Mauern und Pfeiler die Möglichkeit der verdeckten Überwachung.
(Neu aufgenommen am 20.4.2002)

(Haverkamp)

Maximalmelder

Siehe auch Wärmemelder.
„Maximalmelder sprechen an, wenn die gemessene Kenngröße einen bestimmten Wert für eine genügend lange Zeit überschreitet." (Definition nach DIN EN 54 T1)

MCERT

MCERT Deutsche Gesellschaft für IT-Sicherheit
Kurzbeschrieb und Anschrift →Behörden, Verbände, Institutionen.

Mechatronik

Siehe auch Schließanlage (elektronisch).
Begriff, der das Zusammenwirken von mechanischen Sicherungselementen (z.B. Schlösser, Zylinder, Beschläge) und elektronischen Komponenten, z.B. zur →Zutrittskontrolle, umschreibt. Ist eine klassische Schließanlage ein mechanisches Zutrittskontroll-System, so erweitern mechatronische Komponenten (elektronische Schlüssel, Karten, Codeträger, Leseeinheiten, Stellglieder) den Nutzen aus dem System um die möglichen Funktionen: Vorgangsaufzeichnung, gezielte Berechtigungs-

Mechanik im Schlüssel, Elektronik in der Schlüsselreide (Foto: ASSA ABLOY Sicherheitstechnik GmbH)

vergabe und -sperrung, Zeiterfassung und bieten Schnittstellen, z.B. zur Einbruchmeldeanlage.
(Letzte Änderung: 22.7.2006)

(Krühn)

Mehrflügeliges Tor

Siehe Tür.

Mehrsensormelder

Siehe auch Brandmelder, Einbruchmelder, Neuronaler Melder.
Ein Mehrsensormelder reagiert auf mindestens zwei Gefahrenkenngrössen, beispielsweise in der Brandmeldung (→Brandmeldeanlage) auf Rauch, Wärme oder Gase oder in der Einbruchmeldung (→Einbruchmeldeanlage) auf Infrarot, Ultraschall oder Bildauswertung.
Mehrsensor-Brandmelder verfügen über zwei oder mehr Sensoren, deren Signale in geeigneter Weise miteinander verknüpft werden. Solche Melder werden auch als „Mehrkriterienmelder" bezeichnet. Häufig erfassen sie verschiedene Brandphänomene und können so

3

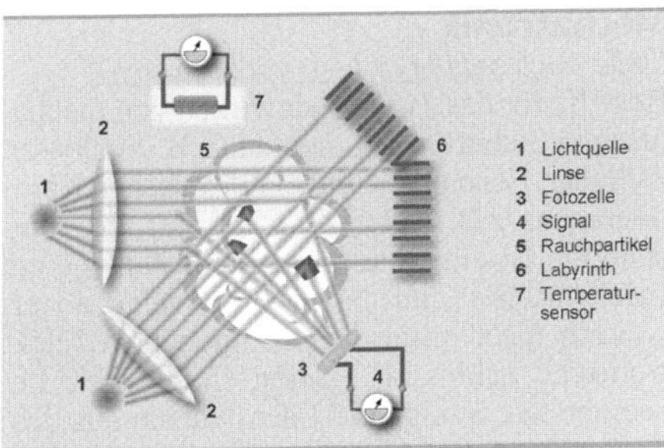

Funktionsprinzip Mehrsensormelder

Brände früher und zuverlässiger detektieren. Auf dem Markt existieren Mehrsensor-Brandmelder in praktisch allen denkbaren Kombinationen von Rauch-, Wärme- und Gassensoren. – Rauchsensoren (Streulicht, Extinktion, Laser, Ionisation) – Wärmesensoren (Maximal, Differenzial) – Gassensoren (CO, CO_2)
Am häufigsten kommen heute Mehrsensor-Brandmelder zum Einsatz, bei denen der Rauch mit einem optischen Sensor und die Wärme mit einem Wärmesensor (→Wärmemelder) detektiert werden. Bei den Flammenmeldern gibt es ebenfalls Produkte mit mehreren Sensoren. Durch eine intelligente Verknüpfung (→Algorithmentechnologie) der verschiedenen Sensorsignale können das Ansprechverhalten und die Täuschungsresistenz massiv verbessert werden, was eine viel bessere →Detektionssicherheit ergibt als beim Einsatz von getrennt angeordneten Sensoren.
Der Hauptvorteil der Mehrsensor-Brandmelder liegt darin, dass aufgrund der Kombination der verschiedenen Messgrößen nicht nur die Stärken und Schwächen der verschiedenen Sensoren ausbalanciert werden, sondern eine Interpretation der Geschehnisse ermöglicht wird. Das Resultat ist eine markante Verbesserung der Ansprechgeschwindigkeit (Brandfrüherkennung) und eine massiv höhere Immunität gegenüber Täuschungsgrößen (weniger Fehlalarme).
(Letzte Änderung: 23.7.2006)

(Wigger)

Mehrpersonenprinzip

Siehe Vieraugenprinzip.

Meldebereich

„Meldebereiche sind Abschnitte von Gebäuden (z. B. Räume, Geschosse) oder von Grundstücken (z. B. Höfe), die der eindeutigen Erkennung der Herkunft von Gefahrenmeldungen dienen.
Anmerkung: Ein Meldebereich darf mehrere →Meldergruppen umfassen."

(Letzte Änderung: 9.5.2004)

(Definition nach DIN VDE 0833-1)

Geographische Unterteilung des Sicherungsbereiches, in dem ein oder mehrere Punkte installiert sein können, die als →Meldegruppe(n) bezeichnet werden und für die eine eigene gemeinsame Anzeige an der BMZ (→Brandmeldezentrale) vorgesehen ist.
(Letzte Änderung: 9.5.2004)

(Definition nach DIN EN 54-2)

Meldebereit

GMA →Gefahrenmeldeanlagen und deren Teile sind meldebereit, wenn Informationen bzw. Meldungen ausgewertet werden können.
(Letzte Änderung: 9.5.2004)

(Definition nach DIN VDE 0833-1)

Meldelinie

Siehe auch Alarm, Alarmzentrale, Brandmelder, Einbruchmelder.

Zusammenfassung aller Melder einer Primärleitung zu einer Meldergruppe. Ersetzt durch: Meldergruppe, Primärleitung, überwachte Verbindung. (Schmitt) Die Meldelinie wird von einer Meldelinieneinheit, die sich in der Zentraleneinrichtung befindet, gespeist. Der in der Meldelinie „eingeprägte" Strom durchfließt eine Reihe von Gefahrenmeldern wie z. B. Brandmelder, Glasbruchsensoren und Kontakte und wird bei Änderung des Meldezustandes innerhalb dieser Sensoren oder bei Angriffen und Beschädigungen des Stromkreises dieser Meldelinien in seiner Stärke beeinflusst.
Meldelinien in →Gefahrenmeldeanlagen, die den gültigen Bestimmungen VDE 0833 entsprechen, werten dabei sowohl Kurzschluss oder Unterbrechung des Stromkreises als auch mindestens eine 40%ige Änderung des Ruhestromes innerhalb der Meldelinie aus. Verbreitet sind jedoch Meldelinien, bei denen eine wesentlich höhere Auswertesicherheit gegeben ist und bei denen jeder Melder innerhalb der Meldeli-

nie selbst überbrückungssicher überwacht wird. Meldelinien mit digitalen Übertragungstechniken (→Melderkette) gestatten darüber hinaus eine weitere Erhöhung der Sicherheit gegen den Versuch, die Meldelinie mit messtechnischen Maßnahmen zu überlisten.
Aufgabe der Meldelinie ist es also sicherzustellen, dass von den Sensoren der Einbruch- und Brandmeldetechnik erkannte physikalische Veränderungen in der Umwelt, die als Gefahrenmeldungen zu interpretieren sind, sicher zur Gefahrenmeldezentrale geleitet werden. Innerhalb einer Anlage existieren, damit die Meldungen auch eindeutig sind, immer eine Mehrzahl von Meldelinien, denen eine maximale Zahl von Sensoren (meist 10 oder 20 Stück) zugeordnet sind.
Die Meldelinien unterscheiden sich von den in früheren Brandmeldeanlagen üblichen Meldeschleifen dadurch, dass in der Regel der einzelne Sensor innerhalb der Linien keine Einzelidentifizierung an die Zentrale absetzt. Bei den (früheren) städtischen Haupt-Brandmeldezentralen setzten dagegen die einzelnen öffentlichen Feuermelder durch ein Impulstelegramm, welches über ein mechanisch aufgezogenes Laufwerk abgesetzt wurde, ihre Meldung zur Feuerwache ab, worauf der Meldeort erkannt werden konnte, obwohl eine große Anzahl von Feuermeldern innerhalb des Ruhestromes einer Meldeschleife angeordnet waren.
Bei den städtischen Haupt- und Nebenmelderanlagen ist die maximale Anzahl von Meldern auf einer Primärleitung wie folgt geregelt:

- 10 Druckknopfmelder ohne Einzelidentifizierung
- 30 automatische Melder ohne Einzelidentifizierung
- 128 automatische Melder mit Einzelidentifizierung (diese Anzahl ist nur dann erlaubt, wenn die Primärleitung von beiden Seiten gespeist und ausgewertet wird, so dass bei einem Fehler nicht die gesamte Funktion ausfällt).

Innerhalb der Gefahrenmeldetechnik ist jedoch nicht nur die Erkennung von Meldungen besonders wichtig, sondern insbesondere bei der Einbruchmeldetechnik auch die Überwachung von besonderen Steuer- oder Alarmauslöseleitungen wie z. B. den Zuleitungen zu den Externen →Signalgebern, zu Wähl- und Ansagegeräten (→AWAG, →AWUG, →Übertragungsgeräte), zur →Scharfschalteeinrichtung oder zur →Übertragungsanlage für Gefahrenmeldungen.
Diese Leitungen gemäß Norm auch „Primärleitungen“ genannt, erfüllen daher außer ihren speziellen Steuerungs- bzw. Ansteuerungsaufgaben auch alle Anforderungen, die an eine normale Meldelinie gestellt werden. Die zugeordneten elektronischen Auswerteeinheiten „Meldelinien-Steckkarten“, sind dann jedoch entsprechend komplizierter gestaltet. Eine Primärleitung existiert nicht nur als Übertragungsleitung von der Brandmeldeanlage zur Alarmempfangszentrale (dies ist heute sogar eher unüblich wegen der Kosten einer solchen „Standleitung“), sondern hauptsächlich innerhalb der Brandmeldeanlage und dort sowohl als Verbindung zwischen Zentrale und Melder als auch zur Verbindung der Zentralen untereinander bei größeren Anlagen und schließlich von der Zentrale zur Übertragungseinrichtung, die den Alarm weiterleitet.
Meldelinien müssen den Bestimmungen der DIN VDE 0833 entsprechen und, sofern es sich um Brandmeldelinien handelt, auch den zusätzlichen Bestimmungen DIN 14675.

(Unruh)

Melder

Siehe Brandmelder, Einbruchmelder, Gaswarnsysteme, Wassermeldesystem.

Meldergruppe

Siehe auch Alarmzentrale, Brandmelder, Einbruchmelder, Meldelinie.

„Meldergruppe ist die Zusammenfassung von Meldern, für die an Anzeigeeinrichtungen eine eigene Anzeige für Meldungen und Störungen vorgesehen ist. Die Meldergruppe kann auch aus nur einem Melder bestehen.“ (Definition nach DIN VDE 0833)
„Meldergruppe ist die Zusammenfassung von Meldern eines →Meldebereiches, für die eine eigene Anzeige für Meldungen in der Zentrale vorhanden ist, mit dem Ziel, den Meldungsort zu kennzeichnen.“ (Definition nach VdS)
„Meldergruppe: Zusammenfassung von →Brandmeldern eines →Überwachungsbereiches für eine eigene Anzeige in der →Brandmelderzentrale, mit dem Ziel, den Brandort zu kennzeichnen.“

(Definition nach VKF/Sicherheitsinstitut)

Melderkette
Der Begriff „Melderkette“ bedeutet das Gleiche wie die angelsächsische Bezeichnung „daisy chain“, ein Ausdruck für das Fortschaltprinzip in der Meldetechnik.
(Zentrale → Melder 1 → Melder 2 → Melder 3 ... → Melder n)

(Redaktion)

Meldungsgeber
Siehe Brandmelder, Gaswarnsysteme, Einbruchmelder.

Memory Card
Speicherkarte, siehe auch Chipkarte.

Message-Kryptierung
Siehe E-Mail-Sicherheit.

Metallrahmentür
Siehe Tür.

Metalltür
Siehe Tür.

Microcontroller
Siehe Mikroprozessor.

Mietfachanlage
Mit verschließbaren Fächern ausgerüstete Anlage in Geldinstituten, bei der Kunden Fächer mieten können, um dort Sachen deponieren zu können. Die Fächer befinden sich üblicherweise in einem Wertschutzraum oder -schrank. Mietfachanlagen werden in den vier folgenden Ausführungsarten errichtet:

- Mechanische Mietfachanlage (Konventionelle Mietfachanlage), bei der das Kundenmietfach vor Ort vom Bankkunden nur gemeinsam mit einem Bankangestellten geöffnet werden kann.
- Halbautomatische Mietfachanlage, bei der ein Verschluss des Kundenmietfaches nach entsprechender Legitimation des Bankkunden von einem Bankangestellten ferngesteuert freigegeben wird; der Bankkunde öffnet danach seinen Verschluss.
- Selbstbedienungs-Mietfachanlage (SB-Mietfachanlage), bei der ein Verschluss des Kundenmietfaches während der Geschäftszeiten des Geldinstitutes nach entsprechender Legitimation des Bankkunden ferngesteuert freigegeben wird; der Bankkunde öffnet danach seinen Verschluss.
- 24h-Selbstbedienungs-Mietfachanlagen (24h-SB-Mietfachanlagen), bei der hat der Bankkunde nach entsprechender Legitimation jederzeit allein Zugriff auf sein Mietfach.

(Neu aufgenommen am 20.5.2002)

(Definition: VdS)

Mikrofilmvernichter
Siehe auch Aktenvernichter, Datenträgervernichter, Informationsschutz, Vernichtung.

Eine Einrichtung, welche Mikrofilmmaterial (Mikrofilme/-fiches) so zerkleinert oder verschmilzt, dass die Reproduzierbarkeit der darauf enthaltenen Informationen unmöglich oder weitgehend erschwert ist.
Da Mikrofilme eine Informationsdarstellung in verkleinertem Maßstab aufweisen, ist bei der Vernichtung von Mikrofilmen, die aufgrund ihres Inhalts als →Verschlusssache eingestuft sind, eine besonders kleine Partikelgröße des Abfallgutes vorgegeben; formell zugelassene Vernichtungsgeräte hinterlassen lediglich ein Schmelzprodukt bzw. staubartige Partikel.

(Letzte Änderung: 24.4.2000)

(Opfermann)

Mikroprozessor
Der Mikroprozessor µP ist die Zentraleinheit eines Mikrocomputers µC. Die auf einem Chip (Halbleiterkristall, der als Baustein eine komplette integrierte Schaltung enthält.) realisierten Funktionen des µP sind in der Regel das Rechenwerk, auch Arithmetik-Einheit genannt, die Arbeitsregister und die Ablaufsteuerung.
Durch Ergänzung mit Programmspeichern →ROM, →PROM, →E-PROM, Arbeitsspeichern (→RAM) sowie Ein- und Ausgabebausteinen entsteht ein Mikrocomputer. Erst dadurch ergibt sich eine arbeitsfähige Einheit, die in der Lage ist, Daten zu verarbeiten. Diese Daten werden in festen Wortlängen (byte) zu 4, 8, 16, 32 binären Zahlen (bit) seriell, d.h. nach-

einander abgearbeitet. In den Worten sind Adressen, Befehle und Daten enthalten.
Mikroprozessoren werden in der LSI-Technik gefertigt (LSI = Large Scale Integration. Diese Technik ermöglicht eine hohe Funktionsdichte). Hierbei werden verschiedene Technologien, wie P-MOS, N-MOS und →C-MOS angewendet. Für →Gefahrenmeldeanlagen hat die C-MOS-Technologie aufgrund der störsicheren und energieeinsparenden Eigenschaften besondere Bedeutung.
Der Vorteil des Einsatzes von Mikroprozessoren in Gefahrenmeldeanlagen liegt vor allem in der Flexibilität durch freie Programmierbarkeit. Es erleichtert die objektbezogene Anpassung vor Ort an die jeweiligen Anforderungen. Sie sind nicht nur in Zentralen und Telefonwählgeräten (→AWAG, →AWUG, →Übertragungsgeräte) zu finden, sondern auch zunehmend in Bewegungsmeldern und anderen Detektoren.
Um die Zuverlässigkeit dieser komplexen Systeme zu erhöhen, sind Notredundanzen (→Redundanz) vorzusehen, d.h. bei Ausfall funktionswichtiger Teile muss noch eine Meldung erfolgen. Siehe z. B.: VdS-Richtlinien für Software-gesteuerte Gefahrenmeldeanlagen.

(Hess)

Mikrowellendetektor/ Mikrowellenschranke

Siehe auch Einbruchmeldeanlage, Freilandschutz, Intrusionsschutz, Raumüberwachung.
Mikrowellenschranken bestehen aus Sender und Empfänger. Die Betriebsfrequenz liegt im Giga-Hertz-Bereich (in Deutschland 9,35 GHz).
Entscheidend für die Form der Geräte sind die verwendeten Antennenarten. Man unterscheidet Parabolantennen, Stabantennen und Planarantennen. Über diese Antennen wird beim Sender die erzeugte Frequenz verstärkt abgestrahlt (Antennengewinn) und beim Empfänger aufgefangen. Das dabei entstehende Detektionsfeld ist zigarrenförmig raumfüllend. Die Art und Bauform der Antenne beeinflusst die Detektionszone in Höhe und Breite.
Das Hochfrequenzfeld besteht aus sogenannten Fresnelzonen, die man sich wie bei einer Zwiebel schalenförmig aufgebaut denken kann. Nach außen nehmen diese Zonen in ihrer Intensität ab. Zusätzlich gehen sie in das

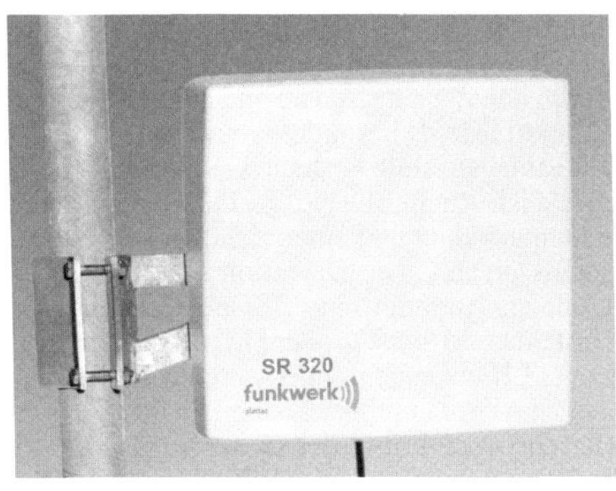

Mikrowelle
Bild: Funkwerk plettac

Summenmesssignal, je nach „Schale", mal negativ und mal positiv ein. In der Praxis bedeutet das, wenn sich ein Intruder von außen in die Kernzone bewegt wird das Messsignal abwechselnd positiv und negativ, mit wachsenden Ausschlägen zum Zentrum hin. Diese Signaländerungen werden nach Größe, Anzahl und Steilheit ausgewertet. Bei Überschreitung eines eingestellten Grenzwertes (Empflindlichkeit) wird ein Alarmsignal abgesetzt. Mikrowellenschranken erfassen Objektgeschwindigkeiten von 2 cm/sec bis 10 m/sec. Umwelteinflüsse wie Regen oder Graswuchs, die das Messsignal langsam verändern, werden über eine Spannungsnachführung kompensiert.
Mikrowellenschranken sind durch das nicht sichtbare und nur schwer kalkulierbare Detektionsfeld von äußerst hohem Überwindungswiderstand. Sogar der Innentäter, der Messprotokolle und Projektierungspläne kennt, müsste sich Markierungen schaffen und Übersteighilfen benützen. Selbst dann können durch Feuchtigkeit am Boden Überreichweiten entstehen, die eine Detektion auch in den Randzonen erwarten lassen. Die voluminöse Detektionszone erschwert das Eindringen über eine große Erfassungsbreite und auch Höhe. Ein unentdecktes Überwinden vom Boden aus ist nur mit aufwändigen Steighilfen (mehrteilige Leiter) oder durch langsames Vorwärtsbewegen (< 2 cm/sec) möglich. Setzt man nun voraus, dass die Umschließung kameraüberwacht ist, wird kein Eindringling sich langsam im Areal bewegen wollen und ein Entdecken riskieren.

Häufig werden Mikrowellenschranken in Doppelzaunanlagen eingesetzt. Hier hat sich das durch den Zaun begrenzte und damit definierte Detektionsfeld besonders bewährt. Doppelzaunanlagen sind kostenintensiv und benötigen viel Raum, bieten jedoch einen guten Kleintierschutz und einen zusätzlichen Widerstandszeitwert. Die Detektion ohne Seitenbegrenzung verlangt eine genaue Kenntnis des Umfeldes, da sonst größere Metallmassen z.B. Züge, LKWs auch in unerwarteten Entfernungen zu Alarmen führen können.
Bei der Ausführung der Gesamtanlage ist zu berücksichtigen, dass der Pflanzenwuchs (Büsche und Gras) kleingehalten wird. Der Boden muss möglichst eben und frei von Wasseransammlungen sein.
Die Detektionslängen von Mikrowellenschranken sind mit mindestens 20 m einzuplanen und werden in einigen Fällen maximal mit 150 m angegeben, wobei man hier Reichweite und Detektionsfeldlänge unterscheiden muss. Je größer der Abstand zwischen Sender und Empfänger ist, desto kleiner ist das auszuwertende Messsignal und desto größer sind Störeinflüsse. Eine Feldlänge zwischen 60 m und 100 m hat sich in der Praxis bewährt und lässt sich am besten mit Kamerainstallationsabständen verknüpfen.
Durch Bodenunebenheiten (Kuppen, Gräben) entstehen Detektionsschatten, die ein unbemerktes Durchdringen der Zone ermöglichen können.
Die Detektion in Eckbereichen ist aufgrund des Kurvenverlaufes des Detektionsfeldes kritisch. Die Bodendeckung wird je nach Installationshöhe und Antennenart erst nach 1 bis 5 m erreicht. Entsprechend muss in den Eckbereichen Raum für Überlappung eingeplant werden; andernfalls sind mechanische Hindernisse vorzusehen.
Die Detektionszone wird begrenzt und beeinflusst von Metallen und Flüssigkeiten.
(Letzte Änderung: 7.7.2004)

(Sperr)

Militärischer Abschirmdienst

Siehe MAD

Mobile Absicherung und Überwachung von Personen und Objekten

Siehe auch Notrufzentrale

Neben stationären Einrichtungen können über eine Leitstelle auch mobile Objekte, wie Fahrzeuge, Container, Trailer, Wechselbrücken, Baumaschinen und Schiffe sowie Personen abgesichert und überwacht werden. Der Dienst stützt sich auf spezielle Notrufhandys und leicht installierbare Geräte mit GSM-Mobiltelefontechnik (→GSM) und satellitengestützter Ortung über GPS (Global Positioning System). Die Ortung allein innerhalb des GSM-Netzes (→GSM-Ortung) wird zunehmend eingesetzt. Hier sind die technischen Gegebenheiten im Besonderen außerhalb der Ballungsgebiete zu beachten. Bei der GPS-Ortung (→Satellitenortungssystem) hingegen sind die technischen Bedingungen im Hinblick auf die Sichtverbindung zu den Satelliten zu beachten. In großen Flächen ohne terrestrische Stationen können auch satellitengestützte Kommunikationssysteme, wie das Iridium-System eingesetzt werden. Die Endgeräte kommunizieren hier direkt mit den Satelliten und können weltweit benutzt werden. Der Satellitenverbund ist über mehrere Gateways mit den bestehenden erdgebundenen Telefonnetzen verbunden.
Das Endgerät meldet einen Notruf/Alarm an die Leitstelle. Per SMS werden die Positionsdaten übermittelt und auf einer hochauflösenden Karte visualisiert. Die hilferufende Person oder das mobile Objekt kann so bis auf wenige Meter genau lokalisiert werden. Gleichzeitig wird eine Sprechverbindung zum Gerät aufgebaut und die Leitstelle kann mit dem Hilferufenden sprechen oder bei einem stillen Alarm in die Situation hineinhören. Nach einer qualifizierten Alarmvorprüfung leitet die Leitstelle unverzüglich die mit dem Nutzer abgestimmten (Hilfs-) Maßnahmen ein. Alle Maßnahmen werden überwacht und bis zum Abschluss dokumentiert.
Ein Notruf/Alarm kann aktiv durch Tastendruck am Gerät oder durch berechtigte Dritte ausgelöst werden. Für die Geräte können aber auch spezielle Gebiete definiert werden, die sie nicht verlassen oder betreten sollen. Verlässt oder betritt der Träger oder das überwachte Objekt das vorgegebene Gebiet, wird automatisch Alarm ausgelöst. Dies gilt ebenso, wenn von einer festgelegten Route abgewichen oder ein definierter Standort verlassen wird. Zusätzlich an den Geräten angeschlossene Sensoren melden der Leitstelle zudem den Zustand der Fracht – wie etwa unvorhergesehene

Funktionsprinzip Mobile Personen- und Objektabsicherung (Beispiel: Leitstellen des Bosch Communication Center)

Temperaturänderungen. Ebenso kann der Fahrzeugführer bei einem Überfall die Leitstelle mit dem eingebauten Notruftaster unbemerkt um Hilfe rufen. Neben sicherheitsrelevanten Dienstleistungen lässt sich auch die routenoptimierte Steuerung von Serviceorganisationen realisieren.

(Letzte Änderung: 10.7.2006)

(Schirrmann)

Mobile Malicious Code

Siehe Malware, Trojaner, Viren, Würmer.

Mobile Malicious Code, auch MMC, ist der Oberbegriff für sämtliche Arten von Computerschädlingen. Diese infizieren und manipulieren ohne Wissen des Anwenders einzelne Computer oder ganze Netzwerke. Die Auswirkungen sind vielfältig und gipfeln im schlimmsten Fall im Zusammenbruch des Netzwerks oder dem Kompromittieren der Datensicherheit. Neben klassischen Viren umfasst die Kategorie sogenannte Würmer, die sich ohne Zutun eines Nutzers selber von infizierten Systemen weiterverbreiten, schädliche Trojaner, die sich als nützliche Programme tarnen und Skripte wie ActiveX, Visual Basic oder JavaScript, die sich zum Beispiel in Dateien oder Webseiten finden. Schutz bieten klassische Antivirenlösungen, sofern aktuelle Virensignaturen existieren. Darauf nicht angewiesen sind sogenannte „Sandbox“-Lösungen, die das probeweise Ausführen und Analysieren von unbekanntem Code in einer Art „abgesichertem Modus“ ermöglichen. Dadurch minimieren sie die Gefahr einer Infektion des Gesamtnetzes durch unbekannte Codes. Entsprechend funktionieren diese Lösungen auch in dem Zeitfenster zwischen Bekanntwerden eines neuen Virus und dem Bereitstellen entsprechender Signaturen durch die Antivirenhersteller.

(Neu aufgenommen am 24.5.2004)

(Hartmann)

Mobiler Rauchschutzabschluss

Siehe Rauchschutztür, Rauchschutzvorhang

Mobile Einrichtung zur Abdichtung des oberen Öffnungsbereichs der Tür zum Brandraum, um während der Rettungs- bzw. Löscharbeit der Feuerwehr eine Rauchausbreitung in angrenzende Räume und somit eine Schadenerweiterung zu verhindern.

Der Mobile Rauchschutzabschluss wird von der Feuerwehr im Einsatzfahrzeug mitgeführt und besteht insbesondere aus einem ausziehbaren Metallrahmen mit einem Vorhang aus nichtbrennbarem und hochtemperaturbeständigem Gewebe sowie einer Spanneinrichtung, die eine schnelle Anbringung des Abschlusses an Türöffnungen unterschiedlicher Breite ermöglicht.

(Neu aufgenommen: 10.7.2006)

(Dr. Wang)

Mobile Videoüberwachung

Siehe auch Videoüberwachung (mit weiteren Verweisen)

Mobile digitale Videorekorder, die speziell für Einsatzgebiete wie Bus, Bahn, LKW/PKW konzipiert sind, können über Telefonnetze (GSM, GPRS, UMTS) Bilder aus den Fahrzeugen und GPS-Informationen übertragen. Auch der Versand von SMS Berichten ist mög-

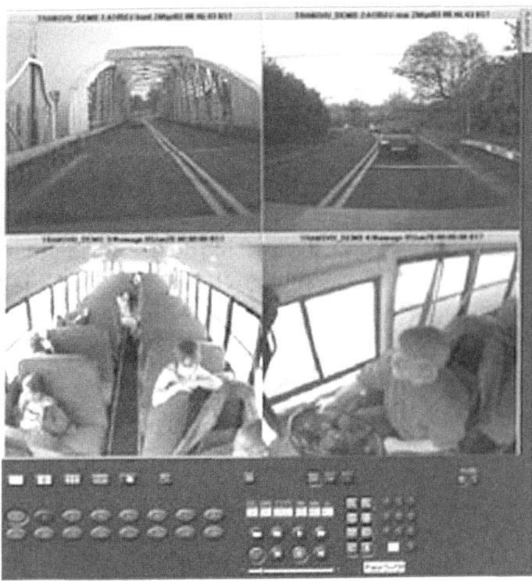

Mehrfachansicht auf einem Monitor mit Livedarstellung. Wiedergabe mit Suchfunktion, Ereignis- und Tonwiedergabe.

Karte mit eingeblendeten GPS-Positionsmeldungen

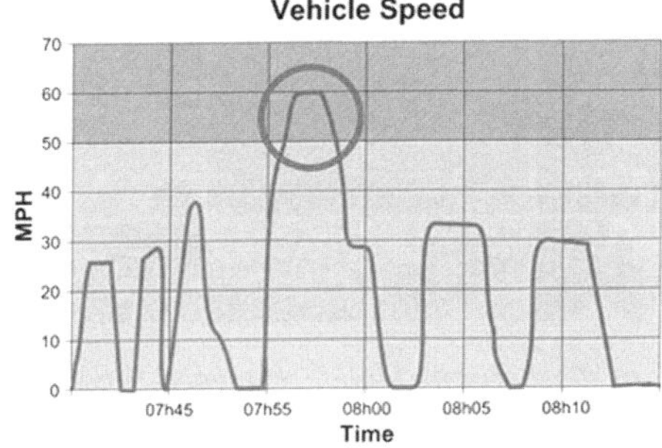

Aufzeichnung von Messwerten aus Fahrzeugen (Bilder: Dedicated Micros GmbH)

lich. GPS Positionsdaten (→*Satellitenortungssystem*) können z.B. beim Ein- und Ausschalten der Fahrzeuge oder beim Verlassen einer vorgegebenen Route (z.B. Geldtransporte oder Lkw) übermittelt werden. Diese Positionsinformationen können auf animierten Landkarten angezeigt werden. Auch beim Auslösen von Alarmen kann der Alarmstatus übermittelt werden.

Über einen internen Sensor kann der mobile digitale Rekorder Beschleunigungs- und Bremsvorgänge überwachen und aufzeichnen. Bei der Wiedergabe der Bilder können auf dem Bildschirm Anzeigen für Beschleunigung, Bremsen und Seitenkräfte eingeblendet werden.

Aufgezeichnet werden alle Daten entweder auf interne Festplatten oder Wechselfestplatten (→Bildspeicher). Die Daten können über ein Netzwerk (TCP/IP, auch drahtlose LAN-Ver-

bindung) auf lokale Computer übertragen und dort archiviert werden.
(Neu aufgenommen am 12.5.2004)

(Siebrecht)

Mobilisierungssystem

Siehe *Aufgebots- und Informationssystem.*

Model Driven Security

Siehe auch *IT-Sicherheit, Authentifizierung, Verschlüsselung, Vertraulichkeit, Zugriffsschutz (IT)*

Im Rahmen der Model Driven Architecture (MDA) erarbeitet gegenwärtig die Object Management Group (OMG) einen Standard, durch den Architektur und Eigenschaften eines zu erstellenden Anwendungssystems unabhängig von einer konkreten Plattform und Ablaufumgebung beschrieben werden können (siehe www.omg.org/mda). Die Kernidee des Ansatzes besteht darin, mit Hilfe geeigneter Modellierungssprachen wie etwa der Unified Modeling Language (UML) ein plattformunabhängiges Modell des geplanten Anwendungssystems zu erstellen. Ein solches Modell wird anschließend automatisiert in ein plattformspezifisches Softwaresystem überführt, das in einer technischen Plattform (wie etwa einem J2EE/EJB- oder .NET-Applikationsserver) ausgeführt werden kann.

Die Anwendung des MDA-Ansatzes für den Bereich Sicherheit – Model Driven Security – besteht darin, dass Sicherheitsaspekte und -anforderungen auf Modellebene explizit beschrieben und mittels Code-Generierung in der Zielplattform umgesetzt werden. Neben den Vorteilen einer Modell-basierten Vorgehensweise (wie z.B. Plattformunabhängigkeit, Wiederverwendung) leistet Model Driven Security einen wichtigen Beitrag zur Sicherheit von Applikationen, da

- Konsistenzüberprüfungen bereits auf Modellebene durchgeführt werden können
- eine frühzeitige Identifikation von Sicherheitslöchern möglich ist
- eine bessere Abstimmung zwischen dem Anwendungsmodell und dem gewünschten Sicherheitsmodell möglich wird
- Sicherheitsinformationen in einer für den Menschen adäquaten und verständlichen Weise ausgedrückt werden können
- Code-Generierung für verschiedene Sicherheitsinfrastrukturen möglich ist.

Model Driven Security kann für die Erstellung von verteilten Anwendungssystemen eingesetzt werden, die Sicherheitsanforderungen genügen müssen, etwa über das Internet zu tätigende Geschäfts- oder Vertragsabschlüsse. Das Spektrum der potentiellen Anwendungsgebiete ist weitreichend und umfasst insbesondere die Bereiche E-Commerce und E-Government.
(Neu aufgenommen am 2.5.2004)

(Dr. Hollunder)

3

Monitor

Siehe auch *Videoüberwachung (mit weiteren Verweisen).*

Ein Monitor ist ein Sichtgerät, das zur Wiedergabe von Videobildern dient. Es handelt sich dabei um ein Fernsehgerät ohne Hochfrequenzteil, da es nur ein Videosignal (FBAS, BAS oder Komponentensignale) verarbeiten muss. Bei der Auswahl eines geeigneten Monitors ist, neben der richtigen Bildgröße, besonders auf die Wiedergabeeigenschaften wie z.B. Auflösung zu achten, um der Leistungsfähigkeit moderner Videokameras gerecht zu werden.

(Schilling)

Moonlightkamera

Siehe *Restlicht-Kamera.*

Multifunktionale Primärleitung (BMA)

Primärleitung, an die neben automatischen und/oder nichtautomatischen Brandmeldern auch andere Geräte, z.B. Steuereinrichtungen, Anzeigeeinrichtungen und Schnittstellenmodule, die ausschließlich zum Zwecke des Brandschutzes betrieben werden, angeschlossen sind.
(Letzte Änderung: 23.6.98)

(Schmitt)

Multifunktionaler Signalgeber

Siehe auch *Signalgeber*

Multifunktionale Signalgeber sind Alarmgeber der neuesten Generation. Je nach Ausführung der Signalgeber sind folgende Komponenten integriert:

- Optische Alarmierung
- Akustische Alarmierung
- Sprachausgabe

Bei am Markt verfügbaren Modellen sind DIN-Signalton nach 33404, Blitzleuchte und Sprachalarmierung in einem Gehäuse zusammengefasst. Die multifunktionalen Signalgeber werden auf der Ringleitung betrieben und benötigen keine gesonderte Stromversorgung. Sie sind kurzschluss- und unterbrechungstolerant. Die Sprachausgabe kann insbesondere zur Evakuierung von Menschen aus Gebäuden eingesetzt werden. Betroffene Personen werden im Brandfall beruhigt und sicher aus dem Gebäude geführt.

(Neu aufgenommen am 16.5.2004)

(Buschmann)

Multifunktionales Sicherheitssystem

Ein multifunktionales Sicherheitssystem übernimmt verschiedene Überwachungsfunktionen wie →Einbruchmeldung, →Zutrittskontrolle, Türmanagement, →Videoüberwachung, Alarmübermittlung und →Brandmeldung mit einer einzigen kommunikationsfähigen Plattform. Ein solches System ist mit Schnittstellen für Fernsupport, Drittsysteme, Drucker und Fernübermittlung ausgerüstet. Der Benutzer kann damit via Telefonleitung in das Objekt hineinhören und hineinsprechen und die Ursache eines Alarms verifizieren (→Alarmverifikation).

(Letzte Änderung: 27.6.98)

(Wigger)

Multimedia

Siehe Computer Based Training (CBT).

Multiprofil

Siehe auch Schließanlage, Schließzylinder, Schloss (mit weiteren Verweisen)

An der Längsseite von Schlüsselprofilen zusätzlich eingebrachte Profilierungen, die in) Schließzylinder durch spezielle, federlose Sperrschieberelemente abgefragt werden; Diese Art der Schlüsselprofilkontrolle führt im Vergleich zu herkömmlichen Profilen zu einer wesentlich höheren Nachschließ- und Aufsperrsicherheit.

(Neu aufgenommen am 21.3.2002)

(Krühn)

Multisensor

Siehe Mehrkriterienmelder.

µP

Siehe Mikroprozessor.

N

Nachleuchteffekt

Siehe auch Videoüberwachung (mit weiteren Verweisen).

Bildsensoren, die in Röhrentechnik ausgeführt sind, produzieren in hellen Bildteilen verwaschene Bildkonturen bei schnellen Bewegungsabläufen. Dieser Nachleucht- oder auch Nachzieheffekt wird durch eine unvollständige Entladung der Photokathode bis zu einer neuen Belichtungsperiode, verursacht. Ein Effekt mit ähnlichen Auswirkungen ist das Nachleuchten bestimmter Phosphorbeschichtungen von Monitor-Bildröhren.

(Schilling)

Nachrüstsicherung an Glas

Siehe Abhörsicherheit, Alarm-Sicherheitsfolie, Sicherheitsfolie, Splitterabgang, Splitterschutzfolie, Vorsatzfenster.

Nachrüstung (Fenster, Türen)

Siehe auch Einbruchhemmende Fenster, Einbruchhemmende Gitter, Einbruchhemmende Tür, Vorsatzfenster.

Die einbruchhemmende Wirkung von Fenstern und Türen kann durch das Anbringen von Zusatzverriegelungen, sogenannten Nachrüstsicherungen, zumindest punktuell erhöht werden. Normativ geregelt wird dies in der aus zwei Teilen bestehenden DIN 18104 „Einbruchhemmende Nachrüstprodukte". Teil 1 mit dem Titel „Anforderung und Prüfverfahren für aufschraubbare Nachrüstprodukte für Fenster und Türen" wurde im September 2000 veröffentlicht. Im November 2002 erschien Teil 2 mit dem Titel „Einbruchhemmende Nachrüstprodukte" – Teil 2: „Anforderungen und Prüfverfahren für im Falz eingelassene Nachrüstprodukte für Fenster und Türen."

Der Prüfplan beider Teile sieht eine statische Belastung und einen manuellen Einbruchversuch mit einfachen Werkzeugen (Werkzeugsatz A aus DIN V ENV 1630) vor. Des weiteren müssen die Hersteller ihren Produkten eine leicht verständliche Bedienungsanleitung (bebildert) und eine detaillierte Montageanweisung mit Angaben zum Einsatzgebiet (für Türen oder Fenster), Hinweisen zu den nötigen Befestigungsmitteln (Anzahl, Dimension) und deren Verwendungszweck (für Holz, Kunststoff, Beton etc.), Angaben zu den benötigten Werkzeugen zur Montage usw. beilegen.

Die Kommission Polizeiliche Kriminalprävention (KPK) veröffentlicht zweimal jährlich eine Liste (zu jedem Teil der Norm, d.h. insgesamt zwei Listen) mit geprüften und zertifizierten einbruchhemmenden Nachrüstprodukten. Diese Listen liegen ebenfalls neben acht weiteren in den kriminalpolizeilichen Beratungsstellen aus bzw. können im Internet auf der Homepage der Polizei abgerufen werden.(z.B. http://www.polizei.bayern.de/schuetzenvorbeugen/beratung/technik/index.html/449). Ein VdS-Prüfverfahren für Nachrüstsortimente an Fenstern und Türen ist im September 1997 erschienen (VdS 2536). Weitere Informationen zum Thema Einbruchschutz auf der Homepage des Instituts für verbraucherrelevanten Einbruchschutz unter www.ive-rosenheim.de.

(Letzte Änderung: 10.7.2006)

(Müller/Junge)

Nachschließsicherheit

Siehe auch Abtastsicherheit, Aufsperrsicherheit, Schließzylinder, Schloss (mit weiteren Verweisen).

„Die Nachschließsicherheit ist der Grad der Erschwerung, ein Schloss/einen Schließzylinder mit einem anderen als dem zugehörigen Schlüssel zu betätigen" (in Anlehnung an DIN 18252).

Nach →RAL-RG 607/5 muss diese Bedingung, um den Güteanforderungen zu genügen, auch noch nach 20.000 Schließvorgängen erfüllt werden.

Nach verschiedenen Normen und Güteanforderungen muss diese Bedingung auch nach einer vorgegebenen Zahl von Schließvorgängen gewährleistet sein, z.B.

- 20.000 in RAL RG 607/5
- 25.000 in EN 1303 Klasse 4 (Kl. P1 in DIN 18252 99-09)
- 50.000 in EN 1303 Klasse 5 (Kl. P2 in DIN 18252 99-09)
- 100.000 in EN 1303 Klasse 6 (Kl. P3 in DIN 18252 99-09)

(Letzte Änderung: 23.7.2006)

(Krühn)

3

Nachsperren

Siehe Aufsperrsicherheit, Schließzylinder.

Nachttresor

Siehe Deposit-System.

Nachweise, bauaufsichtlich geforderte

Siehe auch Bauproduktengesetz, Bauregellisten, Konformitätsnachweis, Übereinstimmungszeichen-Verordnung.

In den nach der Musterbauordnung MBO und den nach ihr ausgerichteten Landesbauordnungen wird unterschieden zwischen

- dem Verwendbarkeitsnachweis (im →Bauproduktengesetz „Brauchbarkeitsnachweis“ genannt) und
- dem Übereinstimmungsnachweis (im →Bauproduktengesetz „Konformitätsnachweis“ genannt).

Der Verwendbarkeitsnachweis ist der Nachweis, dass ein Bauprodukt – als Prototyp geprüft – die Anforderungen der Bauordnung erfüllt, d.h. dass von ihm bei ordnungsgemäßer Verwendung keine Gefahr für die öffentliche Sicherheit oder Ordnung ausgeht.

Der Übereinstimmungsnachweis ist der Nachweis, dass das in den Verkehr gebrachte Bauprodukt für sich die Vermutung in Anspruch nimmt, dass es mit den Bestimmungen des Verwendbarkeitsnachweises übereinstimmt.

In den Tabellen der →Bauregellisten A und B ist bei jedem dort angeführten Bauprodukt angegeben, welcher der folgenden Nachweise zu führen ist:

- Verwendbarkeitsnachweis: Allgemeines bauaufsichtliches Prüfungszeugnis = P, oder allgemeine bauaufsichtliche →Zulassung = Z
- Übereinstimmungsnachweis: Übereinstimmungserklärung des Herstellers = ÜH, oder Übereinstimmungserklärung des Herstellers nach vorheriger Prüfung des Bauprodukts durch eine anerkannte Prüfstelle = ÜHP, oder Übereinstimmungszertifikat durch eine anerkannte Zertifizierungsstelle = ÜZ

(Letzte Änderung: 2.5.2004)

(Prof. Westhoff)

Nachzieheffekt

Siehe Nachleuchteffekt.

Nebelgeräte

Zusatzgeräte zu →Einbruchmeldeanlagen, die bei Alarmauslösung innerhalb von Sekunden einen Raum vollständig mit undurchsichtigen Aerosolen (Nebel) ausfüllen, sodass ein Eindringling die Orientierung verliert. Gemäß VdS Richtlinien-Entwurf 2525 muss die Anlage in dem vom Hersteller spezifizierten Raumvolumen die Sichtweite für mindestens 20 Minuten auf maximal 30 cm herabsetzen. Der Nebel muss gesundheitlich und in Bezug auf Sachen aller Art (z.B. Nahrungs- und Genussmittel, Kunstgegenstände, Bekleidung, Leder, Pelze, Teppiche) unbedenklich sein und darf beim Einsatz keine Rückstände hinterlassen. Dem Nebel soll (Polizeiempfehlung) bzw. darf (VdS 2525) kein Reizstoff (z.B. CS) beigemischt werden.

VdS und Polizei weisen übereinstimmend darauf hin, dass Nebelgeräte auf keinen Fall durch einen Überfallalarm ausgelöst werden dürfen. Außerdem müssen Nebelgeräte so projektiert und installiert werden,

- dass ein Täter durch den Nebel möglichst frühzeitig bereits am Betreten des Objekts gehindert wird,
- dass im Alarmbereich keine Rauchmelder installiert sind,
- dass der Nebel weder von Hausbewohnern noch von Passanten für Brandrauch gehalten werden kann (um unnötige Alarmierung der Feuerwehr oder Panikreaktionen der Bewohner von Obergeschossen zu vermeiden),
- dass Polizei und Feuerwehr über das Vorhandensein des Nebelgeräts informiert sind, um bei Alarmen sachgerecht reagieren zu können,
- dass Interventionskräfte den Raum schnell und ausreichend lüften können.

Werden Vernebelungsgeräte an Einbruchmeldeanlagen mit Anschluss bei der Polizei (ÜEA) betrieben, ist eine vorherige Genehmigung durch die Polizei erforderlich. Auch Einbruchmeldeanlagen ohne Polizeianschluss sollten erhöhten Anforderungen an Betriebssicherheit und Falschalarmfreiheit genügen. Die Polizei empfiehlt den Anschluss insbesondere an Anlagen der Klassen B und C nach dem „Pflich-

tenkatalog für Errichterunternehmen von Überfall- und Einbruchmeldeanlagen".
Während der Nebel im Normalfall aus einer Flüssigkeit generiert wird, gibt es einen Anbieter mit einem „Trockennebler", der mit Pulver arbeitet. Er will nicht die totale Orientierungslosigkeit erzeugen, sondern den Eindringling zum Verlassen des Raumes bewegen. Darum strömt der Nebel langsamer aus, ist nicht so dicht wie bei anderen Systemen, aber dafür mit einer Pfeffer-Beimischung versehen.
Der Entwurf der Richtlinie VdS 2525:1998-03 kann als Grundlage für Prüfungen und Zertifizierungen verwendet werden. Die Kommission Polizeiliche Kriminalprävention (KPK, früher: KVK) hat Sicherungstechnische Empfehlungen „Gefahrenmeldeanlagen in Verbindung mit Nebelgeräten" herausgegeben, die bei allen Kriminalpolizeilichen Beratungsstellen erhältlich sind. Unter Praktikern ist umstritten, ob alle technischen Forderungen eingehalten werden können.

(Redaktion)

Negativer Falschalarm

Siehe Falschalarm.

Netzwerk

Siehe auch ATM, Ethernet, Honeypot, LAN, Kommunikationssicherheit, Leitungsführung, Netzwerksicherheit, Peer-to-Peer-Netzwerk.

Ein Netzwerk ist die Gesamtheit untereinander verbundener Einheiten („Knoten") mit den zugehörigen Verbindungen.
Je nach Betrachtungsweise wird der Begriff „Netzwerk" nur für die Netzverbindungen an sich oder zusammenfassend für Netzverbindungen und Knoten verwendet.
Je nach Funktion des Netzes spricht man von einem Rechnernetz, Telefonnetz, Straßennetz usw.
Die Struktur eines Netzwerks bezeichnet man als „Netzwerktopologie". Die wichtigsten Topologien sind:

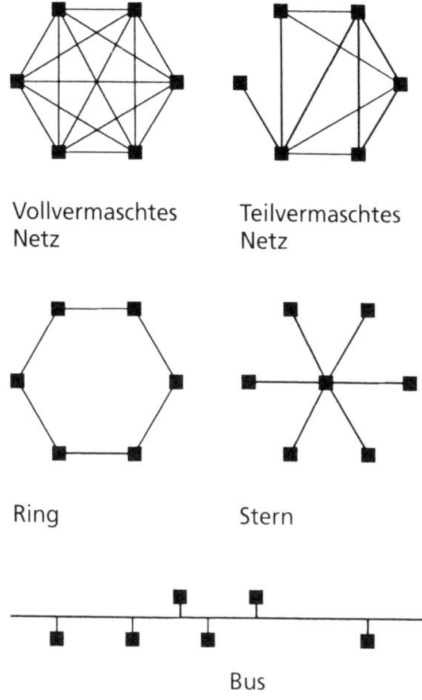

- Vollvermaschtes Netz: Jeder Knoten ist mit jedem anderen Knoten direkt verbunden.
- Teilvermaschtes Netz: Vollvermaschtes Netz, in dem Verbindungen fehlen.
- Ring: Die Knoten sind ringförmig miteinander verbunden.
- Stern: Es gibt einen zentralen Knoten, der zu jedem anderen Netzknoten eine direkte Verbindung hat. Weitere Netzverbindungen gibt es nicht.
- Bus: Alle Knoten nutzen eine einzige Verbindungsstrecke als gemeinsamen Kommunikationskanal.

Auch Mischformen sind denkbar und üblich.
Es ist möglich, auf einem physikalischen Netzwerk eine andere logische Topologie zu realisieren. Beispielsweise emuliert der Token Bus (IEEE 802.4) einen logischen Ring auf einem physikalischen Bus.
Umfangreiche Netze bestehen oft aus einer Vielzahl eigenständiger Teilnetze, die untereinander verbunden sind. Dabei spielen die Probleme des Verbindungsaufbaus, der Wegewahl (Routing) und des dezentralen Netzwerkmanagements eine wesentliche Rolle.
(Letzte Änderung: 28.5.2000)

(Bauspieß)

Netzwerksicherheit

Siehe Honeypot, Leitungsführung, Netzwerk, Kommunikationssicherheit, Peer-to-Peer-Netzwerk.

Der Begriff Netzwerksicherheit wird heute vor allem im Zusammenhang mit Rechnernetzen verwendet. Die Sicherheit von Rechnernetzen zerfällt in zwei Bereiche:

1. Sicherheit der Einzelsysteme (Computer Security, COMPUSEC)
2. Sicherheit der Kommunikationsverbindungen (Communication Security, COMSEC).

Da die Sicherheit der Einzelsysteme oft bereits separat analysiert und als gegeben vorausgesetzt ist, reduziert sich die Fragestellung der Netzwerksicherheit meist auf die der →Kommunikationssicherheit.

Durch die Kopplung einzelner Systeme im Rahmen eines Rechnernetzes können sich jedoch die Anforderungen an die COMPUSEC ändern, beispielsweise durch neue Bedrohungen. Die bis dahin eingesetzten Maßnahmen müssen neu untersucht und gegebenenfalls ergänzt werden.

(Bauspieß)

Neuronales Netz

Siehe auch Netzwerk, Neuronaler Melder.

Mit der zunehmenden Verwendung komplexer Signalanalysen, von Prozessen zur Mustererkennung und von Algorithmen →Algorithmentechnologie müssen in kurzen Zeitabständen große Datenmengen verarbeitet werden. Die traditionelle, sequentielle Datenverarbeitung ist dafür nicht mehr schnell genug.

Im neuronalen Netz stehen alle Verknüpfungen jederzeit mit allen anderen in Verbindung und erlauben so, die anfallenden Daten gleichzeitig auf einer Vielzahl von Ebenen zu verarbeiten. Dies ermöglicht es, z.B. in Sensoren aus den anfallenden Bedrohungsphänomenen und Täuschungsgrößen rasch und sicher die zutreffende Gefahrenstufe zu erkennen und diese an die Signalzentrale (→Brandmelderzentrale, →Einbruchmelderzentrale) zur Weiterverarbeitung zu übermitteln.

(Letzte Änderung: 3.7.2006)

(Wigger)

Neuronaler Melder

Siehe auch Brandmelder, Einbruchmelder, Mehrkriterienmelder, Neuronales Netz.

Der neuronale Melder ist eine Weiterentwicklung des →Mehrkriterienmelders. Der letztere vergleicht die Schwellwerte der einzelnen Sensoren und leitet daraus den Entscheid „Alarm“, „Störung“ oder „keine Meldung“ ab. Die Addition, die Multiplikation, die Potenzierung oder anderweitige Verknüpfung von einfachen Schwellwert-Entscheiden ergibt aber noch keine eigentliche Intelligenz.

Der neuronale Melder zerlegt jedes Signal in verschiedene mathematische Komponenten und teilt ihnen unter Zuhilfenahme von Fuzzy Logic einen Zugehörigkeitsgrad zu. Der Melder wertet anschliessend diesen Zugehörigkeitsgrad auf dem Hintergrund der programmierten Parameter (→Parametrierung) und führt – in Abstimmung mit den Zugehörigkeitsgraden der anderen Signalkomponenten – den Entscheid über die an die →Alarmzentrale zu meldende Gefahrenstufe herbei.

Der durch diesen Signalverarbeitungsprozess anfallende umfangreiche Datendurchsatz wird über ein →neuronales Netzwerk rasch und zuverlässig abgewickelt.

(Wigger)

Nichtautomatischer Brandmelder

„Nichtautomatische Melder sind Melder, die von Personen mittelbar oder unmittelbar betätigt werden können.“(Definition nach DIN VDE 0833)

„Ein nichtautomatischer →Brandmelder ist Teil einer →Brandmeldeanlage, mit dem die →Brandmeldung von Hand ausgelöst werden kann.“ (Definition nach DIN 14675)

„Ein nichtautomatischer Brandmelder ist Bestandteil eines Brandmeldesystems, mit dem die Alarmierung des Brandes von Hand ausgelöst werden kann.“ (Definition nach DIN EN 54-1)

„Nichtautomatische Brandmelder (Feuer-Handtaster) sind Geräte, mit denen der →Brandalarm von Hand ausgelöst werden kann.“ (Definition nach VKF/Sicherheitsinstitut)

Niveauwächter

Teil eines →Wassermeldesystems. Zumeist sind Niveauwächter einfache Schwimmerschalter, welche bei Kontakt mit aufsteigender Flüssigkeit und Überschreitung des vorgegebenen Grenzwertes über eine Auswerteelektronik Alarm auslösen. Niveauwächter werden überwiegend in Auffangbehältnissen zum Bei-

spiel Sammelbecken, Abscheider, Auffangwannen etc, u.a. als Grenzwertgeber für Flüssigkeitsstände eingesetzt.

(Redaktion)

Normalorganisation

Siehe auch Katastrophenorganisation, Notfallorganisation.

In der Normalorganisation sind Organisationsstrukturen und Entscheidungsabläufe darauf ausgerichtet, den Geschäftszweck optimal zu erfüllen. In der Normalorganisation ist festgelegt, wie Störfälle zu bewältigen sind und wer befugt ist, im Notfall, bzw. Katastrophenfall die entsprechende Sonderorganisation einzuberufen.

(Letzte Änderung: 18.12.2003)

(Redaktion)

Normen

Siehe CEN, CENELEC, DIN, DIN EN, ISO, ON (ÖNORM), RAL, SNV, VDE, VDMA.

Notausgang

Siehe auch Evakuierungsweg, Fluchttür/Fluchttürverschlüsse, Fluchtwegsicherheit für Arbeitsstätten, Notausgang, Notausgangsverschlüsse, Paniktürverschlüsse, Rettungsweg

Bezeichnung für einen zur Gewährleistung der Evakuierung notwendigen Evakuierungsausgang, der aufgrund seiner Lage nicht als hauptsächlich bevorzugte Personenverkehrsfläche benutzt wird. Notausgänge müssen ständig funktionstüchtig und entsprechend gekennzeichnet sein (Notbeleuchtung bzw. Sicherheitsbeleuchtung nach DIN VDE 0108).

(Prof. Beilicke)

Notausgangsverschlüsse

Siehe auch Automatisch verriegelnde Schlösser, Evakuierungsweg, Fluchttür/Fluchttürverschlüsse, Fluchtwegsicherheit für Arbeitsstätten, Notausgang, Paniktürverschlüsse, Rettungsweg

Ein mechanischer Notausgangsverschluss gemäß EN 179 ist ein Mechanismus, der für Gebäude geeignet ist, in denen aller Wahrscheinlichkeit nach bei einer Gefahrensituation keine Panik entsteht. Notausgangsverschlüsse sollen eine sichere und effektive Flucht durch eine Tür mittels eines einzigen Handgriffs zur Entriegelung des Fluchttürverschlusses gewährleisten. Die vorherige Kenntnis der Funktionsweise des Verschlusses darf für dessen schnelle Bedienung vorausgesetzt werden.

Der Verschluss sichert die geschlossene Tür. Er besteht aus einem Sperrelement (auch mehreren Sperrelementen), welches in das Sperrgegenstück im umgebenden Türrahmen oder Fußboden eingreift.

Das Sperrelement wird über die Betätigung des Türdrückers oder der Stoßplatte abwärts bzw. in Fluchtrichtung freigegeben.

Hinweis: Notausgangsverschlüsse sind *nicht* als →*Panik*türverschlüsse geeignet!

Der elektrisch gesteuerte Notausgangsverschluss nach prEN 13637 (auch Notausgangsanlage oder Notausgangssystem) ist für Bauten vorgesehen, in denen im Gefahrenfall keine Panik zu erwarten ist. Er ermöglicht die elektrische Steuerung von Notausgängen über die elektrische Verriegelung, die Nottaste und die Steuereinheit. Es ist möglich, diese drei Elemente miteinander zu verbinden oder in verschiedenen Baugruppen zu vereinigen.

Durch einen elektrisch gesteuerten Notausgangsverschluss wird der Fluchttürverschluss intelligenter, indem eine oder mehrere der nachstehenden Funktionen hinzugefügt wird:

- Zustandsanzeige (offen, geschlossen, verriegelt)
- Videoüberwachung
- Zeitsteuerung (Verriegelung während der Nachtstunden)
- Fernbedienung (Zutrittskontrollanlage, Sprechanlage)

Es wird ein höheres Maß an Einbruchsicherheit erreicht

- Erhöhte Zuhaltekraft der Tür
- Anbindung an Einbruchmeldeanlage möglich
- Eventuell Wartezeit vor Verlassen des Gebäudes

Die Gefahrensicherheit wird nicht negativ beeinflusst

- Anschluss an Brandmeldeanlage möglich
- Ruhestromprinzip (stromlos offen)
- Bei Systemausfall ist die Türöffnung über den Türdrücker bzw. die Stoßplatte immer und unverzögert möglich!

Sonstige Fluchttürverschlüsse: In einer Reihe von Ländern werden traditionell andere

3

als die vorstehend beschriebenen Fluchttürverschlüsse bzw. Fluchttürbeschläge verwendet. Diese Verschlüsse entsprechen nicht den neuen Europäischen Normen, können aber während einer Übergangsfrist in manchen Ländern zugelassen sein. Da es sich nicht um genormte →Bauprodukte handelt, trägt der Entscheider, Planer oder Architekt die volle Verantwortung für die Eignung bzw. Zulässigkeit derartiger Produkte.
Mögliche Gründe für die Akzeptanz sind die traditionelle Verwendung des Produkts und/oder die Vertrautheit der potenziellen Nutzer mit diesem.
Da man sich nicht immer auf diese Vertrautheit verlassen kann, wird nachdrücklich empfohlen, derartige Produkte durch der europäischen Normung entsprechende Fluchttürverschlüsse zu ersetzen.
Eine Auflistung der relevanten Europäischen Normen findet sich beim Stichwort →Fluchttüren/Fluchttürverschlüsse.
(Neu aufgenommen: 29.4.2004)

(Wischgoll)

Notfall

Siehe auch Katastrophe, Störfall.

Ein Notfall ist eine Lage, die infolge eines überraschenden und außerordentlichen Ereignisses entsteht, dessen Schäden zwar – wie bei einer Katastrophe – voraussichtlich nicht mit den vorhandenen Mitteln und Organisationsstrukturen bewältigt werden können, sich aber dennoch nicht über die Betriebsgrenze hinaus auswirken.
In der IT bezeichnet ein Notfall den Ausfall der gesamten Informationstechnik. Der Wiederanlauf ist durch die getroffenen Vorsorgemaßnahmen und Dokumentation in der definierten Zeitspanne möglich. Die Geschäftsabläufe sind während der Wiederanlaufphase behindert oder unterbrochen.
(Letzte Änderung: 18.12.2003)

(Glessmann)

Notfalldokumentation (IT)

Siehe auch Business Continuity, Disaster Recovery, Frühwarnsystem, Inventarverwaltung, Katastrophenorganisation, Krisenmanagement, Krisenstab, Notfall, Notfallorganisation, USB-Speicher

Das Ziel einer Notfalldokumentation für die Informationsverarbeitung ist es, die ausführenden Personen/Teams exakt durch alle Schritte bis zum Wiederanlauf in der geplanten Umgebung (Kaltes RZ, Warmes RZ, Hot Standby →Disaster Recovery) zu führen. Alle hierfür benötigten Informationen müssen einerseits lückenlos und aktuell vorhanden sein und andererseits von den ausführenden Personen umgesetzt werden können. Eine gesicherte Methode zur Feststellung der Ausführbarkeit ist ein Abnahmeverfahren durch die ausführenden Stellen.
Vier Anforderungen bestehen an eine Notfalldokumentation:

1. Aktualität
2. Vollständigkeit
3. Erreichbarkeit
4. Eindeutigkeit

Es gibt unterschiedliche Formen der Notfalldokumentation:

1. Das klassische gedruckte Handbuch, erstellt mit einem Textsystem (MS/Word, o.Ä.) ergänzt durch Excelsheets, Visiozeichnungen, usw. Bei dieser Form ist der Pflegeaufwand erheblich. Daher ist die Dokumentation oftmals nicht auf einem aktuellen Stand.
2. Das gedruckte Handbuch, basierend auf einer Datenbank. Bei dieser Form können die relevanten Informationen nach beliebigen Kriterien aus der Datenbank ausgewählt, gruppiert und sortiert werden. Die so generierten Handbücher haben somit einen deutlich höheren Informationsgehalt. Wichtig für die Aktualität ist der regelmäßige Ausdruck der Handbücher, damit alle Teams über den gleichen, aktuellen Datenbestand verfügen.
3. Die Online-Notfalldokumentation baut ebenfalls auf einer Datenbank auf. Zusätzlich zu den gedruckten Handbüchern stehen hier alle Informationen online zur Verfügung. Hierdurch wird die Aktualität deutlich gesteigert. Allerdings setzt diese Form voraus, dass die Daten gespiegelt an zwei Standorten vorgehalten werden, damit bei Ausfall des Servers ein Zugriff auf die Daten möglich ist. Auch die Vorhaltung von Kopien der Anwendung und der Datenbank auf Laptops, die die Mitarbeiter auch mit nach Hause nehmen, erhöht die Verfügbarkeit. Tipp: Sofern eine Kopie auf

einem Laptop in einer externen, gesicherten Lokation vorhanden ist, sollte die Funktionsfähigkeit des Akkus regelmäßig überprüft werden.

4. Eine interessante Möglichkeit bietet die Speicherung der Notfalldokumentation auf einem USB-Speicher. Von einem solchen Speicher kann die Dokumentation mit jedem PC ausgelesen, gedruckt oder Online genutzt werden. Um Missbrauch der Dokumentation vorzubeugen, sollte der USB-Speicher über die Möglichkeit der Verschlüsselung der Daten oder einen gesicherten Bereich verfügen. Hier bieten sich auch Systeme mit Fingerprint Sensor (→Fingerabdruckvergleich) an, die den Zugriff auf die Daten einem eingeschränkten Kreis vorbehält.

Die Datenbank sollte im Minimum folgende Informationen beinhalten:

- Anschriften aller relevanten Firmen, Mitarbeiter, Dienstleister
- Inventare mit wichtigen technischen Informationen
- Lokationen der Komponenten
- Aktionspläne für den Wiederanlauf
- Arbeitsanweisungen für Störfälle

(Letzte Änderung: 10.7.2006)

(Glessmann)

Notfallorganisation

Siehe auch Katastrophenorganisation, Krisenmanagement, Krisenstab, Normalorganisation.

Die Notfallorganisation ist im Gegensatz zur Normalorganisation eine Sonderorganisation. In der Notfallorganisation sind die Organisationsstrukturen und Entscheidungsabläufe darauf ausgerichtet, mögliche Notfälle optimal in den Griff zu bekommen und so rasch wie möglich zur Normalorganisation zurückzukehren. Eine Notfallorganisation hat nur einen Chef, dem ein Krisenstab sowie die Einsatzdienste (z.B. Feuerwehr, Werkschutz, Sanität, technischer Dienst) direkt unterstellt sind. Dieser Chef muss mit den erforderlichen Kompetenzen ausgestattet sein, da sonst eine wirksame Arbeit nicht möglich ist.

In der IT betreibt die Notfallorganisation den zügigen Wiederanlauf der ausgefallen oder gestörten Rechner oder Anwendungen.

(Letzte Änderung: 2.5.2004)

(Glessmann)

Notlaufeigenschaften

Gefahrenmeldeanlagen sind Sicherheitsanlagen. Ihr zuverlässiges Funktionieren muss auch unter erschwerten Umständen wie z.B. Komponenten- oder Baugruppenausfall gewährleistet sein. Als Mindestanforderung gilt, dass ein Alarm, der sich während eines Systemausfalls ereignet, noch als „Sammelalarm" (ohne Ortsangabe) angezeigt wird.

Durch die in der Signalzentrale eingebauten redundanten Datenpfade (→Redundanz) wird sichergestellt, dass unter Berücksichtigung der wirtschaftlichen Vertretbarkeit bei einem Ausfall Datenverfälschungen und/oder Datenverluste vermieden oder zumindest in möglichst engen Grenzen gehalten werden.

(Wigger)

Notredundanz

Siehe Redundanz.

Notruf- und Service-Leitstelle (NSL)

Siehe Alarmkarte, Notrufzentrale.

Notrufzentrale

Siehe auch Alarmkarte, ALARMNET der TUS, Alarmzentrale, ATM, AWAG, AWUG, Brandmeldeanlage, Datex-P, D-Kanal-Überwachung, Fax on Demand, Fern-Videoüberwachung, Interventionsattest, ISDN, Mobile Absicherung und Überwachung von Personen und Objekten, Übertragungsgeräte, Verbindungsarten.

In einer Notrufzentrale = Leitstelle werden die im Bereich von Anschlussnehmern erfassten Meldungen, z.B. aus Gefahrenmeldeanlagen oder haus- und betriebstechnischen Einrichtungen, die über gemietete Stromwege der Netzbetreiber (Standleitungen), über das öffentliche Fernsprechnetz, →Datex P X.25, X.31, →GSM, →ISDN – in der Schweiz über TUS (→ALARMNET der TUS) – übertragen werden, verarbeitet und die Verfolgung der Meldung eingeleitet. Das dafür eingesetzte qualifizierte Fachpersonal (siehe auch VdS-Anerkennung), das rund um die Uhr tätig ist, sorgt unverzüglich dafür, dass die erforderlichen Maßnahmen zur Hilfeleistung bzw. zur Behebung von Störungen oder Schäden durchgeführt werden. Durch die beim Anschluss-

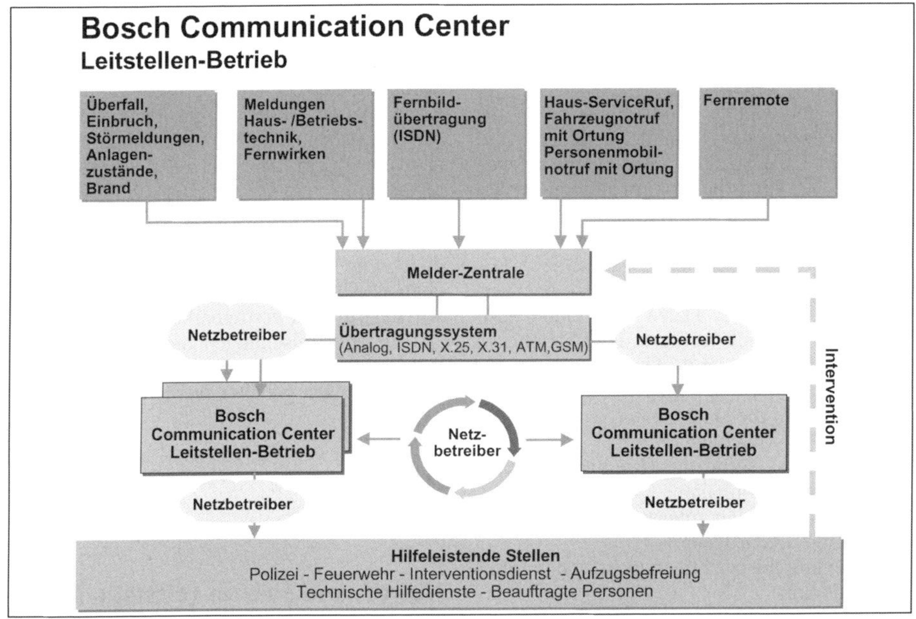

Funktionsprinzip einer Notrufzentrale (Beispiel: Leitstellen des Bosch Communication Center)

nehmer vor Ort installierten Einrichtungen zur Erfassung und Anzeige der verschiedenen Meldungen und Meldungsarten, werden gezielte und schnelle Abwehrmaßnahmen ermöglicht, so dass Schäden und Folgekosten an Sachwerten, aber auch Gefahren für Menschen und Umwelt möglichst kleingehalten bzw. sogar verhindert werden können.
Die technische Ausstattung einer Notrufzentrale umfasst im Wesentlichen die Einrichtungen für die Meldungsübertragung und Meldungsentgegennahme, den Leitstellenrechner zur Verknüpfung der Meldungseingangsdaten mit den für den Meldungsfall hinterlegten, vorgeplanten Einsatzdaten sowie die Einrichtungen für die Weiterleitung der Meldungen zu den →hilfeleistenden Stellen.

Meldungsübertragung

Entsprechend der Risikobewertung kommen zur Übertragung der Meldungen unterschiedliche Übertragungsverfahren zum Einsatz:
Ein Höchstmaß an Übertragungssicherheit wird durch den Einsatz von „freien Stromwegen" des Netzbetreibers – die ständig technisch überwacht werden – erreicht. Bei diesen so genannten Standleitungen wird zwischen einem beim Anschlussnehmer eingesetzten →Übertragungsgerät und der Empfangseinrichtung in der Notrufzentrale die Leitung elektrisch überwacht, sodass auftretende Störungen des Übertragungsweges sofort erkannt und angezeigt werden.
Mit vergleichbarer Übertragungssicherheit stehen zwei weitere Verfahren zur Verfügung. Bei der X.31 Verbindung wird die Verfügbarkeit eines virtuellen, „ständig geschalteten" Kanals im →Datex-P-Dienst ausgewertet. Die „letzte Meile" zum Anschlussnehmer wird über das →ISDN realisiert. Ein weiteres, heute sehr verbreitetes Verfahren ist der Einsatz von zwei unabhängigen Übertragungsnetzen – zum Beispiel dem ISDN- und dem GSM-Netz. Sobald ein Netz ausfällt, wird dieMeldungsübertragung über das Alternativnetz vorgenommen. Durch zusätzliche Routineabfragen – initiiert durch die Notrufzentrale – wird die Netzsicherheit zusätzlich erhöht.
Somit steht dem Anwender eine kostengünstige Alternative zur Standleitung bzw. zur X.25

3

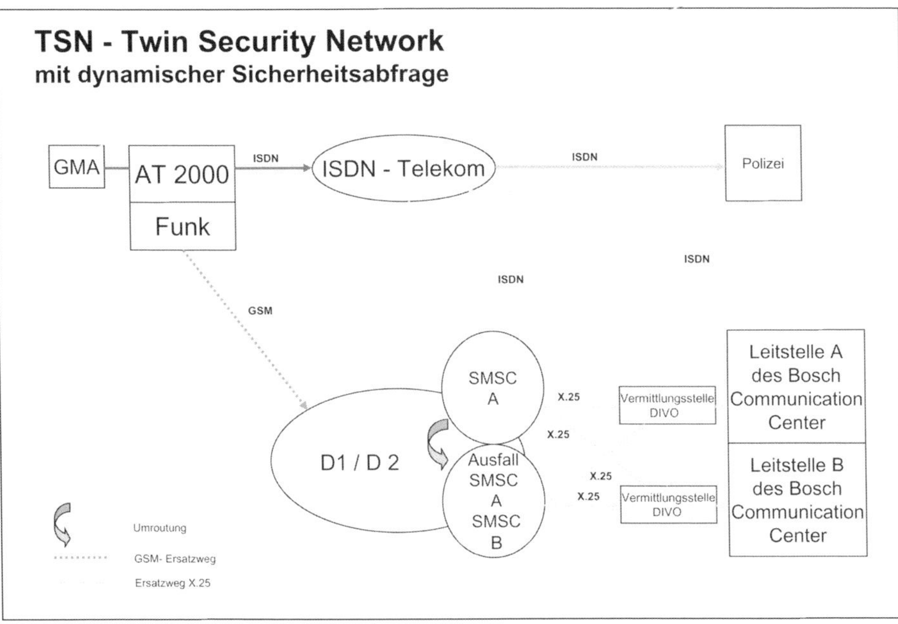

Übertragung über zwei unabhängige Netze (Graphik: Leitstellen des Bosch Communication Center)

/ X.31-Übertragung zur Verfügung (siehe Abbildung).
Für die beiden letztgenannten Verfahren sind in der Notrufzentrale spezielle Empfangseinrichtungen / Rechnersysteme zu installieren. Wichtig ist hierbei, dass ausreichende Betriebserfahrung zur Optimierung der Empfangssoftware vorliegt. Dies gilt auch für die Verarbeitung von Meldungen über das X.25, X.31 Netz, die strukturbedingt eine Vielzahl von Betriebsstati bringen, welche sinnvoll verarbeitet werden müssen.
Eine Entscheidungshilfe bietet die nachstehende Tabelle, die sicherlich als individuelle Einschätzung keinen Anspruch auf Vollständigkeit hat.
Zustands-/Störungsmeldungen, Übertragungen von Grenzwerten und Steuerbefehlen so-

	Bedarfsgesteuerte Verbindungswege (– bis VdS-Klasse B –)					**Stehende / redundante Verbindungswege (– bis VdS-Klasse C –)**		
Übertragungsweg	**Analog**	**ISDN**	**GSM**	**Datex P X.25**	**ATM**	**ISDN**	**X.31 (Access100) ISDN/ ISDN D-Kanal**	**TSN ISDN/GSM**
Anzahl Meldekriterien	gering	hoch	hoch	hoch	hoch	hoch	hoch	hoch
Bildinformation	einge-schränkt	ja	einge-schränkt	möglich	ja	ja	einge-schränkt	einge-schränkt
Geschwindigkeit	mittel	hoch	mittel	hoch	sehr hoch	hoch	hoch/mittel	hoch/ mittel
Verbindungs-/ Betriebskosten	gering	gering	gering	hoch	sehr hoch	sehr hoch	mittel	mittel
Verfügbarkeit	hoch	hoch	hoch	hoch	sehr hoch	sehr hoch (97%)	sehr hoch (97%)	sehr hoch (99,7%)

wie Gefahrenmeldungen aus Objekten mit geringerem Risiko können auch über automatische Wähl- und Übertragungsgeräte, sogenannte →AWUG abgesetzt werden. Für dieses Übertragungsverfahren sind entsprechende Zentraleinrichtungen in der Notrufzentrale zu installieren. Die →digital übertragenen Informationen werden dort entgegengenommen und ausgewertet. Zur Erreichung einer möglichst hohen Übertragungssicherheit erfolgt zwischen Übertragungs- und Zentraleinrichtung ein Datenaustausch, bei dem der Anschlussnehmer identifiziert und die Vollständigkeit der Daten geprüft wird, bevor die Meldung abgesetzt werden kann. AWUGs stehen heute sowohl für die analogen Netze als auch für ISDN zur Verfügung. Als Übertragungsprotokolle kommen firmenspezifische Verfahren zum Einsatz oder das vom VdS nach VdS-Richtlinien (VdS 2465) geprüfte Verfahren.

Als weitere Übertragungssysteme werden nach wie vor automatische Wähl- und Ansagegeräte – →AWAG – eingesetzt. Bei diesen Geräten erfolgt die Entgegennahme der gesprochenen Meldungen über Fernsprechhauptanschlüsse. Nachteil: Es gibt ohne Zusatzaufwand keine eindeutige technische Protokollierung.

Zur Sicherung der Daten und zur Protokollierung aller ablaufenden Meldungsvorgänge werden Datenverarbeitungssysteme in Verbindung mit spezifischen Systemdruckern und Datenspeicherungs- bzw. Datenarchivierungs-Systeme verwendet. Sprachaufzeichnungen erfolgen mit Sprachdokumentationsanlagen mit Zeiteinblendungen.

Die Meldungsweiterleitung an hilfeleistende Stellen erfolgt je nach Qualität des Sicherheitsanspruchs über Standleitungen, Datenverbindungen, Internet oder Fernsprechhauptanschlüsse und die Verbindungen zu Einsatzfahrzeugen des Bewachungs- oder Servicepersonals über Funk.

Meldungsbearbeitung

Grundsätzlich werden analoge (AWAG) und/oder digitale Informationen des Anschlussnehmers in der Notrufzentrale verarbeitet. Die Ausgabe der eingehenden Meldungen erfolgt automatisch durch das Leitstellenrechnersystem.

Im Wesentlichen sind folgende Daten gespeichert: Name, Adresse, Anfahrt, Meldungsart, Einsatzmaßnahmen, Meldungsverfolgung, (z.B. Polizei, private Alarmverfolgung/Intervention, Feuerwehr, Hilfsorganisationen, Serviceunternehmen u.a.).

Anhand dieser Daten wird die Hilfeleistung bzw. die Störungsbeseitigung organisiert. Während des Einsatzes besteht Kontakt zwischen dem Einsatzpersonal und der Notrufzentrale. Sämtliche Vorgänge werden lückenlos zur Dokumentierung protokolliert.

Notrufzentralen-Betrieb

Die Notrufzentrale hat aufgrund der Aufgaben und der dort installierten Sicherheitseinrichtungen und gespeicherten Anschlussnehmerdaten ein hohes eigenes Sicherheitsbedürfnis. Es muss daher gewährleistet sein, dass unbefugtes Eindringen sowohl durch bauliche Erschwernisse, wie hohe mechanische Festigkeit von Wänden und Türen, einbruch- und durchschusshemmende Glasflächen, als auch durch elektronische Überwachungseinrichtungen und organisatorische Maßnahmen, wie →Zutrittskontrolle, Personalschleusen (→Schleuse) u.Ä., verhindert wird.

Um jedes Störungsrisiko zu vermeiden, legen risikobewusste Notrufzentralen-/Leitstellenbetreiber ihre Notrufzentralen komplett redundant aus – d.h. alle wesentlichen Funktionsteile sind komplett gedoppelt bis hin zur Unterbringung an verschiedenen Orten – oder sorgen für gleichwertige Sicherungsmaßnahmen.

In das Leistungskonzept einer Notrufzentrale kann eine möglichst breite Palette von Dienstleistungen unterschiedlicher Art integriert werden.

Priorität haben dabei Gefahrenmeldungen, bei denen häufig eine unmittelbare und weitgehende Bedrohung/Gefahr vorliegt, wie bei Überfall, Einbruch oder Brand (sinnvoll ist der Direktanschluß bei der Feuerwehr). Aber auch Überwachungsfunktionen an betriebstechnischen Einrichtungen und sich selbst steuernden Anlagen und Systemen in der Produktion und Verwaltung oder die Überwachung haustechnischer Einrichtungen wie Klima, Heizung und Lüftung dienen dem rechtzeitigen Erkennen von Störungen, die mittelbar ebenfalls Menschenleben und Sachwerte erheblich gefährden können.

Die wesentliche Aufgabe der Notrufzentrale liegt somit in der sinnvollen Kombination der unterschiedlichen Dienste, so dass Erfassung, Übertragung, Entgegennahme und Verfolgung von Meldungen mit „der richtigen" Qualität wahrgenommen werden. Für die Qualität einer

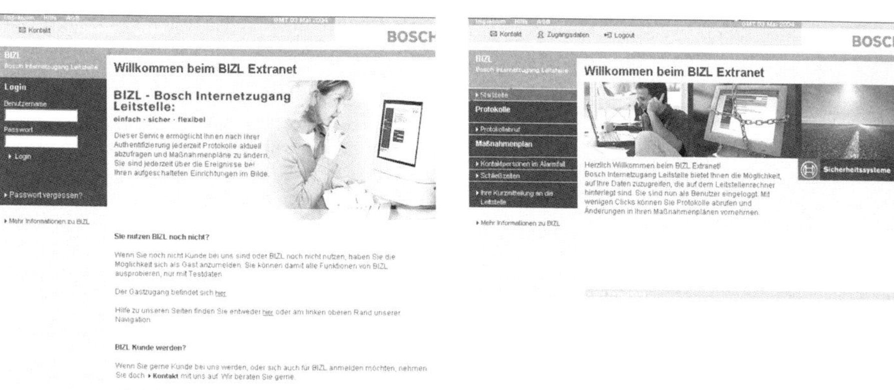

Internetzugang zur Notrufzentrale (Graphik: Login-Maske und Start-Maske – Leitstellen des Bosch Communication Center)

Notrufzentrale sind neben der technischen Kompetenz die Qualität der Notrufzentralen-Mitarbeiter (Leitstellenmitarbeiter) ausschlaggebend. Vollzeitmitarbeiter, langjährige Berufserfahrung, kontinuierliche Aus- und Weiterbildung sowie spezielle Personalauswahlverfahren sind wesentliche Bewertungsparameter. Aber auch die Personalorganisation im Hinblick max. 8h Schichten und vorhandene Konzepte zur Anpassung erkennbarer und unvorhersehbarer Meldungsspitzen sind ein Qualitäts-Indikator.

- Sie geben die Adresse www.bizl.de ein.

- Sie loggen sich mit Ihrem Benutzernamen ein und geben Ihr Internet-Passwort an.

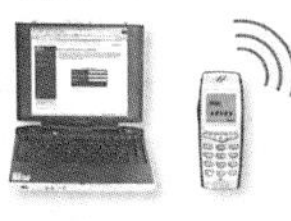

- Sie werden nun zurückgerufen und geben über Ihr Handy/Telefon eine weitere PIN ein.

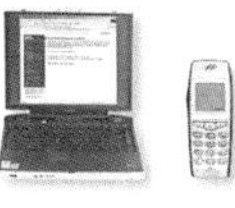

- Und schon sind Sie eingeloggt!

Internetbenutzer-Zusatzauthentifizierung (Graphik: Leitstellen des Bosch Communication Center)

Für die Ausstattung einer Notrufzentrale, auch mit Personal und Fahrzeugen, und für die notwendige Eigensicherung gibt es Empfehlungen bzw. Richtlinien vom Bundesverband Deutscher Wach- und Sicherheitsunternehmen und den Sachversicherern. Der VdS führt ein eigenes Anerkennungsverfahren für Bewachungsunternehmen durch, deren Notrufzentralen den Richtlinien entsprechen. Nicht zu vergessen ist die Zertifizierung gemäß ISO.

Internetzugang zur Notrufzentrale

Kunden einer Sicherheitsleitstelle haben die Möglichkeit, über einen speziell gesicherten Internetzugang für ihre aufgeschalteten Objekte, Alarm- und Ereignisprotokolle abzurufen sowie Maßnahmenpläne (Schließzeiten und festgelegte Kontaktpersonen im Ereignisfall) einzusehen und zu ändern. Außerdem können Mitteilungen an die Leitstelle versendet werden.

Aufgrund der meist nicht ausreichenden Datensicherheit im Internet und der nicht eindeutigen Authentifizierungsmöglichkeit des Benutzers ist für diese hochsensiblen Daten ein besonders hoher Sicherheitsstandard zwingend erforderlich. Um dies zu gewährleisten, setzen beispielsweise die Leitstellen des Bosch Communication Center ein spezielles technisches Dual-Leitstellenkonzept ein. Es basiert in der ersten Ebene auf dem SSL (Secure Socket Layer) Verfahren zur Verschlüsselung und Identitätsüberprüfung im Internet, wie es auch bei Onlinebanking angewandt wird. In der zweiten Ebene wird zusätzlich ein zweiter un-

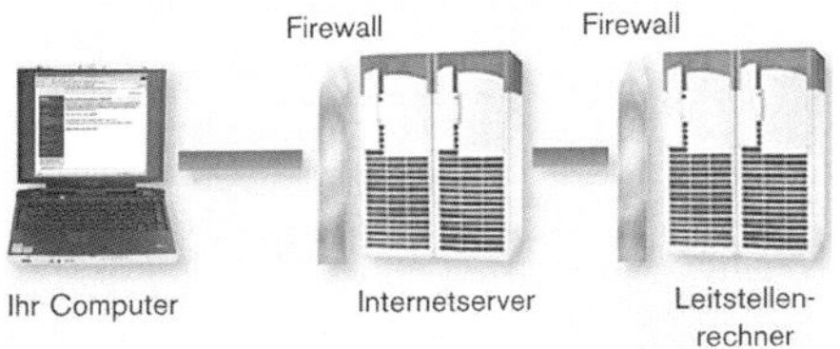

(Grafik: Leitstellen des Bosch Communication Center)

abhängiger Übertragungsweg über Mobilnetz / ISDN verwendet (Internetbenutzer-Zusatzauthentifizierung per Rückruf). Hierbei wird der Kunde, nach der Eingabe einer PIN auf der Internetseite, auf der angegebenen Rufnummer zurückgerufen und muss nun über sein Telefon (Mobiltelefon oder MFV-fähiges Telefon) eine weitere PIN eingeben.

Außerdem wird der Leitstellenrechner durch eine zweifache Firewall vor nicht autorisierten und nicht authentifizierten Anfragen geschützt. Internetserver und Leitstellenrechner sind dabei zur weiteren Sicherheit strikt voneinander getrennt.

Entwicklungstendenzen

Die Öffnung der Notrufzentrale für →Internet-Anwendungen ist mit hoher Vorsicht zu betrachten. Notrufzentralen-/Leitstellenbetreiber müssen mit diesem neuen Medium vorsichtig umgehen. →Firewalls und ähnliche Vorsichtsmaßnahmen stellen für Leitstellen aufgrund der Risikosituation allein keinen ausreichenden Schutz dar. Für Internet-Anwendungen sind besondere Sicherheitsmaßnahmen, verbunden mit entsprechenden Investitionen dringend anzuraten. Ähnliche Vorsicht wird bei der Integration von so genannten Call Center Dienstleistungen in Notrufzentralen empfohlen. Es darf nicht sein, dass auf Grund einer Call Center Dienstleistung (z.B. Bestellannahme) die Alarmbearbeitung leidet.

(Letzte Änderung: 10.7.2006)

(Schirrmann)

Notschlüssel

Siehe Schlüsseldepot, Schlüsselversiegler

Notstromversorgung

Nach DIN VDE 0833 muss eine Gefahrenmeldeanlage über zwei voneinander unabhängige Energiequellen verfügen (Netz und Batterie). Das Netzgerät muss in der Lage sein, neben der Deckung des Energiebedarfs der Anlage die Ladung der Batterie zu erhalten bzw. die Batterie innerhalb von 24 Stunden auf mindestens 80% ihrer Nennkapazität aufzuladen.

Die Batterie muss so bemessen sein, dass sie

- eine Einbruchmeldeanlage 60 Stunden (DIN VDE 0833),
- eine Brandmeldeanlage 72 Stunden (DIN 14675)

betriebsbereit halten kann.

Diese Zeit ermäßigt sich auf

- 30 Stunden, wenn die Störung jederzeit erkannt wird und innerhalb von 24 Stunden der Instandhalter verfügbar ist,
- 4 Stunden, wenn die Störung jederzeit erkannt, der Instandhalter ständig verfügbar ist, wenn Ersatzteile vorhanden sind und für die Gefahrenmeldeanlage eine Netzersatzanlage zur Verfügung steht.

Wartungsfreie Batterien für Gefahrenmeldeanlagen werden durch VdS geprüft und anerkannt. (Verzeichnis der anerkannten wartungsfreien Batterien: Form VdS 2140)

Sogenannte Notstromanlagen (Netzersatzanlagen) kommen für folgende Anwendungsgebiete in Betracht:

- Diesel-Notstrom-Aggregate als Ersatzstromversorgungs-Anlagen zur Sicherung gegen Stromausfälle aus dem öffentlichen Netz
- Diesel-Aggregate als Eigenstromanlagen für Dauerbetrieb, wo eine Versorgung aus dem Netz nicht möglich ist
- Spitzenlast-Aggregate zur Deckung hoher Lastspitzen, wobei diese Aggregate gleichzeitig zur Notstromversorgung verwendet werden können
- Sofortbereitschafts- und Schnellbereitschafts-Aggregate zur unterbrechungslosen Stromversorgung besonders wichtiger Verbraucher, z.B. EDV-Anlagen, Alarmanlagen.

(Letzte Änderung: 25.6.2000)

(Redaktion)

Nottreppe

Bauaufsichtlich nicht definierter, aber häufig gebrauchter Begriff für eine zusätzliche Treppe bzw. Stufenanlage zur Sicherung der Evakuierung bzw. Personenrettung, die zwar nicht allen Anforderungen an eine →notwendige Treppe entspricht (z.B. Nichteinhaltung der Mindestbreite), die jedoch für ausgewählte (kritische) Bereiche die Evakuierungssituation wesentlich verbessert und Risiken abbaut.

(Prof. Beilicke)

Notwendige Treppe

Siehe auch Treppe.

Besonders ausgewiesene Treppe, über die Personen ein Gebäude betreten und verlassen können und über die im Notfall Personen gerettet werden können. Sie muss planmäßig vorgesehen, berechnet und dimensioniert sein. Notwendige Treppen müssen neben den funktionellen Forderungen auch alle brandschutztechnisch begründeten materialtechnischen, konstruktiven und Ausführungs-Forderungen erfüllen. Zusätzlich zu diesen notwendigen Treppen angeordnete Treppen können unter Beachtung funktioneller Bedingungen beliebig ausgeführt werden, sofern dadurch andere Brandschutzmaßnahmen weder aufgehoben noch beeinträchtigt oder unwirksam gemacht werden. Die Art und Ausführung der notwendigen Treppe ist in Abhängigkeit von verschiedenen Parametern (z.B. Gebäudehöhe, Gebäudebenutzung) in den entsprechenden Vorschriften und Richtlinien reglementiert.

(Prof. Beilicke)

Novec

Siehe Gaslöschanlage

NS (Splitterfrei)

Siehe auch Panzerglas, S, Splitterabgang.

Zusatzbezeichnung bei der Einstufung von durchschusshemmenden Verglasungen nach DIN EN 1063. Sie besagt, dass bei der Beschussprüfung kein Splitterabgang auf der geschützten Seite festgestellt wurde. Die Eigenschaft „mit Splitterabgang“ wird mit „S“ gekennzeichnet.

(Neu aufgenommen am 1.7.2002)

(Hohl)

NSL (Notruf- und Service-Leitstelle)

Siehe Alarmkarte, Notrufzentrale.

NTC-Widerstand

Siehe Referenz-Widerstand, Wärmemelder.

Nutzbare Treppenlaufbreite

Siehe Treppe.

O

Objektschutz

Objektschutz (im Sinne der →Security) ist die Summe aller Maßnahmen der Sicherung eines Gebäudes oder zusammengehörigen Gebäudekomplexes gegen eine bestimmte, gewaltsame Einwirkung von außen (Außentäter) und von innen (Innentäter) durch Einzeltäter oder Tätergruppen (= Angreifer).

Im Bereich des Brandschutzes bezeichnet der Begriff den Schutz bzw. den Löschmittelvorrat für den Schutz objekt- bzw. nutzungsspezifischer Brandrisiken, die über das allgemeine Brandschutzrisiko nach Höhe und/oder Art hinausgehen. Im Allgemeinen wird darunter ein erhöhter Löschwasserbedarf bzw. Löschwasservorrat als nach Normenlage für allgemeines Risiko erforderlich verstanden. Siehe dazu auch →Grundschutz, Löschwasser.

Für den früher gebräuchlichen „Objektschutz" im Sinne des Schutzes einzelner Einrichtungsgegenstände, z. B. Brandschutz für EDV-Anlagen hat sich der Begriff →Einrichtungsschutz durchgesetzt.

(Letzte Änderung: 9.7.1998)

(Prof. Beilicke/Meißner)

Objektüberwachung

Siehe auch Bildermelder, Glasbruchmelder, Flächenüberwachung, Kapazitiv-Feldänderungsmelder.

„Einzelobjektüberwachung: Direkte Überwachung einzelner Gegenstände."

(Definition nach dem früheren Pflichtenkatalog der dt. Kriminalpolizei)

Öffnungskontakt

Siehe auch Einbruchmelder (mit weiteren Verweisen).

Öffnungskontakte sind in der Regel Bestandteil des →Außenhautschutzes, können aber auch zur →Objektüberwachung eingesetzt werden.

Bei beweglichen Bauelementen (→Fenster, →Tür) wird am feststehenden Teil ein Magnetkontakt (Reed-Kontakt) befestigt, am beweglichen Teil ein Magnet. Im geschlossenen Zustand befindet sich der Magnet in unmittelbarer Nähe des Kontaktes und hält ihn geschlossen. Beim Öffnen wird der Magnet entfernt, und der Kontakt öffnet sich. Die Kriminalpolizei empfiehlt in ihren Projektierungs- und Installationshinweisen zum Pflichtenkatalog

- Vorzugsweise Doppel-Reed-Kontakte verwenden.
- Abstand Kontakt/Magnet: maximal ein Drittel des erreichbaren Schaltabstandes.
- Aufbaukontakte und Magnete nicht kleben, sondern mit nichtmagnetisierbaren Schrauben befestigen (Ausnahme: →Ganzglastüren).
- Nicht an der Tür- bzw. Fensteranschlagseite montieren (Kippfenster im Wohnbereich: Abweichung darf nur Lüftungsstellung ermöglichen).

(Redaktion)

Öffnungstechniken

Siehe Picking, Schlagpicking, Schließzylinder, Ziehwerkzeug.

ÖNORM

Norm des Österreichischen Normeninstituts ON.

Örtliche Alarmgabe

Alarmierung durch von der Zentrale abgesetzte →Signalgeber.

(Letzte Änderung: 9.5.2004)

(Definition nach DIN VDE 0833-1)

Österreich / Wichtige Sicherheitsinstitutionen

Österreichisches Zentrum für Kriminalprävention

Karlauerstraße 44
8020 GRAZ – ÖSTERREICH
Telefon +43-316-722424
Fax: +43-316-722424-24
E-Mail: praevention@aon.at

Österreichischer Brandschutzverband

Rasumofskygasse 30/1
1030 WIEN - ÖSTERREICH
Telefon: +43-1-715 55 01
Fax: +43-1-715 55 13
E-Mail: obv@obv-cert.at
Internet: http://www.obv.co.at

Verein zur Sicherstellung der Wirksamkeit ortsfester Brandmelde- und Löschanlagen (VWA)
Jetzt: **Prüfstelle für Brandschutztechnik des österreichischen Bundesfeuerwehrverbandes GmbH**
Siebenbrunnengasse 21
1050 WIEN- ÖSTERREICH
Telefon +43-1-5442502
Fax: +43-1-5442502-43
E-Mail: info@pruefstelle.at
Internet: http://www.pruefstelle.at

Beratungsstelle für Brand- und Umweltschutz (BFBU)
Concord Business Park, Bauteil D2/1
2320 SCHWECHAT - ÖSTERREICH
Telefon: +43-1-706 55 00
Fax +43-1-706 86 10
E-Mail: bfbu@bfbu.at
Internet: http://www.bfbu.at

Verband der Sicherheitsunternehmen Österreichs (VSÖ)
Porzellangasse 37/17
1090 WIEN - ÖSTERREICH
Telefon: +43--1-3194132
Fax: +43-1-3199044
E-Mail: office@vsoe.at
Internet: http://www.vsoe.at

Österreichische Zertifizierungsstelle Sicherheitstechnik (ÖZS)
1090 WIEN - ÖSTERREICH
Porzellangasse 37/17
Telefon +43-1-3194132
E-mail: vsoe@aon.at
Internet: http://www.oezs.at

Kuratorium Sicheres Österreich (KSÖ)
Herrengasse 7
Postfach 100
1014 WIEN - ÖSTERREICH
Telefon +43-1-53126-2236 oder 2395
Fax +43-1-53126-2594
E-Mail: ksoe@aon.at
Internet: http://www.kuratorium-sicheres-oesterreich.at

(Neu eingefügt: 23.7.2006)

(Redaktion)

ÖZS

Österreichische Zertifizierungsstelle Sicherheitstechnik, Wien. Siehe Österreich

Offline-Leser

Siehe Zutrittskontrolle.

Olive

Siehe Fenster.

ON

Österreichisches Normungsinstitut: http://www.on-norm.at

Onlinebanking

Siehe auch Chipkarte, E-Banking, FinTS/HBCI, PIN,TAN, Verschlüsselung

Onlinebanking ist eigentlich ein Teilgebiet des Homebankings, wird aber mehr und mehr synonym gebraucht. Unter Online- oder Homebanking versteht man sowohl den Informationsabruf als auch die Geschäftsabwicklung mit der Bank von zu Hause aus. In Abgrenzung zum Telefonbanking, wo die Kommunikation mittels der Sprache erfolgt, kommen für das Onlinebanking PCs oder andere Endgeräte (z.B. Komforttelefon, Settop-Boxen) mit Rechnereigenschaften zum Einsatz. Homebanking kann online (Internet) oder offline (Auftragserfassung ohne Verbindung zur Bank) erfolgen. Die Übertragung von Aufträgen kann dann wiederum online oder mittels eines Mediums (z.B. Diskette, Band) erfolgen.

Bis Ende der 90er-Jahre wurde Homebanking fast ausschließlich auf Basis des seit 1984 etablierten PIN/TAN-Verfahrens betrieben, das als Grundlage für das klassische Btx-Homebanking (heute T-Online Classic) eingeführt wurde. Bei diesem Verfahren wird zur Absicherung des Banken-Dialoges beim Sessionaufbau zum Bankrechner eine sog. „Persönliche Identifikations-Nummer" (→PIN) gesendet und geprüft. Eine bankfachliche Transaktion wird zusätzlich jeweils durch eine einmalig gültige „Transaktionsnummer" (→TAN) abgesichert. Transaktionsnummern werden dem Kunden in Form von TAN-Listen per Briefpost mitgeteilt. Die Verwaltung dieser Listen ist auf Kunden- und Bankseite sehr aufwändig und umständlich. Es bestehen Sicherheitsprobleme durch das mögliche Abhören und Modifizieren von Btx-Aufträgen. Das PIN/TAN-Verfahren wurde auch bei vielen Internet-Lösungen der ersten Generation angewendet, weil mit dem Einsatz von Umsetzungsrechnern (Gateways) auf die bestehenden BTX-Trägersysteme aufgebaut werden konnte.

Bei den klassischen T-Online Verfahren sind zwei Dialog-Alternativen zu unterscheiden: der Screen Dialog und der ZKA-Dialog. Beim Screen Dialog handelt es sich um einen Online-Dialog auf der Basis von Btx-Seiten (CEPT-Standard), wo 24 x 40 Zeichen auf einer Bildschirmseite dargestellt werden können. Auf diese Weise können nachgebildete Überweisungsformulare ausgefüllt und an das Kreditinstitut gesendet werden.

Das unter Screen Dialog Gesagte gilt im übertragenen Sinn auch für den ZKA-Dialog. Dieser Standard wurde 1987 vom „Zentralen Kredit Ausschuss“ (ZKA) verabschiedet. Die Daten werden hierbei im Nettoformat (also nicht graphisch aufbereitet) in logisch komprimierter Form zwischen Kunde und Kreditinstitut ausgetauscht. Hierfür werden ebenfalls CEPT-Seiten benutzt.

Bei beiden Alternativen besteht ein Problem hinsichtlich der Transaktionssicherheit: Tritt bei der Übertragung einer Transaktion ein Leitungsabbruch auf, so kann der Status dieses Auftrags erst im Kontoauszug überprüft werden.

Während der Screen-Dialog inzwischen kaum noch verwendet wird, bildet der ZKA-Dialog immer noch die Basis der meisten Offline-Kundenprodukte und ist auch in browsergestützten Homebanking-Anwendungen zu finden. Grund dafür ist die Multibankfähigkeit dieses Dialoges. Interpretationsspielräume in der Spezifikation des ZKA-Dialoges hatten jedoch zahlreiche inkompatible Dialekte zur Folge, sodass keine echte Multibankfähigkeit hergestellt werden konnte.

Somit war das Fehlen eines multibankfähigen Standards für das Homebanking der zentrale Grund für die Entwicklung von HBCI (heute →FinTS)

(Neu eingefügt am 1.7.2004)

(Prof. Petzel)

Optische Rauchmelder

Siehe auch Brandmelder mit Zwei-Winkel-Technik, Rauchmelder.

Rauchmelder, die auf Verbrennungsprodukte ansprechen, die die Dämpfung oder Streuung von Lichtstrahlung im infraroten, sichtbaren und/oder ultravioletten Bereich des elektromagnetischen Spektrums beeinflussen können.

(Letzte Änderung: 9.5.2004)

(Definition nach DIN EN 54-1)

Optische Raumüberwachungsanlagen

Siehe auch UVV Kassen (mit weiteren Verweisen), Video-Überwachung.

Optische Raumüberwachungsanlagen (ORÜA) sind Kamera-/Aufzeichnungssysteme, die wesentliche Phasen eines Raubüberfalls auf Kreditinstitue und Geldwechselinstitute festhalten können.

ORÜA sind gemäß der Berufgenossenschaftlichen Vorschrift „UVV Kassen“ (BGV C 9 / GUV-V C 9) der gesetzlichen Unfallversicherer in Deutschland in Kreditinstituten für alle öffentlich zugänglichen Bereiche zwingend vorgeschrieben, in denen Banknoten von Versicherten (also von Bankmitarbeitern) ausgegeben oder angenommen werden. Sie müssen so installiert sein, dass alle wesentlichen Phasen eines Überfalls optisch wiedergegeben werden können. Was dabei im Einzelnen zu beachten ist, ergibt sich aus speziellen Installationshinweisen für „ORÜA“, die von den gesetzlichen Unfallversicherungsträgern herausgegeben worden sind und die neben Fotokameras auch Videoaufzeichnungssysteme zulassen. Sie regeln sowohl technische Details (Bildfolge, Negativformat, Belichtungszeit, Auslösung) als auch Einzelheiten der Anbringung (Aufstellungsort, Bildbereich, Lichtverhältnisse). Mindestens einmal monatlich muss die Optische Raumüberwachungsanlage auf ihre Funktionsfähigkeit geprüft werden. Außerdem sind beim Einsatz von Fotokameras bei jedem Filmwechsel (entsprechend der Haltbarkeit des Filmmaterials) Probeaufnahmen zu machen und mit diesen die Aufnahmebedingungen zu kontrollieren.

Als wesentliche Vorteile der Videotechnik gelten die Möglichkeit einer permanenten Aufzeichnung (sie liefert also auch Bilder, wenn während des Überfalls der Alarm nicht ausgelöst werden kann. Die Aufzeichnung muss lediglich nach dem Überfall gestoppt werden,

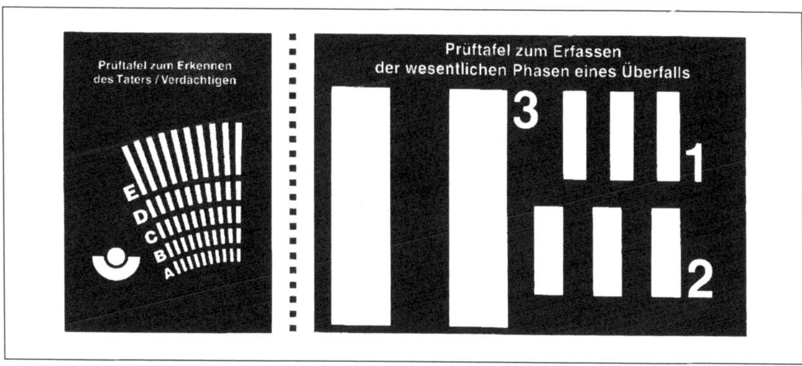

Diese beiden Prüftafeln sollen eine einwandfreie Installation der Überfallkameras ermöglichen. Beide messen 21 x 29,5 cm (DIN A 4). Die senkrechte „Prüftafel zum Erkennen des Täters/Verdächtigen" muss beim Test in Höhe eines von der Kamera zu erfassenden Bereichs von 1,50 m Breite aufgenommen werden. Auf dem Bild muss der Bereich „C" noch klar zu erkennen sein. Die waagrechte „Prüftafel zum Erfassen der wesentlichen Phasen eines Überfalls" muss in einem von der Kamera zu erfassenden Bereich von 6m Breite aufgenommen werden und dabei die weißen Balken bei der Ziffer „2" erkennen lassen.

3

damit die Bilder auf dem Speichermedium nicht überschrieben werden), die Aufzeichnung in Farbe, die schnelle Verfügbarkeit der Bilder ohne Filmentwicklung und die unmittelbare elektronische Übertragungsmöglichkeit.

Für die Einzelbildkamera spricht vor allem die hohe Bildauflösung (Kleinbildnegativ 24 x 36 mm: 7-8 Mio Bildpunkte. Zum Vergleich: Videobild vom handelsüblichen Rekorder: 200.000 Bildpunkte. Videobild von einer digitalen Aufzeichnung: 500.000 Bildpunkte). Fotokameras einfach durch eine gleich große Zahl von Videokameras zu ersetzen, würde also eine Verschlechterung der Detailwiedergabe und/oder eine Verengung des überwachten Raumes zur Folge haben.

Die Videokameras sind darum so zu projektieren und zu installieren, dass auf den von ihnen wiedergegebenen Bildern bestimmte Strukturen von zwei Prüftafeln zu erkennen sind. Diese Prüftafeln (siehe Abbildung) können bei den gesetzlichen Unfallversicherern bezogen werden.

Zum Teil werden beide Techniken nebeneinander genutzt. Geldinstitute mit vorschriftsgemäßen Fotokameras können in der Kassenhalle zusätzlich eine oder mehrere Videokameras ohne besondere Anforderungen installieren, die zum Beispiel an die vorhandene Foyer-Überwachung angeschlossen sind und eine Permanentaufzeichnung erlauben.

(Letzte Änderung: 16.8.2006)

(Hohl)

Optische Übertragung

Siehe auch faseroptischer Melder.

Beispiele optischer Übertragung früherer Zeiten sind Rauchsignale oder Blinkzeichen mit Morselampen. Heute versteht man unter optischer Übertragung überwiegend die Informationsübertragung über ein Kunststoff- oder Glasfaserkabel anstelle der Verwendung von Kupferkabeln.

Auf der Sendeseite wird ein elektrisches Signal in einem elektrooptischen Wandler (Emitter) – im einfachsten Falle könnte dies eine Glühbirne sein – in ein Lichtsignal im sichtbaren oder nichtsichtbaren infraroten Bereich (750-900 nm Wellenlänge) umgesetzt. In der Nachrichtentechnik werden dafür Leuchtdioden (→LED) oder Laserdioden eingesetzt, die entsprechend dem elektrischen Signal die Helligkeit des optischen Signals modulieren. Heute arbeiten die elektro-optischen Wandler meistens bei 850 nm oder 1300 nm Wellenlänge (seltener 1550 nm).

Dieses infrarote Licht wird mit einem Lichtwellenleiters (LWL) vom Sender zum Empfän-

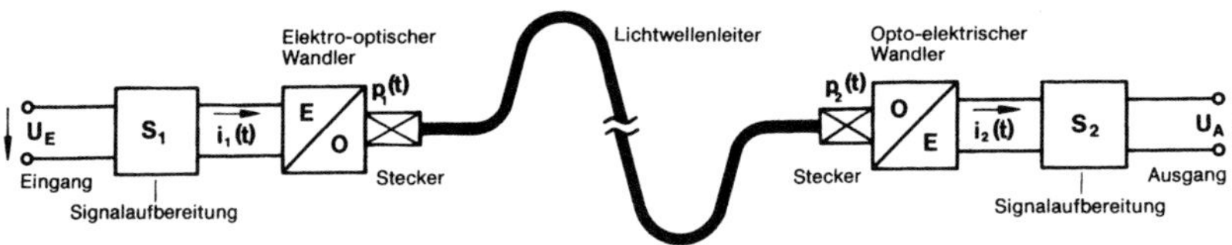

Opto-elektrischer Wandler

ger übertragen. Der Begriff wird für alle Glasfasern oder Kunststoffasern verwendet, die für die optische Nachrichtenübertragung eingesetzt werden, während man Fasern, die zu Beleuchtungszwecken, z.B. an Mikroskopen dienen, Lichtleiter nennt. Man kann sich einen Lichtwellenleiter als einen innen verspiegelten Schlauch vorstellen. Das ausgesendete Licht einer Lichtquelle am Anfang eines solchen Schlauches wird an der verspiegelten Innenseite reflektiert und breitet sich Zick-Zack-förmig aus bis zum Ende dieses Schlauches.

Zur Nachrichtenübertragung mit Licht verwendet man vorzugsweise Leiter aus hochreinem Glasmaterial, dessen lichtführender Kern von einem Mantel umgeben ist, der ebenfalls aus Glas besteht. Dieser Glasmantel besitzt eine niedrigere Brechzahl als das Kernglas. Die Lichtführung in einem so aufgebauten Lichtleiter ist prinzipiell gleich zu verstehen wie bei dem Beispiel des verspiegelten Schlauches, da an der Grenzschicht zwischen Kern- und Mantelglas eine Totalreflektion auftritt.

Das so übertragene Licht trifft am Ende des Leiters auf den opto-elektrischen Wandler. Ein Beispiel für optoelektrische Umwandlung von Signalen ist der Belichtungsmesser in der Fototechnik. Für die opto-elektrische Umwandlung setzt man in der Nachrichtenübertragung empfängerseitig Fotodioden ein. Das bei der Umwandlung gewonnene elektrische Signal muss für die Weiterverarbeitung verstärkt werden.

Wichtigste Vorzüge der optischen Übertragungstechnik:

- Unempfindlichkeit gegenüber elektrischen und magnetischen Störungen
- vollständige elektrische Isolation von Sender und Empfänger
- kein Risiko in explosionsgefährdeter Umgebung
- hohe Übertragungskapazität
- kleiner Kabelquerschnitt bei geringem Gewicht
- hohe Abhörsicherheit
- kein Nebensprechen
- geringe Dämpfung
- gute Biegsamkeit
- keine Potenzialprobleme (Abgleich, Erdschleifen)

In der Video-Technik wird die Übertragung über Lichtwellenleitung bereits eingesetzt. Zum Beispiel ist in der Nähe von starken Sendern die Übertragung von Video-Signalen in herkömmlicher Technik problematisch. Durch den Einsatz von Lichtwellenleitern erhält man auf der Empfangseite (am Monitor) ein einwandfreies Signal.

Die Übertragung mit Kunststoff-Faser lässt eine Entfernung zwischen Sender und Empfänger bis zu ca. 50 m zu. Bei Einsatz von Glasfaserkabeln beträgt die Reichweite mehrere Kilometer.

Weitere Einsatzgebiete sind

- Chemische Industrie (Explosionsschutz)
- Automatisierungstechnik, Steuer- und Regelungstechnik (elektromagnetische Störungen)
- Datenübertragung zwischen Gebäuden und zwischen Etagen (Blitzschutz und Potenzialtrennung)
- Militärtechnik (Abhörsicherheit)
- Sicherheitstechnik und Überwachungsanlagen
- HIFI-Technik

(vgl.Buch: „Optische Übertragungstechnik in der Praxis“: http://www.die-wrobels.de/literatur/literatur.html)

(Letzte Änderung: 10.7.2006)

(Wrobel)

Opto-elektrischer Wandler

Siehe Optische Übertragung.

Organisation

Siehe auch Katastrophenorganisation, Normalorganisation, Notfallorganisation.

Regelung des Zusammenwirkens von Menschen und Sachmitteln zur Erreichung eines vorher bestimmten Zieles. In der Kriminologie ist der soziologische Organisationsbegriff bedeutsam, der das geordnete, zielorientierte Zusammenwirken der Angehörigen einer bestimmten Gruppe umfasst.

In der Kriminalistik spiegelt sich die Organisation in ihrer stärksten Ausprägung im Phänomen des organisierten Verbrechens wider. Abgeschwächtere Organisationsformen finden sich bei der Bandenbildung, den kriminellen Vereinigungen und den Komplizenschaften.

(Dr. Steinke)

Organisatorischer Brandschutz

Siehe auch Betriebliche Brandschutzorganisation, Betrieblicher Brandschutz.

Maßnahmen des organisatorischen Brandschutzes sind unverzichtbare Bausteine des vorbeugenden Brandschutzes und somit auch des Brandschutzkonzeptes. Hierzu gehören z. B.:

- Bestellung eines →Brandschutzbeauftragten,
- Regelung über
  - feuergefährliche Arbeiten und Verwenden von offenem Feuer
  - Rauchverbot
  - Lagerung und Abstellen sowie Beseitigung brennbarer Stoffe und Abfälle,
- Freihaltung der Rettungswege und Flächen für die Feuerwehr,
- Instandhaltung der Brandschutz- und Sicherheitseinrichtungen,
- Erstellen und Pflege einer Brandschutzordnung und der Brandschutzpläne,
- regelmäßige Durchführung betrieblicher Brandschutzunterweisung,
- Unterhaltung einer Betriebs- oder Hausfeuerwehr.

Durch gezielte Maßnahmen des organisatorischen Brandschutzes können insbesondere

- Gefahren einer betriebs- oder nutzungsbedingten Brandentstehung, z. B. Brandentstehung durch Schweißarbeiten oder unerlaubtes Rauchen, minimiert werden,
- Maßnahmen des baulichen und anlagentechnischen Brandschutzes für ihre Lebensdauer funktionstüchtig und ständig betriebsbereit gehalten werden, etwa durch regelmäßige Brandschutzbegehung und Maßnahmen der Instandhaltung
- Maßnahmen zur Schadenbegrenzung, wie z. B. Brandmeldung, Rettung gefährdeter Personen, durch klare Festlegung und gründliche Vorbereitung im Rahmen einer Brandschutzordnung im Brandfall frühzeitig, rasch und angemessen eingeleitet werden.

Maßnahmen des organisatorischen Brandschutzes müssen vom Betreiber der baulichen Anlage veranlasst und von allen Betriebsangehörigen im betrieblichen Alltag ständig beachtet werden.

(Neu aufgenommen: 23.5.2002)

(Dr. Wang)

Ortung

Siehe GSM-Ortung, Satellitenortungssystem

Ortungsmelder

Siehe auch GSM-Ortung, Satellitenortungssystem

Melder, welcher in Verbindung mit Satellitensystemen und /oder Mobilfunknetzen die Ortung von Personen, Gegenständen und Fahrzeugen ermöglicht.

(Letzte Änderung: 27.4.2004)

(nach VdS)

ORÜA

Siehe Optische Raumüberwachungsanlagen.

OSI-Schicht

Open Systems Interconnections: Schicht innerhalb des Referenzmodells für die Kommunikation offener Systeme. Das OSI-Referenzmodell ist in sieben Schichten (Layers) aufgeteilt, die hierarchisch übereinander angeordnet sind, wobei Schicht 1 die unterste und Schicht 7 die oberste ist.

(Neu aufgenommen am 20.5.2002)

(Definition: VdS)

OSI-Schichtenmodell
Im OSI Schichtenmodell, einer internationalen Normierung, ist die Kommunikation von zwei Partnern standardisiert worden. Man hat dort den Ablauf eines Verbindungsauf- und Abbaus sowie den Ablauf einer Kommunikation in Kommunikationsschichten eingeteilt. Das Schichtenmodell beginnt bei der Schicht 1 (Physical), der Hardware, mit der übertragen wird, und endet mit der Schicht 7 (Application), der Ein- und Ausgabe von Informationen zwischen dem Menschen und der Maschine. In den einzelnen Schichten 2 (Data Link) und 3 (Network) sind die Verfahren festgelegt, die nötig sind, um die zum Auf- und Abbau einer Verbindung zur Aufrechterhaltung der Verbindung nötigen Prozeduren festzuschreiben. Die Schichten 4 (Transport) bis 7 dienen zur Strukturierung von Anwendungen (z. B. Leitstellensoftware). Im Bereich der Meldungsübertragung ist es erforderlich, den Kommunikationsweg gegen Sabotage zu sichern. Im ISDN bieten sich Möglichkeiten einer Sicherung der Verbindung auf den OSI-Schichten 1, 3 und 4.
(Neu aufgenommen am 20.5.2002)

(Definition: VdS)

Out-of-Band Attacken
Siehe Denial-of-Service (DoS) Attacke

P

P2A, P3A, P4A

Siehe auch Durchwurfhemmende Verglasung.
Bezeichnungen nach DIN EN 356, die die frühere DIN 52290 – angriffhemmende Verglasungen – abgelöst hat.
P2A entspricht etwa der früheren Widerstandklasse A1.
P3A entspricht etwa der früheren Widerstandklasse A2.
P4A entspricht etwa der früheren Widerstandklasse A3.
(Neu aufgenommen am 27.5.2000)

(Redaktion)

P6B, P7B, P8B

Siehe auch Durchbruchhemmende Verglasung
Bezeichnungen nach DIN EN 356, die die frühere DIN 52290 abgelöst hat.
P6B steht für „geringe Einbruchhemmung" (30 bis 50 Axtschläge zur Herstellung einer definierten Öffnung) und entspricht etwa der früheren Bezeichnung B1.
P7B steht für „mittlere Einbruchhemmung" (50 bis 70 Axtschläge) und entspricht etwa der früheren Bezeichnung B2.
P8B steht für „hohe Einbruchhemmung" (über 70 Axtschläge) und entspricht etwa der früheren Bezeichnung B3.
(Neu aufgenommen am 27.5.2000)

(Redaktion)

PA-Anlage

Siehe auch Beschallungsanlage, Evakuierungsanlage, Sprachalarmanlage
PA-Anlagen (public address-Anlagen) sind Lautsprecheranlagen (→Beschallungsanlagen), die zur Verbreitung von Sprache oder Musik an die Öffentlichkeit verwendet werden.
(Neu eingefügt: 6.7.2006)

(Herzog)

Pager

Siehe Aufgebots- und Informationssystem.

Paniktürverschlüsse

Siehe auch Evakuierungsweg, Fluchttür/Fluchttürverschlüsse, Fluchtwegsicherheit für Arbeitsstätten, Notausgang, Notausgangsverschlüsse, Rettungsweg
Ein *mechanischer* Paniktürverschluss gemäß EN 1125 ist ein Mechanismus, der für Gebäude geeignet ist, in denen bei einer Gefahrensituation der Ausbruch einer Panik zumindest wahrscheinlich ist. Ziel ist die sichere Fluchtmöglichkeit mit minimaler Anstrengung und ohne vorherige Kenntnis des Fluchttürverschlusses. Auch bei gegebenem Druck auf die Tür (Vorlast) müssen Paniktürverschlüsse sicher entriegeln.
Der Verschluss verriegelt die geschlossene Tür. Er besteht aus einem Sperrelement (auch mehreren Sperrelementen), welches in das Sperrgegenstück im umgebenden Türrahmen oder Fußboden eingreift.
Das Sperrelement wird über die Bewegung der horizontal auf der Innenseite der Tür angeordneten Betätigungsstange in Fluchtrichtung und/oder in einem Bogen nach unten freigegeben. Die Freigabefunktion muss an jeder Stelle der wirksamen Länge der Betätigungsstange gegeben sein.

In der Norm werden zwei Typen von Paniktürverschlüssen unterschieden:

- Typ A: Paniktürverschluss mit Griffstange
- Typ B: Paniktürverschluss mit Druckstange

Die Griffstange ist die auslösende horizontale Betätigungsstange eines Paniktürverschlusses. Sie wird zwischen zwei Schwenkarmen bzw. drehbaren Halterungen befestigt und in Fluchtrichtung und/oder in einem nach unten gerichteten Bogen bewegt.
Die Druckstange ist die auslösende horizontale Betätigungsstange eines Paniktürverschlusses. Sie ist Teil eines Gestells bzw. Chassis oder einer anderen Montageeinheit und wird in Fluchtrichtung bewegt.
Hinweis: Paniktürverschlüsse eigen sich auch für Notausgänge (→Notausgangsverschlüsse)
Der *elektrisch gesteuerte* Paniktürverschluss nach prEN 13633 (auch Paniktüranlage oder Paniktürsystem) ist für Bauten vorgesehen, in denen im Gefahrenfall mit der Entstehung einer Panik gerechnet werden muss. Er ermöglicht die elektrische Steuerung von Paniktüren über die elektrische Verriegelung, den Auslöser und die Steuereinheit. Es ist möglich, diese drei Elemente miteinander zu verbinden oder in verschiedenen Baugruppen zu vereinigen.
Durch einen elektrisch gesteuerten Paniktürverschluss wird der Fluchttürverschluss intelligenter, indem eine oder mehrere der nachstehenden Funktionen hinzugefügt wird:

3

- Zustandsanzeige (offen, geschlossen, verriegelt)
- Videoüberwachung
- Anschluss an eine Zutrittskontrollanlage
- Zeitsteuerung (Verriegelung während der Nachtstunden)
- Fernbedienung (Zentralverriegelung, Sprechanlage usw.)

Es wird ein höheres Maß an Einbruchsicherheit erreicht:

- Erhöhte Zuhaltekraft der Tür
- Anbindung an Einbruchmeldeanlage möglich

Die Gefahrensicherheit wird nicht negativ beeinflusst:

- Anschluss an Brandmeldeanlage möglich
- Ruhestromprinzip (stromlos offen)
- Türöffnung über Panikstange immer möglich!

Sonstige Fluchttürverschlüsse: In einer Reihe von Ländern werden traditionell andere als die vorstehend beschriebenen Fluchttürverschlüsse bzw. Fluchttürbeschläge verwendet. Diese Verschlüsse entsprechen nicht den neuen Europäischen Normen, können aber während einer Übergangsfrist in manchen Ländern zugelassen sein. Da es sich nicht um genormte →Bauprodukte handelt, trägt der Entscheider, Planer oder Architekt die volle Verantwortung für die Eignung bzw. Zulässigkeit derartiger Produkte.

Mögliche Gründe für die Akzeptanz sind die traditionelle Verwendung des Produkts und/ oder die Vertrautheit der potentiellen Nutzer mit diesem.

Da man sich nicht immer auf diese Vertrautheit verlassen kann, wird nachdrücklich empfohlen, derartige Produkte durch der europäischen Normung entsprechende Fluchttürverschlüsse zu ersetzen.

Eine Auflistung der relevanten Europäischen Normen findet sich beim Stichwort →Fluchttüren/Fluchttürverschlüsse

(Neu aufgenommen: 29.4.2004)

(Wischgoll)

Panzer-Geldschrank

Siehe auch Duplexschrank, Datensicherungsraum/-schrank, Elektronische Schließsysteme, Kassenschrank, Panzerschrank, Panzertür, RAL, Tag-Nachttresor-Anlage/Deposit-System, Wertschutzraum, Wertschutzschrank, Zertifizierungsmarke

„Panzer-Geldschrank" ist eine nicht mehr gebräuchliche Bezeichnung für einen hochwertigen →Wertschutzschrank. Panzer-Geldschränke sind früher in drei Sicherheitsstufen (D10, D20 und E) zertifiziert worden.

(Letzte Änderung: 16.7.2006)

(Redaktion)

Panzerglas

Siehe auch Durchschusshemmende Verglasung, Glas (mit weiteren Verweisen), Glassteine, Sicherheitsfolie, Splitterabgang, Verbundsicherheitsglas, Vorsatzfenster.

Der gelegentlich anzutreffende Begriff Panzerglas entspricht der „Durchschusshemmenden Verglasung" nach DIN EN 1063: Panzerglas sollte Schutz gegen Beschuss mit Handfeuerwaffen bieten. Man unterscheidet zwischen splitterfreier Ausführung („NS") und Ausführung mit Splitterabgang („S"). Die Splitterfreiheit, bzw. der Splitterabgang, bezieht sich auf die dem Angriff abgewendete Seite.

Seit 1990 liegen Prüfzeugnisse über die nachträgliche Umwandlung von S- auf NS-Glas durch ganzflächige Beschichtung mit einer bestimmten →Sicherheitsfolie vor. Somit werden teure Umrüstungen vermeidbar, und die Dicke, das Gewicht und die Kosten des Glases können niedriger gehalten werden.

Es wird zwischen symmetrischen und asymmetrischen Panzergläsern unterschieden. Symmetrische Panzergläser sind Verbundgläser, in denen mehrere Gläser gleicher Dicke mit PVB-Folien verbunden werden. Sie bieten von beiden Seiten die gleiche Durchschusshemmung. Bei gleicher Dicke und gleichem Gewicht ist die Durchschusshemmung bei einem asymmetrischen Panzerglas nach einer Seite höher, nach der anderen geringer als bei symmetrischem Panzerglas. Die Angriffsseite muss daher klar definiert sein und beim Einbau berücksichtigt werden.

Panzergläser werden überall dort eingesetzt, wo ein durchsichtiger Schutz gegen Handfeuerwaffen notwendig ist, insbesondere in Banken, Wechselstuben, Zahlstellen, Portierlogen sowie in Panzerfahrzeugen und gepanzerten PKW von Polizei, Politikern oder anderen gefährdeten Personen.

Eine erhebliche Dicken- und Gewichtsreduzierung gegenüber herkömmlichem Verbundglas erzielen Verbundscheiben aus Glas und Polycarbonat (Verbund überwiegend mit Spezialharzen), die die Splitterfreiheit mitliefern und manche Anwendungen überhaupt erst möglich machen.
Auch für die Nachrüstung ergeben sich hiermit dort, wo die Regelanforderungen hochgesetzt wurden, neue Möglichkeiten (Vorsatz- und Schiebefensterkonstruktionen).
Panzerglas büßt bei tiefen Temperaturen nur sehr wenig an Durchschusshemmung ein, da die PVB-Folien für den Widerstand nur eine untergeordnete Rolle spielen.
Zur Alarmauslösung kann Panzerglas mit →Alarmglas kombiniert werden.
(Letzte Änderung: 24.7.2006)

(Balkow/Schmalt)

Panzerschrank

Siehe auch Duplexschrank, Wertschutzschrank.
Als Panzerschrank wird in der Schweiz ein Wertbehältnis mit größtmöglichem Schutz vor gewaltsamem Aufbruch (höchster Sicherheitsgrad) bezeichnet. Moderne Panzerschränke bieten gegen jegliche Angriffsart (thermische und kalte Angriffe) ausreichend Widerstand.
Konstruktionsmerkmale:

- Mehrschichtiger Aufbau der Panzerung mit Schichten zum Schutz gegen thermische Angriffe (Schweißbrenner, Schneidbrenner, →Sauerstofflanze) und kalte Angriffe (Trennscheibe, Hebelwerkzeuge, →Diamantkronenbohrer etc.)
- Keine Öffnungen, die das Einführen von Sprengstoff ermöglichen
- Verschluss-System hinter der Panzerung liegend, meist mit 23 Schlössern höchster Sicherheitsstufe versehene Elektronische Schließ-Systeme
- Aktive und passive Sperrpunkte
- Möglichkeit zum Einbau von Alarmvorrichtungen
- Ausführung als rechteckige Flügeltüre, runde Flügeltüre (nur noch selten) oder als senkrecht stehender Zylinder
- Verschiedene weitere Sicherheitsmerkmale wie sabotagesichere Türstellungskontakte, Zeitschloss usw.

Die massive Konstruktion bietet einen akzeptablen bis sehr guten Feuerschutz. Verschiedene Türtypen sind mit motorischem Antrieb lieferbar.
(Letzte Änderung: 15.5.2004)

(Kappeler)

Parametrierung

Siehe auch Algorithmentechnologie, Brandmelder, Einbruchmelder, Alarmplausibilität.
Die Parameter legen die Wirkungsweisen der Algorithmen (→Algorithmentechnologie) fest. Mit der Parametrierung wird diese Wirkungsweise spezifisch auf die zu erwartenden Bedrohungskenngrößen und Umgebungseinflüsse eingestellt. Daraus resultiert eine signifikant erhöhte →Alarmplausibilität.
(Letzte Änderung:3.7.2006)

(Wigger)

Partnerschlüssel

Siehe auch Schließanlage, Schließzylinder, Zuhaltungsschloss.
Bei Zylinderverschlüssen: Zwei verschiedene Schlüsselteile, die zum Öffnen und Verschließen gemeinsam eingeführt werden müssen (möglich nur bei bestimmten Wendeschlüssel-Systemen).
Bei konventionellen Zylinderverschlüssen: Meist zwei verschiedene Schlüssel, die bei einem Spezialschloss 2 verschiedene Zylinder betätigen (1. und 2. Riegeltour getrennt).
Bei Zuhaltungs-(Chubb)-Schlössern: Zwei verschiedene Schlüssel, von denen der eine die erste und der andere die zweite Riegeltour schließt.
Partnerschlüssel gewährleisten die zwangsläufige Schließung durch zwei Personen. Sie werden in Hochsicherheitsbereichen, Ge-

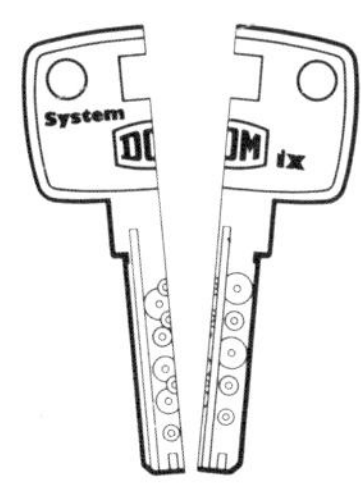

Partnerschlüssel

heimräumen, hochsensiblen EDV-Räumen, Kundenmietfächern der Banken und bei sonstigen exponierten Türen und Behältnissen eingesetzt.
Die Zwei-Personen-Zwangsschließung wird meist als Einzelschließung eingesetzt; sie ist aber auch zum Teil in Schließanlagen integrierbar, wenn dies von Anfang an bei der Bestellung angegeben wird. Durch die zweckentsprechend getrennte Aufbewahrung der unterschiedlichen Schlüsselteile ergibt sich eine höhere Sicherheit gegen unbefugte Benutzung verlorener Schlüssel und die unberechtigte Anfertigung von Nachschlüsseln.

(Elsen)

Passbildvergleichsverfahren

Siehe auch Bildvergleich, Personenidentifikation, Zutrittskontrolle.

Beim Passbildvergleichsverfahren wird das auf der Ausweiskarte aufgebrachte Lichtbild nach dem Einführen der Ausweiskarte in die Lesestation von einer Kamera aufgenommen und zur Pforte bzw. an eine zentrale Stelle übertragen. Eine zweite Kamera nimmt gleichzeitig das Bild der Person auf, welche die Ausweiskarte in die Lesestation gesteckt hat.
Zusätzlich liefert eine dritte Fernsehkamera ein Bild vom Umfeld des Zutrittsbereichs. Durch Bildmischung erscheint in der einen Bildhälfte des Monitors an der Pforte das Bild des Zutrittsbegehrenden, während die andere Hälfte des Bildschirms das Passbild der Ausweiskarte zeigt.
Der Pförtner kann somit in direktem Vergleich beurteilen, ob das Gesicht und das Bild der Ausweiskarte übereinstimmen. Mit einem Quittungssignal löst er die Freigabe des Durchgangs aus. Über einen weiteren Monitor lässt sich das Umfeld des Einganges beobachten, um zu erkennen, ob sich beim Öffnen des Zugangs nicht noch andere Personen Zutritt verschaffen wollen.
Die Hersteller von Bildvergleichssystemen bieten zum Teil wahlweise den →Bildvergleich mit einem digital gespeicherten Bild oder das kostengünstigere Passbildvergleichsverfahren an. Kombiniert mit einer PIN-Eingabe erscheint das Passbildvergleichsverfahren bei denjenigen Unternehmen zweckmäßig, die bereits mit einem Lichtbild versehene Ausweiskarten verwenden. Eine Erkennung von gefälschten Ausweiskarten ist mit diesem Verfahren in der Regel nicht möglich.
Dies bedeutet: Bei dem Passbildvergleichsverfahren, wie auch bei dem Bildvergleich, findet keine automatische, sondern eine personelle Zutrittskontrolle statt.
(Letzte Änderung: 9.7.2002)

(Munde)

Passiver Glasbruchmelder

Siehe Glasbruchmelder.

Passiver Infrarotmelder

Siehe Infrarotdetektor.

Passwort

Kennwort, das zusätzlich zur Teilnehmeridentifikation bei der Inbetriebnahme von Bildschirmarbeitsplätzen einer Datenverarbeitungsanlage oder von entsprechend geschützten Personalcomputern eingegeben werden muss, um nur berechtigten Personen den Zugriff zum System zu gestatten.
Die Sicherheit der Zugangs- und Zugriffsrechteverwaltung hängt entscheidend vom korrekten Gebrauch des Passworts ab. Es empfiehlt sich daher dringend, verbindliche Vorgaben bezüglich Gestaltung und Benutzung zu entwickeln und die IT-Anwender damit vertraut zu machen. Die nachfolgend aufgeführten Grundregeln basieren auf Empfehlungen des Bundesbeauftragten für den Datenschutz bzw. auf entsprechenden Ausführungen im IT-Grundschutzhandbuch (→Grundschutz) des Bundesamtes für Sicherheit in der Informationstechnik (→BSI):

1. Als oberste Maxime gilt: „Für den Benutzer leicht zu merken, für einen Fremden schwer zu erraten."
2. Keine Trivialpasswörter verwenden (z.B. Name, Vorname, Geburtstage, 4711, arithmetische Reihen – 1 2 3 4 5 / a b c d – oder andere nebeneinander liegende Tasten, gast usw.)
3. Mindestlänge: 8 Stellen. Kürzere Passworte sollte das System automatisch zurückweisen.

4. Unbedingt alphanumerisch gestalten; d.h. Buchstaben <u>und</u> Zahlen-/Zeichen-Kombination.
5. Niemandem mitteilen! Niemals auf dem Bildschirm anzeigen lassen!
6. Ausschließlich zum Zwecke der Hinterlegung schriftlich fixieren, wobei es dann im versiegelten Umschlag sicher (z.B. in einem Tresor) aufzubewahren ist.
7. Unter keinen Umständen auf programmierbaren Funktionstasten speichern. Speicherung allenfalls in einer verschlüsselten Datei statthaft.
8. Keine vom System automatisch generierten Passworte verwenden (sind in der Regel vom Benutzer nur schwer zu merken und verleiten insofern zum vorschriftswidrigen – siehe Regel 6 – Notieren).
9. Voreingestellte Passwörter (z.B. des Herstellers bei Auslieferung von IT-Systemen) sind unverzüglich durch individuelle Passwörter zu ersetzen.
10. Für die Erstanmeldung neuer Benutzer ausschließlich Einmalpasswörter verwenden, die nach ihrem erstmaligen Gebrauch gewechselt werden müssen.
11. Die Eingabe des Passworts sollte möglichst unbeobachtet stattfinden.
12. Nach dreifacher fehlerhafter Passworteingabe sollte eine Sperrung erfolgen, die nur vom Systemadministrator wieder aufgehoben werden kann.
13. Passwort in angemessenem Zeitabstand (bei normalen Anwendungen mindestens alle 90 Tage) ändern; Einhaltung des vorgeschriebenen Turnus ist durch Systemsteuerung sicherzustellen.
14. Die letzten zehn Passworte können nicht erneut verwendet werden (automatische Ablehnung durch das System).
15. Für herausragende Funktionen oder besonders sensible Daten/Anwendungen wird ein Zusatzpasswort erforderlich („4-Augen-Prinzip" bzw. zwei Personen kennen je das halbe Passwort).

(Letzte Änderung 10.7.2006)

(Opfermann)

Patentschutz (Schlüssel)

Siehe Schließanlage.

PayWare

Siehe E-Payment

Peer-To-Peer Encryption

Siehe Ende-zu-Ende-Verschlüsselung

Peer-to-Peer-Netzwerk

Siehe IT-Sicherheit (mit weiteren Verweisen), Netzwerk

Peer-to-Peer, kurz P2P, bezeichnet allgemein eine Netzwerkinfrastruktur, die nicht auf der klassischen Client/Server-Hierarchie aufbaut. In einem P2P-Netz sind sämtliche Rechner gleichberechtigt (engl. „Peers"). Das heißt, sie stellen als Server ihre Ressourcen allen angeschlossenen Netzteilnehmern zur Verfügung und nutzen gleichzeitig als Client die Ressourcen der anderen Arbeitsstationen. Peer-to-Peer-Infrastruktur eignet sich vor allem für Kleinstnetze mit bis zu zehn Nutzern. Sie sind unkompliziert im Aufbau, bieten aber durch ihre dezentrale Architektur weniger Zugriffskontrolle und bei hoher Auslastung weniger Leistungsreserven.

Im heutigen Sprachgebrauch bezeichnet der Begriff Peer-to-Peer den meist illegalen Datentausch über das Internet. Dieser funktioniert über weltweite, Internet-basierende P2P-Netzwerke. Das aktuell meistgenutzte Netz dieser Form ist eDonkey, gefolgt von ähnlich funktionierenden Netzen wie FastTrack oder Gnutella. Auf Nutzerseite bilden Anwendung wie Kazaa, eMule oder LimeWire die entsprechende Benutzeroberfläche. Zur Funktion der Tauschbörsen am Beispiel des P2P-Tauschnetzes FastTrack, einem so genannten P2P-Protokoll der zweiten Generation: Nach der Anmeldung eines Nutzers bezieht das Tauschprogramm von einem zentralen Server eine Liste sogenannter Supernodes. Diese Rechner speichern Informationen über die bei den jeweiligen Peers vorhandenen Daten. Suchanfragen eines Nutzers verarbeitet der lokal nächste Supernode: Er meldet, bei welchem Peer die gesuchte Datei vorliegt. Der eigentliche Datentausch findet direkt zwischen den Peers statt, wozu die Anwendung ein http-ähnliches Protokoll initialisiert.

Vom Standpunkt der →IT-Sicherheit aus sind P2P-Tauschnetze bedenklich, vor allem, wenn sie von Angestellten aus Firmennetzen heraus genutzt werden. Denn die durch Nutzung von P2P-Diensten in geschäftskritischen Netzen entstehenden Risiken sind vielfältig, darunter

- Verbreitung aller Arten von Malicious Code (→Malware, →Viren, →Würmer, →Trojaner)
- Einschleusen von sogenannter „Spyware"
- Haftungsrisiken durch ihre illegale Speicherung und Verbreitung von urheberrechtlich geschützten Daten durch Angestellte
- Verlust von Bandbreite

Gegen solche Gefahren schützt ein umfassender Sicherheitsansatz:

- Sperren der im Netzwerk nicht benötigten Ports per Firewall, exklusive der für den Arbeitseinsatz unbedingt notwendigen Ports (z.B. Mail- oder Datendienste)
- Unterbinden des Zugriffs auf Netzressourcen von P2P-Anwendungen (dadurch kein Download von Supernode-Informationen und erschwerter Download der P2P-Clients)
- Regelmäßige Analyse des Netzwerkaufkommens durch den Administrator, besonders, was die Nutzung von offenen Ports betrifft

(Letzte Änderung: 10.7.2006)

(Hartmann)

Pendelschleuse

Siehe auch Rückhaltewirkung, Rundschleuse, Schleuse für Personenverkehr, Schleuse/Kabinenschleuse, Sensorikschleuse, Vereinzelung.

Vorn offene Kabine, die während des Eintritts einer Person von einer Tür abgedeckt wird, bis die Identifikation in der Vereinzelungsposition erfolgt ist. Die Schleuse öffnet sich erst

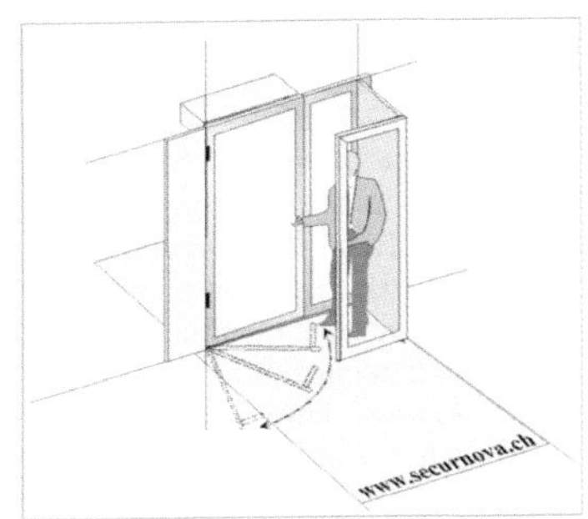
www.securnova.ch

gegen die sichere Seite, wenn die Berechtigung gegeben ist. Vereinzelung beliebig streng machbar (mechanisch mit Schikanen oder elektronisch). Die Schleusenwirkung kann in besonderen Betriebs- oder Notsituationen aufgehoben und der Eingang als normale Pendeltür gebraucht werden.

Beschusshemmung, Rauch- und Brandabschluss sowie Notausgang und Transport sperriger Güter sind möglich. Die Schleuse ist als Außenabschluss an der Gebäudeperipherie geeignet.

(Letzte Änderung: 11.6.2000)

(Huber)

Penetrationstest

Siehe auch Exploit, Hacker, Hackerabwehr, Intrusion Detection System, Passwort, Sicherheitssoftware.

Um die Sicherheit eines Informationstechnik-Systems zu testen, bieten einige Dienstleister Penetrationstests an. Bei diesen Tests schlüpfen sog. „Tiger Teams" in die Rolle von →Hackern, die versuchen, die Sicherheit der IT-Systeme zu kompromittieren.

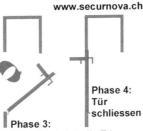

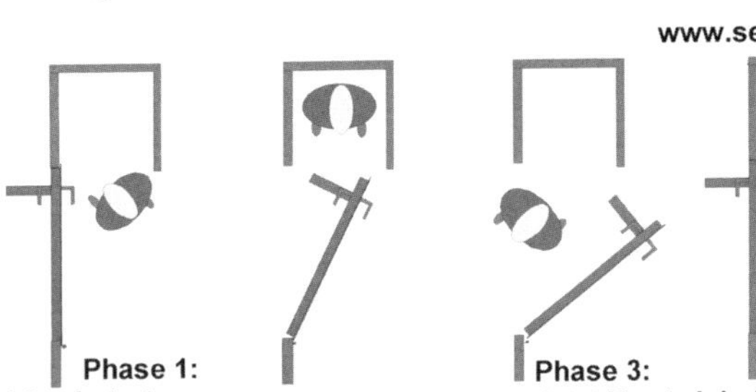
www.securnova.ch
Phase 1: Kabine betreten. Tür entriegeln.
Phase 2: Tür in "Mittelstellung" ziehen. Identifikation.
Phase 3: Jetzt lässt sich die Tür bis zum Kabinenrand öffnen. Eintritt
Phase 4: Tür schliessen

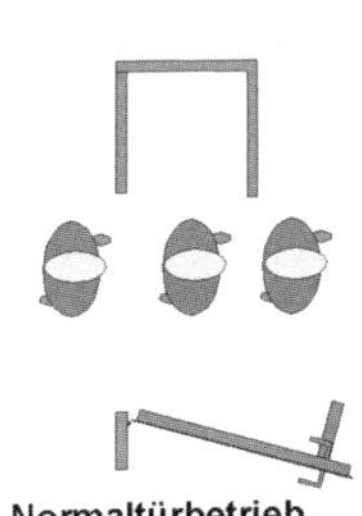
Normaltürbetrieb, Notausgang, Durchgang für Gruppen, Behinderte oder Warentransport.

Einige typische Angriffsmethoden sind:

- Information Gathering: Sammlung irgendwie gearteter Informationen über das IT-System, welche im weiteren Angriff nützlich sein könnten.
- Social Engineering: Fingierte Anrufe oder sonstige Kontaktaufnahmen mit Personen, die das IT-System bedienen.
- Port Scanning: Systeme, die über das Internet erreichbar sind, und damit „Ports" zur Verfügung stellen (d. h. Internet Dienste), werden durch spezielle Programme analysiert, um Lücken zu finden. Besondere Security Scanner erweitern dies durch Angriffe auf die gefundenen Ports, die aus einer Datenbasis heraus durchgeführt werden.
- War Dialing: Automatisierte Programme, die Telefon-Wählverbindungen durch bloßes Ausprobieren suchen und analysieren. Hierdurch werden oft DV-Einwählverbindungen gefunden.
- Passwort Cracking: Programme, die auf Basis von Wörterbüchern Passworte durchprobieren.

(Letzte Änderung: 29.4.2004)

(Stark)

Perimeterschutz

Siehe Freilandschutz.

Peripherieschutz

Siehe Außenhautschutz.

Persönliche Identifikationsnummer

Siehe PIN.

Personenidentifikation

Siehe auch Augensignatur, Ausweis, Bildspeicher, Bildsprechanlage, Bildvergleich, Biometrie, Fingerabdruckvergleich, Geldautomat, Gesichtserkennung (automatisch), Handdatenvergleich, Kartensicherheit, Passbildvergleichsverfahren, Passwort, PIN, Stimmanalyse, Unterschriftsprüfung, Zutrittskontrolle.

Eine sichere Identifizierung von Personen ist möglich

- auf Grund des subjektiven Gesamteindrucks, wenn ein Mensch für die Kontrolle eingesetzt ist, der den Kontrollierten persönlich kennt,
- auf Grund objektiver Kriterien.

Ein Personenidentifikationsverfahren ist um so unsicherer, je weniger die Erkennungsparameter direkt vom Individuum abhängen und je mehr sie zusätzliche Informationsträger benötigen. Der bloße Besitz eines Ausweises erlaubt deshalb keine sichere Identifikation. Er muss durch weitere Kriterien ergänzt werden, die möglichst schwer nachahmbar an das Individuum gebunden sind: Foto, Unterschrift, Kenntnis bestimmer Worte (Parole!) oder Zahlen (→PIN), körperliche unveränderliche Merkmale (Personenbeschreibung).

Für die Zukunft werden diejenigen Verfahren die größten Chancen haben, die körpermorphologische Kriterien automatisch und ohne aufwändige Aktivitäten der betroffenen Person auswerten. Mehrere Firmen bieten inzwischen die Fingerabdruck-Erkennung an. Auch andere biometrische Verfahren sind am Markt zu haben (→Biometrie).

Solange es an einer bewährten unmittelbaren und automatischen Identifikationsmöglichkeit fehlt, kann eine höhere Sicherheit bei der Personenidentifikation dadurch erreicht werden, dass man mehrere Erkennungsparameter miteinander kombiniert (z.B. Ausweis mit Foto und Unterschrift + Kenntnis einer PIN) und diese Kriterien gegen Fälschung sichert (z.B. Einschweißen des Fotos in einem Laminat).

(Letzte Änderung: 21.7.2000)

(Redaktion)

Personenschleuse

Siehe Pendelschleuse, Schleuse.

Personenschutz

Unter Personenschutz versteht man die Gesamtheit der Maßnahmen, die zur Verhinderung oder Abwehr von Angriffen gegen Leib und Leben, also die körperliche Unversehrtheit, sowie gegen die Willens- und Handlungsfreiheit von Einzelpersonen oder Personengruppen ergriffen werden (Entführung, Geiselnahme, Erpressung).

Eine Schwierigkeit besteht darin, die Zielpersonen oder die Zielgruppen von Angriffen oder Anschlägen zu definieren. Im Prinzip brauchen die als gefährdet bezeichneten Perso-

3

nen sich nicht unbedingt persönlich exponiert zu haben. Es kann genügen, dass sie Angehörige von Zielgruppen sind oder solchen sonst nahestehen, gegen die sich die Anschläge richten können. Zu Zielgruppen von Terroranschlägen oder Angriffen, die meistens dem organisierten Verbrechen zugeordnet werden müssen, gehören im Prinzip alle in Staat, Politik, Wissenschaft oder Gesellschaft prominenten Personen, Funktionäre sowie leitende Beamte, Richter und mitunter hohes Kader unserer Wirtschaft usw.

Falls nach eingehender gründlicher Lagebeurteilung eine konkrete Gefährdung für eine Person festgestellt wird oder wenigstens nicht ausgeschlossen werden kann, ist zu entscheiden, in welcher Weise der Gefährdete oder gegebenenfalls seine Familienangehörigen geschützt werden können. Dazu gehört die Überlegung, wann (zeitlicher Schwerpunkt) und wo (örtlicher Schwerpunkt) geschützt werden soll. Ein lückenloser Schutz aller gefährdeten Personen oder Personengruppen ist jedoch völlig unmöglich. Man darf wohl annehmen, dass es in der Welt mehr abstrakt gefährdete Personen als Polizei- und Sicherheitsbeamte gibt. Die Maßnahmen zum Schutze potenziell gefährdeter oder bedrohter Personen müssen deshalb auf ganz konkrete Einzelfälle beschränkt werden. Man wird aus arbeits- und personalökonomischen Gründen nicht darum herumkommen, in einem Sicherheitskonzept zeitliche und örtliche Schwerpunkte mit optimaler Mobilität der Kräfte zu bilden. Die öffentlichen Schutzorgane können sich aus Gründen der Personalökonomie nur auf den Schutz von Magistratspersonen und Personen, die aus völkerrechtlichen Gründen geschützt werden müssen, konzentrieren. Schon aus diesen Gründen erwächst hier dem privaten Sicherheitsgewerbe ein zusätzliches Betätigungsfeld.

Der Lagebeurteilung kommt wichtigste Bedeutung zu, wenn effizient geschützt werden soll. Die Entscheidung ob und in welcher Weise Personen, Personengruppen und damit automatisch auch Objekte zu schützen sind, ist unter anderem abhängig von

- Art und Ausmaß der Gefahr (Bedrohungs- und Gefährdungslage)
- Art der Ziele möglicher Tätergruppen (Zielgruppen)
- Aufenthaltsorte und Reisevorkehrungen und -gewohnheiten der gefährdeten Personen
- Politische, wirtschaftliche, soziale und kulturelle Situation im Land
- Besonderheiten der Kriminalitätsentwicklung im Land.

Für die Beurteilung einer Bedrohungslage müssen verschiedene Aktionsformen in Betracht gezogen werden. Aufgrund bisheriger Verhaltensweisen bekannter, aktiv gewordener Täter oder Tätergruppen haben sich folgende hauptsächliche Aktionsformen herauskristallisiert:

Attentate/Anschläge

Tötung oder Verletzung bei direkter Gewaltanwendung durch

- Schuss- oder Stichwaffen
- Sprengstoffanschläge mit konventionellem Sprengstoff, selbstgebastelten Sprengkörpern, wobei die Zündung unter Umständen durch entsprechende Manipulation des Opfers erfolgen kann (Zustellung anonymer Pakete, die beim Öffnen explodieren; Betätigung des Anlassers eines Autos usw.)
- Brandsätze/Brandflaschen (Molotowcocktails)
- Einwirken von Säuren (Wurf von säurehaltigen Gefäßen, Ablassen von Säuren usw.).

Entführungen (inkl. Geiselnahme)

Erpressungen

Sachbeschädigungen

Als mögliche Täter kommen inländische und ausländische Terroristen in Betracht. Auch Psychopathen und Unzufriedene sind in den möglichen Täterkreis einzubeziehen. Es sind dies vor allem Leute, die Terrorakte begehen, um so ihren krankhaften Hass gegen Exponenten von Staat und Behörden abreagieren zu können.

Auch Kriminelle ohne politische Motive können sich zum Zweck der Mittelbeschaffung der bekannten Methoden bedienen.

Maßnahmen:

In allen Fällen, in denen schon ein Verdacht für eine konkrete Gefährdung von Personen besteht, sollte unbedingt die Polizei eingeschaltet werden. Dadurch können unliebsame Kollisionen vermieden werden, denn möglicherweise ist die Polizei bereits in diesem Fall involviert. Als Schutz- und Abwehrmaßnahmen können folgende präventive und repressive Vorkehrungen getroffen werden

- ständige Begleitung der Schutzpersonen (Bodyguard)
- Begleitung der gefährdeten Personen in besonderen Fällen (zu bestimmten Zeiten und aus besonderem Anlass)
- ständiger Objektschutz durch Posten und/ oder Ronde
- Objektschutz durch Posten und/oder Ronde in besonderen Fällen
- Rondentätigkeit im Bereich des Objektes der Schutzperson in unregelmäßiger Folge.

Die Schutzmaßnahmen sollen so disponiert werden, dass es Tätern auch durch langfristiges Beobachten der Zielperson nicht möglich ist, den Rhythmus und die Zeiten der Ronden zu erkennen und zu berechnen. Im Prinzip wird man also mit Vorteil die einzelnen Schutzmaßnahmen miteinander kombiniert anordnen. Dadurch wird das Risiko für einen potenziellen Attentäter unberechenbar.

(Letzte Änderung 21.7.2000)

(Hugi)

PET-Folie

Siehe Alarm-Sicherheitsfolie, Flächenüberwachung, PVB, Sicherheitsfolie, Splitterabgang, Verbundsicherheitsglas.

PET = Polyethylenterephtalat, ein durch Polykondensation hergestellter, makromolekularer, thermoplastischer Kunststoff auf Kohlenstoffbasis.

PET ist äußerst belastbar und zeichnet sich durch physiologische Unbedenklichkeit sowie weitgehende chemische Beständigkeit aus. Darum wird dieser Kunststoff auch zur Herstellung von Verpackungen für Lebensmittel (z.B. PET-Flaschen) verwendet.

Zur Herstellung von Folien (→Splitterschutzfolien, →Sicherheitsfolien) wird die flüssige Schmelze durch Schlitz-Düsen gepresst und zu einer Bahn ausgewalzt. Spezielle PET-Folien (z.B. Du Pont Mylar) verfügen über beste optische Eigenschaften im Hinblick auf Transparenz, Klarheit und Verzeichnungsfreiheit bei hoher mechanischer Beständigkeit.

(Letzte Änderung: 11.7.2000)

(Brux)

PfB

PfB GmbH & Co Prüfzentrum für Bauelemente KG, Schlossberg bei Rosenheim

Kurzbeschrieb und Anschrift →Behörden, Verbände, Institutionen.

PGP

Siehe Digitale Signatur, E-Mail-Sicherheit, Verschlüsselung (mit weiteren Verweisen)

Abkürzung für Pretty Good Privacy. Programm von Phillip Zimmerman zur →Verschlüsselung und zur →Digitalen Signatur von Dateien mit starker Kryptographie unter Benutzung von →Public Key Verfahren mit großer Verbreitung. Es entstand eine Kontroverse, als PGP unter geschickter Umgehung der damaligen US-Exportrestriktionen durch den Abdruck als Sourcecode in einem Buch (was legal war) international zugänglich gemacht wurde.

Das eigentliche Schlüsselaustauschverfahren von PGP basiert auf dem „Web of Trust", bei dem öffentliche Schlüssel unter Bekannten ausgetauscht und gegenseitig als vertrauenswürdig zertifiziert wurden. Dieses Prinzip führte zu einer schnellen Verbreitung des Programms, ist jedoch echten →PKI-Lösungen vom Sicherheitsniveau her weit unterlegen. Andererseits ist PGP bei anarchistischen Kreisen der Internet-Gemeinde wegen seiner Dezentralität sehr beliebt.

Neuere Versionen von PGP unterstützen graphische Oberflächen und zentrale →PKI-Systeme. Diese werden für den professionellen Bereich kommerziell vertrieben. Diese Versionen sind allerdings zum Teil nicht mehr im Sourcecode erhältlich und mancher vermutet Codeteile, welche eine Hintertür zur Dechiffrierung offenlassen. Puristen bevorzugen deswegen die klassischen Versionen bis 2.6, die nur über die Kommandozeile gesteuert werden.

Nähere Infos unter http://www.iks-jena.de/mitarb/lutz/security/pgpfaq.html.

(Neu aufgenommen am 7.7.2000)

(Stark)

Phishing

Siehe auch IT-Sicherheit (mit weiteren Verweisen)

Phishing ist eine Trickbetrugsmasche mit der Täter versuchen, an User-ID, Passwörter oder

3

Kontodaten zu gelangen. In der Regel wird in E-Mails mit Originallogos von Banken, Internetauktionsseiten oder Bezahlsystemen aufgefordert, einem Link zu folgen und dort aus Sicherheitsgründen sein Passwort und eine oder zwei TAN Nummern einzugeben. Abgesehen davon, dass Banken und seriöse Institutionen niemals – und schon gar nicht per E-Mail – nach derart sensiblen Daten fragen würden, waren Phishing-Mails häufig an ihrem gestelzten Wörterbuch-Deutsch zu erkennen. Mittlerweile sind aber auch Mails und vorgetäuschte Internetseiten oft professionell gestaltet.
(Neu eingefügt: 12.7.2006)

(Redaktion)

Picking

Siehe auch Schlagpicking, Schließzylinder

Picking, mechanisch:

Öffnungstechnik, vornehmlich bei Schließzylindern, ohne Schlüsselhilfe. Die Öffnungsmethode ist hervorgegangen aus dem für Zuhaltungsschlösser entwickelten Hobbs'schen Öffnungsverfahren (Anhebung von Zuhaltungsplatten in Öffnungsstellung mit Hilfe eines schlüsselartigen Werkzeuges).

Bei Schließzylindern wird versucht, die Stiftzuhaltungen mit Hilfe von verschiedenartigen Sperrhaken und Klemmteilen in Öffnungsstellung zu bringen, wobei die Trennlinie zwischen Zylinder-Gehäuse und Zylinder-Kern (Rotor) freigehalten werden muss.

Anstelle eines Sperrhaken-Sortiments werden auch sogenannte Picking-Pistolen verwendet. Es handelt sich um Geräte, die durch einen Griff mit Abzugsbügel pistolenartig aussehen. Wird der Abzugsbügel betätigt, dann „schießt" eine in den Zylinder-Kern eingeführte, längliche Feder die Stiftzuhaltungen in Öffnungsstellungen, die vom Benutzer nach und nach ermittelt werden müssen. Bereits in Öffnungsstellung befindliche Zuhaltungen müssen im Wechselspiel mit Festhalten und geringfügiger Lockerung in der erreichten Öffnungslage gehalten werden, um schließlich das Drehen des Zylinder-Kerns zu ermöglichen (gilt besonders für die Sperrhaken-Technik, wie auch im Prinzip für die Picking-Pistole [auch Sperrpistole genannt]).

Die in Vorschriften, Normen und Richtlinien geforderten Maßnahmen gegen die vorgenannten Öffnungstechniken (zum Beispiel mindestens eine Zuhaltung aufsperrsicher ausgebildet und parazentrische Profile, sowie andere, alternative, gleichermaßen wirksame Aufsperrsicherungen), verhindern weitgehend die erfolgreiche Anwendung der beschriebenen Öffnungstechniken.

Picking, elektrisch:

Das Funktions-Prinzip der mechanischen Picking-Pistole wird zum Öffnen von Schließzylindern (und in abgewandelter Form z.B. auch zum Öffnen von Automobil-Schließzylindern) in der Weise angewendet, dass man die Federschläge mit wesentlich höherer Frequenz über ein batteriebetriebenes Handgerät elektrisch ausführt.

Die überaus schnelle Schlagfolge staucht die Zuhaltungsfedern und kann bei nicht oder nur wenig geschützten Schließzylindern mehr oder weniger schnell die Trennlinie zwischen Gehäuse und Kern „freischießen".

Hochwertige Zylindertechniken (z.B. stark-parazentrische Spezialprofilierungen oder auch Zylinder mit mehreren Stiftzuhaltungs-Reihen) verhindern die wirksame Anwendung elektrischer Picking-Geräte, weil meist die Zuhaltungsköpfe gar nicht oder nur zum Teil erreicht werden können. (Parazentrische Profile: Die Profil-Mittellinie wird von der Profilierung mehrfach berührt oder überschritten; das „Arbeiten" im Profilbereich ist daher bei hochwertigen Profilen äußerst begrenzt, die Kernstifte der Zuhaltungen liegen geschützt im Profil).

Obwohl die beschriebenen Öffnungstechniken in der Hauptsache zu Notöffnungen benutzt werden (Schlüssel-Notdienste, Feuerwehr, Polizei u.Ä.) sind einfache, nicht genügend geschützte Zylinder, dann gefährdet, wenn das Elektro-Picking von Unbefugten betrieben wird.

Einschlägige Vorschriften, Normen und Richtlinien:

DIN 18252 09.99

RAL RG 607/2 11.98

RAL RG 607/5 03.95

VdS 2156 01.92, VdS 2157 01.92.

(Letzte Änderung: 24.4.2000)

(Elsen)

Piezo

Beim piezoelektrischen Wandler handelt es sich um ein heute meist keramisches Bauelement, das auf den Stirnflächen mit einem Metallüberzug aus Silber oder Gold versehen ist,

an dessen Flächen bei mechanischer Verbiegung Spannungen auftreten.
Im Umkehrschluss wird dieses mechanische Bauelement aufgrund des Piezoeffektes selbst verformt, sofern entsprechende Spannungen an die vorgenannten Flächen angelegt werden. Aus diesem Grund wird dieses Bauelement in unterschiedlicher Weise zur Erzeugung von Spannungen bis zur Höhe von einigen KV (Zündfunke beim Gasfeuerzeug) als auch zur Erzeugung von geringen Spannungen, die Druckschwankungen entsprechen (Mikrofon, Beschleunigungsaufnehmer usw.) verwendet.
Im Umkehrschluss dient dieses Element als Lautsprecher (Kopfhörer, Telefonkapsel) oder als Ultraschallsender (Ultraschall-Doppler-Bewegungsmelder) oder sogar als Ultraschall-Leistungssender (Ultraschall-Reinigungsgeräte). Auch die Funktion der Schwingquarze (Quarz-Uhr) beruht auf dem Piezoeffekt.
Die heutigen Ausführungsformen von Piezowandlern sind sehr breit gestreut und betreffen nicht nur die überwiegend vertretenen keramischen Elemente. Es werden vielmehr auch andere, meist anorganische chemische Elemente verwendet, die derartige physikalische Eigenschaften aufweisen. Der Vorteil der Piezoelemente liegt darin, dass sie sehr klein gebaut werden können und mit extrem geringer Energieansteuerung bereits hohe Empfangsempfindlichkeit (Ultraschall-Empfänger) oder hohe Sendeintensitäten (Ultraschall-Sender) erzeugen können.
In der Sicherheitstechnik werden Piezowandler weitgehend für folgende Einsatzzwecke verwendet:

- →Ultraschall-Sender und Empfängerelemente.
- akustische →Signalgeber.
- Empfänger- und Sendeelemente bei aktiven und passiven →Glasbruchmeldern
- Signalerzeugung bei piezoelektrischen Tastaturen.
- →Bildermelder

Die Piezoelemente selbst haben, sofern ihre Leistungskenndaten nicht überschritten werden (falls z.B. durch Ansteuerung mit einer zu hohen Spannung eine zu starke Verbiegung herbeigeführt wird, die zum Bruch des Elementes führen könnte), eine fast unbegrenzte Lebensdauer. Der Ausfall von Piezoelementen z.B. in Ultraschall-Bewegungsmeldern, der statistisch in einem Zeitraum von 5-10 Jahren zu erwarten ist, liegt meistens nicht an einem Ausfall des Elementes selbst, sondern daran, dass durch die mechanischen Bewegungen die Anschlussdrähte mit der Zeit abgebrochen werden.
Einschränkend zu der Verwendung von Piezoelementen in der elektrischen Sicherheitstechnik ist zu sagen, dass diese selbst nur von einem Blindstrom durchflossen werden, d.h. von Wechselströmen beaufschlagt werden können, und dass sich diese selbst nicht auf ihren betriebsbereiten Zustand überwachen lassen. Die Integration dieser Elemente ist daher immer in Gesamtschaltungen wie Glasbruchmeldern, Ultraschall-Bewegungsmeldern usw. erforderlich, wobei die Gesamtschaltung durch besondere technische Schaltmaßnahmen überprüft, ob das Element noch seine Funktion ausführen kann und andernfalls Störungs- oder Ausfallmeldung an die →Einbruchmelderzentrale abgibt.

(Unruh)

PIN

Siehe auch FinTS, Passwort, TAN.
Die Abkürzung PIN (Persönliche Identifikationsnummer) hat sich zur Bezeichnung von alphanumerischen Geheim-Codes eingebürgert. Gebräuchlich sind PIN insbesondere beim „home-banking", bei →Geldautomaten, bei →POS-Terminals und bei →Zutrittskontrollsystemen.

Ping Flooding

Siehe Denial-of-Service (DoS) Attacke

PIN-Schlüssel

Siehe Zutrittskontrolle.

PIR-Melder

Siehe Infrarotdetektor.

Pixel

Siehe CCD-Kamera.

PIZ

Prüfinspektion und Zertifizierungsstelle, Zürich
Kurzbeschrieb und Anschrift Behörden, Verbände, Institutionen unter: →Sicherheitsinstitut.

3

PKI

Siehe auch Digitale Signatur, IT-Sicherheit (mit weiteren Verweisen), Schlüssel-Archiv,

Technische und organisatorische Infrastruktur zur Erzeugung, Verteilung und Verwaltung von Schlüsseln und Zertifikaten. Die Infrastruktur besteht – zusammen mit den zur vertrauenswürdigen Errichtung, Organisation und zum vertrauenswürdigen Betrieb notwendigen Tools und Dokumenten (Richtlinien – Security Policies) aus den fünf folgenden Funktionseinheiten, die als sog. →Trust Center (vertrauenswürdige Instanzen) implementiert sind:

- Key Management Center (KMC): Schlüsselgenerierung symmetrischer und asymmetrischer Schlüssel zur
  - Konzelation,
  - Signatur- und Prüfschlüssel,
  - Schlüssel zur Authentifizierung und
  - Schlüssel zur Schlüsselverteilung, sowie Archivierung und Vernichtung der Schlüssel.
- Certification Authority (CA): Bestätigung und Zertifizierung des Prüfschlüssels (öffentlichen Schlüssels) eines Anwenders. Der Prüfschlüssel dient der Überprüfung der Korrektheit und Authentizität der digitalen Signatur. Weiterhin Ausstellung sog. Zertifikate; das sind Dokumente, in denen die Kombination aus Identität des signierenden Endanwenders und des Prüfschlüssels bestätigt wird. Zertifikate werden von der ausstellenden Certification Authority mit ihrer digitalen Signatur signiert (beglaubigt).
- Time Stamping Authority (TSA): Vertrauenswürdiger →Zeitstempeldienst, der den Zeitpunkt (Datum Uhrzeit) des Eingangs eines (zeitkritischen) Dokuments bestätigt.
- Key Recovery Center (KRC): Vertrauenswürdige Instanz zur Regenerierung verloren gegangener oder anderweitig kompromittierter Konzelationsschlüssel (Verschlüsselungsschlüssel – nicht Signaturschlüssel!) für Berechtigte. Dabei wird der benutzte Konzelationsschlüssel mit dem öffentlichen Schlüssel des KRC vom Anwender verschlüsselt und zusammen mit dem verschlüsselten Dokument abgelegt.
- Directory: Vertrauenswürdiger Verzeichnisdienst, der Informationen bereitstellt wie Zertifikate (mit den öffentlichen Schlüsseln der Eigentümer).

Häufig werden verschiedene Verschlüsselungsverfahren mit unterschiedlichen Algorithmen, Schlüssellängen und Schlüsselmanagement (Austausch etc.) und damit mit ganz unterschiedlichem Sicherheitsniveau im Unternehmen eingesetzt. PKI sind integrierte Tools zur Verschlüsselung und stellen damit eine Behandlung aller Funktionen auf definierten Sicherheitsniveaus sicher.

(Neu aufgenommen am 11.7.2000)

(Prof. Pohl)

PL

Projektleitung der Polizeilichen Kriminalprävention der Länder und des Bundes (Früher: Projektleitung Kriminalpolizeiliches Vorbeugungsprogramm)

Kurzbeschrieb und Anschrift →Behörden, Verbände, Institutionen. Siehe dort auch KPK (Kommission Polizeiliche Kriminalprävention) und ZGS (Zentrale Geschäftsstelle)

PL KPVP

Projektleitung Kriminalpolizeiliches Vorbeugungsprogramm, Stuttgart. Jetzt: PL (→Behörden, Verbände, Institutionen / Projektleitung)

Plattformübergreifende Sicherheit

Siehe auch IT-Sicherheit (mit weiteren Verweisen).

Ein übergreifendes →Sicherheitskonzept für die Informationsverarbeitung betrachtet die vorhandenen Plattformen als zusammengehörendes System. Hierbei werden die Anforderungen der einzelnen Plattformen und Systeme sowohl innerhalb der Systeme betrachtet als auch die Einbindung der Systeme in die gesamte Struktur. Hierzu gehören (zeitlich) abgestimmte Sicherungsverfahren und der Austausch von Dateien zwischen den Systemen.

Basis für ein geeignetes Konzept ist die Darstellung der Zusammenhänge und Abhängigkeiten aller vorhandenen Plattformen und Systeme. Hierauf aufbauend kann ein übergreifendes Konzept erstellt werden.

Dieser Aspekt bekommt eine zusätzliche Bedeutung, wenn Teile der Systeme „outsourced" werden und somit nicht mehr dem direkten Einfluss unterstehen. Hier muss eine übergreifende Lösung gefunden werden.

(Letzte Änderung: 2.5.2004)

(Glessmann)

PMMA

Siehe Acrylglas.

Pneumatischer Differenzialdruckmelder

Das pneumatische Detektionsprinzip wird für den Perimeterschutz (→Freilandschutz) und Peripherieschutz (→Außenhautschutz) eingesetzt. Es können luftdichte Rohrprofilgitter auf Beschädigung überwacht oder mit geeigneten Bodensensoren plötzliche Lastwechsel im Freigelände, auf Dächern und Mauerbrüstungen detektiert werden.

Dabei werden die zu überwachenden Hohlkörper mit einem geringen Überdruck beaufschlagt und über Differenzialdruckwandler gegeneinander geschaltet. Diese Wandler verfügen über eine automatische Nullpunktrückführung, die dafür sorgt, dass witterungs- bzw. temperaturbedingte und somit langsame Druckänderungen nicht als Alarm gewertet werden. Auf diese Weise wird erreicht, dass sich das System stets im empfindlichsten Bereitschaftszustand befindet und nur schnelle Druckänderungen, hervorgerufen durch Beschädigung (Gitter) bzw. Lastwechsel (Bodensensoren) zur Kenntnis nimmt.

(Letzte Änderung: 10.7.2006)

(Tröhler)

Policy

Siehe IT-Sicherheits-Policy, Sicherheitspolicy

Polycarbonat

Siehe auch Acrylglas, Drahtglas, Glas (mit weiteren Verweisen), Panzerglas, Polyurethan, Verbundsicherheitsglas.

Polycarbonat kann dank seiner Eigenschaften in verschiedensten Formen verwendet werden. Das Grundprodukt ist ein Granulat, das transparent oder eingefärbt, eingepresst oder extrudiert wird. Im nachfolgenden werden nur extrudierte durchsichtige Platten, die zum Abschluss von Öffnungen dienen, behandelt.

Polycarbonatplatten werden einzeln oder in Verbunden als einbruch- und durchschusshemmende Verglasungen (→durchbruchhemmende Verglasung, →durchschusshemmende Verglasung) verwendet. Glas/Polycarbonat-Verbundgläser verbinden die Kratzfestigkeit und Korrosionsbeständigkeit des Glases mit der Elastizität und Zähigkeit des Polycarbonates.

Glas/Polycarbonat-Verbunde ergeben bei vergleichbarer Dicke und geringerem Gewicht die besten Durchbruch-Widerstandswerte. Die heute bekannten Prüfklassen (→Verbundsicherheitsglas) werden damit weit überschritten. Bei durchschusshemmenden Verbunden kann das Polycarbonat auf der Rückseite angeordnet werden, wodurch absolute Splitterfreiheit erreicht wird.

Infolge der hohen Herstellungskosten ist der Einsatz von Glas/Polycarbonat-Verbunden auf höchsten Wertschutz wie Juweliergeschäfte, Rechenzentren, Kommandozentralen von Kernkraftwerken sowie auf Personenschutz, gepanzerte Pkw, Werttransportfahrzeuge usw. beschränkt.

Polycarbonatplatten besitzen eine weiche Oberfläche und werden bei der Reinigung oder durch Vandalismus zerkratzt, wolkig und undurchsichtig. Sind sie den atmosphärischen Umwelteinflüssen ausgesetzt, können sie innerhalb Monaten Festigkeitseinbußen erleiden. Harte Oberflächenbeschichtungen früherer Generationen führten zur Versprödung des Grundmaterials. Nach dem neueren Stand der Technik kann dieses Problem jedoch als behoben betrachtet werden.

Glas/Polycarbonat-Verbunde beheben diese Mängel teilweise. Aus herstellungstechnischen Gründen und wegen der stark unterschiedlichen Ausdehnungskoeffizienten bei Temperaturschwankungen sind deren Abmessungen außer bei der Verwendung spezieller Hochleistungs-Laminierharze auf ca. 1 x 2 m beschränkt.

(Redaktion)

Polyesterfolie

Siehe PET-Folie.

Polyurethan

Siehe auch Polycarbonat, PVB-Folie, Verbundsicherheitsglas.

Polyurethan wird unter anderem als Trägerwerkstoff zur Herstellung einer hochzähen, sehr elastischen Spezial-Verbundfolie verwendet.

Spezialfolien auf Polyurethanbasis dienen zum Verkleben von →Glas mit →Polycarbonat. Un-

3

ter Einhaltung bestimmter Verarbeitungsbedingungen ergeben sie sowohl auf Glas wie auf Polycarbonat eine ausgezeichnete Haftung. Nach dem Verkleben ist die Folie transparent und lichtdurchlässig wie Glas.
Die Polyurethan-Folie behält im Gegensatz zur PVB-Folie ihre Zähigkeit und Reißfestigkeit auch weitgehend bei tiefen Temperaturen.
Polyurethan-Folien sind nur in begrenzten Abmessungen lieferbar und bedingen für die Verarbeitung ein besonderes know-how und spezielle Betriebseinrichtungen.

(Redaktion)

POS-Terminal

Siehe auch Ausweis, Chipkarte, Geldausgabeautomat, Kartensicherheit.

Ein POS-Terminal gestattet eine bargeldlose Begleichung einer Rechnung direkt am Verrechnungs- oder Verkaufsort (point of sales) über eine Verbindung zu einer Bank oder einer Autorisierungszentrale. Diese „elektronische" Zahlungsweise wird auch EFT (electronic fund transfer) genannt.

- Beim Zahlungsvorgang werden die notwendigen Daten durch einen im Terminal eingebauten Ausweisleser von der Ausweiskarte des Kunden gelesen. Im Einsatz befindliche POS-Terminals erlauben teilweise die Benutzung mehrerer Kartenarten wie internationaler Kreditkarten, ec-Karten (Bank-Cards) und Kundenkarten. Zum Zwecke der Autorisierung tastet der Kunde seine persönliche Geheimzahl (→PIN) an der im Terminal eingebauten Zehnertastatur ein. Über zusätzliche Funktionstasten werden Grundfunktionen wie z.B. Bestätigung, Korrektur und Abbruch ausgelöst. Ein Sichtschutz an der Zehnertastatur dient der Verbesserung der Sicherheit.
- Nach der Eingabe des Zahlungsbetrages wird im POS-Terminal unter Einbeziehung der Händleridentifikation eine Nachricht zusammengestellt und automatisch zur Bank oder zur Autorisierungszentrale der Geldinstitute übertragen. Aus Sicherheitsgründen werden die Daten vor der Übertragung nach dem DES-Algorithmus (→Verschlüsselung) verschlüsselt. Für die Verschlüsselung notwendige Schlüssel sind in einem besonderen Speicher des POS-Terminals enthalten. Die Eingabe der Schlüssel kann über die Tastatur, den Kartenleser oder über die Fernleitung erfolgen. Die geladenen Schlüssel sind nicht auslesbar und somit nicht von außen zugänglich. Der Aufbau der Verbindung zu einer bestimmten Bank erfolgt mit Hilfe der vom Magnetstreifen gelesenen Bankleitzahl.

In der Autorisierungszentrale oder bei der Bank wird das Datentelegramm entschlüsselt. Dann wird zunächst mit Hilfe einer Positiv-Datei oder einer Negativ-Datei festgestellt, ob die benutzte Ausweiskarte eine Abbuchung erlaubt. In einer Positiv-Datei sind alle autorisierten Kunden eingetragen. Eine Negativ-Datei enthält dagegen alle gesperrten Karten. Nachdem noch die PIN, der Zahlungsbetrag und die Händlerdatei überprüft wurden, erfolgt eine positive oder negative Rückmeldung an das POS-Terminal. Bei einer positiven Antwort wird der Betrag automatisch vom Kundenkonto abgebucht.
POS-Terminals werden u.a. in Hotels, an Tankstellen und in Warenhäusern eingesetzt.

(Redaktion)

Postmietleitung

Siehe Verbindungsarten.

PP (Protection Profile)

Siehe Schutzprofil (IT)

Prävention

Siehe auch Präventivmaßnahmen (Einbruchschutz), Täterbild.

Unter Präventions-Strategie versteht man, alle Kräfte/Mittel auf gemeinsame zukünftige lösungsorientierte Ziele – Navigationsinstrument – zu bündeln, um vorausschauend in Denken, Planen und Handeln mögliche Schadensereignisse – materiell und ideell – für ein Unternehmen möglichst frühzeitig zu erkennen, zu verhindern bzw. eindämmen zu können, um den drohenden Schaden/Verlust abzuwehren oder in seiner Tragweite zu begrenzen.
Prozessorientiert lässt sich ein Präventionskonzept in einem dynamischen Regelkreis darstellen, der aus folgenden Modulen besteht.

- die Vorsorge (-untersuchung), also die Analysen (Diagnose) von Schwachstellen

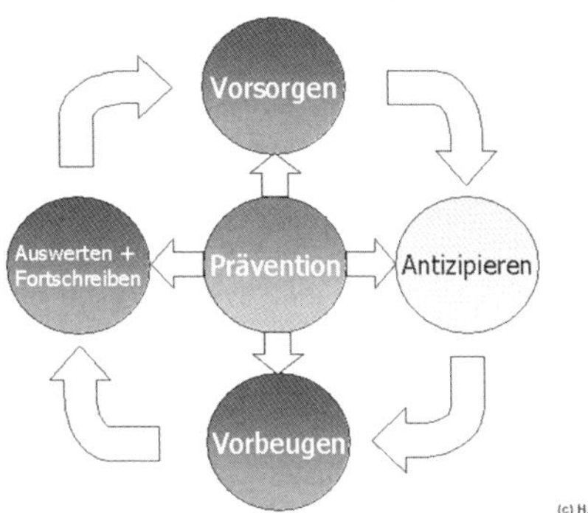

und deren mögliche Auswirkungen mit erkennbarer Tragweite (Risiko)

- die Antizipation, also das Vorausschauen/Vorausdenken sowie Einfühlen, insbesondere unter Einbeziehung des möglichen Täterverhaltens (Tätertyp/Tatwerkzeuge) inklusive der möglichen Motive/Ziele oder eines möglichen Ereignisablaufes z.B. Brandes oder Sabotageaktes sowie der Schutzbedürfnisse von Bürgern/Kunden (Service)
- die Vorbeugung, also konteptionelle Maßnahmen, die durch kluge Verknüpfung der elektronischen Systeme (z.B. EMA/Video, Zugangssteuerung) einen Schadenseintritt eher unwahrscheinlich machen bzw. erschweren oder frühzeitig erkennen lassen. Schutzziele der Vorbeugung müssen zu abgestimmten Maßnahmen führen, die den Eintritt eines Schadensereignisses:
  - verhindern
  - behindern
  - eingrenzen / reduzieren
  - frühzeitig erkennen lassen
- die Auswertung von Ereignissen inklusive sorgfältiger Ursachenergründung und nachvollziehbarer Protokollierung/Dokumentierung des Ereignisablaufes (unbezahlbare Chance, aus Fehlern und Versäumnissen zu lernen) sowie die Konzeptfortschreibung, die wieder in Vorsorgeaktivitäten münden kann/muss.

(Letzte Änderung: 17.7.2006)

(Feuerlein)

Präventivmaßnahmen (Einbruchschutz)

Siehe auch Außenhautschutz, einbruchhemmende Fenster, einbruchhemmende Gitter, einbruchhemmende Tür, Einbruchmeldanlage (EMA), Prävention, Videoüberwachung, Zutrittskontrollsystem.

Präventivmaßnahmen im Bereich Einbruchschutz umfassen

- Mechanische Gegenmaßnahmen
- Elektronische Gegenmaßnahmen
- Mechanisch elektronische Gegenmaßnahmen (Mechatronik)
- Organisatorische Gegenmaßnahmen
- Sonstige Gegenmaßnahmen

Mechanische Gegenmaßnahmen

Hierzu zählen alle Bauteile und Bauteilkomponenten welche die einbruchhemmende Wirkung erhöhen, indem sie dem Einbruchsversuch einen mechanischen Widerstand (→Widerstandswert) entgegensetzen und den Einbruchsversuch dadurch zeitlich erschweren bzw. verhindern. Zu dieser Gruppe zählen die klassischen Nachrüstprodukte (→Nachrüstung), wie Panzerriegel, Zusatzverriegelungen, Gitterelemente (→Gitter), →Rollläden etc aber auch komplette →einbruchhemmende Fenster- und Türelemente (→einbruchhemmende Tür) mit deren Komponenten wie →Schutzbeschlägen, Hintergriffen (→Hinterhaken), Falzluftbegrenzern und dgl.

Anwendung finden sie vor allem in der Außenhautsicherung zur Absicherung von Tür- und Fensterelementen.

Drei Möglichkeiten zur mechanischen Sicherung von Fenstern und Türen stehen zur Auswahl:

1. Anbringen von Nachrüstsicherungen
2. Austausch einzelner Komponenten am bestehenden Bauteil (Schloss, Beschlag etc.)
3. Austausch des gesamten Elementes gegen ein einbruchhemmendes Element

Elektronische Gegenmaßnahmen

In diese Kategorie fallen alle Sicherungseinrichtungen, deren Bestandteile bzw. Teile davon auf elektrischer bzw. elektronischer Basis arbeiten. Dabei handelt es sich im weitesten Sinne um →Einbruchmeldanlagen (EMA) und →Überfallmeldeanlagen (ÜMA) und deren Bestandteile (→Überfallmelder). Sie gehören zu den →Gefahrenmeldeanlagen (GMA), zu denen auch die →Brandmeldeanlagen (BMA) gezählt werden.

Anwendungsbereich: Einbruchmeldeanlagen (EMA) und Überfallmeldeanlagen (ÜMA) dienen der automatischen Überwachung von Gebäuden, Gebäudebereichen oder Gegenständen. Überfallmeldeanlagen bieten zusätzliche Möglichkeiten zur aktiven Alarmauslösung bei Überfällen oder anderen Gefahrensituationen durch den Benutzer (Alarmknopf in Banken und Juweliergeschäften).

Wie der Name schon sagt, „melden" solche Einrichtungen lediglich einen Einbruch bzw. Überfall, sie verhindern ihn jedoch nicht. Einbruchmeldeanlagen allein stellen keinen Schutz dar. Sie sollten daher immer in Kombination mit mechanischen Sicherungseinrichtungen betrieben werden.

Weitere elektronische Sicherungseinrichtungen, die stark an Bedeutung – insbesondere im gewerblichen Bereich – gewinnen, sind die →Zutrittskontrollsysteme und die →Videoüberwachung.

Mechanisch-elektronische Gegenmaßnahmen (→Mechatronik)

Diese Geräte sind eine Kombination aus mechanischen und elektronischen Sicherungsmaßnahmen, d. h. sie setzen dem Einbruchversuch mechanischen Widerstand entgegen und melden diesen – durch geeignete Signalgeber z. B. Magnetkontakte, Reed-Kontakte (→Öffnungskontakt) – an eine →Einbruchmelderzentrale (EMZ).

Organisatorische Gegenmaßnahmen

Unter diese Bezeichnung fallen Präventivmaßnahmen, die in Verbindung mit Personen (Organisationen) und deren Aufgaben bzw. Verhalten stehen.

Dies können organisatorische Vorgaben sein, um den Betrieb bzw. die Inbetriebnahme von Sicherheitstechniken zu gewährleisten. Klassisches Beispiel hierfür ist der abendliche Rundgang des Hausmeisters mit Kontrolle aller Ein- und Ausgänge. Auch das richtige Verhalten von Privatpersonen gehört zu den organisatorischen Gegenmaßnahmen. Hierzu zählen das Wegsperren von Werkzeugen und Steighilfen, Schließen der Fenster beim Verlassen des Hauses (keine gekippten Fenster); usw. Eine gute Nachbarschaft, bei der nicht gleichgültig weggeschaut wird, beugt Einbrüchen ebenfalls vor. Organisatorische Gegenmaßnahmen können auch von professioneller Seite kommen, z. B. von Wach- und Schließgesellschaften, Werkschutz etc, die durch ihre Anwesenheit das Objekt schützen. Beispiele hierfür sind Rundgänge, Pförtnertätigkeiten, das Kontrollieren von Überwachungselektronik (Alarmanlagen, Videokameras etc.).

Sonstige Gegenmaßnahmen

Unter diesen Sammelbegriff fallen alle die Präventivmaßnahmen, die keinem der zuvor genannten Gegenmaßnahmen eindeutig zugeordnet werden können, bzw. nicht zur klassischen „Außenhautsicherung" (→Außenhautschutz) gehören. Sie zielen im allgemeinen darauf ab, die „kriminogene Situation" zu entschärfen, d. h. Einbrechern, besonders den Spontantätern von vorn herein den Anreiz zu nehmen. Klassisches Beispiel ist das Anbringen des Warnschildes „Vorsicht bissiger Hund".

Ein breites Spektrum zum Einsatz solcher Gegenmaßnahmen bietet vor allem die Neuplanung von Gebäuden. Die Planenden können einige Präventivmaßnahmen vor Baubeginn treffen, wie die Auswahl des Bauplatzes, Art der Bepflanzung, Vermeiden von „uneinsehbaren Ecken" etc.

(Neu aufgenommen am 25.3.2002)

(Junge)

Primärleitung

Siehe Alarmzentrale, Meldelinie, Verbindungsarten.

Produktsicherung

Siehe auch Fälschungssicherheit

Sicherungen gegen Produktfälschung können zur Bekämpfung der Produktpiraterie, aber auch zur Abwehr von Haftungsansprüchen gegen den legalen Hersteller wegen der Fehler eines nachgemachten Produktes dienen. Mit vergleichbaren Techniken sind auch individuelle Kennzeichnungen möglich, um nach einem Diebstahl die Sachfahndung zu erleichtern bzw. bei sichergestellten Gegenständen zweifelsfrei die Herkunft bestimmen und beweisen zu können.

Techniken: Konventionelle Gravuren, unsichtbare Tinte, die unter UV-Licht fluoresziert, verdeckte (nur unter Infrarotlicht lesbare) Barcode-Kennzeichnungen, Hologramm bzw. Interferenzmuster oder Farbpartikel, die mit einem Trägermedium (z.B. farblosem Lack) auf die zu schützenden Produkte gedruckt, gestrichen, gesprüht oder darunter gemischt werden.

(Hohl)

Profil (Schlüssel)
Siehe Schließanlage, Schließzylinder.

Profilzylinder
Siehe Hahnprofil, Schließanlage, Schließzylinder.

PRO HONORE e.V.
Kurzbeschrieb und Anschrift →Behörden, Verbände, Institutionen.

Projektentwicklung
Siehe auch Immobilien-Management.

Unter strategischen und Vermögensanlage-Gesichtspunkten erfolgt bei Immobilien die Projektentwicklung. Sie umfasst alle Phasen von der Idee bis zur Erstellung des Gebäudes. Während der Vorbereitungs- und Planungsphase müssen Entscheidungen getroffen werden, die die spätere Nutzung und die Rentabilität stark beeinflussen. Der Standort, die Gebäude-Konzeption und die Raumaufteilung bestimmen die Möglichkeiten der späteren flexiblen Nutzung. Die Auslegung der technischen Systeme für Energie, Sicherheit, Versorgung und Entsorgung sind vorentscheidend für den Aufwand zur Bedienung, Wartung, zum Verbrauch und Unterhalt des Objektes. Konzeption, Planung und Controlling sind somit die wesentlichen Inhalte der Eigentümerfunktion (Corporate Real Estate) beim →Immobilien-Management.

(Letzte Änderung: 16.8.2006)

(Eilert Siemens/Ammon)

Projektleitung Kriminalpolizeiliches Vorbeugungsprogramm.
Jetzt: PL (→Behörden, Verbände, Institutionen/Projektleitung)

Proliferation
Proliferation ist die Weiterverbreitung von Massenvernichtungswaffen bzw. der zu ihrer Herstellung verwendeten Produkte, einschließlich des dafür erforderlich Know-how sowie von entsprechenden Waffenträgersystemen. Die Bundesrepublik Deutschland ist als eine der führenden Industrienationen ein bevorzugtes Ziel der an Proliferation interessierten Länder. Da diese die gesetzlichen Ausfuhrbestimmungen umgehen müssen, bedienen sie sich in der Regel ihrer Nachrichtendienste oder anderer Beschaffungsorganisationen, wie z. B. Tarnfirmen, um in den Besitz des erforderlichen Wissens oder der benötigten Güter zu kommen.

(Neu aufgenommen am 6.6.2004)

(Opfermann)

PROM
Siehe auch Chipkarte, EE-PROM, EPROM, RAM, ROM.

Die Bezeichnung PROM steht für Programmable Read Only Memory.

Ein PROM ist ein hochintegrierter Schaltkreis, in dem Daten fest eingespeichert werden. Das Abspeichern der Daten erfolgt nach Abschluss des Fertigungsprozesses mit Hilfe eines Programmiergerätes durch den Anwender. Programmieren bedeutet dabei im Allgemeinen das Zerstören von Sollbruchstellen in der Halbleiterstruktur durch gezielte Spannungsimpulse („Einbrennen").

- Bei Ausfall der Versorgungsspannung bleiben die Daten des PROM erhalten (im Gegensatz zu →RAMs). Ein einmal programmiertes PROM ist nicht löschbar bzw. umprogrammierbar (siehe jedoch →EPROM und →EEPROM).
- PROMs werden in →Mikroprozessor-Schaltungen als Programmspeicher zur Ablage von Funktionstabellen, Konstanten usw. benutzt. Eine typische Anwendung ist auch die sogenannte Wertkarte. Hier ist der PROM entsprechend programmiert und in eine Plastikkarte eingebettet. Ein Lesegerät kann den Inhalt lesen und verarbeiten. Der eingespeicherte Wert kann vom Leser durch Ausbrennen von Bits abgebucht werden (derartige Wertkarten werden derzeit von der französischen Post für die Benutzung von Kartentelefonen im praktischen Betrieb eingeführt).

(Letzte Änderung: 15.7.2000)

(Hess)

Protection Profile
Siehe Schutzprofil (IT)

Proximity-Verfahren
Siehe Zutrittskontrolle.

Proxy-Server

Siehe auch Internet

Wenn sich mehrere Benutzer einen Zugang in das →Internet teilen, so lässt sich der Zugriff durch Proxy-Server optimieren. Diese speichern abgerufene Daten zwischen, so dass bei erneutem Zugriff durch andere Benutzer nicht mehr auf die oft langsame Internet-Verbindung zugegriffen werden muss. Da sich mit Proxy-Servern auch einige Sicherheitsmechanismen verbinden lassen, sind diese typischerweise Teil einer →Firewall.

(Neu aufgenommen am 7.7.2000)

(Stark)

Prozessmeldertechnik

Siehe auch Brandmeldeanlage, Brandmelder

Die Prozessmeldertechnik ist eine technologische Weiterentwicklung der →Diagnosemeldetechnik. Prozessmelder beinhalten eine eigene Rechnerintelligenz auf Basis eines Signalprozessors und sind bei der Alarmauswertung nicht auf die Unterstützung der Zentrale angewiesen. Der Prozessmelder bewertet das zeitliche Verhalten einer oder mehrerer Brandkenngrößen, die mittels eines Sensors oder einer Kombination mehrerer Sensoren erfasst werden. Durch Ausgrenzung nicht brandtypischer Signalverläufe und durch Korrelation unterschiedlicher Sensorsignale gestattet die Prozessmeldertechnik eine wesentliche Verbesserung der Täuschungsalarmrate innerhalb des gesamten in der Praxis auftretenden Brandspektrums.

Die Abbildung stellt den schematischen Aufbau eines Mehrkriterienprozessmelders dar. Die analogen Ausgangssignale der Signalvorverarbeitungseinheiten für einen Thermodifferenzial-, Ionisations- und Optosensor werden digital konvertiert und mittels sensorspezifischer Gewichtsfunktionen gewichtet summiert. Die Kompensation von Umwelteinflüssen erfolgt sowohl auf der Sensorseite durch analoge Referenzmessung als auch prozessorseitig durch numerische Korrektur der Ruhewerte im Rahmen einer Langzeitkompensation.

Die Verwendung eigener Prozessorintelligenz innerhalb des Melders gestattet neue Leistungsmerkmale. Hierzu gehören:

- dedizierte Störungserkennung durch unabhängige Empfindlichkeitsmessungen von optischem Sender, optischem Empfänger, Thermofühler, Ionisationsmesskammer, Ionisationsreferenzkammer
- melderinterner Analogsignalspeicher
- melderinterner Ereignisspeicher
- integrierter Betriebsstundenzähler
- integrierter Alarmzähler
- integrierter Störungszähler
- automatischer Empfindlichkeitsabgleich.

Im Falle betriebsbedingter Veränderungen von Umwelteinflüssen sind bei Mehrkriterienprozessmeldern Einzelsensoren manuell oder tageszeitabhängig abschaltbar. In diesem Falle erfolgt eine automatische Empfindlichkeitskorrektur der noch in Betrieb befindlichen Sensorteile. Die Prozessmelder gestatten die Fernabfrage der Analogwerte und Speicherinhalte über eine entsprechende Zentrale oder mittels eines Personal Computers mit Interface.

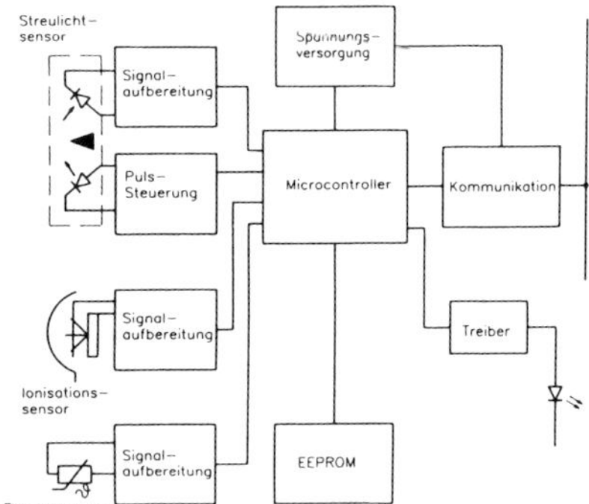

Prozessmelder (Grafik: Novar GmbH)

Die Festlegung der Leitungsnetzadressen ist bei Prozessmeldern im Rahmen eines Softaddressings automatisch oder interaktiv über die Systemzentrale möglich. Mehrkriterienprozessmelder als Kombination aus optischem und Thermodifferenzialsensor bzw. optischem, Ionisations- und Thermodifferenzialmelder sind besonders geeignet in allen kritischen Applikationen, bei rasch veränderlichen Umgebungsbedingungen und nicht definierten Brandlasten mit einem gegenüber konventionellen Detektionsverfahren um den Faktor 8 bis 10 verbesserten Signal-/Störabstand.

(Letzte Änderung: 16.5.2004)

(Buschmann)

Prozessorientiertes Facility Management

Siehe auch Energiemanagement, Facility Management, Facility Support Services, Gebäudeautomation, Gebäudetechnik, Immobilienmanagement, Infrastrukturelles Gebäudemanagement, Kaufmännisches Gebäudemanagement, Technisches Gebäudemanagement.

Beim Prozessorientierten Facility Management werden die Kernprozesse als Hauptgliederungsstruktur herangezogen. Dabei versteht man unter Kernprozessen eine Abfolge von zusammenhängenden Aktivitäten, Entscheidungen, Informationen und Materialflüssen, die zusammen den Unternehmenserfolg bilden. Die wichtigsten Kernprozesse für das Facility Management sind:

1. **Strategische Flächenplanung**
   Entwicklung eines Immobilienportfolios
   Ziele der Kunden erfragen
   Kontakte zu Behörden und Institutionen
   Erarbeitung von Verwertungsanalysen
   CAD Erfassung und Fortschreibung der Immobilien
   Infrastrukturmaßnahmen planen
   Entscheidung und Genehmigung von Budgets
2. **Flächenmanagement**
   Belegungsplanung
   Planung und Konzeption der Facilities und Services
   Suche und Auswahl geeigneter Mieter
   Planen und Steuern von Projekten nach Kundenanforderungen
   Flächendaten pflegen, Vertragspflege
3. **Betreiben von Facilities gemäß DIN 31051**
   Planen der Betriebskonzepte für technische Anlagen
   Schäden aufnehmen, Schadensursachen analysieren
   Planen der Reparaturmaßnahmen
   Ausführen der Reparatur veranlassen
   Kontrolle der Durchführung, Abnahme, technische Dokumentation
   Rechnungsprüfung, Verfolgung der Gewährleistung
4. **Dienstleistungen/Services (z.B. Post, Verpflegung, Vervielfältigung, Kfz.-Dienste, Lager, Transport, Versand etc.)**
   Bedarf ermitteln / erfassen
   Qualifizierungsmerkmale der Anbieter definieren
   Ermittlung / Auswahl der Anbieter
   Auftragskonditionen festlegen
   Vertrag abschließen
   Durchführung veranlassen
   Abnahme der Dienstleistung, Rechnungsprüfung
5. **Kaufmännische Dienstleistungen / Controlling / Einkauf / Verrechnung**
   Verrechnungsmodalitäten festlegen und kontrollieren
   Planen der finanziellen Zielsetzungen
   Definition von Steuergrößen sowie Benchmarking
   Einkauf von Sach- und Dienst- sowie Planungsleistungen
   Berichtswesen, Beistellen von Controlling-Daten, Information.

(Letzte Änderung: 16.8.2006)

(Eilert Siemens/Ammon)

Prüflabor/Prüfstelle

Siehe auch Akkreditierung, Evaluierung, Lizenzierung.

Ein Laboratorium bzw. eine Stelle, die Prüfungen durchführt. Diese Prüfungen werden nach festgelegten Kriterien bzw. Normen durchgeführt, um die Vergleichbarkeit, Reproduzierbarkeit und Nachvollziehbarkeit der Prüfungen sowie die Aussagekraft des Prüfergebnisses zu gewährleisten. Um nachzuweisen, dass das Prüflabor / die Prüfstelle über die notwendige Fachkompetenz, Mittel und Einrichtungen sowie ein funktionierendes Qualitätsmanagementsystem verfügt, kann es sich bei einer Akkreditierungsstelle nach ISO / IEC 17025 : 2000 (Allgemeine Anforderungen an die Kompetenz von Prüf- und Kalibrierlaboratorien) bzw. deren Folgenorm ISO / IEC 17025 : 2005 akkreditieren lassen (→Akkreditierung). Im Bereich IT-Sicherheit wird seitens des Bundesamtes für Sicherheit in der Informationstechnik anschließend an die Akkreditierung noch eine →Lizenzierung für das angestrebte Prüfgebiet (Kriterienwerk) verlangt.

(Letzte Änderung: 10.7.2006)

(Redaktion)

Prüfvermerk

Siehe Zertifizierungsmarke

Prüfzahlverfahren

Siehe Zutrittskontrolle.

PTC-Widerstand

Siehe Referenz-Widerstand, Wärmemelder.

PTE

Prüfinstitut Türentechnik + Einbruchsicherheit PTE, Rosenheim
Jetzt: PfB GmbH & Co Prüfzentrum für Bauelemente KG, Schlossberg bei Rosenheim
Kurzbeschrieb und Anschrift →Behörden, Verbände, Institutionen.

Public key

Siehe auch ECC, PKI, Trust Center, Verschlüsselung (mit weiteren Verweisen).

Als „Public key-Verfahren" werden asymmetrische Verschlüsselungsverfahren bezeichnet. Sie bilden neben den Anwendungen zur vertraulichen Kommunikation auch die Basis der →digitalen Signatur. Das bekannteste und älteste Verfahren ist das von Rivest, Shamir und Adleman entwickelte und nach ihren Initialen benannte RSA-Verfahren:

Jeder Teilnehmer hat dabei einen „öffentlichen Schlüssel", der in Verzeichnissen publiziert wird (zum Verschlüsseln), und einen nur ihm bekannten Privatschlüssel (zum Entschlüsseln).

Für die Methode werden durch ein Zufallsverfahren zwei sehr große (mehr als 62 Stellen!) Primzahlen ermittelt. Diese Primzahlen p und q werden multipliziert, man erhält eine Zahl m mit der entsprechend größeren Stellenzahl. Dann werden aus p und q zwei Zahlen s1 und s2 errechnet, die die Funktion des öffentlichen und geheimen Schlüssels übernehmen: die Nachricht wird dargestellt als natürliche Zahl zwischen 0 und m-1, dies ist z.B. möglich durch die Umwandlung der zunächst dual dargestellten Nachricht in die entsprechende Zahl des Zehnersystems. Bei zu langen Nachrichten wird in Blöcke aufgeteilt. s1 sei der öffentliche Schlüssel, s2 der private. Diese beiden Zahlen sind so bestimmt worden, dass sie folgende Bedingung erfüllen:

Ns1(mod m)1 (mod m) = N

Das bedeutet, dass N zunächst mit dem öffentlichen Schlüssel potenziert wird. Der Rest, der sich bei Division durch m ergibt, wird über die Leitung geschickt. Der Empfänger potenziert diesen Restwert mit seinem Privatschlüssel, das Ergebnis wird durch m dividiert, der Rest ist die Nachricht N. Die genaue Errechnung der Zahlen s1 und s2 ist nicht sehr aufwändig, es gibt sehr schnelle Algorithmen dafür.

Öffentlich bekannt sein müssen nur für jeden Teilnehmer der öffentliche Schlüssel s1 und der zugehörige Modulus m. Die Sicherheit des Verfahrens beruht auf der Schwierigkeit, die Zahl m zu zerlegen.

In neuerer Zeit wird zunehmend das auf elliptischen Kurven beruhende →ECC-Verfahren propagiert.

(Letzte Änderung: 11.7.2000)

(Redaktion)

Public Key Infrastructure

Siehe PKI

Pulsmelder

Siehe Melderkette.

Pumpenanlage (Sprinkler)

Siehe Sprinkleranlage.

PVB-Folie

Siehe auch PET-Folie, Polyurethan-Folie, Verbundsicherheitsglas.

PVB Polyvinyl-Butyral-Kunststoff-Folien wurden zur Herstellung von →Verbundsicherheitsgläsern (DIN EN 12543) entwickelt. Sie haben die Eigenschaft, Glasscheiben derart miteinander zu verbinden, dass im Falle eines Glasbruches die Splitter an der PVB-Folie haften und kaum abgelöst werden können. Die PVB-Folie ist ein zäher Kunststoff mit einer Reißdehnung von über 200%.

PVB-Folien werden von den Herstellern in Dicken von 0,38 mm und 0,76 mm geliefert. Bei einbruchhemmenden Verbundgläsern ist die Foliendicke maßgebend für den Widerstand der Scheibe. Es ist daher möglich, bis zu 8 Folien von 0,76 mm übereinander zu legen und im sogenannten Autoklav-Verfahren unter Druck und Hitze unter sich und mit dem Glas zu verbinden.

Bei der Verwendung von Verbundsicherheitsglas, das mit PVB-Folien gefertigt wurde, ist darauf zu achten, dass tiefe Temperaturen das PVB erhärten und in seiner Elastizität und Reißfestigkeit beeinträchtigen. Beim Einbau sind die Richtlinien der Verbundglashersteller zu beachten. Durch die Verwendung ungeeigneter Dichtstoffe oder Versiegelungen können Folien-Ablösungen entstehen, ebenso durch Feuchtigkeit. Deshalb muss der Rand vor Dauerfeuchtigkeit geschützt werden, z.B. durch Dränage im Falzbereich, auch bei rahmenloser Verglasung.
Die Qualitätsprüfung der PVB-Folien erfolgt durch die Hersteller, deren Prüfmethoden unterschiedlich sind.
(Letzte Änderung: 24.7.2006)

(Balkow/Schmalt)

Q

Qualität

Grad, in dem ein Satz inhärenter Merkmale Anforderungen erfüllt. Die Benennung „Qualität" kann zusammen mit Adjektiven wie schlecht, gut oder ausgezeichnet verwendet werden. „Inhärent" bedeutet im Gegensatz zu „zugeordnet" „einer Einheit innewohnend", insbesondere als ständiges Merkmal. Ein Qualitätsmanagementsystem (QM-System) ist ein Managementsystem zum Lenken und Leiten einer Organisation bezüglich der Qualität.
(Neu aufgenommen am 20.5.2002)

(Definition: VdS)

Qualitätssicherung

Maßnahmen zur Gewährleistung der Konformität eines Produktes/einer Dienstleistung mit einschlägigen Normen, normativen Vorgaben oder sonstigen Anforderungen.
Art und Umfang von qualitätssichernden Maßnahmen sind in der Normenreihe DIN EN ISO 9000 normativ geregelt.
Qualitätssichernde Maßnahmen, die auch vertrauensbildende Maßnahmen interner/externer Art sind, können das relevante Produkt, bzw. die relevante Dienstleistung von der Planung bis zum praktischen Einsatz betreffen (z.B. Typprüfung, Produktionskontrolle, Endprüfung).

(Meißner)

Radar

Siehe Mikrowellendetektor.

RADIUS

Siehe auch Ethernet, LAN, Netzwerk, Netzwerksicherheit

Remote Authentication Dial In User Service ist ein Dienst in einem Computernetz, um einen Anwender für den Netzzugang zu autorisieren. Dazu meldet sich der Anwender mit Login-Name und →Passwort an. Die Autorisierung per RADIUS-Protokoll erfolgt zwischen der Komponente, an der sich der Anwender anschließt, und einem zentralen RADIUS-Server. Die Komponente gibt den Zugang zum Netz nur frei, wenn der RADIUS-Server den Anwender dazu autorisiert.

(Neu aufgenommen am 4.7.2004)

(Wrobel)

Räume mit wohnungsähnlicher Nutzung

„Räume mit wohnungsähnlicher Nutzung" (z.B. DIN 14676 „Rauchwarnmelder für Wohnhäuser, Wohnungen und *Räume mit wohnungsähnlicher Nutzung* – Einbau, Betrieb und Instandhaltung") sind Räume bzw. Raumgruppen mit wohnungsähnlicher Struktur. Beispiele hierfür sind:

- Flure und Gänge mit Gefahren- und Gefährdungsschwerpunkten (z.B. punktuelle Brandlasten, wie Kopierer, Wasserspender, Kaffeemaschinen usw.)
- kleine Beherbergungsbetriebe mit weniger als 12 Gastbetten
- Containerräume
- Hütten, Gartenlauben usw.
- Freizeitunterkünfte
- Anwaltskanzleien
- kleine Gaststätten
- medizinische Praxen

(Neu aufgenommen: 2.5.2004)

(Definition: VdS)

RAL

Frühere Bezeichnung: Reichsausschuss für Lieferbedingungen und Gütesicherung. Heute: Deutsches Institut für Gütesicherung und Kennzeichnung e.V.

Der RAL ist von den Spitzenverbänden der Wirtschaft, den Verbrauchern und dem Staat beauftragt, als privatrechtlicher Verein neben anderen Aufgaben das deutsche Gütezeichen-System zu betreuen. Seine Aufgaben betreffen sowohl das gesamte Gütezeichenwesen als auch die Betreuung einzelner Gütegemeinschaften.

Die Technischen Regelwerke für die jeweiligen Prüf-, Zertifizierungs- und Gütesicherungsverfahren sind beim RAL registriert.

Im Bereich der Schlösser und der sicherheitsrelevanten Beschläge wird das RAL-Gütezeichen von der Gütegemeinschaft Schlösser und Beschläge in Velbert (→Behörden, Verbände, Institutionen) verliehen. RAL-fähige Produkte sind derzeit unter anderem Profilzylinder, Sicherheitsbeschläge, Sicherheitsschlösser und Sicherheitstürbänder.

(Letzte Änderung: 23.5.2004)

(Redaktion)

RAM

Siehe auch EE-PROM, EPROM, PROM, ROM.

RAM bedeutet „Random Access Memory". Dieser flüchtige, d.h. bei Spannungsausfall gelöschte Speicher wird bei Mikro-Computern und -Prozessoren für die Zwischenspeicherung von Teilergebnissen benutzt. Nach Beendigung eines Programms oder Programmteiles können die Speicherzellen mit neuen Daten überschrieben werden; somit sind die alten Daten gelöscht.

(Redaktion)

Ramm-Methode

Siehe auch Freilandschutz/Perimeterschutz

Mit der so genannten Ramm-Methode mit Fahrzeugen werden vor allem Einbrüche bei Schmuck- und Uhrengeschäften begangen. Neben dem Verlust der Waren entstehen häufig hohe Sachschäden an Gebäuden und Einrichtungen.

Es genügt bei gefährdeten Objekten nicht, die Peripherie, wie Schaufensteranlagen, Ladeneingangs- und Nebentüren zu schützen. Auch zusätzliche Verstärkungen an Schaufenstern und Ladentüren, Panzeralarmverglasungen,

Panzerrollladen etc. sind kein ausreichender Schutz. Vielmehr muss zwingend der Perimeterbereich vor besonders gefährdeten Geschäften ins Sicherheitskonzept mit einbezogen werden und so gestaltet sein, dass eine Barrierenwirkung gegen Ramm-Fahrzeuge entsteht. Derartige Sicherheitsmassnahmen können durchaus attraktiv gestaltet werden.

Dieser Schutz kann durch verschiedene bauliche Massnahmen erreicht werden, entweder auf privatem Grundstück oder aber im öffentlichem Bereich. Bei Beanspruchung öffentlichen Grundes braucht es eine Kooperation zwischen der Behörde (örtliche Behörden, Stadtrat, Gemeinderat) und den Geschäftsbesitzern. Wichtige Argumente sind dabei z.B. die Attraktivität einer Einkaufsstrasse, das Sicherheitsgefühl der Bürger und letztlich das Renommee einer Stadt.

Danach müssen die Planer und Baubewilligungsbehörden die Machbarkeit von Lösungen und Umsetzungsmöglichkeiten studieren. Bei dieser Planungsphase sind u. a. Abklärungen nötig, im Zusammenhang mit vorhandenen Kanalisationen, Elektro-, Gas-, Telefon-, Wasserleitungen etc. sowie eine rnotwendigen Koordination mit Einsatzplänen von Notfalldiensten, z.B. der Feuerwehr.

Konkret kommen zahlreiche mögliche Lösungen in Betracht – zum Beispiel:

- Massive befestigte Blumen- oder Grünpflanzentröge
- Massiv gefasste und erhöhte Blumenrabatten
- Festverankerte Sitzbänke
- Festverankerte Naturstein- oder Eisenpoller evtl. mit massiven Ketten verbunden
- Versenkbare Poller
- Festmontierte Kunstobjekte (Kunst am/ beim Bau)
- gegebenenfalls Provisorien wie z.B. Natursteinblöcke etc.

Alle Hindernisse müssen so angeordnet und befestigt werden, dass sie nicht verschoben oder entfernt werden können und dass keine Fahrzeuge dazwischen durchfahren können.

(Neu eingefügt: 10.7.2006)

(Burkhalter)

Rauch- und Wärmeableitung (RWA)

Gesamtheit aller Maßnahmen und Mittel zur raschen und möglichst sicheren Ableitung von Rauch und heißen Brandgasen im Brandfall aus dem unmittelbaren Brandraum bzw. den Rettungswegen bzw. aus dem Gebäude (Entrauchung) ins Freie. Damit helfen Rauch- und Wärmeabzugsanlagen Menschenleben zu retten. Der technische Aufwand – vor allem der Steuerungsaufwand – kann beträchtlichen Umfang annehmen.

Elektrische RWA-Systeme bestehen aus elektromechanischen Antrieben für Fenster und Klappen im Fassaden- und Dachbereich von Gebäuden, einer zentralen Steuerungseinrichtung mit einer zweifachen Energieversorgung, Rauchmeldern (Brandfrüherkennung) für die automatische Öffnung im Brandfall und Handansteuereinrichtungen (Tastern) fur manuelle Auslösung und gegebenenfalls Tastern und Wettersteuerungen fur Lüftungszwecke. Moderne RWA-Anlagen werden mittels LON-Bus Technologie miteinander verbunden und können so allen Anforderungen angepasst werden. Die Planung, die Ausführung sowie Wartung und Instandhaltung ist die Aufgabe von qualifizierten Planern und Errichtern.

(Letzte Änderung am 3.5.2004)

(Aumüller)

Rauchansaugsystem

Siehe auch Ansaugrauchmelder, Einrichtungsschutz

Rauchdruckanlage

Allgemeine Bezeichnung für Anlagen zur Rauchfreihaltung von Rettungswegen. Diese Anlagen beruhen auf dem Prinzip der Rauchverdrängung bzw. der Rauchableitung nach dem Überdruckverfahren in Kombination mit einem Spülprozess (Luftspülung). Die Grundsätze und Dimensionierungsansätze für Rauchschutz-Druckanlagen für Treppenräume sind derzeit noch nicht genormt (eine Normung ist im Rahmen der DIN 18232 beabsichtigt).

(Neu aufgenommen: 21.4.2004)

(Prof. Beilicke)

Rauchmelder

Siehe auch Alarmzentrale, Ansaugrauchmelder, Automatischer Brandmelder, Brandmelder mit Zwei-Winkel-Technik, Brandmeldeanlage,

3

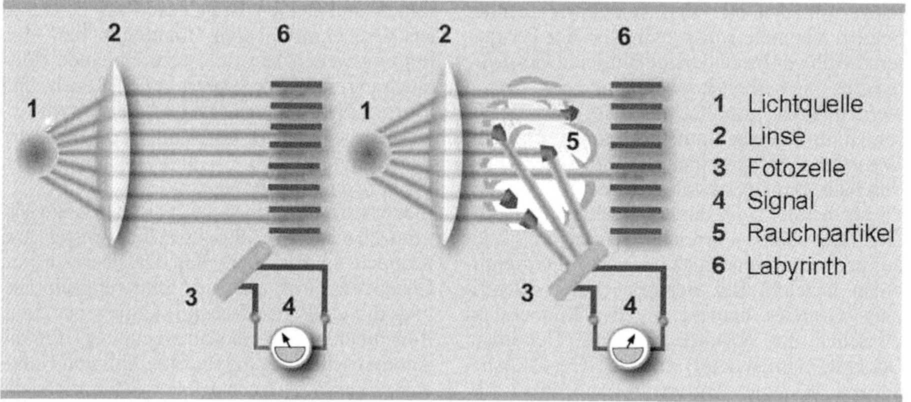

Funktionsprinzip des Streulicht-Rauchmelders

Deckenbündiger Rauchmelder, Extinktions-Rauchmelder, Flammenmelder, Gasmelder (BMA, Gaswarnsysteme, Melderkette, Räume mit wohnungsähnlicher Nutzung, Wärmemelder.

„Melder, die auf in der Luft enthaltene Verbrennungs- und / oder Pyrolyseprodukte (Schwebstoffe) ansprechen. Ionisations-Rauchmelder sprechen auf diejenigen Verbrennungsprodukte an, welche den Ionisationskammerstrom im Melder beeinflussen können. Optische Rauchmelder sprechen auf Verbrennungsprodukte an, welche die Dämpfung oder die Streuung von Licht im infraroten, sichtbaren und/oder ultravioletten Bereich des elektromagnetischen Spektrums beeinflussen können." (Definition nach DIN EN 54-1)

Rauchmelder sprechen also auf sichtbare oder unsichtbare aerosolartige Verbrennungsprodukte (Rauchpartikel) an; diese bewirken im Inneren des Melders eine Veränderung, die sich elektrisch bzw. elektronisch auswerten lässt.

Rauchmelder werden generell als die wesentlichen Bestandteile einer Brandmeldeanlage eingesetzt. Sie weisen ausgesprochene Frühwarneigenschaften auf. Rauchmelder sind nicht für den Einsatz im Freien geeignet und

Funktionsprinzip eines linearen Rauchmelders

nur mit Vorbehalt in Räumen einzusetzen, in denen bei normalen Arbeitsvorgängen Staub oder Aerosole anfallen (Gefahr von →Falschalarmen). Hier sind zweckmäßigerweise →Wärmemelder oder →Flammenmelder vorzusehen oder zusätzlich zu den Rauchmeldern einzubauen.

Man unterscheidet optische Rauchmelder (Streulicht- und Durchlicht- oder Extinktions-Rauchmelder) und Ionisations-Rauchmelder (Rauchmelder nach dem Ionisationskammerprinzip) oder einfach „I-Melder".

-
- Der *Streulicht-Rauchmelder* misst das vom Rauch gestreute Licht. Dabei hat die Bauweise, insbesondere die Anordnung von Lichtquelle und Empfänger einen starken Einfluss auf das Detektionsverhalten des Melders.
  Beim *Streulichtrauchmelder* ist die Fotozelle so angeordnet, dass sie kein direktes Licht von der Lichtquelle empfangen kann. Ohne Rauch trifft das Licht auf ein Labyrinth und wird so vollständig absorbiert. Befinden sich Rauchpartikel im Bereich der Lichtstrahlen, so wird das Licht gestreut. Einige dieser Strahlen treffen auf die Fotozelle, die somit ein Signal erzeugt. Ausschlaggebend für die Signalstärke sind die Rauchdichte und die optischen Eigenschaften der Rauchteilchen.
- Ein *Extinktionsrauchmelder* misst die von Rauchpartikeln aufgrund Absorption und Streuung hervorgerufene Abschwächung des Lichts. Eine Lichtquelle wird mit einer Fotozelle aus einer bestimmten Distanz beobachtet. Ohne Rauch wird mit der Fotozelle ein Signal gemessen. Dringt nun Rauch in den Raum zwischen Lichtquelle und Fotozelle, so sinkt das gemessene Signal um einen geringen Betrag. Diese Reduktion des Signals, die durch die Absorption und Streuung des Lichts verursacht wird, ist proportional zur Rauchdichte.
- Auch *Lineare Rauchmelder* funktionieren nach dem Extinktionsprinzip, d.h. sie messen die Lichtabschwächung, die durch Rauch verursacht wird. Der Sender emittiert einen fokussierten Lichtstrahl. Ohne Rauch erreicht der Lichtstrahl den Emp-

3

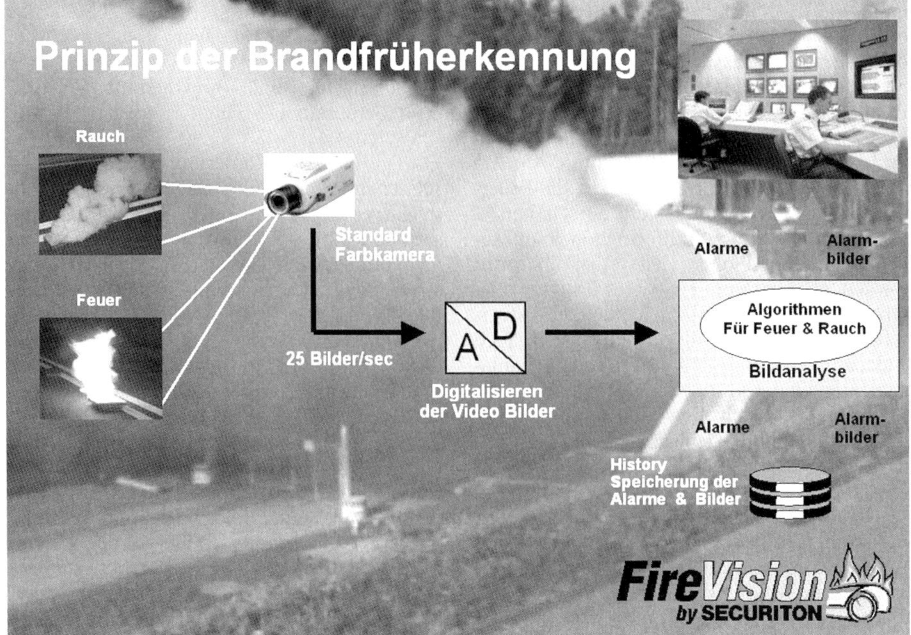

Brandfrüherkennung durch digitale Video-Bildanalyse *(Grafik: Securiton)*

fänger in voller Stärke. Sammelt sich Rauch auf der Wegstrecke an, so wird das Licht beim Auftreffen auf die Rauchpartikel teilweise absorbiert und teilweise von den Rauchpartikeln gestreut, d.h. es ändert seine Richtung. So gelangt nur noch ein Teil der Strahlenmenge zum Empfänger. Die Reduktion des Signals ist das Maß der mittleren Rauchdichte auf der Messstrecke. Lineare Rauchmelder werden für Messstrecken zwischen 5 und 100 m eingesetzt.

- Bei *Ionisations-Rauchmeldern* wird die Luft zwischen zwei unter Gleichspannung liegenden Elektroden mit einer schwachen radioaktiven Strahlungsquelle ionisiert, d.h. leitend gemacht. Infolge dieser Ionisation fließt in der Messkammer ein geringer Strom. Beim Eintreten von Rauchpartikeln in die Messkammer lagern sich Ionen an die Rauchpartikel an, was den Stromfluss vermindert. Das Signal des Ionisationsrauchmelders ist proportional zur Anzahl der Rauchpartikel, die sich in der Messkammer befinden.

Auch durch *Videoüberwachung* ist man heute in der Lage, gefährliche Situationen wie Feuer oder Rauch, als Ergänzung zu den konventionellen Brandmeldesystemen, schon im Entstehungsstadium zu erkennen. Ein solches Brandfrüherkennungssystem (→Video-Brand-Früherkennung) kann im Brandfall automatisch Alarm auslösen und die richtige Kamera direkt auf eine Verkehrsleitzentrale, die Feuerwehr oder eine andere Leitstelle aufschalten (s. Grafik). Dank der Bildinformation kann augenblicklich und ohne Zeitverlust überprüft werden, ob es sich um ein echtes Ereignis oder um einen Täuschungsalarm handelt. Selbstverständlich lassen sich mit diesem System auch Videoaufzeichnungsgeräte starten, Löschanlagen auslösen oder Ampeln auf Rot stellen.

Maßgebliche Vorschriften und Richtlinien: Für die Bundesrepublik Deutschland sind die VdS-Richtlinien maßgeblich, für Ionisationsmelder zusätzlich die Strahlenschutzverordnung vom 13. 10. 1976. I-Melder benötigen eine Bauartzulassung. Für die Schweiz ist das BVD-Blatt AL 8 „Brandmeldeanlagen" zu beachten, sowie allgemein die Europäische Norm EN 54/5.

(Letzte Änderung: 23.7.2006)

(Köhler/Wigger)

Rauchschutzglas

Siehe *Brandschutzverglasung, Rauchschutztür.*

Rauchschutztür

Siehe auch Dichtschließende Tür, Drahtglas, Einscheiben-Sicherheitsglas, Feuerschutzabschluss, Glas, Mobiler Rauchschutzabschluss, Rauchschutzvorhang

„Rauchschutztüren sind selbstschließende Türen, die dazu bestimmt sind, im eingebauten und geschlossenen Zustand den Durchtritt von Rauch zu behindern. Rauchschutztüren nach DIN 18095 Teil 1 sind keine Feuerschutzabschlüsse nach DIN 4102 Teil 5" (Definition nach DIN 18095 Teil 1). Die auf der Grundlage der Musterbauordnung erlassenen Bauordnungen der Länder der Bundesrepublik Deutschland stellen an die Qualität und das Verhalten im Brandfalle von Türen in raumtrennenden Bauteilen unterschiedliche Anforderungen hinsichtlich Dichtheit und Schutzwirkung.

Diese Anforderungen sind abhängig von der Aufgabe, die die abschottenden Bauteile zu erfüllen haben. Dabei werden unterschieden

- →dichtschließende Türen
- rauchdichte Türen (= selbstschließende Türen mit begrenztem Rauchdurchtritt, Rauchschutztüren)
- selbstschließende feuerhemmende bzw. feuerbeständige Türen (→Feuerschutzabschlüsse).

Die geringste Anforderung ist als „dichtschließend" bezeichnet: Dabei ist nur ein konstruktiver Zustand einer Tür beschrieben, dessen Auswirkung auf die dichtende Eigenschaft nicht durch eine Dichtheitsprüfung nachzuweisen ist. Die Rauchdurchlässigkeit (= „Leckrate") von →dichtschließenden Türen ist nach oben nicht begrenzt.

Die Verwendung von „rauchdichten Türen" = Rauchschutztüren ist in den Bauordnungen der Bundesländer (gesetzlich) geregelt. Die an solche Türen gestellten Anforderungen sind in DIN 18095 Teil 1 festgelegt. Sie müssen selbsttätig schließen (spätestens bei Auftreten von Rauch, ggf. unter Verwendung einer →Feststellanlage) und den Durchtritt von „kaltem Rauch" (= Rauch von Umgebungstemperatur) und von „Rauch mit erhöhter Temperatur" (etwa 200°C) in einem festgelegten Grad behindern. Die Rauchdurchlässigkeit (= Leckrate in m^3/h) von neu entwickelten Bauarten

wird in verschiedenen Betriebszuständen (kalter Rauch/Rauch mit erhöhter Temperatur, Überdruck auf der Öffnungsseite/Schließseite) nach einem in DIN 18095 Teil 2 beschriebenen Verfahren geprüft, das weitgehend dem internationalen Prüfverfahren nach ISO 5925 Teil 1-1981 entspricht. Die maximal zulässige Leckrate bei 50 Pa Druckdifferenz während dieser Prüfung beträgt für einflügelige Türen 20 m^3/h, für zweiflügelige Türen 30 m^3/h. Bei dieser Festlegung wird vorausgesetzt, dass zweiflügelige Türen in breitere Flure (mit einem größeren Aufnahmevermögen für Rauch) eingebaut werden, als einflügelige Türen. In bisher durchgeführten Prüfungen an zahlreichen Rauchschutztüren wurden Leckraten nachgewiesen, die zum größten Teil deutlich unter den maximal zulässigen Leckraten lagen. Die Norm DIN 18095 ist werkstoffneutral, d.h. dem Entwickler einer neuen Bauart werden keine Einschränkungen hinsichtlich der zu verwendenden Werkstoffe (Holz, Metall) gemacht außer der Forderung, dass Verglasungen in Rauchschutztüren (wenn sie gewünscht werden) „bruchsicher" sein müssen. Die geforderte Bruchsicherheit ist in dieser Norm nicht definiert, es wird auf einschlägige Unfallschutz-/Arbeitsschutzvorschriften hingewiesen. Spezielle Glasscheiben (→Glas) mit Brandschutzeigenschaften sind in Rauchschutztüren nicht erforderlich, sie „dürfen jedoch nicht ausschließlich aus thermoplastischen Werkstoffen bestehen". Nach vorliegenden Erfahrungen empfiehlt es sich, →Drahtglas nur in kleineren Sichtöffnungen im oberen Viertel von Türflügeln zu verwenden, um Verletzungen durch Glassplitter zu vermeiden, die nach Glasbruch durch die Drahteinlage gehalten werden.

Bauaufsichtliche Forderungen, die Türen aus brennbaren Werkstoffen in bestimmten Anwendungsfällen (z.B. in Hochhäusern) ausschließen, werden von der Norm nicht berührt. Rauchschutztüren müssen mit Schlössern ausgerüstet sein, die eine gefederte Falle besitzen. In den Erläuterungen zu Teil 1 der Norm wird darauf hingewiesen, dass nach § 36 (2) MBO 2002 Flure von mehr als 30 m Länge durch nicht abschließbare rauchdichte Türen unterteilt werden müssen. Da diese bauaufsichtliche Forderung nicht die Rauchdichtheit berührt, stellen die Prüfstellen auch für Türen mit abschließbaren Schlössern positive Prüfzeugnisse aus, wenn die in Teil 1 der Norm DIN 18095 angeführten Forderungen erfüllt werden.

Um sicherzustellen, dass Rauchschutztüren auch nach langjähriger Nutzung noch zuverlässig schließen und ausreichend dicht sind, enthält die Prüfvorschrift (DIN 18095 Teil 2) neben der Ermittlung der Leckrate der Türbauart eine Prüfung der Dauerfunktionstüchtigkeit, die in der o.a. internationalen Norm nicht enthalten ist.

Da Rauchschutztüren in der Regel im Zuge von Fluchtwegen eingebaut werden, dürfen sie wegen der Stolpergefahr keine unteren Anschläge oder Schwellen haben. Nach Teil 1 der Norm sind lediglich Flachrundschwellen von max. 5 mm Höhe erlaubt, wenn sie sich nicht aus betrieblichen Gründen (z.B. in Krankenhäusern, Altenheimen und ähnlichen Gebäuden) verbieten.

Im Gegensatz zu Feuerschutztüren, bei denen die Schutzwirkung bei Feuereinwirkung zeitlich begrenzt ist (Feuerwiderstandszeiten), kann eine derartige Dauer der Schutzwirkung bei Rauchschutztüren nicht allgemeingültig angegeben werden. Das beruht darauf, dass die Ventilationsbedingungen (Luftwechselrate) sowie die Größe des zu schützenden Raumes und insbesondere seine Höhe (Auffangraum für durchgetretenen Rauch) maßgebend für das zu tolerierende Rauchvolumen sind. In grober Abschätzung wird davon ausgegangen, dass ein Flur von etwa 30 m Länge bei den derzeit festgelegten Grenzwerten bei einem Entstehungsbrand etwa 10 Minuten lang ohne Atemschutz passierbar bleibt (Anmerkung in Teil 1 der Norm).

Es dürfen nur solche Türen als Rauchschutztüren DIN 18095 bezeichnet werden, deren Eignung in einer Baumusterprüfung nach DIN 18095 Teil 2 nachgewiesen ist. In bauaufsichtlichen Verfahren dürfen nur Prüfberichte oder Prüfzeugnisse von Prüfstellen anerkannt werden, die in einem Verzeichnis beim Deutschen Institut für Bautechnik geführt werden.

Die Norm DIN 18095 Teil 3 beschreibt das anzuwendende Verfahren zum Nachweis der Eignung von Rauchschutzabschlüssen, die wegen ihrer Größe mit den zur Zeit in den Prüfstellen zur Verfügung stehenden Einrichtungen nicht geprüft werden können. Das Extrapolationsverfahren setzt voraus, dass die vorgesehene

Bauart (z.B. Drehflügeltor, Schiebetor, Hubtor, Rolltor) in der größten prüfbaren Größe (3,0 m x 3,0 m) geprüft wurde und erlaubt eine Beurteilung hinsichtlich der Leckrate bis zu Abschlussgrößen von 7,0 m Breite und 4,5 m Höhe. Die bei allen Rauchschutzabschlüssen erforderliche Dauerfunktionsprüfung unterliegt nicht diesem Verfahren. Sie muss an Abschlüssen der vorgesehenen größten Größe nach dem in DIN 4102 Teil 18 beschriebenen Verfahren durchgeführt werden.

Der Hersteller hat jede Rauchschutztür durch ein an sichtbarer Stelle anzubringendes Blechschild (Mindestgröße 24 mm x 140 mm) zu kennzeichnen, das die folgenden Angaben enthält: Rauchschutztür DIN 18095; Produktbezeichnung des Herstellers; Hersteller; Nummer und Datum des Prüfberichtes; Prüfstelle; Herstellungsjahr.

Eine Überwachung der Fertigung von Rauchschutztüren ist von bauaufsichtlicher Seite nicht gefordert und wird auch künftig nicht gefordert. Auf freiwilliger Basis sind inzwischen drei Möglichkeiten einer Fertigungsüberwachung (nach DIN 18200) eingerichtet worden (Überwachung gemäß Vertrag mit einer Prüfstelle, Überwachung nach Güte- und Prüfbestimmungen RAL-GZ 612 sowie DIN-Prüf- und Überwachungszeichen der Deutschen Gesellschaft für Warenkennzeichnung GmbH), denen sich die Hersteller wahlweise unterwerfen können. Türen aus einer überwachten Fertigung dürfen einen entsprechenden Hinweis tragen.

In der →Bauregelliste A Teil 2 sind in Tabelle 2 unter den lfd. Nummern 2.3.3 „Türen und Tore als Rauchschutzabschlüsse" und 2.3.4 „Zubehörteile (nicht geregelt) für Rauchschutzabschlüsse" angeführt, für die der gesetzlich vorgeschriebene Verwendbarkeitsnachweis durch ein allgemeines bauaufsichtliches Prüfzeugnis zu führen ist. Sowohl für die Rauchschutzabschlüsse, als auch für ihre Zubehörteile (wie z.B. Bänder, Schlösser, Türschließer) wird eine Übereinstimmungserklärung des Herstellers (= ÜH) gefordert. Da Rauchschutztüren häufig auch mit Zubehörteilen für Feuerschutztüren ausgerüstet werden, ist zu beachten, dass bei diesen nach der →Bauregelliste A Teil 2, Nr. 2.11 eine Übereinstimmungserklärung des Herstellers (ÜH) nicht ausreicht, sondern ein Übereinstimmungszertifikat einer anerkannten Zertifizierungsstelle beigebracht werden muss (Übereinstimmungsverfahren ÜZ, →Übereinstimmungszeichen-Verordnung). Bauprodukte mit Übereinstimmungsnachweis müssen mit einer Kennzeichnung („Ü-Zeichen") versehen werden.

Zur Harmonisierung der technischen Vorschriften im EG-Raum zur Beseitigung von Handelshemmnissen ist auch eine harmonisierte Prüfvorschrift als Norm DIN EN 1634-3 „Feuerwiderstandsprüfungen an Feuerschutzabschlüssen; Teil 3: Rauchschutztüren" aufgestellt und veröffentlicht worden.

Die Festlegung harmonisierter spezifizierter Anforderungen an Rauchschutzabschlüsse in Form von Grenzwerten oder Klassen stieß auf Schwierigkeiten, da solche Abschlüsse bisher nur in Deutschland bauaufsichtlich gefordert waren und in den übrigen Mitgliedsländern der EG keine entsprechenden Erfahrungen vorlagen. Aus diesem Grunde wurde dieses Problem bei der Harmonisierungsarbeit mit großer Zurückhaltung angegangen:

Das →„Grundlagendokument Brandschutz" aus dem Jahre 1994 enthält in Ziff. 4.3.1.7.1 Angaben zu „Rauchschutztüren (einschließlich solcher mit Verglasungen)". Hier werden als Leistungskriterien die Leckrate und die Eigenschaft „selbstschließend" angeführt, jedoch keine diesbezüglichen detaillierten Anforderungen (Grenzwerte o. ä.) genannt. Ein Absatz „Klassifizierung" macht die wenig verbindliche Aussage „Hängt vom Grad der Leckrate und von der Prüftemperatur ab. Schließmittel siehe 4.3.1.3.5.5; auch die Dauerhaftigkeit ist zu berücksichtigen".

In der Norm DIN EN 13501-2 Brandschutztechnische Klassifizierung von Bauprodukten und Bauteilen; Teil 2: Klassifizierung anhand von Daten und Brandprüfungen", sind Angaben zur Klassifizierung von Türen gemacht, die einer Prüfung nach EN 1634-3 unterzogen worden sind. Die hier angeführte Rauchschutzklasse „Rauch-Leckrate S_{200}" ist nahezu identisch mit der derzeitigen Einstufung einer geprüften Tür als „Rauchschutztür DIN 18095". Daneben enthält dieses Papier eine zweite Klasse „Rauch-Leckrate S_a", in die Türen mit wesentlich höherer Leckrate eingestuft werden, die nur hinsichtlich der Dichtheit bei „kaltem Rauch" und mit einer (nicht der praktischen Verwendung entsprechenden) Abdichtung des Luftspalts an der Schwelle geprüft werden. Diese Klasse „S_a" wurde insbesondere

von englischer Seite gewünscht, da dort anscheinend geringere Anforderungen an die Dichtheit von Rauchschutztüren gestellt werden.
In Tabelle 2 der Anlage 0.1.2 zur →Bauregelliste A Teil 1 ist angegeben, dass Türen, die bei einer Prüfung nach DIN EN 1634-3 die Anforderungen an Türen der Widerstandsklasse „CS_{200}" erfüllt haben, in Deutschland als „rauchdicht und selbstschließend" bezeichnet werden können.
Vorschriften und Zusammenstellungen:
DIN 18095 Türen; Rauchschutztüren
Teil 1: Begriffe und Anforderungen (Ausgabe 10.1988)
Teil 2: Bauartprüfung der Dauerfunktionstüchtigkeit und Dichtheit (Ausgabe 3.1991)
Teil 3: Rauchschutzabschlüsse; Teil 3: Anwendung von Prüfergebnissen (Ausgabe 06.1999)
ISO 5925 Teil 1-1981-Brandprüfungen; Ermittlung des Verhaltens von Rauchschutztüren; Teil 1: Prüfung bei Umgebungstemperatur (Fire test – Evaluation of performance of smoke control door assemblies Part 1: Ambient temperature test)
DIN EN 1634-3 : 2005-01 Feuerwiderstandsprüfungen für Tür- und Abschlusseinrichtungen – Teil 3: Rauchschutzabschlüsse
DIN EN 13501-2 : 2003-12 Brandschutztechnische Klassifizierung von Bauprodukten und Bauteilen; Teil 2: Klassifizierung anhand von Daten von Brandprüfungen (mit Ausnahme von Produkten für Lüftungsanlagen)
VdS -2097-4, Produkte und Anlagen des baulichen Brandschutzes, Teil 4: Feuerschutzabschlüsse, sonstige Brandschutztüren und ergänzende Sonderbauteile.
Dieser Katalog enthält auch Listen mit Angaben der Anschrift von Herstellern und der kennzeichnenden Daten (Art, Ausstattung, Maximalgröße, Prüfzeugnis-Nummer) geprüfter Rauchschutztüren nach DIN 18095. In einer Zusammenstellung „Feuerschutzabschlüsse mit Mehrfachfunktionen" sind Feuerschutztüren angeführt, die zusätzlich die an Rauchschutztüren DIN 18095 gestellten Anforderungen erfüllen.
Die an Rauchschutztüren DIN 18095 gestellten Anforderungen werden von „Rauchabschlüssen R 30" nach ÖNORM 3855 (Ausgabe 1.08.1997, zurückgezogen 10.2001) nicht erfüllt, da bei Prüfungen nach dieser oesterreichischen Norm die Rauchdichtheit (bzw. die Leckrate) dieser Abschlüsse nicht ermittelt wird. Beurteilungskriterium ist hier, ob die geprüften Baumuster bei einer Brandprüfung nach ÖNORM B 3800 Teil 21 den Durchtritt von Flammen und heißen Gasen 30 Minuten lang verhindern.
(Letzte Änderung: 15.3.2006)

(Prof. Westhoff)

3

Rauchschutzvorhang

Zur Unterteilung größerer Räume und zum Schutz größerer Öffnungen gegen Rauchausbreitung vorgesehene flexible Vorrichtung, die im Bedarfsfall vorzugsweise automatisch ausgelöst die Öffnung verschließt und so die Rauchausbreitung verhindert bzw. wesentlich behindert. In Kombination mit weiteren Maßnahmen wie beispielsweise Seitenführungen und Beschichtungen und/oder Wasserberieselung sind Verbesserungen/Steigerungen der Schutzwirkung erzielbar.
(Neu aufgenommen: 21.4.2004)

(Prof. Beilicke)

Raumanzeigelampe

„Optische Alarmeinrichtung, mit welcher eine parallele Anzeige zum →automatischen Brandmelder vorgenommen werden kann."

(Definition nach VKF/Sicherheitsinstitut)

Raumüberwachung

Siehe auch Dualbewegungsmelder
Raumüberwachung ist ein Bestandteil des →Intrusionsschutzes. Hierfür werden überwiegend Bewegungsmelder eingesetzt. Sie detektieren die Bewegung von Personen.
→Ultraschallmelder und →Mikrowellendetektoren benützen hierbei das Prinzip des →Dopplereffekts, bei dem ein sich bewegendes Objekt im reflektierten Strahl eine Frequenzverschiebung hervorruft, die im Empfänger der Strahlung Alarm auslöst.
Passive →Infrarotmelder erkennen die Bewegung dadurch, dass sie bestimmte Raumzonen überwachen. Durchwandert ein Objekt die Grenze zwischen zwei Raumzonen, wird dies als Alarmsignal erkannt.

(Wigger)

Raumzone

Siehe Raumüberwachung, Zutrittskontrolle.

Rauschgenerator

Siehe auch Abhörgeschützte und abhörsichere Räume, Abhörsicherheit, Störsender

Technische Einrichtung zur Erzeugung und Verstärkung eines akustischen Zufallssignals, welches mit gleich bleibender Amplitude mindestens das gesamte, hörbare Frequenzspektrum überdeckt (so genanntes „weißes Rauschen"). Rauschgeneratoren werden u.a. zum Zweck des Abhörschutzes in Räumen eingesetzt, um die menschliche Sprache mit einem deutlich lauteren, informationslosen Störgeräusch zu überlagern und dadurch etwaige Mikrofone bzw. Körperschallaufnehmer wirkungslos zu machen.

Man unterscheidet zwischen Geräten, die das Rauschsignal über so genannte „Schallwandler" als Körperschall auf die massive Bausubstanz (Fenster, Decke, Boden, Wände) und Haustechnik (z.B. Rohrleitungen) übertragen und solchen, die ihre Schallwellen mittels Lautsprecher direkt in den Raum abgeben. Erstere werden vorzugsweise als fest installierte Schutzeinrichtungen verwendet, um das Abhören über die Fensterscheiben durch Lasersysteme und per Kontaktmikrofone an den Wänden zu verhindern. Bei der zweiten, mobil einsetzbaren Variante kommunizieren die Gesprächsteilnehmer über Headsets und ein geräuschkompensierendes Intercom-System. Dadurch werden zusätzlich auch am Körper mitgeführte und im Raum versteckte Mikrofone unwirksam.

Gelegentlich wird der Begriff „Rauschgenerator" auch für langwellige Sender verwendet, die ein hochfrequentes Störsignal im Bereich zwischen ca. 10 kHz und 3,0 MHz erzeugen und durch induktive Kopplung in elektrische Kabel abgeben, um z.B. so genannte „Langwellenübertragungen" (Prinzip der elektronischen Babysitter) zu verhindern.

(Neu eingefügt: 15.7.2006)

(Fink)

Recovery

Siehe Backup, Business Continuity, Disaster Recovery.

Redundante Übertragungswege

Siehe Notrufzentrale

Redundanz

Redundanz (lat. = Überfluss) ist das Vorhandensein zusätzlicher technischer Komponenten, die für den Betrieb eines Systems oder Gerätes nicht nötig sind, solange keine Störung bzw. kein Ausfall vorliegt. Sie ist ein wichtiges Element zur Erhöhung der Zuverlässigkeit; man wendet sie überall dort an, wo ein Störungsfall großen Schaden zur Folge hat, z.B. in der Verkehrstechnik oder Prozesstechnik. Die Doppelräder an den Hinterachsen der Schwerlastwagen oder der Zweifach-Bremskreis an Kraftfahrzeugen sind typische Beispiele hierfür.

Es wird zwischen funktionsbeteiligter und nicht funktionsbeteiligter Redundanz unterschieden. Die genannten Doppelräder und auch der Zweifach-Bremskreis sind funktionsbeteiligte Redundanzen, da hier die zusätzlichen technischen Komponenten nicht nur ständig in Betrieb, sondern auch an der vorgesehenen Funktion beteiligt sind. Die nicht funktionsbeteiligte Redundanz steht gewissermaßen Gewehr bei Fuß, bis sie benötigt wird. Beispiele hierfür sind das Reserverad beim Kraftfahrzeug oder die Energieversorgung für Gefahrenmeldeanlagen, die aus zwei voneinander unabhängigen Energiequellen bestehen muss, einem Netzgerät und einer Batterie. Das Netzgerät liefert den gesamten Betriebsstrom einschließlich eines kleinen Ladungserhaltungsstromes für die Batterie, damit diese bei Ausfall des Netzgerätes voll einsatzfähig ist.

In der Gefahrenmeldetechnik ist mit der Einführung neuer Technologien auch der Begriff Notredundanz aufgetaucht. Bei dieser neuen Technik sind die Melder bzw. Sensoren nicht ständig zur Meldezentrale durchgeschaltet, sondern sie werden nur sequentiell nach ihrem Zustand abgefragt. Bewirkt eine Störung den Stillstand der Steuereinheit, dann kann – da die Melder nicht mehr abgefragt werden – eine Gefahrensituation unerkannt bleiben. Deshalb sind Überwachungskomponenten – die Notredundanz – erforderlich, die diesen unzulässigen Zustand auch bei Ausfall der normalen Steuereinheit noch erkennen und melden.

(Redaktion)

Reed-Kontakt

Siehe Öffnungskontakt.

Referenzempfänger

Siehe Sicherungsetikett.

Referenzkammer

Siehe Rauchmelder.

Referenz-Widerstand

Ein Referenz-Widerstand ist ein Widerstand, der unabhängig von äußeren Einflüssen, insbesondere Temperaturänderung, Änderung des ihn durchfließenden Stromes oder Änderung der an ihn angelegten Spannung, seinen Ohm'-schen Widerstand, der sich aus dem Verhältnis von angelegter Spannung zu durchfließendem Strom definiert, beibehält.
Im Gegensatz zu Referenz-Widerständen sind andere Widerstandsarten, die in der Sicherheitstechnik vorkommen, wie beispielsweise NTC-Widerstände, im Wesentlichen von ihrer Temperatur abhängig, d.h. sie verringern entweder ihren Widerstand mit steigender Temperatur oder sie erhöhen diesen bei PTC-Widerständen. Weitere Arten von Spezialwiderständen, wie z.B. Varistoren, ändern ihren Widerstand in Abhängigkeit von der angelegten Spannung.
In der traditionellen Gefahrenmeldetechnik wurden Referenz-Widerstände bzw. allgemein Referenzelemente dazu verwendet, bestimmte Normalkriterien innerhalb eines Melders festzulegen. Die Umgebung wird dann auf Übereinstimmung mit diesem „Normalwert" überprüft. In der einfachsten Ausführung befand sich jeweils ein Referenzwiderstand innerhalb der Brückenschaltung einer Einbruchmeldesteckkarte, der aufgrund eines ihn durchfließenden konstanten Stromes eine Referenzspannung für einen der Differenzialeingänge der →Meldelinie bildete. Der zweite Differenzialeingang wurde durch die Meldelinie selbst gebildet, also aus den Teilwiderständen der äußeren Meldelinie und der darin befindlichen Sensoren wie Einbruch- und Brandmeldern. Die Brückenschaltung der Meldelinien-Auswerteeinheit überprüfte nun, ob der äußere Widerstand jeweils mit dem inneren Referenz-Widerstand identisch war. Abweichungen nach oben oder unten wurden als Alarm ausgewertet.

(Unruh)

Regelwerk

Jedes wie auch immer geartete Security-Konzept fußt auf der Durchsetzung und Einhaltung von „Spielregeln", die sich z.B. aus den gültigen Gesetzen, Auflagen, Normen und Richtlinien sowie Anweisungen z.B. Dienstanweisungen und Ordnungen (z.B. Ausweis- und Besucher-Ordnung) zusammensetzen.
Dieses im Unternehmen vereinbarte und festgelegte Regelwerk muss die Unternehmens-Security Policy (→IT-Sicherheits-Policy, →Sicherheitspolicy) in gleicher Weise widerspiegeln wie die Unternehmensziele als auch die gültigen Führungsgrundsätze, um die erforderliche →Akzeptanz und Unterstützung für das notwendige und gewünschte Verhalten zu erwirken. Ein vereinbartes Regelwerk muss lebbar und zumutbar sein.
(Neu eingefügt: 17.7.2006)

(Feuerlein)

Registrierung

Eintragung [in ein Register], Aufzeichnung, Einordnung
Im Bereich der IT-Sicherheit: Eintragung von zertifizierten Schutzprofilen gemäß den Common Criteria in ein Register, vorgenommen durch die internationalen Zertifizierungsstellen. Über deren Web-Seiten sind die registrierten Schutzprofile öffentlich verfügbar.
(Letzte Änderung: 11.7.2006)

(Redaktion)

Reizgas

Stoff, der bei seiner bestimmungsgemäßen Anwendung auf den Menschen eine belästigende Wirkung durch Haut- und Schleimhautreizung, insbesondere durch einen Augenreiz ausübt und absorptiv nicht giftig wirkt. Zu den bekanntesten Reizgasen, die im polizeilichen Bereich und zu Selbstschutzzwecken angewandt werden, zählen CN (Chloraceptophenon) und CS (o-Chlorbenzylidenmalodinitril). Vergleiche haben ergeben, dass CS sicherer in der Dosierbarkeit und wirksamer als CN ist. Die beabsichtigte Wirkung wird bei CS bereits mit 1/10 der Konzentration im Vergleich zu CN erreicht, tritt rasch ein und klingt innerhalb kurzer Zeit wieder ab.

(Dr. Steinke)

Relaying

Siehe auch Denial of Service, E-Mail-Sicherheit, IT-Sicherheit, Spamming, Spoofing

Missbrauch von fremden E-Mail Servern als Übermittler (Mail Transfer Agent) zur Versendung von E-Mails mit Fälschung der Absenderadresse und Herkunft. Mittels Relaying können E-Mails an eine große Anzahl von Empfängern geschickt werden. Dabei werden fremde Mail-Hosts benutzt, sodass das Netzwerk und somit die Kosten von Fremden getragen werden. Oft wird dies zur Versendung von Werbung („Spams", „Spamming") verwandt.

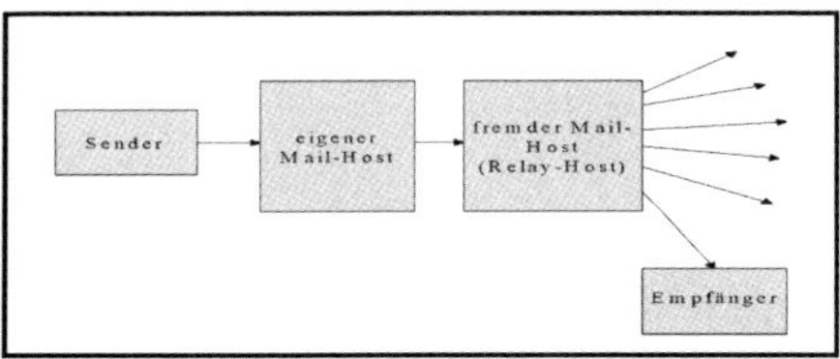

Dies kann durch eine entsprechende Konfiguration des Mail-Hosts bzw. des Mail Transfer Agents verhindert werden:

Verbot von Mail Zustellung von „any" an „any". d.h. man erlaubt keine Mailzustellung von Mails mit Absender ungleich der eigenen Mail-Domäne an Empfänger mit Adresse ungleich eigener Mail-Domäne. Man gestattet nur Mails von „any" an die eigene Domäne und von der eigenen Domäne an „any".

(Neu aufgenommen am 16.6.2000)

(Markmeyer)

Resistance unit

Siehe Widerstandseinheit.

Restlicht-Kamera

Siehe auch Dual-Sensor-Kamera.

Spezielle Videokamera, die Bildverstärker einsetzt, um auch bei sehr wenig vorhandenem Licht (Restlicht) noch Videobilder erzeugen zu können. Restlichtverstärker gibt es in unterschiedlichen Bauformen (1., 2. und 3. Generation), die sich in Lichtempfindlichkeit, Verstärkungsvermögen, Auflösung, Rauschverhalten und Spektralbereich unterscheiden. In der Videoüberwachung gibt es kaum noch Kameras, deren Restlichtverstärker mit einer Bildaufnehmerröhre (SIT, ISIT) gekoppelt ist. Moderne Restlichtkameras verwenden CCD-Sensoren, deren Pixeloberfläche durch eine Faseroptik direkt mit dem Ausgangsfenster des Bildverstärkers verbunden wird. Durch große Fortschritte in der Verstärkertechnik sind auch äußerst schlechte Lichtverhältnisse zu bewältigen (bis zu 10 Lux). Durch die Empfindlichkeit der Bildverstärker im nahen Infrarot sind die Restlichtkameras hervorragend mit →Infrarotscheinwerfern oder IR-Laserscheinwerfern einsetzbar. Bei Verwendung von motorisierten Objektiven mit ND-Filtern (ND: Neutral Density) können Restlichtkameras auch im Tag-/Nachtbetrieb eingesetzt werden. Sofern der Restlichtverstärker elektronisch getaktet wird (vergleichbar zum elektronischen →Shutter bei →CCD-Kameras) ist auch ein Tag/Nachtbetrieb mit manuellen Objektiven und fester Blende, z.B. Spiegelobjektiven, möglich.

(Schilling)

Restrisiko

Restrisiko ist der Anteil eines Gesamtrisikos (→Risiko) für ein definiertes Bezugssystem, der sich durch Sicherungsmaßnahmen nicht beseitigen lässt oder bei dem der Betroffene aus bestimmten Gründen bewusst auf eine Beseitigung verzichtet (Tragen eines Restrisikos).

(Meißner)

Rettungsweg

Siehe auch Evakuierungsweg, Fluchttür/Fluchttürverschlüsse, Notausgang, Notausgangsverschlüsse, Paniktürverschlüsse, Rettungsweg

Der Rettungsweg in Gebäuden ist ein baurechtlich notwendiger Teil der baulichen Anlage, über den Personen die Anlage verlassen oder gerettet werden können. Als Rettungswege gelten u.a. Flure, Treppenräume, Ausgänge, Rettungsbalkone, Laubengänge, Rettungstunnel. (Def. in Entw. 07.1991 DIN 14011 Teil 5) Die geforderten Rettungswege sollen innerhalb einer vorgeschriebenen Entfernung ggf. zunächst in einen Bereich der relativen und dann von diesem oder unmittelbar in einen Bereich der absoluten Sicherheit führen. Die einzuhaltenden Forderungen hinsichtlich Länge, Breite, bauliche Ausführung sowie Türanordnung, Türanschlag und Hinweise sind in bauaufsichtlichen Regelwerken (Bauordnung, Verordnungen für Bauten besonderer Art oder Nutzung →Sonderbauten) festgelegt.

Anzahl und Lage der Rettungswege (erster und zweiter Rettungsweg, →notwendige Treppen) richten sich nach Größe und Nutzung der Gebäude sowie nach Lage der →Aufenthaltsräume im Gebäude.

In Abhängigkeit von Größe, Charakter, Nutzungsart und Bedeutung des Gebäudes, Art der eingesetzten Baustoffe und Anzahl der sich gleichzeitig im Gebäude befindenden Personen werden Forderungen mit unterschiedlicher Konsequenz und sicherheitstechnischer Auswirkung an die Rettungswege gestellt. Die wesentlichen Forderungen beziehen sich auf die Rauchfreihaltung der Rettungswege und deren leichte Passierbarkeit. Dazu nötige technische Maßnahmen werden am besten in Sicherheitstreppenräumen und durch Verwendung von Sicherheitsschleusen verwirklicht (vorzugsweise mit Spüllüftung oder separater Druckbelüftung). Die geometrische Dimensionierung der Sicherheitsschleusen aus brandschutztechnischer Begründung ist teils gegensätzlich zu Forderungen an Schleusen aus allgemeinem Sicherheitsinteresse.

(Letzte Änderung: 10.6.2000)

(Prof. Beilicke)

Re-Zertifizierung (IT)

Siehe auch BSI, Evaluierung, IT-Sicherheitszertifizierung, Zertifizierung.

Erneute Zertifizierung auf der Basis einer schon erfolgten Zertifizierung nach Produktänderungen, Änderung der Kriterien, Änderung des Auslieferungsverfahren etc. Aufgrund der Erkenntnisse aus der vorausgegangenen Erst-Zertifizierung ist der mit einer Re-Zertifizierung verbundene Aufwand in der Regel deutlich geringer als bei einer Erst-Zertifizierung. So kann die Re-Evaluierung je nach Art und Umfang der vorgenommenen Änderungen auf bestimmte Prüfaspekte des angewendeten Kriterienwerks und/oder auf bestimmte Teile des Produktes eingeschränkt werden. Beispiel: Das Ergebnis einer Zertifizierung gilt nur für eine bestimmte Version eines Produktes. Das bedeutet, dass oftmals verhältnismäßig kurze Zeit nach der Zertifizierung eines Produktes – bedingt durch einen kurzen Produktzyklus – eine neue Version des Produktes auf den Markt kommt, für die das Zertifikat keine Gültigkeit hat. Diesem Umstand trägt das Verfahren der Re-Zertifizierung in pragmatischer Weise Rechnung. Die Re-Zertifizierung gibt dem Antragsteller die Möglichkeit, in einem stark verkürzten Verfahren, in dem nur die relevanten Änderungen des Produktes geprüft werden, das Zertifikat für ein schon zertifiziertes Produkt auf eine neue Version übertragen zu lassen.

(Neu aufgenommen am 12.6.2000)

(Krause)

RFID-System

Siehe auch Transponder

Ein RFID (Radio Frequency Identification)-System ist ein drahtloses Kommunikationssystem, das hauptsächlich für Identifizierungs- und Registrierungszwecke verwendet wird. Typische Anwendungsgebiete sind Zutrittskontrolle, Logistik (Warenerfassung), Warensicherung, Wegfahrsperren bei Automobilen und Tierkennzeichnung. Ein RFID-System besteht aus dem kontaktlosen Datenträger (→Transponder) und einer Leseeinheit, mit der der Transponder kommuniziert. Die Datenübertragung zwischen Leseeinheit und Transponder erfolgt in den meisten Fällen durch induktive Kopplung, häufig genutzte Trägerfrequenzen sind dabei, 125 kHz und 13,56 MHz. Abhängig von der Reichweite der Datenübertragung unterscheidet man Close-coupling-Systeme (ISO 10536, Reichweite 0 bis ca. 1 cm), Proximity-coupling-Systeme (ISO 14443, Reichweite ca. 7 cm bis 15 cm) und Vicinity-coupling-Systeme (ISO 15693, Reichweite bis ca. 1 m).

(Neu aufgenommen am 18.4.2002)

(Dr. Schneider)

Rijndael

Siehe auch DES, Triple-DES, Verschlüsselung (mit weiteren Verweisen).

Im Herbst 2000 hat das US-amerikanische Na-

3

tional Institute of Standards and Technology (NIST) den Algorithmus „Rijndael" als designierten Advanced Encryption Standard (AES) (http://www.nist.gov/aes/) ausgewählt. Damit hatte sich in einem dreijährigen Wettbewerb der Algorithmus der beiden Belgier Joan Daemon und Vincent Rijmen durchgesetzt. Entscheidend waren Performance, Effizienz, Flexibilität und die leichte Implementierbarkeit. Rijndael eignet sich wegen seiner geringen Speicherplatzanforderungen zudem besonders gut für den Einsatz in Chipkarten, Handys und PDAs. Rijndael liegt im Quelltext vor und kann weltweit von jedermann lizenzfrei implementiert werden. Die Standard-Schlüssellängen des AES sind wahlweise 128, 192 und 256 Bit. Die Verabschiedung des AES als US-amerikanischer Federal Information Processing Standard (FIPS) ist im Dezember 2001 erfolgt. Der AES hat somit offiziell den betagten Data Encryption Standard (DES) abgelöst und soll für voraussichtlich die nächsten 20 bis 30 Jahre schutzbedürftige Daten sichern.

(Letzte Änderung 22.6.2004)

(Luckhardt)

Risiko

Siehe auch Basel II, Dynamisches Risiko Management, KonTraG, Risiko-Analysesystem, Risikodiagramm, Risiko-Management, Sicherheitskonzept, Sicherheitsprozess (IT)

Bezüglich Eintrittswahrscheinlichkeit (w) und potenziellem Schadenausmaß (A) bewertete, auf ein definiertes Bezugssystem (z.B. Objekt, Funktion, Mensch) bezogene Gefahr.

Als Produkt (R = w * A) resultiert das Risiko, welches anhand einer Skala des Bedrohungsgrades, z.B. als „klein", „mittel", „groß", „katastrophal" eingestuft werden kann. Für eine realistische Risikobeurteilung sind mögliche materielle und immaterielle Folgeschäden mit zu berücksichtigen (z.B. anhand von Szenarien). Die Gefahr selbst hat keinen Maßstab.

(Letzte Änderung: 18.4.2004)

(Preisig)

Risiko-Analyse-System

Siehe auch Dynamisches Risiko Management, KonTraG, Risiko, Risikodiagramm, Risiko-Management, Sicherheitskonzept, Sicherheitsprozess (IT)

Ein Risiko-Analyse-System (risk analysis system) ist im Bereich der Informations-Sicherheit ein anwendungsorientiertes Programmsystem zur Bewertung des Sicherheitsniveaus eines Informationssystems mit allen seinen Teilen wie Geräte, Programme mit Betriebssystemen (Sicherheitseigenschaften, Einstellungen etc.) und Anwendungsprogrammen – auch den Individualprogrammen – sowie der organisatorischen und personellen Maßnahmen.

Diese Komplexität heterogener Systeme mit Hardware und Software – insbesondere Betriebssysteme – verschiedener Hersteller kann von Produkten nur teilweise unterstützt werden. Im jeweiligen Teilbereich weist das Analyse-System (vorprogrammiert) auf Schwachstellen hin und nimmt eine Bewertung hinsichtlich der Bedeutung (Risiko) für das betrachtete Informationssystem vor.

Das Sicherheitsniveau komplexerer Netze kann zentral überwacht oder sogar gesteuert werden. Dies kann in heterogenen Systemen derzeit aber nur teilweise realisiert werden, weil sich die Art und Intensität der einstellbaren Sicherheitsparameter und auch die auswertbaren Protokollinformationen zwischen verschiedenen Betriebssystemen stark unterscheiden und daher nicht unmittelbar und vollständig vergleichen lassen.

Fälschlicherweise werden auch „konventionell" programmierte Anwendungsprogramme zur Risikobewertung als →Expertensysteme bezeichnet. Entscheidend für derartige Analyse-Systeme als Expertensysteme ist allerdings – neben der getrennten und damit flexibel änder- und erweiterbaren Wissensbasis – die vielfach fehlende Erklärungskomponente, die eine Begründung der Sicherheitsbewertung ermöglicht; ohne diese Begründung sind Maßnahmen im Allgemeinen nicht durchsetzbar.

Durch ihre konsequente Fragebogentechnik können die Analyse-Systeme den Anwender gleichwohl bei der Beurteilung des Sicherheitsniveaus seiner Informationsverarbeitungssysteme unterstützen.

(Letzte Änderung: 3.5.2004)

(Prof. Pohl)

Risikodiagramm / Gefahrendiagramm

Siehe auch KonTraG, Risiko, Risiko-Analysesystem, Risiko-Management, Sicherheitskonzept, Sicherheitsprozess (IT)

Mit einem Risikodiagramm lassen sich für eine Unternehmung die Risiken/Gefahren ableiten, welche auf sie zutreffen können. Die dargestellte Abbildung eines Risiko-/Gefahrendiagramms zeigt auf, wie so etwas den Bedürfnissen entsprechend aufgebaut und gruppiert werden kann. Dieses Diagramm ist nicht abschliessend und muss auf die individuelle Situation abgestimmt werden.

(Neu aufgenommen am 16.4.2002)

(Burkhalter)

Risiko-Management

Siehe auch Basel II, Dynamisches Risiko Management, KonTraG, Risiko, Risiko-Analysesystem, Risikodiagramm, Sicherheitskonzept, Sicherheitsprozess (IT)

Risiko-Management (RM) bezeichnet ein methodisches Grundverhalten zur systematischen Risikobewältigung im Rahmen von ganzheitlichen Sicherheitskonzepten. Grundsätzlich lässt sich das unternehmerische Risiko-Management in zwei komplementäre Bereiche gliedern:

- Risikoverbesserung mit dem Ziel der Risikominimierung durch Vermeiden oder Vermindern von Risiken
- Risikofinanzierung mit dem Ziel der Optimierung der Risikokosten durch Überwälzen bzw. Selbertragen von Risiken.

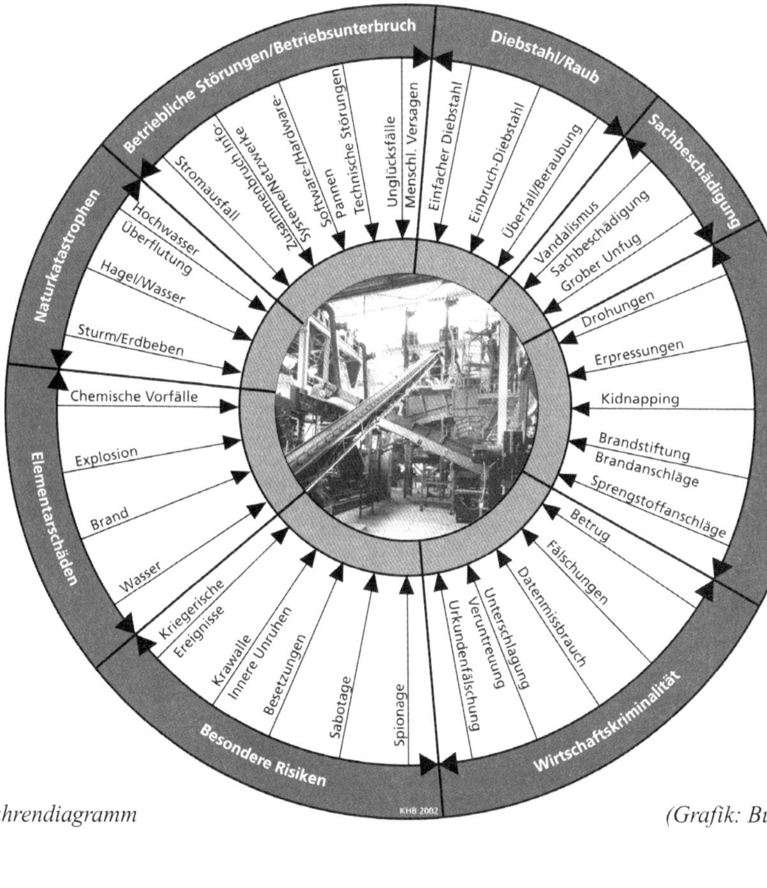

3

Gefahrendiagramm *(Grafik: Burkhalter)*

Risiko-Management-Prozess

Dabei handelt es sich um interdisziplinäre Aufgabenstellungen, im Bereich der Risikoverbesserung um vorwiegend organisatorische und technische (traditionelle Sicherheitsaufgaben), im Bereich der Risiko-Finanzierung um vorwiegend unternehmerische, bzw. betriebswirtschaftliche Aufgaben. Zielsetzungen und Aufgabenbereiche sind zwecks Vollständigkeit, Homogenität und Wirtschaftlichkeit der Sicherheitsmaßnahmen mit Vorteil aufeinander abzustimmen.

Die Methode des RM beinhaltet grundsätzlich ein mehrstufiges Vorgehen zur Risikominimierung (nach Prof. M. Haller, IVW, Universität St. Gallen). RM muss auf Basis einer systematischen Gefahrenerkennung und Risikobeurteilung erfolgen (→Risiko). Dabei sind auf Grundlage einer möglichst umfassenden Gefahren- und Risikoanalyse sämtliche Stufen der Risikoverbesserung und Risikofinanzierung anzuwenden und aufeinander abzustimmen, mit dem Ziel, das sogenannte Restrisiko zu minimieren, z. B. Risikoverbesserung durch Umstellen auf ungefährliche Verfahren oder risikovermindernde Sicherheitsmaßnahmen durch die Standortwahl, baulich-technische Massnahmen, redundante Systeme, Notfallplanung, Katastrophenschutzplanung etc.; risikogerechter Versicherungsschutz sowie Rückstellungen und Reservenbildung für nicht gedeckte Ereignisse und Folgeschäden:

Aus betriebswirtschaftlicher Sicht geht es darum, Risikokosten und Sicherheit im Rahmen der Unternehmenspolitik zu optimieren und die Existenz des Unternehmens langfristig zu sichern.

Die Praxis des RM bedingt seitens der Unternehmensleitung Vorgaben zur Risikovermeidung und Risikoverminderung sowie zur Risikofinanzierung (Festlegen der Risikopolitik). Auf betrieblicher Ebene sind Sicherheitsmaßnahmen anhand von konkreten Schutzzielen zu definieren und durch zweckmäßige Kontrollmaßnahmen auf Dauer zu gewährleisten (Risiko-Management als Prozess unter ständiger Berücksichtigung interner und externer Einflussfaktoren).

Der Einbezug der Unternehmensleitung als zielsetzendes System in den RM-Prozess ist unerlässlich. Aus nicht erkannten Gefahren, unzulänglichen Risikoabwägungen etc. können u. U. existenzgefährdende Probleme entstehen. Sicherheitsverantwortung ist letztlich nicht delegierbar. Aufsichtsrat, Unternehmensleitung und Management sind für unternehmerische Zielsetzungen, die Umsetzung und das Controlling verantwortlich (z.B. Investitionsentscheide, Haftung der Organe aus der unternehmerischen Tätigkeit, soziale Verantwortung etc.). Der zweite Problemkreis liegt in der Praxis oft am mangelnden Dialog zwischen Unternehmensleitung und den beauftragten Linien- und Fachstellen sowie einer ausreichenden Verankerung des Prinzips von „checks and balances“ in den Führungsstrukturen.

Deshalb setzt ein funktionierendes Risiko-Management eine in der Unternehmensstruktur zweckmäßig integrierte Risiko-Management- und Sicherheitsorganisation voraus. Sämtliche Unternehmensfunktionen und -prozesse sind einzubeziehen: z.B. Unternehmensführung und Controlling, Recht, Kommunikation (z.B. Public Relations and Public Affairs), Personalwesen, Einkauf, Forschung und Entwicklung, Logistik und Produktion, Marketing und Vertrieb, Entsorgung und Umweltschutz.

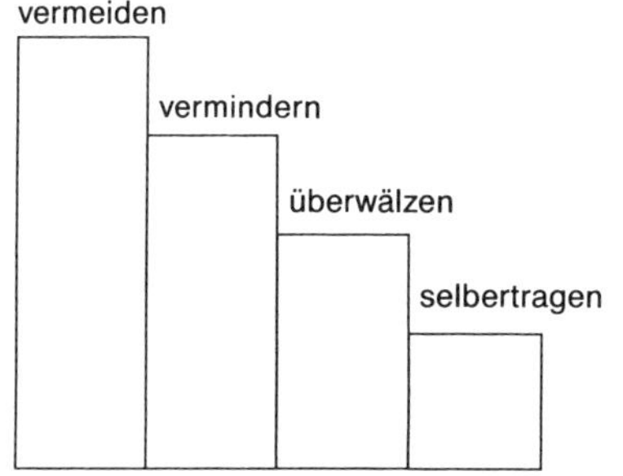

Stufenmodell der Risikominimierung

In der betrieblichen Sicherheitsorganisation sind die Zuständigkeiten und Kompetenzen der Linien- und Fachstellen sowie von Sicherheits-Ausschüssen zu definieren (z.B. Sicherheitsbeauftragte für Werkschutz, Umweltschutz, IT- und Datensicherheit, Datenschutz, Unfallverhütung, Betriebsfeuerwehr, Sanität; auf der betriebswirtschaftlichen Seite Zuständigkeiten für Qualitätssicherung, Produktesicherheit, Risiko-Management, Versicherungen, Controlling, Kommunikation, Rechtsfragen, Revisorat etc.).
In Führungsgrundsätzen, Stellenbeschreibungen, Pflichtenheften, Standards und Richtlinien sind Ziele, Aufgaben und Zusammenarbeit sowie Maßnahmen für die einzelnen Unternehmensbereiche und Zuständigkeiten unternehmensspezifisch zu regeln.
Besonders wichtig für den kontinuierlichen Risiko-Managementprozess ist schließlich die Kommunikation und der Dialog nach innen und außen: z.B. Aufsichtsrat, Unternehmensleitung und Management, Finanzchef, Risiko-Manager, Rechtsdienst, Kommunikationschef, Sicherheitsbeauftragte, Betriebsrat, Mitarbeiter; Aktionäre, Gewerkschaften, Vertragspartner, Lieferanten, Berater, Versicherungsgesellschaften, Banken, Fach- und Branchenverbände, Politik, Behörden etc.
Letztlich kann nur ein ganzheitlicher, vernetzter und interdisziplinärer Ansatz unter Einbezug von Wirtschaft, Wissenschaft, Staat und Politik den komplexen Gefährdungen und Risikositutionen unserer Zeit einigermaßen gerecht werden.
(Letzte Änderung: 3.5.2004)

(Preisig)

Rollladen

Siehe auch Fenster, Gitter, Tür.

Der Sicherheitswert eines Rollladens ist von dem verwendeten Material und dem fachgerechten Einbau abhängig. Jalousien, die im Wesentlichen nur Sonnen- und Sichtblenden sind und deshalb nur über dünne Lamellen verfügen, bieten keine Sicherheit.
Ein ausreichender Sicherheitswert ist gegeben, wenn:

- der Rollladen aus Stahl, Holz oder doppelwandigem Aluminium besteht
- durch ein stabiles Abschlussprofil das Ausreißen erschwert wird
- der Rollladen in ausreichend tiefen und im Mauerwerk gut befestigten Führungsschienen läuft
- der Rollladen gegen Hochschieben durch Feststellvorrichtungen, die im oberen Drittel oder im Rollladenkasten angebracht sind, gesichert ist.

Kunststoffrollläden haben nur dann einen ausreichenden Sicherheitswert, wenn die doppelwandigen Lamellen nicht hohl, sondern durch Einlagen aus Metall o.Ä. stabilisiert sind.
(Letzte Änderung: 27.4.2004)

(nach VdS)

Rollgitter

Siehe auch Einbruchhemmende Gitter, Fenster, Gitter, Scherengitter.

Rollgitter werden hauptsächlich zur Sicherung von →Schaufenstern und Ladeneingangstüren verwendet.
Ein ausreichender Sicherheitswert ist gegeben, wenn:

- das Gitter aus stabilem Material besteht
- der Stababstand (Maschenweite) gering ist
- die ausreichend tiefen Führungsschienen aus Stahl bestehen und im Mauerwerk befestigt sind
- ein wirkungsvoller Verschluss (z.B. Stangenschloss mit nicht überstehendem Zylinder oder Zuhaltungsschloss) bzw. eine Arretierung vorhanden ist (z.B. bei Rollgittern mit Schneckengetriebe).

(Letzte Änderung: 27.4.2004)

(nach VdS)

Rolltor

Siehe Tür.

ROM

Siehe auch EE-PROM, EPROM, PROM, RAM.

ROM („Read Only Memory") ist ein Speicher, der normalerweise für das Speichern von Programmen benutzt wird.
Der Zugriff auf diesen Speicher wird so organisiert, dass nach Freigabe der ausgetesteten Programme die Schreibverbindung (Hardware) unterbrochen wird. Somit kann dieser Speicher nur noch ausgelesen und nicht geändert oder gelöscht werden.

In Mikro-Computern können diese Programme nur vom →Mikroprozessor ausgelesen und ausgeführt werden.
ROM eignen sich deshalb gut zur Aufnahme besonders geschützter Daten (z.B. Benutzerprofile oder Kennwörter) oder Programme (z.B. Verschlüsselungsalgorithmen).

(Redaktion)

Rosette

Siehe Schutzbeschlag.

RSA

Siehe Public key, Verschlüsselung.

RU (Resistance Unit)

Siehe Widerstandseinheit.

Rückhaltewirkung

Siehe auch Pendelschleuse, Rundschleuse, Schleuse für Personenverkehr, Schleuse/Kabinenschleuse, Sensorikschleuse, Vereinzelung.

Mit der Rückhaltewirkung wird angestrebt, dass niemand eintreten kann, wenn jemand einen gesicherten Raum verlässt. Auch dann nicht, wenn die austretende Person die Tür nicht verschließt. Schleusen weisen eine (mehr oder weniger wirksame) Rückhaltewirkung auf; eine normale Tür nicht, auch wenn sie mit einem ZK-System ausgerüstet ist!

(Neu aufgenommen am 11.6.2000)

(Huber)

Ruhestrom

Siehe Arbeitsstrom.

Rundschleuse

Siehe auch Pendelschleuse, Rückhaltewirkung, Schleuse für Personenverkehr, Schleuse/Kabinenschleuse, Sensorikschleuse, Vereinzelung.

Enge, runde Kabine, deren Eingänge mechanisch oder elektrisch so gesteuert werden, dass immer nur einer offen sein kann. Es gibt die Variante mit zwei runden Schiebetüren und jene mit einem 3/4 Kreisrotor (Vorteil: Es kann jeweils zwingend nur eine Tür offen sein). Möglichkeit der Vereinzelung von Personen durch elektronische Maßnahmen gegeben (z.B. Gewichtskontrolle). Erfolgt auch die Identifikation im Innern der Kabine, ist eine gute Kontrolle gewährleistet.
Beschusshemmung möglich, Brand- und Rauchabschluss sowie Einsatz an der Gebäudeperipherie sind schwierig zu realisieren. Der Notausgang muss separat gelöst werden.
Siehe dazu auch die Abbildungen beim Stichwort Schleuse für Personenverkehr.

(Letzte Änderung: 16.4.2002)

(Huber)

RWA

Siehe Rauch- und Wärmeableitung.

RWAY

Bundesverband Brandschutz-Fachbetriebe e.V.
Kurzbeschrieb und Anschrift →Behörden, Verbände und Institutionen.

RZ-Konsolidierung

Siehe auch IT-Sicherheit (mit weiteren Verweisen).

Unter RZ-Konsolidierung versteht man die Zusammenführung von 2 Rechenzentren. Hierbei ist es unerheblich, ob es sich um Mainframe oder Serversysteme handelt.
Es werden 3 Arten, bzw. Stufen unterschieden:

1. Hardware-Verlagerung
2. Software Integration
3. Anwendungsintegration

Bei der Hardwareverlagerung erfolgt ein Umzug in ein gemeinsames Rechenzentrum. Die einzelnen Systeme werden weiterhin separat betrieben. Der Aufwand hierfür ist vergleichsweise gering. Synergien ergeben sich hierbei nur durch eine gemeinsame Nutzung von Rechner, Platten und Robotersystemen durch die „Mandanten".
Bei der Software Integration werden die vorhandenen Betriebssysteme genutzt und die Anwendungen gemeinsam auf den Rechnern und der entsprechenden Peripherie betrieben. Die Anwendungen und die Daten bleiben aber für jeden „Mandanten" getrennt. Der Aufwand dieser Version ist durch die Angleichung der Releasestände höher als bei der ersten Variante. Die Synergien ergeben sich aus einer Reduzierung der Hardware und der Softwarelizenzen.

Bei einer Anwendungsintegration werden den vorhandenen Anwendungen (i.d.R. des aufnehmenden Rechenzentrums) genutzt. Die Daten des abgebenden RZs werden in die vorhandenen Daten integriert.
Ein detaillierter Abgleich und eine Anpassung der Daten, verbunden mit einer oftmals aufwändigen Übernahme der Daten erfordern einen hohen Aufwand für die vollständige Integration.
Eine Konsolidierung kann auch stufenweise erfolgen, wobei die obige Reihenfolge durchaus geeignet ist.
Als wichtiger Bestandteil dürfen die durch eine Konsolidierung erwachsenen Anforderungen an die (höhere) Sicherheit nicht außer Acht gelassen werden. Sofern vor der Konsolidierung ein Backup auf Gegenseitigkeit bestand, sind völlig neue Konzepte zu erstellen und zu realisieren.
(Neu aufgenommen am 23.5.2000)

(Glessmann)

Was bedeuten die blauen Textstellen?

Dieses Lexikon ist ein genaues Abbild des Basislexikons in
http://www.secumedia.de/sija
Alle hier blau gedruckten Verweise sind dort Links. Im Internet müssen Sie also nur auf die Verweise klicken und sind sofort an der richtigen Textstelle. Ein Passwort für den Zugang finden Sie als Käufer des Sicherheits-Jahrbuchs auf dem gelben Karton hinten im Buch.

3

S

S

Siehe auch NS, Panzerglas, Splitterabgang.
Zusatzbezeichnung bei der Einstufung von durchschusshemmenden Verglasungen nach DIN EN 1063. Sie besagt, dass bei der Beschussprüfung Splitterabgang auf der geschützten Seite festgestellt wurde. Die Eigenschaft „splitterfrei“ wird mit „NS“ gekennzeichnet.
(Neu aufgenommen am 1.7.2002)

(Hohl)

S_0-Schnittstelle

Siehe auch Digitales Fernsprechnetz, ISDN
Technische Bezeichnung der Schnittstelle am Netzabschluss NT eines ISDN-Standardanschlusses. Die Bezeichnung der Telekom lautet „Basisanschluss“. Der Anschluss S_0 verfügt über zwei B-Kanäle zur eigentlichen Kommunikation und einen D-Kanal zum Auf- und Abbau und Steuerung der Verbindungen. Die S_0-Schnittstelle kann genutzt werden.

- als BUS zum Anschluss von mehreren Geräten, z. B. Telefon, Faxgeräte; über die beiden B-Kanäle können maximal zwei Geräte unabhängig voneinander über das Netz kommunizieren (Mehrgeräte- oder Punkt-zu-Mehrpunktanschluss),
- als Schnittstelle zu einer TK-Anlage (Anlagen- oder Punkt-zu-Punktanschluss).

S_0-BUS: Der S_0-BUS ist eine der beiden technischen Ausführungen eines Basisanschlusses. An einen S_0-BUS können bis zu 8 ISDN-Endgeräte unterschiedlicher Funktionalität angeschlossen werden. Jedes der Geräte kann von außen gezielt angerufen werden. Zwei der maximal 8 Geräte können gleichzeitig am Bus aktiv sein, d. h. eine Verbindung mit einem externen Partner aufbauen oder führen.
(Neu aufgenommen am 20.5.2002)

(Definition: VdS)

SAA

Siehe Sprachalarmanlage

SA (Splitterabgang)

Siehe auch NS, Panzerglas, S, SF, Splitterabgang.
Frühere Zusatzbezeichnung bei der Einstufung von durchschusshemmenden Verglasungen nach der inzwischen zurückgezogenen DIN 52290. Nach der neuen DIN EN 1063 besagt die Zusatzbezeichnung „S“, dass bei der Beschussprüfung Splitterabgang auf der geschützten Seite festgestellt wurde. Die Eigenschaft „splitterfrei“ wird mit „NS“ gekennzeichnet.
(Neu aufgenommen am 1.7.2002)

(Hohl)

Sabotage

Unter dem Begriff Sabotage sind alle vorsätzlichen Handlungen und Unterlassungen zu verstehen, die Funktionen von Betrieben und Einrichtungen nachhaltig verhindern oder beeinträchtigen durch

- Zerstörung
- Beschädigung
- Beseitigung
- Veränderung
- Unbrauchbarmachung.

Im rechtlichen Sinne gelten als Sabotagevorbereitungen und -aktivitäten nach den StGB §§ 87, 88 nur solche Handlungen, die sich richten

- gegen ein Unternehmen, das für die Landesverteidigung oder den Schutz der Bevölkerung gegen Kriegsgefahren oder für die Gesamtwirtschaft wichtig ist,
- in jedem Fall gegen lebens- und verteidigungswichtige Betriebe.

Als Tatbestandsmerkmale werden z.B. erfasst:

- Zerstörung von Bauwerken (§ 305 StGB)
- Brandstiftung (§ 308 StGB)
- Sprengstoffexplosion (§ 311 StGB)
- Gefährliche Eingriffe in den Bahn-, Schiffs- und Luftverkehr (§ 315 StGB)
- Gefährliche Eingriffe in den Straßenverkehr (§ 315 StGB)
- Störungen von Fernmeldeanlagen (§ 317 StGB)

Betrieblich betrachtet gilt es, Mitarbeiter, Einrichtungen, Arbeitsplätze und Betriebsvermögen von Sabotageakten zu schützen.
VdS versteht unter Sabotageschutz die Gesamtheit aller Schutzmaßnahmen, die dazu dienen, Sabotageangriffe auf die Funktion von (Alarm) Anlageteilen zu erschweren und / oder

Sabotageaktivitäten zu erkennen und an eine hilfeleistende Stelle zu melden.

(Feuerlein)

Sabotagefreischaltung

Im Gegensatz zur Blockadefreischaltung, die einer internen Belegung des Teilnehmeranschluss entgegenwirkt, erzwingt eine Sabotagefreischaltung eine Meldungsübertragung trotz Sabotageversuche von außen, wie das dauernde Anwählen des Anschlusses.

(Neu aufgenommen am 20.5.2002)

(Definition: VdS)

Sabotageschutzüberprüfung

Siehe auch Geheimschutz, Sicherheitsüberprüfungsgesetz, Täterbild, Zuverlässigkeitsüberprüfung

Abgesehen von Sonderregelungen für die Bereiche Flughäfen und Kernkraftwerke fand die breiter gesteckte Abwehr von Saboteuren, den klassischen Innentätern, in der Vergangenheit lediglich im Zusammenhang mit der Aufgabenzuweisung in den Verfassungsschutzgesetzen des Bundes und der Länder Erwähnung (z. B. § 3 Abs. 3 Nr. 2 des Gesetzes über die Zusammenarbeit des Bundes und der Länder in Angelegenheiten des Verfassungsschutzes – Bundesverfassungsschutzgesetz / BVerfSchG – vom 20. Dezember 1990). Dort ist festgelegt, dass die Verfassungsschutzbehörden auch bei Maßnahmen des vorbeugenden personellen Sabotageschutzes mitzuwirken hätten. Weiterführende Vorschriften zur näheren Verfahrensausgestaltung waren jedoch bis zum Jahr 2002 nicht vorhanden.

Erst in der Folge der Terroranschläge vom 11. September 2001 wurde die vorhandene Regelungslücke geschlossen und die allgemeine Sabotageschutzüberprüfung im Zuge einer Gesetzesänderung in das →Sicherheitsüberprüfungsgesetz des Bundes (SÜG) mit aufgenommen. Gemäß § 1 Abs. 4 SÜG werden nunmehr Personen, die an einer sicherheitsempfindlichen Stelle innerhalb einer lebens- oder verteidigungswichtigen Einrichtung beschäftigt sind, staatlichen Geheimnisträgern gleichgesetzt und dementsprechend einer Sicherheitsüberprüfung unterzogen. Regelüberprüfungsart ist in diesem Zusammenhang die „einfache Sicherheitsüberprüfung" (§ 8 Abs. 1 Nr. 4 SÜG), die so genannte Ü 1. Ausführliche Legaldefinitionen der „lebens- oder verteidigungswichtigen Einrichtung" sowie der „sicherheitsempfindlichen Stelle" finden sich § 1 Abs. 5 SÜG. Zusätzlich ist die „Verordnung zur Feststellung der Behörden des Bundes von vergleichbarer Sicherheitsempfindlichkeit wie die der Nachrichtendienste des Bundes und zur Feststellung der öffentlichen Stellen des Bundes und der nichtöffentlichen Stellen mit lebens- oder verteidigungswichtigen Einrichtungen" (Sicherheitsüberprüfungsfeststellungsverordnung – SÜFV) vom 30. Juli 2003, BGBl. I S. 1553, (geändert durch Art. 9 des G. vom 19. November 2004, BGBl. I S. 2902) zu beachten. Dort sind für jedes Ressort sabotageschutzrelevante Bereiche aus dem Spektrum der Behörden und von Branchen der Wirtschaft konkret benannt. Für den Zuständigkeitsbereich des Bundeswirtschaftsministeriums (BMWi) sind beispielsweise Unternehmensteile von Telekommunikationsdiensteanbietern, von Postdienstleistern sowie von Gefahrgutfirmen aufgeführt. Deren auf sicherheitsempfindlichen Stellen eingesetzte Beschäftigte können über das BMWi beim Bundesamt für Verfassungsschutz zur Überprüfung eingereicht werden.

Zwischenzeitlich wurden die Regelungen des Bundes auch in diverse Landes-Sicherheitsüberprüfungsgesetze übernommen, wobei noch nicht abschließend geklärt ist, ob der Sabotageschutz in der Wirtschaft in die ausschließliche Zuständigkeit des Bundes fällt.

Fundstellen für die genannten Gesetze:

Gesetz über die Zusammenarbeit des Bundes und der Länder in Angelegenheiten des Verfassungsschutzes – Bundesverfassungsschutzgesetz
http://bundesrecht.juris.de/bverfschg/index.html

Gesetz über die Voraussetzungen und das Verfahren von Sicherheitsüberprüfungen des Bundes Sicherheitsüberprüfungsgesetz:
http://bundesrecht.juris.de/s_g/index.html

Verordnung zur Feststellung der Behörden des Bundes mit Aufgaben von vergleichbarer Sicherheitsempfindlichkeit wie die der Nachrichtendienste des Bundes und zur Feststellung der öffentlichen Stellen des Bundes und der nichtöffentlichen Stellen mit lebens- oder ver-

teidigungswichtigen Einrichtungen:
http://bundesrecht.juris.de/s_fv/index.html
(Neu eingefügt: 11.7.2006)

(Opfermann)

Sabotageüberwachung

Siehe auch Alarmzentrale, Bohrschutz, Flächenüberwachung.

In klassischen Einbruchmeldeanlagen eine für den Betreiber nicht abschaltbare →Meldelinie, mit der Anlagenteile ständig auf unbefugten Eingriff überwacht werden. Jede Zustandsänderung muss für den Anlagenbetreiber, abhängig vom Schaltzustand der Anlage, optisch und akustisch erkennbar sein.
Externalarm darf bei →Einbruchmeldeanlagen im Schaltzustand „Unscharf" durch die Sabotageüberwachung nicht ausgelöst werden.

(Redaktion)

Sachkundeprüfung

Nach § 7 Waffengesetz ist in Deutschland eine bestandene Sachkundeprüfung vor der zuständigen Bezirksregierung oder ein anderer Nachweis der Sachkunde Voraussetzung für die Erteilung einer Waffenbesitzkarte. Die Allgemeine Waffengesetz-Verordnung (AWaffV) regelt in den §§ 1-3 die Einzelheiten. Danach umfasst die nachzuweisende Sachkunde mindestens ausreichende Kenntnisse

- über die beim Umgang mit Waffen und Munition zu beachtenden Rechtsvorschriften des Waffenrechts, des Beschussrechts sowie der Notwehr und des Notstands,
- auf waffentechnischem Gebiet über Schusswaffen (Langwaffen, Kurzwaffen und Munition) hinsichtlich Funktionsweise, sowie Innen- und Außenballistik, Reichweite und Wirkungsweise des Geschosses, bei verbotenen Gegenständen, die keine Schusswaffen sind, über die Funktions- und Wirkungsweise sowie die Reichweite,
- über die sichere Handhabung von Waffen oder Munition einschließlich ausreichender Fertigkeiten im Schießen mit Schusswaffen.

Die Prüfung besteht aus einem theoretischen und einem praktischen Teil. Sie kann bei Nichtbestehen auch mehrmals wiederholt werden.

Ohne Prüfung gilt die Sachkunde zum Beispiel dann als nachgewiesen, wenn der Antragsteller die Jägerprüfung oder eine ihr gleichgestellte Prüfung oder die Gesellenprüfung für das Büchsenmacherhandwerk bestanden hat. Auch andere Nachweise (z.B. eine behördlich oder staatlich anerkannte Ausbildung oder Kenntnisnachweis für Sportschützen anerkannter Schießsportverbände) sind möglich.
Gemäß § 28 WaffG wird ein Bedürfnis zum Erwerb, Besitz und Führen von Schusswaffen bei einem Bewachungsunternehmer (§ 34a der Gewerbeordnung) anerkannt, wenn er glaubhaft macht, dass Bewachungsaufträge wahrgenommen werden oder werden sollen, die aus Gründen der Sicherung einer gefährdeten Person im Sinne des § 19 (Erwerb und Besitz von Schusswaffen und Munition, Führen von Schusswaffen durch gefährdete Personen) oder eines gefährdeten Objektes Schusswaffen erfordern. Satz 1 gilt entsprechend für Wachdienste als Teil wirtschaftlicher Unternehmungen.
Die Schusswaffe darf nur bei der tatsächlichen Durchführung eines konkreten Auftrages nach Absatz 1 geführt werden. Der Unternehmer hat dies auch bei seinem Bewachungspersonal in geeigneter Weise sicherzustellen.
Wachpersonen, die auf Grund eines Arbeitsverhältnisses Schusswaffen des Erlaubnisinhabers nach dessen Weisung besitzen oder führen sollen, sind der zuständigen Behörde zur Prüfung zu benennen; der Unternehmer soll die betreffende Wachperson in geeigneter Weise vorher über die Benennung unter Hinweis auf die Erforderlichkeit der Speicherung und Verarbeitung personenbezogener Daten bei der Behörde unterrichten. Die Überlassung von Schusswaffen oder Munition darf erst erfolgen, wenn die zuständige Behörde zugestimmt hat. Die Zustimmung ist zu versagen, wenn die Wachperson nicht die persönlichen Zuverlässigkeits-Voraussetzungen erfüllt oder die Haftpflichtversicherung des Bewachungsunternehmers das Risiko des Umgangs mit Schusswaffen durch die Wachpersonen nicht umfasst.
Seit 1. Januar 2003 ist **nach § 34a der Gewerbeordnung** in Deutschland für gewerbliche Tätigkeiten von Wach- und Sicherheitsunternehmen in folgenden Bereichen ebenfalls eine Sachkundeprüfung erforderlich:

- Kontrollgänge im öffentlichen Verkehrsraum oder in Hausrechtsbereichen mit

tatsächlich öffentlichem Verkehr (City-streifen)
- Schutz vor Ladendieben (Kaufhausdetektive)
- Bewachungen im Einlassbereich von gastgewerblichen Diskotheken (Türsteher)

Die Sachkundeprüfung erstreckt sich inhaltlich auf die Sachgebiete

1. Recht der öffentlichen Sicherheit und Ordnung einschließlich Gewerberecht und Datenschutzrecht
2. Bürgerliches Gesetzbuch
3. Straf- und Verfahrensrecht einschließlich Umgang mit Waffen
4. Unfallverhütungsvorschrift Wach- und Sicherheitsdienste
5. Umgang mit Menschen, insbesondere Verhalten in Gefahrensituationen und Deeskalationstechniken in Konfliktsituationen
6. Grundzüge der Sicherheitstechnik

Die Prüfung besteht aus einem schriftlichen und einem mündlichen Teil. Schwerpunkte der mündlichen Prüfung sollen die Sachgebiete 1 und 5 sein.
Zweck der Sachkundeprüfung ist der Nachweis, dass die in den konfliktgeneigten Bereichen tätigen Personen Kenntnisse über die rechtlichen Vorschriften und fachspezifischen Pflichten und Befugnisse sowie deren praktische Anwendung erworben haben, die für die Ausübung dieser Tätigkeiten notwendig sind.
Prinzipiell ist die Sachkundeprüfung vor Aufnahme der Tätigkeit abzulegen. Von der Prüfung befreit sind Personen mit bestimmten Ausbildungsabschlüssen (zum Beispiel Laufbahnprüfung für den mittleren Polizeidienst, Bundesgrenzschutz, mittlerer Justizvollzugsdienst, Fachkraft für Schutz und Sicherheit) – ebenso Personen, die am 1. Januar 2003 seit mindestens drei Jahren befugt und ohne Unterbrechung im Bewachungsgewerbe tätig sind. Wer am Stichtag weniger als drei Jahre oder nur mit Unterbrechungen tätig war, muss bis zum 30. Juni 2005 den Nachweis der erfolgreich abgelegten Sachkundeprüfung erbracht haben, wenn er in den drei genannten Bereichen tätig werden bzw. bleiben will.
Literatur: ASW-Leitfaden Sachkundeprüfung (http://buchshop.secumedia.de)
Vorbereitungskurse: http://www.sicherheitstermine.de
(Neu aufgenommen am 14.6.2004)

(Hohl)

Safe

Siehe Wertschutzschrank.

Safety

Safety (im Gegensatz zu →Security) befasst sich mit vorbeugenden Maßnahmen gegen den Eintritt von Ereignissen (Vorfällen, Unfällen und anderen unerwünschten Zuständen), die ihren Ursprung in nichtbeabsichtigten menschlichen und/oder technischen Unzulänglichkeiten haben, sowie mit der Begrenzung oder Beherrschung solcher Vorfälle, und mit allgemeinen Problemen der Arbeitssicherheit.

(Redaktion)

Sandwichelemente

Mehrschichtige Bauelemente für die Außenwände und das Dach, die im Wesentlichen aus zwei profilierten Metalldeckschichten und einer als Kernschicht dazwischen angeordneten Wärmedämmschicht bestehen.

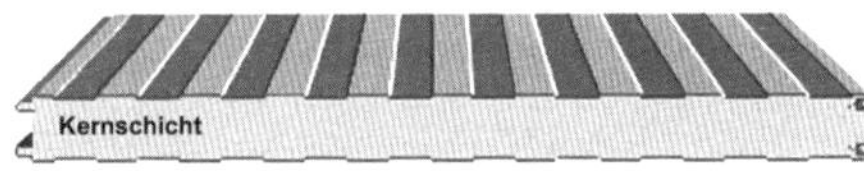

Grundaufbau eines Sandwichelementes (VdS 2244)

Erfahrungsgemäß können bei mit Sandwichelementen errichteten Gebäuden das Brandverhalten der als Deck- und Wärmedämmschicht verwendeten Baustoffe und die Ausführung der Sandwichelemente, z. B. Fugenausbildung, Befestigung an der Unterkonstruktion und Schutz betriebsnotwendiger Öffnungen, maßgeblich die Gefahren der Brandausbreitung und somit das Schadenausmaß im Brandfall beeinflussen. Dementsprechend sollen die Baustoffwahl und die Anwendung von Sandwichelementen in das →Brandschutzkonzept für das betreffende Gebäude einbezogen werden.
(Neu eingefügt: 11.7.2006)

(Dr. Wang)

Sandwichfolie

Siehe auch Splitterschutzfolie, Sicherheitsfolie, Alarm-Sicherheitsfolie.

PET-Folien unterschiedlicher Stärke können mittels eines speziellen Laminierklebers, unter

hohem Druck zu einer Einheit verbunden werden. Die so entstandene Sandwichfolie kann dann als →Sicherheitsfolie eingesetzt werden. Das Dickenverhältnis der einzelnen Folienlagen hat direkten Einfluss auf die physikalischen Eigenschaften des Endprodukts.
Auf dem Markt werden sowohl Heißlaminate als auch kalt laminierte Folien angeboten. Heißlaminate zeichnen sich durch einen etwas günstigeren Preis bei geringerer optischer Qualität aus. Kalt laminierte Filme haben eine deutlich höhere Transparenz , Klarheit und Verzeichnungsfreiheit. Der entstehende Verbundwerkstoff hat eine sehr hohe Reißdehnung. Verglasungssysteme können durch nachträgliches Beschichten mit Sandwichfolien auf Widerstandsklasse A1 gemäß DIN 52290 / Teil 4 aufgerüstet werden (entspricht P2A der europäischen Norm DIN EN 356, →Durchwurfhemmende Verglasung) . Dazu werden 3-fach laminierte Materialien unterschiedlicher Gesamtdicke eingesetzt.
Durch das Laminieren weiterer Folienlagen ließen sich höhere Widerstandsklassen erreichen. Auf einen solchen Aufbau wird aber verzichtet, da sich die optischen Eigenschaften der Folie dadurch erheblich verschlechtern würden.
(Letzte Änderung: 11.7.2000)

(Brux)

Satellitenortungssystem

Siehe auch GSM-Ortung, Ortungsmelder.
Zur Positionsfeststellung eines Fahrzeugs wurden Ortungssysteme entwickelt, die den Standort eines Fahrzeugs exakt bestimmen. Das Global Positioning System (GPS) beinhaltet einen in das Objekt eingebauten Empfangsrechner, der aus den Daten der amerikanischen Navigationssatelliten die aktuelle Position des Fahrzeugs errechnet. Basis für diese Technologie ist die Nutzung von 25 um die Erde kreisenden Satelliten des amerikanischen Verteidigungsministeriums. Diese Satelliten senden hochgenaue Zeitsignale aus, mit deren Hilfe portable Empfangsrechner auf der Erde die Koordinaten ihres jeweiligen Standortes exakt berechnen können. Die Position wird dann per Mobilfunk an eine Kontrollzentrale weitergegeben. Die Anwendungsgebiete sind Navigation von Booten oder Fahrzeugen, Überwachung und Flottenmanagement unterschiedlichster Kraftfahrzeuge sowie die Überwachung einzelner Personen.

(Dr. Steinke)

Sauerstofflanze

Zum Schmelz-, Brenn- oder thermischen Bohren verwendetes Rohr mit parallelen oder einem Kern aus verdrillten Drähten oder Vierkantstahl. Die Spitze der Sauerstofflanze wird mit einem Schweißbrenner o.Ä. auf rund

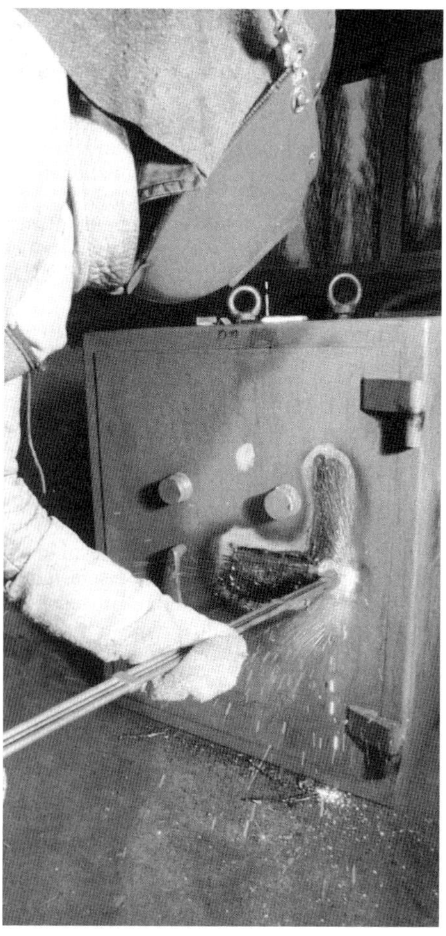

Prüfung mit Sauerstofflanze
(Foto: European Security Systems Association ESSA (früher Forschungs- und Prüfgemeinschaft Geldschränke und Tresoranlagen e.V.))

1200°C erhitzt. Gleichzeitig wird am hinteren Ende Sauerstoff unter Druck eingeleitet. Die Spitze der Lanze verbrennt nun im Sauerstoffstrom bei 2500 bis 5000°C Temperatur zusammen mit dem Material, gegen das sie gedrückt wird, zu einer dünnflüssigen Schlacke.
Verwendet wird die Sauerstofflanze vor allem im Bauwesen zu Abbruchzwecken, zur nachträglichen Anbringung von Löchern, Öffnungen in Beton etc. Es ist zur Zeit kein Material bekannt, das der Bearbeitung mit der Sauerstofflanze längere Zeit widersteht.
Als Einbruchswerkzeug ist die Sauerstofflanze schon mehrfach verwendet worden – allerdings nur äußerst selten mit Erfolg, da die Täter in der Regel die mit starker Hitze und Rauchentwicklung verbundene Arbeitsweise nicht beherrschen. Wo Wertschutzräume oder Wertschutzschränke personell oder elektronisch überwacht werden, fehlt in der Regel auch die für einen Einbruch mit dem aufwändigen Werkzeug notwendige Zeit.
(Letzte Änderung: 15.7.2006)

(Kappeler)

SB-Sicherheit (Banken)

Siehe auch Foyer-Sicherheit, Geldautomat, UVV-Kassen, Videoüberwachung, Zutrittskontrolle.

Zur SB-Sicherheit im Einzelhandel siehe Ladendiebstahl, Sicherungsetikett.
Bei Kreditinstituten erfordert die zunehmende Selbstbedienung bei Routinedienstleistungen auch neue Sicherheitsaspekte und neue Sicherheitstechnik für die SB-Bereiche.

- Für die Sicherheit der Kunden gegen Überfälle und Ausspähung:
  Architektonische Gestaltung der SB-Zonen mit Diskretionszonen, gutem Überblick nach außen, aber erschwertem Einblick nach innen. Eine Alarmierungsmöglichkeit in SB-Bereichen, die außerhalb der Öffnungszeiten benutzt werden – gegebenenfalls mit Sprechverbindung zur Wachzentrale – kann ebenfalls dazu beitragen, dass Kunden sich sicher fühlen.
- Für die Sicherheit der Kunden gegen Stromausfall, Feuer oder Panik:
  Schiebetüren mit zusätzlichen Drehbeschlägen für den Gefahrenfall oder mit redundant ausgelegter Antriebs- und Steuerungstechnik. Zusammen mit einem permanenten automatischen Selbsttest wird so sichergestellt, dass die Türen den Fluchtweg auch bei Stromausfall zuverlässig freigeben.
- Für die Sicherheit der Bank gegen missbräuchliche Abhebungen:
  Zutrittskontrolle mit Speicherung der Kartendaten, Kamera in der SB-Zone, weitere Kameras direkt im Geldautomaten (Portraitaufnahme und Geldentnahme).
- Für die Sicherheit der Bank gegen missbräuchliche Benutzung der SB-Räumlichkeiten und gegen Vandalismus:
  Zutrittskontrolle und Kameraüberwachung. Werden die Bilder – zum Beispiel über Telefonleitung – zu einer Wachzentrale übertragen, kann von dort aus sofort eine Intervention veranlasst werden. Eine Sprechverbindung mit Lautsprecher im Foyer ermöglicht eine Einwirkung auf unerwünschte Schlafgäste oder „Vandalen". Bewährt haben sich auch zeitweise Bewachung oder häufige Streifen.
- Für die Sicherheit der Bank gegen Vertrauensverlust wegen technischer Störungen (Verfügbarkeitsproblemen):
  Installation eines Störmeldesystems. Zum Teil verarbeiten Anbieter von Bankensicherheits-Technik eventuelle Störmeldungen in eigenen Meldezentralen, um die Störungsbehebung zu beschleunigen. Für den Fall, dass der Ausweisleser des Zutrittskontrollsystems beschädigt oder mutwillig verstopft wird, gibt es Leser mit einem Schnellwechsel-Modul.

Aus persönlichkeitsrechtlichen Gründen ist auf den Einsatz von Kameras in den SB-Zonen deutlich hinzuweisen. Kameras dürfen nicht so ausgerichtet werden, dass sie – zum Beispiel durch Glastüren – unbeteiligte Passanten aufnehmen.
(Letzte Änderung: 30.6.2002)

(Hohl)

Schalteinrichtung

Siehe auch Scharfschalteinrichtung.

Bedieneinrichtung für die Scharf-/Unscharfschaltung von EMA (z. B. Schalteinrichtung mit materiellem Identifikationsmerkmal – IM).
Schalteinrichtung mit biologischem →Identifikationsmerkmal (IM): Schalteinrichtung, bei

der die Scharf-/Unscharfschaltung der EMA durch die Identifikation beim Benutzer selbst vorhandener notwendigen Informationen wie z. B. Fingerabdruck, Augenhintergrund, Stimme erfolgt (→Biometrie).
Schalteinrichtung mit geistigem →Identifikationsmerkmal (IM): Schalteinrichtung, bei der die Scharf-/Unscharfschaltung der EMA durch die Eingabe einer im Gedächtnis des Benutzers vorhandenen Information (z. B. als Zahlen-, Zeichen- oder Buchstabenfolge) erfolgt.
Schalteinrichtung mit materiellem →Identifikationsmerkmal (IM): Schalteinrichtung, bei der die Scharf-/Unscharfschaltung der EMA durch die Identifizierung physikalisch ausgeführter Identifikationsmerkmalträger erfolgt (z. B. Schlüssel, Chipkarte).
Schalteinrichtung mit Zeitsteuerung: Schalteinrichtung, bei der die Scharf-/Unscharfschaltung der EMA in Verbindung mit einer zweiten Schalteinrichtung erst nach Ablauf einer eingestellten Zeit bzw. in einem bestimmten Zeitfenster möglich ist.
(Letzte Änderung: 20.5.2002)

(Definitionen: VdS)

Scharfschalteinrichtung

Siehe auch Alarmzentrale, Falschalarm, Schalteinrichtung, Schloss, Zwangsläufigkeit.
Eine Scharfschalteinrichtung ist ein elektrisches, meist aber elektronisches Gerät, das dazu dient, Einbruchmeldeanlagen, andere Alarmsysteme, Warnsysteme und sonstige Schutzeinrichtungen – oder bestimmte Bereiche dieser Einrichtungen – über den Weg der kontrollierten Berechtigung (meist Schlüssel) ein- und auszuschalten.
Dabei sind in Hochsicherheitsbereichen zusätzliche Kombinationen mit Kartensystemen (Schlüssel-Karten, →Ausweis, →Kartensicherheit) und/oder sogenannten „geistigen Verschlüssen", wie Codierelementen, notwendig und üblich. Zunehmend verbreitet: Scharfschaltung durch Fernwirksignale (→AWUG, →ISDN).
Zweck der Scharfschalteinrichtung ist das kontrollierte Ein- und Ausschalten der betreffenden Anlage, wobei in Einbruchmeldeanlagen beim Scharfschalten ein →Falschalarm zwangsläufig vermieden werden soll.
Die Anwendung einer Scharfschalteinrichtung richtet sich nach dem Sicherheitsbedürfnis, den örtlichen Gegebenheiten und den funktionellen Erfordernissen der betreffenden Sicherungsanlage:

- Einsteck- oder aufliegende Schlösser entsprechender Qualität mit Zylinder, mit Einbau-Sicherung (→Schließzylinder), oder als →Zuhaltungsschlösser (meist mit Doppelbartschlüssel) sind hochwertige Scharfschalteinrichtungen, die mechanisch und elektronisch gegen Fremdeingriffe und Angriffe geschützt sind. Sie verfügen über eine elektro-magnetische Riegel-Arretierung, die ein Scharfschalten dann verhindert, wenn ein Fehlalarm schon beim Scharfschalten anstünde (Steuerspannung fehlt bei einem Fehler in der Anlage oder bei geöffnetem Sicherungskreis, sodass die Arretierung des Riegels bestehen (blockiert) bleibt, daher auch die Bezeichnung als →"Blockschloss"). Diese Form der Scharfschalteinrichtung findet in der Regel nur als Riegelschloss Verwendung, das bei höheren Risiken und bei Anschluss an den Polizei-Notruf nur von einer Seite schließbar ist.
- Bei Schlüsselschaltern in Unterputz- oder Aufputz-Ausführung, meist mit mechanischer Deckelverriegelung und elektronischer Deckelsicherung (Kontakt bzw. dazu Bohrschutzplatine), fehlt die Verriegelungsmöglichkeit für Türen. Fehlalarme werden beim Scharfschalten nicht verhindert.
- Scharfschalteinrichtungen auf der Basis (evtl. vorhandener) Einsteckschlösser mit Falle und Riegel oder eines zusätzlichen Einsteck-Riegelschlosses werden vorwiegend im privaten Bereich angewendet. Ein vorgebauter Mikroschalter wird über die Schließbewegungen des Schlossriegels betätigt und schaltet damit die Anlage scharf/unscharf. An der betreffenden Tür wird ein Fehl-/Falschalarm vermieden, weil nur bei verschlossener Tür die Anlage (oder ein bestimmter Bereich, bei dem die Tür einbezogen ist), scharfgeschaltet ist, während beim Öffnen der Tür automatisch die Unscharfschaltung erfolgt. Allerdings kann diese Lösung Fehlalarm nicht in den Fällen verhindern, in denen die Sicherungskreise geöffnet sind oder andere Fehler im System vorliegen.

Hier sollten nur beste Schlösser und hochwertige Zylinder mit Sicherheitsbeschlägen (→Schutzbeschlag) Verwendung finden, wobei auch andere technische Schutzmaßnahmen an der →Tür getroffen werden müssen (→Schließblechverankerung, Schutz der Bandseite (→Hinterhaken) usw.), da ein elektronischer oder elektrischer Schutz bei dieser Scharfschalt-Art fehlt. Wer das Schloss öffnen kann, schaltet damit zugleich die Einbruchmeldeanlage aus.

- Einfach-Scharfschaltung über kleine Schlüsselschalter (EIN/AUS) oder über Magnetschalter wird bei kleineren Alarm- und Warnsystemen, so z.B. bei Autoalarm-Systemen, eingesetzt. Hier gibt es meist keine elektronische oder elektrische Überwachung.
- Scharfschaltung über Funk (z.B. bei Funkalarm-Systemen). Auslösung per Handsender oder über stationären Sender (in Deutschland: BZT-Zulassung für das System erforderlich! BZT ist die Abkürzung für das ehemalige Bundesamt für Zulassungen in der Telekommunikation, es hieß zuvor ZZF,davor FTZ. Zur „Privatisierung“ des TK-Zulassungswesens: http://www.regtp.de/aktuelles/pm/01105/). Oft mit Voralarm-Summer; der Hauptalarm wird nicht sofort ausgelöst, es kann daher kurzfristig die Ursache des Alarms ermittelt werden, ehe möglicherweise der Hauptalarm freigegeben wird.
- Scharfschaltung über den sogenannten geistigen Verschluss. Hierfür kommen in Frage:
  - Zahlenkombinationsschlösser,
  - Buchstabenkombinationsschlösser,
  - elektronische Codiereinheiten.

  Wichtig: Derartige Scharfschalteinrichtungen sollten möglichst nur zusätzlich eingesetzt werden, denn die Bedienung (Einstellung) des geistigen Verschlusses lässt sich u.U. leicht beobachten und nachvollziehen. Als Zubehör kommen evtl. Sperrzeit-Schaltuhren in Frage, die das Unscharfschalten zu bestimmten Zeiten ausschließen.
- Scharfschalteinrichtung in Form von Impuls-Türöffner-Steuerungen.

  Solche Systeme ermöglichen eine gleichzeitige zentrale mechanische Verriegelung von gleichberechtigten Türen (Parallelbetrieb von mehreren Zugangstüren). Die Scharf-/Unscharf-Schaltung erfolgt über das jeweilige Bedienteil an der betreffenden Tür in Abhängigkeit der geforderten Zwangsläufigkeit.

  Mit dem Scharfschalten der Einbruchmeldeanlage erhalten die Türöffner von der Steuereinheit einen Impuls und verriegeln mechanisch die betreffenden Türen (Alternative zu Motor- und Blockschlössern).

  Systemteile:
  - überwachte Bedienteile mit geschütztem Sicherheitszylinder
  - Impuls-Türöffner
  - Gegenverriegelungen zu den Impuls-Türöffnern
  - Ansteuerungs-Einheit
- Scharfschalteinrichtungen, die über elektronische Schlüssel-Identifizierung unter Einbeziehung von Sicherheits-Schließzylindern und -Schlüsseln verschiedener Fabrikate mit einem Blockschloss zusammenwirken.

  Über den Schließzylinder wird eine spezielle Identifizierungs-Rosette geschoben, die fest verklebt und an das Blockschloss angeschlossen wird. Die Rosette kontrolliert den eingeführten mechanischen Schlüssel zusätzlich über eine Schlüssel-Kappe (die die Schlüsselreide umfasst), in der eine nicht änderbare, kopiergeschützte Codierung (Unikat) eingebracht ist. Zum System gehört eine Auswerte-Einheit, die die Schlüssel- und die Zeitzonen-Berechtigung prüft; außerdem kann eine Dokumentation nach Codierung, Uhrzeit und Datum erfolgen.

  Scharf-/Unscharf-Schaltung ist auch über ein elektronisch und mechanisch geschütztes Bedienteil möglich. Dabei ist Zwangsläufigkeit durch mechanische Sperreinrichtung (z.B. Impuls-Türöffner) gegeben. Ein Programmiergerät ermöglicht Kontrolle, Daten-Eingabe und Auslesen des Ereignis-Speichers.
- Scharfschalteinrichtungen, im Wesentlichen integriert in einen Sicherheitsbeschlag.

  Außenbeschlag: Drehknauf, Schlüsselleser, änderbare Code-Einrichtung (Tastenfeld), Panzerplatte.

  Innenbeschlag: Türdrücker, Drehknauf, Getriebe-Koppel-Einheit.

  Der Beschlag wird in der Regel mit han-

delsüblichen (an der Tür vorhandenen) Zylinder-Einsteckschlössern auch mit selbstverriegelnden Schlössern kombiniert, wobei der vorhandene Profilzylinder gegen einen Adapter getauscht wird.
Möglichkeiten:
- Zeitsteuerung (Zutrittskontrolle),
- Permanent-Zutritt,
- Türöffner-Ansteuerung,
- Mehr-Türen-System zur gleichzeitigen externen Scharf-/Unscharf-Schaltung. Zum System gehört eine Auswerte-Einheit.

Hinweis: VdS und Polizei akzeptieren nur Schalteinrichtungen mit Zwangsläufigkeit.
Einschlägige Vorschriften und Richtlinien:
DIN VDE: 0800, 0833
VdS 2119
(Letzte Änderung: 24.4.2000)

(Elsen/Krühn)

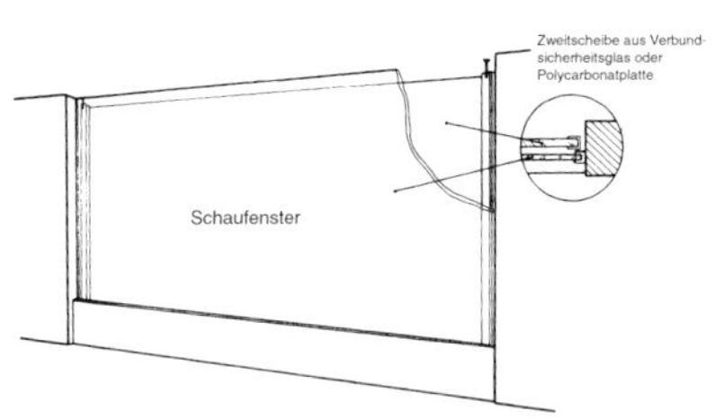

Zweitscheibe fest eingebaut

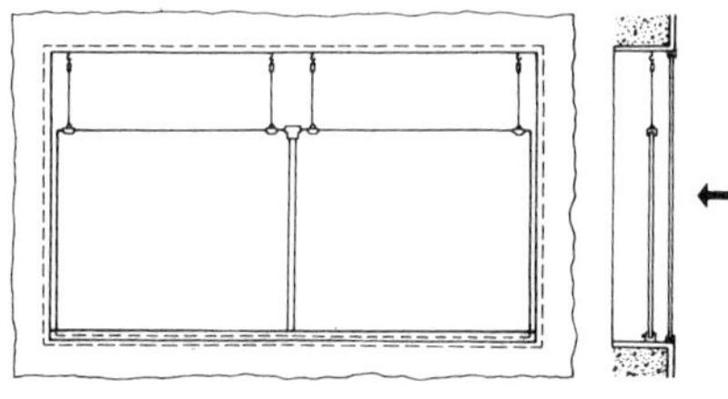

Zweitscheibe als Pendelscheibe an Drahtseilen aufgehängt

Scharfschalten

Scharfschalten, extern: Durchschalten der →Einbruchmeldeanlage oder von Teilen der Anlage zu den Extern- und Fern-Alarmierungseinrichtungen.
Scharfschalten, intern: Durchschalten der Anlage oder von Teilen der Anlage zu den Intern-Alarmierungseinrichtungen.
(Neu aufgenommen am 20.5.2002)

(Definition: VdS)

Schaufenster

Siehe auch Alarmglas, Alarm-Sicherheitsfolie, Fenster, Gitter, Glas, Glasbruchmelder, Rollgitter, Scherengitter, Sicherheitsfolie, Vorsatzfenster.

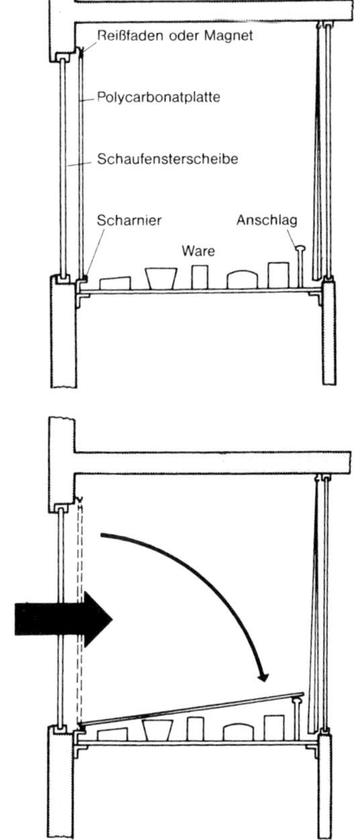

Zweitscheibe als Klappscheibe

Als mögliche Sicherungen gegenüber Blitzeinbrüchen kommen unter anderem Zweitscheiben zum Einsatz – insbesondere dann, wenn aus baulichen Gründen weder einbruchhemmende Verglasungen noch →Rollläden oder →Gitter eingebaut werden können.
Zweitscheiben können feststehend angebracht werden und aus →Verbundsicherheitsglas (VSG) oder →Polycarbonat bestehen. Polycarbonatplatten können darüber hinaus als Pendel- oder Klappscheiben eingebaut werden.
Zur Nachrüstung eignet sich auch ihre Einbindung in spezielle Vorsatzrahmensysteme. (Definition und Grafiken: VdS).
Bei nachträglichem Sicherungsbedarf an vorhandenen Schaufensterscheiben zeigen die Versicherungsgesellschaften in zunehmendem Maße Kompromissbereitschaft in der Kosten-Risiko-Nutzen-Relation: z.B. in Foto-, Rundfunk-/Fernseh- und Computerfachgeschäften wird häufig von der geforderten →durchbruchhemmenden Neuverglasung zugunsten der nachträglichen Montage von →Alarm-Sicherheitsfolien der Gefahrenmelderklasse C mit Durchkontaktierung und Anschluss an eine VdS-Melderanlage abgesehen.
Wo Faktoren wie Lage, Art und Wert des Objekts eine Reduzierung des Widerstandszeitwertes erlaubten, stellen sich i.d.R. recht positive Erfahrungen in Bezug auf Täterabschreckung, Fehlalarmfreiheit und Schadenminimierung ein.

(Redaktion)

Scheibenzuhaltung

Siehe auch Schließanlage, Schließzylinder, Schloss (mit weiteren Verweisen)

Scheibenförmige Zuhaltungen in Schlössern, überwiegend in Finnland gebräuchlich (Abloy)
(Neu aufgenommen am 21.3.2002)

(Krühn)

Scherengitter

Siehe auch Einbruchhemmende Gitter, Fenster, Gitter, Rollgitter.

Scherengitter werden wie →Rollläden hauptsächlich zur Sicherung von →Schaufenstern und Ladeneingangstüren verwendet.
Ein ausreichender Sicherheitswert ist gegeben, wenn:

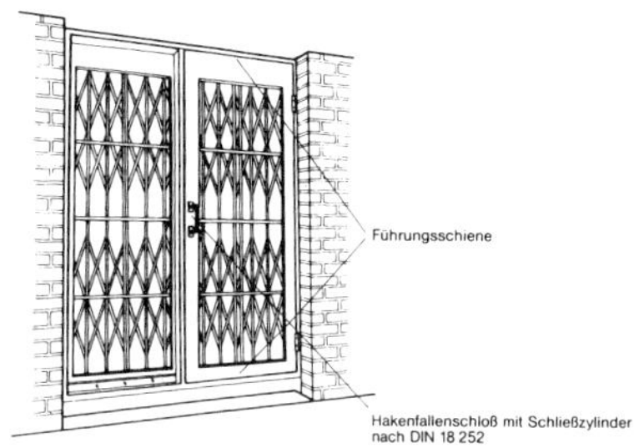

- das Gitter aus stabilem Material besteht
- der Stababstand (Maschenweite) gering ist
- die ausreichend tiefen Führungsschienen aus Stahl bestehen und im Mauerwerk gut befestigt sind
- ein wirkungsvoller Verschluss vorhanden ist (z. B. →Hakenfallen- oder Zirkelriegelschloss mit nicht überstehendem Schließzylinder oder Zuhaltungsschloss)
- die Verriegelung mit einer durchgehenden (von oben bis unten) Blende abgedeckt ist.

(Definition und Grafik: VdS)

Schiebetor

Siehe Tür.

Schlagpicking

Siehe auch Picking, Schließzylinder

Schlagpicking ist eine fast spurlose Methode zur Öffnung von gängigen Stiftzylindern mit geteilten ein- oder mehrreihigen Zuhaltungen (Stifte und Federn).
Das Prinzip dieser Öffnungsmethode lässt sich am besten mit dem Billardkugeleffekt veranschaulichen: Eine Kugel wird angestoßen, trifft auf eine weitere Kugel und gibt beim Aufprall ihre Energie an diese weiter.
Bei der Schlagpicking Methode wird ein speziell für diese Öffnungsmethode gefertigter Schlagschlüssel in den Schließzylinder eingesteckt. Durch einen Schlag auf diesen Schlagschlüssel wird die Schlagenergie in das Innere des Zylinders auf die Stifte übertragen, die Stifte werden bewegt und der Zylinder kann entsperrt werden.
Für die Anfertigung eines Schlagschlüssels ist hohes technisches Fachwissen und einiger Aufwand Voraussetzung. Die Herstellung eines Universal-Schlagschlüssels ist aufgrund

der Vielzahl der weltweit unterschiedlichen Schließsysteme nicht möglich.
Manipulationen durch Schlagpicking können nur durch das Elektronenmikroskop nachgewiesen werden.
Höherwertige Schließsysteme sind von der Schlagpicking-Methode nicht betroffen, für gefährdete Schließsysteme wurde von vielen Herstellern bereits ein wirkungsvoller Schutz vor dem Schlagpicking entwickelt.
(Neu aufgenommen am 4.7.2004)

(Maté)

Schleife

Siehe Meldelinie.

Schleuse (Brandschutzschleuse)

Bautechnische Maßnahme, die nach Baustoffeinsatz für Wand und Decke, Geometrie, Türenanordnung und Türenqualität brandschutztechnisch geregelt ist. An die Fußboden- und Wandflächen sind für Beläge die Forderungen wie für Rettungswege gestellt. Brandschutzschleusen dienen vorrangig zur Verhinderung des Raucheindringens in bestimmte Rettungswegabschnitte und damit zur Sicherung der →Rettungswege.
(LetzteÄnderung: 9.7.1998)

(Prof. Beilicke)

Schleuse für Personenverkehr

Siehe auch Pendelschleuse, Rückhaltewirkung, Rundschleuse, Schleuse/Kabinenschleuse, Sensorikschleuse, Vereinzelung.

Bezweckt das Fernhalten unberechtigter Personen von Räumen mit hohem Risikopotenzial (Kassen, Rechenzentren usw.) und erschwert Räubern die Flucht. Ermöglicht das Kontrollieren jeder einzelnen Person während des Eintritts (nicht vor dem Eintritt!), sodass Gewähr besteht, dass nur in den Raum gelangt, wer sich dazu legitimiert hat. Hält Dritte zurück, wenn sie den Austritt einer Person nutzen wollen, um einzutreten. Bestehen hohe Sicherheitsrisiken, müssen großräumige Schleusen von aus der sicheren Zone heraus handelnden Personen überwacht und gesteuert werden. Erfolgt die Kontrolle nur mit einem Zutrittskontrollsystem, muss die eintretenswillige Person vereinzelt werden und die Identitätsprüfung im

Verschiedene Schleusenprinzipien:

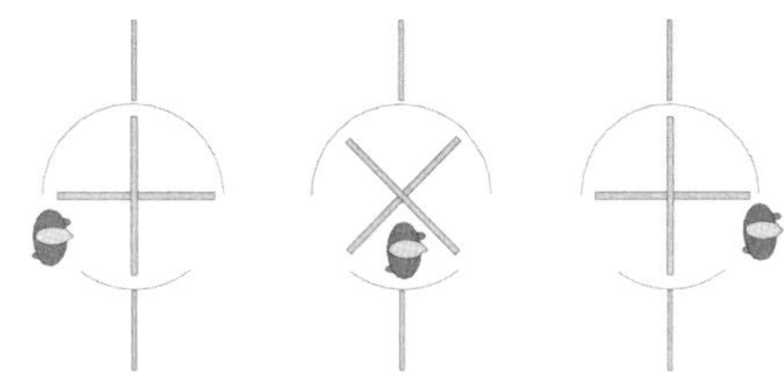

Drehtür mit Vollflügeltürblättern oder Drehkreuz mit Sprossentürblättern

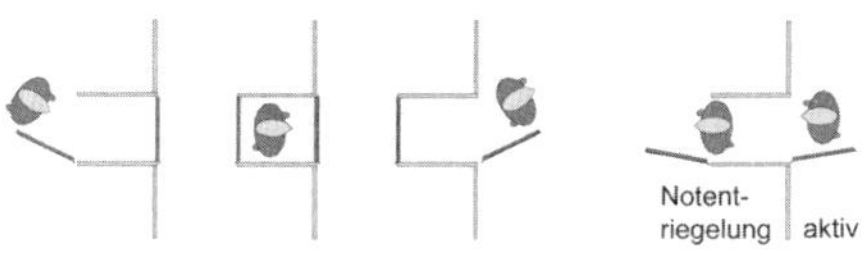

Kabinenschleuse mit zwei Flügeltüren

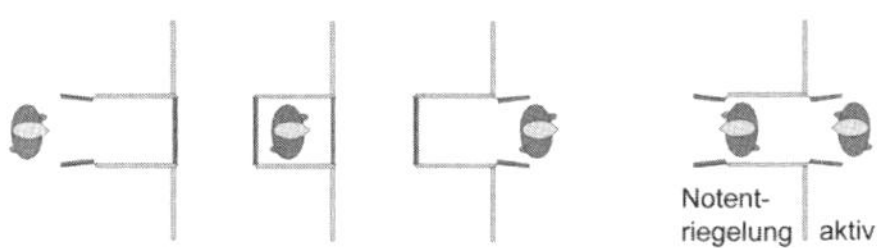

Kabinenschleuse mit zwei halben Flügeltüren

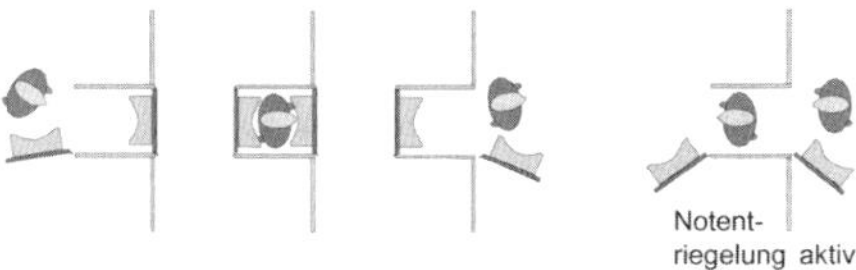

Kabinenschleuse mit zwei Flügeltüren und Vereinzelungs-Schikanen

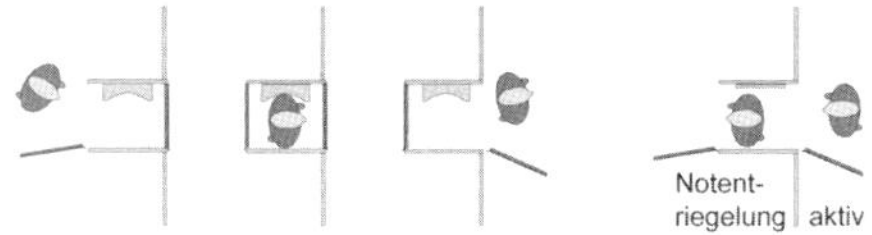

Kabinenschleuse mit zwei Flügeltüren und wegklappbarer Vereinzelungs-Schikane

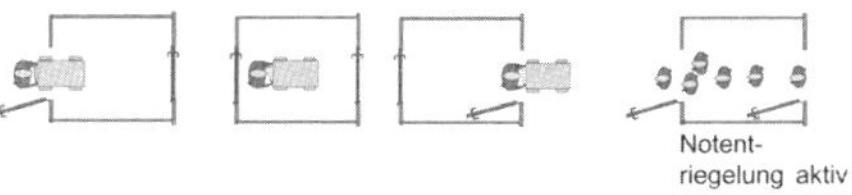

Kabinenschleuse mit zwei sich folgenden gegenseitig verriegelten Türen

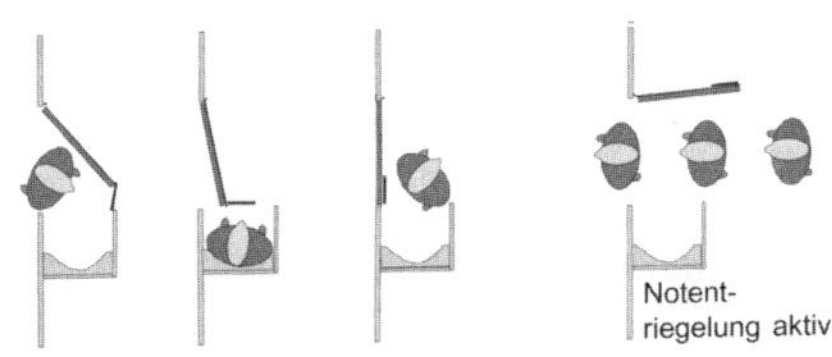

Pendelschleuse (SAFOS)

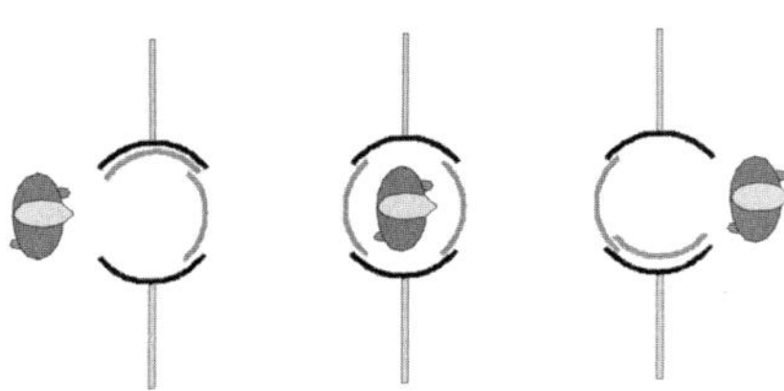

Rundschleuse mit zwei Drehflügeln

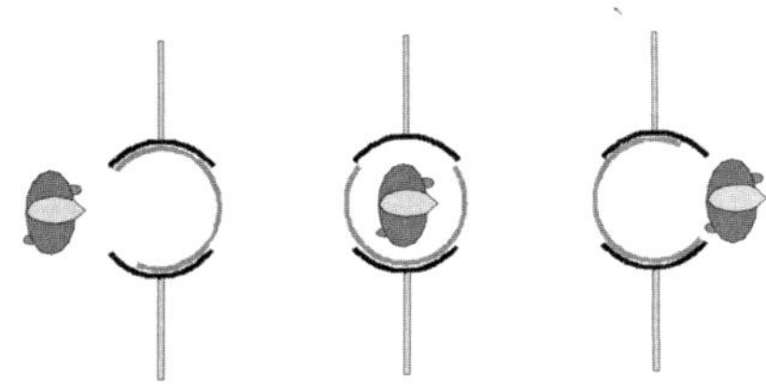

Rundschleuse mit einem 3/4Kreis-Rotor

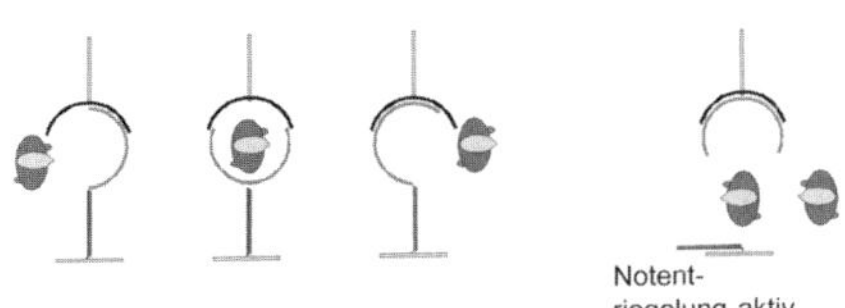

Kombischleuse (Rundschleuse) mit einer Flügeltür

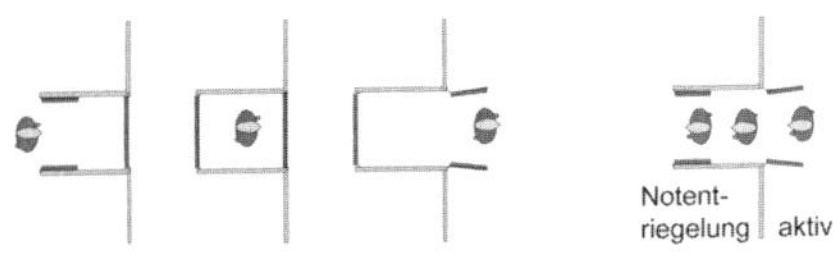

Sensorschleuse mit zwei halben Flügeltüren

Schleusenraum erfolgen. Fluchtweg, Brand- und Rauchabschnitt sowie Durchlass von sperrigen Gütern muss gegebenenfalls separat gewährleistet werden.
(Letzte Änderung: 12.4.2002)

(Huber)

Schleuse/Kabinenschleuse

Siehe auch Pendelschleuse, Rückhaltewirkung, Rundschleuse, Schleuse für Personenverkehr, Sensorikschleuse, Vereinzelung.

Eine Schleuse besteht aus zwei sich folgenden Türen, so gesteuert, dass nur eine der beiden offen sein kann. Die innere Tür soll diejenigen Sicherheitsmerkmale aufweisen, die der zu schützende Raum verlangt (die äußere kann leichter gebaut sein, da sie nur das überraschende Hinzutreten Dritter verhindern soll).
Beschusshemmung, Rauch- und Brandabschluss sowie Einsatz an der Gebäudeperipherie sind möglich. Verschluss der Türen und deren Sabotageschutz verlangen professionelle Fertigung! Als Notausgang nicht von allen Behörden akzeptiert.
Die Kabinenschleuse besteht ebenfalls aus zwei gegenseitig verriegelten Türen. Sie ist aber als enge, in der Regel viereckige Einheit gebaut und entweder durch mechanische Schikanen oder elektronische Maßnahmen (z.B. Gewichtskontrolle) so ausgerüstet, dass sie eintretenswillige Personen vereinzelt. Erfolgt auch die Identifikation im Innern der Kabine, ist eine gute Kontrolle gewährleistet.
Notausgang, Beschusshemmung, Rauch- und Brandabschluss sowie Einsatz an der Gebäudeperipherie möglich. Problematisch ist der Verschluss der Türen und deren Sabotageschutz.
Siehe dazu auch die Abbildungen beim Stichwort Schleuse für Personenverkehr.
(Letzte Änderung: 16.4.2002)

(Huber)

Schleusensteuerung

Siehe Zutrittskontrolle.

Schließanlage

Siehe auch Schließanlage (elektronisch), Schließanlage (mechanisch).

Eine Schließanlage ist die Kombination von Schließzylindern und dazugehörigen Schlüs-

seln unterschiedlicher Schließung und/oder unterschiedlichen Schlüsselprofilen, die miteinander in funktionellem Bezug stehen. Mithin der organisierte Zusammenhang verschieden schließender Zylinder.
(Letzte Änderung: 17.7.98)

(Definition nach DIN 18252 ff.)

Schließanlage (elektronisch)

Siehe auch Magnetschloss, Mechatronik, Schließanlage (mechanisch), Schließzylinder, Schloss, Zuhaltungsschloss, Zutrittskontrolle.

Elektronische →Zutrittskontrollsysteme, die eigentlich eher als Zutrittsberechtigungs-Systeme zu bezeichnen wären, sind entweder als elektronisch-elektromechanische Systeme (z.B. durch Lese-/Steuereinheiten und elektromechanische Stellglieder) aufgebaut oder können auch, höheren Sicherheitsanforderungen genügend, in Verbindung mit mechanischen Schließzylindern als Schließanlage aufgebaut sein. Moderne Systeme sind modular aufgebaut und gestatten in demselben System die Nutzung von mechanischen und →mechatronischen Komponenten ergänzend nebeneinander. Die elektronischen Komponenten geben dem Gesamtsystem eine individuelle Flexibilität, die speziell bei Organisationsänderungen gewünscht ist. Abhängig vom Fabrikat können mechanische Schließanlagen auch mechatronisch erweitert werden, bis hin zur Nutzung →biometrischer Systeme.

Je nach Ausbaustufe und Vernetzung sind elektronische Schließanlagen auch Zutrittskontrollsysteme im eigentlichen Sinne mit den wesentlichen Merkmalen:

- Protokollierung der Daten des Zutritts (Ort, Zeit, Legitimitationsmittel)
- Zeitliche Steuerung des Zutritts
- Flexibilität bei der Änderung des Zutritts (Organisationsänderung, Änderung der Zutrittsberechtigung, Zeitzonenänderung, Sperren von Schlüsseln oder Codeträgern)
- Türzustandserkennung
- Alarmabgabe bei unerlaubten Türzuständen
- Zentrale Türkontrolle und -überwachung
- Multifunktionalität des Identifikationsmittels

Elemente elektronischer Schließanlagen

- Schließplan (nur bei Nutzung mechanischer Schließzylinder, sonst Organisationsschema)
- Zutrittskontroll-Software
- Steuer-Einheiten
- Identifikationsmerkmalsträger (elektronische Schlüssel, Codeträger, Karten)
- Akzeptoren (Elektronikzylinder, Leseeinheiten)
- Stellglieder (elektromagnetische Schlösser, Motorschlösser, Motorzylinder, Türöffner, Tor- und Schrankenantriebe, Sperrglieder)
- Systemnetzwerk (Datenbus)

Als elektronische Identifikationsmerkmalsträger finden unterschiedliche Techniken Verwendung:

- Magnetkarten
- Wiegand-Karten
- Infrarotkarten
- Induktionskarten
- Chipkarten oder Chipträger
- Proximity-Karten (Transpondertechnik)
- Codeträger (Identmittel mit Transpondertechnik)
- Elektronik-Schlüssel (Transpondertechnik)

(Letzte Änderung: 22.7.2006)

(Krühn)

3

Schließanlage (mechanisch)

Siehe auch Magnetschloss, Schließanlage (elektronisch), Schließzylinder, Schloss, Wendeschlüssel-Schließsystem, Zuhaltungsschloss, Zutrittskontrolle.

Die Schließanlage ist – unter Berücksichtigung von Sicherheitsaspekten – ein Organisationsmittel, wobei Funktions- und Kompetenzabgrenzungen in der Regel umfangreich möglich sind. Statt einer Vielzahl werden nur wenige Schlüssel benötigt, die exakt abgegrenzte Schließbereiche erfassen.

Einsatz:

- Zentralschloss-Anlagen für den Mietwohnbereich;
- Hauptschlüssel-Anlagen für kleinere und mittlere Betriebe und Verwaltungen, für gewerbliche, handwerkliche und industrielle Betriebe ohne größere Organisation, für Eigenheime, kleine Museen usw.;
- Generalhauptschlüssel-Anlagen für größere Industrie- und Verwaltungsbauten, für Schulen, Hochschulen, Krankenhäuser, Museen, Pflegeheime und sonstige größere Bauten mit umfangreicher Organisation.

Kombinationen der einzelnen Anlagen-Arten untereinander (z. B. kombinierte Hauptschlüssel- und Zentralschlossanlage) sind möglich. Schließanlagen bringen dem Anwender Zeitersparnis und Bequemlichkeit in den funktionellen, organisatorischen Abläufen; allerdings hat die Schließanlage durch ihre Anpassung an die Erfordernisse des Anwenders, durch ihre Sicherheitsstufen und durch die Registrierung beim Hersteller, nicht zuletzt auch durch die oft komplizierte Errechnung der notwendigen Schließungen, ihren Preis.

Folgende Systeme stehen zur Auswahl:

- Buntbartschlösser (→Zuhaltungsschloss),
- Buntbartschlösser mit Besatzung und Reifen,
- Zuhaltungsschlösser (Chubb-Schlösser), symmetrisch,
- Zuhaltungsschlösser (Chubb-Schlösser), asymmetrisch
- Zuhaltungsschlösser mit Doppelbartschlüssel,
- →Zylinderschlösser.

Die Variationsbreiten bei Buntbart- und Zuhaltungsschlössern symmetrischer Art sind sehr gering und für Schließanlagen-Zwecke kaum ausreichend; ganz abgesehen vom fehlenden Sicherheitswert bei den Standard-Typen.
Asymmetrische Zuhaltungsschlösser können u. U. je nach Fabrikat und zusätzlichen Sicherungs-Elementen eine begrenzt ausreichende Variationsbreite erreichen, wobei auch der Sicherheitsgrad wesentlich erhöht sein kann.
Eine für Zuhaltungsschlösser sehr hohe Variationsbreite wird bei Verwendung von Doppelbartschlüsseln erzielt. Der Sicherheitsgrad ist bei den Spitzenprodukten einiger bekannter Hersteller sehr hoch.
An der Spitze der Variationsmöglichkeiten steht eindeutig das →Zylinderschloss, daher eignet sich das System besonders gut für die Verwendung in Schließanlagen. Man unterscheidet dabei zwischen „reinen“ Möbelschlossanlagen (in der Regel nur Hauptschlüsselanlagen) mit dem kleineren Zylinder und einem kleineren („Industrie-“) Schlüssel, und den Zylinderschließanlagen für Bauten; wobei – unter Verwendung von größeren Zylindern – auch Möbel einbezogen werden können.

Z. Z. sind u.a. folgende Zylinder-Systeme auf dem Markt:

- Konventionelle Zylinder (gefräste Schlüssel, gezahnt, z. T. mit zusätzlichen Sicherheitselementen)
- Doppelflankenschlüssel-Zylinder
- Wendeschlüssel-Zylinder (gebohrter Schlüssel, Muldenbohrungen oder Bahnen, Schlüsseleinführungs-Lage frei wählbar)
- Magnet-System (Schlüssel mit Magnetfeldern, Zylinder teils mit Magnetfeldern, teils auch mit Magnet-Rotoren als Sperrelementen) (→Magnetschloss)
- Schließ-Zylinder mit überwiegend Stahlschließwerken (Eingerichte), z.T. mit rotierenden Scheiben-Zuhaltungen, Sperrnadeln usw.

Konventionelle Zylindersysteme haben 5, 6 oder 7 (in einem Einzelfall 10) Stiftzuhaltungen, die zweiteilig und gefedert sind. Zylinder mit Doppelflankenschlüssel besitzen 10 Stiftzuhaltungen, die zweiteilig und gefedert sind; die Schlüssel sind innen und außen an beiden Doppelflanken profiliert und ohne scharfe Kanten nach der sogenannten Ideallinie geschnitten. Wendeschlüssel-Systeme können 5, 8, 10 oder mehr zweiteilige, gefederte Stiftzuhaltungen besitzen. Magnetzylinder haben oft zusätzliche Sperrelemente herkömmlicher Art in Kombination.
Ein zusätzliches Sperrelement ist bei verschiedenen Wendeschlüssel-Systemen beweglich im Schlüssel untergebracht. Diese Technik wird bei verschiedenen Zylindersystemen angewendet und erhöht die Kopiersicherheit des Schlüssels.
Bei fast allen Zylinderschloss-Systemen ist die Einrichtung eines sogenannten Gefahrenschlüssels möglich. Es werden dem Gefahrenschlüssel bestimmte Zylinder zugeordnet, die er im Falle einer Gefahr auch dann schließen kann, wenn von der anderen Seite ein Schlüssel steckt (Hotels, Altenwohnheime, Pflegeheime usw.); man nennt diese Version die Gefahrenschlüssel-Einrichtung, im Gegensatz zur Gefahrenfunktion, bei der alle zum Zylinder gehörenden Schlüssel, auch die übergeordneten, jederzeit schließen können. Die Gefahrenfunktion hat jedoch bei Schließanlagen untergeordnete Bedeutung, weil bei der Gefahrenschlüssel-Einrichtung eher gewährleistet werden kann, dass sie wirklich nur im Gefahrenfall eingesetzt wird.

In Zylinder-Schließanlagen können außergewöhnlich viele Sonderverschlüsse eingeordnet werden, so z. B. abschließbare Fenstergriffe, Hebetür-Sicherungen, Hangschlösser, Notschlüssel-Kästen oder -Rohre, Tankverschlüsse, Aufzug- und Torsteuerungen, andere Elektroschalter, Briefkastenverschlüsse, Panik- und andere Fluchttürverschlüsse (z. B. auch Knaufzylinder), Schwenkhebelschlösser, Querriegel-, Panzerriegel- und Mehrriegelschlösser usw.

Für Schließanlagen nicht verwendbar sind Einbausicherungen (Schließelemente mit dem sogenannten Kreuzbart-Schlüssel, siehe →Schließzylinder).

Schließanlagen werden fast immer in Sonderprofilen eingerichtet, die herstellerbezogen sind. Ob solche Profile oder Profilserien patentiert sind oder nicht: der Sicherheitswert hängt wesentlich davon ab, ob die Schlüssel Erschwernisse besitzen, die ein leichtes Nachahmen ausschließen. Die effektive Nutzungszeit von Patenten ist relativ kurz, wenn man die Lebensdauer einer Schließanlage berücksichtigt, daher sind Maßnahmen technischer Art wichtiger, die die Kompliziertheit eines Schlüssels ausmachen.

Grundsätzlich muss gesagt werden, dass jeder Schlüssel nachgeahmt werden kann, wenn der Originalschlüssel für eine gewisse Zeit in unbefugte Hände gerät. Die sichere Verwahrung und gewissenhafte Ausgabe von wichtigen Schließanlagen-Schlüsseln ist daher ausschlaggebend für die Sicherheit der Schließanlage. Selbstverständlich muss auch der Schließplan sicher aufbewahrt werden.

Wenn auch der Sicherungsschein, die Sicherungskarte oder der Berechtigungsschein nicht mehr ihre frühere Bedeutung haben, so ist eines doch gewährleistet: Ein Unbefugter kann nicht anhand der Schlüsselnummer oder -Bezeichnung (Codierung) oder anhand der auf dem Sicherungsschein usw. erkennbaren Codes einen Ersatzschlüssel beschaffen. Die Hersteller verlangen die Vorlage des Sicherungsscheins, und nur sie können gemäß dem Code die wirkliche Schließung entschlüsseln. Sogenannte Sicherungskarten unterliegen zudem einem engen „Sicherheitskreislauf“: Sie werden im Bestellfalle beim Händler (Schlüsseldienst) in einen Bestelldrucker eingelegt und nach Abdruck der Codierung dem Besitzer direkt wieder zurückgegeben. Neuerdings finden sich statt des Sicherungsscheins auch Sicherungsscheckhefte. Damit kann der Betreiber der Anlage einen einzelnen Schließberechtigten zum Bezug eines einzelnen Schlüssels bevollmächtigen, ohne sich selbst um die Beschaffung zu kümmern und ohne das Risiko, dass ein Beauftragter unbefugt zusätzlich Schlüssel bestellt.

Realisierbar (und kombinierbar) sind folgende Schließanlagen-Funktionen:

- Zentralschlossanlage: Es passen verschiedenartige Einzelschlüssel (z. B. für Wohnungstüren) gemeinsam auf bestimmte Türen, wie Haustüren, Kelleraußentüren, Waschraumtüren, Speichertüren usw., die die Hausgemeinschaft gemeinsam öffnen und verschließen muss.
- Hauptschlüssel-Anlage: Ein übergeordneter Schlüssel – der Hauptschlüssel –

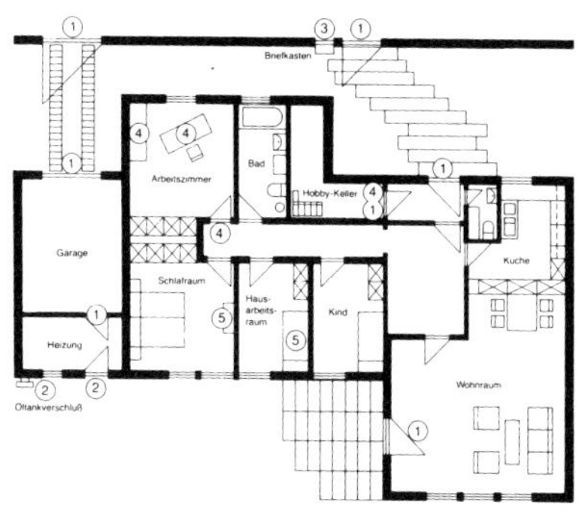

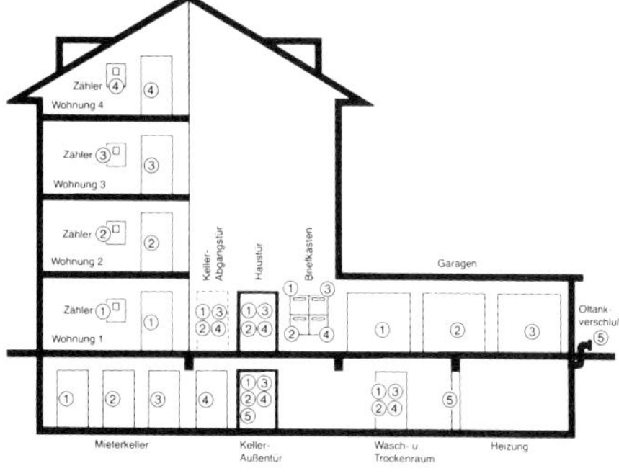

Zentralschlossanlage. Gleiche Ziffern bedeuten gleiche Schließungen

schließt die – meist verschieden schließenden – Zylinder der Anlage.

- Generalhauptschlüssel-Anlage: Ein Zusammenschluss von mehreren Hauptschlüssel-Funktionen (Gruppen) mit einem Generalhauptschlüssel, der fast immer alle Zylinder der Anlage schließt.

Man unterscheidet nach Wichtigkeit der übergeordneten Schlüssel wie folgt:

1. Generalhauptschlüssel
2. Hauptgruppenschlüssel
3. Gruppenschlüssel
4. Untergruppenschlüssel

Wenn einzelne Schließungen für übergeordnete Schlüssel nicht zugänglich sein sollen, hat dies häufig rechtliche Gründe (Zimmer des Werksarztes – Arztgeheimnis; Räume der Personalvertretung – Arbeitsrecht). Dass eine Schließanlage außerdem Nachschließsicherungen und →Bohrschutz-Elemente aufweist, und dass wichtige, exponierte Türen auch mit Sicherheitsbeschlägen ausgerüstet sind, kann vorausgesetzt werden.

Einschlägige Vorschriften, Richtlinien und Normen:
DIN 18252 09.99
VdS 2386 11.04
(Letzte Änderung: 23.7.2006)

(Krühn)

Schließblech

Siehe auch Schloss (mit weiteren Verweisen).

Der Sicherheitswert eines Verschlusses hängt wesentlich von der Beschaffenheit der Schließbleche und deren Befestigung ab. Ein Sicherheitswinkelschließblech muss daher massiv sein, eine Materialdicke von mindestens 3 mm aufweisen und ausreichend befestigt sein. Sicherheitsschließbleche mit einer Verankerung im Mauerwerk sind zu bevorzugen.

Türzargen aus Metall geben einer Tür zusätzliche Sicherheit. Sofern Metall-Türzargen im Bereich der Ausnehmung für den Schlossriegel keine ausreichende Festigkeit aufweisen, ist eine zusätzliche Verstärkung aufzubringen.

(Definition: VdS)

Schließblechkontakt

Siehe Kontaktüberwachung.

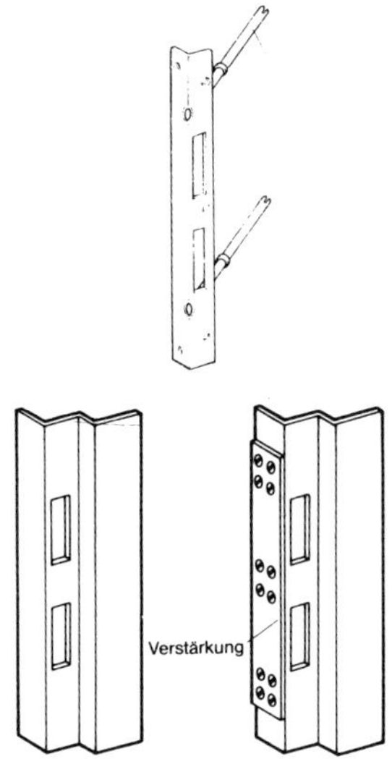

Schließmittel

Siehe auch Feststellanlage, Feuerschutzabschluss, Rauchschutztür.

„Schließmittel sind Geräte, die dazu geeignet sind, bewegliche Bauwerksöffnungs-Abschlüsse, gegebenenfalls auch nach Ausfall von Fremdenergie, selbsttätig zu schließen."

„Selbstschließend ist die Eigenschaft des geöffneten Bauwerksöffnungs-Abschlusses, ohne Einwirkung von Fremdenergie bis zum Einrasten des Verschlusssystems selbsttätig zu schließen. Diese Eigenschaft wird für Bauwerksöffnungs-Abschlüsse mit besonderer Schutzwirkung (z.B. →Feuerschutzabschlüsse, →Rauchschutztüren) in den Bauordnungen der Länder bzw. in den entsprechenden Normen für Türen gefordert." (Definition nach DIN 4102 Teil 18). Gebräuchliche Geräte sind

- Federbänder
- Türschließer mit hydraulischer Dämpfung
- Kontergewichtsanlagen (Gegengewichtsanlagen)
- Federseilrollen (in Federn gespeicherte Energie).

Weniger gebräuchlich sind

- Hydraulik- und/oder Pneumatikspeicher.

Nach Anlage 3 zu den „Richtlinien für die Zulassung von Feuerschutzabschlüssen" sind Türschließer mit hydraulischer Dämpfung (= TS):

„geeignet, Feuerschutz-Drehflügeltüren und -Wandklappen . . . mit Hilfe der Energie, die beim Öffnen in einer Feder gespeichert wird, aus jedem durch die Bauart des TS bedingten maximal möglichen Öffnungswinkel zu schließen. Die Schließbewegung ist mindestens in einem Winkelbereich von 45° bis 0° Öffnungswinkel gedämpft. Die Dämpfung ist regulierbar. Die TS sind mit Türflügel und Zarge fest verschraubt.
Die für das sichere Schließen erforderlichen Mindestschließmomente sind in Abhängigkeit von den Türflügelbreiten festgelegt. Sie bestimmen die Mindestvorspannung der Schließfeder. Die Vorspannung der Schließfeder ist fest eingestellt oder einstellbar. TS sind entsprechend ihrem Mindest-Schließmoment in Größen eingeteilt. Nach ihrer Zweckbestimmung werden folgende Bauarten unterschieden:
Obentürschließer (OTS): In Normalmontage ist der TS mit seinem Gehäuse auf der Bandseite (Öffnungsseite) am oberen Flügelrande und mit seinem Gestänge an der Zarge verschraubt. Bei OTS mit Kurbeltrieb wird die Dämpfung erst ab etwa 45° Öffnungswinkel wirksam, bei OTS mit Zahntrieb aus jedem Öffnungswinkel.
Bodentürschließer (BTS): Der BTS ist mit seinem Gehäuse oberflächenbündig in einen sogen. Zementkasten im Fußboden eingelassen. Ein Hebel überträgt die Momente auf die Unterkante des Türflügels."
Als Türschließer mit hydraulischer Dämpfung sind Geräte auf dem Markt, die neben der reinen Schließfunktion auch andere Funktionen ausüben, wie z.B.

- Türschließer mit Öffnungsdämpfung
- Türschließer mit Schließverzögerung
- Türschließer mit Öffnungsautomatik
- Türschließer mit Feststellvorrichtung
- Türschließer mit Freilauf
- Türschließer mit Schließfolgeregelung.

Eine ausführliche Beschreibung der Wirkungsweise der bei den verschiedenen Arten von Abschlüssen (→Feuerschutzabschluss) zu verwendenden Schließmittel ist in DIN 4102 Teil 18 veröffentlicht. Hier sind auch weitere Zubehörteile angeführt und erläutert, die bei solchen Abschlüssen stets oder bauartbedingt benötigt werden, wie z.B.

- Schließfolgeregler, Mitnehmerklappen, Schnappriegel, Treibriegelverschluss, Türöffner (Schlossfallenentriegelung), Impulsgeber, Steuerung, Sicherheitseinrichtungen bei Drehflügelabschlüssen,
- Endlagendämpfer, Schließgeschwindigkeitsregler, elektromotorische Antriebe als Öffnungs- und/oder Schließhilfen bei Schiebetüren und -toren.

In den Normen für Türschließer mit hydraulischer Dämpfung der Reihe DIN 18263 sind Leistungsanforderungen, Anwendungsbereiche (= Größen) und Anschlagmaße festgelegt sowie die Prüfungen beschrieben, die als Eignungsnachweis für die Bauart hinsichtlich Brandverhalten (als Teil einer Feuerschutztür), Schließ- und Öffnungsmoment, Verhalten bei Temperaturschwankungen, Schließzeiteinstellung und Dauerfunktionstüchtigkeit durchzuführen sind. Die TS nach diesen Normen lassen sich nicht direkt gegeneinander austauschen, da sie konstruktiv und funktionell stark voneinander abweichen.
Für Schließmittel, die keiner Norm entsprechen, muss die Eignung gesondert nachgewiesen werden.
In den Bauordnungen der Länder der Bundesrepublik Deutschland und in anderen bauaufsichtlichen Rechtsvorschriften wird die Eigenschaft „selbstschließend" oder „selbsttätig schließend" für Feuerabschlüsse und Rauchschutztüren gefordert. Diese Abschlüsse können nur dann den erforderlichen Schutz bieten, wenn sie im Brandfall geschlossen sind. Um dies sicherzustellen, müssen „selbstschließende Abschlüsse" mit Schließmitteln ausgerüstet sein, die (im Brandfalle) mit gespeicherter Energie arbeiten, und zwar auch dann, wenn sie bei normaler Nutzung mit Fremdenergie betrieben werden.
Bei der Verwendung von Schließmitteln ist Folgendes zu beachten:
Federbänder: Drehflügeltüren dürfen nur dann mit Federbändern geschlossen werden, wenn das Flügelgewicht nicht größer als 80 kg ist (Verletzungsgefahr, mechanische Beanspruchung von Türblatt, Zarge und Verankerungen, Schließen aus kleinem Öffnungswinkel problematisch, Geräuschentwicklung). Mit Federband ausgerüstete Türen müssen auch für die Befestigung von Türschließern vorgerichtet sein.
Obentürschließer: Bei zweiflügeligen Türen dürfen OTS mit Kurbeltrieb nicht verwendet werden. (Schließbewegung wird erst zu spät gedämpft).

Wenn OTS nicht in Normalmontage, sondern in der sogen. Kopfmontage (auch Überkopfmontage genannt) angebracht werden soll, d.h. Gestänge auf der Gegenbandseite (Schließseite) am Türflügel, Schließergehäuse an der Zarge oder Wand befestigt, müssen die festgelegten Mindest-Schließmomente eingehalten werden und die Türkonstruktion muss für diese Montage vorgerüstet sein. Kopfmontage muss besonders gem. § 21 (1) MBO 2002 genehmigt werden, wenn nicht im Zulassungsbescheid für die Türbauart angeführt.

Bodentürschließer: Austausch gegen OTS nur eingeschränkt möglich, da BTS gleichzeitig das untere Lager des Türflügels bildet (anstelle des unteren Bandes). Nach Austausch müssen die Drehachsen fluchten.

Alle Bauarten von Schließmitteln, die Überwachungseinrichtungen zur Erkennung von Bränden im Frühstadium (→Feststellanlagen) enthalten oder mit Feststellanlagen kombiniert sind, bedürfen einer allgemeinen bauaufsichtlichen →Zulassung. Solche Schließmittel sind z.B.:

- Türschließer mit Öffnungsautomatik
- Türschließer mit Feststellvorrichtung
- Türschließer mit Freilauf
- Türschließer mit Schließfolgeregelung
- Schließeinrichtung der Rolltore
- Öffnungs- und/oder Schließhilfen (elektrische Antriebe) für Schiebetore und für Hubtore.

Genormte Schließmittel gehören zu den „geregelten Bauprodukten" im Sinne des § 17 (1) MBO 2002. In der →Bauregelliste A Teil 1 ist in Tabelle 6 unter den lfd. Nr. 6.10, 6.11, 6.14 und 6.16 angeführt, dass der Übereinstimmungsnachweis durch Übereinstimmungszertifikat durch eine anerkannte Prüfstelle zu führen ist (= ÜZ).

Jedes Schließmittel muss mit dem bauaufsichtlichen Übereinstimmungszeichen („Ü") dauerhaft gekennzeichnet sein. Einzelheiten der Kennzeichnung sind in den entsprechenden Normen bzw. Zulassungsbescheiden angegeben.

Für Bauarten von Schließmitteln, die →Feststellanlagen enthalten oder mit Feststellanlagen kombiniert sind, sind in den Normen und allgemeinen bauaufsichtlichen →Zulassungen weitere Forderungen angeführt, die die Abnahmeprüfung der betriebsfertig eingebauten Anlage und die monatliche Überwachung und Wartung durch den Betreiber betreffen.

Vorschriften

DIN 4102 Teil 18 – Brandverhalten von Baustoffen und Bauteilen; Feuerschutzabschlüsse; Nachweis der Eigenschaft „selbstschließend" (Dauerfunktionsprüfung) – (Ausgabe 3.1991)

DIN 18262 – Einstellbares, nicht tragendes Federband für Feuerschutztüren – (Ausgabe 5.1969)

DIN 18263 – Schlösser und Baubeschläge – Türschließer mit hydraulischer Dämpfung – Teil 1 Oben-Türschließer mit Kurbeltrieb und Spiralfeder (05.1997)

Teil 4 Türschließer mit Öffnungsautomatik (Drehflügelantrieb) (05.1997)

Im Zuge der europäischen Harmonisierung trat hier eine weitgehende Neuordnung ein (siehe nachfolgende Aufstellung).

DIN 18272 Feuerschutzabschlüsse; Bänder für Feuerschutztüren; Federband und Konstruktionsband (Ausgabe 8.1987)

Anlage 3 zu den „Richtlinien für die Zulassung von Feuerschutzabschlüssen; Anforderungen und Prüfrichtlinien für Türschließer mit hydraulischer Dämpfung und artverwandte Geräte für Feuerschutzabschlüsse und Abschlüsse, die selbstschließend sein sollen" des Instituts für Bautechnik (Fassung 2.1983, größtenteils ersetzt durch DIN 4102 Teil 18)

Bei der Harmonisierung der technischen Vorschriften im EG-Raum zur Beseitigung von Handelshemmnissen sind auch die Prüfvorschriften für →Feuerschutzabschlüsse vereinheitlicht worden.

Das →"Grundlagendokument Brandschutz" enthält in Ziff. 4.3.1.3.5.5 Anforderungen und Klassifizierungsangaben für „Feuerschutzabschlüsse (Türen, Tore, Klappen) und deren Schließmittel (einschließlich Beschläge und Abschlüsse mit Verglasungen)".

Im Abschnitt Schließmittel dieser Ziffer sind auch Freilauf-Türschließer und Öffnungshilfen erwähnt und es ist auf die Bedeutung von →Feststellanlagen im Zusammenhang mit Schließmitteln eingegangen.

Bemerkenswerte Änderungen in den vergangenen Jahren:

- Es ist eine Norm für Anforderungen an Schließfolgeregler aufgestellt worden, die bisher in Deutschland nicht genormt waren.
- Nach der Veröffentlichung der aufgezählten Europäischen Normen ist der bisherige Bereich der deutschen Normen für Schließmittel nicht vollständig abgedeckt.

Normung Schlösser und Baubeschläge: Schließmittel (Stand März 2006)		
Türschließer mit hydraulischer Dämpfung Teil 1:Oben-Türschließer mit Kurbelbetrieb und Spiralfeder	DIN 18263-1 (ersetzt DIN 18263-1:1987-01	Mai 1997
Türschließer mit hydraulischer Dämpfung; Teil 4: Türschließer mit Öffnungsautomatik (Drehflügelantrieb)	DIN 18263-4 (ersetzt DIN 18263-4:1991-03)	Mai 1997
Türschließmittel mit kontrolliertem Schließablauf, – Anforderungen und Prüfverfahren	DIN EN 1154 (ersetzt DIN 18263-2 und DIN 18263-3:1987-01	April 2003
Türschließmittel mit kontrolliertem Schließablauf; – Anschlagmaße und Einbau	Beiblatt zu DIN EN 1154	November 2003
Schließfolgeregler, – Anforderungen und Prüfverfahren	DIN EN 1158	April 2003
Elektrisch betriebene Feststellvorrichtungen für Drehflügeltüren; Anforderungen und Prüfverfahren	DIN EN 1155 (enthält Änderung A1:2002)	April 2003

Die Norm EN 1154 enthält nur Angaben zu handbetriebenen Oben- und Bodentürschließern, die einen kontrollierten Schließablauf „mindestens ab einem Winkel von 70° bis zur geschlossenen Position" sicherstellen. Türschließer, die bauartbedingt erst ab einem Öffnungswinkel der Tür von 45° wirksam sind und Türschließer mit Öffnungsautomatik sind von dieser Norm nicht betroffen. Zur Abdeckung der entstehenden Lücke wurden die bisherigen Normen
DIN 8263-1:1987-01 Türschließer mit hydraulischer Dämpfung; Teil 1: Oben-Türschließer mit Kurbeltrieb und Spiralfeder
DIN 18263-4:1991-03 Türschließer mit hydraulischer Dämpfung; Teil 4: Türschließer mit Öffnungsautomatik (Drehflügelantrieb) überarbeitet und mit Datum Mai 1997 neu veröffentlicht.

- Da die Europäische Norm EN 1154 keine Maße und Einbauregeln enthält, die in Deutschland benötigt werden, wurde das „Beiblatt 1 zu DIN EN 1154: Anschlagmaße und Einbau" aufgestellt, das Empfehlungen für das Lochbild und die Anschlagmaße für Oben-Türschließer nach DIN EN 1154 enthält.
- Die Norm DIN 18 263-5:1991-03 Türschließer mit hydraulischer Dämpfung; Teil 5: Feststellbare Türschließer mit und ohne Freilauf ist ersetzt worden durch DIN EN 1155:200-04

Die in der o. a. Tabelle zusammengestellten Normen sind in der →Bauregelliste A Teil 1 in Abschnitt 6 oder in der Liste B Teil 1 in Abschnitt 1.6 als Technische Regeln für die genannten Bauprodukte angeführt.

(Letzte Änderung: 15.3.2006)

(Prof. Westhoff)

Schließsystem

Ein Schließsystem verriegelt den zu öffnenden Teil eines Fassadenelementes, z.B. eine Tür, im geschlossenen Zustand und lässt eine Entriegelung nur unter Verwendung eines zugehörigen Schlüssels oder Codes zu. Ein

Schließsystem besteht im Wesentlichen aus den Komponenten:

- Berechtigungskontrolleinrichtung mit Eingabeeinrichtung
- Verriegelungseinrichtung
- Schutzmaßnahmen

Die wesentlichen Komponenten eines Schließsystems können, wie z.B. beim Kastenschloss, in einem Produkt kombiniert werden. Sie können auch unter Verwendung von Standard-Bauteilen zusammengestellt werden, z.B. kann eine elektronische Eingabe- und Berechtigungskontrolleinrichtung („elektronisches Schloss") in ein einbruchhemmendes Türschild integriert und mit einem Einsteckschloss zum Schließsystem kombiniert werden. In den VdS Richtlinien 2215 (Mechanische Sicherungseinrichtungen, Schließsysteme, Anforderungen und Prüfmethoden) werden die im Zusammenhang mit der Prüfung von Schließsystemen wesentlichen Begriffe wie folgt definiert:

Angriff, intelligenter: Angriff mit dem Ziel, ein Schließsystem mit Hilfe technischen Know-hows – ggf. auch technischer Informationen zum konkreten System – möglichst ohne Werkzeuge zu überwinden.

Bauteil, integriertes: Bauteile oder Komponenten eines Schließsystems ohne eigene Produktanerkennung, deren Eignung für den jeweiligen Einsatz nachzuweisen ist.

Bauteil, standardisiertes (Standard-Bauteil): Einzelkomponente eines Schließsystems, das einem geforderten Standard (Richtlinien, Norm) entspricht und auf Grund seiner Konstruktion und Abmessungen gegen andere Produkte nach dem gleichen Standard austauschbar ist (z.B. Profilzylinder, Zylindereinsteckschloss, einbruchhemmendes Türschild).

Berechtigungskontrolleinrichtung (BK): Bauteil, das die Zutrittsberechtigung prüft und bei positivem Ergebnis die Sperrfunktion ansteuert und deaktiviert. Berechtigungskontrolleinrichtungen können als Standard-Bauteil oder als im Schließsystem integriertes, vom Anwender nicht austauschbares Bauteil zum Einsatz kommen.

Hinweis: Die BK kann, nachdem sich eine Person als berechtigt ausgewiesen hat, neben der Sperrfunktion zusätzlich auch die Verriegelung deaktivieren.

Code: Eine Information (z.B. Zahlen- und/oder Buchstabenkombination), die mittels einer geeigneten Schnittstelle (z.B. Tastenfeld) in eine Eingabeeinrichtung eingegeben wird.

Es wird unterschieden zwischen dem Öffnungscode und dem Autorisierungscode.

- Ein Öffnungscode ist einzugeben, um das Schließsystem zu entriegeln.
- Ein Autorisierungscode ist einzugeben, um Umstellungen am Öffnungscode oder Änderungen an der Programmierung vorzunehmen.

Hinweis: Ein Öffnungscode kann gleichzeitig ein Autorisierungscode sein.

Code, biometrischer: Information, die sich aus charakteristischen physischen Merkmalen eines Menschen (des Codeträgers) ergibt.

Code, materieller: Information, die durch physikalische Merkmale (auf einem Datenträger, z.B. Schlüssel, Magnetkarte) gespeichert wird.

Code, mnemonischer: Information (numerisch oder alphabetisch), die im Gedächtnis eines Anwenders gespeichert wird.

Codeträger: Gegenstand (oder Person), der durch seine physische Form oder physikalischen Eigenschaften als Speicher für einen Code dient.

Eingabeeinrichtung (EE): Einrichtung, die einen eingegebenen Code ausliest und ggf. umwandelt (z.B. in elektrische Signale).

Hinweis: Die Eingabeeinrichtung wird bei Schließsystemen nach diesen Richtlinien als Bestandteil der Berechtigungskontrolleinrichtung betrachtet.

Parallelcode: Können zur Bedienung eines Schließsystems verschiedene Öffnungscodes eingesetzt werden, so werden diese als Parallelcodes bezeichnet.

Schutzmaßnahme gegen Überwindungsversuche: Maßnahme an oder in Schließsystemen, die das Überwinden eines Systems erschwert. Der Schutz kann durch integrierte Maßnahmen (z.B. mit Anbohrschutz ausgeführte Berechtigungskontrolleinrichtung) realisiert oder durch Verwendung entsprechender Standardbauteile (z.B. einbruchhemmendes Türschild) erreicht werden.

Sperrfunktion (SF): Maßnahme, die im aktiven Zustand mechanisch oder elektromechanisch einen Zugriff auf die Verriegelungseinrichtung verhindert.

Sperrzeit: Zeitliche Dauer, während der die Eingabeeinheit entweder blockiert oder die Weiterverarbeitung der eingegebenen Informationen unterbunden ist.
Verriegelt: Zustand, z.B. einer Tür, bei dem der bewegliche Flügel in geschlossener Position durch eine Verriegelungseinrichtung blockiert ist.
Verriegelungseinrichtung (VE): Komponente eines Schließsystems, das den zu öffnenden Teil eines Fassadenelements (z.B. Tür) im geschlossenen Zustand verriegelt (z.B. mit einem Schubriegel).
(Neu aufgenommen am 20.5.2002)
(Definitionen: VdS)

Schließung

Siehe auch Schloss, Schließzylinder.
Die Schließung ist eine für einen bestimmten Profilzylinder (→Schließzylinder) festgelegte Anordnung von →Schlüsseleinschnitten, die zum Ausrichten der Zuhaltungen eines Profilzylinders dienen.
Anmerkung: Hat ein Profilzylinder n Zuhaltungen und ist m die Anzahl der für den Schlüsseleinschnitt vorgesehenen Stufen, so sind theoretisch z = mn unterschiedliche Schließungen möglich. Nach Abzug der normativen und herstellungsbedingten Einschränkungen ergeben sich die effektiven Verschiedenheiten.
(Letzte Änderung: 9.5.2004)
(Definition nach DIN 18252:03.91)

Schließzylinder

Siehe auch Elektronischer Schließzylinder, Hahnprofil, Magnetschloss, Picking, Schlagpicking, Schließanlage, Schutzbeschlag, Tür, Wendeschlüssel-Schließsystem, Ziehwerkzeug, Zuhaltungsschloss, Zylinderschloss.
„Am Schlosskasten zu befestigende, austauschbare Baugruppe, bestehend aus Zylindergehäuse, Zylinderkern, mehreren →Stiftzuhaltungen und dem Schließbart, die ein einfaches (Buntbart-) Schloss in ein höheren Sicherheitsbedürfnissen entsprechendes →Zylinderschloss verwandelt. Das Zylindergehäuse kann rund, oval oder profiliert sein."
(Definition nach DIN 18252:1999-09)
Als „Schließzylinder" wird demnach nur das Eingerichte bezeichnet, unter →Zylinderschloss ist das gesamte Schloss (mit Riegel und Falle) einschließlich des Zylinders zu verstehen.
Schließzylinder werden in den verschiedensten Formen, Materialien und Abmessungen hergestellt (Rundzylinder, Ovalzylinder, Gewindezylinder, Profilzylinder etc.). Jedes Land hat eigene Normen und Vorschriften. Weltweit den größten Marktanteil hat der Profilzylinder im so genannten Europrofil (→Hahnprofil).
Der Zylinder besteht aus einem feststehenden Körper (Gehäuse, Stator), einem drehbaren Innenteil (Kern, Rotor) der die Schließbewegung durch einen Mitnehmer (Schließbart) auf Riegel oder Sicherungseinrichtungen überträgt.
Der Rotor wird durch Sperrelemente z.B. zylinderförmige Stifte (Kern-, Gehäusestifte), Plättchen, Schieber, Scheiben, Balken usw. blockiert.
Für die Schließbewegung wird ein Schlüssel benötigt, der die entsprechende Information der Sperrelemente enthält und der sich von einer möglichst großen Zahl anderer Schlüssel in der Information unterscheidet. Der mit der richtigen Information versehene Schlüssel hat die Fähigkeit, die Sperrelemente in die Entsperrstellung, d.h. auf Schließhöhe zu bringen, damit der Kern, Rotor mit der am Schlüssel angebrachten Handhabe (Griff, Schlüsselreide) gedreht werden kann.
Mit ein Motiv für die Konstruktion der ersten Schließzylinder war das Bemühen, die Schlüssellöcher so klein wie möglich zu halten, um zu verhindern, dass mit Werkzeugen, Sperrhaken, usw. oder mit dem um 1850 bekannt gewordenen Hobbs'schen Aufsperrverfahren, das unter Ausnutzung der Herstelltoleranzen die Sperrelemente einzeln mit vorgerichteten Werkzeugen in einer bestimmten Reihenfolge entsperrt,darin gearbeitet werden konnte. Auch die Verformung der Schlüsselkanäle soll das Arbeiten mit Sperrwerkzeugen erschweren. Zusätzlich werden der Schlüsselkanalverfor-

Profilzylinder

Rundzylinder

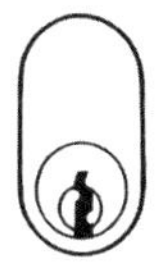
Ovalzylinder

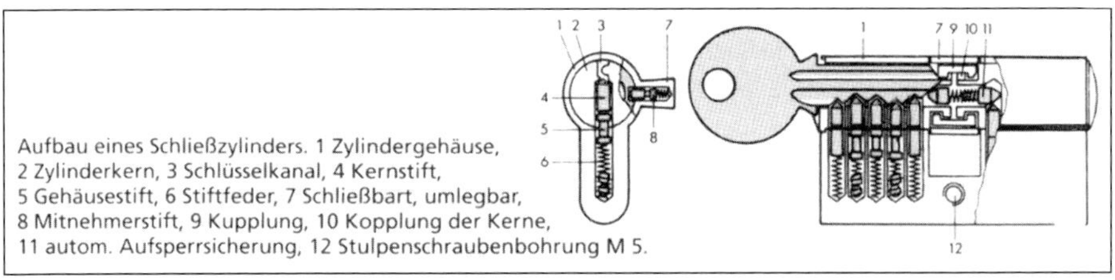

Aufbau eines Schließzylinders. 1 Zylindergehäuse, 2 Zylinderkern, 3 Schlüsselkanal, 4 Kernstift, 5 Gehäusestift, 6 Stiftfeder, 7 Schließbart, umlegbar, 8 Mitnehmerstift, 9 Kupplung, 10 Kopplung der Kerne, 11 autom. Aufsperrsicherung, 12 Stulpenschraubenbohrung M 5.

mung in jüngerer Zeit auch neue Funktionen zugewiesen, z.B. in der Kombination verschiedener Profile im Aufbau von Schließanlagen.
Der ursprüngliche Sicherheitswert der Profilierungen ist jedoch durch breite Information und Transparenz teilweise verlorengegangen. Einige Hersteller verzichten daher auf die Schlüsselkanalverformung und suchten nach anderen Methoden, die die Anwendung verschiedenster Aufsperrverfahren verhindern. Sie laufen im Allgemeinen darauf hinaus, die Anzahl der Sperrelemente zu erhöhen, die Sperrelemente zu verformen und die schließungsbeeinflussenden Spiele zu verkleinern.
Der Sicherheitswert eines Zylinders ist also von verschiedenen Sicherheitsfaktoren abhängig, jedoch gibt das „finish", d.h. das Zusammenwirken aller Komponenten den letzten Ausschlag. Vom „finish" werden insbesondere die →Nachschließsicherheit, die →Aufsperrsicherheit aber auch andere Sicherheitswerte wie die Betriebssicherheit entscheidend beeinflusst. Der Schließzylinder, der seinen Sicherheitswert also in erster Linie von der Herstellungsgenauigkeit erhält, benötigt daher in ganz besonderem Maße eine klar überlegte Fabrikation und eine sehr seriöse Montage.
Der ideale Schließzylinder hat sehr kleine schließungsbeeinflussende Spiele. Dadurch kann der Stufensprung (Abstufung der Bolzenlängen) klein gehalten werden, damit auf einem Schlüssel eine größtmögliche Zahl von echten Schließvarianten aufgebaut werden kann. Der Stufensprung muss echt sein, d.h. er muss größer als die Summe der schließungsbeeinflussenden Spiele sein. Die Zahl der Schließungsverschiedenheiten ist von der Zahl der Sperrelemente und der Zahl der Stufensprünge, die ein Schlüssel zulässt, abhängig.
Die Grundformel lautet V = nz, wobei V die Zahl der Schließungsverschiedenheiten, z die Zahl der Sperrelemente und n die Zahl der Stufensprünge bedeutet.

Je nach System kann diese Formel erweitert werden. Die theoretisch errechneten Schließungen sind je nach System verschiedenen Restriktionen unterworfen, die berücksichtigt werden müssen, d.h. die theoretisch errechneten Schließungen können nicht voll in die Praxis umgesetzt werden.
Wichtige Punkte, die bei der Konstruktion eines Sicherheitszylinders berücksichtigt werden müssen:

Systemaufbau:
- Anzahl echter Schließungen.
- Schließanlagentauglichkeit.
- Aufbau von Schließanlagen ohne großen Sicherheitsverlust.
- Flexibilität im Aufbau von Schließanlagen.
- Schlüsselkanalverschiebung.
- Schlüsselkanalverformung.
- Anzahl Sperrelemente.
- Gehäusestifte, Kernstifte (Material, Durchmesser, Anphasung, Verformung)
- Anzahl Stufensprünge.
- Anzahl verwendbarer Stiftreihen im System.
- Anzahl Bohrbilder.
- Kleine schließungsbeeinflussende Spiele.
- Schlüssel (Material, Form, Nummerierung)
- Zylinder (Material, Form)

Betriebssicherheit:
- Verschmutzung, Verschleiß,
- Service-Leistungen
- Nachlieferung, Archivierung,
- Nachschlüsseldienst und Überwachung.

Maßnahmen gegen Aufsperrmethoden:
- Nachschließ-Sicherheit
- Aufsperr-Sicherheit
- Abtast-Sicherheit
- – Verhinderung der Kamm-Methode

Mechanische Zerstörung:
- Scherfestigkeit der Zuhaltungen
- Aufbohrschutz
- Abbruchschutz

- Durchschlag-Versuche (Rotor, Stator)
- Ausreiß-Versuche (Kernziehen, → Ziehwerkzeug)

Unter *Nachschließen* ist die Technik zu verstehen, die es ermöglicht, mit einem Hilfsschlüssel, welcher die richtige oder ähnliche Information wie der Originalschlüssel besitzt, den Zylinder mehrmals zu entsperren. Dies kann ein zufällig passender oder bewusst ausgesuchter Schlüssel sein, aber auch ein durch verschiedene Methoden präparierter Schlüssel.

Unter *Nachsperren* bzw. Aufsperren sind alle Methoden zu verstehen, die das Öffnen des Zylinders durch irgendeine Technik ohne Schlüssel ermöglichen. Beim Nachsperren wird die Öffnungstechnik jedesmal neu versucht und aufgebaut, im Gegensatz zum Nachschließen. Das bekannteste Verfahren ist das Hobbs'sche Aufsperrverfahren, das unter Ausnutzung der Herstelltoleranzen die Sperrelemente einzeln mit vorgerichteten Werkzeugen in einer bestimmten Reihenfolge entsperrt.

Unter *Abtasten* sind alle Maßnahmen zu verstehen, die durch Messungen Rückschlüsse auf die im Zylinder verwendete Schließkombination zulassen.

Die *Kamm-Methode* wird ermöglicht, wenn die Gehäusebohrung tiefer gebohrt ist als die zusammengedrückte Länge von Kernstift, Gehäusestift und Feder. Die Bolzenpaare lassen sich in diesem Fall auf einfache Art mit einer Kamm-ähnlichen Blattlehre gesamthaft oder einzeln mit Haken nach dem Hobb'schen Verfahren in das Gehäuse drücken.

Weitere Beschreibungen des Schließzylinders finden sich unter den Stichworten →Magnetschloss und →Schließanlage.

(Letzte Änderung: 13.5.2002)

(Späni)

Schloss

Siehe auch Automatisch verriegelnde Schlösser, Elektronischer Schließzylinder, Elektronische Schließsysteme, Magnetschloss, Notausgangsverschlüsse, Paniktürverschlüsse, Scharfschalteinrichtung, Schließanlage, Schließzylinder, Schutzbeschlag, Tür, Wendeschlüssel-Schließsystem, Zuhaltungsschloss, Zylinderschloss.

Man unterscheidet bei einer Verschlusseinrichtung zwischen dem eigentlichen Schloss (Schlossart) und seinen Eingerichten (Schließsystem).

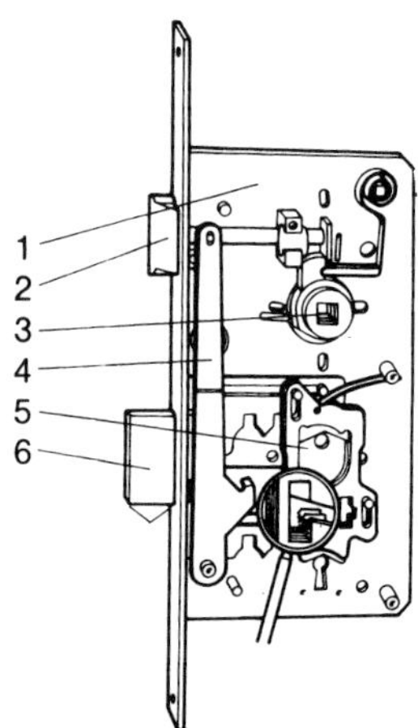

1 Schlossgehäuse
2 Falle
3 Drückernuss
4 Wechsel
5 Schließsystem
6 Riegel
(Grafik: VdS Sicherungsrichtlinien /Technische Erläuterungen)

Der Riegel ist ein Teil des Schlosses, der durch die Schlüsseldrehung bewegt wird. Eintourig, wenn nur eine Schlüsseldrehung möglich ist, zweitourig, wenn zwei Schlüsseldrehungen möglich sind. Ein ausreichender Riegelausschluss beträgt mindestens 20 mm.

Die Falle steht unter Federdruck und rastet beim Schließen der Tür in das Schließblech oder in den Schließkasten ein. Sie hat keinen Sicherheitswert, es sei denn, sie wird nach dem Verschließen des Riegels zu einem feststehenden Sperrelement.

Der hebelartigen Verbindung zwischen dem Riegel und der Falle, dem Wechsel, kommt nur dann eine Bedeutung zu, wenn er gesichert ist, d. h. wenn sich die Falle nur mit dem zum Schloss gehörenden Schlüssel betätigen lässt.

Der Sicherheitswert eines Verschlusses hängt wesentlich von der Beschaffenheit des →Schließbleches, dessen Materialdicke (nicht unter 3 mm) und Befestigung ab. Stahlzargen oder im Mauerwerk verankerte Sicherheitswinkelschließbleche und →Hinterhaken an der Bandseite der →Tür erhöhen den Sicherheitswert.

Türen innerhalb von →Rettungswegen müssen als →Fluchttüren ausgebildet sein und über →Notausgangsverschlüsse oder →Paniktürverschlüsse verfügen.
Erläuterungen im Zusammenhang mit Schlüsseln, Schlössern und Beschlägen finden sich im Sicherheits-Jahrbuch Teil 7 (Vorschriften, Bestimmungen, Richtlinien, Wegleitungen) sowie im Basislexikon unter folgenden Stichworten:
Abtastsicherheit, Aufbaustift, Aufsperrsicherheit, Bohrschutz, Einsteckschloss, Elektromechanische Zuhaltung, Hakenfallenschloss, Hartmetall, Magnetschloss, Multiprofil, Nachschließsicherheit, Partnerschlüssel, Scharfschalteinrichtung, Scheibenzuhaltung, Schließung, Schließzylinder, Schlüsseleinschnitt, Schlüsselkanal, Schlüsselreide, Schlüsselschaft, Schrägprofil, Schwenkriegelschloss, Sperrleiste, Sperrwelle, Stiftzuhaltung, Teleskopriegelschloss, Tür, Zeitschloss, Zuhaltungsschloss, Zylinderschloss.
(Letzte Änderung: 29.4.2002)

(Redaktion)

Schlüssel-Archiv

Siehe auch DES, IT-Sicherheit (mit weiteren Verweisen), Kryptierung, Public key, Trust Center, Verschlüsselung.

Im Zusammenhang mit dem „Schlüssel" im kryptographischen Sinne ist ein Schlüssel-Archiv (key recovery center) eine Instanz zur vertrauenswürdigen Archivierung von Schlüsseln und/oder zur Wieder-Bereitstellung (Retrieval) archivierter Schlüssel für Berechtigte. Berechtigt kann der Eigentümer des Schlüssels sein sowie festgelegte Vertreter und Dritte wie z.B. (mit richterlicher Anordnung) Strafverfolgungsbehörden und Nachrichtendienste. Die archivierten Schlüssel können geheime Schlüssel (symmetrischer Verfahren) und private Schlüssel (asymmetrischer Verfahren) sein.
Im Rahmen vertrauenswürdigen Geschäftsverkehrs müssen (übertragene oder gespeicherte) Daten (Dokumente, Dateien, e-mails etc.) zur Erreichung des Sachziels Vertraulichkeit verschlüsselt werden. Allerdings stellen die notwendige Schlüsselverteilung und der Schlüsselwechsel dann ein Problem dar, wenn mit vielen Partnern kommuniziert wird: Es werden unterschiedliche Schlüssel benutzt, um die Auswirkungen einer möglichen Schlüsselkompromittierung gering zu halten. Weiterhin werden Schlüssel gewechselt (session keys), um den Widerstandswert gegenüber erfolgreichen Angreifern zu erhöhen. Die dazu benutzten Schlüssel müssen bei Bedarf für den Anwender genauso verfügbar sein wie für das Unternehmen bei Nicht-Verfügbarkeit des Anwenders.
Schlüssel-Archive stellen die benutzten Schlüssel auf Anforderung (zu Kontrollzwecken, bei Verlust des Schlüssels und Nicht-Verfügbarkeit des Anwenders) den Berechtigten zur Verfügung; Unberechtigte erhalten keinen Zugriff auf die Schlüssel. Schlüssel-Archive müssen technisch, organisatorisch und betrieblich so ausgestattet sein, dass sie diese Aufgaben in einer vertrauenswürdigen Weise durchführen können.
Schlüssel-Archive sind aus der auf dem Escrowed Encryption Standard (EES) basierenden Clipper-Initiative der Vereinigten Staaten entstanden und werden in den USA als Key Recovery Center bezeichnet.
Unternehmensinterne Schlüssel-Archive speichern die benutzten Schlüssel oder speichern die Adressen benutzter Schlüssel oder stellen auf andere Weise die benutzten Schlüssel auf Anforderung den Berechtigten wieder bereit.
Schlüssel können geteilt und die Teile können in verschiedenen Schlüssel-Archiven hinterlegt werden. Schlüssel können vollständig oder auch unvollständig hinterlegt werden (partial escrowing). Beim Retrieval unvollständig hinterlegter Schlüssels, werden die nicht hinterlegten Anteile durch eine brute force attack (Ausprobieren aller Möglichkeiten) bestimmt.

Auswahl- und Bewertungsparameter für Schlüssel-Archive können sein:

- Zentrale oder dezentrale Speicherung und vollständige bzw. unvollständige Speicherung der Schlüssel.
- Art der hinterlegten Schlüssel (Konzelations- oder Signaturschlüssel), Schlüssellänge, Umfang der gespeicherten Verwaltungsinformation.
- Skalierbarkeit, Nutzung unterschiedlicher Key Management Protokolle und Interoperabilität mit anderen Schlüssel-Archiv Infrastrukturen.

3

- Sicherheitsniveau (Qualität, Widerstandswert) des Schlüssel-Archiv und Selbstschutz.
- Benutzerfreundlichkeit, Aufwand, Verfügbarkeit.

Drei Arten von Schlüssel-Archiven können unterschieden werden.

Key Recovery Center (im engeren Sinne):
Key Recovery Center (KRC) speichern die vom Endanwender benutzten und mit dem öffentlichen Schlüssel des KRC verschlüsselten Schlüssel zusammen mit einer Liste der Zugriffsberechtigten mit deren Identifizierungs- und Authentifizierungsinformation.

Berechtigte erhalten auf Anforderung den Schlüssel. Dazu wird er vom KRC mit dessen privatem Schlüssel entschlüsselt und dem Berechtigten übersandt – mit dem Ziel der Vertraulichkeit mit dem öffentlichen Schlüssel des Berechtigten verschlüsselt.

Key Directory Server
Key Directory Server (KDS) speichern nur die Adresse (Pointer) des vom Endanwender benutzten Schlüssels – nicht den Schlüssel selbst. Der Endanwender legt den Schlüssel zusammen mit dem damit verschlüsselten Dokument ab. Der Schlüssel wird mit dem öffentlichen Schlüssel des KDS verschlüsselt abgelegt.

Key Directory Center speichern eine Liste der Zugriffsberechtigten mit deren Identifizierungs- und Authentifizierungsinformation.

Berechtigte erhalten vom KDS auf Anforderung die Adresse des Schlüssels und greifen auf das vom Endanwender abgelegte Dokument zu.

Key Decryption Server
Nach dem jüngsten Konzept der Schlüssel-Archive werden keine Schlüssel und keinerlei Schlüsselinformation – auch keine Adressen oder Pointer gespeichert. Vielmehr speichert der Endanwender die von ihm benutzten Schlüssel – mit dem öffentlichen Schlüssel des Schlüssel-Archivs verschlüsselt – auf einem eigenen Server. Benötigt ein Berechtigter den benutzten Schlüssel, sendet er ihn an das Schlüssel-Archiv zur Entschlüsselung.

Darüber hinaus kann der Anwender den benutzten Schlüssel vorab noch anderweitig verschlüsseln, sodass auch das Schlüssel-Archiv keine Kenntnis vom Klartext des benutzten Schlüssels erhält.

Vielfach kritisiert wurde die Forderung der US-amerikanischen Regierung, Strafverfolgungsbehörden und Nachrichtendiensten jederzeit innerhalb von 2 Stunden und ohne Kenntnis des Betroffenen Zugriff auf die in Schlüssel-Archiven gespeicherten Schlüssel zu ermöglichen, damit die Behörden überwachte (verschlüsselte) Kommunikation in öffentlichen Netzen entschlüsseln können. Diese Forderung soll auf alle Partnerländer ausgedehnt werden, die sogenannte starke Verschlüsselungsverfahren aus den USA importieren.

→Trust Center.

(Letzte Änderung: 27.6.98)

(Prof. Pohl/Cerny)

Schlüsseldepot

Siehe auch Schlüsselversiegler.

Die VdS-Richtlinie „Schlüsseldepot und Schlüsseldepot-Anschaltung" fasst die frühere VdS-Richtlinie 2105 „Feuerwehr-Schlüsselkasten" neu. Der Name Schlüsseldepot (SD) steht für den Schlüsseltresor, der in der Regel einen Objektschlüssel für die Feuerwehr enthält. Der neue umfassendere Name soll jedoch eine Nutzung des Schlüsselbehältnisses auch für Einbruchmeldeanlagen ermöglichen.

Funktion: Hat die Übertragungseinrichtung einer Brandmeldeanlage oder einer Einbruchmeldeanlage ausgelöst und somit eine →hilfeleistende Stelle alarmiert, so bewirkt dies zugleich die Freigabe der Außentür des Behältnisses. Hinter einer zweiten Tür bleibt jedoch der entsprechende Schlüssel vor dem Zugriff Unbefugter geschützt. Diese Tür gehört zum Schließsystem des hilfeleistenden Dienstes. Bei einer Auslösung durch die Einbruchmeldeanlage kann zur Erhöhung der Sicherheit ein zusätzlicher Verriegelungsmechanismus mit Fernauslösung durch eine Leitstelle oder einen Code-Verschluss gefordert werden. Das SD sowie die im SD hinterlegten Schlüssel werden elektrisch überwacht.

Zusätzliche technische Regelungen:

1. Die Außentür des Schlüsseldepots ist mit einer Flächenheizung (5 Watt) auszurüsten und permanent zu beheizen. Die Maßnahme verhindert sowohl ein Einfrieren des in exponierter Lage angebrachten Schlüsseldepots als auch weitestgehend die in der Vergangenheit oft zu beobachtende Korrosion der beweglichen Teile.

2. Jedes Schlüsseldepot muss beim Verkauf einen Merkzettel enthalten, der den Betreiber der Anlage darauf hinweist, dass ein in diesem gesicherten Behältnis untergebrachter Objektschlüssel für das versicherte Objekt eine Gefahrenerhöhung darstellt und somit dem Einbruch-Diebstahl-Versicherer anzuzeigen ist. Es dürfen nur VdS-anerkannte Schlüsseldepots eingesetzt werden.

(Letzte Änderung: 27.6.98)

(von zur Mühlen)

Schlüsseleinschnitt

„Kerben an der Schmalseite des Schlüssels, deren Anzahl und Teilung mit den →Stiftzuhaltungen des zugehörigen →Schließzylinders gleich sind und deren Tiefe aus einer Anzahl gleicher Stufen ausgewählt und mit der Länge der zugehörenden Kernstifte auf den Zylinderkern-Mantel abgestimmt sind.“

(Definition nach DIN 18252)

Schlüsselkanal

Der Schlüsselkanal ist die Öffnung im Profilzylinderkern für die Aufnahme des Schlüssels, die zu dessen lagensicherer Führung einen profilierten Querschnitt hat, der verhindern soll, daß ein nicht zugehöriger Schlüssel mit einem anderen Schlüsselprofil eingeführt werden kann.

(Letzte Änderung: 9.5.2004)

(Definition nach DIN 18252)

Schlüsselmanagement-Center

Siehe Trust Center.

Schlüsselmissbrauch

Siehe Schlüsseldepot, Schlüsselversiegler

Schlüsselreide

Siehe auch Schließanlage, Schließzylinder, Schloss (mit weiteren Verweisen)

Griff eines Schlüssels für Schließzylinder. Neben der verbreiteten runden Reide findet sich auch herstellerspezifisches Design (Rechteck, Dreieck, Sonderformen).

(Neu aufgenommen am 21.3.2002)

(Krühn)

Schlüsselschaft

Siehe auch Schließanlage, Schließzylinder, Schloss (mit weiteren Verweisen)

Der Teil eines Schlüssels bei Schließzylindern, der den coderelevanten Teil trägt, z.B. Kerben. Mulden, Wellen usw.

(Neu aufgenommen am 21.3.2002)

(Krühn)

3

Schlüsselversiegler

Siehe auch Schlüsseldepot.

In Betrieben, aber auch im Privatbereich, werden Not- oder Interventionsschlüssel bereitgehalten, um im Gefahrenfall auch bei Abwesenheit des Berechtigten in sonst nicht zugängliche Räume treten zu können. Diese Schlüssel können innerhalb einer festen Kunststoffbox

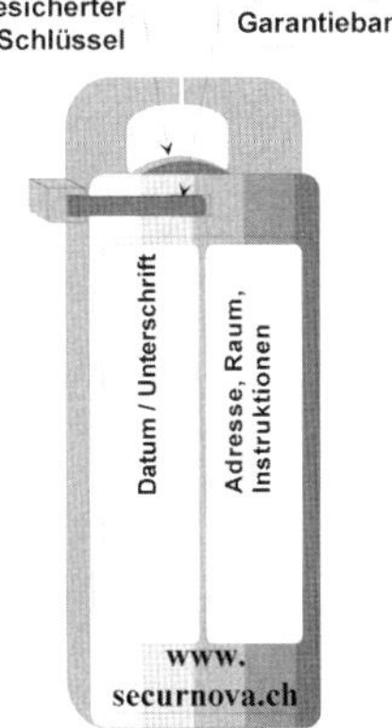

versiegelt und vom Berechtigten persönlich gekennzeichnet werden. Der unversehrte Schlüsselversiegler beweist, dass der Schlüssel nicht benutzt wurde, womit das Vertrauen zwischen hinterlegender und aufbewahrender Stelle gesichert ist. Die hohe mechanische Festigkeit von Versieglerbox und Garantieband gewährleisten Langlebigkeit, die geringen Abmessungen und die Aufhängeöse ermöglichen das Einordnen in jede Schlüsselablage.

(Neu aufgenommen am 11.6.2000)

(Huber)

Schrägprofil

Siehe auch Schließanlage, Schließzylinder, Schloss (mit weiteren Verweisen)

Schräg zum Schlüsselrücken angeordnetes Schlüssel- und Schlüsselkanal-Profil. Hier-

durch ergibt sich eine erhöhte Aufsperr-, Abtast- und Nachschließsicherheit sowie erhöhter Kopierschutz.

(Neu aufgenommen am 21.3.2002)

(Krühn)

Schranklöschsystem

Siehe auch Automatischer Brandmelder, Brandmeldeanlage, Einrichtungsschutz, Löschmittel

Ein Schranklöschsystem fasst Branddetektion und Brandlöschung in einem kompakten 19″-Träger zusammen. Es kann problemlos in TK- und IT-Schränke eingebaut werden. Zur Montage auf dem Schrank ist es in einem separaten Gehäuse erhältlich. Die Detektion erfolgt

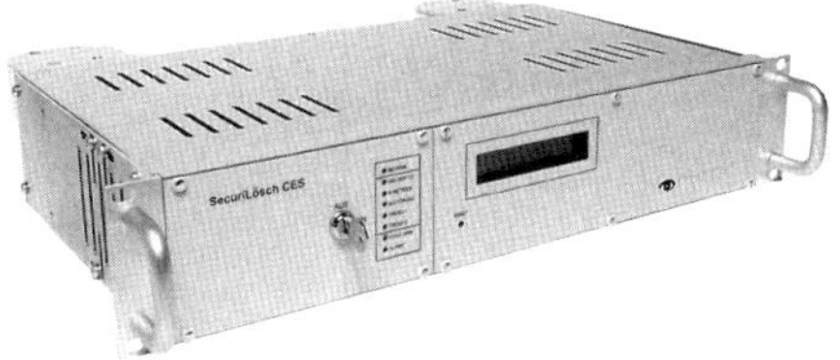

Schranklöschsystem mit objektspezifischer Programmierung (Foto: Securiton)

durch optische →Rauchmelder, deren Ansprechempfindlichkeit von normal bis hoch sensibel variiert werden kann. Im Brandfall wird eine ausreichende Menge des im Träger gespeicherten Löschgases (zum Beispiel →FM-200) frei gegeben und das Feuer erstickt. Die Löschzeiten sind individuell einstellbar. Die Alarmmeldungen lassen sich nach Vor- und Hauptalarm sowie Störmeldungen, z.B. Verschmutzung, klassifizieren. Das System arbeitet autark, kann aber auch mit der Brandmelderzentrale vernetzt werden. Für sämtliche Meldungen stehen potenzialfreie Kontakte direkt am Gerät zur Verfügung. Im Master-Slave-Betrieb lassen sich mehrere Schränke im Verbund überwachen. Das System ist auch nachträglich in bestehende Schränke einbaubar.

(Letzte Änderung am 14.7.2006)

(Köhler)

Schusssicherer Schalter

In der Schweiz gebräuchliche Bezeichnung für einen Schalterkorpus mit →Panzerglasaufbau, der bei der Abwicklung von Geschäften mit Bargeld oder Wertsachen den Schalterbeamten vor Angriffen und Überfällen schützt. Die Schusssicherheit des Panzerglases ist in der Regel auf den Einsatz von Handfeuerwaffen beschränkt.

Schalterkorpusse werden in verschiedenen Materialien ausgeführt: Für die Gewährleistung der Schusssicherheit ist die Verwendung von Panzerholz oder Stahl notwendig. Das Panzerglas sollte, wenn immer möglich, bis zur Decke reichen, um ein Übersteigen des Schalters auszuschließen.

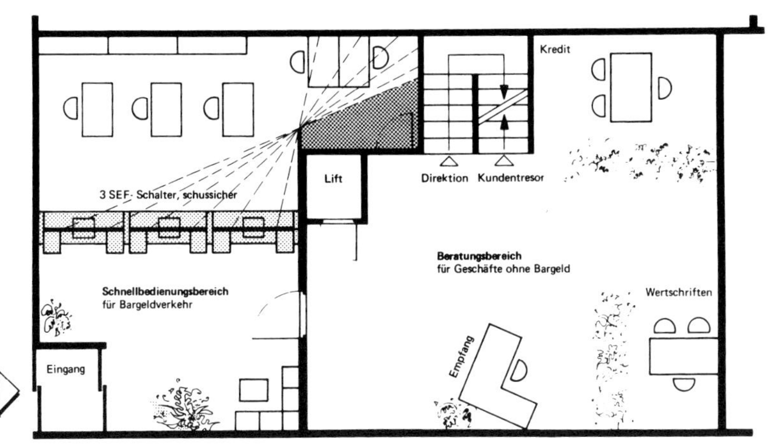

Schusssicherer Schalter

Am häufigsten wird Panzerglas mit mehrschichtigem Aufbau – in der Regel sind es 4 Schichten – mit einer Gesamtstärke von 31 mm bis 33 mm eingesetzt. Die Öffnungen für die Abwicklungen der Geschäfte (Durchgabemulden) und die Sprechverständigung (Sprechumlenkung) müssen ebenfalls schusssicher konstruiert sein.
Schusssichere Schalter sind meist Teil der Sicherheitszone im direkten Kundenkontakt. Die Sicherheitszone ist vom Kundenbereich aus nicht direkt zugänglich, d. h. sie ist mit →Sicherheitstüren und -schleusen abgesichert und verfügt über eine von außen nicht einsehbare Fluchtecke. Findet bei mit Panzerglas geschützten Schaltern ein Überfall statt, so können sich die am Schalter beschäftigten Personen gefahrlos in die Fluchtecke zurückziehen. Dadurch reißt einerseits die Kommunikation ab (dic Täter können keine Forderungen anbringen) andererseits kann per Telefon der Kontakt zu externen Stellen aufrechterhalten werden: Die genaue und gefahrlose Information nach außen über sich im Gebäudeinnern abspielende Vorgänge ist von entscheidender Bedeutung.

(Kappeler)

Schusssicheres Glas

Siehe Durchschusshemmende Abtrennung, Durchschusshemmende Verglasung, Panzerglas.

Schutzbeschlag (Sicherheitstürschild)

Siehe auch Tür, Zuhaltungsschloss, Zylinderschloss.

Schutzbeschläge schützen das Sperreingerichte (insbesondere den Tourstift) eines Schlosses gegen Bohrangriffe und den →Schließzylinder gegen gewaltsames Abbrechen und, wenn der Beschlag mit einer →Zylinderabdeckung ausgestattet ist, gegen Ziehen (→Ziehwerkzeug).
In DIN 18257 sind Anforderungen und Prüfbedingungen für Schutzbeschläge festgelegt. Entsprechend der beabsichtigten Schutzwirkung sind drei Widerstandsklassen für Schutzbeschläge vorgesehen (ES 1 – ES 3).
Die Befestigung von Schutzbeschlägen (Kurz- und Langschilder) erfolgt von außen

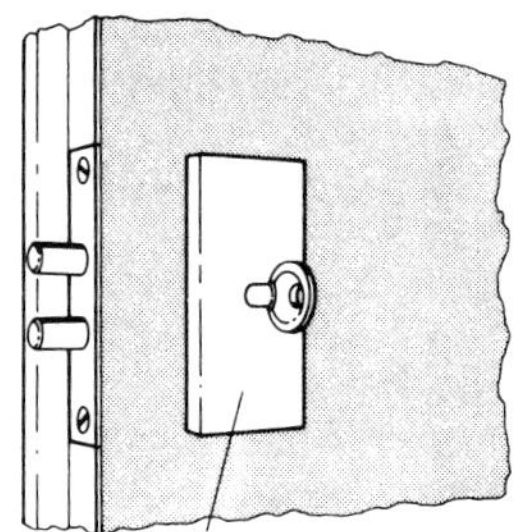

Schutzbeschlag aus Stahl

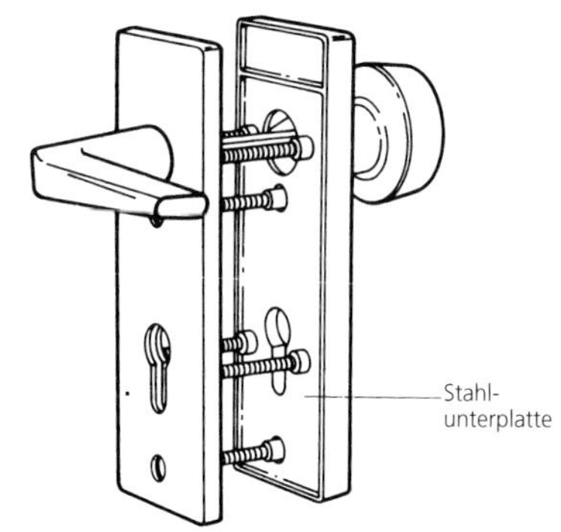

Kurzschild für Einsteckschloss
(Abbildungen: VdS Sicherungsrichtlinien/ Technische Erläuterungen)

unsichtbar durch mindestens zwei Schrauben geeigneter Festigkeit.
Der Schutzbeschlag ist mit einem Bohrschutz ausgestattet. Er wird wahlweise mit einer →Zylinderabdeckung geliefert.
Je nach Stärke des Türblattes und Länge des Zylinders ist der Schutzbeschlag so dick zu wählen, dass der Zylinder gegenüber der Oberfläche des Außenschildes maximal 3mm übersteht.
Schutzbeschläge, die den Anforderungen der DIN 18257 entsprechen, und deren Normenkonformität durch Prüfung nachgewiesen wurde, tragen das DIN-Prüf- und Überwachungszeichen (→DIN geprüft).
In vielen Fällen sind Schutzbeschläge nach DIN 18257 für Metalltürenrahmen nicht geeignet. Abhilfe bieten hier Sicherheitsrosetten, die zwar der DIN 18257 nicht entsprechen, aber

auch mit Bohrschutz und Zylinderabdeckung angeboten werden.
(Letzte Änderung: 21.3.2002)

(Dr. Schneider)

Schutzkonzept

Siehe Sicherheitskonzept.

Schutzprofil (IT)

Siehe auch BSI, Common Criteria (CC), Deutsches IT-Sicherheitszertifikat, *Evaluierung, IT-Sicherheitszertifizierung, Sicherheitsvorgaben (IT), Zertifizierung*.

Ein Schutzprofil (Protection Profile, PP) definiert eine implementierungsunabhängige Menge von Sicherheitsanforderungen an eine Kategorie von IT-Produkten bzw. -Systemen. Schutzprofile sind nicht produktspezifisch. Sie dokumentieren aktuelle Sicherheitsprobleme, den passenden Lösungsansatz und daraus abgeleitete Anforderungen für eine bestimmte Kategorie von IT-Produkten/-Systemen. Anwender können durch Erstellung und Zertifizierung eines Schutzprofils oder Verweis auf ein solches ihre IT-Sicherheitsbedürfnisse ausdrücken, ohne Bezug auf ein konkretes Produkt zu nehmen. Schutzprofile können als Grundlage für eine Produkt- bzw. Systemzertifizierung herangezogen und in den Sicherheitsvorgaben für ein konkretes IT-Produkt/-System referenziert werden. IT-Produkte/-Systeme, die eine solche →Zertifizierung durchlaufen haben, erhalten ein entsprechendes Zertifikat. Aktuelle Beispiele sind Schutzprofile für den elektronischen Reisepass und die elektronische Gesundheitskarte:
http://www.bsi.bund.de/cc/pplist/pplist.htm.
(Letzte Änderung: 11.7.2006)

(Krause)

Schutzziel

Schutzziele sagen aus, welches Sicherheitsniveau mit Maßnahmen aller Art hinsichtlich einer bestimmten Gefahrenkategorie im Minimum erreicht werden muss. Sie sind so zu formulieren, dass sie den angestrebten Endzustand darstellen, lassen aber den Weg, wie das Ziel erreicht werden soll, möglichst offen.
Da Schutzziele einerseits die Risikolage einer Organisationseinheit und andererseits den Finanzbedarf für Sicherheitsmaßnahmen maßgebend beeinflussen, müssen sie vom Leiter der Organisationseinheit persönlich genehmigt werden.
Beispiel eines (von vielen möglichen) Schutzzielen für die Gefahrenkategorie Brand:
die Wahrscheinlichkeit eines Brandausbruches ist auf ein Minimum beschränkt, indem:

- die Brandlast überall und jederzeit auf das aus betrieblichen Gründen notwendige Minimum beschränkt ist
- alle Zündquellen entfernt sind, die nicht unbedingt für den Betrieb gebraucht werden.

In der IT beschreibt das Schutzziel alle Maßnahmen, die die Wahrscheinlichkeit eines Ausfalls der IT auf ein Minimum reduzieren.
(Letzte Änderung: 18.12.2003)

(Glessmann)

3

Schwachstelle

Siehe auch Schwachstellenbewertung (IT)

Von Schwachstellen ist die Rede, wenn Umstände/Zustände von Systemen/Einrichtungen bzw. der Organisation inklusive der betrieblichen Abläufe/Abhängigkeiten sowie das Verhalten von Menschen die Chance der missbräuchlichen Nutzung ermöglichen bzw. ungewolltem/kriminellem Verhalten Vorschub leisten oder die Entdeckung fehlerhaften Funktionierens bzw. schädlichen Verhaltens eher zufällig oder verspätet zu erwarten ist.
Im Sinne der Metapher „des schwächsten Gliedes einer Kette" – in diesem Fall der Wertschöpfungskette – erhöhen Schwachstellen, sofern sie zur Wirkung gelangen bzw. ausgenutzt werden, die betrieblichen →Risiken.
(Letzte Änderung: 27.6.98)

(Feuerlein)

Schwachstellenbewertung (IT)

Siehe auch Common Criteria, IT-Sicherheit (mit weiteren Verweisen), IT-Sicherheitszertifizierung, Vulnerability Assessment

Im Rahmen einer Schwachstellenanalyse werden →Schwachstellen eines IT-Produktes/Systems identifiziert und bewertet, um festzustellen, ob es Schwachstellen gibt, die beim vorgesehenen Einsatz des Produktes/Systems ausgenutzt werden könnten.
Ausgangspunkt für eine Schwachstellenbewer-

tung sind Annahmen zum vorgesehen Einsatz des Produktes. Diese schließen die vorgesehene Art der Nutzung, die vorgesehene Einsatzumgebung und bei Produkten die angenommenen Bedrohungen ein. Bei Systemen sind dagegen die Einsatzbedingungen besser bekannt, so dass hier weniger von Annahmen ausgegangen werden muss.

Von diesen Annahmen können die Fachkenntnisse, die Ausrüstung und die Gelegenheiten, die einem potentiellem Angreifer zur Verfügung stehen könnten, abgeleitet werden.

Davon ausgehend, werden zunächst alle Wege gesucht, die es einem Angreifer erlauben würden, die Sicherheitsfunktionen des Produktes/Systems zu deaktivieren, zu umgehen, zu verändern, direkt anzugreifen oder anderweitig außer Kraft zu setzen.

Anschließend werden alle identifizierten Schwachstellen hinsichtlich des Aufwandes, der jeweils für die Ausnutzung der Schwachstelle erforderlich ist, bewertet. Der ermittelte Aufwand schließt die erforderlichen Fachkenntnisse, die Ausrüstung, den Zeitaufwand, die Zugriffsmöglichkeiten auf das Produkt jeweils für die Identifikation der Schwachstelle, der Vorbereitung sowie der Durchführung des Angriffs ein. Die Ausnutzbarkeit von Schwachstellen kann theoretisch und/oder anhand von Penetrationstests nachgewiesen werden.

Der Aufwand für die Ausnutzung einer Schwachstelle muss stets höher sein, als das für den vorgesehenen Einsatz des Produktes angenommene Bedrohungspotential, andernfalls gilt diese Schwachstelle als ausnutzbar.

Darüber hinaus ist auch zu berücksichtigen, inwieweit durch den Entwicklungs-/ und Produktionsprozess sowie durch das Auslieferungsverfahren sichergestellt ist, dass das Produkt integer und authentisch beim Benutzer ankommt.

Während des Produkteinsatzes sollte fortlaufend weiter beobachtet werden, ob neue Schwachstellen bzw. einfachere Angriffe zu den bereits analysierten Schwachstellen bekannt geworden sind.

Der Evaluator muss für die Schwachstellenbewertung alle Informationenquellen berücksichtigen, die er für eine ausreichende Analyse vor dem Hintergrund der getroffenen Annahmen benötigt. Das können u. a. sein:

- Handbücher (Benutzer, Administrator)
- Designdokumente (z. B. Schnittstellenbeschreibungen)
- Source code (Quellcode) bzw. Schaltpläne
- Informationen zum Auslieferungsverfahren
- Informationen zur Entwicklungs- und Produktionsumgebung
- Schwachstelleninformationen (z.B. aus öffentlichen Schwachstellendatenbanken).

Ursachen von Schwachstellen:

Fehler in den Anforderungen

Ein Produkt/System enthält Schwachstellen, obwohl es seine Spezifikationen erfüllt, da die Anforderungen in Bezug auf die Sicherheit falsch oder unvollständig sind.

Fehler in der Konstruktion

Ein Produkt/System erfüllt nicht seine Spezifikationen, weil Schwachstellen infolge niedriger Konstruktionsstandards oder falscher Entwurfsentscheidungen eingebracht wurden.

Fehler im Betrieb

Ein Produkt/System wurde korrekt gemäß einer korrekten Spezifikation konstruiert, aber es wurden Schwachstellen infolge unangemessener Betriebskontrollen eingeführt.

Arten von Schwachstellen:

Konstruktionsbedingte Schwachstellen

Schwachstellen, die während der Entwicklung des Produktes eingeführt wurden.

Direkt angreifbare Sicherheitsfunktionen

Sicherheitsfunktionen, die auf einem Wahrscheinlichkeits- oder Permutationsmechanismus (z. B. Passwort- oder Hashfunktion) beruhen, können selbst dann, wenn sie nicht umgangen, deaktiviert oder verändert werden können, durch einen direkten Angriff überwunden werden (z. B. eine Passwortfunktion durch das Ausprobieren aller möglichen Passwörter).

Verdeckte Kanäle

Unerwünschte Kommunikationskanäle, die für Angriffe ausgenutzt werden könnten.

Mangelnde Benutzerfreundlichkeit

Ein Produkt kann in einer Weise konfiguriert oder benutzt werden, die unsicher ist, bei der aber ein Administrator oder ein Benutzer vernünftigerweise davon ausgeht, dass sie sicher ist.

(Neu aufgenommen am 4.5.2004)

(Krause)

Schweißarbeiten

Siehe Feuerarbeiten

Schweizerisches Institut zur Förderung der Sicherheit (Sicherheitsinstitut)

(Früher BVD – Brandverhütungsdienst für Industrie und Gewerbe, Zürich).
Kurzbeschrieb und Anschrift →Behörden, Verbände und Institutionen.

Schwenkriegelschloss

Siehe auch Schloss (mit weiteren Verweisen).
Bei Metallrahmentüren o.Ä. wird eine ausreichende Verriegelung nur durch ein Schwenkriegel- oder →Teleskopriegelschloss erreicht. Während bei einem Teleskopriegelschloss der gehärtete Riegel teleskopartig mindestens 20 mm ausgeschlossen wird (eintourig), tritt bei einem Schwenkriegelschloss der Riegel nicht waagerecht aus, sondern schwenkt beim eintourigen Schließen (von unten oder oben) etwa 35 mm heraus. Die Schwenkriegel sind als Sägeschutz auch mit Manganstahllamellen erhältlich.

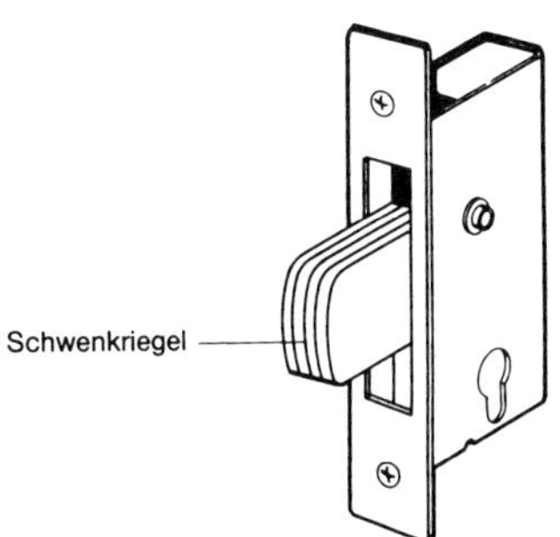

Beim Einbau derartiger Schlösser ist darauf zu achten, dass die Sicherheitsbeschläge sowie die Türblenden von außen nicht abgeschraubt bzw. gelöst werden können.

(Definition VdS)

Scriptviren

Siehe auch Hoaxes, Internet, IT-Sicherheit, Kettenbriefe, Makroviren, Malware, Trojaner, Viren.
Als Scriptviren werden Computerviren bezeichnet, die in einer sogenannten Script-Sprache geschrieben werden. Scriptsprachen sind beispielsweise Javascript oder VisualBasic-Script. Diese Sprachen werden im WWW (→Internet) genutzt, um erweiterte Leistungsmerkmale in HTML-Seiten zu integrieren, wie z.B. graphische Effekte oder eine Benutzerschnittstelle zu anderen Systemdiensten. Script-Sprachen haben im Allgemeinen einen geringeren Sprachumfang als professionelle Programmiersprachen und sind darüber hinaus für eine Nutzung im WWW optimiert.
Die Mehrzahl aller aktuell aktiven Scriptviren ist derzeit in VBS (VisualBasic-Script) geschrieben. Eingebunden in HTML-Seiten oder E-Mails können diese leicht auf die Systemkomponenten zugreifen und sich so eigenständig per E-Mail weiter verbreiten. Waren anfangs Scriptviren noch leicht zu erkennen, nutzen seit 2001 immer mehr Viren die Möglichkeit, den eigenen Programmcode zu verschlüsseln und so eine Enttarnung durch einen Virenscanner zu erschweren. Vor allem den so genannten „Mass-Mailers“ (Viren, die sich z.B. an alle Adressaten in einem E-Mail-Verzeichnis automatisch verschicken) gelingt es immer wieder, flächendeckende Infektionen zu verursachen, bevor sie gestoppt werden können. Zur Abwehr von Scriptviren empfiehlt es sich, Sicherheitsoptionen des Web-Browser und des E-Mail-Programms konsequent zu nutzen. Ebenso stellt ein stets aktueller Virenscanner einen unverzichtbaren Bestandteil der Virenabwehr dar.
(Letzte Änderung: 27.4.2004)

(Dombach)

SD

Siehe Schlüsseldepot.

Secure E-Mail Gateway

Siehe auch Digitale Signatur, E-Mail-Sicherheit, Verschlüsselung
Unter einem Secure E-Mail Gateway versteht man eine zentral im Netzwerk einer Organisation installierte Sicherheitskomponente, die automatisch ausgehende E-Mails verschlüsselt und/oder signiert und eingehende E-Mails ggf. entschlüsselt und/oder verifiziert.
Für die Anwender arbeitet das Secure E-Mail Gateway transparent, sie müssen die Ver- und Entschlüsselung, Signatur und Verifikation

nicht aktiv einleiten. Neben einer höheren Benutzerfreundlichkeit und einem reduzierten Installations-, Administrations- und Schulungsaufwand wird dadurch eine konsequente Umsetzung der organisationseigenen Sicherheitspolitik erreicht. So kann Integrität (Signatur) und Vertraulichkeit (Verschlüsselung) des gesamten E-Mail-Verkehrs sichergestellt werden. Durch das Abspeichern von Übermittlungsbestätigungen kann auch die Nachweisbarkeit der Kommunikation verwirklicht werden. Es besteht die Möglichkeit, fortgeschrittene (firmen- bzw. serverbezogene) oder qualifizierte (personengebundene) Signaturen gemäß dem Signaturgesetz zu erstellen.
Von externen Kommunikationspartnern empfangene Zertifikate werden an zentraler Stelle verifiziert (Common Point of Trust) und gespeichert. Das ermöglicht den einzelnen Anwendern, auch mit Kommunikationspartnern, mit denen sie selbst noch nicht direkt kommuniziert haben, verschlüsselte E-Mails auszutauschen. Die kryptographischen Schlüssel der Organisations-Angehörigen können ebenfalls sicher innerhalb des Secure E-Mail Gateway gespeichert werden.
Ein Secure E-Mail Gateway kann auch durch →Zeitstempel-Funktionalitäten erweitert und/oder an eine →PKI angebunden werden.
(Neu aufgenommen: 20.3.2002)

(Prof. Pohlmann)

Security

Security (im Gegensatz zu →Safety) befasst sich mit vorbeugenden Maßnahmen gegen den Eintritt von Ereignissen (Handlungen, Delikten und anderen unerwünschten Zuständen), die durch Personen in böswilliger Absicht gegen Unternehmen oder Organisationen (Mitarbeiter, Eigentum im weitesten Sinne oder guter Ruf) begangen werden, sowie mit der Begrenzung oder Beherrschung solcher Vorfälle und des daraus resultierenden Schadens.

(Redaktion)

Security Outsourcing (IT)

Siehe auch Betreiber-Modell (Outsourcing von Gebäzdesicherheit), IT-Sicherheit, Managed Security.

Security Outsourcing, auch Security Management Outsourcing, ist die Verlagerung von eigen-betriebenen Sicherheitssystemen (beispielsweise →Firewall, →Content Security Server) von einer Organisation (Kunde) auf einen Security Provider. Bestehende Systeme werden übernommen.
Der Provider übernimmt neben den Sicherheitssystemen häufig auch Wartungsverträge und Personal. Auf dieser Basis werden die Dienste weitergeführt. In der Regel werden die Kunden-Standards von dem Provider übernommen und weitergeführt. Security Outsourcing wird häufig mit →Managed Security verwechselt.
(Neu aufgenommen am 16.6.2000)

(Brunnstein)

Security over IP

Siehe auch Übertragungsgeräte (ÜG), Video-Bildübertragung

In der Vergangenheit arbeiteten sicherheitstechnische Anlagen quasi proprietär mit eigenen Verarbeitungs- und Übertragungsmechanismen. Eingesetzt waren spezielle Übertragungsverfahren (z.B. bei Gefahrenmeldetechnik: Primärleitungstechnik) mit meist analogen und unterschiedlichen Signalisierungen.
Zunehmend entwickeln sich sicherheitstechnische Systeme (Einbruch-, Brandmeldeanlagen, Zutrittskontrolle, Videoüberwachung etc.) zu Datenverarbeitungsanlagen, im Wesentlichen bestehend aus Hard- und Software. Die Übertragung von Alarmen, Störungen, Bildern etc. erfolgt zunehmend nicht mehr über herstellereigene proprietäre Übertragungsmechanismen, sondern netzwerkbasierend über den heute weltweiten Standard TCP/IP (Transmission Control Protokoll/Internet Protokoll gem. IEEE 802 LAN/MAN inhaltlich zum Großteil übernommen als Internationaler Standard in ISO 8802). Durch den Einsatz standardisierter Übertragungsverfahren ist der Einsatz von kostengünstiger Standardhardware, wie z.B. robusten Industrie-PCs, möglich geworden.
Die Entwicklung hin zur digitalen Datenübertragung umfasst auch kommunikationstechnische Anlagen, wie z.B. Telefonie, Sprechanlagen, Funk. Hier werden zunehmend eingesetzt:

- Telefonie: Voice over IP (→VoIP), überträgt Sprache in digitaler Form über Netzwerke
- Sprechanlagen: Com over IP, analog VoIP nur für Sprechanlagen, kombinierbar mit

3

Bildübertragung für digitale Portraitkameras in Sprechstellen
- Funk: zunehmender Einsatz von digitalen Betriebs- und Bündelfunkanlagen, die neben der digitalen Sprachübertragung auch Zusatzdienste durch digitale Datenübertragung bereitstellen.

Netzwerkbasierte Übertragungs- und Protokollverfahren werden zunehmend auch bei der Kopplung von sicherheitstechnischen Anlagen eingesetzt. Insbesondere sind die Protokolle BacNet, OPC, KNX/EIB, LON und SNMP aufzuführen.

(Neu eingefügt: 11.7.2006)

(Loibl)

Security Target

Siehe Sicherheitsvorgaben (IT)

Secure Safe Cabinet

Siehe Sicherheitsschrank

Sekundärleitung

„Sekundärleitungen sind nicht überwachte →Übertragungswege." (Definition nach DIN VDE 0833 und VdS)

Selbstverriegelnde Schlösser

Siehe Automatisch verriegelnde Schlösser

Sensor

Siehe Brandmelder, Gaswarnsysteme, Einbruchmelder, Wassermeldesystem.

Sensorikschleuse

Siehe auch Pendelschleuse, Rückhaltewirkung, Rundschleuse, Schleuse für Personenverkehr, Schleuse/Kabinenschleuse, Vereinzelung.

Die Sensorikschleuse besteht aus zwei sich folgenden gegenseitig verriegelten Türen, deren Zwischenraum mit Sensoren derart überwacht wird, dass nur eine einzelne Person eintreten kann. Die Legitimation erfolgt vor oder innerhalb des Schleusenraumes. In Ausgangsrichtung ist die Schleuse frei begehbar. Zum Zutritt von Personengruppen, zum Transport sperriger Güter oder in Notfällen können beide Türen aufgesteuert werden. Einbruchhemmung, Beschusshemmung, Rauch- und Brandabschluss sind möglich.

Siehe dazu auch die Abbildungen beim Stichwort Schleuse für Personenverkehr.

(Neu aufgenommen am 16.4.2002)

(Huber)

Sensorkabel (Wassermeldesystem)

Komponente eines →Wassermeldesystems – zur linearen und/oder flächenmäßigen Überwachung auftretender elektrisch leitender Flüssigkeiten.

Diese flachen und hochflexiblen Kabeldetektoren sind an einer Seite perforiert, sodass ein elektrisch leitendes Medium Kontakt zwischen den Leitern herstellt und über die angeschlossene Auswerteelektronik ein optischer und akustischer Alarm ausgelöst wird.

Je nach Anforderung reicht die Palette der Sensorkabel und der dazugehörigen Auswerteelektronik von der einfachen Meldung bis hin zur exakten Ortung der ausgetretenen elektrisch leitenden Flüssigkeit.

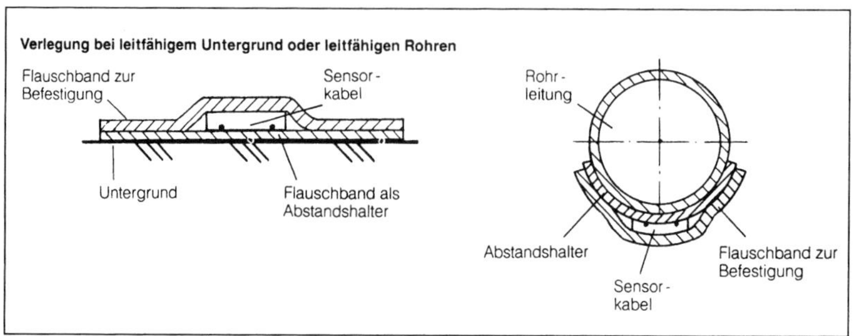

Verlegung eines Sensorkabels bei elektrisch leitfähigem Untergrund oder metallischen Rohren (in „6 Uhr Stellung")

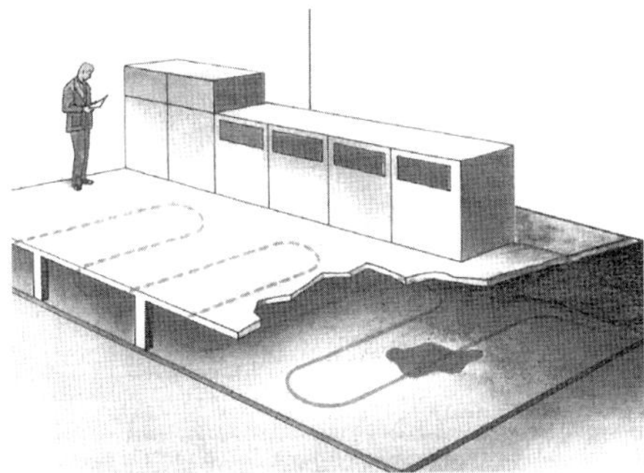

Wassermeldesystem mit mäanderförmig verlegtem Sensorkabel

Je nach Anwendungsfall wird das Sensorkabel entweder mäanderförmig zum Beispiel in Doppelböden von EDV-Anlagen oder unterhalb einer Rohrleitung in der 6 Uhr Stellung – also unterhalb des Rohrs – verlegt, um bereits im Entstehungsstadium elektrisch leitende Flüssigkeiten rechtzeitig anzuzeigen.

(Henneck)

Sensorkabel (BMA)

Siehe Wärmemelder.

Server-Safe

Siehe auch Datensicherungscontainer, Datensicherungsraum, Datensicherungsschrank, Daten-Disketteneinsatz.

Datensicherungsschrank mit integrierter Kühlanlage und feuer-, gas- und wasserdichten Kabeldurchführungen zum Einbau von EDV Hardware und Sicherung von Datenbeständen. Es können sowohl freistehende als auch Geräte der 19"- Einschubtechnik eingebaut werden. In Bezug auf den Brandschutz sollte ein Serversafe der Bauart eines Datensicherungsschrankes S 120 DIS für zwei Stunden Feuersicherheit entsprechen (EN 1047-1) und je nach Bedarf über einen Einbruchschutz des Widerstandsgrades I, II oder III nach EN 1143-1 verfügen.

(Letzte Änderung: 15.5.2004)

(Redaktion)

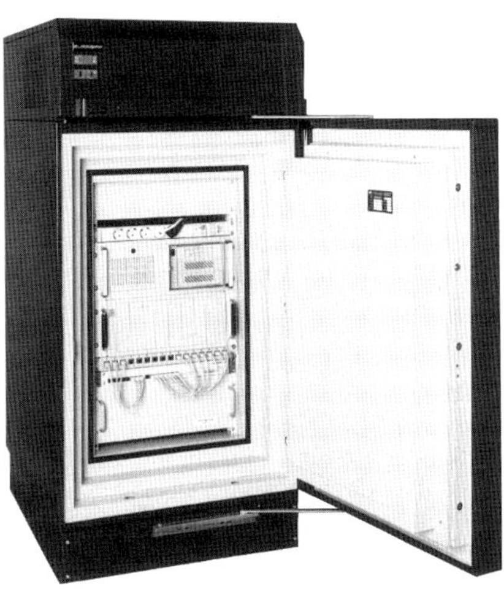

Datensicherungsschrank mit Klimaanlage und gesicherten Kabeldurchführungen zur Aufnahme eines kompletten Rechners

(Foto Adolphs Eurosafes)

SES

Verband Schweizerischer Errichter von Sicherheitsanlagen.

Kurzbeschrieb und Anschrift →Behörden, Verbände, Institutionen.

SET

Siehe E-Payment

SEV

Schweizerischer Elektrotechnischer Verein, Zürich.

Kurzbeschrieb und Anschrift →Behörden, Verbände, Institutionen.

SF (Splitterfrei)

Siehe auch NS, Panzerglas, S, SA, Splitterabgang.

Frühere Zusatzbezeichnung bei der Einstufung von durchschusshemmenden Verglasungen nach der inzwischen zurückgezogenen DIN 52290. Nach der neuen DIN EN 1063 besagt die Zusatzbezeichnung „NS", dass bei der Beschussprüfung kein Splitterabgang auf der geschützten Seite festgestellt wurde. Die Eigen-

schaft „mit Splitterabgang“ wird mit „S“ gekennzeichnet.
(Neu aufgenommen am 1.7.2002)

(Hohl)

SFV

Schweizerischer Feuerwehrverband, Bern.
Kurzbeschrieb und Anschrift →Behörden, Verbände, Institutionen.

Shutter

Siehe auch CCD-Kamera.
Ein Shutter ist eine Einrichtung zur Belichtungszeitverkürzung von Videokameras. Das Wort bedeutet eigentlich Verschluss oder Verschlussblende. Zunächst wurde auch durch eine rotierende Flügelblende die Zeit, in der Licht auf den Bildaufnehmer fiel, begrenzt (mechanischer Shutter). Heute bezieht sich Shutter hauptsächlich auf CCD-Kameras, wobei die Belichtungszeitverkürzung elektronisch realisiert wird (elektronischer Shutter). Wie in der Photographie sind die Auswirkungen des Shutter-Betriebs in einer Verminderung der Bewegungsunschärfen zu finden. Durch eine zusätzliche Regelschaltung kann per Shutter die komplette Belichtungssteuerung einer CCD-Kamera erfolgen. So ist man nicht mehr auf teure Auto-Iris-Objektive angewiesen, die eine Blendenregelung durch die Kamera ermöglichen.

(Schilling)

SIA

Schweizerischer Ingenieur- und Architekten-Verein, Zürich.
Kurzbeschrieb und Anschrift →Behörden, Verbände, Institutionen.

Sicherheit

Sicherheit ist ein Zustand,

- der vorliegt, wenn bestimmte Gefahren, die einem definierten Bezugssystem drohen, beseitigt sind,
- der für dieses System durch umfassende, auf das System abgestimmte Maßnahmen der Sicherung erreicht wird.

(Meißner)

Sicherheitsarchitektur (IT)

Der Begriff Sicherheitsarchitektur (security architecture) wird vorwiegend im Zusammenhang mit der Informationsverarbeitung gebraucht. Unter der Sicherheitsarchitektur eines Unternehmens oder einer Behörde ist die Gesamtheit aller in den Unternehmens- oder Behördenbereichen realisierten Sicherheitskonzepte und die daraus abgeleiteten IV-technischen Sicherheitsmaßnahmen zu verstehen. Eingeschlossen sind

- die Maßnahmen in heterogenen Client/Server-Systemen sowie in Netzen und beim Anschluss an öffentliche Netze,
- die Maßnahmen der Aufbau- und Ablauforganisation und mit der gesamten sicherheitsrelevanten Dokumentation – dazu gehören die entsprechenden Planungen sowie die Kontrollen auf Einhaltung der Konzepte, Richtlinien zum Einsatz der Maßnahmen und die Maßnahmen selbst sowie der Schutz der Maßnahmen.

(Letzte Änderung: 12.7.98)

(Prof. Pohl)

Sicherheitsberatung

Sicherheitsberatung umfasst alle Dienstleistungen, bei denen Nutzer und Investoren bei der Erarbeitung von Sicherheitskonzepten, bei der Sicherung von Prozessen sowie der Evaluierung von Produkten und Dienstleistungen neutral beraten werden.
Da Sicherheit ein Querschnittsthema ist (sie umfasst Beratung zur Anlagensicherheit genauso wie die Sicherheit in der Informationsverarbeitung), berücksichtigt eine hochwertige Sicherheitsberatung immer die Auswirkungen einzelner oder komplexer Maßnahmen auf Prozesse, Strukturen und anderer direkt oder indirekt betroffener Techniken oder Personen.
Neutrale Sicherheitsberatung bedeutet produkt- und herstellerunabhängige, kunden- und risikoorientierte Beratung. Neutralität gewährleistet organisatorische und wirtschaftliche Optimierung der Sicherheit. Sie vermeidet das Risiko, dass der Beratene Produkte und Leistungen über den tatsächlichen Bedarf hinaus erhält. Wer auf Neutralität Wert legt, sollte in die Beratungsverträge Konventionalstrafen-Klauseln einbinden, die sicherstellen, dass im Falle einer festgestellten Abhängigkeit Poenale zu entrichten ist.

Komponenten der Sicherheitsarchitektur						
Strategie	**Management**	**Infra-struktur**	**Software**	**Hardware**	**Zugriffskon-trolle**	**Notfall-vorsorge**
Sicherheits-Analysen	Aufgaben des IS-Beauftrag-ten	Objektschutz	Daten-modelle	Plattformen: Host, WS, C/S, PC, PABX, Produktion	Security-Administration	Back-up/ Restore, Fall-back
Informations-Wert-analysen	Aufbau der IS-Organisation	Zugangs-kontrolle	Entwicklung, Test, Integration	Konfigura-tions-Sicherheit	Zugriffs-kontrolle, Filter-rechner (Firewalls)	Archivierung
Security Level, Konzepte, Maßnahmen	Awareness, Schulung, Support, Kontrolle, Sanktionen	Wasser-, Gas-, Strom-leitungen	Bewertung, Freigabe, Produktion	Daten-leitungen	Encryption, digitale Signa-tur	Katastrophen-Plan
Rechtliche Grundlagen	Personelle Sicherheit	Back-up und Fall-back der Datenleitun-gen	Verteilung, Konfigura-tions- und Change-Management	Anschlüsse an Partner: LAN, WAN, Internet	Trust Center: Zertifizierung, Key Manage-ment, Schlüs-sel-Archiv	Untersu-chungs-Verfahren bei Missbrauch
Kontroll-Kreisläufe	Kontrolle der Architektur: Qualitätsma-nagement	Change-Management	Versiegelung. Kontrolle der Konfiguration	Change-Management	Schutz der Maßnahmen	Kooperation mit Behörden
Betriebsver-einbarungen	Revision	Planung und Entwicklung	Planung und Entwicklung	Planung und Entwicklung	Alarm-behandlung	Erfa-Kreise

In der Schweiz und in Deutschland gibt es jeweils Verbände, deren Mitglieder sich verpflichtet haben, herstellerunabhängig zu beraten und zu planen. In der Schweiz ist es der →SSI, in Deutschland der →BdSI (siehe Behörden, Verbände, Institutionen).

(Letzte Änderung: 27.6.98)

(Zalud)

Sicherheitsbeschlag

Siehe Schutzbeschlag.

Sicherheitsbevollmächtigter (SiBe)

Siehe auch Geheimschutz, Geheimschutzdokumentation/-plan, Geheimschutzhandbuch, Geheimschutzverfahren in der Wirtschaft, Spionage, Verschlusssachenregelung.

Fachlich und persönlich geeignete(r) leitende(r) Angehörige(r) eines durch den Bundesminister für Wirtschaft und Technologie der Bundesrepublik Deutschland (BMWi) geheimschutzbetreuten Unternehmens, die (der) in Angelegenheiten des Geheimschutzes der Geschäftsleitung des betreffenden Unternehmens unmittelbar unterstellt, für die ordnungsgemäße Durchführung der durch das betreffende Unternehmen übernommenen Geheimschutzverpflichtungen gegenüber dem BMWi verantwortlich und von der Geschäftsleitung des betreffenden Unternehmens mit geheimschutzrelevanten, im „→Geheimschutzhandbuch," des BMWi aufgeführten Befugnissen ausgestattet ist.

(Letzte Änderung: 11.7.2006)

(Meißner)

Sicherheitscontracting

Siehe auch Betreiber-Modell, Life Cycle, Security Outsourcing (IT)

Sicherheitscontracting ist ein in Deutschland erst vor wenigen Jahren eingeführtes Dienstleistungs-Konzept rund um die Gebäudesicherheit. Der „Contractor", in der Regel ein großer, besonders leistungsfähiger Anbieter von Sicherheitslösungen, übernimmt dabei über eine vereinbarten Vertragslaufzeit für den Kunden weitreichende Aufgaben von der Konzeption bis zur Installation und Wartung seiner sicherheitstechnischen Einrichtungen. Die Anlagen

3

bleiben – wie beim klassischen Leasing – Eigentum des Anbieters. Das Modell geht jedoch über herkömmliche Leasing- und Wartungsmodelle hinaus, denn neben Wartung und Betrieb können die Contracting-Leistungen auch die kontinuierliche Modernisierung und andere Services umfassen. Der Vertragsnehmer profitiert davon in mehrfacher Hinsicht: Er kann sich ganz auf sein Kerngeschäft konzentrieren, ohne sich dabei um die Einhaltung von Sicherheitsvorschriften oder um das Funktionieren seiner sicherheitstechnischen Anlagen kümmern zu müssen. Darüber hinaus kann er sich darauf verlassen, dass seine sicherheitstechnischen Anlagen immer auf dem neuesten technischen Stand sind. Bei Veränderungen – wie Wachstum der Firma, Umnutzung von Gebäuden und Produktionsstätten, Verkleinerung oder Verlagerung des Kerngeschäfts – kann er flexibel reagieren, weil die Sicherheitstechnik vom Contractor entsprechend angepasst wird. Nicht zuletzt erhöht Sicherheitscontracting – wie beim Leasing – die Liquidität und verbessert so grundsätzlich die Ausgangslage beim Rating von Basel II.

(Neu eingefügt: 11.7.2006)

(Dr. Salié)

Sicherheitsfolie

Siehe auch Alarm-Sicherheitsfolie, durchbruchhemmende Verglasung, durchschusshemmende Verglasung, durchwurfhemmende Verglasung, Einscheiben-Sicherheitsglas, Flächenüberwachung, Panzerglas, PET-Folie, Sandwichfolie, Splitterschutzfolie, Verbundsicherheitsglas.

Sicherheitsfolien dienen der Nachrüstung von Glasflächen gegen Blitzeinbruch und Vandalismus (z.B. gegen Molotow-Cocktails, Schlageinwirkung, Glasschneider, Explosion). Sie haben in der Regel eine Dicke von 300 bis 400 µ (0,3 bis 0,4 mm), sind selbstklebend und werden nachträglich mit spezieller Montageflüssigkeit auf vorhandene Glasflächen aufgetragen.

Durch die Montage von Sicherheitsfolien wird vorhandenes Glas in die Widerstandsklasse P2A nach EN356 (durchwurfhemmend – entspricht A1 nach DIN 52290) nachgerüstet. Je nach Produkt wird diese Widerstandklasse bereits in Verbindung mit Einfachglas ab 3 mm Dicke erreicht. Daneben haben einige Pro-

Beschichtung eines Fensters mit Sicherheitsfolie.

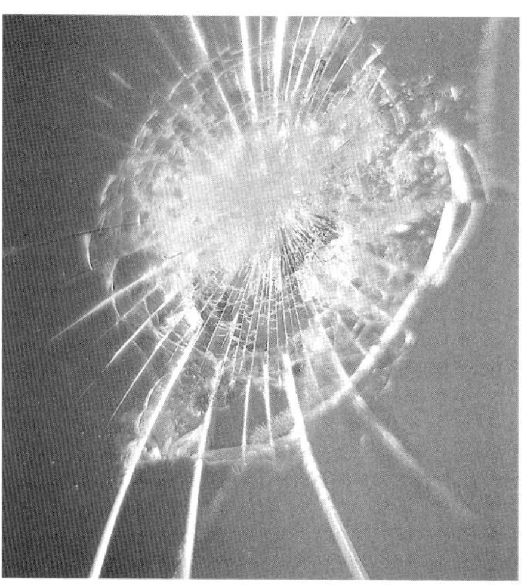

Foliengesicherte Glasfläche nach einem Angriff

(Foto: Prosafe-Folientechnik, Münster)

dukte noch eine sprengwirkungshemmende Eigenschaft (Druckstoßbelastung von 0,25 bar bei einem Impuls von 2,9 bar ms).

Sicherheitsfolien sind nicht zu verwechseln mit sog. „→Splitterschutzfolien". Letzere entsprechen lediglich den Anforderung an einen Verletzungsschutz gemäß den Berufsgenossenschaftlichen Vorschriften (Unfallverhütungsvorschriften).
Durch den mehrlagigen Aufbau (Sandwich-System, →Sandwichfolie) kann eine Sicherheitsfolie auftragsbezogen und individuell mit Zusatzeigenschaften wie Sonnen-, Sicht-, Hitze-, und Blend- und Abhörschutz (→kompromittierende Abstrahlung) ausgestattet werden. Ein deutsches Produkt besitzt durch eingelegte Alarmfäden (→Alarm-Sicherheitsfolie) zusätzlich die Funktion eines vollflächigen Glasdurchbruchmelders nach VdS-Klasse C.
Bei jeder Folienverarbeitung ist zwingend eine mechanische Verbindung der foliengesicherten Glasflächen mit den Fensterrahmen herzustellen. Zu diesem Zweck wird die Sicherheitsfolie unter de- und wiedermontierbare Glashalteleisten verlegt. Sollte dies nicht möglich sein (z. B. bei älteren Fensterkonstruktionen oder einigen Holzfenstern), wird alternativ eine umlaufende Silikonnaht vorgenommen oder es werden zusätzlich Spezialprofile aufgesetzt.
Durch permanente Entwicklung und Forschung sind die „Kinderkrankheiten" (Vergilbung, Versprödung, Verkratzung) beseitigt, so dass bei guten Folien von der gleichen Lebensdauer wie bei Isolierglas auszugehen ist.
Die Montage darf ausschließlich geschulte Fachmonteure durchgeführt werden und ähnelt grob der Tätigkeit eines Fensterputzers. Die Arbeiten erfolgen schnell, sauber und ohne dabei den Betriebsablauf in Unternehmen zu stören.
(Letzte Änderung: 25.5.2004)

(Kilincli)

Sicherheitsinstitut

Schweizerisches Institut zur Förderung der Sicherheit (Sicherheitsinstitut), früher BVD (Brandverhütungsdienst für Industrie und Gewerbe, Zürich)
Kurzbeschrieb und Anschrift →Behörden, Verbände und Institutionen.

Sicherheits-Jahrbuch

Seit 1984 erscheinendes Nachschlagewerk, das online bestellt werden kann unter http://buch-shop.secumedia.de bzw. in der Schweiz http://www.mediasec.ch/sija/index.htm

Sicherheitskonzept

Siehe auch KonTraG, Integriertes IT-Sicherheitskonzept, IT-Sicherheits-Policy, Sicherheitsprozess (IT).

Ein Sicherheitskonzept besteht aus einer Reihe von aufeinander abgestimmten Sicherheitsmassnahmen (→Sicherheitsmaßnahme), die erst in ihrer Kombination die gewünschte Schutzwirkung ergeben. In Frage kommen je nach Schutzobjekt bauliche, technische, organisatorische und versicherungstechnische Massnahmen. Die notwendige Schutzwirkung ist auf der Grundlage einer systematischen Risikoanalyse und anhand von Schutzzielen zu definieren (→Risiko-Management).
Ein optimales Sicherheitskonzept soll folgenden Anforderungen genügen:

- Homogenität der Maßnahmen (keine gefährlichen Lücken)
- Vollständigkeit (z.B. einschließlich Notfall- und Katastrophenschutzplanung)
- Wirksamkeit rund um die Uhr und bei allen Betriebszuständen
- Verhältnismäßigkeit von Kosten und Nutzen (auf der Basis einer Risikoanalyse, →Risiko-Analyse-System).

In der Anwendung sind ganzheitliche Sicherheitskonzepte von Teilkonzepten zu unterscheiden:
Ganzheitliche Sicherheitskonzepte sind für besonders schutzwürdige Objekte, Werte oder Prozesse angezeigt, wie beispielsweise für Industrieanlagen, Kraftwerke, Verwaltungs- und Rechenzentren, Lagerkomplexe, Produktionsprozesse usw.
Teilkonzepte beinhalten abgestimmte Maßnahmen für Teilbereiche, wie z.B. die Zutrittskontrolle, den Wertschutz, Personenschutz, Brandschutz, Informationsschutz, Datenschutz- und Datensicherheit, Katastrophenschutz (z.B. auch Maßnahmen zur raschen Bewältigung von Betriebsunterbrüchen) und den Versicherungsschutz, bzw. die finanzielle Absicherung.
Bei Neu- und Umbauvorhaben erfolgen Sicherheitsinvestitionen mit Vorteil auf solchen konzeptionellen Grundlagen. Besondere Beachtung ist den Schnittstellen von Teilkonzepten zu widmen. Häufig sind diese durch organisatorische Maßnahmen abzudecken. In

der Regel macht sich eine das Bau-Projekt begleitende Sicherheitsplanung bezahlt.

In der Schweiz haben sich produktneutrale Beratungsunternehmen auf die Planung und Realisierung von Sicherheitskonzepten spezialisiert und in der Schweizerischen Vereinigung unabhängiger Sicherheitsingenieure und -berater, SSI →Behörden, Verbände, Institutionen) zusammengeschlossen. Auch in Deutschland (→BdSI) und Österreich gibt es produktunabhängige Ingenieure und Sicherheitsberater, die Analysen und Konzepte erstellen. Teilweise bieten auch Versicherungsgesellschaften und Behörden entsprechende Dienstleistungen an.

(Letzte Änderung 6.3.2002)

(Preisig)

Sicherheitskriterien

Siehe auch Common Criteria (CC), ITSEC, IT-Sicherheitszertifizierung.

Im Bereich der IT-Sicherheit: Normative Regelwerke mit [technischen] Anforderungen an ein Produkt, Vorgaben zur Evaluierung des Produkts sowie der Bewertung dieser →Evaluierung mit dem Ziel der Erteilung eines Zertifikats (→Zertifizierung).

(Letzte Änderung: 11.7.2006)

(Redaktion)

Sicherheitsleitsystem

Bei der Vernetzung von Sicherheitsanlagen in einem →intelligenten Gebäude spielt das Sicherheitsleitsystem eine zentrale Rolle. Die Sicherheitsanlagen (Einbruchmeldung, Brandmeldung, Personenschutz, Zutrittskontrolle, Videoüberwachung, Wächterkontrolle) werden über Datenschnittstellen mit dem Sicherheitsleitsystem verbunden.

Das Sicherheitsleitsystem ermöglicht die Überwachung aller gefährlicher Zustände, sowie die Fernbedienung und Zustandsabfrage der angeschlossenen Subsysteme. Das Videomanagement mit Alarmverifikation, Bildvergleich und Verwaltung von Videosequenzen ist ebenfalls Teil eines modernen Sicherheitsleitsystems.

Eine standardisierte →Benutzerschnittstelle erlaubt eine einheitliche Alarmbearbeitung aller Meldungen nach Prioritäten. Dabei wird der Benutzer mit Maßnahmentexten und Einsatzplänen, die auf Farbgrafikmonitoren oder Druckern ausgegeben werden, bei der Intervention unterstützt. Ereignisse, Alarme und Benutzereingriffe werden protokolliert und in einer Archiv-Datenbank abgelegt, was statistische Auswertungen ermöglicht. Durch automatisches oder manuelles Aufschalten und Speichern von Videosequenzen (Kameras) wird der Anwender bei der Beurteilung von Ereignissen und bei der Intervention unterstützt.

Sicherheitsleitsysteme bilden bei integrierten Systemen die Brücke zu Kommunikationsanlagen und Gebäudeleitsystemen und kontrollieren den Meldungsaustausch zwischen den verschiedenen Sicherheitssystemen. Das Sicherheitsleitsystem dient dabei als Protokollwandler und Meldungsfilter gegen unerlaubte Zugriffe auf die Subsysteme.

Im Einsatz sind Ein- oder Mehrplatzsysteme, sie basieren meist auf einer vernetzten PC-Architektur unter einem UNIX- oder Windows-Betriebssystem. Die Fernbedienung erfolgt heute meist über eine grafische Visualisierung der überwachten Gebäude, die bei professionellen Systemen oft auf einem zweiten Bildschirm, parallel zur Alarmbearbeitung vorhanden ist (Arbeitsplatz mit 2 Bildschirmen).

Neuere Systeme werden oft mit einer Oberfläche für die erweiterte Bedienung von Videosystemen (→Videomanagementsystem) ausgerüstet. Dies erlaubt eine vollständige Fernbedienung von CCTV-Anlagen, Anlagen zur →Video-Bildübertragung sowie die Integration von Bildspeichereinrichtungen. Im optimalen Fall ist diese Benutzeroberfläche in die Alarmbearbeitung integriert. Oft steht dafür auch ein zusätzlicher Bildschirm zur Verfügung.

(Letzte Änderung: 11.7.2006)

(Straumann)

Sicherheitsmaßnahme

Unter Sicherheitsmaßnahme ist eine definierte Maßnahme, z.B. organisatorischer oder baulicher Art, zu verstehen. Eine einzelne Sicherheitsmaßnahme ergibt selten einen wirkungsvollen Schutz. In der Regel müssen mehrere, aufeinander abgestimmte Maßnahmen zur Erzielung eines wirksamen Schutzes getroffen werden (→Sicherheitskonzept).

(Preisig)

Sicherheitsorganisation

Siehe Risiko-Management.

Sicherheitspolicy

Siehe auch IT-Sicherheit (mit weiteren Verweisen)

Der Begriff „Sicherheitspolicy" (Sicherheits-Policy, Security Policy) wird in der IT-Welt in verschiedenen Bedeutungen bzw. auf verschiedenen Abstraktionsebenen verwendet, von einer übergeordneten organisationsweiten Sicht, einem technologiebezogenen Standpunkt, bis hin zu Mechanismen bei der SW-Entwicklung.

Im übergeordneten Sinn werden in der Sicherheitspolicy die generellen organisationsweiten Sicherheitsstandards und -regelungen festgelegt. Ziel ist der Schutz des Eigentums – inklusive Know-how, Datenbestands und Ansehen der Organisation. Wichtige Bestandteile einer übergeordneten Sicherheitspolicy sind:

- Festlegung von Verantwortlichkeiten
- Festlegung der übergeordneten Schutzziele, z.B.
  - Schutz firmenvertraulicher Daten
  - Schutz von Kommunikationsbeziehungen zu Kunden
  - Schutz des Produktionsprozesses
  - Schutz der IT-Infrastruktur
- Genauere Spezifikation der Schutzziele
  - Welche Systeme sind zu schützen?
  - Vor wem ist etwas zu schützen? (z.B. Unterscheidung Innentäter/Außentäter)
  - Wovor ist es zu schützen? (Löschen, Lesen, Ändern Bekanntwerden der Existenz, Denial of Service)
  - Wie stark ist es zu schützen?
  - Wie lange ist es zu schützen?
  - Wieviel kann/soll für den Schutz ausgeben werden?
- Schnittstellen zum Datenschutzkonzept, Berücksichtigung verbindlicher Richtlinien
- Auswahl der einzusetzende Methoden zum Erreichen von Sicherheit
- Mechanismen zur Kontrolle der Sicherheitsmaßnahmen
- Festlegung der nach einem erkannten Sicherheitsproblem durchzuführenden Massnahmen
- Vorgaben zum IT-Sicherheitskonzept
- Datensicherungskonzept
- Notfallkonzept
- Spezifikation von Rollen, Rechte und Pflichten im Hinblick auf die IT-Sicherheit bzw. Sicherheitsverantwortung , z.B. für
  - den Sicherheitsbeauftragten
  - den Systemadministrator/Netzwerkadministrator
  - einen Netzwerkbenutzer
- Grundsätzliche Regeln, z.B.
  - Vier-Augen-Prinzip
  - Need-to-Know
- Schulungskonzepte, Sicherstellung von Akzeptanz und Anwendbarkeit der Sicherheits-Policy/Sicherheitsmaßnahmen
- Regeln für die Mitarbeiter, z.B. zu
  - Benutzerethik
  - Allgemeine Regeln für den Umgang mit vertraulichem Material
  - Umgang mit Geräten
  - Zugriffscodes und Passworte
  - Benutzung von Internet, Email, Messenger Systemen, Chat
  - Virenschutz aus Anwendersicht
  - Datensicherung aus Anwendersicht
  - Copyright-Fragen, unerlaubte Software
  - Verstöße, Eskalation, Konsequenzen
- Fortschreibung und Anpassung der Sicherheitspolicy

Eine übergreifende IT-Sicherheitspolicy sollte mit den allgemeinen Zielen einer Organisation verträglich sein und von deren Führung initiiert werden. Sie muss von allen Beteiligten „gelebt" werden und ist internen und externen Veränderungen anzupassen. Basierend auf der Security Policy ist ein Sicherheitskonzept zu erstellen, welches die Vorgaben in konkrete Maßnahmen (Konfigurationen, Filterregeln etc.) umsetzt.

Im allgemeinen Sprachgebrauch wird der Begriff Sicherheitspolicy auch in einem engeren Sinn verwendet, und zwar als Regelung für den Einsatz bestimmter Sicherheitstechnologien wie VPN, sichere E-Mail oder Firewalls. Im Falle von Firewalls etwa gehören in die Sicherheitspolicy Festlegungen wie etwa:

- Einsatzbereich
- Konfiguration
- Zugriffsrechte
- Protokollierung
- Datendurchsatz
- Notfallmaßnahmen

(Letzte Änderung: 11.7.2006)

(Rosmus)

3

Sicherheitsprozess (IT)

Siehe auch IT-Sicherheit, KonTraG, Risiko-Management, Sicherheitskonzept

Allgemeines Vorgehensmodell zur Erreichung von subjektiven Sicherheitszielen in Organisationen (Behörden, Unternehmen, etc.). Das Vorgehensmodell beschreibt die verschiedenen Phasen, mit denen die Etablierung und Fortschreibung von IT-Sicherheit als Ziel erreicht werden soll. Die Phasen gliedern sich grob in Planung, Realisierung und Aufrechterhaltung. Feiner gegliedert stellt sich die Planung in Definition von Unternehmens- und Schutzzielen, Systemanalyse, Bedrohungsanalyse, Maßnahmendefinition und →Sicherheitskonzept dar. Das Unternehmensziel wird von der Unternehmensleitung vorgegeben.

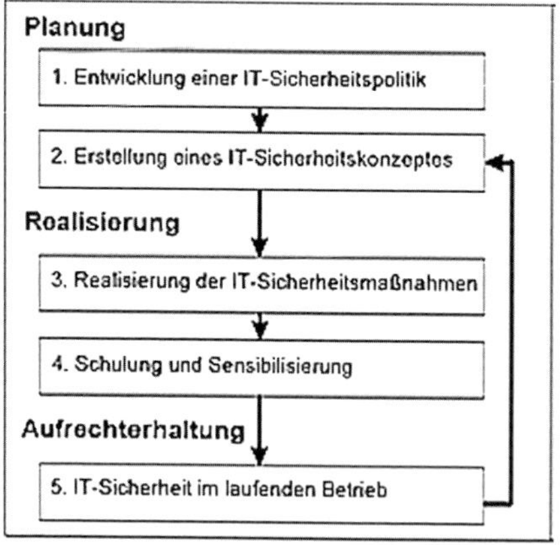

Sicherheitsprozess nach BSI

Anschließend folgt die Umsetzung der Maßnahmen und die Sensibilisierung (durch entsprechende Veranstaltungen, Rundschreiben, etc.) und Schulung der Anwender. Die Fortschreibung des Sicherheitskonzepts beschreibt das erneute Vorgehen nach dem Sicherheitsprozess, sodass eine periodische Revision und damit ein Sicherheitszyklus entsteht. Beispiele finden sich beim →BSI und beim British Standard Institute (→ISO-IEC 27001 (früher BS 7799)).

(Neu aufgenommen am 16.6.2000)

(Markmeyer)

Sicherheitsschleuse (Brandschutz)

Siehe auch Schleuse (Brandschutzschleuse).

Von der Wirkung her mit einer Brandschutzschleuse vergleichbar; jedoch hinsichtlich der geometrischen und Ausstattungsbedingungen strengeren Anforderungen unterworfen.

(Letzte Änderung: 9.7.1998)

(Prof. Beilicke)

Sicherheitsschrank

Siehe auch Datensicherungsschrank, Duplexschrank, Einmauerschrank, Kassenschrank, Wandtresor.

In der Europäischen Norm EN 14 450 „Sicherheitsschränke" werden Anforderungen und prüftechnische Kriterien für Sicherheitsschränke in zwei Sicherheitsstufen unterhalb des Widerstandsgrades 0 nach EN 1143-1 definiert. Damit werden die unterschiedlichen nationalen Anforderungen an leichte Stahlschränke in den EU-Ländern ersetzt. Dem Markt stehen somit auch für die vielfältigen Anwendungen in diesem Bereich typgeprüfte und zertifizierte Sicherheitsschränke zur Verfügung.

Die EN 14 450 enthält folgende Kernpunkte:

- Zwei Sicherheitsstufen: Sicherheitsstufe S 1 mit einem Grenzwert von 2 SU (Sicherheitseinheiten / security units) und Sicherheitsstufe S 2 mit 5 SU. Freistehende Sicherheitsschränke der Stufe 1 müssen einen Verankerungstest mit 20 kN bestehen; für die Stufe S 2 sind 40 kN vorgesehen. Einmauerschränke werden einer Prüfung mit dem Ziel der Wegnahme des Produkts unterworfen. Für beide Schranktypen sind Tests für den Zugriff zum Schrankinnern durch die Tür und den Schrankkörper festgelegt worden.
- Werkzeugliste mit definierten Werkzeugen und einer entsprechenden Bewertung mit einem Koeffizienten (SU/min) und Tool Points (TP): Ziel der Prüflaboratorien ist es, unter Einsatz der optimalen Werkzeugkombination die niedrigsten Sicherheitseinheiten zu ermitteln. Für die Sicherheitsstufe S 1 ist der Einsatz der Werkzeuge auf 40 TP und für die Sicherheitsstufe S 2 auf 60 TP begrenzt.
- Schloss nach EN 1300: Es liegt in der Entscheidung des Hersteller bzw. des Kunden, ob ein zertifiziertes Schloss der Klasse A, B, C oder D eingebaut wird.

Aufgrund der europäischen Harmonisierung besteht nach Veröffentlichung der prEN 14450:2002 bzw. EN 14450:2004 für das VDMA-Einheitsblatt 24 992 keine technische Notwendigkeit mehr. Das Einheitsblatt VDMA 24 992 (Ausgabe Mai 1995) ist darum auf Beschluss der Mitgliederversammlung des Fachverbandes Sicherheitssysteme im →VDMA zum 31. Dezember 2003 ersatzlos zurückgezogen worden. Die EN 14 450 ist in das Prüf- und Zertifizierungssystem des →European Certification Board•Security Systems (ECB•S) eingebunden worden. Auf Grundlage einer Typprüfung nach EN 14 450 wird vom European Certification Board ein ECB·S-Produktzertifikat vergeben, mit dem die Hersteller freien Marktzugang zu allen europäischen Ländern haben sollen.
(Letzte Änderung: 17.7.2006)

(Reingen)

Sicherheitssoftware

Siehe auch IT-Sicherheit (mit weiteren Verweisen).

Programme, die der Sicherheit in der Informationstechnik dienen, durch Zugriffskontrolle, Schutzmaßnahmen gegen Manipulation und gegen Aufhebung der Vertraulichkeit von Daten, Schutzmaßnahmen gegen Datenverlust und durch Revisionsmöglichkeiten. Da nur wenige Betriebssysteme integrierte Sicherheit bieten, muss Sicherheitssoftware zusätzlich eingesetzt werden.

Sicherheits-Software kann folgende Programmfunktionen beinhalten:

- **Zugriffskontrolle**
  Eine Funktion, die den Zugriff auf das System über eine Reihe von Optionen regelt und kontrolliert:
  - Identifizierung und Authentisierung der Benutzer
  - Zugriffskontrolle auf Computer-Ressourcen
  - Protokollierung und Audit
  - Wiederaufbereitung von Speichern
- **Manipulationsschutz und Sicherung der Vertraulichkeit**
  Diese Funktion vermeidet das Risiko der Manipulation und der Aufhebung der Vertraulichkeit von Daten:
  - Integritätsprüfung durch Prüfsummen oder elektronische Unterschrift
  - Verschlüsselung und Key Management
- **Virenschutz**
- **Schutzmechanismen gegen Datenverlust**
  - Backup durch Kopieren der Daten
  - Recovery mit Check Point-Techniken
  Das System kopiert in regelmäßigen Abständen den Speicherinhalt, sodass nach einem Systemabsturz die Verarbeitung lediglich von letzten Check Point an neu aufgenommen werden muss.
- **Kontroll- und Revisionsmaßnahmen**
  - teilweise integriert in Zugriffskontrollsoftware
  - Protokollierung aller für die Sicherheit der DV relevanten Vorgänge

Standard-Software oder Individuallösung?

Standard-Software, die meistens Anpassungen an jeweilige Sicherheitsanforderungen zulässt, ist preiswerter und gewährleistet durch Zertifikate (→Common Criteria, →ITSEC) hohe Qualität.

Standard-Lösungen erlauben durch die Verfügbarkeit von API's eine hohe Flexibilität und die Integration von Sicherheitsmaßnahmen in Anwendungsprogramme.

In Client Server Systemen ist zusätzliche Sicherheitssoftware, die die Clients, das Netzwerk und den Server schützen, nötig. Die heutigen LAN-Betriebssysteme schützen nur den Server.

(Görtz)

Sicherheitssystem

Sicherheitssystem ist ein entsprechend umgesetztes und damit realisiertes →Sicherheitskonzept.

(Meißner)

Sicherheitstechnische Kennzahlen (Brandschutz)

Zusammenfassende bzw. übergreifende Bezeichnung für Kennzahlen und Kenngrößen, die im Zusammenhang mit brandschutztechnischen, explosionsschutztechnischen und anderen sicherheitstechnischen Größen Verwendung finden. Sie umfassen neben den allgemein bekannten Größen wie Flammpunkt, Zündtemperatur, Explosionsgrenzen usw. auch Angaben zu für den Arbeitsschutz bedeutungsvollen Daten.

Sicherheitstechnische Kennzahlen werden im Allgemeinen für reine Stoffe ermittelt. Die Grenzen zu toxikologischen Wirkungen und zur Arbeitsmedizin sind fließend.
(Neu aufgenommen am 10.6.2000)

(Prof. Beilicke)

Sicherheitstür

Siehe auch Einbruchhemmende Tür, Feuerschutzabschluss, Panzertür, Rauchschutztür, Tür

Tür an oder in einem Gebäude für die Freigabe, bzw. Sperrung des Personen- und/oder Warenverkehrs zwischen zwei Zonen. Definierter Schutz gegen Angriffe mit mechanisch wirkenden Einbruchswerkzeugen, Schutz bei Bränden. Spezialausführungen auch in gas- und wasserdichter Version.

Konstruktionsmerkmale:

- Türflügel (Türblatt) in massiver Ausführung, meist mehrschichtig aufgebaut, ca. 40 mm bis 60 mm stark
- Zarge aus Stahl
- Hinterhaken auf der Scharnierseite
- Schloss mit massivem Stahlriegel, der genügend tief in die Stahlzarge eingreift
- Verschiedene Schloss-Systeme mit besonderen Sicherheitsmerkmalen (Zylinderschlösser, Doppelbartschloss, Baskülverschluss, Motorschloss etc.)
- Zylinderschlösser mit speziellen Sicherheitsbeschlägen als Schutz gegen gewaltsames Abwürgen des Schlosszylinders
- Verschiedene Türkonstruktionen in gas- und rauchdichter, feuerbeständiger Ausführung (siehe entsprechende Vorschriften)

Ebenfalls sind Panik-Funktion bzw. Rettungswegtechnik zu beachten, wie auch sabotagesicherte und überwachte Funktions- und Betriebssicherheit.

Bei Türen mit Zylinderschlössern sollte ein System mit Patentschutz eingesetzt werden, um unbefugtes Kopieren von Schlüsseln zu verhindern. Für erhöhte Sicherheitsanforderungen sind weitere Merkmale zu beachten: Riegel mit Motorantrieb, Schlossdemontage-Sicherung, sabotage- und manipulationssicher eingebaute Überwachungskontakte für alle Tür- und Schlossfunktionen.

Die Ausstattung von Feuerschutzabschlüssen genormter oder allgemein bauaufsichtlich zugelassener Bauarten (insbesondere die Nachrüstung) mit Maßnahmen zur Erhöhung der Einbruchsicherheit ist nur insoweit erlaubt, als dadurch nicht das Brandverhalten der Tür verändert und/oder die Benutzung der Tür im Panikfalle nicht behindert wird. Einzelheiten sind in der Veröffentlichung des →DIBt „Änderungen bei Feuerschutzabschlüssen" Fassung Juni 1995, Mitteilungen DIBt, Nr. 1/1996, veröffentlicht. Dies gilt sinngemäß auch für Rauchschutztüren nach DIN 18095.

Bei erhöhtem Sicherheitsbedarf ist es in der Regel erforderlich, besondere Bauarten von Feuerschutztüren (→Feuerschutzabschluss) mit den benötigten Aussteifungen und Sicherheitseinrichtungen zu entwickeln. Solche Türen dürfen nur verwendet werden, wenn ihre Eignung nachgewiesen ist, z.B. durch eine bauaufsichtliche →Zulassung.

In der Arbeitsgruppe CEN/TC33 wurde eine Prüfnorm erarbeitet mit dem Titel „Prüfung einbruchhemmender Bauteile", Bereich „Türen, Fenster, zusätzliche Abschlüsse, Tore, leichte vorgehängte Fassaden" (→Einbruchhemmende Fenster, →Einbruchhemmende Tür). Es wurden 6 Widerstandsklassen festgelegt. Die Prüfung umfasst 3 Teile: Bei der statischen Prüfung wird mit definierten Belastungspunkten des Lastangriffes, vorgegebener Lastgrösse von 3-15 kN und die erreichte Auslenkung am Prüfkörper festgestellt; bei der dynamischen Prüfung wird an bestimmten Belastungspunkten eine Fallmasse von 30 kg angesetzt und die maximal zulässige Auslenkung kontrolliert; bei der Einbruchwiderstandsprüfung wird die mutmaßliche Arbeitsweise eines Täters mittels definiertem Werkzeugset und vorgegebener Nettoarbeitszeit geprüft. In der Bundesrepublik Deutschland prüft unter anderem das VdS-Prüflabor in Köln nach obigem Prüfnormentwurf, in der Schweiz die EMPA Eidgenössische Material-Prüf-Anstalt.

Normen:

DIN 6834: Strahlenschutztüren für medizinisch genutzte Räume

DIN 18082: Feuerhemmende einflüglige Stahltüren

DIN 18100: Türen; Wandöffnungen für Türen

prENV 1627:2006 bzw. DIN V ENV 1627 ff.: Einbruchhemmende Bauprodukte – Anforderungen und Klassifizierung

DIN EN 356 (früher DIN 52290): Sicherheitssonderverglasung (Angriffhemmende Verglasungen).

(Letzte Änderung: 17.7.2006)

(Kappeler)

Sicherheitstürschild

Siehe Schutzbeschlag.

Sicherheitsüberprüfung

Siehe Geheimschutz, Geheimschutzverfahren in der Wirtschaft, Sabotageschutzüberprüfung, Sicherheitsüberprüfungsgesetz

Sicherheitsüberprüfungsgesetz

Siehe auch Geheimschutz, Geheimschutzverfahren in der Wirtschaft, Sabotageschutzüberprüfung, Zuverlässigkeitsüberprüfungen

Mit Verkündung des „Gesetzes über die Voraussetzungen und das Verfahren von Sicherheitsüberprüfungen des Bundes (Sicherheitsüberprüfungsgesetz – SÜG)“ am 20 April 1994 (BGBl. I S. 867, zuletzt geändert durch Art. 3 der Verordnung vom 25. November 2003, BGBl. I S. 2304, wurde die Sicherheitsüberprüfung als intensiver Eingriff in das informationelle Selbstbestimmungsrecht erstmals auf eine gesetzliche Basis gestellt. Ursprünglich wurden Sicherheitsüberprüfungen ohne jegliche Verfahrensgrundlage durchgeführt. Erst ab Mitte der 50er Jahre wurden Regelungen entwickelt, die schließlich in den vom Bundeskabinett am 24. August 1960 beschlossenen „Richtlinien für die Sicherheitsüberprüfung von Bundesbediensteten (Sicherheitsrichtlinien 60)“ mündeten. Diese wurden im Laufe der Zeit mehrfach grundlegend überarbeitet, bis hin zu der durch das SÜG verdrängten Fassung aus dem Jahre 1988.

Wesentliches Ziel des neuen Gesetzes war – neben der Gewährleistung eines effektiven und effizienten Geheimschutzes – die Schaffung von Transparenz (Umfang und Ablauf von Sicherheitsüberprüfungen) und Rechtssicherheit (Speicherfristen, Anhörungs- und Auskunftsrechte Betroffener). Das SÜG sieht drei unterschiedliche Sicherheitsüberprüfungs-Varianten vor: Die einfache Sicherheitsüberprüfung (Ü 1), die erweiterte Sicherheitsüberprüfung (Ü 2) sowie die erweiterte Sicherheitsüberprüfung mit Sicherheitsermittlungen (Ü 3). Ausschlaggebend bei der Festlegung der Überprüfungsart sind Anzahl und Höhe des Verschlussachengrades der zu bearbeitenden Verschlussachen. Ab Ü 2 werden Ehegatten/Lebenspartner in die Überprüfung mit einbezogen, weil sich Sicherheitsrisiken bei diesen Personen auch auf den so genannten Primärüberprüften auswirken können. Die Überprüfungen werden alle fünf Jahre aktualisiert, bei Ü 3 findet sogar alle zehn Jahre eine Wiederholungsüberprüfung statt.

Nahezu zeitgleich mit der Verkündung des SÜG wurde die „Allgemeine Verwaltungsvorschrift des Bundesministers des Innern zur Ausführung des Gesetzes über die Voraussetzungen und das Verfahren von Sicherheitsüberprüfungen des Bundes (Sicherheitsüberprüfungsgesetz – SÜG) vom 20. April 1994“ herausgegeben (29. April 1994, GMBl S. 550, geändert durch VwV vom 6. Juni 1997, GMBl. S 444, und VwV vom 24. November 1997, GMBl. S. 450), die umfangreiche Erläuterungen, Kommentierungen und Klarstellungen zum SÜG enthält.

In enger Anlehnung an das SÜG haben zwischenzeitlich fast alle Bundesländer entsprechende Sicherheitsüberprüfungsgesetze für ihren jeweiligen Zuständigkeitsbereich erlassen [z. B. Baden-Württemberg das „Gesetz über die Sicherheitsüberprüfung aus Gründen des Geheimschutzes (Landessicherheitsüberprüfungsgesetz – LSÜG –)“ vom 12. Februar 1996, GBl. BW S. 159].

Seit einer Gesetzesergänzung im Rahmen der Terrorismusbekämpfungsgesetzgebung aus dem Jahre 2002 beschränkt sich das SÜG nicht mehr nur auf die Überprüfung von Geheimnisträgern, sondern regelt auch die Sicherheitsüberprüfung aus Gründen des personellen Sabotageschutzes (→Sabotageschutzüberprüfung)

Fundstellen für die genannten Gesetze:

Gesetz über die Voraussetzungen und das Verfahren von Sicherheitsüberprüfungen des Bundes Sicherheitsüberprüfungsgesetz:
http://bundesrecht.juris.de/s_g/index.html

Verordnung zur Feststellung der Behörden des Bundes mit Aufgaben von vergleichbarer Sicherheitsempfindlichkeit wie die der Nachrichtendienste des Bundes und zur Feststellung der öffentlichen Stellen des Bundes und der nichtöffentlichen Stellen mit lebens- oder verteidigungswichtigen Einrichtungen:
http://bundesrecht.juris.de/s_fv/index.html

Gesetz über die Sicherheitsüberprüfung aus Gründen des Geheimschutzes (Landessicherheitsüberprüfungsgesetz – LSÜG) vom 12. Fe-

bruar 1996, geändert durch Gesetz vom 11. Oktober 2005 (Baden-Württemberg): http://www.verfassungsschutz-bw.de/downloads/lsueg.doc
(Neu eingefügt: 11.7.2006)

(Opfermann)

Sicherheitsverantwortung

Siehe Risiko-Management.

Sicherheitsvorgaben (IT)

Siehe auch BSI, Common Criteria (CC), Evaluierung, ITSEC, IT-Sicherheitszertifizierung, Schutzprofil (IT), Zertifizierung.

Sicherheitsvorgaben (Security Target, ST) sind eine Menge von Sicherheitsanforderungen und Sicherheitsspezifikationen, die als Grundlage für die →Evaluierung (Prüfung und Bewertung) eines gegebenen Evaluationsgegenstandes (EVG, hier: IT-Produkt oder -System, das einer Evaluierung unterzogen wird) dienen. Sicherheitsvorgaben können die Anforderungen eines oder mehrerer →Schutzprofile übernehmen oder die Übereinstimmung mit einem oder mehreren Schutzprofilen postulieren. Sie sind auf einen konkreten EVG bezogen und daher im Gegensatz zu einem Schutzprofil implementierungsabhängig. Sicherheitsvorgaben nach →Common Criteria (CC) oder →ITSEC beinhalten eine Spezifikation der von einem EVG geforderten Sicherheit, die als Grundlage für die Evaluierung verwendet wird. Sie spezifizieren die sicherheitsspezifischen Funktionen des EVG, die Sicherheitsziele, die Bedrohungen dieser Ziele sowie die vorgesehene Einsatzumgebung.
(Letzte Änderung: 4.5.2004)

(Krause)

Sicherheitszertifikat

Siehe IT-Sicherheitszertifizierung

Sicherung

Sicherung ist die Gesamtheit aller Maßnahmen zur Erreichung einer bestimmten, durch den Bedarfsträger qualifizierten Sicherheit für ein definiertes Bezugssystem.

(Meißner)

Sicherungsbereich

Abgeschlossene Gebäude, abgeschlossene Teilbereiche von Gebäuden und abgegrenzte Räume, in denen sich die zu überwachenden Sachen befinden.
(Letzte Änderung: 20.5.2002)

(Definition: VdS)

Ein Sicherungsbereich umfasst die Überwachung in sich abgeschlossener Objekte, abgeschlossener Teilbereiche von Objekten und abgegrenzten Räumen auf eine Gefahrenart, um bei Meldungen geeignete Maßnahmen treffen zu können.
Anmerkung 1: Eine GMA kann einen oder mehrere Sicherungsbereiche enthalten.
Anmerkung 2: Ein Sicherungsbereich darf nur einer GMA angehören.
Anmerkung 3: Ein Sicherungsbereich darf mehrere Meldebereiche umfassen.
Anmerkung 4: Sicherungsbereiche für unterschiedliche Gefahrenarten müssen nicht identisch sein.
(Letzte Änderung: 9.5.2004)

(Definition nach DIN VDE 0833-1)

Sicherungsbolzen

Siehe Hinterhaken.

Sicherungsetikett

Siehe auch Inventurdifferenzen, Ladendiebstahl, Warensicherung.

Elektronische Sicherungsetiketten dienen dazu, relativ teure Verkaufsartikel z.B. Textilien, Pelze, Foto- und Filmapparate, Geräte der Unterhaltungselektronik, aber auch Daten- und Tonträger jeder Art etc. gegen Ladendiebstahl zu schützen.
Es gibt Einwegalarmetiketten und Sicherungsetiketten für die Mehrfachverwendung. Solche Alarmetiketten sind besonders behandelt und werden bei regulärer Bezahlung an der Kasse durch das Personal entsichert. Sie sind so an den Artikeln befestigt, dass sie nur durch spezielle Vorrichtungen entsichert werden können. Werden die Sicherungsetiketten nicht entsichert, lösen sie beim Passieren von speziell angeordneten Kontaktpunkten (Antennen), z.B. bei Rayonausgängen, Treppen, Rolltreppen, Aufzügen, Kundentoiletten, Ladenausgängen) Alarm aus (akustisch und/oder optisch).

Aktive Etiketten geben beim Passieren des Ausgangs selbst ein Alarmsignal von sich, sodass der Täter auffällt, wenn er das Diebesgut bei sich behält. Sicherungsetiketten können als Preis- oder Werbeträger ausgestattet werden.

(Burkhalter)

Sichtausweis

Siehe Ausweis.

Siegel

Siehe auch Überwachung.

Siegel sind Hilfsmittel zur Feststellung von Manipulationen an sicherungsbedürftigen Objekten bzw. des unerlaubten Zutritts zu Sicherungsbereichen. Zur Entdeckung solcher Handlungen müssen die Siegel regelmäßig inspiziert werden. Ein Siegelsystem stellt also, zusammen mit der Inspektionstätigkeit, ein Überwachungssystem dar, es besteht aus

- dem Siegel selbst (mechanisch, elektronisch, optisch/chemisch etc.) und seiner Anbringung an das Objekt,
- der Kennung des Siegels,
- der Verifikation hinsichtlich der Verletzung/Unversehrtheit des Siegels.

Siegel werden meist an abgeschlossenen Behältern (Containern), aber auch an Zugängen zu umschlossenen Räumen angebracht. Sie sind ein „irreversibles" Detektionsmittel, d.h., einmal zerstört, kann ihr ursprünglicher Zustand nicht mehr hergestellt werden. Der Zustand des Siegels, d.h. seine Zerstörung bzw. Unverletztheit, ist Kriterium für evtl. erfolgte Manipulationen. Zur Überwachung bestimmter statischer Objekte und Funktionen (z.B. Wertbehältnisse, Dokumentenschränke, Fahrzeugtüren etc.) können Siegelsysteme kosteneffizient eingesetzt werden; ihre Nachteile sind

- Austauschbarkeit gewöhnlicher Siegel gegen unverletzte Exemplare (nach Bruch),
- Verfälschbarkeit bei Siegeln ohne Sonderkennzeichnung,
- Zerstörungsgefahr des Siegels beim Transport bzw. normaler Handhabung des Objekts, dabei Möglichkeit zur Vertuschung von Siegelverletzungen.

Hinsichtlich der Entdeckungswahrscheinlichkeit hängt die Wirksamkeit von Siegelsystemen

- von der technischen Konzeption des Systems und
- vom Inspektionsaufwand ab.

Für den Einsatz bei unterschiedlichen Sicherungsanforderungen wurden verschiedene Siegelsysteme entwickelt:

Zu den **mechanischen** Siegeln gehören die bekannten Metallsiegel wie

- Metallstreifen/Prägung
- Blei-/Drahtsiegel (Plomben)
- Aluminium-/Drahtsiegel
- Blechprägung-/Drahtsiegel usw.

und entsprechende Ausführungen in Plastik sowie

- Stahlbolzensiegel mit Gewinde und/oder Pressverschluss
- Bügel-/Schnappschlossmechanismen etc.

und die bekannten Siegelstreifen aus Spezialpapier/Kunststoff, die bei Ablöseversuchen zerstört werden. Siegelstreifen können mit zusätzlichen Kennungen/Beschriftungen etc. versehen werden.

Für Anwendung bei hohen Risiken wurden **elektronisch lesbare**, z.T. aktive Siegelverfahren entwickelt, die sich durch hohe Verfälschungssicherheit, aber auch hohe Kosten auszeichnen; sie benutzen oft Glasfaserbündel als Siegelelement. Solche Siegel werden auch in Verbindung mit photographischen Auswerteverfahren benutzt. Neuerdings werden auch elektronische Schaltkreise auf Mikrochipbasis in mechanische Siegel integriert, zur Erhöhung der Verfälschungssicherheit und Beschleunigung der Verifikation, z.B. in Containerterminals. Einige dieser Siegel gestatten ein mehrfaches, zerstörungsfreies Öffnen und Wiederschließen des Siegelelements, wobei Öffnungs- und Schließzeiten sowie bestimmte Codes gespeichert und später ausgelesen werden können. Diese Funktionen bleiben auch beim gewaltsamen Öffnen des Siegels (Siegelbruch) erhalten.

Eine Sonderstellung nehmen Siegelsysteme für behördliche Anwendungsfälle ein (z.B. Dokumentenbehälter, Kurierkoffer, Umschließung für sensitives Material etc.). Sie stellen oft eine Kombination aus Schließ- und Siegelsystem dar; kennzeichnend ist die oben erwähnte Forderung nach mehrfachem zerstörungsfreien Öffnen bzw. Wiederschließen, höchster Fälschungssicherheit, einfacher Handhabung, Unempfindlichkeit gegen rauhe Behandlung bei niedrigem Preis.

Weitere Siegeltechniken benutzen Lacke, transparente Kunststoffe mit Metallflittern, vorgespannte Gläser mit Überprüfung durch polarisiertes Licht usw. als Nachweis für unberechtigtes bzw. gewaltsames Öffnen. Viele dieser Verfahren sind für spezielle Anwendungsfälle bei erhöhtem Risiko einsetzbar, für den Masseneinsatz sind sie im Allgemeinen zu teuer. Durch ständige Verbilligung elektronischer Komponenten und die Realisierbarkeit komplexer Anforderungen hinsichtlich Fälschungssicherheit mit Hilfe moderner Schaltkreise, sowie der Möglichkeit der berührungslosen Ablesung und Verifikation werden elektronische Siegelsysteme auch für ein breites Anwendungsspektrum technisch und preislich interessant.

(Letzte Änderung: 27.6.98)

(Dr. Wenk)

Signalgeber

Siehe auch Alarmzentrale, Brandmeldeanlage, Einbruchmeldeanlage, Intrusionsschutz.

Signalgeber, auch Alarmgeber oder Alarmierungseinrichtungen genannt, sind Geräte, durch welche Personen auf eine Gefahren- oder Notsituation aufmerksam gemacht und zur Hilfeleistung aufgefordert werden sollen.

Akustische und/oder optische Signalgeber für den örtlichen (lokalen) Alarm werden als Ergänzung zur „stillen" Alarmierung eingesetzt und dienen

Akustischer und optischer Signalgeber
(Foto: ABB)

1. zur Warnung anwesender Personen,
2. zur Alarmierung einer anonymen Öffentlichkeit,
3. zur Abschreckung von Angreifern.

Die alleinige örtliche Alarmierung ist nur in Sonderfällen ausreichend.

Akustische Signalgeber können sein: Elektronische Sirenen, Motorsirenen, Hupen, Lautsprecher, Schnellschlagwecker und Klingeln. Optische Signalgeber sind Blitzleuchten oder Rundumkennleuchten.

Alarmgeber sind für Einbruchmeldesysteme in 12 V- oder 230 V-Technik, für Brandmeldesysteme in 24 V-Technik ausgelegt.

Akustische Signalgeber dürfen in Europa nur zeitbegrenzt eingesetzt werden; im Allgemeinen maximal 3 Minuten. Die selbsttätige Alarmwiederholung ist nicht gestattet. In Ausnahmefällen sind sie aus Lärmschutzgründen untersagt (Kanton Genf) oder dürfen bei Nacht nicht ausgelöst werden (Basel-Stadt).

Für Außensirenen – im Gegensatz zu Innensirenen (Internalarm) – gibt es Mindestanforderungen an die Lautstärke (110 dB (A), Sirene im Schutzgehäuse, Messgerät in 1 m Entfernung) und an die Sabotagesicherheit (Öffnungskontakt und zusätzlich Wandabhebekontakt).

Optische Signalgeber müssen für die Einbruchmeldung in der Farbe rot, gemäß DIN 6163, Teil 1, ausgeführt sein und können bis zur manuellen Abschaltung in Betrieb bleiben, für die Brandmeldung ist die Farbe gelb gefordert.

Projektierungshinweis für Signalgeber: Bei Einbruchmeldeanlagen mit örtlicher Alarmierung müssen 2 voneinander unabhängige Außensirenen in Schutzgehäusen sowie ein optischer Alarmgeber angeschaltet werden. Die akustischen Alarmgeber müssen so installiert werden, dass sie räumlich möglichst weit getrennt sind und sich außerhalb des Handbereichs, das heißt mindestens 3 m über dem Boden, befinden.

Ein dritter akustischer Signalgeber für Innenalarm ist empfehlenswert.

Die Verbindungsleitungen zu den akustischen Alarmgebern sind, sofern sie nicht innerhalb des Überwachungsbereiches installiert sind, unter Putz oder in Stahlpanzerrohr zu verlegen.

(Letzte Änderung: 20.4.2002)

(Hess)

Signaturen für Videobilder

Siehe auch Videoüberwachung (mit weiteren Verweisen).

Digitale Videobilder können über Datennetze weitergeleitet, kombiniert, verändert oder gelöscht werden. Um Manipulationen zu verhindern und die Beweiskraft von digitalen Videosequenzen bei Ermittlungen zu gewährleisten, ist es nötig, den Zeitpunkt der Aufnahme, die Herkunft der Bilder (Kamera-ID) sowie die Echtheit der Bilder (keine Veränderung nach der Aufnahme) zu garantieren.

Dies ist nur möglich wenn die Bilder mit geeigneten Methoden gekennzeichnet werden (bei Urheberrechtsansprüchen wird diese Technik als „Watermarking" bezeichnet). Bei digitalen Videokameras mit integrierter Auswertung ist es nun möglich, eine eindeutige Kamera-ID, die genaue Uhrzeit sowie ein Wasserzeichen einzubauen und zu verschlüsseln, damit jede Änderung oder Manipulation an einer Videosequenz bei der Auswertung sichtbar wird.

Es existieren noch wenige Systeme, die die Echtheit der Bilder belegen können, doch wird diese Technik in Zukunft immer wichtiger, da digitale Bilder häufig für Ermittlungen verwendet werden.

(Letzte Änderung: 12.7.2006)

(Straumann)

Signaturgesetz, Signaturverordnung, EU-Richtlinien

Siehe auch Digitale Signatur.

Gesetz über Rahmenbedingungen für elektronische Signaturen (Signaturgesetz – SigG) vom 16.05.2001 Erstes Gesetz zur Änderung des Signaturgesetzes (1. SigÄndG) vom 04. 01. 2005

http://bundesrecht.juris.de/sigg_2001/index.html

Verordnung zur elektronischen Signatur (Signaturverordnung – SigV) vom 16.11.2001

http://bundesrecht.juris.de/sigv_2001/index.html

In diesen Gesetzeswerken sind die Rahmenbedingungen festgelegt, die erfüllt sein müssen, damit eine digitale Signatur als rechtswirksame Unterschrift vor Gericht anerkannt werden kann.

Zur Vereinheitlichung der Vorgaben zur Digitalen Signatur innerhalb Europas wurde am 19.01.2000 die Europäische Signaturrichtlinie veröffentlicht. Richtlinie 1999/93/EG Des Europäischen Parlaments und des Rates vom 13.Dezember 1999 über gemeinschaftliche Rahmenbedingungen für elektronische Signaturen

http://europa.eu.int/eur-lex/pri/de/oj/dat/2000/l_013/l_01320000119de00120020.pdf

Weitere wertvolle Links zu den rechtlichen Rahmenbedingen unter

http://www.dfn-pca.de/bibliothek/sigg/.

(Letzte Änderung: 11.7.2006)

(Redaktion)

3

Signatur-Server

Siehe auch Digitale Signatur

Ein Signatur-Server ermöglicht die automatische Durchführung einer digitalen Signatur großer Mengen von Dateien vor ihrer Übertragung durch das →Internet.

Das Signieren der einzelnen Dateien und die Verifikation von Signaturen durch den Anwender ist insbesondere bei der Verarbeitung von Massendaten bzw. in großen Organisationen aus Performance- oder Sicherheitsgründen nicht praktikabel. In solchen Fällen bietet es sich an, einen Signatur-Server als zentrale Signatur-Komponente im Netzwerk der Organisation zu verwenden. Dieser kann einfach in bestehende Netzwerk-Infrastrukturen integriert werden, auch die Anbindung an eine organisationsinterne oder externe →PKI ist möglich. Ein Signatur-Server stellt eine gesicherte Umgebung zur Erstellung und Verifikation von Signaturen für Dokumente und Transaktionen zur Verfügung. Er erlaubt die Anwendung unterschiedlicher kryptographischer Verfahren und Schlüssellängen und lässt sich (durch die Verwendung neuer Verfahren und/oder größerer Schlüssellängen) flexibel an steigende Sicherheitsanforderungen anpassen. Zusatzanwendungen wie z.B. →Zeitstempel-Funktionalitäten können damit ebenfalls realisiert werden.

Im Gegensatz zur qualifizierten digitalen Signatur, die einer natürlichen Person zugeordnet ist, kommen beim Signatur Server firmenbezogene Serverzertifikate („fortgeschrittene" Signaturen) zum Einsatz. Durch die Speicherung der Signaturschlüssel in einem Hardware-Sicherheitsmodul und die Sicherung des Zu-

griffs auf die Schlüssel wird der Missbrauch von Signaturen deutlich erschwert.
(Neu aufgenommen: 20.3.2002)

(Prof. Pohlmann)

SIM

Subscriber **I**dentity **M**odule – siehe *GSM, GSM-Verschlüsselung*.

Smart Card

Siehe Chipkarte.

S/MIME

Siehe E-Mail-Sicherheit.
Secure/Multipurpose Internet Mail Extensions. Standard zur Mailverschlüsselung von E-Mails.
Basierend auf dem MIME-Standard (→E-Mail-Sicherheit) werden Möglichkeiten bereitgestellt, die →Digitale Signatur und →Verschlüsselung zum sicheren E-Mail-Verkehr zu benutzen.
(Neu aufgenommen am 7.7.2000)

(Stark)

SNA

Siehe Datex-P/X.25.

SNV

Schweizerische Normen-Vereinigung, Zürich. Kurzbeschrieb und Anschrift →Behörden, Verbände, Institutionen.

Sonderbauten

Sonderbauten sind nach den Bauordnungen der Länder (vgl. dazu auch Musterbauordnung § 2) Bauten besonderer Art und/oder Nutzung. Ihr Kennzeichen ist eine von der Bauordnung nicht vollständig erfasste Nutzungsspezifik oder Ausführungsart (Gebäudehöhe bzw. -fläche), sodass in den speziellen Sonderbauvorschriften bzw. -richtlinien die speziellen Nutzungsbedingungen und Risiken erfasst und bewertet sind. Im Ergebnis dieser speziellen Bewertung werden auch besondere Maßnahmen beispielsweise zur Begrenzung oder Vermeidung bestimmter Brandschutzrisiken erforderlich. Solche Sonderbauten sind beispielsweise gekennzeichnet durch hohes Personenaufkommen, Ansammlung großer Mengen brennbarer Stoffe, Großräumigkeit, schlechte Zugängigkeit für die Feuerwehr, Hilfsbedürftigkeit der Personen usw. Beispiele dafür sind Hochhäuser, Verkaufsstätten, Krankenhäuser, Pflegeheime, Versammlungsstätten, Schulen usw.
(Letzte Änderung: 21.4.2004)

(Prof. Beilicke)

SOS

Silicon on Saphire.
Siehe auch C-MOS.

Spamming

Siehe auch Content Security, E-Mail-Sicherhei, IT-Sicherheit.
Versand von E-Mails an Empfänger, die diese Post weder angefordert haben, noch ein Einverständnis für den Empfang gegeben haben. Der Inhalt ist meist Werbung. Diese werden entweder von einem bekannten Absender initiiert, den man anschließend auffordern kann dieses zu unterlassen, oder, was häufiger der Fall ist, es werden Massen-E-Mails mittels →„Relaying" von einer gefälschten bzw. nicht existenten E-Mail Absender versandt. Diese „Spams" verursachen einen hohe Last auf den Netzen und binden unnötige Zeitressourcen der Empfänger, da diese E-Mails aus dem Postfach abgeholt und gelöscht werden müssen. Ferner werden die Datenleitungen der Organisationen, deren Infrastruktur als „Relay" missbraucht wird, unnötig beansprucht.
Rechtliche Probleme können für die vermeintlichen Absender auftreten, falls eine Fremdeinwirkung auf den E-Mail Server nicht nachgewiesen werden kann.
(Neu aufgenommen am 16.6.2000)

(Markmeyer)

Sperrelement (SpE)

Anlageteil, welches bei scharfgeschalteter EMA das Öffnen von Zugängen verhindert (z. B. Sperrschloss, elektromechanischer Türöffner).
(Neu aufgenommen am 20.5.2002)

(Definition: VdS)

Sperrfunktion

Siehe Schließsystem

Sperrleiste

Siehe auch Schließanlage, Schließzylinder, Schloss (mit weiteren Verweisen)

Blockierelement in Schließzylindern, welches den Zylinderkern gegenüber dem Zylindergehäuse verriegelt oder freigibt. Sperrleisten werden durch – mit dem Schlüssel zusammenwirkende – Abtastelementen gesteuert, z.B. →Scheibenzuhaltungen, Stifte (→Stiftzuhaltung), Fingerstifte, Zuhaltungssegmente.

(Neu aufgenommen am 21.3.2002)

(Krühn)

Sperrwelle

Siehe auch Schließanlage, Schließzylinder, Schloss (mit weiteren Verweisen)

Wellenartige, seitliche Codierung von mechanischen Schlüsseln, die im Schließzylinder durch spezielle Zuhaltungen (Fingerstufe) abgetastet werden und zur Steuerung der Freigabe bzw. Blockierung des Schließvorganges genutzt werden.

(Neu aufgenommen am 21.3.2002)

(Krühn)

Sperrzeiten

Siehe auch UVV Kassen (mit weiteren Verweisen).

Begriff aus der Berufsgenossenschaftlichen Vorschrift „UVV Kassen" (BGV C 9/GUV-V C 9) der gesetzlichen Unfallversicherer in Deutschland.

In den Durchführungsanweisungen zu § 32 der UVV „Kassen" werden in einer umfangreichen Tabelle – abhängig von den jeweils realisierten Sicherungen – die Höchstbeträge und Sperrzeiten für zeitverzögerte Tagestresore, für Behältnisse mit zeitlich gestaffelter Betragsfreigabe und für Beschäftigtenbediente Banknotenautomaten (→BBA) festgelegt . Die vollständige Tabelle ist beim Stichwort →UVV Kassen wiedergegeben.

(Letzte Änderung: 16.8.2006)

(Hohl)

Spionage

Siehe auch Geheimschutz, Geheimschutzdokumentation/-plan, Geheimschutzhandbuch, Geheimschutzverfahren in der Wirtschaft, Sicherheitsbevollmächtigter, Täterbild, Verschlusssachenregelung.

Unter Spionage / Betriebsspionage versteht man das illegale, also unbefugte, verdeckte, oder geheime Beschaffen von nicht frei zugänglichen (schützenswerten) Informationen / (Betriebs-)Geheimnissen.

Landläufig sind auch die Begriffe

- Wirtschaftsspionage
- Konkurrenzspionage
- Wettbewerbsspionage
- Industriespionage
- Rüstungsspionage

im Gebrauch.

Weder Spionage, noch einer der angeführten Begriffe, findet im deutschen Recht eine definitive Erklärung. Der Spionage für eine fremde Macht entsprechen im deutschen Strafgesetzbuch die Tatbestände des Abschnitts „Landesverrat und Gefährdung der äußeren Sicherheit" (§§ 93 ff. StGB). Der Schutz von Betriebs-/Geschäftsgeheimnissen ist im Gesetz gegen unlauteren Wettbewerb §§ 17 ff. UWG geregelt. Dabei ist grundsätzlich zu bedenken, dass ein Betriebs- bzw. Geschäftsgeheimnis nur vorliegt (nach höchstrichterlicher Entscheidung), wenn das Geheimnis

- eine Information/Tatsache ist
- nur einem begrenzten Personenkreis bekannt
- also nicht offenkundig ist und
- nach dem bekundeten Willen des Betriebsinhabers, der auf einem ausreichenden wirtschaftlichen Interesse beruht,
- geheim gehalten werden soll.

Die häufigsten Methoden der Spionage sind

- das Ausspähen
- das Ausforschen
- das Entwenden
- das zur Verfügung stellen

von zu schützenden Informationen.

Die häufigsten Motive für die Spionage sind

- Geldgier
- Geldbedarf/finanzielle Not
- Unzufriedenheit im Beruf
- persönliche Abhängigkeit
- Erpressbarkeit

Als Vorbeugung sollte ein Informations-Schutzkonzept realisiert werden, das

- von der Kennzeichnung
- über den Versand
- die Aufbewahrung
- sowie die Vernichtung

alle Schutzmaßnahmen regelt und damit die unbefugte Nutzung erschwert bzw. verhindert.

In Österreich ist die Spionage zugunsten inländischer und ausländischer Verwerter nach dem Strafgesetzbuch (§§ 122 ff.) verboten. Zusätzlich stellen die §§ 11 ff. des österreichischen UWG auch die Verletzung solcher Wirtschaftsgeheimnisse unter Strafe, die dem Täter ohne Auskundschaften zur Kenntnis gelangen.
Auch in der Schweiz bestehen Verbote des Strafrechts (Art. 162: Verletzung des Fabrikations- und Geschäftsgeheimnisses) und des UWG (Art. 13) nebeneinander.

(Feuerlein/Dr. Steinke)

Spit (Spam over Internet Telephony)

siehe Voice over IP (VoIP)

Splitterabgang

Siehe auch Durchschusshemmendes Glas, Glassteine, Panzerglas, Polycarbonat, Verbundsicherheitsglas.

Bei der Prüfung auf durchschusshemmende Wirkung von Verglasungen (Einfachglas oder Isolierglas) nach DIN EN 1063 wird neben der Einstufung in die Widerstandsklassen auch vermerkt, ob die Verglasung bei Beschuss splitterfrei (**NS**) ist oder ob Splitterabgang (**S**) festgestellt wurde.
(Siehe dazu auch →Sicherheits-Jahrbuch Teil 7: Deutsche Normen).

Splitterschutzfolie

Siehe auch Alarm-Sicherheitsfolien, Glas (mit weiteren Verweisen), PET-Folien, Polycarbonat, Rauchschutztür, Sicherheitsfolie, Splitterabgang, Verbundsicherheitsglas.

Bei vorhandenen Glasflächen lässt sich eine Verbesserung der Sicherheit vor Verletzungen durch nachträgliches ganzflächiges Aufkleben von Splitterschutzfolien erreichen. Bei Bruch werden Teile von Glassplittern an diesen Folien gebunden. Diese Gläser erfüllen aber nicht die Anforderungen an angriffhemmende Verglasungen nach DIN EN 356. Sie erfüllen auch nur in Kombinbation mit Einscheiben-Sicherheits-Glas (ESG) und Verbund-Sicherheits-Glas (VSG) die Anforderungen an verkehrssichere und bruchsichere Verglasungen (→Rauchschutztür).
Die Splitterschutzfolien müssen selbstklebend sein. Bewährt hat sich Acrylkleber. Nach der Verklebung muss die Folie und deren Verklebung feuchtigkeitsunempfindlich sein. Die Folie muss aus alterungsbeständigen Materialien bestehen und gegen Alkohol, Kohlenwasserstoff, Ketone, Ester, verdünnte Säuren und Alkalien chemisch beständig sein. Die Zugefestigkeit soll 210 N pro 25 mm Breite, die Bruchdehnung mindestens 95% betragen und die Temperaturbeständigkeit zwischen -50 und +150°C liegen. Die Splitterschutzfolie muss sich auf der Verglasungsseite befinden, die unmittelbar an Spiel- und Verkehrsbereichen liegt, damit bei Glasbruch nur geringe Schnittverletzungen durch Splitterabgang auftreten können.
Bei Isolierverglasungen müssen beide Außenseiten mit einer Folie verklebt sein. Gleiches gilt für Laborverglasungen. Für einen Splitterschutz bei möglichen Angriffen mit Schusswaffen oder Sprengstoff ist die Folie auf der angriffsabgewandten Seite anzubringen.

(Redaktion)

Spoofing

Siehe IP Spoofing

Sprachalarmanlage

Eine Sprachalarmanlage SAA ist eine elektroakustische Anlage (→Beschallungsanlage), die aufgrund ihres besonderen Aufbaus und ihrer hohen Sprachverständlichkeit für Alarmierungs- und Evakuierungsaufgaben (→Evakuierungsanlage) geeignet ist. Anforderungen an Aufbau und Betrieb finden sich z. B. in DIN EN 60849, E DIN VDE 0833 Teil 4, DIN EN 54-16, DIN EN 54- 24. In der alarmfreien Zeit können die SAA wie Beschallungsanlagen betrieben werden (Hintergrundmusik, Werbedurchsagen).
Aufbau: SAA weisen eine Sprachalarmzentrale SAZ auf. Texte für den Alarmfall sind nichtflüchtig gespeichert und werden automatisch abgerufen. Mindestens ein Notfallmikrofon für die Feuerwehr ist vorzusehen. Die Verstärker und Lautsprecher sind zu überwachen, Havarieverstärker sind vorzusehen.
(Neu eingefügt: 6.7.2006)

(Herzog)

Spracherkennung

Siehe Stimmanalyse

Sprechererkennung

Siehe Stimmanalyse

Sprengwirkungshemmende Fassadenertüchtigung

Ein- oder mehrschichtiges Bauelement, das dazu dient, eine Gebäudefassade oder Innenwand vor dem Druck und Impuls einer bestimmten Stoßwelle zu schützen. Es besteht z. B. aus Hohlprofilen, Styroporpolstern und kunstharzverstärkten wellenförmigen Matten, die oft schachbrettmusterartig kreuz und quer verbaut werden und die aufgrund ihrer Art und Anbringung geeignet sind, den Druck und Impuls der Stoßwelle – ohne Auswirkungen auf Fassade oder Wand – abzubauen.

Eine Norm für sprengwirkungshemmende Fassadenelemente besteht vorläufig nicht. Die Widerstandsklasse wird vorwiegend durch experimentelle Prüfungen nachgewiesen.

(Meißner)

Sprengwirkungshemmende Fenster, Türen und Abschlüsse

Fenster, Türen oder Abschlüsse sind sprengwirkungshemmend (explosionshemmend), wenn sie dem Druck und Impuls einer bestimmten Stoßwelle widerstehen.

Zur Prüfung der sprengwirkungshemmenden Eigenschaft eines sprengwirkungshemmenden Fensters, einer sprengwirkungshemmenden Tür oder eines sprengwirkungshemmenden Abschlusses, sowie zur Einteilung dieses Fensters, dieser Tür oder dieses Abschlusses in eine von vier Widerstandsklassen (EPR 1, EPR 2, EPR 3 und EPR 4) gegen Sprengwirkung dient das Verfahren nach DIN EN 13123-1.

(Letzte Änderung: 27.6.98)

(Meißner)

Sprengwirkungshemmende Verglasung

„Eine Verglasung ist sprengwirkungshemmend, wenn sie dem Druck und Impuls einer bestimmten Stoßwelle widersteht.“

Zur Prüfung der sprengwirkungshemmenden Eigenschaft einer sprengwirkungshemmenden Verglasung und zur Einteilung dieser Verglasung in eine von drei Widerstandsklassen (D1, D2 und D3) gegen Sprengwirkung diente früher das Verfahren nach DIN 52290 Teil 5 12.87.

DIN 52290 Teil 5 ist durch DIN EN 13541ersetzt worden. Diese Norm unterscheidet zwischen den Widerstandsklassen ER 1 bis ER 4, wobei D 1 mit ER 2, D 2 mit ER 3 und D 3 mit ER 4 vergleichbar ist.

(Letzte Änderung: 21.3.2002)

(Meißner)

Sprinkler

Siehe auch Alarmventilstation, Sprinkleranlage.

Sprinkler sind Löschwasserdüsen, die im Normalfall mit thermischen Auslöseelementen verschlossen sind. Im Brandfalle öffnet das von den Brandgasen erhitzte Auslöseelement, und das ausströmende Löschwasser wird gleichmäßig auf den Brandherd verteilt. Die Nennöffnungstemperatur wird durch Farben gekennzeichnet:

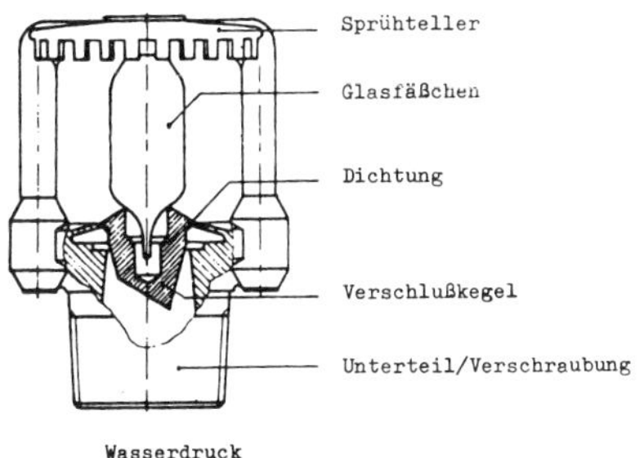

Glasfasssprinkler

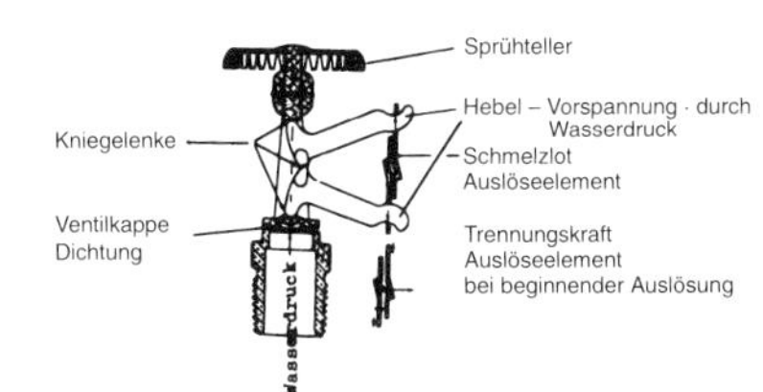

Schmelzlotsprinkler

Nach der Baukonstruktion und Sprühcharakteristik werden folgende Sprinklertypen eingesetzt:

- Normalsprinkler in hängender oder stehender Ausführung mit kugelförmigem Sprühbild und Benetzung der Decke
- Schirmsprinkler (Spray Sprinkler), Ausführung hängend oder stehend mit paraboloidförmigem Sprühbild

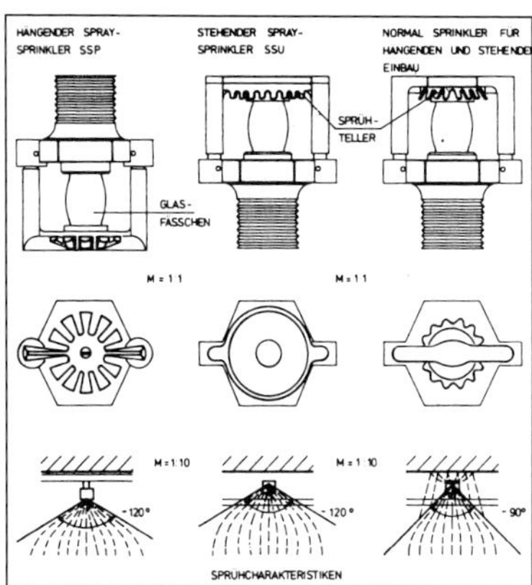

Sprühcharakteristiken

- Flachschirmsprinkler, Ausführung hängend oder stehend mit besonders flachem Sprühbild
- Seitenwandsprinkler mit einseitigem paraboloidförmigem Sprühbild

Entsprechend dem Verschlussmechanismus unterscheidet man Schmelzlot- und Glasfasssprinkler.

Bei den Schmelzlotsprinklern besteht der Verschluss aus zwei mit einem Schmelzlot verbundenen Metallteilen, die zwischen dem Ventil und dem Sprühteller positioniert sind. Bei Übersteigen einer definierten Temperatur verliert das Schmelzlot seine Festigkeit. Durch den anstehenden Löschwasserdruck werden die Verschlussteile fortgeschleudert, das Löschwasser trifft auf den Sprühteller und wird gleichmäßig, in definierter Tröpfchengröße, auf dem Brandherd verteilt.

Der Glasfasssprinkler ist mit einem Glasfässchen verschlossen, welches mit einer leicht siedenden Flüssigkeit gefüllt ist. Bei Erwärmung dehnt sich die Flüssigkeit aus und sprengt das Glasfässchen. Der Verschlusskegel wird durch den anstehenden Wasserdruck fortgeschleudert, das Löschwasser wird in gleicher Weise wie beim Schmelzlotsprinkler versprüht.

(Redaktion)

Art der Sprinkler	Nenn-öffnungs-temperatur in °C	Farben
Schmelz-lotsprinkler	68/74 93/100 141 182 227	ungefärbt weiß blau gelb rot
Glasfass-sprinkler	57 68 79 93 141 182 204/260	orange rot gelb grün blau hellviolett schwarz

Sprinkleranlage

Siehe auch Alarmventilstation, Sprinkler.

Sprinkleranlagen sind stationäre Feuerlöschanlagen mit dem Löschmedium Wasser. Das Löschwasser wird über ein im Deckenbereich fest verlegtes Rohrnetz geführt und über Sprinklerdüsen direkt auf den Brandherd in definierter Tröpfchengröße verteilt. Die Sprinklerdüsen sind im Normfall geschlossen und öffnen erst bei Übersteigen einer vorgegebenen Auslösetemperatur. Dadurch wird eine gezielte Brandbekämpfung bei geringem Löschwasserbedarf erreicht, da nur die unmittelbar von der Brandtemperatur beaufschlagten Sprinkler öffnen.

Aus der Schemazeichnung ist der prinzipielle Aufbau einer Sprinkleranlage ersichtlich mit einer erschöpflichen (Druckluftwasserkessel) und einer unerschöpflichen Wasserquelle (Stadtwasseranschluss, Zwischenbehälter, Pumpenanlage) ersichtlich.

Die →Sprinkler werden über →Alarmventilstationen versorgt.

Die Feuerwehreinspeisung ermöglicht der Feuerwehr die zusätzliche Einspeisung von Löschwasser.

Die Probierleitung ermöglicht einen Test der Sprinklerpumpe. Je nach Art der Sprinkleranlage unterscheidet man Nass- und Trockenanlagen.

Nassanlagen: Bei einer Nassanlage ist das Rohrnetz vor und nach der Ventilstation ständig mit Wasser gefüllt. Nassanlagen sind immer dann zu installieren, wenn während des ganzen Jahres keine Frostgefahr besteht.

Trockenanlagen: In einer Trockenanlage ist das Sprinklerrohrnetz nach der Ventilstation mit Druckluft gefüllt. Im Brandfalle öffnet

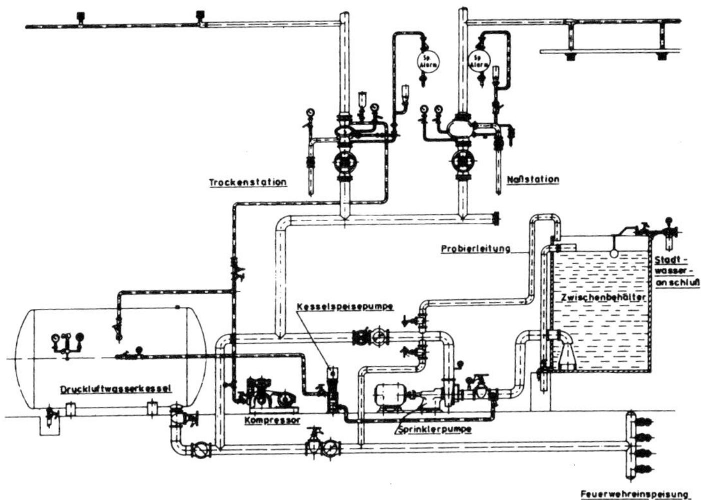

Aufbau einer Sprinkleranlage

der von der Brandtemperatur beaufschlagte Sprinkler, die Druckluft entweicht, und das Löschwasser strömt entsprechend nach.

Trockenanlagen werden in allen durch Frost gefährdeten Räumen oder in Räumen mit außergewöhnlich hohen Temperaturen, bei denen das Löschwasser verdampfen könnte, installiert.

Bei der Projektierung einer Sprinkleranlage sind unter anderem die Mindestbetriebszeit, die Brandgefahr und die Wirkfläche zu berücksichtigen. Die Mindestbetriebszeit ist abhängig von der Brandgefahr und liegt zwischen 30 und 90 Minuten.

Die Zuordnung nach der Brandgefahr, eingeteilt in BG 1 bis BG 4, erfolgt entsprechend den Betriebsarten oder bei Lagerrisiken in Abhängigkeit des Lagergutes und der Verpackung. In Abhängigkeit von der Brandgefahr wird die Wirkfläche ermittelt. Sie ist eine rechnerische Größe, die unabhängig von der Gesamtfläche des zu schützenden Objekts ist und zwischen 150 und 325 m^2 liegt. Bei der Wasserversorgung wird berücksichtigt, dass alle in diesem Bereich liegenden Sprinkler öffnen und ausreichend mit Wasser versorgt werden.

Generell wird die Wasserversorgung durch mehrere Komponenten sichergestellt:

Druckluftwasserbehälter (DLW): In Abhängigkeit von der Brandgefahr (BG) hat der DLW ein Wasservolumen von 7,5 bis 15 m^3 und mindestens 1/3 Luftvolumen bei einem vom höchstgelegenen Sprinkler abhängigen Druck, sodass dessen Wasserversorgung sichergestellt ist.

Stadtwasseranschluss: Der Stadtwasseranschluss dient dem Befüllen und Nachspeisen des Zwischenbehälters, der eine Wassermenge für die Mindestbetriebszeit bevorraten muss. Er kann um die aus der Stadtwasserleitung nachfließenden Menge kleiner gewählt werden.

Sprinklerpumpe, Pumpenanlage: Die Sprinklerpumpe drückt das Wasser aus dem Zwischen- und Vorratsbehälter in das Sprinklerrohrnetz. Der Antrieb erfolgt mit einem direkt gekoppelten Elektro- oder Dieselmotor. In Abhängigkeit der Brandgefahr (BG 1 bis BG 4) und der Anzahl der Sprinkler sind die Pumpenanlagen zu kombinieren, um eine ausreichend sichere Energieversorgung zu erhalten.

(Redaktion)

Sprinklerglocke

Siehe Alarmventilstation.

Sprühflutanlage

Siehe auch Sprühwasseranlage, Wasservernebelungsanlage.

Im Allgemeinen durch höhere Wasserdurch-

satzmengen gekennzeichnet. Die Tropfengröße liegt deutlich über der von Tropfen aus →Wasservernebelungsanlagen. Sie ist damit weniger anfällig gegen Luftströmungen und deshalb besser für Anwendungen im Freien geeignet.
(Letzte Änderung: 9.7.1998)

(Prof. Beilicke)

Sprühwasseranlage

Siehe auch Wasservernebelungsanlage.
Stationäre Wasserlöschanlage mit offenen Düsen, aus denen Löschwasser bestimmter Qualität (Druck, Tropfenspektrum) und Menge nach automatischer oder manueller Auslösung in vorgegebener Richtung in einem flächenmäßig bzw. volumenmäßig begrenzten Bereich versprüht wird. Der Tropfendurchmesser liegt vorzugsweise im Bereich zwischen 0,1 und 1,0 mm.
Besondere Kennzeichen sind die geringe Tropfengröße und die dem Schutzobjekt und seiner Geometrie anpassbare Gestaltung einer Sprühwasseranlage (auch aufwärtsgerichtete Sprührichtung ist möglich). Bestimmte Risiken sind vorzugsweise mit Sprühwasseranlagen beherrschbar.
Sprühwasseranlagen, die beispielsweise aufgrund der eingesetzten Düsen das Wasser sehr fein zerstäuben, bezeichnet man auch als →Wasservernebelungsanlagen.

(Prof. Beilicke)

SRB

Schweizerische Stiftung für Risikoberatung
Kurzbeschrieb und Anschriften →Behörden, Verbände, Institutionen

SSI

Schweizerische Vereinigung unabhängiger Sicherheitsingenieure und -berater.
Kurzbeschrieb und Anschrift →Behörden, Verbände, Institutionen

SSL

Siehe auch E-Payment, Internet, IT-Sicherheit, Verschlüsselung.
SSL ist die Abkürzung für Secure Socket Layer, ein von Netscape entwickeltes Protokoll für Standard-Browser zum sicheren Übertragen von vertraulichen Informationen über das →Internet. Besonders im Online-Shopping und E-Banking ist dieses Verschlüsselungsverfahren weit verbreitet, zum Beispiel für die Übermittlung von Nutzer- und Finanzdaten oder Kontonummern. Eine sichere Verbindung per SSL wird durch das Kürzel https in der URL angezeigt und kann durch Dritte nicht mitgelesen werden. Bei Initialisierung einer SSL-Verbindung (dem sogenannten SSL-Handshake) authentifiziert sich der Server über ein →Public-Key-Verfahren gegenüber dem Nutzer. Dazu ist eine kostenpflichtige Zertifizierung durch Drittparteien notwendig, die die Integrität des Servers garantiert. Bei Finanztransaktionen über das Internet ist sogar eine beidseitige Authentifizierung notwendig. Außerdem verständigen sich Client und Server während des Handshakes über den im Folgenden zu verwendenden Codeschlüssel. SSL unterstützt für die eigentliche Datenübertragung (den im Anschluss an den Handshake stattfindenden sogenannten Bulk Data Transfer) verschiedene symmetrische Verschlüsselungen, wie unter anderem 3DES (Triple Digital Encryption Standard, →Triple-DES), RSA (Rivest, Shamir & Adleman) oder DSA (Digital Signature Algorithm). Die eigentliche Datenübertragung im weiteren Verlauf der SSL-Verbindung verwendet also eine symmetrische Verschlüsselung, lediglich die Initialisierung läuft über ein Public-Key-Verfahren.
(Neu aufgenommen am 24.5.2004)

(Kilpatrick)

SSV

Früher Schweizerischer Sachversicherungs-Verband. Jetzt: Schweizerischer Versicherungsverband
Kurzbeschrieb und Anschrift →Behörden, Verbände, Institutionen.

ST (Security Target)

Siehe Sicherheitsvorgaben (IT)

Stahlschrank

Nicht mehr gebräuchliche Bezeichnung für einen →Sicherheitsschrank.
(Letzte Änderung: 11.5.2004)

(Reingen)

Stand-alone-Lesestation

Siehe Zutrittskontrolle.

Stand-alone-Zutrittskontrollsystem

Siehe auch Zutrittskontrolle (mit weiteren Verweisen), Zutrittskontroll-Zentrale.

Der Begriff Stand-alone-Zutrittskontrollsystem ist nicht über eine Norm oder eine andere Konvention streng definiert und abgegrenzt. Ein Stand-alone-Zutrittskontrollsystem ist aber durch folgende Eigenschaften charakterisiert:

- Zutrittskontrolle für einen oder für wenige räumlich zusammenhängende Durchgänge.
- Entscheidungsintelligenz in einer „Zentrale", an der Lesegeräte oder Terminals ohne eigene „Intelligenz" angeschaltet werden.
- „Zentrale" und Lesegeräte/Terminals können in einem Gehäuse/einer Funktionseinheit vereinigt sein.
- Eingabe von Parametern, Stammsätzen und anderen Entscheidungsdaten über eine eingebaute Eingabeeinheit (Tastatur und Display) oder über ein nur temporär angeschaltetes Gerät (PC o.Ä.). Diese Daten werden nicht permanent von einer übergeordneten Zentrale im online-Datenverkehr aktualisiert.
- Aktuelle Zutrittsentscheidungen trifft nur diese „Zentrale", die dazu für ihren ganzen Entscheidungsbereich oder auch pro Durchgang zeitlich und örtlich differenzierte Zulassungen für einzelne Beteiligte oder Gruppen führt.
- Türmanagement (Betätigung des Türöffners und Überwachung des Türzustandes) direkt von der „Zentrale" oder überwacht durch die „Zentrale" von den Leseterminals.
- Protokollierung oder Logging einer begrenzten Anzahl von Vorgängen (Zutritt, abgelehnte Versuche, Alarme, Meldungen). Elektronisch gespeicherte Ereignisse können mit einem temporär angeschalteten Gerät abgerufen und dargestellt werden.
- Weitergabe von Alarmen, Störungsmeldungen und ggf. Ereignissen als Sammel- oder auch als Einzelmeldungen über Kontakte, sofern überhaupt möglich.
- Die „Zentrale" kommuniziert nur mit den ihr untergeordneten Leserterminals und ggf. mit dem temporär angeschalteten Bediengerät, sie hat keine datentechnische Verbindung mit anderen sicherheitstechnischen oder administrativen Systemen.

Beispiele: Neben den stand alone-Ausweis- oder -PIN-Code-Terminals fallen die neuerdings verstärkt angebotenen mechatronischen Schließzylinder oder Türbeschläge in diese Gruppe. Sie zeigen alle oder die meisten der genannten Eigenschaften.

Allerdings bieten einige Hersteller und Systemintegratoren gerade diese Produkte integriert in online-Lösungen vom Grundtyp 2 oder besonders vom Grundtyp 3 an. Dabei wird die Anbindung an die übergeordneten Zentralen nicht über eine Verkabelung, sondern über im Ausweis hinterlegte Berechtigungsdaten, also praktisch über Net on Card geschaffen. Die Zutrittsentscheidung erfolgt dabei aufgrund neuester Berechtigungsdaten, die meist täglich an online-Terminals auf den neuesten Stand gebracht werden. Ein Gültigkeits- oder Verfallsdatum dieser Berechtigungsdaten verhindert ihren Mißbrauch.

Allerdings gilt das nur für die Zutrittsentscheidung, Alarme oder Zustandsmeldungen werden auch weiterhin nur direkt vor Ort angezeigt.

(Letzte Änderung: 11.7.2006)

(Junghanns)

Standleitung

Siehe Verbindungsarten

Starlightkamera

Siehe Restlicht-Kamera.

Steganographie

Siehe auch Verschlüsselung (mit weiteren Verweisen)

Historisch: Physisches Verstecken von Nachrichten (Herodot). Aktuell: Modifikation der niedrigsten Bits eines oder mehrerer Bytes insbesondere von Graphik- und Sounddateien. Dadurch wird z.B. bei Graphiken – nicht nennenswert – die Farbe oder die Intensität verändert. Durch die Nutzung nur der jeweils niedrigsten Bits ist die Aufnahmekapazität bei gegebener Dateigröße begrenzt; so lässt sich z.B. in einer Graustufen-Graphikdatei für ein Bild mit 1024 x 1024 Pixel eine 64 Kbyte-Nachricht

verstecken. Nicht alle Verfahren sind gegen verlustbehaftete Komprimierung hinreichend widerstandsfähig. Da ein potenzieller Angreifer (nur) das Bild – z.B. die Darstellung der Graphikdatei auf einem Bildschirm – sieht, erkennt er nur schwer oder gar nicht, dass weitere Informationen (die Nachricht) in der Datei verborgen sind. Der Empfänger kann die Nachricht mit dem vereinbarten Algorithmus aus der Graphik- oder Sounddatei extrahieren. Sofern gleichwohl das Risiko des Bemerkens als hoch bewertet wird, kann die Nachricht vor dem Verstecken zusätzlich verschlüsselt werden.
(Letzte Änderung: 12.7.98)

(Pohl/Cerny)

Steigleitung

In Bauwerken vertikal verlegte Verbrauchsleitung mit Feuerlöschventilen. Es werden nasse und trockene Steigleitungen unterschieden. Sie dienen der Löschwasserförderung und müssen die Forderungen einer Druckleitung erfüllen. Gegebenenfalls ist die Möglichkeit der Einspeisung von Löschwasser durch die Feuerwehr in die Steigleitung vorzusehen.

(Prof. Beilicke)

Steuereinrichtung

„Steuereinrichtungen dienen der Auslösung von Vorrichtungen zur Gefahrenminderung oder -abwehr. Sie können Teile oder Zusatzeinrichtung einer →Gefahrenmeldeanlage (GMA) sein.“ (Definition nach DIN VDE 0833)

Steuereinrichtung für automatische Brandschutzeinrichtungen: „Einrichtung, die →automatische Brandschutzeinrichtungen (→automatische Brandschutzanlage) auslöst, nachdem sie ein Signal von der Brandmelderzentrale erhalten hat.“ (Definition nach VKF/Sicherheitsinstitut)

Stiftzuhaltung

Siehe auch Schließanlage, Schließzylinder, Schloss (mit weiteren Verweisen)

Eine Stiftzuhaltung ist gemäß DIN 18 252 eine aus

- Kernstift
- Gehäusestift und
- Stiftfeder

bestehende Zuhaltung im Profilzylinder, die eine Drehung des Zylinderkerns im Zylindergehäuse nur zulässt, wenn der zum Profilzylinder gehörende Schlüssel eingeführt wird und dabei Kernstifte und Gehäusestifte so verschiebt, dass deren Trennungsebenen die Mantelfläche des Zylinderkerns berühren.
(Letzte Änderung: 21.3.2002)

(Krühn)

Stiller Alarm

Siehe Alarm, AWAG, AWUG, Notrufzentrale, Übertragungsgeräte.

Stimmanalyse (Sprechererkennung)

Siehe auch Biometrie (mit weiteren Verweisen), Personenidentifikation, Zutrittskontrolle.

Bei der Stimmanalyse muss zwischen der Sprecher- und der Spracherkennung unterschieden werden. Bei der Spracherkennung ist es das Ziel, die Bedeutung des gesprochenen Wortes zu erkennen, um es z.B. für elektronische Diktiersysteme weiterverwenden zu können. Bei der Sprechererkennung hingegen soll die sprechende Person erkannt werden.

So können zur automatischen Ermittlung der Identität einer Person die charakteristischen Eigenschaften der Stimme herangezogen werden. Die Sprachmerkmale sind zum einen durch die individuellen Ausformungen des Vokaltrakts, zum anderen durch die im Laufe des Lebens erworbenen Sprechgewohnheiten bestimmt. Beide Eigenschaften ermöglichen es, Menschen aus dem Bekanntenkreis recht sicher an ihrer Stimme zu erkennen.

Bei der Sprechererkennung werden die Schallwellen des gesprochenen Wortes in Gruppen zerlegt, welche die charakteristischen Merkmale enthalten. Diese Merkmale werden dann den gesprochenen Befehlsworten zugeordnet. Die aktuell gesprochenen Worte des Sprechers werden dann bei der Erkennung nach der Extraktion der charakteristischen Merkmale mit dem gespeicherten Muster verglichen.

Der Zutrittsbegehrende gibt dem System seine (behauptete) Identität, z. B. durch das Eintippen seines Namens oder durch Vorlage einer ID-Karte bekannt. Das System wählt nun aus einem hinterlegten Wortschatz einige Worte aus und fordert die Person auf, zu sprechen. Die Sprachäußerungen werden über ein Mikrofon vom System aufgenommen, und aus ihnen werden die sprecherspezifischen Muster extrahiert.

Das Ergebnis der Analyse, ein sprechertypischer Merkmalsatz, wird mit dem bekannten Muster des Zutrittsbegehrenden verglichen. Anhand der Ähnlichkeit der beiden Muster entscheidet das System über Akzeptanz oder Zurückweisung. Die Wortschatzgröße ist beschränkt, beispielsweise auf 8 Worte, die frei gewählt werden können. Wie viele Worte dem Zutrittsbegehrenden präsentiert werden, hängt von der gewünschten Verifikationssicherheit ab.

(Letzte Änderung: 9.7.2002)

(Munde)

Störfall

Siehe auch Katastrophe, Notfall.

Ein Störfall ist eine Lage, die aufgrund eines unerwünschten Ereignisses entsteht, dessen Auswirkungen sich auf den betroffenen Betrieb beschränken. Die Lage kann mit den vorhandenen Mitteln im Rahmen der bestehenden Normalorganisation bewältigt werden.

Im Gegensatz dazu sind die Auswirkungen einer →Katastrophe grenzüberschreitend, die vorhandenen Mittel und die Normalorganisation reichen zur Bewältigung der Lage nicht aus.

Eine Lage zwischen Störfall und Katastrophe ist der →Notfall: Seine Auswirkungen beschränken sich auf den betroffenen Betrieb; die Normalorganisation reicht zur Bewältigung der Lage dennoch nicht aus.

In der IT bezeichnet ein Störfall den Ausfall eines oder mehrerer Rechner (technische Defekte) oder Anwendungen (Programm-/Datenbankfehler). Eine Beseitigung der Störung ist mit eigenen Mitteln (ohne Ausweich-RZ) möglich. Die Auswirkungen auf den Geschäftsablauf sind gering oder unbedeutend.

Ein →Notfall in der IT ist ein Ausfall der gesamten IT. Der Wiederanlauf ist jedoch durch die getroffenen Vorsorgemaßnahmen und Dokumentation in der definierten Zeitspanne möglich. Die Geschäftsabläufe sind während der Wiederanlaufphase behindert oder unterbrochen.

Unter einer →Katastrophe wird in der IT der Ausfall der gesamten Informationstechnik verstanden, wobei ein Wiederanlauf in der erforderlichen Zeitspanne (z.B. wegen fehlender Vorsorgemaßnahmen) nicht möglich ist. Die Auswirkungen haben einen gravierenden Einfluss auf die Funktionsfähigkeit des Unternehmens und können zu einem Konkurs führen.

Von den im Sinne der Security gebräuchlichen Definitionen zu unterscheiden ist die Umweltgesetzgebung. Hier wird bereits beim „Störfall" von einer Außenwirkung ausgegangen. Steigerungen (Notfall, Katastrophe sind nicht definiert).

Nach der deutschen und österreichischen Störfallverordnung, die vor allem für die chemische Industrie wichtig ist, wird als Störfall eine Betriebsstörung bezeichnet, bei der Stoffe, z.B. durch Brände oder Explosionen, freigesetzt werden, die für den Menschen oder die Umwelt eine ernste Gefahr darstellen können.

Nach Art. 2 der eidgenössischen Störfallverordnung von 27.02.91 gilt in der Schweiz als Störfall „ein außerordentliches Ereignis in einem Betrieb oder auf einem Verkehrsweg, bei dem erhebliche Einwirkungen auftreten: a) außerhalb des Areals b) auf oder außerhalb des Verkehrswegs".

In Zusammenhang mit Atomkraftwerken wird der Begriff „Störfall" als Sammelbegriff für alle Vorkommnisse verwendet, die den normalen Betrieb stören. Dabei handelt es sich um Ereignisse von kleinen technischen Pannen bis hin zum denkbar schwersten Unfall.

In einigen Unternehmen sind die Begriffe allerdings abweichend belegt. Hier ist die Wertigkeit dann entsprechend anzuwenden.

(Letzte Änderung: 11.7.2006)

(Glessman)

Störsender

Siehe auch Abhörgeschützte und abhörsichere Räume, Abhörsicherheit, Rauschgenerator

Die oft auch mit dem englischen Fachbegriff „Jammer" bezeichneten Störsender geben ein meist breitbandiges Hochfrequenzsignal ab, mit dem Ziel, den Empfang von Funkübertragungen zu verhindern, indem sie deren elektromagnetische Wellen überlagern. Die Funktionsweise beruht darauf, dass das Störsignal einen potenziellen Empfänger auf seiner Betriebsfrequenz mit einer höheren Feldstärke erreicht als das zu unterdrückende Nutzsignal. Die Zulässigkeit einer Inbetriebnahme von Störsendern ist jeweils von der landesspezifischen Rechtslage abhängig. In den meisten Ländern ist der Öffentlichkeit eine legale Nutzung nicht möglich.

Der praktische Einsatz erstreckt sich vom →Personenschutz (z.B. zur Absicherung von Fahrzeugkonvois gegen funkferngezündete Sprengsätze) über Abhörschutz (zur Überlagerung illegaler Funkübertragungen, →Abhörsicherheit) bis zur selektiven Unterdrückung von Funkfrequenzen oder Frequenzbändern im taktischen Bereich. Neben der Nutzung als Sicherheitseinrichtung werden Störsender auch zur Beeinträchtigung der Verfügbarkeit von Sprach-, Daten- und Videoübertragungen eingesetzt. Bei →GSM-, UMTS, →WLAN- (bzw. →VoWLAN) und DECT-Infrastrukturen (DECT=Digital Enhanced Cordless Telecommunications) sowie GPS- (→Satellitenortungssystem), →Bluetooth und Telemetrie-Anwendungen wurden bereits Fälle gezielter →Denial-of-Service-Attacken (DoS) bekannt.
(Neu eingefügt: 15.7.2006)

(Fink)

Störungsmeldung

Die durch ein Anlageteil oder die Einbruchmeldeanlage abgegebene Meldung über eine erkannte oder vorliegende Störung.
(Letzte Änderung: 20.5.2002)

(Definition: VdS)

Streulichtmelder

Siehe Rauchmelder.

Stromversorgung

Siehe Alarmzentrale.

Strongroom

Siehe Wertschutzraum.
Strongroom wall: Wertschutzraumwandung; Strongroom door: Wertschutzraumtür

STV

Schweizerischer Technischer Verband, Fachgruppe Sicherheitstechnik
Kurzbeschrieb und Anschriften →Behörden, Verbände, Institutionen.

SVV/ASA

Schweizerischer Versicherungsverband
Kurzbeschrieb und Anschriften →Behörden, Verbände, Institutionen.

SYN Flooding

Siehe Denial-of-Service (DoS) Attacke

Synoptik

Siehe auch Alarmzentrale, Brandmeldeanlage.
Die Synoptik in einer Gefahrenmeldeanlage ist eine schematische Darstellung der einzelnen überwachten Objekte in Form von transparenten, farbigen Darstellungen mit Beschriftung und Leuchtanzeigen. Die Synoptik zeigt meist die Grundrisse der verschiedenen Stockwerkebenen in ihrer ungefähren geographischen Lage und ihrem gegenseitigen Zusammenhang ohne Anspruch auf Maßstabtreue.
Sie vermittelt eine unmittelbare Grobübersicht über die Gesamtlage und erlaubt so eine rasche Orientierung im Objekt. Durch Verwendung von →LED oder kleinen Lampen mit entsprechender Ansteuerung durch die Gefahrenmeldeanlage erfolgt eine direkte Leuchtanzeige des Gefahrenherdes. Gelegentlich werden der Synoptik zur Erhöhung der Aussagegenauigkeit Detailpläne beigefügt. Mit Hilfe dieser Information sind Interventionskräfte in der Lage, ihre Angriffsstrategie optimal festzulegen. Zweckmäßig werden die synoptischen Anzeigen deshalb an den Objektzugängen angeordnet.

(Wigger)

Was bedeuten die blauen Textstellen?

Dieses Lexikon ist ein genaues Abbild des Basislexikons in
http://www.secumedia.de/sija
Alle hier blau gedruckten Verweise sind dort Links. Im Internet müssen Sie also nur auf die Verweise klicken und sind sofort an der richtigen Textstelle. Ein Passwort für den Zugang finden Sie als Käufer des Sicherheits-Jahrbuchs auf dem gelben Karton hinten im Buch.

T

Tableau

Siehe Synoptik.

Täterbild

Siehe auch Geheimschutz, Sabotageschutzüberprüfung, Sicherheitsüberprüfungsgesetz, Zuverlässigkeitsüberprüfungen

Konkrete Informationen zum mutmaßlichen Täter einer strafbaren Handlung beschleunigen nicht nur die Aufklärung. Auch für die Kriminalprävention ist das Täterbild von zentraler Bedeutung. Speziell im Bereich der Vermögensdelikte, bei Spionagehandlungen sowie bei Angriffen auf DV-Systeme spielt die Unterscheidung zwischen Innen- und Außentätern eine wichtige Rolle.

Beim *Außentäter* handelt es sich um eine Person, die über keinen legalen Zugang zum Zielobjekt verfügt. Mit oftmals nicht unerheblichen Aufwand – u.U. auch unter Einsatz von Gewalt – muss der Außentäter zunächst einmal Außen- bzw. Vorfeld-Absicherungen überwinden, um in Reichweite des eigentlichen Angriffszieles zu gelangen. Er trägt von vornherein ein weitaus höheres Entdeckungsrisiko als der Innentäter.

Der *Innentäter* ist dagegen eine Person, die sich befugterweise inmitten des Zielobjekts aufhält. Nicht selten ist sie überdies mit besonderen Zugangs-/Zugriffsberechtigungen ausgestattet, sodass sich ihre legalen Handlungweisen nur sehr mühsam von ihren - zusätzlichen - kriminellen Aktivitäten unterscheiden lassen. Die Überführung eines hochwertig platzierten Innentäters gestaltet sich insofern äußerst schwierig; nicht selten gelingt die "Enttarnung" erst nach Jahren. Große Schadenshöhen sind darum überproportional häufig von Innentätern verursacht. Auf sie ist speziell im Wirtschaftsbereich auch die Mehrzahl der Fälle zurückzuführen - laut zweier Studien der Hamburger Kreditversicherung Euler Hermes aus den Jahren 2003 und 2005 waren an 67 % aller wirtschaftskriminellen Handlungen eigene Mitarbeiter beteiligt.

(Letzte Änderung: 11.7.2006)

(Opfermann)

Täuschungsalarm

Siehe Falschalarm.

Tag-Nacht-Tresoranlage

Siehe Deposit-System

TAN

Siehe auch E-Banking, E-Payment, FinTS, Onlinebanking

Beim →Onlinebanking erhält der Kunde neben seiner persönlichen Identifikationsnummer (→PIN) auch eine Liste mit sogenannten Transaktionsnummern (TAN). Finanzwirksame Transaktionen sind durch eine TAN zu authentifizieren. Jede TAN kann nur einmal benutzt werden und verliert danach ihre Gültigkeit. Bei einem Einsatz von →Chipkarten mit integriertem Prozessor kann die TAN-Berechnung mit der Chipkarte erfolgen.

(Letzte Änderung: 22.7.2000)

(Redaktion)

Tastatur-Eingabe-Rekorder

Siehe Abhörsicherheit, IT-Sicherheit (mit weiteren Verweisen)

Ein Tastatur-Eingabe-Rekorder (auch bekannt unter dem Produktnamen „Keyghost“) ist ein kleiner Adapter, welcher zwischen Tastatur und Computer gesteckt wird. Er zeichnet alle Tastatur-Eingaben auf, ohne dass dazu eine spezielle Software installiert werden muss. Die

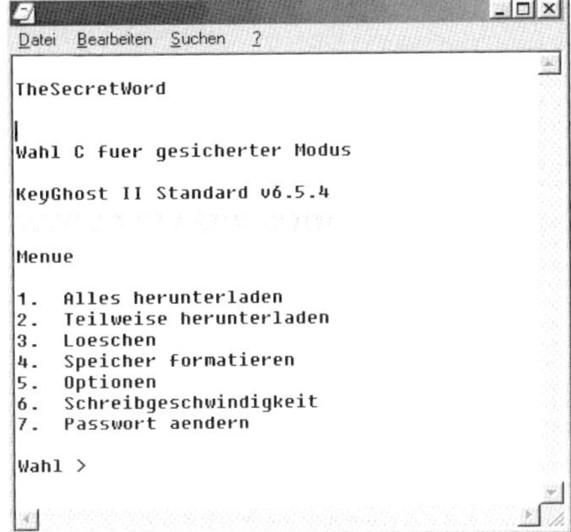

Menu des Tastatur-Eingabe-Rekorders

so gespeicherten Tastatur-Eingaben können auf einem beliebigen Computer wieder ausgegeben werden.
Ein Tastatur-Eingabe-Rekorder ist in wenigen Sekunden installiert. Er wird einfach zwischen Tastatur und Computer gesteckt, und er lässt sich auch anbringen, wenn der Computer ausgeschaltet oder mit einem Passwort geschützt ist. Er sieht aus wie eine Entstördrossel wie sie üblicherweise in einem Monitorkabel zu finden ist. Die meisten User schauen sich die Rückseite ihres Computers über Monate hinweg nicht an. Wenn der Adapter installiert ist, zeichnet er alle Tastatur-Eingaben in einem internen Flash-Speicher auf. Je nach Modell können das bis zu 2.000.000 Zeichen sein.
Das Gerät arbeitet mit den Betriebssystemen Windows 3.1, 95, 98, ME, NT, 2000, Linux, OS/2, DOS, Sun Solaris und BeOS, nicht jedoch mit MacOS und USB Tastaturen. Im Gegensatz zu Software Tastatur-Eingabe-Rekordern speichert er auch Tastatur-Eingaben, die vor dem Starten des Betriebssystems gemacht werden, z.B. im Bios oder beim Booten von einer Diskette.
Ein Tastatur-Eingabe-Rekorder kann einerseits als Spionageinstrument genutzt werden, wenn ihn jemand unbemerkt an einem fremden Rechner anbringt. Er kann andererseits auch der Abwehr von Ausspähungen und Manipulationen dienen, wenn der User ihn am eigenen Computer installiert, um zu prüfen, was in seiner Abwesenheit an dem Rechner geschehen ist.
(Neu aufgenommen am 15.6.2004)

(Jürgen Wittmann)

TC

Siehe Trust Center.

Technischer Alarm

Siehe Falschalarm.

Technisches Gebäudemanagement

Siehe auch Energiemanagement, Facility Management, Facility Support Services, Gebäudeautomation, Gebäudetechnik, Immobilienmanagement, Infrastrukturelles Gebäudemanagement, Kaufmännisches Gebäudemanagement, Prozessorientiertes Facility Management.

Für die Nutzungsdauer eines Gebäudes ist das technische Gebäudemanagement wohl die wichtigste Teilaufgabe im Rahmen des Facility Managements. Nach der Richtlinie →GEFMA 100 werden hier alle technischen Aufgabenstellungen für das Gebäude und seine technische Ausstattung zusammengefasst. In der Gliederung der Inhalte folgt man weitgehend der →VDMA/AIG Nr. 12. Hinzugefügt werden jedoch die Bestandteile der Bestandsdokumentation, EDV Management, Kommunikationsmanagement und →Gebäudeautomation. Diese nehmen wegen ihrer zunehmenden Bedeutung in modernen Gebäuden eigenständige Schwerpunkte ein. Die Betriebsführung gebäudetechnischer Anlagen ist in der →GEFMA 122 eingehend beschrieben.
Abweichend von der DIN 31051 wird die Instandhaltung aufgegliedert in Inspektion, Wartung, kleine Instandsetzung und große Instandsetzung. Dies ist erforderlich, da nach dem deutschen Steuerrecht die Inspektion, Wartung und die kleine Instandsetzung den Betriebskosten zuzurechnen sind, während die große Instandsetzung als Unterhalt zu verbuchen ist.
(Letzte Änderung: 16.8.2006)

(Eilert Siemens/Ammon)

Teilüberwachung

„Teilüberwachung bedeutet die Überwachung einzelner Räume, Verbindungswege oder Gebäudeteile mittels →automatischer Brandmelder. Die Teilüberwachung hat sich über einen gesamten →Brandabschnitt zu erstrecken."

(Definition nach VKF/Sicherheitsinstitut)

Telefonwahlgerät

Siehe auch AWAG, AWUG, Notrufzentrale, Übertragungsgeräte.

„Gerät, welches automatisch mehrere Stellen über eine Telefonleitung anwählt und mit welchem eine Meldung übertragen werden kann. Das Telefonwahlgerät wird von der Brandmelderzentrale aus angesteuert."

(Definition nach VKF/Sicherheitsinstitut)

Telekommunikation

Siehe auch IT-Sicherheit (mit weiteren Verweisen)

Übertragung von Informationen oder Nachrichten in der Datenverarbeitungs-, Kommuni-

kations-, Büro- und Sicherheitstechnik über eine größere Entfernung.
(Neu aufgenommen am 4.6.2000)

(Meißner)

Teleskopriegelschloss

Siehe auch Schloss (mit weiteren Verweisen).
Bei Metallrahmentüren o.Ä. wird eine ausreichende Verriegelung nur durch ein →Schwenkriegel- oder →Teleskopriegelschloss erreicht. Während bei einem Teleskopriegelschloss der gehärtete Riegel teleskopartig mindestens 20 mm ausgeschlossen wird (eintourig), tritt bei einem Schwenkriegelschloss der Riegel nicht waagerecht aus, sondern schwenkt beim eintourigen Schließen (von unten oder oben) etwa 35 mm heraus.

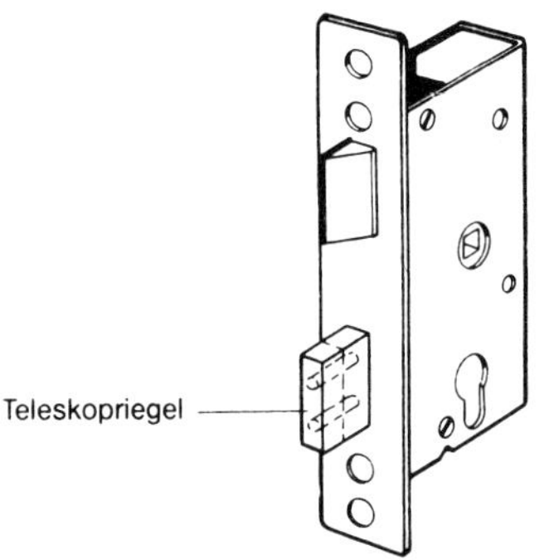

Beim Einbau derartiger Schlösser ist darauf zu achten, dass die Sicherheitsbeschläge sowie die Türblenden von außen nicht abgeschraubt bzw. gelöst werden können.
(Letzte Änderung: 27.4.2004)

(nach VdS)

TeleTrusT

TeleTrust Deutschland e.V., Verein zur Förderung der Vertrauenswürdigkeit der Informationstechnologie, gegründet 1989.
Ziele sind

- die Akzeptanz der →digitalen Signatur als Mittel der Rechtssicherheit,
- die Sicherheit des elektronischen Datenaustausches (EDI),
- die Entwicklung von Standards für sichere Informationstechnik.

Die Arbeit ist weiterhin davon geprägt, Ziele und Standards innerhalb der Europäischen Union zu harmonisieren.
Kurzbeschrieb und Anschrift →Behörden, Verbände, Institutionen. Weitere Informationen sind unter http://www.teletrust.de zu finden.
(Neu aufgenommen am 7.7.2000)

(Stark)

TEMPEST

Temporary Emanation and Spurious Transmission (zeitweilige Ausstrahlung und falsche Fortpflanzung). Der Begriff wurde in den 70er Jahren vom amerikanischen Verteidigungsministerium geprägt, um einen Standard für den Schutz vor →kompromittierender Abstrahlung der EDV-Anlagen festzulegen.

(Fink)

TGA

Trägergemeinschaft für Akkreditierung.
Kurzbeschreibung und Anschrift →Behörden, Verbände, Institutionen.

Thermischer Melder

Siehe Wärmemelder.

Thermodifferenzialmelder

Siehe Wärmemelder.

Thermomaximalmelder

Siehe Wärmemelder.

Tiger-Team

Siehe auch Firewall, Hacker, Internet, Intrusion Detection System, IT-Sicherheit, Malware, Trojaner, Viren.
Als „Tiger-Team" wird eine Gruppe von Experten bezeichnet, die im Kundenauftrag versucht, in die Systeme des Auftraggebers einzudringen. Tiger-Teams benutzen dabei die gleichen Werkzeuge, Tricks und Schliche, wie echte Hacker dies tun würden. Nur mit dem Unterschied, dass ein Tiger-Team Schwachstellen in der elektronischen Abwehr des Auftraggebers mit der Zielsetzung aufdeckt, diese Ergebnisse dem Kunden mitzuteilen, damit dieser seine Abwehr verbessern kann.

Die Funktionalität eines Tiger-Teams bieten viele der größeren Sicherheitshäuser an. Unterschiedlich ist dagegen die Umsetzung bzw. das Leistungsangebot. Manche Firmen favorisieren die technische Komponente wie z.B. das Internet Scanning auf Netz- und Transportebene oder den Angriff über Anwendungsprotokolle. Andere Dienstleister wiederum bevorzugen das „Social Engineering", bei dem man versucht, über die Schwachstelle Mensch in das System einzudringen. Ein Tiger-Team kann gute Auskunft darüber geben, wie sicher die eigene Abwehr einzuschätzen ist. Ein Tiger-Team hat darüber hinaus den Vorteil, dass es nicht „betriebsblind" ist, sondern relativ unbefangen an die Aufgabe herangeht und mit den gängigen Routinen, aber auch mit selbst entwickelten Verfahren die DV-Systeme auf Schlupflöcher abklopft.
(Neu aufgenommen am 27.4.2004)

(Dombach)

Time Stamping Authority (TSA)
Siehe PKI, Zeitstempel

TK-Forensik
Siehe auch *Abhörhandy, Geheimschutz, IT-Forensik, Kommunikationssicherheit, Spionage,* Voice over IP (VoIP), VoWLAN
Softwareanalysen zur rückwirkenden Aufklärung verdächtiger Vorfälle und krimineller Handlungen bei Telekommunikationseinrichtungen. Moderne ISDN TK-Anlagen und →VoIP Kommunikationsserver bieten umfangreiche Manipulationsmöglichkeiten. Diese beruhen bei den verschiedenen Plattformen auf den in Fachkreisen bekannten Schwachstellen sowie softwaremäßigen Veränderungen oder der Schaffung zusätzlicher Funktionalitäten. Zahlreiche Systeme waren in der Vergangenheit bereits Angriffsziel für Gebührenmissbrauch sowie zur Erlangung von Verbindungsdaten und Schaffung illegaler Abhörfunktionalitäten.
Wichtige Untersuchungsvoraussetzungen sind umfangreiche Erfahrung und tiefgreifende Systemkenntnisse auf der jeweiligen Plattform. Ferner wird die TK-Forensik durch eine personenbezogene, differenzierte Verwaltung der Zugriffsrechte, langfristig vorhandene History- und Logfiles sowie regelmäßige, vollständige Datensicherungen und -aufbewahrung erleichtert, bzw. erst ermöglicht.
(Neu eingefügt: 15.7.2006)

(Fink)

Tor
Siehe Tür.

Tosisches Schloss
Siehe Zuhaltungsschloss.

Trägheit
Siehe Nachleuchteffekt.

Transaktionsnummer
Siehe TAN.

Transliner
Siehe Melderkette.

Transponder
Siehe auch RFID-System
Ein Transponder ist ein kleiner, tragbarer mikroelektronischer Schaltkreis mit einer Sende- und Empfangseinrichtung, mit einer Steuerlogik und mit einem Daten- und Energiespeicher. Die Aufgabe eines derartigen Schaltkreises besteht darin, gespeicherte Informationen mit einer sich in Sendereichweite befindlichen Lesestation drahtlos auszutauschen.
Somit können Transponder für die berührungslose Identifikation (→Personenidentifikation) von Objekten und Personen eingesetzt werden. Man unterscheidet:

- *Passive Transponder*, die die benötigte Energie für die Informationsübertragung und den Datenerhalt einem elektromagnetischen Feld entnehmen. Dieses Feld wird durch die Lesestation erzeugt. Eine derartige Lesestation benötigt daher relativ viel Energie und muss somit in der Regel verkabelt werden (Batteriebetrieb ist problematisch). Die Reichweite passiver Transponder beträgt in der Regel nur wenige Zentimeter. Passive Transponder mit reiner Identträgerinformation, also ohne weitere Intelligenz, können so klein sein, dass sie in Klebeetiketten, Knöpfe, Chipkarten, Armbänder, oder Schrauben integrierbar sind. Die Gehäuse sind hermetisch verschlossen und äußerst robust und widerstandsfähig gegen Schock, Vibration, Druck, Chemikalien und Temperatur.

- *Aktive Transponder*, die die benötigte Energie einer mitgeführten Batterie entnehmen. Aktive Transponder können daher nicht so kompakt sein wie passive Transponder. Vorteile: Aktive Transponder haben eine deutlich größere Reichweite. Daher kann die zugehörige Lesestation vandalismussicher hinter Wänden bzw. hinter Türen im gesicherten Bereich angebracht werden. Sie kann obendrein viel kleiner und energieärmer sein als eine Lesestation für passive Transponder. Beides ist wichtig in der Schließtechnik, z.B. bei elektronischen Schließzylindern (→elektronische Schließsysteme).
- *Festprogrammierte Transponder*, lassen sich nur einmal mit der Identinformation beschreiben
- *Programmierbare Transponder*, erlauben ein Austauschen oder Überschreiben der gespeicherten Informationen
- *Einfache Transponder*, können nur Informationen an die Lesestation absenden, jedoch keine Informationen empfangen.
- *Intelligente dialogfähige Transponder*, können sowohl Informationen an die Lesestation absenden als auch Informationen von der Lesestation empfangen, sie verarbeiten und gezielt auf diese Informationen reagieren. In der Schließtechnik ist es dieser Transpondertypus, der hochsichere (ständig wechselnde) und gleichzeitig schließanlagenfähige (ein Transponder schließt viele Türen) →Zutrittskontrollprotokolle ermöglicht.

(Letzte Änderung: 12.12.2003)

(Voss)

Transport

Siehe Werttransport.

Trap Door

Siehe auch Malware (mit weitern Verweisen), IT-Sicherheit (mit weiteren Verweisen).

Falltür. Verdeckt (undokumentiert) implementierte Folge von Instruktionen (Programmteile, Programme – in Hardware, Firmware und/oder Software), die einen Angriff auf ein System der IT durch Umgehung oder Durchdringung des Sicherheitssystems ermöglicht.

Eine Trap Door wird durch eine spezielle Zeichen- (Passwort) oder Ereignisfolge von einem Client oder Server aufgestoßen.

Eine Trap Door kann auch zu Test- und Wartungszwecken berechtigt eingebaut sein – sie ist dann allerdings meist für Berechtigte dokumentiert. So z.B. „JOSHUA“ im Spielfilm 'War Games'.

Synonym mit back door.

(Neu aufgenommen am 11.7.2000)

(Prof. Pohl)

Trennschleifarbeiten

Siehe Feuerarbeiten

Treppe

1. Verbindungsweg mit horizontalen Trittstufen zwischen den in unterschiedlichen Höhenlagen befindlichen Nutzflächen.

2. Stufenanlage mit mehr als 3 Treppenstufen und einem Neigungswinkel bis zu höchstens 45 Grad.

Treppen sind genormt und werden u.a. aus brandschutztechnischen Gründen in Sicherheitstreppenräume, abgeschlossene Treppenräume, offenen Treppen und Außentreppen unterschieden.

Die hinsichtlich der uneingeschränkten Nutzbarkeit unter allen Bedingungen erforderlich einzuhaltenden Parameter wie Steigungsverhältnis, Podeste, Beachtung von Türschlag, Geländerausbildung und Schutz vor Witterungseinflüssen usw. sind in Normen geregelt. Dies gilt auch für die maximale Anzahl von Steigungen in einem Treppenlauf und für die Zulässigkeit von Treppenläufen, die von der geraden Linie im Zuge von Rettungswegen abweichen.

(Letzte Änderung: 28.6.98)

(Prof. Beilicke)

Treppe, nutzbare Laufbreite

An der engsten Stelle einer Treppe, beispielsweise zwischen den Handläufen bzw. zwischen Einbauten oder zwischen Einbau und Handlauf zu bestimmende Breite. Die nutzbare

Laufbreite darf auch auf den Podesten einer Treppe nicht durch Einbauten oder den Öffnungsbereich von in Richtung der Treppe öffnenden Türen beeinträchtigt werden. Die nutzbare Laufbreite ist als Mindestbreite nach Normenforderungen zu bemessen bzw. für Sonderfälle nach der Anzahl der auf diese Treppe angewiesenen Personen zu dimensionieren.

(Prof. Beilicke)

Tresorraum/Tresoranlage

Siehe auch Elektronische Schließsysteme, Panzertür, VdS-Kennzeichen, Wertschutzraum, Zertifizierungsmarke

„Tresorraum/Tresoranlage" ist eine nicht mehr gebräuchliche Bezeichnung für einen →Wertschutzraum. Tresorräume (Türen und Wandungen) sind früher in drei Sicherheitsstufen (LT 1, T 10 und T 20) zertifiziert worden. Außerhalb der Fachkreise wird die Bezeichnung „Tresor" auch für einen →Wertschutzschrank oder →Sicherheitsschrank verwendet.

(Letzte Änderung: 15.7.2006)

(Redaktion)

Tresortür

Siehe Panzertür, Wertschutzraum.

Triple-DES

Siehe auch DES, IDEA, Rijndael, Verschlüsselung.

Symmetrisches Verschlüsselungsverfahren, das auf dem klassischen →DES basiert, jedoch mit der doppelten Schlüsselänge arbeitet (112 Bit). Die zu verschlüsselnden Daten werden mit einer dreifachen Kombination des klassischen DES verschlüsselt. Aufgrund der Schlüssellänge gilt Triple-DES derzeit noch als sicheres Verfahren im Gegensatz zum einfachen DES, der durch Brute-Force-Attacken (bloßes Probieren von Schlüsseln) angreifbar ist.

(Neu aufgenommen am 7.7.2000)

(Stark)

Trittmatte

Siehe Flächenüberwachung.

Trojaner

Siehe auch Firewall, Hacker, Hoaxes, Internet, Intrusion Detection System, IT-Sicherheit, Kettenbriefe, Makroviren, Malware, Scriptviren, Tiger-Team, Viren.

Trojaner oder „Trojanische Pferde" gleichen dem Vorbild aus der griechischen Sagenwelt. Homer erzählt, dass die Griechen den Trojanern nach vergeblicher Belagerung der Stadt ein großes, hölzernes Pferd als „Friedensgeschenk" übergaben. Im Innern dieses Geschenks befanden sich jedoch Soldaten. Nachdem die Trojaner das Holztier in die Stadt gerollt hatten, kamen die Soldaten heraus und öffneten die Stadttore für die eigenen Truppen. Die Fracht der heutigen Trojaner ist ebenso gefährlich. In ihrem Inneren verstecken sind gefährliche Programmteile, die recht unerwünschte „Nebenwirkungen" haben. Manche Trojaner gaukeln dem Anwender vor, eine nützliche Aufgabe zu erfüllen, betreiben aber in Wirklichkeit Spionage. So werden z.B. Passwörter, Tastatureingaben und Dateiinhalte ausspioniert und auch über das Internet an „Sammelstellen" geschickt. Andere Trojaner hingegen löschen Dateien oder manipulieren Systemeinstellungen so, dass ein vernünftiges Arbeiten am PC nicht mehr möglich ist.

Einer der ersten Trojaner war ein AIDS-Informationsprogramm, welches sich 1989 etablierte. Dabei wurde an die Teilnehmer einer Anti-Aids-Konferenz eine Diskette verschickt, auf der sich ein Informationsprogramm befand. Wurde dieses gestartet, begann es nach einiger Zeit die auf der Festplatte befindlichen Dateien umzubenennen. Wollte man die ursprünglichen Dateinamen wieder herstellen, musste man zuvor einen Geldbetrag auf ein Konto in Panama überweisen. Moderne Nachkommen dieses ersten Trojaners sind z.B. Programme wie „Back Orifice 2000", welche eine massive Systemspionage betreiben. Als Schutzmaßnahme gegen Trojaner gilt nach wie vor, keine Programme auf dem eigenen PC einzusetzen, die aus einer unsicheren Quelle stammen. Software sollte nur vom Originaldistributor bezogen werden. Auf „Testinstallationen" von Spielprogrammen und Tools, die man sich irgendwoher besorgt hat, sollte man aus Sicherheitsgründen verzichten. Zumindest aber sollte jede fremde Software vor dem Einsatz mit einem Virenscanner geprüft werden.

(Letzte Änderung am 27.4.2004)

(Dombach)

Trust Center

Siehe auch Digitale Signatur, PKI, Schlüssel-Archiv, Verschlüsselung.

Als Trust Center (TC) oder vertrauenswürdig wird eine Instanz bezeichnet, die technisch, organisatorisch und betrieblich so ausgestattet ist, dass sie ihre Aufgaben in vertrauenswürdiger Weise durchführt – unabhängig von den Endanwendern. Dieser Instanz wird von anderen Instanzen (u.a. von Endanwendern, Kommunikationspartnern) hinsichtlich der erbrachten Sicherheitsfunktionen vertraut. Die Instanzen werden auch als „Trusted Third Parties (TTP)“ bezeichnet. Vertrauenswürdige Instanzen können folgende Funktionen wahrnehmen:

Zertifizierungsstelle

Eine öffentliche Schlüssel zur Verifizierung digitaler Signaturen speichernde Instanz (directory), die diese öffentlichen Schlüssel auf Anforderung vertrauenswürdig mitteilt – d.h. Zertifikate zur Bestätigung der öffentlichen Schlüssel einer Identität (Benutzer) zur Überprüfung einer digitalen Signatur versendet. Zertifizierungsstellen werden auch als „Certification Authority (CA)“ bezeichnet.

Schlüsselmanagement-Center

Instanz zur Generierung und Verteilung von Schlüsseln. Sie wird auch als 'Key Management Center' bezeichnet.

Schlüssel-Archiv: Siehe Schlüssel-Archiv

(Prof. Pohl)

Tür

Siehe auch Aufhebelsicherung, Automatisch verriegelnde Schlösser, Dichtschließende Tür, Einbruchhemmende Tür, Feuerschutzabschluss, Fluchttüren/Fluchttürverschlüsse, Ganzglastür, Notausgang, Rauchschutztür, Schloss, Sicherheitstür.

Die Widerstandsfähigkeit von Türen und Toren ist vom verwendeten Material abhängig. Abschlusstüren/-tore sollten so stabil sein, dass sie ausreichenden Widerstand gegen körperliche Gewalt sowie gegen einfache Werkzeuge wie z. B. Hammer, Meißel, Schraubendreher bieten (→Einbruchhemmende Tür).

Wesentliche Bestandteile einer Tür sind: Türzarge, Türblatt, →Schloss und Schlossbeschläge, Türbänder.

Die Widerstandsfähigkeit von Türen/Toren kann durch Zusatzschlösser, →Schutzbeschläge, Sicherheitswinkelschließbleche (→Schließblech), massive Türbänder, →Hinterhaken an der Bandseite und Türblattverstärkungen erhöht werden.

- Glaseinsätze verringern die Widerstandsfähigkeit der Tür und erfordern besondere Sicherungsmaßnahmen, z. B. Vergitterung, Zweitscheibe aus Kunststoff (→Glas).
- Bei außenliegenden Türbändern oder Einbohrbändern muss die Tür an der Bandseite durch →Hinterhaken gesichert werden. Hinterhaken können nachträglich angebracht werden. Bei Metalltüren werden sie aufgeschweißt, bei Holztüren aufgeschraubt.
- Bei mehrflügeligen Türen/Toren muss die Verriegelung der feststellbaren Tür-/Torflügel oben und unten mindestens 20 mm tief eingreifen und sollte verschließbar sein oder zumindest mittels Hangschloss zusätzlich gesichert werden.

Die *Metalltür* ist meist doppelwandig wie z. B. Feuerschutztüren in →feuerbeständiger bzw. →feuerhemmender Ausführung (→Feuerschutzabschluss). Sie besitzt eine ausreichende Widerstandsfähigkeit (evtl. vorhandenes Buntbartschloss auswechseln).

Die *Vollholztür* besteht aus einem massiven Holzaufbau mit einer Mindestdicke des Türblattes von 40 mm und hat keinerlei Füllungen. Sie besitzt eine ausreichende Widerstandsfähigkeit.

Die *Füllungstür* besteht aus einem Holz-, Me-

<table>
<tr><td colspan="6">Vertrauenswürdige Instanzen
Trust Center</td></tr>
<tr><td colspan="2">Zertifizierungsstellen
Certification Authorities</td><td colspan="2">Schlüsselmanagement Center
Key Management Center</td><td colspan="2">Schlüssel-Archive
Key Recovery (Escrow) Center</td></tr>
<tr><td colspan="3">Sachziele: Integrität, Authentizität</td><td colspan="3">Sachziele: Vertraulichkeit, Integrität, Authentizität</td></tr>
</table>

3

tall- oder Kunststoffrahmen. In diesem sind Füllungen aus Holz, Glas oder anderen Werkstoffen eingeschoben oder eingesetzt. Die Widerstandsfähigkeit dieser Tür ist abhängig von der Stabilität der Füllung und ihrer Befestigung.
Die *Wabentür* besitzt ein glattes Türblatt aus Holz oder Kunststoff. Es besteht aus dem Rahmen, der wabenförmigen Einlage aus Pappe o.Ä. und den Deckplatten. Die Wabentür hat nur eine geringe Widerstandsfähigkeit.
Die *Metallrahmentür* mit Glaseinsatz besteht aus einem schmalen Metall-Profilrahmen und einem Glaseinsatz.
Der Widerstandswert der Tür kann erhöht werden durch:

- einbruchhemmende Verglasung
- innen auf den Rahmen geschraubte Gitter
- innen auf den Rahmen geschraubte Zweitscheibe aus Kunststoff (z. B. Lexan oder Makrolon)

Die bei Metallrahmentüren üblicherweise verwendeten Rohrrahmenschlösser (eintouriger Riegelausschluss mit weniger als 20 mm Riegelaustritt) haben keinen Sicherheitswert. Es sollten daher →Schwenkriegelschlösser oder →Teleskopriegelschlösser eingesetzt werden.
Das *Schiebetor* besteht aus Holz oder Metall. Oberhalb des Tores sind Rollen angebracht, die auf einer Laufschiene laufen. Ein Aushebeln derartiger Tore muss durch geeignete Maßnahmen verhindert werden (z. B. Führungsschiene oberhalb der Rollen und am Boden).
Als Verschluss eignen sich nur Schlösser mit Zirkelriegel oder →Hakenfalle. Derartige Schlösser gibt es als Einsteck- oder als von innen aufschraubbare Kastenschlösser.
Der zusätzliche Einsatz von Hangschlössern an der Türinnenseite ist zu empfehlen.
Rolltore werden aufgrund ihrer Größe meist elektrisch betätigt. Die Stromzufuhr muss zentral mittels eines absperrbaren Schalters abschaltbar sein. Zusätzlich ist eine absperrbare Verriegelung, möglichst in Form eines Stangenschlosses, erforderlich.
Mehrflügelige Tore werden mit und ohne Glaseinsätze verwendet. Sie können auch mit sogenannten Schlupftüren versehen sein. Ein ausreichender Verschluss ist nur gegeben, wenn:

- die Treibriegel der feststellbaren Flügel absperrbar sind und oben sowie unten ausreichend tief in Rollkloben oder Steinbüchsen eingreifen,
- bei außenliegenden Türbändern Hinterhaken angebracht sind,
- ein Schloss mit ausreichenden Sicherheitsmerkmalen verwendet wird.

Glaseinsätze (auch Einsätze aus →Acrylglas) sind mechanisch zu sichern.

(nach VdS)

Normale Türen – auch solche mit Einrichtungen zur Erhöhung der Einbruchsicherheit – können nicht nachträglich zu →Feuerschutzabschlüssen umgerüstet werden.
Türen innerhalb von →Rettungswegen müssen als →Fluchttüren ausgebildet sein und über →Notausgangsverschlüsse oder →Paniktürverschlüsse verfügen.
(Letzte Änderung: 29.4.2004)

(Redaktion)

Türoffenzeitüberschreitung

Siehe Zutrittskontrolle.

Tunneln

Beim Tunneln wird – im Gegensatz zum Virtual Private Network (→VPN) – ein Paket eines Protokolls (mit Header und Nachricht) mit einem weiteren Header versehen – (meist) eines anderen Protokolls.
(Neu aufgenommen am 11.7.2000)

(Prof. Pohl)

TUS

Siehe ALARMNET der TUS.

Tyndall-Effekt

Siehe Rauchmelder.

U

ÜAG

Siehe Übertragungsanlage für Gefahrenmeldungen.

Übereinstimmungszeichen-Verordnung

Siehe auch Bauproduktengesetz, Bauregelliste, Konformitätsnachweis, RAL.

Die obersten Baubehörden der Länder der Bundesrepublik Deutschland (Minister für Bau-, Wohn- und Siedlungswesen, Senatoren für Bauwesen) haben Verordnungen „Überwachung von Baustoffen und Bauteilen" (Kurzbezeichnung „Überwachungsverordnung") erlassen, in denen gefordert ist, dass bestimmte, in der Verordnung angeführte Gruppen von Gegenständen nur dann verwendet werden dürfen, wenn sie aus einer überwachten Fertigung stammen. Es handelt sich dabei um Erzeugnisse (Baustoffe und Bauteile), bei deren Versagen die Gesundheit oder die öffentliche Sicherheit gefährdet werden können.

Diese Verordnungen sind in den Gesetz- und Verordnungsblättern der Bundesländer veröffentlicht worden. Den Verordnungen der obersten Baubehörden liegt der Paragraph/Artikel „Überwachung" der jeweiligen Landesbauordnung (LBO) zugrunde, dessen Text etwa dem Text des § 24 der Musterbauordnung 1981 (MBO 81) entspricht.

Diese Festlegungen sind inzwischen durch neue Regelungen abgelöst: Schon in den nach der Musterbauordnung 93 novellierten Landesbauordnungen sind Festlegungen getroffen, die zur Realisierung der Forderungen des § 8 →Bauproduktengesetz notwendig geworden sind. Dabei wurden die bisher in den Überwachungsverordnungen der obersten Baubehörden der Länder geforderten „Überwachungen" ersetzt durch Forderungen nach Maßnahmen zum Nachweis der Übereinstimmung der gefertigten Produkte mit ihren Verwendbarkeitsnachweisen. Diese Änderung des bauaufsichtlichen Begriffs für bisher „überwachungspflichtige" Produkte bedeutet allgemein keine Änderung der Handhabung der Überwachung, doch ist der – insbesondere bei der Verwirklichung des europäischen gemeinsamen Marktes sehr wichtige – Komplex des →Konformitätsnachweises der Bauprodukte mit bekannt gemachten europäisch harmonisierten oder anerkannten Normen oder mit europäischen technischen Zulassungen nun in der MBO 96 und den daraus folgenden MBO sowie den daraus abgeleiteten Landesbauordnungen sehr ausführlich behandelt.

Die jetzt geforderte Form der Übereinstimmungsnachweise baut auf der bisherigen deutschen Art der Nachweise bei der (Güte-)Überwachung auf, enthält jedoch schon wesentliche Grundzüge des durch das →Bauproduktengesetz vorgegebenen Nachweissystems. Im Vergleich zum bisherigen Nachweissystem nach DIN 18200 werden zwar keine neuen Kontrollelemente eingeführt, doch wird die Nachweisführung jetzt graduiert.

Je nach der Sicherheitsrelevanz des Bauprodukts, seiner Funktion in der baulichen Anlage und seiner produktionsspezifischen Mängelanfälligkeit wird eines von drei (in Anhang III der Bauproduktenrichtlinie angeführten) unterschiedlichen Übereinstimmungsnachweis-Verfahren gefordert:

Nachweisverfahren ÜZ

Übereinstimmungszertifikat einer anerkannten Prüfstelle

- nach werkseigener Produktionskontrolle des Herstellers,
- vorheriger Prüfung durch anerkannte Prüfstelle und
- Überwachung durch anerkannte Überwachungsstelle

(entspricht weitgehend der bisherigen Eigen- und Fremdüberwachung nach DIN 18200).

Nachweisverfahren ÜHP

Übereinstimmungserklärung des Herstellers

- nach werkseigener Produktionskontrolle des Herstellers und
- vorheriger Prüfung durch anerkannte Prüfstelle

Nachweisverfahren ÜH

Übereinstimmungserklärung des Herstellers

- nach werkseigener Produktionskontrolle des Herstellers, (ohne Kontrollen durch neutrale Stelle).

Die drei Verfahren unterscheiden sich also im Wesentlichen durch den Grad der Einschaltung von Drittstellen; eine werkseigene Produktionskontrolle nach Anlage 0.4 zur →Bauregelliste A Teil 1 durch den Hersteller wird in jedem Fall gefordert.

Das durchzuführende Übereinstimmungsnachweis-Verfahren hat im Einzelnen nach den für das jeweilige Bauprodukt geltenden Anforderungen zu erfolgen, die sich richten nach

- den Angaben zu den technischen Regeln in der Bauregelliste A (= bauaufsichtlich eingeführte Normen und sonstige Vorschriften)
- der allgemeinen bauaufsichtlichen →Zulassung
- dem allgemeinen bauaufsichtlichen Prüfzeugnis oder
- der Zustimmung im Einzelfall.

In jedem dieser Fälle ist der Hersteller berechtigt und verpflichtet, bei positiv verlaufenem Nachweisverfahren ein „Übereinstimmungszeichen" an dem betreffenden Bauprodukt (bzw. ggf. auf der Verpackung oder in Begleitpapieren) anzubringen.
Einzelheiten der Ausführung dieses Zeichens (Zeichenform, Größe, Textangaben zur Grundlage des Übereinstimmungsnachweises) gehen aus der „Verordnung über das Übereinstimmungszeichen" (Übereinstimmungszeichen-Verordnung ÜZVO) hervor, die jeweils von den obersten Baubehörden der Länder veröffentlicht wird. Das Zeichen entspricht – wie das bisherige „Überwachungszeichen" – dem Großbuchstaben „Ü" und wird daher auch als „Ü-Zeichen" bezeichnet.
Die Regelungen zum Übereinstimmungsnachweis-Verfahren sind in den §§ 22 bis 25 MBO 2002 im Einzelnen festgelegt.
Neu ist dabei, dass

- die Nachweisführung nun bundeseinheitlich und nach bestimmten Gesichtspunkten (hinsichtlich seines Grades der Einschaltung von Drittstellen) graduiert geregelt ist
- jetzt auch Bauprodukte, ohne Fremdüberwachung, für die lediglich eine Herstellererklärung (§ 23 MBO 2002) gefordert wird, mit dem Ü-Zeichen versehen werden
- jetzt deutlicher als bisher ausgesagt ist, dass auch Bauprodukte, deren Verwendung durch eine Zustimmung der obersten Baubehörde im Einzelfall gestattet ist, dem Nachweisverfahren unterliegen und mit dem Ü-Zeichen gekennzeichnet sein müssen.

Die für die Durchführung solcher Nachweisverfahren anerkannten „Prüf-, Überwachungs- und Zertifizierungsstellen (PÜZ)" bedürfen einer Anerkennung nach den Landesbauordnungen oder dem →Bauproduktengesetz. „Die Anerkennung der PÜZ-Stellen liegt in der Zuständigkeit der (Bundes-)Länder. Das →DIBt bereitet die Anerkennung nach den Kriterien der Anerkennungsverordnungen der Länder und des Bundes vor oder erteilt in den Fällen, in denen die Länder die Zuständigkeit auf das →DIBt übertragen haben, die Anerkennungsbescheide selbst." Das →DIBt gibt die PÜZ-Stellen in Verzeichnissen bekannt. Es sind zur Zeit etwa 350 Stellen nach den Landesbauordnungen und etwa 150 Stellen nach dem →Bauproduktengesetz anerkannt (http://www.dibt.de/de/puez_stellen.htm)
Vorschriften und Zusammenstellungen:
Musterbauordnung 1993 (MBO 93) in der Fassung Dezember 1993, Musterbauordnung 1996 (MBO 96) in der Fassung Dezember 1997 und Musterbauordnung 2002 (MBO 2002) in der Fassung November 2002 (veröffentlicht z.B. Bauverlag GmbH, Wiesbaden und Berlin), dort auch sämtliche Landesbauordnungen)
Muster einer Verordnung über das Übereinstimmungszeichen (Übereinstimmungszeichen-Verordnung ÜZVO), Fassung April 1994, Mitteilungen →DIBt 5/1994, Seite 172
„Verzeichnis allgemeiner bauaufsichtlicher →Zulassungen und Prüfzeugnisse Baulicher Brandschutz"
(enthält auch Listen von Feuerschutzabschlüssen, Feuerschutzabschlüssen im Zuge von bahngebundenen Förderanlagen, Abschlüssen in Fahrschachtwänden der Feuerwiderstandsklasse F 90, Feststellanlagen für Feuerschutzabschlüsse),
Schriften des →DIBt, (bei Bedarf aktualisiert):
„Verzeichnis der Prüf-, Überwachungs- und Zertifizierungsstellen nach den Landesbauordnungen";
Sonderheft 32 (= Stand Oktober 2005), Mitteilungen des →DIBt, Vertrieb; Verlag Ernst & Sohn, Bühringstraße 10, 13086 Berlin
DIN 18200 – Überwachung (Güteüberwachung) von Baustoffen, Bauteilen und Bauarten; Allgemeine Grundsätze – Ausgabe 12.1986 ; ersetzt und an europäische Regelungen angepaßt durch DIN 18200 – Übereinstimmungsnachweis für Bauprodukte; Werkseigene Produktionskontrolle, Fremdüberwachung und Zertifizierung von Produkten – Ausgabe 2000-05
Referatensammlung DIBt / DIN „Bauprodukte

und neue Landesbauordnungen" 26.10.1994, Berlin, DIN Deutsches Institut für Normung e.V. (mit weiteren Schrifttumsangaben)
(Letzte Änderung: 15.3.2006)

(Prof. Westhoff)

Überfallcode

Siehe Zutrittskontrolle.

Überfallmeldeanlage (ÜMA)

Überfallmeldeanlagen (ÜMA) sind →Gefahrenmeldeanlagen (GMA), die Personen zum direkten Hilferuf bei Überfällen dienen.
(Letzte Änderung: 9.5.2004)

(Definition nach DIN VDE 0833-1)

Überfallmelder

Siehe auch UVV Kassen (mit weiteren Verweisen)

Anlagenteil einer Überfallmeldeanlage, mit dem bedrohte Personen willentlich und möglichst vom Angreifer unbemerkt einen Alarm auslösen können. Zum Teil ist mit dem Alarm zugleich die Auslösung einer →Optischen Raumüberwachungsanlage (Überfallkamera) verbunden. Statt den klassischen Auslösern Alarmknopf und Fußleiste setzen sich zunehmend Auslösemechanismen durch, deren Betätigung sich in vom Täter geforderte Aktivitäten einfügt, zum Beispiel Geldscheinkontakt oder Tastaturcode, falls für die Herausgabe des Geldes eine Tastatureingabe erforderlich ist. Bei einer optischen Raumüberwachung durch eine Videoanlage muss die Aufzeichnung nicht während des Überfalls ausgelöst werden. Es genügt, nach dem Überfall die ständig mitlaufende Aufzeichnung anzuhalten, sodass der Ringspeicher nicht überschrieben wird.
(Neu aufgenommen am 20.5.2002)

(Hohl)

Überfallmelderzentrale

Siehe Alarmzentrale.

Überspannungsschutz

Überspannungsschutz ist die Summe technischer Vorkehrungen (Überspannungsschutzgeräte), die dazu dienen, bestimmte Störfaktoren der Stromversorgung auszuschalten. Der Überspannungsschutz dient vor allem der Mikroelektronik, weil diese Geräte bereits von relativ schwachen Stromstößen zerstört werden können.
Überspannungsschutz wird auch als „innerer Blitzschutz" bezeichnet, weil die übliche Gebäudesicherung zwar geeignet ist, Blitzeinschläge abzuleiten, jedoch nicht verhindert, dass im Gebäude selbst Überspannungen entstehen, die die Mikroelektronik zerstören und insbesondere in Datennetzen durch Kettenreaktionen erhebliche Sach- und Folgeschäden anrichten können.
Typische Störfaktoren der Stromversorgung sind:

- Langsame Netzspannungsschwankungen
- Spannungsspitzen
- HF-Überlagerungen
- Zyklische Deformationen
- Harmonische Verzerrungen
- Kurzzeitige Netzunterbrechungen.

Außergewöhnliche Störursachen sind:

- Stromausfall, Netzzusammenbrüche
- Spannungsspitzen nach Netzausfällen
- Blitzstromwanderwellen
- Blitzeinschläge
- Kurzschlüsse in der Stromversorgung
- Schmorschäden in der Stromversorgung
- andere technische Defekte der Stromversorgung

(Einteilung nach Breuer „Computerschutz durch Sicherung und Versicherung")
Mit Überspannungsschutzgeräten werden zunächst Geräte und Leitungen vor Zerstörung ihrer Mikroelektronikbauteile geschützt. Darunter fallen sämtliche EDV-Anlagen, Daten-Endgeräte, Daten-Übertragungsleitungen, aber auch Mess-, Regel- und Steuereinrichtungen sowie die gesamte Sicherheitselektronik (Alarmanlagen, Brandmeldeanlagen, Sprinkleranlagen u.Ä.).
Durch den Schutz dieser Anlagen wird gleichzeitig das Risiko von Folgeschäden eingegrenzt. Gerade durch die Zerstörung von mikroelektronischen Bauteilen können zum Schaden des Betreibers Betriebsabläufe geändert, unterbrochen oder in Gang gesetzt werden. Erfahrungsgemäß muss deshalb davon ausgegangen werden, dass im Fall eines Überspannungsschadens die Folgeschäden meist ein Vielfaches dessen ausmachen, was an Hardware zu beklagen ist.

3

In der Praxis unterscheidet man Geräte für den Grob- und Feinschutz. Geräte für den Grobschutz vermindern Überspannungen auf ein für Starkstromanlagen ungefährliches Niveau. Sie haben zudem ein hohes Ableitvermögen für Blitze. Geräte für den Feinschutz senken Überspannungen soweit herab, dass sie auch für empfindliche Bauteile mit Halbleiter-Bauelementen ungefährlich sind. Deshalb ist für die o. g. Geräte sowohl Grobschutz als auch Feinschutz erforderlich.

(Lambertz)

Überstrahlen

Siehe Blooming.

Übertragungsanlage für Gefahrenmeldungen (ÜAG)

Siehe auch ALARMNET der TUS, Notrufzentrale, Übertragungsgeräte, Verbindungsarten.

Übertragungsanlagen für Gefahrenmeldungen (ÜAG) sind →Gefahrenmeldeanlagen (GMA), die dem Aufnehmen und Übertragen von Meldungen aus →Brandmeldeanlagen (BMA), →Einbruchmeldeanlagen (EMA) und →Überfallmeldeanlagen (ÜMA) zu einer beauftragten Stelle dienen und von Personen zum Hilferuf genutzt werden können.

(Letzte Änderung: 10.5.2004)

(Definition nach DIN VDE 0833-1)

„Einrichtung, die Meldungen aus GMA aufnimmt, über überwachte Übertragungswege weiterleitet und bei einer Alarmempfangsstelle anzeigt. Frühere Bezeichnung: Hauptmelderanlage."

(Definition nach VdS 2227)

Übertragungseinrichtung (ÜE)

Siehe Übertragungsgeräte (mit weiteren Verweisen)

Übertragungseinrichtung für Brandalarm und Störungsmeldungen

„Einrichtung für die Weiterleitung eines →Brandalarms oder einer →Störungsmeldung zu einer →Empfangszentrale wie Sender, Telefonwahlgerät usw. (ohne Übertragungsweg)."

(Definition nach VKF/Sicherheitsinstitut)

Übertragungseinrichtung für Brandmeldungen

Einrichtung zur Weiterleitung der Brandmeldungen von der →Brandmelderzentrale zu einer →Empfangszentrale für Brandmeldungen.

(Letzte Änderung: 10.5.2004)

(Definition nach DIN EN 54-1)

Übertragungsgeräte (ÜG)

Siehe auch Alarm, ALARMNET der TUS, Alarmzentrale, AWAG, AWUG, ISDN, Notrufzentrale, Redundante Übertragungsgeräte, Security over IP, Signalgeber, Verbindungsarten, Video-Bildübertragung.

Übertragungsgeräte (ÜG) nehmen Meldungen aus Gefahrenmeldeanlagen auf, bereiten sie für die Übertragung über Übertragungswege vor und dienen als Schnittstelle zu diesen Übertragungswegen. Weiterhin bereiten sie die in der Alarmempfangseinrichtung gegebenen Steuerbefehle auf und leiten diese an die angeschlossene Gefahrenmeldeanlage weiter.

(Neu aufgenommen am 20.5.2002)

(Definition: VdS)

Übertragungsgeräte (ÜG) werden für die Übertragung von Meldungen eingesetzt. Neben →AWAG und →AWUG haben neue Übertragungstechniken zum Teil auch neue Übertragungsgeräte hervorgerufen. Man unterscheidet ÜG für bedarfsgesteuerte Verbindungen und ÜG für stehende Verbindungen.

Übertragungsgeräte für bedarfsgesteuerte Verbindungen bauen erst im Meldungsfall eine Verbindung zur →hilfeleistenden Stelle auf und übermitteln die Sprach- oder Dateninformationen passend zum ausgelösten Kriterium. Der Anschluss zum Telefon ist funktionsüberwacht und mit einer Vorrangschaltung gegen Belegtsituationen ausgerüstet. Im Bereitschaftszustand (keine Meldung) besteht keine Verbindung. Somit ist auch keine Überwachung z.B. auf Sabotage und Funktionsfähigkeit des Transportmediums möglich. Routinerufe im 24-Stunden-Takt ermöglichen einen Test der Wege.

ÜG-Telefon Sprachübertragung (→AWAG) zum Anschluss an das bekannte Standard-Telefonnetz (analog) übermitteln die Meldungen im Klartext, der vorher individuell aufgesprochen wurde. Sie können sowohl an Telekom-Hauptanschlüssen als auch in privaten Nebenstellenanlagen betrieben werden. Neben der

aktiven Wahl ist auch eine Fernabfrage möglich. Ebenso sind Funkrufdienste anwählbar.
ÜG-Telefon Datenübertragung (→AWUG) zum Anschluss an das bekannte Standard-Telefonnetz (analog) übermitteln die Meldungen von Haupt- oder Nebenstellen in Form eines standardisierten Datentelegramms. Dieses wird an der Empfangsstelle über eine Auswerteeinrichtung automatisch angenommen, auf Plausibilität geprüft, quittiert und angezeigt. Die Anwahl von Funkrufdiensten ist möglich.
ÜG-Telefon →ISDN sind zum Anschluss an den S_0-Bus des digitalen ISDN-Telefonnetzes geeignet. Sie übermitteln die Meldungen in Form eines Datentelegramms (Format VdS-Protokoll 2465) oder Standardtelegramms, das an der Empfangsstelle über eine Auswerteeinrichtung automatisch angenommen, auf Plausibilität geprüft, quittiert und angezeigt wird. Die Anwahl von Funkrufdiensten ist möglich.
ÜG-Telefon und D-Netz-Funktelefon bieten eine hohe Übertragungssicherheit im Bereich der bedarfsgesteuerten Verbindungen. Bei Störung oder Sabotage des (drahtgebundenen) Primärweges wird die betreffende Meldung, neben weiteren ausgelösten Kriterien, drahtlos übermittelt (→Redundante Übertragungsgeräte).
Übertragungsgeräte (ÜG) für stehende Verbindungen haben eine Standleitung zur hilfeleistenden Stelle, über die sie konkrete Daten zum ausgelösten Kriterium übermitteln. Das Transportmedium wird durch ein Polling in bestimmten Zeitabständen auf Sabotage und Funktionsfähigkeit überwacht. Dazu benutzt man z.B. fest geschaltete Kabelwege der Telekom oder virtuelle Datenverbindungen im →ISDN-D-Kanal bzw. X25-Netz (→Datex P / X25 / X31).
ÜG-Datennetz X.25 benutzen für die Gefahrenmeldung den im Bereich der Telekom unter dem Vertriebsnamen „Datei-P“ bekannten Weg der paketorientierten Datenübertragung zwischen Unternehmen und ihrem Filialnetz. Je nach der vom Betreiber zur Verfügung gestellten Schnittstelle werden die Daten im X.3-Format oder bei eingebautem PAD im X.25-Format übergeben. Die Übertragung erfolgt entsprechend dem VdS-Protokoll 2465.
Die Nutzung des X.25-Datennetzes wird vermehrt zu Gunsten der IP-Netze abgelöst.
ÜG-ISDN-D-Kanal verwenden für die Gefahrenmeldung das universelle Datenübertragungsnetz der Telekom. Dabei wird im Datenkanal des ISDN eine Verbindung via X.25 zur Empfangsstelle aufgebaut und aufrecht erhalten. Ein Polling gewährleistet die Funktions- und Sabotageüberwachung. Die Übertragung erfolgt entsprechend dem VdS-Protokoll 2465.

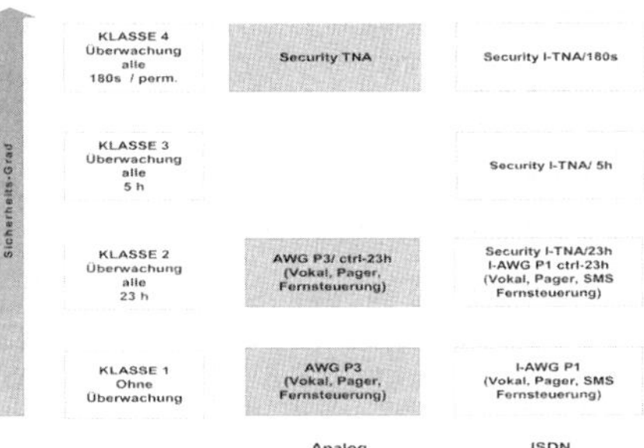

ÜG-TCP/IP →Internet/Intranet sind in der Lage, Meldungen zu Empfangseinrichtungen von Internet-Leitstellen zu übermitteln. Dieser Weg bedarf der gewissenhaften Planung, um eine sichere Übertragung (bedarfsgesteuerte, abfragende oder stehende Verbindung) zu gewährleisten. Grundsätzlich werden zwei Anwendungen unter Berücksichtigung des VdS-Protokolls 2465 genutzt:
Intranet: Unternehmensweites Informations- und Kommunikationsnetz auf der Basis der Internettechnologie. Definition: Durch den Netzbetreiber ist sichergestellt, dass kein unerlaubter Zugang über Fremdnetze zum Übertragungsnetz möglich ist.
Internet: Weltweites öffentliches Informations- und Kommunikationsnetz. Definition: Ein öffentliches Netz, wobei durch geeignete Maßnahmen sichergestellt werden muss, dass eine Manipulation von Informationen verhindert wird (z.B. Verschlüsselung). Die Verschlüsselungsbasis muss in einem gesicherten Verfahren regelmäßig erneuert werden. Durch ein permanentes Datenaustauschverfahren wird sicher gestellt, dass Netzausfall- und -störungszeiten > 20 Sekunden in der Leitstelle zur Anzeige gebracht werden. So wird die geforderte Übertragungsqualität einer „virtuellen Standleitung“ erreicht. Zusätzlich stehen redundante bedarfsgesteuerte Übertragungswege zur Verfügung, wie: ISDN, GSM, SMS. Für die redundanten Übertragungswege ist sicher zu stellen, dass unmittelbar mit Rückkehr des Primär-IP-Weges die Redundanzprozedur ein-

gestellt wird. Besonders in der IP-Übertragungswelt ist es sehr wichtig, dass die professionelle Leitstelle alle Daten- und Sabotagesicherheitsregeln genau verfolgt und die erforderlichen Schutzmassnahmen einrichtet (Firewall, Verschlüsselung, Redundanzkonzepte, ...).

Sondersituation in der Schweiz: Übertragungsgeräte (Teilnehmerendgeräte/TEG) für das →Alarmnet der TUS in der Schweiz werden grundsätzlich nach der Übertragungs-Technologie unterschieden. Verfügbar sind die Technologien analog, ISDN und TCP / IP. GSM ist in Vorbereitung.

ISDN: Das **I-TNA** (der ISDN-Teilnehmer-Netzanschluss) wird vor allem bei Hochsicherheitsanlagen eingesetzt, welche ein Polling alle 3 Minuten, 5h oder alle 23h benötigten. Das I-TNA übermittelt die Meldungen in Form eines Datentelegramms oder Standardtelegramms, welches an der Empfangsstelle automatisch angenommen, auf Plausibilität geprüft, quittiert und angezeigt wird. Neben den Kriterieneingängen hat das I-TNA 2 Befehlsausgänge beim 8-Kriterien-Sender bzw. 6 beim 16-Kriterien-Sender, 1 Lokalalarmausgang, 1 Störungsausgang und 2 serielle Schnittstellen.

Das **I-AWG** (ISDN-Alarmübermittlungs-Wählgerät) wird hauptsächlich in Anlagen eingesetzt, welchen ein 23h Kontrollruf genügt oder die gar keine Überwachung benötigen. Das I-AWG übermittelt die Meldungen in Form eines standardisierten Datentelegramms, das bei der Empfangsstelle automatisch angenommen, auf Plausibilität geprüft, quittiert und angezeigt wird. Das I-AWG hat den Vorteil, dass es auch Vokal, Pager, SMS und Fernsteuerung beinhaltet. Die Fernsteuerung kann durch eine Leitstelle oder durch einen Telefonapparat mit DTMF ausgeführt werden. Neben den Kriterieneingängen hat das I-AWG 2 Befehlsausgänge, 2 Störungsausgänge und 1 serielle Schnittstelle.

Analog: Das **TNA** (der Teilnehmer-Netzanschluss über DOV (Data over Voice)) ist permanent überwacht und daher vor allem für Hochsicherheitsanlagen geeignet. Das TNA übermittelt die Meldungen in Form eines Datentelegramms oder Standardtelegramms, welches an der Empfangsstelle automatisch angenommen, auf Plausibilität geprüft, quittiert und angezeigt wird. Ausgänge wie beim I-TNA.

Die Funktionen des analogen **AWG** (Alarmübermittlungs-Wählgerät) sind mit denen des I-AWG identisch.

In dem Diagramm sind die Geräte mit den spezifischen Eigenschaften dargestellt

(Letzte Änderung: 12.7.2006)

(Köhler/Urfer)

Übertragungssystem

Entspricht der deutschen →Übertragungsanlage, siehe auch Empfangszentrale, Übertragunggeräte.

„Ein Übertragungssystem besteht aus Übertragungseinrichtung, →Übertragungsweg und →Empfangszentrale."

(Definition nach VKF/Sicherheitsinstitut)

Übertragungsweg

Siehe auch ALARMNET der TUS, Alarmzentrale, Meldelinie, Redundante Übertragungsgeräte, Übertragungsgeräte, Verbindungsarten, Video-Bildübertragung.

Übertragungswege sind die äußeren Verbindungen von Anlageteilen einer →Einbruchmeldeanlage (EMA). Sie dienen der Übertragung von Informationen bzw. Meldungen in einer →Gefahrenmeldeanlage (GMA).

Anmerkung: Es wird unterschieden zwischen exklusiven Übertragungswegen, bei denen die Verantwortung für den Übertragungsweg in einer Zuständigkeit liegt und nicht exklusiven Übertragungswegen, auf die auch Dritte Zugriff haben. siehe auch VdS 2311 (Richtlinien für Einbruchmeldeanlagen – Planung und Einbau).

(Letzte Änderung: 12.7.2006)

(Schmitt)

Übertragungszentrale (ÜZ)

Empfangseinrichtung in Alarmübertragungsanlagen (→Übertragungsanlage für Gefahrenmeldungen), die Meldungen aus Gefahrenmeldeanlagen empfängt, auswertet, gegebenenfalls speichert und Steuersignale an die Übertragungseinrichtung (ÜE →Übertragungsgeräte) weiterleitet. Siehe auch VdS 2311 (Richtlinien für Einbruchmeldeanlagen – Planung und Einbau).

(Neu aufgenommen: 12.7.2006)

(Schmitt)

Überwachen

Siehe Bewachen/Überwachen.

Überwachte Übertragungswege

Übertragungswege, die entsprechend ihrer Verwendung z.B. auf ausreichende Verfügbarkeit überwacht werden. siehe auch VdS 2311 (Richtlinien für Einbruchmeldeanlagen – Planung und Einbau).

(Neu aufgenommen: 12.7.2006)

(Schmitt)

Überwachte Verbindungen

Verbindungen zwischen Einbruchmelderzentralen und Anlageteilen, die direkt oder indirekt (z.B. durch Mitführen einer Primärleitung) überwacht werden. Hinweis: Begriff ist veraltet, siehe Übertragungsweg, Überwachte Übertragungswege.

Letzte Änderung: 12.7.2006

(Schmitt)

Überwachung

Siehe auch Brandmelder, Einbruchmelder (mit weiteren Verweisen), Gesamtüberwachungsbereich.

Der Begriff Überwachung wird sowohl im Zusammenhang mit der Brandmeldetechnik (z.B. →Überwachungsfläche, Vollüberwachung) als auch mit anderen Gefahrenmeldetechniken (z.B. →Überwachungsbereich) verwendet. Auch die Überwachung der Fertigung (z.B. →Übereinstimmungszeichen-Verordnung) kann gemeint sein.

In der Einbruchmeldetechnik ist zwischen folgenden Überwachungsarten zu unterscheiden:

Außenhautüberwachung: Überwachung aller Einstiegsmöglichkeiten. Regel ist die Öffnungs- und →Flächenüberwachung (→Außenhautschutz).

→Raumüberwachung: Dreidimensionale Überwachung von Innenräumen ohne besondere Ausrichtung auf ein bestimmtes Objekt.

Fallenüberwachung: Überwachung von Bereichen, die der Täter mit hoher Wahrscheinlichkeit betritt (z.B. durch Kontaktfallen an Türen, Tretmatten, Schranken)

Einzelobjektüberwachung: Direkte Überwachung einzelner Gegenstände.

Freigeländeüberwachung: Überwachung von Geländezonen außerhalb allseits umschlossener Bauten. (→Freilandschutz/Perimeterschutz)

Sabotageüberwachung: Für den Betreiber nicht abschaltbare →Meldelinie, mit der Anlagenteile ständig auf unbefugten Eingriff überwacht werden. Jede Zustandsänderung muss für den Anlagenbetreiber, abhängig vom Schaltzustand der Anlage, optisch und akustisch erkennbar sein. →Externalarm darf bei →Einbruchmeldeanlagen im Schaltzustand „Unscharf" durch die Sabotageüberwachung nicht ausgelöst werden. (Definition nach dem Pflichtenkatalog der dt. Kriminalpolizei)

Überwachungsbereich

„Überwachungsbereich ist der Bereich, der von einem automatischen Melder erfasst oder von einer Person überwacht wird."

(Definition nach DIN VDE 0833)

„Überwachungsbereich: Bereich, der durch selbsttätige Einbruchmelder erfasst wird."

(Definition nach VdS)

Überwachungsfläche

„Bodenfläche, die von einem →automatischen Brandmelder überwacht wird."

(Definition nach VKF/Sicherheitsinstitut und VdS, entspricht „Überwachungsbereich" nach DIN VDE 0833-1)

Überwachungsverordnung

Siehe Übereinstimmungszeichen-Verordnung.

Überwindungssicherheit

Die Überwindungssicherheit einer EMA ist die Summe aus ihren Eigenschaften für

- das Überwachen von Sicherungsbereichen auf unbefugtes Eindringen von Personen,
- das Überwachen von Gegenständen auf unbefugte Wegnahme,
- das Erkennen vorsätzlicher Eingriffe mit dem Ziel, die bestimmungsmäßige Funktion der EMA oder Teilen davon einzuschränken oder Meldungen zu verhindern,
- die Alarmierung einer Beauftragten Stelle,
- die Verfügbarkeit.

(Definition nach DIN VDE 0833-3)

3

ÜG
Siehe Übertragungsgeräte

ÜMA
Siehe Überfallmeldeanlage.

Ü-Zeichen
Siehe Übereinstimmungszeichen-Verordnung.

ÜZKZ
Siehe Zutrittskontroll-Zentrale.

Ultraschallmelder
Siehe auch Alarmzentrale, Dualbewegungsmelder, Einbruchmelder, Mikrowellendetektor, Raumüberwachung.

Ultraschallmelder bestehen aus einem Ultraschallgeber und einem Ultraschall-empfindlichen Sensor. Die emittierten unhörbaren Schallwellen werden an Gegenständen im überwachten Raum reflektiert und von der Sensorelektronik verarbeitet.

Dringt nun ein sich bewegendes Objekt in den überwachten Raum ein, entsteht durch den →Dopplereffekt eine Frequenzverschiebung im gewohnten „Schallbild", was den Melder zur Alarmgabe veranlasst.

Ultraschallwellen sind keine elektromagnetischen Wellen, sondern breiten sich als Schwingungen der Luftmoleküle aus. Sie verhalten sich daher ähnlich wie die hörbaren Schallwellen. Im Gegensatz zu Mikrowellen können sie leichte Wände nicht durchdringen (Holz, Glas, Mauerwerk), sodass durch Bewegungen außerhalb des gewünschten Überwachungsbereichs keine →Falschalarme ausgelöst werden. Aus diesem Grund können Ultraschallwellen beschränkt auch zur Überwachung des Innenraums von Kraftfahrzeugen eingesetzt werden. Störungen können sich jedoch durch Fremdschwingungen der Luft ergeben (Turbulenzen, Geräusche).

Im Rahmen einer Raumüberwachung sind Ultraschallmelder meist Bestandteile eines Systems.

(Wigger)

Unterbrechungsfreie Stromversorgung
Siehe auch IT-Sicherheit (mit weiteren Verweisen)

Alle administrativen und technischen Vorkehrungen, die gewährleisten, dass Geräte, Maschinen und Einrichtungen der Informationstechnik, für die eine permanente Stromversorgung betriebliches Erfordernis ist, ohne kritische Einschränkungen mit der notwendigen elektrischen Energie weiterversorgt werden, auch wenn die primäre Stromquelle ausfällt (redundante Systemauslegung).

(Neu aufgenommen am 4.6.2000)

(Meißner)

Unterschriften-Prüfsystem (Bankanwendung)
Softwaresystem zum zeitgleichen Aufruf von Unterschriften-Bildern und ergänzenden Informationen. Der Zugriff darauf ist aus allen bestehenden Anwendungen möglich (Bankumgebung). Der Unterschriften-Kartenbestand wird am Erfassungsplatz über einen Scanner mittels Ausschnittmasken oder Direktausschnitt aufgenommen. Diese Daten werden hochkomprimiert und mit Steuerdaten versehen auf einer Datenbank des Zentralrechners/Server abgespeichert. Die Anzeige der Unterschriften erfolgt transaktionsorientiert. Nach Eingabe der Kontonummer wird der Datensatz mit Kontodaten und komprimierten Unterschriftendaten vom Wiedergabeplatz angefordert. Dort werden die Unterschriftendaten dekomprimiert und in die laufende Transaktion eingeblendet.

(Redaktion)

Unterschriftsprüfung (Zutrittskontrolle)
Siehe auch Biometrie (mit weiteren Verweisen), Personenidentifikation, Zutrittskontrolle.

Für eine automatische Überprüfung des Unterschriftsbildes existieren Systeme, die sich bei der Analyse auf ein oder zwei Merkmale, wie den Druck oder die Beschleunigung, beschränken. Andere Systeme erfassen eine weitaus größere Anzahl von Merkmalen. Maßgebend hinsichtlich der Sicherheit ist, dass die Unterschrift während des Schreibvorganges überprüft wird. Die Untersuchung beschränkt sich

also nicht auf das optische Schriftbild, da dieses nach entsprechender Übung nachgeahmt werden kann. Die Unterschriftsdynamik ist dagegen kaum nachzuahmen.
Die Übernahme der Daten erfolgt beispielsweise durch einen Schreibstift, der mit entsprechenden Sensoren ausgerüstet ist oder durch eine spezielle „elektronische" Schreibunterlage, in der Messfühler integriert sind. Die während des Schreibvorganges von den Messwertgebern ermittelten analogen Messwerte werden über Analog-/Digital-Wandler in Digitalwerte umgewandelt. Die so entstandenen Digitaldaten gelangen zu einem Mikroprozessor, in dem die Muster-Erkennung durchgeführt wird. Dabei werden räumliche Merkmale erfasst, die die Form und die Geometrie der Unterschrift widerspiegeln, sowie zeitliche Vorgänge, die Auskunft über den Rhythmus und die Dynamik der Unterschrift geben. Die räumlichen Merkmale schließen beispielsweise die Grundfläche der Unterschrift, die Länge des nicht unterbrechbaren Schriftzuges etc. ein. Auch wechselnder Schreibdruck kann hierzu gezählt werden, vorausgesetzt, dass der Schreibstift oder die Schreibunterlage mit Drucksensoren ausgerüstet sind. Die zeitlichen Merkmale umfassen die Geschwindigkeit und die Beschleunigung der Feder während der gesamten Schreibdauer. Die Geschwindigkeit und die Beschleunigung werden vom Mikroprozessor aus den Messdaten errechnet, indem die erste und die zweite Ableitung der x- und y-Koordinaten nach der Zeit gebildet wird.
Das Schriftbild unterliegt im Laufe der Zeit gewissen Veränderungen. Der Mikroprozessor wählt daher bei der Musterkennung diejenigen charakteristischen Merkmale aus, die annähernd konstant bleiben. Diese reduzierte Anzahl an Merkmalen wird dann für den Vergleich herangezogen. Die Speicherung der reduzierten Daten erfolgt in Abhängigkeit vom System – entweder in der Zentraleinheit oder auf einer mit einem Speicher versehenen Ausweiskarte. Ein positiver Vergleich der aktuellen Unterschriftsdaten mit den gespeicherten Daten führt schließlich zur Freigabe des entsprechenden Dienstes, z.B. einer Tür.
Das Verfahren für den Echtheitsnachweis lässt sich demnach in drei Schritte gliedern:

- Der Erfassungsprozess für die dynamische Unterschrift mit Analog-/Digitalumsetzung (Enrolment)
- Die Extraktion der charakteristischen Merkmale aus den digitalisierten Daten
- Der Entscheidungsprozess.

Ein für die Praxis wesentlicher Gesichtspunkt ist die Verarbeitungs- bzw. Antwortzeit. Hierunter wird die Zeit verstanden, die das System benötigt, um den erkannten oder den gefälschten Schriftzug nach dem Schreiben zu erkennen. Die Antwortzeit liegt bei den verfügbaren Systemen bei vier Sekunden. Nach drei aufeinanderfolgenden ungültigen Vergleichen wird der betroffene Nutzer abgewiesen.

(Letzte Änderung: 9.7.2002)

(Munde)

3

USB-Speicher

Siehe auch IT-Sicherheit (mit weiteren Verweisen)

Die USB Speicher eröffnen eine völlig neue Möglichkeit der Datenspeicherung und des Datentransportes. Durch die Möglichkeit, selbst größere Datenmengen (derzeit 5 GB auf Flash-Speicher und 80 GB auf Disk) auf einem USB-Speicher zu kopieren, besteht die Chance zum Datenmissbrauch und Datendiebstahl. Einige Unternehmen verbieten zwar den Einsatz derartiger Speicher, können dadurch aber den Missbrauch nicht grundsätzlich ausschließen. Derzeit werden sowohl einfache Speicher bis 5 GB Kapazität als auch Speicher mit Verschlüsselung und Fingerprint Sensor angeboten. Letztere Speicher eignen sich hervorragend für die Datensicherung von Laptops oder Desktops, da die Daten durch die Verschlüsselung oder die Ablage in einem gesicherten Bereich geschützt sind. Unberechtigter Zugriff ist nicht möglich. Ein weiteres Einsatzgebiet ist die Speicherung der →Notfalldokumentation auf einem USB-Speicher. Hierdurch ist eine (möglichst) aktuelle Dokumentation permanent verfügbar.

(Letzte Änderung: 12.7.2006)

(Glessmann)

USBV

Unkonventionelle Spreng- und Brandvorrichtung. Dieser Ausdruck wird als Sammelbegriff gebraucht für alle Formen, Arten und Typen von Mitteln die von Angreifern eingesetzt werden und irgendwie explodieren und/oder das Umfeld entzünden. Meistens bestehen sie aus

einem Sprengstoff, einem Zünder und einer Auslösung, zum Beispiel Kofferbomben, Sprengbomben, Autobomben, Strassenrandbomben, Gasflaschen mit explosivem Zünder, Molotov Cocktails oder Handys und andere alltägliche Gegenstände gefüllt mit Sprengmitteln.
(Neu eingefügt: 12.7.2006)

(Schwarzenbach)

USV

Siehe Unterbrechungsfreie Stromversorgung.

UV-Melder (BMA)

Siehe Flammenmelder.

UVV

Siehe auch BGV, UVV „Kassen", UVV „Spielhallen", UVV „Wach- und Sicherungsdienste", VBG.

„Unfallverhütungsvorschriften" (UVV) gehören zu den Berufsgenossenschaftlichen Vorschriften (BGV/GUV-V) für Sicherheit und Gesundheit bei der Arbeit. Neben den BGV/GUV-V gibt es die Berufsgenossenschaftlichen Regeln (BGR/GUV-R) und die Berufsgenossenschaftlichen Informationen (BGI/GUV-I). Wo Leben und Gesundheit der Versicherten, also vor allem der Arbeitnehmer, durch kriminelle Einwirkung Dritter gefährdet sind, regeln die Vorschriften neben dem Unfallschutz auch Bau und Betrieb von Sicherheitstechnik im Sinne der Security (→Security, →Safety). Dies sind insbesondere die →UVV „Kassen" (BGV C9/GUV-V C9), die →UVV „Spielhallen" (BGV C3) und die →UVV „Wach- und Sicherungsdienste" (BGV C7).
Eine Zusammenstellung der Unfallverhütungsvorschriften mit einer Gegenüberstellung der neuen und alten Bezeichnungen befindet sich auf der Website „Präventionsrecht-online" unter der Internetadresse: http://www.pr-o.info/
(Letzte Änderung: 16.8.2006)

(Hohl)

UVV „Kassen"

Siehe auch BBA, BBA-PLUS, BGV, Biometrische Schleuse, Durchbruchhemmende Abtrennungen, Durchschusshemmende Abtrennungen, Durchschusshemmende Schirme, Hilfebringende/hilfeleistende Stelle, KBA, Kleinstzweigstelle, Kraftbetriebene Sicherung, Optische Raumüberwachungsanlagen, Sperrzeiten, Überfallmelder, UVV „Spielhallen", UVV „Wach- und Sicherungsdienste", VBG, Zeitverschlusssystem.

In Deutschland regelt eine Berufsgenossenschaftliche Vorschrift (Unfallverhütungsvorschrift) die Mindestschutzmaßnahmen der Kreditinstitute gegen Raubüberfälle: Die Unfallverhütungsvorschrift BGV C9 bzw. GUV-V C9(„Kassen") wurde gemeinsam von der Verwaltungs-Berufsgenossenschaft (→VBG), den öffentlich rechtlichen Versicherern (→GUVV), den Spitzenorganisationen der Kreditwirtschaft, von der Polizei und den Sozialpartnern erarbeitet. Die 1988 in Kraft getretene und 2000 in „BGV C 9" umbenannte Neufassung geht von einem anderen Ansatz aus als ihre Vorgängerin: Früher wurden Überfälle als unvermeidlich vorausgesetzt. Es ging darum, bei solchen Überfällen Personenschäden zu vermeiden, zum Beispiel mit durchschusshemmend verglasten Kassenboxen. Die heutige Vorschrift will Personen dadurch schützen, dass der Anreiz zu Überfällen nachhaltig abgebaut wird. Wo zum Beispiel Automatische Kassentresore (AKT bzw. →BBA) eingesetzt werden, kann auf →durchschusshemmende Abtrennungen verzichtet werden, wenn mindestens zwei Mitarbeiter mit Blickkontakt ständig anwesend sind. Auch beim Einsatz von Behältnissen für zeitlich gestaffelte Betragsfreigabe können →durchbruchhemmende Abtrennungen genügen, wenn mindestens zwei Mitarbeiter mit Blickkontakt ständig anwesend sind oder wenn die Anwesenheit des zweiten Mitarbeiters zumindest während des Zahlungsvorgangs durch geeignete technische Einrichtungen (→Biometrie) sichergestellt ist (so genannte BBA-PLUS-Lösung). Durchbruchhemmende Abtrennungen sind aber auch zulässig in Verbindung mit durchschusshemmenden Schirmen oder – ohne zusätzliche Sicherungen – wenn ständig mindestens 6 Mitarbeiter mit Blickkontakt anwesend sind.
Abhängig von der Art der Sicherung und der Zahl der ständig anwesenden Mitarbeiter werden in den Durchführungsanweisungen vom Oktober 2001 die griffbereiten Höchstbeträge pro Arbeitsplatz wie folgt eingeschränkt (Die Paragraphen beziehen sich auf die UVV Kassen (BGV C9/GUV-V C9) bzw. auf die Durchführungsanweisungen vom Oktober 2001 (DA):

Art der Sicherung	Höchstbetrag pro Arbeitsplatz (DA zu § 32 Abs. 1)	Sperrzeiten (DA zu § 32 Abs. 2)
Durchschusshemmende Vollabtrennung §§ 11 bis 13 bzw. Kassenbox §§ 11 bis 13, 15 (→Durchschuss-hemmende Abtrennungen, →durchschusshemmende Schirme, →kraftbetriebene Sicherungen)	bei 1 Mitarbeiter maximal € 25.000 bei 2 bis 5 Mitarbeitern maximal € 40.000 ab 6 Mitarbeitern maximal € 50.000	darüber hinausgehende Beträge müssen in Zeitverschlussbehältnissen ohne zeitlich gestaffelte Betragsfreigabe unter einer Sperrzeit von mindestens 3 Minuten oder in Zeitverschlussbehältnissen mit zeitlich gestaffelter Betragsfreigabe unter einer Sperrzeit jeder Stufe von mindestens 30 Sekunden, wobei die Sperrzeit aller Stufen insgesamt jedoch mindestens 10 Minuten betragen muss, aufbewahrt werden.
	Empfehlung: in grenznahen Gebieten sollten die jeweils entsprechenden Sorten wie €-Noten behandelt werden.	Empfehlung: Sorten sollten unter mindestens 30 Sekunden aufbewahrt werden.
durchbruchhemmende Vollabtrennung § 14 bzw. Kassenbox §§ 14 und 15 (→durchbruch-hemmende Abtrennungen)	ab 6 Mitarbeitern maximal € 50.000	darüber hinausgehende Beträge müssen in Zeitverschlussbehältnissen ohne zeitlich gestaffelte Betragsfreigabe unter einer Sperrzeit von mindestens 3 Minuten oder in Zeitverschlussbehältnissen mit zeitlich gestaffelter Betragsfreigabe unter einer Sperrzeit jeder Stufe von mindestens 30 Sekunden, wobei die Sperrzeit aller Stufen insgesamt jedoch mindestens 10 Minuten betragen muss, aufbewahrt werden.
	Empfehlung: in grenznahen Gebieten sollten die jeweils entsprechenden Sorten wie €-Noten behandelt werden.	Empfehlung: Sorten sollten unter mindestens 30 Sekunden aufbewahrt werden.
durchbruchhemmende Vollabtrennung § 16 bzw. Kassenbox §§ 15 und 16	bei 2 - 3 Mitarbeitern maximal € 10.000 bei 4 - 5 Mitarbeitern maximal € 15.000	zur Nachversorgung müssen →Zeitverschlussbehältnisse mit zeitlich gestaffelter Betragsfreigabe mit einer Sperrzeit jeder Stufe von mindestens 30 Sekunden, wobei die Sperrzeit aller Stufen insgesamt jedoch mindestens 10 Minuten betragen muss, vorhanden sein. Zusätzlich sind Behältnisse mit mindestens 3 Minuten Sperrzeit möglich.
	Empfehlung: in grenznahen Gebieten sollten die jeweils entsprechenden Sorten wie €-Noten behandelt werden.	Empfehlung: Sorten sollten unter mindestens 30 Sekunden aufbewahrt werden.
→BBA$_Z$-Stelle § 18	für €-Noten nicht zulässig	Auszahlung aus BBA: bis maximal € 5.000 innerhalb von 30 Sekunden, bis maximal € 10.000 innerhalb von 2 Minuten, über € 10.000 bis maximal € 25.000 nach 5 Minuten.
	für Sorten nicht zulässig	Sorten 30 Sekunden

3

Fortsetzung der Tabelle von der Vorseite:

Art der Sicherung	Höchstbetrag pro Arbeitsplatz (DA zu § 32 Abs. 1)	Sperrzeiten (DA zu § 32 Abs. 2)
→Kleinstzweigstelle § 19 Auszahlungen nur mit Identifikation des Kunden durch Karte/PIN	für €-Noten nicht zulässig	bei Auszahlung über die Kleinstzweigstellensoftware aus dem KBA: bis maximal € 5.000 innerhalb von 30 Sekunden, bis maximal € 10.000 innerhalb von 2 Minuten. Grundsätzlich ist die tägliche Auszahlung auf € 5.000 pro Kunde und Konto zu begrenzen.
	für Sorten nicht zulässig	besonderer Automat erforderlich
BBA-PLUS-Stelle § 18 mit biometrischer Anwesenheitskontrolle von 2 Beschäftigten	für €-Noten nicht zulässig	Auszahlung aus BBA: bis maximal € 5.000 innerhalb von 30 Sekunden, bis maximal € 10.000 innerhalb von 2 Minuten, über € 10.000 bis maximal € 25.000 nach 5 Minuten.
	für Sorten nicht zulässig	Sorten 30 Sekunden
Nebenbestände beim BBA / BBA-PLUS in →Zeitverschluss-behältnissen §§ 18 und 21		bis € 2.500 nach 30 Sekunden bzw. bis € 10.000 nach 2 Minuten für € 200- und € 500-Noten, wenn diese nicht im BBA verfügbar sind und eine Alarmauslösemöglichkeit in den Öffnungsvorgang integriert ist. Zusätzlich können registrierte Banknoten im Nebenbestand sinnvoll sein. Diese zählen bis zu einem Betrag von € 2.000 nicht zum zulässigen Banknotenbestand. Darüber hinaus sind beliebige Stückelungen sowie Beträge über € 10.000 nur nach 5 Minuten zulässig.
Hinweis: Geldbestände in →Wertschutzräumen und →Wertschutzschränken können mit Elektronikschlössern (→Elektronische Schließsysteme) gegen Zugriff gesichert werden.		

Die UVV Kassen stellt auch Forderungen an Bau und Betrieb von Kreditinstituten, die stets zu erfüllen sind. Sie betreffen Fernsprechanschlüsse (§ 4), Überfallmeldeanlagen (§§ 5, 27), →Optische Raumüberwachungsanlagen (§§ 6, 27), Kunden- und Personaleingänge/Türen (§§ 8, 9, 30), Fenster (§ 10, 31), Kundenbediente Banknotenautomaten (→KBA) und →Tag-/Nachttresoranlagen (§ 19), Geldschränke und Tresoranlagen (→Wertschutzschrank, →Wertschutzraum) (§ 20), Geldtransport (→Werttransport) (§ 36), fahrbare Zweigstellen (§ 22) und Bankgeschäfte in institutsfremden Räumen (§ 23). Außerdem werden Höchstbeträge und Sperrzeiten (§ 32) sowie Anforderungen an Betriebsanweisungen und Mitarbeiter-Schulung (§ 25) festgelegt.

Der Wortlaut der Vorschrift befindet sich auf der Website „Präventionsrecht-online“ unter der Internetadresse: http://www.pr-o.info/bc/uvv/120/titel.htm.

In nächster Zeit (voraussichtlich 2007) ist zu erwarten, dass die bisherigen „Merkblätter“ der Unfallversicherungsträger zur UVV „Kassen“ durch neue qualitätsgesicherte Informationsschriften abgelöst werden:

BGI 819-1/GUV-I 819-1 Gefährdungsbeurteilung – BGI 819-2/GUV-I 819-2 Sicherheitstechnische Ausrüstung von Geschäftsstellen – BGI 819-3/GUV-I 819-3 Betrieb.

(Letzte Änderung: 16.8.2006)

(Hohl)

UVV „Spielhallen"

Siehe auch BGV, UVV „Kassen", UVV „Wach- und Sicherungsdienste", VBG.

Zum 1. April 1997 ist die Berufsgenossenschaftliche Vorschrift BGV C 3, die „Unfallverhütungsvorschrift Spielhallen, Spielcasinos und Automatensäle von Spielbanken" erstmals in Kraft getreten. Spielstätten mit maximal zwei Geldspielgeräten müssen die UVV „Spielhallen" nicht erfüllen.

Konkret fordert die Vorschrift den Einbau einer Überfall-Meldeanlage in jede Spielstätte mit einer Weiterleitung des Alarms während der gesamten Arbeitszeit (§ 5). Weiter muss eine optische Raumüberwachungsanlage, im Eingangsbereich deutlich erkennbar installiert, während der kompletten Öffnungszeit in Betrieb sein (§ 6). Ein Geldwechselautomat ist in jeder Spielhalle aufzustellen (§ 8). Darüber hinaus wird die Sicherung von Bargeldbeständen, Wechselkassen sowie Geldschränken und Tresoranlagen festgelegt. Ferner regelt die BGV C3 die Ausführung von durchschusshemmenden Abtrennungen.

Meldeanlagen müssen mindestens einmal jährlich gewartet werden. Im selben Zeitraum hat eine Prüfung durch einen Sachkundigen stattzufinden. Funktionsfähigkeitsprüfungen sind für Überfallmeldeanlagen alle drei Monate und für optische Raumüberwachungsanlagen jeden Monat obligatorisch.

Die Durchführungsanweisungen der BGV C3 wurden im April 2002 im Hinblick auf die Euro-Einführung aktualisiert (§ 20). Der Wortlaut der BGV C3 befindet sich im Internet auf der Website „Präventionsrecht-online" unter der Internetadresse: http://www.pr-o.info/bc/uvv/105/titel.htm

(Letzte Änderung: 12.7.2006)

(Anthes-Ploch)

UVV „Wach-/Sicherungs- und Werttransportdienste"

Voraussichtlicher neuer Name der →UVV „Wach- und Sicherungsdienste"

UVV „Wach- und Sicherungsdienste"

Siehe auch BDWS, BDGW, BGV, UVV „Kassen", UVV „Spielhallen", VBG

Eines der zentralen Regelungswerke für die Ausübung von Wach- und Sicherungstätigkeiten zum Schutze von Personen und Sachwerten (§ 1) ist die neu benannte berufsgenossenschaftliche Vorschrift für Sicherheit und Gesundheit bei der Arbeit BGV C 7. Sie ist eine Unfallverhütungsvorschrift der Verwaltungsberufsgenossenschaft. Die BGV C 7 ist unter der früheren Bezeichnung VBG 68 in modifizierter Form am 1. Oktober 1990 in Kraft getreten. Zur Zeit gilt die Fassung vom 1. Januar 1997. Mit der Genehmigung durch den Bundesminister für Arbeit und Sozialordnung und deren Veröffentlichung im Bundesanzeiger entfaltet sie normative Wirkung.

Die BG-Vorschrift „Wach- und Sicherungsdienste" ist in fünf Kapitel gegliedert, die für Unternehmer und (pflicht-)versicherte Beschäftigte (§ 2) Schutzziele für die Sicherheit und Gesundheit bei der Arbeit und zur Verhinderung von Arbeitsunfällen beinhaltet. Der Unternehmer hat dafür Sorge zu tragen, dass Wach- und Sicherungstätigkeiten nur von geeigneten und befähigten Personen ausgeführt werden (§ 3). Das Verhalten, aber auch das Weitermelden von Mängeln und Gefahren ist durch Dienstanweisungen zu regeln, in die die Beschäftigten unterwiesen werden müssen. Die Maßnahmen zur Arbeitssicherheit sind durch das Personal zwingend einzuhalten (§ 4). Dies gilt im besonderen Maße für das ausdrücklich festgehaltene Verbot alkoholischer oder sonstiger berauschender Mittel vor und während der Dienstzeit (§ 5).

Einen Schwerpunkt der Regelungsmaterien bildet die Verpflichtung des Unternehmers zur Beseitigung oder ausreichenden Absicherung von Gefahren bzw. Gefahrenstellen im jeweiligen Objektbereich, insbesondere für das eingesetzte Wach- und Sicherungspersonal. Erforderlich ist auch eine spezifische Objekteinweisung (§§ 6 – 9). Den Beschäftigten müssen seitens der Unternehmensleitung die erforderlichen Einrichtungen, Ausrüstungsgegenstände und Hilfsmittel in einem ordnungsgemäßen Zustand zur Verfügung gestellt werden (§ 10). Detaillierte Bestimmungen enthält die BGV C 7 zur Eignung, Befähigung und zum Einsatz von Hundeführern und Hunden (§§ 12 – 17). Versicherte Beschäftigte dürfen mit Schusswaffen nur nach ausdrücklicher Anordnung des Unternehmers ausgerüstet werden. Hierfür müssen sie nach dem Waffenrecht zuverlässig, geeignet und sachkundig sowie an den Waffen ausgebildet sein. Die notwendigen regelmäßi-

3

gen Schießübungen sind aktenkundig zu machen. Schusswaffen sind in geeigneten Trageeinrichtungen zu führen. Nach Dienstende sind die Schusswaffen in entladenem Zustand im Unternehmen wieder zu übergeben und vom Unternehmer getrennt von der Munition sicher aufzubewahren (§§ 18 – 22).
Betreibt ein Unternehmer eine Alarmempfangszentrale (→Notrufzentrale), so ist diese mit geeignetem Personal zu besetzen und vor allem gegen Überfälle ausreichend zu sichern (§ 23).
Besondere Bestimmungen wurden von der Verwaltungsberufsgenossenschaft in den §§ 24 – 27 für die Tätigkeiten im Geld- und Werttransport (→Werttransport) und der **→Geldbearbeitung** geschaffen, da kein anderer Einsatzbereich der Beschäftigten im großen Spektrum der Aufgabenvielfalt größeren Gefährdungen durch kriminelles Verhalten ausgesetzt ist als dieser. Für den Geldtransport dürfen nur persönlich zuverlässige, geeignete, besonders ausgebildete und eingewiesene Personen eingesetzt werden. Geldtransporte in öffentlich zugänglichen Bereichen sind von mindestens zwei Personen durchzuführen, von denen eine die Absicherung übernimmt. Nur in Ausnahmefällen, wie z. B. bei der Verwendung von elektronischen Transportsicherungssystemen zusätzlich zum Geldtransportbehältnis, kann hiervon abgewichen werden. Geldtransporte sind grundsätzlich nur in besonders gesicherten, d.h. gepanzerten Fahrzeugen durchzuführen. In sonstigen Fahrzeugen dürfen nur reine Hartgeldtransporte abgewickelt werden oder im Einzelfall Transporte, für die aus nicht vorhersehbaren Gründen ein gepanzertes Fahrzeug nicht zur Verfügung steht und wenn der Geldtransport nach außen nicht erkennbar ist.
Bei der Geldbearbeitung von Banknoten sind die Beschäftigten und Werteräume durch besondere Schutzmaßnahmen vor Überfällen zu sichern (§ 27).
Die Schlussvorschriften der BGV C 7 regeln das ordnungswidrige Zuwiderhandeln gegen die vorgenannten Bestimmungen (§ 28) sowie das Inkrafttreten der BG-Vorschrift (§ 29).
Der Wortlaut der Vorschrift befindet sich auf der Website „Präventionsrecht-online“ unter der Internetadresse: http://www.pr-o.info/makeframe.asp?url=bc/uvv/68/inhalt.htm.
Wichtiger Hinweis: Der Ausschuss „Bewachung“ bei der Verwaltungs-Berufsgenossenschaft hat sich auf seinen beiden Fachausschuss-Sitzungen am 6./7. Juni 2001 und 14./15. November 2001 in Hamburg bereits zum damaligen Zeitpunkt auf eine Neuregelung der berufsgenossenschaftlichen Vorschrift BGV C7 verständigt. Die künftige BGV C7 wird „Wach-/Sicherungs- und Werttransportdienste“ heißen. Im Unterschied zur bisherigen BGV C7 enthält diese neue Unfallverhütungsvorschrift nur noch Schutzziele. Sie ist deutlich „schlanker“ konzipiert als das bisherige Regelungswerk. Zur Konkretisierung der vorgegebenen Schutzziele sollen künftig 2 berufsgenossenschaftliche Regeln erlassen werden. Die BGR C7.1 befasst sich ausschließlich mit „Wach- und Sicherungsdiensten“, die BGR C7.2 mit „Werttransportdiensten“. Nach Vorlage der Neuregelungen der berufsgenossenschaftlichen Vorschriften ist das beim damaligen Bundesministerium für Wirtschaft und Arbeit (BMWA) eingeleitete Genehmigungsverfahren auf unbestimmte Zeit angehalten worden. Zu einer Umsetzung der im Fachausschuss „Bewachung“ der Verwaltungs-Berufsgenossenschaft erzielten Verständigung ist es bisher nicht gekommen. Nach Auskunft der Abteilung „Prävention“ der Verwaltungs-Berufsgenossenschaft könnte im Zuge der Änderungen zum gesetzlichen Unfallversicherungsrecht eine Umsetzung der Neuregelungen im Jahre 2007 erfolgen.
(Letzte Änderung: 19.7.2006)

(Paulick)

V

Valorentransport
Siehe Werttransport.

Varistor
Siehe Referenz-Widerstand.

VBG
Siehe auch BGV, UVV Kassen (mit weiteren Verweisen), UVV Spielhallen, UVV Wach- und Sicherheitsdienste
Verwaltungsberufsgenossenschaft, Hamburg
Kurzbeschrieb und Anschrift →Behörden, Verbände, Institutionen.

VBSF
Schweizerischer Verein von Brandschutz- und Sicherheitsfachleuten.
Kurzbeschrieb und Anschrift →Behörden, Verbände, Institutionen.

VDE
Verband der Elektrotechnik Elektronik Informationstechnik e.V., Frankfurt.
Kurzbeschrieb und Anschrift →Behörden, Verbände, Institutionen.

VDHA
Verband Deutscher Haushüter-Agenturen.
Kurzbeschrieb und Anschrift →Behörden, Verbände, Institutionen.

VDMA
Verband Deutscher Maschinen- und Anlagenbau e.V., Frankfurt.
Kurzbeschrieb und Anschrift des Fachverbandes Geldschränke und Tresoranlagen →Behörden, Verbände, Institutionen.

VDMA-Einheitsblatt
Der Inhalt der wichtigsten VDMA-Einheitsblätter wird im →Sicherheits-Jahrbuch in Teil 7 „Vorschriften, Bestimmungen, Richtlinien" erläutert.

VdS
Vormals Kurzbezeichnung für den Verband der Sachversicherer bzw. Verband der Schadenversicherer e.V. in Köln, der im Gesamtverband der Deutschen Versicherungswirtschaft (→GDV) aufgegangen ist. Die eingetragene Marke „VdS" wird von der →VdS Schadenverhütung GmbH, einer 100%igen Tochter des GDV, weitergführt. „VdS" hat dadurch seine Funktion als Abkürzung verloren. Die VdS Schadenverhütung GmbH vermeidet daher die Formulierung „der VdS" und benutzt „VdS" als Zeichen ohne Artikel (also zum Beispiel: „Die neue Richtlinien (immer im Plural) wurden vo**n** VdS (nicht vo**m** VdS) herausgegeben...")
Kurzbeschrieb und Anschrift →Behörden, Verbände, Institutionen.
(Letzte Änderung: 20.6.2004)

(Dr. Bernigau)

VdS-Anerkennung
Prüf- und Zertifizierungsverfahren der →VdS Schadenverhütung . VdS-Anerkennungen können sowohl für Produkte als auch für Dienstleister (z.B. Errichterbetriebe, Wach- und Sicherheitsunternehmen) der Brandschutz- und Sicherungstechnik ausgesprochen werden. Die VdS-Anerkennung wird durch ein Zertifikat dokumentiert. VdS-anerkannte Produkte und Firmen werden in VdS-Verzeichnissen gelistet.
(Letzte Änderung: 28.6.98)

(Dr. Bernigau)

VdS-Kennzeichen
Siehe auch Sicherheitsschrank, Wertschutzraum, Wertschutzschrank, Zertifizierungsmarke
Seit 1992 prüft und zertifiziert →VdS Schadenverhütung Wertschutzräume und Wertschutzschränke auf ihren Widerstand gegen Einbruchdiebstahl. „Wertschutzräume und Wertschutzschränke" sind die Sammelbezeichnungen für solche „Wertbehältnisse", die geprüft, zertifiziert und güteüberwacht sind. Nach der EN 1143-1 werden insgesamt 13 Sicherheitsgrade (I-XIII) unterschieden, die einem Angriff zwischen 30 und 4.500 Widerstandseinheiten (RU= Resistance Units) entgegensetzen.

3

VdS-Kennzeichen – deutsche und internationale Fassung – für einen Wertschutzschrank („Safe"). VdS-Kennzeichen werden nach entsprechenden Anerkennungen auch vergeben für Wertschutzräume („Strongrooms"), Wertschutztüren („Strongroom doors"), Datensicherungsschränke („Data Cabinets"), Depositsysteme („Deposit Systems"), Geldautomaten („ATM Safes") und Sockel für Geldautomaten („ATM Bases"). (Foto: VdS)

Die neuen europäischen Richtlinien enthalten keine konstruktiven Mindestanforderungen, sondern beschreiben lediglich Eckdaten der Einbruchswerkzeuge und das Ziel (Aufbruch bzw. Durchgriff). Welche Werkzeuge wie, wo, wann und wie oft einzusetzen sind – hierüber geben die Richtlinien aus Sicherheitsgründen keine Auskunft. Da subjektive Elemente wie Erfahrung und Leistungsfähigkeit des Prüfers das Prüfergebnis beeinflussen können, werden VdS-anerkannte Produkte seit 1992 ausschließlich über das VdS-Kennzeichen (siehe Abbildung) identifiziert.
Im Gegensatz zu verschiedenen ausländischen Zertifikaten genügt es für eine VdS-Anerkennung nicht, dass ein Produkt eine Prüfung auf Einbruchdiebstahl gemäß den europäischen Richtlinien bestanden hat. Es wird vorausgesetzt, dass die in der Praxis installierten Systeme funktionsgerecht und zukunftssicher betrieben werden. Für eine VdS-Anerkennung wird darum über die Einbruchdiebstahlprüfung hinaus die Vorlage einer Betriebs-/Montageanleitung, der Einbau von VdS-anerkannten Hochsicherheitsschlössern und die Eignung (Projektierung) zum nachträglichen Einbau von Meldern für Einbruchmeldeanlagen zwingend gefordert.
Voraussetzungen für ein VdS-Zertifikat sind ein Qualitätssicherungssystem nach ISO 9002, eine begleitende Fremdüberwachung der Fertigung und – soweit gefordert – das Ausstellen von Installationsattesten. Jede Änderung der Konstruktion oder des Fertigungsprozesses muss durch VdS ausdrücklich genehmigt werden.
Für Produkte mit einem besonderen Schutz gegen Einbruchsversuche mit Diamantwerkzeugen (→Diamantkronenbohrer, Kernbohrgerät/KB) kann im Rahmen der VdS-Anerkennung auf besonderen Antrag auch ein entsprechender Nachweis gefordert werden (Zusatzkennzeichnung KB, z.B. XII KB).
VdS-anerkannte Wertschutzschränke und -räume sind im Verzeichnis VdS 2335 „VdS-anerkannte Wertschutzschränke und Wertschutzräume" aufgeführt.
(Letzte Änderung: 16.7.2006)

(Conrads)

VdS-Richtlinien

Technische und verfahrenstechnische Regelwerke für Produkte und Dienstleistungen der Brandschutz- und Sicherungstechnik. VdS-Richtlinien werden von den zuständigen Gremien des Gesamtverbandes der Deutschen Versicherungswirtschaft (→GDV) in enger Abstimmung mit tangierten Verbänden und Organisationen, Behörden, nationalen und internationalen Gremien sowie Feuerwehr und Polizei erarbeitet. Ein Verzeichnis der wesentlichen Richtlinien und Sicherheitsanforderungen der „VdS Schadenverhütung" finden sich im →Sicherheits-Jahrbuch in Teil 7: Vorschriften, Bestimmungen, Richtlinien.
(Letzte Änderung: 20.5.2002)

(Definition: VdS)

VdS Schadenverhütung

Für die Schadenverhütungsarbeit des „Gesamtverbandes der Deutschen Versicherungswirtschaft" (GDV) ist das 1997 ausgegliederte hundertprozentige GDV-Tochterunternehmen „VdS Schadenverhütung GmbH"

(www.vds.de) mit Sitz in Köln verantwortlich. Diese fungiert als unabhängige und akkreditierte Prüf- und Zertifizierungsstelle für Brand- und Einbruchdiebstahlsschutz. Daneben ist sie auf dem Gebiet der Information und Schulung aktiv (VdS-Lehrgänge, -Seminare sowie -Tagungen) und gibt im firmeneigenen VdS-Verlag das umfangreiche technische Regelwerk der deutschen Sachversicherer, die →VdS-Richtlinien, heraus.
Die VdS Schadenverhütung GmbH führt insbesondere die eingetragene Marke „VdS" weiter, die nach wie vor als besonderes Gütesiegel gilt. So dürfen beispielsweise Gefahrenmeldeanlagen zur technischen Überwachung von →Verschlusssachen nur von VdS-anerkannten Errichterfirmen und unter ausschließlicher Verwendung VdS-anerkannter Komponenten installiert werden.
Kurzbeschrieb und Anschrift →Behörden, Verbände, Institutionen.
(Letzte Änderung 12.7.2006)

(Opfermann)

Verbindlichkeit

Siehe auch Integrität, Verfügbarkeit, Vertraulichkeit

Verbindlichkeit im Sinne der →IT-Sicherheit bezeichnet die Möglichkeit, einer IT-Transaktion während und nach der Durchführung zweifelsfrei und gegebenenfalls gerichtsverwertbar den Durchführenden zuordnen zu können. Dies kann z.B. durch die Nutzung von qualifizierten →digitalen Signaturen und eine sichere Aufbewahrung von Logdateien erreicht werden. Die Dauer der Zuordenbarkeit hängt von der Aufbewahrung der Logdateien ab und wird durch das Datenschutzrecht (→Datenschutz) reglementiert.
(Neu aufgenommen 17.9.2003)

(Röckle)

Verbindungsarten (Übertragungswege in Alarmübertragungsanlagen)

Siehe auch Alarm, ALARMNET der TUS, Alarmzentrale, AWAG, AWUG, ISDN, Notrufzentrale, Redundante Übertragungsgeräte, Übertragungsanlage für Gefahrenmeldungen (ÜAG), Übertragungsgeräte, Übertragungsweg, Überwachte Verbindungen

Für die Übertragung von Gefahrenmeldungen können unterschiedliche Übertragungswege genutzt werden. Diese Wege werden in drei Verbindungsarten unterteilt:

- Stehende Verbindungen
- Abfragende Verbindungen
- Bedarfsgesteuerte Verbindungen.

Ein Übertragungsweg wird hierbei als logische Verbindung zwischen dem Ausgang des →Übertragungsgerätes einer →Gefahrenmeldeanlage und dem Eingang der Übertragungszentrale einer Alarmempfangseinrichtung definiert. Anhand der folgenden Beispiele kann eine Zuordnung erfolgen:

Stehende Verbindungen

- analoge Festverbindung
- digitale Festverbindung als Datendirektverbindung oder ISDN- Festverbindung im D-Kanal
- Festverbindung im X.25-Netz als PVC-Verbindung oder als SVC-P-Verbindung
  (PVC bedeutet: Permanent Virtual Circuit
  SVC bedeutet: Switched Virtual Call
  SVC-P bedeutet: Switched Virtual Call-Permanent)

Abfragende Verbindungen

- Funknetze

Bedarfsgesteuerte Verbindungen

- Telefonwählnetz mit analogem Teilnehmeranschluss
- ISDN-Netz B-Kanal
- Wählverbindung im X.25-Netz als SVC-Verbindung
- Funknetze

Anforderungen für die einzelnen Verbindungsarten werden in den europäischen Normen (EN 50136-1-1) definiert. Hier sind auch weitere Details zu finden. Hierbei ist die stehende Verbindung die schnellste und mit einem Maximalintervall von 20 Sekunden am häufigsten überwachte Verbindung, die abfragende Verbindung ist die langsamste, wird aber mindestens alle 3 Minuten überwacht. Die bedarfsgesteuerte Verbindung ist zwar schneller in der Datenübertragung, wird aber nur mindestens alle 25 Stunden einmal überwacht und ist damit am wenigsten sicher. Einzelheiten zu Einsatz und Überwachung dieser Verbindungsarten sind in den VDS-Richtlinien 2471 zu finden.
(Neu aufgenommen am 27.3.2002)

(Schmitt)

3

Verbundsicherheitsglas

Siehe auch Acrylglas, Alarmglas, Alarm-Sicherheitsfolie, Brandschutzverglasung, Chemisch vorgespanntes Glas, Drahtglas, Durchbruchhemmende Abtrennungen, Durchbruchhemmende Verglasung, Durchschusshemmende Abtrennungen, Durchschusshemmende Verglasung, Durchwurfhemmende Verglasung, einbruchhemmende Fenster, Einscheiben-Sicherheitsglas, Erschütterungsmelder, Fenster, Ganzglastür, Gitter, Glas, Glasbruchmelder, Glassteine, Körperschallmelder, Panzerglas, PET-Folie, Polycarbonat, Polyurethan, PVB-Folie, Sandwichfolie, Schaufenster, Sicherheitsfolie, Splitterschutzfolie, UVV „Kassen".

Verglasung in mehrschichtigem Aufbau aus Silikat- und/oder Kunststoffglas, deren Schichten mit Kunststofffolie oder Spezialharz fest verbunden werden und die für folgende Zwecke konzipiert sein kann:

- Absturzhemmend (Pendelschlagversuch)
- Durchwurfhemmend (Kugelfallversuch)
- Durchbruchhemmend (Axtmaschinenversuch)
- Durchschusshemmend (Beschussversuch)
- Sprengwirkungshemmend (Explosionsversuch)

Gegen Absturz sichernde Verbund-Verglasungen dienen in erster Linie dem Unfallschutz. Sie bestehen in der Regel aus zwei Glasscheiben, die mit einer 0,38 mm bzw. mit einer 0,76 mm →PVB-Folie verklebt sind. Verwendung in Schulhäusern, Turnhallen, Balkonbrüstungen, Fenstertüren, Treppenhäusern mit bodenebenen Fenstern usw.

Bei *durchbruchhemmenden* Verbundgläsern ist der Anteil an PVB-Folie für den Widerstand, d.h. die Durchbruchzeit maßgebend. Je dicker die PVB-Schicht zwischen den beiden Glasscheiben, um so mehr Zeit muss für einen Durchbruch aufgewendet werden.

Bei *durchschusshemmenden* Verbundgläsern ist der Glasanteil für den Widerstand maßgebend. Zum Beispiel dient die PVB-Folie nur zum Zusammenkleben der Glasscheiben. Für durchschusshemmende Verbundsicherheitsgläser wird insbesondere in der Schweiz auch der Begriff →Panzerglas gebraucht.

Verbundsicherheitsgläser werden eingesetzt als Unfallschutz, als ein- und ausbruchhemmende Verglasungen in Schaufenstern, Banken, Versicherungen, Kernkraftwerken, Portierlogen, Privathäusern usw. Es ist darauf zu achten, dass der Fensterrahmen ebenfalls den gleichen Sicherheitsanforderungen entspricht wie das Glas. Die gesamte Rahmenkonstruktion und die Verankerungen im Mauerwerk müssen bei hohen Sicherheitsanforderungen den stärkstmöglichen Einbruchwerkzeugen standhalten.

Durchwurfhemmung gemäß der europäischen Norm DIN EN 356:
(Kennzeichnung mit P1A bis P5A): Um den Widerstand einer Verglasung gegen Steinwürfe zu prüfen, wird das Glas waagrecht eingespannt. Dann lässt man eine Stahlkugel von ca. 4 kg Gewicht aus unterschiedlichen Höhen auf die Verglasung fallen.

P1A: Fallhöhe 1,50 m
P2A: Fallhöhe 3,00 m
P3A: Fallhöhe 6,00 m
P4A: Fallhöhe 9,00 m
P5A: Fallhöhe 9,00 m (3x)

Die früheren Widerstandsklassen A1, A2 und A3 gemäß DIN 52290 (Teil 4) sind mit den neuen Widerstandsklassen P2A, P3A und P4A vergleichbar.

Durchbruchhemmung
(Kennzeichnung mit P6B bis P8B): Hier wird durch einen Automaten mit einer Axt so lange gegen eine Verglasung geschlagen, bis ein 400 x 400 mm großer Durchbruch erzielt ist. Die Energie beträgt bei jedem Schlag 300 bis 500 Joule.

P6B (früher B1): Durchbruch wird nach 30-50 Schlägen erzielt.
P7B (früher B2): Durchbruch wird nach 50-70 Schlägen erzielt.
P8B (früher B3): Für einen Durchbruch sind mehr als 70 Schläge nötig.

Klassifizierungen mit den Buchstaben **„BR1 bis BR7"** oder **SG1/SG2** geben Auskunft über die **Durchschusshemmung** nach der Europäischen Norm DIN EN 1063 (→Durchschusshemmende Verglasung, →Panzerglas), wobei gegenüber der früheren DIN 52290 (Teil 2) C1 mit BR2, C2 mit BR3, C3 mit BR4, C4 mit BR6, C5 mit BR7 vergleichbar ist.

„ER 1 bis ER 4" bezeichnet den Widerstand einer →Sprengwirkungshemmenden Verglasung gemäß der europäischen Norm DIN EN 13541, wobei gegenüber der Einstufung nach der deutschen Norm DIN 52290 (Teil 5) D 1 mit ER 1, D 2 mit ER 2, D 3 mit ER 4 vergleichbar ist.

Glas mit hervorragenden durchschusshemmenden Eigenschaften muss nicht gleichzeitig die höchste Einbruchshemmung bewirken – und umgekehrt.

Soll eine Verglasung gegen beide Angriffsarten schützen, muss sie auch nach beiden Klassifizierungen eingestuft sein.

Bei der Herstellung von Verbundsicherheitsglas mit PVB-Folien werden die →PVB-Folien zwischen die Scheiben gelegt und in zwei Pressvorgängen verpresst. Die anschließende Bearbeitung des noch undurchsichtigen Elements erfolgt im Autoklaven (Druckbehälter) bei ca. 150°C und einem Überdruck von über 10hPa (bar).

Die „PVB-Folien“ verlieren unter starker Kälteeinwirkung einen Teil ihrer Elastizität und Festigkeit, wodurch auch die Widerstandszeit des Verbundsicherheitsglases herabgesetzt wird. Bei Isolierverglasungen soll das Verbundsicherheitsglas deshalb auf der wärmeren Innenseite angebracht werden.

(Letzte Änderung: 4.6.2000)

(Balkow/Schmalt/Redaktion)

Vereinzelung

Siehe auch Pendelschleuse, Rückhaltewirkung, Rundschleuse, Schleuse für Personenverkehr, Schleuse/Kabinenschleuse, Sensorikschleuse.

Eine Person wird beim Durchgehen einer Schleuse von anderen getrennt, im Schleusenraum identifiziert und ihr Recht zum Zutritt geklärt. Notwendig ist eine Vereinzelung, wenn die Zutrittskontrolle autonom durch ein ZK-System erfolgt und keine personelle Überwachung stattfindet. Man unterscheidet verschiedene Grade von Vereinzelungen (dabei wird auf eine durchschnittlich große erwachsene Person abgestellt):

- Strikte Vereinzelung: Es wird erzwungen, dass niemand mitgehen kann, auch wenn dies die berechtigte (vielleicht unter Druck stehende) Person akzeptieren würde.
- Einfache Vereinzelung: Man vertraut darauf, dass sich die berechtigte Person wehrt, wenn eine unbekannte mit eintreten will.

Bemerkungen dazu:

- Die Verantwortung, dass niemand unberechtigt eintritt, trägt immer diejenige Person, die die Tür geöffnet hat. Ist der Kreis der Berechtigten so groß, dass man sich gegenseitig nicht mehr persönlich kennt, ist dies mit einer normalen Tür nicht möglich und eine technisch zwingende Vereinzelung unerlässlich.
- Wo zudem mit einem Eindringen unter Gewaltanwendung gegen Personen (Überfall und Geiselnahme) gerechnet werden muss, ist eine strikte Vereinzelung und allenfalls eine „Erstzutritts-Überwachung” zwingend.
- Es macht keinen Sinn, dass sich die eintretenswillige Person vor dem Betreten der Vereinzelung identifiziert – wenn möglich sogar biometrisch – und dann geht eine ganz andere Person rein! Wenn es nicht nur um eine Ordnungskontrolle, sondern um eine strikte gute Sortierung von willkommenen und nicht willkommenen Personen geht, muss die Identifikation innerhalb jenes Raumes erfolgen, aus dem ein Auswechseln der identifizierten Person nicht mehr möglich ist. Das bedeutet, dass der Durchgang in zwei Schritten erfolgen muss: Die erste Lesung ermöglicht das Betreten des Schleusenraumes und erst die zweite Lesung innerhalb der Kabine (Identifikation) ermöglicht dann den Durchtritt. Dieses Vorgehen dauert länger, erhöht aber frappant die Wirkung.

Siehe dazu auch die Abbildungen beim Stichwort Schleuse für Personenverkehr.

(Letzte Änderung: 4.5.2004)

(Huber)

Verfügbarkeit

Siehe auch Zuverlässigkeit.

Die Verfügbarkeit eines Produktes steht in direktem Zusammenhang mit dessen Qualität, d.h. mit Zuverlässigkeit, Sicherheit, Ausfallrate, Instandhaltbarkeit.

Je nach Standpunkt und Anwendungen unterscheidet man verschiedene Definitionen der Verfügbarkeit. Von Interesse ist hier nur die sogenannte „Punkt-Verfügbarkeit“ oder einfach „Verfügbarkeit“, welche bei Dauerbetrieb einer Betrachtungseinheit in die „durchschnittliche Verfügbarkeit“ übergeht.

Die Verfügbarkeit (Punkt-Verfügbarkeit) ist ein Maß für die Fähigkeit einer Betrachtungseinheit (Melder, Baugruppe, System, etc.), zu einem gegebenen Zeitpunkt funktionstüchtig zu sein. Sie wird als Wahrscheinlichkeit ausgedrückt, dass die Betrachtungseinheit zu einem bestimmten Zeitpunkt die geforderte Funktion

unter den vorgegebenen Arbeitsbedingungen ausführt.
Die Berechnung der Verfügbarkeit basiert auf statistischen Größen. Die Instandhaltbarkeit kann nicht exakt berechnet werden, weil menschliche Faktoren die Reparaturzeit einer Betrachtungseinheit wesentlich beeinflussen (Schema-, Anlagenkenntnisse, Ersatzteile, Motivation, Schulung, etc.). Wenn die menschlichen Faktoren unberücksichtigt bleiben, kann die Verfügbarkeit mit folgender Formel berechnet werden: PA = MTTF / (MTTF + MTTR)
Es bedeuten:
PA: Point-Availability, Punkt-Verfügbarkeit oder einfach Verfügbarkeit
MTTF: Mean Time To Failure, Mittelwert der ausfallfreien Arbeitszeit einer Betrachtungseinheit bei nicht konstanter Ausfallrate
MTTR: Mean Time To Repair, Mittelwert der Reparaturzeit einer Betrachtungseinheit
MTBF: Mean Time Between Failure, Mittelwert der Zeit zwischen aufeinanderfolgenden Ausfällen, ist nur für Betrachtungseinheiten mit konstanter Ausfallrate zu verwenden.
Ob für Abschätzungen und Vorgaben mit dem Faktor MTTF oder MTBF gerechnet wird, ist nicht von Bedeutung, weil im praktischen Fall die Verfügbarkeit (bei guten Systemen) im Wesentlichen von der Größe MTTF bestimmt wird. Der Einfluss der Wartungsorganisation im weitesten Sinne auf die Größe von MTTR kann nicht mathematisch exakt bestimmt werden.
Eine hohe Verfügbarkeit PA wird erreicht, wenn der Wert von MTTF groß und der Wert von MTTR klein ist. Ein hoher Wert von MTTF wird erreicht, wenn die Betrachtungseinheit selten ausfällt, was einer kleinen Ausfallrate entspricht. Ein kleiner Wert von MTTR wird erreicht, wenn eine ausgefallene Betrachtungseinheit rasch repariert wird.
Für eine Betrachtungseinheit (Alarmsystem) soll die MTTF ein Jahr (8760 Stunden) betragen. Wenn die MTTR einen Tag (8 Stunden) beträgt, ergibt sich eine Verfügbarkeit PA = MTTF /(MTTF + MTTR) = 8760 /(8760 + 8) = 0,999.
Wenn aber die Betrachtungseinheit alle drei Monate ausfällt und die Reparaturzeit gleich lang ist, reduziert sich die Verfügbarkeit PA auf 0,996.
Wenn beim zweiten Beispiel die gleiche Verfügbarkeit erreicht werden sollte wie im Beispiel 1, müsste die Reparaturzeit drastisch verkürzt werden. MTTR = MTTF (1PA) / PA = 2190 (10,999) / 0,999 = 2,2 Stunden.
Stationäre Verfügbarkeit ist die mittlere Betriebsdauer zwischen zwei Ausfällen dividiert durch die Summe aus mittlerer Betriebsdauer zwischen zwei Ausfällen und mittlerer Störungsdauer (DIN 40041 Zuverlässigkeit; Begriffe).

(Redaktion)

Verfügbarkeit im Sinne der IT-Sicherheit

Siehe auch Integrität, Verbindlichkeit, Vertraulichkeit
Verfügbarkeit im Sinne der →IT-Sicherheit bezeichnet den Tatbestand, dass die Funktionen eines IT-Systems ständig bzw. innerhalb einer vorgegebenen Zeit, die von Funktion zu Funktion unterschiedlich sein kann, zur Verfügung stehen und die Funktionalität des IT-Systems nicht vorübergehend oder dauerhaft beeinträchtigt ist. In diesem Zusammenhang kann auch die Verfügbarkeit von Informationen bzw. Daten bedeutend sein (IT-Sicherheitshandbuch des →BSI). Weitere Kern-Schutzziele der IT-Sicherheit können →Integrität, →*Verbindlichkeit* und →Vertraulichkeit sein.
(Letzte Änderung: 28.6.98)

(Hager/Dr. Schneider)

Verglasung

Siehe auch Glas (mit weiteren Verweisen).
Eine Verglasung ist ein senkrechtes, waagerechtes oder geneigt eingebautes Bauteil, das sich aus einer mit Gebäudeteilen (Wand, Decke) oder anderen Bauteilen (z.B. Türflügel, Fensterflügel) fest verbundenen Tragkonstruktion (Ständerwerk aus Metall, Holz oder Beton) und einem oder mehreren lichtdurchlässigen Elementen (Scheiben, Glassteinen) zusammensetzt.
Im Regelfalle sind die lichtdurchlässigen Elemente aus mineralischem Glas hergestellt. Organische Gläser (→Acrylglas) dürfen in brandschutztechnisch wirksamen, raumtrennenden Verglasungen (→Brandschutzverglasung), in Feuerschutzabschlüssen, Fahrschachttüren und Rauchschutztüren nicht verwendet werden.
Für das Brandverhalten einer Verglasung sind

die Glaseigenschaften, der Aufbau des lichtdurchlässigen Elements, die konstruktiven Einzelheiten seiner Halterung in der Tragkonstruktion, der Aufbau der Tragkonstruktion und ihre Befestigung mit dem Gebäudeteil sowie der Baustoff bzw. (insbesondere bei Montagebauarten) der Aufbau des Gebäudeteils von ausschlaggebender Bedeutung.

(Redaktion)

Vergleichskammer

Siehe *Rauchmelder.*

Verifikation, Verifizierung

Siehe *Alarmverifikation*, *Alarmzwischenspeicherung*, *Authentisierung*, *Biometrie.*

Vernebelungsanlagen

Siehe *Nebelgeräte.*

Vernichtung von Informationsträgern

Siehe auch *Akten-*, *Datenträger-*, *Mikrofilmvernichter.*

Sowohl →Geheimschutz als auch →Datenschutz schreiben zwingend eine Vernichtung ausgesonderter Informationsträger (Aktenordner, Mikrofilme, Magnetbänder, Disketten, Kassetten, etc.) mit vertraulichem Inhalt vor. Unter ordnungsgemäßer Vernichtung versteht man eine derartige physische Zerstörung (i.d.R. Zerkleinerung oder Stoffumwandlung), dass eine Reproduktion überhaupt nicht mehr oder nur unter unverhältnismäßigem Aufwand möglich ist. In Betracht kommt daher auch eine – durch zuverlässiges Personal überwachte – Verfeuerung in einem Hochofen oder Heizkraftwerk.

Es erscheint allerdings zweckmäßiger und sicherer, ausgebrauchte Informationsträger unmittelbar dort zu vernichten, wo sie entstehen bzw. gelagert sind. Je länger der Weg bis zum Ort der Vernichtung, desto größer das Risiko von Pannen. In der Praxis hat sich deshalb, je nach Größe des Unternehmens / der Behörde, eine Kombination von zentralen und dezentralen Vernichtungsgeräten als sehr sinnvoll erwiesen. Mittlerweile gibt es eine Reihe von Spezialfirmen, die eine mobile Vernichtung mit Großvernichtungsgeräten direkt beim Kunden anbieten.

(Letzte Änderung: 24.4.2000)

(Opfermann)

Verriegelungseinrichtung

Siehe *Schließsystem*

Verschlüsselung

Siehe auch *Chaffing and Winnowing*, *Codierung*, *ECC*, *DES*, *Digitale Signatur*, *Einwegfunktion*, *Hash-Funktion*, *IDEA*, *Kryptierung*, *Model Driven Security*, *PGP*, *Public Key*, *Rijndael*, *Schlüssel-Archiv*, *Secure E-Mail Gateway*, *SSL*, *Steganographie*, *Triple-DES*, *Trust Center*, WEP, WLAN.

Unter Verschlüsselung (Konzelation; encryption) wird die Überführung eines (unmittelbar verständlichen) Klartextes in einen (nicht unmittelbar verständlichen) Schlüsseltext verstanden. Dazu werden die Zeichen eines Zeichensatzes (Alphabets) mit denen eines anderen oder desselben vertauscht (Substitution) und/oder verschoben (Transposition).

Zur Erreichung des Sachziels →Vertraulichkeit werden Dokumente bei der Speicherung und Übertragung (über lokale Netze, Intranets, Extranets und im Internet) vom Endanwender verschlüsselt. Neben der Verschlüsselung sind Verfahren der →Steganographie und des →Chaffing and Winnowing zum Verbergen von Informationen von Bedeutung für die praktische Anwendung.

Für die Verschlüsselung werden insbesondere Verfahren mit einem oder zwei Konzelationsschlüsseln eingesetzt.

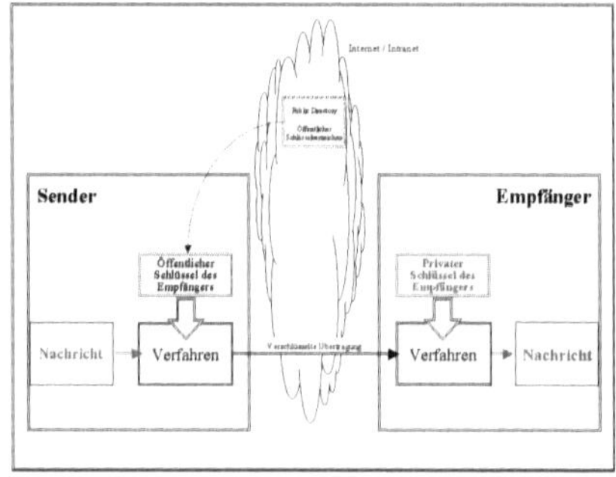

Funktionsdarstellung der symmetrischen Konzelation

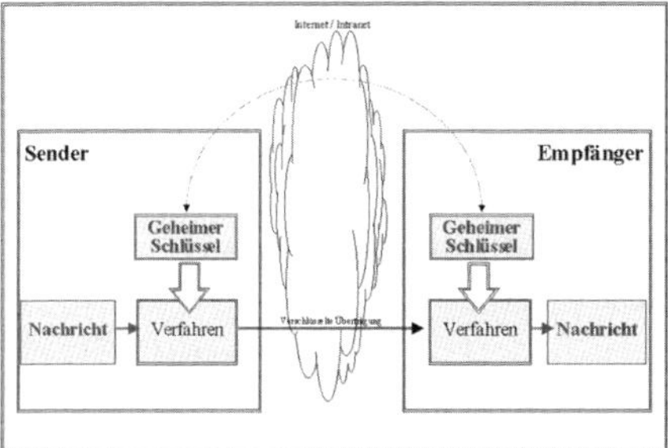

Funktionsdarstellung der asymmetrischen Konzelation

Symmetrische Verschlüsselung: Ein und derselbe Konzelationsschlüssel wird zur Konzelation der Dokumente und Daten durch den Sender als auch zur Entschlüsselung durch den Empfänger benutzt. Dieser Schlüssel wird als geheimer Schlüssel bezeichnet, weil er nur den Kommunikationspartnern bekannt sein darf. Sollte er an Dritte kompromittiert sein, ist das Sachziel Vertraulichkeit (oder auch ein anderes) der Dokumente und Daten gefährdet. Ohne ein weiteres Protokoll ist es aufwändig, einen neuen Schlüssel zu vereinbaren (Schlüsselwechsel, Schlüsselaustausch). Beispiele für symmetrische Verfahren sind →DES (Data Encryption Standard), →Triple DES, →IDEA (International Data Encryption Algorithm), FEAL (Fast Encryption Algorithm), RC-4 (Rivest Cipher) und Blowfish. In jüngerer Zeit ist der DES mit 64 Bit Schlüssellänge in die Kritik geraten wegen seiner möglichen Angreifbarkeit durch brute-force attacks, bei denen systematisch jeder mögliche Schlüssel ausprobiert wird.

Asymmetrische Verschlüsselung: Bei der asymmetrischen Verschlüsselung (→public key Verfahren) besitzen die Kommunikationspartner jeweils ein Schlüsselpaar, bestehend aus öffentlichem (public key) und privatem (private key) Schlüssel. Die Schlüssel der Paare sind mathematisch nicht unabhängig – wohl aber praktisch. Wird ein Schlüssel zur Konzelation von Dokumenten und Daten benutzt, können diese ausschließlich mit dem anderen Schlüssel des Paares entschlüsselt werden (siehe Funktionsdarstellung der asymmetrischen Konzelation). Sollen Dokumente und Daten einem Kommunikationspartner übertragen werden, muss zuvor der sog. öffentliche Schlüssel bei einem Verzeichnis (directory) abgefragt werden. Um gegen Täuschung geschützt zu sein, muss das Verzeichnis vertrauenswürdig sein (→Trust-Center). Der private Schlüssel muss vom Besitzer geheim gehalten werden. Beispiele für asymmetrische Verfahren sind RSA (benannt nach Rivest, Shamir, Adleman), →ECC (Elliptic Curve Cryptography) sowie Verfahren von Diffie-Hellman und ElGamal.

(Letzte Änderung: 13.7.98)

Prof. Pohl/Cerny)

Verschlusssachenregelung

Siehe auch Geheimschutz, Geheimschutzdokumentation/-plan, Geheimschutzhandbuch, Geheimschutzverfahren in der Wirtschaft, Sicherheitsbevollmächtigter, Spionage, Verschlusssachenregelung.

Hinweis: Das für den Geheimschutz in der Wirtschaft zuständige Bundeswirtschaftsministerium hat mehrfach die Bezeichnung gewechselt (Bundesministerium für Wirtschaft und Arbeit BMWA, Bundesministerium für Wirtschaft und Technologie BMWi). Es wird im Folgenden stets so bezeichnet wie es zur Zeit der beschriebenen Handlung oder Situation hieß. Die korrekte Bezeichnung seit 2005 lautet wieder Bundesministerium für Wirtschaft und Technologie BMWi.

Verschlusssache (VS) ist alles, was im staatlichen Interesse besonders geheimgehalten werden muss. Dabei ist die Darstellungsform unerheblich. Neben Schriftstücken und dem gesprochenen Wort kann es sich um Zeichnungen, Karten, Fotokopien, Lichtbildmaterial, Lochstreifen, Magnetspeicher und elektrische Signale (z.B. auf Fernmeldeleitungen), Warenmuster, Prototypen, Modelle, Geräte und technische Einrichtungen oder Bauwerke handeln. Ausschlaggebend ist letztlich die amtliche Kennzeichnung als Verschlusssache, d.h. die formelle Sekretion.

Die maßgeblichen Regelungen über Herstellung, Kennzeichnung, Vervielfätigung, Weitergabe, Aufbewahrung und Vernichtung von Verschlusssachen finden sich in der „Allgemeinen Verwaltungsvorschrift zum materiellen und organisatorischen Schutz von Verschlusssachen“ (VS-Anweisung VSA; vom Bundesminister des Innern mit Wirkung zum 29. April 1994 erlassen).

Weitgehend identische Bestimmungen wurden bzw. werden in den Ländern in Kraft gesetzt, sodass der bundesweite Austausch von Verschlusssachen zwischen allen staatlichen Verwaltungsbehörden auch in Zukunft gewährleistet ist.

Die entsprechenden Regelungen für den Bereich der geheimschutzbetreuten Industrie sind dem „Handbuch für den Geheimschutz in der Wirtschaft“ (→Geheimschutzhandbuch/GHB, herausgegeben vom Bundesminister für Wirtschaft) zu entnehmen.

Verschlusssachen werden nach § 5 Abs. 2 Sicherheitsüberprüfungsgesetz (SÜG →http://www.bundesrecht.juris.de/s g/index.html) vom 20. April 1994, gem. § 7 VSA sowie gem. Ziff. 1.6.1. Abs. 2 GHB entsprechend ihrer Schutzbedürftigkeit in folgende Geheimhaltungsgrade eingestuft:

VS-NUR FÜR DEN DIENSTGEBRAUCH,
wenn die Kenntnisnahme durch Unbefugte für die Interessen der Bundesrepublik Deutschland oder eines ihrer Länder nachteilig sein kann. (Beispiele: Sicherheitsüberprüfungsunterlagen; Geheimschutzdokumentation/-plan)

VS-VERTRAULICH,
wenn die Kenntnisnahme durch Unbefugte für die Interessen der Bundesrepublik Deutschland oder eines ihrer Länder schädlich sein kann. (Beispiele: Ermittlungsberichte in Spionageverdachtsfällen; außenpolitische Verhandlungspositionen, deren frühzeitige Bekanntgabe deutschen Interessen schaden würde)

GEHEIM,
wenn die Kenntnisnahme durch Unbefugte die Sicherheit der Bundesrepublik Deutschland oder eines ihrer Länder gefährden oder ihren Interessen schweren Schaden zufügen kann. (Beispiele: Informationen zur „Elektronischen Kampfführung“ der Bundeswehr; Teile des Alarmplanes der Bundeswehr)

Bundesrepublik Deutschland	VS-NUR FÜR DEN DIENST-GEBRAUCH	VS-VERTRAULICH	GEHEIM	STRENG GEHEIM
Nationaler Bereich ausländischer Staaten:				
Australien	RESTRICTED	CONFIDENTIAL	SECRET	TOP SECRET
Belgien	DIFFUSION RESTREINTE	CONFIDENTIEL	SECRET	TRES SECRET
Dänemark	TIL TJENESTEBRUG	FORTROLIGT	HEMMELIGT	YDERST HEMMELIGT
Frankreich	—	CONFIDENTIEL Défense	SECRET Défense	TRES SECRET
Griechenland	PERIORISMENIS CHRISSEOS	EMPISTEFTIKON	APORRITON	AKRROS APORRITON
Großbritannien	RESTRICTED	CONFIDENTIAL	SECRET	TOP SECRET
Island	THJONUSTUSKJAL	TRUNADARMAL	LEYNDARMAL	ALGERT LEYNDARMAL
Italien	RISERVATO	RISERVATISSIMO	SEGRETO	SEGRETISSIMO
Kanada	RESTRICTED	CONFIDENTIAL	SECRET	TOP SECRET
Luxemburg	DIFFUSION RESTREINTE	CONFIDENTIEL	SECRET	TRES SECRET
Niederlande	–	CONFIDENTIEEL o. VERTOUWELIJK	GEHEIM	ZEER GEHEIM
Norwegen	BEGRENSET	KONFIDENSIELT	HEMMELIG	STRENGT HEMMELIG
Portugal	RESERVADO	CONFIDENCIAL	SECRETO	MUITO SECTRETO
Schweden	–	–	HEMLIG	KVALIFICERAT HEMLIG
Schweiz	–	VERTRAULICH	GEHEIM	-
Spanien	DISUSION LIMITADA	CONFIDENCIAL	RESERVADO	SECRETO
Türkei	HIZMETE ÖZEL	ÖZEL	GIZLI	COK GIZLI
USA	–	CONFIDENTIAL	SECRET	TOP SECRET
NATO	NATO RESTRICTED	NATO CONFIDENTIAL	NATO SECRET	COSMIC TOP SECRET
WEU	WEU RESTRICCTED	WEU CONFIDENTIAL	WEU SECRET	FOCAL TOP SECRET
EURATOM	EURA NUR FÜR DEN DIENSTGEBRAUCH	EURA VERTRAULICH	EURA GEHEIM	EURA STRENG GEHEIM
EUROCONTROL	EUROCONTOL RESTRICTED	EUROCONTROL CONFIDENTIAL	EUROCONTROL SECRET	–

STRENG GEHEIM,
wenn die Kenntnisnahme durch Unbefugte den Bestand oder lebenswichtige Interessen der Bundesrepublik Deutschland oder eines ihrer Länder gefährden kann. (Beispiele: (Gesamt-)Alarmplan der Bundeswehr, (Gesamt-) Informationsaufkommen des Bundesnachrichtendienstes)
Es ist festzustellen, dass bei korrekter Beachtung der Legaldefinitionen nur in besonders gelagerten Ausnahmefällen die Voraussetzungen für eine STRENG GEHEIM-Einstufung gegeben sein werden; gleichfalls eher selten wird die Notwendigkeit einer GEHEIM-Einstufung vorliegen.
Weiterhin ist zu beachten, dass der Geheimhaltungsgrad einer Verschlusssache zu ändern oder aufzuheben ist, sobald die Gründe für die bisherige Einstufung weggefallen sind (§ 9 Abs. 1 VSA). In Abweichung von der früheren Vorschriftenlage sehen die aktuell gültigen Regelungen (§ 9 Abs. 3 VSA sowie Ziff 6.7.1 GHB) die generelle Aufhebung der VS-Einstufung nach 30 Jahren vor.
Verschlusssachen sind gut sichtbar mit ihrem Geheimhaltungsgrad zu kennzeichnen (§ 11 Abs. 1 VSA bzw. Ziff. 6.4.1. GHB). Gemäß Nr. 1 der Anl. 4 zur VSA bzw. Ziff. 6.4.2. GHB sind nichtdeutsche Verschlusssachen zusätzlich mit dem entsprechenden deutschen Geheimhaltungsgrad zu kennzeichnen (siehe Tabelle). Bei Übersetzungen, bei denen die nichtdeutsche Herkunft nicht erkennbar ist, ist diese auf der ersten Seite kenntlich zu machen (Bsp.: Französ.-GEHEIM, US-VS-VERTRAULICH).
Was den Bereich der (geheimschutzbetreuten) Wirtschaft anbelangt, werden Verschlusssachen nicht unmittelbar, sondern auf amtliche Veranlassung eingestuft. Daraus folgt auch, dass die amtlichen Geheimhaltungskennzeichnungen nicht für Angelegenheiten benützt werden dürfen, die allein aus privatem Interesse nur einem begrenzten Personenkreis zugänglich gemacht werden sollen (Firmengeheimnisse). Werden in einem Unternehmen bestimmte Angelegenheiten als Firmengeheimnisse in einem besonderen Verfahren geschützt, so sind Kennzeichnungen zu verwenden, die sich deutlich von amtlichen Geheimhaltungsgraden unterscheiden.
(Letzte Änderung: 12.7.2006)

(Opfermann)

Verschlussüberwachung

Überwachung des verschlossenen Zustandes (z. B. mit Schließblechkontakten) von Türen, Fenstern usw. zur Erreichung der Zwangsläufigkeit.
(Neu aufgenommen am 20.5.2002)

(Definition: VdS)

Vertraulichkeit

Siehe auch Integrität, Model Driven Security, Verbindlichkeit, Verfügbarkeit.
Unter Vertraulichkeit im Sinne der →IT-Sicherheit versteht man die Tatsache, dass die Information nur Befugten zugänglich ist und kein unbefugter Informationsgewinn stattfinden kann. Von dieser Grundbedrohung können auch Programme als Informationen im weiteren Sinne betroffen sein, z.B. wenn ein Verfahren, dessen Vorschrift durch ein Programm dargestellt wird, geheim gehalten werden soll (IT-Sicherheitshandbuch des →BSI).
(Letzte Änderung: 28.6.98)

(Dr. Schneider)

Verwendbarkeitsnachweis

Für alle brandschutztechnisch relevanten zur Anwendung gelangenden Bauteile / →Bauprodukte ist der Verwendbarkeitsnachweis in der jeweils erforderlichen Form zu erbringen (s.a. §17 MBO). Nähere Hinweise dazu sind dem Abschnitt 3 der Musterbauordnung (MBO), insbesondere den §§ 17 bis 21 zu entnehmen. Die Erbringung des Übereinstimmungsnachweises ist in § 22 MBO geregelt.
(Neu aufgenommen: 21.4.2004)

(Prof. Beilicke)

vfdb

Vereinigung zur Förderung des Deutschen Brandschutzes e.V., Altenberge.
Kurzbeschrieb und Anschrift →Behörden, Verbände, Institutionen.

VfS

Verband für Sicherheitstechnik e.V., Hamburg.
Kurzbeschrieb und Anschrift →Behörden, Verbände, Institutionen.

Vibrationsmelder

Siehe Erschütterungsmelder.

Video-Bewegungsmelder

Siehe auch Bildspeicher, CCD-Kamera, Einbruchmelder (mit weiteren Verweisen), Video-Bildanalyse, Videoüberwachung (mit weiteren Verweisen).

Video-Bewegungsmelder sind Videosysteme zum Erkennen eines bewegten Objektes durch Auswertung von Veränderungen im zu überwachenden Bildfeld.

Dazu wird das von einer Videokamera aufgenommene Bild digitalisiert und von einer Recheneinheit bewertet. In einfacheren Systemen wird hierbei das Bild in Teilbilder (Blöcke) unterteilt und nach Veränderungen im mittleren Grauwert der einzelnen Teilbilder untersucht. Durch Plausibilitätsbetrachtungen von Änderungen in einem oder mehreren Teilbildern gegenüber den vorher gemessenen Werten wird auf eine unzulässige Änderung im überwachten Bildfeld geschlossen und daraus eine Alarmmeldung abgeleitet.

Modernere Systeme nutzen die Methoden der digitalen Bildverarbeitung, die es durch eine wesentlich höhere Rechengeschwindigkeit als bei früheren Prozessoren und eine höhere verfügbare Speicherkapazität ermöglichen, ohne eine Einschränkung durch eine Teilbildstruktur Veränderungen im Bild bildpunktgenau als Objekte zu erkennen und das Verhalten der erkannten Objekte zu analysieren. Auf diese Weise kann zwischen Bildveränderungen aufgrund von Störgrößen und Bildveränderungen aufgrund von Eindringlingen durch entsprechende Signalanalysen unterschieden werden. Modernere Systeme sind dadurch auch grundsätzlich in der Lage, sich an die durch den Tages- und jahreszeitlichen Verlauf bedingten Änderungen im Bild automatisch anzupassen. Schatten, Spiegelungen im Kameraobjektiv, Vögel oder Insekten haben für die Kamera oft die gleiche Größe, Geschwindigkeit und Richtung wie reale Objekte und lassen sich so nicht eindeutig von einem Gefahrenereignis unterscheiden. Mit Hilfe von mehreren Kameras mit sich teilweise überschneidenden Sichtfeldern können die Bilder unterschiedlicher Kameras verglichen werden (siehe Abb.).

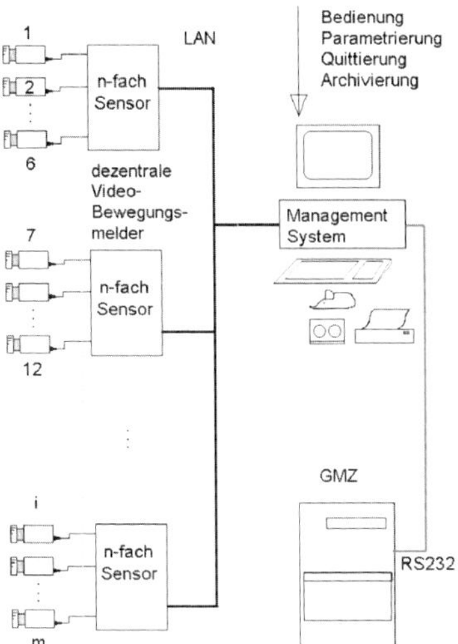

Vögel, Insekten, Spiegelungen im Kameraobjektiv erscheinen nur in einer von zwei Kameras und werden so durch eine Vergleichsanalyse herausgefiltert. Die Mehrkameraanordnung ist darüber hinaus in der Lage die Größe und die Position von Objekten auf Grund stereoskopischer Vermessung zu berechnen. Auf diese Weise kann zwischen Schattenwurf und tatsächlichen Objekten unterschieden werden. Mit diesem Verfahren erhöht sich die Störsicherheit von Videobewegungsmeldern in kritischen Umgebungen deutlich.

Bei Überwachungsanlagen mit einer großen Anzahl von Videobewegungsmeldern nehmen die Anforderungen an Übersichtlichkeit, Bedienbarkeit und Datenarchivierung einen nicht zu vernachlässigenden Stellenwert ein. In großen Anlagen werden die einzelnen Sensoren über ein Netzwerk mit einem →Video-Management-System verbunden. Bei diesem Netzwerk kann es sich um ein Rechnernetzwerk, z.B. →Ethernet handeln. Das Video-Management-System bildet die Mensch-Maschine-Schnittstelle zu allen im System vorhandenen Videobewegungsmeldern und übernimmt die Benutzerführung, die Bildarchivierung, Einstellvorgänge und das Alarmmanagement. Die Netzstruktur erlaubt eine Anpassung der Anlagenteile an die örtlich vorgegebenen Anforderungen. Die eigentlichen Videobewegungsmelder können dezentral jeweils in der Nähe der zugeordneten Kamera platziert und trotzdem zentral über das Management-System gesteuert werden.

(Letzte Änderung: 28.3.2002)

(Fuhrmann/Oppelt)

Video-Bildanalyse

Siehe auch Video-Bewegungsmelder, Videoüberwachung (mit weiteren Verweisen).

Bei der Video-Bildanalyse werden die Video-Kamerasignale digitalisiert, falls sie nicht schon in digitaler Form vorliegen. Diese digitalen Signale werden durch moderne Bildauswerteverfahren mit spezifischen Algorithmen ausgewertet, um gewisse Ereignisse zu erkennen. Meist werden heute PC basierte Systeme eingesetzt, die die Signale von 4 bis 16 Kameras auswerten können. Es gibt aber bereits intelligente Kameras (Smart Vision Sensor), die in der Kamera selbst eine Analyse der Bildsignale durchführen.

In der Verkehrsanalyse werden solche Bildanalyse-Verfahren routinemäßig eingesetzt, um spezielle Verkehrs- und Gefahrensituationen zu entdecken. Typische Ereignisse sind z.B.

- Unfall,
- Stau, Stauvorwarnung,
- Geisterfahrer,
- abgestelltes Fahrzeug,
- Personen auf der Fahrbahn,
- Verlorene Objekte,
- Geschwindigkeit,
- Kfz-Kennzeichen-Erkennung

usw..

Beim Eintreten eines Ereignisses wird ein Alarm über eine Datenschnittstelle an die Einsatzleitstelle gemeldet und die entsprechende Videokamera, bei der das Ereignis auftrat, aufgeschaltet. Oft werden auch benachbarte Kameras mit aufgeschaltet.

Solche Systeme können zusätzlich eine Klassierung der Fahrzeuge nach Typen vornehmen, Geschwindigkeitsmessungen durchführen oder Autonummern von gestohlenen Fahrzeugen erkennen und registrieren. Es gibt heute Bildauswerte-Systeme, die nebst der Verkehrsanalyse auch Feuer und Rauch (→Video-Brand-Früherkennung) erkennen, um brennende Fahrzeuge in Tunnels möglichst schnell zu detektieren.

(Letzte Änderung: 12.7.2006)

(Straumann)

Videobild-Signaturen

Siehe Signaturen für Videobilder

Video-Bildspeicher

Siehe auch Videoüberwachung (mit weiteren Verweisen).

Digitale Videobildspeicher (DBSP) haben die analogen Langzeitrecordern (VCR) mit Multiplexern fast vollständig abgelöst. Dabei werden meist PC-basierte Systeme unter Windows eingesetzt, die nebst der digitalen Bildspeichereinheit Codecs für 4 bis 16 analoge Videokameras enthalten. Viele dieser Systeme enthalten pro Kamerakanal auch eine Bewegungsdetektion, die Alarme auslösen oder eine Bildspeicherung starten kann. Die meisten Systeme sind netzwerkfähig; d.h. es können mehrere DBSP via →LAN (TCP/IP) zu einem größeren System verbunden werden. Dabei können von jeder Station aus (durch →Video-Bildübertragung) die Überwachungskameras der anderen Stationen angewählt und bedient werden. Auch können gespeicherte Daten auf anderen Stationen abgerufen werden. Bei modernen Systemen existieren „Client-Programme“ (Viewer), die das Fernbedienen der Videobildspeicher (Server) und Betrachten der Kamerabilder auf normalen PC-Stationen via TCP/IP-Netze ermöglichen. Gute Systeme sind heute in der Lage, für alle Video-Kanäle gleichzeitig 25 Bilder pro Sekunde zu übertragen. Oft werden sogenante IP-Kameras direkt auf das TCP/IP-Netz (LAN) aufgeschaltet oder die Codecs sind geografisch verteilt und nur über das Netzwerk mit dem Bildspeicher verbunden. Um Überraschungen zu vermeiden, muss bei IP-Kameras darauf geachtet werden, dass der Bildspeicher oder Viewer mit dem Kompressionsverfahren der Kamera kompatibel ist, Da auch schnelle IP-Netze bei einer Vielzahl von Kameras an die Kapazitätsgrenze stossen, werden Videosequenzen oft nur im Alarmfall (ereignisgesteuert) übertragen und aufgezeichnet. Dabei ist es wichtig, dass durch lokale Voralarmspeicher (Ringbuffer, →Video-Delayer) die Voralarmzeit mit übertragen wird.

(Letzte Änderung: 12.7.2006)

(Straumann)

Video-Bildübertragung

Siehe auch Videoüberwachung (mit weiteren Verweisen).

Im Nahbereich ist die analoge Übertragung von Videosignalen über Koax- oder Fiberoptikkabel und die Verteilung über Kreuzschienen auf analoge Videomonitore immer noch eine preiswerte Lösung bei einer Vielzahl von Kameras und Monitoren am gleichen Ort.

Immer häufiger werden aber heute die Videosignale digitalisiert oder kommen direkt von digitalen Kameras („Video over IP", „IP-Kameras", →„Security over IP"). Die Vorteile der digitalen Video-Bildübertragung sind bei großen Distanzen oder bei weiträumig verteilten Kameras offensichtlich. Nebst der Video Bildübertragung über Schmalbandverbindungen (→ISDN, Modem) erfolgt die Übertragung heute meist über lokale TCP/IP Netze oder das →Internet.

Durch die digitale Bildübertragung können Video-Bildsequenzen weltweit ausgetauscht aber auch digital verändert werden. Um den Ursprung und die Echtheit der Bilder zu gewährleisten, sind neue Methoden notwendig, um solche Manipulationen zu verhindern (→Signaturen für Videobilder).

Unter dem Schlagwort „Video over IP" werden immer häufiger EDV-Netze (→LANs) für die Video-Bildübertragung verwendet. Der Vorteil dabei ist, dass die Bildqualität auch über lange Distanzen nicht abnimmt und jeder Netzteilnehmer direkt Zugriff auf alle Kameras am Netz hat, sofern er die notwendige Empfangseinrichtung besitzt. Die Aufschaltung von konventionellen CCTV-Kameras erfolgt über „Video-Server" für 1 bis 4 Kameras, die die Kamerasignale digitalisieren und eine IP-Adresse enthalten. Immer häufiger werden Kameras angeboten, die als Net-Server direkt am Netz (LAN) angeschlossen werden können oder sogar mit eigener Intelligenz für →Video-Bildanalyse vor Ort geeignet sind.

Bei all diesen Systemen ist darauf zu achten, dass die Rechnernetzwerke nicht überlastet werden. Gute Systeme verfügen deshalb über leistungsfähige Bildkompressionsalgorithmen sowie eine einstellbare Begrenzung der Bandbreite pro Übertragungskanal.

Im Verkehrsbereich, z.B. in Autobahntunnels, werden die Überwachungskameras nur dann auf die Einsatzleitstelle aufgeschaltet, wenn ein Bildauswertesystem ein kritisches Ereignis detektiert (→Video-Bildanalyse). Die Aufschaltung der Kameras erfolgt oft via →ATM-Switches und ATM-Übertragung auf das Datennetzwerk (LAN) der Einsatzleitstelle.

(Letzte Änderung: 12.7.2006)

(Straumann)

Video-Brand-Früherkennung

Siehe auch Videoüberwachung (mit weiteren Verweisen).

Durch Digitalisieren und Analysieren der Videosignale von konventionellen Überwachungskameras können Brandsituationen frühzeitig erkannt werden. Dabei werden die digitalen Videobilder mit speziellen Algorithmen ausgewertet, um Rauch oder Feuer im Videobild zu erkennen. Solche Systeme verarbeiten als Input die Signale von normalen Video-Überwachungskameras und können als redundante Ergänzung zu konventionellen Brandmeldezentralen eingesetzt werden.

Gute Systeme zeichnen sich dadurch aus, dass sie für Feuer und Rauch einen Voralarm und einen Alarm unterscheiden können und dass der Pegel (Auslöseschwelle) einstellbar ist. Ein wichtiges Qualitätskriterium ist dabei die Fehlalarmsicherheit, d.h. Bewegungen von Personen, Fahrzeugen, Scheinwerfern usw. dürfen keinen Alarm auslösen.

Video-Brand-Früherkennungs-Systeme können Brandmelderzentralen nicht ersetzen, da es bis heute keine Normen und Prüfvorschriften für derartige Systeme gibt. In einem Straßentunnel, der z.B. mit einem Brandmelde-Wärmekabel geschützt ist, stellt diese Brand-

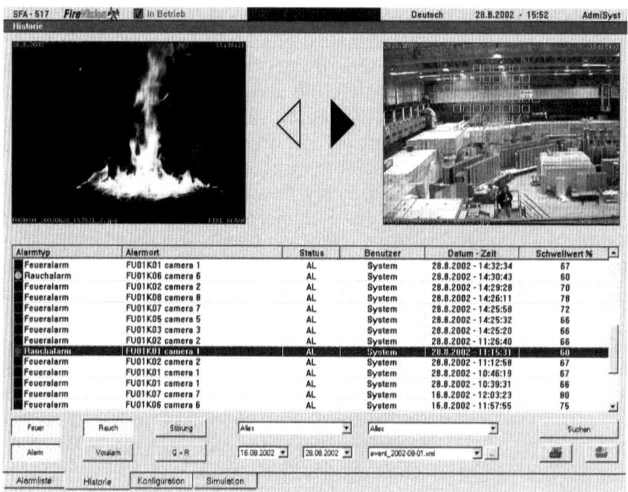

Benutzeroberfläche eines Video-Brand-Frünerkennungs-Systems (Grafik: Securiton)

Früherkennung eine sinnvolle Ergänzung für die schnelle Erkennung von Rauch oder Feuer dar.
(Letzte Änderung: 5.4.2005)

(Straumann)

Video-Delayer

Siehe auch Videoüberwachung (mit weiteren Verweisen).

Ein Video-Delayer ist ein Ereignisspeicher (temporärer Buffer), der es erlaubt, für eine Videokamera die Bildsignale kontinuierlich um einige Sekunden zu verzögern. Damit kann im Alarmfall automatisch mit jedem Aufnahmegerät wie z.B. DVD-Recorder, Digitaler Bildspeicher oder Langzeitrecorder die Zeit vor dem Alarm und die Zeit nach dem Alarm mit einer Bildsequenz von 25 Bildern/sec ohne Unterbrechung aufgezeichnet werden. Dies ermöglicht für jede Kamera individuelle Voralarmzeiten einzustellen, die auch bei Mehrfachalarmen mit 25 Bildern/sec aufgezeichnet werden. Die Zeiten vor dem Alarm können auch direkt an einem konventionellen Videomonitor beobachtet werden.

Video-Delayer *(Foto: Securiton)*

Im Start/Stop-Betrieb kann man mit einem Video-Delayer zum Betrachten der Zeit vor dem Alarm die Videosequenzen, wie bei einem Digitalspeicher, beliebig oft abrufen.
(Letzte Änderung: 12.7.2006)

(Straumann)

Video-Fernüberwachung

Siehe Fern-Videoüberwachung, Videoüberwachung (mit weiteren Verweisen).

Videomanagementsystem

Siehe auch Videoüberwachung (mit weiteren Verweisen).

(Straumann)

Moderne Videoanlagen bestehen aus einer Vielzahl von Komponenten von verschiedenen Herstellern. Nebst klassischen (analogen) CCTV-Anlagen werden immer häufiger auch

digitale Systeme eingesetzt, bei denen die →Video-Bildübertragung über digitale Kommunikationsnetzwerke oder LANs erfolgt. Die Darstellung, Verarbeitung und Speicherung der Videodaten erfolgt dann oft direkt in digitaler Form. Die digitale Erfassung, Übertragung, Speicherung und Verwaltung von digitalen Videobildern oder Sequenzen, zu Überwachungszwecken, wird oft als „NetworkSecurity" bezeichnet.

Ein gutes Videomanagementsystem ist in der Lage, CCTV-Anlagen und digitale Systeme zu integrieren und auf einer Benutzeroberfläche alle Videoanlagen zu bedienen. Im Gegensatz zum →Sicherheitsleitsystem, bei dem die Alarmbearbeitung sehr wichtig ist, steht hier die Auswahl und Bedienung der richtigen Kamera sowie eine benutzerfreundliche Darstellung der Videobilder im Vordergrund.

Wie bei den Sicherheitsleitsystemen basieren die meisten Systeme auf einer vernetzten PC-Architektur unter einem UNIX- oder Windows Betriebssystem. Es gibt Videomanagementsysteme, die nur für die Bedienung von Komponenten eines Herstellers gebaut wurden und „offene Systeme", die durch ständige Erweiterung der Schnittstellen und Protokolle die Integration und Bedienung von verschiedenartigen analogen und digitalen Videoanlagen ermöglichen. Ein Internet Browser zum Anwählen und Bedienen von Netcams erfüllt nur einen Teil der Anforderungen an ein Videomanagementsystem.

Oft ist im Videomanagementsytem ein digitaler →Video-Bildspeicher (DBSP) integriert oder das Videomanagement ist mit einem Sicherheitsleitsystem kombiniert. Steht die Videobildspeicherung im Vordergrund und sind keine weiteren Sicherheitsanlagen zu integrieren, ist ein vernetzbarer DBSP eine gute Lösung. Will man alle Sicherheits- und Videoanlagen integrieren, wählt man besser ein kombiniertes Sicherheitsleit- und Videomanagementsystem aus.

Ein wichtiges Kriterium für ein gößeres Videomanagement System ist die Fähigkeit, IP-Kameras von verschiedenen Herstellern zu integrieren.

(Letzte Änderung: 12.7.2006)

(Straumann)

Videoüberwachung

Siehe auch Auflösung, Betrachtungsabstand, Dual-Sensor-Kamera, Brennweite, CCD-Kamera, Blooming, Einbrennen, Empfindlichkeit, Fern-Videoüberwachung, Infrarotscheinwerfer, Mobile Videoüberwachung, Monitor, Nachleuchteffekt, Optische Raumüberwachungsanlagen, Präventivmaßnahmen (Einbruchschutz), Restlicht-Kamera, Signaturen für Videobilder, Video-Bildanalyse, Video-Bildspeicher, Video-Bildübertragung, Video-Brand-Früherkennung, Video-Delayer, Videomanagementsystem.

Unter Videoüberwachung versteht man die Beobachtung von Objekten, Personen oder Geländestrecken mittels Videokamera und Monitor. Die Videoüberwachung wird in der Regel in einem geschlossenen System über festverlegte Kabel konzipiert (CCTV = Closed Circiut Television). Es kann auch ein offenes Fernsehsystem mit drahtloser Bildübertragung oder ein Mischsystem installiert werden.

In der einfachsten Form der Videoüberwachung werden lediglich Videokamera und Monitor verbunden. Je nach Aufgabenstellung wird es jedoch notwendig sein, weitere Komponenten in das Videoüberwachungssystem mit einzubeziehen. Nach Funktionsbereichen kann je nach Anwendungserfordernis die Videoüberwachung um folgende Systemkomponenten erweitert werden:

Übertragen. Bei CCTV-Systemen können zur Signalübertragung in Abhängigkeit von der Entfernung entweder Koaxialsysteme, 2-Draht-Systeme oder Glasfasersysteme eingesetzt werden. Eine Sonderform ist die sogenannte Slow-Scan-Übertragung, bei der über das öffentliche Telefonnetz in zeitlichen Abständen zwischen 1 bis 10 sec. Einzelbilder übertragen werden. Die Übertragungsgeschwindigkeit richtet sich hierbei in erster Linie nach der Übertragungskapazität des Telefonnetzes sowie der tatsächlichen Datenübertragung pro Videobild (es werden nur die Veränderungen einer Bildinformation übertragen).

Umschalten. Mit Kameraschaltern, Videoquadsystemen, Videomultiplexern oder Videokreuzschienen werden Videobilder auf verschiedene Beobachtungsmonitore oder Beobachtungsplätze verteilt und geschaltet.

Detektieren. Bei Videoüberwachungssystemen, bei denen nicht eine ständige Beobachtung durch das Sicherheitspersonal gegeben

ist, können Video-Bewegungsmelder eingesetzt werden, die nicht vorgesehene Bildveränderungen erkennen und anzeigen. An den Videobewegungsmelder werden häufig Videorekorder zur unmittelbaren Dokumentation des so ausgelösten Alarms angeschlossen.

Steuern. Mit Telemetrie-Systemen werden Funktionen zum Schwenken und Neigen von Kameras, Brennweitenveränderungen und Scharfstellen von Objektiven, Ein- und Ausschalten von Beleuchtungsquellen, Heizen oder Kühlen von Wetterschutzgehäusen und ähnliches gesteuert.

Aufzeichnen. Zur Dokumentation und eventuellen späteren Auswertungen von Videobildern werden Videorekorder, meist als Videolangzeitrekorder, eingesetzt. Da die Videorekorder meist eine geringere Auflösung als gute CCD-Kameras haben, kommen zunehmend digitale Bildspeichersysteme DBSP (→Video-Bildspeicher) zum Einsatz. Zur unmittelbaren Dokumentation werden an das Videobeobachtungssystem auch Videoprinter angeschlossen, die den unmittelbaren Hardcopy-Bildnachweis liefern.

Beleuchten. Bei Tag- und Nacht-Videoüberwachung ist in den Fällen, bei denen die Lichtempfindlichkeit der Videokamera nicht ausreicht, eine Beleuchtungsquelle vorzusehen. In der Regel verwendet man hierbei Infrarot-Lichtquellen (→Infrarotscheinwerfer). Sonderfall: →Restlichtkameras.

Schützen. Zum Schutz gegen Umwelteinflüsse werden bei Außeninstallationen grundsätzlich Wetterschutzgehäuse eingesetzt. Sie schützen die Kamera gegen Regen, Kälte, Hitze und Staub.

Ab dem Ende der 90er Jahre wurde im deutschsprachigen Raum intensiv über die Videoüberwachung im öffentlichen Bereich diskutiert, die in anderen Ländern (Monaco, Großbritannien) bereits erfolgreich realisiert ist. Nachdem den (datenschutz-)rechtlichen Bedenken in der Konzeption Rechnung getragen wurde (Ausblenden privater Bereiche, besondere Kontrolle der Zoom-Funktion, geregelter und protokollierter Zugang zu den aufgezeichneten Bildern), wird ein zügiger Ausbau entsprechender Systeme erwartet (siehe auch den Bericht von der Security Pressekonferenz 2000 unter
www.secumedia.de/news/securitypk.htm)

(Letzte Änderung: 20.6.2004)

(Schilling/Redaktion)

Vieraugenprinzip

„Mitwirkendes Vieraugenprinzip" (Funktionentrennung) ist die Erfüllung einer Aufgabe durch zwei Personen, deren unterschiedliche Kompetenzen sich gegenseitig so ergänzen, dass beide zur Lösung der Aufgabe zwingend erforderlich sind.

„Bezeugendes Vieraugenprinzip" (Bestätigungsfunktion) ist die Erfüllung einer Aufgabe durch zwei Personen, wobei die eine die Arbeit ausführt und die andere den Prozess so beobachtet, dass sie die korrekte Ausführung bzw. das Resultat bezeugen kann.

„Mehrpersonenprinzip" (Überwachungsfunktion) bedeutet: Um sich gegenseitig zu schützen und/oder zu überwachen, halten sich andauernd mindestens zwei Personen in Sichtkontakt in dem Raum auf, in welchem entweder eine empfindliche Maschine zu bedienen oder eine heikle Arbeit zu erledigen ist.

(Huber)

Viren

Siehe auch E-Mail-Sicherheit, Hoaxes, IT-Sicherheit, Kettenbriefe, Makroviren, Malware, Scriptviren, Sicherheitssoftware, Trojaner, Würmer

Mit diesem Begriff definiert man eine Kategorie von Software-Fremdkörpern, deren wesentliche Eigenschaft die Selbstreproduktion ist. Darunter versteht man die Fähigkeit, den eigenen Programmcode an andere Objekte (i.d.R. Programme oder Systemkomponenten) weiter zu geben. Dabei wird das betroffene Objekt, abhängig von der Reproduktionsstrategie des Virus, entweder überschrieben (zerstört) oder erweitert. Üblicherweise wird der Viruscode aber an das Opfer „angehängt", da dies die Ablauffähigkeit des Objektes garantiert und somit der Virus weitere Opfer infizieren kann.

Neben der Reproduktionsfähigkeit verfügen Computerviren sehr oft über zusätzliche Unterprogramme, die den Datenbestand des PC-Systems beschädigen können oder dafür sorgen, dass der Computervirus nur sehr schwer entdeckt wird. Grundsätzlich kann ein Computervirus all das ausführen, was der Programmierer desselben geplant hat und was unter dem betroffenen Betriebssystem erlaubt ist. Sofern keine oder nur geringe Schutzmechanismen existieren, wie z.B. bei DOS-Systemen, können sich Computerviren zu einer re-

gelrechten Plage entwickeln. Derzeit sind Viren auf den meisten der gängigen PC-Systeme bekannt, wobei als Faustregel gilt, je verbreiteter ein Betriebssystem ist, umso mehr Computerviren gibt es.
Bei DOS- bzw. Windows-Systemen unterscheidet man im Wesentlichen zwischen Computerviren, die Programme infizieren (Dateiviren) und so genannten Bootviren, die jene Komponenten infizieren, die für das Laden des Betriebssystems erforderlich sind (z.B. Bootsektor und Partitionssektor).
Zur Vermeidung von Virusinfektionen empfiehlt es sich, den Computer mit Anti-Virus-Programmen (AVP) auszurüsten, die eine Früherkennung von virulent infizierten Objekten ermöglichen. Dies sind sog. Virenscanner und Prüfsummenprogramme. Virenscanner durchsuchen dazu die potenziellen Virusopfer nach Computerviren und schlagen Alarm, sofern ein bekannter Virus entdeckt wurde. Prüfsummenprogramme hingegen berechnen eine Quersumme für die gefährdeten Objekte und melden eine Veränderung dieser Prüfsumme umgehend dem Anwender, damit dieser weitere Maßnahmen zur Bekämpfung des Virus einleitet.
Diese können von einem AVP gestützt werden, oder zur Not auch von Hand vorgenommen werden. Zur Beseitigung von Dateiviren empfiehlt sich die BERT-Methode, während für Bootviren eine reduzierte Variante angewendet wird.

- [B] Booten von einer virusfreien, schreibgeschützten Systemdiskette
- [E] Entfernen der infizierten Objekte (z.B. löschen mit dem DEL-Befehl)
- [R] Restaurieren der gelöschten Objekte von einer virenfreien Datensicherung
- [T] Testen auf Virenfreiheit, ansonsten erneut bei [B] aufsetzen

Bei Bootviren kann [E] und [R] in einem Schritt erfolgen. Wenn der Bootsektor infiziert ist, kann ein neuer, virenfreier mit dem DOS-Befehl „SYS C.“ erstellt werden. Ein Partitionssektor hingegen wird mit dem DOS-Befehl „FDISK/MBR“ neu erstellt.

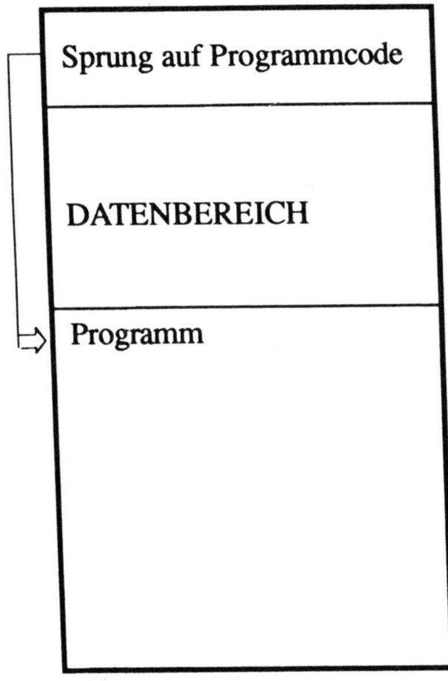

Programm VOR einer Infektion (Original)

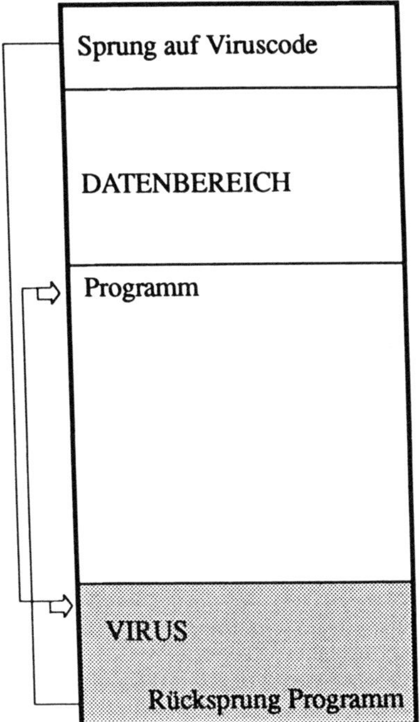

Programm NACH einer Infektion

Bei Windows-Systemen werden aktuelle Infektionen überwiegend von Scriptviren verursacht, die aber u.U. auch einen Programmvirus auf das System loslassen. Die Bekämpfung von →Scriptviren und →Makroviren kann im Normalfall auf Dateiebene erfolgen. Wichtig ist hierbei vor allem, das infizierte System schnellstmöglich zu isolieren, um eine weitere Verbreitung des Virus zu stoppen. Dies bedeutet u.a.:

- Unterbinden des E-Mail-Zugriffs (Versand/Empfang)
- Abtrennen von Netzlaufwerken (Shares)
- Kappen des Zugriffs auf Anwendungen, die eine Dokumentenverarbeitung ermöglichen (Text- und Kalkulationsprogramme, Dokumentenverwaltungssysteme).

Die Beseitigung des Virus kann dann, wie beschrieben, nach der BERT-Methode erfolgen. Bei Scriptviren und →Würmern, die sich über E-Mail ausbreiten oder ausgebreitet haben, darf bei einer Bereinigung nicht vergessen werden, dass sich ggf. noch ungelesene, virulente E-Mails im Postfach befinden, welches auf einem Server liegt.

(Letzte Änderung: 18.4.2002)

(Dombach)

Virtual Private Network

Siehe VPN

Vitrinenüberwachung

Siehe auch Einbruchmeldeanlage, Intrusionsschutz, Objektüberwachung.

Vitrinen sind Schaukästen, in denen wertvolle und/oder empfindliche Ausstellungsgüter besichtigt werden können. Ihre Größe, Form und Konstruktion werden vom Ausstellungsobjekt bestimmt und variieren dementsprechend. Die Vitrinenüberwachung hat zur Aufgabe, das Ausstellungsgut vor Diebstahl und Beschädigung zu bewahren, ohne dessen Betrachtung zu beeinträchtigen.

Je nach Art des zu überwachenden Schaukastens werden elektromechanische oder magnetische Kontakte, Glasbruchmelder, Alarmglas, Vibrationsmelder, kapazitive Melder oder CCTV (closed circuit television) im Verbund mit →Video-Bewegungsmeldern (→Videoüberwachung) eingesetzt.

Als universell verwendbar, sehr sabotagesicher und einfach in Installation und Wartung hat sich die aktive volumetrische Überwachung erwiesen. Bei dieser Technik werden in der Vitrine periodisch kleinste Luftdruckveränderungen (ca. 1/200 000 des normalen atmosphärischen Drucks) erzeugt und deren Dämpfung laufend ausgewertet.

(Wigger)

VKF

Vereinigung Kantonaler Feuerversicherungen, Bern.

Kurzbeschrieb und Anschrift →Behörden, Verbände, Institutionen.

VKF-Wegleitungen

Die wesentlichen Bestimmungen für Brandmeldeanlagen sind im →Sicherheits-Jahrbuch in Teil 7 „Vorschriften, Bestimmungen, Richtlinien“ aufgeführt.

Voice over IP (VoIP)

Voice over IP (VoIP) steht für die Übertragung von Sprachdaten (Voice) über das Internet Protokoll (IP). Dabei setzt der Anwender auf die bestehende IT-Infrastruktur auf. Sämtliche Telefonnummern, E-Mail- oder Internet-Adressen einer Person werden unter einer einzigen Identifikationsnummer zusammengefasst. Egal, wo der Empfänger (B) erreichbar ist, der Anruf geht genau dorthin. Der Anrufer (A) wählt die Identifikation von B und beginnt zu sprechen. Mit Zieladresse und Nummer versehen, gehen die Datenpakete auf die Reise, ähnlich wie E-Mails. Bei B angekommen, werden

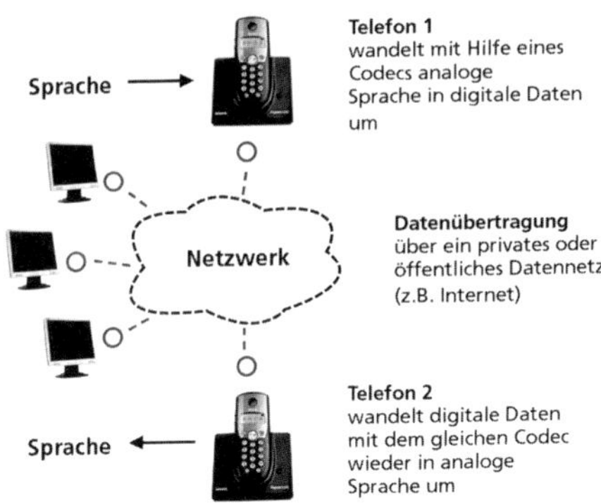
Sprache
Telefon 1
wandelt mit Hilfe eines Codecs analoge Sprache in digitale Daten um
Netzwerk
Datenübertragung
über ein privates oder öffentliches Datennetz (z.B. Internet)
Sprache
Telefon 2
wandelt digitale Daten mit dem gleichen Codec wieder in analoge Sprache um

die Daten sortiert, entpackt und wieder in akustische Signale umgewandelt.
Das Session Initiation Protocol (SIP) leitet die Sitzung ein. Für die Übertragung der Daten kommt das Session Description Protocol (SDP) ins Spiel. SDP übermittelt aber noch keine Audiosignale. Dafür wird dann das Realtime Transport Protocol (RTP) verwendet, welches die Sprachdaten in Pakete schnürt und per UDP (User Datagram Protocol) versendet.
VoIP hat die gleichen Schwachpunkte wie das IP. Gespräche lassen sich einfach umleiten, abhören oder manipulieren. Falsche Identitäten können vorgetäuscht werden, um beispielsweise an Bankkundendaten zu gelangen (→Phishing-Anrufe). Was im E-Mail-Verkehr →Spam genannt wird, heisst in der Internet-Telefonie Spit (Spam over Internet Telephony). Obszöne, bedrängende oder verkaufsorientierte Anrufe sind bereits aufgetaucht. Die Telefon-Infrastruktur kann zudem absichtlich überlastet werden: Es kommt zu einer DoS-Attacke (→Denial of Service).
Weil E-Mail, WWW-Verbindungen und VoIP im Netz gleichberechtigt sind, kann es zu einem Datenstau kommen. Die Verbindung wird verzögert, die Sprache womöglich verzerrt. Besonders in Notfällen kann eine solche Verzögerung oder ein Totalausfall verheerend wirken. Anrufe auf Notfallnummern können ausserdem nicht zurückverfolgt, Hilfe nur mit genauen Ortsangaben geschickt werden. Ein stabiles und performantes Netzwerk, das die geforderte Bandbreite sicherstellt, hält die Verzögerungen tief.
Zum Schutz von VoIP-Gesprächen bietet sich eine überlagerte Sicherheit an, wie sie für IP-Netze im Allgemeinen entwickelt wurde. Verschlüsselungen, Filtering, Absendercheck sowie Black- und Whitelists kommen dabei zum Zug. Für die Kommunikation über VoIP müssen zudem bestimmte Ports an der Firewall freigeschaltet sein. Die meisten Hersteller von Firewalls und Gateways arbeiten deshalb an Anti-Viren, Anti-Spyware, Spam-Filtern, Intrusion Prevention und Content-Filtering-Lösungen für VoIP.
(Neu aufgenommen: 12.7.2006)

(Kühnis)

Vollholztür
Siehe Tür.

Vollplastikausweis
Siehe Zutrittskontrolle.

Vollüberwachung
„Vollüberwachung bedeutet Überwachung aller Räume, Verbindungswege, Vorräume usw. eines Gebäudes mittels automatischer Brandmelder. Nassräume wie zum Beispiel Toiletten, Duschen, Waschanlagen können in der Regel von der Vollüberwachung ausgenommen werden.“

(Definition nach VKF/Sicherheitsinstitut)

Volumetrische Überwachung
Siehe Vitrinenüberwachung.

Vorbeugender Brandschutz
Siehe auch abwehrender Brandschutz, anlagentechnischer Brandschutz.
Gesamtheit aller Maßnahmen, Mittel und Verhaltensweisen, die der Entstehung eines Brandes entgegenwirken. In Ergänzung zu den Maßnahmen des →baulichen Brandschutzes und →anlagentechnischen Brandschutzes umfasst der vorbeugende Brandschutz auch Nutzungshinweise, Arbeitsmethoden, Lagervorschriften, Verhaltensweisen usw., die dazu dienen, einer Brandentstehung entgegenzuwirken und die Brandausbreitung zu begrenzen. Ergänzt wird der vorbeugende Brandschutz durch den Bereich des operativen Brandschutzes (Brandbekämpfung, →abwehrender Brandschutz)
(Letzte Änderung: 14.7.98)

(Prof. Beilicke)

Vorsatzfenster
Siehe auch Fenster, Panzerglas, Polycarbonat, Verbundsicherheitsglas.
Das Vorsatzfenster besteht aus einem umlaufenden Aluminiumrahmen und wird nachträglich auf vorhandene Fensterrahmen aufgesetzt. Die extrem geringe Gewichtsbelastung ermöglicht diese Nachrüstung. Die eingefasste Fensterscheibe besteht aus einem Polycarbonat, das der Widerstandsklasse A3 nach DIN 52290, P5A nach EN356 sowie EH02 nach VdS-Richtlinien entspricht. Wahlweise ist auch eine Ausführung in der Widerstandsklasse B1 nach

3

Montage eines Vorsatzfensters
(Foto: Haverkamp)

DIN 52290 bzw. P6B nach EN 356 erhältlich. Vorsatzfenster dienen damit der mechanischen Aufrüstung von Glasflächen gegen Einbruch und Vandalismus, gleichzeitig wird ein verbesserter K-Wert sowie eine verbesserte Schalldämmung erreicht.
(Letzte Änderung: 13.5.2002)

(Haverkamp)

Vorsatzgitter

Siehe auch Einbruchhemmende Gitter, Fenster, Gitter, Scherengitter, Tür.

Vorsatzgitter sind abnehmbare Gitter, die zur Sicherung von Tür-, Tor- und Fensterverglasungen eingesetzt werden.
Ein ausreichender Sicherheitswert ist gegeben, wenn:

- das Gitter aus stabilem Material besteht
- der Stababstand (Maschenweite) gering ist
- die Stäbe an den Berührungspunkten verschweißt sind
- das Gitter von außen nicht abnehmbar ist (z.B. Sicherung durch von innen angebrachte Hangschlösser)

(Letzte Änderung: 27.4.2004)

(nach VdS)

VoWLAN

Bei VoWLAN wird die →VoIP-Verbindung zum Netzwerk mittels eines schnurlosen →WLAN-fähigen Telefons über einen Wireless LAN Access Point aufgebaut. Die Kommunikation funktioniert danach wie bei VoIP. Dabei handelt es sich bei den Telefonen meist um einen vollwertigen Kleincomputer, der über Wireless LAN erreichbar ist, mit allen damit verbundenen Vor- und Nachteilen sowie Sicherheitsrisiken.
(Neu eingefügt: 18.7.2006)

(Pausch)

VPN

Siehe auch Internet, IT-Sicherheit (mit weiteren Verweisen), Netzwerk, Viren

Physisch innerhalb eines Netzwerks (meist Internet) betriebenes – aber logisch getrenntes – Netzwerk. Die (logische) Trennung wird durch Verschlüsselung der Kommunikation auf Ebene 3 des ISO-7-Schichten Modells erreicht und ist damit Anwender- und Anwendungs-unabhängig. Anwendung des (in IPv6 integrierten) IETF Standards IPsec mit Mechanismen zur Konzelation (Verschlüsselung), Integritätsprüfung und Authentifizierung.
Umgangssprachlich auch generell für eine (mehr oder weniger) direkte Verbindung zwischen zwei Kommunikationspartnern benutzt – herstellerabhängig sogar für unverschlüsselte – lediglich getunnelte* – Kommunikation; weiterhin auch auf ISO-Schicht 4 (Transportschicht: SSL/TSL) verschlüsselt und damit zwar Anwender- aber nicht Anwendungs-unabhängig.
*Beim Tunneln wird ein Paket eines Protokolls (mit Header und Nachricht) mit einem weiteren Header versehen – (meist) eines anderen Protokolls.
(Neu aufgenommen am 11.7.2000)

(Prof. Pohl)

VS

Siehe Verschlusssachenregelung.

VSG

Siehe Verbundsicherheitsglas.

VSHSA

Vereinigung Schweizerischer Hersteller von Sicherheitsanlagen. Jetzt →SES.

VSÖ

Verband der Sicherheitsunternehmungen Österreichs. Siehe Österreich

VSSB

Verband Schweizerischer Schloss- und Beschlägefabrikanten, Olten.
Kurzbeschrieb und Anschrift →Behörden, Verbände, Institutionen.

VST

Verband Schweizerischer Türenbranche, Zürich.
Kurzbeschrieb und Anschrift →Behörden, Verbände, Institutionen.

VSTF

Verband Schweizerischer Tresorfabrikanten, Rümlang (früher: ASK Arbeitsgruppe der Schweizerischen Kassenfabrikanten)
Kurzbeschrieb und Anschrift →Behörden, Verbände, Institutionen.

Vulnerability Assessment (Schwachstellenanalyse)

Siehe auch IT-Sicherheit, Schwachstellenbewertung (IT)

Vulnerability Assessment und Schwachstellenanalyse sind miteinander stark verwandt, nicht aber voll identisch. Unter Vulnerability Assessment ist eine Verwundbarkeitsanalyse zu verstehen, die sich dadurch ergibt, dass man Bedrohungen der IT-Sicherheit eines Systems und die getroffenen Sicherheitsmaßnahmen zueinander in Beziehung setzt. Auf Grund dieses Vergleichs wird bewertet, mit welchem Grad an Wahrscheinlichkeit – nicht im statistischen Sinne – die betreffenden Bedrohungen durch Sicherheitsmaßnahmen „abgefangen" sind. Eine Schwachstellenanalyse sollte stärker an den Vorgaben von Normen und Standards (→Grundschutz, →ISO/IEC 27001 - BS 7799) ausgerichtet werden und untersuchen, in welchem Umfang die getroffenen Maßnahmen nicht den Forderungen dieser Standards entsprechen.

So verstanden, sind Schwachstellen Abweichungen von den Vorgaben der Normen, die als Repräsentanz des „State of the Art" gelten. Die Sicherheit eines IT-Systems sollte sowohl im Hinblick auf die Bedrohungen und deren Wahrscheinlichkeit des Eintreffens als auch in Bezug auf die Ausrichtung an den Forderungen der aktuellen Sicherheitsstandards gemessen werden. Zwei Beispiele sollen diesen Zusammenhang verdeutlichen: Ein Penetrationstest hat ein Ergebnis, welches zu einem „Vulnerability Assessment" führt; ein Passwortsystem, welches nicht über History, Trivialpasswort-Prüfung und Regelungen für die Konstruktion sicherer Passwörter verfügt, hat Schwachstellen.

(Neu aufgenommen: 12.7.2006)

(Prof. Vossbein)

VWA

Verein zur Sicherstellung der Wirksamkeit von automatischen Lösch- und Brandmeldeanlagen, Wien. Siehe Österreich

3

Wabentür

Siehe Tür.

Wächterkontrollsystem

Unter einem Wächterkontrollsystem versteht man Geräte, die der Kontrolle des Werkschutz- oder Wachmannes und der Protokollierung der durchgeführten Objektschutzaufgaben dienen. Hierfür gibt es verschiedene Systeme (Stechuhr, drahtgebundene Melde- und Kontrollsysteme, Funk-Stechuhr, elektronischer Datensammler). Einige davon erfüllen zugleich Personenschutzfunktionen.

(Dr. Steinke)

Wärmeableitung

Abführung der bei einem Brand entstehenden Brandwärme (konvektiver Anteil), um die tragende Baukonstruktion vor übermäßiger thermischer Belastung zu schützen. Die Wärmeableitung erfolgt durch spezielle Wärmeabzugsflächen, deren Fläche zu berechnen ist (z.B. DIN V 18230 und Industriebaurichtlinie). Die Wärmeableitung kann durch spezielle, mechanisch betätigte, manuell oder automatisch ausgelöste Ableitungsvorrichtungen oder durch thermisch ausgelöste Sollbruchstellen erfolgen. Die wirksamste Anordnung ist an höchster Stelle des zu schützenden Raumes. Üblicherweise erfolgt die Wärmeableitung durch Ausnutzung der thermischen Auftriebskraft, es sind jedoch auch mechanische Lüftungssysteme zur Ableitung von Brandrauch möglich. Hier sind die Probleme der im Brandfall (=Einsatzfall) für eine bestimmte Zeit gesicherten Energieversorgung sowie die zuverlässige Inbetriebnahme und Wirkung von Zuluftöffnungen zu beachten.

(Letzte Änderung: 8.7.98)

(Prof. Beilicke)

Wärmebildkamera

Eine Wärmebildkamera ist in der Lage, elektromagnetische Strahlungen im entfernten Infrarotbereich (Wellenbereich 35 oder 812 µm), die der Mensch als Wärme empfindet, in konkrete Videobilder umzusetzen. Dazu werden vorwiegend mit Stickstoff gekühlte Sensoren verwendet, die eine horizontale Ortsauflösung von bis zu 1024 Bildpunkten in Echtzeit aufweisen. Neuerdings werden auch ungekühlte Wärmebildsensoren eingesetzt, die zwar noch nicht die hohe Ortsauflösung bieten, dafür aber aufgrund des fehlenden Kühlsystems eine wirtschaftlich unbegrenzte Lebensdauer haben. Die Kühlung, insbesondere im Minus-Bereich unserer Temperaturskala, erhöht den Detektionsbereich, reduziert das Eigenrauschen des Sensors und lässt somit höhere Verstärkungen zu. Hierbei werden Temperaturunterschiede von weniger als 0,1°C detektiert. Hierzu sind Spezialobjektive mit Germanium-Linsen notwendig, die eine gute Transmission im Infrarot-Wellenbereich gewährleisten. Das Signal wird als Schwarz-Weiß-Videobild dargestellt. Mit Hilfe der Falschfarbenwiedergabe können unterschiedliche Temperaturbereiche leichter interpretiert werden. Sichtbarrieren, wie z.B. Rauch, stellen für Wärmebildkameras kein Hindernis dar. Nebel absorbiert dagegen Wärmestrahlung erheblich, sodass Wärmebildkameras hier nur bedingt eingesetzt werden können.

(Schilling)

Wärmemelder

Siehe auch Alarmzentrale, Brandmeldeanlage, Flammenmelder, Gasmelder (BMA), Melderkette, Rauchmelder.

Wärmemelder enthalten ein temperaturabhängiges Element. Sie eignen sich nur zur Erkennung offener Brände.

Bei Wärme*maximal*meldern wird die Temperatur festgelegt, bei welcher der Melder in den Alarmzustand schaltet. Diese Melder basieren entweder auf dem Funktionsprinzip eines Thermistors (Halbleiterelement mit temperaturabhängigem Widerstand), einer Schmelzlotsicherung, eines Bimetallstreifens oder der Ausdehnung einer Flüssigkeit. Diese Melder reagieren erst ab einer bestimmten Temperatur, unabhängig von Rauchdichte und allen weiteren Kenngrößen.

Beim Wärme*differenzial*melder wird der für eine Alarmauslösung erforderliche Temperaturanstieg pro Zeiteinheit (°C/min) festgelegt. Überschreitet der gemessene Temperaturanstieg pro Zeiteinheit diesen Wert, wird alarmiert. Wärmedifferenzialmelder basieren meist auf dem Funktionsprinzip eines Thermistors. Wärmedifferenzialmelder sind in der Praxis meistens so konzipiert, dass sie wie der Wärmemaximalmelder auch bei der Überschreitung einer maximalen Temperatur in den Alarmzustand schalten.

Lineare Wärmemeldesysteme bestehen aus einem linienförmigen Sensor und einer Auswerteeinheit. Der Sensor ist entweder ein Kabel mit elektrischen oder optischen Leitern, ein Kabel mit einer Anzahl von Sensoren oder ein Rohr. Meist werden diese Auswerteeinheiten an ein übergeordnetes System angeschlossen, das die Visualisierung der Messwerte und die Ansteuerung von Löschungseinrichtungen, Lüftungsanlagen usw. ermöglicht. Lineare Wärmemeldesysteme sind in der Lage, bei einer definierten Temperaturerhöhung oder beim Überschreiten einer Maximaltemperatur einen Alarm auszulösen. Sie werden für Applikationen in Bereichen eingesetzt, in denen Temperaturen über einen großen Bereich oder über große Distanzen überwacht werden müssen. Sie werden aber auch in Bereichen eingesetzt, in denen harsche Umweltbedingungen wie korrosive Gase, extreme Temperaturverhältnisse, hohe Feuchtigkeit oder große Verschmutzung vorkommen (Straßentunnels, Kabelschächte, Förderanlagen, Gas- und Fernwärmeleitungen, Minen, Bohrinseln).

Lineare Wärmemeldesysteme weisen unterschiedlichste Detektionsprinzipien und Systemeigenschaften auf wie beispielsweise:

Sensorkabel mit wärmeempfindlichem Polymer:

Das Sensorkabel besteht aus zwei elektrisch leitenden Adern, die von einem wärmeempfindlichen Polymer umgeben sind. Sobald die entsprechende Temperatur erreicht ist, schmilzt diese Isolation. Die Adern berühren sich und generieren den alarmauslösenden Kurzschluss. Zur Überwachung unterschiedlicher Temperaturen werden Kabel mit verschiedenartigen Polymeren verwendet. Dieses Messprinzip liefert einen Alarm, sobald die entsprechende Temperatur überschritten wird. Bei einigen Systemen kann die ungefähre Position des Kurzschlusses, also der Ort des Brandherdes, durch Messung des verbleibenden Widerstandes bestimmt werden. Standardmäßig sind Kabel mit Auslösetemperaturen zwischen 60°C und 200°C verfügbar. Die maximale Sensorlänge liegt zwischen 1 und 2 km.

Sensorkabel mit temperaturabhängiger Isolation:

Der Sensor besteht aus einem Kabel mit elektrisch leitenden Adern und einer Isolation, die einen negativen Temperaturkoeffizienten aufweist, d.h. die Isolation verringert ihren elektrischen Widerstand mit zunehmender Temperatur. Dieses Signal wird für die Alarmierung ausgewertet. Der Alarm wird ausgelöst, sobald ein definierter Widerstandswert unterschritten wird. Der gemessene Widerstand hängt jedoch von der Länge des Kabels und der Umgebungstemperatur ab. Als Messwert wird der Mittelwert über die Kabellänge genommen. Dabei wirkt sich eine sehr heiße Stelle gleich aus wie eine geringe Erwärmung über eine größere Distanz. Das Kabel ist nicht in der Lage, die Position des Brandes zu ermitteln. In der Regel werden Kabel mit Auslösetemperaturen zwischen 60°C und 250°C geliefert. Die maximale Sensorlänge liegt je nach System zwischen 1 und 2 km.

Fühlerrohr:

Diese Systeme nutzen das physikalische Prinzip, wonach Gase unter konstantem Volumen bei Temperaturänderungen ihren Druck ebenfalls ändern. Ein Brand erwärmt das Kupferfühlerrohr und somit die darin enthaltene Luft. Ein am Ende des Rohres befestigter Druckaufnehmer registriert die dadurch entstehende Druckänderung und liefert ein zur mittleren Temperatur proportionales Signal. Der Alarm wird ausgelöst, sobald ein definiertes Signal überschritten wird. Das Fühlerrohr ist nicht in der Lage, die Position des Brandes zu ermitteln. Heute verfügbare Systeme sind so ausgelegt, dass Auslösetemperaturen bis 150°C möglich sind. Die maximale Sensorlänge liegt unter 200 m.

Kabel mit integrierten Temperatursensoren:

Bei diesen Systemen werden auf einem ummantelten Flachbandkabel, das als Daten- und Speisungslinie dient, in regelmäßigen Abständen von einigen Metern Temperatursensoren angebracht. Die Messwerte der Sensoren werden durch eine Auswerteeinheit abgefragt und dienen so der Alarmauslösung. Die Messwerte der einzelnen Sensoren lassen sich mit entsprechender Software beliebig auswerten. So können mehrere Sensoren zu Gruppen zusammengefasst oder auch Mehrsensorabhängigkeiten gebildet werden. Diese Systeme erlauben die Temperaturmessung mit Differenzial- und Maximalcharakteristik. Die Lokalisierung der Wärmequellen ist mit der Genauigkeit der Sensorabstände möglich. Heute verfügbare Systeme ermöglichen Auslösetemperaturen bis ca. 150°C. Die maximale Sensorlänge hängt stark vom Abstand zwischen den Sensoren ab. Die maximale Anzahl der Sensoren wird durch die Speisung und Datenübertragung bestimmt. Heutige Systeme erlauben bei einem Sensorabstand von 8m Sensorlängen bis zu 2.5 km.

Temperaturmessung mit Lichtwellenleiter:
Dieses System basiert darauf, dass ein Laserstrahl durch einen Lichtwellenleiter (LWL) gesendet wird. Da der LWL in jedem Punkt einen kleinen Anteil der Laserstrahlung reflektiert, kann ein am gleichen Ende wie der Laser angeschlossener Empfänger die rückgestreute Strahlung messen. Beim LWL handelt es sich um ein dotiertes Quarzglas, also um eine Form von Siliziumdioxid (SiO_2). Das Sensorkabel lässt sich mit entsprechender Elektronik und Software in Sensorabschnitte einteilen. Diese Abschnitte werden dann wie einzelne Sensoren behandelt. So können mehrere Sensoren zu Gruppen zusammengefasst oder auch Mehrsensorabhängigkeiten gebildet werden. Dieses Messprinzip erlaubt die Temperaturmessung mit Alarmierung gemäß Differenzial- und/oder Maximalcharakteristik. Die Lokalisierung der Wärmequellen ist mit der Genauigkeit der gebildeten Sensorabschnitte möglich. Heute verfügbare Systeme ermöglichen je nach Lichtwellenleitertyp Auslösetemperaturen von bis zu 400°C. Bei einer Sensorabschnittslänge von 4m erlauben aktuelle Systeme Sensorlängen von maximal 16km.

(Letzte Änderung: 12.7.2006)

(Wigger)

Wand

Siehe Bausubstanz.

Wandtresor

Siehe auch Einbau-Wertschutzschrank, Einmauerschrank, Kassenschrank, Panzerschrank, Sicherheitsschrank, Wertschutzschrank

In der Schweiz gebräuchliche Bezeichnung für ein Wertbehältnis, welches an einer Wand befestigt wird. In der Regel handelt es sich um kleinere Behältnisse. Tresore müssen ausreichend befestigt werden, damit sie nicht als Ganzes abtransportiert werden können. Sie sind entsprechend vorgerüstet. Vorausgesetzt wird solides Mauerwerk. Zur Befestigung dienen hochfeste Dübel für ausreichenden Widerstand gegen Herausbrechen.

Zum Einsatz kommen →Kassenschränke, oder →Wertschutzschränke des Widerstandsgrades 0, I, II oder III nach EN 1143-1 oder der Sicherheitsstufe S 1 und S 2 nach EN 14450 (→Sicherheitsschrank).

(Letzte Änderung: 23.7.2006)

(Kappeler)

Wanze

Siehe Abhörhandy, Abhörsicherheit.

Warensicherung (Maßnahmen gegen Ladendiebstahl)

Siehe auch Inventurdifferenzen, Ladendiebstahl, Sicherungsetiketten.

Unter Warensicherungen versteht man organisatorische, mechanische und elektrische/elektronische Maßnahmen und Vorkehrungen, die den Ladendiebstahl verhindern sollen.

Organisatorische Maßnahmen

- Beobachten und Überwachen von Verkaufsgeschäften durch speziell geschultes Personal oder durch Ladendetektive
- Übersichtliche und transparente Ladengestaltung unter Einbezug von Spiegeln; keine „toten“ Ecken
- Nur so viel Ware vorlegen wie überblickt/kontrolliert werden kann
- Probierkabinen durch Verkaufspersonal betreuen/kontrollieren lassen
- Kassenanordnung mit guter Ladenübersicht/Überwachung
- teure Verkaufsartikel, z.B. Pelze etc. nicht im Bereich von Treppen oder Ausgängen platzieren
- Überwachungsbüro
- Waren- Inventarlisten von Auslagen in Schaufenstern und Vitrinen etc. (möglichst mit Fotos)

Mechanische Sicherungsmaßnahmen

- Warensicherung durch verschiedenartige Ketten und/oder feine Litzendrähte

- Schlösser, Sicherheitsschlösser und -schlüssel
- abschließbare Warenträger
- Glasabdeckungen, Ausstellung hinter Glas
- Sicherheitshüllen für Tonträger wie Musikkasetten, CDs
- für hochwertige Waren wie z.B. Uhren und Schmuck Verwendung von Ausstellvitrinen mit VSG-Glas und Sicherheitsschlössern

Elektrische und elektronische Sicherungsmaßnahmen

- gute Beleuchtung
- Einsatz von Notbeleuchtungen bei Stromausfall (z.B. bei einem Gewitter)
- elektronische Schliesssysteme
- Warensicherungsanlagen, die bei Beschädigung oder Entfernung der Kontakte Alarm auslösen. Bei regulärem Verkäufen kann das Verkaufspersonal das Alarmsystem ausschalten
- Überwachungskameras evtl. mit Videoaufzeichnungsgeräten
- Videobewegungsmelder und Aufzeichnungsgeräte
- →Sicherungsetiketten
- In speziellen Fällen Ausstellvitrinen mit Alarmverglasung, Vitrinen-Volumen-Alarmsicherung (Vitrinen-Schutzmelder), Alarmkontakten und Alarmschlössern (→Vitrinenüberwachung)

Bei Ausstellvitrinen für hochwertige/hochpreisige Ware oder Ware mit besonders deliktischem Interesse ist darauf zu achten, dass keine Schlitze grösser als 1 mm bestehen, durch welche mit Spezialwerkzeugen Ausstellware herausgefischt werden kann. Bei grossen Vitrinenabmessungen sind gegebenenfalls Mehrpunktverschlüsse und bandseitig sog. Hinterhalterungen (→Hinterhaken) vorzusehen, welche ein Durchbiegen des Vitrinenrahmens oder der Türkonstruktion verhindern. Bei zweiteiligen Glasschiebetüren ist eine Glasüberlappung von mindestens 4 bis 5 cm vorzusehen, welche ein Herausfischen verhindert, und die Schiebetüren sind zudem gegen Hochheben aus den Führungsschienen zu sichern. Gegen Herausfischen sind Vitrinenbeleuchtungen so zu montieren, dass sie von aussen nicht ausgebaut werden können. Für Belüftungsschlitze gelten dieselben Vorsichtsmassnahmen, z.B. durch Einbau von sog. Labyrinthschlitzen. Es empfiehlt sich Schlösser zu verwenden, bei denen Schlüssel nur im geschlossenen Zustand abgezogen werden können.
(Letzte Änderung: 12.7.2006)

(Burkhalter)

Wartung

Siehe auch Inspektion, Instandhaltung, Instandsetzung.

„Maßnahmen zur Bewahrung des Sollzustandes von technischen Mitteln eines Systems (aus: DIN 31051:1985, Nr. 1.1)." (Definition nach DIN VDE 0833-1)
(Letzte Änderung: 10.5.2004)

„Vorbeugende Maßnahmen zur Bewahrung vor Störungen und Betriebsunterbrechungen der →Brandmeldeanlage." (Definition nach VKF/Sicherheitsinstitut)

Wasserbehälter (Sprinkler)

Siehe Sprinkleranlage.

Wassermelder

Siehe Feuchtigkeitssensor.

Wassermeldesystem

Siehe auch Alarmzentrale, Sensorkabel, Feuchtigkeitssensor, Leckdetektionssystem, Niveauwächter, Notrufzentrale, Signalgeber, Übertragungsanlage.

Wassermeldesysteme sind →Gefahrenmeldeanlagen (GMA) und werden zur ständigen Kontrolle von Flächen, Räumen, Rohrleitungen und sonstigen Einrichtungen (zum Beispiel EDV-Anlagen) auf den Austritt von elektrisch leitenden Flüssigkeiten (zum Beispiel Wasser) eingesetzt.
Durch den Einsatz von Sensoren (→Feuchtigkeitssensor, →Sensorkabel, →Niveauwächter) als aktives Teil eines Wassermeldesystems, werden besonders gefährdete Bereiche (Doppelböden von EDV-Anlagen, Rohrleitungen) punktuell (Feuchtigkeitssensor, Niveauwächter) oder linear (Sensorkabel) überwacht.
Die Auswerteelektronik wertet die Widerstandsänderungen aus und meldet den Alarm- oder Störfall.
Der heutige Stand der Technik ermöglicht den Einsatz von vielen Sensoren, welche auf eine

Meldezentrale aufgeschaltet werden können. Eine genaue und exakte Ortung zum Beispiel von Wasseraustritt in Doppelböden von EDV-Anlagen oder an Rohrleitungen kann durch den Einsatz von Sensorkabeln erreicht werden. An der Auswerteelektronik wird die genaue Schadensstelle (Meterangabe) angezeigt.
Die Alarm- oder Störmeldung erfolgt optisch und akustisch. Durch potenzialfreie Relais wird die Alarmweitermeldung über Gebäudeleitsysteme oder automatische Wähl- und Übertragungsgeräte zu einer Leitwarte oder →Notrufzentrale zur Verständigung von Werkschutz, Hausmeister etc., oder aktiv zum Öffnen oder Schließen von Schiebern, Ventilen, Aktivierung von Pumpen oder zur Unterbrechung der Stromversorgung etc. ermöglicht.
Wassermeldesysteme werden hauptsächlich in Doppelböden von Rechenzentren eingesetzt, in denen wasserführende Rohrleitungen für die wassergekühlten Rechner und Klimaanlagen verlegt sind. Ein unkontrollierter Austritt von Wasser führt dort zu großen Schäden und kann den Ausfall der kompletten Datenverarbeitung zur Folge haben.
Durch die sofortige Meldung und Ortung des Wasseraustrittes durch das Wassermeldesystem können unmittelbar Gegenmaßnahmen eingeleitet und mögliche Schäden verhindert oder begrenzt werden.
Wassermeldesysteme sind kompatibel mit →Klimaüberwachungsanlagen. Einige am Markt erhältliche Systeme sind TÜV-geprüft, besitzen die Zulassungen nach dem WHG (Wasserhaushaltsgesetz: http://bundesrecht.juris.de/bundesrecht/whg) und entsprechen den Bestimmungen der PTB (Physikalisch-Technische Bundesanstalt: http://www.ptb.de).
(Letzte Änderung: 20.6.2004)

(Henneck)

Wasserschleier

Aus Löschdüsen in fein verteilter Form austretendes Wasser zur Verhinderung der Brandausbreitung auf benachbarte Brandabschnitte, Objekte oder brennbare Stoffe. Wasserschleieranlagen sind bei sachgerechter Dimensionierung und fachgerechter Ausführung Anlagen, die zum brandschutztechnisch wirksamen Verschluss von aus technologischen Gründen brandschutztechnisch nicht anders schützbaren Öffnungen – beispielsweise in Brandwänden – eingesetzt werden können. Wasserschleieranlagen sind in ihrer geometrischen und hydraulischen Dimensionierung nach geltenden Regeln und Vorschriften (z.B. VdS-Richtlinie) zu gestalten.

(Prof. Beilicke)

Wasserfeinsprühanlage

Siehe Wasservernebelungsanlage.

Wasservernebelungsanlage

Siehe auch Sprühwasseranlage.
Nach bestimmten Regeln und Grundsätzen projektierte und errichtete stationäre Feuerlöschanlage. Spezielle Form einer Wasserlöschanlage, die dadurch gekennzeichnet ist, dass feinzerstäubtes Wasser (Durchmesser der überwiegenden Tropfenmenge deutlich unter 0,1 mm) aus offenen Düsen gleichzeitig über einen vorzugsweise dreidimensionalen Bereich so versprüht wird, dass der Brandherd vom Wassernebel eingeschlossen ist. Aufgrund dieser Tatsache und spezieller Düsengestaltung (vorzugsweise Dralldüsen) und Düsenanordnung (vorzugsweise horizontale Sprührichtung) wird eine relativ lange Schwebedauer des Wassernebels erreicht. Die Löschwirkung wird durch mehrere gleichzeitig wirkende Löscheffekte erzielt. Diese Anlagen können manuell oder automatisch ausgelöst werden.
Die Wasservernebelungsanlagen (vorzugsweise stationär) werden zur Brandbekämpfung, Brandlöschung, Verhinderung bzw. Begrenzung der Brandausbreitung, Rauchgasauswaschung und / oder Kompensation von bauordnungsrechtlichen Defiziten eingesetzt. Man unterscheidet zwischen Niederdruckanlagen (bis ca. 12 ... 15 bar) und Hochdruckanlagen (bis 200 bar).
(Letzte Änderung: 21.4.2004)

(Prof. Beilicke)

Wasserwarnanlage

Siehe Wassermeldesystem.

Wasserzeichen/Watermarking

Siehe Signaturen für Videobilder

3

WBT
Siehe Computer Based Training (CBT)

WE
Siehe Widerstandseinheit.

Wegfahrsperre
Vorrichtung bei Kraftfahrzeugen, die den Diebstahl ausschließen oder zumindest erschweren soll. Wegfahrsperren wirken entweder auf die Kraftstoffpumpe, auf das Motormanagement, die Bremsanlage oder das Getriebe. Am wirkungsvollsten ist eine Wegfahrsperre, die auf die gesamte Motorelektronik wirkt, sodass der Straftäter, bringt er sich per Tieflader in den Besitz des Fahrzeugs, den gesamten Motor ersetzen muss.

(Dr. Steinke)

Wendeschlüssel-Schließsystem
Siehe auch Schließanlage (mechanisch), Schließzylinder, Schloss

Wendeschlüsselsysteme zeichnen sich dadurch aus, dass der Schlüssel in unterschiedlichen Positionen in den Schließzylinder eingeführt werden kann. Da sich die mechanischen Informationen der Schließung doppelt (spiegelbildlich) auf dem Schlüssel befinden, spielt die Einführungslage des Schlüssels keine Rolle. Die mechanischen Schließungsinformationen sind entweder als Bohrungen, Bahnsenkungen oder Einfräsungen auf dem Schlüsselhalm ausgeführt.

(Neu eingefügt: 12.7.2006)

(Rick)

WEP (Wired Equivalent Privacy)
Siehe auch Bluetooth, IT-Sicherheit, Verschlüsselung, WLAN

Zur Verhinderung des Abhörens von →WLANs wurde das Wired Equivalent Privacy (WEP) Protokoll entwickelt. WEP soll ein Abhören der Funkübertragung verhindern oder zumindest erschweren und dabei mindestens das Sicherheitsniveau eines Kabel-Ethernet erreichen. WEP gibt es in zwei Versionen: WEP und WEP2. WEP besteht im Wesentlichen aus folgenden Elementen:

- Verschlüsselung mit Stream Cipher RC4 RC4 ist ein Verschlüsselungsalgorithmus der Firma RSA Security. Das von Prof. Ronald Rivest entwickelte symmetrische Verfahren verschlüsselt Byteweise mit einem Schlüssel variabler Länge. Der Algorithmus basiert auf der Benutzung einer zufälligen Permutation. Er gilt als eine schnelle Methode zur Verschlüsselung (der Algorithmus war sieben Jahre lang geheim, bis 1994 der Quellcode anonym veröffentlicht wurde)
- den Partnern ist ein geheimer Schlüssel bekannt (shared secret key)
- Integrity Check zur Integritätsprüfung linear
- 24 Bit Initialization Vector (IV) soll identische verschlüsselte Daten bei identischem Klartext verhindern (wird unverschlüsselt übertragen).

Der Standard sieht einen 64-Bit-Schlüssel vor, die ersten 24 Bits werden als so genannter Initial Vector benutzt; damit reduziert sich die verwendbare Schlüssellänge auf 40 Bits. WEP2 verwendet einen 128-Bit-Schlüssel. Der im WEP-Protokoll verwendete 40 oder 104 Bit lange Schlüssel (Key) muss in einem WLAN sowohl dem Access Point wie auch dem WLAN-Client bekannt sein. Er wird deshalb über eine spezielle Management-Software des Access Point oder bei den Eigenschaften der WLAN-Karte eingegeben. Sowohl am Access Point wie auch beim Client sind die zu verwendenden WEP-Schlüssel manuell zu konfigurieren. Es sind Verfahren bekannt den Algorithmus zu brechen.

Verschlüsselung mit WEP2: Aufgrund der mangelnden Sicherheit von WEP wurde in der Version 2 die Schlüssellänge auf 128 Bits erhöht, was zu einer verwendbaren Nutzungsschlüssellänge von 104 Bits führt. Die Vorteile der WEP2-Version gegenüber WEP sind:

- die schwache 40-Bit-Schlüssellänge wird durch einen 104-Bit-Schlüssel ersetzt
- der Initialisierungsvektor hat die Länge 128 Bit und es ist somit fast unmöglich, dass dieser sich wiederholt
- der periodische Schlüssel wird nunmehr möglich. Trotz dieser in Version 2 deutlich sichereren Variante gibt es nach wie vor Kritik an WEP.

Hintergrund hierfür sind Attacken, die auch bei der Verwendung von 128 Bits-Schlüssel durch

bloßes Mithören der Funkstrecke zu einer Rekonstruktion der Schlüssel führen können. Insgesamt gesehen wird durch den Einsatz von WEP2 das Funk-LAN zwar sicherer, aber dennoch bleiben weiterhin die Probleme mit dem Verschlüsselungsalgorithmus RC4 sowie dem Schutz der Checksumme gegen Manipulationen bestehen. Aufgrund der bekannten Schwachstellen sollte das WEP-Protokoll nicht mehr verwendet werden.
(Neu aufgenommen am 8.2.2005)

(Ernestus)

Werksausweis

Siehe Ausweis.

Wertschutzraum

Siehe auch VdS-Kennzeichen, Wertschutzschrank, Zertifizierungsmarke

Wertschutzräume gehören zu den bestgesicherten Bauwerken. Kreditinstitute benötigen sie in der Regel zur Unterbringung der Kundenmietfachanlagen sowie der Edelmetall- und Bargeldbestände. Post (Briefmarken, Wertpapiere), Behörden und Militär verfügen oft auch über Wertschutzräume.

Konstruktionsmerkmale:

- Modernere Konstruktionen, bestehen aus mehrschichtigen Wänden mit speziellen Materialien zum Schutz gegen verschiedene mechanisch und thermisch wirkende Angriffswerkzeuge.
- Der Widerstandsgrad der Wertschutzraumtür muss dem des Wertschutzraumes entsprechen.
- Zur Überwachung ist ein den Wertschutzraum umlaufender enger Kontrollgang (nicht breiter als 50 cm) empfehlenswert, der durch Ausleuchten und Ausspiegeln eingesehen werden kann.
- Elektronische Sicherungs- und Überwachungsanlagen verschiedener Bauarten (z. B. →Körperschallmelder).
- Bei Kreditinstituten sind Kunden- und Bankwertschutzräume zu trennen und mit separaten Eingängen zu versehen.
- Spezielle Ventilationsbündel zur Aufrechterhaltung des Klimas im Wertschutzrauminneren.

Wertschutzräume sind hochkomplexe Anlagen, die den verschiedensten Anforderungen gerecht werden müssen. Es ist deshalb unbedingt erforderlich, dass bereits in der Planungsphase erfahrene, seriöse Fachspezialisten einbezogen werden.

Die Richtlinien VdS 2450 der →VdS Schadenverhütung GmbH basieren auf der EN 1143-1 und erfüllt die Anforderungen dieser Europäischen Norm. Nach EN 1143-1 wird der Widerstandswert gegen Einbruchdiebstahl von Wertschutzraumtüren, Wertschutzraumwandungen und systembedingten Öffnungen durch Widerstandseinheiten (RU = Resistance Unit) gekennzeichnet, die bei einer objektiven und reproduzierbaren Typprüfung mit der optimalen Werkzeugkombination von mechanisch und/oder thermisch wirkenden Einbruchswerkzeugen ermittelt werden.

Der Geltungsbereich dieser Prüfnormen umfasst Wertschutzräume, die entweder

- unter Verwendung vorgefertigter Sicherheitselemente vor Ort als Massivbauart (→Wertschutzraum in Massivbauweise) errichtet

oder

- unter Verwendung vorgefertigter Bauteile vor Ort zu einer selbstständigen Konstruktion als Raum-in-Raum-System (→Wertschutzraum in Modulbauweise, →Wert-

Widerstandsgrad	Widerstandswert
0 (VdS: N)	30 RU
I	50 RU
II (EX)	80 RU
III (EX)	120 RU
IV (EX)	180 RU
V (CD/EX) (VdS: KB/EX)	270 RU
VI (CD/EX) (VdS: KB/EX)	400 RU
VII (CD/EX) (VdS: KB/EX)	600 RU
VIII (CD/EX) (VdS: KB/EX)	825 RU
IX (CD/EX) (VdS: KB/EX)	1050 RU
X (CD/EX) (VdS: KB/EX)	1350 RU
XI (CD/EX) (VdS: KB/EX)	2000 RU
XII (CD/EX) (VdS: KB/EX)	3000 RU
XIII (CD/EX) (VdS: KB/EX)	4500 RU

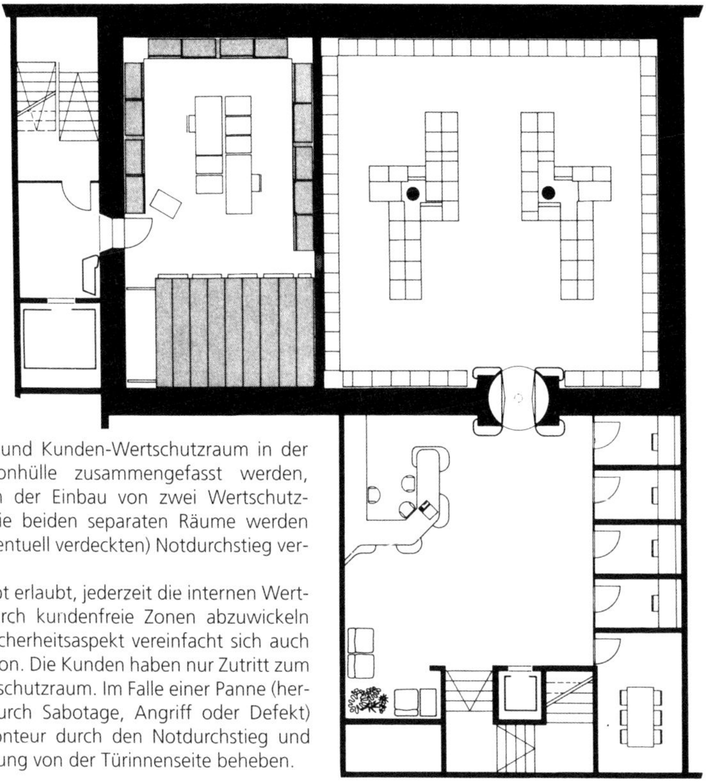

Sofern Bank- und Kunden-Wertschutzraum in der gleichen Betonhülle zusammengefasst werden, empfiehlt sich der Einbau von zwei Wertschutzraumtüren. Die beiden separaten Räume werden mit einem (eventuell verdeckten) Notdurchstieg versehen.
Dieses Konzept erlaubt, jederzeit die internen Werttransporte durch kundenfreie Zonen abzuwickeln Nebst dem Sicherheitsaspekt vereinfacht sich auch die Organisation. Die Kunden haben nur Zutritt zum Kunden-Wertschutzraum. Im Falle einer Panne (hervorgerufen durch Sabotage, Angriff oder Defekt) steigt ein Monteur durch den Notdurchstieg und kann die Störung von der Türinnenseite beheben.

schutzraum in Mischbauweise) zusammengefügt werden.
Wertschutzraumtüren und Wertschutzraumwandungen werden nach EN 1143-1 typgeprüft und zertifiziert und bieten folgenden definierten Schutz in Widerstandseinheiten (RU) gegen Angriffe mit mechanisch und/oder thermisch wirkenden Einbruchswerkzeugen. (Wertschutzräume der Widerstandsgrade II bis XIII können nach Erfüllung bestimmter Anforderungen in einer Zusatzprüfung mit Sprengstoff als EX-Produkte zertifiziert werden. Erzeugnisse der Widerstandsgrade V bis XIII können außerdem nach positiver Zusatzprüfung mit dem Kernbohrgerät als CD-Produkte (CD=Core Drill) bzw. KB-Produkte (KB= Kernbohrgerät) zertifiziert werden:
Hinweis: Bei VdS „N“ anstelle von „0“ und „KB“ anstelle von „CD“.
Als Abschluss der Zugangsöffnung zu Wertschutzräumen dient eine Wertschutzraumtür des entsprechenden Widerstandsgrades. Wertschutzraumtüren sind mit hochwertigen mechanischen Schlüsselschlössern, mechanischen Codeschlössern oder elektronischen Schlössern (elektronische Schlüssel- und Codeschlösser, →Hochsicherheitsschlösser, →elektronische Schließsysteme) ausgestattet. Möglich ist auch die Kombination mit →Zeitschlössern. Zusätzlich zu ihrem mechanischen Widerstandswert können Wertschutzraumtüren mit →Gefahrenmeldeanlagen überwacht werden.
Für deutsche Kreditinstitute schreibt die →UVV „Kassen“ vor, dass die Banknotenbestände in →Wertschutzschränken und Wertschutzräumen nicht einsehbar sein dürfen, dass deren Türen beim Öffnen keine Quetsch- und Scherstellen bilden können und dass in Wertschutzräumen eine Einrichtung vorhanden sein

muss, die es eingeschlossenen Personen ermöglicht, sich bemerkbar zu machen, sofern der Eingang nicht zu überblicken ist.
Informationen über die Zertifizierung erteilen

- →European Security Systems Association ESSA (früher Forschungs- und Prüfgemeinschaft Geldschränke und Tresoranlagen e.V.), Lyoner Straße 18, 60528 Frankfurt, Telefon +49 069 6603-1451, Fax +49 069 6603-1675, E-mail: ecbs@vdma.org
- →VdS Schadenverhütung GmbH, Amsterdamer Straße 174, D-50735 Köln, Tel. +49/221 7766-0, Fax +49/221 7766-109, E-Mail: info@vds.de

(Letzte Änderung: 17.7.2006)

(Hohl/Reingen)

Wertschutzraum in Massivbauweise

Siehe auch Wertschutzraum.

Wertschutzraumwandungen in Massivbauweise werden durch Verguss (Einbringen des Betons in die Schalung) vorgefertigter Sicherheitselemente (Armierungsmodule) mit Beton vor Ort hergestellt. Den Abschluss des Wertschutzraumes bildet die Wertschutzraumtür einschließlich vorgefertigtem Rahmen.

(Neu aufgenommen am 20.5.2002)

(Definition: VdS)

Wertschutzraum in Mischbauweise

Siehe auch Wertschutzraum.

Wertschutzraumwandungen als Kombination in Massivbauweise und Modulbauweise. Den Abschluss des Wertschutzraumes bildet die Wertschutzraumtür einschließlich vorgefertigtem Rahmen.

(Neu aufgenommen am 20.5.2002)

(Definition: VdS)

Wertschutzraum in Modulbauweise

Siehe auch Wertschutzraum.

Wertschutzraumwandungen in Modulbauweise bestehen ganz aus vorgefertigten Sicherheitselementen, die vor Ort zu einer selbständigen Konstruktion zusammengefügt werden (Raum-in-Raum-System). Den Abschluss des Wertschutzraumes bildet die Wertschutzraumtür einschließlich vorgefertigtem Rahmen.

(Neu aufgenommen am 20.5.2002)

(Definition: VdS)

Wertschutzraumtür

Siehe Panzertür, Wertschutzraum.

Wertschutzschrank

Siehe auch Datensicherungsraum/-schrank, Duplexschrank, Einbau-Wertschutzschrank, Elektronische Schließsysteme, Freistehender Wertschutzschrank, Geldautomat, Sicherheitsschrank, Deposit-System, VdS-Kennzeichen, Wertschutzraum, Zertifizierungsmarke

Die Richtlinie VdS 2450 der →VdS Schadenverhütung GmbH basiert auf der EN 1143-1 und erfüllt die Anforderungen dieser Europäischen Norm. Nach EN 1143-1 wird der Widerstandswert durch Widerstandseinheiten (RU = Resistance Unit) gekennzeichnet, die bei einer objektiven und reproduzierbaren Typprüfung mit der optimalen Werkzeugkombination von mechanisch und/oder thermisch wirkenden Einbruchswerkzeugen ermittelt werden.

Die Versicherungswirtschaft empfiehlt für Bargeld und Wertgegenstände ab bestimmten Zeichnungsgrenzen die Aufbewahrung im Wertschutzschrank.

Wertschutzschränke werden nach EN 1143-1 zertifiziert und bieten folgenden definierten Schutz in Widerstandseinheiten (RU) gegen Angriffe mit mechanisch und/oder thermisch wirkenden Einbruchswerkzeugen.

Der Brandschutz von Wertschutzschränken der Widerstandsgrade 0 (bzw. N), I, II und III kann den Güteklassen P, D oder DIS für →Datensicherungsschränke nach EN 1047-1 entsprechen.

Wertschutzschränke der Widerstandsgrade 0 (bzw. N), I, II und III können auch als →Einmauerschränke zertifiziert werden.

Je nach konstruktiver Ausführung, Abmessungen und Inneneinrichtung kann das Gewicht mehr als 4000 kg betragen. Daher ist vor Aufstellung eines Wertschutzschrankes eine statische Prüfung (Tragfähigkeit der Geschossdecke) durchzuführen.

Wertschutzschränke mit einem Gewicht bis zu 1.000 kg müssen ausreichend befestigt werden, damit sie nicht als Ganzes abtransportiert werden können. Sie sind bei einem Gewicht von < 1.000 kg entsprechend vorgerüstet.

Wertschutzschränke sind mit hochwertigen mechanischen Schlüsselschlössern, mechanischen Codeschlössern oder elektronischen Schlössern (elektronische Schlüssel- und

Widerstandsgrad	Widerstandswert	
	Teildurchbruch[1]	Volldurchbruch[2]
0 (VdS: N)	30 RU	30 RU
I	30 RU	50 RU
II	50 RU	80 RU
III	80 RU	120 RU
IV (VdS: auch KB)	120 RU	180 RU
V (EX) (VdS: auch KB)	180 RU	270 RU
VI (EX) (VdS: auchKB)	270 RU	400 RU
VII (EX) (VdS: auch KB)	400 RU	600 RU
VIII (EX) (VdS: auch KB)	550 RU	825 RU
IX (EX)	700 RU	1050 RU
X (EX)	900 RU	1350 RU

1) Teildurchbruch: Handloch für den Zugriff durch den Schrankkörper oder die Tür auf den Inhalt des Wertschutzschrankes.
2) Volldurchbruch: Öffnung im Schrankkörper oder in der Tür für den Zugriff auf den gesamten Inhalt des Wertschutzschrankes (z. B. bei geöffneter Tür).

Hinweis: Bei VdS „N" anstelle von „0" und ergänzend bei den Widerstandsgraden IV bis VIII nach positiver Zusatzprüfung mit dem Kernbohrgerät Zusatz „KB" möglich. Wertschutzschränke ab Widerstandsgrad II können nach Erfüllung bestimmter Anforderungen in einer Zusatzprüfung mit Sprengstoff als EX-Produkte zertifiziert werden.

Codeschlösser, →Hochsicherheitsschlösser, →elektronische Schließsysteme) ausgestattet. Möglich ist auch die Kombination mit →Zeitschlössern. Zusätzlich zu ihrem mechanischen Widerstandswert können Wertschutzschränke mit →Gefahrenmeldeanlagen überwacht werden.
Sonderformen: Einsatz als Kassettenaufnahmeschrank in einem →Deposit-System (Tag-Nacht-Tresoranlage), Einbau von Kundenmietfächern, Verwendung als Einsatzschrank, meist in kleinen Abmessungen zum festen Einbau in Möbel oder hinter Wandverkleidungen.
Informationen über die Zertifizierung erteilen

- →European Security Systems Association ESSA (früher Forschungs- und Prüfgemeinschaft Geldschränke und Tresoranlagen e.V.), Lyoner Straße 18, 60528 Frankfurt, Telefon +49 069 6603-1451, Fax +49 069 6603-1675, E-mail: ecbs@vdma.org
- →VdS Schadenverhütung GmbH, Amsterdamer Straße 174, D-50735 Köln, Tel. +49/221 7766-0, Fax +49/221 7766-109, E-Mail: info@vds.de

(Letzte Änderung: 17.7.2006)

(Reingen)

Wertschutzschrank für Geldautomat

Siehe Geldautomat

Werttransport

Siehe auch Geldbearbeitung.

Unter Werttransporten – auch Valoren-Transporte genannt – versteht man Transporte von Wertgegenständen aller Art, z.B.

- Wertschriften (Aktien etc.)
- Banknoten
- Edelmetalle (Gold, Silber, Platin etc.) (gemünzt oder ungemünzt)
- Edelsteine (Diamanten, Farbedelsteine etc.)
- Schmuck
- Kunstgegenstände (Gemälde, Antiquitäten etc.)
- Dokumente (Akten, Daten, Pläne etc.)
- andere Wertsachen/Liebhaberwerte (Münzen, Briefmarken etc.)

Die Klassifikation und Tarifkategorien der Valoren erfolgt nach nationalen oder internationalen Maßstäben bzw. Vereinbarungen.
Allen Werttransporten ist gemeinsam, dass für ihre Durchführung mehr oder weniger große sicherheitstechnische Vorkehrungen getroffen werden müssen. Sofern die Werttransporte nicht auf eigenes Risiko, sondern versichert durchgeführt werden, sind die Bestimmungen der Transportversicherer maßgebend.
Als Werttransportmittel sind zulässig

- spezielle Geldkassetten, Schmuckkoffer, Sicherheitstaschen, Spezial-Container, Panzerfahrzeuge
- Flugzeuge (konzessionierter Fluggesellschaften) (IATA-Vorschriften)

Sodann gelten als zulässige Beförderungsarten

- Post
- Bahn
- Auto/Panzerfahrzeug
- Flugzeug (valuable Cargo).

Sogenannte „Begleittransporte" sind gemäß Definition der Schweiz. Transportversicherungsgesellschaften solche Transporte, die „für die ganze Reise oder nur für die Teilstrecke von oder zur Transportanstalt durch den Versicherungsnehmer, Absender oder Empfänger selbst durchgeführt werden, sofern sie nicht Frachtführer sind. Solche Begleittransporte sind nur versichert, wenn die Valoren unter dauernder, persönlicher Aufsicht mitgeführt werden und bei Aufenthalten in einem Tresor deponiert sind."

Entsprechend der Höhe des Werttransportes gelten für die mit dem Transport betrauten Personen und Mittel besondere Bestimmungen, wie z.B.

- speziell ausgebildetes Personal
- je nach Wert eventuell mehrere Begleitpersonen,
- spezielle Werttransport-Fahrzeuge mit
  - Panzerung (Verbund-Sicherheitsverglasungen = Panzerglas)
  - Funk, Autotelefon,
  - Fahrtenschreiber,
  - Alarmanlage,
- Fahrzeug-Überwachung via Satellit etc.

Im übrigen gelten die allgemeinen und besonderen Bedingungen der Versicherer.

Für Postsendungen gelten die Allgemeinen Geschäftsbedingungen der Post „Postdienstleistungen" bzw. der Versicherer, d.h.

- alle Wertsachen müssen als eingeschriebene Sendung erfolgen,
- zusätzliche Wertdeklaration
- sowie Versiegelung oder Plombierung der Sendung.
- Außerdem sind die Bestimmungen der Transportversicherer einzuhalten.

Kreditinstitute, die selbst Geldtransporte durchführen, haben in Deutschland die →UVV „Kassen" (§ 36) zu beachten. Für alle gewerblichen Geldtransporte sind die →UVV „Wach- und Sicherungsdienste" und hier vor allem die „Besonderen Bestimmungen für Geldtransporte". Der Wortlaut der Vorschrift befindet sich auf der Website „Präventionsrecht-online" unter der Internetadresse (→http://www.pr-o.info/makeframe.asp?url=bc/uvv/68/24.htm. (allgemein zu den berufsgenossenschaftlichen Vorschriften: →BGV).

Bei Werttransporten gilt ein spezielles Augenmerk den Warenumschlagplätzen, wie

- nicht auf offenen, voll einsehbaren Straßen und Plätzen
- spezielle Anlieferkojen über Schleuseneingänge (für Fahrzeuge),
- Schleusen (für Fahrzeuge)
- Diskretschalter (Post, Bahn, Geldboten).

Bei periodischen Werttransporten sollten die Fahrrouten, Fahrzeuge, Fahrzeiten etc. nach Möglichkeit variieren.

(Letzte Änderung: 12.7.2006)

(Burkhalter)

Widerstandseinheit (WE)

(englisch: Resistance unit – RU): Kennzahl für den Widerstandswert von Produkten des Geldschrank- und Tresorbaus zum Schutze gegen Einbruchdiebstahl. Der Widerstandswert von →Wertschutzschränken, Wertschutzschränken für →Geldautomat und →Wertschutzräumen wird mit Widerstandseinheiten (WE) gekennzeichnet, die bei der Typprüfung mit der optimalen Werkzeugkombination von mechanisch und/oder thermisch wirkenden Angriffswerkzeugen ermittelt werden.

(Letzte Änderung: 10.5.2002)

(Reingen)

Widerstandsklasse

Siehe auch einbruchhemmende Tür.

Die Definition der Barrierewirkung unterschiedlichster Sicherungen steht in direktem Verhältnis zu den unterstellten Angriffsmitteln. Dabei sind sowohl die verwendeten Angriffswerkzeuge als auch das Fachwissen sowie die Intensität des Vorgehens der Täter zu berücksichtigen. Zur effizienten Anwendung von Sicherungsmitteln ist es erforderlich, deren →Widerstandswert in Abhängigkeit unterschiedlichster Angriffsszenarien zu kennen. Dazu muss eine Widerstandsklasseneinteilung vorgenommen werden, die üblicherweise verwendete Werkzeuggruppen einem bestimmten Täterverhalten zuordnet.

Diese Einteilung kann nur auf Erfahrungswerten beruhen. Sie gibt jedoch praktische Hinweise auf das Auslegen und Betrachten von mechanischen Barrieren im einzelnen Anwendungsfall.

Klasse I: Täter, welche spontan und ohne Vorbereitung zur Tat schreiten – Gelegenheitstäter – Einsatz körperlicher Gewalt

Klasse II: Täter, die mit unauffälligen und leicht transportablen Werkzeugen ihre Tat ohne

Zuordnung der Werkzeuge zu den Angriffsklassen	
Werkzeug klasse	**Angriffsart/Werkzeuge**
I	Körperliche Gewalt
II	Leichte Werkzeuge Zangen, Schraubendreher Durchschläge, Meißel Handsäge Schraubenschlüssel Brechstange bis 1200 mm Feuerwehraxt, Beil Hammer bis 5 kg
III	Mittlere Werkzeuge Stichsäge, Bohrmaschine batteriebetrieben (12V) Handbohrmaschine, Schlagbohrmaschine (220 V) Stichsäge (220 V), Winkelschleifer bis 300 mm Durchm., Elektrohammer (220 V) Schneidbrenner Hydraulikgerät bis 200 kN Kernbohrgerät 2.2 kW, 152 mm (220 V)
IV	Schwere Werkzeuge Sauerstoff-Kernlanze, Minilanze 6 mm Durchmesser Sauerstoff-Kernlanze 3/8" Kernbohrgerät bis 11 kW, 400 mm Durchmesser (380 V) Diamant-Trennscheibe
V	Sprengstoff

größere Planung ausführen – geringe kriminelle Energie – Einsatz leichter Werkzeuge
Klasse III: Täter, die mit aufwändigen, jedoch noch gut transportablen Werkzeugen und planerischer Vorbereitung vorgehen – hohe kriminelle Energie – Einsatz mittlerer Werkzeuge
Klasse IV: Täter, die unter Einsatz hochwirksamer Werkzeuge ihre Tat von langer Hand mit großem Fachwissen planen, – „Profis" – Einsatz schwerer Werkzeuge
Klasse V: Täter, die keinen Einsatz scheuen und mit den effektivsten Mitteln ihr Ziel verfolgen – Terroristen – Einsatz von Sprengstoff

(Beck)

Widerstandswert

Siehe auch Widerstandsklassen.

Widerstandswert (auch Widerstandszeitwert) ist – als Vergleichswert – die Zeit in Minuten, die eine mechanische Schutzeinrichtung einem definierten, gewaltsamen Angriff Widerstand entgegensetzt. Der Widerstandswert wird grundsätzlich durch praktische Versuche ermittelt. Bei Schutzeinrichtungen, die hintereinander angeordnet sind, kann er durch Addition der Widerstandswerte der einzelnen Einrichtungen errechnet werden.
Der Widerstandswert soll hilfeleistenden Kräften (z.B. Polizei, Werkschutz) ermöglichen, im Zeitraum zwischen Beginn eines Angriffs auf eine mechanische Schutzeinrichtung (Voraussetzung: sofortige Detektion des Angriffs und Alarmierung der hilfeleistenden Kräfte!) und möglichem Erfolg dieses Angriffs „vor Ort" zu kommen und den Erfolg zu verhindern.

(Meißner)

Widerstandszeitwert

Siehe Widerstandswert.

Wiederanlauf

Siehe Backup, Disaster Recovery, Sicherheitssoftware.

Wiegand-Codierung

Siehe Ausweis.

Wilful Act (auch Willful Act)

Mit „Wilful Act" wird die Signatur-Abschlussaktion bei der Abgabe einer digitalen Unterschrift bezeichnet, also das Auslösen der →digitalen Signatur. Im Regelfall wird dies durch die →PIN des Benutzers realisiert, welche dieser im allgemeinen bei jeder Signatur dediziert einzugeben hat. Da dies unter Umständen bei Vielsignierern nicht ergonomisch ist, versucht man derzeit in Forschungsprojekten andere Lösungen zu finden. So entsteht etwa unter der Federführung des Fraunhofer Instituts für Sichere Telekooperation ein mobiles Signiergerät (Trusted Pocket Signer), bei welchem der Wilful Act durch Eingabe einer Unterschrift bzw. Paraphe durchgeführt wird, welche mittels →biometrischer Handschrifterkennung geprüft wird.

(Neu aufgenommen am 5.5.2004)

(Rosmus)

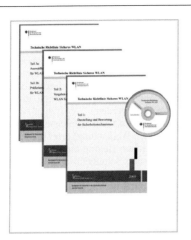

Wirkfläche (Sprinkler)

Siehe Sprinkleranlage.

WLAN

Siehe auch Bluetooth, IT-Sicherheit, WEP

Die Abkürzung WLAN steht für Wireless Local Area Networks. Es handelt sich hierbei um eine Bezeichnung für ein lokales Netzwerk auf Funkbasis. Der WLAN-Standard geht bis in das Jahr 1990 zurück. Damals wurde erstmals in einer IEEE-Arbeitsgruppe (IEEE = Institute of Electrical and Electronics Engineers, ein Normungsgremium für elektrische und elektronische Verfahren) unter dem Titel „Wireless Local Area Network" ein Standard für Zugriffsverfahren und physikalische Kommunikationsschicht schnurloser LANs definiert. Aus diesen Festlegungen wurde der Standard IEEE 802.11. Er enthält grundlegende Festlegungen für WLANs bezüglich der OSI-Schichten 1 (Physical Layer) und 2 (MAC-Layer). Der Standard unterstützt neben Infrarot zwei unterschiedliche Funkverfahren, Direkt-Sequence und Frequency-Hopping. Die gängigsten WLAN-Komponenten, die heute am Markt vertreten sind, folgen dem IEEE 802.11g-Standard. Die wichtigsten Eckpunkte dieses Standards sind: Übertragungsband 2,4 GHz, 13 Übertragungskanäle, Übertragungsverfahren CSMA/CA (Carrier Sense Multiple Access with Collision Avoidance) und Bandbreite im Normalfall bis 54 Mbit/s. Neben dem IEEE 802.11 Standard existieren noch weitere Standards, die sich mit Funkübertragung befassen:

- IEEE 802.15 Wireless-Personal-Area-Networks (WPAN, dahinter verbirgt sich die →Bluetooth-Technologie)
- HomeRF Die Schwächen des IEEE – 802.11 versucht der HomeRF-Standard (RF = Radio Frequency) auszugleichen. Er erlaubt parallel zum Datenverkehr die synchrone Übertragung von Sprach- bzw. Multimediapaketen. Die ersten HomeRF-Komponenten erreichten nur Übertragungsraten von max. 2 MBit, die Spezifikation erlaubt zwischenzeitlich allerdings Übertragungsraten bis 10 Mbits/s. HomeRF ist vor allem in den USA verbreitet.
- IEEE 802.16 Wireless-Metropolitan-Area-Networks

Eine Zusammenführung dieser Standards war Anfang 2005 zwar geplant, aber noch in weiter Ferne. Im Wesentlichen unterscheiden sie sich in der Definition der Quality-of-Service für Sprache, Daten und Multimediaübertragungen sowie in der Reichweite. In der Regel werden Funk-Netze im Infrastruktur-Modus – dem so genannten Access Point oder kurz AP – betrieben. Die Kommunikation zwischen den Clients wird dabei über eine zentrale Funkbrücke eingerichtet und gesteuert. Über die zentrale Funkbrücke kann auch eine Kopplung mit einem drahtgebundenen Netz erfolgen, beispielsweise mit dem Festnetz des Telefonanbieters. In Hotels, Flughäfen findet man WLANs in Form von Hotspots. Mit WLANs können Reichweiten in Gebäuden von 10 – 150 m überbrückt werden, bei einer gerichteten Übertragung werden bis zu 15 km erreicht. Eine der häufigsten beschriebenen Gefahren ist das Ausspionieren und Ausspähen von WLAN-Funknetzen. Im Internet stehen hierzu kostenlose Cracker-Tools zur Verfügung, mit denen selbst Laien auf recht einfache Art und Weise Mängel in WLANs aufdecken können. Das hierzu im Standard festgelegt Verschlüsselungsverfahren Wired Equivalent Privacy (→WEP), das Verschlüsselung mit 64 und 128 Bit bietet, gilt nicht als sicher. Dessen Nachfolger WPA und WPA2 (Wi-Fi Protected Access) arbeitet ebenfalls mit diesen Schlüssellängen, generiert aber in vordefinierten Abständen neue Schlüssel. Einen wirksamen Schutz vor Kompromittierung bietet in diesem Zusammenhang die →VPN Technologie.

(Letzte Änderung: 18.7.2006)

(Ernestus/Pausch)

Würmer

Siehe auch Malware (mit weiteren Verweisen), IT-Sicherheit (mit weiteren Verweisen), Viren

Ein Wurm ist ein sich selbst in mindestens einen anderen Rechner oder in ein Netz kopierendes (eigenständig ablauffähiges) Programm. Vgl. dagegen einen Virus, der kein vollständiges, ablauffähiges Programm darstellt und daher auf ein sog. Wirtsprogramm angewiesen ist. (→Viren)

(Neu aufgenommen am 11.7.2000)

(Prof. Pohl)

X

X.25

Siehe Datex-P / X25 / X31

X.31

Siehe Datex-P / X25 / X31

3

Was bedeuten die blauen Textstellen?

Dieses Lexikon ist ein genaues Abbild des Basislexikons in
http://www.secumedia.de/sija
Alle hier blau gedruckten Verweise sind dort Links. Im Internet müssen Sie also nur auf die Verweise klicken und sind sofort an der richtigen Textstelle. Ein Passwort für den Zugang finden Sie als Käufer des Sicherheits-Jahrbuchs auf dem gelben Karton hinten im Buch.

Z

Zaunsystem

Siehe auch Freilandschutz, Infrarot-Teleskop, Mauerkronensicherung, Mikrowellendetektor, pneumatischer Druckdifferenzialdruckmelder.

Zaunsysteme sind Sicherheitsmaßnahmen im freien Gelände vor einem zu schützenden Objekt. Sie bestehen aus mechanisch/baulichen Elementen, den Barrierenelementen oder Perimeterbarrieren, und sind bei erhöhtem Sicherheitsbedarf kombiniert mit Detektions- sowie Beobachtungs- und Identifikationssystemen.

Die baulichen Maßnahmen dienen der Abschreckung, Verzögerung oder Verhinderung von Eindringversuchen. Bezüglich Untergraben, Unterkriechen, Durchdringen, Überklettern werden Widerstandswerte spezifiziert (im Bereich einige zehn Sekunden bis Minuten), gegen Fahrzeugdurchbrüche sind verhindernde Maßnahmen spezifizierbar.

Die Detektionssysteme dienen der Frühwarnung, der Detektion von eindringenden Personen oder Fahrzeugen und/oder Außerbetriebsetzungsversuchen an den Systemen selber. Diese sind z. T. getarnt, oder aber gerade gut sichtbar und abschreckend wirkend. Entscheidende, zu spezifizierende Eigenschaften sind die maximal zulässige Fehlalarmrate (Anzahl →Falsch- und Täuschungsalarme pro Zaunlängen- und Zeiteinheit), die minimale Ansprechempfindlichkeit, bzw. Detektionswahrscheinlichkeit, der minimale Widerstandswert bezüglich Außerbetriebsetzungsversuchen sowie die →Verfügbarkeit des Systems.

Als Barrierenelemente dienen Mauern, massive Zäune, Drahtzäune, Stacheldrahthindernisse, Übersteigschutzeinrichtungen, topographische Hindernisse, Fahrzeugbarrieren (Gräben, Mauern, Geländesprünge, Betonblocks, Pfosten, Planken etc.), diverse Torarten sowie Barrieren in und unter dem Wasser.

Detektionssysteme sind entweder Bodensensoren (→pneumatischer Druckdifferenzialdruckmelder), Zaunsensoren oder freistehende Sensoren, wobei als physikalisches Wirkprinzip einerseits die Ausbreitung von Wellen aller Art (Schall, Druck, Licht, Mikrowellen etc.), sowie deren Laufzeit, Frequenzverschiebung (→Dopplereffekt) oder Intensitätsveränderung etc. für berührungslos arbeitende Systeme verwendet werden. Andere Prinzipien bedürfen direkter Einwirkung: Drücke, Kräfte, Biege- und Scher-Beanspruchung betätigen elektrische oder pneumatische Schalter, beeinflussen elektrische, pneumatische oder hydraulische Wandler oder trennen elektrische oder optische Leiter auf.

Folgende Faustregeln sind zu beachten:

- Je größer die Ansprechempfindlichkeit, desto größer ist die zu erwartende Fehl- und Täuschungsalarmrate. Bei zu großer Fehlalarmrate ist ein System wertlos.
- Jedes Detektionssystem kann mit entsprechendem Aufwand umgangen oder außer Betrieb gesetzt werden. Besser als teure, aber nur teilweise perfekte Systeme sind einfachere aber gleichmäßige Zaunsysteme ohne Schwachstellen.

(Oberhänsli)

Zeitgesteuerte Schalteinrichtung

Siehe auch Scharfschalteinrichtung.

Schalteinrichtung, bei der die Betätigungsberechtigung nur für vorbestimmte Zeitspannen freigegeben wird, innerhalb der weitere Schaltvorgänge durchgeführt werden können.

(Letzte Änderung: 10.5.2004)

(Definition nach DIN VDE 0833-3)

Zeitschloss

Siehe auch Elektronische Schließsysteme, Panzerschrank, Panzertür, Wertschutzraum, Wertschutzschrank

Das Zeitschloss ist eine Sperreinrichtung, die über mechanische oder elektronische Uhrwerke betätigt wird. Der Einbau erfolgt in der Regel auf der Innenseite von Tresorraum- oder Geldschranktüren. Mit dem Verriegeln der Tür wird die Sperrung wirksam, und die Tür kann erst nach Ablauf der eingestellten Sperrzeit geöffnet werden.

(Letzte Änderung: 27.4.2004)

(nach VdS)

Zeitstempel

Siehe auch Digitale Signatur, IT-Sicherheit (mit weiteren Verweisen), PKI

Ergänzung einer Nachricht durch vertrauenswürdige Angabe einer Zeit – z.B. den der Generierung des Dokuments oder seines Empfangs – ggf. ergänzt durch das Datum (Da-

tumskennung – date stamp): Die Vertrauenswürdigkeit wird durch digitale Signierung der Kombination aus Dokument und Zeitangabe erreicht.
Temporal Data Authority (TDA): Generierung eines *temporal data token*: Kombination von Datum/Uhrzeit und Ereignis (z.B. Vorlage eines Dokuments). Eine TDA ist unverzichtbar in PKI-Installationen und im electronic commerce.
Time Stamping Authority (TSA): Eine vertrauenswürdige Instanz (→Trust Center), die einen Zeitstempeldienst anbietet [ISO/IEC JTC 1/SC 27 N 2439]. Generierung eines *time stamp token*: Datum/Uhrzeit. Die Vertrauenswürdigkeit wird durch digitale Signierung der Angabe von Datum/Uhrzeit erreicht.
Der Begriff Time Stamping Authority wird auch als Oberbegriff für TDA und TSA benutzt.
(Neu aufgenommen am 11.7.2000)

(Prof. Pohl)

Zeitverletzungsalarm

Siehe Zutrittskontrolle.

Zeitverschlusssysteme

Siehe auch UVV Kassen (mit weiteren Verweisen).
Begriff aus der Berufsgenossenschaftlichen Vorschrift „UVV Kassen" (BGV C9/GUV-V C9) der gesetzlichen Unfallversicherer in Deutschland.
Zeitverschlussbehältnisse werden in Kreditinstituten eingesetzt, wo die →UVV „Kassen" die Einhaltung bestimmter Sperrzeiten verlangt. Sie müssen durchbruchhemmend ausgeführt sein, sodass vor Ablauf der Sperrzeit ein Öffnen auf einfache Weise nicht möglich ist. Sie müssen so eingebaut oder aufgestellt sein, dass Unbefugten ein unmittelbarer Einblick und eine Wegnahme verwehrt ist. Die Zeitverschlusssysteme müssen für die verschiedenen Anwendungsfälle programmierbar sein. Programmierte Sperrzeiten dürfen nicht auf einfache Weise verändert werden können (also zum Beispiel nur mit speziellen Schlüsseln oder nach Entfernen von Verkleidungen mit Werkzeug).
In den Durchführungsanweisungen zu § 32 der UVV „Kassen" werden in einer umfangreichen Tabelle – abhängig von den jeweils realisierten Sicherungen – die Höchstbeträge und Sperrzeiten für zeitverzögerte Tagestresore, für Behältnisse mit zeitlich gestaffelter Betragsfreigabe und für Beschäftigtenbediente Banknotenautomaten (→BBA) festgelegt. Die vollständige Tabelle ist beim Stichwort →UVV Kassen wiedergegeben.
(Letzte Änderung: 16.8.2006)

(Hohl)

3

Zellentür

Siehe Haftraumtür.

Zentrale

Siehe auch Alarmzentrale, Notrufzentrale.
Gesamtheit der Einrichtungen, die Informationen der →Gefahrenmeldeanlage (GMA) erfassen und daraus Meldungen bilden.
(Letzte Änderung: 10.5.2004)

(Definition nach DIN VDE 0833-1)

Zentralschlossanlage

Siehe Schließanlage.

Zertifizierung, Zertifizierungsstelle

Siehe auch BSI, Common Criteria (CC), European Certification Board·Security Systems (ECB·S), European Security Systems Association (ESSA) / früher Forschungs- und Prüfgemeinschaft, Evaluierung, ITSEC, IT-Sicherheit, IT-Sicherheitszertifizierung, Re-Zertifizierung (IT), VdS.
Zertifizierung ist die Maßnahme durch einen unparteiischen Dritten, die aufzeigt, dass angemessenes Vertrauen besteht, dass ein ordnungsgemäß bezeichnetes Erzeugnis, Verfahren oder eine ordnungsgemäß bezeichnete Dienstleistung in Übereinstimmung mit einer bestimmten Norm oder einem bestimmten anderen normativen Dokument ist (EN 45011 Allgemeine Anforderungen an Stellen, die Produktzertifizierungssysteme betreiben).
Zertifizierungsstellen für öffentliche Schlüssel im Zusammenhang mit digitalen Signaturen: →Trust Center
(Letzte Änderung: 21.6.2002)

(Dr. Schneider)

Zertifizierungsmarke

Siehe auch Datensicherungsraum/-schrank, VdS-Kennzeichen, Wertschutzraum, Wertschutzschrank.

Zertifizierungsmarken (frühere Bezeichnung: „Prüfvermerk") werden in Form von Metallschildern an gütegesicherten Erzeugnissen des Geldschrank- und Tresorbaus angebracht (siehe Abbildungen). Das Recht zum Führen der jeweiligen Zertifizierungsmarke wird vom →European Certification Board·Security Systems (ECB·S), dem Zertifizierungsorgan der European Security Systems Association ESSA (früher Forschungs- und Prüfgemeinschaft Geldschränke und Tresoranlagen e.V.) (Zertifizierungsstelle nach EN 45011) nur Unternehmen verliehen, deren Erzeugnisse nach den relevanten Europäischen Normen hergestellt werden. Die Zertifizierungsmarke weist folgende Angaben aus:

- Fortlaufende Nummerierung (Cert.mark No.), die nur vom →European Certification Board·Security Systems (ECB·S) eingestanzt wird, um Missbräuche auszuschließen. Der Hersteller ist auch noch nach Jahren zu identifizieren.
- Widerstandsgrad (z.B. bei →Wertschutzschränken 0, I, II, III, IV, V, VI etc. sowie Wertschutzraumtüren und Wertschutzraumwandungen (→Wertschutzraum) 0, I,

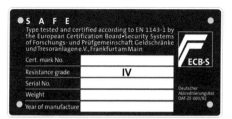

SAFE
Type tested and certified according to EN 1143-1 by the European Certification Board•Security Systems of Forschungs- und Prüfgemeinschaft Geldschränke und Tresoranlagen e.V., Frankfurt am Main
Cert. mark No.
Resistance grade IV
Serial No.
Weight
Year of manufacture
ECB·S
Deutscher AkkreditierungsRat DAT-ZE-003/92

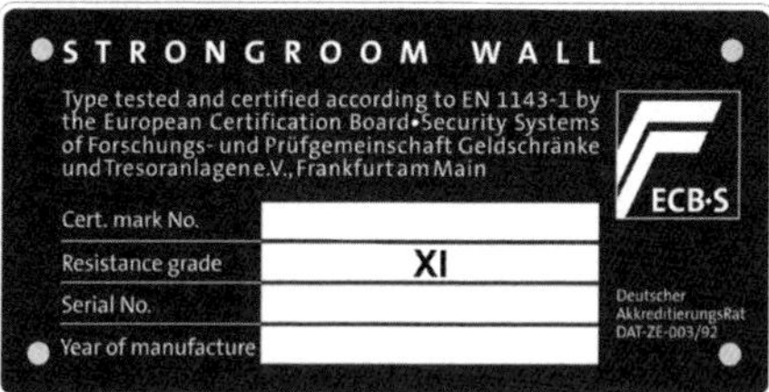

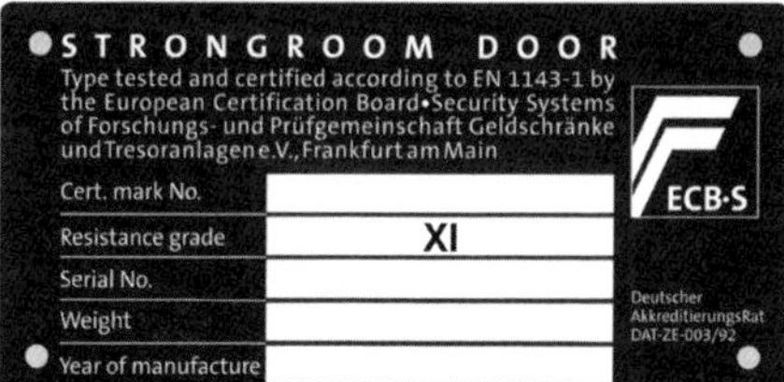

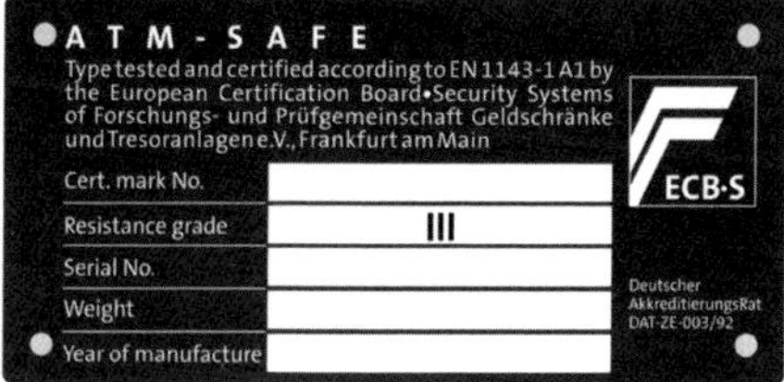

II, III, IV, V, VI, VII ... XII oder XIII) oder Güteklasse (z.B. bei →Datensicherungsschränken S 60 D oder S 120 D, S 60 DIS oder S 120 DIS, S 60 P oder S 120 P)
- Typgeprüft und zertifiziert durch den →European Certification Board·Security Systems (ECB·S) nach den jeweiligen Europäischen Normen (z.B. EN 1143-1 für Wertschutzschränke (Widerstandsgrade 0, I bis VI) und Wertschutzräume (Widerstandsgrade 0, I, II bis XIII) oder EN 1047-1 für Datensicherungsschränke).

Die an den Erzeugnissen sichtbar angebrachte Zertifizierungsmarke bietet unter anderem die Gewähr für folgende Tatbestände:
- Die Prüfung des Herstellerunternehmens durch ein ECB·S-anerkanntes Prüflabor ergab, dass eine den Europäischen Normen entsprechende Fertigung gewährleistet ist.
- Das so gekennzeichnete Erzeugnis hat mit Erfolg die vorgeschriebenen objektiven, reproduzierbaren Typprüfungen z.B. nach EN 1143-1, EN 1047-1 in einem ECB·S-anerkannten Prüflabor bestanden.
- Die laufende Überwachung der Produktion auf Einhaltung der Bedingungen durch ein ECB·S-anerkanntes Prüflabor ist gegeben.

Die Zertifizierungsmarke kennzeichnet ein lückenloses System der Güteüberwachung. Bei festgestellten Verstößen tritt ein mehrstufiger rigoroser Katalog von Maßnahmen in Kraft, die im Entzug der Zertifizierung und der Zertifizierungsmarke gipfeln.
(Letzte Änderung: 15.7.2006)

(Reingen)

ZGS

Zentrale Geschäftsstelle der Polizeilichen Kriminalprävention der Länder und des Bundes Kurzbeschrieb und Anschrift →Behörden, Verbände, Institutionen. Weitere Einrichtungen sind KPK (Kommission Polizeiliche Kriminalprävention) und PL (Projektleitung)

Ziehmethode

Siehe Ziehwerkzeug.

Ziehwerkzeug

Siehe auch Schließzylinder, Schutzbeschlag, Zylinderabdeckung.

Notöffnungsgerät für Schlüsseldienste, Polizei, Feuerwehr usw., das im Prinzip schon seit Jahrzehnten bekannt ist.
Neuere Versionen meist in Komplett-Ausstattung in unterschiedlichen Ausführungen („Einsatz-Koffer“). Passend für die gängigen Zylinderformen.

Ganzstahlzylinder – Schutz auch gegen Ziehwerkzeug. (Foto: DOM)

Bestandteile des Gerätes meist:
- Ziehschraube, gehärtet, selbstschneidend
- Abstützung (Abdrückvorrichtung) als Zugplatte mit Abstands-Hubschrauben, als Zugglocke oder auch als Rohrzugzylinder
- Zugspindel zur Betätigung mit Schraubenschlüssel, oder Drehgriff/Hebel

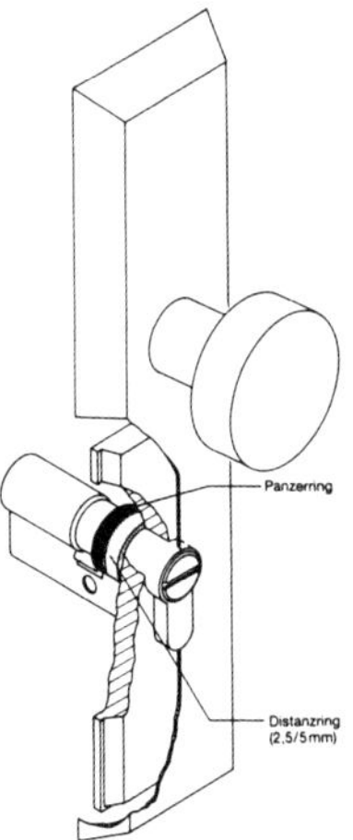

Auch die Fixierung eines Zylinders zwischen Schlossdecke und Außen-Sicherheitsbeschlag mit Panzerring und Ausgleichsringen sichert gegen Herausziehen des Zylinders.

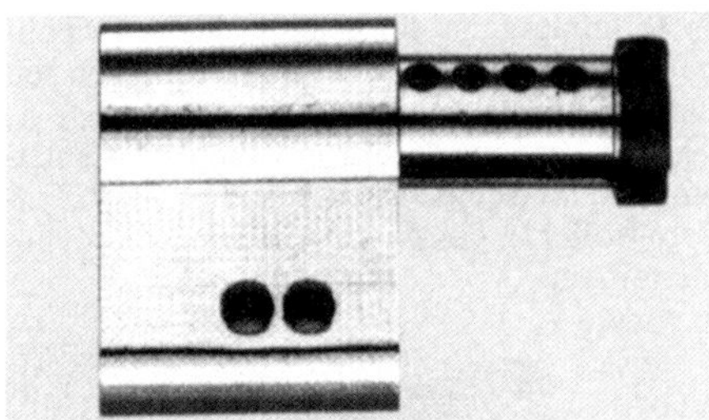

Zylinderkern mit Flansch, der von innen in das Zylindergehäuse gesteckt wird. Er kann mit Ziehwerkzeug nicht nach außen herausgezogen werden. (Foto:KESO)

Anwendung:
Die sogenannte Zugschraube wird in den Kern (Rotor) des Schließzylinders selbstschneidend eingeschraubt. Sodann wird die Zugschraube mit Hilfe der Zugplatte über Hubschrauben bzw. mit Hilfe eines Rohrzugzylinders über die Spindel bzw. den Drehgriff angezogen, und so versucht, den Zylinder-Kern oder die äußere Zylinderhälfte einschl. Kern herauszuziehen. Diese Methode wird auch stark vereinfacht und daher irreführend als „Korkenzieher-Methode" bezeichnet.
Maßnahmen gegen unbefugte Benutzung des Gerätes/Effektes:
Schließzylinder mit hochwertigem Bohrschutz in den betroffenen Zonen widerstehen meist dem Zugversuch, weil die starken Bohrschutz-Einlagen die Ziehschraube sowohl beschädigen als auch ablenken; sie reißt beim Ziehversuch aus oder bricht ab.
Verstärkungen und Verbindungen an den Schließkern-Enden oder/und seitliche, oft in den Kernbereich eingreifende Haltebolzen oder -Backen erschweren das Herausziehen von Kern und Gehäuse.
Schutzkappen mit drehbaren Kernschutz-Scheiben (Schlüsseleinführung), die den Zylinder außen ganz umfassen und abdecken, oder im Schutzbeschlag verankerte Schutzkappen mit drehbaren Kernschutzscheiben (Zylinder wird frontseitig ganz abgedeckt), bieten maximalen Schutz.
Zum Teil wird der Zylinderkern auch mit Sollbruchstellen versehen. Einsatz von Schutzrosetten mit Ziehschutz wie beim Beschlag. Äußerst wirkungsvoll sind auch Ganzstahl-Zylinder mit speziellem Eingerichte und komplizierten Halmschlüsseln oder Zylinderkerne mit Flansch auf der Innenseite, der das Herausziehen verhindert.

(Elsen)

ZKZ
Siehe Zutrittskontroll-Zentrale.

Zonenwechselkontrolle
Siehe Zutrittskontrolle.

Zündquelle
Auch Zündinitial genannt. Energieträger, der (bei mehrfacher Energieumwandlung als letzter) die für die Zündung eines brennbaren Systems erforderliche Temperatur hervorruft. Praktisch mögliche Zündquellen sind unter bestimmten Umständen alle Wärmequellen, wie offene Flammen, Glut, Funken, elektrischer Lichtbogen, heiße Flächen, Lichtimpulse, Eigentemperatur, Selbsterwärmung, Hitzestau und anderes. Die für unterschiedliche Bedingungen und nach unterschiedlichen Normen bzw. Kriterien bestimmten notwendigen Zündenergien beziehen sich nahezu ausschließlich auf den untersuchten reinen Stoff. Unter praktischen Bedingungen ist zu beachten, dass häufig als erster brennbarer Stoff die Verpackung o.Ä. in Brand gerät. Diese brennende Verpackung wiederum ist als eine sehr energiereiche Zündquelle zu betrachten, die vielfach von den labormäßig für den zu untersuchenden/zu bewertenden Stoff ermittelten Zündquellen abweicht und dadurch zu verändertem Zünd- und/oder Abbrandverhalten der Stoffe führen kann.
(Letzte Änderung: 8.7.98)

(Prof. Beilicke)

Zugangsebene (ZE)
Zusammenfassung bestimmter Teile oder Funktionen einer EMA, die nur für bestimmte Personen zugänglich sind.
(Neu aufgenommen am 20.5.2002)

(Definition: VdS)

Zugangskontrolldiensteschutzgesetz
Siehe auch IT-Sicherheit (mit weiteren Verweisen)

Der Missbrauch von kostenpflichtigen TV- und Internet-Diensten durch Umgehung von technischen Sicherungen nimmt immer mehr zu, die Verfolgung gestaltet sich aber als äußerst schwierig, da die „Schwarznutzer" meist durch ihre Privatsphäre und den Datenschutz vor Verfolgung relativ sicher sind. Daher ist es notwendig, bereits die Vertriebswege von Tools zur illegalen Nutzung von Bezahldiensten einzudämmen, wie dies das seit 23.3.2002 das →Zugangskontrolldiensteschutzgesetz (http://www.kanzlei.de/zkdsg.htm) mit der Bestrafung u.a. des Besitzes, der Verbreitung und der Herstellung von solchen Tools zu gewerblichen Zwecken getan hat. Vom Wortlaut des Gesetzes werden auch Security Consultants erfasst (→Intrusion Detection System, →Tiger-Teams). Sie handeln aber nach Meinung der Bundesregierung nicht tatbestandsmäßig.
(Neu aufgenommen am 7.5.2004)

(Emmert)

Zugangskontrolle

Siehe Zutrittskontrolle.

Zugangszone

Siehe Zutrittskontrolle.

Zugriffsschutz (IT)

Siehe auch Honeypot, IT-Sicherheit (mit weiteren Verweisen), Model Driven Security, Passwort, Sicherheitssoftware.

Für die Informationstechnik (Datenverarbeitungs-, Kommunikations- und Bürotechnik) getroffene administrative und technische Vorkehrungen, die gewährleisten, dass nur berechtigten Personen ein angestrebter Zugriff gestattet wird und dass ein bestimmtes/definiertes Maß der →Vertraulichkeit, →Integrität und →Verfügbarkeit von automatisiert zu bearbeitenden Informationen sichergestellt ist.
(Neu aufgenommen am 1.5.2004)

(Meißner)

Zuhaltung

Siehe Elektromechanische Zuhaltung, Scheibenzuhaltung, Schließzylinder, Schloss (mit weiteren Verweisen), Stiftzuhaltung, Zuhaltungsschloss

Zuhaltungsschloss

Siehe auch Schließanlage, Schloss.

Buntbartschloss: Schloss mit nur einer Sperrzuhaltung, die durch den Schlüsselbart so an-

Buntbartformen

Nutenbartformen

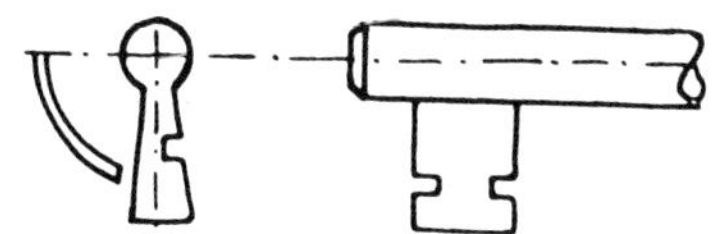

Reifen

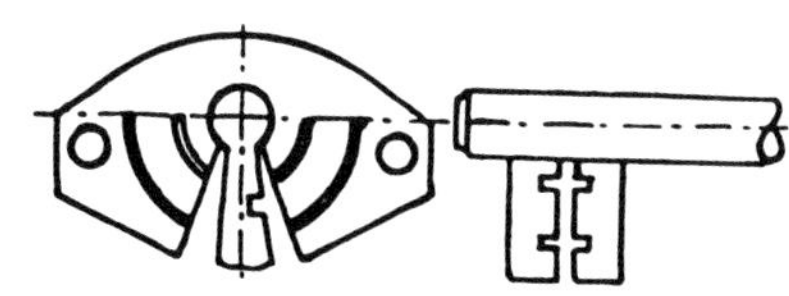

Besatzung

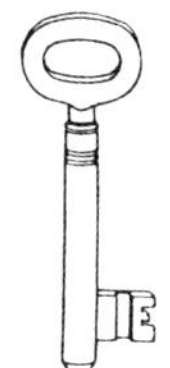

Tosisch imitiert

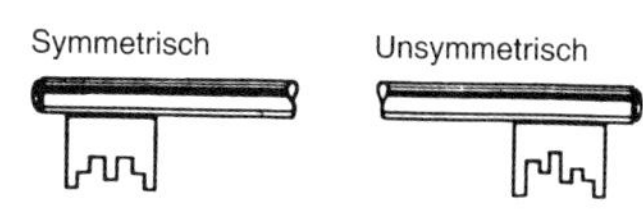

Gestufte Schlüsselbärte

3

gehoben wird, dass der Riegel bewegt werden kann. Der Riegel wird durch ein- oder zweimaliges Drehen des Schlüssels (1- oder 2tourig) vorgeschlossen. Beim Buntbartschloss besteht die Variationsmöglichkeit in der Anzahl der unterschiedlichen Schlüsselbartformen.

Reifen, Besatzung, Tosisch imitiert: Eine scheinbare Verbesserung in Richtung Sicherheit charakterisieren im Schlosskasten eingebaute, starre Elemente, welche mit entsprechenden Ausnehmungen in den Schlüsseln korrespondieren.

Zuhaltungsschloss (Chubb-Schloss, Tosisches Schloss): Schloss mit mehreren Sperrzuhaltungen, die durch den gestuften Schlüsselbart so angehoben werden, dass der Riegel bewegt werden kann. Der Riegel wird im Regelfall durch zweimaliges Drehen des Schlüssels (2tourig) vorgeschlossen. Beim Zuhaltungsschloss besteht die Variationsmöglichkeit in der Anzahl der unterschiedlichen Schlüsselbartformen und in den unterschiedlichen Einschnitten des Schlüsselbartes.

Einsteckschlösser mit nur einer Sperrzuhaltung (Buntbartschlösser) stellen die einfachste Konstruktion dar und haben keinen Anspruch auf Sicherheit.

Mehrzuhaltungsschlösser sollten über mindestens 2000 Schließvariationen verfügen und konstruktive Merkmale aufweisen, welche Nachsperrversuche verhindern oder wesentlich erschweren.

Einsatzmöglichkeit: Buntbartschlösser mit einer Sperrzuhaltung in Zwischentüren ohne Sicherheitsanspruch. Mehrzuhaltungsschlösser, wie beschrieben, sind als Sicherheitsschlösser einzustufen.

Zubehör: Einbausicherungen mit Kreuzbartschlüssel können in vorhandene Buntbartschlösser eingebaut werden, wodurch die Nachsperrsicherung deutlich erhöht wird.

Ob das Schloss tatsächlich sicherer wurde, hängt auch von der Riegelfestigkeit ab. Achtung: Sogenannte „Schlüssellochsperren“ oder „Steckschlösser“ (nur 1 Bart) erhöhen die Sicherheit kaum.

Einschlägige Vorschriften und Richtlinien:

DIN EN 12209, Schlösser und Baubeschläge – Schlösser – Mechanisch betätigte Schlösser und Schließbleche – Anforderungen und Prüfverfahren

DIN 18251-1, Schlösser: Einsteckschlösser, Teil 1: Einsteckschlösser für gefälzte Türen

DIN 18251-2, Schlösser: Einsteckschlösser, Teil 2: Einsteckschlösser für Rohrrahmentüren

DIN 18251-3, Schlösser, Einsteckschlösser, Teil 3: Einsteckschlösser als Mehrfachverriegelung

DIN 18250, Schlösser, Einsteckschlösser für Feuerschutz- und Rauchschutztüren

DIN V ENV 1627 bis 1630 (früher DIN V 18103 u.a.): Einbruchhemmende Fenster, Türen und zusätzliche Abschlüsse.

ÖNORM B 5350, Türschlösser, Einsteckschlösser und Schließbleche, Maße und zusätzliche Anforderungen

ÖNORM B 5351, Einbruchhemmende Baubeschläge – Schlösser, Schließbleche, Schutzbeschläge und Schließzylinder, Maße und Zusatzanforderungen

ÖNORM B 5338, Einbruchhemmende Fenster, Türen und zusätzliche Abschlüsse – Allgemeine Festlegungen

(Letzte Änderung: 13.7.2006)

(Kornhofer)

Zulassung, allgemeine bauaufsichtliche

Siehe auch Bauregelliste, Nachweise, bauaufsichtlich geforderte, Konformitätsnachweis, Übereinstimmungszeichen-Verordnung

Allgemeine bauaufsichtliche Zulassungen sind Verwendbarkeitsnachweise für nicht geregelte Baustoffe, Bauteile und Bauarten. Sie werden auch als Verwendbarkeitsnachweise bei wesentlichen Abweichungen von technischen Regeln gefordert, soweit nicht allgemeine bauaufsichtliche Prüfzeugnisse vorgeschrieben sind.

Die obersten Baubehörden der Länder der Bundesrepublik Deutschland haben die Zuständigkeit für die Erteilung allgemeiner (d. h. in allen Bundesländern geltender) bauaufsichtlicher Zulassungen im Jahre 1968 dem Deutschen Institut für Bautechnik (→DIBt) übertragen.

Zur Zulassung werden in § 18 MBO 2002 ausführliche Angaben gemacht (hier gekürzt):

1. Das →DIBt erteilt eine allgemeine bauaufsichtliche Zulassung für nicht geregelte Bauprodukte, wenn deren Verwendbarkeit nachgewiesen ist.
2. Die zur Begründung eines Antrags erforderlichen Unterlagen sind beizufügen. Soweit erforderlich sind Probestücke vom Antragsteller zur Verfügung zu stellen oder durch Sachverständige zu entnehmen.

3.. Das →DIBt kann für die Durchführung der Prüfung die sachverständige Stelle und für Probeausführungen die Ausführungsstelle vorschreiben.
4. Die allgemeine bauaufsichtliche Zulassung wird widerruflich und für eine befristete Zeit erteilt, die in der Regel fünf Jahre beträgt.... Sie kann auf schriftlichen Antrag in der Regel um fünf Jahre verlängert werden (auch mehrmals).
5. Die allgemeine bauaufsichtliche Zulassung wird unbeschadet der Rechte Dritter erteilt.
6. Das →DIBt macht die von ihm erteilten allgemeinen bauaufsichtlichen Zulassungen nach Gegenstand und wesentlichem Inhalt öffentlich bekannt.

Die allgemeine bauaufsichtliche Zulassung wird dem Antragsteller vom →DIBt in einem Dokument mitgeteilt, das als „Zulassungsbescheid" bezeichnet wird. Auf der Titelseite dieses Dokuments werden folgende Angaben gemacht:
1. Ausstellungsdatum
2. Zulassungsgegenstand
3. Antragsteller
4. Geltungsdauer (bis :)
5. Zulassungs-Nummer
6. Umfang des Zulassungsbescheides (Anzahl der Textseiten und Anlagen)

Unvollständige und abgelaufene Zulassungsbescheide können nicht als Eignungsnachweise verwendet werden.

Der Inhalt eines Zulassungsbescheides ist gegliedert in Allgemeine Bestimmungen und Besondere Bestimmungen:

I. Allgemeine Bestimmungen (Auszug)
1. Die Zulassung kann widerrufen werden, wenn ihren Auflagen nicht entsprochen wird oder wenn sich der Zulassungsgegenstand nicht bewährt
2. Eine Kopie des Zulassungsbescheides muss bei jeder Verwendung auf der Baustelle vorliegen
3. Zur Verwendung des Zulassungsgegenstandes ist vom Hersteller ein Übereinstimmungsnachweis zu führen: Eigenüberwachung der Produktion und Übereinstimmungszertifikat durch eine anerkannte Zertifizierungsstelle (s. a. →Konformitätsnachweis)
4. Der Zulassungsgegenstand muss mit dem im Zulassungsbescheid angegebenen Kennzeichnungsschild gekennzeichnet sein (s. a. →Übereinstimmungszeichen-Verordnung)

II. Besondere Bestimmungen (Auszug)
1. Umfang der Zulassung (in Abhängigkeit von der Art des Zulassungsgegenstandes Angaben z. B. zum Größenbereich, Anforderungen an tragende oder angrenzende Bauteile, Leistungsangaben wie Feuerwiderstandsklasse des Zulassungsgegenstandes o. ä.)
2. Konstruktion / Aufbau des Zulassungsgegenstandes
3. Forderung einer Einbauanleitung, Angaben zur Verarbeitung o. ä.
4. Einzelheiten der Kennzeichnung
5. Anlagen: Übersichtszeichnungen zur Identifizierung des Zulassungsgegenstandes, ggf. Detailzeichnungen, Maßtabellen, Stücklisten, Muster von Werksbescheinigungen

Die Besonderen Bestimmungen sind häufig so detailliert, dass sie zur Herstellung des zugelassenen Gegenstandes dienen können. Das trifft jedoch nicht für Feuerschutzabschlüsse zu: Um einen unberechtigten Nachbau zu erschweren, ist der Zulassungsgegenstand im Zulassungsbescheid nur andeutungsweise so beschrieben und in den Anlage-Zeichnungen dargestellt, dass der Bescheid nicht geeignet ist, als Vorlage für die Herstellung zu dienen (s. a. →Feuerschutzabschluss).

Leider enthalten weder die Bauordnungen, noch die →Bauregellisten übersichtliche Zusammenstellungen der zulassungspflichtigen Bauprodukte.

Sicherheitsrelevante Bauprodukte (die für die Erfüllung bauordnungsrechtlicher Anforderungen der Sicherheit und des Gesundheitsschutzes eine Bedeutung haben) sind generell zulassungspflichtig,

- wenn sie nicht geregelt und darum nicht in der Bauregelliste angeführt sind
- oder wenn sie zwar in der Bauregelliste angeführt sind, jedoch von den Angaben der Regel wesentlich abweichen und wenn (in Spalte 5 der Tabellen) eine Zulassung gefordert wird.

Im Zweifelsfalle empfiehlt es sich, eine Auskunft von einer für die Prüfung des jeweiligen Bauprodukts anerkannten Prüfstelle oder vom →DIBt einzuholen.

Einen Überblick über den Stand der Zulassungen (Gegenstand, Werksbezeichnung, Zulassungsinhaber, Leistungsklasse, Zulassungsnummer, Gültigkeitsdauer) geben Verzeichnisse allgemeiner bauaufsichtlicher Zulassungen des →DIBt.

3

Auf dem Gebiete des vorbeugenden baulichen Brandschutzes ist die Zahl der zulassungspflichtigen Gegenstände verhältnismäßig übersehbar:
Die Verwendung der folgenden Bauprodukte bedarf einer allgemeinen bauaufsichtlichen Zulassung, sofern sie nicht genormt (z. B. in DIN 4102 Teil 4 genannt) sind:
1. Dämmschichtbildner: Dämmschichtbildende Brandschutzbeschichtungen, Folien und ähnliche Schutzschichten, die im Innern, auf der Oberfläche oder in Fugen von Bauteilen angeordnet sind und erst durch Temperatureinwirkung wirksam werden
2. Brandschutz-Putzbekleidungen (die brandschutztechnisch notwendig sind und nicht durch Putzträger am Bauteil gehalten werden)
3. Rettungstunnel: Unterdecken und Wände als Begrenzungen von Rettungswegen, wenn diese Bauteile eine Konstruktionseinheit bilden
4. →Brandschutzverglasungen
5. →Feuerschutzabschlüsse, soweit die Abschlüsse von genormten Bauarten abweichen (Bemerkung: Seit 1.1.2004 keine gültige Norm auf diesem Gebiet)
6. Fahrschachttüren: Abschlüsse in feuerbeständigen Fahrschachtwänden, soweit die Abschlüsse von genormten Bauarten abweichen
7. →Feststellanlagen für Feuerschutzabschlüsse
8. Rohrabschottungen: Abschottungen für Rohre aus brennbaren Baustoffen beim Durchgang durch Wände oder Decken, sofern die Feuerwiderstandsdauer der Abschottungen auf der Funktion beweglicher Teile oder auf solchen Baustoffen beruht, die erst durch Brandtemperatur wirksam werden.
9. Kabelabschottungen
10. Brandschutz-Lüftungsklappen: Absperrvorrichtungen gegen Brandübertragung in Lüftungsleitungen
11. Nichtbrennbare Baustoffe mit brennbaren Bestandteilen: Baustoffe der Klassen A1 und A2 DIN 4102-1 mit brennbaren Bestandteilen
12. Schwerentflammbare Baustoffe: Baustoffe der Klasse B1 DIN 4102-1.
Es ist vorgesehen, auch auf dem europäischen Markt mit „Europäischen technischen Zulassungen (ETAs)" zu arbeiten. Das ist möglich, sobald für das jeweilige Produkt eine europäische Leitlinie (ETAG) verabschiedet ist, nach der die für die Ausstellung der ETAs zuständigen Stellen in den Mitgliedsländern (EOTA) einvernehmlich handeln können. Die Arbeit auf diesem Gebiet ist wegen der unterschiedlichen Sicherheitsvorstellungen und -systeme in den Mitgliedsländern der EU nicht einfach, aber bereits angelaufen. Einzelheiten zum Umfang und Stand der Aufstellung von Leitlinien für ETAs sind der Veröffentlichung „Europäische technische Zulassungen – aktuelle Entwicklungen" des Präsidenten des →DIBt, Prof. Dr.-Ing Bossenmayer, zu entnehmen.

Relation Zulassung / Normen:

„Im Interesse der öffentlichen Sicherheit und Ordnung müssen Mindestanforderungen an die Güte und Brauchbarkeit von Baustoffen, Bauteilen und Bauarten gestellt werden. Diese sind in entsprechenden DIN-Normen enthalten. Mit ihrer Hilfe kann jeder am Bau Beteiligte nachweisen, dass die allgemeinen Anforderungen der bauaufsichtlichen Rechtsvorschriften erfüllt sind. Entsprechen die Baustoffe, Bauteile und Bauarten nicht diesen Normen bzw. weichen sie von diesen ab oder gibt es für einen bestimmten Baustoff noch keine Norm, dann handelt es sich im allgemeinen um neue Baustoffe, Bauteile oder Bauarten. Da auch sie der Generalklausel des § 3 MBO entsprechen müssen, ist nach § 20 MBO ihre Brauchbarkeit nachzuweisen, nämlich durch eine allgemeine bauaufsichtliche Zulassung oder durch die Zustimmung im Einzelfall durch die oberste Baubehörde des jeweiligen Bundeslandes.
Durch die Zulassung wird bescheinigt, dass gegen die Anwendung des betreffenden Gegenstandes aus öffentlich-rechtlichen Vorschriften keine Bedenken bestehen. Darin ist ggf. auch bestimmt, welche Besonderheiten bei der Anwendung oder Verwendung beachtet werden müssen." (aus Brandschutz im Bauwesen BRABA, Heft 1, Teil 1).
„Während in Normen im allgemeinen nur solche Regeln aufgenommen werden, die allgemein gebräuchliche und bewährte Produkte oder Verfahren beschreiben, behandeln technische Regeln in Zulassungen Neues, bislang Ungeregeltes. Zulassungen bauen auf Normen auf oder nehmen auf diese Bezug. Die Bewährung des „zugelassenen" Gegenstandes in der Praxis steht erst noch bevor; sie ist hinreichend wahrscheinlich, aber nicht mit letzter Sicherheit vorauszusagen, weil die Regeln zwar nach dem aktuellen Stand der technisch-

wissenschaftlichen Erkenntnisse von einer maßgeblichen Gruppe von Fachleuten ermittelt und für theoretisch richtig gehalten werden, aber nur auf idealisierende Annahmen oder Tests abgestützt werden, die die Wirklichkeit mehr oder weniger zutreffend abbilden und insbesondere das Dauerstandsverhalten oft nicht sicher genug voraus sagen können.
Normen sind insoweit statisch, sie regeln einen bestimmten Stand der Technik, Zulassungen dagegen ermöglichen Innovation und das Sammeln von Erfahrungen mit bestimmten Regelungen. Normen regeln einen relativ breiten, Zulassungen einen eher enger angelegten Anwendungsbereich. ... Zulassungen sollten als „pränormative Regelungen" normalerweise im Laufe der Zeit in Normen übergehen.
Zulassungen sind individuellere Verwendbarkeits- und Anwendbarkeitsnachweise als Normen und gewinnen damit für innovative Bereiche der Wirtschaft, insbesondere auch kleine und mittelständische Unternehmen, zum Ausschöpfen bestimmter Marktsegmente vor allem für qualitativ hochwertige Produkte zunehmend an Bedeutung. Sie werden als europäische Zulassungen, die keine Allgemeinverfügungen wie die derzeitigen nationalen Zulassungen sondern „Eigentum des Zulassungsinhabers" sind, noch an Marktbedeutung gewinnen.
„Über 3000 Zulassungen im Jahr (in Deutschland) belegen, dass die Wirtschaft diesem baurechtlichen Instrument große Bedeutung zumisst und sie damit umgehen kann." (aus Bossenmayer „Europäische technische Zulassungen – aktuelle Entwicklungen").
Wie die Vergangenheit gezeigt hat, wird in der Praxis vom Anwender gerne übersehen, dass es sich bei bauaufsichtlich zugelassenen Gegenständen (das sind Baustoffe, Bauteile oder Bauarten) – im Gegensatz zu genormten „bewährten" Produkten – um Gegenstände handelt, die „neu" sind und sich daher noch nicht bewährt haben. Das damit zusammenhängende Risiko wird anscheinend dadurch hinreichend abgedeckt, dass der bauaufsichtlich zugelassene Gegenstand in dem der Erteilung eines Zulassungsbescheides vorhergehenden Zulassungsverfahren nach dem aktuellen Stand der Technik geprüft und von einem vom →DIBt einberufenen Kreis von Fachleuten (Sachverständigenausschuss) nach veröffentlichten, dem Gegenstand entsprechend spezifizierten Richtlinien beurteilt wird.

Der Übergang von der „pränormativen" bauaufsichtlichen Zulassung zu einer entsprechenden Norm ist meist vom „Inhaber" einer bauaufsichtlichen Zulassung (im Zulassungsverfahren „Antragsteller" genannt) nicht gewünscht, da dies für ihn eine erhebliche wirtschaftliche Bedeutung haben kann:
Der Zulassungsinhaber hat bei der Entwicklung des Zulassungsgegenstandes in der Regel nicht nur seine erfinderischen Fähigkeiten, sondern auch viel Geld (für die erforderlichen Eignungsnachweise und für die im Zulassungsverfahren anfallenden Gebühren) investieren müssen, um mit Hilfe der Zulassung in den Vorteil eines Marktvorsprungs zu kommen. Dieser Vorteil kann auf verschiedene Weise kapitalisiert werden, wie z. B. durch die eigene alleinige Fertigung des „zugelassenen" Gegenstandes oder über privatrechtliche Vereinbarungen zwischen dem „Zulassungsinhaber" und einem oder zahlreichen Geschäftspartnern. Hier sind die Vergabe von Lizenzen und/oder die Bindung von Geschäftspartnern an die Zulieferung von wesentlichen Bestandteilen des zugelassenen Gegenstandes durch den „Zulassungsinhaber" zur Zeit durchaus üblich. Aus diesem Grunde können bauaufsichtliche Zulassungen Teil des Geschäftskapitals sein, der z. B. bei Kreditverhandlungen oder Firmenverkäufen in die Waagschale geworfen werden kann.
Ein genormtes Produkt darf im Gegensatz zu einem bauaufsichtlich zugelassenen Produkt von jedermann hergestellt werden, der über die dazu notwendigen Kenntnisse und Einrichtungen verfügt und ggf. die in der Norm oder in der →Bauregelliste angeführten Forderungen baurechtlicher Art, wie z.B. nach Übereinstimmungsnachweis und Kennzeichnung erfüllt. Genormte Produkte können nicht durch Schutzrechte (z. B. Patent, Gebrauchsmuster oder Warenzeichen) geschützt werden.
Wenn ein bauaufsichtlich zugelassener Gegenstand in eine Norm übergeht, verliert der bisherige Zulassungsinhaber nicht nur den genannten Marktvorteil, sondern auch die Möglichkeit, den nunmehr in einer Norm fest geschriebenen Gegenstand nach seinem Belieben (den Forderungen des Marktes, der Veränderung der Ressourcen oder der fertigungstechnischen Entwicklung entsprechend) zu opti-

mieren. Bei solchen Innovationen wird das wegen der systembedingten erforderlichen Mitwirkung der interessierten Kreise doch schwerfälligere Normungsverfahren einem Unternehmer mittelfristig kaum von Nutzen sein können.

Vorschriften und Zusammenstellungen

„Bauaufsichtliche Zulassungen (BAZ) – Amtliches Verzeichnis der allgemeinen bauaufsichtlichen Zulassungen für Bauprodukte und Bauarten nach Gegenstand und wesentlichem Inhalt", Erich Schmidt Verlag GmbH & Co, Genthiner Str. 30 G, 10785 Berlin

„Verzeichnis allgemeiner bauaufsichtlicher Zulassungen und Prüfzeugnisse Baulicher Brandschutz" des →DIBt, – Erich Schmidt Verlag GmbH & Co, Genthiner Str. 30 G, 10785 Berlin (letzte Ausgabe 1/1995)

Einzelbezug von Zulassungsbescheiden in vollem Wortlaut mit Anlagen: IRB Verlag Fraunhofer-Informationszentrum Raum und Bau, Nobelstr. 12, 70569 Stuttgart

N. Schmidt-Ludowieg und D. Steinhoff „Grundlagen des Brandschutzes im Bauwesen, Teil 1 Allgemeine Anforderungen". Schriftenreihe Brandschutz im Bauwesen (BRABA), Heft 1, Erich Schmidt Verlag GmbH, Berlin 1982, ISBN 3 503 021779

Prof. Dr.-Ing. Horst-J. Bossenmayer, Berlin: „Europäische technische Zulassungen – aktuelle Entwicklungen", wksb Zeitschrift für Wärmeschutz, Kälteschutz, Schallschutz, Brandschutz 45. Jahrg. Heft 45 / August 2000; ISSN 0341-0293

(Letzte Änderung: 15.3.2006)

(Prof. Westhoff)

Zutrittskontrollausweis

Siehe Ausweis, Kartensicherheit, Zutrittskontrolle.

Zutrittskontrolle

Siehe auch Augensignatur, Ausweis, Biometrie, Bildvergleich, Chipkarte, Fingerabdruckvergleich, Handdatenvergleich, Kartensicherheit, Passbildvergleichsverfahren, Pendelschleuse, Personenidentifikation, Rückhaltewirkung, Rundschleuse, Schleuse für Personenverkehr, Schleuse/Kabinenschleuse, Schließanlage (elektronisch), Stand-alone-Zutrittskontrollsystem, Stimmanalyse, Unterschriftsprüfung, Vereinzelung, Zutrittskontrollsystem, Zutrittskontroll-Zentrale.

Eine Zutrittsberechtigung zu Arealen, Gebäuden, Gebäudeteilen oder einzelnen Räumen muss mindestens durch Prüfung der

- Systemzugehörigkeit des Identifikationsmerkmalträgers
- zeitlichen Zutrittsbeschränkungen (Zeitzonen)
- örtlichen Zutrittsbeschränkungen (Raumzonen)

ermittelt werden. Nur wenn diese Kriterien erfüllt sind, darf der Zugang freigegeben werden, d.h. es muss sich um die richtige Person oder das richtige Identifikationsmittel (ID-Karte oder Gegenstände mit maschinell lesbaren Informationen) handeln, und es muss eine Zutrittsberechtigung für einen bestimmten Zeitabschnitt zu einem bestimmten Areal gegeben sein.

Die Zutrittskontrolle kann in Abhängigkeit des Sicherheitsbedürfnisses rein visuell, z.B. durch einen Pförtner (personelle Zutrittskontrolle) oder durch eine automatische Zutrittskontrollanlage erfolgen. Es ist auch möglich, ein Zutrittskontrollsystem zur Unterstützung eines Pförtners einzusetzen.

Bei den meisten Zutrittskontrollanlagen erfolgt die Erkennung des Benutzers anhand zugewiesener Merkmale. Die Überprüfung bezieht sich dabei auf das,

- was die zutrittsbegehrende Person *besitzt*, wie beispielsweise eine mit Echtheitsmerkmalen (Codierung) versehene →Ausweiskarte oder einen Schlüssel mit oder ohne zusätzliche elektronische Codierung. Die Codierung der Ausweiskarte, die nach unterschiedlichen physikalischen Prinzipien erfolgen kann, wird in einer Lesestation (Autonom oder On-Line) erkannt und ausgewertet.

Bei höheren Sicherheitsanforderungen wird zusätzlich geprüft,

- was die Person *weiß*: Das kann z.B. eine persönliche Identifikationsnummer (→PIN) sein, die über eine Zusatztastatur eingegeben wird.

Bei den zugewiesenen Merkmalen handelt es sich um binäre Informationen, mit denen vom System eine eindeutige Ja/Nein-Entscheidung getroffen werden kann. Unabhängig von der Art des zugewiesenen Merkmals, das für ein bestimmtes Sicherheitsbedürfnis ausgewählt wird, bleibt jedoch immer das Problem bestehen, dass das System nicht erkennen kann, ob

ein berechtigter Ausweis und gegebenenfalls die zugehörige PIN auch von der berechtigten Person benutzt wird.

Bei sehr hohen Sicherheitsanforderungen wird daher zur Überprüfung der Identität gefordert, dass das Identifikationssystem feststellen kann,

- wer die Person *ist*. Hierfür muss ein Identifikationsmerkmal verwendet werden, das untrennbar mit der Person verbunden ist und eindeutig als personenspezifisch erkannt werden kann. Das Erkennen eines solchen biometrischen Merkmals einer Person soll die zwei wesentlichen Schwachstellen der zugewiesenen Merkmale eliminieren, nämlich das Vergessen oder die Weitergabe der Identifikationsnummer (PIN) und das Verlieren der Identifikationskarte. Biometrische Eigenschaften sind aber nicht mehr binäre, sondern analoge Merkmale (→Biometrie).
  Die biometrischen Merkmale einer Person können sich im Laufe der Zeit geringfügig ändern, sodass sich Abweichungen zu dem ursprünglich aufgenommenen Referenzwert ergeben. Sie können zur fälschlichen Zurückweisung (False Rejekt Rate: F.R.R.) der richtigen Person führen, wenn die Abweichung außerhalb des Akzeptanzbereiches liegt. Ebenso kann der aufgenommene Merkmalswert einer anderen Person den Akzeptanzbereich der richtigen Person überdecken, d.h. die andere Person würde Zutritt erlangen (False Acceptance Rate: F.A.R.). Im Idealfall sollten beide Fehler Null sein.

Die bekanntesten biometrischen Verfahren, die sich teilweise im praktischen Einsatz befinden, sind:

- die Ausmessung der Hand (→Handdatenvergleich)
- die automatische Erkennung des Fingerabdrucks (→Fingerabdruckvergleich)
- der →Bildvergleich
- die automatische Unterschriftserkennung (→Unterschriftsprüfung)
- die automatische Sprechererkennung (→Stimmanalyse)
- die automatische →Gesichtserkennung
- die Erkennung der Iris oder des Musters der Blutgefäße der Netzhaut (→Augensignatur)

Trotz neuer technischer Möglichkeiten bedarf eine qualitativ hochwertige Zutrittskontrollanlage eines erheblichen Aufwandes. Wer eine Zutrittskontrollanlage einführen möchte, sollte betriebliche Randbedingungen sowie technische und organisatorische Möglichkeiten bereits während der Bauplanung sorgfältig und ganzheitlich abklären. Eine optimale Planung der Personen- und Verkehrsflüsse hilft spätere Probleme der Zutrittskontrolle zu minimieren.

Obwohl viele Begriffe, die im Zusammenhang mit der Zutrittskontrolle verwendet werden, inzwischen in folgenden Normen bzw. Anforderungen

- DIN EN 50133-1, Ausgabe: 1998-07 Alarmanlagen – Zutrittskontrollanlagen für Sicherungsanwendungen – Teil 1: Systemanforderungen; Deutsche Fassung EN 50133-1:1996
- DIN EN 50133-2-1, Ausgabe: 2001-08 Alarmanlagen – Zutrittskontrollanlagen für Sicherungsanwendungen – Teil 2-1: Allgemeine Anforderungen an Anlageteile; Deutsche Fassung EN 50133-2-1:2000
- DIN EN 50133-7, Ausgabe: 2000-04 Alarmanlagen – Zutrittskontrollanlagen für Sicherungsanwendungen – Teil 7: Anwendungsregeln; Deutsche Fassung EN 50133-7:1999
- VdS 2358 Anforderungen an Zutrittskontrollanlagen; gültig seit Mitte 1997
- BSI 7550 Anforderungen an Zutrittskontrollanlagen

beschrieben wurden, sind weiterhin eine Reihe weiterer Bezeichnungen im Gebrauch.

Diese Begriffsvielfalt bereitet insbesondere den Anwendern Schwierigkeiten, die Zutrittskontrollanlagen unterschiedlicher Anbieter miteinander vergleichen wollen. Ein Beispiel macht dies deutlich: In Zusammenhang mit Raumzonen, bei denen an den Durchgängen Ein-/Ausgangslesestationen angebracht sind, erscheinen die Begriffe:

- Doppelbuchungssperre
- Paarigkeitsprüfung
- Antipassback-Kontrolle
- Mehr-Personen-Anwesenheitskontrolle
- Zweipersonenprüfung
- Zonenwechselkontrolle
- Zutrittswiederholkontrolle

Bei der Paarigkeitsprüfung ist jedem Zutritt ein Austritt zugeordnet, d. h. ab einer bestimmten Anzahl von Zutrittsberechtigten in der betref-

fenden Raumzone ist eine Buchung erst dann möglich, wenn ein Zutrittsberechtigter die Raumzone verlassen hat. Bei der Mehr-Personen-Anwesenheitskontrolle soll vom System automatisch sichergestellt werden, dass mindestens zwei Personen in der überwachten Raumzone anwesend sind. Mit einer Zonenwechselkontrolle soll der Zutritt zu einer benachbarten Raumzone verhindert werden, wenn der Zutrittsberechtigte in der Raumzone, in der er sich aufhält, nicht als anwesend registriert ist.

Um das Lesen der Informationsschriften und Beschreibungen bei Zutrittskontrollsystemen zu erleichtern, sind im Folgenden bisher verwendete Begriffe mit ihrer Bedeutung zusammengestellt. In Klammern sind andere für den gleichen Sachverhalt verwendete Ausdrücke angegeben. In diesem Zusammenhang wird auch auf den Normentwurf DIN VDE 0830-8-1 bzw. die Norm DIN EN 50133-1verwiesen.

Änderungsdaten
Nach DIN VDE 0830-8-1: Informationen über die Änderung von Systemdaten und Zutrittsberechtigungsdaten.

Alarmbereich
Nach DIN VDE 0830-8-1: Ein- oder mehrere Raumzonen können als Alarmbereich gekennzeichnet werden. Im Katastrophenfall erfolgt automatisch die Protokollierung aller anwesenden Personen (bedingt Bilanzierung).

Hands-free Zutrittskontrolle mit Einwindungsantenne in Glasscheiben, auch für Glastüren verwendbar. (Foto: NEDAP)

Alarmdaten
Informationen über unzulässige Zustände der Zutrittskontrollanlage sowie manuell eingegebene Informationen für den direkten Hilferuf von Personen.

Ausweisnummer
Individuelle Erkennungsnummer des Ausweises.
(Ausweiscode, Schlüsselcode, Individualkennung, Identifikationsnummer, ID-Nummer, Identitätsnummer, Badge-Nr.)

Ausweisnummernspeicher
In den Lesestationen enthaltener Datenspeicher für Ausweisnummern.
(AN-Speicher)

Ausweisversionsnummer
Einstellige Zusatzziffer zur Ausweisnummer (1 bis 9), welche die Version des Ausweises angibt. Die Versionsnummer wird z.B. bei Verlust der Ausweiskarte erhöht, die Ausweisnummer bleibt gleich. Bei Zutrittskontrollsystemen mit höheren Anforderungen sollten Ausweise ohne Versionsnummer benutzt werden, da hier eine Manipulation einer einzigen Kartenstelle genügt, um eine Karte zu verfälschen.
(Versionsnummer)

Autonom arbeitende Lesestation
Eine Lesestation, die im normalen Betrieb online mit der Zentraleinheit zusammenarbeitet, bei Unterbrechung des Datenverkehrs mit der Zentraleinheit jedoch autonom (offline) eingeschränkte Funktionen durchführt. Sie entspricht einer Datenstation im Sinne DIN 44302.
(Autonomer Offline-Leser)

Berührungsloser Leser
Eine Funktionseinheit, welche Echtheitsmerkmale berührungslos von einer ID-Karte oder einem Kennungsgeber übernimmt. (Proximity-, Handsfree-, Radio Frequency (RF)-Verfahren)
(Sensor)

Betriebsprogramm
Besteht aus einem Basismodul und anwendungsabhängigen Betriebsmodulen sowie den in Dateien und Listen eingegebenen anwendungsspezifischen Betriebsdaten.
(Anwenderprogramm, Arbeitsprogramm)

Bilanzierung
Ein- und Ausbuchen von Zutrittsberechtigten in einer Raumzone.

Doppelbuchungssperre
Verhindert einen Zutritt bzw. das Verlassen von

Raumzonen, in denen ein Zutrittsberechtigter bereits als anwesend bzw. abwesend eingetragen ist, d.h. ein Zutritt ist nur dann möglich, wenn die Raumzone unter Benutzung des Ausgangslesers verlassen wurde.
(Antipassback-Kontrolle, Doppelbenutzungskontrolle)

Durchzugsleser
Ein Lesemodul, bei dem die ID-Karte durch eine Führungsschiene gezogen und dabei an einem Lesekopf vorbeigeführt wird.

Echtheitsmerkmale
Physikalische Darstellung von Daten, deren Bedeutung die Tatsache der Echtheit ist. Die Echtheitsmerkmale sind mit messtechnischen Mitteln nach DIN 9781 nachweisbar.

Einsteckleser
Ein Lesemodul, in das die ID-Karte von Hand bis zum Anschlag eingeführt wird.
(Handeinschubleser, Einschubleser)

Einzugsleser
Ein Lesemodul, bei dem die ID-Karte in den Einführungsschlitz eingeführt, dann aber motorisch weiter transportiert und am Lese- und Schreibkopf vorbeigeführt wird. Die ID-Karte kann gegebenenfalls einbehalten werden.
(Motorleser)

Fail-Soft-Betrieb
Betriebsmodus einer Lesestation, bei der nur eine eingeschränkte Prüfung der Zutrittsberechtigung (z.B. Firmenkennung) erfolgt, sodass bei Speicherverlust, Speicherfehlern oder anderen Störungen etc. ein Zutritt möglich ist. (Einstellbar an Lesestation).

Firmenkennung
Auf der ID-Karte enthaltenes firmenspezifisches Kennzeichen, z.B. aus drei alphanumerischen Zeichen, das maschinell gelesen werden kann.
(Firmencode, Systemcode, Systemnummer, Anlagennummer, Kundencode)

Flächenschutz
Eine Einrichtung im Gehäuse der Lesestation, die beim Aufbrechen oder Aufbohren des Gehäuses zu einer Meldung führt.
(Bohrschutz)

Handprogrammiergerät
Eine Funktionseinheit zum Eingeben, Ändern und Löschen von Daten bei einer Stand-alone-Lesestation.
(Programmiergerät, Handbedienungsgerät)

Identifikationsmerkmale
Nach DIN VDE 0830-8-1:

- physikalisch dargestellte und mit messtechnischen Mitteln nachweisbare Informationen. (Echtheitsmerkmale, Codierungen)
- persönliche Identifikationsnummern (PIN) und
- personenspezifische Merkmale/Eigenschaften (biometrische Merkmale), die eine eindeutige Identifizierung eines Identifikationsmerkmalträgers erlauben.

Identifikationsmerkmalträger
Nach DIN VDE 0830-8-1: Personen und Gegenstände, an die Identifikationsmerkmale gebunden sind.

Identifikationsmittel
Nach DIN VDE 0830-8-1: ID-Karten und Gegenstände, die maschinenlesbare Informationen im Sinne von Identifikationsmerkmalen enthalten.

Lesermodul
Eine Funktionseinheit, die die auf ID-Karten oder Gegenständen maschinenlesbaren Informationen liest.
(Ausweisleser, Leser, Ausweislesemodul, Lesergehirn, Identifikationsmerkmalerfassungseinheit IME)

Lesestation
Im Zusammenhang mit Zutrittskontrollsystemen eine Funktionseinheit zum Lesen oder Empfangen, zum teilweisen oder vollständigen Auswerten bzw. zum Übertragen der Identifikationsmerkmale.
(Datenerfassungsstation, Datenerfassungsterminal, Zugangskontrollterminal, ZGKO-Terminal, Terminal, Kartenleser, Zutrittskontrollzentrale ZKZ)

Lesestationsbereich
Lesestationen, die einem Bereich (einer Raumzone) zugeordnet sind, können durch Kommandos vom Bedienungsgerät aus gemeinsam beeinflusst werden (z.B. zur Freischaltung eines Transportweges).

Manipulationsalarm
Eine Meldung, die auf eine bestimmte Anzahl aufeinanderfolgender Zutrittsversuche ohne gültige Berechtigung hinweist.

Negativverfahren
Verfahren, bei dem nur die Nummern „nicht berechtigter“ Ausweiskarten in den Speicher eingetragen werden (bei Stand-alone-Lesestationen).

Ortsberechtigung
Berechtigung zum Betreten einer bestimmten Raumzone.
(Räumliche Zutrittsberechtigung)

Personaldatensatz
Enthält Angaben, die den Ausweisnummern der Zutrittsberechtigten zugeordnet sind.
(Personalstammdatensatz, Personalstammsatz, Stammsatz, Mitarbeiterstammsatz)

PIN
Persönliche Identifikationsnummer, die über eine Tastatur an der Lesestation eingegeben wird.
(Gedächtnisnummer, geistiger Code, Parole, Tastenwählcode)

PIN-Schlüssel
Eine Zahl, die die Relation zwischen der PIN auf einer Ausweiskarte und der über die Tastatur eingetippten PIN angibt und programmierbar ist.

Positivverfahren
Verfahren, bei dem die Nummern „berechtigter" Ausweiskarten in den Speicher eingetragen werden (bei Stand-alone-Lesestationen)

Prüfzahlverfahren
Eine Rechenvorschrift, die auf bestimmte Daten der Ausweiskarte angewendet wird und deren Ergebnis eine Prüfziffer ist.
(Check-Summen-Verfahren)

Prüfziffer
Ziffer, die auf der Ausweiskarte abgelegt ist und die der Fälschungs-, Verfälschungs-, Lese- und Übertragungssicherheit dient.
(Check-Summe)

Raumzonen
Aus einem oder mehreren Räumen bestehender abgeschlossener Bereich, zu dem nur Zutritt erlangt werden kann, wenn dem benutzten Identifikationsmerkmalträger die zugehörige Zonenkennung zugeordnet ist.
(Zugangszone, Sicherheitszone, Zutrittszone, Ortszone, Berechtigungszone, Zone)

Sabotagealarm
Meldung beim unauthorisierten Zugriff auf Komponenten der Zutrittskontrollanlage, z. B. durch Sabotagekontakte, Flächenschutz etc..

Schleusensteuerung
Eine Einrichtung, welche die Verriegelung nur dann freigibt, wenn die andere Tür der Schleuse geschlossen ist.

Sensor
Eine Funktionseinheit, welche Echtheitsmerkmale berührungslos von einer ID-Karte oder einem Kennungsgeber übernimmt (Proximity-, Handsfree-, Radio Frequency (RF)-Verfahren)
(Berührungsloser Leser)

Sicherheitsstufe
Klassifizierung bei Raumzonen mit unterschiedlichen Sicherheitsanforderungen bezüglich der Zutrittsüberwachung.
(Sicherheitsklasse, Zutrittsstufe)

Sperrliste
Liste der im Ausweisnummernspeicher enthaltenen „nicht berechtigten" Ausweisnummern.
(Sperrspeicher)

Stand-alone-Lesestation
Eine Funktionseinheit, die aus einer für sich allein funktionsfähigen Lesestation ohne Datenübertragungseinheit besteht und somit ohne Verbindung zu einer Zentraleinheit ist.
(Autonome Lesestation)

Stand-alone-System
Ein System, das aus zwei Stand-alone-Lesestationen besteht, die zum Zwecke der Kontrolle des Eingangs und des zugehörigen Ausgangs miteinander verbunden sind. (Siehe auch Stand-alone-Zutrittskontrollsystem)

Stiller Alarm
Meldung, die an der Lesestation unbemerkt bleibt, an zentraler Stelle jedoch auf eine akute Gefährdung aufmerksam macht.
(Geiselalarm, Überfallalarm)

Störungsdaten
Informationen, die Abweichungen der Zutrittskontrollanlage vom Sollzustand angeben.

Teilprotokoll
Umfasst Zutrittsbuchungen, Bewegungsdaten und Informationen über unberechtigte Zutrittsversuche (Manipulationsalarm).

Telegramm
Ein Nachrichtenblock, in dem alle zugelassenen Steuerzeichen neben den zu übertragenden Informationen enthalten sein können.

Türöffnermagnet
Eine Einrichtung, die beim Anlegen eines Signals den Durchgang freigibt.
(Türöffnungsrelais, Türöffnerrelais, Stellglied)

Überfallnummer
Eingabe einer Ziffer oder Ziffernfolge über eine Tastatur der Lesestation zum Zwecke der Auslösung eines „Stillen Alarms".
(Überfallcode, Hold-Up-Code)

Vollplastik-Ausweis
ID-Karte, die keine metallischen Einlagen enthält; die einzelnen Schichten sind homogen miteinander verschweißt.

Vollprotokoll
Umfasst sämtliche Buchungen („berechtigt" und „unberechtigt") und sämtliche Meldungen eines Zutrittskontrollsystems.

Wochenprogramm
In einem Wochenprogramm werden die Zeitzonen für eine oder mehrere Wochen zusammengefasst.
(Zeitgruppe, Zeitmodell)

Zeitverletzungsalarm
Eine Meldung, die aufgrund einer Türoffenzeitüberwachung beim Überschreiten der zulässigen Türoffenzeit erfolgt.
(Türoffenzeitüberschreitung, Offenzeitüberschreitung)

Zeitzone
Ein festgelegtes Zeitintervall, in dem eine Zutrittsberechtigung zu Raumzonen besteht.

Zonenwechselkontrolle
Verhindert den Zutritt zu einer benachbarten Raumzone, wenn der Zutrittsberechtigte in der Raumzone, in der er sich aufhält, nicht als anwesend geführt wird.
(Raumzonenwechselkontrolle)

Zutrittswiederholungssperre
Verhindert, dass ein Zutritt in einer Richtung innerhalb einer einstellbaren Zeit mit demselben Identifikationsmittel erneut erfolgt.
(Zutrittswiederholkontrolle)

Zustandsprotokoll
Gibt Auskunft über den momentanen Zustand der vom System kontrollierten Türen, Drehkreuze etc. (siehe Störungsdaten)

Zutrittskontrollsystem
Nach DIN VDE 0830-8-1: Alle für die Zutrittskontrolle erforderlichen baulichen, apparativen und organisatorischen Gegebenheiten.

Zweipersonenprüfung
Nach DIN 0830-8-1: Der Ein- und Ausgang wird erst dann freigegeben, wenn innerhalb einer einstellbaren Zeit zwei Zutrittsberechtigte ihre Berechtigung nachgewiesen haben.
(Letzte Änderung: 9.7.2002)

(Munde)

3

Zutrittskontrollsystem

Siehe auch Stand-alone-Zutrittskontrollsystem, Zutrittskontrolle (mit weiteren Verweisen), Zutrittskontroll-Zentrale.

Ein Zutrittskontrollsystem vereinigt verschiedene bauliche, apparative, organisatorische und personelle Maßnahmen zur Sicherstellung einer möglichst optimalen Zutrittskontrolle. Ein Zutrittskontrollsystem ist streng genommen nicht mit einzelnen Komponenten, wie z.B. einer automatischen Zutrittskontrollanlage (apparative Maßnahme, welche durch organisatorische und personelle zu ergänzen ist) gleichzusetzen.

Zutrittskontrollsysteme werden bei erhöhten Sicherheitsanforderungen, z.B. für Flughäfen, Rechenzentren, Industrieanlagen, militärischen Objekten usw. angewendet und bedürfen einer sorgfältigen Abklärung aller betrieblichen Randbedingungen.

(Preisig)

Zutrittskontroll-Zentrale

Siehe auch Stand-alone-Zutrittskontrollsystem, Zutrittskontrolle (mit weiteren Verweisen).

Zutrittskontrollanlagen werden nicht nur aus Sicherheits- und Sicherungsgesichtspunkten betrieben, sie erfüllen in hohem Maße auch or-

Stand alone-Anlagen für einzelne Zutrittspunkte

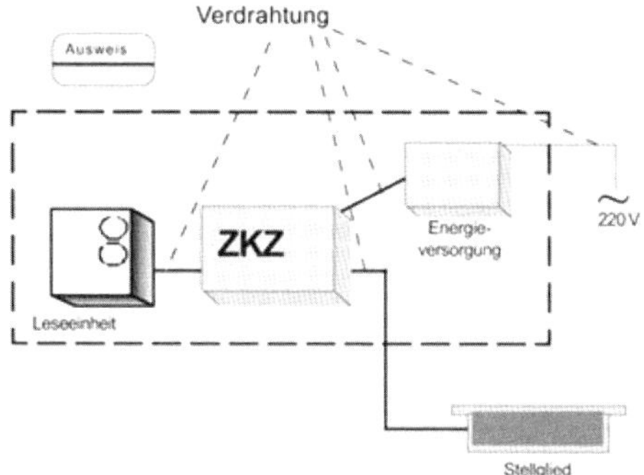

Bild 1: Grundtyp 1 einer Zutrittskontrollzentrale (Stand alone-Anlage für einzelne Zutrittspunkte)

(Alle Grafiken: BHE)

Zentral gesteuerte Anlagen ohne Entscheidungsintelligenz am Zutrittspunkt

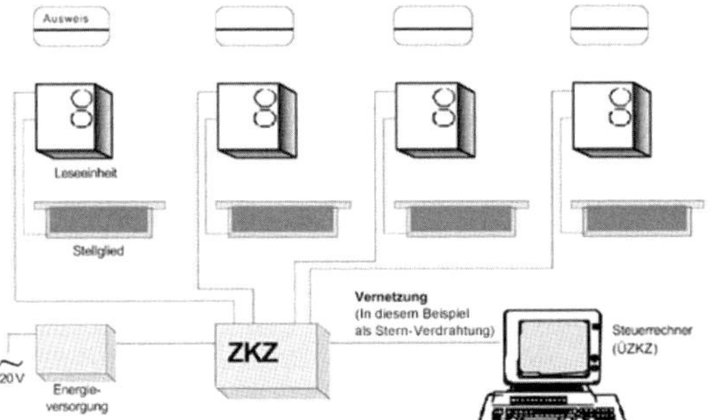

Bild 2: Grundtyp 2 einer Zutrittskontrollzentrale (Zentral gesteuerte Anlage ohne Entscheidungsintelligenz am Zutrittspunkt)

(Alle Grafiken: BHE)

ganisatorische Belange. Deshalb werden bereits während der Planung neben der Festlegung der apparativen Ausführung der Anlage auch Fragen der Betriebsabläufe, des Komforts der berechtigten Benutzer und der Bediener und damit der Akzeptanz der Anlage in die Überlegungen einbezogen. Die Entscheidung, ob ein Zutrittswunsch angenommen oder abgelehnt wird, trifft die Zutrittskontrollzentrale. Sie wird damit zum Herz und Hirn der Zutrittskontrollanlage.

In der Praxis werden viele unterschiedliche Zutrittskontrollzentralen am Markt angeboten, die aber trotz ihrer unterschiedlichen „Philosophie“ bzw. Gestaltung durchaus norm- und anwendungsgerecht sein können. Zutrittskontrollzentralen können für den Betrieb eines einzigen Ausweislesers und das Management einer einzigen Tür ausgelegt sein, sie können aber auch mehrere Leser und mehrere Zutrittspunkte bearbeiten, steuern und überwachen. Die Vielfalt der angebotenen Zentralen lässt

Anlagen mit Entscheidungsintelligenz am Zutrittspunkt und zentraler Bedienung

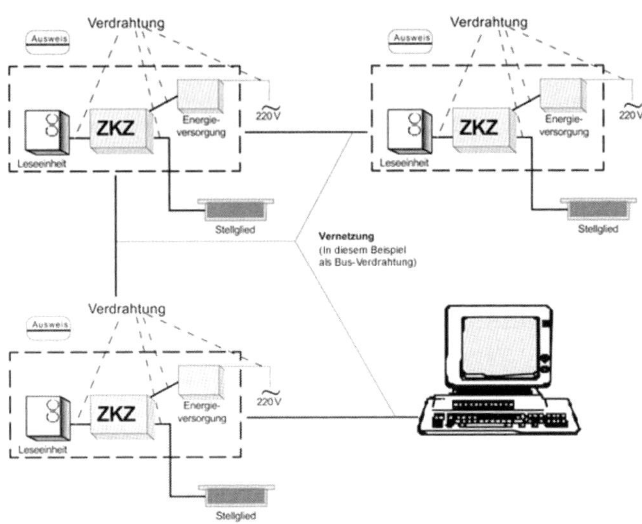

Bild 3: Grundtyp 3 einer Zutrittskontrollzentrale (Anlage mit Entscheidungsintelligenz am Zutrittspunkt und zentraler Bedienung)

sich auf drei Grundtypen zurückführen, die je nach Umfang oder Größe des Sicherungsbereichs (Anzahl zu überwachender Türen und/ oder Anzahl berechtigter Nutzer) und nach Höhe und Anspruch des Sicherungsbedarfs und des Bedienungskomforts ausgewählt werden.

Grundtyp 1: Stand alone-Systeme für einzelne Zutrittspunkte (Bild 1)

Die kleinste Einheit ist ein System für eine Tür, das vor Ort die Entscheidung über Annahme oder Ablehnung einer Zutrittsbuchung trifft. (siehe dazu auch →Stand-alone-Zutrittskontrollsystem)

Bis auf Ausweise, Türöffner und Verdrahtung können die Funktionseinheiten in einem (gestrichelte Linie) oder mehreren Gehäusen untergebracht sein.

Wird das System z. B. an einer Außentür eingesetzt, macht es Sinn, die Komponenten zu trennen, damit die Zentrale (ZKZ) mit dem Kontakt für den Türöffner und die Energieversorgung im gesicherten Bereich untergebracht sind.

Größere Objekte können durch Installation mehrerer dieser Zutrittskontrollzentralen realisiert werden. In diesem Fall wird von sogenannten Offline- oder Stand alone-Lösungen gesprochen, da zwischen den einzelnen Zutrittskontrollzentralen kein Datenaustausch stattfinden kann. Sämtliche funktionellen Komponenten, die notwendig sind zur Identifikation des Ausweises, zum Öffnen der Tür und zur Entscheidung, ob Zutritt gewährt wird, befinden sich in direkter Nähe des Zutrittspunktes. In diesen Systemen müssen die Entscheidungsdaten vor Ort in jede Zentrale geladen werden, sie müssen also entsprechende Anzeige- und Bedieneinheiten aufweisen oder ihren zeitweiligen Anschluss ermöglichen.

Vorteile der Stand alone-Systeme

- Geringer Installationsaufwand
- Keine raumübergreifende Verdrahtung
- Überschaubare Kosten

Beispiele: Neben den stand alone-Ausweis- oder -PIN-Code-Terminals fallen die neuerdings verstärkt angebotenen mechatronischen Schließzylinder oder Türbeschläge in diese Gruppe, sie zeigen alle oder die meisten der genannten Eigenschaften. Allerdings bieten einige Hersteller und Systemintegratoren gerade diese Produkte integriert in online-Lösungen vom Grundtyp 2 oder besonders vom Grundtyp 3 an. Dabei wird die Anbindung an die übergeordneten Zentralen nicht über eine Verkabelung, sondern über im Ausweis hinterlegte Berechtigungsdaten, also praktisch über Net on Card geschaffen. Die Zutrittsentscheidung erfolgt dabei aufgrund neuester Berechtigungsdaten, die meist täglich an online-Terminals auf den neuesten Stand gebracht werden. Ein Gültigkeits- oder Verfallsdatum dieser Berechtigungsdaten verhindert ihren Missbrauch. Allerdings gilt das nur für die Zutrittsentscheidung, Alarme oder Zustandsmeldungen werden auch weiterhin nur direkt vor Ort angezeigt.

Grundtyp 2: Zentral gesteuerte Anlagen ohne Entscheidungsintelligenz am Zutrittspunkt (Bild 2)

Lassen sich an einer Zentrale mehrere Ausweisleser und damit auch mehrere Türen anschließen, spricht man von Online-Lösungen, bei denen die Zentrale „zentral" und damit meist nicht an den zu überwachenden Türen installiert wird.

Bei reinen Online-Systemen werden alle Entscheidungen in dieser „zentralen" Zentrale getroffen. Auch diese ZKZ kann im Prinzip von einer übergeordneten Zutrittskontroll-Zentrale (ÜZKZ) mit Daten gespeist werden, sodass eine komfortable Eingabe der Stammdaten und schnelles Sperren von verlorenen Ausweisen möglich ist. In der Praxis bilden aber ZKZ und ÜZKZ meist eine bauliche Einheit. Eine Karte kann bei Verlust schnell und komfortabel an der Zentrale für alle Türen gleichzeitig gesperrt werden. Damit ist eine komfortable Bedienung gegeben. Auch können bei der Zutrittsentscheidung vorangegangene Ereignisse am gleichen oder an anderen Zutrittspunkten berücksichtigt werden. Beim Ausfall einer Verbindungsleitung fällt jedoch die Kontrolle über die betroffene Tür aus, bei Ausfall der Zentrale steht die gesamte Anlage still. Vorteile der zentral gesteuerten Anlagen ohne Entscheidungsintelligenz am Zutrittspunkt

- Schnelles Sperren von verlorenen Karten
- Komfortable Eingabe der Daten
- Komfortable Weiterverarbeitung der gespeicherten Zutrittsdaten
- Komfortable Veränderungen in der Berechtigungsstruktur auch im nachhinein möglich
- Raumübergreifende Funktionen, wie: Wegeüberwachung, automatische Steuerun-

gen von zentraler Stelle, Raumzonenkontrolle usw. möglich
- Funktionsfähig auch bei Ausfall der ÜZKZ (nicht wenn ÜZKZ und ZKZ in einem Gerät vereint sind) oder z.B. Kabelbruch an einem Leser
- Geringerer Kostenaufwand gegenüber Systemen vom Grundtyp 3

Beispiele: Zutrittszentralen (oft PC-basiert), an die für jede Tür Tastaturen bzw. Ausweisleseköpfe und Türsteuerungsmodule angeschlossen werden. Dazu können aber auch im Rahmen von Grundtyp 3 so genannte Zutritts- oder Access-Manager zählen, die zwar dezentral zu ihrer übergeordneten Zentrale ihre eigenen Entscheidungsdaten besitzen, die ihnen zugeordneten Zutrittspunkte aber über Tastaturen bzw. Ausweisleseköpfe und Türsteuerungsmodule bedienen. Hier fällt bei einer Störung der gesamte vom Zutrittsmanager überwachte Bereich aus.

Grundtyp 3: Dezentrale Systeme mit Entscheidungsintelligenz am Zutrittspunkt und zentraler Bedienung (Bild 3)

Alle Daten, die zur Funktion der Gesamtanlage notwendig sind, werden an der ÜZKZ, meist einem PC, eingegeben, die sie in die angeschlossenenen ZKZ hinunterlädt. Eine „echte" ÜZKZ trifft keine Entscheidung bei aktuellen Buchungen. Sie versorgt die angeschlossenen ZKZen mit Entscheidungsdaten, kann Alarme verarbeiten oder weiterleiten und wertet bei Bedarf Meldungen über Buchungsentscheidungen ihrer ZKZen aus. Am Markt werden aber auch Systeme angeboten, bei denen die ÜZKZ auch ZKZ-Funktionen ausübt. Die in Bild 3 gezeigte Konfigurationsmöglichkeit bietet ein sehr hohes Maß an Funktionssicherheit. Bei Ausfall der ÜZKZ oder bei einer Leitungsunterbrechung werden die anfallenden Daten in den einzelnen ZKZen im Normalfall solange gespeichert, bis der Steuerrechner wieder funktionsbereit ist. Sobald die Verbindung wieder hergestellt ist, können die Daten automatisch und lückenlos abgerufen werden. Die aktuellen Entscheidungen über Zutrittswünsche werden aber auch im Offline-Fall ohne ÜZKZ weiterhin korrekt getroffen, auch wenn einzelne übergreifende Funktionen wie z.B. bereichsgesteuerte Zutrittswiederholkontrolle nicht im vollen Umfang gewährleistet sind. Bei der Planung wird berücksichtigt, dass auch bei Ausfall der ÜZKZ Alarme z.B. über Kontakte der ZKZ signalisiert werden. Vorteile der dezentralen Systeme mit Entscheidungsintelligenz am Zutrittspunkt und zentraler Bedienung

- Schnelles Sperren von verlorenen Karten
- Komfortable Eingabe der Daten
- Komfortable Weiterverarbeitung der gespeicherten Zutrittsdaten
- Komfortable Veränderungen in der Berechtigungsstruktur auch im nachhinein möglich
- Raumübergreifende Funktionen, wie: Wegüberwachung, automatische Steuerungen von zentraler Stelle, Raumzonenkontrolle usw. möglich
- Funktionsfähig auch bei Ausfall der ÜZKZ oder Kabelbruch
- Von einem Ausfall ist höchstens ein Zutrittspunkt betroffen
- höhere Sicherheit bei partiellem Systemausfall

Beispiele: Übergeordnete Zutrittskontrollzentralen (oft PC-basiert), an die pro Tür oder pro zusammengehöriger Funktionseinheit Zutrittsterminals (ZKZ) angeschlossen sind, die über ein eigenes Türmanagement und über eigene Entscheidungsmöglichkeiten aufgrund heruntergeladener Berechtigungsdaten verfügen.

Alle dargestellten Systeme sind vom Prinzip her praxisgerecht und erfüllen je nach Anspruch ihre Aufgaben, vom Sicherheits- und Organisationsgesichtspunkt sind aber eindeutig dezentrale Systeme mit Entscheidungsintelligenz am Zutrittspunkt und zentraler Bedienung zu bevorzugen.

Anmerkung: Im vorhergehenden Text sind unter „Ausweisleser" alle Arten von Identifikationsmerkmalserfassungseinheiten zu verstehen, also neben den Ausweislesern auch PIN-Tastaturen und biometrische Erkennungssysteme. Mit „Türen" sind alle Arten von Sperren an Zutrittskontrollpunkten gemeint.

(Letzte Änderung: 13.7.2006)

(Junghanns)

Zuverlässigkeit

Siehe auch Verfügbarkeit.

Zuverlässigkeit ist die Beschaffenheit einer Einheit bezüglich ihrer Eignung, während oder nach vorgegebenen Zeitspannen bei vorgegebenen Anwendungsbedingungen die Zuverlässigkeitsforderungen, d.h. die Gesamtheit aller

Einzelforderungen an die Beschaffenheit der Einheit, zu erfüllen (DIN 40041 Zuverlässigkeit; Begriffe).
Die Zuverlässigkeit gibt die Wahrscheinlichkeit an, dass in der festgelegten Zeitspanne keine Betriebsunterbrechungen auftreten werden. Redundante Teile einer Einheit dürfen in dieser Zeitspanne ausfallen.
Im Verwaltungsbereich ist die Zuverlässigkeit eine subjektive Zulassungsvoraussetzung für eine gewerbliche Tätigkeit (z.B. §§ 30 Abs. 1, 34 Abs. 1 Gew.O., für Bewachungsunternehmen § 34 a GewO (http://bundesrecht.juris.de/bundesrecht/gewo/htmltree.html). Sie ist ein unbestimmter Rechtsbegriff. Zuverlässig in diesem Sinne ist, von wem zu erwarten ist, dass er sich an die rechtlichen Vorschriften halten und Rechtsgüter nicht gefährden oder verletzen wird.
(Letzte Änderung: 20.6.2004)

(Dr. Schneider/Dr. Steinke)

Zuverlässigkeitsüberprüfungen

Siehe auch Geheimschutz, Sabotageschutzüberprüfung, Sicherheitsüberprüfungsgesetz, Täterbild

Flughäfen und Kernkraftwerke wurden nicht erst nach den Terroranschlägen des 11. September 2001, sondern bereits zu Zeiten des so genannten Kalten Krieges als besonders sabotagegefährdete Bereiche betrachtet. Vor diesem Hintergrund wird das dort beschäftigte Personal seit jeher Maßnahmen des personellen Sabotageschutzes – so genannten Zuverlässigkeitsüberprüfungen – unterzogen.
Zuverlässigkeitsüberprüfungen für die Beschäftigten kerntechnischer Anlagen vollziehen sich derzeit nach § 12 b des „Gesetzes über die friedliche Verwendung der Kernenergie und den Schutz gegen ihre Gefahren" (Atomgesetz – AtG) vom 15. Juli 1985, BGBl. I 1565 (zuletzt geändert durch Art. 1 G vom 12. August 2005, BGBl. I 2365) (http://bundesrecht.juris.de/atg/index.html) in Verbindung mit der „Verordnung für die Überprüfung der Zuverlässigkeit zum Schutz gegen Entwendung oder erhebliche Freisetzung radioaktiver Stoffe nach dem Atomgesetz" – AtZüV – vom 1. Juli 1999, BGBl. I 1999, 1525 (zuletzt geändert durch Art. 14 G vom 11. Oktober 2002, BGBl. I 3970) (http://bundesrecht.juris.de/atz_v/index.html)
Die Zuverlässigkeitsüberprüfung von Personen, die über eine Zutrittsberechtigung zu sicherheitsempfindlichen Bereichen von Flughäfen verfügen, vollzieht sich nach § 7 des Luftsicherheitsgesetzes – LuftSiG – vom 11. Januar 2005 (geändert durch Art. 49 G vom 21. Juni 2005, BGBl. I 1818) (http://bundesrecht.juris.de/luftsig/index.html)
Beide Zuverlässigkeitsüberprüfungsarten entsprechen in etwa einer „einfachen Sicherheitsüberprüfung" (Ü 1) gemäß § 8 des →Sicherheitsüberprüfungsgesetzes des Bundes und haben insbesondere eine Dateiabfrage bei der Polizei, beim Verfassungsschutz sowie beim Bundeszentralregister zur Folge.
(Neu eingefügt: 13.7.2006)

(Opfermann)

ZVEI

Zentralverband Elektrotechnik- und Elektronikindustrie e.V., Frankfurt.
Kurzbeschrieb und Anschrift des Fachverbandes Sicherheitssysteme →Behörden, Verbände, Institutionen.

Zwangsläufigkeit

Siehe auch Scharfschalteinrichtung.

Maßnahme, die verhindert, dass eine nicht in allen Teilen funktionsfähige EMA (→Einbruchmeldeanlage) scharfgeschaltet werden kann oder bei einer scharfgeschalteten EMA versehentlich →Externalarm durch den Betreiber ausgelöst wird (z. B. Begehung der Räume ohne vorherige Unscharfschaltung).

- Bauliche Zwangsläufigkeit: Alle baulichen Maßnahmen zur Einhaltung der Zwangsläufigkeit, z. B. Sperrschlösser, einseitige Schließbarkeit von Außentüren.
- Elektrische Zwangsläufigkeit: Alle elektrischen Maßnahmen zur Einhaltung der Zwangsläufigkeit, z. B. Verschlussüberwachung von Außentüren, elektrische Verriegelung von →Sperrelementen bei scharfgeschalteter EMA, Blockierung des Sperrelementes bei nicht voll funktionsfähiger EMA.
- Organisatorische Zwangsläufigkeit: Alle organisatorischen Maßnahmen zur Einhaltung der Zwangsläufigkeit, z. B. Zu- und Abgangsüberwachung von Personen.

(Letzte Änderung: 20.5.2002)

(Definition: VdS)

Zweigruppenabhängigkeit
Maßnahme zur Verifizierung von Alarmzuständen. Der Brandalarm wird erst nach Ansprechen je eines Melders aus zwei einander zugeordneten Meldergruppen eingeleitet. Mit Ansprechen des ersten Melders kann sowohl eine interne Alarmierung als auch eine Steuerfunktion eingeleitet werden.

(Redaktion)

Zweikammermelder
Siehe Rauchmelder.

Zweimelderabhängigkeit
Maßnahme zur Verifizierung von Alarmzuständen. Der Brandalarm wird erst nach Ansprechen zweier Melder einer →Meldergruppe eingeleitet. Mit Ansprechen des ersten Melders kann sowohl eine interne Alarmierung als auch eine Steuerfunktion eingeleitet werden.

(Definition nach DIN VDE 0833-2)

Zweipersonenprüfung
Siehe Zutrittskontrolle.

Zylinderabdeckung
Die Zylinderabdeckung (ZA) kann Teil eines →Schutzbeschlags sein. Sie deckt den Profilzylinder (→Schließzylinder) einschließlich Zylinderkern ab und soll den erfolgreichen Einsatz eines →Ziehwerkzeugs verhindern (vgl. auch DIN 18257).

(Dr. Schneider)

Zylinderschloss
Siehe auch Hahnprofil, Picking, Schließanlage, Schließzylinder, Schloss (mit weiteren Verweisen, Wendeschlüssel-Schließsystem).
Ein Zylinderschloss ist ein Einsteckschloss, vorgerüstet für →Schließzylinder (nach DIN 18251).
(Letzte Änderung: 13.5.2002)

Die Autoren und ihre Stichworte

(Das gleiche Verzeichnis finden Sie auch jeweils aktuell im Internet unter http://www.secumedia.de/sija. Als Nutzer des Sicherheits-Jahrbuchs finden Sie auf dem gelben Karton hinten im Buch (S. 748) Ihre Zugangsdaten und ein Passwort. Sie müssen dann nur auf die blau wiedergegebenen Begriffe klicken und sind sofort an der richtigen Textstelle)

Ammon, Norman, Leiter Qualitätsmanagement, WISAG-Sicherheitsdienste Holding GmbH & Co. KG, Frankfurt/M.
Benchmarking – **Energiemanagement** – **European Installation Bus (EIB)** – **Facility Management** – **Facility Support Services** – **Gebäudeautomation** – **Gebäudeleittechnik** – **Immobilien-Management** – **Infrastrukturelles Gebäudemanagement** – **Kaufmännisches Gebäudemanagement** – **Projektentwicklung** – **Prozessorientiertes Facility Management** – **Technisches Gebäudemanagement**

Anthes-Ploch, Nadja, Fachjournalistin, www.madebynap.de, Mainz
UVV „Spielhallen"

Arnold-Neumark, Andrea, Geschäftsführerin neumark business team GmbH, Kranzberg
Business Continuity

Aumüller, Reiner, Dipl.-Ing., stellvertr. Geschäftsführer, Aumüller Aumatic GmbH, Augsburg
Rauch- und Wärmeableitung (RWA)

Balkow, Dieter, Dipl.-Ing., Direktor Schweizerisches Institut für Glas am Bau, Zürich
Alarmglas – **Chemisch vorgespanntes Glas** – **Drahtglas** – **Durchbruchhemmende Verglasung** – **Einscheiben-Sicherheitsglas** – **Ganzglastür** – **Glas** – **Panzerglas** – **PVB-Folie** – **Verbundsicherheitsglas**

Bauer, Michael, Dipl.-Ing., Leiter Application Engineering, Technische Schulungen und Service, DOM Sicherheitstechnik GmbH & Co. KG, Brühl
Elektronischer Schließzylinder

Bauspieß, Fritz, Secorvo Security Consulting GmbH, Karlsruhe
Einwegfunktion – **Fehlertolerantes System** – **Kommunikationssicherheit** – **Netzwerk** – **Netzwerksicherheit**

Beck, Walter, Dipl.-Ing. (FH), Geschäftsführer Securitas GmbH Sicherheitsdienste, Frankfurt/M., Öffentlich bestellter und vereidigter Sachverständiger für Sicherungstechnik, Betriebs-, Personen- und Objektschutz in der gewerblichen Wirtschaft
DIN 77200 Sicherungsdienstleistungen – Anforderungen – **Widerstandsklasse**

Beilicke, Gert, Prof. Dr. Ing., IBB Ingenieurbüro für Brand- und Explosionsschutz VBI, Leipzig; Fachhochschule Magdeburg
Abstandsfläche – **Abwehrender Brandschutz** – **Aerodynamisch wirksame Fläche** – **Anlagentechnischer Brandschutz** – **Aufenthaltsraum** – **Ausstieg** – **Automatisch auslösbare Brandschutzeinrichtung** – **Automatische Brandschutzanlage** – **Bauart** – **Baulicher Brandschutz** – **Baustoffklasse** – **Brandabschnitt** – **Brandbekämpfung** – **Brandbekämpfungsabschnitt** – **Brandbelastung** – **Branddetektion** – **Brandeffekt** – **Brandschott** – **Brandschutz** – **Brandschutzabstand** – **Brandschutzanlagen** – **Brandschutzglas** – **Brandschutzklasse** – **Brandschutzkonstruktionen** – **Brandschutzkonzept** – **Brandschutztechnisch erforderlicher Gebäudeabstand** – **Brandschutztechnische Computermodellierungen** – **Brandschutztür** – **Brandschutzverschluss (Förderanlagen)** – **Brandsicherheit** – **Brandursache** – **Brennbarkeitsklasse** – **Dämmschichtbildner** – **Drencheranlage** – **Druckentlastungsfläche** – **Druckentlastungsvorrichtung** – **Entrauchung** – **Evaku-**

ierung – Evakuierungsweg – Evakuierungszeit – Feuerbeständig – Feuerhemmend – Feuerleiter – Feuerwehrzufahrt – Feuerwiderstand – Flammschutzbehandlung – Funktionserhalt – Gebäudeklasse – Gebäudenutzungsart – Gebäudetechnik – Geschossfläche – Grundschutz (Brandschutz) – Hochfeuerhemmend – Hochhaus – Ingenieurmethoden des Brandschutzes – Klimaanlage – Löschmittel – Löschwasser – Lüftungsanlage – Notausgang – Nottreppe – Notwendige Treppe – Objektschutz – Rauchdruckanlage – Rauchschutzvorhang – Rettungsweg – Schleuse (Brandschutzschleuse) – Sicherheitsschleuse (Brandschutz) – Sicherheitstechnische Kennzahlen (Brandschutz) – Sonderbauten – Sprühflutanlage – Sprühwasseranlage – Steigleitung – Treppe – Treppe, nutzbare Laufbreite – Verwendbarkeitsnachweis – Vorbeugender Brandschutz – Wärmeableitung – Wasserschleier – Wasservernebelungsanlage – Zündquelle

Benda, Richard, Chefinspektor der Bundespolizeidirektion Wien, Fachjournalist, Wien
Lauschangriff

Bernigau, Norbert, Dr., VdS Schadenverhütung GmbH, Köln
VdS – VdS-Anerkennung

Blattner, Marit, Regierungsdirektorin, Bundesamt für Sicherheit in der Informationstechnik BSI, Bonn
Kritische Infrastrukturen

Bockslaff, Klaus, RA Dr. jur., LL.M. Verismo GmbH, Küsnacht
KonTraG

Brunnstein, Jochen, Senior Consultant, SQS Software Quality Systems AG, Hamburg
Content – Content Security – Denial-of-Service (DoS) Attacke – IP Spoofing – Managed Security – Security Outsourcing

Brux, Winfried, Geschäftsführer BRUXSAFOL Folien GmbH, Hammelburg
PET-Folie – Sandwichfolie

Burkhalter, Kurt H., Dipl.-Ing. HTL/FH, KHB-Sicherheitsconsulting, ehem. Leiter des Baumanagements, Techn. Dienste und -sicherheit, Vizedirektor und Mitglied der erw. Geschäftsleitung der Bucherer Gruppe, Hauptsitz Luzern
Inventurdifferenzen/-verluste – Ladendiebstahl – Risikodiagramm – Sicherungsetikett – Ramm-Methode – Warensicherung (Maßnahmen gegen Ladendiebstahl) – Werttransport

Buschmann, Michael, Marketingleiter Novar GmbH – ESSER by Honeywell, Neuss
Brandmelder mit Zwei-Winkel-Technik – Diagnosemeldertechnik – Multifunktionale Signalgeber – Prozessmeldertechnik

Cerny, Dietrich, Köln
Chaffing and Winnowing – Hash-Funktion – Information Warfare (Informationskriegführung) – Informationssicherheit – Schlüssel-Archiv – Steganographie – Verschlüsselung

Cestaro, Volker, Dipl.-Ing. Geschäftsführer ATRAL-SECAL GmbH, Weinheim
Einbruchmeldeanlage mit Funkübertragung

Conrads, Reinhard, VdS Schadenverhütung GmbH, Köln
CE-Kennzeichnung – VdS-Kennzeichen

Dombach, Ralph, Sicherheitsberater, München
Hacker – Hoaxes – Kettenbriefe – Makroviren – Malware – Scriptviren – Tiger-Team – Trojaner – Viren

Elsen, Hugo Peter, Mechernich-Kommern
Bildsprechanlage – Bohrschutz (elektronisch, piezo-elektrisch) – Partnerschlüssel – Picking – Scharfschalteinrichtung – Ziehwerkzeug

Emmert, Ulrich, Partner der Sozietät esb Rechtsanwälte Stuttgart und Lehrbeauf-

tragter für Internetrecht an der FH Nürtingen
Zugangskontrolldiensteschutzgesetz

Ernestus, Walter, Dipl. Informatiker, Referent beim Bundesbeauftragten für den Datenschutz, Bonn
Bluetooth – Datenschutz – Datenschutz-Audit – Digitale Signatur – Grundschutz (IT-Sicherheit) – WEP – WLAN

Feuerlein, Hermann, ISMB Industrie Security Management Beratung GmbH, Nürnberg
Corporate Security – Hilfebringende/hilfeleistende Stelle – Interventionszeit – Prävention – Regelwerk – Sabotage – Schwachstelle – Spionage

Fink, Manfred, öffentlich bestellter und vereidigter Sachverständiger für Abhörsicherheit, Inhaber der FINK SECURITY CONSULTING, Coburg
Abhörgeschützte und abhörsichere Räume – Abhörsicherheit – Kompromittierende Abstrahlung – Rauschgenerator – Störsender – TEMPEST – TK-Forensik

Franz, Udo, Geschäftsführer Securitas GmbH, Verwaltungsdienste GuW, Düsseldorf
Geldbearbeitung

Fries, Eberhard, Dr. Ing., geschäftsführender Gesellschafter Fries & Fries GmbH Unternehmensberatung und Beteiligungen, Bottrop
Basel II

Fuhrmann, Harald, München
Video-Bewegungsmelder

Geschonneck, Alexander, leitender Sicherheitsberater, HiSolutions AG, Berlin
Computer Forensik – Computerkriminalität

Glessmann, Günter, Geschäftsführer ROG GmbH, Hirschhorn
Alarmierung Krisenstab/Krisenteams – Brandschutz durch Sauerstoffreduzierung – Datensynchronisation – Informationsschutz – Integriertes IT-Sicherheitskonzept – Inventarverwaltung – IT-Leitstand – Leitungsführung/Trassenführung – Katastrophe – Katastrophenorganisation – Katastrophenvorsorge (IT) – Krisenstab – Krisenstab-Arbeitsraum – Normalorganisation – Notfall – Notfalldokumentation – Notfallorganisation – Plattformübergreifende Sicherheit – RZ-Konsolidierung – Schutzziel – Störfall – USB Speicher

3

Görtz, Horst, Gründer Utimaco Safeware AG, Oberursel
Sicherheitssoftware

Großhanten, Günter, Pädagoge und Lernsystem-Analytiker, Leiter der AV-Medienproduktion SIMEDIA GmbH, Bonn
Computer Based Training (CBT) – E-Learning

Hager, Jürg, Hager Consulting & Engineering, Pfäffikon, CH
Verfügbarkeit im Sinne der IT-Sicherheit

Hartmann, Michael, Territory Sales Manager DACH & Eastern Europe, Blue Coat Systems
Mobile Malicious Code – Peer-to-Peer-Netzwerk

Haverkamp, Ulrich, Haverkamp GmbH, Münster
Alarmfolie – Alarm-Sicherheitsfolie – Durchschusshemmende Holzfensterkonstruktion – Durchschusshemmende Mobil-Elementwand – Mauerkronensicherung – Vorsatzfenster

Heinrich, Torsten, Dipl.-Inform., Vorstand der HiSolutions AG, Berlin
ITIL

Henneck, Klaus, Vertriebsbeauftragter, W.L. Gore & Associates GmbH, Pleinfeld
Feuchtigkeitssensor – Sensorkabel – Wassermeldesystem

Herzog, Joachim, BOSCH Sicherheitssysteme GmbH, Ottobrunn

Alarmzentrale – Beschallungsanlage – Evakuierungsanlage – PA-Anlage – Sprachalarmanlage

Hess, Michael, Dipl.-Ing. (FH), Produkt-Management Sicherheitstechnik, ABB Heidelberg
C-MOS – EE-PROM – Einbruchmeldeanlage mit Funkübertragung – EPROM – Erschütterungsmelder – European Installations Bus (EIB) – Fensterdiskriminator – Home Electronic Systems (HES) – Mikroprozessor – PROM – Signalgeber

Hohl, Peter, Journalist, Geschäftsführer SecuMedia Verlags-GmbH, Gau-Algesheim
Backup – BBA – BBA-PLUS – BGV – Beuth-Verlag – Biometrische Schleuse – Durchbruchhemmende Abtrennungen – Durchschusshemmende Abtrennungen – Durchschusshemmende Schirme – Foyer-Sicherheit – KBA – Kleinstzweigstelle – Kraftbetriebene Sicherung – NS – Optische Raumüberwachungsanlagen – Produktsicherung – S – SA – Sachkundeprüfung – SB-Sicherheit (Banken) – SF – Sperrzeiten – Überfallmelder – UVV – UVV „Kassen" – Wertschutzraum – Wertschutzschrank – Zeitverschlusssysteme

Hollunder, Bernhard, Dr., Interactive Objects Software GmbH, Freiburg
Model Driven Security

Horstkotte, Roland, Geschäftsführer der BSGWÜST Data Security GmbH, Frankfurt/M.
Auslagerungsarchiv – Datenträgerkurier – Datenträgerlagerung, extern – Escrow-Service

Huber, A.K., Sicherheitsbedarf (Securnova), Langenthal
Pendelschleuse – Rückhaltewirkung – Rundschleuse – Schleuse für Personenverkehr – Schleuse/Kabinenschleuse – Schlüsselversiegler – Sensorikschleuse – Vereinzelung – Vieraugenprinzip

Hugi, Heinz, unabhängiger Sicherheitsberater, Zürich
Personenschutz

Junge, Knut, Dipl.-Ing. (FH), Institut für Fenstertechnik e. V., Rosenheim)
Einbruchhemmende Gitter – Einbruchhemmende Tür – Nachrüstung (Fenster, Türen) – Präventivmaßnahmen (Einbruchschutz)

Junghanns, Jürgen, Interflex Datensysteme GmbH, Stuttgart/Durchhausen
Stand-alone-Zutrittskontrollsystem – Zutrittskontroll-Zentrale

Kappeler, Peter, Dipl. Ing. HTL, Geschäftsführer der Kaba AG Safes+Vaults, Rümlang
Diamantkronenbohrer – Einmauerschrank – Elektronische Schließ-Systeme – Hinterhaken (Hinterschlag) – Kassenschrank – Lafettenverschluss – Panzerschrank – Panzertür (Wertschutzraumtür) – Sauerstofflanze – Schusssicherer Schalter – Sicherheitstür – Wandtresor

Kilincli, Tacettin, Staatl. gepr. Betriebswirt, Prosafe-Folientechnik, Münster
Sicherheitsfolie

Kilpatrick, Ian, Chairman, Wick Hill Group
SSL

Köhler, Helmut, Dipl.-Kfm., Fachjournalist, Germering
Alarmorganisation – AWAG – AWUG – Brandmeldeanlage – Brandmelde-Sensortechnik – FM-200 – Rauchmelder – Schranklöschsystem – Übertragungsgeräte

Kornhofer, Markus, Kaba GmbH, Herzogenburg
Magnetschloss – Zuhaltungsschloss

Kossakowski, Klaus-Peter, Dr., Geschaeftsfuehrer PRESECURE Consulting GmbH, Münster
CERT – FIRST

Krause, Christian, Dipl.-Ing., Bundesamt für Sicherheit in der Informationstechnik BSI, Bonn
IT-Sicherheitszertifizierung – Re-Zertifizierung (IT) – Schutzprofil (IT) – Sicherheitsvorgaben (IT) – Schwachstellenbewertung (IT)

Krieger, Uwe, Director Research, cv cryptovision GmbH, Gelsenkirchen
ECC

Krühn, Jürgen, ASSA ABLOY Sicherheitstechnik GmbH Werk Berlin
DIN Profil – DIN Zylinder – Hahnprofil – Bildsprechanlage – Bohrschutz (elektronisch, piezo-elektrisch) – Bohrschutz (mechanisch) – Elektromechanische Zuhaltung – Hartmetall – Mechatronik – Multiprofil – Nachschließsicherheit – Picking – Scharfschalteinrichtung – Scheibenzuhaltung – Schließanlage (elektronisch) – Schließanlage (mechanisch) – Schlüsselreide – Schlüsselschaft – Schrägprofil – Sperrleiste – Sperrwelle – Stiftzuhaltung – Ziehwerkzeug

Kühnis, Stefan, Journalist BR, Chefredaktor von „IT-Security", Schweizer Fachzeitschrift für IT-Sicherheit und Datenschutz
Voice over IP (VoIP)

Kuhlmann, Martin, Dr., Senior Product Line Manager SAM, Beta Systems Software AG, Köln
Identity Management

Kupfrian, Jürgen, MSS-Media, Lüdenscheid, öffentlich bestellter und vereidigter Sachverständiger für Schäden an rotierenden Datenspeichern
Datenrettung

Lambertz, Wilhelm, W. Lambertz GmbH & Co, Krefeld
Überspannungsschutz

Lessing, Günter, Dipl.-Betriebswirt, Sicherheitsberater, Lessing IRM GmbH, Jülich
Frühwarnsystem – IT-Sicherheits-Policy – Krisenmanagement

Lohse, Alfons, MDH GmbH, Mobile Datenhallen Systeme, Hamburg
Disaster Recovery

Loibl, Peter, Dipl.-Ing. Nachrichtentechnik, Prokurist und Sicherheitsberater Von zur Mühlen'sche GmbH, Sicherheitsberatung – Sicherheitsplanung, BdSI, Bonn; Redakteur des „Sicherheits-Berater"
Security over IP

Luckhardt, Norbert, Chefredakteur KES – Zeitschrift für Kommunikations- und EDV-Sicherheit, Hannover
Rijndael

Markmeyer, Frank, IT-Security Manager, Hamburg
Relaying – Sicherheitsprozess (IT) – Spamming

Maté, Herbert, Produktmanagement Mechanik, EVVA Werk GesmbH & Co KG, Wien
Schlagpicking

Meier, Karl, Leiter der Geschäftsstelle für die Deutschschweiz der Certas AG, Zürich
Aufgebots- und Informationssystem, Fax on demand, IVR Interactive Voice response – Einsatz in Alarmzentralen

Meißner, Kurt-Heinz, Dipl.-Ing. Hennef-Rott
Barrierewirkung – BSI – Gefährdungsanalyse – ITSEC – IT-Sicherheit – Kryptierung – Objektschutz – Qualitätssicherung – Restrisiko – Sicherheit – Sicherheitsbevollmächtigter (SiBe) – Sicherheitssystem – Sicherung – Sprengwirkungshemmende Fassadenertüchtigung – Sprengwirkungshemmende Fenster, Türen und Abschlüsse – Sprengwirkungshemmende Verglasung – Telekommunikation – Unterbrechungsfreie Stromversorgung – Widerstandswert – Zugriffsschutz (IT)

Meissner, Michael, Dipl.-Ing. (FH), Bundesamt für Sicherheit in der Informationstechnik BSI, Bonn
IT-Grundschutz-Zertifikat

Müller, Rüdiger, Dipl.-Ing. (FH), Gründer und Leiter PFB GmbH & Co Prüfzentrum für Bauelemente KG, Schlossberg bei Rosenheim, Öffentlich bestellter und vereidigter Sachverständiger für Türen und Fenstertechnik.
Einbruchhemmende Tür – **Nachrüstung (Fenster, Türen)**

Munde, Axel, Dipl.-Phys., Bundesamt für Sicherheit in der Informationstechnik BSI, Bonn
Augensignatur – **Bildvergleich** – **Chipkarte** – **Common Criteria** – **Fingerabdruckvergleich** – **Gesichtserkennung (automatisch)** – **Handdatenvergleich** – **Passbildvergleichsverfahren** – **Stimmanalyse** – **Unterschriftsprüfung (Zutrittskontrolle)** – **Zutrittskontrolle**

Oberhänsli, Jürg, El.-Ing. HTL, Bigotec AG, Aarau
Außenhautschutz/Peripherieschutz – **Freilandschutz / Perimeterschutz** – **Zaunsystem**

Oberwinder, Axel, VHV Vereinigte Hannoversche, Hannover
IT-Versicherung

Opfermann, Walter, Landesamt für Verfassungsschutz Baden-Württemberg, Stuttgart
Aktenvernichter – **BfV** – **BND** – **Datenträgervernichter** – **Geheimschutz** – **Geheimschutzdokumentation/-plan** – **Geheimschutzhandbuch** – **Geheimschutzverfahren in der Wirtschaft** – **Hacking** – **MAD** – **Mikrofilmvernichter** – **Passwort** – **Proliferation** – **Sabotageschutzüberprüfung** – **Sicherheitsüberprüfungsgesetz** – **Täterbild** – **VdS Schadenverhütung** – **Vernichtung von Informationsträgern** – **Verschlusssachenregelung** – **Zuverlässigkeitsüberprüfung**

Oppelt, Ulrich, Dipl.-Ing., BOSCH Sicherheitssysteme GmbH, Ottobrunn
Automatischer Brandmelder – **Deckenbündiger Rauchmelder** – **Video-Bewegungsmelder**

Paulick Andreas, Rechtsanwalt, Mainz, Geschäftsführer Bundesvereinigung Deutscher Geld- und Wertdienste e.V. (BDGW), Bad Homburg
UVV „Wach- und Sicherungsdienste"

Pausch, Karl, CISSP, CISA, CISM, Senior Security Consultant Fink Secure Communication GmbH, Ahorn/Finkenau
IT-Forensik – **VoWLAN** – **WLAN**

Petzel, Erhard, Prof. Dr., Lehrstuhl für Bank- und Informationstechnologie International University in Germany, Bruchsal
Biometrie, biometrische Verfahren – **FinTS** – **Onlinebanking**

Pohl, Hartmut, Prof. Dr., ISIS InStitut für InformationsSicherheit, Köln und Fachbereich Angewandte Informatik der FH Bonn-Rhein-Sieg, St. Augustin/Bonn
Authentifizierung – **Chaffing and Winnowing** – **Ende-zu-Ende-Verschlüsselung** – **Expertensystem** – **Fälschungssicherheit** – **Hash-Funktion** – **Honeypot** – **Information Warfare (Informationskriegführung)** – **Informationssicherheit** – **Intrusion Detection System** – **PKI** – **Risiko-Analyse-System** – **Schlüssel-Archiv** – **Sicherheitsarchitektur** – **Steganographie** – **Trap Door** – **Trust Center** – **Tunneln** – **Verschlüsselung** – **VPN** – **Würmer** – **Zeitstempel**

Pohlmann, Norbert, Prof. Dr., Fachhochschule Gelsenkirchen, Fachbereich Informatik, Verteilte Systeme und Informationssicherheit
Authentication Gateway – **E-Banking** – **E-Business** – **E-Commerce** – **Firewall** – **Internet** – **Secure E-Mail Gateway** – **Signatur-Server**

Preisig, Hans Peter, Thalwil
Alarm – **Alarmplan** – **EDV** – **Einbruchmelder** – **Risiko** – **Risiko-Management** – **Sicherheitskonzept** – **Sicherheitsmaßnahme** – **Zutrittskontrollsystem**

Redaktion. Mit „Redaktion" sind Beiträge bezeichnet, die von ihren ursprünglichen Autoren nicht mehr betreut werden und deren Aktualisierung daher von den Herausgebern besorgt wird. Sie sind für Hin-

weise der Leser auf eventuelle neue Entwicklungen dankbar.
A1 bis A3 – Acrylglas – Akkreditierung – Alarmventilstation – Aufhebelsicherung – B1 bis B3 – Bürger-CERT – BR1 bis BR7 – Brandschutzeinrichtungen – C1 bis C5 – D1 bis D3 – Daisy Chain – Dallglas – DES – Dezibel (dB) – Digitales Fernsprechnetz und ISDN – DIN-geprüft – Durchschusshemmende Verglasung – Durchwurfhemmende Verglasung – Durchwurfhemmende Verglasung – Einbruchmeldeanlage (EMA) – Eindring-Erkennungssystem – Elektromagnetische Verträglichkeit (EMV) – Elektronische Unterschrift – Endorsed by EFSAC – ER1 bis ER4 – Falschalarm – Faseroptischer Melder – Fenster – Gitter – Glassteine – Identifikation – IT – Kamera, getarnt / verdeckt – Kapazitiv-Feldänderungsmelder – Klimaüberwachungsanlage – Lauschangriff – Lizenzierung – Melderkette – Nebelgeräte – Normalorganisation – Notstromversorgung – Öffnungskontakt – Österreich – P2A, P3A, P4A – P6B, P7B, P8B – Panzer-Geldschrank – Personenidentifikation – Polycarbonat – Polyurethan – POS-Terminal – Prüflabor/Prüfstelle – Public key – RAL – RAM – Redundanz – ROM – Sabotageüberwachung – Safety – Schaufenster – Schliesszylinder – Schloss – Security – Server-Safe – Sicherheitskriterien – Signaturgesetz, Signaturverordnung, EU-Richtlinien – Splitterschutzfolie – Sprinkler – Sprinkleranlage – TAN – Tresorraum/Tresoranlage – Tür – Unterschriften-Prüfsystem (Bankanwendung) – Verbundsicherheitsglas – Verfügbarkeit – Verglasung – Videoüberwachung – Zweigruppenabhängigkeit

Reingen, Josef, stv. Geschäftsführer der European Security Systems Association ESSA (früher Forschungs- und Prüfgemeinschaft Geldschränke und Tresoranlagen e.V., und Mitarbeiter der Geschäftsführung des VDMA Fachverband Sicherheitssysteme, Frankfurt a.M.
Datensicherungscontainer, Datensicherungsraum, Datensicherungsschrank, Daten-Disketteneinsatz – Geldautomat/Geldschrankeinheit (Wertschutz für Geldautomat) – Sicherheitsschrank – Tag-Nacht-Tresoranlage/Deposit-System – Wertschutzraum – Wertschutzschrank – Widerstandseinheit (WE) – Zertifizierungsmarke

Riek, Udo, Produktmanager mechanische Zutrittskontrolle, Gretsch-Unitas GmbH, Ditzingen
Wendeschlüssel-Schließsystem

Röckle, Haio, Dr., Röckle IT-Sicherheit GmbH, Bochum
Verbindlichkeit

Rosmus, Konrad, Dipl.-Inform., Industrieanlagen-Betriebsgesellschaft, Ottobrunn
Sicherheitspolicy – Wilful Act

Salié, Henning, Dr., Leiter Marketing Communication, Siemens Building Technologies in Deutschland
Betreiber-Modell – Dualbewegungsmelder – Life Cycle – Sicherheitscontracting

Schaaf, Norbert, Dipl.-Ing., Geschäftsführer der ATRAL-SECAL GmbH in Hofheim-Wallau
Brandmeldeanlage mit Funkübertragung

Schilling, Hans-Georg, Dipl.-Kfm., SIM Security & Electronic System GmbH, Neustadt/Weinstraße
Auflösung – Betrachtungsabstand – Bildspeicher – Bildverarbeitung – Blooming – Brennweite – CCD-Kamera – Dual-Sensor-Kamera – Einbrennen – Empfindlichkeit – Infrarotscheinwerfer – Monitor – Nachleuchteffekt – Restlicht-Kamera – Shutter – Videoüberwachung – Wärmebildkamera

Schirrmann, Bernd-Otto, Dipl.-Ing., Leiter Bosch Communication Center, Frankfurt a.M.
Datex-P / X.25 / X.31 – D-Kanal-Überwachung – ISDN – Mobile Absicherung und Überwachung von Personen und Objekten – Notrufzentrale – Fern-Videoüberwachung

3

Schmalt, Christoph, Dipl.-Ing. Leiter Forschung, Entwicklung und Technik, VETROTECH SAINT-GOBAIN INT. AG, Walchwill
Alarmglas – **Chemisch vorgespanntes Glas** – **Drahtglas** – **Durchbruchhemmende Verglasung** – **Einscheiben-Sicherheitsglas** – **Ganzglastür** – **Glas** – **Panzerglas** – **PVB-Folie** – **Verbundsicherheitsglas**

Schmitt, Dieter, Dipl.-Ing., Aachen
Aktivmelder (BMA) – **BSI** – **Flammenmelder** – **Gasmelder (BMA)** – **Gaswarnsysteme** – **Infrarotmelder (BMA)** – **Meldelinie** – **Multifunktionale Primärleitung (BMA)** – **Übertragungsweg** – **Übertragungszentrale (ÜZ)** – **Überwachte Übertragungswege** – **Überwachte Verbindungen** – **Verbindungsarten (Übertragungswege in Alarmübertragungsanlagen)**

Schneider, Volker, Vertriebsleiter, ROHDE & SCHWARZ SIT GmbH, Berlin.
D-Kanal-Filter

Schneider, Willi, Dr., Bundesamt für Sicherheit in der Informationstechnik, Bonn
Codierung – **Datenträgervernichter** – **Durchschusshemmende Fenster, Türen und Abschlüsse** – **Evaluierung** – **Hochsicherheitsschloss** – **Integrität** – **ITSEM** – **Löschen von magnetischen Datenträgern** – **Löschgerät** – **RFID-System** – **Schutzbeschlag (Sicherheitstürschild)** – **Verfügbarkeit im Sinne der IT-Sicherheit** – **Vertraulichkeit** – **Zertifizierung, Zertifizierungsstelle** – **Zuverlässigkeit** – **Zylinderabdeckung**

Schreiber, Edgar, Sicherheitsinstitut, Zürich
Einbruchmeldeanlage mit Funkübertragung

Schreiber, Sebastian, Geschäftsführer und Senior Consultant SySS GmbH, Tübingen
Exploit

Schremmer, Ulf, Dr.-Ing., Leiter Entwicklung Löschsysteme und Produktmanagement, TOTAL WALTHER GmbH Feuerschutz und Sicherheit, Köln
Argon – **Einrichtungsschutz** – **Inergen**

Schürmann, Detlev, Diplom-Verwaltungswirt, Polizei-Hauptkommissar, Bonn
Deeskalation

Schwarzenbach, René, CEO Scotti Security Institut, Beretta Shooting Akademy
Bewachen/Überwachen – **Carjacking** – **USBV**

Seeck, Peter, Prokurist, FIS-Organisation GmbH, Hamburg
Ausweis

Siebrecht, Claudia, Marketing, Dedicated Micros GmbH, Hückelhoven
Mobile Videoüberwachung

Siemens, Eilert, Dipl.-Ing., Berlin
Benchmarking – **Energiemanagement** – **European Installations Bus (EIB)** – **Facility Management** – **Facility Support Services** – **Gebäudeautomation** – **Gebäudeleittechnik** – **Immobilien-Management** – **Infrastrukturelles Gebäudemanagement** – **Kaufmännisches Gebäudemanagement** – **Projektentwicklung** – **Prozessorientiertes Facility Management** – **Technisches Gebäudemanagement**

Sitt, Axel, Dr. rer. pol., comratio Technology & Consulting GmbH, Zürich
Dynamisches Risiko Management

Solmsdorff, Markus, Markus Solmsdorff, Business Development Manager, Postbank P.O.S. Transact GmbH, Schwalbach
E-Payment

Späni, Urs, Mitglied der Geschäftsleitung, Leiter Forschung & Entwicklung, KESO AG, Richterswill
Schließzylinder

Sperr, Manfred, Product Manager CCTV, Funkwerk plettac electronic GmbH, Fürth
Mikrowellendetektor/Mikrowellenschranke

Spinnler, Markus, ITW Ingenieurunter-

nehmung AG, Zürich
Datenbus – Digital/Analog – Gigahertz – Kartensicherheit

Stadelmann, Franz, Sicherheitsberater, Swiss Sec, Dierikon
Computer Based Training (CBT)

Stark, Markus, Dipl.-Informatiker, Leiter Vertrieb, secunet Security Networks AG, Essen
ActiveX – BioTrusT – E-Mail-Sicherheit – Hackerabwehr – Hacker-Versicherung – IDEA – Intranet – Java – JavaScript – MailTrusT – Penetrationstest – PGP – Proxy-Server – S/MIME – TeleTrusT – Triple-DES

Steinke, Wolfgang, Dr., BKA-Abteilungspräsident a.D., Rechtsanwalt, Sicherheitsberater, Wiesbaden
Aufklärung – Codierung – Datensicherung – Diebesfalle – Geldfälschung – Lauschangriff – Organisation – Reizgas – Satellitenortungssystem – Spionage – Wächterkontrollsystem – Wegfahrsperre – Zuverlässigkeit

Straumann, Werner, Securiton AG, Zollikofen
Benutzerschnittstelle – Intelligentes Gebäude – Leitsystem – Sicherheitsleitsystem – Signaturen für Videobilder – Video-Bildanalyse – Video-Bildspeicher – Video-Bildübertragung – Video-Brand-Früherkennung – Video-Delayer – Videomanagementsystem

Struth, Fritz, Dr., Dipl.-Volkswirt, Geschäftsführer PaX AG, Ingelheim
Einbruchhemmende Fenster

Stucki, Roland, Securiton AG, Zollikofen
Rauchansaugsystem

Sturhan, Hans, Geschäftsführer Bundesverband Deutscher Detektive e.V.
Detektive

Tröhler, Henry, Fachstellenleiter Einbruchmeldeanlagen, Securiton AG, Zollikofen
Pneumatischer Differenzialdruckmelder

Ulrich, Ute, Dipl.-Soz., Dipl.-Psych., Unternehmensberaterin für Kommunikation und Organisationsentwicklung, Berlin
Akzeptanz

Unruh, Hartmut, Unruh-Sicherheitsplanung, Brandenburg
Dopplereffekt – LED – Meldelinie – Piezo – Referenz-Widerstand

Urfer, Ulrich, Telekommunikation und Sicherheit, Marketing und Business Development, TUS Telekommunikation und Sicherheit, Zollikofen
ALARMNET der TUS – Übertragungsgeräte (ÜG)

Von zur Mühlen, Rainer, A. H., Geschäftsführer, Von zur Mühlen'sche Unternehmensberatung, Bonn
Awareness – Schlüsseldepot

Voss, Ludger, München
Transponder

Voßbein, Reinhard, Prof. Dr., UIMC Dr. Voßbein GmbH & Co. KG., Wuppertal
BS 7799/ISO-IEC/17799-1

Voßbein, Reinhard, Prof. Dr., UIMC Dr. Voßbein GmbH & Co. KG., Wuppertal
ISO/IEC 27001 (früher BS 7799) – Vulnerability Assessment

Walker, Richard, Ing. HTL, Elektrowatt Ingenieurunternehmung AG, Zürich
Arbeitsstrom / Ruhestrom

Wang, Mingyi, Dr.-Ing., Gesamtverband der Deutschen Versicherungswirtschaft e.V., Abt. Sachversicherung/Schadenverhütung, Berlin
Bauartklassen – Betriebliche Brandschutzorganisation – Betrieblicher Brandschutz – Brandabschnittsfläche – Brandschutzbandage und Brandschutzgewebe für elektrische Kabel – Brandschutzbeauftragter – Brandschutzmanagement – Brandschutztechnisch wirksame Bekleidungen – Brandwand – Feuerarbeiten – Feuerbeständige Abtrennung – Feuerschutzvorhang – Kombischott – Komplextrennwand – Mobi-

ler Rauchschutzabschluss – Organisatorischer Brandschutz – Sandwichelemente

Weber, Joachim, Dipl. Ing., Bundesamt für Sicherheit in der Informationstechnik BSI, Bonn
Cyberwar – Kritische Infrastrukturen

Weegen, Jürgen, Geschäftsführer, track& act business solutions GmbH & Co. KG, Telgte
GSM-Ortung

Wenk, Englmar, Dr., Friedrichshafen
Alarmverifikation – Siegel

Westhoff, Wolfgang, Prof. Dr.-Ing., Dortmund
Bauprodukte (baurechtlich) – Bauproduktengesetz – Bauregellisten – Brandschutzbekleidung – Brandschutzverglasung – Brandwand – Dichtschließende Tür – Feststellanlage – Feuerschutzabschluss – Feuerwiderstandsklasse – Grundlagendokument Brandschutz – Konformitätsnachweis – Lichtschranke – Nachweise, bauaufsichtlich geforderte – Rauchschutztür – Schließmittel – Übereinstimmungszeichen-Verordnung – Zulassung, allgemeine bauaufsichtliche

Wigger, Hansjörg, Fachredakteur Siemens Schweiz AG, Building Technologies Group, Zug
Alarmplausibilität – Algorithmentechnologie – Applikationsüberprüfung – Bildermelder – CO_2 – Detektionssicherheit – Extinktions-Rauchmelder – Flammenmelder – Gaslöschanlage – Gasmelder (BMA) – Gaswarnsysteme – Glasbruchmelder – Infrarotdetektor (EMA) – Infrarotmelder (BMA) – Intrusionsschutz – Ionisations-Rauchmelder – Leckdetektionssystem – Lichtschranke – Mehrsensormelder – Multifunktionales Sicherheitssystem – Neuronaler Melder – Neuronales Netz – Notlaufeigenschaften – Parametrierung – Rauchmelder – Raumüberwachung – Synoptik – Ultraschallmelder – Vitrinenüberwachung – Wärmemelder

Wischgoll, Andreas, Produktmanagement, ASSA ABLOY Sicherheitstechnik GmbH Werk Albstadt
Fluchttür/Fluchttürverschlüsse – Notausgangsverschlüsse – Paniktürverschlüsse

Wittmann, Dirk, Wittmann Elektronik e.K., Coburg
GSM – GSM-Verschlüsselung

Wittmann, Jürgen, Leiter Informationsschutz DaimlerChrysler AG, Stuttgart
Abhörhandy – Tastatur-Eingabe-Rekorder

Wrobel, Christoph P., Dipl.-Ing., Hirschmann Automation and Control GmbH, Neckartenzlingen
ATM – Ethernet – LAN – Optische Übertragung – RADIUS

Wüst, Wolfgang, Geschäftsführer BSG-Wüst GmbH, Frankfurt, Vorsitzender des Fachausschusses Technik des BDWS
Alarmkarte

Wyttenbach, Oskar, Product-Manager, Securiton AG, Zollikofen
Körperschallmelder

Zalud, Rochus, Dipl.-Ing., Bundesverband unabhängiger deutscher Sicherheitsberater und Ingenieure e.V.
Automatisch verriegelnde Schlösser – Fluchtwegsicherheit für Arbeitsstätten – Sicherheitsberatung

Lexikonbeiträge, die nicht mit Namen gezeichnet oder als Zitat ausgewiesen sind, wurden von den Herausgebern Daniel Beer, Peter Hohl oder Astrid Jung bearbeitet.

Außer den genannten Autoren danken die Herausgeber für besonders wertvolle Anregungen und Informationen:
Dr. Norbert Bernigau, VdS Schadenverhütung GmbH, Köln
Edith Hoffmann, ZVEI, Fachverband Sicherheitssysteme, Frankfurt

Sicherheitsberufe

Neu im Internet: Sicherheits-Berufe

Während Sie dieses Buch nutzen, entsteht – ähnlich wie im Falle des Lexikon-Teils – zunächst im Internet ein neues Kapitel. Oder genauer gesagt zwei:

1. Eine Zusammenstellung der Sicherheitsberufe. Einige finden Sie jetzt schon unter www.sicherheits-jahrbuch.de (Zugangsdaten auf dem gelben Karton, Seite 748).

Das neue Kapitel soll die Vielfalt etwas übersichtlicher machen: Unterrichtungsverfahren, Sachkundeprüfung, Geprüfte Schutz- und Sicherheitskraft, Fachkraft für Schutz- und Sicherheit, Security Agent und Security Officer, Werkfeuerwehrtechniker, an Security interessierte Sicherheitsingenieure und Fachkräfte für Arbeitssicherheit, daneben weiterhin IHK geprüfte Werkschutzfachkraft und Werkschutzmeister, neuartige Fachhochschul- und Universitätsabschlüsse – und schließlich die schwer durchschaubaren Qualifikationen im Bereich der IT-Sicherheit...

Die Jahrbuch-Redaktion wird im Lauf der Zeit ein Kapitel zusammentragen, das Auskunft gibt über Voraussetzungen, Ausbildungsgänge, Prüfungen und Praxisanforderungen für die alten und neuen Sicherheitsberufe. Im Internet werden Sie stets auch Angaben darüber finden, was bereits in Arbeit ist, und wofür noch Autoren gesucht werden.

2. Auch die fünfsprachige Übersetzungstabelle, die früher das Kapitel 4 des Sicherheits-Jahrbuchs darstellte, ist nicht von der Bildfläche verschwunden. Sie braucht aber, um im schnellen Wandel lebendig zu bleiben, ebenso wie das Basislexikon eine Vielzahl von mitwirkenden Experten – auch um nach deutsch, englisch, französisch, italienisch und spanisch eventuell neue Sprachen zu integrieren. Wer an dem Gemeinschaftswerk mitwirken kann und will, ist herzlich willkommen. Bitte melden Sie sich bei p.hohl@secumedia.de

Planungssymbole

Grafische Symbole für Gefahrenmeldeanlagen

Diese Richtlinien enthalten eine Liste mit grafischen Symbolen, die bei der Projektierung von
- Einbruchmeldeanlagen (EMA),
- Brandmeldeanlagen BMA),
- Videoüberwachungsanlagen (VÜA),
- Zutrittskontrollanlagen (ZKA),
- Gefahrenwarnanlagen (GWA)

und der Ausstellung von entsprechenden Installationsattesten verwendet werden sollten.

Die Symbole wurden von einem Arbeitskreis entwickelt, an dem folgende Institutionen beteiligt waren:
- Bundesverband der Hersteller und Errichterfirmen von Sicherheitssystemen e.V. – BHE
- Zentralverband der Elektrotechnik- und Elektronik-Industrie e.V. – ZVEI
- Zentralverband der deutschen Elektrohandwerker e.V. – ZVEH
- VdS Schadenverhütung GmbH – Ein Unternehmen des Gesamtverbandes der Deutschen Versicherungswirtschaft e.V. – GDV

In der Spalte 'Verwendung' der folgenden Tabelle bedeuten
- B: Brandmeldeanlagen
- E: Einbruchmeldeanlagen
- V: Videoüberwachungsanlagen
- Z: Zutrittskontrollanlagen
- G: Gefahrenwarnanlagen

Hinweis: Die grau hinterlegten Flächen dienen nur zum Größenvergleich und sind nicht Bestandteil der Symbole

Änderungen gegenüber der Ausgabe VdS 2135 : 2001-01 (03)

Ergänzt wurden die Symbole für Gefahrenwarnanlagen (GWA) aus der DIN V VDE V 0825-10 : 2005-05.

Weiterhin wurden einige Symbole geringfügig überarbeitet oder die Zuordnung bei der Verwendung geändert.

Anhang (informativ):

Die Symbole können auf einem Datenträger (Bestell-Nr.: VdS 2135EF) mit Bibliotheken für die Formate Windows-Bitmap, CorelDraw 8.0, AutoCAD Rel. 10 und DXF bezogen werden bei:

VdS Schadenverhütung GmbH
Verlag
Amsterdamer Straße 174
50735 Köln
Fax: (0221) 77 66 109

Nr.	Bild	Kurz-zeich.	Beschreibung	Verwendung				
1		SA	Signalgeber, akustisch	B	E		Z	
2		Sr	Sirene		E	V	Z	
3		Sm	Summer	B	E	V	Z	
4		Ki	Klingel		E	V	Z	
5		SO	Signalgeber, optischer (Rundumkennleuchte, Blitzleuchte)	B	E		Z	
6		BM	Bildermelder		E			
7		FK	Fadenzugkontakt		E			
7a		AR	Abreißmelder		E			
8		GMak	Glasbruchmelder, akustisch		E			
9		GMp	Glasbruchmelder, passiv		E			G
10		GMa	Glasbruchmelder, aktiv		E			
11		IM	Infrarot-Bewegungsmelder		E			G
12		KM	Körperschallmelder		E			
13	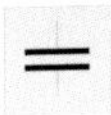	FM	Feldänderungsmelder		E			
14		LS	Lichtschranke		E			
15		LV	Lichtschrankenvorhang		E			
16	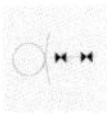	Mp	Mikrophon (z.B. Sensorkabel)		E			
17	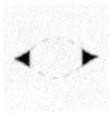	MS	Mikrowellen- Schranke		E			

Nr.	Bild	Kurz-zeich.	Beschreibung	Verwendung				
18	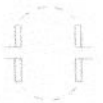	HFS	Hochfrequenzschranke		E			
19		MM	Mikrowellen-Bewegungsmelder		E			
20		MK	Magnetkontakt		E		Z	G
21		ÖK	Öffnungskontakt		E		Z	
22		PK	Pendelkontakt		E			
23		VK	Vibrationskontaktmelder		E			
24	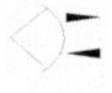	DU	Dualmelder		E			G
25		IMR	Infrarot Rundummelder (360°-Überwachung)		E			
26	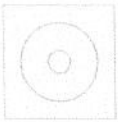	ÜM	Überfall-/Bedrohungsmelder		E			G
27		UM	Ultraschall-Bewegungsmelder		E			
28		AM	Aufbruchmelder		E			
29		DM	Druckmelder (z.B. Trittmelder)		E		Z	
30	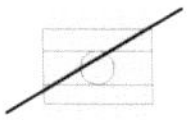	DK	~~Druckknopfmelder~~ ersetzt durch Nummer 90 nichtautomatischer Melder	B				
31	EMZ	EMZ	Einbruchmelderzentrale		E			
32	ÜMZ	ÜMZ	Überfallmelderzentrale		E		Z	
33	ZKZ	ZKZ	Zutrittskontrollzentrale				Z	
33a	ÜZKZ	ÜZKZ	Übergeordnete Zutrittskontrollzentrale				Z	

Nr.	Bild	Kurz-zeich.	Beschreibung	Verwendung				
33b	AWE	AWE	Auswerteeinrichtung		E		Z	
34		ADG	Alarmglas		E			
35		FÜ	Flächenüberwachung, Flächenschutz (z.B. Folie, Draht, Leiterplatte)		E			
36		SK	Schließblechkontakt (Verschlusskontakt)		E			G
37		SpE	Sperrelement		E		Z	G
38		SE	Schalteinrichtung mit materiellem Identifikationsmerkmal		E		Z	G
39	?	SG	Schalteinrichtung mit geistigem Identifikationsmerkmal		E		Z	G
40		SZ	Schalteinrichtung mit Zeitsteuerung	B	E	V	Z	
41		SL	Schlüsselschalter	B	E	V	Z	
42	FSE	FSE	Freischaltelement	B				
43		DD	Dienstleistungsdepot		E			
44	FSD	SD/ FSD	Schlüsseldepot	B	E			
45		AW	Ausweisleser		E		Z	
46	?	AWC	Ausweisleser mit zusätzlicher Codeeingabe		E		Z	
47		TF	elektromagnetischer Türöffner	B	E		Z	
48		SR	Schubriegel		E		Z	
49		ÜK	Übergangskontakt		E			

Nr.	Bild	Kurz-zeich.	Beschreibung	Verwendung				
50		EV	Energieversorgung	B	E		Z	
51		NG	Netzgerät			V	Z	
52	BMZ	BMZ	Brandmelderzentrale	B				
53	V	V	Verteiler	B	E	V	Z	
54		WMD	Wärmemelder, Differential-	B				
55		WMM	Wärmemelder, Maximal-	B				
56		WLM	Wärmemelder, Maximal-, linienförmig	B				
57		WLD	Wärmemelder, Differential-, linienförmig	B				
58		MWM	Wärmemelder, Maximal-, mehrpunktförmig	B				
59		MWD	Wärmemelder, Differential-, mehrpunktförmig	B				
60		ASR	Ansaugrauchmelder	B				
61		RZ	Rauchmelder, zwangsbelüftet	B				
62		LKM	Melder für Lüftungskanäle	B				
63		RMO	Rauchmelder, optischer	B				
64		RMI	Ionisations-Rauchmelder	B				
65	S	RLS	Linearer Rauchmelder (Sender)	B				
66	E	RLE	Linearer Rauchmelder (Empfänger)	B				

Nr.	Bild	Kurz-zeich.	Beschreibung	Verwendung				
67	S E	RL	Linearer Rauchmelder (Sender/Empfänger)	B				
68		RLR	Linearer Rauchmelder (Reflektor)	B				
69		OT	Multisensormelder (Kombination RMO/WMD)	B				
70		OTI	Multisensormelder (Kombination RMO/WMD/RMI)	B				
70a	CO ϑ	MKW	Multisensormelder (Kombination Kohlenmonoxid-/Wärme-Melder)	B				
70b	CO ϑ	OKW	Multisensormelder (Kombination optischer Rauch-/ Kohlenmonoxid-/Wärme-Melder	B				
71	IR	FMI	Flammenmelder, Infrarot	B				
72	UV	FMU	Flammenmelder, Ultraviolett	B				
73	UV/IR	FMM	Flammenmelder, Multifunktional	B				
74	IME	IME	Identifikationsmerkmal-Erfassungseinheit		E		Z	
75	ÜE	ÜE	Übertragungseinrichtung (z.B. TWG, ÜG)	B	E		Z	
76	KMZ	KMZ	Kombinierte Melderzentrale	B	E	V	Z	
77	FSA	FSA	Feststellanlage	B				
78	FBF	FBF	Feuerwehrbedienfeld	B				
79	FLA	FLA	Feuerlöschanlage	B				
79a	FAT	FAT	Feuerwehranzeigetableau	B				
80	LPT	LPT	Lageplantableau	B				

Nr.	Bild	Kurz-zeich.	Beschreibung	Verwendung				
81	EST	EST	Steuereinrichtung für Löschanlagen, elektrisch	B				
82		ISM	Isolatormodul	B	E			
83	STR	STR	Steuermodul	B	E			
84	ADR	ADR	Adressiermodul	B	E			
85	ANS	ANS	Anschaltmodul	B	E			
86	K EX	KEX	Linienkoppler (EX)	B				
87		ÜSE	Überspannungsableiter	B	E	V	Z	
88		MA	Externe Melderanzeige	B				
89	m	TM	Türhaltemagnet/Türschließer	B				
90		NAM	Nichtautomatischer Melder	B				
91		FA	Feuerwehraufzug	B				
92		A	Aufzug	B				
93		R	Rettungsweg (rechts)	B				
94		RE	Registriereinrichtung (z.B. Zeitschreiber)	B	E		Z	
95		ABF	Abgesetztes Bedienfeld	B	E	V	Z	
96		AT	Anzeigetableau	B	E	V	Z	

5

Nr.	Bild	Kurz-zeich.	Beschreibung	Verwendung			
97		F	Fenster	E			
98		G	Gitter	E			
99		L	Lampe (z.B. bauseitige Beleuchtung)	E	V		
100		Lk	Lichtkuppel	E			
101		VEA	Vereinzelungsanlage			Z	
102	WB	WB	Wertbehältnis	E		Z	
103		Tr	Treppe/Leiter	E			
104		T	Tür	E			
105		WL	Wand, Leichtbau	E			
106		W	Wand	E			
107		AB	Aufdruckbolzen	E			G
108		Vka	Videokamera		V	Z	
109		Fka	Fotokamera		V	Z	
110		M	Monitor		V		
111	VV	VV	Videoverteiler		V	Z	
112		VA	Videoaufzeichnungsgerät		V	Z	
113	Z	Z	Zentrale				G
114	FAE	FAE	Fernalarmierungseinrichtung				G

Nr.	Bild	Kurz-zeich.	Beschreibung	Verwendung				
115		BM	Belästigungs-/Bedrängungsmelder					G
116		SA85	akustischer Signalgeber für Internalarm; Mindestlautstärke 85 dB (A)					G
117		SA60	akustischer Signalgeber für Internwarnung; Mindestlautstärke 60 dB (A)					G
118		BIS	Bedienteil für intern scharf					G
119		Roa	Kombination optischer Rauchmelder/ akustischer Signalgeber	B				G
120		WM	Wassermelder					G
121		GG	Gasmelder für brennbare Gase					G
122		GK	Gasmelder für Kohlenmonoxid					G
123		AG	Auslösegerät (K-Funktion)					G
124		TMU	Technischer Melder/Umsetzer	B				G
125		FK	Funkkoppler	B				
126		KK	Kombinierter Öffnungs-/Verschlusskontakt		E		Z	

5

Behörden, Verbände, Institutionen

6

Behörden, Verbände und Institutionen in Deutschland

D.1 Institutionen mit öffentlichem Charakter

D.2 Versicherungen

D.3 Wirtschafts- und Fachverbände

D.4 Normung, Prüfung, Zertifizierung

CH. Schweiz und Lichtenstein

CH.1 Institutionen mit öffentlichem Charakter

CH.2 Versicherungen

CH.3 Wirtschafts- und Fachverbände

CH.4 Normung, Prüfung, Zertifizierung

CH.5 Sonstige Vereinigungen und Institutionen

Internationale Institutionen

D. Bundesrepublik Deutschland

D.1 Institutionen mit öffentlichem Charakter

Innenpolitik und wichtige Polizeibehörden

Bund:

Der Bundesminister des Innern,
Alt Moabit 101 d,
10559 Berlin,
Tel. (030) 3981-1

Bundeskriminalamt,
Thaerstr. 11,
65193 Wiesbaden,
Tel. (0611) 551-0

Länder:

Baden-Württemberg

Innenministerium,
Dorotheenstr. 6,
70173 Stuttgart,
Tel. (0711) 231-4

Landeskriminalamt Baden-Württemberg,
Postfach 500729,
70337 Stuttgart,
Tel. (0711) 5401-1

Bayern

Staatsministerium des Innern,
Odeonsplatz 3,
80539 München,
Tel. (089) 2192-1

Bayerisches Landeskriminalamt,
Maillingerstraße 15,
80636 München,
Tel. (089) 1212-0

Berlin

Senatsverwaltung für Inneres,
Fehrbelliner Platz 2,
10707 Berlin,
Tel. (030) 867-1
und
Klosterstraße 47,
10179 Berlin,
Tel. (030) 2474-0

Der Polizeipräsident in Berlin,
Landeskriminalamt Berlin,
Platz der Luftbrücke 6,
12101 Berlin,
Tel. (030) 699-5

Brandenburg

Ministerium des Innern,
Henning-von-Tresckow-Straße 9-13,
14467 Potsdam,
Tel. (0331) 866-0

Landeskriminalamt Brandenburg,
Prenzlauer Straße 66-70,
16352 Basdorf,
Tel. (033397) 69-0

Bremen

Senator für Inneres und Sport,
Contrescarpe 22-24,
28203 Bremen,
Tel. (0421) 362-1

Polizei Bremen,
Landeskriminalamt,
In der Vahr 76,
28329 Bremen,
Tel. (0421) 361-0

Hamburg

Behörde für Inneres,
Johanniswall 4,
20095 Hamburg,
Tel. (040) 42839-0

Freie und Hansestadt Hamburg,
Behörde für Inneres Polizei,
Hindenburgstr. 47,
22297 Hamburg,
Tel. (040) 4286-0

Hessen

Ministerium des Innern, Landwirtschaft,
Forsten und Naturschutz,
Friedrich-Ebert-Allee 12,
65185 Wiesbaden,
Tel. (0611) 353-0

Hessisches Landeskriminalamt,
Hölderlinstr. 5,
65187 Wiesbaden,
Tel. (0611) 83-0

Mecklenburg-Vorpommern

Innenministerium,
Arsenal am Pfaffenteich,
Wismarsche Straße 133,
19053 Schwerin,
Tel. (0385) 588-0

Landeskriminalamt Mecklenburg-Vorpommern,
Retgendorfer Straße 2,
19067 Rampe,
Tel. (03866) 64-0

Niedersachsen

Innenministerium,
Lavesallee 6,
30169 Hannover,
Tel. (0511) 120-1

Landeskriminalamt Niedersachsen,
Schützenstr. 25,
30161 Hannover,
Tel. (0511) 330-0

Nordrhein-Westfalen

Innenministerium des Landes
Nordrhein-Westfalen,
Haroldstr. 5,
40213 Düsseldorf,
Tel. (0211) 871-01

Landeskriminalamt Nordrhein-Westfalen,
Völklinger Str. 49,
40221 Düsseldorf,
Tel. (0211) 939-5

Rheinland-Pfalz

Ministerium des Innern und für Sport,
Schillerplatz 3-5,
55116 Mainz,
Tel. (06131) 16-0

Landeskriminalamt Rheinland-Pfalz,
Valenciaplatz 1-7,
55118 Mainz,
Tel. (06131) 65-0

Saarland

Ministerium für Inneres und Sport,
Polizeiabteilung – Abt. D -,
Mainzer Str. 136,
66121 Saarbrücken,
Tel. (0681) 962-0

Landeskriminalamt des Saarlandes,
Graf-Johann-Str. 25-29,
66121 Saarbrücken,
Tel. (0681) 962-0

Sachsen

Sächsisches Staatsministerium des Innern,
Wilhelm-Buck-Str. 2,
01097 Dresden,
Tel. (0351) 564-0

Landeskriminalamt Sachsen,
Neuländerstraße 60,
01129 Dresden,
Tel. (0351) 855-0

Sachsen-Anhalt

Ministerium des Innern des Landes Sachsen-Anhalt,
Halberstädter Straße 2,
39112 Magdeburg, Tel. (0391) 567-01

Landeskriminalamt Sachsen-Anhalt,
Lübecker Straße 53-63,
39124 Magdeburg, Tel. (0391) 250-0

Schleswig-Holstein

Innenminister des Landes Schleswig-Holstein,
Düsternbrooker Weg 92,
24105 Kiel, Tel. (0431) 988-0

Landeskriminalamt Schleswig-Holstein,
Mühlenweg 166,
24116 Kiel,
Tel. (0431) 160-0

Thüringen

Ministerium des Innern,
Steigerstr. 24,
99096 Erfurt,
Tel. (0361) 37-900

Landeskriminalamt Thüringen,
Am Schwemmbach,
99099 Erfurt,
Tel. (0361) 341-09

Polizeiliche Kriminalprävention der Länder und des Bundes

Projektleitung, Kommission und Zentrale Geschäftsstelle

Zum 1. Juli 1997 wurden die Kräfte im Bereich der Polizeilichen Kriminalprävention in einem „Fachinstanzenzug", bestehend aus Projektleitung (PL), Kommission (KPK) und Zentraler Geschäftsstelle Polizeiliche Kriminalprävention (ZGS), gebündelt.
Die Projektleitung entscheidet über alle Grundsatzfragen der Polizeilichen Kriminalprävention mit länderübergreifender Bedeutung. Sie stellt die strategische Ebene des „Programm Polizeiliche Kriminalprävention der Länder und des Bundes" (ProPK) dar.
Die Kommission leistet innerhalb der strategischen Vorgaben der Projektleitung die konzeptionelle Sacharbeit. Dazu haben sich die einzelnen Mitglieder auf bestimmte Präventionsthemen spezialisiert. In der Kommission sind alle 16 Bundesländer und das Bundeskriminalamt vertreten. Mitglieder sind im Regelfall die Leiter der Zentralstellen für Prävention der Landeskriminalämter. Als beratende Mitglieder nehmen Vertreter der Polizei-Führungsakademie und der Grenzschutzdirektion teil.
Die Zentrale Geschäftsstelle koordiniert die länderübergreifenden Aktivitäten der Polizeilichen Kriminalprävention im Gremienstrang und im Zusammenwirken mit außerpolizeilichen Präventionsträgern. Sie führt die Geschäfte der Projektleitung und der Kommission. Darüber hinaus hält sie Kontakt zu anderen polizeilichen Gremien.

Anschrift:

Zentrale Geschäftsstelle
Polizeiliche Kriminalprävention der Länder und des Bundes
Taubenheimstraße 85
70372 Stuttgart
Telefon 0711/5401-2062
Telefax 0711/2268000
E-mail: info@polizei-beratung.de
Internet: www.polizei-beratung.de
(letzte Änderung am 3. 7. 2006)

Deutsches Forum für Kriminalprävention (DKF)

Der allgemeinen Erkenntnis folgend, dass die Verhinderung von Straftaten unter sozialen wie wirtschaftlichen Gesichtspunkten der späteren Bekämpfung vorzuziehen ist, verfolgt die im Jahr 2001 auf Initiative der Innenministerkonferenz von Bund und Ländern gegründete privatrechtliche Stiftung „Deutsches Forum für Kriminalprävention" (DFK) das Ziel, alle staatlichen und gesellschaftlichen Kräfte, die hierzu einen Beitrag leisten können, zu gemeinsamer Verantwortung zusammen zu führen und so Kriminalität im Wege eines ganzheitlichen gesamtgesellschaftlichen Ansatzes in Deutschland nachhaltig zu reduzieren. Die Stiftung hat ihren Sitz in Bonn.

Zweck der Stiftung ist es, die Möglichkeiten der Prävention in möglichst großem Umfang zu nutzen und die Kriminalprävention in allen Aspekten zu fördern. Dies insbesondere durch Empfehlungen, Öffentlichkeitsarbeit, Förderung und Initiierung von Maßnahmen der Aus- und Fortbildung sowie im Bereich Erziehung. Ferner durch wissenschaftliche Forschung, Förderung und Initiierung von kriminalpräventiven Aktionen und Projekten sowie Beteiligung am Meinungs- und Erfahrungsaustausch aud nationaler wie internationaler Ebene und auf allen Feldern der Prävention.

Dem Kuratorium der Stiftung unter Vorsitz der Bundesjustizministerin Brigitte Zypries gehören derzeit fünf Mitglieder der Bundesregierung, 16 Mitglieder von Landesregierungen, vier kommunale Vertreter, je ein Vertreter der Evangelischen Kirche in Deutschland (EKD), der Deutschen Bischofskonferenz, des Zentralrates der Juden in Deutschland sowie weiterer 34 Verbände, Organisationen und Wirtschaftsunternehmen an.

Anschrift:

Deutsches Forum für Kriminalprävention
Geschäftsstelle
c/o Bundesverwaltungsamt
Gotlindestr. 91, Haus 41
10365 Berlin
Tel.: 030 / 551 33-703
Fax: 030 / 551 33-705
eMail: dfk@kriminalpraevention.de
Internet: http://www.kriminalpraevention.de/
(letzte Änderung am 10.4.2006)

Deutsches Institut für Bautechnik

Das Deutsche Institut für Bautechnik (DIBt) ist eine rechtsfähige Anstalt des öffentlichen Rechts mit Sitz in Berlin. Es wurde am 1. Juli 1968 als Institut für Bautechnik auf Grund eines Abkommens zwischen der Bundesrepublik Deutschland und den Ländern durch das Land Berlin gegründet. Vom 1. Januar 1993 an wurde das Institut für Bautechnik nunmehr als Deutsches Institut für Bautechnik auf Grund des Berliner Gesetzes über das Deutsche Institut für Bautechnik vom 22. April 1993 (GVBl. S. 195) fortgeführt. Das neue „Abkommen über das Deutsche Institut für Bautechnik", das die Bundesrepublik und alle 16 Bundesländer abgeschlossen haben, ist Bestandteil des Gesetzes.

Das DIBt dient der einheitlichen Erfüllung bautechnischer Aufgaben auf dem Gebiet des öffentlichen Rechts. Zu seinen Aufgaben gehören insbesondere:

- Erteilung europäischer technischer Zulassungen für Bauprodukte und Erarbeitung von europäischen Zulassungsleitlinien auf Grund der EG-Richtlinie für Bauprodukte (89/106/EWG)
- Erteilung allgemeiner bauaufsichtlicher →Zulassungen für Bauprodukte und Bauarten auf Grund der Bauordnungen der Länder der Bundesrepublik Deutschland
- Mitwirkung an der Ausarbeitung technischer Regeln (insbes. Normen) im nationalen, europäischen und internat. Bereich
- Vorbereitung von technischen Erlassen für die Länder und Aufstellung und Bekanntmachung der →Bauregellisten A und B sowie der Liste C gemäß den Bauordnungen der Länder
- Anerkennung von Prüf-, Überwachungs- und Zertifizierungsstellen
- Vergabe, Betreuung und Begutachtung von bautechnischen Untersuchungen und Bauforschungsaufträgen
- Erstattung von Gutachten in bautechnischen Angelegenheiten für die am Abkommen Beteiligten.

Anschrift:
Deutsches Institut für Bautechnik
Kolonnenstr. 30L, 10829 Berlin
Tel. (030) 787 30-0
Fax (030) 787 30-320
E-mail: dibt@dibt.de
Internet: http://www.dibt.de
(Keine Änderungen 10.4.2006)

Das Europäisches Zentrum für Kriminalprävention e.V.(EZK)

Das Europäische Zentrum für Kriminalprävention e.V. in Münster/Westf. ist eine praxisorientierte Forschungs- und Beratungseinrichtung, die 1995 von den Universitäten Münster und Enschede/NL gemeinsam mit Partnern aus Wirtschaft, Politik und Verwaltung gegründet wurde. Als erfahrener Dienstleister bieten wir unseren Kunden professionelle und innovative Lösungen für Kriminalitäts- und Sicherheitsprobleme aller Art von der Konzeption bis hin zur Umsetzung in die Praxis.

Die Arbeitsfelder des EZK:

1. Evaluation kriminalpräventiver Projekte

Evaluationen sind Vertrauenssache, daher verstehen wir uns als Dienstleister, der in den Dialog mit unseren Kunden Kompetenz in Fragen der empirischen Sozialforschung und Erfahrung in vielen Bereichen der Sicherheitsstrukturen einbringen kann. Gerade in Zeiten knapper Kassen helfen Evaluationen, personelle und sachliche Resourcen sinnvoll zu lenken.

Die Bandbreite unserer Dienstleistungen reicht von der formativen Evaluation bis hin zur Wirkungsevaluation. Für Entscheidungsträger und Initiatoren von Projekten können Evaluationen in vielfacher Hinsicht von praktischem Nutzen sein:

- Kontrolle der Zielerreichung einzelner Projekte
- Ermittlung von Optimierungsmöglichkeiten
- Effektivitätsnachweis
- Entscheidungshilfe
- Durchsetzungshilfe
- Verantwortungsdelegation
- Effizienzkontrolle und -nachweis

2. Sicherheitsanalysen und Abwehrstrategie

Bei Sicherheitsproblemen in Betrieben, Schulen, Behörden oder Kommunen unterstützen wir unsere Kunden bei der Lösung dieser Problemlagen und erarbeiten bedarfsgerecht zugeschnittene Gefährdungsanalysen sowie darauf aufbauende Abwehrstrategien. Das können sowohl Analysen z.B. zur Bekämpfung von Mitarbeiterdiebstahl in Unternehmen als auch zur Beseitigung von Kriminalitätsbrennpunkten und Angsträumen in Kommunen oder Schulen sein. Wir begleiten unsere Kunden auf Wunsch von der Ausarbeitung einer Gefährdungsanalyse bis zur Evaluation der umgesetzten Maßnahmen. Dabei verfolgen wir einen partizipativen Ansatz, da die Mitarbeiter subjektiv empfundene und tatsächlich existente Gefährdungspotentiale zumeist am besten kennen und daher einen notwendigen Beitrag bei deren Beseitigung leisten können. Auf Grundlage unserer Bedrohungsanalysen oder im Rahmen bestehender Sicherheitspläne oder -konzepte bieten wir darüber hinaus eine bedarfsorientierte Beschulung der Mitarbeiter an. Im Mittelpunkt steht dabei die Vermittlung einer der jeweiligen Bedrohungssituation angemessenen Entscheidungs- und Handlungskompetenz. Für Produzenten, Errichter, Architekten, Planer sowie deren Verbände konzipieren und implementieren wir sowohl deliktspezifische Präventionsstandards als auch umfassende produkt- oder kundenorientierte Gütesiegel. Optional umfasst unser Angebot auch in diesem Bereich die Beschulung von Mitarbeitern ebenso wie begleitende und summative Erfolgskontrollen.

3. Mediation und Konfliktmanagement

Politische wie auch institutionelle Entscheidungs- und Realisierungsprozesse bergen häufig Konfliktpotenzial, das durch die beteiligten Parteien nicht oder nur unzureichend entschärft werden kann. Bei der Beseitigung solcher Schwierigkeiten und Hindernisse unterstützen wir unsere Kunden:

- durch die frühzeitige Identifizierung und Entschärfung konfliktträchtiger Interessenkonstellationen
- durch die Moderation konsensorientierter Entscheidungsverfahren
- durch die Initiierung und Aufrechterhaltung einer zielgerichteten Kommunikation zwischen den beteiligten Parteien
- als externe, unvoreingenommene Mediatoren, die einer tragfähigen Konfliktregelung verpflichtet sind.

4. Organisationsberatung

Die Erfahrung zeigt, dass die Struktur und Zusammensetzung kriminalpräventiver Gremien einen entscheidenden Einfluss auf deren Arbeitsfähigkeit und Effektivität haben. Bei der programmatischen und organisatorischen Gestaltung kriminalpräventiver Institutionen können wir unseren Kunden auf Grund unserer langjährigen Erfahrung in vielfacher Hinsicht Hilfestellungen anbieten bei der:

- Planung, dem Aufbau und Evaluation von Sicherheitsinfrastrukturen
- Beratung bei der Gründung und Führung von Präventionsgremien
- Erstellung von Leitfäden und Checklisten
- Zusammenarbeit mit Behörden bzw. Unternehmen

5. Partnersuche, Sponsoring- und Fördermittelberatung

Die Finanzierung von Präventions- und Sicherheitsprojekten stellt oft ein gravierendes Problem dar, in vielen Fällen wird es notwendig, nationale oder europäische Fördermittel zu beantragen. Vor einer erfolgreichen Förderung sind jedoch häufig hohe Hürden zu überwinden: Die richtigen Fördermittel müssen gefunden werden, oft sind nationale oder europäische Partner notwendig, das Projekt muß ausführlich konzipiert und dokumentiert werden. Wir beraten unsere Kunden bei der Suche nach den geeigneten Fördermitteln und Projektpartnern. Auch bei der Suche nach Sponsoren für ein Vorhaben sind wir bei der Suche nach geeigneten Unternehmen behilflich.

Anschrift:

Europäisches Zentrum für Kriminalprävention e.V.

Dortmunder Str. 22-24
48155 Münster
Tel.: 0251/63917
Fax: 0251/63604
E-mail: info@ezkev.de
Internet: http://www.ezkev.de

(letzte Änderung am 10.4.2006)

Bundesamt für Sicherheit in der Informationstechnik (BSI)

Das Bundesamt für Sicherheit in der Informationstechnik (BSI), das durch Bundesgesetz vom 17. Dezember 1990 (BGBl. I S. 2834) errichtet worden ist, hat folgende Aufgaben:
1. Untersuchung von Sicherheitsrisiken bei Anwendung der Informationstechnik sowie Entwicklung von Sicherheitsvorkehrungen, insbesondere von informationstechnischen Verfahren und Geräten für die Sicherheit in der Informationstechnik, soweit dies zur Erfüllung von Aufgaben des Bundes erforderlich ist,
2. Entwicklung von Kriterien, Verfahren und Werkzeugen für die Prüfung und Bewertung der Sicherheit von informationstechnischen Systemen oder Komponenten,
3. Prüfung und Bewertung der Sicherheit von informationstechnischen Systemen oder Komponenten und Erteilung von Sicherheitszertifikaten,
4. Zulassung von informationstechnischen Systemen oder Komponenten, die für die Verarbeitung oder Übertragung amtlich geheimgehaltener Informationen (Verschlusssachen) im Bereich des Bundes oder bei Unternehmen im Rahmen von Aufträgen des Bundes eingesetzt werden sollen, sowie die Herstellung von Schlüsseldaten, die für den Betrieb zugelassener Verschlüsselungsgeräte benötigt werden,
5. Unterstützung der für Sicherheit in der Informationstechnik zuständigen Stellen des Bundes, insbesondere soweit sie Beratungs- oder Kontrollaufgaben wahrnehmen; dies gilt vorrangig für den Bundesbeauftragten für den Datenschutz, dessen Unterstützung im Rahmen der Unabhängigkeit erfolgt, die ihm bei der Erfüllung seiner Aufgaben nach dem Bundesdatenschutzgesetz zusteht,
6. Unterstützung
6.1 der Polizeien und Strafverfolgungsbehörden bei der Wahrnehmung ihrer gesetzlichen Aufgaben,
6.2 der Verfassungsschutzbehörden bei der Auswertung und Bewertung von Informationen, die bei der Beobachtung terroristischer Bestrebungen oder nachrichtendienstlicher Tätigkeiten im Rahmen der gesetzlichen Befugnisse nach den Verfassungsschutzgesetzen des Bundes und der Länder anfallen. Die Unterstützung darf nur gewährt werden, soweit sie erforderlich ist, um Tätigkeiten zu verhindern oder zu erforschen, die gegen die Sicherheit in der Informationstechnik gerichtet sind oder unter Nutzung der Informationstechnik erfolgen. Die Unterstützungsersuchen sind durch das Bundesamt aktenkundig zu machen.
7. Beratung der Hersteller, Vertreiber und Anwender in Fragen der Sicherheit in der Informationstechnik unter Berücksichtigung der möglichen Folgen fehlender oder unzureichender Sicherheitsvorkehrungen.

Außerdem hat das BSI folgende Aufgaben wahrzunehmen:
Mitwirkung bei der Durchführung von Aufgaben auf dem Gebiet des materiellen Geheimschutzes gem. §60 Abs. 1 der VSA des Bundes vom 29.04.1994 (GMBl. I S. 674 ff),
Durchführung von Sicherheitsüberprüfungen von Fernmeldeanlagen einschl. der digitalen TK-Anlagen bei Bundesbehörden sowie von Unternehmen mit VS-Aufträgen des Bundes,
Mitwirkung bei der Auswahl von Chiffrierverfahren, des Verfahrens zur Bildung der Kontrollnummern sowie der Festlegung der hierfür erforderlichen Computer und Computerprogramme gem. §7 Abs. 3 Krebsregistergesetz vom 04.11.1994 (BGBl. I S. 3351 ff),
Mitwirkung bei der Erstellung des Kataloges von Sicherheitsanforderungen für das Betreiben von TK- und DV-Systemen gem.§87 Abs. 1 Telekommunikationsgesetz vom 25.07. 1996 (BGBl. I S. 1120 ff),
Mitwirkung bei der Erstellung des Kataloges von geeigneten Sicherheitsmaßnahmen gem. §12 Abs. 1 und §16 Abs. 2 der Verordnung zur digitalen Signatur sowie bei der Feststellung der Eignung von Algorithmen, die zur Erzeugung von Signaturschlüsseln u.ä. erforderlich sind gem. §17 Abs. 2 der Verordnung zur digitalen Signatur vom 22.10.1997 (BGBl. I S. 2498 ff),
Erstellung des IT-Fortbildungsprogrammes im Auftrag der (Bundesakademie für die öffentliche Verwaltung) BAköV sowie Durchführung von Fortbildungen zur IT-Sicherheit und zu

den Themenbereichen neue Technologien (Erlass BMI Z 2 - 006 100 BSI/7 vom 22.08.1997),
Wahrnehmung der ressortübergreifenden Aufgaben der Arbeitsgruppe „Kritische Infrastrukturen bei Nutzung der Informationstechnik".
Unterstützung der Beratungstätigkeit der Koordinierungs- und Beratungsstelle der Bundesregierung für Informationstechnik in der Bundesverwaltung (KBSt) (Erlass BMI Z 2 - 006 171 BMI/6 I O; Z 2 - 006 100 BSI/1 vom 27.03.1998)

Anschrift:

Bundesamt für Sicherheit
In der Informationstechnik, BSI
Godesberger Allee 183
Postfach 20 03 63
53133 Bonn
Tel.: (0228) 9582-0
Fax: (0228) 9582-400
Internet: http://www.bsi.bund.de

Bundesamt und Landesämter für Verfassungsschutzbehörden, Bundesamt für Verfassungsschutz (BfV)

Bundesamt für Verfassungsschutz
Merianstraße 100
50765 Köln
Telefon: 0049 - (0)1888-792-0
Fax: 0049 - (0)1888-10-792-2915
Internet: http://www.verfassungsschutz.de
E-Mail: bfvinfo@verfassungsschutz.de

Landesamt für Verfassungsschutz
Baden-Württemberg
Taubenheimstr. 85 a
70372 Stuttgart
Telefon: 0711-954400
Telefax: 0711-9544444
Internet: http://www.verfassungsschutz-bw.de
E-Mail: lfv-bw@t-online.de

Landesamt für Verfassungsschutz Bayern
Postfach 45 01 45
80901 München
Telefon: 089-312010
Telefax: 089-31201380
Internet: http://www.verfassungsschutz.bayern.de/
E-Mail: inform@lfv.bayern.de

Senatsverwaltung für Inneres Berlin,
Abteilung Verfassungsschutz
Potsdamer Straße 186
10783 Berlin
Telefon: 030-901290
Telefax: 030-90129844
Internet: http://www.berlin.de/seninn/verfassungsschutz/index.html
E-Mail: verfassungsschutz@berlin.de

Ministerium des Innern
des Landes Brandenburg
- Abteilung V -
Henning von Tresckow Straße 9-13
14411 Potsdam
Telefon: 0331-8662500
Telefax: 0331-8662599
Internet: http://www.verfassungsschutz-brandenburg.de/
E-Mail: info@verfassungsschutz-brandenburg.de

Landesamt für Verfassungsschutz Bremen
Flughafenallee 23
28199 Bremen
Telefon: 0421-53770
Telefax: 0421-5377195
Internet: http://www.bremen.de/innensenator
E-Mail: office@lfv.bremen.de

Landesamt für Verfassungsschutz Hessen
Konrad Adenauer Ring 41-43
65187 Wiesbaden
Telefon: 0611-7200
Telefax: 0611-720179
Internet: http://www.verfassungsschutz-hessen.de/
E-Mail: LfV-Hessen@t-online.de

Innenministerium Mecklenburg-Vorpommern
Abteilung II/5
Postfach 11 05 52
19005 Schwerin
Telefon: 0385-74200
Telefax: 0385-714438
Internet: http://www.verfassungsschutz-mv.de/
E-Mail: info@verfassungsschutz-mv.de

Landesamt für Verfassungsschutz Niedersachsen
Büttnerstraße 28
30165 Hannover
Telefon: 0511-67090
Telefax: 0511-6709388
Internet: http://www.verfassungsschutz.niedersachsen.de/
E-Mail: pressestelle@nlfv.niedersachsen.de

Innenministerium des Landes Nordrhein-Westfalen
Abteilung VI
Haroldstr. 5
40213 Düsseldorf
Telefon: 0211-8712821
Telefax: 0211-8712980
Internet: http://www.im.nrw.de/verfassungsschutz
E-Mail: info@mail.verfassungsschutz.nrw.de

Ministerium des Innern und für Sport des Landes Rheinland-Pfalz
Abteilung 6
Schillerplatz 3-5
55116 Mainz
Telefon: 06131-163773
Telefax: 06131-163688
Internet:
http://www.verfassungsschutz.rlp.de/
E-Mail: verfassungsschutz@ism.rlp.de

Landesamt für Verfassungsschutz Saarland
Postfach 10 20 63
66020 Saarbrücken
Telefon: 0681-30380
Telefax: 0681-3038109
Internet:
http://www.innen.saarland.de/9144.htm
E-Mail: info@lfv.saarland.de

Landesamt für Verfassungsschutz Sachsen
Neuländer Straße 60
01129 Dresden
Telefon: 0351-85850
Telefax: 0351-8585500
Internet: http://www.sachsen.de/de/bf/verwaltung/verfassungsschutz
E-Mail: verfassungsschutz@lfv.smi.sachsen.de

Ministerium des Innern des Landes Sachsen-Anhalt
Abteilung 5
Zuckerbusch 15
39114 Magdeburg
Telefon: 0391-5673900
Telefax: 0391-5673999
Internet: http://www.mi.sachsen-anhalt.de/verfassungsschutz
E-Mail: vschutz@mi.lsa-net.de

Innenministerium des Landes Schleswig-Holstein
Abteilung IV/7
Düsternbrooker Weg 92
24115 Kiel
Telefon: 0431-9883500
Telefax: 0431-9883503
Internet: http://www.verfassungsschutz.schleswig-holstein.de/
E-Mail: verfassungsschutz.schleswig-holstein@im.landsh.de

Thüringer Landesamt für Verfassungsschutz
Postfach 45 01 21
99051 Erfurt
Telefon: 0361-44060
Telefax: 0361-4406251
Internet: http://www.verfassungsschutz.thueringen.de/
E-Mail: kontakt@tlfv.thueringen.de

Beschussamt Ulm Staatliche Prüfstelle für Waffen- und Sicherheitstechnik

Das Beschussamt Ulm ist eine akkreditierte Prüf- und Zertifizierungsstelle für Waffen- und Sicherheitstechnik des Landes Baden-Württemberg.
Es ist als Referat 27 Beschusswesen, Sicherheitstechnik organisatorisch in das Regierungspräsidium Tübingen eingebunden.

Zu den Kernaufgaben des Beschussamtes gehören Erprobungen, Zulassungen und Konformitätsbewertungen von Waffen und Munition nach den Vorschriften des Waffen- und Beschussrechtes einschließlich der C.I.P. Vorschriften (Ständige Internationale Kommission für die Prüfung von Handfeuerwaffen) sowie nationaler und internationaler Normen und technischer Richtlinien von Polizeibehörden und Sicherheitskräften.
Darüber hinaus werden nach einschlägigen Normen und Spezifikationen Personen- und Objektschutzeinrichtungen, wie z. B. Sonderschutzfahrzeuge, Gebäudeteile, Verglasungen und persönliche Körperschutzausrüstungen auf ihre Widerstandsfähigkeit gegen Durchschuss, Durchstich, Durchwurf und Durchbruch sowie auf Sprengwirkungshemmung und Splitterschutz geprüft und zertifiziert.
Im Rahmen der nach Artikel 18 der Bauproduktenrichtlinie 89/106/EWG erforderlichen CE-Kennzeichnung von angriff- und einbruchhemmenden Glasprodukten hat das Beschussamt Ulm seine Tätigkeit als benannte Prüf-, Überwachungs- und Zertifizierungsstelle angezeigt.
Dieses Dienstleistungsangebot richtet sich an
• Jagd-, Sportwaffenindustrie, Büchsenmacherhandwerk und deren Verbände
• Hersteller und Anwender von Personen- und Objektschutzeinrichtungen
• Beratungsstellen für den vorbeugenden Verbrechensschutz bei den Landeskriminalämtern, Sicherheitsfachleute in Firmen, Banken, Behörden, Architekten und Ingenieurbüros für Sicherheitstechnik
• Polizeibehörden und Sicherheitskräfte
• Jäger, Sportschützen und deren Verbände.
Durch die aktive Mitarbeit in verschiedenen nationalen und internationalen Gremien des Waffenrechtes und in Fachnormenausschüssen von DIN, ÖN-Norm, CEN und VPAM sowie der engen Kooperation mit Behörden, Prüfinstitutionen, Jagd-, Sport- und Herstellerverbänden können Dienstleitungen nach dem aktuellsten Stand der Waffen und Sicherheitstechnik gewährleistet werden.
Das Beschussamt Ulm erfüllt mit den Akkreditierungen nach DIN EN ISO/IEC 17025:2000 (Anforderungen an die Kompetenz von Prüflaboratorien) und DIN EN 45011 (Anforderungen an die Kompetenz von Zertifizierungsstellen) über einen international anerkannten Qualitätsstandard bei Prüfungen und Zertifizierungen von Waffen- und Sicherheitstechnik. (siehe auch Normung, Prüfung, Zertifizierung: →Beschussamt Ulm)

Anschrift:

Regierungspräsidium Tübingen
Beschussamt Ulm
Albstr. 74
D-89081 Ulm
Tel. (0731) 96851-0
Fax (0731) 96851-99
E-Mail: beschussamt@rpt.bwl.de
Internet: http://www.beschussamt-ulm.de
(letzte Änderung am 10.4.2006)

Feuerwehr und Brandschutz

Arbeitskreis Feuerschutz im Fachausschuss Nahrungs- und Genussmittel beim Hauptverband der gewerblichen Berufsgenossenschaften e.V., Berufsgenossenschaftliche Zentrale für Sicherheit und Gesundheit.
Der Arbeitskreis Feuerschutz im Fachausschuß Nahrungs- und Genussmittel beim Hauptverband der gewerblichen Berufsgenossenschaften, Berufsgenossenschaftliche Zentrale für Sicherheit und Gesundheit – BGZ, koordiniert und bearbeitet gemeinschaftliche und besondere Aufgaben der gewerblichen Berufsgenossenschaften auf dem Gebiet des Brandschutzes. Dabei berücksichtigt er speziell Fragen der Arbeitssicherheit.
So erstellt er Regelungen für den Brandschutz für den Bereich der gewerblichen Berufsgenossenschaften (z.B. „Regeln für die Ausrüstung von Arbeitsstätten mit Feuerlöschern“ (BGR 133) den „BG-Regeln: Einsatz von Feuerlöschanlagen mit sauerstoffverdrängenden Gasen“ (BGR 134) oder BG-Informationen „Sicherheitseinrichtungen beim Einsatz von Feuerlöschanlagen mit Löschgasen“ (BG 888). Auch berät er Hersteller, wenn automatische Feuerlöschanlagen durch Konstruktion oder Löschmittel eine Gefahr für die versicherten Arbeitnehmer bilden können. Er arbeitet mit Verbänden zusammen und hält besonders engen Kontakt zur VdS Schadenverhütung GmbH speziell auf dem Gebiet des Brand- und

Explosionsschutzes. Der Arbeitskreis beteiligt sich an der Normungsarbeit in Normenausschüssen des DIN Deutsches Institut für Normung, Burggrafenstraße 6, 10772 Berlin.

Anschrift:

Hauptverband der gewerblichen
Berufsgenossenschaften e.V.,
Alte Heerstraße 111,
53754 Sankt Augustin,
Tel.: (02241) 231-01,
Fax: (02241) 231-1333
E-mail: BGZ@HVBG.de
Internet: http://www.hvbg.de/bgz
(letzte Änderung am 10.4.2006)

Deutscher Feuerwehrverband e.V. (DFV)

Der Deutsche Feuerwehrverband e.V. (DFV) ist als freiwilliger Zusammenschluß der rd. 1,4 Mio. Aktiven der Freiwilligen Feuerwehren, Berufsfeuerwehren, Werkfeuerwehren, Brandschutzgruppen der Bundeswehr und Stationierungsstreitkräfte in der Bundesrepublik Deutschland ein eingetragener Verein und als gemeinnützig anerkannt. Er versteht sich als Träger der Idee humanitären Helfens und als Fachverband der Feuerwehren auf allen Ebenen im In- und Ausland. Dabei arbeitet er als Fachverband besonders bei Normung und gesetzlichen Regelungen mit, wirkt in Fragen des vorbeugenden Brandschutzes und der Brandschutztechnik, des Strahlen-, Umwelt- und Katastrophenschutzes sowie des Rettungsdienstes als sachkundiger Repräsentant der Feuerwehren und als Partner der einschlägigen Industrie. Auf Bundesebene ist er für die Bundesregierung Ansprechpartner als Vertretung der Feuerwehren in Fragen des Zivilschutzes, Rettungsdienstes und anderer Fachthemen.
Mitglieder des DFV sind die 16 Landesfeuerwehrverbände und die beiden Bundesgruppen „Berufsfeuerwehr" und „Werkfeuerwehr" sowie als Förderer natürliche und juristische Personen. Mit einer eigenen Jugendordnung ist die „Deutsche Jugendfeuerwehr" Bestandteil des Verbandes. Neben den Verbandsorganen Delegiertenversammlung, Präsidium, Verbandsausschuss und Vorstand bearbeiten Fachausschüsse die anstehenden Fragen. Die zentrale Verwaltung des Verbandes erfolgt durch eine Bundesgeschäftsstelle mit Sitz in Bonn.

Anschrift:

Deutscher Feuerwehrverband e.V.,
Bundesgeschäftsstelle,
Koblenzer Straße 133,
53177 Bonn,
Tel. (0228) 952900,
Telefax (0228) 9529090
Email: dfv.bonn@dfv.org
Internet: http://www.dfv.org

Vereinigung zur Förderung des Deutschen Brundschutzes e. V. (vfdb)

6

Die vfdb
- arbeitet an der Lösung vielfältiger Sicherheitsprobleme
- unterstützt dazu die unterschiedlichsten Forschungsvorhaben
- gibt Richtlinien und Empfehlungen heraus
- hilft bei der Aufstellung und Definition von nationalen, europäischen und internationalen Normen (DIN, CEN, ISO)
- bildet aus.

Kooperation – Erfahrungsaustausch – Bewusstseinsbildung: Auf diese Eckpfeiler stützt sich die Tätigkeit der vfdb. Nationale Fachtagungen und internationale Brandschutz-Seminare (IBS) mit in- und ausländischen Fachleuten ergänzen die Detailarbeit in den Arbeitsgruppen und Fachreferaten der vfdb.
Arbeitsergebnisse der Fachreferate (derzeit 12) des Technisch-Wissenschaftlichen Beirates (TWB) und des Beirates der Feuerwehren (BFW) der vfdb, Vorträge und Aussprachen bei Tagungen und Seminaren werden dokumentiert und stehen der interessierten Öffentlichkeit im In- und Ausland zur Verfügung. Die Dokumente sind die Information über den Stand des Wissens im Bereich Brandschutz, bei der Gefahrenverhütung und Gefahrenabwehr.
Die breite Basis persönlicher und korporativer Mitglieder sichert mit ihren finanziellen und ideellen Beiträgen die sachbezogene Forschung, die interessenübergreifende Fachgruppenarbeit und ist unabhängige Lobby zur Verbesserung der Sicherheit im Umgang mit den

Gefahren des täglichen Lebens und der Industriegesellschaft.
Die vfdb ist „Member of CFPA-Europe“ (Confederation of Fire Protection Associations). Die vfdb arbeitet gemeinsam mit dem Deutschen Feuerwehrverband maßgeblich bei der internationalen Organisation CTIF (Comité Technique International de prévention et d'extinction du Feu) mit.

Anschrift:

Vereinigung zur Förderung des Deutschen Brandschutzes e.V. – vfdb
Postfach 1231, 48338 Altenberge
Telefon 02505/2468 oder 0251/411-1267
Telefax 02505/991636 oder 0251/411-1219
E-mail: vfdb.Spohn@t-online.de
Internet: http://www.vfdb.de
(Keine Änderungen 10.4.2006)

D.2 Versicherungen

Gesamtverband der Deutschen Versicherungswirtschaft e.V. (GDV)

Der GDV vertritt die Interessen der deutschen Versicherungswirtschaft. Er führt den Dialog mit der Bundesregierung, den Mitgliedern des Deutschen Bundestages und Parlamentariern auf Landesebene und in den Landesregierungen. Er sucht und pflegt das Gespräch mit den politischen Parteien und anderen gesellschaftlichen Gruppen, mit den Gremien der Europäischen Union sowie zahlreichen nationalen und internationalen Institutionen und Organisationen. Gleichzeitig ist der Verband kompetenter Ansprechpartner für alle die Versicherungswirtschaft betreffenden Fachfragen. Er ist Dienstleister für seine Mitgliedsunternehmen.

Anschrift:

Gesamtverband der Deutschen
Versicherungswirtschaft e.V. (GDV)
Friedrichstraße 191
D-10117 Berlin
Tel.: 030/20 20 - 50 00
Fax: 030/20 20 - 60 00
Email: info@gdv.de
Internet: http://www.gdv.de
(letzte Änderung am 10.4.2006)

GDV-Büro Schadenverhütung

Das GDV-Büro Schadenverhütung Köln ist (gemeinsam mit der VdS Schadenverhütung GmbH) hervorgegangen aus dem ehemaligen Verband der Schaden-/Sachversicherer (VdS). Seine Aufgabe im Gesamtverband der Deutschen Versicherungswirtschaft e. V. (GDV) besteht darin, die Schadenverhütungsarbeit auf dem Gebiet der Sachversicherung in enger Zusammenarbeit mit den Mitgliedsunternehmen konzeptionell zu steuern. Soweit erforderlich wird dabei auf die fachliche Unterstützung der VdS GmbH zurückgegriffen. Der Schwerpunkt dieser Tätigkeit des Kölner GDV-Büro liegt vor allem auf den Gebieten Vorbeugender Brandschutz und Schutz vor Einbruchdiebstahl mit allen ihren unterschiedlichen Facetten.

Die einschlägigen Schadenerfahrungen und Erkenntnisse der Mitgliedsunternehmen, eingebracht in das Lenkungsgremium Technische Kommission (TK), werden in den TK-Arbeitskreisen aufbereitet und als generelle oder spezielle Arbeitsaufträge an das Kölner GDV-Büro gegeben. Dieses Know-how fließt nicht nur in die Normungsarbeit sowie die Kommunikation mit Fachverbänden und Behörden ein, die das Kölner GDV-Büro wahrnimmt. Es bildet auch die Basis für die fachspezifische Beratung der Mitgliedsunternehmen und für die über 300 Druckstücke zur Schadenverhütung in der Sachversicherung – erarbeitet (erforderlichenfalls unter Mitwirkung der Fachleute der VdS GmbH) sowie herausgegeben vom Kölner GDV-Büro und verlegt beim Verlag VdS Schadenverhütung GmbH.
Das Kölner GDV-Büro gliedert sich in die Fachreferate Elektrotechnik, Technische Richtlinien sowie Allgemeine Schadenverhütung, die in enger Zusammenarbeit mit den TK-Arbeitskreisen Elektrotechnik/Blitzschutz (EBS), Allgemeine Schadenverhütung (ASV), Baulicher und betrieblicher Brandschutz (BBS), Branderkennung und -bekämpfung (BEB), Sicherungstechnik (SiT) sowie Anlagen und Verfahrenssicherheit (AVS) die übertragenen Aufgaben aus den spezifischen Bereichen erfüllen.

Anschrift:

GDV-Büro Schadenverhütung
Amsterdamer Str. 174
50735 Köln
Tel.: (0221) 77 66 0
Fax: (0221) 77 66 341
Internet: http://www.gdv.de

Gemeindeunfallversicherungsverbände (GUVV) Gesetzliche Unfallversicherungsträger der öffentlichen Hand

Die Gemeindeunfallversicherungsverbände (GUVV), die Unfallkassen (UK) und die Landesunfallkassen (LUK) sind als gesetzliche

Unfallversicherungsträger der öffentlichen Hand u.a. zuständig für die Umsetzung der Unfallverhütungsvorschrift „Kassen" im Bereich der deutschen Sparkassenorganisation (für Privat- und Genossenschaftsbanken →VBG).
Die Anschrift des/der jeweils zuständigen Gemeindeunfallversicherungsverbandes/Landesunfallkasse/Unfallkasse erfahren Sie im Internet unter der Adresse:

http://www.unfallkassen.de,
Rubrik „Ihr Unfallversicherungsträger"
oder beim

Bundesverband der Unfallkassen,
Fockensteinstraße 1,
81539 München,
Telefon (089) 62272-0,
Telefax (089) 62272-111
E-mail: buk@unfallkassen.de
Internet: http://www.unfallkassen.de

VBG Verwaltungs-Berufsgenossenschaft

Die Verwaltungs-Berufsgenossenschaft (VBG) ist eine gesetzliche Unfallversicherung. Sie versichert über 500.000 Unternehmen mit rund sieben Millionen Versicherten in Dienstleistungsunternehmen aus über 100 Branchen, wie z.B. Banken und Versicherungen, Verwaltungen, Zeitarbeitsunternehmen, freie Berufe, Unternehmen der IT-Branche sowie Sportvereine.
Die VBG erfüllt mit allen geeigneten Mitteln ihre vielfältigen Aufgaben – die Verhütung von Arbeitsunfällen, Berufkrankheiten und arbeitsbedingten Gesundheitsgefahren, die Wiederherstellung der Gesundheit und finanzielle Entschädigungen. Gemeinsam verantwortlich für die Erfüllung dieser Aufgaben sind Arbeitgeber und Versicherte, die in den Selbstverwaltungsgremien Vertreterversammlung und Vorstand paritätisch vertreten sind.

Anschrift:

Verwaltungs-Berufsgenossenschaft,
Deelbögen Kamp 4,
22297 Hamburg,
Telefon (040) 5146-0,
Fax (040) 51462146
Internet: http://www.vbg.de

Verband der Schadenversicherer e.V. (VdS) – jetzt: GDV bzw VdS Schadenverhütung GmbH

VdS Schadenverhütung

Die VdS Schadenverhütung GmbH – aus den Technischen Abteilungen des Verbandes der Sachversicherer e.V. (VdS) hervorgegangen und heute ein Tochterunternehmen des Gesamtverbandes der Deutschen Versicherungswirtschaft e.V. (GDV) – ist die unabhängige, internationale, akkreditierte und notifizierte Prüf- und Zertifizierungsstelle für Brandschutz und Einbruchdiebstahlschutz. VdS Schadenverhütung setzt ihre Kompetenz und 100jährige Erfahrung ein, um Leben und Sachwerte zu schützen. Als Grundlage für die zahlreichen Aktivitäten dienen Normen und Richtlinien, die die VdS Schadenverhütung im Auftrage des GDV und in Zusammenarbeit mit Fachleuten der Versicherunsgwirtschaft und internationalen Organisationen erarbeitet, ausbaut und pflegt. VdS-Experten sind alsVertreter der Versicherungswirtschaft auch in den wesentlichen nationalen und internationalen Gremien tätig. Die Aktivitäten von VdS Schadenverhütung gliedern sich in die Bereiche:

Technische Prüfstelle

Erst- und Wiederholungsprüfungen vor Ort von Brandschutzanlagen für

- Produktions- und Lagerstätten
- Bürogebäude
- Verkaufsräume
- Schulen
- Krankenhäuser
- Hotels
- Verkehrstunnels

Laboratorien

- Typ- und Funktionsprüfungen von Bauteilen und Systemen der Brandmelde-, Feuerlösch- und Einbruchmeldeanlagen, sowie mechanische Sicherungseinrichtungen, Wertschutzräume und -schränke
- klimatische und mechanische Umweltprüfungen
- Prüfungen von elektrischen Geräten hinsichtlich Übereinstimmungen mit den EU-Richtlinien für Niederspannung und elektromagnetische Verträglichkeit
- Überwachung eigener und fremder Messgeräte

- Software-Prüfung
- Unterstützung bei herstellerseitigen Konformitätserklärungen und CE-Kennzeichnungen

Zertifizierungsstelle
Durchführung von VdS-Anerkennungsverfahren für
- Produkte und Systeme
- Errichterfirmen
- Wach- und Sicherheitsunternehmen
- Fachleute
- Qualitätsmanagementsysteme

Unterstütung bei der Beurteilung von Schadenursachen durch Auskünfte zu Blitzereignissen, Sturm, Temperatur, Hagel, Starkregen

Schulung und Information
- Veranstaltung von nationalen und internationalen Fachtagungen, Seminaren und Lehrgängen zu Themen des Brand- und Einbruchdiebstahlschutzes
- Präsentationen der Schadenverhütungsarbeit der Versicherer auf Fachmessen

Verlag, PR, Technik
- Vertrieb und Update-Service von VdS-Richtlinien, Merkblättern und anderen Publikationen zur Schadenverhütung
- Veröffentlichung des VdS-Fachmagazins „s+s report“ mit qualifizierten Beiträgen zum Brand-, Einbruchdiebstahl- und Umweltschutz

Anschrift:

VdS Schadenverhütung
Amsterdamer Str. 174, 50735 Köln,
Telefon (0221) 7766 0.
Telefax (0221) 7766 341
E-mail: info@vds.de
Internet: http://www.vds.de

D.3 Wirtschafts- und Fachverbände

Arbeitsgemeinschaft für Sicherheit der Wirtschaft e.V. ASW

Die Arbeitsgemeinschaft für Sicherheit der Wirtschaft e.V. ASW ist ein Zusammenschluss von Spitzenverbänden der deutschen Wirtschaft sowie der in den Bundesländern bestehenden Verbände bzw. Arbeitskreis für Sicherheit in der Wirtschaft.

Zweck der ASW laut Satzung ist es

- gegenüber Politik und Verwaltung die Sicherheitsbelange der gewerblichen Wirtschaft fachkundig zu vertreten
- die Zusammenarbeit zwischen Staat und gewerblicher Wirtschaft zur effizienten Wahrnehmung von Schutzbedürfnissen zu fördern
- die Zusammenarbeit der Mitglieder in allen Fragen der betrieblichen Sicherheit zu fördern

Dieser Zweck soll insbesondere erreicht werden durch

- aktive Öffentlichkeitsarbeit
- Zusammenarbeit mit den Sicherheitsbehörden des Bundes
- Verbreitung von Sicherheitsinformationen
- Organisation überregionaler Schulungs- und Ausbildungsprogramme

Anschrift:

Arbeitsgemeinschaft für Sicherheit
der Wirtschaft e.V. ASW
Haus der Deutschen Wirtschaft
Breite Str. 29,
D-10178 Berlin-Mitte
Tel. 030/20308-1513
Fax. 030/20308-1581
E-mail von Berthold Stoppelkamp:
stoppelkamp.berthold@berlin.dihk.de
E-mail ASW: asw@berlin.dihk.de
Internet: http://www.asw-online.de

Bundesverband Deutscher Detektive (BDD) e.V.

Der Bundesverband Deutscher Detektive (BDD) e.V., Bonn, vertritt als Berufsverband des deutschen Detektivgewerbes mit der ältesten Berufstradition die berufsständischen Interessen der ihm angeschlossenen Detekteiunternehmen.

Er fungiert als Mittler zu Ministerien, Behörden, Gerichten, Industrie- und Handelskammern, Verbänden und sonstigen Organen des Öffentlichen Lebens, nutzt alle zugänglichen Informationsquellen zur EU und trägt der Entwicklung des Detektivgewerbes in Europa in der Verbandsarbeit Rechnung.

Der Verband ist in sechs Landesgruppen Bayern, Ost, Mitte, Nord, Rheinland-Westfalen und Südwest untergliedert.

Der BDD informiert die Öffentlichkeit und seine Mitglieder über das Internetportal www.bdd.de, sowie Mitglieder und Interessierte über die sechsmal im Jahr erscheinende Fachzeitschrift „INFO-INTERN".

Er führt einmal pro Jahr ein Fortbildungsseminar für das Detektivgewerbe durch und gibt hierzu die Fachzeitschrift „Detektiv Journal" heraus.

Der Verband ist Mitglied der Arbeitsgemeinschaft für Sicherheit der Wirtschaft e.V. (ASW)/Berlin, der Internationalen Kommission der Detektivverbände (IKD)/Wien und der Zentrale zur Bekämpfung unlauteren Wettbewerbs e.V./Frankfurt/Main.

Anschrift:

Bundesverband Deutscher Detektive
(BDD) e.V.,
Christine-Teusch-Str. 30
53340 Meckenheim,
Tel. (02225) 836671,
Telefax (02225) 836672
Email: bddev@t-online.de
Internet: http://www.bdd.de
(letzte Änderung am 6.7.2006)

Bund Internationaler Detektive e.V. BID

Im Bund Internationaler Detektive e.V. (BID), dem ältesten deutschen Detektivverband, haben sich bereits 1960 nationale und internationale Ermittler und Detektive in Frankfurt/M. zusammengeschlossen, um verbandspolitisch wirksam zu werden.

Der Verband

- vertritt die berufsspezifischen Interessen seiner Mitglieder in den internationalen Gremien des Detektivgewerbes,
- ist Mitglied der Internationalen Kommission der Detektivverbände (IKD),
- wirkt aktiv in den Bereichen unserer Gesellschaft, Wirtschaft, Wissenschaft und Handel,
- stellt sich den gewachsenen und sich ständig ändernden Herausforderungen an den Beruf des Wirtschafts- und Privatermittlers.

In der Verbandsarbeit stellt sich der BID den besonderen Herausforderungen der erweiterten Europäischen Union und legt großen Wert auf eine entsprechende Aus- und Fortbildung seiner Mitglieder.

Anschrift:

Bund Internationaler Detektive BID
Bundesgeschäftsstelle
Lerchenweg 17,
D 35102 Lohra
Tel: (0700) 22 333 007
Fax: (06426) 921345
E-mail: info@bid-detektive.de
Internet: http://www.bid-detektive.de
(letzte Änderung am 10.4.2006)

Bundesvereinigung Deutscher Geld- und Wertdienste e.V. (BDGW)

Der Verband ist – zunächst unter der Bezeichnung „Bundesvereinigung Deutscher Geld- und Werttransportunternehmen e.V." – 1989 aus einem Zusammenschluss des Fachverbandes der Geld- und Werttransportunternehmen e.V. und der Bundesvereinigung für Sicherheitstransporte entstanden. Es werden die gemeinsamen Interessen der Mitgliedsunternehmen gegenüber Behörden, Versicherungsgesellschaften und anderen Stellen wahrgenommen und ein zentraler Erfahrungsaustausch in Fachfragen organisiert.

Durch strenge Auswahlkriterien bei der Aufnahme von Unternehmen, Schaffung einheitlicher Dienstanweisungen und Ausbildungshilfen trägt die Bundesvereinigung zur Leistungsverbesserung ihrer Mitgliedsunternehmen und zur Senkung des Transportrisikos bei. Alle Mitgliedsbetriebe werden alljährlich von unabhängigen Sicherheitsbeauftragten überprüft. Dabei wird insbesondere auf die Einhaltung der strengen verbandsinternen Sicherheitsvorschriften geachtet. Zur weiteren Reduzierung und Vermeidung strafrechtlicher Erscheinungsformen im Geld- und Wertbereich, durch zahlreiche Auflagen der Versicherungen und auf Grund der rasanten technischen Entwicklung bei den Fahrzeugherstellern war es notwendig, die im Jahre 1996 erlassenen Sicherheitsvorschriften zu erneuern, die sich grundsätzlich an die Unternehmer als Adressaten der Sicherheitsvorschriften richten. Neben dem Geltungsbereich wurden die Sicherheitsvorschriften in vier neue große Abschnitte gegliedert. Der erste Abschnitt enthält Regelungen zu den Themen „Beschäftigte und deren Einstellungsvoraussetzungen", „Dienstausweis", „Aus- und Fortbildung und Schulungsinhalte" sowie „Dienstkleidung". Dabei wurde die Blickrichtung der Sicherheitsvorschriften insbesondere auf die Anwendung strengerer Einstellungsvoraussetzungen für die Beschäftigten im Geldtransport und im Bereich der Geldbearbeitung gelegt. Weiterer Schwerpunkt der Neuregelung wurde auf die fachspezifischen Schulungsinhalte gelegt. Im zweiten Abschnitt sind vor allen Dingen die Durchführung sicherer Geld- und Werttransporte geregelt, die ebenfalls Modifizierungen notwendig gemacht haben. Weiterer zentraler Schwerpunkt im Rahmen der Neugestaltung der neuen Sicherheitsvorschriften war die Einbeziehung von Regelungen für die Geldbearbeitung, Lagerung und Kommissionierung, die im 3. Abschnitt der Sicherheitsvorschriften komplett neu eingefügt worden sind. Die Neuregelung der Sicherheitsvorschriften trägt demgemäß verbessert dem Hauptziel, der Durchführung sicherer Geld- und Wertdienste nach vorgegebenen Rahmenbedingungen der Bundesvereinigung Deutscher Geld- und Wertdienste e. V. Rechnung.

Im Endstadium der Überarbeitung und kurz vor der Neuherausgabe befinden sich die Regelungen zur „Allgemeinen Dienstanweisung" der BDGW, die durch die veränderten Anforderungen, wie sie die Sicherheitsvorschriften beschrieben haben, auch im täglichen Dienst durch die Beschäftigten umzusetzen sind.

Anschrift:

Bundesvereinigung Deutscher Geld- und Wertdienste e.V. (BDGW)
Norsk-Data-Straße 3,
61352 Bad Homburg
Postfach 1419,
61284 Bad Homburg,
Telefon (06172) 948050,
Telefax (06172) 458580
E-mail: mail@bdgw.de
Internet: http://www.bdgw.de
(letzte Änderung am 10.4.2006)

Bundesverband Deutscher Wach- und Sicherheitsunternehmen e.V., (BDWS)

Der Bundesverband Deutscher Wach- und Sicherheitsunternehmen e. V., Bad Homburg vertritt die Interessen seiner Mitglieder gegenüber allen öffentlichen Stellen und unterrichtet sie über alle einschlägigen Anordnungen und Vorschriften. Er fördert den Erfahrungsaustausch und betreut seine Mitglieder in allen gewerblichen Angelegenheiten. Im Bemühen um Lauterkeit im Wettbewerb verfolgt er Handlungen unlauteren Wettbewerbs. Er betreibt Öffentlichkeitsarbeit über Aufgaben und Ziele des Bundesverbandes.

Auf verschiedenen Ebenen arbeitet der Bundesverband an der Qualitätsverbesserung der von den Betrieben des Wach- und Sicherheitsgewerbes erbrachten Sicherheitsdienstleistungen. Zunächst werden in den einzelnen Landesgruppen des Verbandes Tarifverträge zur Sicherung von Mindeststandards für die Beschäftigten im Gewerbe abgeschlossen. Diese Tarifverträge sind teilweise für allgemeinverbindlich erklärt. Darüber hinaus hat der Verband maßgeblichen Anteil an der Neuregelung der gesetzlichen Vorschriften über das Wach- und Sicherheitsgewerbe gehabt. Hierbei wurden die Zugangsvoraussetzungen zum Gewerbe verschärft. Auch die im Jahr 2002 vorgestellte DIN 77200 „Anforderungen an Sicherungsdienstleistungen" wurde vom Bundesverband in Zusammenarbeit mit dem DIN-Institut erarbeitet. Sie ermöglicht die transparente Einschätzung einer Sicherheitsdienstleistung anhand von festgelegten Qualitätskriterien. Schließlich ist auch die Einführung des 2002 gestarteten Ausbildungsberufs „Fachkraft für Schutz und Sicherheit" auf die Initiative und Mitarbeit des Bundesverbandes zurück zu führen. In einer 3-jährigen dualen Ausbildung können sich junge Menschen zu hochqualifizierten Sicherheitsmitarbeitern ausbilden lassen.

Mitgliedsbetriebe des Verbandes müssen die für die Ausübung des Wach- und Sicherheitsgewerbes erforderliche Sachkunde und Zuverlässigkeit durch geeigente Unterlagen nachweisen. Besonderer Wert wird auch auf einwandfreies wettbewerbsrechtliches Verhalten der Mitglieder gelegt. Schulen, Institutionen und Personen, die dem Sicherheitsgewerbe verbunden sind, können die außerordentliche Mitgliedschaft erwerben.

Ein Verzeichnis der Mitgliedsunternehmen finden Sie im Internet unter http://www.bdws.de.

Anschrift:

Bundesverband Deutscher Wach- und Sicherheitsunternehmen e.V. (BDWS)
Norsk-Data-Straße 3,
61352 Bad Homburg
Postfach 1211,
61282 Bad Homburg
Telefon (06172) 948050
Telefax (06172) 458580
E-mail: mail@bdws.de
Internet: http://www.bdws.de
(letzte Änderung am 10.4.2006)

Bundesverband der Hersteller- und Errichterfirmen von Sicherheitssystemen e.V. (BHE)

Der Bundesverband der Hersteller- und Errichterfirmen von Sicherheitssystemen e.V. (BHE) steht seit rund 30 Jahren für Qualität, Kompetenz und Service. Mit seinen 500 Mitgliedsunternehmen (ca. 77% Errichter, 20% Hersteller und 3% Planer) bildet er eine erstklassige Kommunikations- und Informationsplattform für alle, die mit Sicherheit zu tun haben. Er fördert den umfassenden Meinungsaustausch der Mitgliedsunternehmen untereinander und ins-

besondere gegenüber Anwendern, Sicherheitsbeauftragten sowie allgemein für Sicherheitsfragen zuständigen Personen.
Die Zusammenarbeit mit anderen Fachverbänden und Fachinstitutionen ist nach wie vor zentraler Faktor im gemeinsamen Bemühen um eine solide Entwicklung, Gestaltung und Handhabung von Sicherheitsdienstleistungen.
Als dynamischer Bundesverband bietet der BHE eine praxisgerechte Struktur zur optimalen Interessenvertretung seiner Mitgliedsunternehmen: Die Mitgliederversammlung, der Vorstand und die Fachausschüsse bilden eine starke Gemeinschaft kompetenter Fachleute.
Die Fachausschüsse wurden zur Bearbeitung aktueller Fragen der Sicherheitsbranche gebildet und bearbeiten im Interesse der Mitgliedsfirmen branchenbezogene Probleme und Aufgabenstellungen. Derzeit gibt es im BHE folgende Fachausschüsse:

- Brandmeldetechnik (FA-BMT)
- Einbruchmeldetechnik (FA-EMT)
- betriebswirtschaftliche Fragen (FA-BWF)
- CCTV-Überwachungstechnik (FA-CCTV)
- Mechanische Sicherungstechnik (FA-MST)
- Rauch- und Wärmeabzugsanlagen (FA-RWA)
- Übertragungs- und Netzwerktechnik (FA-ÜNT)
- Zutrittskontrolltechnik (FA-ZKT)

Die Nähe zur Basis und zu Problemstellungen des Geschäftsalltages garantieren bedarfsgerecht einberufene Arbeitskreise zu ganz konkreten und individuellen Fragestellungen der Mitglieder.
Der BHE schlägt zur Förderung der Sicherheitstechnik auch immer wieder neue Wege ein. Nach Einführung der Offensive für Sicherheit im Jahr 2001 wurde im November 2003 erstmals der BHE-Fachkongress „Essener Sicherheitstage“ durchgeführt, der als fester Fachkongress in den „Security-freien“ Jahren etabliert werden soll. Die nächsten „Essener Sicherheitstage“ finden voraussichtlich im Oktober 2005 statt.
Zahlreiche Fachvorträge und eine sicherheitstechnische Ausstellung werden über zweckmäßige Branchenlösungen, innovative Technologien und neue Verfahren informieren.
Als Hauptaufgaben des BHE können u.a. genannt werden:

- die Interessenvertretung der angeschlossenen Unternehmen im Markt und gegenüber Behörden bzw. anderen Verbänden
- die aktive Mitarbeit bei der Normung auf deutscher Ebene beim DIN Berlin, der DKE Frankfurt, sowie auf europäischer Ebene bei der CENELEC in Brüssel
- die Zertifizierung der im Verband organisierten Errichter und Planer mit den BHE-Prüfsiegeln für die Bereiche Brand, CCTV, Einbruch, Mechanik, Rauch- und Wärmeabzug sowie Zutrittskontrolle
- die Aus- und Weiterbildung der Mitarbeiter angeschlossener und externer Unternehmen durch Seminare und Fachtagungen
- die öffentlichkeitswirksame Aufklärungsarbeit durch Initiativen wie „Offensive für Sicherheit“, „Rauchmelder retten Leben“ und „Home und Office-Security“.
- der Vertrieb von Fachliteratur, Fach- und Geschäftsformularen sowie Symbolen für präventive Sicherheitstechniken auf CD und Zeichenschablone.

6

Anschrift:

BHE, Feldstr. 28,
66904 Brücken
Tel: 0 63 86/92 14-0
Fax: 0 63 86/92 14-99
E-mail: info@bhe.de
Internet: http://www.bhe.de

Bundesverband Sicherungstechnik Deutschland e.V. (BSD)

Durch Schulung und Seminare fördert der BSD ständig die fachliche Weiterbildung seiner Mitglieder.
Der BSD, der aus dem früheren „ASS“ (Arbeitskreis Sicherheit und Schlüssel) hervorgegangen ist, arbeitet auf diesen speziellen Gebieten mit den Versicherungen, der Polizei, der Industrie und anderen Verbänden zusammen.

Anschrift:

BSD
Eichendorffstraße 3
40470 Düsseldorf
Telefon: 0211/4705036,
Telefax: 0211/4705033
(Keine Änderungen 10.4.2006)

Bundesverband unabhängiger deutscher Sicherheitsberater- und Ingenieure (BdSI)

Ziel des 1995 gegründeten Verbandes ist es, das Streben nach Qualität, Zuverlässigkeit und Produktneutralität in der Beratungsbranche zu fördern. Satzungsgemäß sollen sich die Mitglieder durch Unabhängigkeit, langfristige Spezialisierung auf die Sicherheit und einen ganzheitlichen Ansatz (organisatorische, personelle, baulich-technische, nachrichtentechnische Aspekte und wirtschaftliche Optimierung) auszeichnen.

Anschrift:

Bundesverband unabhängiger deutscher Sicherheitsberater- und -Ingenieure (BdSI) e.V.
Weissdornstr. 3
15827 Blankenfelde bei Berlin
Tel. 0700/23742374
Fax 0700/23742375
E-mail: BdSI.ev@web.de
Internet: http://www.BdSI-ev.de

Bundesverband Informationswirtschaft, Telekommunikation und neue Medien (BITKOM) e. V.

Der Bundesverband Informationswirtschaft, Telekommunikation und neue Medien, BITKOM, vertritt 1.300 Unternehmen, davon 700 als Direktmitglieder, mit ca. 120 Mrd. Euro Umsatz und mehr als 700.000 Beschäftigten. Hierzu zählen Produzenten von Endgeräten und Infrastruktursystemen sowie Anbieter von Software, Dienstleistungen, neuen Medien und Content. Mehr als 500 Direktmitglieder gehören dem Mittelstand an. BITKOM setzt sich insbesondere für eine Verbesserung der ordnungsrechtlichen Rahmenbedingungen in Deutschland, für eine Modernisierung des Bildungssystems und für die Entwicklung der Informationsgesellschaft ein.
Zu dem wichtigen Thema IT-Sicherheit bietet der BITKOM seinen Mitgliedern einen eigenen Arbeitsbereich an. Dieser befasst sich mit aktuellen Technologien und politischen Entwicklungen. Derzeit sind Vertreter von ca. 120 Unternehmen aktiv engagiert.

Aufgaben und Ziele
- Schärfung des allgemeinen Bewusstseins zur IT-Sicherheit
- Optimierung der politischen Rahmenbedingungen
- Interessenvertretung gegenüber der Politik – direkt und im Rahmen des BDI
- Internationale Interessensvertretung über EICTA und WITSA
- Beobachtung der politischen Entwicklungen in der EU, dem Europarat und der OECD
- Erfahrungsaustausch zu aktuellen Entwicklungen im Bereich IT-Sicherheit

In Foren zur Sicherheit referieren Experten zu aktuellen Themen und geben Erfahrungsberichte zum Stand der Informationssicherheit in Deutschland.
Neben den Sicherheits-Foren bietet BITKOM seinen Mitgliedern die Mitarbeit in den Arbeitskreisen „Sicherheits-Management von Geschäftsprozessen und Informationen“ und „Sicherheit von IT-Infrastrukturen und -Netzen“ an. Außerdem koordinieren zwei Fachausschüsse Themen wie elektronische Signaturen und Frühwarnsysteme.
Im Dezember 2003 hat BITKOM darüber hinaus gemeinsam mit dem Bundesministerium des Innern und dem Bundesministerium für Wirtschaft und Arbeit die Initiative „Mcert Deutsche Gesellschaft für IT-Sicherheit“ gestartet. Mcert bietet speziell dem Mittelstand individuelle Sicherheitsinformationen in Form eines kostengünstigen E-Mail-Abo-Dienstes an. Weitere Informationen dazu gibt es unter: www.mcert.de.

Anschrift:

BITKOM e.V.
Albrechtstr. 10
10117 Berlin-Mitte
Tel: (030) 27576-0
Fax: (030) 27576-400
E-mail: bitkom@bitkom.org
Internet: http://www.bitkom.org

Bundesverband Brandschutz-Fachbetriebe e.V. (bvbf)

Die Mitgliedsunternehmen des bvbf bieten das gesamte Spektrum der Dienstleistung im Bereich des abwehrenden und vorbeugenden Brandschutzes. Der bvbf informiert seine Mitgliedsunternehmen ständig und zeitnah über den aktuellen Stand der Technik und die neuesten Vorschriften im Bereich des Brandschutzes. Damit wird sichergestellt, daß die bvbf-Unternehmen ein hohes Maß an Dienstleistungsqualität für die Kunden bieten können.

Eine wesentliche Aufgabe des bvbf ist die Förderung des Brandschutz-Gedankens in der Bevölkerung, da der vorbeugende und abwehrende Brandschutz die Gesundheit und das Leben von Menschen und den Bestand der Umwelt schützt. Insbesondere propagiert der Verband die allgegenwärtige Vorhaltung von tragbaren und regelmäßig gewarteten Feuerlöschern in der Industrie und in privaten Haushalten, um Entstehungsbrände zu bekämpfen und dadurch Brandkatastrophen zu verhindern.

Anschrift:

bvbf Bundesverband
Brandschutz-Fachbetriebe e.V.
Friedrichsstr. 18 (2.Etage)
34117 Kassel
Tel: (0561) 28864-0
Fax: (0561) 28864-29
E-mail: info@bvbf-brandschutz.de
Internet http://www.bvbf-brandschutz.de
(Keine Änderungen 10.4.2006)

Bundesverband Technischer Brandschutz e.V. (bvfa)

Der Bundesverband Technischer Brandschutz e.V. (bvfa) erfaßt die deutschen Hersteller von Technischem Brandschutz. Im Einzelnen sind dies die Hersteller von automatischen ortsfesten Löschanlagen (z.B. Sprinkleranlagen, CO_2-Löschanlagen, Wassernebel-Löschanlagen, Inertgas-Löschanlagen etc.), mobilen Löscheinrichtungen wie z.B. Feuerlöscher und manuell bedienbaren stationären Löscheinrichtungen wie Löschwassertechnik, Wandhydranten etc. Im bvfa organisieren sich auch die Hersteller von Komponenten, Ansteuerungstechnik und Firmen, die sich mit dem baulichen Brandschutz beschäftigen.

Auch die deutschen Hersteller von Löschmittel (Schaum, Pulver etc.) sowie die Brandschutz-Zulieferindustrie und Brandschutz-Fachhändler gehören zu seinen Mitgliedern.

Ziel ist die Durchsetzung der Erkenntnis, dass Investitionen in Technischen Brandschutz zukunftsorientiert sind: im Zuge der Deregulierung staatlicher Überwachung im Brandschutzbereich obliegt es immer mehr den Unternehmern selbst, für ausreichenden Brandschutz und Arbeitssicherheit zu sorgen.

Auch im privaten Bereich will der Verband für eigene Aktivitäten für den Brandschutz werben. Vorbeugender technischer Brandschutz spart Kosten, denn vielfach ist baulicher Brandschutz erheblich teurer.

Aufgabe des Bundesverbandes ist neben der Lobby- und Öffentlichkeitsarbeit die Interessen der Industrie im Technischen Brandschutz bei Behörden und in der Normungsarbeit zu vertreten.

Der Verband will daher mit Aufklärungskampagnen und gezielter Lobbyarbeit künftig noch viel stärker diesen Umdenkungsprozess beeinflussen.

6

Anschrift:

Bundesverband Technischer Brandschutz e.V.
Koellikerstr. 13,
97070 Würzburg
Tel: 0931/35292-0
Fax: 0931/35292-29
E-mail: info@bvfa.de
Internet: http://www.bvfa.de
(letzte Änderung am 10.4.2006)

Bundesverband Metall Vereinigung Deutscher Metallhandwerke (BVM) – Bundesfachgruppe Schließ- und Sicherungstechnik –

Der Bundesverband Metall vertritt auf Bundesebene die fachlichen Interessen der Metallhandwerke. Vertreten sind die Berufe Metallbauer, Feinmechaniker und Metall- und Glockengießer.

Diese Berufsgruppen werden durch Bundesfachgruppen betreut. Metallbauer der Fachrichtung Konstruktionstechnik, die auf dem Gebiet Schließ- und Sicherungstechnik tätig sind, haben sich 1997 zur Bundesfachgruppe Schließ- und Sicherungstechnik zusammengeschlossen.

Arbeitsschwerpunkt ist die Interessenvertretung der Mitgliedsbetriebe gegenüber Politik, Verbänden und anderen gesellschaftlichen

Gruppen auch in Zusammenarbeit mit den handwerklichen Spitzenverbänden. Fragen der Berufsausbildung und Weiterbildung, themenbezogene Informationsveranstaltungen sowie die Zusammenarbeit mit anderen fachbezogenen Organisationen sind wesentliche Aufgabengebiete.

Anschrift:

Bundesverband Metall
Ruhrallee 12
45138 Essen
Telefon 0201/89 61 9-0
Telefax 0201/89 61 9-20
E-mail: info@metallhandwerk.de
Internet: http://www.metallhandwerk.de
(Keine Änderungen 10.4.2006)

CERT-Verbund

Im August 2002 haben sich sechs deutsche CERTs zu dem CERT-Verbund zusammengeschlossen, bis Februar 2004 ist die Zahl auf 10 gestiegen. Primäre Zielgruppe des CERT-Verbunds sind natürlich die Mitglieder, aber auch alle CERTs in Deutschland insgesamt, wobei besonders der Aufbau neuer CERTs gefördert wird.
Mitgliedsverzeichnis: www.cert-verbund.de
Für die deutschen CERTs werden verschiedene Mailinglisten betrieben und die Arbeit erfolgt in verschiedenen Arbeitsgruppen. 2 bis 3 mal jährlich werden von den Teams des CERT-Verbunds die sogenannten CERT-Arbeitstreffen organisiert.
Kontakt zum CERT-Verbund:
info@cert-verbund.de

Anschrift:

Dr. Klaus-Peter Kossakowski
PRESECURE Consulting GmbH
Beelertstiege 2
48143 Münster
Telefon (0171) 5767010
E-mail: kpk@pre-secure.de
(Keine Änderungen 10.4.2006)

Deutscher Schutzverband gegen Wirtschaftskriminalität e.V. (DSW), Frankfurt/Main

Der Deutsche Schutzverband gegen Wirtschaftskriminalität e.V. (DSW), Frankfurt/Main, ist die Nachfolgeorganisation des Vereins gegen Bestechung und Wirtschaftskriminalität und der Deutschen Zentralstelle zur Bekämpfung der Schwindelfirmen. Das Arbeitsgebiet des erstgenannten Vorgängers war der Kampf gegen die Korruption und die dadurch bewirkte Gefährdung des freien Wettbewerbs, vornehmlich jedoch gegen die nach §12 UWG a.F. strafbare Angestelltenbestechung. Die Zentralstelle dagegen befasste sich speziell mit dem sonst schwer zu durchschauenden Treiben unlauterer Wirtschaftsunternehmen.
Der Schutzverband dient der gesamten deutschen Wirtschaft. Er hat die Aufgabe, das Bestechungs- und Schmiergeldunwesen, strafbare Werbung und andere Straftaten in der Wirtschaft wie den Kreditschwindel oder Praktiken von Schwindelfirmen zu bekämpfen und in diesem Bereich vorbeugend zu wirken. Er beobachtet in seinem Aufgabenbereich die Entwicklung der tatsächlichen Verhältnisse, erteilt im Zuge seiner Aufklärungsarbeit Auskünfte über die Auslegung gesetzlicher Vorschriften und teilt einschlägige Gerichtsentscheide mit. Er führt ggf. nicht nur Zivilprozesse, sondern kann außer Strafanzeigen auch die möglicherweise erforderlichen Strafanträge bewirken.
Der Schutzverband will wie seine Vorgänger im kriminalpolitisch wichtigen Bereich der Verbrechensvorbeugung arbeiten, vor allem durch Öffentlichkeitsarbeit und durch seine Beratungstätigkeit. Er arbeitet eng mit dem Verein Pro Honore in Hamburg und der Zentrale zur Bekämpfung unlauteren Wettbewerbs zusammen.

Anschrift:

Deutscher Schutzverband
gegen Wirtschaftskriminalität e.V.
Landgrafenstraße 24 B,
Postfach 2555
61348 Bad Homburg
Telefon (06172) 12150
Telefax (06172) 84422
E-mail: mail@wettbewerbszentrale.de

EBM Wirtschaftsverband

Der EBM Wirtschaftsverband ist Interessenvertretung und Dienstleistungsunternehmen für die Eisen-, Blech- und Metallwaren-Industrie. Er repräsentiert rund 2.500 Unternehmen mit 60 Mrd. DM Umsatz und 320.000 Beschäftigten. Einer seiner Fachverbände ist der Fachverband Schloß- und Beschlagindustrie.

Anschrift:

EBM Wirtschaftsverband
An der Pönt 48,
40855 Ratingen
Postfach 105121,
40858 Ratingen
Tel. (02102) 186-0
Fax (02102) 186-169
E-mail: info@ebm.de
Internet: http://www.ebm.de

ECO e.V.

Der eco e.V., im Juni 1995 als eingetragener Verein gegründet, ist der Verband der deutschen Internetwirtschaft. Ziel des Verbandes ist, die kommerzielle Nutzung des Internet voranzutreiben, um die Position Deutschlands in der globalen Internet-Ökonomie und damit den Wirtschaftsstandort Deutschland insgesamt zu stärken. eco versteht sich in diesem Sinne als Interessenvertretung und Sprachrohr der deutschen Internetwirtschaft gegenüber der Politik, in Gesetzgebungsverfahren und in nationalen und internationalen Gremien. Der Verband vertritt derzeit rund 300 Mitglieder, fördert die Geschäftsentwicklung seiner Mitgliedsfirmen und berät und unterstützt alle Unternehmen, die ihre Produkte und Dienstleistungen im Internet anbieten.

Schwerpunkte der Arbeit des eco sind: Politische Lobbyarbeit (Verbindungsbüro Berlin und Brüssel), Networking und Services.

Lobbyarbeit:

eco hält über sein Büro in Berlin direkten Kontakt zu der nationalen Politik und den Ministerien. Er ist involviert in die für die Mitglieder relevanten Gesetzgebungsverfahren und die allgemeinen politischen Diskussionen. eco ist Gründungsmitglied von EuroISPA (Europäischer Dachverband der Internet Service Provider) und EURO-IX (Dachorganisation der europäischen Exchange Punkte), die in Brüssel bzw. Amsterdam eigene Büros unterhalten. Durch diese Mitgliedschaften wird ein frühzeitiges Aufgreifen politisch-relevanter Themen gewährleistet und ein Einbringen industriespezifischer Meinungen auf europäischer Ebene erreicht.

Networking:

Vielfältige Aktivitäten werden im Marketing und in der Kommunikation mit den Mitgliedern und dem Markt angegangen. Gemeinsame Messeauftritte, LocalTalks und Roadshows unterstützen die Marketingaktionen der Mitglieder. In den fachlich hochklassigen Arbeitskreisen werden Produkte und Dienstleistungen im vorwettbewerblichen Umfeld diskutiert.

Services:

Im eco sind auch die rund 150 „Backbones" des deutschen Internets vertreten. Dies sind die Anbieter, die das „Internet" in Deutschland erst möglich machen. eco betreibt damit den größten nationalen Datenaustauschpunkt DE-CIX (Deutscher Commercial Internet Exchange).

6

1996 hat eco als Interessenvertretung der deutschen Internetwirtschaft die Internet Content Task Force (ICTF) gegründet. Aus der Zusammenarbeit der ICTF mit anderen Organisationen gingen unter anderem die Freiwillige Selbstkontrolle Multimedia (FSM) und die Internet Content Rating Association (ICRA) hervor. Aufgabe der ICTF ist es, eine freiwillige Selbstkontrolle der deutschen Internetwirtschaft durchzuführen.

Der Verband der deutschen Internetwirtschaft unterhält außerdem eine Beschwerdehotline (hotline@eco.de). Diese nimmt Hinweise auf illegale und anstößige Inhalte auf, damit unverzüglich entsprechende Maßnahmen gegen die rechtswidrigen Materialien eingeleitet werden können.

eco arbeitet im Rahmen von INHOPE (Internet Hotline Providers in Europe) eng mit Beschwerdestellen in Europa, Australien und den USA zusammen, um eine noch wirksamere Bekämpfung von rechtswidrigen und illegalen Inhalten im Internet zu ermöglichen.

Nutzen für Interessenten:

eco versteht sich als wettbewerbsübergreifende Informationsquelle. Es gibt Orientierungshilfen im weltweiten Online-Geschehen und im eBusiness. Dabei werden vor allem Trends, praktische Anwendungsfelder sowie technolo-

gische und soziologische Entwicklungen vorgestellt.
Nutzen für Mitglieder:
Für die Mitglieder des eco – Verband der deutschen Internetwirtschaft e.V. – ergeben sich die Vorteile aus der Lobby-Arbeit, dem Erfahrungsaustausch in Arbeitskreisen, LocalTalks und gemeinsamen Marketingaktivitäten. So werden gezielt Synergien geschaffen, Kosten für den Einzelnen minimiert und die Nachfrage nach Produkten und Dienstleistungen auf die eco-Mitgliedsfirmen fokussiert. Durch die enge Zusammenarbeit entsteht darüber hinaus ein hohes Maß an informeller Kommunikation.
Mitgliederstruktur:
ISP (Internet Service Provider), ASP (Application Service Provider), Carrier, Hard- und Software-Lieferanten, Content- und Serviceanbieter, Kommunikationsunternehmen, Anwender, StartUps, etc. (s. Mitgliederliste). Kurzum, alle Firmen, für die das Internet das Thema ist.

Anschrift:

eco
Verband der deutschen Internetwirtschaft e.V.
Arenzhofstr. 10
50769 Köln
Tel. (0221) 700 048-0
Fax (0221) 700 048-11
E-mail: Christiane.Skiba@eco.de
Internet: http://www.eco.de
(letzte Änderung am 10.4.2006)

ECOS e.V.

Die ECOS- Errichter-Cooperation Sicherheitstechnik e.V. ist ein bundesweiter Verbund namhafter Errichterunternehmen, der 1998 gegründet wurde. Die intensive Zusammenarbeit findet auf breiter Ebene im Bereich Planung, Einrichtung und Wartung von Sicherheitssystemen statt. Dem überregional orientierten Endkunden (große Handelsunternehmen, Filialisten usw.) eröffnet die ECOS-Unternehmensgruppe neue Perspektiven.
Sie bildet eine echte Alternative zu den meist teuren, industriellen Großanbietern, da hier preisbewusste regionale Stärke, kurze Wege, schnelles Handeln und persönliche Ansprechpartner mit bundesweitem Marktauftritt und Serviceabdeckung verbunden werden.
Die Bündelung des insgesamt vorhandenen Know-hows und der Ressourcen in der Gruppe ermöglicht allen Partnern gewerk-, fabrikats- und systemübergreifend zu arbeiten. Die intensiven Kontakte im Tagesgeschäft, regelmäßige interne Workshops und Schulungen tragen dazu bei, effiziente Abläufe und kurze Reaktionszeiten zu gewährleisten. Dies alles garantiert eine große Kundenorientierung, Innovationsfreude und ein insgesamt ausgewogenes Preis/Leistungsverhältnis.
Darüber hinaus verpflichtet sich jedes Mitglied der ECOS-Gruppe zur Einführung und Vorhaltung eines zertifizierten Qualitätsmanagement-Systems nach DIN ISO 9001:2000 und der VdS-Anerkennung.
Ziel der ECOS-Gruppe ist ein bundesweit flächendeckendes Angebot mit einheitlich hoher Dienstleistungsqualität unter Beibehaltung der langjährig bewährten regionalen mittelständischen Strukturen.
Eine Übersicht aller ECOS-Mitglieder und eine umfassende Auflistung des Leistungsangebotes findet sich auf der Homepage.

Anschrift:

ECOS Errichter-Cooperation
Sicherheitstechnik e.V.
Wallgraben 38
48356 Nordwalde
Tel. (02573) 934580
Fax (02573) 934590
E-mail: info@ecos-ev.de
Internet: http://www.ecos-ev.de
(Keine Änderungen 10.4.2006)

Fachverband Tageslicht und Rauchschutz e.V. (FVLR e.V.)

Der FVLR ist seit 1982 (zuerst als FVL e.V.) als Verein eingetragen.
Zur Zeit sind 10 deutsche Hersteller von Lichtkuppeln, Lichtbändern und Rauch- und Wärmeabzugsanlagen im FVLR zusammengeschlossen.
Der FVLR informiert produktneutral, sachlich und fundiert über
- das Tageslicht und die Möglichkeit, Räume mit kostenlosem Tageslicht auszuleuchten,

- die Möglichkeit, Innenräume energiekostenfrei zu entlüften, den beim Feuer entstehenden Brandrauch, seine Auswirkungen und über Maßnahmen zur Entdeckung, Eingrenzung und Ableitung, die Verwendungsmöglichkeiten für Lichtkuppeln und Lichtbänder.

Im März 2001 hat der FVLR e.V. in Detmold eine neue Geschäftsstelle eröffnet. Von Detmold aus erfolgt die Beantwortung von technischen Anfragen, die Koordination von Normungs- und Forschungsarbeiten und der Öffentlichkeitsarbeit.

Anschrift:

FVLR Fachverband Tageslicht
und Rauchschutz e.V.
Ernst-Hilker-Straße 2
32758 Detmold
Tel. (05231)30959-0
Fax (05231)30959-29
E-mail: info@fvlr.de
Internet: www.fvlr.de
(letzte Änderung am 10.4.2006)

Fachverband Schloss- und Beschlagindustrie e.V.

Der Fachverband Schloss- und Beschlagindustrie e.V. ist eine Vereinigung der Hersteller von Schlössern und Beschlägen aller Art und verwandten Erzeugnissen in Deutschland. Er hat die Aufgabe, die Interessen der Schloss- und Beschlagindustrie auf wirtschaftlichem und technischem Gebiet zu wahren und zu fördern, sie gegenüber allen Stellen zu vertreten, Vorschläge zu unterbreiten und Auskünfte zu erteilen.

Die Mitgliedschaft steht jeder Firma offen, die innerhalb des Verbandsgebietes industriell Schlösser und Beschläge herstellt.

Anschrift:

Fachverband Schloss- und
Beschlagindustrie e.V.,
Offerstraße 12,
42551 Velbert,
Telefon (02051) 9506-0
E-mail: info@fvsb.de
Internet: http://www.schlossindustrie.de
http://www.beschlagindustrie.de
(Keine Änderungen 10.4.2006)

FIRST

FIRST ist der 1990 gegründete internationale Dachverband der Computer-Notfallteams (→CERTs). Aus den 12 Gründungsmitgliedern sind bis Februar 2006 über 170 Mitglieder geworden. Die meisten Mitglieder sind immer noch in den USA und Europa, inzwischen gibt es aber auch etablierte CERT-Gemeinschaften in Asien sowie in Latein-Amerika mit einer starken Repräsentanz in FIRST.
Mitgliedsverzeichnis:
http://www.first.org/team-info/
Für die Mitglieder gibt es eine Reihe interner, technisch geprägter Veranstaltungen, ganz im Sinne des Informationsaustausches. Einmal im Jahr wird eine allen Interessierten offen stehende Konferenz veranstaltet, die sich besonders dem Thema der richtigen Reaktion auf sowie der schnellen Bewältigung von Angriffen und Vorfällen annimmt.
Konferenz 2006: Juni 2006 in den Baltimore, USA
Konferenz 2007: Juni 2005 in Sevilla, Spanien
Weitere Informationen unter:
http://www.first.org/conference/

Anschrift:

Dr. Klaus-Peter Kossakowski
PRESECURE Consulting GmbH
Beelertstiege 2
48143 Münster
Telefon (0171) 5767010
E-mail: kpk@pre-secure.de
(letzte Änderung am 10.4.2006)

Gesellschaft für Datenschutz und Datensicherung e.V. (GDD)

Die GDD tritt als gemeinnütziger Verein für einen sinnvollen, vertretbaren und technisch realisierbaren Datenschutz ein. Sie hat zum Ziel, die Daten verarbeitenden Stellen, insbesondere auch deren Datenschutzbeauftragte, bei der Umsetzung der vielfältigen mit Datenschutz und Datensicherung verbundenen rechtlichen, technischen und organisatorischen Anforderungen zu beraten. Die GDD findet die Unterstützung von mehr als 1.600 Unternehmen, Behörden und persönlichen Mitgliedern. Sie stellt damit die größte Vereinigung ihrer Art und zugleich einen der größten Fachverbände

6

in der Informations- und Kommunikationsbranche in Deutschland dar.
Sie setzt sich verstärkt für die Belange von Wirtschaft und Verwaltung auf den Gebieten Datenschutz, Datensicherung und ordnungsgemäßer Datenverarbeitung ein. Sie fördert und unterstützt Vorhaben der Forschung, Entwicklung und praktischen Anwendung auf diesen Gebieten. Sie ist im steuerlichen Sinne gemeinnützig.
Zur Verwirklichung dieser Ziele bietet die GDD in derzeit 26 Städten der Bundesrepublik organisierten Erfahrungsaustausch zwischen Datenschutzverantwortlichen und Vertretern der Aufsichtsbehörden an. Über die Geschäftsstelle sind Arbeits-, Organisations- und Schulungshilfen für Datenschutzverantwortliche zu beziehen.
Die GDD berät individuell in Organisations-, Datenschutz- und Datensicherungsfragen und arbeitet mit Verbänden und Kammern zusammen. Regelmäßig wiederkehrende, über den Mitgliederkreis hinauswirkende Veranstaltungen sind die Aus- und Weiterbildungsseminare für Datenschutzbeauftragte und die „Datenschutzfachtagung (DAFTA)".

Anschrift:

Gesellschaft für Datenschutz
und Datensicherung e.V. (GDD)
Pariser Str. 37,
53117 Bonn,
Telefon (0228) 694313
Fax (0228) 695638
E-mail: info@gdd.de
Internet: http://www.gdd.de

Deutscher Verband für Facility Management e.V. (GEFMA) German Facility Management Association

GEFMA ist das deutsche Netzwerk der Entscheider im Facility Management (FM). Mit über 400 Mitgliedsunternehmen repräsentiert er die wichtigen Unternehmen aus dem Bereich der Systemdienstleistungen, der kaufmännischen, technischen und infrastrukturellen Dienstleistungen, des Liegenschaftsmanagements, der Consulting- und Finanzdienstleistungen sowie der IT-Services. Nutzer von FM der unterschiedlichen Branchen, Investoren, Betreiber von Liegenschaften sowie der öffentliche Bereich mit seinen Verwaltungen sind Mitglied.
GEFMA verfolgt einen ganzheitlichen FM-Ansatz mit Kunden- und Prozessorientierung. Qualität spielt in der strategischen Ausrichtung des Verbandes eine entscheidende Rolle. Das Richtlinienwerk liefert Grundlagen für qualitätsorientierte FM-Dienstleistungen und Branchenkonsens. GEFMA arbeitet in Zusammenarbeit mit der TÜV Rheinland Group an einem zertifizierungsfähigen Standard Betreiberverantwortung, der Haftungsrisiken im FM absichert. Die Qualitätsmarke ipv® – Integrale Prozess Verantwortung im FM zeigt dem Immobiliennutzer, wie er sich bei komplexen Aufträgen durch die Erteilung weitreichender Entscheidungsbefugnisse und die Übergabe wirtschaftlicher und technischer Verantwortung an einen Dienstleister entlasten kann.
GEFMA ist ideeller Träger der Leitmesse FACILITY MANAGEMENT und GEFMA fördert mit zertifizierten Bildungsangeboten eine qualifizierte Aus- und Weiterbildung im FM. GEFMA Regionalkreise und Junior Lounges sind die Basis des GEFMA Netzwerkes.

Anschrift:

GEFMA e.V.
Dottendorfer Str. 86
D-53129 Bonn
Tel. 0228 / 230374
Fax 0228 / 230498
E-mail: info@gefma.de
Internet: http://www.gefma.de
(letzte Änderung am 10.4.2006)

Gütegemeinschaft Metallzauntechnik e.V.

Die Gütegemeinschaft Metallzauntechnik e.V. ist ein Zusammenschluß von Fachfirmen für die Montage von Zäunen aus Drahtgeflecht, Zaungitter oder Stahlgitter einschl. Türen, Dreh- und Schiebetoren für Einfriedungen auf der Basis der „Gütesicherung RAL-RG 602".

Anschrift:

Gütegemeinschaft Metallzauntechnik e.V.,
An der Pönt 48,

40885 Ratingen
Telefon 02102/186-200
Fax 02102/186-169
Email: info@guetezaun.de
Internet: http://www.guetezaun.de

Gütegemeinschaft Instandhaltung Feuerlöschgeräte e.V.

Die RAL-anerkannte Gütegemeinschaft Instandhaltung Feuerlöschgeräte ist eine Organisation von führenden Brandschutz-Fachbetrieben, die im Bereich der Dienstleistung im vorbeugenden und im abwehrenden Brandschutz tätig sind. Die Mitgliedsbetriebe der GIF sind berechtigt, die Instandhaltungsarbeiten von Feuerlöschgeräten mit dem Gütezeichen RAL-GZ 973 zu qualifizieren und zu kennzeichnen. Sie selbst werden durch unabhängige, vereidigte Sachverständige kontrolliert.
Neben dem Brandschutz ist auch der Schutz und die Schulung der Anwender der Geräte des abwehrenden Brandschutzes innerhalb der Gütegemeinschaft Instandhaltung Feuerlöschgeräte ein wichtiger Bereich.
Bei der Wartung und Instandhaltung von tragbaren und fahrbaren Feuerlöschgeräten, Löschdecken, Wandhydranten, Steigleitungen sowie Kleinlöschanlagen sowie Einrichtungen und Kennzeichnung für Flucht- und Rettungswege verpflichten sich die GIF-Mitglieder, die Güte- und Prüfbestimmungen des RAL ebenso zu beachten wie alle einschlägigen DIN-Vorschriften und Gesetzesregelungen.
Als Ansprechpartner stehen nicht nur die einzelnen Unternehmen, sondern die gesamte Gütegemeinschaft mit ihrem Fachwissen zur Verfügung.

Anschrift:

GIF Gütegemeinschaft Instandhaltung Feuerlöschgeräte e.V.
Friedrichsstr. 18,
34117 Kassel
Tel. (0561) 28864 10
Telefax (0561) 28864 29
Email: info@gif-brandschutz.de
Internet: http://www.gif-brandschutz.de
(letzte Änderung am 10.4.2006)

Gütegemeinschaft Schlösser und Beschläge e.V.

Die Gütegemeinschaft Schlösser und Beschläge e.V. ist ein eingetragener Verein im Sinne der Grundsätze für Gütezeichen in der jeweils gültigen Fassung. Sie ist kein eigenwirtschaftlicher Geschäftsbetrieb und hat keine markt- und preisregulierenden Aufgaben. Dagegen verfolgt sie den Zweck, die Güte von Schlössern, Beschlägen und ergänzenden Erzeugnisgruppen zu prüfen und zu sichern. Daher strebt sie die Anerkennung von RAL-Gütezeichen für die entsprechenden Erzeugnisgruppen an.
In den Betreuungsbereich der Gütegemeinschaft fallen Türschließer, Türschlösser und Zylinder, Bänder, Drücker, Griffe, Fensterbeschläge, Möbelschlösser und -beschläge, Räder und Rollen. Nur solche Hersteller der jeweiligen Erzeugnisgruppen, welche statistische Qualitätskontrollen ihrer Produktion durchführen, betrieblich Eigenüberwachung treiben und sich einer Fremdüberwachung unterziehen, können Prüfungen beantragen. Die Gütegemeinschaft beauftragt ein neutrales Prüfinstitut oder Materialprüfungsamt, die entsprechenden Prüfungen durchzuführen.
Gütezeichenbenutzer sind verpflichtet, nur solche Erzeugnisse mit den verliehenen RAL-Zeichen zu versehen, deren Güte gesichert ist. Sie haben diese selbst zu vertreten, eine Haftpflicht der Gütegemeinschaft, ihrer Organe oder Beauftragten bleibt ausgeschlossen. Mitglied der Gütegemeinschaft kann jeder einschlägige Hersteller und jeder Förderer werden. Der Verein steht seinen Mitgliedern in allen Angelegenheiten der Gütesicherung und Prüfung zur Verfügung.

Anschrift:

Gütegemeinschaft Schlösser und Beschläge e.V.,
Offerstraße 12,
42551 Velbert,
Telefon (02051) 9506-0,
Telefax (02051) 9506-20
Email: piv.velbert@t-online.de

interkey

interkey ist der freiwillige Zusammenschluß von rund 150 Sicherheits- und Schlüsselfachgeschäften zu einem Fachverband, der die För-

derung der gemeinsamen beruflichen Interessen unabhängig und frei von anderen Wettbewerbsgruppen betreibt. Ferner zählen nahezu 50 Hersteller zu den fördernden Mitgliedern von interkey. Das Hauptziel des nach ISO 9002 zertifizierten europäischen Verbandes ist die Profilierung des Sicherheitsfachgeschäftes als eigenständiges, fachlich hochqualifiziertes Geschäftsunternehmen.
Mitglied bei interkey kann werden, wer erfolgreich einen Einzelhandelsfachbetrieb führt, den interkey-Ehrenkodex anerkennt und die hohen fachlichen Voraussetzungen erfüllt, die interkey auch im Sinne der Kunden fordert. Umfangreiches Wissen und Können in der Sicherheitstechnik, das regelmäßig auf einem aktuellen Stand gehalten wird, und eine qualifizierte Durchführung von Montage und Reparatur sind unabdingbare Voraussetzung für eine Mitgliedschaft.
interkey-Fachbetriebe grenzen sich damit von unlauteren Wettbewerbern ab, die das Gewerbe durch unqualifizierte Leistungen und überhöhte Preise immer wieder in Misskredit bringen. Der hohe Standard der interkey-Mitgliedsbetriebe gewährleistet, dass der Kunde eine optimale Leistung zu einem angemessenen Preis erhält.
interkey ist als einziger deutscher Verband der Sicherheitsbranche Mitglied in der ELF, der European Locksmith Federation, in der 11 europäische Verbände organisiert sind und die einen intensiven Informationsaustausch pflegen, deren Erkenntnisse unmittelbar dem Kunden zu Gute kommen.

Anschrift:

Interkey, Fachverband Europäischer Sicherheits- und Schlüsselfachgeschäfte e.V.,
Am Wall Ost 5,
D-49808 Lingen,
Telefon: (0591) 51079
Telefax: (0591) 53617
e-mail: info@interkey.de
Internet: http://www.interkey.de

International Security Academy e.V. (ISA)

Die International Security Academy e.V. ist ein gemeinnütziger Verein, der auf neutraler Ebene, unabhängig von Herstellern und Dienstleistern der Schutz- und Sicherheitsbranche, eine universelle und kompetente Plattform zur ganzheitlichen Behandlung aller Schutz- und Sicherheits- (S&S) Problemstellungen bietet.
Die ISA tritt dafür ein, daß alle S&S-Ressorts:

- Arbeitssicherheit und Gesundheitsschutz
- Geräte-, Maschinen- und Anlagensicherheit
- Umweltschutz mit Kreislaufwirtschaft und Abfallentsorgung
- Gefahrstoffbehandlung
- Objektschutz (insb. Brand, Intrusion) mit Gefahrenabwehr-Management
- Informations- und Datensicherheit
- Warensicherung zur Minimierung von Inventurdifferenzen

innerhalb von Unternehmen oder an anderen konkreten Objekten zusammengefasst und prozessbezogen behandelt werden.
Diese Bündelung von „safety & security“ ist im Hinblick auf Kostenreduzierung und Effizienzsteigerung bei der Gefahrenabwehr aber auch bezogen auf neue, prozessorientierte Konzepte wie Facility Management obligatorisch.
Deshalb ist es das erste Ziel bei der ISA-Ausbildung, „Generalisten“, Fachleute mit universellen Kenntnissen zu schaffen, die in der Lage sind, die Integration von S&S-Aufgaben im Unternehmen zu realisieren. Dieser Ansatz wird auch bei der Ausbildung von Sicherheitsingenieuren (Fachkräfte für Arbeitssicherheit gemäß ASIG, UVV, VBG 122) vermittelt. Die ISA ist dafür als Ausbildungsinstitution vom Ministerium für Wirtschaft und Arbeit (MWA) des Landes NRW bundesweit anerkannt.
ISA-Mitglieder können sich aktiv als Dozenten an der Ausbildung beteiligen z.B. bei dem Weiterbildungs-Studiengang „Zertifizierter Fachplaner und Sachverständiger Brandschutz“ oder bei verschiedenen Arbeitskreisen, z. B.

- S&S-Aufgaben für Roboter
- Standards für Gefährdungsanalysen
- Standards für S&S im Qualitätsmanagement

ihr Praxiswissen einbringen.
Die ISA sieht sich als Lobby für alle Belange der S&S-Branche, die sich dadurch ergeben,

daß die verschiedenen S&S-Ressorts von unterschiedlichen Gesetzen, Behörden, Institutionen und Verbänden meist isoliert ohne Gesamtbezug geprägt werden. Sie steht nicht im Wettbewerb zu anderen Organisationen, sondern strebt Kooperationen mit diesen Stellen an.

Anschrift:

ISA e.V., Dortmund Geschäftsstelle
Pilgerweg 8,
45525 Hattingen
Tel 02324/26327 oder 02324/3927923
Fax 02324/202549
E-mail: info@isaev.de
Internet http://www.isaev.de

ive – Institut für verbraucherrelevanten Einbruchschutz e.V.

Das ive-Institut für verbraucherrelevanten Einbruchschutz e.V. Rosenheim ist ein gemeinnütziger Verein, bestehend aus Personen und Firmen, die sich der Verbesserung des Einbruchschutzes verschrieben haben. Vor allem bei Bauherrn und Architekten soll das Bewusstsein zum notwendigen Einbruchschutz gestärkt werden. Das ive ist vom LKA Bayern und vom DIN CERTCO anerkannte Schulungsstelle für Errichterfirmen für mechanische Sicherungseinrichtungen. Umfangreiche Informationen rund um den Einbruchschutz finden sich auf den Internetseiten.

Anschrift:

Ive – Institut für verbraucherrelevanten Einbruchschutz e.V.
Lackermannweg 24
83071 Stephanskirchen
Tel 08031 / 891406
Fax 08031 / 891406
E-mail: info@ive-rosenheim.de
Internet: www.ive-rosenheim.de

Mcert Deutsche Gesellschaft für IT-Sicherheit

Mcert ist eine Initiative unter der Federführung von BITKOM in Form einer Public Private Partnership mit dem Bundesministerium des Innern und dem Bundesministerium für Wirtschaft und Technologie sowie kompetenten Industriepartnern. Mcert ist ein neutrales und herstellerunabhängiges Kompetenzzentrum für IT-Sicherheit. Mit dem Schwerpunkt auf kleinen und mittelständischen Unternehmen informiert Mcert über Sicherheitsprobleme und bietet so Hilfe zur Selbsthilfe. Mcert bietet verlässliche Sicherheitsinformationen und verständliche Handlungsempfehlungen. Dazu gehören etwa Warnmeldungen zu Schadprogrammen sowie Hinweise auf Sicherheitslücken. Auf diese Weise ermöglicht Mcert einen vorbeugenden Schutz gegen Bedrohungen der IT-Systeme. Das Mcert-Dienstleisterverzeichnis bietet insbesondere kleinen und mittelständischen Unternehmen eine Anlaufbasis bei konkreten Schwierigkeiten und Fragen zur IT-Sicherheit. Sie stellt ihnen eine unabhängige, vertrauenswürdige und einfach zu bedienende Datenbank zur Verfügung, auf der sie kostenlos den für sie richtigen Dienstleister im Bereich IT-Sicherheit finden können. Auf dieser Plattform finden Sie nur Dienstleister, die den hohen Mcert-Qualitätsanforderungen genügen.

Anschrift:

Mcert Deutsche Gesellschaft
für IT-Sicherheit mbH
Albrechtstr. 10
10117 Berlin-Mitte
Tel: (030) 308743-70
Fax: (030) 308743-77
E-Mail: kontakt@mcert.de
Internet: http://www.mcert.de
(letzte Änderung am 10.4.2006)

PRO HONORE e.V.

Der in Hamburg ansässige Verein gehört zu den ältesten deutschen Vereinigungen, die sich mit der Bekämpfung von Missbräuchen und Unsitten gegen die kaufmännische Ehre beschäftigen.
Er wurde 1925 unter Mitwirkung der Orgnisationen von Handel und Gewerbe sowie der Presse ins Leben gerufen. Der Verein übt seit 1980 auch die Funktionen der Deutschen Zentralstelle zur Bekämpfung der Schwindelfirmen (DZBS) aus, indem er Wirtschaftskriminalität (Schwerpunkt: Korruption und Anlageschwindel) präventiv und begutachtend

bekämpft. Seit 2003 ist PRO HONORE als Vertrauensstelle zur Korruptionsbekämpfung für die Hamburger Wirtschaft tätig (Sachverhaltsaufnahme und Auswertung unter strikter Wahrung der Vertraulichkeit des Informanten).
PRO HONORE berät seine Mitglieder in wettbewerbsrechtlichen Fragen. Er hilft Mitgliedern und interessierten Anfragenden bei der Klärung von Zweifelsfragen über die Seriosität möglicher Geschäftspartner anhand eines umfangreichen Archivs (ca. 50.000 Einzelangaben). Das PRO HONORE-Gütezeichen (Kollektivmarke) verpflichtet den Nutzer zur Teilnahme an Schlichtungs- und Güteverhandlungen.
Bei PRO HONORE erscheinen verschiedene Publikationen mit aktuellen Informationen zu wettbewerbsrechtlichen Problemen, Gerichtsentscheidungen und Warnungen vor unseriösen und zweifelhaften Geschäftsmethoden.

Anschrift:

PRO HONORE e.V.,
Borgfelder Str. 30,
D 20537 Hamburg
c/o Rechtsanwaltsbüro Dobbeck
Tel. (040)2509234,
Fax (040)2513862
E-mail: RA-Hamburg@t-online.de
Internet: www.warnungsdienst.de und
www.anti-korruptionstag.de
(letzte Änderung am 10.5.2006)

PTE Rosenheim GmbH (ift Zentrum – Türe Tore Sicherheit)

Das ehemalige Prüfinstitut Türentechnik + Einbruchsicherheit (PTE Rosenheim) ist seit Januar 2003 eine Tochter der ift Rosenheim GmbH und bildet jetzt das ift Zentrum – Türen, Tore, Sicherheit. Die PTE Rosenheim GmbH ist eine vom DIBt und DIN CERTCO in Berlin anerkannte Prüfstelle. Das Prüfangebot umfasst Prüfungen an Türen und Toren bezüglich Einbruchhemmung, Beschlags- und Sicherheitstechnik. Hierzu zählen auch Prüfungen an Außenbauteilen wie Rollläden und Gitterelementen sowie an Sicherheitssonderverglasungen hinsichtlich Durchwurf- und Durchbruchhemmung.
Schallmessungen werden in Zusammenarbeit mit dem LSW – Labor für Schall- und Wärmemesstechnik GmbH – das Schallschutzprüfzentrum des ift Rosenheim – und Brandprüfungen mit der ift Rosenheim GmbH.
Die PTE Rosenheim GmbH hält Seminare und Schulungen ab, führt Fremdüberwachungen durch und erstellt private Gutachten und Gerichtsgutachten. Der Bau von Prüfständen rundet das umfassende Angebot ab.

Anschrift:

PTE Rosenheim GmbH
ift Zentrum – Türen Tore Sicherheit
Theodor-Gietl-Str. 7-9
D-83026 Rosenheim
Telefon 0049 / (0) 8031 /261 25-100
Telefax 0049 / (0) 8031 /261 25-900
Email: info@pte-rosenheim.de
Internet: www.pte-rosenheim.de
(geändert 10.4.2006)

RWAY – Rauch- und Wärmeabzugsanlagen e.V.

RWAY e.V. ist ein herstellerunabhängiger Fachverband von Errichter- und Instandhalterfachfirmen, die Produkte und Systeme aus dem Bereich des vorbeugenden Brandschutzes, insbesondere Rauch- und Wärmeabzugsanlagen nach VdS, DIN und LBO installieren und regelmäßig instand halten.
Unsere qualifizierten Mitgliedsfachfirmen sind bundesweit präsent. Sie sind kompetenter und zuverlässiger Ansprechpartner bei der Beratung, Planung, Montage, Wartung und Instandsetzung von Rauch- und Wärmeabzugsanlagen.
Hohe Verfügbarkeit und sicherer Betrieb der brandschutztechnischen Einrichtungen und Anlagen erfordern die kontinuierliche Betreuung durch qualifizierte Fachfirmen. Dies allein schon, weil die Pflichten und Anforderungen der Betreiber gehobener Brandschutztechnik und der technische Fortschritt es gebieten.

Anschrift:

RWAY e.V.
Rauch- und Wärmeabzugsanlagen
Friedrichsstrasse 18 (2. Etage)
34117 Kassel
Tel.: 0561 - 288 64 20
Fax: 0561 - 288 64 29
Email: info@rway.de
Internet: http://www.rway.de
(neu aufgenommen 10.4.2006)

TeleTrusT Deutschland e.V.

Der gemeinnützige Verein TeleTrusT wurde 1989 gegründet und hat sich inzwischen zum international wirksamen Kompetenzverbund für angewandte Kryptographie und Biometrie entwickelt. Sein Ziel ist die Unterstützung von Entwicklung und Verbreitung vertrauenswürdiger Informations- und Kommunikationstechnik, sie nutzende Applikationen und unterstützende Dienste. Hierbei sollen Anwendungen gefördert werden, die Geschäftsprozesse in Wirtschaft und Verwaltung den Erfordernissen angemessen individuell vertraulich, authentisch, fälschungssicher, und ggf. beweiskräftig abbilden können.

Das Grundanliegen von TeleTrusT lässt sich nicht durch eine abgegrenzte Wissenschaftsdisziplin erreichen sondern erfordert das Zusammenwirken von Herstellern technischer Komponenten, von Algorithmen- und Softwareentwicklern, von Anbietern sicherer Dienstleistungen und von Nutzern.

Letztendlich ist die für alle offene, vertrauenswürdige und sichere Informationsverarbeitung und -übertragung das Ziel.

Die zum Teil auch außerhalb Deutschlands ansässigen, über 90 Mitgliedfirmen und -organisationen von TeleTrusT arbeiten dazu in derzeit 8 Arbeitsgruppen und 4 Projekten interdisziplinär zusammen. Im Einzelnen werden durch sie folgende Bereiche abgedeckt:

- Juristische Aspekte einer verbindlichen Kommunikation
- Personal Security Environment – PSE
- Medizinische Anwendungen einer vertrauenswürdigen Informationstechnik
- Mobilität und Sicherheit – MuS
- Biometrische Identifikationsverfahren
- Public Key Infrastrukturen
- ISIS-MTT
- Online-Prozesse und Identitätsmanagement
- Sichere organisationsübergreifende Geschäftsprozesse

Aus den Arbeits- und Themengruppen heraus werden auch TeleTrusT-Projekte sowie Beteiligungen von TeleTrusT an externen Projekten unterstützt, z.B.:

- EB-CA: TeleTrusT betreibt die derzeit größte PKI Europas mit über 600.000 Zertifikaten (European Bridge-CA)
- DsiN: TTT beteiligt sich mit eigenen Handlungsversprechen an der Wirtschaftsinitiative „Deutschland sicher im Netz"
- TISP: Gemeinsam mit einigen Schulungsanbietern stellt TeleTrusT ein Expertenzertifikat (TeleTrusT Information Security Professional – TISP) für IT-Sicherheits-Fachleute aus

Die so abgebildete Kompetenz des Vereins wird ebenfalls in die Zusammenarbeit mit anderen Organisationen auf der Basis assoziierter Mitgliedschaften sowie unabhängig und ohne Geschäftsinteresse beratend in politische Bereiche, wie etwa Bundesministerien und die Europäische Kommission, eingebracht. In Zusammenarbeit mit der eema, einer Non-Profit-Organisation aus UK, wird seit 1999 jährlich die Europäische Informationssicherheits-Konferenz ISSE (Information Security Solutions Europe) gestaltet, die in diesem Jahr vom 10. bis 12. Oktober in Rom stattfinden wird. Die ISSE wird durch die ENISA, die Europäische Netzwerk- und Informationssicherheits-Agentur, unterstützt.

Darüber hinaus unterstützt TeleTrusT satzungsgemäß wissenschaftliche Arbeiten und vergibt externe Studien zur Sicherung öffentlicher Informationsübertragung, verbreitet wissenschaftliche Ergebnisse durch Veröffentlichungen, Zuarbeit für Normungsgremien wie z.B. EESSI und öffentlichkeitswirksame Veranstaltungen wie Vorträge und Workshops.

Als gemeinnütziger Verein ist TeleTrusT Deutschland politisch und wirtschaftlich unabhängig und tritt so in notwendigen Diskussionen rein sachbezogen auf.

Der Dialog zwischen technischen und juristischen Disziplinen, dem Daten- und Verbraucherschutz und der Politik zur Notwendigkeit einer umfassenden Anwendung von Kryptoverfahren für Informations- und Kommunikationssicherheit wird wirksam gefördert.
TeleTrusT fördert die Vertrauenswürdigkeit von Informations- und Kommunikationstechnik in ihren konkreten Anwendungsbezügen. Interoperabilität von Komponenten und Verfahren, die Gewährleistung ihrer Sicherheit und die Berücksichtigung ihrer globalen Kompatibilität sind dabei Grundsätze, die der Erarbeitung von Spezifikationen für die relevanten Komponenten und Schnittstellen zugrunde gelegt werden.

Anschrift:

TeleTrusT Deutschland e.V.
Chamissostraße 11
D-99096 Erfurt
Telefon: +49 361 3460531
Telefax: +49 361 3453957
E-Mail: info@teletrust.de
Internet www.teletrust.de
(Letzte Änderung: 1.8.2006)

Verein der Brandschutzbeauftragten in Deutschland e.V. (vbbd)

Der vbbd e.V. ist ein gemeinnütziger eingetragener Verein und ist in erster Linie eine Interessengemeinschaft der Brandschutzbeauftragten (BSB) im deutschsprachigen Raum. Durch seine dezentrale Struktur soll es dem BSB möglich sein, in seiner Region Mitstreiter zu kontaktieren und dabei helfen, Erfahrungen auszutauschen und Problemstellungen zu lösen.
Unsere RegionalForen (das sind Meetings bzw. Informationsveranstaltungen im relativ kleinen Rahmen) und unsere überregionalen Fachtagungen spiegeln die Praxis wider, d. h. hier werden Brandschutzfragen problemorientiert diskutiert und erläutert.
Durch unsere Internetplattform auf www.vbbd.de möchten wir unseren Mitgliedern eine möglichst optimale Unterstützung anbieten. Darüber hinaus ist die Möglichkeit hervorzuheben, dass es jedem Brandschutzinteressierten offen steht, unsere Kommunikationsplattform www.brandschutzforum.net zu nutzen. Hier werden Brandschutzfragen und/oder Anregungen jederzeit und ganzjährig fachkundig diskutiert! Die Themenvielfalt, die bereits zur Diskussion stand, spricht für sich. Somit erfüllt sich bereits das elementare Ziel des vbbd e.V.: Gemeinschaftlich im Sinne des vorbeugenden Brandschutzes zu wirken und partnerschaftlich mit hoher Fachkompetenz den Mitgliedern zur Seite zu stehen.
Unsere wesentlichen Ziele im Einzelnen:

- Betreuung und Unterstützung unserer Mitglieder insbesondere bei Fachfragen.
- Förderung des Gedanken- und Erfahrungsaustauschs. Möglich innerhalb der Regionalgruppen, auf unseren Fachtagungen und insbesondere auf vbbd.de und brandschutzforum.net.
- Vertretung der Interessen von Brandschutzbeauftragten durch eigene Arbeitsblätter und Richtlinien und der damit verbundenen politischen Arbeit.
- Mitgestaltung von Grundlagen für die fachliche Aus-, Fort- und Weiterbildung, z. B. modulares Ausbildungssystem.
- Zusammenarbeit mit Organisationen im gesamten Spektrum des vorbeugenden Brandschutzes auf nationaler und internationaler Ebene.

Anschrift:

vbbd e.V.
Verband der Brandschutzbeauftragten
in Deutschland e.V.
Geschäftsstelle Hamburg
Bonusstr. 50
21079 Hamburg
Tel.: 0700 / 8223 8223
Fax: 0700 / 8223 8224
E-mail: office@vbbd.de
Internet: www.vbbd.de und
www.brandschutzforum.net
(letzte Änderung am 10.4.2006)

Verband Deutscher Haushüter-Agenturen e.V. (VDHA)

Der VDHA e.V. ist der Dachverband der behördlich zugelassenen Haushüter-Agenturen, die mit ihren Zweigstellen bundesweit den Haushüter-Service anbieten. Haushüter bedeutet die umfassende Betreuung von Häusern und Wohnungen, deren Besitzer, z.B. durch

Privat- oder Geschäftsreisen, vorübergehend abwesend sind. Die Tätigkeit der Haushüter-Agenturen stellt nach Feststellung der Polizei einen objektiv geeigneten Ansatz zur Verhütung von Wohnungseinbrüchen dar.
Der VDHA e.V. vertritt die gewerbepolitischen, beruflichen und wirtschaftlichen Interessen seiner Mitglieder und bekämpft nicht gesetzmäßige und unseriöse Praktiken in diesem Gewerbezweig. Zu seinen Aufgaben gehört die Förderung der Qualifikation des Berufsstandes durch Seminare und Symposien, die Weitergabe von Fachinformationen, die Zusammenarbeit mit der Kriminalpolizeilichen Beratungsstelle und anderen Kooperationspartnern aus allen Bereichen der Wirtschaft, die Unterstützung und Beratung bei der Gründung von Haushüter-Agenturen sowie Aufklärung und Information der Verbraucher zum Schutz vor Einbruch.

Anschrift:

Verband Deutscher Haushüter-Agenturen e.V. (VDHA)
Postfach 480164,
D 48078 Münster
Telefon (02501)7171
Telefax (02501)27072
E-mail: Info@vdha.de
Internet: http://www.haushueter.org
(Keine Änderungen 10.4.2006)

Verband Deutscher Maschinen- und Anlagenbau e.V. (VDMA)

Der Fachverband Sicherheitssysteme (SIS) im Verband Deutscher Maschinen- und Anlagenbau e.V. (VDMA) ist der Wirtschaftsverband der Hersteller von Erzeugnissen des Geldschrank- und Tresorbaus zum Schutz gegen Einbruchdiebstahl (Wertschutzschränke, Wertschutzschränke für Geldautomaten, Wertschutzräume) und gegen Brände (Datensicherungsschränke, Datensicherungsräume etc.) sowie von Hochsicherheitsschlössern und Bildverarbeitungssystemen für sicherheitstechnische Anwendungen. Der Fachverband vertritt die gemeinsamen wirtschaftlichen und technischen Interessen der Branche, insbesondere gegenüber nationalen und internationalen Behörden, Wirtschaftskreisen und der Öffentlichkeit. Er unterrichtet die jeweiligen Institutionen über die das Fachgebiet betreffenden Fragen und pflegt die Verbindung zu Abnehmern, Wissenschaft und Forschung.

Anschrift:

VDMA, Fachverband Sicherheitssysteme (SIS),
Lyoner Straße 18,
60528 Frankfurt,
Tel. (069) 6603-1451
Telefax (069) 6603-1675
E-mail: gut@vdma.org
Internet: http://www.vdma.org
(letzte Änderungen 3.7.2006)

Verbände für Sicherheit in der Wirtschaft

Die Verbände für Sicherheit in der Wirtschaft sind gemeinnützige, von Unternehmen getragene Selbsthilfeorganisationen der Wirtschaft zur Beratung, Fortbildung und Information ihrer Mitglieder. Sie beraten dazu in allen Fragen personeller, materieller und organisatorischer Sicherungsmaßnahmen zum Schutz von Menschen und Objekten unter Anwendung neuester Erkenntnisse und moderner Technik. Insbesondere gilt das in Fällen der Betriebskriminalität, des Brand- und Katastrophenschutzes sowie des Schutzes von Unternehmen vor jeder Art von Ausspähung und Akten des Terrors. Sie betreiben Aus- und Fortbildung durch Werkschutzlehrgänge und Sicherheitsseminare, Sicherheitstraining und Fachseminare für Sicherheitspersonal aller Ebenen. Sie informieren durch Arbeitskreistagungen, regionale und überregionale Vortragsveranstaltungen, Studien und Ausarbeitungen über aktuelle Sicherheitsfragen. Die Verbände sind Mitglied der Arbeitsgemeinschaft für Sicherheit der Wirtschaft.

Anschriften:

Arbeitsgemeinschaft für Sicherheit der Wirtschaft e.V. ASW
Breite Str. 29,
10178 Berlin
Telefon: 030/20308-1513
Telefax: 030/20308-1581
E-Mail: asw@berlin.dihk.de
Internet: http://www.asw-online.de

Anschriften: Landesverbände für Sicherheit in der Wirtschaft

Bayerischer Verband für Sicherheit in der Wirtschaft e.V. (BVSW)
Hofmannstr. 51, Tor C
81379 München
Tel.: 0 89/ 35 74 83 -0
Fax: 0 89/ 35 74 83 -35
E-Mail: info@bvsw.de
Internet: http://www.bvsw.de

Arbeitskreis für Unternehmenssicherheit Berlin-Brandenburg (AKUS)
Geschäftsstelle Berlin
Fasanenstraße 85
10623 Berlin
Tel.: 030/ 31 51 0255
Fax: 030/31510-140
E-Mail: akus@berlin.ihk.de

Arbeitskreis für Unternehmenssicherheit Berlin-Brandenburg (AKUS)
c/o IHK Frankfurt (Oder)
Geschäftsstelle Brandenburg
Puschkinstraße 12b,
15236 Frankfurt (Oder)
Tel.: 03 35/ 56 21 -233,
Fax: 03 35/ 56 21 -242
E-Mail: thiel@ihk-ffo.de
Internet: http://www.berlin.ihk.de/service-marken/ueber_uns/gremien/arbeitskreis/haupt.jsp

Sächsischer Verband für Sicherheit in der Wirtschaft e.V. (SVSW)
Radeberger Str. 37,
01099 Dresden
Tel.: 03 51/ 8 80 20 76
Fax: 03 51/ 8 80 20 77
E-Mail: svswdd@aol.com
Internet: http://www.svsw.de

Verband für Sicherheit in der Wirtschaft Baden-Württemberg e.V. (VSW-BW)
Seelbergstr. 15
70341 Stuttgart
Tel.: 07 11/ 95 46 09 -0
Fax: 07 11/ 95 46 09 -20
E-Mail: mail@vsw-bw.com
Internet: http://www.vsw-bw.com

Verband für Sicherheit in der Wirtschaft Mitteldeutschland e.V. (VSWM)
Carl-Zeiss-Straße 1,
07743 Jena
Tel.: 0 36 41/65 25 62
Fax: 0 36 41/65 25 63
E-Mail: info@vswm.de
Internet: http://www.vswm.de

Vereinigung für die Sicherheit der Wirtschaft e.V.
Hessen-Rheinland-Pfalz-Saarland (VSW)
Jakob-Anstatt-Str. 2,
55130 Mainz
Tel.: 0 61 31/ 89 19 72,
Fax: 0 61 31/ 98 40 96
E-Mail: info@vsw-service.com
Internet: http://www.vsw-service.com

Verband für Sicherheit in der Wirtschaft Niedersachsen e.V (VSWNds)
Heinrichstraße 31,
30175 Hannover
Tel.: 05 11/ 34 16 60,
Fax: 05 11/ 3 88 64 43
E-Mail: VSWNds@t-online.de
Internet: http://www.vswnds.de

Verband für Sicherheit in der Wirtschaft Norddeutschland e.V. (VSWN)
Rissener Landstraße 195,
22559 Hamburg
Tel.: 0 40/ 81 80 36
Fax: 0 40/ 81 49 07
E-Mail: vswn@vswn.de
Internet: http://www.vswn.com

Verband für Sicherheit in der Wirtschaft Nordrhein-Westfalen e.V. (VSW-NW)
Uerdinger Str. 56
40474 Düsseldorf
Tel.: 0211/157757-0
Fax: 0211/157757-15
E-Mail: info@vsw-nw.de
Internet: http://www.sicherheit-in-der-wirtschaft.de
(letzte Änderung am 10.4.2006)

Verband für Sicherheitstechnik e.V. (VfS)

Der VfS informiert Nutzer, Anwender und Ingenieurbüros umfassend und ausgewogen über die Entwicklungen in verschiedensten Bereichen der Sicherheitstechnik. Als Ergebnis der Diskussionen zwischen Anwendern, Anbietern und Ingenieurbüros innerhalb der Arbeitskreise des VfS und auf sonstigen Veranstaltungen werden zu einzelnen Sparten der Sicherheitstechnik Handbücher erstellt und gepflegt. Weiter werden Anregungen und Hinweise zur nutzerorientierten Weiterentwicklung unterschiedlichster Sicherheitssysteme erarbeitet.
Der VfS betreut folgende Arbeitskreise:

- AK 1 Draht- und funkgesteuerte Sicherheitstechnik
- AK 2 Elektronische und mechanische Sicherheitssysteme: Zäune, Perimetersysteme
- AK 3 Video
- AK 4 Gebäudemanagement und Gebäudeleittechnik
- AK 5 Biometrie
- AK 6 Zutritts- und Zugangskontrollsysteme
- AK 7 Türen, Tore, Fenster, Schließeinrichtungen

Dem VfS e.V. gehören gegenwärtig 63 Mitgliedsfirmen an. Als nutzerorientierter Verband arbeitet der VfS z.B. intensiv mit den Justizministerien der Bundesländer, Kliniken, forensischen Kliniken, KKW, Flughäfen und Industrieunternehmen, etc. zusammen.
Der VfS hat sich auch als Veranstalter von großen Fachtagungen und Systemtests zu spezifischen Sicherheitsthemen einen Namen gemacht.

Anschrift:

Verband für Sicherheitstechnik e.V.
Eulenkrugstr. 7
22359 Hamburg
Telefon: 040/21 97 00 10
Fax: 040/21 97 00 19
E-Mail: info@vfs-hh.de
Internet: http://www.vfs-hh.de
(letzte Änderung am 3.7.2006)

Zentralverband Elektrotechnik- und Elektronikindustrie (ZVEI) e.V.

Der ZVEI vertritt auf nationaler, europäischer und internationaler Ebene die wirtschafts-, technologie- und umweltpolitischen Interessen der deutschen Elektroindustrie, der zweitgrößten Industriebranche Deutschlands. Seine etwa 1.400, überwiegend mittelständischen, Mitgliedsunternehmen erwirtschaften einen jährlichen Umsatz von ca. 165 Milliarden Euro und beschäftigen rund 800.000 Mitarbeiter.
Im ZVEI-Fachverband Sicherheitssysteme haben sich die 60 führenden Hersteller elektronischer Sicherheitstechnik in Deutschland zusammengeschlossen. Sie repräsentieren rund 90 Prozent des Marktvolumens in Deutschland. Der Fachverband besteht aus acht Fachkreisen, von denen drei der Gefahrenmeldetechnik zugeordnet sind. Er ist kompetenter Partner in allen Fragen der Sicherheitstechnik. Das Leistungsangebot seiner Mitgliedsfirmen reicht von der Bedrohungsanalyse über die Planung, Lieferung, Errichtung und Instandhaltung von Sicherheitssystemen, bis hin zu Serviceleistungen wie Alarmvorprüfung und -weiterleitung. Das Geräteangebot umfasst Meldesysteme einschließlich Zutrittskontrolle und Video-Überwachung für gewerbliche und private Risiken und wird eingesetzt in Industrie und Verwaltung, in mittelständischen Betrieben und dem Privathaushalt.
Der Fachverband Sicherheitssysteme hat sich zum Ziel gesetzt:

- das Sicherheitsbewusstsein in der Öffentlichkeit zu fördern und den Beitrag der Mitgliedsfirmen zum Schutz von Leben, Sachwerten und Umwelt deutlich zu machen,
- die technische und wirtschaftliche Leistungsfähigkeit und die Qualität von Sicherheitssystemen zu fördern,
- mit nationalen und europäischen Behörden, Verbänden und Forschungsstellen zusammenzuarbeiten,
- bei nationalen und internationalen Normungsgremien mitzuwirken,
- den Export zu fördern,
- die Aus- und Weiterbildung von Anwendern sowie von Mitarbeitern der Mitgliedsfirmen zu fördern, sowie
- den Erfahrungs- und Informationsaustausch zwischen den Mitgliedsfirmen zu pflegen.

Anschrift:

Zentralverband Elektrotechnik- und Elektronikindustrie (ZVEI) e.V., Fachabteilung Sicherheitssysteme
Stresemannallee 19,
60596 Frankfurt,
Telefon (069)6302-250,
Fax (069) 6302-288
E-mail: sicherheitssysteme@zvei.org
Internet: http://www.zvei-sicherheits-systeme.org
(letzte Änderung am 10.4.2006)

D.4 Normung, Prüfung, Zertifizierung

Beschussamt Ulm Staatliche Prüf- und Zertifizierungsstelle für Waffen- und Sicherheitstechnik

Das Beschussamt Ulm verfügt mit den Akkreditierungen nach DIN EN ISO/IEC 17025: 2000 und DIN EN 45011 über einen international anerkannten Qualitätsstandard bei Prüfungen und Zertifizierungen von Waffen- und Sicherheitstechnik.

Die Kompetenz umfasst physikalische, dimensionale, visuelle und funktionelle Untersuchungen, Prüfungen und Konformitätsbewertungen von Schusswaffen, Böller und deren Munition sowie Werkstoffe, Bauteile und Produkte für den Personen- und Objektschutz auf mechanische Eigenschaften, Widerstand gegen Durchschuss, Durchwurf, Durchbruch, Durchstich, Sprengwirkungshemmung und Splitterschutz.

Darüber hinaus hat das Beschussamt Ulm die Tätigkeit, als benannte Prüf-, Überwachungs- und Zertifizierungsstelle für Glasprodukte nach Artikel 18 der Bauproduktenrichtlinie 89/106/EWG angezeigt.

Beispielhaft finden folgende Normen und Regelwerke von Normungsstellen, der Polizeiführungsakademie (PFA), dem Bundeskriminalamt (BKA) und den Landeskriminalämtern (LKÄ), Sicherheitskräften, Militär, Herstellern und Verbänden im Rahmen der flexiblen Akkreditierung des Beschussamtes Ulm Anwendung:

DIN EN 1063 Glas im Bauwesen – Sicherheitssonderverglasung
2000-01 Widerstand gegen Beschuss
DIN EN 356 Sicherheitssonderverglasung
2000-02 Widerstand gegen Durchbruch und Durchwurf
DIN EN 1522 Fenster, Türen, Abschlüsse
1999-02 Durchschusshemmung
Anforderungen und Klassifizierung
DIN EN 1523 Fenster, Türen, Abschlüsse
1999-02 Durchschusshemmung
Prüfverfahren
ÖNORM S 1314 Angriffhemmende
Materialien
2003-05 Durchschusshemmende, plattenartige Materialien
Anforderungen, Klassifizierung
und Prüfverfahren
VPAM PM 2000 Richtlinie zur Prüfung
2003-10 „Durchschusshemmende plattenartige Materialien"
(Redaktion: Beschussamt Ulm)
VPAM HVN 2003 Prüfrichtlinie
2004-11 „Durchschusshemmender Helm
mit Visier und Nackenschutz"
(Redaktion: Beschussamt Ulm)
VPAM KDIW 2004 Prüfrichtlinie
2005-10 Stich- und Schlagschutz
BRV 1999 Richtlinie zur Prüfung
und Zertifizierung
2002-10 „Durchschusshemmende Fahrzeuge"
Für PKW und sonstige KFZ
(Redaktion: Beschussamt Ulm)
STANAG 2920 Ballistic Test Method
for Personal Armours
(NATO) 2003-06
STANAG 4569 Protection Levels for
Occupants of Logistic and Light
(NATO) 1999-05 Armoured Vehicles
TR Pistolen
2003-09
TR Einsatzpatrone 9 mm x 19, schadstoffreduziert
2001-09
TR Durchschusshemmender Schild
1997-03
TR Durchschusshemmender Helm
1997-03
TR Ballistische Schutzwesten
2003-04
TR Sondergeschützte Limousinen (BKA)
1997-01

Sicherheitsfachleute, Architekten, Behörden und Private können sich über einen Internet-Beratungskatalog (http://www.beschussamt-ulm.de) über geprüfte bzw. zertifizierte angriffhemmende Materialien, Produkte und Konstruktionen informieren.

6

Anschrift:

Regierungspräsidium Tübingen
Beschussamt Ulm
Albstr. 74
D-89081 Ulm
Tel. (0731) 96851-0
Fax (0731) 96851-99
E-Mail: beschussamt@rpt.bwl.de
Internet: http://www.beschussamt-ulm.de
(letzte Änderung am 10.4.2006)

Bürger-CERT

Das Bürger-CERT ist ein gemeinsames Projekt vom Bundesamt für Sicherheit in der Informationstechnik (BSI), der Mcert Deutsche Gesellschaft für IT-Sicherheit sowie kompetenten Partnern aus der Wirtschaft. Ziel des Bürger-CERTs ist, Privatpersonen und kleine Unternehmen vorbeugend über die Gefahren und Risiken der Internetnutzung aufzuklären und verlässliche Sicherheits- und Handlungsinformation zur Verfügung zu stellen. Basis des Dienstes sind leicht verständliche Meldungen zur Prophylaxe, die kostenlos per E-Mail-Abonnement zur Verfügung gestellt werden und den Benutzern helfen, Sicherheitslücken zu schließen. Zusätzlich sind die Inhalte der herstellerunabhängigen Meldungen in einer Datenbank auf der Website des Bürger-CERTs recherchierbar.

Anschrift:

Mcert Deutsche Gesellschaft
für IT-Sicherheit mbH
Albrechtstr. 10
10117 Berlin-Mitte
Tel: (030) 308743-70
Fax: (030) 308743-77
Stefan Gehrke, Geschäftsführer
E-Mail: s.gehrke@mcert.de
Anja Hartmann, Pressesprecherin BSI
E-Mail: anja.hartmann@bsi.bund.de
Internet: http://www.buerger-cert.de
(neu aufgenommen 10.4.2006)

DAR Deutscher Akkreditierungsrat

Das Konzept der EG-Kommission zum Abbau von Handelshemmnissen sieht den Aufbau von nationalen Akkreditierungssystemen vor, die Vertrauen in die Tätigkeit der Prüf- und Zertifizierungsstellen schaffen und damit die gegenseitige Anerkennung von Prüfergebnissen und Zertifikaten fördern sollen. Entsprechend den nationalen Traditionen und Erfordernissen haben sich deshalb in den europäischen Ländern Akkreditierungssysteme mit unterschiedlicher Struktur gegründet.
In Deutschland gibt es langjährige Erfahrungen auf dem Gebiet der Anerkennung der Kompetenz von Prüf- und Zertifizierungsstellen.
Um diese seit Jahrzehnten bewährten Strukturen zu nutzen, wurde ein transparentes, einheitliches und duales Akkreditierungsmodell entwickelt, das die bisherigen Strukturen erhält und im wesentlichen von privatwirtschaftlichen und staatlichen Akkreditierern getragen wird. Das Dach dieses deutschen Akkreditierungssystems ist der 1991 gegründete und von Bund, Ländern und der Wirtschaft getragene Deutsche Akkreditierungsrat (DAR).
Der DAR spricht selbst keine Akkreditierungen aus, sondern nimmt im wesentlichen folgende Aufgaben wahr:

- Koordinierung der Nationalen Tätigkeiten auf dem Gebiet der Akkreditierung von Zertifizierungs-, Überwachungs- und Prüfstellen,
- Führen eines zentralen deutschen Akkreditierungsregisters,
- Wahrnehmung der deutschen Interessen in nationalen, europäischen und internationalen Gremien, die sich mit allgemeinen Fragen der Akkreditierung befassen.

Für die Akkreditierungen sind die im DAR vertretenen Akkreditierungsstellen verantwortlich.

Anschrift:

Deutscher Akkreditierungsrat (DAR)
c/o BAM S. 42,
Unter den Eichen 87,
D-12205 Berlin,
Tel. 030/8104-1940 oder 1942,
Fax 030/81041947
E-mail: dar@bam.de
Internet: http://www.dar.bam.de

DATech Deutsche Akkreditierungsstelle Technik GmbH

Akkreditierungen und Anerkennungen von Prüflaboratorien, Zertifizierungsstellen und Inspektionsstellen werden von verschiedenen Akkreditierungsstellen vorgenommen.
Für die Gebiete:

- Elektrotechnik und Elektronik
- Informations- und Komunikationstechnik
- Feinmechanik und Optik
- Maschinenbau

ist die DATech Deutsche Akkreditierungsstelle Technik GmbH zuständig.
Um Fachkompetenz zu gewährleisten, sind innerhalb der DATech verschiedene Sektorkomitees tätig, die Begutachtung von Prüflaboratorien, Zertifizierungssstellen und Inspektionsstellen auf der Grundlage der europäischen Normenreihe EN 45000 und der weltweiten Normenreihe ISO/IEC 17000 durchführen und der DATech die Akkreditierung empfehlen.
Speziell für Brandschutz und Sicherungstechnik wurde ein eigenes Sektorkomitee eingerichtet. Es ist zuständig für die Begutachtung von Prüflaboratorien, Inspektions- und Zertifizierungsstellen für die Gebiete:

- Überfall- und Einbruchmeldeanlagen
- Brandmeldeanlagen
- Feuerlöscheinrichtungen
- Schlösser und Beschläge
- sonstige mechanische Sicherungseinrichtungen
- Geldschränke und Tresore

Anschrift:

DATech Deutsche Akkreditierungsstelle
Technik GmbH
Gartenstr. 6
60594 Frankfurt/M.
Tel. 069/61094351
Fax. 069/61094355
E-mail: datech@datech.de
Internet: http://www.datech.de
(letzte Änderung am 10.4.2006)

Deutsche Kommission Elektrotechnik Elektronik Informationstechnik im DIN und VDE (DKE)

Die DKE Deutsche Kommission Elektrotechnik Elektronik Informationstechnik im DIN und VDE dient als moderne, gemeinnützige Dienstleistungsorganisation der sicheren und rationellen Erzeugung, Verteilung und Anwendung der Elektrizität und so dem Nutzen der Allgemeinheit.

- die nationale Organisation für die Erarbeitung von Normen und Sicherheitsbestimmungen in dem Bereich der Elektrotechnik, Elektronik und Informationstechnik in Deutschland
- ein Organ des DIN Deutsches Institut für Normung e.V. und des VDE Verband der Elektrotechnik Elektronik Informationstechnik e. V. Sie wird vom VDE getragen
- das deutsche Mitglied in der IEC Internationale Elektrotechnische Kommission, Genf, und im CENELEC Europäisches Komitee für elektrotechnische Normung, Brüssel
- die für Deutschland zuständige Nationale Normungsorganisation (NSO) des ETSI Europäisches Institut für Telekommunikationsnormen, Sophia Antipolis

Ziele der DKE

- Umfassende Sicherheit elektrotechnischer Produkte und Anlagen sowie der damit verbundenen Dienstleistungen und im Arbeitsschutz.
- Systemkompatibilität von Produkten und Anlagen in vernetzten Systemen und Anwendungen.
- Beschleunigte Marktdurchdringung neuer Technologien durch Unterstützung der Informationsprozesse mittels Normen und Spezifikationen.
- Zusammenführen des Wissens und der Interessen aller betroffenen Fachkreise sowie Konsensbildung auch in kontrovers diskutierten Sachfragen.
- Vertretung der deutschen Interessen bei der Weiterentwicklung der Internationalen und Europäischen Normen zum Abbau von Handelshemmnissen und zur weltweiten Öffnung der Märkte.
- Qualitativ hochwertige und aktuelle technische Regeln in einem konsistenten und breit akzeptierten Normenwerk mit markt- und bedarfsorientierter Ausrichtung.

- Weltweite Anerkennung von Konformitätsbewertungsergebnissen.

Anschrift:

DKE Deutsche Kommission Elektrotechnik
Elektronik Informationstechnik
im DIN und VDE
Stresemannallee 15
60596 Frankfurt am Main
Telefon +49 69 6308 - 0
Telefax +49 69 6312925
E-mail: dke@vde.com
Internet: http://www.dke.de
(letzte Änderung am 3.7.2006)

DIN CERTCO Gesellschaft für Konformitätsbewertung mbH

DIN CERTCO ist die Zertifizierungsorganisation des DIN Deutsches Institut für Normung e.V. DIN CERTCO ist nach der DIN EN 45011 „Allgemeine Kriterien für Stellen, die Produkte zertifizieren" akkreditiert und unterhält ein Qualitätsmanagementsystem.
Hauptaufgabengebiet von DIN CERTCO ist die Zertifizierung und Konformitätsbewertung von Produkten und Dienstleistungen auf der Grundlage von Normen und anderen Festlegungen normativen Charakters. Hierbei arbeitet DIN CERTCO mit über 100 Laboratorien zusammen, die nach einem von DIN CERTCO festgelegten Verfahren zur Begutachtung, Anerkennung und Überwachung von Prüflaboratorien anerkannt sind (die Anforderungen aus den Normen DIN EN 45001/45002 sind berücksichtigt).
Für Produkte oder Dienstleistungen, die von diesen Laboratorien auf Konformität mit Normen oder bestimmten Zertifizierungsprogrammen geprüft sind und regelmäßig überwacht werden, erteilt DIN CERTCO auf Antrag eines der DIN-Zertifizierungszeichen.
Produkte, die dem Gerätesicherheitsgesetz entsprechen, tragen zusätzlich das GS-Zeichen.
DIN CERTCO registriert im Auftrag des DIN die vom Hersteller eigenverantwortliche Kennzeichnung mit den Verbandszeichen DIN und DIN EN.

Anschrift:

DIN CERTCO Gesellschaft für
Konformitätsbewertung mbH
Burggrafenstr. 6, 10787 Berlin,
Tel. (030) 2601-2108,
Fax (030) 2601-1610
E-mail: zentrale@dincertco.de
Internet:http://www.dincertco.de

DIN Deutsches Institut für Normung

Das DIN Deutsches Institut für Normung e.V. erarbeitet für die Bundesrepublik Deutschland Normen und Regelwerke unter Mitwirkung von Herstellern, Anwendern, Behörden und Sachverständigen. Das eingetragene Warenzeichen DIN stand früher für „Deutsche Industrie-Norm". Es darf nur von Herstellern verwendet werden, deren Produkte den Normen entsprechen.
DIN-Normen dienen der Vereinheitlichung bestimmter Eigenschaften. Sie beinhalten Empfehlungen, deren Beachtung grundsätzlich freigestellt ist. Eine rechtliche Verpflichtung zu ihrer Einhaltung besteht nicht. DIN-Normen können jedoch dann rechtlich bindend werden, wenn in einer Rechtsvorschrift auf sie Bezug genommen wird.
Der Inhalt der wesentlichen sicherheitsrelevaten DIN-Normen ist in Teil 7 „Vorschriften, Bestimmungen, Richtlinien" beschrieben.

Anschrift:

DIN Deutsches Institut für Normung e.V.,
Burggrafenstraße 6,
10787 Berlin,
Postadresse: DIN Deutsches Institut
für Normung e.V., 10772 Berlin,
Tel. 030/2601-0,
Fax 030/2601-1231
E-mail: postmaster@din.de
Internet: http://www.din.de

Bezugsquelle für Normen:
Beuth Verlag GmbH
Burggrafenstr. 6,
10787 Berlin,
Postadresse: Beuth Verlag GmbH,
10772 Berlin
Tel. 030/ 2601-0,
Fax 030/2601-1231
E-mail: postmaster@beuth.de
Internet: http://www.din.de/beuth

European Certification Board·Security Systems (ECB·S)

Als neutrales Zertifizierungsorgan des European Security Systems Association (ESSA) e.V., frühere Bezeichnung: Forschungs- und Prüfgemeinschaft Geldschränke und Tresoranlagen e.V. (Zertifizierungsstelle nach EN 45 011), zertifiziert der European Certification Board·Security Systems (ECB·S) auf Grundlage einer Europäischen Norm Produkte des Geldschrank- und Tresorbaus zum Schutz gegen Einbruchdiebstahl und Brände, sowie Hochsicherheitsschlösser. Mit dem ECB·S-Produktzertifikat soll für die Hersteller ein freier Marktzugang zu allen europäischen Ländern geschaffen werden. (Ausführliche Informationen über das Prüf- und Zertifizierungsverfahren des European Certification Board·Security Systems – siehe European Security Systems Association (ESSA) e.V., frühere Bezeichnung: Forschungs- und Prüfgemeinschaft Geldschränke und Tresoranlagen)

Anschrift:

European Certification
Board·Security Systems (ECB·S)
c/o European Security Systems
Association (ESSA) e.V.
Lyoner Straße 18,
60528 Frankfurt,
Telefon (069) 6603-1451
Fax (069) 6603-1675
E-mail: ecbs@vdma.org
Internet: http://www.ecb-s.com
(letzte Änderung 3.7.2006)

European Security Systems Association (ESSA) e.V. früher : Forschungs- und Prüfgemeinschaft Geldschränke und Tresoranlagen e.V.

Die European Security Systems Association e.V. dient der Verbesserung und Gewährleistung der Sicherheit von Erzeugnissen des Geldschrank- und Tresorbaus zum Schutze gegen Einbruchdiebstahl und gegen Brände (z.B. Wertschutzschränke, Wertschutzschränke für Geldautomaten, Wertschutzräume, Datensicherungsschränke, Datensicherungsräume, Hochsicherheitsschlösser). 1992 ist die FuP/ESSA von der Deutschen Akkreditierungsstelle Technik (DATech) e.V. als Zertifizierungsstelle nach EN 45011 für Erzeugnisse der Branche akkreditiert worden. In der Akkreditierungsurkunde wird bestätigt, daß die FuP/ESSA die Kompetenz nach EN 45011 besitzt, Zertifizierungen von Einbruchdiebstahl-Produkten und brandschutztechnischen Erzeugnissen sowie von Hochsicherheitsschlössern auszuführen.

Seit 1996 gehört die FuP/ESSA der EFSG – European Fire and Security Group als Organisation der Zertifizierungsstellen in Europa für Produkte der Sicherungstechnik und Schadenverhütung an. Die Bemühungen einer europäischen Vereinheitlichung im Sinne einer grenzüberschreitenden Anerkennung der Zertifizierung auf Grundlage einer Europäischen Norm für Produkte des Geldschrank- und Tresorbaus sind bisher gescheitert. Der einheitliche Zugang zu den europäischen Märkten wird durch den Zwang zu nationalen Zertifikaten behindert. Die FuP/ESSA hat deshalb auf Grundlage eines „One-Stop-Testing- und One-Stop-Certification"-Verfahrens zum 1. Januar 2002 die ECB·S-Produktzertifizierung durch den European Certification Board·Security Systems (ECB·S) als neues Zertifizierungsorgan der FuP/ESSA eingeführt. Auf Grundlage einer Typprüfung nach einer Europäischen Norm des Geldschrank- und Tresorbaus wird vom European Certification Board ein ECB·S-Produktzertifikat vergeben, mit dem die Hersteller freien Marktzugang zu allen europäischen Ländern haben sollen.

Basis für die ECB·S-Produktzertifizierung sind folgende Europäische Normen ohne weitere Zusatzanforderungen:

6

- EN 1143-1:
  Wertschränke, Wertschutzschränke für Geldautomaten, Wertschutzraumtüren und Wertschutzräume, August 2005
- EN 1143-2:
  Deposit-Systeme, Dezember 2001
- EN 1047-1:
  Datensicherungsschränke, Oktober 2005
- EN 1047-2:
  Datensicherungsräume und Datensicherungscontainer, November 1999
- EN 1300:
  Hochsicherheitsschlösser, Juni 2004
- EN 14450:
  Sicherheitsschränke, März 2005

Die Europäischen Normen sind im CEN/TC 263 „Sichere Aufbewahrung von Geld, Wertgegenständen und Datenträgern" erarbeitet worden.

Der European Certification Board·Security Systems setzt sich als neutrales Zertifizierungsorgan der FuP/ESSA und als Lenkungsgremium der europäisch ausgerichteten ECB·S-Produktzertifizierung gleichberechtigt aus Vertretern der Kunden, der Versicherungswirtschaft und der Hersteller zusammen. Damit werden die relevanten Verkehrskreise in Europa gleichwertig in die Steuerung der ECB·S-Zertifizierungsverfahren eingebunden. Bei der Typprüfung nach den Europäischen Normen arbeitet der European Certification Board·Security Systems mit anerkannten Prüflaboratorien zusammen. Über die Auswahl der Prüflaboratorien und deren Anerkennungskriterien entscheidet der ECB·S. Weiterhin legt der ECB·S die Abläufe der Zertifizierungsverfahren in Zertifizierungsrichtlinien fest.

Bei den Herstellerfirmen werden die Voraussetzungen für den Bau gütegesicherter ECB·S-Produkte durch die European Certification Board·Security Systems (ECB·S) überprüft. Der ECB·S überwacht die Einhaltung der Prüfnormen. Herstellern, deren Erzeugnisse die jeweiligen Voraussetzungen erfüllen, wird das Recht zum Führen von ECB·S Zertifizierungsmarken verliehen.

Die FuP/ESSA führt Forschungsvorhaben auf dem Gebiet des Schutzes von Geld und Sachwerten gegen Brände und Einbruchdiebstahl durch. Organe der FuP/ESSA sind die Mitgliederversammlung, der European Certification Board·Security Systems, der Vorstand und die Geschäftsführung.

Ordentliche Mitglieder in der FuP/ESSA können gewerbliche Unternehmen des Geldschrank- und Tresorbaus werden. Die außerordentliche Mitgliedschaft erwerben können u.a. wissenschaftliche Institute, die sich mit sicherheitstechnischen Fragen des Einbruchdiebstahl- und Brandschutzes befassen. Die Mitgliedschaft in der FuP/ESSA ist nicht an die ECB·S-Produktzertifizierung gebunden.

Die FuP/ESSA verfolgt keine erwerbswirtschaftlichen Ziele, sondern ausschließlich gemeinnützige Zwecke.

Anschrift:

European Security Systems Association e. V
Lyoner Straße 18,
60528 Frankfurt,
Telefon (069) 6603-1451
Fax (069) 6603-1675
E-mail: ecbs@vdma.org
Internet: http://www.ecb-s.com
(letzte Änderung 3.7.2006)

Institut für Fenstertechnik e.V. (ift Rosenheim GmbH)

Das ift Rosenheim ist ein weltweit führendes neutrales Forschungs- und Prüfinstitut und vom Deutschen Institut für Bautechnik (http://www.dibt.de/) offiziell autorisiert (notifiziert), alle gesetzlich vorgeschriebenen Prüfungen für Produkte der Fenster-, Fassaden-, Türen- und Torbranche durchzuführen. Mit über 30-jähriger Erfahrung begleitet das ift Rosenheim die Kunden unabhängig vom Materialeinsatz in allen Fragen der Normung, Forschung, Zulassung sowie bei Nachweisen durch Prüfung oder Berechnung, Zertifizierung und Gutachten. Erfolgreich geprüfte Produkte sind durch das „ift Zertifiziert"-Zeichen erkennbar.

Folgende Prüfungen können am ift Rosenheim in Hinblick auf Einbruchhemmung durchgeführt werden:

DIN V ENV 1627 Einbruchhemmung – Anforderung und Klassifizierung
DIN V ENV 1628 Einbruchhemmung – Prüfverfahren unter statischer Belastung
DIN V ENV 1629 Einbruchhemmung – Prüfverfahren unter dynamischer Belastung

DIN V ENV 1630 Einbruchhemmung – Prüfverfahren gegen manuelle Einbruchversuche
DIN EN 356 Angriffhemmende Verglasung
DIN 18104 Einbruchhemmende Nachrüstprodukte
DIN 18106 Einbruchhemmende Gitter

Durch aktive Mitarbeit bei der Erstellung deutscher und europäischer Normen sowie in seiner Eigenschaft als Prüf- und Überwachungsinstitut sowohl für die RAL-Gütegemeinschaften Fenster und Türen, die DGWK als auch für VdS ist das ift Rosenheim Partner für Industrie und Handwerk, speziell auf dem Gebiet der Einbruchhemmung.

Neben der Prüfung von Bauteilen auf Einbruchhemmung ist das ift Rosenheim in den Bereichen Fenster, Türen, Fassaden und Zubehör tätig und durch den Deutschen AkkreditierungsRat nach DIN EN ISO/IEC 17025 akkreditiert. Zu den Aufgaben gehören u. a. Prüfung, Forschung, Entwicklung, Gutachtenerstellung und technische Beratung.

Anschrift:

Institut für Fenstertechnik e.V.
Theodor-Gietl-Straße 7-9
83026 Rosenheim
Telefon (08031) 261-0
Fax (08031) 261-290
E-mail: info@ift-rosenheim.de
Internet: http://www.ift-rosenheim.de
(letzte Änderung am 10.4.2006)

TGA – Trägergemeinschaft für Akkreditierung

Die TGA ist für die Akkreditierung von Zertifizierern und Prüfstellen im gesetzlich nicht geregelten Bereich zuständig und versteht sich als „Träger" von bereits bestehenden oder im Aufbau befindlichen Akkreditierungsstellen, welche die eigentliche Akkreditierungsarbeit erledigen. Gesellschafter der TGA ist der Gesamtverband der Deutschen Versicherungswirtschaft. Die Geschäftsstelle der TGA befand sich zunächst beim Bundesverband der Deutschen Industrie (BDI) in Köln, seit 15. August 1991 in Frankfurt.

Anschrift:

TGA- Trägergemeinschaft für Akkreditierung
German Association für Accreditierung GmbH
Gartenstr. 6
60594 Frankfurt/M.,
Tel. 069/610943-0
Fax 069/610943-44
E-mail: tga@tga-gmbh.de
Internet: http://www.tga-gmbh.de
(letzte Änderung am 10.4.2006)

VDE Verband der Elektrotechnik, Elektronik Informationstechnik e.V.

Der VDE ist ein technisch-wissenschaftlicher Verband für die gemeinnützige Förderung dieser Schlüsseltechnologien im Interesse der Allgemeinheit. Gegründet 1893, sind im VDE über 33.000 Ingenieure und Naturwissenschaftler zusammengeschlossen. Hinzu kommen rund 1.250 Unternehmen der Elektro- und Elektronikindustrie, Elektrizitätswirtschaft sowie Dienstleister.

Der VDE hat fünf Fachgesellschaften: die Informationstechnische Gesellschaft (ITG), die Energietechnische Gesellschaft (ETG), die VDE/VDI-Gesellschaft Mikroelektronik, Mikro- und Feinwerktechnik (GMM), die VDI/VDE-Gesellschaft Mess- und Automatisierungstechnik sowie die Deutsche Gesellschaft für Biomedizinische Technik (DGBMT).

Das VDE Prüf- und Zertifizierungsinstitut prüft und zertifiziert als neutrale und unabhängige Institution in seinen Laboratorien in Offenbach elektrotechnische Erzeugnisse nach den VDE-Bestimmung oder anderen allgemein anerkannten Regeln der Technik.

Zuständig für die Erarbeitung elektrotechnischer Normen in Deutschland ist die vom VDE getragene DKE Deutsche Kommission Elektrotechnik Elektronik Informationstechnik im DIN und VDE, die auch die deutschen Interessen in den europäischen und internationalen Normungsorganisationen CENELEC, ETSI und IEC vertritt.

Die VDE-Verlag GmbH mit Sitz in Berlin und Offenbach publiziert wissenschaftliche und technische Fachliteratur: DIN-VDE-Normen, mehr als 400 Fach- und Sachbücher, periodisch erscheinende Reports, Tagungsbände sowie Fachzeitschriften.

Um auch in kleinen und mittleren Unternehmen die Umsetzung neuer Technologien zu unterstützen, unterhalten VDE und VDI als Gesellschafter die Technologiezentrum Informationstechnik GmbH in Teltow bei Berlin.
Schwerpunkte des VDI/VDE-Innovations + Technik GmbH sind:
Mikrosystemtechnik, Mikrotechnologie, Unterstützung technologieorientierter Unternehmensgründungen sowie Projektträger für wichtige Forschungsprogramme des Bundesministeriums für Bildung, Wissenschaft, Forschung und Technologie (BMBF).

Anschrift:

VDE Verband der Elektrotechnik Elektronik Informationstechnik e.V.
Stresemannallee 15
60596 Frankfurt am Main
Tel.: 069/6308-0
Fax: 069/6312925
E-mail: service@vde.com
Internet: http://www.vde.de
(letzte Änderung am 10.4.2006)

VdS-Schadenverhütung

(Siehe auch Versicherungen D.2.: VdS Schadenverhütung)
Die VdS-Prüf- und Zertifizierungsdienste – bestehend aus der Technischen Prüfstelle, den Laboratorien sowie der Zertifizierungsstelle – bieten ihre Dienstleistungen vorwiegend Herstellern von Produkten und Dienstleistern auf dem Gebiet der Brandschutz- und Sicherungstechnik sowie Betreibern von Brandschutzanlagen an.
Die Prüfung durch die Technische Prüfstelle von ortsfesten Brandschutzanlagen, insbesondere von Feuerlöschanlagen, erfolgt in Übereinstimmung mit DIN EN 45.004. Die Akkreditierung seitens der DATech erfolgte unter der Registernummer DAT-I-002/98).
Die Laboratorien sind von der DATech für die Prüfung folgender Produktgruppen nach DIN EN ISO/IEC 17025 akkreditiert (DAT-P-016/92): Brandmeldeanlagen, Einbruchmeldeanlagen, Übertragungsanlagen, Einfärbesysteme für Banknoten, Zutrittskontrollanlagen, Wasserlöschanlagen, Gaslöschanlagen, Rauch- und Wärmeabzugsanlagen, einbruchhemmende Fassadenelemente einschl. Schlösser und Beschläge, angriffhemmende Verglasungen, Erzeugnisse des Geldschrank- und Tresorbaus einschl. Schlösser zum Schutz gegen Einbruchdiebstahl sowie EMV-Prüfungen und Umweltsimulationen.
Die Zertifizierungsstelle ist nach DIN EN 45.011 von der DATech (DAT-ZE-005/92-) für die Zertifizierung der in der Labor-Akkreditierung genannten Produktgruppen sowie zusätzlich für die Zertifizierung von mobilen Feuerlöschgeräten, durchschuss- und sprengwirkungshemmenden Fassadenelementen und Erzeugnissen des Geldschrank- und Tresorbaus zum Schutz gegen Brände akkreditiert.
Die Verfahren für die VdS-Anerkennung von Errichterfirmen der Brandschutz- und Sicherungstechnik, von Elektrosachverständigen, EMV-Fachkräften sowie von Wach- und Sicherheitsunternehmen werden auf der Basis von VdS-eigenen Regelwerken durchgeführt. Darüber hinaus werden BMA-Fachfirmen nach DIN 14 675 und Sicherheitsdienstleister nach DIN 77 200 zertifiziert (DATech-Akkreditierung DAT-TZ-011/01 bzw. DAT-ZE-016/02).
Weiterhin besitzt die Zertifizierungsstelle die Kompetenz gemäß DIN EN 45.012, Qualitätsmanagementsysteme nach der Normenreihe DIN EN ISO 9000 zu zertifizieren (Akkreditierung TGA-ZM-03-90-00).
Vom Kalibrierdienst werden Kalibrierscheine für die elektrischen Messgrößen Strom, Spannung und Widerstand ausgestellt. Weiterhin können Kalibrierungen mit VdS-Bestätigung für die Messgrößen, Temperatur, Druck, Kraft, Gewicht, Frequenz und Zeitintervall durchgeführt werden.
Die Tätigkeiten der VdS-Prüf- und Zertifizierungsdienste werden von einem eigens für diese Zwecke eingerichteten Zertifizierungsbeirat dahin gehend überwacht, dass sie nach objektiven Kriterien und unter Einhaltung der einschlägigen Bestimmungen der Normenreihe DIN EN 45.000 erfolgen.

Anschrift:

VdS Schadenverhütung,
Amsterdamer Straße 174, 50735 Köln
Tel. (0221) 7766-0,
Fax (0221) 7766-341
E-mail: info@vds.de
Internet: http://www.vds.de

CH. Schweiz und Liechtenstein

CH.1 Institutionen mit öffentlichem Charakter

Polizeikommandos

Die mit * gekennzeichneten Polizeikommandos unterhalten an der angegebenen Anschrift eine Beratungsstelle oder einen Beratungsbeamten. Beratungsstellen mit abweichender Anschrift oder zusätzlichen Beratungsstellen in anderen Städten des jeweiligen Kantons sind gesondert aufgeführt.

Aargau
Polizeikommando des Kantons Aargau*,
Tellistrasse 85, 5001 Aarau
Tel. 062 835 81 81

Appenzell AR
Polizeikommando Appenzell (Innerrhoden*),
Rathaus, 9043 Trogen
Tel. 071 343 66 66

Appenzell IR
Polizeikommando Appenzell Ausserrhoden*,
Unteres Ziel 20, 9050 Appenzell

Basel-Landschaft
Polizei Basel – Landschaft*
Öffentlichkeitsarbeit / Prävention
Rheinstrasse 25, 4410 Liestal
Telefon 061 926 30 60

Basel-Stadt
Staatsanwaltschaft Basel-Stadt*,
Kriminal-Kommissariat, Beratungsstelle für Verbrechensverhütung, Binningerstrasse 21,
4001 Basel, Telefon 061 267 77 30

Bern-Kanton
Polizeikommando des Kantons Bern*,
Nordring 30 (Postfach 7571), 3001 Bern
Tel. 031 634 41 11

Bern-Stadt
Stadtpolizei Bern*, Waisenhausplatz 32,
3011 Bern, Tel. 031 321 21 21

Freiburg
Kantonspolizei Freiburg, Beratungsstelle,
Place Notre Dame 2, Freiburg

Genf
Police cantonale, 5. Chemin de la Gravière,
1227 Genève

Glarus
Polizeikommando des Kantons Glarus*,
Spielhof 12, 8750 Glarus
Tel. 055 645 66 66

Graubünden
Polizeikommando des Kantons
Graubünden*, Ringstrasse 2, 7001 Chur
Kantonspolizei Graubünden, Sicherheitsberatung, Ringstr. 18, 7001 Chur

Jura
Commandement de la Police cantonale
Jurassienne*, 2, Rue du 24.-Septembre,
2800 Delémont

Luzern
Kantonspolizei Luzern*, Kasimir-Pfyffer-Strasse 26, Postfach 3440, 6002 Luzern
Polizeikommando der Stadt Luzern,
Hirschengraben 17a, 6002 Luzern

Neuenburg
Commandement de la police cantonale
neuchâteloise*, Bureau de prévention
de la criminalité, rue des Poudrières 14,
case postale 96, 2006 Neuchâtel
Tel. 032 888 90 00

Nidwalden
Polizeikommando des Kantons Nidwalden*,
Polizeigebäude, Kreuzstrasse 1, 6371 Stans

Obwalden
Kantonspolizei Obwalden*,
Polizeigebäude, Postfach 1561, 6061 Sarnen

6

St. Gallen
Polizeikommando des Kantons St. Gallen, Klosterhof 12, 9001 St. Gallen
Sicherheitsberatung der Kantonspolizei St. Gallen, Klosterhof 12, 9001 St. Gallen
Internet www.kaposg.ch

Schaffhausen
Kommando Schaffhauser Polizei Schaffhausen*, Beckenstube 1, Postfach 1072, Schaffhausen

Schwyz
Polizeikommando des Kantons Schwyz*, Bahnhofstrasse 7, Postfach 1212
6431 Schwyz

Solothurn
Polizei Kanton Solothurn Sicherheitsberatung, Schanzmühle, Werkhofstr. 33, 4503 Solothurn

Thurgau
Polizeikommando Thurgau*, Zürcherstrasse 325, 8501 Frauenfeld
Internet: http://www.kaop.tg.ch

Kantonspolizei Thurgau
Sicherheitsberatung
Bankplatz 5, 8501 Frauenfeld
Tel. 052 725 44 77

Tessin
Comando Polizia del Cantone Ticino, Viale St. Franscini 3, 6500 Bellinzona

Uri
Polizeikommando des Kantons Uri*, Tellsgasse 5, Postfach, 6460 Altdorf 1

Waadt
Police cantonale vaudoise, centre de la Blécherette, 1014 Lausanne, Tel. 021/644 44 44

Wallis
Kantonspolizei Wallis*, av. de France 69, 1950 Sitten

Zug
Zuger Polizei
An der A 4, Postfach 1360, 6301 Zug

Zürich
Kantonspolizei Zürich, Kasernenstrasse 29 (Postfach), 8021 Zürich
Kommando der Stadtpolizei Zürich, Amtshaus 1, Bahnhofquai 3/Postfach 2214, 8021 Zürich
Stadtpolizei Zürich
Abteilung Prävention, Polizeiliche Beratungsstelle: Grüngasse 19, 8004 Zürich
Kantonspolizei Zürich
INFA-PR
Postfach, 8021 Zürich
Winterthur
Kommando der Stadtpolizei Winterthur, Obertor 17, Postfach, 8402 Winterthur

Liechtenstein
Landespolizei des F.L., Gewerbeweg 4, FL-9490 Vaduz
(letzte Änderung 3.7.2006)

Schweizerische Kriminalprävention SKP

Die Schweizerische Kriminalprävention SKP ist eine Fachstelle der Konferenz der Kantonalen Justiz- und Polizeidirektion (KKJPD). Zweck ist die Entwicklung und Gestaltung von Kampagnen und Projekten zur Kriminalprävention. Zusammen mit den Polizeiorganisationen in der Schweiz und weiteren Partnerorganisationen werden themenbezogene Kampagnen wie beispielsweise „Stopp! Häusliche Gewalt", „Gemeinsam gegen Gewalt" oder „Gegen den Anlagebetrug" realisiert.
Operativ werden diese Aufgaben durch die Fachstellen der Schweizerischen Kriminalprävention (SKP) mit Sitz in Neuenburg wahrgenommen.

Anschrift:

Schweizerische Kriminalprävention SKP
Fbg de l'Hôpital 3, Postfach 2073493
2001 Neuchâtel
Telefon 032/7299160
Fax 032/7299169
E-Mail: info@prevention-criminalite.ch
Internet: http://www.kriminalpraevention.ch
(keine Änderungen 3.7.2006)

Adressen der kantonalen Brandschutz-Behörden

Aargau
Aargauisches Versicherungsamt, Abteilung Brandschutz, Bleichemattstr. 12/14,
5001 Aargau
Telefon: 062 / 836 36 46
Internet: http://www.versicherungsamt.ch

Appenzell
Feuerschaugemeinde Appenzell,
Blattenheimatstrasse 3, 9050 Appenzell
Telefon 71 78 96 71

Appenzell Außerrhoden
Assekuranz Appenzell AR
Poststrasse 10, Postfach 1036
9102 Herisau
Telefon: 071 / 353 00 53
Internet: http://www.assekuranz.ch

Basel-Land
Basellandschaftliche Gebäudeversicherung,
Rheinstrasse 33a / Postfach 636, 4410 Liestal
Telefon: 061 / 927 11 11
Internet: http://www.bgv.bl.ch

Basel-Stadt
Gebäudeversicherung Basel-Stadt,
Aeschenvorstadt 55/Postfach, 4010 Basel
Telefon: 061 / 205 30 00
Internet: http://www.gvbs.ch

Bern
Gebäudeversicherung Bern,
Papiermühlestrasse 130, 3063 Ittigen
Telefon: 031 / 925 11 11
Internet: http://www.gvb.ch

Genf
Dep. des Constr. & Techn. de L'Inform.
4, Chemin du Stand, 1233 Bernex
Telefon 022 727 0202

Dep. des Constr. & Techn. de L'Inform.
5, rue David-Dufour, case, 1211 Geneve 8
Telefon 022 327 41 11

Glarus
Glaner Fachstelle für Brandschutz,
Zwinglistr. 6, 8750 Glarus
Telefon: 055 / 645 61 61
Internet: http://www.gsv.ch

Graubünden
Feuerpolizeiamt Graubünden
Ottostrasse 22, 7001 Chur
Telefon: 081 257 39 08
Internet: http://www.gva.gr.ch

Jura
AEtablissement cantonal d'assurance,
Rue de la Gare 14, case postale 371,
2350 Saignelégier
Telefon: 032 / 952 18 40
Internet: http://www.aij.ch

Luzern
Gebäudeversicherung
des Kantons Luzern GVL
Hirschengraben 19, 6002 Luzern
Telefon: 041 / 227 22 22
Internet: http://www.gvl.ch

Neuenburg
Etablissement cantonal d'assurance et de prévention, Place de la Gare 4,
2002 Neuchâtel
Telefon: 032 / 8896222
Internet: http://www.ecap-ne.ch

Nidwalden
Nidwaldner Sachversicherung
Fachstelle Feuerschutz
Stansstaderstrasse 54, 6370 Stans
Telefon: 041 / 618 50 50
Internet: http://www.nsv.ch

Obwalden
Abteilung Militär und Bevölkerungsschutz,
Postfach 1465, 6061 Sarnen
Telefon 041 666 63 09

Schaffhausen
Feuerpolizei des Kantons Schaffhausen
Ringkebgässchen 18, 8201 Schaffhausen
Telefon: 052 / 632 71 11
Internet: http://www.gv.sh.ch

Schwyz
Amt für Militär, Feuer- und Zivilschutz,
Feuerwehrinspektorat,
Schlagstrasse 87, 6431 Schwyz
Telefon 041 819 22 35

Solothurn
Solothurnische Gebäudeversicherung
Baselstrasse 40, 4500 Solothurn
Telefon: 032 / 627 97 00
Internet: http://www.sgvso.ch

St. Gallen
Amt für Feuerschutz des Kantons St. Gallen
Davidstrasse 37, 9001 St. Gallen
Telefon: 071 / 226 70 30
Internet: http://www.gvasg.ch

Tessin
Ufficio domande die costruzionei,
V. S, Franscini 17, 6501 Bellinzona
Telefon 091 814 41 11

Thurgau
Feuerschutzamt des Kantons Thurgauer
Promenade 8, 8510 Frauenfeld
Telefon: 052 / 724 24 87
Internet: http://www.gvtg.ch

Uri
Amt für Militär und Bevölkerungsschutz,
Fachstelle Bauten
Lehnplatz 22, 6460 Altdorf
Telefon 041 875 23 62

Vaadt
Etablissement cantonal d'assurance
Avenue du Général-Guisan 56
Postfach 300, 1009 Pully
Telefon: 021 / 721 21 21
Internet: http://www.eca-vaud.ch

Wallis
Service cantonal du feu
avenue de la Gare 39, 1950 Sion
Telefon 041 726 90 90

Zürich
Kantonale Feuerpolizei
Thurgauerstrasse 56, 8050 Zürich
Telefon: 01 / 308 21 11
Internet: http://www.gvz.ch

Zug
Gebäudeversicherung Zug
Poststrasse 10, 6301 Zug
Telefon: 041 / 726 90 90
Internet: http://www.gvzg.ch

Liechtenstein
Hochbauamt
Städtle 38, LI-9490 Vaduz
Telefon 00423 236 61 11
(letzte Änderungen 4.7.2006)

Schweizerischer Feuerwehrverband (SFV)

Der SFV ist gesamtschweizerisches, eigenständiges Kompetenz- und Dienstleistungszentrum für das Feuerwehrwesen und die Katastrophenbewältigung. Er vertritt 2500 Feuerwehrkorps und mithin alle 132.000 Feuerwehrleute in der Schweiz und im Fürstentum Liechtenstein. Der SFV wirkt so als Bindeglied zwischen der Feuerwehrbasis und den Behörden und Institutionen aller Ebenen wie der Regierungskonferenz für das Feuerwehrwesen in der Schweiz (RKKF) oder dem Departement für Verteidigung, Bevölkerungsschutz und Sport (VBS). Partnerorganisationen sind die Schweizerische Vereinigung der Feuerwehrinstruktoren (SFIV) und die Schweizerische Feuerwehr-Inspektoren-Konferenz (SFIK). Die Abteilung Fachtechnik des SFV publiziert Reglemente, Behelfe und Dokumentationen für den technisch-taktischen Bereich des Feuerwehrwesens. Ausrüstung und Geräte werden durch das technische Büro zertfiziert, also zugelassen – technische Richtlinien konkretisieren die Vorschriften für das Handling von Ausrüstung und Geräten. Die Abteilung Ausbildung des SFV bildet in verschiedenen Kursen die Feuerwehr-Instruktoren aus. Die Ausbildner der Feuerwehr holen sich in diesen Kursen vor allem ihr methodisch-didaktisches Rüstzeug. Die Abteilung Finanzen des SFV betreut die Hilfskasse des Verbandes, die alle Feuerwehrleute im Einsatz und bei Übungen subsidiär versichert. Der SFV ist Herausgeber der Schweizerischen Feuerwehr-Zeitung (Kapitel 9).

Anschrift:

Schweizerischer Feuerwehrverband,
Morgenstrasse 1, CH-3073 Gümligen,
Telefon 031/9588118
Fax 031/9588111
E-Mail: admin@swissfire.ch
Internet: http://www.swissfire.ch

CH.2 Versicherungen

Beratungsstelle für Brandverhütung (BfB)

Die Beratungsstelle für Brandverhütung (BfB) in Bern wird je zur Hälfte von der Vereinigung Kantonaler Feuerversicherungen (VKF) und vom Schweizerischen Versicherungsverband (SVV) getragen. Die Dienste der BfB sind grundsätzlich unentgeltlich und stehen jedermann zur Verfügung.

Die BfB fördert den Gedanken der Brandverhütung und strebt danach, weiteste Bevölkerungskreise dafür zu sensibilisieren. Fahrlässigkeit und Gedankenlosigkeit sollen durch aufklärende Aktionen und sachliche Information bekämpft werden.

Zielpublikum ist die ganze Bevölkerung der Schweiz. Der Schwerpunkt der Tätigkeit liegt auf dem Gebiet der privaten Haushalte. In den Aktionen werden auch andere Bereiche, in denen breite Bevölkerungskreise von Brandgefahren bedroht werden, mit einbezogen.

Anschrift:

Beratungsstelle für Brandverhütung (BfB)
Postfach 8576,
Bundesgasse 20,
3001 Bern
Telefon 031/3202220
Fax 031/3202299
E-Mail: mail@bfb-cipi.ch
Internet: www.bfb-cipi.ch

Schweizerischer Versicherungsverband (SVV/ASA)

Der Schweizerische Versicherungsverband (SVV/ASA) ist die repräsentative Branchenorganisation der Schweizer Privatversicherer. Er ist Servicecenter für seine 77 Mitgliedgesellschaften, verlässlicher und kompetenter Partner für Behörden, Politik und Öffentlichkeit. Das Ressort Schadenversicherung der Geschäftsstelle des SVV bearbeitet alle sicherheitsrelevanten Geschäfte, die er 1998 vom ehemaligen Schweizerischen Sachversicherungsverband (SSV) übernommen hat.

Die Mitgliedgesellschaften des SVV haben in der Schweiz zirka 50.000 Mitarbeiterinnen und Mitarbeiter; die rund 10 multinationalen Versicherer beschäftigen darüber hinaus rund 100.000 Personen im Ausland. Zu den Aufgaben des SVV gehört die Wahrung der Interessen der Schweizer Versicherungswirtschaft, im Speziellen jene seiner Mitglieder. Konkret führt der Verband einen regen Dialog mit Behörden und verfasst Stellungnahmen zur Versicherungsgesetzgebung und zu versicherungsrelevanten Gesetzen. Der SVV ist damit bedeutende Schnittstelle zwischen Versicherungswirtschaft und Politik. In nationalen und internationalen Verbänden und Organisationen bringt er die Anliegen und Interessen seiner Mitglieder themen- und länderübergreifend ein. Der SVV ist Ansprechpartner der Medien für alle Versicherungswirtschafts-Fragen und pflegt das Image der Schweizer Versicherungen in der Öffentlichkeit.

Anschrift:

Schweizerischer Versicherungsverband
Ressort Schadenversicherung
C.F. Meyer-Strasse 14
Postfach 4288
CH-8022 Zürich 2
Telefon 01 208 28 28, Fax 01 208 28 00
E-Mail: info@svv.ch
Internet: http://www.svv.ch

6

Schweizerisches Institut zur Förderung der Sicherheit (Sicherheitsinstitut)

Das Sicherheitsinstitut, eine privatwirtschaftlich geführte Non-Profit-Organisation, ist die Nachfolgeorganisation des 1945 gegründeten Brand-Verhütungs-Dienstes für Industrie und Gewerbe (BVD). Als Träger zeichnen die privaten Sachversicherer sowie die Spitzenverbände aus Industrie, Handel und Gewerbe. Im Hauptsitz in Zürich und in den Niederlassungen Neuenburg, Lugano-Massagno und Basel beschäftigt das Sicherheitsinstitut rund 90 Mitarbeiter. Dem Institut sind gesamtschweize-

risch rund 3600 Industrie-, Gewerbe- und Dienstleistungsbetriebe angeschlossen.
Ziel der Aktivitäten des Institutes ist die Förderung der integralen Sicherheit (Brand- und Explosionsschutz, Intrusionsschutz, Umweltschutz und Arbeitssicherheit) in Industrie-, Gewerbe- und Dienstleistungsbetrieben. Die vom Institut erarbeiteten, auf den jeweiligen Betrieb abgestimmten Sicherheitskonzepte (bauliche, technische und organisatorische Massnahmen) entsprechen dem Stand der Technik; sie tragen den gesetzlichen Vorschriften sowie den betrieblichen und wirtschaftlichen Gegebenheiten des Kunden Rechnung.
Das Sicherheitsinstitut arbeitet dezentral, die Aufgaben der regionalen Beratungs-Centers sind:

- Risikoanalysen unterschiedlicher Methodik für verschiedene Anwendungsgebiete
- Integrale Sicherheitskonzepte für Gebäude und Anlagen
- Brand- und Explosions-Schutzkonzepte einschliesslich alternativer Lösungen
- Beratung bei allgemeinen Sicherheitsproblemen
- Umweltverträglichkeitsprüfungen (UVP)
- Beratung bezüglich Brandschutz- und Einbruchmeldeanlagen, Projektierung und Projektbegleitung
- Kurzberichte und Risikoanalysen im Zusammenhang mit der Störfallverordnung
- Ausbreitungsmodelle für Gase und Rauch
- Firemodelling zur Berechnung von Brandszenarien
- Brandrisikobewertung nach SIA 81 (Methode Gretener)
- Unterstützung im Rahmen von Baubewilligungsverfahren
- Expertisen nach Schadenfällen

Eine eigene und unabhängige operative Einheit bildet die Prüf-, Inspektions- und Zertifizierungsstelle. Die Akkreditierung durch das Eidgenössische Amt für Messwesen und die Mitgliedschaft bei der European Fire and Security Group (EFSG) erlauben, Prüfungen, Inspektionen und Zertifizierungen nach schweizerischen und europäischen Standards durchzuführen.

Aufgaben:

- Prüfen von Bauprodukten nach SN EN 45001
- Inspizieren von Einbruchmelde- und Brandschutzanlagen sowie von Brandschutzmassnahmen nach SN EN 45004
- Zertifizieren von Produkten des mechanischen Einbruchschutzes nach SN EN 45011
- Zertifizieren von Brandschutzfachleuten und Sicherheitsbeauftragten nach SN EN 45013
- Prüfen und Anerkennen von Produkten des elektronischen Einbruchschutzes
- Prüfen von Fachpersonal und Fachfirmen für die Planung und den Einbau von Einbruchmeldeanlagen

Ein weiterer wichtiger Bereich des Sicherheitsinstituts ist das Ausbildungszentrum. Es bietet, neben Grundkursen über die betriebliche Sicherheit, vom eintägigen Fachkurs bis zum mehrwöchigen Lehrgang verschiedenste Ausbildungsmöglichkeiten für Sicherheitsfachleute an. Einzelne Ausbildungsgänge schliessen mit einer nach schweizerischen und europäischen Standards durchgeführten Fachprüfung ab, der Absolvent erhält einen Fähigkeitsausweis.
Neben verschiedenen Fachpublikationen gibt das Sicherheitsinstitut viermal jährlich die Fachzeitschrift „Sécurité Sicherheit Sicurezza" heraus.
Das breitgefächerte Dienstleistungsangebot des Sicherheitsinstituts richtet sich an alle Industrie-, Gewerbe- und Dienstleistungsbetriebe sowie an Architektur- und Ingenieurbüros.

Anschrift:

Sicherheitsinstitut
Nüschelerstrasse 45
8001 Zürich
Telefon 01/217 43 33
Fax 01/211 70 30

Vereinigung Kantonaler Feuerversicherungen (VKF)

Die Vereinigung Kantonaler Feuerversicherungen VKF ist die Dachorganisation der 19 öffentlich-rechtlichen Gebäudeversicherungen in der Schweiz. Sie ist gleichzeitig Koordinationsstelle von allen kantonalen Brandschutzbehörden in der Schweiz. Am 10. November 2004 bezeichnete das Interkantonale Organ Technische Handelshemmnisse (IOTH) die

VKF als Fachkommission Brandschutzvorschriften.
Die VKF erfüllt im Auftrag der Kantone nachstehende Aufgaben:

- Ausarbeitung von Bestimmungen für die Brandschutzvorschriften
- Zertifizierung von Brandschutzprodukten (akkreditierte Zertifizierungsstelle nach EN 45011, SCES 007)
- Zertifizierung von Brandschutzpersonal (vom Bund akkreditierte Zertifizierungsstelle nach EN 45013, SCES 026)
- Durchführung des Zulassungsverfahrens für Brandschutzprodukte und Fachfirmen
- Koordination der Zusammenarbeit mit Bundesstellen und anderen Organisationen
- Erarbeitung von Grundlagen in Versicherungs- und Schadenverhütungsfragen
- Förderung der Aus- und Weiterbildung von kantonalen Brandschutzexperten
- Sensibilisierung in der Elementarschaden-Prävention

Zur Bearbeitung von Fachfragen hat die VKF nachstehende Fachkommissionen eingesetzt: Löschtechnik inkl. Handfeuerlöscher, Brandmeldetechnik, Bautechnik, Wärme- und Lufttechnik, Elektrotechnik, Elementarschadenverhütung. Die Aktivitäten werden durch die Technische Kommission koordiniert.
Zur Förderung einer effizienten Zusammenarbeit bestehen die Fachkommissionen der VKF aus Vertretern der Brandschutzbehörden, der Feuerwehren, der Fachstellen, der Sicherheitsindustrie und der Anlagebetreiber.
Gesuche um Zulassung und Zertifizierung von Produkten, um Zertifizierung von Brandschutzpersonal oder um Anerkennung von Fachfirmen sind an die VKF zu richten (Adresse untenstehend). Die vertrauliche Behandlung der Geschäfte ist durch organisatorische Massnahmen jederzeit gewährleistet. Beurteilung und Zertifizierung erfolgen nach den europäisch anerkannten Normen und stützen sich auf Prüfberichte von akkreditierten Prüflaboratorien ab. Die zugelassenen Produkte und die anerkannten Firmen werden im Schweizerischen Brandschutzregister der VKF sowie auf Internet http://www.vkf.ch BSR online publiziert.
Die Brandschutzvorschriften, das Brandschutzregister sowie weitere vielfältige Informationen zu den Themen Brandschutz und Elementarschaden-Prävention können bei der VKF bezogen werden.

Anschrift:

Vereinigung Kantonaler
Feuerversicherungen VKF
Bundesgasse 20,
Postfach 8576
3001Bern
Telefon 031/3202222
Fax 031/3202299
E-Mail: mail@vkf.ch
(letzte Änderung 3.7.2006)

6

BfI (Beirat für Intrusionsschutz)

Mit Beginn 2006 wurde die bisherige Fachkommission für Einbruchmeldeanlagen und Schutzsysteme (FES) durch den neu konstituierten Beirat für Intrusionsschutz (BfI) abgelöst.
Dem Beirat gehören Vertreter der Polizei, der Sachversicherer, des Verbandes der Schweizerischen Errichter von Sicherheitsanlagen (SES), der Anwenderkreise von Sicherheitsanlagen, der Sicherheits- und Baubranche sowie des Schweizerischen Instituts zur Förderung der Sicherheit (Sicherheitsinstitut) an. Er bearbeitet technische und organisatorische Fragen im Bereich des Intrusionsschutzes bezüglich der elektrischen und mechanischen Schutzmassnahmen. Ihm obliegt überdies die Aufgabe eines Lenkungs- und Überwachungsgremiums für die durch die Fachstelle für Intrusionsschutz (FFIS) des Sicherheitsinstituts im Intrusionsschutz wahrgenommenen Aufgaben. Neben Erlass und Revision von Richtlinien für Einbruch- und Überfallmeldeanlagen (EMA) ist der BfI auch verantwortlich für die Festlegung der Verfahren für die Anerkennung von Fachfirmen und Produkten des Intrusionsschutzes. Der Vollzug dieser Verfahren ist Aufgabe der FFIS. Das Sekretariat des BfI befindet sich beim Sicherheitsinstitut.

Anschrift:

Beirat für Intrusionsschutz (BfI)
c/o Schweizerisches Institut zur Förderung der Sicherheit (Sicherheitsinstitut)
Nüschelerstrasse 45
8001 Zürich
Tel. 044 217 43 33
Internet: http://swissi.ch
E-Mail: safety@swissi.ch
(neu aufgenommen 3.7.2006)

Fachgruppe Security (FGSec der Schweizer Informatik Gesellschaft SI)

Die fgsec – The Information Security Society of Switzerland – setzt sich in Theorie und Praxis mit den sicherheitsrelevanten Aspekten der Informationsverarbeitung und mit ihrer gesellschaftspolitischen und wirtschaftlichen Bedeutung auseinander. Wir verstehen die Informationssicherheit als integralen Bestandteil von Geschäftsprozessen. Wir fokussieren uns dabei auf alle sicherheitsrelevanten Aspekte, d.h. organisatorische, technische, regulatorische und Führungsaspekte der Informationsgesellschaft in Theorie und Praxis. Die fgsec ist eine Sektion der Schweizer Informatik Gesellschaft (SI), und damit u.a. auch mit der GI (Deutsche Schwestergesellschaft der SI), sowie mit der ICTsuisse und der ACM liiert.
Wir setzen uns konsequent ein für

- die nachhaltige Berücksichtigung der Informationssicherheit bei bestehenden und zukünftigen Architekturen, Konzepten und Systemen;
- das frühzeitige Erkennen der sicherheitsrelevanten Trends und Entwicklungen im Informationsmanagement;
- den sinnvollen und ausgewogenen Auf- und Ausbau der Sicherheitsinfrastruktur aufgrund aktueller Ereignisse.

Wir kommunizieren offen und treten als Opinion Setter auf.
Was bieten wir Ihnen

- Tagungen und Vorträge aus Theorie und Praxis;
- Wissens- und Erfahrungsaustausch in themenbezogenen Arbeitsgruppen und Benutzerforen;
- Kontakte auf allen Fach- und Führungsebenen zu Lehre/Forschung, Anwendung und Berater/Lieferanten;
- Vorzugsteilnahmepreis auch bei Veranstaltungen anderer Vereinigungen, mit denen die fgsec regelmässig oder fallweise zusammenarbeiten;

- Vorzugsabonnentenpreise bei den Zeitschriften: IT-Security-Focus, Digma und DUD.
- Gratisabgabe von Broschüren, welche von Arbeitsgruppen erarbeitet wurden oder an denen die fgsec massgeblich beteiligt sind.

Anschrift:

Herr Rolph Haefelfinger
Präsident der FGSec
Route des Pléiades 23 A
CH-1807 Blonay
Telefon 021 943 5017
E-Mail: president@fgsec.ch
Internet: http://www.fgsec.ch

FGST Fachgruppe Sicherheitstechnik im STV (Schweizerischer Technischer Verband)

Der Verband vertritt als moderne und innovative Berufsorganisation hauptsächlich die berufs- und standespolitischen Interessen von Personen mit einem Hochschul- oder Fachhochschulabschluss. Die über 17.000 Mitglieder sind in regional gegliederten Sektionen und 70 überregionalen Fachgruppen organisiert. Mehr Informationen unter http://wwwSwiss-Engineering.ch.

FGST Fachgruppe Sicherheitstechnik

Die Fachgruppe ist eine Vereinigung von über 680 Fachleuten und Firmen, welche an den Entwicklungen im Bereich Sicherheit, schwergewichtig in der Sicherheitstechnik, in irgendeiner Form interessiert sind. Die Fachgruppe bietet Mitgliedern und Gästen im Rahmen von Veranstaltungen (Exkursionen, Fachtagungen, Seminaren etc.) eine Plattform, um laufend nach neuen, modernen Lösungsansätzen Ausschau zu halten. Diese Dienstleistung nutzen in zunehmendem Masse:

- Sicherheitsverantwortliche in Betrieben
- Ingenieure und Mitarbeiter von Sicherheits-Produkteherstellern und Sicherheitsanlagen-Errichterfirmen.
- Behörden, Planer, Ingenieurbüros, Architekten, Berater
- Spezialisten des Werkschutzes, Bewachungsorganisationen und Polizeistellen

Zu den Zielsetzungen gehören in erster Linie die Vermittlung von Sicherheitswissen auf vielfältige Art, die Schaffung von Kontakten und die Pflege des Erfahrungsaustauschs in vertraulichem Rahmen.

Dabei wird die gesellschaftliche Komponente ebenso berücksichtigt, wie die professionelle Durchführung von Veranstaltungen mit aktuellen Themen.

Anschrift:

Fachgruppe Sicherheitstechnik FGST
Sekretariat
Hans Rudolf Andrist
Im Guet 1
8172 Niederglatt
Tel. 044 862 25 74
Fax 004 862 25 57
E-Mail: sekretariat@ fgst.ch
Internet: http://www.fgst.ch
(letzte Änderung 3.7.2006)

6

ISSA Switzerland Chapter (Information Security Systems Association)

ISSA pflegt den Aufbau und die Etablierung einer Plattform bzw. eines grenzüberschreitenden Netzwerks von Menschen, die sich mit den vielfältigen Themen der Informationssicherheit und des Informationsschutzes beschäftigen. Sei dies als Ratsuchender, als Produkt- oder Dienstleistungsanbieter oder als Experte. Insbesondere wird dabei die Sensibilisierung und Aufklärung sowie die Aus- und Weiterbildung und damit die Etablierung von standardisierten Berufsbildern gefördert. Der Informations-, Meinungs- und Erfahrungsaustausch sind die Grundpfeiler dafür. Wichtig sind dazu die Kontaktmöglichkeiten und -pflege mit anderen interessierten Personen und Behörden. ISSA sieht sich als zentrale Drehscheibe rund um Informationssicherheit und vermittelt Interessierten Gelegenheit und Chancen.

Anschrift:

ISSA Switzerland Chapter
Grindelstrasse 15
CH-8303 Bassersdorf
Telefon 01 838 31 11
Telefax 01 838 31 12
E-Mail: info@issa-suisse.org
Internet: http://www.issa-suisse.org
(letzte Änderungen 3.7.2006)

TUS (Telekommunikation und Sicherheit)

Die TUS der beiden Trägerfirmen Securiton AG und Siemens Schweiz AG Building Technologies hat sich gemeinsam mit mehr als 70 Rahmenvertragsfirmen dem Aufbau und Betrieb einer sicheren und wirtschaftlichen Telekommunikationsinfrastruktur in der Schweiz verschrieben.

Dabei wird die sichere Verbindung zwischen kommunikationsfähigen Systemen und öffentlichen sowie privaten Interventionsstellen unter Einbezug der Netze der Swisscom realisiert.

Dank der engen Zusammenarbeit mit Behörden, Versicherungen, Polizei und Feuerwehrorganisationen sowie der Sicherheitsindustrie werden Netze realisiert, die eine bedürfnisgerechte, qualitativ hochwertige Übermittlung erlauben. Die umfassende Dienstleistung wird unter dem geschützten Namen ALARMNET angeboten.

Anschrift:

TUS
Alpenstrasse 20
CH-3052 Zollikofen
Telefon 031 910 19 10
Fax 031 910 19 20
E-Mail: info@igtus.ch
Internet: http://www.igtus.ch

TUS
Industriestr. 22
CH-8604 Volkertswil
Telefon 0585 578 980
Fax 0585 578 990
E-Mail: info@igtus.ch
Internet: http://www.igtus.ch
(letzte Änderung 3.7.2006)

Schweizerischer Ingenieur- und Architektenverein (SIA)

Der Schweizerische Ingenieur- und Architekten-Verein (SIA) ist die repräsentative Vereinigung der Ingenieure und Architekten mit Hochschulabschluss oder vergleichbarem Niveau. Der Verein pflegt die Beziehungen zwischen den Fachkollegen und fördert Technik, Baukunde und Umweltgestaltung in wissenschaftlicher, künstlerischer, wirtschaftlicher und sozialer Hinsicht. Er tritt für die Geltung des Ingenieur- und Architektenstandes in der Öffentlichkeit ein.

Zur Erreichung des Vereinsziels hat sich der SIA unter anderem folgende Aufgaben gestellt:

- Wahrnehmung der Berufsinteressen der Mitglieder und der Fachbereiche
- Betreuung des Fachnormenbereiches Bau im nationalen, europäischen (CEN) und internationalen (ISO) Umfeld
- Herausgabe von Leistungs- und Honorarordnungen, ferner Wettbewerbsordnungen
- Förderung der Beziehungen zwischen Architekten und Ingenieuren aller Fachrichtungen
- Weiterbildung der Ingenieure und Architekten (Seminare, Vorträge, Kurse, Tagungen, Studienreisen, Betriebsbesichtigungen)
- Mitarbeit bei der Koordination der Forschung

Der sia ist föderalistisch aufgebaut und zählt 18 Sektionen, die regional eine intensive Tätigkeit entfalten. 20 Fachvereine pflegen die spezifischen Fachinteressen. Über 100 Kommissionen und Arbeitsgruppen, bestehend aus anerkannten Fachleuten (Praktiker, Vertreter aus Lehre und Forschung, Vertreter der öffentlichen Hand und der Privatwirtschaft) befassen sich mit der Ausarbeitung des Normenwerkes.

Anschrift:

Schweizerischer Ingenieur- und
Architekten-Verein (SIA)
Selnaustraße 16, Postfach
8027 Zürich,
Telefon 044 283 15 16,
Telefax 061 467 85 74
Telefon Normenverkauf: 044 283 15 16
E-Mail: distribution@sia.ch
(letzte Änderung 3.7.2006)

Schweizerische Vereinigung unabhängiger Sicherheitsingenieure und -berater (SSI)

Die Schweizerische Vereinigung unabhängiger Sicherheitsingenieure und -berater (SSI) ist eine Vereinigung namhafter Ingenieur- und Beratungsunternehmen, die im In- und Ausland neutrale Beratungs- und Planungsleistungen auf apparativen, baulichen und organisatorischen Sicherheitsgebieten anbieten. Die Leistungen der SSI-Mitglieder können sowohl bei Neubauvorhaben als auch in bestehenden Objekten in Anspruch genommen werden. Das Mitgliederverzeichnis findet sich im Adressenanhang, CD-Rom.

Anschrift:

Schweizerische Vereinigung unabhängiger Sicherheitsingenieure und -berater (SSI),
Güstrasse 46
CH-8700 Küsnacht
Telefon 01 910 73 06
Fax 01 910 73 96
E-Mail: ssi@mediasec.ch

Schweizerischer Verein von Brandschutz- und Sicherheitsfachleuten (VBSF)

Der Schweizerische Verein von Brandschutz- und Sicherheitsfachleuten bezweckt die Förderung der Sicherheit von Menschen und Sachwerten. Er verfolgt dieses Ziel unter Wahrung politischer, wirtschaftlicher und konfessioneller Neutralität durch Fachinformation und Weiterbildung seiner Mitglieder und weiterer Informationen, Zusammenarbeit mit allen Institutionen, welche sich mit Brandschutz und Sicherheitsfragen befassen, der Würdigung von Personen, welche im Bereich Sicherheit besondere Leistungen erbracht haben und Vergabe eines Sicherheitspreises sowie der Förderung des Gedankenaustausches. Der Verein ist in 4 Sektionen unterteilt (Ost, Mitte, Süd, Romande) und zählt rund 650 Sicherheitsexperten.

Anschrift:

Schweizerischer Verein von Brandschutz- und Sicherheitsfachleuten, (VBSF),
c/o Eugen Hess, Zentralpräsident
Ursprungstr. 73
3053 Münchenbuchsee
Telefon 031 869 0015, Fax 031 320 2232
Internet: http://www.vbsf.ch

Verband Schweizerischer Errichter von Sicherheitsanlagen (SES)

Der Verband Schweizerischer Errichter von Sicherheitsanlagen (SES) bezweckt die Förderung:

- der automatischen Alarmierung von Brand, Einbruch und Überfall (im folgenden Alarmanlagen genannt) und der automatischen Löschung mittels Löschanlagen;
- der Anerkennung der Anlagen seitens der Auflagebehörden und Versicherungen als echte Mittel zur Schadenverhütung;
- eines hohen Qualitätsstandards, sowie die Schaffung der technischen und organisatorischen Voraussetzungen für die automatische Alarmübertragung zu Feuerwehren, Polizeistellen und anderen Alarmempfangsstellen.

Der Verband erreicht seine Ziele durch:

- die Normierung einzelner Geräte, insbesondere jener für die Bedienung, Signalisierung und Alarmübertragung;
- die Beschaffung und Auswertung von Informationen über Verhalten und Bewähren von Alarmanlagen zuhanden der Versicherungen für die Bearbeitung von Tarif- und Prämienfragen;
- die Förderung von Löschmethoden, welche eine wirksame Schadenbegrenzung bei minimaler Umweltbelastung ermöglichen (Schadstoffausstoss aus Brand und Löschmitteln);
- die Zusammenarbeit mit Behörden, Versicherungs- und Schadenverhütungs-Institutionen, vor allem in Fragen der Vorschriften und Richtlinien für den Bau und die Prüfung von Alarm- und Löschanlagen wie auch der Qualitätsanforderungen für Fachfirmen.
- die Zusammenarbeit mit Feuerwehren, Polizeistellen, Swisscom und Herstellern von nachrichtentechnischen Geräten als Voraussetzung für die automatische Alarmübertragung;
- die internationale Wahrnehmung von Interessen der Schweizerischen Sicherheitsindustrie – insbesondere in Europa.

Verzeichnis der Mitgliedsunternehmen im Adressenanhang, Teil 10.

Anschrift:

Verband Schweizerischer Errichter von Sicherheitsanlagen (SES),
Geschäftsstelle, Industriestr. 22
8604 Volkertswil
Telefon 01/947 34 41
Telefax 01/947 34 44
Email info@sicher-ses.ch

Verband Schweizerischer Schloss- und Beschlägefabrikanten (VSSB)
Der Verband Schweizerischer Schloss- und Beschlägefabrikanten (VSSB) vertritt 15 Hersteller von Schlössern, Schliesszylindern und Baubeschlägen. Teil 10, Adressen-Anhang.

Anschrift:

Verband Schweizerischer Schloss- und
Beschlägefabrikanten (VSSB)
Postfach 360
4601 Olten,
Telefon 062/205 70 34
Fax 062/205 70 31

Verband Schweizerischer Sicherheitsdienstleistungs-Unternehmen (VSSU)
Der Verband setzt sich zum Ziel, die Professionalität innerhalb seiner Branche zu sichern und zu fördern. Der Verband vereinigt die führenden schweizerischen Unternehmen und repräsentiert gegen 90% der landesweit erbrachten Sicherheitsdienstleistungen. Dank diesem hohen Marktanteil erhalten die Bestrebungen der Sicherheitsfachleute und die Forderungen des Verbandes entscheidendes Gewicht. Ein primäres Anliegen des VSSU ist die offizielle Anerkennung des Berufs der Fachfrau und des Fachmannes für Sicherheit und Bewachung sowie für Personal- und Objektschutz. Damit dieses Vorhaben erfolgreich realisiert werden kann, schaffen die Mitgliederfirmen auf verschiedenen Ebenen einheitliche Voraussetzungen für Mitarbeiterinnen und Mitarbeiter in der Sicherheitsdienstleistungs-Branche. Alle Beschäftigten sollen von fortschrittlichen Anstellungsbedingungen profitieren können. Zudem sorgen die Mitglieder des VSSU für eine zweckmässige berufliche Ausbildung, die einen eidgenössisch anerkannten Berufsausweis ermöglicht. Der VSSU vertritt die Anliegen seiner Mitgliederfirmen gegenüber der Öffentlichkeit, den Behörden und steht im Kontakt zu ähnlichen Verbänden im Ausland. Das Mitgliederverzeichnis findet sich im Adressenanhang, Kapitel 10.

Anschrift:

VSSU
Postfach, 3052 Zollikofen
Telefon 031 910 17 57,
Fax 031 910 14 15
E-Mail info@vssu.org
Internet: http://www.vssu.org
(letzte Änderung 3.7.2006)

Verband Schweiz. Tresorfabrikanten (VSTF)
Der Verband Schweiz. Tresorfabrikanten, dem acht renommierte Herstellerfirmen angehören, hat sich zum Ziel gesetzt, durch gegenseitigen Informationsaustausch und Festlegen von Qualitätsnormen ein bestmögliches Sicherheitsniveau im Bereich Kassen- und Panzerschränke, Tresor- und Schalteranlagen zu erreichen.

Anschrift:

Verband Schweiz. Tresorfabrikanten (VSTF)
Herr Peter Dübendorfer
Dammstrasse 3
8953 Dietikon
Telefon 01/740 35 65
Telefax 01/740 74 87

Verband Schweizerische Türenbranche-VST
Der Verband bezweckt die Förderung der gemeinsamen fachlichen, technischen und wirtschaftlichen Interessen seiner Mitglieder.
Ziele:
- der VST fördert den technischen und ökologischen Fortschritt sowie die Qualitätssicherung
- der VST vertritt seine Mitglieder in den nationalen und internationalen Organisationen, Verbänden, Lehr- und Forschungsanstalten
- der VST pflegt den Kontakt zu politischen Gremien und informiert die öffentliche Hand über die Tätigkeit des Verbands
- der VST fördert den Kontakt und Erfahrungsaustausch unter den Mitgliedern

- der VST informiert seine Mitglieder über neue Bestimmungen, Gesetze und Richtlinien sowie neue Normen für die Herstellung von Türen
- der VST erarbeitet Richtlinien und technische Merkblätter im Bereich Türen und Türelemente

Anschrift:

Verband Schweizerische Türenbranche VST
Hauptstrasse 68, 5330 Zurzach
Telefon 056 249 01 48
Fax 056 249 01 47
E-mail: info@tueren.ch
Internet: www.tueren.ch

6

Schweizerisches Elektrotechnisches Komitee (CES)

Das Schweizerische Elektrotechnische Komitee (Comité Electrotechnique Suisse-CES) ist eine Kommission des Schweizerischen Elektrotechnischen Vereins SEV und zugleich Schweizerisches Nationalkomitee von IEC und CENELEC. Mit der Normierung von Alarmsystemen befasst sich das Technische Komitee 79.

Für Mitglieder des SEV besteht die Möglichkeit, Aktenempfänger von Arbeitsgremien des CES zu werden. Aktenempfänger bezahlen einen jährlichen Pauschalbetrag und erhalten sämtliche nationalen und internationalen Entwurfsdokumente, die an die Mitglieder der betreffenden Fachkommission verschickt werden.

Anschrift:

Schweizerisches Elektrotechnisches Komitee (CES)
Luppmenstrasse 1
8320 Fehraltorf
Telefon 01/956 11 11
Telefax 01/956 11 22

Electrosuisse, SEV Verband für Elektro-, Energie- und Informationstechnik

Elektrosuisse ist die anerkannte Fachorganisation auf dem Gebiet der Elektro-, Energie- und Informationstechnik. Dem Verband gehören rund 4000 persönliche und 1700 Branchen- und institutionelle Mitglieder an.

Eine zentrale Aufgabe der Electrosuisse ist die Koordination der nationalen und internationalen elektrotechnischen Normung. Electrosuisse organisiert und betreut mit dem CES (Comité Electrotechnique Suisse) in über 80 technischen Komitees die gesamte elektrotechnische Normung und vertritt die Schweizer Industrie in internationalen Gremien wie Cenelec (Comité Européen de Normalistion Electrotechnique) und IEC (International Electrotechnical Commision).

Neben den eigentlichen Verbandsaktivitäten bietet Electrosuisse als akkreditierte und neutrale Stelle, Beratung, Kontrollen und Spezialmessungen im Bereich der elektrischen Anlagen an. Als weitere Dienstleistung bietet Electrosuisse Unterstützung bei der Produktentwicklung über den gesamten Produktezyklus bis hin zur Produktequalifizierung und -zertifizierung gemäss den geltenden Normen und den Bedürfnissen für einen Marktzutritt. Zudem verfügt Electrosuisse über ein grosses Schulungs- und Weiterbildungsangebot.

Seit über 100 Jahren führt Electrosuisse im Auftrag des Bundes das Eidgenössische Starkstrominspektorat (ESTI). Dessen Hauptaufgaben ist die Inspektion von Hoch- und Niederspannungsanlagen und die Genehmigung von Stark- und Schwachstromanlagen für die Stromversorgung. Mit der Vergabe des Sicherheitszeichens trägt das ESTI zudem wesentlich zur Sicherheit im Bereich Elektrizität bei.

Anschrift:

Electrosuisse (SEV)
Luppmenstrasse1
8320 Fehraltorf
Telefon +41 44 956 11 11
Telefax +41 44 956 11 22
E-Mail: info@electrosuisse.ch
Internet: http://www.electrosuisse.ch
(letzte Änderung 24.7.2006)

Was bedeuten die blauen Textstellen?

Dieses Lexikon ist ein genaues Abbild des Basislexikons in
http://www.secumedia.de/sija
Alle hier blau gedruckten Verweise sind dort Links. Im Internet müssen Sie also nur auf die Verweise klicken und sind sofort an der richtigen Textstelle. Ein Passwort für den Zugang finden Sie als Käufer des Sicherheits-Jahrbuchs auf dem gelben Karton hinten im Buch.

SNV Schweizerische Normen-Vereinigung

Die Schweizerische Normen-Vereinigung ist die Dachorganisation des schweizerischen Normenwesens. Zu den rund 600 Mitgliedern zählen private Firmen, Verbände, öffentliche Betriebe sowie Verwaltungsstellen.
Thematisch gliedert sich die nationale Normungsarbeit in folgende Fachbereiche:
Maschinen- und Metallindustrie, Bauwesen, Strassenbau und Verkehrstechnik, Uhrenindustrie, Elektrotechnik und Telekommunikation. Hierzu kommt der interdisziplinäre Normenbereich. Hier werden Normungsthemen mit breitem Interessenspektrum behandelt, wie beispielsweise Strassenfahrzeuge, Wasserqualität, Textilindustrie, Medizinaltechnik, Brandbekämpfung, Ergonomie, Qualitätsmanagement, Umweltmanagement, Risk Management, Nanotechnolgie u.a.
Als alleinige schweizerische Institution ist die SNV Mitglied der International Organization for Standardization (ISO) und des Europäischen Komitees für Normung (CEN).
Sie ermöglicht ihren Mitgliedern die Mitwirkung in den technischen Gremien dieser beiden Organisationen und damit an der europäischen und internationalen Normungsarbeit.
Zu den Dienstleistungen der SNV gehört der Verkauf von weltweit gültigen internationalen, europäischen und nationalen Normen und technischen Vorschriften. Die Dokumente können über Internet recherchiert und elektronisch bezogen werden.
Die SNV führt Ausbildungen und Seminare, schwerpunktmässig zur Umsetzung und Anwendung von Normen durch. Zudem stellt sie umfassende Informationen zu Normen und normenrelevanten Themen bereit.

Anschrift:

SNV Schweizerische Normen-Vereinigung
Bürglistrasse 29,
CH-8400 Winterthur
Telefon 052 224 54 54
Fax 052 224 54 74
E-mail: info@snv.ch
Internet: http://www.snv.ch
(geändert 6.7.2006)

6

CH.5 Sonstige Vereinigungen und Institutionen

Eidgenössische Koordinationskommission für Arbeitssicherheit (EKAS)

Die Eidgenössische Koordinationskommission für Arbeitssicherheit (EKAS) hat ihre Grundlage im Unfallversicherungsgesetz: Das UVG stellt die Bemühungen um die Arbeitssicherheit, Verhütung von Berufsunfällen und Berufskrankheiten auf eine zentrale Basis. Die Zuständigkeiten und die Zusammenarbeit der verschiedenen staatlichen, öffentlich-rechtlichen und spezialisierten privaten Stellen, die sich mit der Arbeitssicherheit in den Betrieben befassen, werden einheitlich geregelt.

Einige Grundsätze über Zuständigkeiten und Zusammenarbeit enthalten das Gesetz und die Verordnung über die Verhütung von Unfällen und Berufskrankheiten vom 19. Dezember 1983 (VUV). Für das Festlegen von Einzelheiten und für die laufende Anpassung an die veränderten Verhältnisse hat das Gesetz in Artikel 85 die Eidgenössische Koordinationskommission für Arbeitssicherheit (EKAS) geschaffen. In diese Kommission nehmen Vertreter der Aufsichts- bzw. Vollzugsorgane (welche „Durchführungsorgane" heissen) und Vertreter der Versicherer Einsitz. Die Kommission wird vom Bundesrat gewählt.

Nebst den bereits erwähnten Aufgaben hat die Koordinationskommission folgende Funktionen wahrzunehmen: Sie muss mit der Herausgabe von Richtlinien über Regeln der Technik und mit dem Erlass von Verfahrensvorschriften ein einheitliches Vorgehen der Durchführungsorgane bei der Vollzugsaufsicht, die unité de doctrine, gewährleisten; sie hat ferner dafür zu sorgen, daß die Sicherheitsmassnahmen in einem einheitlichen Verfahren durchgesetzt und vollstreckt werden können. Die EKAS hat ferner Information sowie die Ausbildung der Durchführungsorgane und der Arbeitgeber und Arbeitnehmer in Belangen der Arbeitssicherheit zu fördern; sie muss des weiteren für die Finanzierung der Aufsichtstätigkeit aus zweckgebundenen Prämienzuschlägen, deren Höhe sie beim Bundesrat beantragen kann, besorgt sein.

Die Koordinationskommission kann die SUVA (Schweizerische Unfallversicherungsanstalt) beauftragen, mit Fachorganisationen Verträge über die Wahrnehmung bestimmter Vollzugsaufgaben abzuschliessen; sie kann Programme für die Förderung der Arbeitssicherheit in bestimmten Branchen und/oder Regionen aufstellen und durchführen lassen. Ihre Beschlüsse sind für die Durchführungsorgane und die Versicherer verbindlich. Schliesslich kann die Koordinationskommission dem Bundesrat auch Anregungen zur Ausarbeitung oder Änderung gesetzlicher oder verordnungsrechtlicher Erlasse unterbreiten.

Anschrift:

Eidgenössische Koordinationskommission
für Arbeitssicherheit
Fluhmattstraße 1
6002 Luzern,
Telefon 041/4195111
Fax 041/4196108
Internet: http://www.ekas.ch
(keine Änderungen 3.7.2006)

Eidgenössische Materialprüfungs- und Forschungsanstalt (EMPA)

Überlandstraße 129,
8600 Dübendorf,
Telefon 044/ 823 55 11

SRB Schweizerische Stiftung für Risikoberatung

Postfach, Mainaustr. 30
8034 Zürich,
Telefon 01/388 74 88
Telefax 01/388 71 80
(Risk Engineering- und Versicherungsberatung für Industrie, Handel und Gewerbe; SRB-Modelllösung für die Umsetzung der EKAS-Richtlinie 6508)
E-mail: info@srb-group.com
Internet: www.srb-group.com

I. Internationale Institutionen

ASIS International (American Society for Industrial Security)

Diese weltweite Vereinigung von mehr als 33.000 Sicherheitsbeauftragten und Sicherheitsspezialisten gibt monatlich die Zeitschrift „Security Management" in englischer Sprache heraus und offeriert ihren Mitgliedern ein international anerkanntes Diplom (CPP = Certified Protection Professional), das aufgrund eines besonderen Fachexamens erteilt wird.
Im deutschsprachigen Europa sind folgende Vereinssektionen, sogenannte Chapters, aktiv: Chapter 107 „Österreich", Chapter 160 „Schweiz" Chapter 251 „Deutschland" Chapter International.

Anschriften:

ASIS International
1625 Prince Street
USA, Alexandria
VA 22314 - 2818
Telefon +1 703 519 6200
Fax +1 703 519 6299
Internet: http://www.asisonline.org
ASIS International Chapter 160 „Schweiz" bis Nov. 2006:
Dr. Alex P. Alder, Security Management Solutions GmbH
Häglerstr. 22,CH 4422 Arisdorf
E-mail: alder.sms@bluewin.ch
ASIS International Chapter 251 „Deutschland"
Manfred Selinger
E-mail: manfred.selinger@tnt.de
(letzte Änderungen 24.7.2006)

CEA (Comité Européen des Assurances, Vereinigung der europäischen Versicherer)

Nebst mehrheitlich versicherungstechnischen Fachgruppen unterhält das CEA technische Kommissionen, die Richtlinien für Gefahrenmelde-Anlagen ausarbeiten.

Anschrift:

CEA, Europäisches Komitee der Versicherer
Generalsekretariat,
26 bd Haussmann
F-75009 Paris
Tel. +33-1-44831183, Fax +33-1-47700375
Achtung: ab 2007 ist das Büro in Brüssel, eine aktuelle Adresse ist noch nicht gemeldet)
(letzte Änderungen 24.7.2006)

CECC (CENELEC Electronic Components Committee)

Das CECC ist eine europäische Institution, die Spezifikationen für elektronische Bauelemente erstellt. Diese Spezifikationen werden zum Teil als Europäische Normen (EN) herausgegeben, und werden als Grundlage für die unabhängige Zertifizierung von Firmen in diesem Bereich sowie für die Gütebestätigung elektronischer Bauelemente verwendet. Das CECC arbeitet unter dem Dach des CENELEC.

Anschrift:

CECC General Secretariat
Herr Herbert Hafner
Rue de Stassart 35
B-1050 Brüssel

CEI

Internationale Elektrotechnische Kommission (Commission Electrotechnique Internationale)

3, rue de Varembé
CH-1211 Genève 20
http://www.iec.ch

CEN (Comité Européen de Normalisation / European Committee for Standartization / Europäisches Komitee für Normung)

Das Europäische Komitee für Normung (CEN) mit Sitz in Brüssel ist ein Verband der 29 nationalen Normungsorganisationen aller Mitgliedsländer der Europäischen Union (EU) und der Europäischen Freihandelszone (EFTA) sowie mehreren Kanditatenländern der EU. Es ist eine gemeinnützige Vereinigung und wurde in Übereinstimmung mit dem belgischen Gesetz gegründet.

CEN arbeitet zusammen mit:

- den Europäischen Gemeinschaften, der Europäischen Freihandelszone und anderen internationalen Regierungsorganisationen
- dem Europäischen Komitee für Elektrotechnische Normung (CENELEC) und dem Europäischen Institut für Telekommunikationsnormung (ETIS)
- mit anderen für die Normung tätigen internationalen wirtschaftlichen, beruflichen und wissenschaftlichen Organisationen.

CEN hat und fördert Kontakte mit Regierungen, Körperschaften öffentlichen Rechts, Herstellern, Anwendern, Verbrauchern, Wissenschaftlern, Gewerkschaften usw.

CEN hat zur Beseitigung technischer Handelshemmnisse als Aufgabe die Einführung harmonisierter Normen auf europaweiter Basis durch:

- Erarbeitung von Europäischen Normen (EN)
- Harmonisierung nationaler Normen der CEN-Mitglieder
- Unterstützung und Einführung internationaler Normen (ISO und andere)
- Erarbeitung von Berichten über den Stand der Harmonisierung der Normen der CEN-Mitglieder
- Bereitstellung harmonisierter Verfahren für die gegenseitige Anerkennung von Prüf- und Überwachungsergebnissen und Zertifizierungssystemen auf europäischer Ebene.

Die technische Arbeit wird von z.Zt. über 270 Technischen Komitees ausgeführt. Bisher wurden über 10.000 Europäische Normen (EN) erarbeitet.

Anschrift:

Europäisches Komitee für Normung (CEN)
Rue de Stassart 36, B-1050 Brüssel,
Telefon ++32-2-5500811, Fax ++32-2-5500819
Internet: http://www.cenorm.be
E-Mail: infodesk@cennorm.be
(letzte Änderung 24.7.2006)

CENELEC (Comitté Européen de Normalisation Electrotechnique / European Committee for Electrotechnical Standardization / Europäisches Komitee für Elektrotechnische Normung)

CENELEC ist eine Vereinigung von 22 nationalen elektrotechnischen Komitees in Europa, die gleichzeitig Mitglieder der Internationalen Elektrotechnischen Kommission (IEC) sind.

Aufgrund gegenseitigen Übereinkommens zwischen den CENELEC-Mitgliedern sollen alle technischen Unterschiede zwischen nationalen Normen oder zwischen nationalen Verfahren, die bei Konformitätsbescheinigungen angewandt werden, abgebaut werden, wenn sie Handelshemmnisse bewirken.

Nationale Normen sind harmonisiert, wenn Betriebsmittel, die in einem Land in Übereinstimmung mit der nationalen Norm dieses Landes hergestellt sind, de facto auch den Anforderungen der nationalen Normen der anderen Länder, die Mitglied von CENELEC sind, entsprechen: sie können dann also ungehindert auf den Markt eines jeden Mitgliedslandes gebracht werden. Die Basis für die Harmonisierungsarbeit von CENELEC sind soweit wie möglich die Ergebnisse der IEC.

Sobald CENELEC eine bestehende internationale Norm als Grunddokument ausgewählt hat, unterbrechen alle Nationalen Komitees ihre nationalen Arbeiten für denselben Normungsgegenstand, bis innerhalb CENELEC eine Entscheidung gefällt worden ist, wie diese Norm auf nationaler Ebene umgesetzt werden soll. Dies ist die sogenannte Stillhaltevereinbarung.

Entweder wird die internationale Norm ohne jegliche textliche Änderung angenommen oder es werden gewisse Abänderungen als notwendig erachtet, um den Anforderungen des europäischen Marktes zu genügen.

Diese Abänderungen werden durch ein Technisches Komitee von CENELEC erarbeitet und durch eine Abstimmung aller nationalen Komitees angenommen. Sie sind dann Teil der gemeinsam angenommenen Norm, die von CENELEC entweder als Europäische Norm (EN) oder als Harmonisierungsdokument (HD) bezeichnet wird. Die Nationalen Komitees müssen dann entsprechende nationale Maßnahmen durchführen.
EN und HD werden als nationale Normen anerkannt oder veröffentlicht. Die erste Anforderung für die Umsetzung auf nationaler Ebene sowohl von EN als auch HD ist, dass ihr Bestehen in allen Mitgliedsländern bekannt gemacht werden muß und dass alle entgegen stehenden nationalen Normen vor Ablauf einer festgelegten Frist entweder zurückgezogen oder angepasst werden müssen, um den technischen Anforderungen des neuen CENELEC-Schriftstückes zu entsprechen.
Bei einer EN, die stets in den drei offiziellen Sprachfassungen Englisch, Deutsch, Französisch aufgestellt wird, muss der vollständige Text als neue nationale Norm veröffentlicht (oder als national gültig anerkannt) werden ohne zusätzliche Änderungen oder Anforderungen.
Bei einem HD sind die Nationalen Komitees frei, ob sie einen identischen oder einen technisch gleichwertigen Text als nationale Norm veröffentlichen wollen, oder ob sie gar nichts veröffentlichen wollen. Letzteres gilt nur unter der Voraussetzung, dass alle entgegen stehenden nationalen Anforderungen voll zurückgezogen werden und dass, wenn eine nationale Norm später veröffentlicht wird, diese entweder identisch oder technisch gleichwertig mit dem HD ist.
Seit dem 1.9.96 gilt auf Grund einer Kooperationsvereinbarung zwischen IEC und CENELEC zusätzlich folgendes: Bei CENELEC für notwendig gehaltene Normungsvorhaben werden von der IEC bearbeitet, wenn bestimmte Fristen eingehalten werden können. Über das Ergebnis wird gleichzeitig bei IEC und CENELEC abgestimmt (Parallel voting). Diese Vereinbarung soll Doppelarbeit verhindern und die Normungsarbeiten beschleunigen.

Anschrift:

CENELEC, Europäisches Komitee für
Elektrotechnische Normung,
Rue de Stassart 35, B-1050 Brüssel,
Telefon ++32-2-5196871, Fax ++32-2-5196919
Internet: http://www.cenelec.org
E-Mail: general@cenelec.org

CFPA Confederation of Fire Protection Associations Europe

Die Confederation of Fire Protection Associations in Europa ist ein Verband nationaler Brandschutzorganisationen der EG und der EFTA. Sie wurde 1974 gegründet und setzt sich, gestützt auf die umfangreichen Ressourcen ihrer 14 Mitglieder, europaweit für hohe Standards im Brandschutz und eine Verringerung der Brandschäden ein. Mit verschiedenen Brandschutzaktivitäten will die CFPA die Arbeit der EG-Kommission, der Normungsgremien CEN/CENELEC, aber auch solcher Institutionen wie EURALARM unterstützen. Mitglieder sind die folgenden nationalen Brandschutzorganisationen:

6

Austria
Institute for technical safety
Institut für technische Sicherheit –
SCHUTZ HAUS
Siebenbrunnengasse 21A
A -1050 Wien
Tel.: (+43) 1 544 25 02
Fax: (+43) 1 544 25 02 43
E-mail: schutzhaus@schutzhaus.at
Internet: www.schutzhaus.at

Belgium
Association nationale pour la Protection
contre l'incendie et l'intrusion – ANPI
Parc scientifique Fleming
B – 1348 Louvain-la-Neuve-sud
Tel.: (32) 10 47 52 11
Fax: (32) 10 47 52 70
E-mail: alain.georges@anpi-nvbb.be
Internet: www.anpi.be

Denmark
Danish Institute of Fire and Security Technology – DIFT
Dansk Brand- og sikringsteknisk Institut – DBI
Jernholmen 12
DK – 2650 Hvidovre
Tel.: (45) 36 34 90 00
Fax: (45) 36 34 90 02
E-mail: pj@dift.dk
Internet: www.dbi-net.dk oder www.dift.dk

Finland
The Finnish National Rescue Association
Suomen Pelastusalan Keskusjärjestö – SPEK
Ratamestarinkatu 11
SF – 00520 Helsinki
Tlf.: (358) 9 476 112
Fax: (358) 9 476 11 400
E-mail: vaihde@spek.fi
E-mail simo.tarvainen@spek.fi
Internet: www.spek.fi

France
Centre National de Prévention et de Protection – CNPP
BP 2265
F - 27950 Saint Marcel
Tel.: (351) 3 253 64 00
Fax: (351) 3 253 64 66
E-mail: benoit.clair@cnpp.com
Internet: www.cnpp.com

Germany
VdS-Schadenverhütung
Amsterdamerstrasse 172
D-50735
Tel.: (49) 221 7766 156 / 221 7766 0
(Durchwahl: 472
Fax: (49) 221 7766 150
E-mail: mschnell@vds.de
Internet: www.vds.de
Vereinigung zur Förderung des Deutschen Brandschutzes – vfdb
Brandamtsrat
Postfach 1231, 48338 Altenberge
Tel.: 02505/2468
Fax: 02505/991636
F. 0251/4111267, Fax 0251/4111219
F. 02505/2617 (Geschäftszimmer)
Email: vfdb.spohn@t-online.de
Internet: www.vfdb.de

Iceland
Brunamálastofnun
Skúlagötu 21
101 Reykjavík
Tel: 591 6000
Fax: 591 6001
Email: brunamal@brunamal.is
Internet: www.brs.is

Ireland
National Safety Council - NSC
Northbrook Road 4 – Ranelagh
IRL – Dublin 6
Tel.: (353) 1 4963 422
Fax: (353) 1 4963 306
Email: aw.richardson@nsc.ie
Email: info@nsc.ie
Internet: www.nsc.ie

Italy
Associazione Italiana fra Addetti alla Sicurezza – AIAS
Via del Vecchio Politecnico
7 – 20121 Milano
Tel.: (39) 76 00 20 15
Fax: (39) 76 02 04 94
Email: csilaias@genan.it

Netherlands
Nationaal Centrum voor Preventie
Postbus 261
3990 GB HOUTEN
tel: (31) 30 22 96 000
fax: (31) 30 2296 030
Email: gruijter@ncp.nl
Internet: www.ncp.nl

Norway
Norsk brannvernforening
Boks 6703 St Olavs plass
N – 0130 Oslo
Tel.: (47) 23 15 71 00
Fax: (47) 23 15 71 01
Email:
dagfinn.kalheim@brannvernforeningen.no
Internet: www.brannvernforeningen.no

Romania
Fire Corps of Romania
Asociatia Romana de Aparare impotriva Incendiilor – A.R.A.I.
str. Dumitrache Banu nr.46
sector 2, cod 023765, Bucuresti
ROMANIA
Tel: +40 21 208 61 50
Fax: +40 21 242 09 84
President of Romanian Association of Fire Protection – Razvan BALULESCU
Email: ctp@mai.gov.ro
Chief of Training Commission – Constanta ENE
Email: constanta.ene@mai.gov.ro

Serbia
DITUR
Kneza Milosa 7
11000 Belgrade
Serbia
Tel.: (38) 111 276 2867
Fax: (38) 164 145 8647
Email: vidakm@ptt.yu
Internet: www.ditur.org.yu

Slovenia
SZPV – Slovenian Fire Protection Association
Address: Celovska cesta 150, 1000 Ljubljana, Slovenia
Tel: +386 1 514 24 74
Fax: +386 1 514 24 75
Email: info@szpv.si
Internet: www.szpv.si

Spain
Centro Nacional de Prevenaón de Danos Y Pérdidas
CEPREVEN
Sagasta 18
Tel.: (34) 91 448 31 73/ 93 488 13 93
Fax: (34) 91 445 71 36
Email: mas@cepreven.com
Internet: www.cepreven.com

Sweden
The Swedish Fire protection Association, SFPA
Svenska Brandskyddsföreningen
SE-115 87 Stockholm, Sweden
Visitors address: Sturegatan 38, Stockholm
Phone: (46) 8 58847400
Fax: (46) 8 6670198
Email: tommy.arvidsson@svbf.se
Internet: www.svbf.se

Switzerland
Swiss Institute for the Promotion of Safety & Security
Schweizerisches Institut zur Förderung der Sicherheit – sicherheitsinstitut
Nüschelerstrasse 45
CH – 8001 Zürich
Tlf.: (41) 1 217 43 33
Fax: (41) 1 211 70 30
Email: hruegg@swissi.ch
Internet: www.swissi.ch

United Kingdom
Fire Protection Association – FPA
London Road
Moreton in Marsh
Gloucestershire GL56 0RH
Tel.: (44) 20 7793 1601
Fax: (44) 20 7793 1602
Email: fpa@thefpa.co.uk
Email: joneill@thefpa.co.uk
Internet: www.thefpa.co.uk

CFPA International
Internet: www.cfpa-i.org
(letzte Änderung 24.7.2006)

Co.E.S.S. (Confederation of European Security Services)

Die Confederation of European Security Services wurde 1989 von vier europäischen Verbänden des Wach- und Sicherheitsgewerbes in Rom gegründet.
Ziel des europäischen Dachverbandes ist es, zur Weiterentwicklung des privaten Sicherheitsgewerbes in Europa beizutragen und die Interessen des Gewerbes in Brüssel wirksam zu vertreten. Deshalb haben die Mirgliedsstaaten im vergangenen Jahr beschlossen, die Geschäftsführerin des belgischen Branchenverbandes, Hilde de Clerck, zur Generalsekretärin

6

des Co.E.S.S. mit Sitz in Brüssel zu ernennen. Im Vorgriff auf die zum 01.05.2004 beschlossene Ost-Erweiterung der Europäischen Union wurden in den vergangenen Jahren die nationalen Sicherheitsverbände von Zypern, Estland, Ungarn, Polen, der Tschechischen Republik und Slowakei aufgenommen. Weitere Mitgliedsstaaten sind Norwegen, die Schweiz und die Türkei. Außerordentliches Mitglied ist die internationale Vereinigung der Geld- und Wertdienste ESTA.
Die Co.E.S.S. vertritt insgesamt fast 29.000 Unternehmen, die über 1,2 Millionen Mitarbeiter/innen im Sicherheitsgewerbe der genannten Länder beschäftigen.
Im Jahr 2003 wurde erstmals ein Jahresbericht (Annual Report) herausgegeben. Jährlich erscheinen 2 Newsletter, die über die aktuelle Entwicklung in den Mitgliedsstaaten und über die aktuelle Verbandsarbeit informieren. Auf der Homepage der Co.E.S.S. finden Sie unter www.coess.org die genannten Informationen sowie alles Wissenwerte über das europäische Sicherheitsgewerbe.

Anschrift:

Co.E.S.S. General Secretariat
Konigin Fabiolaan 25
B-1780 Wemmel
Internet: http://www.coess.org
(letzte Änderung 24.7.2006)

EA Europäische Kooperation für Akkreditierung von Laboratorien, Inspektions- und Zertifizierungsstellen

Die European cooperation for Accreditation wurde am 27. November 1997 in Wien durch die Unterzeichnung eines neuen Memorandum of Understanding (MoU) als Folge des Zusammenschlusses der europäischen Akkreditierungsorganisationen für Prüfung und Kalibrierung (EAL) und für Zertifizierung (EAC) gebildet.
Der Zusammenschluß von EAL und EAC zu EA ergab sich aus der Praxis der Mitgliedsländer, Akkreditierungen von Kalibrier- und Prüflaboratorien, Inspektions- und Zertifizierungsstellen (oft auch als „Konformitätsbewertungsstellen" bezeichnet) möglichst durch eine national anerkannte Akkreditierungsstelle durchführen zu lassen.
Akkreditierung wird in verstärktem Maße von regelsetzenden Stellen und durch den Markt als ein unparteiisches, unabhängiges und transparentes Mittel zur Begutachtung der Kompetenz von Konformitätsbewertungsstellen eingesetzt. Eine wichtige Rolle der EA ist es, die Gleichwertigkeit der Kompetenz dieser Stellen innerhalb Europas durch Multilaterale Anerkennungsvereinbarungen (MLA) zu entwikkeln, zu begutachten und aufrechtzuerhalten und dieses entstandene Netzwerk weltweit weiter zu entwickeln, um so die technische Grundlage zur Verwirklichung der Idee „einmal geprüft oder zertifiziert – überall anerkannt" zu schaffen.
Derzeit gehören der EA Akkreditierungsstellen folgender Mitgliedsländer an: Belgien, Bulgarien, Dänemark, Deutschland, Estland, Finnland, Frankreich, Griechenland, Großbritannien, Irland, Island, Italien, Lettland, Litauen, Luxemburg, Malta, Niederlande, Norwegen, Österreich, Portugal, Polen, Rumänien, Schweden, Schweiz, Slowakische Republik, Slowenien, Spanien, Tschechische Republik, Ungarn. Noch nicht alle diese Stellen haben das MLA unterzeichnet.
Assoziierte Mitglieder kommen aus: Albanien und Kroatien, der Türkei, Serbien und Montenegro.

Anschrift:

EA Secretariat
37, rue de Lyon
FR-75012 PARIS / FRANCE
Phone +33 1 4468 8225
Fax +33 1 44689 606
E-Mail: secretariat.EA@cofrac.sr
und über die EA-Internet-Homepage
http://www.european-accreditation.org/
(Letzte Änderungen 18.7.2006)

EASA (European Aviation Security Association)

Die EASA arbeitet als Interessenvertretung von sechs europaweit führenden Unternehmen der Flughafensicherheitsbranche. Zu den Zielsetzungen zählt die Festlegung eines europaweit einheitlichen Qualitätsstandard für die Aus-, Fortbildung und Überprüfung von Security-Fachkräften. Neben der Fluggastkontrolle betrifft dies auch Schutzmassnahmen für Fluggesellschaften und die Flugzeugindustrie.

Anschrift:

KÖTTER GmbH & Co. KG
Wilhelm-Beckmann-Strasse 7, D-45307 Essen
Telefon 0201 2788 388, Fax 0201 2788 488
Internet: http://www.koetter.de
E-Mail: info@koetter.de

European Certification Board·Security Systems (ECB·S)

Als neutrales Zertifizierungsorgan des European Security Systems Association (ESSA), früher: Forschungs- und Prüfgemeinschaft Geldschränke und Tresoranlagen e.V. (Zertifizierungsstelle nach EN 45011), zertifiziert der European Certification Board·Security Systems (ECB·S) auf Grundlage einer europäischen Norm Produkte des Geldschrank- und Tresorbaus zum Schutz gegen Einbruchdiebstahl und gegen Brände sowie Hochsicherheitsschlösser. Mit dem ECB·S-Produktzertifikat soll für die Hersteller ein freier Zugang zu allen europäischen Ländern geschaffen werden. Die Ausstellung von knapp 800 ECB·S-Zertifikaten und die Abgabe von mehr als 321.000 Zertifizierungsmarken (Wertbehältnisse: 175.000, Hochsicherheitsschlösser: 146.000) seit der Markteinführung im Januar 2002 bis Ende Juni 2006 bestätigt die breite Akzeptanz durch die Kunden der Branche aus dem privaten, gewerblichen und industriellen Bereich:

- Brandschutztechnische Erzeugnisse
  (214) Zertifikate)
  194 Zertifikate für Datensicherungsschränke (EN 1047-1)
  13 Zertifikate für Disketteneinsätze
  (EN 1047-1)
  6 Zertifikate für Datensicherunsgräume
  (EN 1047-2)
  1 Zertifikat für Datencontainer (EN 1047-2)
- Einbruchdiebstahl-Produkte
  (524 Zertifikate)
  9 Zertifikate für Sicherheitsschränke
  (prEN 14 450/EN 14450)
  186 Zertifikate für Wertschutzschränke
  (EN 1143-1)
  29 Zertifikate für Wertschutzschränke für Geldautomaten (EN 1143-1 EN 1143-1A1)
  99 Zertifikate für Wertschutzraumtüren
  (EN 1143-1 / EN 1143-1 A2)
  195 Zertifikate für Wertschutzraumwandungen (EN 1143-1 / EN 1143-1 A2)
- Hochsicherheitsschlösser (55 Zertifikate)
  55 Zertifikate für Hochsicherheitsschlösser
  ENV 1300/EN 1300)

Die Zertifizierungsmarken und das Zertifikat des European Certification Board haben sich als Nachfolge-Gütesiegel gegenüber der RAL-Produktzertifizierung bei den Wertbehältnissen durchgesetzt. Eine steigende Akzeptanz ist zu verzeichnen. Die Hersteller kennzeichnen ihre Produkte zunehmend mit der ECB·S-Zertifizierungsmarke. Die Markteinführung konnte so mit einen sehr positiven Ergebins abgeschlossen werden.

Dies wird auch durch den starken Mitgliederzuwachs bestätigt. Aufgrund der erfolgreichen Markteinführung der ECB·S-Produktzertifizierung und der positiven Kundenakzeptanz konnten seit Januar 2002 bis Ende Juni 2006 insgesamt 15 neue FuP/ESSA-Mitglieder gewonnen werden. Der aktuelle Mitgliederbestand weist 40 Unternehmen aus Brasilien, Deutschland, Finnland, Frankreich, Großbritannien, Indonesien, den Niederlanden, Malaysia, Österreich, Schweden, Schweiz, Slowenien, Tschechien, Ungarn und USA aus.

Durch die internationale Ausrichtung der FuP/ESSA – der Anteil ausländischer Mitgliedsunternehmen beträgt 50 Prozent – wird auch künftig die Verbreitung des Prüf-, Zertifizierungs- und Gütesicherungsverfahrens des European Certification Board·Security Systems (ECB·S) als neutrales Zertifizierungsorgan des European Security Systems Accociation im Markt weit über die Grenzen Europas hinaus gefördert.

Mit dem Internetauftritt www.ecb-s.com können sich alle Marktteilnehmer detailliert über die Aufgaben, die Serviceangebote und die Zielsetzung des European Certification Board sowie über die Hersteller mit ihren ECB·S zertifizierten Produkten informieren.

Ausführliche Informationen siehe Stichwort European Security Systems Association (ESSA), früher Forschungs- und Prüfgemeinschaft Geldschränke und Tresoranlagen.

6

Anschrift:

European Certification Board·Security Systems (ECB·S)
c/o European Security Systems Association e.V.
Lyoner Straße 18, 60528 Frankfurt,
Telefon (069) 6603-1451
Fax (069) 6603-1675
E-mail: ecbs@vdma.org
Internet: http://www.ecb-s.com
(letzte Änderung 3.7.2006)

EFSAC – European Fire and Security Advisory Council

Ende 1990 wurde von den europäischen Verbänden CEA (Versicherer), EUROFEU (Hersteller von Feuerlöschanlagen), EURALARM (Hersteller von Brand- und Einbruchmeldeanlagen), EUROSAFE (Hersteller von Wertbehältnissen) und CFPA-Europe (nationale Brandschutzorganisationen) ein europäischer Verband, das European Fire and Security Advisory Council (EFSAC) gegründet. EFSAC sieht seine Aufgaben im wesentlichen darin,

- mit den Sektorkomitees und Abkommengruppen auf seinem Gebiet eng zusammenzuarbeiten,
- Hilfestellung für die Erarbeitung technischer Regelwerke zu leisten und die Einrichtung von unabhängigen Zertifizierungsstellen und Prüflaboratorien zu unterstützen,
- die Öffentlichkeitsarbeit für die Anwendung zuverlässiger Systeme der Schadenverhütung im Bereich des Brandschutzes und der Sicherheitstechnik aktiv mitzugestalten, eine europäische Plattform für die interdisziplinäre Zusammenarbeit zwischen den Mitgliedsverbänden zu bilden,
- europäische Behörden bei der Erstellung von Schutzzielen und technischen Anforderungen für den Brandschutz und die Sicherungstechnik zu beraten.

Die Mitgliedschaft in EFSAC ist allen europäischen Organisationen möglich, die sich mit Aufgaben der Schadenverhütung im Bereich des Brandschutzes oder der Sicherungstechnik beschäftigen.

Anschrift:

EFSAC
Diamant Building
80 Bd Reyers, B-1030 Brüssel
Tel.: +32 2 706 82 37, Fax: +32 2 706 82 53
Internet: http://www.efsac.org

EFSG – European Fire and Security Group

Als Reaktion auf die Einrichtung von sogenannten EOTC-Abkommengruppen haben auf dem Gebiet des Brandschutzes und der Sicherungstechnik tätigen Zertifizierungsstellen

- Building Research Establishment, BRE (vormals LPCB) in Grossbritannien
- Centre National de Prévention et de Protection, CNPP (vormals APSAD) in Frankreich und
- VdS Schadenverhütung in Deutschland

die Abkommengruppe EFSG – die European Fire and Security Group.

Ziel dieser Gruppe von Zertifizierungsstellen ist es, auf Basis von europäischen Normen die Prüf- und Zertifizierungstätigkeiten für Hersteller von Produkten der Brandschutz und Sicherungstechnik zu vereinfachen. Auf Grundlage von sogenannten „Basic Agreements“ und „Bi-/Multilateral Agreements“ haben Hersteller die Möglichkeit ihre Produkte, die von einem EFSG-assoziierten Labor geprüft wurden, von mehreren Zertifizierungsstellen anerkennen zu lassen.

Die Mitgliedschaft in EFSG für Zertifizierungsstellen und deren assoziierte Laboratorien unterliegt strengen Anforderungen wie z.B. neben dem Nachweis der Akkreditierung nach DIN EN 45011 bzw. EN ISO/IEC 17025 für Laboratorien, Nachweise über Erfahrungen, geschulte Mitarbeiter, angemessene Versicherung, Ringversuche.

Heute hat EFSG 9 Mitglieder in 7 Ländern.

Anschrift:

European Fire and Security Group EFSG
c/o VdS Schadenverhütung GmbH
Amsterdamer Str. 174, D-50735 Köln,
Tel.: 0221/7766-375, Fax: 0221/7766-377
Internet: http://www.efsg.org
E-Mail: info@efsg.org

ELF – European Locksmith Federation

ELF ist der Dachverband der nationalen Sicherheits- und Schlüssel-Fachverbände folgender Länder: Belgien, Bundesrepublik mit Vertretungen von Österreich und der Schweiz, Dänemark, England, Finnland, Holland, Norwegen, Schweden, Spanien, Italien und Irland. Der Verband hat folgende Ziele:

- Erfahrungsaustausch und Weiterbildung bei Seminaren, Tagungen und persönlichen Besuchen
- Beeinflussung und Weiterentwicklung des Marktanteiles der Sicherheitsfachgeschäfte
- Marktprofilierung durch einheitliche europäische Maßnahmen (corporate Design)
- Weiterentwicklung der handelsüblichen Produktverpackung und der Dienstleistungen
- Förderung der Berufsinteressen und der Qualitätsverbesserung im Sinne einer europäischen Gemeinsamkeit
- Kontaktpflege zu den außereuropäischen Verbänden.

Die Mitgliedschaft ist auf die Fachverbände der Sicherheits- und Schlüsselfachgeschäfte begrenzt, die in ihren Ländern diese Branche repräsentieren.

Anschrift:

European Locksmith Federation,
Mühlentorstrasse 17
D-49808 Lingen (EMS)
Tel. +49 591 3399, Fax +49 591 3499
E-Mail: eurlcokfed@aol.com
Internet: http://www.eurolockfed.com

EOTC - European Organisation for Testing and Certification

Abkommengruppen sind Einrichtungen, die sich aus mindestens drei nationalen Zertifizierern aus dem Bereich der EG oder EFTA (z.B. Brandschutz) zusammensetzen mit dem Ziel, die fachspezifischen Bedingungen für bilaterale und multilaterale Zertifizierungsabkommen aufzustellen. Die Mitgliedschaft muß allen Zertifizierern möglich sein, welche sowohl die Europa-Norm DIN EN 45011/45012 als auch die hierüber hinausgehenden, von der Gruppe selbst aufgestellten Zertifizierungsgrundsätze erfüllen.

Die Sektorkomitees sind produktspezifische Einrichtungen und sollen von den für die jeweiligen Produkte relevanten Wirtschaftskreisen (Hersteller, Verbraucher, Errichter, Behörden, Versicherer) getragen werden. Ihre Aufgabe besteht im wesentlichen darin, den entsprechenden Abkommensgruppen die Marktbedürfnisse deutlich zu machen.

Die Spezialkomitees sind für alle übergeordneten Zertifizierungskriterien, z.B. für Kalibrierungs- und Qualitätssicherungsfragen, zuständig (horizontale Ebene). Mitglieder der Spezialkomitees sollen Experten von nationalen Akkreditierungsstellen und Abkommengruppen sein.

Anschrift:
EOTC
Egmont Housel, Rue d'Egmont 15, 2nd floor,
B-1000 Bruxelles,
Telefon 0032/2/5024141, Fax 0032/2/5024239

6

Euralarm

Euralarm, Vereinigung europäischer Hersteller von Sicherheitsanlagen für Brand, Einbruch und Überfall, verfolgt auf internationaler Ebene die Wahrung der Interessen ihrer Mitglieder. Insbesondere auf den Gebieten der Marktentwicklung und Technologie engagiert sich Euralarm in internationalen Organisationen, wie CEN und CENELEC sowie über ihre nationalen Mitglieder in den jeweiligen nationalen Verbänden.

Euralarm ist bestrebt durch Kooperationen unter anderem mit den Versicherern, wie CEA, und mit anderen Verbänden, wie Eurofeu (Europäischer Verband der Hersteller von Fahrzeugen, Geräten und Anlagen für den Brandschutz) und Eurosafe die gemeinsamen Interessen sicherzustellen und über europäische Richtlinien und Normen zu unterstützen.

Zur Zeit sind neben der direkten Mitgliedschaft von 10 Herstellern und erreichten 14 Ländern mit insgesamt 19 nationalen Verbänden im Euralarm vertreten.

Anschrift:

Euralarm, General Secretariat
c/o Siemens Building Technologies Fire & Security Products GmbH & Co. oHG
Richard-Strauss-Str. 76, D-80286 München
Telefon 089 9221 3133, Fax 089 9221 4017
Internet: http://www.euralarm.org
(letzte Änderungen 18.7.2006)

EUROFEU

Anschrift:

EUROFEU, Generalsekretariat,
Lyoner Straße 18, D-60528 Frankfurt,
Telefon 069 6603-1305, Fax 069 6603-1464
Internet: http://www.eurofeu.org
E-Mail: bernd.scherer@vdma.org

Europäische Prüfinstitute für Wertschutzschränke, Wertschutzräume, Datensicherungsschränke und Datensicherungsräume

Belgien
ANPI-NVBB
Parc Scientifique
B-1348 Louvain-la-Neuve
Telefon 010/475211, Fax 010/475270

Dänemark
DANISH TECHNOLOGICAL INSTITUTE
Industrial Technology
Gregersensvej, P. O. Box 141,
DK-2630 Taastrup
Telefon 045/43504350, Fax 045/43504422

Deutschland
VdS Schadenverhütung GmbH
Labor für Sicherungstechnik
Amsterdamer Str. 174, 50735 Köln
Telefon 0221/7766468, Fax 0221/7766101
Internet: http://www.vds.de

Für Datensicherungsschränke
und Datensicherungsräume:

Materialprüfanstalt für das Bauwesen (MPA)
Institut für Baustoffe, Massivbau und Brandschutz (IBMB) der TU Braunschweig
Beethovenstr. 52, 38106 Braunschweig
Telefon 0531/3915400, Fax 0531/3915900
E-mail: info@mpa.tu.bs.de
Internet: http://www.mpa.tu.bs.de

Finnland
VTT
Construction and Infrastructure
Postfach 1000
FIN-02044 VTT
Telefon +358 20 222111
Fax: +358 20 7227001

Frankreich
C.N.P.P. Centre National de Prévention et de Protection
BP 2265, F-27950 Saint-Marcel
Telefon 0/32536454, Fax 0/32536496

Italien
Istituto Giordano S.p.a.
Via Rossini 2, I-47814 Bellaria
Telefon 0541/343030, Fax 0541/345540

Schweden
SSF The Swedish Theft Prevention Association
Tegeluddsvägen 100, S-11587 Stockholm
Telefon 08/783 74 50, Fax 08/663 96 52
E-Mail info@stoldskydd.se
(letzte Änderung 18.7.2006)

EUROSAFE

EUROSAFE (European Committee of Safe Manufacturers Associations) ist die Vereinigung von europäischen Wirtschaftsverbänden des Geldschrank- und Tresorbaus. Ziel von EUROSAFE ist es, die gemeinsamen Interessen der europäischen Geldschrank- und Tresorbauindustrie insbesondere im Hinblick auf den geplanten EG-Binnenmarkt gegenüber der Europäischen Gemeinschaft zu vertreten. Dies gilt insbesondere für die Harmonisierung von Prüfvorschriften zur Ermittlung des Widerstandswertes von Erzeugnissen.

Anschrift:

EUROSAFE, VDMA Security Systems Association
Lyoner Straße 18, 60528 Frankfurt,
Tel. (069) 6603-1453
Telefax (069) 6603-1675
E-mail: sis@vdma.org
Internet: http://www.vdma.org
(letzte Änderungen 3.7.2006)

ISO (International Organization for Standardization)

ISO ist die internationale, nicht-staatliche Vereinigung von nationalen Normenorganisationen aus über 150 Ländern. Sie erarbeitet Internationale Normen in allen Bereichen mit Ausnahme der Elektrotechnik und der Telekommunikation, für die IEC (International Electrotechnical Commission) und ITU (International Telecommunication Union) zuständig sind.
Zahlreiche technische Gremien der ISO befassen sich mit Internationalen Normen, die sicherheitstechnische Grundsätze enthalten. Themen wie beispielsweise Brandschutz, Personenschutz oder Sicherheit im Bauwesen sind elementare Bestandteile von Internationalen Normen aus verschiedensten Bereichen.
Die SNV Schweizerische Normen-Vereinigung als nationale Normenorganisation ist Mitglied der ISO und Ansprechpartner für das Normenwesen in der Schweiz.

Anschrift:

Schweizerische Normenvereinigung (SNV)
Bürglistrasse 29, CH-8400 Winterthur
Telefon 052 224 54 54
Fax 052 224 54 74
Internet: http://www.snv.ch
E-Mail: info@snv.ch
(Letzte Änderungen 18.7.2006)

Ligue Internationale des Sociétés de Surveillance

In der Ligue Internationale des Sociétés de Surveillance sind weltweit private Sicherheitsunternehmen zusammengeschlossen, die von der Vereinigung als die jeweils national bedeutendsten angesehen werden. Die Schweiz ist durch die Securitas AG Schweizerische Bewachungsgesellschaft und die Siemens Building Technologies AG vertreten, Deutschland durch Kötter Security Westdeutscher Wach- und Schutzdienst Fritz Kötter GmbH & Co. KG, Securitas Sicherheitsdienste GmbH & Co. KG und Bosch Sicherheitssysteme GmbH, Österreich durch Group 4 Securitas Austria AG. Auf der Homepage der Ligue Internationale des Sociétés de Surveillance befindet sich das gesamte Mitgliederverzeichnis.

Anschrift:

Ligue Internationale des Sociétés de Surveillance, p. A. Securitas AG,
Alpenstraße 20, CH-3052 Zollikofen,
Telefon 031/9101218, Fax 031/9116334
Internet: http://security-ligue.org
E-Mail: liga@securitas.ch
(letzte Änderung 24.7.2006)

Vorschriften, Bestimmungen, Richtlinien, Wegleitungen

Inhalt Teil 7

Europa

Seite

Bundesrepublik Deutschland

Schweiz

Damit Sie sicher sind

Integrierbare Feuer- und Sicherheitssysteme nach Maß

Building Technologies

SIEMENS

Wir begleiten Sie während der gesamten Nutzungsdauer Ihres Gebäudes

Brandschutz- und Sicherheitssysteme, Lösungen und Services von Siemens

Die Anforderungen, die an ein modernes Brandschutz- oder Sicherheitssystem gestellt werden, sind vielfältig.

Siemens bietet daher vielseitige Lösungen für die gesamte Nutzungsdauer von Gebäuden an, die Menschen, Werte, Eigentum und Geschäftsprozesse zuverlässig und kontinuierlich schützen. Nahtlose Integration sowie die Anpassungsfähigkeit an individuelle Bedürfnisse sind für uns selbstverständlich. Dies bedeutet, dass unsere maßgeschneiderten Lösungen nicht nur für neue Gebäude geeignet sind, sondern auch Wertsteigerung für ältere Gebäude mit sich bringen.

Brandschutzsysteme

Von Detektoren bis hin zu Meldezentralen ist Sinteso™ eine neue Dimension im Brandschutz. Alle Brandschutz- sowie Alarm- und Evakuierungssysteme sind normenkonform und bieten:

- flexible, intelligente Lösungen für alle Anforderungen
- umfassende Lösungen vom Gefahrenmanagement bis hin zum Service

Löschsysteme

Sinorix™ bietet umfassende Brandschutzlösungen. Schnelle Intervention, angepasst an die jeweilige Situation, sorgen dafür, dass Brände rechtzeitig gelöscht werden können. Die Vorteile sind:

- frühe Erkennung, rasche Reaktion
- anerkannte Zuverlässigkeit
- umweltfreundliche Lösungen

Intrusionssysteme

Die Sintony® Einbruchmeldezentralen und Detektoren von Siemens bieten einen zuverlässigen und risikoabgestimmten Schutz. Sie passen sich der individuellen Situation und den Bedürfnissen an. So lassen sich Klein-, Mittel- und Großbetriebe, aber auch der Heimbereich optimal sichern. Bei der Peripherie-, Raum- und Objektüberwachung verbindet sich modernste Technologie mit zuverlässiger Detektion und intelligenter Signalanalyse.

- umfassender Schutz
- modernste Technologie
- weniger Falschalarm-Meldungen
- verkabelt oder kabellos

Videoüberwachung

Siemens bietet eine umfassende Palette an Produkten und Systemen für die Videoüberwachung, von Kameras bis hin zu Monitoren. Die digitalen SISTORE™ Aufzeichnungssysteme folgen dem Trend zu digitalen Lösungen am Markt und erfüllen die höchsten Anforderungen:

- einfache Bedienbarkeit
- flexible Steuerung, effiziente Verarbeitung
- einfacher Zugriff auf aufgezeichnete Bilder
- Integration mit anderen Sicherheitssystemen

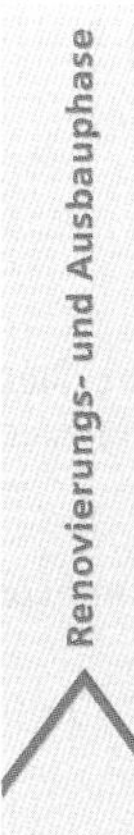

Intelligentes Networking
Maßgeschneiderte Gesamtlösungen umfassen:

- Gebäudeautomation und -steuerung
- Gebäudesicherheit
- Heizung, Lüftung, Klimaregelung und Kühlung
- Raumautomation
- Stromverteilung
- Brandschutz
- Einbruchschutz
- Zutrittskontrolle
- Videoüberwachung
- Drittsysteme und Meldungen

Zutrittskontrolle

SiPass™ ist das umfassende Zutrittskontrollsystem von Siemens, das skalierbar von Eintüranwendungen bis zu weltweit vernetzten Großinstallationen eingesetzt werden kann.

- hoch-skalierbar
- prämiertes Ausweisleserdesign
- berührungslose Lesetechnologie und biometrische Fingerabdruckleser
- Integration mit anderen Systemen

Service

Für alle Systeme und Lösungen bietet Siemens mit Advantage Services™ ein umfassendes und flexibles Service-Portfolio, das in jedem Lebenszyklus eines Systems an die jeweiligen Bedürfnisse und Anforderungen angepasst werden kann. Auf diese Weise garantieren wir, dass Ihre Gebäudetechnologie jederzeit optimal funktioniert.

Innovation

Siemens investiert kontinuierlich in Forschung und Entwicklung. Daraus entstehen ständig neue Innovationen, die zu einer konstanten Verbesserung der Brandschutz- und Sicherheitssysteme führen.

Zuverlässigkeit

Selbst nach vielen Jahren können bestehende Systeme erweitert oder nachgerüstet werden. Ihre Investitionen sind daher bestens geschützt.

Sicherheit

Siemens Produkte bieten Ihnen Sicherheit. Nicht nur für morgen, sondern über Jahrzehnte hinweg. Unzählige Kunden auf der ganzen Welt verlassen sich bereits auf Siemens.

Highlights

- Maßgeschneiderte Lösungen für spezielle Anforderungen
- Sicherheit und Schutz für Menschen, Vermögenswerte, Eigentum und Geschäftsprozesse
- Investitionsschutz für die gesamte Nutzungsdauer eines Gebäudes
- Nachhaltige Lösungen
- Effiziente Systemoptimierung
- Unterstützung durch bestens geschulte und erfahrene Spezialisten

So sorgen wir für Sicherheit

Siemens bietet maßgeschneiderte Lösungen für unterschiedlichste Marktsegmente und Industriebereiche, wie z.B.: öffentliche Gebäude, Hotels, Einzelhandel, Gesundheits- und Pharmaindustrie, Industriegebäude, Transport oder Kraftwerke. Für eine Firmenzentrale könnte eine solche Lösung z.B. wie folgt aussehen:

Projektanforderungen

- Installation eines vielseitigen High-Tech-Sicherheitssystems
- Ein einziges Kontrollzentrum mit der Möglichkeit globale Unterstützung zu gewähren
- Kompetenter Systemanbieter mit Service vor Ort

Lösungsbeschreibung

- Erstellung eines technischen Konzepts als Basis für die dezentrale Installation und Inbetriebnahme
- Interaktion aller eingesetzten Subsysteme (Videoüberwachung, Intrusionserkennung, Zutrittskontrolle, Brandschutz, Notfalldienste, usw.)
- Anpassungsmöglichkeiten für zeitgerechtes Alarm-Handling
- Konsistente Speicherung aller Alarmmeldungen auf DVR (digitaler Videorekorder)

Integrierte Produkte und Lösungen

Audio/Evakuierung

- Sirenen
- Lautsprecher
- Meldezentralen

Brandschutzsysteme

- Rauch-, Hitze- und Brandmelder
- Meldezentralen

Intrusionssysteme

- automatische Detektoren
- magnetische Kontakte
- Einbruchmeldezentralen

Videoüberwachung

- Kameras
- digitale Videorekorder
- Management-Clients

Zutrittskontrolle

- Badge-Halter
- Lesegeräte
- Türsteuerungen

Siemens bietet Ihnen sämtliche Sicherheitskomponenten sowie die gesamte Systemtechnik aus einer Hand. Unsere gemeinsame IT-Software ermöglicht zentrale Verwaltung der Daten. Außerdem sind alle unsere Lösung in der Zukunft jederzeit nach Bedarf erweiterbar. Siemens – eine Marke, ein Partner.

Europa:

Europäische Harmonisierungsrichtlinien (EG/EU)

Seit 1985 werden in EG-Richtlinien grundlegende Sicherheitsziele in Form wesentlicher Anforderungen (Essential Requirements) beschrieben. Den europäischen Normungsinstitutionen wird mit einem sogenannten Mandat die Aufgabe übertragen, die notwendigen Spezifikationen im Detail unter Berücksichtigung des Standes der Technik in Europanormen festzulegen.
Für den Bereich des Brandschutzes und der Sicherungstechnik sind 3 EG-Richtlinien von Bedeutung.

Niederspannungsrichtlinie

Die sichere Verwendung von elektrischen Betriebsmitteln wird in der Richtlinie des Rates zur Angleichung der Rechtsvorschriften der Mitgliedsstaaten betreffend elektrischer Betriebsmittel zur Verwendung innerhalb bestimmter Spannungsgrenzen (Richtlinie 73/23/EWG vom 19.2.1973), Niederspannungsrichtlinie genannt, aus dem Jahr 1973 beschrieben. Die Richtlinie wurde geändert durch die Richtlinie 93/68/EWG vom 22.7.1993 und in Deutschland durch die 1. Verordnung zum Gerätesicherheitsgesetz vom 11.6.1979 umgesetzt.
Die Niederspannungsrichtlinie wurde in der EG lange Zeit als einmaliger „Sündenfall" angesehen. So enthält sie im Gegensatz zu allen anderen EG-Richtlinien, die bis zum Jahre 1985 erarbeitet wurden, keine technischen Details, sondern lediglich Schutzziele auf einem hohen Abstraktionsniveau, die im Normalfall durch Normen ausgefüllt werden.
Die Schutzziele entsprechen im Wesentlichen den grundlegenden Anforderungen der Richtlinie nach der Neuen Konzeption.
Zwischenzeitlich wurde die Niederspannungsrichtlinie durch eine Vielzahl von harmonisierten Normen ausgefüllt. Obwohl diese Normen nur zur Information im Amtsblatt der EU veröffentlicht werden, entfalten sie die Vermutungswirkung.
Die erfolgreiche Anwendung der Niederspannungsrichtlinie hat letztlich dazu geführt, dass die Methode des Verweises auf Normen als Grundprinzip der neuen Konzeption über die „Entschließung des Rates zur Harmonisierung und Normung" aufgenommen wurde. Die Niederspannungsrichtlinie beinhaltet drei wesentliche Kapitel:

- Die allgemeinen Bedingungen zur gefahrlosen Verwendung von elektrischen Betriebsmitteln;
- der Schutz vor Gefahren, die von elektrischen Betriebsmitteln ausgehen;
- der Schutz vor Gefahren, die durch äußere Einwirkungen auf elektrische Betriebsmittel entstehen können.

Die Niederspannungsrichtlinie ist am 11.06.79 als 1. Verordnung zum Gerätesicherheitsgesetz (GSG) in der Bundesrepublik Deutschland in Kraft getreten. Sie ist für alle elektrischen Betriebsmittel verbindlich. Die Konformität der Erzeugnisse mit den Schutzzielen kann der Hersteller selbst durch die CE-Konformitätskennzeichnung erklären. Voraussetzung hierfür ist die sogenannte Fertigungskontrolle, wie sie im Anhang III der Richtlinie beschrieben ist. Darüber hinaus müssen alle technischen Unterlagen mindestens zehn Jahre nach Herstellung der entsprechenden Produkte zur Einsichtnahme für die Aufsichtsbehörden bereitgehalten werden.

Bauproduktenrichtlinie

Der Geltungsbereich der Bauproduktenrichtlinie umfasst alle Bauprodukte, die für Bauwerke im Hoch- und Tiefbau wesentlich sind. Das ist immer dann der Fall, wenn an das Bauprodukt Anforderungen gestellt werden, die sich auf mindestens ein Kriterium der nachfolgenden Aufzählung beziehen:

- Mechanische Festigkeit und Standsicherheit von Gebäuden
- Brandschutz
- Hygiene, Gesundheit und Umweltschutz
- Nutzungssicherheit
- Schallschutz
- Energieeinsparung und Wärmeschutz

Hieraus leitet sich ab, dass zwar Feuerlösch- und Brandmeldeanlagen, nicht aber Überfall- und Einbruchmeldeanlagen sowie die mecha-

nische Sicherungstechnik in den Geltungsbereich fallen.
Die Umsetzung der Bauproduktenrichtlinie in nationales Recht erfolgte in Deutschland am 10. August 1992 durch die Verkündigung des Bauproduktengesetzes im Bundesgesetzblatt. Zwischenzeitlich hat die ARGEBAU die seit langem vorbereitete Neufassung der Musterbauordnung verabschiedet. Sie sieht im wesentlichen die Anpassung des deutschen Baurechts an die Bauproduktenrichtlinie vor.
Der Anwendungsbereich der Bauproduktenrichtlinie umfasst im Gegensatz zu anderen Richtlinien ein außerordentlich weites Spektrum, welches bei einfachen Baustoffen wie Sand und Zement beginnt und bis zum Fertighaus reicht. Die wesentlichen Anforderungen der Richtlinie richten sich daher nicht an den eigentlichen Regelungsgegenstand der Richtlinie, nämlich die Bauprodukte, sondern an Bauwerke, die mit den entsprechenden Produkten errichtet werden. Die Forderung der Standsicherheit eines Gebäudes richtet sich beispielsweise nicht an Stahlträger oder Steine, sondern an das gesamte Bauwerk. Hieraus ergibt sich, dass die Anforderungen an die Bauprodukte von den wesentlichen Anforderungen an Bauwerke abgeleitet werden müssen; eine Direktzertifizierung auf der Basis der wesentlichen Anforderungen ist im Gegensatz zu anderen Harmonisierungsrichtlinien bei Bauprodukten nicht möglich. Die Bauproduktenrichtlinie sieht in Abweichung von anderen EU-Richtlinien eine weitere wesentliche Besonderheit vor: Für die Interpretation und Konkretisierung der wesentlichen Anforderungen müssen zusätzlich sogenannte Grundlagendokumente erarbeitet werden, die als Basisdokumente für die europäische Normung dienen. Die entsprechenden Arbeiten konnten mit erheblicher Zeitverzögerung Anfang 1994 abgeschlossen werden. Damit ist die wichtigste formale Voraussetzung für die Erteilung von Mandaten zur Erarbeitung von Normen und europäischen technischen Leitlinien geschaffen worden.
Die Normung auf dem Gebiet der Bauprodukte ist – mit Ausnahme der Brandschutzanlagen, für die schon seit Jahrzehnten von den Sachversicherern aufgestellte technische Regelwerke zur Verfügung stehen – überaltert und lückenhaft. Da für viele Bauprodukte keine einheitlichen technischen Richtlinien in Europa vorhanden sind und deshalb der vereinfachte Konformitätsnachweis mit Hilfe solcher Richtlinien nicht möglich ist, sieht die Bauproduktenrichtlinie ersatzweise die europäische technische Zulassung auf der Grundlage gemeinsamer Leitlinien (sogenannter Guidelines) vor. Für die Erarbeitung der Leitlinien, für die ein Mandat der EU-Kommission erforderlich ist, wurde am 10. Oktober 1990 die European Organisation for Technical Approvals (EOTA) eingerichtet. Sie ist ein auf der Grundlage der Bestimmungen der Richtlinie des Rates gebildetes Gremium, in dem die von den EU-Mitgliedsstaaten für die Erteilung von europäischen technischen Zulassungen benannten Stellen vertreten sind. Der Bundesminister für Raumordnung, Bauwesen und Städtebau hat das Deutsche Institut für Bautechnik (DIBt) als einzige national zuständige Stelle für die Erteilung europäischer technischer Zulassungen benannt. Die europäische technische Zulassung kann erteilt werden für

- Produkte, für die weder eine harmonisierte Norm noch eine anerkannte nationale Norm oder ein Mandat für eine harmonisierte Norm vorliegt.
- Produkte, die im wesentlichen von harmonisierten oder anerkannten nationalen Normen abweichen.

Auch wenn keine harmonisierten europäischen Normen oder Leitlinien vorhanden sind, können dennoch Zulassungen erteilt werden. In solchen Fällen ist jedoch die einvernehmliche Feststellung der in EOTA vertretenen nationalen Zulassungsstellen erforderlich, dass die in der Bauproduktenrichtlinie festgelegten wesentlichen Anforderungen erfüllt sind und dem Grundlagendokument Rechnung getragen wurde. Für die Zulassungen aufgrund einvernehmlicher Bewertung der Zulassungsstellen ist das Einverständnis der EU-Kommission einzuholen.
Für alle Bauprodukte, die nach harmonisierten Normen oder europäisch technischen Zulassungen hergestellt wurden, ist eine Konformitätsbescheinigung zwingend erforderlich, für die der Hersteller verantwortlich ist. Welches Verfahren der Konformitätsbescheinigung zum Einsatz kommt, entscheidet die EU-Kommission in Zusammenarbeit mit dem Ständigen Ausschuss für das Bauwesen.

Richtlinie über die elektromagnetische Verträglichkeit (EMV)

Die Richtlinie des Rates vom 3. Mai 1989 zur Angleichung der Rechtsvorschriften der Mitgliedsstaaten über die elektromagnetische Verträglichkeit (EMV) (Richtlinie 89/336/EWG) leistet einen wichtigen Beitrag zur Eindämmung von störenden elektrischen Ausstrahlungen und zur Störfestigkeit von Geräten, Systemen und Anlagen. Sie ist auch verbindlich für Löschanlagen und Gefahrenmeldeanlagen. Sie wurde geändert durch die:

- Richtlinie 91/263/EWG vom 29.4.1991
- Richtlinie 92/31/EWG vom 28.4.1992
- Richtlinie 93/68/EWG vom 22.7.1993

In Deutschland ist die Richtlinie durch das Gesetz über die elektromagnetische Verträglichkeit vom 18.9.1998 umgesetzt worden.

Die Richtlinie über die elektromagnetische Verträglichkeit gilt für alle Geräte, die elektromagnetische Störungen verursachen oder deren Betrieb durch diese Störungen beeinträchtigt werden kann, d.h. die Richtlinie gilt sowohl hinsichtlich der von einem Gerät ausgehenden elektromagnetischen Störquellen als auch für die Störfestigkeit der Geräte selbst.

Im Zusammenhang mit der Einführung der Richtlinie muss darauf hingewiesen werden, dass Mobiltelefone, Handys genannt, trotz CE-Kennzeichnung andere elektronische Geräte in ihrer Funktion empfindlich beeinflussen können, da die im Nahbereich der Geräte vorhandenen Feldstärken weit über dem Niveau liegen, welches entsprechend der EMV-Direktive zulässig ist. Es muss davon ausgegangen werden, dass sich an dieser Situation nichts ändern wird, da eine Verschärfung der EMV-Direktive im Hinblick auf die Störfestigkeit von Geräten zu enormen Kostensteigerungen aller elektronischen Geräte führen würde.

Die Konformität der Erzeugnisse mit den Schutzzielen hat der Hersteller selbst durch die CE-Konformitätskennzeichnung zu erklären. Voraussetzung hierfür ist, dass alle technischen Unterlagen mindestens zehn Jahre nach Herstellung der entsprechenden Produkte zur Einsichtnahme für die Aufsichtsbehörden bereitgehalten werden. Qualitätssicherungsmaßnahmen spielen im Zusammenhang mit der EMV-Direktive derzeit noch keine Rolle. Die Novellierung der Richtlinie über die elektromagnetische Verträglichkeit wird voraussichtlich in 2004 abgeschlossen sein.

Europäische Normen

Soweit europäische Normen in national gültige Regeln umgesetzt sind, werden sie dort aufgeführt – z.B. „Wichtige Deutsche Normen", Seite 667.

„Endorsed by EFSAC"

EFSAC (European Fire und Security Advisory Council) veröffentlicht seit 1997 unter eigenem Namen und unter bestimmten Bedingungen technische Dokumente (Spezifikationen, Anwendungsrichtlinien, etc.) mit dem Vermerk „Endorsed by EFSAC" (endorsed = bewilligt). Den Vermerk tragen beispielsweise die VdS CEA Richtlinien 4009 bis 4017 (verschiedenes Zubehör für Gaslöschanlagen).

Mit der Initiative will EFSAC dem allseits kritisierten Schneckentempo der europäischen Normung Rechnung tragen. Im Bereich der Brandmeldetechnik existiert beispielsweise seit einiger Zeit die Normenreihe EN 54. Die Normen für Brandmelderzentralen (Teil 2) und Energieversorgung (Teil 4) sind nach mehrjähriger Verzögerung inzwischen verfügbar. Für die elektronische Sicherheitstechnik ist es mehr als 20 Jahre nach Beginn der Normungsbemühungen nicht gelungen, europäische Normen für Systemanforderungen zu verabschieden.

Durch den Vermerk „Endorsed by EFSAC" sollen die veröffentlichten Spezifikationen de facto die gleiche Bedeutung erlangen, wie es bei CEN und CENELEC-Normen der Fall ist. Dennoch soll die EFSAC-Kennzeichnung nicht in Konkurrenz zu den europäischen Normungsorganisationen CEN, CLC oder ETSI (Normungsinstitut für Telekommunikation) erfolgen. Das Ziel besteht allein darin, technische Unterlagen, über die sich die EFSAC-Mitglieder geeinigt haben, allen Interessierten ohne weiteren Aufschub zukommen zu lassen. Der Vermerk soll anzeigen, dass wichtige, in diesem Bereich tätige Verbände diese Dokumente unterstützen. Wenn zu einem späteren Zeitpunkt europäische Normen zum gleichen Thema veröffentlicht werden, ziehen die EFSAC-Mitglieder entweder das entsprechende Dokument zurück, oder es wird ein neuer Endorsement-Vermerk geschaffen.

EFSAC ist eine Initiative europäischer Versicherer und Unternehmen der Sicherheitsindustrie, die im Rahmen der Prüfungs- und Zertifizierungsinitiativen zusammenarbeiten. Ihr gehören zur Zeit sieben europäische Verbände an, beispielsweise der europäische Versicherungs-Dachverband CEA und internationale Herstellervereinigungen wie EURALARM (Brand- und Einbruchmeldeanlagen) EUROFEU (Feuerlöschanlagen) und EUROSAFE (Wertbehältnisse). Insgesamt repräsentiert EFSAC 97 nationale Arbeitsgemeinschaften.

Die EFSAC-Mitglieder sind bereits mehrere Jahre mit der Ausarbeitung technischer Spezifikationen befasst und haben in hohem Maße zu der derzeit im CEN und dem CLC laufenden Normierungsarbeit beigetragen, so dass eine weitgehende Kongruenz zwischen den Regelungen zu erwarten ist.

(Der Text beruht auf einer ZVEI-Verlautbarung vom Juli 2000)

Bundesrepublik Deutschland

Wichtige deutsche Normen

Maßgeblich für die Anwendung von Normen ist deren Wortlaut in der Fassung mit dem neuesten Ausgabedatum. Alle deutschen technischen Regeln und darüber hinaus nahezu alle ausländischen Normen können im „Deutschen Informationszentrum für technische Regeln (DITR)" in Berlin auf dem jeweils aktuellen Stand eingesehen werden.

Anschrift: Deutsches Informationszentrum für technische Regeln (DITR) im DIN Deutsches Institut für Normung e.V., 10772 Berlin. Hausanschrift: Burggrafenstr. 6, 10787 Berlin. Telefon: +49 30 12601-2600, Fax: +49 30 12628-125. Normen können schriftlich bestellt werden beim Beuth Verlag, Burggrafenstr. 6, 10787 Berlin. Bezugsquelle für VDE-Bestimmungen ist die VDE-Verlag GmbH, Bismarckstr. 33, 10625 Berlin.

Daneben stehen folgende Informationsmöglichkeiten zur Verfügung:

Beuth-Buchdepots. Bei diesen Stellen können Interessenten zum Beispiel das gesamte DIN-Taschenbuchprogramm, aber auch andere Veröffentlichungen des DIN einsehen und erwerben. Die Liste kann kostenlos beim DIN angefordert werden. Im Internet ist sie zu finden unter http://www.beuth.de – Menu-Punkt: „Partner des Verlags".
Normenauslegestellen. DIN-Normenauslegestellen halten das vollständige deutsche Normenwerk zur Einsicht bereit. Die Liste kann kostenlos beim DIN angefordert werden. Im Internet ist sie zu finden unter http://www.beuth.de – Menu-Punkt: „Partner des Verlags".
DIN-Taschenbücher. DIN-Taschenbücher sind dann preisgünstig, wenn verschiedene Normen zu einem größeren Bereich benötigt werden (z.B. Elektrische Kabel- und Leitungsanlagen in Gebäuden).
http://www.din.de. Das Internet-Angebot des DIN und des Beuth-Verlags ist übersichtlich gegliedert und enthält eine Fülle von Informationen und Recherchiermöglichkeiten.
Fax-Abruf. Der kostenlose Fax-Abruf-Service (die Telekom-Entgelte fallen an) informiert über Neuerscheinungen im Bereich technische Fachliteratur, Preise von DIN-Normen, verfügbare Übersetzungen, Taschenbücher und vieles mehr. Das Inhaltsverzeichnis der verfügbaren Seiten kann unter der Fax-Abruf-Nummer +49 30 260145-001 abgerufen werden.
Die folgenden Normen sind für den Sicherheitsbereich besonders wichtig:

1. Gefahrenmeldeanlagen

DIN EN 50131-1, Ausgabe: 1999-05
Alarmanlagen – Einbruchmeldeanlagen – Teil 1: Allgemeine Anforderungen; Deutsche Fassung EN 50131-1:1997 + Corrigendum 1998

(Norm-Entwurf) DIN EN 50131-1, Ausgabe: 2004-05
Alarmanlagen – Einbruchmeldeanlagen – Teil 1: Allgemeine Anforderungen; Deutsche Fassung prEN 50131-1:2004
Hinweis: EN 50131-1, Ausgabe: 2005 wird bis Mai 2007 (DOP 2007-05-01) veröffentlicht werden.

(Vornorm) DIN CLC/TS 50131-2-2, Ausgabe:2005-11
Alarmanlagen – Einbruchmeldeanlagen – Teil 2-2: Anforderungen an Passiv-Infrarotmelder; Deutsche Fassung CLC/TS 50131-2-2

(Vornorm) DIN CLC/TS 50131-2-3, Ausgabe:2005-10
Alarmanlagen – Einbruchmeldeanlagen – Teil 2-3: Anforderungen an Mikrowellenmelder; Deutsche Fassung CLC/TS 50131-2-3:2004

(Vornorm) DIN CLC/TS 50131-2-4, Ausgabe:2006-02
Alarmanlagen – Einbruchmeldeanlagen – Teil 2-4: Anforderungen an kombinierte Passiv-Infrarot- und Mikrowellenmelder; Deutsche Fassung CLC/TS 50131-2-4:2004

(Vornorm) DIN CLC/TS 50131-2-5, Ausgabe:2005-07
Alarmanlagen – Einbruchmeldeanlagen – Teil 2-5: Anforderungen an kombinierte Passiv-Infrarot- und Ultraschallmelder; Deutsche Fassung CLC/TS 50131-2-5:2004

(Vornorm) DIN CLC/TS 50131-2-6, Ausgabe:2006-02
Alarmanlagen – Einbruchmeldeanlagen – Teil 2-6: Anforderungen an Öffnungsmelder (Magnetkontakte); Deutsche Fassung CLC/TS 50131-2-6:2004

(Norm-Entwurf) DIN EN 50131-4 VDE 0830 Teil 2-4
Alarmanlagen – Einbruchmeldeanlagen – Teil 4: Signalgeber; Deutsche Fassung prEN 50131-4:1999 Ausgabedatum 2000-01

(Vornorm) DIN CLC/TS 50131-3, Ausgabe:2005-07
Alarmanlagen – Einbruchmeldeanlagen – Teil 3: Melderzentrale; Deutsche Fassung CLC/TS 50131-3:2003

DIN EN 50131-5-3, Ausgabe:2006-03
Alarmanlagen – Einbruchmeldeanlagen – Teil 5-3: Anforderungen an Übertragungsgeräte, die Funkfrequenz-Techniken verwenden; Deutsche Fassung EN 50131-5-3:2005

DIN EN 50131-6 VDE 0830 Teil 2-6
Alarmanlagen – Einbruchmeldeanlagen – Teil 6: Energieversorgungen; Deutsche Fassung EN 50131-6:1997 + Corrigendum 1998 Ausgabedatum 1999-09

(Vornorm) DIN CLC/TS 50131-7, Ausgabe:2005-07
Alarmanlagen – Einbruchmeldeanlagen – Teil 7: Anwendungsregeln; Deutsche Fassung CLC/TS 50131-7:2003

DIN EN 50134-1 VDE 0830 Teil 4-1
Alarmanlagen – Personen-Hilferufanlagen – Teil 1: Systemanforderungen; Deutsche Fassung EN 50134-1:2002 Ausgabedatum 2003-05

DIN EN 50134-2 VDE 0830 Teil 4-2
Alarmanlagen – Personen-Hilferufanlagen – Teil 2: Auslösegeräte; Deutsche Fassung EN 50134-2:1999 Ausgabedatum 2000-01

DIN EN 50134-3 VDE 0830 Teil 4-3
Alarmanlagen – Personen-Hilferufanlagen – Teil 3: Örtliche Zentrale und Übertragungsgerät; Deutsche Fassung EN 50134-3:2001 Ausgabedatum 2002-12

DIN EN 50134-5, Ausgabe:2005-08
Alarmanlagen – Personen-Hilferufanlagen – Teil 5: Verbindungen und Kommunikation; Deutsche Fassung EN 50134-5:2004

(Vornorm) DIN CLC/TS 50134-7, Ausgabe: 2004-08
Alarmanlagen – Personen-Hilferufanlagen – Teil 7:

DIN EN 50136-1-1 VDE 0830 Teil 5-1-1
Alarmanlagen – Alarmübertragungsanlagen und -einrichtungen – Teil 1-1: Allgemeine Anforderungen an Alarmübertragungsanlagen; Deutsche Fassung EN 50136-1-1:1998 + A1:2001 Ausgabedatum 2002-09

In Vorbereitung: (Norm-Entwurf) DIN EN 50136-1-1/A2, Ausgabe:2006-07
Alarmanlagen – Alarmübertragungsanlagen und -einrichtungen – Teil 1-1: Allgemeine Anforderungen an Alarmübertragungsanlagen; Deutsche Fassung EN 50136-1-1:1998/ prA2:2006

DIN EN 50136-1-2 VDE 0830 Teil 5-1-2
Alarmanlagen – Alarmübertragungsanlagen und -einrichtungen – Teil 1-2: Anforderungen an Anlagen mit fest zugeordneten Alarmübertragungswegen; Deutsche Fassung EN 50136-1-2:1998 Ausgabedatum 2000-04

DIN EN 50136-1-3 VDE 0830 Teil 5-1-3
Alarmanlagen – Alarmübertragungsanlagen und -einrichtungen – Teil 1-3: Anforderungen an Anlagen mit automatischen Wähl- und Übertragungsanlagen für das öffentliche Fernsprechwählnetz; Deutsche Fassung EN 50136-1-3:1998, Ausgabedatum 2000-04

DIN EN 50136-1-4 VDE 0830 Teil 5-1-4
Alarmanlagen – Alarmübertragungsanlagen und -einrichtungen - Teil 1-4: Anforderungen an Anlagen mit automatischen Wähl- und An-

sageanlagen für das öffentliche Fernsprechwählnetz; Deutsche Fassung EN 50136-1-4:1998, Ausgabedatum 2000-04

DIN EN 50136-2-1 VDE 0830 Teil 5-2-1
Alarmanlagen – Alarmübertragungsanlagen und -einrichtungen – Teil 2-1: Allgemeine Anforderungen an Alarmübertragungseinrichtungen; Deutsche Fassung EN 50136-2-1:1998 + Corrigendum 1998 + Al :2001 Ausgabedatum 2002-09

DIN EN 50136-2-2 VDE 0830 Teil 5-2-2
Alarmanlagen – Alarmübertragungsanlagen und -einrichtungen – Teil 2-2: Anforderungen an Einrichtungen für Anlagen mit fest zugeordneten Übertragungswegen; Deutsche Fassung EN 50136-2-2:1998 Ausgabedatum 2000-04

DIN EN 50136-2-3 VDE 0830 Teil 5-2-3
Alarmanlagen – Alarmübertragungsanlagen und -einrichtungen – Teil 2-3: Anforderungen an Einrichtungen für Wähl- und Übertragungsanlagen für das öffentliche Fernsprechwählnetz; Deutsche Fassung EN 50136-2-3:1998 Ausgabedatum 2000-04

DIN EN 50136-2-4 VDE 0830 Teil 5-2-4
Alarmanlagen – Alarmübertragungsanlagen und -einrichtungen – Teil 2-4: Anforderungen an Einrichtungen für Wähl- und Ansageanlagen für das öffentliche Fernsprechwählnetz; Deutsche Fassung EN 50136-2-4:1998 Ausgabedatum 2000-04

(Vornorm) DIN CLC/TS 50136-4, Ausgabe:2005-07 Alarmanlagen – Alarmübertragungsanlagen und -einrichtungen – Teil 4: Anzeige- und Bedieneinrichtung; Deutsche Fassung CLC/TS 50136-4:2004

(Vornorm) DIN CLC/TS 50136-7, Ausgabe:2005-07 Alarmanlagen – Alarmübertragungsanlagen und -einrichtungen – Teil 7: Anwendungsregeln; Deutsche Fassung CLC/TS 50136-7:2004

DIN EN ISO 17776 Norm , 2003-09
Erdöl- und Erdgasindustrie – Offshore-Produktionsanlagen – Leitfaden für Hilfsmittel und Verfahren zur Gefahrenerkennung und Risikobeurteilung (ISO 17776:2000); Deutsche und Englische Fassung EN ISO 17776:2002

(Vornorm) DIN V VDE V 0826-1, Ausgabe: 2005-06
Überwachungsanlagen – Teil 1: Gefahrenwarnanlagen (GWA) für Wohnhäuser, Wohnungen und Räume mit wohnungsähnlicher Nutzung – Planung, Einbau, Betrieb und Instandhaltung

DIN VDE 0833-1 VDE 0833 Teil 1
Gefahrenmeldeanlagen für Brand, Einbruch und Überfall – Teil 1: Allgemeine Festlegungen Ausgabedatum 2003-05
(Norm-Entwurf) DIN VDE 0833-1/A1, Ausgabe:2006-06
Gefahrenmeldeanlagen für Brand, Einbruch und Überfall – Teil 1: Allgemeine Festlegungen; Änderung 1

DIN VDE 0833-3 VDE 0833 Teil 3
Gefahrenmeldeanlagen für Brand, Einbruch und Überfall – Teil 3: Festlegungen für Einbruch- und Überfallmeldeanlagen Ausgabedatum 2002-05

DIN EN 50130-4, Ausgabe:2003-09
Alarmanlagen – Teil 4: Elektromagnetische Verträglichkeit; Produktfamiliennorm: Anforderungen an die Störfestigkeit von Anlageteilen für Brand- und Einbruchmeldeanlagen sowie Personen-Hilferufanlagen; Deutsche Fassung EN 50130-4:1995 + A1:1998 + A2:2002 + Corr. 2003

DIN EN 50130-5, Ausgabe:1999-11
Alarmanlagen – Teil 5: Methoden für Umweltprüfungen; Deutsche Fassung EN 50130-5:1998

2. Brandmeldeanlagen, Brandmeldeeinrichtungen

DIN 14461-1, Ausgabe 2006-06
Feuerlösch-Schlauchanschlusseinrichtungen – Teil 3: Schlauchanschlussventile PN 16

DIN 14623
Orientierungsschilder für automatische Brandmelder Ausgabedatum 1983-11

DIN 14661
Feuerwehrwesen – Feuerwehr-Bedienfeld für Brandmeldeanlagen / Achtung: Daneben gilt DIN 14661 (1998-10) noch bis auf weiteres Ausgabedatum 2001-08

DIN 14662
Feuerwehrwesen – Feuerwehr-Anzeigetableau für Brandmeldeanlagen Ausgabedatum 2002-12

DIN 14675
Brandmeldeanlagen – Aufbau und Betrieb / Achtung: Gilt in Verbindung mit DIN EN 54 Reihe und DIN VDE 0833-2 Ausgabedatum 2003-11

DIN 14675 / A1
Brandmeldeanlagen – Aufbau und Betrieb Änderung A1 Ausgabedatum 2001-08

DIN 14675 / A2
Brandmeldeanlagen – Aufbau und Betrieb Änderung A2 Ausgabedatum 2001-02

DIN 14675 / A3
Brandmeldeanlagen – Aufbau und Betrieb Änderung A3 Ausgabedatum 2001-05

DIN 14676
Rauchwarnmelder für Wohnhäuser, Wohnungen und Räume mit wohnungsähnlicher Nutzung – Einbau, Betrieb und Instandhaltung Ausgabedatum 2003-03

(Norm-Entwurf) DIN 14676/A1, Ausgabe: 2005-08
Rauchwarnmelder für Wohnhäuser, Wohnungen und Räume mit wohnungsähnlicher Nutzung – Einbau, Betrieb und Instandhaltung; Änderung 1

DIN 25460
Vorbeugender Brandschutz bei Heißen Zellen Ausgabedatum 2000-03

DIN 31007
Sicherheit von Maschinen – Brandschutz; Vorschlag für eine Änderung und Ergänzung der Europäischen Norm EN 13478:2001 / Achtung: Vorgesehen als Änderung von DIN EN 13478 (2002-04) Ausgabedatum 2003-10

DIN EN 54-1
Brandmeldeanlagen – Teil 1: Einleitung; Deutsche Fassung EN 54-1:1996 Ausgabedatum 1996-10

DIN EN 54-2
Brandmeldeanlagen – Teil 2: Brandmelderzentralen; Deutsche Fassung EN 54-2:1997 Ausgabedatum 1997-12

DIN EN 54-2/A1
Brandmeldeanlagen – Teil 2: Brandmelderzentralen; Deutsche Fassung EN 54-2:1997/prA1 Ausgabedatum 2004-01

DIN EN 54-3
Brandmeldeanlagen – Teil 3: Feueralarmeinrichtungen; Akustische Signalgeber; Deutsche Fassung EN 54-3:2001, Ausgabedatum 2001-10

DIN EN 54-3/Al
Brandmeldeanlagen – Teil 3: Feueralarmeinrichtungen; Akustische Signalgeber; Änderung A1; Deutsche Fassung EN 54-3:2001/A1:2002 Ausgabedatum 2002-09

DIN EN 54-3/A2
Brandmeldeanlagen – Teil 3: Feueralarmeinrichtungen; Akustische Signalgeber; Änderung A2; Deutsche Fassung EN 54-3:2001/prA2:2004 Ausgabedatum 2004-09

DIN EN 54-4
Brandmeldeanlagen – Teil 4: Energieversorgungseinrichtungen; Deutsche Fassung EN 54-4:1997 / Achtung: Vorgesehene Änderung durch DIN EN 54-4/A2 (2003-08). Ausgabedatum 1997-12

DIN EN 54-4/A1
Brandmeldeanlagen – Teil 4: Energieversorgungseinrichtungen; Änderung A1; Deutsche Fassung EN 54-4:1997/A1:2002 Ausgabedatum 2003-03

DIN EN 54-4/A2
Brandmeldeanlagen – Teil 4: Energieversorgungseinrichtungen; Änderung A2; Deutsche Fassung EN 54-4:1997/prA2:2003 / Achtung: Vorgesehen als Änderung von DIN EN 54-4 (1997-12) Ausgabedatum 2003-08

DIN EN 54-5
Brandmeldeanlagen – Teil 5: Wärmemelder; Punktförmige Melder; Deutsche Fassung EN 54-5:2000 Ausgabedatum 2001-03

DIN EN 54-5/A1
Brandmeldeanlagen – Teil 5: Wärmemelder; Punktförmige Melder; Änderung A1; Deutsche Fassung EN 54-5:2000/A1:2002 Ausgabedatum 2002-09

DIN EN 54-7
Brandmeldeanlagen – Teil 7: Rauchmelder; Punktförmige Melder nach dem Streulicht-, Durchlicht- oder lonisationsprinzip; Deutsche Fassung EN 54-7:2000 / Ausgabedatum 2001-03

DIN EN 54-7/A1
Brandmeldeanlagen – Teil 7: Rauchmelder; Punktförmige Melder nach dem Streulicht-, Durchlicht- oder Ionisationsprinzip; Änderung A1; Deutsche Fassung EN 54-7:2000/A1:2002 Ausgabedatum 2002-09

DIN EN 54-7/A2
Brandmeldeanlagen – Teil 7: Rauchmelder; Punktförmige Melder nach dem Streulicht-, Durchlicht- oder Ionisationsprinzip; Änderung A2; Deutsche Fassung EN 54-7:2000/prA2: 2003 / Achtung: Vorgesehen als Änderung von DIN EN 54-7 (2001-03) Ausgabedatum 2003-11

DIN EN 54-10
Brandmeldeanlagen – Teil 10: Flammenmelder; Punktförmige Melder; Deutsche Fassung, EN 54-10:2002 Ausgabedatum 2002-05

DIN EN 54-10 / A1 2006-03
Brandmeldeanlagen – Teil 10: Flammenmelder – Punktförmige Melder; Deutsche Fassung EN 54-10/A1:2005

DIN EN 54-11
Brandmeldeanlagen – Teil 11: Handfeuermelder; Deutsche Fassung EN 54-11:2001 l Ausgabedatum 2001-10

DIN EN 54-11 / A1
Brandmeldeanlagen – Teil 11: Handfeuermelder; Deutsche Fassung EN 54-11/A1:2005 Ausgabedatum 2006-03

DIN EN 54-12
Brandmeldeanlagen – Teil 12: Rauchmelder – Linienförmiger Melder nach dem Durchlichtprinzip; Deutsche Fassung EN 54-12:2002 Ausgabedatum 2003-03

DIN EN 54-13
Brandmeldeanlagen – Teil 13: Bewertung der Kompatibilität von Systembestandteilen; Deutsche Fassung EN 54-13: Ausgabedatum 2005-08

DIN EN 54-14
Brandmeldeanlagen – Teil 14: Richtlinie für Planung, Projektierung, Montage, Inbetriebsetzung, Betrieb und Instandhaltung; Deutsche Fassung prEN 54-14:1996 Ausgabedatum 1996-11

DIN EN 54-16
Brandmeldeanlagen – Komponenten für Sprachalarmierung in Brandmeldeanlagen – Teil 16: Sprachalarmzentralen; Deutsche Fassung prEN 54-16:2004 Ausgabedatum 2004-09

DIN EN 54-17
Brandmeldeanlagen – Teil 17: Kurzschlussisolatoren; Deutsche Fassung EN 54-17:2005 Ausgabedatum 2006-03

DIN EN 54-18
Brandmeldeanlagen – Teil 18: Anforderungen und Prüfverfahren für Eingangs-/Ausgangsgeräte für Übertragungswege von Brandmeldeanlagen; Deutsche Fassung prEN 54-18: 2003 Ausgabedatum 2003-10 – Nach der Übergangszeit gilt nur noch die neue Norm:
DIN EN 54-18
Brandmeldeanlagen – Teil 18: Eingangs-/Ausgangsgeräte; Deutsche Fassung EN 54-18: 2005 Ausgabedatum 2006-03

DIN EN 54-20
Brandmeldeanlagen – Teil 20: Ansaugrauchmelder; Deutsche Fassung prEN 54-20:2004 Ausgabedatum 2004-09

DIN EN 54-21
Brandmeldeanlagen – Teil 21: Übertragungseinrichungen für Brand- und Störungsmeldungen; Deutsche Fassung prEN 54-21:2004 Ausgabedatum 2004-10

DIN EN 54-23
Brandmeldeanlagen – Teil 23: Feueralarmeinrichtungen – Optische Signalgeber; Deutsche Fassung prEN 54-23:2004 Ausgabedatum 2004-09

DIN EN 54-24
Brandmeldeanlagen – Komponenten für Sprachalarmierung – Teil 24: Lautsprecher; Deutsche Fassung prEN 54-24:2005 Ausgabedatum 2005-12

DIN EN 54-25
Brandmeldeanlagen – Teil 25: Bestandteile, die Funkverbindungen nutzen und Systemanforderungen; Deutsche Fassung prEN 54-20: 2005 Ausgabedatum 2005-04

DIN EN 81-73
Sicherheitsregeln für die Konstruktion und den Einbau von Aufzügen – Besondere Anwendungen für Personen- und Lastenaufzüge – Teil 73: Verhalten von Aufzügen im Brandfall; Deutsche Fassung EN 81-73:2005

DIN EN 12094-1
Ortsfeste Brandbekämpfungsanlagen – Bauteile für Löschanlagen mit gasförmigen Löschmitteln – Teil 1: Anforderungen und Prüfverfahren für automatische elektrische Steuer- und Verzögerungseinrichtungen; Deutsche Fassung EN 12094-1:2003, Berichtigungen zu DIN EN 12094-1:2003-07

DIN EN 12094-2
Ortsfeste Brandbekämpfungsanlagen – Bauteile für Löschanlagen mit gasförmigen Löschmitteln – Teil 2: Anforderungen und Prüfverfahren für nicht elektrische automatische Steuer- und Verzögerungseinrichtungen; Deutsche Fassung EN 12094-2:2003 Ausgabedatum 2003-09

DIN EN 12094-3
Ortsfeste Brandbekämpfungsanlagen – Bauteile für Löschanlagen mit gasförmigen Löschmitteln – Teil 3: Anforderungen und Prüfverfahren für Handauslöseeinrichtungen und Stopptaster; Deutsche Fassung EN 12094-3: 2003 Ausgabedatum 2003-07

DIN EN 12094-10
Ortsfeste Brandbekämpfungsanlagen – Bauteile für Löschanlagen mit gasförmigen Löschmitteln – Teil 10: Anforderungen und Prüfverfahren für Druckmessgeräte und Druckschalter; Deutsche Fassung EN 12094-10:2003 Ausgabedatum 2003-09

DIN EN 12094-11
Ortsfeste Brandbekämpfungsanlagen – Bauteile für Löschanlagen mit gasförmigen Löschmitteln – Teil 11: Anforderungen und Prüfverfahren für mechanische Wägeeinrichtungen; Deutsche Fassung EN 12094-11:2003 Ausgabedatum 2003-07

DIN EN 12094-12
Ortsfeste Brandbekämpfungsanlagen – Bauteile für Löschanlagen mit gasförmigen Löschmitteln – Teil 12: Anforderungen und Prüfverfahren für pneumatische Alarmgeräte; Deutsche Fassung EN 12094-12:2003 Ausgabedatum 2003-07

DIN EN 14604
Rauchwarnmelder; Deutsche Fassung prEN 14604:2002 Ausgabedatum 2003-03

DIN EN 50130-4, Ausgabe:2003-09
Alarmanlagen – Teil 4: Elektromagnetische Verträglichkeit; Produktfamiliennorm: Anforderungen an die Störfestigkeit von Anlageteilen für Brand- und Einbruchmeldeanlagen sowie Personen-Hilferufanlagen; Deutsche Fassung EN 50130-4:1995 + A1:1998 + A2:2002 + Corr. 2003

DIN EN 50130-5, Ausgabe:1999-11
Alarmanlagen – Teil 5: Methoden für Umweltprüfungen; Deutsche Fassung EN 50130-5: 1998

(Norm-Entwurf) DIN EN 50136-1-1/A2; VDE 0830-5-1-1/A2:2006-07
Alarmanlagen – Alarmübertragungsanlagen und -einrichtungen – Teil 1-1: Allgemeine Anforderungen an Alarmübertragungsanlagen; Deutsche Fassung EN 50136-1-1:1998/ prA2:2006-07

DIN EN 50136-1-1; VDE 0830-5-1-1:
Alarmanlagen – Alarmübertragungsanlagen und -einrichtungen – Teil 1-1: Allgemeine Anforderungen an Alarmübertragungsanlagen;

Deutsche Fassung EN 50136-1-1:1998 + A1: 2001, 2002-09

DIN EN 50136-1-2 * VDE 0830 Teil 5-1-2
Alarmanlagen – Alarmübertragungsanlagen und -einrichtungen – Teil 1-2: Anforderungen an Anlagen mit fest zugeordneten Alarmübertragungswegen; Deutsche Fassung EN 50136-1-2:1998 Ausgabedatum 2000-04

DIN EN 50136-1-3 * VDE 0830 Teil 5-1-3
Alarmanlagen – Alarmübertragungsanlagen und -einrichtungen – Teil 1-3: Anforderungen an Anlagen mit automatischen Wähl- und Übertragungsanlagen für das öffentliche Fernsprechwählnetz; Deutsche Fassung EN 50136-1-3:1998 Ausgabedatum 2000-04

DIN EN 50136-1-4 * VDE 0830 Teil 5-1-4
Alarmanlagen – Alarmübertragungsanlagen und -einrichtungen – Teil 1-4: Anforderungen an Anlagen mit automatischen Wähl- und Ansageanlagen für das öffentliche Fernsprechwählnetz; Deutsche Fassung EN 50136-1-4: 1998 Ausgabedatum 2000-04

DIN EN 50136-2-1 * VDE 0830 Teil 5-2-1
Alarmanlagen – Alarmübertragungsanlagen und -einrichtungen – Teil 2-1: Allgemeine Anforderungen an Alarmübertragungseinrichtungen; Deutsche Fassung EN 50136-2-1:1998 + Corrigendum 1998 + Al:2001 Ausgabedatum 2002-09

DIN EN 50136-2-2 * VDE 0830 Teil 5-2-2
Alarmanlagen – Alarmübertragungsanlagen und -einrichtungen – Teil 2-2: Anforderungen an Einrichtungen für Anlagen mit fest zugeordneten Übertragungswegen; Deutsche Fassung EN 50136-2-2:1998 Ausgabedatum 2000-04

DIN EN 50136-2-3 * VDE 0830 Teil 5-2-3
Alarmanlagen – Alarmübertragungsanlagen und -einrichtungen – Teil 2-3: Anforderungen an Einrichtungen für Wähl- und Übertragungsanlagen für das öffentliche Fernsprechwählnetz; Deutsche Fassung EN 50136-2-3:1998 Ausgabedatum 2000-04

DIN EN 50136-2-4 * VDE 0830 Teil 5-2-4
Alarmanlagen – Alarmübertragungsanlagen und -einrichtungen – Teil 2-4: Anforderungen an Einrichtungen für Wähl- und Ansageanlagen für das öffentliche Fernsprechwählnetz; Deutsche Fassung EN 50136-2-4:1998 Ausgabedatum 2000-04

(Vornorm) DIN V VDE V 0826-1, Ausgabe: 2005-06
Überwachungsanlagen – Teil 1: Gefahrenwarnanlagen (GWA) für Wohnhäuser, Wohnungen und Räume mit wohnungsähnlicher Nutzung – Planung, Einbau, Betrieb und Instandhaltung

DIN VDE 0833-1 * VDE 0833 Teil 1
Gefahrenmeldeanlagen für Brand, Einbruch und Überfall – Teil 1: Allgemeine Festlegungen Ausgabedatum 2003-05

DIN VDE 0833-2 * VDE 0833 Teil 2
Gefahrenmeldeanlagen für Brand, Einbruch und Überfall – Teil 2: Festlegungen für Brandmeldeanlagen (BMA) Ausgabedatum 2004-02

(Norm-Entwurf) DIN VDE 0833-4, Ausgabe: 2006-06
Gefahrenmeldeanlagen für Brand, Einbruch und Überfall – Teil 4: Festlegungen für Anlagen zur Sprachalarmierung im Brandfall

3. Videoüberwachung

DIN EN 50130-4, Ausgabe:2003-09
Alarmanlagen – Teil 4: Elektromagnetische Verträglichkeit; Produktfamiliennorm: Anforderungen an die Störfestigkeit von Anlageteilen für Brand- und Einbruchmeldeanlagen sowie Personen-Hilferufanlagen; Deutsche Fassung EN 50130-4:1995 + A1:1998 + A2:2002 + Corr. 2003

DIN EN 50130-5, Ausgabe:1999-11
Alarmanlagen – Teil 5: Methoden für Umweltprüfungen; Deutsche Fassung EN 50130-5: 1998

DIN EN 50132-2-1 VDE 0830 Teil 7-2-1
Alarmanlagen – CCTV-Überwachungsanlagen für Sicherheitsanwendungen – Teil 2-1: Schwarzweiß-Kameras; Deutsche Fassung EN 50132-2-1:1997 Ausgabedatum 1999-04

DIN EN 50132-4-1 VDE 0830 Teil 7-4-1
Alarmanlagen – CCTV-Überwachungsanlagen für Sicherungsanwendungen – Teil 4-1: Schwarzweiß-Monitore; Deutsche Fassung prEN 50132-4-1:2001 Ausgabedatum 2002-11

DIN EN 50132-5 VDE 0830 Teil 7-5
Alarmanlagen – CCTV Überwachungsanlagen – Teil 5: Videoübertragung; Deutsche Fassung EN 50132-5:2001 Ausgabedatum 2002-12

DIN EN 50132-7 VDE 0830 Teil 7-7
Alarmanlagen – CCTV-Überwachungsanlagen für Sicherungsanwendungen – Teil 7: Anwendungsregeln; Deutsche Fassung EN 50132-7: 1996 Ausgabedatum 1997-07

4. Zutrittskontrolle

DIN EN 50130-4, Ausgabe:2003-09
Alarmanlagen – Teil 4: Elektromagnetische Verträglichkeit; Produktfamiliennorm: Anforderungen an die Störfestigkeit von Anlageteilen für Brand- und Einbruchmeldeanlagen sowie Personen-Hilferufanlagen; Deutsche Fassung EN 50130-4:1995 + A1:1998 + A2:2002 + Corr. 2003

DIN EN 50130-5, Ausgabe:1999-11
Alarmanlagen – Teil 5: Methoden für Umweltprüfungen; Deutsche Fassung EN 50130-5: 1998

DIN EN 50133-1 VDE 0830 Teil 8-10
Alarmanlagen – Zutrittskontrollanlagen für Sicherungsanwendungen – Teil 1: Systemanforderungen; Deutsche Fassung EN 50133-1: 1996 + Al :2002 / Ausgabedatum 2003-09

DIN EN 50133-2-1 VDE 0830 Teil 8-2-1
Alarmanlagen – Zutrittskontrollanlagen für Sicherungsanwendungen – Teil 2-1: Allgemeine Anforderungen an Anlageteile; Deutsche Fassung EN 50133-2-1:2000 / Achtung: Gilt in Verbindung mit DIN EN 50133-1 (1998-07) Ausgabedatum 2001-08

DIN EN 50133-7 VDE 0830 Teil 8-7
Alarmanlagen – Zutrittskontrollanlagen für Sicherungsanwendungen – Teil 7: Anwendungsregeln; Deutsche Fassung EN 50133-7:1999 Ausgabedatum 2000-04

5. Personen-Hilferufanlagen

DIN EN 50130-4, Ausgabe:2003-09
Alarmanlagen – Teil 4: Elektromagnetische Verträglichkeit; Produktfamiliennorm: Anforderungen an die Störfestigkeit von Anlageteilen für Brand- und Einbruchmeldeanlagen sowie Personen-Hilferufanlagen; Deutsche Fassung EN 50130-4:1995 + A1:1998 + A2:2002 + Corr. 2003

DIN EN 50130-5, Ausgabe:1999-11
Alarmanlagen – Teil 5: Methoden für Umweltprüfungen; Deutsche Fassung EN 50130-5:1998

DIN EN 50134-1 VDE 0830 Teil 4-1
Alarmanlagen – Personen-Hilferufanlagen – Teil 1: Systemanforderungen; Deutsche Fassung EN 50134-1:2002 Ausgabedatum 2003-05

DIN EN 50134-2 VDE 0830 Teil 4-2
Alarmanlagen – Personen-Hilferufanlagen – Teil 2: Auslösegeräte; Deutsche Fassung EN 50134-2:1999 Ausgabedatum 2000-01

DIN EN 50134-3 VDE 0830 Teil 4-3
Alarmanlagen – Personen-Hilferufanlagen – Teil 3: Örtliche Zentrale und Übertragungsgerät; Deutsche Fassung EN 50134-3:2001 Ausgabedatum 2002-12

DIN EN 50134-5, Ausgabe:2005-08
Alarmanlagen – Personen-Hilferufanlagen – Teil 5: Verbindungen und Kommunikation; Deutsche Fassung EN 50134-5:2004

(Vornorm) DIN CLC/TS 50134-7, Ausgabe: 2004-08
Alarmanlagen – Personen-Hilferufanlagen – Teil 7: Anwendungsregeln; Deutsche Fassung CLC/TS 50134-7:2003

6. Schlösser und Beschläge

DIN 18250
Schlösser – Einsteckschlösser für Feuerschutz- und Rauchschutztüren Ausgabedatum 2003-10

DIN 18251-1
Schlösser – Einsteckschlösser – Teil 1: Ein-

steckschlösser für gefälzte Türen Ausgabedatum 2002-07

DIN 18251-2
Schlösser – Einsteckschlösser – Teil 2: Einsteckschlösser für Rohrrahmentüren Ausgabedatum 2002-11

DIN 18251-3
Schlösser – Einsteckschlösser – Teil 3: Einsteckschlösser als Mehrfachverriegelung Ausgabedatum 2002-11

DIN 18263-1
Schlösser und Baubeschläge – Türschließer mit hydraulischer Dämpfung – Teil 1: Oben-Türschließer mit Kurbeltrieb und Spiralfeder Ausgabedatum 1997-05

DIN 18263-4
Schlösser und Baubeschläge – Türschließer mit hydraulischer Dämpfung – Teil 4: Türschließer mit Öffnungsautomatik (Drehflügelantrieb) Ausgabedatum 1997-05

DIN V 18650-1
Schlösser und Baubeschläge – Automatische Türsysteme – Teil 1: Produktanforderungen und Prüfverfahren Ausgabedatum 2003-09

DIN 18650-2, Ausgabe:2005-12
Schlösser und Baubeschläge – Automatische Türsysteme – Teil 2: Sicherheit an automatischen Türsystemen

DIN V 18650-2
Schlösser und Baubeschläge – Automatische Türsysteme – Teil 2: Sicherheit an automatischen Türsystemen Ausgabedatum 2003-09

DIN 18257
Baubeschläge; Schutzbeschläge; Begriffe, Maße, Anforderungen, Kennzeichnung Ausgabedatum 2003-03

DIN 18262
Einstellbares, nicht tragendes Federband für Feuerschutztüren Ausgabedatum 1969-05

DIN 18263-1
Schlösser und Baubeschläge – Türschließer mit hydraulischer Dämpfung – Teil 1: Oben-Türschließer mit Kurbeltrieb und Spiralfeder Ausgabedatum 1997-05

DIN 18263-4
Schlösser und Baubeschläge – Türschließer mit hydraulischer Dämpfung – Teil 4: Türschließer mit Öffnungsautomatik (Drehflügelantrieb) Ausgabedatum 1997-05

DIN 18265
Baubeschläge; Pendeltürbänder mit Feder Ausgabedatum 1978-09

DIN 18268
Baubeschläge; Türbänder; Bandbezugslinie Ausgabedatum 1985-01

DIN 18272
Feuerschutzabschlüsse; Bänder für Feuerschutztüren; Federband und Konstruktionsband Ausgabedatum 1987-08

DIN 18273
Baubeschläge – Türdrückergarnituren für Feuerschutztüren und Rauchschutztüren – Begriffe, Maße, Anforderungen und Prüfungen Ausgabedatum 1997-12

DIN EN 107
Prüfverfahren für Fenster; Mechanische Prüfungen Ausgabedatum 1982-02

DIN EN 179
Schlösser und Baubeschläge – Notausgangsverschlüsse mit Drücker oder Stoßplatte – Anforderungen und Prüfverfahren (enthält Änderung A1:2001); Deutsche Fassung EN 179: 1997 + Al :2001 / Achtung: Vorgesehener Ersatz durch DIN EN 179 (2003-04). Ausgabedatum 2002-06

Entwurf DIN EN 179
Schlösser und Baubeschläge – Notausgangsverschlüsse mit Drücker oder Stoßplatte für Türen in Rettungswegen – Anforderungen und Prüfverfahren; Deutsche Fassung prEN 179:2003 / Achtung: Vorgesehen als Ersatz für DIN EN 179 (2002-06). Ausgabedatum 2003-04

DIN EN 1125
Schlösser und Baubeschläge – Paniktürverschlüsse mit horizontaler Betätigungsstange –

Anforderungen und Prüfverfahren (enthält Änderung A1:2001); Deutsche Fassung EN 1125:1997 + Al :2001 / Achtung: Vorgesehener Ersatz durch DIN EN 1125 (2003-04). Ausgabedatum 2002-06

Entwurf DIN EN 1125
Schlösser und Baubeschläge – Paniktürverschlüsse mit horizontaler Betätigungsstange für Türen in Rettungswegen – Anforderungen und Prüfverfahren; Deutsche Fassung prEN 1125:2003 / Achtung: Vorgesehen als Ersatz für DIN EN 1125 (2002-06). Ausgabedatum 2003-04

DIN EN 1154
Schlösser und Baubeschläge – Türschließmittel mit kontrolliertem Schließablauf – Anforderungen und Prüfverfahren (enthält Änderung A1:2002); Deutsche Fassung EN 1154: 1996 + Al:2002 Ausgabedatum 2003-04

DIN EN 1154 Berichtigung 1,
Ausgabe:2006-06
Schlösser und Baubeschläge – Türschließmittel mit kontrolliertem Schließablauf – Anforderungen und Prüfverfahren (enthält Änderung 1:2002); Deutsche Fassung EN 1154: 1996 + A1:2002, Berichtigungen zu DIN EN 1154:2003-04; Deutsche Fassung EN 1154: 1996/AC:2006

DIN EN 1154 Beiblatt 1
Schlösser und Baubeschläge – Türschließmittel mit kontrolliertem Titel (Deutsch) Schließablauf – Anschlagmaße und Einbau Ausgabedatum 2003-11

DIN EN 1155
Schlösser und Baubeschläge – Elektrisch betriebene Feststellvorrichtungen für Drehflügeltüren – Anforderungen und Prüfverfahren (enthält Änderung A1:2002); Deutsche Fassung EN 1155:1997 + Al :2002 Ausgabedatum 2003-04

DIN EN 1155 Berichtigung 1,
Ausgabe:2006-06
Schlösser und Baubeschläge – Elektrisch betriebene Feststellvorrichtungen für Drehflügeltüren – Anforderungen und Prüfverfahren (enthält Änderung A1:2002); Deutsche Fassung EN 1155:1997 + A1:2002, Berichtigungen zu DIN EN 1155:2003-04; Deutsche Fassung EN 1155:1997/AC:2006

DIN EN 1158
Schlösser und Baubeschläge – Schließfolgeregler – Anforderungen und Prüfverfahren (enthält Änderung A1:2002); Deutsche Fassung EN 1158:1997 + Al :2002 Ausgabedatum 2003-04

DIN EN 1158 Berichtigung 1,
Ausgabe:2006-06
Schlösser und Baubeschläge – Schließfolgeregler – Anforderungen und Prüfverfahren (enthält Änderung A1:2002); Deutsche Fassung EN 1158:1997 + A1:2002, Berichtigungen zu DIN EN 1158:2003-04; Deutsche Fassung EN 1158:1997/AC:2006

DIN EN 1303, Ausgabe:2005-04
Baubeschläge – Schließzylinder für Schlösser – Anforderungen und Prüfverfahren; Deutsche Fassung EN 1303:2005

DIN EN 1527
Schlösser und Baubeschläge – Beschläge für Schiebetüren und Falttüren – Anforderungen und Prüfverfahren; Deutsche Fassung EN 1527:1998 Ausgabedatum 1998-12

DIN EN 1670
Schlösser und Baubeschläge – Korrosionsverhalten – Anforderungen und Prüfverfahren; Deutsche Fassung EN 1670:1998 Ausgabedatum1998-12

DIN EN 1906
Schlösser und Baubeschläge – Türdrücker und Türknäufe – Anforderungen und Prüfverfahren; Deutsche Fassung EN 1906:2002 Ausgabedatum 2002-05

DIN EN 12194
Äußere und innere Abschlüsse und Markisen – Falschbedienungen – Prüfverfahren; Deutsche Fassung EN 12194:2000 Ausgabedatum 2000-10

DIN EN 12209
Schlösser und Baubeschläge – Schlösser – Mechanisch betätigte Schlösser und Schließbleche – Anforderungen und Prüfverfahren; Deut-

sche Fassung EN 12209:2003 Ausgabedatum 2004-03

DIN EN 12209-3
Baubeschläge – Schlösser und Fallen – Teil 3: Elektromechanische Schlösser und elektromechanische Schließbleche, Anforderungen und Prüfung; Deutsche Fassung prEN 12209-3: 1998 Ausgabedatum 1998-07

DIN EN 13126-1, Ausgabe:2006-05
Baubeschläge – Beschläge für Fenster und Fenstertüren – Anforderungen und Prüfverfahren – Teil 1: Gemeinsame Anforderungen an alle Arten von Beschlägen; Deutsche Fassung EN 13126-1:2006

(Vornorm) DIN CEN/TS 13126-2, Ausgabe:2004-08
Baubeschläge, Beschläge für Fenster und Fenstertüren – Anforderungen und Prüfverfahren – Teil 2: Fenstergriffe; Deutsche Fassung CEN/TS 13126-2:2004

(Vornorm) DIN CEN/TS 13126-3, Ausgabe:2004-08
Baubeschläge, Beschläge für Fenster und Fenstertüren – Anforderungen und Prüfverfahren – Teil 3: Betätigungsvorrichtungen für Treibriegelverschlüsse/Schließzapfen; Deutsche Fassung CEN/TS 13126-3:2004

(Vornorm) DIN CEN/TS 13126-4, Ausgabe:2004-08
Baubeschläge, Beschläge für Fenster und Fenstertüren – Anforderungen und Prüfverfahren – Teil 4: Treibriegelverschlüsse; Deutsche Fassung CEN/TS 13126-4:2004

(Vornorm) DIN CEN/TS 13126-5
Baubeschläge, Beschläge für Fenster und Fenstertüren – Anforderungen und Prüfverfahren – Teil 5: Vorrichtungen zur Begrenzung des Öffnungswinkels von Fenstern; Deutsche Fassung CEN/TS 13126-5:2004-08

(Vornorm) DIN CEN/TS 13126-6
Baubeschläge, Beschläge für Fenster und Fenstertüren – Anforderungen und Prüfverfahren – Teil 6: Scheren mit veränderlicher Geometrie (mit oder ohne Friktionssystem); Deutsche Fassung CEN/TS 13126-6:2004-08

(Vornorm) DIN CEN/TS 13126-7
Baubeschläge, Beschläge für Fenster und Fenstertüren – Anforderungen und Prüfverfahren – Teil 7: Fallen-Schnäpper; Deutsche Fassung CEN/TS 13126-7:2004-08

DIN EN 13126-8
Baubeschläge – Beschläge für Fenster und Fenstertüren – Anforderungen und Prüfverfahren – Teil 8: Drehkipp-, Kippdreh- und Dreh-Beschläge; Deutsche Fassung EN 13126-8:Ausgabedatum 2006-05

(Vornorm) DIN CEN/TS 13126-9
Baubeschläge, Beschläge für Fenster und Fenstertüren – Anforderungen und Prüfverfahren – Teil 9: Drehlager für Schwing- und Wendefenster; Deutsche Fassung CEN/TS 13126-9:2004-08

(Vornorm) DIN CEN/TS 13126-10
Baubeschläge, Beschläge für Fenster und Fenstertüren – Anforderungen und Prüfverfahren – Teil 10: Senkklappflügel-Systeme; Deutsche Fassung CEN/TS 13126-10:2004-08

(Vornorm) DIN CEN/TS 13126-11
Baubeschläge, Beschläge für Fenster und Fenstertüren – Anforderungen und Prüfverfahren – Teil 11: Umkehrbeschläge für auskragende Schwing-Klappflügelfenster; Deutsche Fassung CEN/TS 13126-11:2004-08

(Vornorm) DIN CEN/TS 13126-12
Baubeschläge, Beschläge für Fenster und Fenstertüren – Anforderungen und Prüfverfahren – Teil 12: Beschläge für auskragende Drehflügel-Umkehrfenster; Deutsche Fassung CEN/TS 13126-12:2004-08

(Vornorm) DIN CEN/TS 13126-13
Baubeschläge, Beschläge für Fenster und Fenstertüren – Anforderungen und Prüfverfahren –Teil 13: Ausgleichgewichte für Vertikal-Schiebefenster; Deutsche Fassung CEN/TS 13126-13:2004-08

(Vornorm) DIN CEN/TS 13126-14
Baubeschläge, Beschläge für Fenster und Fenstertüren – Anforderungen und Prüfverfahren – Teil 14: Einreiberverschlüsse für Schiebefenster; Deutsche Fassung CEN/TS 13126-14: 2004-08

(Vornorm) DIN CEN/TS 13126-15
Baubeschläge, Beschläge für Fenster und Fenstertüren – Anforderungen und Prüfverfahren – Teil 15: Rollen für Schiebefenster; Deutsche Fassung CEN/TS 13126-15:2004-08

(Vornorm) DIN CEN/TS 13126-16
Baubeschläge, Beschläge für Fenster und Fenstertüren – Anforderungen und Prüfverfahren – Teil 16: Beschläge für Hebeschiebe-Systeme; Deutsche Fassung CEN/TS 13126-16:2004-08

(Vornorm) DIN CEN/TS 13126-17
Baubeschläge, Beschläge für Fenster und Fenstertüren – Anforderungen und Prüfverfahren – Teil 17: Beschläge für Kippschiebe-Systeme; Deutsche Fassung CEN/TS 13126-17:2004-08

DIN EN 12320
Baubeschläge – Hangschlösser und Hangschlossbeschläge – Anforderungen und Prüfverfahren; Deutsche Fassung EN 12320:2001 Ausgabedatum 2001-05

(Norm-Entwurf) DIN EN 13633
Schlösser und Baubeschläge – Elektrisch gesteuerte Paniktüranlagen für Türen in Rettungswegen – Anforderungen und Prüfverfahren; Deutsche Fassung prEN 13633:2003-04

(Norm-Entwurf) DIN EN 13637
Schlösser und Baubeschläge – Elektrisch gesteuerte Notausgangsanlagen für Türen in Rettungswegen – Anforderungen und Prüfverfahren; Deutsche Fassung prEN 13637:2003-04

DIN EN 14201
Abschlüsse und Läden – Widerstand gegen wiederholte Bedienungen (mechanische Lebensdauer) – Prüfverfahren; Deutsche Fassung EN 14201:2004 Ausgabedatum 2004-04

(Norm-Entwurf) DIN EN 14637
Schlösser und Baubeschläge – Elektrisch gesteuerte Feststellanlagen für Feuer-/Rauchschutztüren – Anforderungen, Prüfverfahren, Anwendung und Wartung; Deutsche Fassung prEN 14637:2003-04

(Norm-Entwurf) DIN EN 14648
Schlösser und Baubeschläge – Beschläge für Fensterläden – Anforderungen und Prüfverfahren; Deutsche Fassung prEN 14648:2003-06

7. Glas

DIN EN 356
Glas im Bauwesen – Sicherheitssonderverglasung – Prüfverfahren und Klasseneinteilung des Widerstandes gegen manuellen Angriff; Deutsche Fassung EN 356:1999 Ausgabedatum 2000-02

DIN EN 357, Norm, 2005-02
Glas im Bauwesen – Brandschutzverglasungen aus durchsichtigen oder durchscheinenden Glasprodukten – Klassifizierung des Feuerwiderstandes; Deutsche Fassung EN 357:2004

DIN EN 1063
Glas im Bauwesen – Sicherheitssonderverglasung – Prüfverfahren und Klasseneinteilung für den Widerstand gegen Beschuss; Deutsche Fassung EN 1063:1999 Ausgabedatum 2000-01

DIN EN 1279-1
Glas im Bauwesen - Mehrscheiben-Isolierglas - Teil 1: Allgemeines, Maßtoleranzen und Vorschriften für die Systembeschreibung; Deutsche Fassung EN 1279-1: Ausgabedatum 2004-08

DIN EN 1279-2
Glas im Bauwesen – Mehrscheiben-Isolierglas – Teil 2: Langzeitprüfverfahren und Anforderungen bezüglich Feuchtigkeitsaufnahme; Deutsche Fassung EN 1279-2:2002 Ausgabedatum 2003-06

DIN EN 1279-3
Glas im Bauwesen – Mehrscheiben-Isolierglas – Teil 3: Langzeitprüfverfahren und Anforderungen bezüglich Gasverlustrate und Grenzabweichungen für die Gaskonzentration; Deutsche Fassung EN 1279-3:2002 Ausgabedatum 2003-05

DIN EN 1279-4
Glas im Bauwesen – Mehrscheiben-Isolierglas – Teil 4: Verfahren zur Prüfung der physikalischen Eigenschaften des Randverbundes; Deutsche Fassung EN 1279-4:2002 Ausgabedatum 2002-10

DIN EN 1279-5
Glas im Bauwesen – Mehrscheiben-Isolierglas - Teil 5: Konformitätsbewertung; Deutsche Fassung EN 1279-5:2005-08

DIN EN 1279-6
Glas im Bauwesen – Mehrscheiben-Isolierglas – Teil 6: Werkseigene Produktionskontrolle und Auditprüfungen; Deutsche Fassung EN 1279-6:2002 Ausgabedatum 2002-10

DIN EN ISO 12543-1
Glas im Bauwesen – Verbundglas und Verbund-Sicherheitsglas – Teil 1: Definitionen und Beschreibung von Bestandteilen (ISO 12543-1:1998); Deutsche Fassung EN ISO 12543-1:1998 Ausgabedatum 1998-08

DIN EN ISO 12543-2
Glas im Bauwesen – Verbundglas und Verbund-Sicherheitsglas – Teil 2: Verbund-Sicherheitsglas (ISO 12543-2:1998); Deutsche Fassung EN ISO 12543-2:1998 + A1:2004, Ausgabedatum 2006-03

DIN EN ISO 12543-3
Glas im Bauwesen – Verbundglas und Verbund-Sicherheitsglas – Teil 3: Verbundglas (ISO 12543-3:1998); Deutsche Fassung EN ISO 12543-3:1998, Ausgabedatum 1998-08

DIN EN ISO 12543-4
Glas im Bauwesen – Verbundglas und Verbund-Sicherheitsglas – Teil 4: Verfahren zur Prüfung der Beständigkeit (ISO 12543-4: 1998); Deutsche Fassung EN ISO 12543-4: 1998 Ausgabedatum 1998-08

DIN EN ISO 12543-5
Glas im Bauwesen – Verbundglas und Verbund-Sicherheitsglas – Teil 5: Maße und Kantenbearbeitung (ISO 12543-5:1998); Deutsche Fassung EN ISO 12543-5:1998 Ausgabedatum 1998-08

DIN EN ISO 12543-6
Glas im Bauwesen – Verbundglas und Verbund-Sicherheitsglas – Teil 6: Aussehen (ISO 12543-6:1998); Deutsche Fassung EN ISO 12543-6:1998 Ausgabedatum 1998-08

DIN EN ISO 14438
Glas im Bauwesen – Bestimmung des Energiebilanz-Wertes – Berechnungsverfahren (ISO 14438:2002); Deutsche Fassung EN ISO 14438:2002 Ausgabedatum 2002-09

8. Fenster und Türen

DIN 18090
Aufzüge – Fahrschacht-Dreh- und -Falttüren für Fahrschächte mit Wänden der Feuerwiderstandsklasse F 90 Ausgabedatum 1997-01

DIN 18091
Aufzüge; Schacht-Schiebetüren für Fahrschächte mit Wänden der Feuerwiderstandklasse F 90 Ausgabedatum 1993-07

DIN 18093
Feuerschutzabschlüsse; Einbau von Feuerschutztüren in massive Wände aus Mauerwerk oder Beton; Ankerlagen, Ankerformen, Einbau Ausgabedatum 1987-06

DIN 18095-1
Türen; Rauchschutztüren; Begriffe und Anforderungen Ausgabedatum 1988-10

DIN 18095-2
Türen; Rauchschutztüren; Bauartprüfung der Dauerfunktionstüchtigkeit und Dichtheit Ausgabedatum 1991-03

DIN 18095-3
Rauchschutzabschlüsse – Teil 3: Anwendung von Prüfergebnissen Ausgabedatum 1999-06

DIN 18100
Türen; Wandöffnungen für Türen; Maße entsprechend DIN 4172 Ausgabedatum 1983-10

DIN 18104-1
Einbruchhemmende Nachrüstprodukte – Teil 1: Aufschraubbare Nachrüstprodukte für Fenster und Türen; Anforderungen und Prüfverfahren Ausgabedatum 2000-09

DIN 18104-2
Einbruchhemmende Nachrüstprodukte – Teil 2: Anforderungen und Prüfverfahren für im Falz eingelassene Nachrüstprodukte für Fenster und Türen Ausgabedatum 2002-11

DIN 18106
Einbruchhemmende Gitter – Anforderungen und Prüfverfahren Ausgabedatum 2003-09

DIN 18111-1
Türzargen – Stahlzargen – Teil 1: Standardzargen für gefälzte Türen in Mauerwerkswänden Ausgabedatum 2004-08

DIN 18111-2
Türzargen – Stahlzargen – Teil 2: Standardzargen für gefälzte Türen in Ständerwerkswänden Ausgabedatum 2002-04

DIN 18111-4
Türzargen – Stahlzargen – Teil 4: Einbau von Stahlzargen Ausgabedatum 2004-08

DIN 18650-1
Schlösser und Baubeschläge – Automatische Türsysteme – Teil 1: Produktanforderungen und Prüfverfahren Ausgabedatum 2005-12

DIN 18650-2
Schlösser und Baubeschläge – Automatische Türsysteme – Teil 2: Sicherheit an automatischen Türsystemen Ausgabedatum 2005-12

DIN 52230
Bestimmung der Einbruchhemmung von Sicherheitsscheiben für Fahrzeugverglasung – Systemprüfung Ausgabedatum 2004-06

DIN 52305
Bestimmung des Ablenkwinkels und des Brechwertes von Sicherheitsscheiben für Fahrzeugverglasung, Ausgabedatum 1995-06

DIN EN 949
Fenster, Türen, Dreh- und Rollläden, Vorhangfassaden – Ermittlung der Widerstandsfähigkeit von Türen gegen Aufprall eines weichen und schweren Stoßkörpers; Deutsche Fassung EN 949:1998 Ausgabedatum 1999-05

DIN EN 1026
Fenster und Türen – Luftdurchlässigkeit – Prüfverfahren; Deutsche Fassung EN 1026: 2000 Ausgabedatum 2000-09

DIN EN 1027
Fenster und Türen – Schlagregendichtheit – Prüfverfahren; Deutsche Fassung EN 1027: 2000 Ausgabedatum 2000-09

DIN EN 1125
Schlösser und Baubeschläge – Paniktürverschlüsse mit horizontaler Betätigungsstange, für Türen in Rettungswegen – Anforderungen und Prüfverfahren; Deutsche Fassung prEN 1125:2003 Ausgabedatum 2003-04

DIN EN 1158
Berichtigung 1 Schlösser und Baubeschläge – Schließfolgeregler – Anforderungen und Prüfverfahren (enthält Änderung A1:2002); Deutsche Fassung EN 1158:1997 + A1:2002, Berichtigungen zu DIN EN 1158:2003-04; Deutsche Fassung EN 1158:1997/AC: Ausgabedatum 2006-06

DIN EN 1158
Schlösser und Baubeschläge – Schließfolgeregler – Anforderungen und Prüfverfahren (enthält Änderung A1:2002); Deutsche Fassung EN 1158:1997 + Al :2002 Ausgabedatum 2003-04

DIN EN 1191
Fenster und Türen – Dauerfunktionsprüfung – Prüfverfahren; Deutsche Fassung EN 1191: 2000 Ausgabedatum 2000-08

DIN EN 1192
Türen – Klassifizierung der Festigkeitsanforderungen; Deutsche Fassung EN 1192:1999 Ausgabedatum 2000-06

DIN EN 1294
Türblätter – Ermittlung des Verhaltens bei Feuchtigkeitsänderungen in aufeinanderfolgenden beiseitig gleichen Klimaten; Deutsche Fassung EN 1294:2000 Ausgabedatum 2000-07

DIN EN 1522
Fenster, Türen, Abschlüsse – Durchschusshemmung – Anforderungen und Klassifizierung; Deutsche Fassung EN 1522:1998 Ausgabedatum 1999-02

DIN EN 1523
Fenster, Türen, Abschlüsse – Durchschusshemmung – Prüfverfahren; Deutsche Fassung EN 1523:1998 Ausgabedatum 1999-02

DIN V ENV 1627
Fenster, Türen, Abschlüsse – Einbruchhemmung – Anforderungen und Klassifizierung; Deutsche Fassung ENV 1627:1999 Ausgabedatum 1999-04

DIN V ENV 1628
Fenster, Türen, Abschlüsse – Einbruchhemmung – Prüfverfahren für die Ermittlung der Widerstandsfähigkeit unter statischer Belastung; Deutsche Fassung ENV 1628:1999 Ausgabedatum 1999-04

DIN V ENV 1629
Fenster, Türen, Abschlüsse – Einbruchhemmung – Prüfverfahren für die Ermittlung der Widerstandsfähigkeit unter dynamischer Belastung; Deutsche Fassung ENV 1629:1999 Ausgabedatum 1999-04

(Vornorm) DIN V ENV 1630
Fenster, Türen, Abschlüsse – Einbruchhemmung – Prüfverfahren für die Ermittlung der Widerstandsfähigkeit gegen manuelle Einbruchversuche; Deutsche Fassung ENV 1630:1999 Ausgabedatum 1999-04

(Norm-Entwurf) DIN EN 1634-2
Feuerwiderstandsprüfungen für Tür- und Abschlusseinrichtungen – Teil 2: Beschläge für feuerwiderstandsfähige Abschlüsse und öffenbare Fenster; Deutsche Fassung prEN 1634-2:2004 Ausgabedatum 2004-04

DIN EN 12210
Fenster und Türen – Widerstandsfähigkeit bei Windlast – Klassifizierung (enthält Berichtigung AC:2002); Deutsche Fassung EN 12210:1999 + AC:2002 Ausgabedatum 2003-08

DIN EN 12211
Fenster und Türen – Widerstandsfähigkeit bei Windlast – Prüfverfahren; Deutsche Fassung EN 12211:2000 Ausgabedatum 2000-12

DIN EN 12400
Fenster und Türen – Mechanische Beanspruchung – Anforderungen und Einteilung; Deutsche Fassung EN 12400:2002 Ausgabedatum 2003-01

DIN EN 12519
Türen und Fenster – Terminologie; Dreisprachige Fassung prEN 12519:1996 Ausgabedatum 2004-06

DIN EN 13123-1
Fenster, Türen und Abschlüsse – Sprengwirkungshemmung: Anforderungen und Klassifizierung – Teil 1: Stoßrohr; Deutsche Fassung EN 13123-1:2001 Ausgabedatum 2001-10

DIN EN 13123-2
Fenster, Türen und Abschlüsse – Sprengwirkungshemmung – Anforderungen und Klassifizierung – Teil 2: Freilandversuch; Deutsche Fassung EN 13123-2:2004 Ausgabedatum 2004-05

DIN EN 13124-1
Fenster, Türen und Abschlüsse – Sprengwirkungshemmung; Prüfverfahren – Teil 1: Stoßrohr; Deutsche Fassung EN 13124-1:2001, Ausgabedatum 2001-10

DIN EN 13124-2
Fenster, Türen und Abschlüsse – Sprengwirkungshemmung – Prüfverfahren – Teil 2: Freilandversuch; Deutsche Fassung EN 13124-2:2004 Ausgabedatum 2004-05

DIN 6834-1
Strahlenschutztüren für medizinisch genutzte Räume; Anforderungen Ausgabedatum 1973-09

DIN 6834-2
Strahlenschutztüren für medizinisch genutzte Räume; Drehflügeltüren, einflügelig mit Richtzarge, Maße Ausgabedatum 1973-09

DIN 6834-3
Strahlenschutztüren für medizinisch genutzte Räume; Drehflügeltüren, zweiflügelig mit Richtzarge, Maße Ausgabedatum 1973-09

DIN 6834-4
Strahlenschutztüren für medizinisch genutzte Räume; Schiebetüren, einflügelig, Maße Ausgabedatum 1973-09

DIN 6834-5
Strahlenschutztüren für medizinisch genutzte Räume; Schiebetüren, zweiflügelig, Maße Ausgabedatum 1973-09

9. Wertbehältnisse

DIN EN 1143-1, Ausgabe:2006-02
Wertbehältnisse – Anforderungen, Klassifizierung und Methoden zur Prüfung des Widerstandes gegen Einbruchdiebstahl – Teil 1: Wertschutzschränke, Wertschutzschränke für Geldautomaten, Wertschutzraumtüren und Wertschutzräume; Deutsche Fassung EN 1143-1:2005

DIN EN 1143-2, Ausgabe:2002-09
Wertbehältnisse – Anforderungen, Klassifizierung und Methoden zur Prüfung des Widerstandes gegen Einbruchdiebstahl – Teil 2: Deposit-Systeme; Deutsche Fassung EN 1143-2: 2001

DIN EN 1300, Ausgabe:2004-09
Wertbehältnisse – Klassifizierung von Hochsicherheitsschlössern nach ihrem Widerstandswert gegen unbefugtes Öffnen; Deutsche Fassung EN 1300:2004

DIN EN 14450, Ausgabe:2005-06
Wertbehältnisse – Anforderungen, Klassifizierung und Methoden zur Prüfung des Widerstandes gegen Einbruchdiebstahl – Sicherheitsschränke; Deutsche Fassung EN 14450: 2005

DIN EN 1300
Wertbehältnisse – Klassifizierung von Hochsicherheitsschlössern nach ihrem Widerstandswert gegen unbefugtes Öffnen; Deutsche Fassung EN 1300:2004-09

10. Baulicher Brandschutz

DIN 4102-1
Brandverhalten von Baustoffen und Bauteilen – Teil 1: Baustoffe; Begriffe, Anforderungen und Prüfungen Ausgabedatum 1998-05

DIN 4102-2
Brandverhalten von Baustoffen und Bauteilen; Bauteile, Begriffe, Anforderungen und Prüfungen Ausgabedatum 1977-09

DIN 4102-4
Brandverhalten von Baustoffen und Bauteilen; Zusammenstellung und Anwendung klassifizierter Baustoffe, Bauteile und Sonderbauteile 1994-03

DIN 4102-4/A1
Brandverhalten von Baustoffen und Bauteilen – Teil 4: Zusammenstellung und Anwendung klassifizierter Baustoffe, Bauteile und Sonderbauteile; Änderung A1, 2004-11

DIN 4102-5
Brandverhalten von Baustoffen und Bauteilen; Feuerschutzabschlüsse, Abschlüsse in Fahrschachtwänden und gegen Feuer widerstandsfähige Verglasungen, Begriffe, Anforderungen und Prüfungen Ausgabedatum 1977-09, Nachfolgedokument DIN 4102-13 (1990-05, t) DIN EN 1634-1 (2000-03, t)

DIN 4102-6
Brandverhalten von Baustoffen und Bauteilen; Lüftungsleitungen, Begriffe, Anforderungen und Prüfungen 1 Achtung: Vorgesehener Ersatz durch DIN EN 13501-3 (2002-02, t). Ausgabedatum 1977-09

DIN 4102-11
Brandverhalten von Baustoffen und Bauteilen; Rohrummantelungen, Rohrabschottungen, Installationsschächte und -kanäle sowie Abschlüsse ihrer Revisionsöffnungen; Begriffe, Anforderungen und Prüfungen Ausgabedatum 1985-12

DIN 4102-12
Brandverhalten von Baustoffen und Bauteilen – Teil 12: Funktionserhalt von elektrischen Kabelanlagen; Anforderungen und Prüfungen Ausgabedatum 1998-11

DIN 4102-13
Brandverhalten von Baustoffen und Bauteilen; Brandschutzverglasungen; Begriffe, Anforderungen und Prüfungen Ausgabedatum 1990-05

DIN 4102-14
Brandverhalten von Baustoffen und Bauteilen; Bodenbeläge und Bodenbeschichtungen; Be-

stimmung der Flammenausbreitung bei Beanspruchung mit einem Wärmestrahler Ausgabedatum 1990-05

DIN 4102-15
Brandverhalten von Baustoffen und Bauteilen; Brandschacht Ausgabedatum 1990-05

DIN 4102-16
Brandverhalten von Baustoffen und Bauteilen – Teil 16: Durchführung von Brandschachtprüfungen Ausgabedatum 1998-05

DIN 4102-17
Brandverhalten von Baustoffen und Bauteilen; Schmelzpunkt von Mineralfaser-Dämmstoffen; Begriffe, Anforderungen, Prüfung Ausgabedatum 1990-12

DIN 4102-18
Brandverhalten von Baustoffen und Bauteilen; Feuerschutzabschlüsse; Nachweis der Eigenschaft „selbstschließend" (Dauerfunktionsprüfung) Ausgabedatum 1991-03

(Vornorm) DIN V 4102-21
Brandverhalten von Baustoffen und Bauteilen – Teil 21: Beurteilung des Brandverhaltens von feuerwiderstandsfähigen Lüftungsleitungen, Ausgabedatum 2002-08

DIN 4102-22
Brandverhalten von Baustoffen und Bauteilen – Teil 22: Anwendungsnorm zu DIN 4102-4 auf der Bemessungsbasis von Teilsicherheitsbeiwerten 2004-11

DIN 18230-1
Baulicher Brandschutz im Industriebau – Teil 1: Rechnerisch erforderliche Feuerwiderstandsdauer Ausgabedatum 1998-05

DIN 18230-1 Berichtigung 1
Berichtigungen zu DIN 18230-1:1998-05 Ausgabedatum 1998-12

DIN 18230-2
Baulicher Brandschutz im Industriebau – Teil 2: Ermittlung des Abbrandverhaltens von Materialien in Lageranordnung – Werte für den Abbrandfaktor m Ausgabedatum 1999-01

DIN 18230-3
Baulicher Brandschutz im Industriebau – Teil 3: Rechenwerte Ausgabedatum 2002-08

DIN 18232-1
Rauch- und Wärmefreihaltung – Teil 1: Begriffe, Aufgabenstellung Ausgabedatum 2002-02

DIN 18232-2
Baulicher Brandschutz im Industriebau; Rauch- und Wärmeabzugsanlagen; Rauchabzüge; Bemessung, Anforderungen und Einbau Ausgabedatum 2003-06

(Norm-Entwurf) DIN 18232-2/A1
Rauch- und Wärmefreihaltung – Teil 2: Natürliche Rauchabzugsanlagen (NRA); Bemessung, Anforderungen und Einbau; Änderung A1, 2006-05

DIN 18232-4
Rauch- und Wärmefreihaltung – Teil 4: Wärmeabzüge (WA), Prüfverfahren Ausgabedatum 2003-04

DIN 18232-5
Rauch- und Wärmeableitung – Teil 5: Maschinelle Rauchabzugsanlagen (MRA); Anforderungen, Bemessung Ausgabedatum 2003-04

(Vornorm) DIN V 18232-6
Rauch- und Wärmeableitung – Maschinelle Rauchabzüge (MRA) – Teil 6: Anforderungen an die Einzelbauteile und Eignungsnachweise Ausgabedatum 1997-10

(Norm-Entwurf) DIN EN 13501-1
Klassifizierung von Bauprodukten und Bauarten zu ihrem Brandverhalten – Teil 1: Klassifizierung mit den Ergebnissen aus den Prüfungen zum Brandverhalten von Baustoffen; Deutsche Fassung prEN 13501-1:2006-07

DIN EN 13501-2
Klassifizierung von Bauprodukten und Bauarten zu ihrem Brandverhalten – Teil 2: Klassifizierung mit den Ergebnissen aus den Feuerwiderstandsprüfungen, mit Ausnahme von Lüftungsanlagen; Deutsche Fassung EN 13501-2:2003 Ausgabedatum 2003-12

(Norm-Entwurf) DIN EN 13501-2
Klassifizierung von Bauprodukten und Bauarten zu ihrem Brandverhalten – Teil 2: Klassifizierung mit den Ergebnissen aus den Feuerwiderstandsprüfungen, mit Ausnahme von Lüftungsanlagen; Deutsche Fassung prEN 13501-2:2006-06

DIN EN 13501-3
Klassifizierung von Bauprodukten und Bauarten zu ihrem Brandverhalten – Teil 3: Klassifizierung mit den Ergebnissen aus den Feuerwiderstandsprüfungen an Lüftungsanlagen; Deutsche Fassung prEN 13501-3:2001 Ausgabedatum 2006-03

DIN EN 13501-5
Klassifizierung von Bauprodukten und Bauarten zu ihrem Brandverhalten – Teil 5: Klassifizierung mit den Ergebnissen aus den Dachprüfungen bei Feuer von außen; Deutsche Fassung prEN 13501-5: Ausgabedatum 2006-03

DIN EN ISO 13943
Brandschutz – Vokabular (ISO 13943:2000); Dreisprachige Fassung EN ISO 13943:2000 Ausgabedatum 2000-10-00

11. IT-Sicherheit

DIN ISO 9735-5
Elektronischer Datenaustausch für Verwaltung, Wirtschaft und Transport (EDIFACT) – Syntax-Regeln auf Anwendungsebene (Syntax-Versionsnummer: 4, Syntax-Releasenummer: 1) – Teil 5: Sicherheitsregeln für Batch-EDI (Authentizität, Integrität und Unbestreitbarkeit des Ursprungs) (ISO 9735-5:2002) Ausgabedatum, 2004-01

DIN ISO 9735-6
Elektronischer Datenaustausch für Verwaltung, Wirtschaft und Transport (EDIFACT) – Syntax-Regeln auf Anwendungsebene (Syntax-Versionsnummer: 4, Syntax-Releasenummer: 1) – Teil 6: Sicherheits-Authentisierung und -Bestätigung, (Nachrichtentyp – AUTACK) (ISO 9735-6:2002) Ausgabedatum, 2004-01

DIN ISO 9735-7
Titel (Deutsch), Elektronischer Datenaustausch für Verwaltung, Wirtschaft und Transport (EDIFACT) – Syntax-Regeln auf Anwendungsebene (Syntax-Versionsnummer: 4, Syntax-Releasenummer: 1) – Teil 7: Sicherheitsregeln für Batch-EDI (Vertraulichkeit), (ISO 9735-7:2002) Ausgabedatum 2004-01

DIN ISO/IEC 15408-1
Informationstechnik – IT-Sicherheitsverfahren; Evaluationskriterien für IT-Sicherheit – Teil 1: Einführung und allgemeines Modell (ISO/IEC 15408-1:1999) Ausgabedatum 2001-03

(Norm-Entwurf) DIN ISO/IEC 15408
Informationstechnik – IT-Sicherheitsverfahren – Evaluationskriterien für IT-Sicherheit – Teil 1: Einführung und allgemeines Modell (ISO/IEC 15408-1:2005); Text Englisch, 2006-09

DIN ISO/IEC 15408-2
Informationstechnik – IT-Sicherheitsverfahren; Evaluationskriterien für IT-Sicherheit – Teil 2: Funktionelle Sicherheitsanforderungen (ISO/IEC 15408-2:1999) Ausgabedatum 2001-03

(Norm-Entwurf) DIN ISO/IEC 15408-2
Informationstechnik – IT-Sicherheitsverfahren – Evaluationskriterien für IT-Sicherheit – Teil 2: Funktionale Sicherheitsanforderungen (ISO/IEC 15408-2:2005); Text Englisch 2006-09

DIN ISO/IEC 15408-3
Informationstechnik – IT-Sicherheitsverfahren; Evaluationskriterien für IT-Sicherheit – Teil 3: Anforderungen an die Vertrauenswürdigkeit (ISO/IEC 15408-3:1999) Ausgabedatum 2001-03

(Norm-Entwurf) DIN ISO/IEC 15408-3
Informationstechnik – IT-Sicherheitsverfahren – Evaluationskriterien für IT-Sicherheit – Teil 3: Anforderungen an die Vertrauenswürdigkeit (ISO/IEC 15408-3:2005); Text Englisch 2006-09

DIN CWA 14167-2
Kryptographisches Modul für Signieroperationen von Zertifizierungsdienstanbietern Teil 2: – Schutzprofil; Englische Fassung CWA 14167-2:2002 Ausgabedatum 2002-08

DIN CWA 14168
Einrichtungen zur sicheren Signaturerstellung – Bewertungs-Sicherheitsstufe 4; Englische Fassung CWA 14168:2001 Ausgabedatum 2001-11

DIN CWA 14171
Verfahren zur Überprüfung von elektronischen Signaturen; Englische Fassung CWA 14171: 2001 Ausgabedatum 2001-11

DIN V 66291-1
Chipkarten mit Digitaler Signatur-Anwendung/Funktion nach SigG und SigV – Teil 1: Anwendungsschnittstelle Ausgabedatum 2000-04

(Vornorm) DIN V 66291-4
Chipkarten mit Digitaler Signatur-Anwendung/Funktion nach SigG und SigV – Teil 4: Grundlegende Sicherheitsdienste Ausgabedatum 2002-04

DIN CWA 14170
Sicherheitsanforderungen für Anwendungen zur Signaturerstellung; Englische Fassung CWA 14170:2001 Ausgabedatum 2001-11

DIN CWA 14174-1
Chipkartenleser für finanzielle Transaktionen (FINREAD) – Teil 1: Anforderungen aus der Geschäftswelt; Englische Fassung CWA 14174-1:2001 Ausgabedatum 2002-01

DIN CWA 14174-2
Chipkartenleser für finanzielle Transaktionen (FINREAD) – Teil 2: Funktionelle Anforderungen; Englische Fassung CWA 14174-2:2001 Ausgabedatum 2002-01

DIN CWA 14174-3
Chipkartenleser für finanzielle Transaktionen (FINREAD) – Teil 3: Anforderungen an die Sicherheit; Englische Fassung CWA 14174-3:2001 Ausgabedatum 2002-01

DIN CWA 14174-4
Chipkartenleser für finanzielle Transaktionen (FINREAD) – Teil 4: Überblick über die Architektur; Englische Fassung CWA 14174-4:2001 Ausgabedatum 2002-01

DIN CWA 14174-5
Chipkartenleser für finanzielle Transaktionen (FINREAD) – Teil 5: Dateiformat für das Herunterladen; Englische Fassung CWA 14174-5:2001 Ausgabedatum 2002-01

DIN CWA 14174-6
Chipkartenleser für finanzielle Transaktionen (FINREAD) – Teil 6: Definition der virtuellen Maschine; Englische Fassung CWA 14174-6:2001 Ausgabedatum 2002-01

DIN CWA 14174-7
Chipkartenleser für finanzielle Transaktionen (FINREAD) – Teil 7: Anwendungsprogrammier-Schnittstellen (APIs) für FINREAD-Kartenleser; Englische Fassung CWA 14174-7:2001 Ausgabedatum 2002-01

12. Sicherheitsdienstleistungen

DIN 77200
Sicherungsdienstleistungen – Anforderungen Ausgabedatum 2002-06
(Stand 20.07.2006)

VdS-Publikationen zu Schadenverhütung und Technik

VdS-Druckstücke VdS 2341

Die Liste der verfügbaren VdS-Publikationen kann angefordert werden bei VdS Schadenverhütung, Verlag, Amsterdamer Straße 174, D-50735 Köln, Bestellfax: +49 221 7766-109. Es findet sich auch jeweils auf dem neuesten Stand im Internet unter http://www.vds.de

Richtlinien der Polizei

1. Bundeseinheitlicher Pflichtenkatalog für Errichterunternehmen von Überfall- und Einbruchmeldeanlagen

Seit April 2000 verfügt die Polizei in Deutschland über einen bundeseinheitlichen Pflichtenkatalog für Errichterfirmen von Überfall- und Einbruchmeldeanlagen (Aktueller Stand: Feb. 2005). Er regelt die Voraussetzungen für die Aufnahme in einen „Adressennachweis von Errichterunternehmen für Überfall- und Einbruchmeldeanlagen". Dieser Adressennachweis soll Errichterunternehmen benennen, welche die Voraussetzungen dafür bieten, bestimmungsgemäß funktionierende Überfall- und/oder Einbruchmeldeanlagen (ÜMA/EMA) fachgerecht zu projektieren, zu installieren sowie instandzuhalten. Der Pflichtenkatalog (Pfk-ÜMA/EMA) wurde unter der Verantwortung des Hessischen Landeskriminalamtes erstellt. Er wird zur Zeit angewendet in den Bundesländern Baden-Württemberg, Bayern, Hamburg, Hessen, Nordrhein-Westfalen, Rheinland-Pfalz, Sachsen, Saarland und Schleswig-Holstein.

Voraussetzungen für die Aufnahme sind die Erfüllung von formellen, personellen sowie entsprechenden technischen Voraussetzungen. Hierzu gehört u. a., dass es sich um ein Fachunternehmen mit Eintragung in der Handwerksrolle und entsprechendem Fachpersonal handelt. Eine weitere Voraussetzung ist auch, dass grundsätzlich nur Anlagenteile/Geräte für ÜMA/EMA eingesetzt werden, die sowohl einzeln als auch auf bestimmungsgemäßes Zusammenwirken von hierfür nach DIN EN 45011 für den Bereich Gefahrenmeldeanlagentechnik akkreditierten Zertifizierungsstelle geprüft und zertifiziert sind. Nach der Installation ist die Erstellung einer sogenannten „Anlagenbeschreibung" vorgeschrieben. Weiterhin ist der Antragsteller dazu verpflichtet, bei der Projektierung, Geräteauswahl, Installation und Instandhaltung von ÜMA/EMA die anerkannten Regeln der Technik einzuhalten. Hierzu gehören Normen, Bestimmungen, Regelwerke und Richtlinien aus dem Bereich der Gefahrenmeldeanlagentechnik, insbesondere die europäischen Normenreihen DIN EN 50130, 50131 und 50136 sowie nationale Normenwerke, wie DIN VDE 0833, Teil 1 (Weißdruck vom Mai 2003) und Teil 3 (Weißdruck vom Mai 2002) in der jeweils neuesten veröffentlichten Fassung. Keine Einbruchmeldeanlagen im Sinne des Pflichtenkataloges sind jedoch EMA des Grades 1 gemäß DIN EN bzw. DIN VDE.

Bei Vorliegen der vollständigen Unterlagen und Erfüllung der vorgenannten Voraussetzungen kann bereits eine vorläufige Aufnahme auf den Adressennachweis erfolgen. Bezüglich einer Aufnahme ohne diesen einschränkenden Zusatzvermerk „vorläufig aufgenommen" bieten die meisten Bundesländer eine sogenannte Freiwilligkeitsüberprüfung an. Hierbei handelt es sich um eine Überprüfung von installierten und übergebenen ÜMA/EMA. Derzeit wird in Nordrhein-Westfalen, dem Saarland und Schleswig-Holstein diese Freiwilligkeitsüberprüfung nicht angeboten. Hier entfällt der einschränkende Zusatzvermerk „vorläufig aufge-

nommen", wenn innerhalb von 12 Monaten nach der vorläufigen Aufnahme keine vom Antragsteller zu vertretenden Ereignisse, wie Falschalarme, Überwindungen und insbesondere keine Anzeichen für die Nichteinhaltung des Pflichtenkataloges bekannt werden.
Nach Aufnahme in den Adressennachweis sind die Landeskriminalämter jedoch – nach vorheriger Abstimmung mit dem Errichter – zu jeder Zeit berechtigt, ÜMA/EMA sowie auch die Einhaltung der Voraussetzungen gemäß Pflichtenkatalog zu überprüfen.
Zum Pflichtenkatalog gehören vier Anhänge, diese sind:

- Projektierungs- und Installationshinweise (Anhang 1, gleichlautend mit Anlage 5 der „Richtlinie für Überfall- und Einbruchmeldeanlage mit Anschluss an die Polizei, kurz: ÜEA-Richtlinie")
- Formblatt „Anlagenbeschreibung mit Inbetriebsetzungs- und Abnahmeprotokoll" (Anhang 2, gleichlautend mit dem entsprechenden Teil der Anlage 4, der ÜEA-Richtlinie)
- Formblatt „Meldung von ÜMA/EMA" (Anhang 3)
- Antragsformular (Anhang 4)

In den einzelnen Bundesländern gibt es zum Teil geringfügige Zusatzregelungen, die bei dem jeweiligen Landeskriminalamt angefordert werden können.
(Text geändert 10.7.2006)

2. Polizeiliches Regelwerk für Errichterunternehmen von mechanischen Sicherungseinrichtungen

Die Kriminalpolizeilichen Beratungsstellen empfehlen unter anderem die sicherungstechnische Nachrüstung, insbesondere von Türen und Fenstern, mit mechanischen Sicherungseinrichtungen.
Voraussetzung für die Wirksamkeit dieser Einrichtungen ist neben ihrer Belastbarkeit auch die sicherungstechnisch fachgerechte Montage.
Der bundeseinheitliche „Pflichtenkatalog für Errichterunternehmen von mechanischen Sicherungseinrichtungen", Stand: Juli 2005, regelt das Aufnahmeverfahren nach einheitlichen Kriterien und wird künftig in alle Bundesländern umgesetzt.
Interessierte Betriebe werden auf Antrag in den jeweiligen Adressennachweis der vorbezeichneten Anwenderländer aufgenommen, sofern alle gemäß Pflichtenkatalog geforderten Unterlagen und Nachweise erbracht, d.h., die erforderlichen formellen, personellen und fachlichen Voraussetzungen erfüllt sind.
Beispielsweise muss eine Bescheinigung über die Eintragung bei der Handwerkskammer mit dem einschlägigen Handwerk, zumindest als handwerklicher Nebenbetrieb, vorgelegt werden. Als einschlägige Handwerke gelten Tischler, Metallbauer, Glaser und Rollladen- und Jalousienbauer.
Ein anerkanntes Errichterunternehmen verpflichtet sich u.a. dazu,

- eine fachgerechte Kundenberatung zu garantieren
- die Einbauvorschriften der Hersteller sowie die geltenden einschlägigen Vorschriften und Normen zu beachten
- eine breite Palette von Nachrüstelementen der mechanischen Sicherungstechnik anzubieten und
- deren fachgerechte Montage durch eigene Fachkräfte vorzunehmen.

Die für eine Aufnahme in den jeweiligen Adressennachweis erforderlichen Unterlagen können bei den jeweiligen Landeskriminalämtern angefordert werden. Der bundeseinheitliche Pflichtenkatalog ist auch im Internet aufrufbar unter:
http://www.polizei.bayern.de/schuetzenvorbeugen/beratung/technik/index.html/5629
(Text geändert 10.7.2006)

3. Richtlinie für Überfall- und Einbruchmeldeanlagen mit Anschluss an die Polizei (kurz: „ÜEA-Richtlinie")

Diese Richtlinie regelt die Voraussetzungen zum Anschluss von Überfall- und Einbruchmeldeanlagen an die Polizei. Sie regelt Planung, Errichtung, Erweiterung, Änderung, Betrieb und Instandhaltung von ÜEA und legt die dafür notwendigen Mindestanforderungen fest, mit dem Ziel, eine zuverlässige Meldungsgabe zu erreichen. Weiterhin nennt sie die Voraussetzungen, unter denen ein Anschluss genehmigt oder abgeschaltet werden kann und regelt das Genehmigungsverfahren. ÜEA dürfen, wie beim Pflichtenkatalog, nur von entsprechenden Fachunternehmen errichtet werden. Sofern die Polizei ein Aufnahmeverfahren nach dem bundeseinheitlichen Pflichtenkatalog-ÜMA/EMA durchführt, muss das Fachunternehmen in dem entsprechenden Adressennachweis ohne Einschränkungen aufgenommen sein. Ist noch keine Aufnahme erfolgt bzw. ist die Aufnahme lediglich „vorläufig" oder erfolgte eine Streichung, kann nach einer entsprechenden Bewertung durch die Polizei eine Übergangsfrist bis zur uneingeschränkten Aufnahme eingeräumt werden. In den Bundesländern, in denen ein solches Aufnahmeverfahren nicht durchgeführt wird, kann die Polizei den Nachweis bezüglich der Erfüllung/Einhaltungen von formellen, personellen und technischen Voraussetzungen, wie beim Pflichtenkatalog, verlangen. Wie beim Pflichtenkatalog-ÜMA/EMA ist auch für ÜEA der Einsatz zertifizierter Anlagenteile sowie die Einhaltung von Regelwerken, wie europäische und nationale Normen, Voraussetzung.

Zur ÜEA-Richtlinie gehören insgesamt zehn Anlagen:

- Begriffe und Definitionen (Anlage 1)
- Aufbau einer ÜEA (Anlage 2)
- Antrag zur Errichtung, Erweiterung, Änderung einer ÜEA (Anlage 3)
- Antrag für die Abnahme einer ÜEA mit Abnahmeprotokoll und Anlagenbeschreibung (Anlage 4, Anlagenbeschreibung gleichlautend mit dem Anhang 2 des Pflichtenkatalogs-ÜMA/EMA)
- Projektierungs- und Installationshinweise für Überfall- und Einbruchmeldeanlagen (Anlage 5, gleichlautend mit dem Anhang 1 des Pfk-ÜMA/EMA)
- Anforderungen an die Bildübertragung und Bildsteuerung (Anlage 6)
- Voraussetzung für ein Fachunternehmen und dessen Pflichten (Anlage 7, in wesentlichen Punkten textgleich mit den Nr. 2, 3, 4 und 5 des Pfk-ÜMA/EMA)
- Merkblatt für den Betreiber von ÜEA (Anlage 8)
- Überprüfung von ÜEA (Anlage 9, weitestgehend textgleich mit Nr. 7 des Pfk-ÜMA/EMA)
- Anforderungen an Alarmempfangsstellen bei der Polizei, AS-Pol (Anlage 10)
- Länderspezifische Zusatzregelungen (Anlage 11)

In den einzelnen Bundesländern gibt es zum Teil geringfügige Zusatzregelungen, die bei der zuständigen Stelle angefordert werden können und jeweils in der Anlage 11 enthalten sind.

Neu ist, dass nach Anlage 6 nunmehr auch Videobilder an die Polizei weitergeleitet werden können. Allerdings befindet sich die hierfür erforderliche Empfangstechnik noch in der Entwicklung. Hierfür werden sicherlich weitere technische Regelungen erforderlich sein. In einzelnen Bundesländern gibt es für die Übergangszeit sog. Pilotprojekte. Die entsprechenden Anlagen müssen jedoch, sobald die erforderliche Empfangstechnik zur Verfügung steht, gemäß Anlage 6 angepasst werden.

Die Richtlinientexte können unter der folgenden Adresse im Internet abgerufen werden: http://www.pfa.nrw.de/PTI_Internet/pti-intern/indexe5ab.html
(Menupunkt: „Richtlinien/Gesetze/VO")
(keine Änderungen 10.7.2006)

VDMA-Einheitsblätter

Einheitsblätter des Verbandes Deutscher Maschinen- und Anlagenbau (VDMA) e.V. (http://www.vdma.org) stellen Normen des Maschinenbaus dar, in denen für den Geldschrank- und Tresorbau Begriffe prüftechnische Anforderungen für verschiedene Erzeugnisse zum Schutze gegen Einbruchdiebstahl bzw. Brand definiert werden. In ihrer Wirkung sind sie DIN-Normen gleichzusetzen. Die Einheitsblätter werden vom VDMA als dem Wirtschaftsverband des Geldschrank- und Tresorbaus in Zusammenarbeit mit dem Normenausschuss Maschinenbau (NAM) im DIN und den interessierten Verkehrskreisen erstellt.

Folgende VDMA-Einheitsblätter sind verfügbar:

- VDMA 24 990, Geldschränke und Tresoranlagen, Begriffe, Ausgabe Januar 2000:

Benennungen von Erzeugnissen des Geldschrank- und Tresorbaus werden ihren konstruktiven Eigenschaften und Bestimmungen entsprechend geordnet und erklärt. Damit wird eine einheitliche Terminologie geschaffen, in der jedem Begriff definierte technische Merkmale zugeordnet sind. Die Nomenklatur ist insbesondere unterteilt in Stahlschränke, Wertschutzschränke, Datensicherungsschränke, Geldschrankeinheiten (Wertschutzschränke für Geldautomaten), Kundendiensteinrichtungen, Wertschutzräume, Datensicherungsräume und Datensicherungscontainer.

Das Einheitsblatt VDMA 24 990 wird z. Zt. in eine zweisprachige Terminologie (englisch/deutsch) des European Certification Board·Security Systems (ECB·S) überführt.

- VDMA 24 991 Teil 1, Prüfbedingungen für das Brandverhalten von Stahlschränken und sonstigen Behältern, Ausgabe Oktober 1996.
- VDMA 24 991 Teil 2, Prüfbedingungen für das Brandverhalten von Datensicherungsräumen und Datensicherungscontainern, Ausgabe Juli 1999

Bis 31. Dezember 2001 hat die Forschungs- und Prüfgemeinschaft Geldschränke und Tresoranlagen e.V. (heutige Bezeichnung: European Certification Board·Security Systems (ECB·S) als Zertifizierungsstelle nach EN 45 011 auf Grundlage der VDMA-Einheitsblätter 24991 Teil 1 und Teil 2 Produktzertifizierungen für Datensicherungsschränke nach RAL-RG 626/7 bzw. Datensicherungsräume nach RAL-RG 626/8 erteilt.

Ab Januar 2002 werden diese Erzeugnisse vom European Certification Board·Security Systems (ECB·S) auf Grundlage der Europäischen Normen EN 1047-1 und EN 1047-2 zertifiziert. Diese Europäischen Normen basieren auf VDMA 24 991 Teil 1 bzw. Teil 2 und erfüllen die Anforderungen der Einheitsblätter.

Für die Einheitsblätter besteht somit keine technische Notwendigkeit mehr. Sie sollen deshalb bei der Mitgliederversammlung 2006 der VDMA Fachverband Sicherheitssysteme zurückgezogen werden. Aus diesem Grunde wird in der nachstehenden Beschreibung auf die Europäischen Normen EN 1047-1 und EN 1047-2 verwiesen. Brandprüfungen sollen nachweisen, dass Erzeugnisse zur Aufbewahrung von Datenträgern aller Art die vom Hersteller zugesicherten Eigenschaften besitzen. Die Europäischen Normen EN 1047-1 und EN 1047-2 definieren die für die vorgeschriebenen objektiven und reproduzierbaren Prüfungen notwendigen Voraussetzungen, nennen die Verfahren, nach denen die einzelnen Einflussgrößen zu messen sind und regeln die Auswertung und Dokumentation der Messergebnisse durch ein Prüfzeugnis.

In den Europäischen Normen werden Anforderungen, Prüfungsumfang und Prüfungsdurchführung für Erzeugnisse beschrieben, die Informationsträger aller Art vor Bränden schützen. Nur Produkte, die nach EN 1047-1 und EN 1047-2 vom European Certification Board·Security Systems (ECB·S) zertifiziert worden sind, werden mit der ECB·S-Zertifizierungsmarke nach EN 1047-1 für Datensicherungsschränke bzw. Disketteneinsätze und nach EN 1047-2 für Datensicherungsräume bzw. Datensicherungscontainer gekennzeichnet. Die Zertifizierungsmarke gilt als Nachweis dafür, dass alle Anforderungen erfüllt sind.

VDMA 24 992, Stahlschränke der Sicherheitsstufen A und B, Begriffe und Mindestanforderungen, Ausgabe Mai 1995. (Zum 31. Dezember 2003 ersatzlos zurückgezogen)

Die Europäischen Normen und VDMA-Einheitsblätter können beim Beuth-Verlag GmbH, Postfach 1107, D-10772 Berlin, bezogen werden.

(Text geändert 10.7.2006)

Schweiz:

Richtlinien für Einbruch- und Überfallmeldeanlagen (EMA)

Erstellt von der Fachkommission für Einbruchmeldeanlagen und Schutzsysteme FES im Auftrage des Schweizerischen Sachversicherungsverbandes und unter Mitwirkung von Bundesstellen, des Sicherheitsinstituts (früher BVD), Abteilung Einbruch-Diebstahlschutz (ED), Fachfirmen für Einbruch- und Überfallmeldeanlagen und Polizeistellen.

Übergangssituation:

In Verbindung mit der fortschreitenden Inkraftsetzung einzelner Teile der europäischen Norm für Einbruchmeldeanlagen EN 50131 haben der Schweizerische Versicherungsverband (SVV), der Verband Schweizerischer Errichter von Sicherheitsanlagen (SES) und das Schweizerische Institut zur Förderung der Sicherheit (Sicherheitsinstitut) den gemeinsamen Entscheid gefällt, die weitere Bearbeitung/Ergänzung der Schweizerischen Richtlinien für Einbruchmeldeanlagen (EMA-Richtlinien) einzustellen.
Der für die Bearbeitung der technischen EMA-Richtlinien zuständigen und aus Vertretern des SES und der Fachstelle für Intrusionsschutz (FFIS) des Sicherheitsinstitutes zusammengesetzten Arbeitsgruppe AG-EMA wurde der Auftrag erteilt, die vollständige Übernahme der EN 50131 für die Schweiz zu prüfen. Abweichungen zu den EN 50131 nur dort zu treffen, wo das bisherige in der Schweiz gehaltene Sicherheitsniveau auf Grund geringerer EN-Anforderungen in einem unakzeptablen Ausmass reduziert würde.
Seit rund einem Jahr befasst sich die AG-EMA unter dem Projektnamen RL 2005 mit einem detaillierten Vergleich zwischen den Anforderungen der EN 50131 und den bisherigen EMA-Richtlinien und erarbeitet Vorschläge, wo aus sicherheitstechnischen Gründen schweizerische Sonderanforderungen unumgänglich werden. Eine Arbeit, welche angesichts der laufenden Veränderung von bereits publizierten oder in Bearbeitung befindlichen Normendokumenten viel Zeit in Anspruch nimmt und hohe Fachkompetenz erfordert. Die AG-EMA geht davon aus, dass die neuen, für die Schweiz massgebenden und weitestgehend auf der EN 50131 basierenden Richtlinien für Einbruchmeldeanlagen in der zweiten Hälfte 2007 in Kraft gesetzt werden können. Auf Grund der sehr weitgehenden Ausrichtung auf die EN 50131 können sich Hersteller von neuen Geräten bereits heute auf die Zukunft ausrichten.
Bis zum Inkrafttreten der neuen Richtlinien gelten die bisherigen EMA-Richtlinien. Diese können beim Sekretariat der FFIS zum Preis von Fr. 120.– bezogen werden.

Schweizerisches Institut
zur Förderung der Sicherheit
Fachstelle für Intrusionsschutz (FFIS)
Nüschelerstrasse 45, CH-8001 Zürich
Tel. 0041 (0) 44 217 43 33
E-Mail: safety@swissi.ch
Internet: www.swissi.ch
(Text geändert 11.7.2006)

Schweizerische Brandschutzvorschriften VKF

Die Vereinigung Kantonaler Feuerversicherungen VKF erarbeite im Auftrag der Kantone die Brandschutzvorschriften. Die „Schweizerischen Brandschutzvorschriften VKF" wurden vom Interkantonalen Konkordat IVTH per 1.1.2005 in Kraft gesetzt und gelten in allen Kantonen. Die aufgeführten Drucksachen können entweder gegen Verrechnung in deutscher, französischer und italienischer Sprache bezogen oder im Internet unter http://bsvonline.vkf.ch eingesehen oder herunter geladen werden:
Bezugsquelle Druckversion und CD:

Vereinigung Kantonaler
Feuerversicherungen VKF,
Bundesgasse 20, Postfach 8576,
CH-3001 Bern,
Tel. +41 (0)31 320 22 22,
Fax +41 (0)31 320 22 99,
E-Mail: mail@vkf.ch
Internet: www.vkf.ch

1. Aufbau der Schweizerischen Brandschutzvorschriften VKF

Das Vorschriftenwerk besteht aus:
- Brandschutznorm
- Brandschutzrichtlinien
- Brandschutzerläuterungen
- Brandschutzarbeitshilfen

2. Brandschutznorm (Ausgabe 2003)

In der Brandschutznorm der VKF sind die Grundsätze sowie die wichtigsten Anforderungen des vorbeugenden Brandschutzes verankert. Die Brandschutznorm enthält folgende Kapitel:

A Ziele und Grundsätze
B Allgemeiner Brandschutz
C Baulicher Brandschutz
D Technischer Brandschutz
E Abwehrender Brandschutz
F Haustechnische Anlagen
G Gefährliche Stoffe
H Betrieblicher Brandschutz
I Vollzug
J Schlussbestimmung

3. Brandschutzrichtlinien

Die Brandschutzrichtlinien regeln, wie die Brandschutzmassnahmen umgesetzt werden, also wie die Anforderungen gemäss der Brandschutznorm umgesetzt werden müssen. Es sind folgende Brandschutzrichtlinien verfügbar:
- Brandverhütung – Sicherheit in Betrieben und auf Baustellen, Ausgabe 2003
- Baustoffe und Bauteile, Ausgabe 2003
- Verwendung brennbarer Baustoffe, Ausgabe 2003
- Tragwerke, Ausgabe 2003
- Schutzabstände – Brandabschnitte, Ausgabe 2003
- Flucht- und Rettungswege, Ausgabe 2003
- Kennzeichnung von Fluchtwegen – Sicherheitsbeleuchtung – Sicherheitsstromversorgung, Ausgabe 2003
- Löscheinrichtungen, Ausgabe 2003
- Sprinkleranlagen, Ausgabe 2003
- Brandmeldeanlagen, Ausgabe 2003
- Gasmeldeanlagen, Ausgabe 2003
- Rauch- und Wärmeabzugsanlagen, Ausgabe 2003
- Blitzschutzanlagen, Ausgabe 2003
- Aufzugsanlagen, Ausgabe 2003
- Wärmetechnische Anlagen, Ausgabe 2003
- Lufttechnische Anlagen, Ausgabe 2003
- Gefährliche Stoffe, Ausgabe 2003
- Brennbare Flüssigkeiten, Ausgabe 2003
- Zulassungs- und Zertifizierungsverfahren, Ausgabe 1996

4. Brandschutzerläuterungen

Brandschutzerläuterungen enthalten detaillierte Regelungen zu gewissen Themen und ergänzen die Brandschutzrichtlinien. Es sind folgende Brandschutzerläuterungen verfügbar:

- Atriumbauten, Ausgabe 2003
- Bauten mit Doppelfassaden, Ausgabe 2003
- Cheminées, Ausgabe 2003
- Spänefeuerungen, Ausgabe 2003
- Schnitzelfeuerungen, Ausgabe 2003
- Pelletsfeuerungen, Ausgabe 2003
- Bühnen, Ausgabe 2003
- Feuerwehraufzüge, Ausgabe 2003
- Abgelegene Beherbergungsbetriebe, Ausgabe 2003
- Zivilschutzbauten und Truppenunterkünfte, Ausgabe 2003
- Tourismus in der Landwirtschaft, Ausgabe 2003
- Anbringen von brennbaren Geweben an Gebäuden, Ausgabe 2003
- Dämmschichtbildende Brandschutzanstriche, Ausgabe 2003
- Munitionslager, Ausgabe 2003

5. Brandschutzarbeitshilfen

Arbeitshilfen enthalten eine Zusammenstellung der Brandschutzmassnahmen für bestimmte Nutzungen. Es sind folgende Brandschutzarbeitshilfen verfügbar:

- Wohnbauten, Ausgabe 2003
- Parkhäuser und Einstellräume für Motorfahrzeuge, Ausgabe 2003
- Büro- und Gewerbebauten, Ausgabe 2003
- Beherbergungsbetriebe, Ausgabe 2003
- Bauten mit Räumen mit grosser Personenbelegung, Ausgabe 2003
- Verkaufsgeschäfte, Ausgabe 2003
- Hochhäuser, Ausgabe 2003

Die VKF führt zudem ein Verzeichnis mit aktuellen Dokumenten von Dritten (wie Normeninstitute, Verbände), welche den aktuellen Stand der Technik wiedergeben und allenfalls auch zu beachten sind.
(Text geändert 10.7.2006)

Fachzeitschriften

8

Internationale Fachpublikationen

Die Sicherheits- und Polizeifachzeitschriften sind nach Sprachen und innerhalb der Sprachen alphabetisch geordnet. Um dieses Verzeichnis so vollständig wie möglich zu gestalten, wurden auch solche Publikationen aufgenommen, für die Erscheinungsweise und/oder Bezugspreis nicht in Erfahrung gebracht werden konnten. In diesen Fällen fehlt die entsprechende Angabe.

Mehrsprachig

action
Erscheint: 7x jährlich
Jahresabonnement: CHF 40.00 (Schweiz), CHF 57.00 (Ausland)
Schweizerischer Zivilschutzverband
Postfach 8272, CH-3001 Bern
Tel. ++41 31 381 65 81, Fax ++41 31 382 21 02
deutsch/französisch/italienisch

Police
Erscheint: monatlich
Jahresabonnement: CHF 30.00
Verband Schweizer Polizeibeamter (VSPB), Verbandssekretariat
Villenstasse 2, CH- 6005 Luzern
Tel. ++41 41 367 21 21, Fax ++41 41 367 21 22
E-Mail: mail@vspb.org
deutsch/französisch/italienisch

Sécurité Sicherheit Sicurezza
Erscheint: 4x jährlich
Jahresabonnement: CHF 85.00 (Schweiz), CHF 98.00 (Ausland)
Sicherheitsinstitut
Nüschelerstrasse 45, CH-8001 Zürich
Tel. ++41 44 217 43 33, Fax ++41 44 211 70 30
Internet: www.swissi.ch
E-Mail: safety@swissi.ch
deutsch/französisch/italienisch

Deutsch

bauelement + technik
Die Fachzeitschrift für Planer, Berater und Verarbeiter
Erscheint: 6x jährlich
Einzelheft: EUR 4.80
Gert Wohlfarth GmbH
Verlag Fachtechnik + Mercator Verlag
Postfach 10 14 61, D-47014 Duisburg
Tel. ++49 203 30527-0, Fax ++49 203 30527-820

Baubeschlag-Taschenbuch 55. Ausg. 2007
Fachhandbuch als Ratgeber für Sicherheits- und Baufachfragen
EUR 18.90 + Versandkosten
Gert Wohlfarth GmbH
Verlag Fachtechnik + Mercator Verlag
Postfach 10 14 61, D- 47014 Duisburg
Tel. ++49 203 30527-0, Fax ++49 203 30527-820

Brandhilfe
Ausgabe Baden-Württemberg
Organ des Landesfeuerwehrverbandes Baden-Württemberg mit den amtlichen Bekanntmachungen des Innenministeriums
Erscheint: monatlich
Jahresabonnement: EUR 37.70
Einzelheft: EUR 3.50
Neckar Verlag GmbH
Klosterring 1, D-78050 Villingen-Schwenningen
Tel. ++49 7721 8987-0, Fax ++49 7721 8987-50
Internet:: www.neckar-verlag.de
E-Mail: info@neckar-verlag.de

Brandhilfe
Ausgabe Rheinland-Pfalz und Saarland
Brandschutz und Technische Hilfe in Rheinland-Pfalz und im Saarland mit den amtlichen Bekannmachungen der Innenministerien
Erscheint: monatlich
Jahresabonnement: EUR 37.40
Einzelheft: EUR 3.35
Neckar Verlag GmbH, Klosterring 1
D-78050 Villingen-Schwenningen
Tel. ++49 7721 8987-0, Fax ++49 7721 8987-50
Internet:: www.neckar-verlag.de
E-Mail: info@neckar-verlag.de

BRANDSchutz / Deutsche Feuerwehr-Zeitung
Zeitschrift für das gesamte Feuerwehrwesen, für Rettungsdienst und Umweltschutz
Erscheint: monatlich
Jahresabonnement: EUR 82.20
zzgl. EUR 8.40 Versandkosten
Einzelheft: EUR 10.90 zzgl. Versandkosten
Verlag W. Kohlhammer GmbH
Redaktion BRANDSchutz /
Deutsche Feuerwehr-Zeitung
Hessbrühlstrasse 69, D-70549 Stuttgart
Tel. ++49 711 78 63 7330, Fax ++49 711 7863 8454
www.brandschutz-zeitschrift.de

Brandverhütung und Feuersicherheit
Zeitschrift für den vorbeugenden Brandschutz
Erscheint: 4x jährlich
Jahresabonnement: EUR 26.00
Einzelheft: EUR 10.00
Uder Verlag Naumburg
Bahnhofstrasse 34, D-06618 Naumburg
Tel. ++49 3445 2404-0, Fax ++49 3445 2404-24
E-Mail: druckhaus-naumburg@t-online.de

BULLETIN SEV/VSE
Erscheint: 14-täglich
Jahresabonnement: CHF 205.00
Einzelheft: CHF 12.00
Jean Frey Fachmedien
Postfach 3374, CH-8021 Zürich
Tel. ++41 43 444 51 08, Fax ++41 43 444 51 01
Internet: www.electrosuisse.ch
E-Mail: bulletin@jean-frey.ch

CD Sicherheits-Management
Deutschland / Österreich
28. Jahrgang / IVW geprüft
Erscheint: 6x jährlich
Jahresabonnement: EUR 54.00,
Chefredaktion: Helmut Brückmann
AWG Agentur für Verlags- und Wirtschaftswerbung GmbH
Barbarossastrasse 21, D-63517 Rodenbach
Tel. ++49 6184 9508 0, Fax ++49 6184 54524
E-Mail: info@security-service.com

CO.P.
Herausgeber: Österreichisches Zentrum für Kriminalprävention
Erscheint: 4x jährlich
Medieninhaber: Ebenschweiger KEG
Buchenweg 4, A-8071 Hausmannstätten
Tel. ++43 (0) 3135 409 08
Fax ++43 (0) 3135 409 08 4
E-Mail: g.ebenschweiger@aon.at

Datenschutz-Berater
Erscheint: monatlich
Jahresabonnement: EUR 192.00
Verlagsgruppe Handelsblatt GmbH
Postfach 10 11 02, D-40002 Düsseldorf
Tel. ++49 211 887 10 38, Fax ++49 211 887 1419
www.datenschutz-berater.de

der detektiv
Fachzeitschrift für das Sicherheitsgewerbe
Erscheint: 4x jährlich
Jahresabonnement Schweiz: EUR 46.00
Jahresabonnement Deutschland: EUR 46.00
Jahresabonnement Österreich: EUR 38.00
Chefredaktion: Cornelia Haupt
Hauptstrasse 110, A-1140 Wien
Tel. ++43 664 200 22 12
Fax ++43 1 817 495 537 11
Internet: www.detektiv-online.at
Weblog: weblog.derdetektiv.at
E-Mail: redaktion@detektiv-online.at

Der Kriminalbeamte
Offizielles Organ der Vereinigung der Bundeskriminalbeamten Österreichs
Erscheint: 4x jährlich
Hrsg.: Vereinigung der Bundeskriminalbeamten Österreichs
Müllnergasse 4/8, A-1092 Wien
Telefon ++43 (0) 1 317 1675
Fax ++43 (0) 1 317 16754
E-Mail: krb@surfeu

Der Kriminalist
Organ d. Bundes Deutscher Kriminalbeamter
Erscheint: monatlich
Verlag Deutsche Kriminalpolizei
Kronprinzenstrasse 13, D-45128 Essen
Tel. ++49 201 8130-118, Fax ++49 201 8130-288

Die Polizei
Fachzeitschrift für die öffentliche Sicherheit
Erscheint: monatlich
Carl Heymanns Verlag KG
Luxemburgerstrasse 449, D-50939 Köln
Tel. ++49 221 94373 305, Fax ++49 221 94373 310
Internet: www.heymanns.com

DSD - Der Sicherheitsdienst
Erscheint: 4x jährlich
Jahresabonnement:
Mitglieder EUR 19.00 + MwSt.
Nichtmitglieder EUR 37.00 inkl. MwSt.
Bundesverband Deutscher Wach- und Sicherheitsunternehmen e.V. (BDWS)
Norsk-Data-Str. 3, D-61352 Bad Homburg
Tel. ++49 6172 94 80 50, Fax ++49 6172 45 85 80
Internet: www.bdws.de
E-Mail: mail@bdws.de

Deutsches Polizeiblatt (DPolBl)
Erscheint: 6x jährlich
Richard Boorberg Verlag GmbH & Co.
Schnarrstrasse 2, D-70551 Stuttgart
Tel. ++49 711 7385-0, Fax ++49 711 7385-100

Euro Security
Erscheint: 9x jährlich
+ 5 Spezialausgaben
Jahresabonnement: EUR 100.00 + MwSt. /
Ausland EUR 120.00 (+MwSt m. EU)
Euro Security Fachverlage
Dr. Claudia Mrozek
Peckhauser Str. 24, D-40822 Mettmann
Tel. ++49 2104 95 89 72, Fax ++49 2104 5728
info@eurosecurity.de, www.eurosecurity.de

Facility Management Solutions
Erscheint: 4x jährlich
Jahresabnnement: CHF 60.00
Einzelheft: CHF 17.00
Robe Verlag KG
Bollackerweg 2, CH-5024 Küttigen
Tel. ++41 62 827 45 00, Fax ++41 62 827 45 01
Internet: www.robe-verlag.ch
E-Mail: info@robe-verlag.ch

Feuerwehr - Magazin
Erscheint: monatlich
Niederlassung der Ebnder Verlag
GmbH & Co. KG
Kurt-Schumacher-Allee 2, D-28359 Bremen
Postfach 330526, D-28329 Bremen
Tel. ++49 421 468860, Fax ++49 421 4688630
Internet: www.feuerwehrmagazin.de
E-Mail: redaktion@feuerwehrmagazin.de

GIT Sicherheit + Management
Erscheint: 9 x jährlich
Jahresabonnement: EUR 78.00
Einzelheft: EUR 10.00
GIT Verlag GmbH
Rösslerstrasse 90, D-64293 Darmstadt
Tel. ++49 6151 8090 0, Fax ++49 6151 8090 144
Internet: www.gitsicherheit.de
E-Mail: s.ebert@gitverlag.com

IT-Security
Fachzeitschrift zum Thema IT-Security
und Datenschutz
Erscheint: 4x jährlich
Jahresabonnement: CHF 60.00
Einzelheft: CHF 18.00
MediaSec AG, Postfach 50, CH-8127 Forch
Tel. ++41 43 366 20 20, Fax ++41 43 366 20 30
Internet: www.mediasec.ch
E-Mail: info@mediasec.ch

IZA
Zeitschrift für Gesundheit und Sicherheit am Arbeitsplatz
Erscheint: 6x jährlich
Jahresabonnement: CHF 59.00
Ott Verlag + Druck AG Thun
Länggasse 57, CH-3607 Thun
Tel. ++41 33 225 39 39, Fax ++41 33 225 39 33
Internet: www.ott-verlag.ch

<kes>
Die Zeitschrift für Informations-Sicherheit
Erscheint: 6x jährlich
Jahresabonnement: EUR 122.00, CHF 238.00
SecuMedia Verlags GmbH
Postfach 12 34, D-55205 Ingelheim
Tel. ++49 6725 9304-0, Fax ++49 6725 59 94
Internet: www.kes.info
E-Mail: info@secumedia.de

Kriminalistik
Unabhängige Zeitschrift für diekriminalistische Wissenschaft und Praxis
Erscheint: 11x jährlich
Kriminalistik Verlag
Hüthig Jehle Rehm GmbH
Im Weiher 10, D-69121 Heidelberg
Tel. ++49 6221 4 89 416, Fax ++49 6221 4 89 624
Internet: www.kriminalistik.de

Kriminalpolizei
Die Fachzeitschrift der Vereinigung österreichischer Kriminalisten
Erscheint: 6x jährlich
Hrsg.: "Die Kriminalisten" - Vereinigung österreichischer Kriminalisten
Fellnergasse 7/3/7, A-1220 Wien
Tel. ++43 (0) 1 798 1358
E-Mail: diekriminalisten@aon.at
Internet: www.kripo-online.at

Magazin für die Polizei
Internationale, unabhängige Fachzeitschrift für den Polizeibeamten, Juristen, Soziologen und Psychologen
Erscheint: 6x jährlich
Almanach Verlag Jöring E.K.
Heidigweg 13a, D-63743 Aschaffenburg
Tel. ++49 6028 997321, Fax ++49 6028 996191
Internet: www.mfdp.de
E-Mail: almanach-joering@t-online.de

Management und Qualität
Magazin für integrierte Managementsysteme
Erscheint: 10x jährlich
Jahresabonnement: CHF 110.00
Einzelheft: CHF 12.50
Rheintaler Druckerei und Verlag AG
Hafnerwisenstrasse 1, CH-9442 Berneck
Tel. ++41 71 747 22 22, Fax ++41 71 747 22 54
E-Mail: rdv@rdv.ch, Internet www.rdv.ch

Öffentliche Sicherheit
Offizielles Magazin des Innenministeriums
Erscheint: 6x jährlich
Hrsg.: Bundesministerium für Inneres
Herrengasse 7, A-1014 Wien
Tel. ++43 1 531 26 2703, Fax 2701
www.bmi.gv.at/oeffentliche-sicherheit
E-Mail: sicherheit@mail.bmi.gv.at

Polizei, Verkehr und Technik
Erscheint: 6x jährlich
Verlag Schmidt-Römhild
Maengenstr. 16, D-23552 Lübeck
Tel. ++49 451 70 31 01, Fax ++49 451 7031253
E-Mail: vsr-luebeck@t-online.de

Polizei - heute
Erscheint: 6x jährlich
Jahresabonnement: 35.-
Chefredaktion: Helmut Brückmann
AWG Agentur für Verlags- und Wirtschaftswerbung GmbH
Barbarossastrasse 21
D-63517 Rodenbach
Tel. ++49 6184 9508 0, Fax ++49 6184 54524
E-Mail: info@security-service.com

Polizeispiegel
Fachorgan der Dt. Polizeigewerkschaft im dbb
Erscheint: monatlich
Einzelheft: 3.90 Euro
Abonnement: 38 Euro
dbb verlag GmbH & Co.
Reinhardtstr. 29, D-10117 Berlin
Tel. ++49 30 726 1917 -0

Protector
Europäische Fachzeitschrift für Sicherheit
Erscheint: monatlich (davon 2 Doppelnummern + Specials + Jahres CD)
Jahresabonnement: EUR 115.50 (inkl MwSt und Versand), CHF 194.00
Einzelheft: EUR 12.00, CHF 15.00
I.G.T. GmbH, Albert-Schweitzer-Str. 64, D-81735 München
Tel. ++49 89 673 697 0, Fax ++49 89 637 67 08

Rettungs - Magazin
Niederlassung der Ebnder Verlag G mbH & Co. KG
Kurt-Schumacher-Allee 2, D-28329 Bremen
Postfach 330526, D-28335 Bremen
Tel. ++49 421 468860, Fax ++49 421 4688630
Internet: www.ebnerverlag.de,
Internet: www.rettungsmagazin.de
E-Mail: redaktion@rettungsmagazin.de

Safety-Plus
Schweizer Fachzeitschrift für Arbeitssicherheit und Gesundheitsschutz
Erscheint: 4x jährlich
Jahresabonnement: CHF 75.00
Einzelheft: CHF 20.00
MediaSec AG, Postfach 50
CH-8127 Forch/Zürich
Tel. ++41 43 366 20 20, Fax ++41 43 366 20 30
info@mediasec.ch, www.safety-plus.org

"schadenprisma"
Zeitschrift für Schadenverhütung und Schadenforschung der öffentlichen Versicherer
Erscheint: 4x jährlich
Jahresabonnement: EUR 10.00
"schadenprisma"
Am Karlsbad 4-5, D-10785 Berlin
Tel. ++49 30 26 33 353, Fax ++49 30 26 33 191
Internet: www.schadenprisma.de
E-Mail: redaktion@schadenprisma.de

schloss + beschlag-markt
Fachzeitschrift für den Ausstattungs- und Sicherheitsmarkt
Erscheint: monatlich
Jahresabonnement: EUR 50.40
Einzelheft: EUR 4.20
Gert Wohlfarth GmbH
Verlag Fachtechnik + Mercator-Verlag
Postfach10 14 61, D-47014 Duisburg
Tel. ++49 203 305 27 0, Fax ++49 203 305 27 820
E-Mail: info@wolfarth.de

SchweizerBauJournal
Erscheint: 6x jährlich
Jahresabonnement: CHF 75.00
Einzelheft: CHF 14.00
Robe Verlag AG
Bollackerweg 2, CH-5024 Küttigen
Tel. ++41 62 827 45 00, Fax ++41 62 827 45 01
Internet: www.robe-verlag.ch
E-Mail: info@robe-verlag.ch

Schweizerische Feuerwehr-Zeitung
Zeitschrift für Feuerwehr, Katastrophenbewältigung und Bevölkerungsschutz
Erscheint: monatlich
Jahresabonnement Schweiz: CHF 66.00
Einzelheft: CHF 7.00
Schweizerischer Feuerwehr-Verband
Morgenstrasse 1 / Postfach, CH-3073 Gümligen
Tel. ++41 31 958 81 18, Fax ++41 31 958 81 11
Internet: www.swissfire.ch
E-Mail: sfz.redaktion@swissfire.ch

Security Point
Erscheint: 6x jährlich / IVW geprüft
Jahresabonnement: EUR 30.00
Chefredaktion: Ilse Klaus
AWG Agentur für Verlags- und Wirtschaftswerbung GmbH, Barbarossastrasse 21
D-63517 Rodenbach
Tel. ++49 6184 9508 0, Fax ++49 6184 54524
E-Mail: info@security-service.com

Sicherheitshalber
Erscheint: 6x jährlich
Jahresabonnement: 20.-
Chefredaktion: Markus Heide
AWG Agentur für Verlags- und Wirtschaftswerbung GmbH
Barbarossastrasse 21, D-63517 Rodenbach
Tel. ++49 6184 9508 0, Fax ++49 6184 54524
E-Mail: info@security-service.com

SicherheitsForum
Schweizer Fachzeitschrift für Sicherheit
Erscheint: 6x jährlich (plus 1 Sonderausgabe)
Jahresabonnement: CHF 142.00
Einzelheft: CHF 26.00
MediaSec AG, Postfach 50, CH-8127 Forch
Tel. ++41 43 366 20 20, Fax ++41 43 366 20 30
Internet: www.sicherheitsforum.com
E-Mail: info@mediasec.ch

Sicherheits-Berater
Informationsdienst für Wirtschaft & Verwaltung
Erscheint: 2x monatlich
Jahresabonnement: EUR 264.00 inkl. Versand
Einzelheft: EUR 15.00 zzgl. Versand und MwSt.
TeMedia GmbH
Alte Heerstrasse 1, D-53121 Bonn
Tel. ++49 228 962 93 88, Fax ++49 288 962 93 90
Internet: www.sicherheits-berater.de
E-Mail: info@sicherheits-berater.de

Sicherheit im Unternehmen
Erscheint: 4x jährlich
free beratung GmbH
Postfach 21 43, D-41339 Korschenbroich
Tel. ++49 2161 99 80 80, Fax ++49 2161 99 808 12

Sicherheit und Recht
Erscheint: 6x jährlich
Das Magazin der Vereinigung der Juristen der Österreichischen Sicherheitsbehörden (JÖS)
Hrsg.: JÖS, Schottenring 7-9, A-1010 Wien
Verlag: Exekutiv Verlags GmbH
Kärntner Strasse 518V, A-8054 Graz
Tel. ++43 (0) 316 287151-0

sicherheits-magazin
Ratgeber für Sicherheit rund ums Haus für Bauherren, Renovierer, Mieter
Erscheint: 2x jährlich
Jahresabonnement ab 50 Expl. : EUR 32.50
Gert Wohlfarth GmbH
Verlag Fachtechnik + Mercator-Verlag
Postfach 10 14 61, D-47014 Duisburg
Tel. ++49 203 305 27 0, Fax ++49 203 305 27 820
E-Mail: info@wolfarth.de

Sicherheitspolitik
der Verwaltung, Wirtschaft und Bevölkerung
Erscheint: 6x jährlich
Jahresabonnement: CHF 160.00
Presdok AG
Mimosenstrasse 5, CH-8057 Zürich
Tel. ++41 1 312 10 50, Fax ++41 1 312 10 45
Internet:www.sicherheitspolitik.ch
E-Mail: presdok@presdok.ch

Sicherheitspolitische Nachrichten
Wilfrid Dissmann
Kyrionstrasse 10, D-5042 Erfstadt

SIM - Das Sicherheitsmagazin
Erscheint: 6x jährlich
Hrsg/Verlag.: K. Werner Druck- u. Verlags gesellschaft m.b.H
Lerchenfeld Strasse 37, A-1070 Wien
Telefon +43 (0) 1 5224379, Fax 5224379 20
Internet: www.sim.at
E-Mail: office@diebundespolizei.at

Spektrum Gebäudetechnik
Erscheint: 6x jährlich
Jahresabonnement: CHF 75.00
Einzelheft: CHF 14.00
Robe Verlag AG
Bollackerweg 2, CH-5024 Küttigen
Tel. ++41 62 827 45 00, Fax ++41 62 827 45 01
Internet: www.robe-verlag.ch
E-Mail: info@robe-verlag.ch

SYSDATA
Informatik-Zeitschrift für KMU's
Erscheint: 6x jährlich
Jahresabonnement: CHF 30.00
Einzelheft: CHF 6.00
Binkert Medien AG
Baslerstrasse 15, CH-5080 Laufenburg
Tel. ++41 62 869 79 00, Fax ++41 62 869 79 01
Intermet: www.sysdata.ch
E-Mail: sysdata@binkert.ch

s+s report
VdS-Magazin Schadenverhütung und Sicherheitstechnik
Erscheint: 6x jährlich
Jahresabonnement: EUR 110.00
VdS Schadenverhütung, Verlag
Amsterdamerstr. 174, D-50735 Köln
Tel. ++49 221 77 66 482, Fax ++49 221 77 66 311
E-Mail: sus-report@vds.de

tür - tor - fenster - report
Erscheint: 6x jährlich
VFZ-Verlag für Zielgruppeninformationen GmbH & Co KG
Postfach 12 01 21, D-44291 Dortmund
Tel. ++49 231 92 50 55 50, Fax ++49 231 925 05 59
Internet: www.vfz-verlag.de
E-Mail: mail@vfz-verlag.de

vfdb
Zeitschrift Forschung, Technik und Management im Brandschutz
Erscheint: 4x jährlich
Jahresabonnement: EUR 78.00 zzgl. EUR 2.80 Versandkosten
Einzelheft: EUR 20.90 zzgl. Versandkosten
Verlag W. Kohlhammer GmbH
Hessbrühlstr. 69, D-70549 Stuttgart
Tel. ++49 711 78 63 0, Fax ++49 711 78 63 8454

W & S
Wirtschaftsschutz & Sicherheitstechnik, Zeitschrift für das Sicherheitswesen in der Wirtschaft
Erscheint: 10x jährlich
Jahresabonnement: EUR 162.00, Ausland: EUR 170.00
Hüthig GmbH & Co. KG
Im Weiher 10, D-69121 Heidelberg
Tel. ++49 6221 489 588, Fax ++49 6221 489 553
Internet: www.osis.de
E-Mail: w&s_redaktion@huethig.de

WIK
Zeitschrift für Wirtschaft, Kriminalität und Sicherheit
Erscheint: 6x jährlich (plus 1 Sonderausgabe)
Jahresabonnement: EUR 101.00, CHF 198.00
SecuMedia Verlags GmbH
Postfach 12 34, D-55205 Ingelheim
Tel. ++49 6725 9304 0, Fax ++49 6725 59 94
Internet: www.wik.info
E-Mail: info@secumedia.de

Englisch

Access Controll
Fachzeitschrift für Zutrittskontrolle
Erscheint: monatlich
Jahresabonnement: US$ 68.00
Access Control
6151 Powers Ferry Road NW
USA-Atlanta GA 30339
Tel. ++1 404 955-25 00

Civil Protection
Public Enquiry Team
Home Office
7th Floor 50, Queen Anne's Gate
London SW1H 9AT
Tel. 0870 000 1585, Fax. 020 7273 2065
Textphone: 020 7273 3476
public.enquiries@homeoffice.gsi.gov.uk

CCTV Today
CMP Information Ltd
Ludgate House, 245 Blackfairs Road
London SE1 9UY, United Kingdom
Tel. ++44 207 921 8285, Fax +44 207 921 8059
E-Mail: nrastall@cmpinformation.com

Computer Fraud and Security
Internationale Fachzeitschrift für Computer- und Informations-Sicherheit
Erscheint: monatlich
Jahresabonnement: GB£ 375.00 / US$ 617.00
Elsevier Advanced Technology
P.O. Box 150, Kidlington, Oxford OX5 1AS, UK
Tel. ++44 1865 843 645, Fax ++44 1865 84 39 71

Computer & Security
Erscheint: 8x jährlich
Jahresabonnement: GB£ 322.00 / US$ 525.00
Elsevier Advanced Technology
P.O. Box 150, Kidlington, Oxford OX5 1AS, UK
Tel. ++44 865 84 646, Fax ++44 865 84 39 71

Computer Security Journal
Erscheint: 2x jährlich
CSI Computer Security Institute
600 Harrison Street
USA-94107 San Francisco, CA

Crime Prevention News
The Home Office, Queen Anne's Gate, Room 137
London SW1 H9AT, UK

Dynamics
Informationen für und um die American Society for Industrial Security
Erscheint: 6x jährlich
Jahresabonnement: US$ 7.75
Security Informationen (nur ASIS -Mitglieder)
ASIS, 1625 Prince Street Alexandria, VA 22314, US
Tel. ++1 703 519 6200, Fax ++1 703 518 1518

Electro Optics
Erscheint: 6x jährlich
Milton Publishing Company Ltd.
5, Tranquil Passage Blackheath
London SE3 OBY, UK
Tel. ++44 208 297 1097, Fax ++44 208 297 1098

International Fire + Security Product News
CMP Information Ltd
Ludgate House, 245 Blackfairs Road
London SE1 9UY, United Kingdom
Tel. ++44 207 921 8285, Fax +44 207 921 8059
E-Mail: nrastall@cmpinformation.com

Journal of Security Admin.
P.O. Box 16 45 09, USA-33116-4509 Miami, FL

Keyways
Master Locksmith Association
5d Great Central Way, Woodfoxd Hasle
Daventry, Northants UN11 6P2, UK
Tel. ++44 1372 26 22 55, Fax ++44 1372 26 25 39

Malaysian Safety and Security Journal
Erscheint: 4x jährlich
Jahresabonnement: US$ 27.00
SRT-EON Security Service Sdn Bhd
Kelana Jaya, 47301 Petaling Jaya
Selangor Darul Ehsan, Malaysia
Tel. ++60 3 7031 665, Fax ++60 3 7037 616

Network Security
Erscheint: monatlich
Jahresabonnement: GB£ 365.00 / US$ 601.00
Elsevier Advanced Technology
P.O. Box 150, Kindlington, Oxford OX51AS, UK
Tel. ++44 1865 84 3645, Fax ++44 1865 84 3971

Police + Security News
Erscheint: 6x jährlich
Jahresabonnement: US$ 14.00,
Ausland: US$ 26.00
Police + Security News
P.O. Box 330, USA-Kulpsville PA 19443

Risk Analysis
Offizielles Journal der Society for Risk Analysis
Erscheint: 4x jährlich
Jahresabonnement: US$ 130.00
Plenum Publishing Corporation
233 Spring street, USA-New York, NY

Safety & Security
Crown House
14 th Floor, London Road
Surrey, Morden SM45DX, UK

Security
Fachzeitschrift für Sicherheit
Erscheint: 12x jährlich
Jahresabonnement: US$ 149.95
Cahners Publishing Company
Cahners Plaza 275 Washington St.
USA-Newton MA 02158-1630

Security Focus
Erscheint: 12x jährlich
Security Publications S.A. (Pty) Ltd.
P.O. Box 414, SA-3640 Kloof, Südafrika
Tel. ++27 31 764 6977, Fax ++27 31 764 6974

Security Installer
CMP Information Ltd
Ludgate House, 245 Blackfairs Road
London SE1 9UY, United Kingdom
Tel. ++44 207 921 8285, Fax +44 207 921 8059
E-Mail: nrastall@cmpinformation.com

Security Letter
Newsletter concerned with all aspects of protection of assets from loss. Includes data sections and securtity Bussiness supplement.
Erscheint: 22x jährlich
Jahresabonnement: US$ 222.- incl. airmail
166 East 96th street, USA-10128 New York, NY

Security Letter Source Book
The leading selective directory of security products, systems, and services in the USA
Preis: US$ 75.00
166 East 96th street
USA-10128 New York

Security Management
Erscheint: 12x jährlich
Jahresabonnement: US$ 115.00
ASIS International
1625 Prince Street
USA-Alexandria, VA 22314
Tel. ++1 703 519 6200
Fax ++1 703 518 1518

Security Management Today
CMP Information Ltd
Ludgate House, 245 Blackfairs Road
London SE1 9UY, United Kingdom
Tel. ++44 207 921 8285, Fax +44 207 921 8059
E-Mail: nrastall@cmpinformation.com

Security & Protection Equipment
Jahresabonnement: England GB£ 15.00,
Übersee: GB£ 15.50
Batiste Publications Ltd.
Pembroke House, Campsbourne Road
London N8 7PT, UK

Security Specifier
Erscheint: 6x jährlich
Jahresabonnement: GB£ 30.00,
Ausland: GB£ 60.00
Security Specifier, 32 Portland Street
Cheltenham Glos. GL52 2 PB, UK
Tel. ++44 1242 583 222, Fax ++44 1242 222 331

Security Technology & Design
Erscheint: 6x jährlich
Jahresabonnement: US$ 64.00
Locksmith Publishing Corp.
850 Busse Highway, USA-60068 Park Ridge IL
Tel. ++1 708 692 59 40, Fax ++1 708 92 46 04

Southeast Asia Fire & Security
Erscheint: monatlich
Jahresabonnement: US$ 130.00
Trade Link Media Pte Ltd
04-02 SCN Centre, 389801 Singapore
Tel. ++65 842 2580, Fax ++65 842 2581

The Computer Law and Security Report
Erscheint: 6x jährlich + Index
Jahresabonnement: GB£ 210.00 / US$ 325.00
Elsevier Advanced Technology
P.O. Box 150, Kindlington, Oxford OX5 AS1, UK
Tel. ++44 865 84 38 40
Fax ++44 865 84 39 71

The Safety & Health Practitioner
Jahresabonnement: England GB£ 59.00
Surface Mail GB£ 68.00
Airmail Rate: GB£ 107.00
Miller Freeman UK, 630 Chiswick High
London W4 58G , UK

The Security Magazine
United Business Media
630 Chiswick High Road
London W4 5BG, United Kingdom
Tel. ++44 20 8987 7890, Fax ++44 20 8987 7680
E-Mail: mreeves@unmf.co.uk
E-Mail:jmcdowell@unmf.co.uk

Französisch

Alarmes Protection Sécurité
Erscheint: 6x jährlich
Reed Expositions France
70, rue Rivay, F-92532 Levallois-Perret Cedex
Tel. ++33 147 56 51 49, Fax ++33 147 56 50 03

Face au risque
Erscheint: 10x jährlich + 40x hebdomadaires
Jahresabonnement: EUR 195.00
Ausland: EUR 260 et Zone EUROS EUR 230
CNPP Entreprise, BP 2265
F-27950 Saint-Marcel
Tel. ++33 232 53 64 32, Fax ++33 232 53 64 80

Revue Internationale de Criminologie et de Police Technique et Scientifique
Polymedia Reichtry SA
26, chemin de la Caroline
CH-1213 Petit-Lancy, GE
Tel. ++41 22 879 88 20, Fax ++41 22 879 88 25

Sécurité et Environnement
(Als Beilage in Polytechnique, im Geschenkpaket erhältlich)
Erscheint: 4x jährlich
Jahresabonnement: CHF 40.00
Europa: CHF 55.00
Polymedia Reichtry SA
26, chemin de la Caroline
CH-1213 Petit-Lancy
Tel. ++41 22 879 88 20, Fax ++41 22 879 88 25

Technologies Face au Risque
Erscheint: 10x jährlich
Jahresabonnement: FF 1020.00
Ausland: FF 1320.00
CNPP Entreprise, BP 2265
F-27950 Saint-Marcel
Tel. ++33 232 53 64 32, Fax ++33 232 53 64 80

Top Security
Französische und Flemische Ausgabe
Erscheint: 5x jährlich
Jahresabonnement: EUR 40.00
GDI Communication S.P.R.L.
Rue Edith Cuvell 88, B-1180 Bruxelles
Tel. ++32 2 346 11 32, Fax ++32 2 346 56 03
Internet: www.gdi.be
E-Mail: info@gdi.be

Holländisch

Jaarboek Beveiliging Totual
Erscheint: jährlich
Facto Media, Postbus 4
NL-2400 MA Alphen aan den Rijn
Tel. ++31 172 46 66 22, Fax ++31 172 42 28 04

Security Management
Die Fachzeitschrift für Sicherheitsfragen
Erscheint: 10x jährlich
Facto Media, Postbus 4
NL-2400 MA Alphen aan den Rijn
Tel. ++31 172 46 66 22, Fax ++31 172 42 28 04
Internet: www.securitymanagement.nl

Italienisch

Ambiente sicurezza sul lavoro
EPC-srl
Via dell Acqua Traversa 187/189
I-00135 Roma
Tel. ++39 633 2451, Fax ++39 633 13212
Internet: www.epcperiodici.it
E-Mail: amsi@epcperiodici.it

ALIMENTI & BEVANDE EPC srl
Via dell' Acqua Traversa 187/189
I-00135 Roma
Tel. ++39 6 33245 1, Fax ++39 6 3313 212
Internet: www.epcperiodici.it
E-Mail: alibe@epcperiodici.it

Antifurto
EPC-srl
Via dell' Acqua Traversa 187/189
I-00135 Roma
Tel. ++39 6 33245 1, Fax ++39 6 3313 212
Internet: www.epcperiodici.it
E-Mail: antifurto@epcperiodici.it

Antincendio
Erscheint: 12x jährlich
EPC Srl
Via dell'Acqua Traversa 187/189
I-00135 Roma
Tel. ++39 6 33 2451, Fax ++39 6 33 13 212
Internet: www.epcperiodici.it
E-Mail: anticendio@epcperiodici.it

BANCAMATICA EPC srl
Via dell' Acqua Traversa 187/189
I-00135 Roma
Tel. ++39 6 33245 1, Fax ++39 6 3313 212
Internet: www.epcperiodici.it
E-Mail: bancamatica@epcperiodici.it

Force Sicurezza
Erscheint: monatlich
Via Arbia 23, I-00199 Roma
Tel. ++39 6 841 23 81

Norwegisch

Detektor
Erscheint: 4x jährlich
Jahresabonnement: NOK 345.00
Einzelheft: NOK 89.00
AR Media AS, Norge
Grenseveien 91, N-0663 Oslo
Tel. ++47 22 19 31 08, Fax ++47 22 57 04 11
E-Mail: ar-media@online.no

Polnisch

Systemy Alarmowe
Erscheint: 6x jährlich
Jahresabonnement: PLN 60.00
Einzelheft: PLN 11.00
Redakcia Systemy Alarmowe
ul. Wiertnicza 65, PL-02-952 Warszawa
Tel. +48 22 651 80 00, Fax ++48 22 651 92 00
Internet: www.systemyalarmowe.com.pl
E-Mail: info@systemyalarmowe.com.pl

Portugiesisch

segurança
Erscheint: 4x jährlich
R. Sousa Viterbo 48 C, P-1900 Lisboa
Tel. ++351 1 813 19 44, Fax ++351 1 813 18 16

Schwedisch

Aktuell Säkerhet
Erscheint: 6x jährlich
Jahresabonnement SKR 500.00
Mr. Lars Dahllöf
Kaknäs, S-11527 Stockholm
Tel. ++46 8 66 14 200

Detektor International
Erscheint: 4x jährlich
Jahresabonnement: US$ 59.00
AR Media AB
Västberga Allé 32, S-12630 Hägersten
Tel. ++46 8 556 30 680, Fax ++46 8 191 011
Internet: www.detektor.com
E-Mail: info@armedia.se

S.O.S. Skydd och Säkerhet
Erscheint: monatlich
Jahresabonnement: SKR 355.00
Tegeluddsvägen 100, S-11587 Stockholm
Tel. ++46 8 783 74 25, Fax ++46 8 663 96 52
Internet: www.ssf.nu
E-Mail: info@ssf.nu

Spanisch

Cuadernos de Seguridad
Antonio Lopez, 249, E-28041 Madrid
Tel. ++34 91 500 17 24, Fax ++34 91 500 22 81
Internet: www.getseguridad.com
E-Mail: get@getseguridad.com

El Mundo de la Seguridad, C.A.
Avenida Urdaneta, Esquinas de Veroes a
Santa Capilla
Lic. Valdemar Lopez: President - Editor
Edificio Cipriano Morales, Piso 1, Oficina 13
Apartado Postal 6564, Zona Postal 1010-A
Caracas, Distrito Federal, Venezuela
Tel. ++58 2 864 73 10, Fax ++58 2 862 44 48
Internet: www.seguridadonline.com
E-Mail: seguridad@seguridadonline.com

Tschechisch

Linka 158
Administrace vyvozu tisku
Hvozdanska 5-7/Provoleni RPP Praha c.j. 335
CZ-14900 Praha 4 - Roztyly
Tel. ++420 862 6820, Fax MIC 46820

Pojistny obzor
Ceska asociace pojistoven
Na Porici 12, CZ-115 30 Praha 1
Tel. ++420 2 2487 5611, Fax ++420 2 2487 5625

Ungarisch

Detektor Plus
Erscheint: 7x jährlich
Typon International Verlag
Postfach 327, H-1437 Budapest
Tel./Fax ++36 1 370-5018
E-Mail: detektor@hu.inter.net

Florian ex Press
editor: Juhasz Béla
Erscheint: 12x jährlich
Firepress Verlag
Postfach 208, H-1325 Budapest
Tel. ++36 1 399-4020, Fax ++36 1 399-4029
Internet: www.florianpress.hu
E-Mail: info@firepress.hu

Tüzvedelem
Istvan Illes
Mogyorodi u. 43, H-1149 Budapest

Tüzvonalbau 105
Fire Press Verlag
Editor: Kiss Janos
Erscheint: 12x jährlich
Internet: www.firepress.hu

Treffpunkt der IT-Sicherheit

Die IT-SecurityArea auf der SYSTEMS

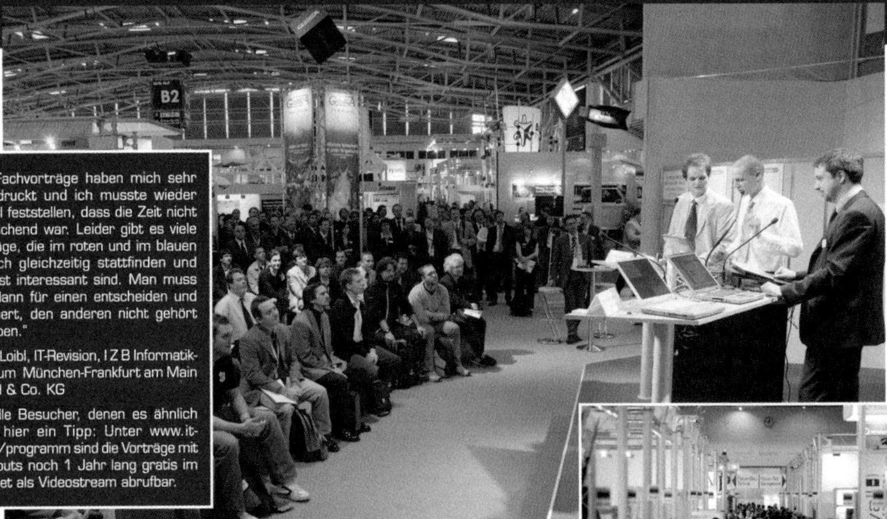

„Die Fachvorträge haben mich sehr beeindruckt und ich musste wieder einmal feststellen, dass die Zeit nicht ausreichend war. Leider gibt es viele Vorträge, die im roten und im blauen Bereich gleichzeitig stattfinden und äußerst interessant sind. Man muss sich dann für einen entscheiden und bedauert, den anderen nicht gehört zu haben."

Klaus Loibl, IT-Revision, I Z B Informatik-Zentrum München-Frankfurt am Main GmbH & Co. KG

Für alle Besucher, denen es ähnlich ging, hier ein Tipp: Unter www.it-sa.de/programm sind die Vorträge mit Handouts noch 1 Jahr lang gratis im Internet als Videostream abrufbar.

Fotos: Alex Schelbert

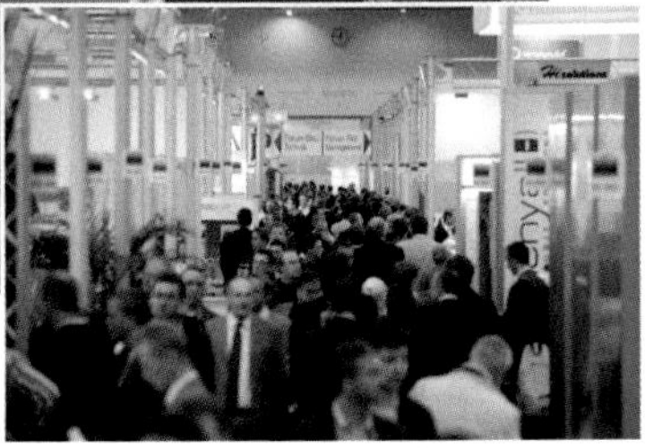

Messetreffpunkt der Entscheider

Rund 60800 Besucher aus 104 Ländern informierten sich auf der letzten SYSTEMS. Davon besuchten 55% die Sicherheitshalle der IT-SecurityArea. Knapp 95% waren Fachbesucher, davon kamen 74 % aus dem Mittelstand.

Präsenz der wichtigsten IT-Security-Anbieter

Das Thema IT-Security präsentiert sich 2006 in Halle A4. Hier haben Besucher es leicht, zu allen Security-Bereichen die richtigen Lösungs-Anbieter zu finden. 15.000 Zuhörer besuchten im letzten Jahr die Foren und informierten sich bei Vorträgen und Live-Demonstrationen der Aussteller.

IT-SecurityArea auf der SYSTEMS
23. – 27. Oktober 2006 in München
22. – 26. Oktober 2007 in München

Ausstellerstimmen

Tobias Kirchhoff, TÜV Secure IT:
„Im Bereich Security wollen wir dabei sein. Da sehen wir hier genau die richtige Plattform."

Sabine Schoppe, Siemens Business Services:
„Die Halle an sich, die ganze Konzeption, der Aufbau, auch die Vorträge; das ist etwas, das sehr gut und harmonisch abgestimmt ist und für uns ein gutes Forum bildet."

Peter Böhret, Kroll Ontrack Datenrettung:
„Für uns ist es sehr wichtig, auf den beiden Foren Vorträge halten zu können, weil wir dort ein hoch interessiertes Publikum finden."

René Reutter, T-Systems International GmbH:
„Wir haben einen riesengroßen Zulauf. Das hat uns bestätigt - neben dem großen Stand in B3 - das Security-Thema mit einem eigenen Auftritt in der IT-SecurityArea separat zu präsentieren."

Organisation: SecuMedia Verlags-GmbH und <kes> Die Zeitschrift für Informations-Sicherheit
Postfach 12 34, 55205 Ingelheim,
Tel: +49 6725 9304-0, Fax +49 6725 5994
it-sa@secumedia.de
www.it-sa.de

Messen und Fachveranstaltungen

Messen und Veranstaltungen zum Thema Sicherheit

Um Sie aktueller als bisher über die wichtigsten Sicherheits-Veranstaltungen zu informieren, haben die Herausgeber für Sie laufend aktualisierte Internetseiten eingerichtet:

http://www.sicherheitstermine.de
Messen, Kongresse, Fachtagungen in Deutschland:

http://www.mediasec.ch/kongresse
Messen, Kongresse, Fachtagungen in der Schweiz:

Auf diesen Webseiten finden Sie jederzeit laufend aktualisierte und komplette Übersichten von Fachmessen und Veranstaltungen rund um die Sicherheit.

Weitere Messetermine, auch zu Randgebieten finden Sie unter:

http://www.auma.de

Sollten Sie Termine vermissen oder selbst Veranstalter sein, freuen wir uns über Ihre Terminmeldungen, die wir dann gerne kostenlos auf unseren Websites veröffentlichen. Schicken Sie Ihre Informationen direkt an: info@secumedia.de

Die 3 IT-Sicherheitsmessen:

SYSTEMS mit IT-Security Area,
München — **23. – 27. 10. 2006**
22. – 26. 10. 2007
20. – 24. 10. 2008

Security mit Themenpark „IT-Sicherheit",
Essen — **10. – 13. 10. 2006**
7. – 10. 10. 2008

Moderner Staat mit Themenpark „IT-Sicherheit",
Berlin — **29. – 29. 11. 2006**
27. – 28. 11. 2007
25. – 26. 11. 2008

Adressen-Anhang für Deutschland und die Schweiz

Mitglieder der nachfolgenden Verbände finden Sie direkt unter dem Link:

Deutschland

BDD – Bundesverband Deutscher Detektive (BDD) e.V.,
Christine-Teusch-Str. 30, 53340 Meckenheim
http://www.bdd.de/modules/xoopsmembers/

ECB-S European Certification Board – Security Systems
Forschungs- und Prüfgemeinschaft Geldschränke und Tresoranlagen
Lyoner Str. 18 60528 Frankfurt/Main
http://www.ecb-s.com/english/members_e.htm

Interkey – Fachverband Europäischer Sicherheits- und Schlüsselfachgeschäfte e.V.,
Am Wall Ost 5, 49808 Lingen
http://www.interkey.de

Kriminalpolizeiliche Beratungsstellen Deutschland
http://www.polizei-beratung.de/rat_hilfe/beratungsstellen/

VdS Schadenverhütung,
Amsterdamer Straße 174 50735 Köln
http://www.vds.de/

Zentralverband Elektrotechnik- und Elektronikindustrie (ZVEI) e.V.
Fachabteilung Sicherheitssysteme
Stresemannallee 19, 60596 Frankfurt
http://www.zvei.org/sicherheitssysteme

Schweiz

Kriminalpolizeiliche Beratungsstellen Schweiz
http://www.skppsc.ch/1/de/6dienstleistungen/411adressen_polizei.php

Schweizerische Vereinigung unabhängiger Sicherheitsingenieure und -berater (SSI)
Güstrasse 46 CH-8700 Küsnacht
http://www.ssi-ch.info/

Verband Schweizerischer Errichter von Sicherheitsanlagen (SES)
Geschäftsstelle, Industriestr. 22, 8604 Volkertswil
http://www.sicher-ses.ch/

Vereinigung Kantonaler Feuerversicherungen VKF
Bundesgasse 20 Postfach, CH-3001 Bern
http://www.vkf.ch oder http://www.bsr-rpi.ch/

VSSU
Postfach, 3052 Zollikofen
http://www.vssu.org/d/mitglieder.asp

Verband Schweizerische Türenbranche VST
Hauptstrasse 68, 5330 Zurzach
http://www.tueren.ch/verwaltung/mitglieder.asp

Die Adressen und Kurzbeschreibungen der Verbände finden Sie in Kapitel 6 des Sicherheits-Jahrbuchs.

Branchenverzeichnis

1 Alarm – Management

Alarmempfangs-Zentralen

ADT Security (Switzerland) SA
9, route des Jeunes, CH-1227 Les Acacias
Tel. 0848 400 801, Fax 0848 400 802
www.adt-ch.com, adt.ch@tycoint.com

Bosch Sicherheitssysteme GmbH
Bosch Communication Center
Lahnstrasse 34-40, 60326 Frankfurt am Main
Tel. 0800 6000660, Fax 0800 6000661

Certas AG
Schweizerische Alarm- und Einsatzzentrale
Kalkbreitestrasse 51, Postfach, 8021 Zürich
Tel. 044 637 37 37, Fax 044 450 36 37
service-d@certas.ch, www.certas.ch

ECO ANALYTICS AG
Zurlindenstrasse 29, CH-4133 Pratteln
Tel. 061 827 94 00, Fax 061 827 94 04

PROTECTAS SA Regionaldirektion
Pfingstweidstrasse 31A, 8005 Zürich
Tel. 044 446 51 51, Fax 044 446 51 71
Alarmzentrale Genf: Tel. 022 710 06 06
Alarmzentrale Zürich: Tel 044 446 51 61
www.protectas.com

SECURITAS DIRECT AG
Alarmanlagen, Alarmbearbeitung,
Ausrückdienst
Postfach 4432, CH-8022 Zürich
Chemin de Bérée, CH-1010 Lausanne
Gratis-Nr.: 0800 80 85 90 (Telefon)
+Internet: http://www.securitas-direct.ch

SIBA Bewachungsdienst Werkschutz GmbH
Haid-und-Neu-Str. 3-5
D-76131 Karlsruhe
Tel. 0721 66270, Fax 0721 606155
www.siba-security.de

Alarmmanagement-Systeme

Bosch Sicherheitssysteme GmbH
Robert-Koch-Str. 100
85521 Ottobrunn
Tel. 0800 7000444, Fax 0800 7000888

Forges Control GmbH
Überwachungs- und Sicherheitssysteme
5416 Kirchdorf, Tel. 056 296 10 10
Fax 056 296 10 20

GEUTEBRÜCK GmbH
Im Nassen 7-9
D-53578 Windhagen
Tel. 0049 2645 137 0, Fax 0049 2645 1379 99

PANORGAN AG
Einsatzleitsysteme, Alarmserver
Tel. 044 783 96 61, www.panorgan.ch

PROTECTAS SA Regionaldirektion
Pfingstweidstrasse 31A, 8005 Zürich
Tel. 044 446 51 51, Fax 044 446 51 71
Alarmzentrale Genf: Tel. 022 710 06 06
Alarmzentrale Zürich: Tel 044 446 51 61
www.protectas.com

Alarmübermittlung

Bosch Sicherheitssysteme GmbH
Bosch Communication Center
Lahnstrasse 34-40, 60326 Frankfurt am Main
Tel. 0800 6000660, Fax 0800 6000661

Telekommunikation und Sicherheit
Geschäftsstelle Volketswil: 044 947 34 20
Geschäftsstelle Zollikofen: 031 910 19 10
info@igtus.ch, www.igtus.ch

2 Ausbildung

Brandschutzausbildung

AEB Aebischer
Arbeitssicherheit, Evakuationsplanung
Brandschutz
Postfach 912, 8706 Meilen
Tel. 044 793 10 61, Fax 044 793 10 62
www.evakuation.ch

Kurse / Workshops

IBCOL Technologies & Consulting AG
Security & Risk Management
Seestrasse 21, CH-8702 Zollikon
Tel. 044/396 20 00, Fax 044/396 20 08
www.ibcol.ch, uwe.mueller@ibcol.ch

MediaSec AG
Postfach 50, CH-8127 Forch
Tel. 043 366 20 20, Fax 043 366 20 30
www.mediasec.ch, info@mediasec.ch

SICHERHEITSINSTITUT
Nüschelerstrasse 45, CH-8001 Zürich
Tel. 044 217 43 33, Fax 044 211 70 30
E-Mail: safety@swissi.ch
Internet: http://www.swissi.ch

SIMEDIA GmbH
Schulungsmedien, Kongresse, Seminare
Alte Heerstrasse 1, D-53121 Bonn
Tel. 0228 96293 70, Fax 0228 96293 90

Schulungsmedien

SIMEDIA GmbH
Schulungsmedien, Kongresse, Seminare
Alte Heerstrasse 1, D-53121 Bonn
Tel. 0228 96293 70, Fax 0228 96293 90

Sicherheits Ausbildung

AEB Aebischer
Arbeitssicherheit, Evakuationsplanung
Brandschutz
Postfach 912, 8706 Meilen
Tel. 044 793 10 61, Fax 044 793 10 62
www.evakuation.ch

Sicherheitsfachtagungen

MediaSec AG
Postfach 50, CH-8127 Forch
Tel. 043 366 20 20, Fax 043 366 20 30
www.mediasec.ch, info@mediasec.ch

SIMEDIA GmbH
Schulungsmedien, Kongresse, Seminare
Alte Heerstrasse 1, D-53121 Bonn
Tel. 0228 96293 70, Fax 0228 96293 90

3 Ausweise

Ausweishersteller

IDENTA Ausweissysteme GmbH
Karlstrasse 45, D-78054 VS-Schwenningen
Tel. 07720/39 09-0, Fax 07720/39 09-44
email: info@identa.com, www.identa.com
Kartenherstellung und Mailing
Visuelle- und Chip- Personalisierung

Ausweissysteme

Interflex Datensysteme GmbH & Co. KG
Zettachring 16, D-70567 Stuttgart
Tel. 0711 1322-0, Fax 0711 1322 111
Interflex Datensyst. Ges. mbH
Geiselberg. 19, A-1110 Wien
Tel. 0043 18774646, Fax 0043 18774646-30
Interflex AG, Täfernhof, Mellingerstr. 207
CH-5405 Baden-Dättwil
Tel. 0041 56 484 51 11, Fax 0041 56 484 5101

4 Behältnisse

Safe-Anlagen

Bertschinger-Tell AG, CH-8810 Horgen
Tel. 044 718 22 88, Fax 044 718 22 99

"FIRESAFE"
Züblin-FIRESAFE
Zürcherstrasse 70, CH-8104 Weiningen
Tel. 044 750 09 28, Fax 044 750 09 54

Sicherheitsschränke

Bertschinger-Tell AG, CH-8810 Horgen
Tel. 044 718 22 88, Fax 044 718 22 99

"FIRESAFE"
Züblin-FIRESAFE
Zürcherstrasse 70, CH-8104 Weiningen
Tel. 044 750 09 28, Fax 044 750 09 54

5 Behörden/Verbände/ Institutionen

Verbände

Bundesverband Deutscher Wach- und Sicherheitsunternehmen e. V. (BDWS)
Norsk-Data-Str. 3, D-61352 Bad Homburg
Postfach 12 11, D-61282 Bad Homburg
Tel. (06172) 94 80 50, Fax (06172) 45 85 80
Internet: http://www.bdws.de
E-mail: mail@bdws.de

Bundesvereinigung Deutscher Geld- und Wertdienste e. V. (BDGW)
Norsk-Data-Str. 3, D-61352 Bad Homburg
Postfach 14 19, D-61284 Bad Homburg
Tel. (06172) 94 80 50, Fax (06172) 45 85 80
Internet: http://www.bdgw.de
E-mail: mail@bdgw.de

6 Beratung / Planung / Engineering

Arbeitssicherheit

AEB Aebischer
Arbeitssicherheit, Evakuationsplanung
Brandschutz
Postfach 912, 8706 Meilen
Tel. 044 793 10 61, Fax 044 793 10 62
www.evakuation.ch

Gruner AG, Ingenieure und Planer
Postfach, Gellertstrasse 55
CH-4020 Basel
Tel. 061 317 61 61, Fax 061 271 79 48

Backup-Konzepte

VON ZUR MÜHLEN GmbH
SICHERHEITSBERATUNG
Alte Heerstrasse 1, D-53121 Bonn
Tel. 0228 96293-0, Fax 0228 96293-90
www.vzm.de, vzm@vzm.de

Bauherrenberatung- und Betreuung

Dr. Braun Consultants GmbH
Oppenheimer Str. 37, 60594 Frankfurt
Tel. 069 616001, Fax 069 60627839
www.dr-braun.net

Brandschutz Engineering

Gruner AG, Ingenieure und Planer
Postfach, Gellertstrasse 55
CH-4020 Basel
Tel. 061 317 61 61, Fax 061 271 79 48

Minimax Feuerschutz AG
Stettbachstr. 8, 8600 Dübendorf
Tel. 043/833 44 55, Fax: 043/833 44 56
www.minimax.ch, info@minimax.ch

SICHERHEITSINSTITUT
Nüschelerstrasse 45, CH-8001 Zürich
Tel. 044 217 43 33, Fax 044 211 70 30
E-Mail: safety@swissi.ch
Internet: http://www.swissi.ch

Brandschutzkonzepte

AEB Aebischer
Arbeitssicherheit, Evakuationsplanung
Brandschutz
Postfach 912, 8706 Meilen
Tel. 044 793 10 61, Fax 044 793 10 62
www.evakuation.ch

Dr. Braun Consultants GmbH
Oppenheimer Str. 37, 60594 Frankfurt
Tel. 069 616001, Fax 069 60627839
www.dr-braun.net

Gruner AG, Ingenieure und Planer
Postfach, Gellertstrasse 55
CH-4020 Basel
Tel. 061 317 61 61, Fax 061 271 79 48

Minimax Feuerschutz AG
Stettbachstr. 8, 8600 Dübendorf
Tel. 043/833 44 55, Fax: 043/833 44 56
www.minimax.ch, info@minimax.ch

VON ZUR MÜHLEN GmbH
SICHERHEITSBERATUNG
Alte Heerstrasse 1, D-53121 Bonn
Tel. 0228 96293-0, Fax 0228 96293-90
www.vzm.de, vzm@vzm.de

EDV-Sicherheitsberatung

IMSEC GmbH
Information Management & Security
Dersbachstrasse 312a, CH-6330 Cham
Tel. 041 780 00 11, Fax 041 780 00 21

VON ZUR MÜHLEN GmbH
SICHERHEITSBERATUNG
Alte Heerstrasse 1, D-53121 Bonn
Tel. 0228 96293-0, Fax 0228 96293-90
www.vzm.de, vzm@vzm.de

Explosionsschutz-Engineering

ECO ANALYTICS AG
Zurlindenstrasse 29, CH-4133 Pratteln
Tel. 061 827 94 00, Fax 061 827 94 04

SICHERHEITSINSTITUT
Nüschelerstrasse 45, CH-8001 Zürich
Tel. 044 217 43 33, Fax 044 211 70 30
E-Mail: safety@swissi.ch
Internet: http://www.swissi.ch

IT-Security-Beratung

VON ZUR MÜHLEN GmbH
SICHERHEITSBERATUNG
Alte Heerstrasse 1, D-53121 Bonn
Tel. 0228 96293-0, Fax 0228 96293-90
www.vzm.de, vzm@vzm.de

VTX Network Solutions AG
Hohlstrasse 536
CH- 8048 Zürich
Tel.044/437 86 00, Fax 044/437 86 79
www.vtx.ch / info@vns.vtx.ch

Katastrophenvorsorge

IBCOL Technologies & Consulting AG
Security & Risk Management
Seestrasse 21, CH-8702 Zollikon
Tel. 044/396 20 00, Fax 044/396 20 08
www.ibcol.ch, uwe.mueller@ibcol.ch

VON ZUR MÜHLEN GmbH
SICHERHEITSBERATUNG
Alte Heerstrasse 1, D-53121 Bonn
Tel. 0228 96293-0, Fax 0228 96293-90
www.vzm.de, vzm@vzm.de

Medientechnikplanung

Dr. Braun Consultants GmbH
Oppenheimer Str. 37, 60594 Frankfurt
Tel. 069 616001, Fax 069 60627839
www.dr-braun.net

PC-Sicherheit

VON ZUR MÜHLEN GmbH
SICHERHEITSBERATUNG
Alte Heerstrasse 1, D-53121 Bonn
Tel. 0228 96293-0, Fax 0228 96293-90
www.vzm.de, vzm@vzm.de

Planung von Rechenzentren

Dr. Braun Consultants GmbH
Oppenheimer Str. 37, 60594 Frankfurt
Tel. 069 616001, Fax 069 60627839
www.dr-braun.net

VON ZUR MÜHLEN GmbH
SICHERHEITSBERATUNG
Alte Heerstrasse 1, D-53121 Bonn
Tel. 0228 96293-0, Fax 0228 96293-90
www.vzm.de, vzm@vzm.de

Privatermittler

Privatdetektei Ryffel AG
Bahnhofplatz 15, CH-8023 Zürich
Tel. 044/380 40 50, Fax 044/380 40 51
E-Mail: mail@investigation.ch
Internet: www.investigation.ch

Projektmanagement

Dr. Braun Consultants GmbH
Oppenheimer Str. 37, 60594 Frankfurt
Tel. 069 616001, Fax 069 60627839
www.dr-braun.net

VON ZUR MÜHLEN GmbH
SICHERHEITSBERATUNG
Alte Heerstrasse 1, D-53121 Bonn
Tel. 0228 96293-0, Fax 0228 96293-90
www.vzm.de, vzm@vzm.de

Qualitätsmanagement

Dr. Braun Consultants GmbH
Oppenheimer Str. 37, 60594 Frankfurt
Tel. 069 616001, Fax 069 60627839
www.dr-braun.net

Risiko- und Schwachstellenanalyse

Dr. Braun Consultants GmbH
Oppenheimer Str. 37, 60594 Frankfurt
Tel. 069 616001, Fax 069 60627839
www.dr-braun.net

Sicherheitsberatung

Bosch Sicherheitssysteme GmbH
Robert-Koch-Str. 100
85521 Ottobrunn
Tel. 0800 7000444, Fax 0800 7000888

Bossotto Sicherheitsberatung GmbH
Widenbühlstrasse 24, CH-8103 Unterengstringen
Tel. ++41 (0)44 750 37 36, Fax ++41 (0)44 750 37 33

BSG Unternehmensberatung
Rorschacher Strasse 150, CH-9006 St.Gallen
Tel. 071 243 57 57, Fax 071 243 57 43
Internet: www.bsg.ch

Dr. Braun Consultants GmbH
Oppenheimer Str. 37, 60594 Frankfurt
Tel. 069 616001, Fax 069 60627839
www.dr-braun.net

IBCOL Technologies & Consulting AG
Security & Risk Management
Seestrasse 21, CH-8702 Zollikon
Tel. 044/396 20 00, Fax 044/396 20 08
www.ibcol.ch, uwe.mueller@ibcol.ch

Professional Security Design
A. Grüninger, CH-4104 Oberwil
061/403 97 77, www.securitydesign.ch
psd@securitydesign.ch

Securitas AG, Generaldirektion
3052 Zollikofen, Tel. 031 910 11 11
www.securitas.ch, info@securitas.ch

VON ZUR MÜHLEN GmbH
SICHERHEITSBERATUNG
Alte Heerstrasse 1, D-53121 Bonn
Tel. 0228 96293-0, Fax 0228 96293-90
www.vzm.de, vzm@vzm.de

Sicherheitsberatung CCTV

COVIDEC ELECTRONIC AG
CCTV-Netzwerke
Badenerstr. 60, CH-8952 Schlieren
Tel. 044/738 60 00, Fax 044/738 60 19
www.covidec.ch, info@covidec.ch

PIEPER GMBH
Video- und Sicherheitstechnologie
Binnerheide 8, D-58239 Schwerte
Tel. 02304 47 01 0, Fax 02304 47 01 77
Düsseldorf: Tel. 0211 21 50 33, Fax 21 50 36
Berlin: Tel. 030 722 52 99, Fax 722 44 87
Gera: Tel. 0365 737 07 0, Fax 737 07 17
München: Tel. 089/86 30 62 44, Fax 14 88 22 46 22
www.pieper-video.de, info@pieper-video.de

Videotronic AG
Videotronic-CCTV-Komponenten + Systeme
Moosäckerstrasse 73
8105 Regensdorf
Tel. 044 843 90 00, Fax 044 843 90 09

Sicherheitsberatung SSI

Basler + Partner AG
Ingenieurunternehmen
Zollikerstrasse 65
CH-8702 Zollikon/Zürich
Tel. 044 395 11 11, Fax 044 395 12 34

Gruner AG, Ingenieure und Planer
Postfach, Gellertstrasse 55
CH-4020 Basel
Tel. 061 317 61 61, Fax 061 271 79 48

Neosys AG - Ris Care
Privatstrasse 10
CH-4563 Gerlafingen
Tel. 032 674 45 11, Fax 032 674 45 00
E-Mail: info@neosys-ag.ch

SKS Ingenieure AG
Oerlikonerstrasse 88, CH- 8057 Zürich
Tel. 044/315 17 17, Fax 044/315 17 18
www.sks.ch, mail@sks.ch

Sicherheitsplanung

Dr. Braun Consultants GmbH
Oppenheimer Str. 37, 60594 Frankfurt
Tel. 069 616001, Fax 069 60627839
www.dr-braun.net

Tür-Engineering

FASTCOM Technology S.A.
Boulevard de Grancy 19A, CH-1006 Lausanne
Tel. +41 21 619 06 70, Fax +41 21 619 06 71
www.fastcom.ch

Professional Security Design
A. Grüninger, CH-4104 Oberwil
061/403 97 77, www.securitydesign.ch
psd@securitydesign.ch

VON ZUR MÜHLEN GmbH
SICHERHEITSBERATUNG
Alte Heerstrasse 1, D-53121 Bonn
Tel. 0228 96293-0, Fax 0228 96293-90
www.vzm.de, vzm@vzm.de

Umzugsplanung RZ

VON ZUR MÜHLEN GmbH
SICHERHEITSBERATUNG
Alte Heerstrasse 1, D-53121 Bonn
Tel. 0228 96293-0, Fax 0228 96293-90
www.vzm.de, vzm@vzm.de

7 Beschilderung

Fluchtwegbeschilderung

AEB Aebischer
Arbeitssicherheit, Evakuationsplanung
Brandschutz
Postfach 912, 8706 Meilen
Tel. 044 793 10 61, Fax 044 793 10 62
www.evakuation.ch

Minimax Feuerschutz AG
Stettbachstr. 8, 8600 Dübendorf
Tel. 043/833 44 55, Fax: 043/833 44 56
www.minimax.ch, info@minimax.ch

8 Bewachung

Bewachung allgemein

PROTECTAS SA Regionaldirektion
Pfingstweidstrasse 31A, 8005 Zürich
Tel. 044 446 51 51, Fax 044 446 51 71
www.protectas.com

Securitas AG, Generaldirektion
3052 Zollikofen, Tel. 031 910 11 11
www.securitas.ch, info@securitas.ch

SIBA Bewachungsdienst Werkschutz GmbH
Haid-und-Neu-Str. 3-5
D-76131 Karlsruhe
Tel. 0721 66270, Fax 0721 606155
www.siba-security.de

Investigation

PROTECTAS SA Regionaldirektion
Pfingstweidstrasse 31A, 8005 Zürich
Tel. 044 446 51 51, Fax 044 446 51 71
www.protectas.com

Personen-/Begleitschutz

PROTECTAS SA Regionaldirektion
Pfingstweidstrasse 31A, 8005 Zürich
Tel. 044 446 51 51, Fax 044 446 51 71
www.protectas.com

Securitas AG, Generaldirektion
3052 Zollikofen, Tel. 031 910 11 11
www.securitas.ch, info@securitas.ch

Personenvereinzelung

FASTCOM Technology S.A.
Boulevard de Grancy 19A, CH-1006 Lausanne
Tel. +41 21 619 06 70, Fax +41 21 619 06 71
www.fastcom.ch

9 Brand-Löschanlagen

Handfeuerlöscher/Löschposten

AEB Aebischer
Arbeitssicherheit, Evakuationsplanung
Brandschutz
Postfach 912, 8706 Meilen
Tel. 044 793 10 61, Fax 044 793 10 62
www.evakuation.ch

Contrafeu AG, Hauptsitz
3052 Zollikofen, Tel. 031/910 11 33
www.contrafeu.ch, info@contrafeu.ch

Minimax Feuerschutz AG
Stettbachstr. 8, 8600 Dübendorf
Tel. 043/833 44 55, Fax: 043/833 44 56
www.minimax.ch, info@minimax.ch

Löschwasser-Rückhaltung

TALIMEX AG, CH-8603 Schwerzenbach
Tel. 044 806 22 60, Fax 044 806 22 70

Sprinkler- und Nasslöschanlagen

Contrafeu AG, Hauptsitz
3052 Zollikofen, Tel. 031/910 11 33
www.contrafeu.ch, info@contrafeu.ch

Minimax Feuerschutz AG
Stettbachstr. 8, 8600 Dübendorf
Tel. 043/833 44 55, Fax: 043/833 44 56
www.minimax.ch, info@minimax.ch

Trocken-/ Gaslöschanlagen

Contrafeu AG, Hauptsitz
3052 Zollikofen, Tel. 031/910 11 33
www.contrafeu.ch, info@contrafeu.ch

Minimax Feuerschutz AG
Stettbachstr. 8, 8600 Dübendorf
Tel. 043/833 44 55, Fax: 043/833 44 56
www.minimax.ch, info@minimax.ch

10 Brandmeldeanlagen

Brandfrüherkennungsanlagen

Lampertz GmbH & Co. KG
Ringstrasse 1
CH- 5432 Neuenhof
Tel.056 416 06 00 / Fax 056 416 06 66
lampertz@rittal.ch, www.lampertz.ch

Brandmeldeanlagen

Bosch Sicherheitssysteme GmbH
Robert-Koch-Str. 100
85521 Ottobrunn
Tel. 0800 7000444, Fax 0800 7000888

Minimax Feuerschutz AG
Stettbachstr. 8, 8600 Dübendorf
Tel. 043/833 44 55, Fax: 043/833 44 56
www.minimax.ch, info@minimax.ch

Müller-Elektronik AG
CH- 8200 Schaffhausen, Tel. 052 633 05 70
www.mueller-elektronik.ch

Securiton AG, Sicherheitssysteme
3052 Zollikofen, Tel. 031 910 11 22
www.securiton.ch, info@securiton.ch

TELCOM AG, 6362 Stansstad
Tel. 041/618 08 08, www.telcom-ag.ch

Funk-Brandmelder

DAITEM c/o ATRAL-SECAL GmbH
Postfach 100 347
D-69443 Weinheim
Tel. 06201 6005-0, Fax 06201 6005-15

11 Brandschutz

Bautechnischer Brandschutz

AEB Aebischer
Arbeitssicherheit, Evakuationsplanung
Brandschutz
Postfach 912, 8706 Meilen
Tel. 044 793 10 61, Fax 044 793 10 62
www.evakuation.ch

Brandabschottungen

BELFOR (Suisse) AG
Reuss-Strasse 9
CH-6038 Gisikon/LU
Tel. 041 455 01 11, Fax 041 455 01 15

Brandschutztore

Stawin AG
Dättlikonerstrasse 5, CH-8422 Pfungen
Tel. +41 52 234 02 02, Fax +41 52 234 02 01
www.stawin.ch, info@stawin.com

Brandschutztüren

BELFOR (Suisse) AG
Reuss-Strasse 9
CH-6038 Gisikon/LU
Tel. 041 455 01 11, Fax 041 455 01 15

Hörmann Schweiz AG
Nordringstrasse 14, CH-4702 Oensingen
Tel. 062 388 60 60, Fax 062 388 60 61
info@hoermann.ch, www.hoermann.ch

Martin Eichholzer AG
Quadragard Einbruchschutz
Bristenstrasse 10-12, CH-8048 Zürich
Tel. 044 434 10 10, Fax 044 432 28 94

Brandschutzverglasungen

Pilkington (Schweiz) AG
Zentrumstrasse 2
CH-4806 Wikon
Tel. 062 752 12 88, Fax 062 752 12 06
info@pilkington.ch, www.pilkington.com

Brandsimulationen

Gruner AG, Ingenieure und Planer
Postfach, Gellertstrasse 55
CH-4020 Basel
Tel. 061 317 61 61, Fax 061 271 79 48

12 Diebstahlschutz

Elektronische Artikelsicherung

ADT Sensormatic AG
Sennweidstrasse 45, CH-6312 Steinhausen
Tel. 0848 400 801, Fax 0848 400 802
www.adt-ch.com, adt.ch@tycoint.com

Fahrzeugdiebstahlsicherung

Bosch Sicherheitssysteme GmbH
Bosch Communication Center
Lahnstrasse 34-40, 60326 Frankfurt am Main
Tel. 0800 6000660, Fax 0800 6000661

Ladendiebstahlsicherung

Checkpoint Systems AG
Allmendstrasse 30, CH-8320 Fehraltorf
Tel. 044 744 58 00, Fax 044 744 58 80

RFID

ADT Sensormatic AG
Sennweidstrasse 45, CH-6312 Steinhausen
Tel. 0848 400 801, Fax 0848 400 802
www.adt-ch.com, adt.ch@tycoint.com

13 Einbruchmeldeanlagen / Intrusionsmeldeanlagen

Drahtlose Intrusionsmeldeanlagen

Hager Tehalit AG, Ittigen-Bern
Tel. 031 925 30 00, Fax 031 925 30 05

Hager Tehalit AG, Rümlang
Tel. 044 817 71 71, Fax 044 817 71 75

Hager Tehalit SA, Lausanne
Tél. 021 644 37 00, Fax 021 644 37 05
www.hager-tehalit.ch, infoch@hager.com

Müller-Elektronik AG
CH- 8200 Schaffhausen, Tel. 052 633 05 70
www.mueller-elektronik.ch

Intrusionsmeldeanlagen (Einbruchsmeldeanlagen)

ADT Security (Switzerland) SA
9, route des Jeunes, CH-1227 Les Acacias
Tel. 0848 400 801, Fax 0848 400 802
www.adt-ch.com, adt.ch@tycoint.com

ALINAG, Alarm- und Sicherheitstechnik
Alarmanlagen, Videoüberwachung
C.F. Bally-Str. 36, CH-5012 Schönenwerd
Tel. 062 858 70 00, Fax 062 858 70 10
www.alinag.ch, info@alinag.ch

Bosch Sicherheitssysteme GmbH
Robert-Koch-Str. 100
85521 Ottobrunn
Tel. 0800 7000444, Fax 0800 7000888

Forges Control GmbH
Überwachungs- und Sicherheitssysteme
5416 Kirchdorf, Tel. 056 296 10 10
Fax 056 296 10 20

Müller-Elektronik AG
CH- 8200 Schaffhausen, Tel. 052 633 05 70
www.mueller-elektronik.ch

SECURITAS DIRECT AG
Alarmanlagen, Alarmbearbeitung,
Ausrückdienst
Postfach 4432, CH-8022 Zürich
Chemin de Bérée, CH-1010 Lausanne
Gratis-Nr.: 0800 80 85 90 (Telefon)
+Internet: http://www.securitas-direct.ch

Securiton AG, Sicherheitssysteme
3052 Zollikofen, Tel. 031 910 11 22
www.securiton.ch, info@securiton.ch

TELCOM AG, 6362 Stansstad
Tel. 041/618 08 08, www.telcom-ag.ch

14 Einbruch- und Überfallmeldeanlagen

Drahtlose Einbruchmeldeanlagen

DAITEM c/o ATRAL-SECAL GmbH
Postfach 100 347
D-69443 Weinheim
Tel. 06201 6005-0, Fax 06201 6005-15

15 Evakuationsmittel

Durchsageanlagen

G + M Elektronik AG
Akustik- u. Uhrenanlagen
Alarm- u. Evakuations Systeme
gemäss EN-60849
Bürerfeld 14, CH- 9245 Oberbüren SG
Tel.071 9559010 /20 www.gm-elektronik.ch

Evakuationsplanung

AEB Aebischer
Arbeitssicherheit, Evakuationsplanung
Brandschutz
Postfach 912, 8706 Meilen
Tel. 044 793 10 61, Fax 044 793 10 62
www.evakuation.ch

Sicherheitstüröffner

effeff
ASSA ABLOY Sicherheitstechnik GmbH
Werk Albstadt
Bildstockstrasse 20, D-72458 Albstadt
Tel: +49 (0) 7431 / 123-0 Fax: -240
www.effeff.de

16 Explosionsschutz

Bombendecken

ELP GmbH European Logistic Partners
www.elp-gmbh.de
elp@elp-gmbh.de

Briefbombendetektion

ELP GmbH European Logistic Partners
www.elp-gmbh.de
elp@elp-gmbh.de

Gasdetektoren

CONTREC Technologies AG
Tel. 044 / 746 32 20, www.contrec.ch

Digitrade GmbH
2557 Studen, Tel. 032 374 76 90
www.digitrade.ch

ECO ANALYTICS AG
Zurlindenstrasse 29, CH-4133 Pratteln
Tel. 061 827 94 00, Fax 061 827 94 04

Müller-Elektronik AG
CH- 8200 Schaffhausen, Tel. 052 633 05 70
www.mueller-elektronik.ch

17 Fachzeitschriften

Fachzeitschriften

IT-Security
Mediasec AG
Postfach 50, CH-8127 Forch
Tel. 043 366 20 20, Fax 043 366 20 30
www.mediasec.ch, info@mediasec.ch

<kes>
Die Zeitschrift für Informations-Sicherheit
Secumedia GmbH
Postfach 1234, D-55205 Ingelheim
Tel. 0049 6725 9304 0, Fax 0049 6725 5994
www.secumedia.de, info@secumedia.de

Safety-Plus
Mediasec AG
Postfach 50, CH-8127 Forch
Tel. 043 366 20 20, Fax 043 366 20 30
www.safety-plus.org, info@mediasec.com

SicherheitsForum
Mediasec AG
Postfach 50, CH-8127 Forch
Tel. 043 366 20 20, Fax 043 366 20 30
www.sicherheitsforum.ch,info@mediasec.com

WIK
Die Zeitschrift für die Sicherheit
der Wirtschaft
Secumedia GmbH
Postfach 1234, D-55205 Ingelheim
Tel. 0049 6725 9304 0, Fax 0049 6725 5994
www.secumedia.de, info@secumedia.de

19 Hochwasserschutz

Hochwasserschutz

TALIMEX AG, CH-8603 Schwerzenbach
Tel. 044 806 22 60, Fax 044 806 22 70

20 Informatik-Sicherheit

Backup-Konzepte

VON ZUR MÜHLEN GmbH
SICHERHEITSBERATUNG
Alte Heerstrasse 1, D-53121 Bonn
Tel. 0228 96293-0, Fax 0228 96293-90
www.vzm.de, vzm@vzm.de

Beratung und Revision

BSG Unternehmensberatung
Rorschacher Strasse 150, CH-9006 St.Gallen
Tel. 071 243 57 57, Fax 071 243 57 43
Internet: www.bsg.ch

IMSEC GmbH
Information Management & Security
Dersbachstrasse 312a, CH-6330 Cham
Tel. 041 780 00 11, Fax 041 780 00 21

VON ZUR MÜHLEN GmbH
SICHERHEITSBERATUNG
Alte Heerstrasse 1, D-53121 Bonn
Tel. 0228 96293-0, Fax 0228 96293-90
www.vzm.de, vzm@vzm.de

Datensicherheitsräume

Lampertz GmbH & Co. KG
Ringstrasse 1
CH- 5432 Neuenhof
Tel.056 416 06 00 / Fax 056 416 06 66
lampertz@rittal.ch, www.lampertz.ch

Datensicherheitsschränke

"FIRESAFE"
Züblin-FIRESAFE
Zürcherstrasse 70, CH-8104 Weiningen
Tel. 044 750 09 28, Fax 044 750 09 54

Lampertz GmbH & Co. KG
Ringstrasse 1
CH- 5432 Neuenhof
Tel.056 416 06 00 / Fax 056 416 06 66
lampertz@rittal.ch, www.lampertz.ch

Internet-Sicherheit

VON ZUR MÜHLEN GmbH
SICHERHEITSBERATUNG
Alte Heerstrasse 1, D-53121 Bonn
Tel. 0228 96293-0, Fax 0228 96293-90
www.vzm.de, vzm@vzm.de

VTX Network Solutions AG
Hohlstrasse 536
CH- 8048 Zürich
Tel.044/437 86 00, Fax 044/437 86 79
www.vtx.ch / info@vns.vtx.ch

PC-Sicherheit

VON ZUR MÜHLEN GmbH
SICHERHEITSBERATUNG
Alte Heerstrasse 1, D-53121 Bonn
Tel. 0228 96293-0, Fax 0228 96293-90
www.vzm.de, vzm@vzm.de

Risikoanalyse

AEB Aebischer
Arbeitssicherheit, Evakuationsplanung
Brandschutz
Postfach 912, 8706 Meilen
Tel. 044 793 10 61, Fax 044 793 10 62
www.evakuation.ch

IBCOL Technologies & Consulting AG
Security & Risk Management
Seestrasse 21, CH-8702 Zollikon
Tel. 044/396 20 00, Fax 044/396 20 08
www.ibcol.ch, uwe.mueller@ibcol.ch

Lampertz GmbH & Co. KG
Ringstrasse 1
CH- 5432 Neuenhof
Tel.056 416 06 00 / Fax 056 416 06 66
lampertz@rittal.ch, www.lampertz.ch

USV-Analysen

Lampertz GmbH & Co. KG
Ringstrasse 1
CH- 5432 Neuenhof
Tel.056 416 06 00 / Fax 056 416 06 66
lampertz@rittal.ch, www.lampertz.ch

USV-Anlagen

ServiceNet AG
Industriestrasse 5, CH-5432 Neuenhof
Tel. 056/416 01 01, Fax 056/416 01 00
Internet: http://www.servicenet.ch
E-Mail: info@servicenet.ch

21 Integrale Sicherheit

Integrale Sicherheitssysteme / Sicherheitssysteme

ADASOFT AG
Dahlienweg 23, CH-4553 Subingen
Tel. 032/613 20 90, Fax 032/613 20 99
Internet: http://www.adasoft.ch
E-Mail: info@adasoft.ch

Securiton AG, Sicherheitssysteme
3052 Zollikofen, Tel. 031 910 11 22
www.securiton.ch, info@securiton.ch

Integrale Sicherheitssysteme / Sicherheits-Leitysteme

COVIDEC ELECTRONIC AG
CCTV-Netzwerke
Badenerstr. 60, CH-8952 Schlieren
Tel. 044/738 60 00, Fax 044/738 60 19
www.covidec.ch, info@covidec.ch

Sicherheits-Integrationstechnik (SIT)

Forges Control GmbH
Überwachungs- und Sicherheitssysteme
5416 Kirchdorf, Tel. 056 296 10 10
Fax 056 296 10 20

22 Kommunikation

Alarmkommunikation /Drahtgebundene Alarmkommunikation

Müller-Elektronik AG
CH- 8200 Schaffhausen, Tel. 052 633 05 70
www.mueller-elektronik.ch

Telekommunikation und Sicherheit
Geschäftsstelle Volketswil: 044 947 34 20
Geschäftsstelle Zollikofen: 031 910 19 10
info@igtus.ch, www.igtus.ch

Personennotruf

Bosch Sicherheitssysteme GmbH
Bosch Communication Center
Lahnstrasse 34-40,60326 Frankfurt am Main
Tel. 0800 6000660, Fax 0800 6000661

Türmanagement-Systeme

ADASOFT AG
Dahlienweg 23, CH-4553 Subingen
Tel. 032/613 20 90, Fax 032/613 20 99
Internet: http://www.adasoft.ch
E-Mail: info@adasoft.ch

23 Kontroll- und Überwachungseinrichtungen

CCTV-Sicherheitsberatung

COVIDEC ELECTRONIC AG
CCTV-Netzwerke
Badenerstr. 60, CH-8952 Schlieren
Tel. 044/738 60 00, Fax 044/738 60 19
www.covidec.ch, info@covidec.ch

PIEPER GMBH
Video- und Sicherheitstechnologie
Binnerheide 8, D-58239 Schwerte
Tel. 02304 47 01 0, Fax 02304 47 01 77
Düsseldorf: Tel. 0211 21 50 33, Fax 21 50 36
Berlin: Tel. 030 722 52 99, Fax 722 44 87
Gera: Tel. 0365 737 07 0, Fax 737 07 17
München: Tel. 089/86 30 62 44, Fax 14 88 22 46 22
www.pieper-video.de, info@pieper-video.de

Digitale Bildaufzeichnung

COVIDEC ELECTRONIC AG
CCTV-Netzwerke
Badenerstr. 60, CH-8952 Schlieren
Tel. 044/738 60 00, Fax 044/738 60 19
www.covidec.ch, info@covidec.ch

Dallmeier electronic GmbH & Co. KG
Cranachweg 1, D-93051 Regensburg
Tel. 0941 8700 -0, Fax 0941 8700 -180
www.dallmeier-electronic.com

GEUTEBRÜCK GmbH
Im Nassen 7-9
D-53578 Windhagen
Tel. 0049 2645 137 0, Fax 0049 2645 1379 99

Technolicence AG, CH-5506 Mägenwil
Fon 0628897080, www.technolicence.com

Drahtlose Intrusionsmeldeanlagen

Technolicence AG, CH-5506 Mägenwil
Fon 0628897080, www.technolicence.com

Sicherheitsberatung

Technolicence AG, CH-5506 Mägenwil
Fon 0628897080, www.technolicence.com

Videoanlagen

ADT Security (Switzerland) SA
9, route des Jeunes, CH-1227 Les Acacias
Tel. 0848 400 801, Fax 0848 400 802
www.adt-ch.com, adt.ch@tycoint.com

ADT Sensormatic AG
Sennweidstrasse 45, CH-6312 Steinhausen
Tel. 0848 400 801, Fax 0848 400 802
www.adt-ch.com, adt.ch@tycoint.com

audio-video g+m s.a.
Comerson Generalimporteur Schweiz
CH-6814 Lamone TI, Tel. 091/600 10 10
CH-9014 St. Gallen, Tel. 071/274 05 05
www.audiovideo-sa.ch, info_sg@audiovideo-sa.ch

COVIDEC ELECTRONIC AG
CCTV-Netzwerke
Badenerstr. 60, CH-8952 Schlieren
Tel. 044/738 60 00, Fax 044/738 60 19
www.covidec.ch, info@covidec.ch

Forges Control GmbH
Überwachungs- und Sicherheitssysteme
5416 Kirchdorf, Tel. 056 296 10 10
Fax 056 296 10 20

GEUTEBRÜCK GmbH
Im Nassen 7-9
D-53578 Windhagen
Tel. 0049 2645 137 0, Fax 0049 2645 1379 99

PIEPER GMBH
Video- und Sicherheitstechnologie
Binnerheide 8, D-58239 Schwerte
Tel. 02304 47 01 0, Fax 02304 47 01 77
Düsseldorf: Tel. 0211 21 50 33, Fax 21 50 36
Berlin: Tel. 030 722 52 99, Fax 722 44 87
Gera: Tel. 0365 737 07 0, Fax 737 07 17
München: Tel. 089/86 30 62 44, Fax 14 88 22 46 22
www.pieper-video.de, info@pieper-video.de

Technolicence AG, CH-5506 Mägenwil
Fon 0628897080, www.technolicence.com

Video-Aufzeichnungsgeräte

Dallmeier electronic GmbH & Co. KG
Cranachweg 1, D-93051 Regensburg
Tel. 0941 8700 -0, Fax 0941 8700 -180
www.dallmeier-electronic.com

GEUTEBRÜCK GmbH
Im Nassen 7-9
D-53578 Windhagen
Tel. 0049 2645 137 0, Fax 0049 2645 1379 99

PIEPER GMBH
Video- und Sicherheitstechnologie
Binnerheide 8, D-58239 Schwerte
Tel. 02304 47 01 0, Fax 02304 47 01 77
Düsseldorf: Tel. 0211 21 50 33, Fax 21 50 36
Berlin: Tel. 030 722 52 99, Fax 722 44 87
Gera: Tel. 0365 737 07 0, Fax 737 07 17
München: Tel. 089/86 30 62 44, Fax 14 88 22 46 22
www.pieper-video.de, info@pieper-video.de

Videotronic AG
Videotronic-CCTV-Komponenten + Systeme
Moosäckerstrasse 73
8105 Regensdorf
Tel. 044 843 90 00, Fax 044 843 90 09

Videosysteme

COVIDEC ELECTRONIC AG
CCTV-Netzwerke
Badenerstr. 60, CH-8952 Schlieren
Tel. 044/738 60 00, Fax 044/738 60 19
www.covidec.ch, info@covidec.ch

Videotronic AG
Videotronic-CCTV-Komponenten + Systeme
Moosäckerstrasse 73
8105 Regensdorf
Tel. 044 843 90 00, Fax 044 843 90 09

Videoüberwachung

Bosch Sicherheitssysteme GmbH
Robert-Koch-Str. 100
85521 Ottobrunn
Tel. 0800 7000444, Fax 0800 7000888

COVIDEC ELECTRONIC AG
CCTV-Netzwerke
Badenerstr. 60, CH-8952 Schlieren
Tel. 044/738 60 00, Fax 044/738 60 19
www.covidec.ch, info@covidec.ch

Dallmeier electronic GmbH & Co. KG
Cranachweg 1, D-93051 Regensburg
Tel. 0941 8700 -0, Fax 0941 8700 -180
www.dallmeier-electronic.com

EverFocus Electronics AG
Albert-Einstein-Str. 1
D-46446 Emmerich am Rhein
Tel. 02822 9394-0
Fax 02822 9394-95

FASTCOM Technology S.A.
Boulevard de Grancy 19A, CH-1006 Lausanne
Tel. +41 21 619 06 70, Fax +41 21 619 06 71
www.fastcom.ch

Forges Control GmbH
Überwachungs- und Sicherheitssysteme
5416 Kirchdorf, Tel. 056 296 10 10
Fax 056 296 10 20

GEUTEBRÜCK GmbH
Im Nassen 7-9
D-53578 Windhagen
Tel. 0049 2645 137 0, Fax 0049 2645 1379 99

Honeywell Security Deutschland
Honeywell GmbH
Grossenbaumer Weg 8
D-40472 Düsseldorf
Tel.: +49 (0) 211 / 41 50 9-0
Fax: +49 (0) 211 / 42 40 19
info@ultrak-germany.com, www.ultrak.de

IP CCTV GmbH
Marthalerstr. 5, CH-8447 Dachsen
Tel. 052/659 62 22, Fax 052/659 62 27
www.ipcctv.ch / info@ipcctv.ch

Müller-Elektronik AG
CH- 8200 Schaffhausen, Tel. 052 633 05 70
www.mueller-elektronik.ch

PENTAX (SCHWEIZ) AG
Widenholzstrasse 1 - Postfach
CH-8305 Dietlikon
Tel. 044 832 82 42, Fax 044 832 82 99
Objektive für alle CCTV-Kameras

PIEPER GMBH
Video- und Sicherheitstechnologie
Binnerheide 8, D-58239 Schwerte
Tel. 02304 47 01 0, Fax 02304 47 01 77
Düsseldorf: Tel. 0211 21 50 33, Fax 21 50 36
Berlin: Tel. 030 722 52 99, Fax 722 44 87
Gera: Tel. 0365 737 07 0, Fax 737 07 17
München: Tel. 089/86 30 62 44, Fax 14 88 22 46 22
www.pieper-video.de, info@pieper-video.de

Securiton AG, Sicherheitssysteme
3052 Zollikofen, Tel. 031 910 11 22
www.securiton.ch, info@securiton.ch

Technolicence AG, CH-5506 Mägenwil
Fon 0628897080, www.technolicence.com

TELCOM AG, 6362 Stansstad
Tel. 041/618 08 08, www.telcom-ag.ch

Videoüberwachungsanlagen

COVIDEC ELECTRONIC AG
CCTV-Netzwerke
Badenerstr. 60, CH-8952 Schlieren
Tel. 044/738 60 00, Fax 044/738 60 19
www.covidec.ch, info@covidec.ch

Technolicence AG, CH-5506 Mägenwil
Fon 0628897080, www.technolicence.com

Videoüberwachung über Datennetze

COVIDEC ELECTRONIC AG
CCTV-Netzwerke
Badenerstr. 60, CH-8952 Schlieren
Tel. 044/738 60 00, Fax 044/738 60 19
www.covidec.ch, info@covidec.ch

Videotronic AG
Videotronic-CCTV-Komponenten + Systeme
Moosäckerstrasse 73
8105 Regensdorf
Tel. 044 843 90 00, Fax 044 843 90 09

VTX Network Solutions AG
Hohlstrasse 536
CH- 8048 Zürich
Tel.044/437 86 00, Fax 044/437 86 79
www.vtx.ch / info@vns.vtx.ch

24 Objektschutzmassnahmen Mechanische Sicherheit

Schiebegitter

Martin Eichholzer AG
Quadragard Einbruchschutz
Bristenstrasse 10-12, CH-8048 Zürich
Tel. 044 434 10 10, Fax 044 432 28 94

Sicherheitsfenster

Fischer + Vadori
Langelenstr. 62, Postfach 88
CH- 5606 Dintikon
Tel. 056 610 1999, Fax 056 610 1996
www.fischer-vadori.ch, info@fischer-vadori.ch

Martin Eichholzer AG
Quadragard Einbruchschutz
Bristenstrasse 10-12, CH-8048 Zürich
Tel. 044 434 10 10, Fax 044 432 28 94

Sicherheitsfolien

Martin Eichholzer AG
Quadragard Einbruchschutz
Bristenstrasse 10-12, CH-8048 Zürich
Tel. 044 434 10 10, Fax 044 432 28 94

Sicherheitsrollläden

Martin Eichholzer AG
Quadragard Einbruchschutz
Bristenstrasse 10-12, CH-8048 Zürich
Tel. 044 434 10 10, Fax 044 432 28 94

Sicherheitstüren

BADERTSCHER INNENAUSBAU AG
Pulverweg 66, CH-3006 Bern
Tel. 031 332 33 34, Fax 031 331 01 42

Bertschinger-Tell AG, CH-8810 Horgen
Tel. 044 718 22 88, Fax 044 718 22 99

Martin Eichholzer AG
Quadragard Einbruchschutz
Bristenstrasse 10-12, CH-8048 Zürich
Tel. 044 434 10 10, Fax 044 432 28 94

25 Perimeterschutz

Freiland / Perimeterschutz

Jacot des Combes SA
Gottstatt 22, CH-2500 Biel 8
Tel. 032/344 90 10, Fax 032/344 90 33
www.jdcsa.ch

PIEPER GMBH
Video- und Sicherheitstechnologie
Binnerheide 8, D-58239 Schwerte
Tel. 02304 47 01 0, Fax 02304 47 01 77
Düsseldorf: Tel. 0211 21 50 33, Fax 21 50 36
Berlin: Tel. 030 722 52 99, Fax 722 44 87
Gera: Tel. 0365 737 07 0, Fax 737 07 17
München: Tel. 089/86 30 62 44, Fax 14 88 22 46 22
www.pieper-video.de, info@pieper-video.de

Freilandsicherungen

PIEPER GMBH
Video- und Sicherheitstechnologie
Binnerheide 8, D-58239 Schwerte
Tel. 02304 47 01 0, Fax 02304 47 01 77
Düsseldorf: Tel. 0211 21 50 33, Fax 21 50 36
Berlin: Tel. 030 722 52 99, Fax 722 44 87
Gera: Tel. 0365 737 07 0, Fax 737 07 17
München: Tel. 089/86 30 62 44, Fax 14 88 22 46 22
www.pieper-video.de, info@pieper-video.de

Sicherheitsdraht

Jacot des Combes SA
Gottstatt 22, CH-2500 Biel 8
Tel. 032/344 90 10, Fax 032/344 90 33
www.jdcsa.ch

Sicherheitstore

Jacot des Combes SA
Gottstatt 22, CH-2500 Biel 8
Tel. 032/344 90 10, Fax 032/344 90 33
www.jdcsa.ch

Zaunsysteme (elektronisch / mechanisch)

Jacot des Combes SA
Gottstatt 22, CH-2500 Biel 8
Tel. 032/344 90 10, Fax 032/344 90 33
www.jdcsa.ch

PIEPER GMBH
Video- und Sicherheitstechnologie
Binnerheide 8, D-58239 Schwerte
Tel. 02304 47 01 0, Fax 02304 47 01 77
Düsseldorf: Tel. 0211 21 50 33, Fax 21 50 36
Berlin: Tel. 030 722 52 99, Fax 722 44 87
Gera: Tel. 0365 737 07 0, Fax 737 07 17
München: Tel. 089/86 30 62 44, Fax 14 88 22 46 22
www.pieper-video.de, info@pieper-video.de

26 Peripherieschutz

Perimeterschutz Fassadenüberwachung

COVIDEC ELECTRONIC AG
CCTV-Netzwerke
Badenerstr. 60, CH-8952 Schlieren
Tel. 044/738 60 00, Fax 044/738 60 19
www.covidec.ch, info@covidec.ch

27 Personendurchgänge

Schleusenanlagen

BADERTSCHER INNENAUSBAU AG
Pulverweg 66, CH-3006 Bern
Tel. 031 332 33 34, Fax 031 331 01 42

Bertschinger-Tell AG, CH-8810 Horgen
Tel. 044 718 22 88, Fax 044 718 22 99

Sicherheitstüren

BADERTSCHER INNENAUSBAU AG
Pulverweg 66, CH-3006 Bern
Tel. 031 332 33 34, Fax 031 331 01 42

Bertschinger-Tell AG, CH-8810 Horgen
Tel. 044 718 22 88, Fax 044 718 22 99

Türmanagement-Systeme

ADASOFT AG
Dahlienweg 23, CH-4553 Subingen
Tel. 032/613 20 90, Fax 032/613 20 99
Internet: http://www.adasoft.ch
E-Mail: info@adasoft.ch

Vereinzelungsanlagen (Drehtüren, Sperren, Personenschleusen

BADERTSCHER INNENAUSBAU AG
Pulverweg 66, CH-3006 Bern
Tel. 031 332 33 34, Fax 031 331 01 42

Bertschinger-Tell AG, CH-8810 Horgen
Tel. 044 718 22 88, Fax 044 718 22 99

FASTCOM Technology S.A.
Boulevard de Grancy 19A, CH-1006 Lausanne
Tel. +41 21 619 06 70, Fax +41 21 619 06 71
www.fastcom.ch

28 Rauch- und Wärmeabzugsanlagen

Rauch- und Wärmeabzugsanlagen

Minimax Feuerschutz AG
Stettbachstr. 8, 8600 Dübendorf
Tel. 043/833 44 55, Fax: 043/833 44 56
www.minimax.ch, info@minimax.ch

29 Safety-Schutzmassnahmen

Arbeitssicherheit

AEB Aebischer
Arbeitssicherheit, Evakuationsplanung
Brandschutz
Postfach 912, 8706 Meilen
Tel. 044 793 10 61, Fax 044 793 10 62
www.evakuation.ch

ECO ANALYTICS AG
Zurlindenstrasse 29, CH-4133 Pratteln
Tel. 061 827 94 00, Fax 061 827 94 04

Gas-Detektoren

ECO ANALYTICS AG
Zurlindenstrasse 29, CH-4133 Pratteln
Tel. 061 827 94 00, Fax 061 827 94 04

Gaswarnanlagen und -geräte

Digitrade GmbH
2557 Studen, Tel. 032 374 76 90
www.digitrade.ch

ECO ANALYTICS AG
Zurlindenstrasse 29, CH-4133 Pratteln
Tel. 061 827 94 00, Fax 061 827 94 04

Müller-Elektronik AG
CH- 8200 Schaffhausen, Tel. 052 633 05 70
www.mueller-elektronik.ch

Personenschutz-Systeme

ECO ANALYTICS AG
Zurlindenstrasse 29, CH-4133 Pratteln
Tel. 061 827 94 00, Fax 061 827 94 04

30 Schadensanierung

Altlastensanierung

BELFOR (Suisse) AG
Reuss-Strasse 9
CH-6038 Gisikon/LU
Tel. 041 455 01 11, Fax 041 455 01 15

Asbestentfernung

BELFOR (Suisse) AG
Reuss-Strasse 9
CH-6038 Gisikon/LU
Tel. 041 455 01 11, Fax 041 455 01 15

Brandschadensanierung

BELFOR (Suisse) AG
Reuss-Strasse 9
CH-6038 Gisikon/LU
Tel. 041 455 01 11, Fax 041 455 01 15

Dekontamination

BELFOR (Suisse) AG
Reuss-Strasse 9
CH-6038 Gisikon/LU
Tel. 041 455 01 11, Fax 041 455 01 15

Industriewartung

BELFOR (Suisse) AG
Reuss-Strasse 9
CH-6038 Gisikon/LU
Tel. 041 455 01 11, Fax 041 455 01 15

Trocknungs-Service

BELFOR (Suisse) AG
Reuss-Strasse 9
CH-6038 Gisikon/LU
Tel. 041 455 01 11, Fax 041 455 01 15

Wasserschadensanierung

BELFOR (Suisse) AG
Reuss-Strasse 9
CH-6038 Gisikon/LU
Tel. 041 455 01 11, Fax 041 455 01 15

31 Schalteranlagen

Sicherheitsdurchreichen

Bertschinger-Tell AG, CH-8810 Horgen
Tel. 044 718 22 88, Fax 044 718 22 99

Sicherheitsschalter

BADERTSCHER INNENAUSBAU AG
Pulverweg 66, CH-3006 Bern
Tel. 031 332 33 34, Fax 031 331 01 42

Bertschinger-Tell AG, CH-8810 Horgen
Tel. 044 718 22 88, Fax 044 718 22 99

"FIRESAFE"
Züblin-FIRESAFE
Zürcherstrasse 70, CH-8104 Weiningen
Tel. 044 750 09 28, Fax 044 750 09 54

32 Schlösser und Beschläge

Code-Schlösser

Martin Eichholzer AG
Quadragard Einbruchschutz
Bristenstrasse 10-12, CH-8048 Zürich
Tel. 044 434 10 10, Fax 044 432 28 94

Elektro-Motorriegel

Martin Eichholzer AG
Quadragard Einbruchschutz
Bristenstrasse 10-12, CH-8048 Zürich
Tel. 044 434 10 10, Fax 044 432 28 94

Elektrische Schlösser

SecurSol
Wilerstrasse 73, CH-9200 Gossau
Tel. 071 388 70 90, Fax 071 388 70 99

Mechatronische Schliesszylinder

Ikon
ASSA ABLOY Sicherheitstechnik GmbH
Werk Berlin
Goerzallee 299, D- 14167 Berlin
Tel. +49(0)30 81 06-0, Fax: -2600
www.ikon.de

KESO AG
Sicherheitssysteme
Untere Schwandenstrasse 22
CH-8805 Richterswil
Tel. 044 787 34 34, Fax 044 787 35 35

Mehrpunktverschlüsse

effeff
ASSA ABLOY Sicherheitstechnik GmbH
Werk Albstadt
Bildstockstrasse 20, D-72458 Albstadt
Tel: +49 (0) 7431 / 123-0 Fax: -240
www.effeff.de

Martin Eichholzer AG
Quadragard Einbruchschutz
Bristenstrasse 10-12, CH-8048 Zürich
Tel. 044 434 10 10, Fax 044 432 28 94

SecurSol
Wilerstrasse 73, CH-9200 Gossau
Tel. 071 388 70 90, Fax 071 388 70 99

Panikschlösser

effeff
ASSA ABLOY Sicherheitstechnik GmbH
Werk Albstadt
Bildstockstrasse 20, D-72458 Albstadt
Tel: +49 (0) 7431 / 123-0 Fax: -240
www.effeff.de

Martin Eichholzer AG
Quadragard Einbruchschutz
Bristenstrasse 10-12, CH-8048 Zürich
Tel. 044 434 10 10, Fax 044 432 28 94

SecurSol
Wilerstrasse 73, CH-9200 Gossau
Tel. 071 388 70 90, Fax 071 388 70 99

Schliessanlagen

DOM AG Sicherheitstechnik
CH-8852 Altendorf
Tel. 055 451 07 07, Fax 055 451 07 01
www.dom-sicherheitstechnik.ch

Ikon
ASSA ABLOY Sicherheitstechnik GmbH
Werk Berlin
Goerzallee 299, D- 14167 Berlin
Tel. +49(0)30 81 06-0, Fax: -2600
www.ikon.de

Kaba AG / Kaba SA
Wetzikon / Rümlang / Crissier
Tel. 0848 85 86 87, Fax 044 931 63 85
www.kaba.ch, info@kaba.ch

KESO AG
Sicherheitssysteme
Untere Schwandenstrasse 22
CH-8805 Richterswil
Tel. 044 787 34 34, Fax 044 787 35 35

Sicherheitsbeschläge

Ikon
ASSA ABLOY Sicherheitstechnik GmbH
Werk Berlin
Goerzallee 299, D- 14167 Berlin
Tel. +49(0)30 81 06-0, Fax: -2600
www.ikon.de

KESO AG
Sicherheitssysteme
Untere Schwandenstrasse 22
CH-8805 Richterswil
Tel. 044 787 34 34, Fax 044 787 35 35

Sicherheitsschlösser

DOM AG Sicherheitstechnik
CH-8852 Altendorf
Tel. 055 451 07 07, Fax 055 451 07 01
www.dom-sicherheitstechnik.ch

effeff
ASSA ABLOY Sicherheitstechnik GmbH
Werk Albstadt
Bildstockstrasse 20, D-72458 Albstadt
Tel: +49 (0) 7431 / 123-0 Fax: -240
www.effeff.de

Martin Eichholzer AG
Quadragard Einbruchschutz
Bristenstrasse 10-12, CH-8048 Zürich
Tel. 044 434 10 10, Fax 044 432 28 94

Sicherheitszylinder

DOM AG Sicherheitstechnik
CH-8852 Altendorf
Tel. 055 451 07 07, Fax 055 451 07 01
www.dom-sicherheitstechnik.ch

Ikon
ASSA ABLOY Sicherheitstechnik GmbH
Werk Berlin
Goerzallee 299, D- 14167 Berlin
Tel. +49(0)30 81 06-0, Fax: -2600
www.ikon.de

KESO AG
Sicherheitssysteme
Untere Schwandenstrasse 22
CH-8805 Richterswil
Tel. 044 787 34 34, Fax 044 787 35 35

Türöffner (elektrisch)

effeff
ASSA ABLOY Sicherheitstechnik GmbH
Werk Albstadt
Bildstockstrasse 20, D-72458 Albstadt
Tel: +49 (0) 7431 / 123-0 Fax: -240
www.effeff.de

Zeitschlösser

Martin Eichholzer AG
Quadragard Einbruchschutz
Bristenstrasse 10-12, CH-8048 Zürich
Tel. 044 432 50 11, Fax 044 432 28 94

33 Wertschutz

Panzerschränke

Bertschinger-Tell AG, CH-8810 Horgen
Tel. 044 718 22 88, Fax 044 718 22 99

Kaba AG / Kaba SA
Wetzikon / Rümlang / Crissier
Tel. 0848 85 86 87, Fax 044 931 63 85
www.kaba.ch, info@kaba.ch

"FIRESAFE"
Züblin-FIRESAFE
Zürcherstrasse 70, CH-8104 Weiningen
Tel. 044 750 09 28, Fax 044 750 09 54

Panzertüren

Bertschinger-Tell AG, CH-8810 Horgen
Tel. 044 718 22 88, Fax 044 718 22 99

Tresortüren

Bertschinger-Tell AG, CH-8810 Horgen
Tel. 044 718 22 88, Fax 044 718 22 99

Kaba AG / Kaba SA
Wetzikon / Rümlang / Crissier
Tel. 0848 85 86 87, Fax 044 931 63 85
www.kaba.ch, info@kaba.ch

"FIRESAFE"
Züblin-FIRESAFE
Zürcherstrasse 70, CH-8104 Weiningen
Tel. 044 750 09 28, Fax 044 750 09 54

Sicherheitsbriefkästen

Bertschinger-Tell AG, CH-8810 Horgen
Tel. 044 718 22 88, Fax 044 718 22 99

35 Zertifizierungs- und Prüfstellen

Inspektion von Einbruchmeldeanlagen

SICHERHEITSINSTITUT
Nüschelerstrasse 45, CH-8001 Zürich
Tel. 044 217 43 33, Fax 044 211 70 30
E-Mail: safety@swissi.ch
Internet: http://www.swissi.ch

Zertifizierung für Brandschutzprodukte

Vereinigung Kantonaler Feuerversicherungen
Postfach 8576, 3001 Bern
Tel. 031 320 22 22, Fax 031 320 22 99

Zertifizierungsstelle für Brandschutzpersonal

SICHERHEITSINSTITUT
Nüschelerstrasse 45, CH-8001 Zürich
Tel. 044 217 43 33, Fax 044 211 70 30
E-Mail: safety@swissi.ch
Internet: http://www.swissi.ch

Vereinigung Kantonaler Feuerversicherungen
Postfach 8576, 3001 Bern
Tel. 031 320 22 22, Fax 031 320 22 99

Zertifizierung von Einbruchschutzprodukten

SICHERHEITSINSTITUT
Nüschelerstrasse 45, CH-8001 Zürich
Tel. 044 217 43 33, Fax 044 211 70 30
E-Mail: safety@swissi.ch
Internet: http://www.swissi.ch

36 Zutrittskontrollsysteme

Türbeschlag mit integrierter Zutrittskontrolle

effeff
ASSA ABLOY Sicherheitstechnik GmbH
Werk Albstadt
Bildstockstrasse 20, D-72458 Albstadt
Tel: +49 (0) 7431 / 123-0 Fax: -240
www.effeff.de

Zeiterfassungssysteme

ADASOFT AG
Dahlienweg 23, CH-4553 Subingen
Tel. 032/613 20 90, Fax 032/613 20 99
Internet: http://www.adasoft.ch
E-Mail: info@adasoft.ch

Bixi Systems AG
Grossfeldstrasse 3, CH-8887 Mels
Tel. 081 725 08 00, Fax 081 725 08 80
info@bixi.ch, www.bixi.ch
Geschäftsstellen:
8045 Zürich Tel. 043 960 77 99
4410 Liestal Tel. 061 926 80 19
1052 Le Mont-sur-Lausanne Tel. 021 653 43 43

Zutrittskontrollsysteme berührungslose Erkennung

ADASOFT AG
Dahlienweg 23, CH-4553 Subingen
Tel. 032/613 20 90, Fax 032/613 20 99
Internet: http://www.adasoft.ch
E-Mail: info@adasoft.ch

AVATECH AG
Brunnenstrasse 7, 8604 Volketswil
Tel. 044 908 14 14, Fax 044 945 55 65
www.avatech.ch, info@avatech.ch

Bixi Systems AG
Grossfeldstrasse 3, CH-8887 Mels
Tel. 081 725 08 00, Fax 081 725 08 80
info@bixi.ch, www.bixi.ch
Geschäftsstellen:
8045 Zürich Tel. 043 960 77 99
4410 Liestal Tel. 061 926 80 19
1052 Le Mont-sur-Lausanne Tel. 021 653 43 43

DOM AG Sicherheitstechnik
CH-8852 Altendorf
Tel. 055 451 07 07, Fax 055 451 07 01
www.dom-sicherheitstechnik.ch

effeff
ASSA ABLOY Sicherheitstechnik GmbH
Werk Albstadt
Bildstockstrasse 20, D-72458 Albstadt
Tel: +49 (0) 7431 / 123-0 Fax: -240
www.effeff.de

FEIG ELECTRONIC GmbH
LANGE STRASSE 4
D-35781 WEILBURG
Tel. 06471 3109-0, Fax 06471 31 09-99
Internet: www.feig-de, E-Mail: OBID@feig.de

PIEPER GMBH
Video- und Sicherheitstechnologie
Binnerheide 8, D-58239 Schwerte
Tel. 02304 47 01 0, Fax 02304 47 01 77
Düsseldorf: Tel. 0211 21 50 33, Fax 21 50 36
Berlin: Tel. 030 722 52 99, Fax 722 44 87
Gera: Tel. 0365 737 07 0, Fax 737 07 17
München: Tel. 089/86 30 62 44, Fax 14 88 22 46 22
www.pieper-video.de, info@pieper-video.de

Zutrittskontrollsysteme mit Ausweislesung

ADASOFT AG
Dahlienweg 23, CH-4553 Subingen
Tel. 032/613 20 90, Fax 032/613 20 99
Internet: http://www.adasoft.ch
E-Mail: info@adasoft.ch

ADT Sensormatic AG
Sennweidstrasse 45, CH-6312 Steinhausen
Tel. 0848 400 801, Fax 0848 400 802
www.adt-ch.com, adt.ch@tycoint.com

DOM AG Sicherheitstechnik
CH-8852 Altendorf
Tel. 055 451 07 07, Fax 055 451 07 01
www.dom-sicherheitstechnik.ch

FEIG ELECTRONIC GmbH
LANGE STRASSE 4
D-35781 WEILBURG
Tel. 06471 3109-0, Fax 06471 31 09-99
Internet: www.feig-de, E-Mail: OBID@feig.de

IPS Informations- und Prozesssysteme GmbH
Alte Landstrasse 17, D-85521 Ottobrunn
Tel. 089 608 07 600, Fax 089 608 07 699
Internet: http://www.ips.de

PIEPER GMBH
Video- und Sicherheitstechnologie
Binnerheide 8, D-58239 Schwerte
Tel. 02304 47 01 0, Fax 02304 47 01 77
Düsseldorf: Tel. 0211 21 50 33, Fax 21 50 36
Berlin: Tel. 030 722 52 99, Fax 722 44 87
Gera: Tel. 0365 737 07 0, Fax 737 07 17
München: Tel. 089/86 30 62 44, Fax 14 88 22 46 22
www.pieper-video.de, info@pieper-video.de

Zutrittskontrollsysteme mit biometrischer Erkennung

ADASOFT AG
Dahlienweg 23, CH-4553 Subingen
Tel. 032/613 20 90, Fax 032/613 20 99
Internet: http://www.adasoft.ch
E-Mail: info@adasoft.ch

Bixi Systems AG
Grossfeldstrasse 3, CH-8887 Mels
Tel. 081 725 08 00, Fax 081 725 08 80
info@bixi.ch, www.bixi.ch
Geschäftsstellen:
8045 Zürich Tel. 043 960 77 99
4410 Liestal Tel. 061 926 80 19
1052 Le Mont-sur-Lausanne Tel. 021 653 43 43

GANTNER ELECTRONIC GMBH
Montafonerstrasse 8, A-6780 Schruns
Tel. +43 55567378 4542
Fax +43 5556737 84 - 8010
info@gantner.com, www.gantner.com

effeff
ASSA ABLOY Sicherheitstechnik GmbH
Werk Albstadt
Bildstockstrasse 20, D-72458 Albstadt
Tel: +49 (0) 7431 / 123-0 Fax: -240
www.effeff.de

ekey biometric systems Est
Äulestrasse 45
FL- 9490 Vaduz
Tel. +423 235 0880/Fax +423 235 0881
www.ekey.net, schweiz@ekey.net

PIEPER GMBH
Video- und Sicherheitstechnologie
Binnerheide 8, D-58239 Schwerte
Tel. 02304 47 01 0, Fax 02304 47 01 77
Düsseldorf: Tel. 0211 21 50 33, Fax 21 50 36
Berlin: Tel. 030 722 52 99, Fax 722 44 87
Gera: Tel. 0365 737 07 0, Fax 737 07 17
München: Tel. 089/86 30 62 44, Fax 14 88 22 46 22
www.pieper-video.de, info@pieper-video.de

Zutrittskontroll- und Zeiterfassungssysteme

ADASOFT AG
Dahlienweg 23, CH-4553 Subingen
Tel. 032/613 20 90, Fax 032/613 20 99
Internet: http://www.adasoft.ch
E-Mail: info@adasoft.ch

AVATECH AG
Brunnenstrasse 7, 8604 Volketswil
Tel. 044 908 14 14, Fax 044 945 55 65
www.avatech.ch, info@avatech.ch

Bosch Sicherheitssysteme GmbH
Robert-Koch-Str. 100
85521 Ottobrunn
Tel. 0800 7000444, Fax 0800 7000888

Bixi Systems AG
Grossfeldstrasse 3, CH-8887 Mels
Tel. 081 725 08 00, Fax 081 725 08 80
info@bixi.ch, www.bixi.ch
Geschäftsstellen:
8045 Zürich Tel. 043 960 77 99
4410 Liestal Tel. 061 926 80 19
1052 Le Mont-sur-Lausanne Tel. 021 653 43 43

GANTNER ELECTRONIC GMBH
Montafonerstrasse 8, A-6780 Schruns
Tel. +43 55567378 4542
Fax +43 5556737 84 - 8010
info@gantner.com, www.gantner.com

ekey biometric systems Est
Äulestrasse 45
FL- 9490 Vaduz
Tel. +423 235 0880/Fax +423 235 0881
www.ekey.net, schweiz@ekey.net

Honeywell Security Deutschland
Honeywell GmbH
Grossenbaumer Weg 8
D-40472 Düsseldorf
Tel.: +49 (0) 211 / 41 50 9-0
Fax: +49 (0) 211 / 42 40 19
info@ultrak-germany.com, www.ultrak.de

Interflex Datensysteme GmbH & Co. KG
Zettachring 16, D-70567 Stuttgart
Tel. 0711 1322-0, Fax 0711 1322 111
Interflex Datensyst. Ges. mbH
Geiselberg. 19, A-1110 Wien
Tel. 0043 18774646, Fax 0043 18774646-30
Interflex AG, Täfernhof, Mellingerstr. 207
CH-5405 Baden-Dättwil
Tel. 0041 56 484 51 11, Fax 0041 56 484 5101

IPS Informations- und Prozesssysteme GmbH
Alte Landstrasse 17, D-85521 Ottobrunn
Tel. 089 608 07 600, Fax 089 608 07 699
Internet: http://www.ips.de

Kaba AG / Kaba SA
Wetzikon / Rümlang / Crissier
Tel. 0848 85 86 87, Fax 044 931 63 85
www.kaba.ch, info@kaba.ch

Securiton AG, Sicherheitssysteme
3052 Zollikofen, Tel. 031 910 11 22
www.securiton.ch, info@securiton.ch

TELCOM AG, 6362 Stansstad
Tel. 041/618 08 08, www.telcom-ag.ch

WinTime2000, zwicky electronic ag
Seestrasse 46, CH- 8598 Bottighofen
Tel. +41 71 672 80 10, Fax +41 71 672 80 13
www.wintime2000.ch, info@zwicky-ag.ch

Index Branchenverzeichnis

Alle Rubriktitel des Sicherheitsjahrbuch-Branchenverzeichnisses sind aufsteigend nummeriert. Bei den nachstehend alphabetisch aufgeführten BRV-Firmen weisen Ihnen die Nummern den direkten Weg zum entsprechenden Produkteangebot der einzelnen Firmen.

1 Alarm-Management
2 Ausbildung
3 Ausweise
4 Behältnisse
5 Behörden/Verbände/Institutionen
6 Beratung/Planung/Engineering
7 Beschilderung
8 Bewachung
9 Brand-Löschanlagen
10 Brandmeldeanlagen
11 Brandschutz
12 Diebstahlschutz
13 Einbruchmeldeanlagen/ Intrusionsmeldeanlagen
14 Einbruch- und Überfallmeldeanlagen
15 Evakuationsmittel
16 Explosionsschutz
17 Fachzeitschriften
18 Handel Sicherheitsartikel
19 Hochwasserschutz
20 Informatik-Sicherheit
21 Integrale Sicherheit
22 Kommunikation
23 Kontroll- und Überwachungseinrichtungen
24 Objektschutzmassnahmen/ Mechanische Sicherheit
25 Perimeterschutz
26 Peripherieschutz
27 Personendurchgänge
28 Rauch- und Wärmeabzugsanlagen
29 Safety-Schutzmassnahmen
30 Schadensanierung
31 Schalteranlagen
32 Schlösser und Beschläge
33 Wertschutz
34 Wirtschaftskriminalität
35 Zertifizierungs- und Prüfstellen
36 Zutrittskontrollsysteme

ADASOFT AG
Dahlienweg 23, CH-4553 Subingen
Tel. 032/613 20 90, Fax 032/613 20 99
Internet: http://www.adasoft.ch
E-Mail: info@adasoft.ch
21 22 27 36

ADT Security (Switzerland) SA
9, route des Jeunes, CH-1227 Les Acacias
Tel. 0848 400 801, Fax 0848 400 802
www.adt-ch.com, adt.ch@tycoint.com
1 13 23

ADT Sensormatic AG
Sennweidstrasse 45, CH-6312 Steinhausen
Tel. 0848 400 801, Fax 0848 400 802
www.adt-ch.com, adt.ch@tycoint.com
12 23 36

AEB Aebischer
Arbeitssicherheit,
Evakuationsplanung, Brandschutz
Postfach 912, 8706 Meilen
Tel. 044 793 10 61, Fax 044 793 10 62
www.evakuation.ch
2 6 7 9 11 15 20 29

ALINAG, Alarm- und Sicherheitstechnik
Alarmanlagen, Videoüberwachung
C.F. Bally-Str. 36, CH-5012 Schönenwerd
Tel. 062 858 70 00, Fax 062 858 70 10
www.alinag.ch, info@alinag.ch
13

audio-video g+m s.a.
Comerson Generalimporteur Schweiz
CH-6814 Lamone TI, Tel. 091/600 10 10
CH-9014 St. Gallen, Tel. 071/274 05 05
www.audiovideo-sa.ch, info_sg@audiovideo-sa.ch
23

AVATECH AG
Brunnenstrasse 7, 8604 Volketswil
Tel. 01 908 14 14, Fax 01 945 55 65
www.avatech.ch, info@avatech.ch
36

BADERTSCHER INNENAUSBAU AG
Pulverweg 66, CH-3006 Bern
Tel. 031 332 33 34, Fax 031 331 01 42
24 27 31

Basler + Partner AG
Ingenieurunternehmen
Zollikerstrasse 65
CH-8702 Zollikon/Zürich
Tel. 044 395 11 11, Fax 044 395 12 34
6

BELFOR (Suisse) AG
Reuss-Strasse 9
CH-6038 Gisikon/LU
Tel. 041 455 01 11, Fax 041 455 01 15
11 30

Bertschinger-Tell AG, CH-8810 Horgen
Tel. 044 718 22 88, Fax 044 718 22 99
4 24 27 31 33

Bixi Systems AG
Grossfeldstrasse 3, CH-8887 Mels
Tel. 081 725 08 00, Fax 081 725 08 80
info@bixi.ch, www.bixi.ch
Geschäftsstellen:
8045 Zürich Tel. 043 960 77 99
4410 Liestal Tel. 061 926 80 19
1052 Le Mont-sur-Lausanne Tel. 021 653 43 43
36

Bosch Sicherheitssysteme GmbH
Bosch Communication Center
Lahnstrasse 34-40, 60326 Frankfurt am Main
Tel. 0800 6000660, Fax 0800 6000661
1 12 22

Bosch Sicherheitssysteme GmbH
Robert-Koch-Str. 100
85521 Ottobrunn
Tel. 0800 7000444, Fax 0800 7000888
1 6 10 14 23 36

Bossotto Sicherheitsberatung GmbH
Widenbühlstrasse 24, CH-8103 Unterengstringen
Tel. ++41 (0)44 750 37 36, Fax ++41 (0) 44 750 37 33
6

BSG Unternehmensberatung
Rorschacher Strasse 150, CH-9006 St.Gallen
Tel. 071 243 57 57, Fax 071 243 57 43
Internet: www.bsg.ch
6 20

Bundesverband Deutscher Wach- und Sicherheitsunternehmen e. V. (BDWS)
Norsk-Data-Str. 3, D-61352 Bad Homburg
Postfach 12 11, D-61282 Bad Homburg
Tel. (06172) 94 80 50, Fax (06172) 45 85 80
Internet: http://www.bdws.de
E-mail: mail@bdws.de
5

Bundesvereinigung Deutscher Geld- und Wertdienste e. V. (BDGW)
Norsk-Data-Str. 3, D-61352 Bad Homburg
Postfach 14 19, D-61284 Bad Homburg
Tel. (06172) 94 80 50, Fax (06172) 45 85 80
Internet: http://www.bdgw.de
E-mail: mail@bdgw.de
5

Certas AG
Schweizerische Alarm- und Einsatzzentrale
Kalkbreitestrasse 51, Postfach, 8021 Zürich
Tel. 044 637 37 37, Fax 044 450 36 37
service-d@certas.ch, www.certas.ch
1

Checkpoint Systems AG
Allmendstrasse 30, CH-8320 Fehraltorf
Tel. 044/744 58 00, Fax 044/744 58 80
12

Contrafeu AG, Hauptsitz
3052 Zollikofen, Tel. 031/910 11 33
www.contrafeu.ch, info@contrafeu.ch
9

CONTREC Technologies AG
Tel. 044 / 746 32 20, www.contrec.ch
16

COVIDEC ELECTRONIC AG
CCTV-Netzwerke
Badenerstr. 60, CH-8952 Schlieren
Tel. 044/738 60 00, Fax 044/738 60 19
www.covidec.ch, info@covidec.ch
6 21 23 26

DAITEM c/o ATRAL-SECAL GmbH
Postfach 100 347
D-69443 Weinheim
Tel. 06201 6005 -0, Fax 06201 6005 -15
10 14

Dallmeier electronic GmbH & Co. KG
Cranachweg 1, D-93051 Regensburg
Tel. 0941 8700-0, Fax 0941 8700-180
www.dallmeier-electronic.com
23

Digitrade GmbH
2557 Studen, Tel. 032 374 76 90
www.digitrade.ch
16 29

DOM AG Sicherheitstechnik
CH-8852 Altendorf
Tel. 055 451 07 07, Fax 055 451 07 01
www.dom-sicherheitstechnik.ch
32 36

Dr. Baun Consultants GmbH
Oppenheimer Str. 37, 60594 Frankfurt
Tel. 069-616001, Fax 069-60627839
www.dr-braun.net
6

ECO ANALYTICS AG
Zurlindenstrasse 29, CH-4133 Pratteln
Tel. 061 827 94 00, Fax 061 827 94 04
1 6 16 29

effeff
ASSA ABLOY Sicherheitstechnik GmbH
Werk Albstadt
Bildstockstrasse 20, D-72458 Albstadt
Tel: +49 (0) 7431 / 123-0 Fax: -240
www.effeff.de
15 32 36

ekey biometric systems Est
Äulestrasse 45
FL- 9490 Vaduz
Tel. +423 235 0880/Fax +423 235 0881
www.ekey.net, schweiz@ekey.net
36

ELP GmbH European Logistic Partners
www.elp-gmbh.de
elp@elp-gmbh.de
16

EverFocus Electronics AG
Albert-Einstein-Str. 1
D-46446 Emmerich am Rhein
Tel. 02822 9394-0
Fax 02822 9394-95
23

FASTCOM Technology S.A.
Boulevard de Grancy 19A, CH-1006 Lausanne
Tel. +41 21 619 06 70, Fax +41 21 619 06 71
www.fastcom.ch
6 8 23 27

FEIG ELECTRONIC GmbH
LANGE STRASSE 4
D-35781 WEILBURG
Tel. 06471 3109-0, Fax 06471 31 09-99
http://www.feig.de , OBID@feig.de
36

"FIRESAFE"
Züblin-FIRESAFE
Zürcherstrasse 70, CH-8104 Weiningen
Tel. 01 750 09 28, Fax 01 750 09 54
4 20 31 33

Fischer + Vadori
Langelenstr. 62, Postfach 88
CH- 5606 Dintikon
Tel. 056 610 1999, Fax 056 610 1996
www.fischer-vadori.ch, info@fischer-vadori.ch
24

Forges Control GmbH
Überwachungs- und Sicherheitssysteme
5416 Kirchdorf, Tel. 056 296 10 10
Fax 056 296 10 20
1 13 21 23

GANTNER ELECTRONIC GMBH
Montafonerstrasse 8, A-6780 Schruns
Tel. +43 5556 73784 542
Fax +43 5556 73784 - 8010
info@gantner.com,www.gantner.com
36

GEUTEBRÜCK GmbH
Im Nassen 7 – 9
D-53578 Windhagen
Tel. 0049 2645 137 0, Fax 0049 2645 1379 99
1 23

Gruner AG, Ingenieure und Planer
Postfach, Gellertstrasse 55
CH-4020 Basel
Tel. 061 317 61 61, Fax 061 271 79 48
6 11

G + M Elektronik AG
Akustik- u. Uhrenanlagen
Alarm- u. Evakuations Systeme
gemäss EN-60849
Bürerfeld 14, CH- 9245 Oberbüren SG
Tel.071 9559010/20 www.gm-elektronik.ch
15

Hager Tehalit AG, Ittigen-Bern
Tel. 031 925 30 00, Fax 031 925 30 05

Hager Tehalit AG, Rümlang
Tel. 044 817 71 71, Fax 044 817 71 75

Hager Tehalit SA, Lausanne
Tél. 021 644 37 00, Fax 021 644 37 05
www.hager-tehalit.ch, infoch@hager.com

13

Honeywell Security Deutschland
Honeywell GmbH
Grossenbaumer Weg 8
D-40472 Düsseldorf
Tel.: +49 (0) 211 / 41 50 9-0
Fax: +49 (0) 211 / 42 40 19
info@ultrak-germany.com, www.ultrak.de

23 36

Hörmann Schweiz AG
Nordringstrasse 14, CH-4702 Oensingen
Tel. 062 388 60 60, Fax 062 388 60 61
info@hoermann.ch, www.hoermann.ch

11

IBCOL Technologies & Consulting AG
Security & Risk Management
Seestrasse 21, CH-8702 Zollikon
Tel. 044/396 20 00, Fax 044/396 20 08
www.ibcol.ch, uwe.mueller@ibcol.ch

2 6 20

IDENTA Ausweissysteme GmbH
Karlstrasse 45, D-78054 VS-Schwenningen
Tel. 07720/39 09-0, Fax 07720/39 09-44
email: info@identa.com, www.identa.com
Kartenherstellung und Mailing
Visuelle- und Chip- Personalisierung

3

Ikon
ASSA ABLOY Sicherheitstechnik GmbH
Werk Berlin
Goerzallee 299, D- 14167 Berlin
Tel. +49(0)30 81 06-0, Fax: -2600
www.ikon.de

32

IMSEC GmbH
Information Management & Security
Dersbachstrasse 312a, CH-6330 Cham
Tel. 041 780 00 11 / Fax 041 780 00 21

6 20

Interflex Datensysteme GmbH & Co. KG
Zettachring 16, D-70567 Stuttgart
Tel. 0711/1322-0, Fax 0711/1322-111
Interflex Datensyst. Ges. mbH
Geiselbergstr. 19, A-1110 Wien
Tel. 0043/18774646, Fax 0043/18774646-30
Interflex AG, Täfernhof, Mellingerstr. 207
CH-5405 Baden-Dättwil
Tel. 0041/56-484 5111, Fax 0041/56-484 5101

3 36

IP CCTV GmbH
Marthalerstr. 5, CH-8447 Dachsen
Tel. 052/659 62 22, Fax 052/659 62 27
www.ipcctv.ch / info@ipcctv.ch

23

IPS Informations- und Prozeßsysteme GmbH
Alte Landstrasse 17, D-85521 Ottobrunn
Tel. 089 608 07 600, Fax 089 608 07 699
Internet: http://www.ips.de

36

Jacot des Combes SA
Gottstatt 22, CH-2500 Biel 8
Tel. 032/344 90 10, Fax 032/344 90 33
www.jdcsa.ch

25

IT-Security
Mediasec AG
Postfach 50, CH-8127 Forch/Zürich
Tel. 043 366 20 20, Fax 043 366 20 30
www.mediasec.ch
info@mediasec.ch

17

Kaba AG / Kaba SA
Wetzikon / Rümlang / Crissier
Tel. 0848/85 86 87, Fax 044 931 63 85
www.kaba.ch, info@kaba.ch

32 33 36

KESO AG
Sicherheitssysteme
Untere Schwandenstrasse 22
CH-8805 Richterswil
Tel. 01 787 34 34 Fax 01 787 35 35

32

Lampertz GmbH & Co. KG
Ringstrasse 1
CH- 5432 Neuenhof
Tel.056 416 06 00 / Fax 056 416 06 66
lampertz@rittal.ch, www.lampertz.ch

10 20

Martin Eichholzer AG
Quadragard Einbruchschutz
Bristenstrasse 10-12, CH-8048 Zürich
Tel. 044 434 10 10, Fax 01 432 28 94

11 24 32

MediaSec AG
Postfach 50, CH-8127 Forch
Tel. 043 366 20 20, Fax 043 366 20 30
www.mediasec.ch, info@mediasec.ch

2

Minimax Feuerschutz AG
Stettbachstr. 8, 8600 Dübendorf
Tel. 043/833 44 55, Fax: 043/833 44 56
www.minimax.ch, info@minimax.ch

6 7 9 10 28

Müller-Elektronik AG
CH- 8200 Schaffhausen, Tel. 052 633 05 70
www.mueller-elektronik.ch

10 13 16 22 23 29

Neosys AG - RisCare
Privatstrasse 10
CH-4563 Gerlafingen
Tel. 032 674 45 11, Fax 032 674 45 00
E-Mail: info@neosys-ag.ch

6

PANORGAN AG
Einsatzleitsysteme, Alarmserver
Tel. 044 783 96 61, www.panorgan.ch

1

PENTAX (SCHWEIZ) AG
Widenholzstrasse 1 – Postfach
CH-8305 Dietlikon
Tel. 044 832 82 42, Fax 044 832 82 99
Objektive für alle CCTV-Kameras

23

PIEPER GMBH
Video- und Sicherheitstechnologie
Binnerheide 8, D-58239 Schwerte
Tel. 02304 47 01-0, Fax 02304 47 01 77
Düsseldorf: Tel. 0211 21 50 33, Fax 21 50 36
Berlin: Tel. 030/7 22 52 99, Fax 7 22 44 87
Gera: Tel. 0365/7 37 07-0, Fax 7 37 07 17
München: Tel. 089/86 30 62 44, Fax 14 88 22 46 22
www.pieper-video.de, info@pieper-video.de

6 23 25 36

Pilkington (Schweiz) AG
Zentrumstrasse 2
CH-4806 Wikon
Tel. 062 752 12 88, Fax 062 752 12 06
info@pilkington.ch, www.pilkington.com

11

Privatdetektei Ryffel AG
Bahnhofplatz 15, CH-8023 Zürich
Tel. 044/380 40 50, Fax 044/380 40 51
E-Mail: mail@investigation.ch
Internet: www.investigation.ch

6

Professional Security Design
A. Grüninger, CH-4104 Oberwil
061/403 97 77, www.securitydesign.ch
psd@securitydesign.ch

6

PROTECTAS SA Regionaldirektion
Pfingstweidstrasse 31A, 8005 Zürich
Tel. 01 446 51 51, Fax 01 446 51 71
Alarmzentrale Genf: Tel. 022 710 06 06
Alarmzentrale Zürich: Tel. 01 446 51 61
www.protectas.com

1

PROTECTAS SA Regionaldirektion
Pfingstweidstrasse 31A, 8005 Zürich
Tel. 01 446 51 51, Fax 01 446 51 71
www.protectas.com

8

Safety-Plus
SecuMedia AG
Postfach 50, CH-8127 Forch/Zürich
Tel. 043 366 20 20, Fax 043 366 20 30
www.safety-plus.org
info@secumedia.com

17

SECURITAS AG, Generaldirektion
3052 Zollikofen, Tel. 031 910 11 11
www.securitas.ch, info@securitas.ch

6 8

SECURITAS DIRECT AG
Alarmanlagen, Alarmbearbeitung, Ausrückdienst
Postfach 4432, CH-8022 Zürich
Chemin de Bérée, CH-1010 Lausanne
Gratis-Nr.: 0800 80 85 90 (Telefon)
Internet: http://www.securitas-direct.ch

1 13

Securiton AG, Sicherheitssysteme
3052 Zollikofen, Tel. 031 910 11 22
www.securiton.ch, info@securiton.ch

10 13 21 23 36

SecurSol
Wilerstrasse 73, CH-9200 Gossau
Tel. 071 388 70 90, Fax 071 388 70 99

32

ServiceNet AG
Industriestrasse 5, CH-5432 Neuenhof
Tel. 056/416 01 01, Fax 056/416 01 00
Internet: http://www.servicenet.ch
E-Mail: info@servicenet.ch

20

SIBA Bewachungsdienst Werkschutz GmbH
Haid-und-Neu-Str. 3-5
D-76131 Karlsruhe
Tel. 0721 66270, Fax 0721 606155
www.siba-security.de

1 8

SicherheitsForum
SecuMedia AG
Postfach 50, CH-8127 Forch/Zürich
Tel. 043 366 20 20, Fax 043 366 20 30
www.sicherheitsforum.ch
info@secumedia.com

17

SICHERHEITSINSTITUT
Nüschelerstrasse 45, CH-8001 Zürich
Tel. 044 217 43 33, Fax 044 211 70 30
E-Mail: safety@swissi.ch
Internet: http://www.swissi.ch

2 6 35

SIMEDIA GmbH
Schulungsmedien, Kongresse, Seminare
Alte Heerstrasse 1, D-53121 Bonn
Tel. 0228 96293-70, Fax 0228 96293-90

2

SKS Ingenieure AG
Oerlikonerstrasse 88, CH- 8057 Zürich
Tel. 044/315 17 17, Fax 044/315 17 18
www.sks.ch, mail@sks.ch

6

Stawin AG
Dättlikonerstrasse 5, CH-8422 Pfungen
Tel. +41 52 234 02 02, Fax +41 52 234 02 01
www.stawin.ch, info@stawin.com

11

TALIMEX AG, CH-8603 Schwerzenbach
Tel. 01 806 22 60, Fax 01 806 22 70

9 19

Technolicence AG, CH-5506 Mägenwil
Fon 0628897080, www.technolicence.com

23

TELCOM AG, 6362 Stansstad
Tel. 041/618 08 08, www.telcom-ag.ch

10 13 23 36

Telekommunikation und Sicherheit
Geschäftsstelle Volketswil 01 947 34 20
Geschäftsstelle Zollikofen 031 910 19 10
info@igtus.ch, www.igtus.ch

1 22

Vereinigung Kantonaler Feuerversicherungen
Postfach 8576, 3001 Bern
Tel. 031 320 22 22, Fax 031 320 22 99

35

Videotronic AG
Videotronic-CCTV-Komponenten + Systeme
Moosäckerstrasse 73
8105 Regensdorf
Tel. 01 843 90 00, Fax 01 843 90 09

6 23

VON ZUR MÜHLEN GmbH
SICHERHEITSBERATUNG
Alte Heerstrasse 1, D-53121 Bonn
Tel. 0228 96293-0, Fax 0228 96293-90
www.vzm.de, vzm@vzm.de

6 20

VTX Network Solutions AG
Hohlstrasse 536
CH- 8048 Zürich
Tel.044/437 86 00, Fax 044/437 86 79
www.vtx.ch / info@vns.vtx.ch

6 20 23

WinTime2000, zwicky electronic ag
Seestrasse 46, CH- 8598 Bottighofen
Tel. +41 71 672 80 10, Fax +41 71 672 80 13
www.wintime2000.ch, info@zwicky-ag.ch

36

Inserentenverzeichnis

12

Nicht frankieren
Ne pas affranchir
Non affrancare

Geschäftsantwortsendung Correspondance commerciale-réponse
Invio commerciale-risposta

MediaSec AG
Postfach 50

CH-8127 Forch / ZH

Nicht frankieren
Ne pas affranchir
Non affrancare

Geschäftsantwortsendung Correspondance commerciale-réponse
Invio commerciale-risposta

MediaSec AG
Postfach 50

CH-8127 Forch / ZH

Bestellkarte für Sicherheits-Jahrbuch und Zeitschriften

Diese Bestellung kann ich innerhalb 14 Tagen ab Lieferung widerrufen (rechtzeitige Absendung genügt). Ich habe von dieser Bestellung eine Kopie für meine Unterlagen gemacht.

___ Expl. **Sicherheits-Jahrbuch 2007/2008** zu SFr. 90,00 / € 50,00

___ **Dauerauftrag**
Expl. Sicherheits-Jahrbuch im Dauerauftrag.
Lieferung nach jeder Neuerscheinung zum Subskriptionspreis.

___ Abonnement **SicherheitsForum** zu SFr. 142,00 / Ausland € 98,00/Jahr
___ Abonnement **WIK** incl. Sicherheitsmarkt zu € 101,00 / SFr. 198,00 / Ausland € 114,50/Jahr
___ Abonnement **<kes>** zu € 122,00 / SFr. 238,00 / Ausland € 137,00/Jahr

Firma: ______________________________

Name: ______________ Vorname: ______________

Straße: ______________________________

Land/PLZ/Ort: ______________________________

Tel.: ______________ Fax: ______________

Datum: ______________ Unterschrift: ______________

Anforderungskarte für kostenloses Informationsmaterial

1. Bitte schicken Sie mir ein kostenloses Probeheft der Zeitschrift
   - ☐ **SicherheitsForum**
   - ☐ **WIK** – Zeitschrift für die Sicherheit der Wirtschaft incl. Sicherheitsmarkt
   - ☐ **<kes>** – Zeitschrift für Kommunikations- und EDV-Sicherheit
2. ☐ Bitte schicken Sie mir Informationen über weitere Sicherheitsliteratur der SecuMedia-Verlage

Firma: ______________________________

Name: ______________ Vorname: ______________

Straße: ______________________________

Land/PLZ/Ort: ______________________________

Tel.: ______________ Fax: ______________

Datum: ______________ Unterschrift: ______________

Ihr direkter Weg zu noch mehr Informationen:

www.wik.info

www.sicherheitsforum.ch

www.kes.info

Ihre Zugangsdaten zu der Internetversion www.sicherheits-jahrbuch.de lauten:

Benutzername: s2i0012

Passwort: 744888

Bitte geben Sie diese Daten nicht weiter. Sie werden feststellen, dass dieser Internetzugang mit all seinen wertvollen Inhalten für Sie als Buchkäufer kostenlos ist. Wenn er von Personen genutzt wird, die kein Buch gekauft haben, fehlt deren finanzieller Beitrag – mit dem Ergebnis, dass die Seite nicht mehr wirtschaftlich machbar ist. Bitte bewahren Sie den kostenlosen Zugang, indem Sie die Zugangsdaten nur selbst nutzen. Danke.